LIMA BARRETO

TRISTE VISIONÁRIO

LILIA MORITZ SCHWARCZ

LIMA BARRETO
TRISTE VISIONÁRIO

Companhia das Letras

Copyright © 2017 by Lilia Moritz Schwarcz

Este livro preserva, nas citações e nos documentos apresentados, as expressões e os termos utilizados por seus autores quando se referiam às populações afrodescendentes. Muitas delas não seriam aceitáveis nos dias de hoje. O leitor deve levar em consideração, porém, os costumes da época. Nossa intenção foi preservar a originalidade dos documentos e não os tornar anacrônicos.

Entre as diversas edições atualmente publicadas dos livros de Lima Barreto, optamos, sempre que possível, por citar as versões da Penguin Companhia das Letras, as quais, por sua vez, pautaram--se nas primeiras edições, sobretudo aquelas aprovadas pelo autor.

GRAFIA ATUALIZADA SEGUNDO O ACORDO ORTOGRÁFICO DA LÍNGUA PORTUGUESA DE 1990, QUE ENTROU EM VIGOR NO BRASIL EM 2009.

CAPA E PROJETO GRÁFICO
Victor Burton

IMAGEM DE CAPA
Dalton Paula, *Lima Barreto*, óleo sobre livro, 22 × 15 cm, coleção particular. Reprodução de Paulo Rezende.

PREPARAÇÃO
Márcia Copola, Ciça Caropreso

PREPARAÇÃO DAS NOTAS
Cacilda Guerra

CHECAGEM E CRONOLOGIA
Érico Melo

ÍNDICE REMISSIVO
Luciano Marchiori

REVISÃO
Huendel Viana, Jane Pessoa

Dados Internacionais de Catalogação na Publicação (CIP)
(Câmara Brasileira do Livro, SP, Brasil)

Schwarcz, Lilia Moritz
   Lima Barreto : triste visionário / Lilia Moritz Schwarcz. — 1ª ed. — São Paulo : Companhia das Letras, 2017.

   ISBN 978-85-359-2913-3

   1. Barreto, Lima, 1881-1922 – Crítica e interpretação 2. Escritores brasileiros – Biografia I. Título.

17-03095   CDD-869.8

Índice para catálogo sistemático:
1. Escritores brasileiros : Vida e obra : Literatura brasileira   869.8

3ª reimpressão

TODOS OS DIREITOS DESTA EDIÇÃO RESERVADOS À
EDITORA SCHWARCZ S.A.
RUA BANDEIRA PAULISTA, 702, CJ. 32
04532-002 — SÃO PAULO — SP
TELEFONE: (11) 3707-3500
WWW.COMPANHIADASLETRAS.COM.BR
WWW.BLOGDACOMPANHIA.COM.BR
FACEBOOK.COM/COMPANHIADASLETRAS
INSTAGRAM.COM/COMPANHIADASLETRAS
TWITTER.COM/CIALETRAS

Para a Lelé, minha mãe, Elena Camerini Moritz,
que sabe muito da dor e da alegria que essa vida traz.

Para meu pai, Ernest Sigmund Moritz,
que passou por essa vida com a mesma intensidade
e rapidez de um cometa brilhante, como o Lima.

Para Alberto da Costa e Silva,
que anos depois se converteu em outro pai,
por eleição e por afeto.

Para o Luiz Schwarcz,
que faz parte integral de cada linha que escrevo.

A IMAGEM DA CAPA

Essa obra foi especialmente criada por Dalton Paula para ser capa deste livro. O trabalho pautou-se nas poucas imagens que restaram do escritor, e dialoga, de forma coerente, com o universo criativo do artista visual e em particular com a série intitulada *Retrato silenciado*, de sua autoria. Em lugar do processo de branqueamento, presente em muitas fotos dos anos 1910 e 1920, neste caso destacam-se, propositadamente, estereótipos visuais e sociais que marcaram as populações afrodescendentes no Brasil e no exterior. Mas o retrato é sobretudo digno e imponente na verdade e na expressão altiva que carrega. Mais detalhes acerca do diálogo travado entre a biógrafa e o artista podem ser encontrados na parte final dos agradecimentos, na página 617 deste volume.

Sumário

Introdução: Criador e criatura / 8

1. O casal Barreto: quando educação parece sinônimo de emancipação / 20
2. Vira mundo, o mundo virou: a doença de Amália, a ascensão e a queda de João Henriques / 50
3. Vivendo nas Colônias de Alienados da Ilha do Governador / 78
4. Experimentando a vida de estudante: o curso da Politécnica / 108
5. Arrimo de família: como ser funcionário público na Primeira República / 132
6. Central do Brasil: uma linha simbólica que separa e une subúrbios e centro / 162
7. *Floreal*: uma revista "do contra" / 188
8. O jornalismo como ficção: *Recordações do escrivão Isaías Caminha* / 210
9. Política de e entre doutores / 238
10. Bebida, boemia e desânimo: a primeira internação / 254
11. Cartada forte e visionária: fazendo crônicas, contos, e virando *Triste fim de Policarpo Quaresma* / 288
12. Limana: a biblioteca do Lima / 314
13. Um libertário anarquista: solidariedade é a palavra / 344
14. Literatura sem "*toilette* gramatical" ou "brindes de sobremesa": a segunda internação / 370
15. *Clara dos Anjos* e as cores de Lima / 402
16. Lima entre os modernos / 430
17. Triste fim de Lima Barreto / 462
    Quase conclusão: Lima, o colecionador / 490

NOTAS / 512

REFERÊNCIAS BIBLIOGRÁFICAS / 578

CRONOLOGIA / 603

AGRADECIMENTOS — EIS QUE, DE TANTO (TENTAR) COLOCAR UM PONTO-FINAL, ELE VIROU RETICÊNCIAS ... / 610

ACERVOS PESQUISADOS / 619

CRÉDITOS DAS IMAGENS / 619

ÍNDICE REMISSIVO / 621

Introdução:
Criador e criatura

(*Para Afonso Henriques de Lima Barreto*)

Nós, os brasileiros, somos como Robinsons: estamos sempre à espera do navio que nos venha buscar da ilha a que um naufrágio nos atirou.
— Lima Barreto, "Transatlantismo"

Não nos lembramos que nós não nos conhecemos uns aos outros, dentro do nosso próprio país, e tudo aquilo que fica pouco adiante dos subúrbios das nossas cidades, na vaga denominação Brasil, terra de duvidosa existência, como a sua homenagem da fantástica geografia pré-colombiana.
— Lima Barreto, Carta a Assis Viana

O brasileiro é vaidoso e guloso de títulos ocos e honrarias chocas. O seu ideal é ter distinções de anéis, de veneras, de condecorações, andar cheio de dourados.
— Lima Barreto, "A estação"

A República no Brasil é o regime da corrupção. Todas as opiniões devem, por esta ou aquela paga, ser estabelecidas pelos poderosos do dia. Ninguém admite que se divirja deles e, para que não haja divergências, há a "verba secreta", os reservados deste ou daquele Ministério e os empreguinhos que os medíocres não sabem conquistar por si e com independência [...] Ninguém quer discutir; ninguém quer agitar ideias; ninguém quer dar a emoção [...]. Todos querem "comer". "Comem" os juristas, "comem" os filósofos, "comem" os médicos [...] "comem" os romancistas, "comem" os engenheiros, "comem" os jornalistas: o Brasil é uma vasta "comilança".
— Lima Barreto, "A política republicana"

INTRODUÇÃO: CRIADOR E CRIATURA | 9

Marquei meu primeiro encontro profissional com Lima Barreto dez anos atrás. Desde então o revejo com imensa frequência. Dialogo, discuto e sonho com ele. Às vezes, o acho engraçado; às vezes o julgo triste; sempre, polêmico. Em muitas ocasiões, me emociono com o personagem; em algumas, me decepciono. Me divirto quando o escritor descreve e ironiza as trapalhadas dos políticos da sua época, e me insurjo, como ele, quando fazem mau uso do Estado. Sofro com as injustiças que o cronista agudamente denuncia, identifico-me com sua preocupação constante com os mais desfavorecidos. Em muitas circunstâncias suas conclusões me sensibilizam profundamente; em algumas poucas fico desapontada. Acompanho sua dança em ritmo tenso com a literatura, enquanto ele, ora procura um lugar ao sol nas instituições de consagração de seu tempo, ora as contesta, e de frente. Torço por seus ideais, me comovo com suas lutas públicas e privadas. Mais que um personagem, Lima virou um amigo da minha intimidade.

Na verdade, fazia ainda mais tempo que eu vinha flertando com o autor. Deparei-me com ele há pelo menos vinte anos, quando realizei minha tese de doutorado e estudei o darwinismo racial, teoria que, em inícios do século xx, afirmava existir entre as raças humanas diferenças profundas e definitivas.[1] Os modelos eram totalmente equivocados e falaciosos, hoje é fácil notar. Naquele período, porém, tais conceitos alcançavam grande sucesso, e Lima Barreto foi dos poucos a manter-se cético diante de sua validade, e pronto a desautorizar um tipo de concepção que, no limite, implicava a justificação científica do racismo. O contexto aqui era o da Primeira República brasileira, momento que prometeu a igualdade mas entregou a exclusão social de largas partes da população. Por isso mesmo, virou palco para muitas revoltas e manifestações a favor dos direitos sociais e civis. Lima estava sempre ali presente, opinando, criticando, clamando por igualdade e justiça, para si e para os demais.

Decidi, então, segui-lo mais de perto. Para elaborar este livro, procurei ler todos os seus escritos e convivi com seus amigos, com alguns funcionários tediosos da Secretaria da Guerra, sem esquecer de seus desafetos. Ouvi o que diziam os vizinhos e parei para observar seus companheiros de bar, os jornalistas espalhados pelas várias redações da rua do Ouvidor, os literatos mais jovens, os mais velhos ou aqueles de sua geração. Também me acerquei dos políticos inchados de orgulho e dos oligarcas poderosos, todos descritos por ele. Minha esperança era me aproximar cada vez mais de Lima. Foi assim que percorri os bares e cafés do centro do Rio que o escritor frequentava; reconheci os poucos que ainda existem e localizei os que desapareceram na pátina do tempo.

Já me perdi pelas ruas em que Lima andava; tomei o trem da Central do Brasil e vi a paisagem correr pela janela; fui ao subúrbio de Todos os Santos para anotar seu cotidiano ainda tranquilo. Descobri onde ficava a antiga Vila Quilombo, o apelido carinhoso que ele deu a seu lar; "só para incomodar Copacabana". Esse era o jeito que o autor encontrava de provocar as elites da capital, destacando, por contraposição, a região de onde escrevia e criticando o outro bairro que, segundo ele, era apenas feito de "uma gente" dada a todo tipo de "estrangeirismo". Era na Vila Quilombo que ele passava boa parte do tempo, em companhia dos irmãos — Evangelina, Carlindo e Eliézer — e do pai, João Henriques. Este, desde que perdera o emprego nas Colônias de Alienados da Ilha do Governador, em março de 1903, mostrava-se totalmente ausente e insano. Foi então que se mudaram para aquela vizinhança; primeiro para a rua Boa Vista, quando o local ficou conhecido como "a casa do louco". Em 1918 passariam a viver na rua Major Mascarenhas, no mesmo bairro. Esse seria o lar do escritor e também seu refúgio onde concentrava a "Limana", sua coleção de livros, detidamente contabilizados e classificados, por ordem de afeto e predileção.

Essas diferentes paisagens me traziam o "Lima", como o chamavam os amigos, mas também Isaías Caminha, Jonathan, Eran, Inácio Costa, Aquele e outros tantos pseudônimos que mal tentavam esconder seu autor.[2] Eram os seus apelidos, ou os "a pedidos", conforme ele gostava de ironizar. No Rio de Janeiro, Lima Barreto estava por toda parte e sempre em trânsito. Seu ambiente eram tanto os subúrbios como as ruas da capital. Freguês contumaz da vida animada dos bares que pipocavam nas cercanias da rua do Ouvidor, frequentava, em especial, o Café Papagaio, onde, como se comentava na época, até a ave costumava ser vista ébria e acabou presa depois de proferir palavrões e clamar contra a República. E, morador de Todos os Santos, privava igualmente da companhia dos vizinhos, que se vestiam de maneira "opaca" durante os dias de trabalho e de modo "endomingado" nos fins de semana.

Afrodescendente por origem, opção e forma literária, Lima Barreto combateu todas as formas de racismo, aqui e nos Estados Unidos — país que costumava hostilizar em seus escritos, pois julgava que por lá seus "irmãos de cor" eram tratados muito mal —, e desenhou seus personagens com particular ternura. Eles eram diferentes daqueles que o público estava habituado a encontrar nos romances que faziam sucesso então. Suas religiões híbridas destoavam do catolicismo oficial e imperante; os protagonistas variavam nos tons expressos na cor da pele, e moravam em locais mais distantes do centro da cidade, que ressoavam um passado africano. Uma África afetiva e pessoal, da "margem de cá", um continente imaginado e recriado no país.[3] Como escreveu no conto "O moleque", datado de 1920: "Nas suas redondezas, é o lugar das macumbas, das práticas de feitiçaria com que a teologia da polícia implica, pois não pode admitir nas nossas almas depósitos de crenças ancestrais. O espiritismo se mistura a eles e a sua difusão é pasmosa. A Igreja católica unicamente não satisfaz o nosso povo humilde".[4]

O mesmo Lima que se emociona com as demonstrações "cultas" das populações afro-brasileiras, muitas vezes deixadas à parte do convívio social da capital, é o que estica a linha do mapa do Rio de Janeiro. Sua cidade era aquela da região central, mas também incluía os subúrbios que ele percorria nos trilhos da Central do Brasil. Era no vagão de segunda classe, frequentado cotidianamente, que ele tinha a oportunidade de observar melhor a realidade dos "humildes" e "infelizes", e achava fermento para seus grandes personagens: modinheiros, donas de casa, mocinhas sonhadoras, funcionários públicos, boêmios simpáticos, andarilhos filósofos, donos de bar tagarelas, trabalhadores que encontravam emprego no centro da cidade. Eles eram majoritariamente negros, porém descritos com enorme riqueza e variedade de termos. Palavras como "negros", "negras", "negros flexíveis", "pardos", "pardas", "pardos claros", "escuros", "morenos", "morenas", "caboclos", "caboclas", "mestiços", "crioulos", "azeitonados", "morenos pálidos", "morenos fortes", "velhas pretas", "velhos africanos" e tantas outras são mostras de como o autor buscava dar conta desse imenso e complexo mundo que se abriu no contexto e depois da data da abolição oficial da escravidão, em maio de 1888. Aí estava, e conforme descreveu o historiador Alberto da Costa e Silva, um território recriado no Brasil: "No plano espiritual, esses nomes de reinos, regiões e cidades serviram muitas vezes de sinônimos para uma África que continuou viva no Brasil. Mas dentro dele. Coisa sua, misteriosa e íntima. Imagem de um paraíso perdido ou de uma terra prometida — conceitos que não passam, como os de evocação e profecia, de duas faces da mesma lâmina".[5]

Também foi me chamando a atenção a maneira como o escritor se construiu na qualidade de personagem literário dessa República das Letras:[6] sempre na base da política "do contra", por princípio e para fazer graça, conforme gostava de provocar. Era contra os políticos afetados, contra a aristocracia improvisada, contra os jornalistas artificiais, contra "os literatos de *atelier*", contra os "bovarismos" — a mania de apreciar e adotar tudo que vinha do estrangeiro e não gostar do que é "seu" — e por isso invocava "solenemente" com Petrópolis e Botafogo.

Ambiguidade era, assim, um de seus nomes. Se Lima criticava os literatos e a Academia Brasileira de Letras — e deles destoava —, tentou entrar na instituição por três vezes; na última, desistiu. Denunciava os abusos que a sociedade cometia contra as mulheres, mas "acusava" de importação barata e fora do lugar o feminismo. Defendia os hábitos populares, mas não gostava nada de futebol, samba e Carnaval. Detestava os funcionários públicos, mas tirava seu ganha-pão na Secretaria da Guerra como amanuense, isso a despeito de sua péssima caligrafia, que virou até objeto de metáfora — em artigo intitulado "Esta minha letra…", brincava com ela, dizendo que servia de exemplo de como ele continuava fora da regra e do sistema.[7]

Lima Barreto era desse jeito, cheio de ironias, deboches, contradições e acertos, ideias fortes e recorrentes, idiossincrasias, angústias, sofrimentos. Um escritor que sempre viveu entre dois mundos, espaciais, culturais e sociais. Ainda menino perdeu a mãe, d. Amália, professora e diretora de escola, que lhe prometeu um futuro mas o deixou muito cedo, por conta da tuberculose. Na infância dividia o tempo entre a então erma ilha do Governador — local de residência de seu pai, almoxarife de duas colônias de alienados — e o colégio na capital. Depois da escola, atendendo ao sonho de João Henriques, que antes trabalhara como tipógrafo e queria um filho "doutor", matriculou-se na Escola Politécnica, no centro borbulhante do Rio, mas jamais deixou de sofrer a dor da exclusão social. Uma foto rota o traz em meio aos colegas mais abonados — usando polainas e sapatos elegantes — e um tanto isolado. É o único evidentemente negro, e mostra no terno desengonçado e na gravata com o nó frouxo um mundo de constrangimentos.

Se a capital era para Lima o lugar da formação, foi na ilha do Governador — que nada tinha de paradisíaca, por conta dos surtos de malária e da morte constante dos pacientes — que o garoto desfrutou da liberdade de correr solto e comer fruta no pé. Lá conheceu também, e de perto, a loucura que entraria para sempre em sua vida. Seu pai, por causa de umas contas do manicômio que insistiam em não fechar, adoeceu "dos nervos". O rapaz foi obrigado então a largar a escola para converter-se em arrimo de família; virou amanuense. Para ele, essa sua profissão não passava de mero recurso de sobrevivência; "casava-se", mesmo, era com a Literatura.[8] E em nome dela criou a sua revista de grupo, a *Floreal* (1907), que durou menos de um ano mas fez muitos desafetos entre os literatos; publicou seu primeiro romance, *Recordações do escrivão Isaías Caminha* (1909), e ganhou uma penca de inimigos no ambiente do jornalismo; editou *Numa e a ninfa* (1915) e criticou severamente os políticos de ocasião; teve a coragem de lançar sua obra mais valente, *Triste fim de Policarpo Quaresma* (1915), quando denunciou, entre outras coisas, o patriotismo romântico e artificial de nossas elites e a falta de democracia existente no país. Seu último livro publicado quando ele era vivo, *Vida e morte de M. J. Gonzaga de Sá* (1919), poderia ter sido o primeiro, pois já estava praticamente pronto e acabado em 1909.

O fato é que, na sua literatura, autodenominada "militante" e "biográfica", Lima acabou se tornando seus próprios personagens. Era cada um deles, todos juntos, e nenhum também. Mas era sempre criador e criatura. Escreveu a vida toda o romance *Clara dos Anjos*, ensaiou vários finais para a trama, no entanto não teve tempo de vê-la publicada. Ainda misturou ficção e não ficção em outra novela que não chegou a terminar: *O cemitério dos vivos*, a qual narra a história de um personagem internado num manicômio, que passou por processos de humilhação semelhantes aos experimentados pelo autor quando esteve internado no Hospício Nacional, em 1914 e 1919, por conta da bebida. Lima era boêmio por definição e hábito, mas o que era costume acabou virando condição e invadiu seu cotidiano.

E mais: de tanto viver seus personagens, depois de utilizá-los por anos a fio como pseudônimo, por vezes Lima acabava agindo como eles. Nessas horas, era a ficção que virava realidade e não exatamente o contrário. Por essas e por outras é que o personagem continuava a me desafiar. A partir de certo momento, já não bastava apenas seguir seus escritos. Procurei então ler as obras que Lima efetivamente leu, e que o inspiraram, bem como os títulos que colecionou em sua biblioteca. Ele próprio os inventariou — oitocentos volumes —,[9] e eu os persegui como se fosse detetive envolto em caso misterioso. Encontrei organizados, por ordem de gosto, títulos da literatura realista russa e francesa; obras de referência (as mesmas que Policarpo Quaresma cita); livros de ciência; os jornais nacionais e estrangeiros que acompanhava; seus originais na forma de romances, contos, crônicas e artigos, e os "amarrados" que eram formados de várias brochuras pequenas e folhetos.[10] Encontrei, igualmente, cadernos e anotações, que se tornaram o *Diário íntimo* e o *Diário do hospício*, a partir da organização da sua irmã Evangelina — também professora, mas de piano — e de Francisco de Assis Barbosa, seu primeiro biógrafo e principal promotor de sua obra, ainda na década de 1950.[11]

Lima tinha tal afinidade pessoal com sua literatura, e sua vida era tão impactada por seu tempo, que achei por bem utilizar a literatura para organizar e dar forma a este livro. É a data original de publicação dos romances, contos, crônicas e matérias que funciona

INTRODUÇÃO: CRIADOR E CRIATURA | 13

como mote para os diferentes capítulos, assim como o universo que cada um desses textos introduz. Um escritor não é um personagem óbvio; ainda mais neste caso, em que, por definição dele mesmo, se está diante de uma "literatura militante", impactada por seu próprio contexto social.[12]

Encontro marcado com Lima Barreto

No entanto, é forçoso reconhecer que todo biógrafo tem uma tendência à obsessão, digamos assim, e é inevitável nos percebermos invadidos pela história que queremos (apenas) contar. Foi então que, em vez de só imaginar, resolvi ver. Sabia que a casa a que Lima mais se referira durante a vida toda fora aquela em que morara com a família na ilha do Governador nos idos de 1890. Se seu pai havia ido para lá premido pela situação desfavorável, já que foi um dos primeiros desempregados da República, o garoto parece ter aproveitado cada minuto passado naquele ambiente mais agreste.

E lá fui eu, no dia 14 de junho de 2010, rumo à ilha do Governador. Parti em "expedição científica" — juntamente com os amigos e pesquisadores Lucia Garcia e Pedro Galdino — em busca da casa de infância do Lima. Endereço certo, demos de cara com uma base militar da Aeronáutica, ou melhor, com o Parque de Material Bélico da Aeronáutica do Rio de Janeiro. Até que tentei argumentar com o sentinela, que nos olhava por entre o gradil; disse que vínhamos de longe e que queríamos apenas observar de perto a residência onde Lima Barreto vivera. Mas nada de demovê-lo. Arrisquei deixar meu nome, e expliquei que procurava por "pistas materiais" do escritor havia muito tempo. Foi quando, por meio da mão generosa de Andréa da Silva Gralha, a então tenente Gralha, que hoje é capitão, fomos gentilmente atendidos e levados até o local. Ali estava, bem na minha frente, "o sítio do Carico", onde Lima brincava, corria e empinava papagaio.

Contudo, e como era possível supor, o espaço achava-se muito modificado. Em vez de alienados trabalhando nos campos, agora se viam soldados passando em marcha ordenada. No lugar da paisagem erma, um espaço muito organizado.[13] No carro em que entramos, junto com a tenente — cuja coincidência de interesses fala muito a respeito dos caminhos inesperados que uma pesquisa pode tomar —, descobri que à noite ela "tirava a farda" para sentar nos bancos do mestrado. Andava estudando, justamente, a morada do Lima na ilha do Governador e, portanto, conhecia bem a história que eu tanto procurava.[14] Foi assim que cheguei mais perto do meu personagem em seus tempos de meninice.

Mal pude acreditar que estava diante do lar dos Barreto, no alto de um declive. Aquele era o sítio do Sossego, ou então o sítio do Carico, que inspirou o sítio de Policarpo Quaresma, personagem principal do romance de Lima criado em 1911. Por lá ele teria morado e tentado a sorte com a agricultura. Tomada pela surpresa, parei para observar, mas não pude entrar na casa. Olhei rapidamente pela janela da pequena edificação, que serve agora de alojamento para os soldados do corpo de guarda do Parque de Material

Bélico da Aeronáutica. Por estar situada logo na entrada, a morada abriga as equipes que se revezam a cada 24 horas. Além do mais, como faz parte de território militar, é objeto de constante vigilância.[15] Enfim, parecia brincadeira em hora errada, mas não era.

Levava comigo uma foto da residência da família, dos anos 1900, e foi com muita emoção que pensei naquele garoto de dez anos. Ali estavam as árvores em que ele subia, as estradinhas por onde corria solto, as matas onde caçava passarinho na base do estilingue. Pude até imaginar o Lima jogando conversa fora com seus amigos alienados, como o Manuel Cabinda, o primeiro a lhe falar da importância da África e sobre o mundo que se abria no período do pós-abolição, quando a República disse ter inaugurado um regime de liberdade e igualdade mas ignorou o segundo princípio.[16] O Brasil continuava racista, deixava persistir práticas que vinham da época do cativeiro, e o escritor acusaria sempre o que considerava ser uma espécie de golpe da República.

A casa no sítio do Carico em dois tempos: na época em que Lima morou na ilha do Governador com a família (1890-1902), acima, e atualmente, abaixo, quando é utilizada como Corpo da Guarda da Base da Aeronáutica.

Lima não conheceu, em sua vida privada, as agruras e a violência que cercam o sistema da escravidão; suas duas avós, sim. E foi "o velho Cabinda", um pretenso alienado, que se mudou com os Barreto quando eles deixaram a ilha e os auxiliou em tempos difíceis, quem lhe explicou a dimensão de sua "origem" e contou que, no passado, ninguém fora escravo.[17] Os africanos que haviam chegado forçadamente ao Brasil não tinham nascido escravos; eram cassanges, mofumbes, quelimanes, rebolos, monjolos, minas e cabindas, como Manuel, o amigo leal do escritor.[18]

Enfim, não restavam dúvidas quanto à importância afetiva daquele lugar que marcou a obra futura de Lima. Sempre lembrou do local como o "sítio que me animo a chamar meu".[19]

A imagem do sítio do Sossego, do sítio do Carico ou da casa na ilha do Governador representou uma espécie de encontro marcado com Lima Barreto. Mas essa pequena circunstância, feita de coincidências, tem ainda outro significado. O evento possibilitou o entendimento de que não há maneira de fazer uma biografia sem reconhecer-se "afetado" por ela.[20] Quem permanece por tanto tempo na companhia de um pensador como Lima, acaba profundamente modificado por suas opiniões, sua vida e sua literatura. Fazer uma biografia não significa, pois, tomar uma estrada daquelas que mais se parecem com uma rota e um destino fixos.[21] Ao contrário, a trajetória de Lima se assemelha muito à imagem dos seus cabelos, que enrolam, circundam, voltam. Esse é um autor que acerta e por vezes erra; denuncia mas também se equivoca; avança e recua. Aliás, como qualquer um de nós, ele carrega suas contradições e suas tantas ambiguidades, mas também suas verdades. Nesse sentido ele é "triste", não só porque sua vida foi dura, ou porque criou personagens "tristes". É "triste" seguindo-se a expressão popular que incorporou a ambivalência. Triste é quem não desiste, é teimoso, não se deixa vencer.[22] O escritor é igualmente um "visionário", como seu Policarpo, já que jamais desiste de planejar o futuro: o seu, o do seu país e dos seus próximos.

Esta não é, portanto, *a* história de Lima Barreto. Nem poderia ser, até porque Lima mereceu uma biografia fundamental, publicada, como vimos, em 1952 por Francisco de Assis Barbosa. O jornalista e acadêmico não só escreveu com extremo rigor e "afeto" sobre a vida do autor, como foi responsável pela reedição de sua obra, naquela altura basicamente desaparecida do mercado. Além do mais, foi precursor e inspirador de uma geração que começou a colocar o escritor em seu lugar de direito na nossa literatura.[23] Demorou, mas Lima vai entrando nas leituras fundamentais deste Brasil que acomoda, de fato, muitos Brasis. Custou, mas o criador de Policarpo Quaresma vai ganhando o lugar de intérprete do país, e não só de vítima de seu tempo — o que ele foi também (mas não só).

Enfim, se hoje são muitas as histórias e as obras que se dedicaram a analisar a trajetória e a literatura de Lima Barreto, talvez a especificidade desta biografia esteja nas perguntas que dirige a seu protagonista. Na verdade, se ela se orienta pela leitura dos textos desse personagem e discorre sobre os registros dispersos de sua vida, também procura indagar acerca da sua intimidade, a partir de temas que fazem parte de nossa agenda mais contemporânea. Historiadores são assim: voltam ao passado com indagações novas; aquelas de sua época. "A História é filha de seu tempo", declarou certa vez o historiador Lucien Febvre,[24] e este livro não constitui exceção.

Foi dado à minha geração presenciar a eclosão da linguagem dos direitos civis no Brasil — o direito da diferença na igualdade, e vice-versa —, e é possível reler Lima Barreto com base nas suas denúncias e nas angústias que ele sentiu diante de uma série de marcas que a sociedade cria e transforma em diferença e preconceito. Aí está, pulsante, a questão racial, para lembrarmos de um tema sensível e definidor da pessoa e de toda a obra do autor. O escritor jamais deixou passar o fato de o Brasil ter sido o último país do Ocidente a abolir a escravidão mercantil; viu e denunciou práticas de discriminação presentes, teimosamente, no seu próprio contexto. Isso num país em que — a despeito de ter recebido 45% da população africana que deixou compulsoriamente seu continente —, até aquele momento, eram poucos os que declaravam fazer uma literatura impactada pelos sofrimentos mas também pela criatividade, pelo trabalho e pelos conhecimentos das populações afrodescendentes. Não por causa, e exclusivamente, de sua origem e do exílio forçado; mas por conta dos temas, dos sons, dos gestos, das cores, das religiões, das filosofias que ficaram impregnadas nesse Brasil em construção. É claro que esse tipo de adjetivação racial não faria muito sentido na via oposta; dizer que um escritor faz, por exemplo, "literatura branca". Aliás, esse é quase um pressuposto, em geral oculto nas análises. Assim, se Lima Barreto foi também um grande cronista carioca e das ruas do Rio de Janeiro; sua obra se distingue das demais, sobretudo nesse momento, em razão do tipo de testemunho que ele traz com sua literatura, dos personagens que escolhe como protagonistas, dos enredos que cria, dos detalhes que seleciona descrever.[25] Por sinal, ele fez questão de igualmente definir-se como "um autor negro", para ficarmos com seus termos, e impregnar sua narrativa por outras esquinas desse mesmo país.

Tomados nesses termos, escritores como Luís Gama, Cruz e Sousa e Lima Barreto, apesar de adotarem estilos e gêneros diferentes, guardam "um fio existencial" a uni-los, e um "parentesco próximo", na sensível definição do crítico literário Alfredo Bosi.[26] Luís Gama, rábula, jornalista e escritor, filho de mãe negra livre e pai branco, foi vendido como escravo e, autodidata, conquistou sua própria liberdade, assim como lutou pela liberdade de outros cativos. Em *Primeiras trovas burlescas*, ele poeta: "Bode, negro, Mongibelo;/ Porém eu que não me abalo,/ Vou tangendo o meu badalo,/ Com repique impertinente;/ Pondo a trote muita gente./ Se negro sou, ou sou bode,/ Pouco importa./ O que isto pode?/ Bodes há de toda a casta,/ Pois que a espécie é muito vasta.../ Há cinzentos, há rajados,/ Baios, pampas e malhados,/ Bodes negros, bodes brancos,/ E, sejamos todos francos,/ Uns plebeus, e outros nobres,/ Bodes ricos, bodes pobres,/ Bodes sábios, importantes,/ E também alguns tratantes...".[27]

Cruz e Sousa ganhou a alcunha de Cisne Negro ou Dante Negro, foi um dos precursores do simbolismo no Brasil, e jamais deixou de denunciar a escravidão e o preconceito existentes no país. Também não abriu mão de incluir as consequências desse sistema e a violência que produzia. "A alma que ele tinha, ovante, imaculada/ Alegre e sem rancor;/

Porém que foi aos poucos sendo transformada/ Aos vivos do estertor.../ De dentro da senzala/ Aonde o crime é rei, e a dor — crânios abala/ Em ímpeto ferino;/ Não pode sair, não,/ Um homem de trabalho, um senso, uma razão.../ E sim um assassino!"[28]

Enfim, vistos em conjunto e de forma paralela, é possível afirmar que, sem se limitarem a um horizonte restrito, esses são autores que também realizam uma literatura de matriz afrodescendente. Afinal, compartilham de temas e de experiências subjetivas comuns no campo da criação literária, e reivindicam um sujeito autoral distinto da norma silenciosamente partilhada. Ao mesmo tempo, são escritores brasileiros, uma vez que racismo não é um problema que diz respeito exclusivamente àqueles que sofrem com ele mas faz parte da agenda de todos. Por fim, nenhum dos três se conforma em realizar tão somente uma arte da lamúria, da queixa ou da "falta". Há "excesso" nas descrições: há escravidão mas muita liberdade; particularidades mas diversidade interna; espaços comuns mas regiões geográficas pouco exploradas; sociabilidades partilhadas mas experiências distintas e definidoras. Nesse mesmo sentido, eles são mestres do passado e para os tempos de agora.

É também possível ler Lima tendo em mente outras dessas marcas sociais de diferença.[29] O escritor batalhou, em primeiro lugar, por sua geração, que chamou de "novos". Para isso, criou locais alternativos de afirmação para si e para os colegas; inventou oportunidades expressas em jornais e associações, e se opôs, sempre que pôde, aos literatos mais estabelecidos nas instituições prestigiosas de seu momento. Em segundo lugar, ele escreveu a partir de sua região em especial. Foi assim que procurou atrair a atenção para os subúrbios cariocas, seus personagens, seu cotidiano. Bateu-se ainda por temas relacionados ao gênero, criticando a violência contra as mulheres ou condenando a prostituição, sobretudo das mulheres jovens, pobres e, não raro, afro-brasileiras. Não obstante, reagiu, de modo contundente, aos movimentos de mulheres e feministas que então se formavam; julgou-os, enganosamente, apenas importados e distantes da realidade. Também lidou mal com sua própria sexualidade; sentindo-se deslocado, jamais se casou ou teve namoradas estáveis.

Lima ainda questionava sem dó nem piedade "a mania brasileira" de medir-se pelo que ocorria na Europa e nos Estados Unidos. A irritação que sentia não o impedia, porém, de manter-se bastante bem informado acerca de tudo que ocorria naquelas searas; em particular na área da literatura e das artes. Entretanto, sua condição de classe jamais permitiu que pusesse os pés no exterior. Aliás, o autor teve poucas oportunidades de sair da sua cidade, de uma forma geral, ou de experimentar esse Brasil de proporções continentais. Mas, à sua maneira, viajou muito no seu tempo. Tanto que se converteu numa "testemunha" importante do Rio de Janeiro e do país. Daquelas que legam com palavras aquilo que viram e que já não se pode ver. Aquelas que guardam, recolhem, mas também interpelam seu próprio contexto. Além do mais, Lima foi daquelas testemunhas que suportam a solidão de uma responsabilidade e, ao mesmo tempo, assumem a responsabilidade de estar num lugar, no seu caso, muitas vezes repleto de solidão.[30] Por isso virou um bardo, com frequência desagradável, da sua época, narrando, entre outros acontecimentos, a Revolta da Vacina de 1904 e o modo como a população pobre se insurgiu contra o governo; a Revolta da Armada (1893-94), que atingiu de perto a ilha do Governador; a Reforma de Pereira Passos (1902-06), que transformou o centro do Rio e jogou a pobreza para as suas laterais; as greves operárias de 1917, que convulsionaram a capital e o país; as celebrações do Centenário de 1922, que procuraram dar ordem e criar um passado para uma República ainda consideravelmente instável. O fato é que não há mais como discorrer sobre o período da Primeira República sem mencionar a obra de Lima Barreto, seus escritos, suas provocações.

Também não há como deixar de reconhecer Lima por detrás da sua pena e de seus personagens. É sempre ele que vê, traduz, interpela e avalia aquilo que julga ser preciso narrar. "Quando, em 1889, o senhor Marechal Deodoro proclamou a República, eu era menino de oito anos. Embora fosse tenra a idade em que estava, dessa época e de algumas anteriores eu tinha algumas recordações. Das festas por ocasião da passagem da Lei de 13 de maio ainda tenho vivas recordações; mas da tal história da proclamação da República só me lembro que as patrulhas andavam nas ruas armadas de carabinas e meu pai foi, alguns dias depois, demitido do lugar que tinha. E é só. [...] Nascendo, como nasceu, com esse aspecto de terror, de violência, ela vai aos poucos acentuando as feições que já trazia no berço."[31]

Como se pode notar, pela qualidade do trecho acima, e daqueles que abrem esta introdução, a narrativa de Lima é difícil de ser apenas descrita.[32] Por isso, em vários momentos do livro, foi melhor deixar que ele próprio relatasse os eventos que viu, as impressões que teve, as reações que manifestou. Pois esse tempo de Lima Barreto não é feito só dos fatos do passado, mas está embrenhado de memória. Uma memória que "decanta o passado de sua exatidão. É ela que humaniza e configura o tempo".[33] Assim, muitas vezes, em lugar de traduzir, dublar ou substituir o autor, é preferível "explicar com ele"; com os termos dele. O leitor há de perceber o uso de um recurso recorrente nesta biografia: não raro o criador de Policarpo Quaresma pondera, interrompe e invade minha escrita. Além do mais, por conta da quantidade de conteúdos semânticos que foram sendo acoplados aos termos derivados do contexto da escravidão — "negro", "mestiço", "moreno", "mulato"... —, e da carga de preconceito neles ainda presente, optou-se aqui por utilizar "termos nativos"; qual seja, aqueles empregados pelo próprio escritor na definição de si mesmo e de seus personagens. Conforme escreveu Alfredo Bosi no início de *Dialética da colonização*, "começar pelas palavras talvez não seja coisa vã". E não é. Essa é uma maneira crítica de recuperar os "nomes" que Lima Barreto efetivamente escolheu usar — mostrar como a operação nada tinha de ingênua ou aleatória —, mas sem passá-los pelo crivo dos tempos mais atuais e das discussões contemporâneas, dos quais o escritor não pôde partilhar.[34]

Este é, pois, o livro de uma vida que, sem ser espelho, se mistura muito com a obra. Afinal, até na recepção desta, as duas faces de Lima Barreto se confundem e aparecem de forma mesclada. Quando começa a vida do escritor, quando se inicia sua obra literária, é difícil distinguir ou separar. Este é também um livro que carrega a certeza de que cada tempo inventa para si novos problemas e se põe a rever o passado a partir de questões ditadas pela lógica do presente.

Lima viveu pouco — 41 anos. Morreu em 1º de novembro de 1922, vítima de um infarto — atribuído, entre outros fatores, também ao consumo excessivo de álcool —, dois dias antes da morte de seu pai. Em sua curta vida, o escritor mostrava urgência.[35] Mal teve tempo de conhecer as novidades anunciadas pela Semana de Arte Moderna. Por sinal, na sua primeira e quase imediata reação à revista *Klaxon*, define os paulistas como adeptos do futurismo, insinuando desse modo que seriam cultores das vogas europeias. Já eles, sentindo-se atingidos pela matéria que Lima publicou na revista *Careta* de 22 de julho de 1922,[36] desautorizaram a crítica e julgaram seu autor "um reacionário". Assim, o que poderia ter sido um belo encontro virou colisão de graves consequências. Justamente Lima, que tinha uma obra cujo fermento era a oralidade da escrita, os termos do povo, a busca do que era autêntico e ético, acabou, durante largo período, preso ao contexto que tanto criticou.

A vida e a obra desse escritor representam, portanto, um convite e um aceno. Lima nos incita a transgredir a fronteira do passado, atuando como um guia inesperado. Um timoneiro que não abre mão de incluir em sua obra suas batalhas, idiossincrasias, brincadeiras, afetos e broncas. Um narrador que nunca se apaga diante do que acredita ser seu e de direito. Ele que brigou, insurgiu-se, apoiou, vetou, enfim, fez todo o barulho que podia para que a República se tornasse uma *res publica*: o governo de todos para todos, e por todos. Outro Brasil, que é o mesmo também. Aquele dos mais despossuídos; de alma grande como "seu" Manuel Cabinda, e que carregam uma dor maior que o mundo mas que jamais se deixam, simplesmente, apanhar ou vencer. Ao contrário, lutam sem cessar.

Esta introdução é assim dedicada a Lima Barreto, numa atitude semelhante à que ele tomava. Antes de iniciar suas crônicas e livros, lembrava sempre de um amigo ou de uma pessoa que o inspirara, e o animara a continuar escrevendo.

Certa vez, Lima registrou que "não se separavam bem as pessoas e as cousas", e que qualquer vida é feita de "muitas vidas e muitas existências".[37] Pois bem, esta não é mesmo *a* história do Lima Barreto. Aliás, nem o próprio Lima cabe numa história. Esta é a minha história, aquela que aprendi com ele.

***

P.S.: Não há como passar pela história da vida de Lima Barreto e da recepção de sua obra sem ter ao lado, e quase como guia de viagem, o livro de Francisco de Assis Barbosa publicado em 1952: a primeira biografia completa de Lima. Ele também liderou, como veremos, uma verdadeira operação editorial com o objetivo de trazer de volta ao público, na década de 1950, a integralidade dos textos do autor. Assis Barbosa será tema de homenagem no final deste volume e fará parte constante desta biografia, que, sem se limitar à sua pesquisa, lhe é muito devedora.

1.
O casal Barreto: quando educação parece sinônimo de emancipação[1]

Quando comecei a escrever este, uma "esperança" pousou.
— Abertura do *Diário íntimo* de Lima Barreto, 2 de julho de 1900

Laranjeiras em 1905, com a praça de touros ao fundo e crianças brincando nas ruas. Em primeiro plano, os casarões mas também os *chalets*, frente a frente.

O CASAL BARRETO: QUANDO EDUCAÇÃO PARECE SINÔNIMO DE EMANCIPAÇÃO | 21

Foi no dia 13 de maio de 1881 que nasceu Afonso Henriques de Lima Barreto. Nos mesmos dia e mês da abolição da escravidão no Brasil, mas exatos sete anos antes. Aí estava uma coincidência de datas que para o futuro escritor faria toda a diferença: a ideia de liberdade significava um divisor de águas não só para a história do país como para o projeto literário que Lima pretendeu realizar. Segundo ele, o fim do cativeiro e a conquista da liberdade eram troféus difíceis de guardar, sobretudo numa nação que admitiu escravos em todo o seu território durante quatro longos séculos. A data de nascimento no caso dele era, portanto, mero acaso; mas, quem sabe, premonição.

Maio era também conhecido como o mês das flores; o mês sagrado para a poesia, conforme o futuro escritor gostava de lembrar.[2] O dia 13 caiu numa sexta-feira; dia de sorte para alguns (e Lima sempre pensou dessa maneira), de azar para outros. O menino viria ao mundo numa casa modesta situada na rua Ipiranga, número 18, no atual bairro de Laranjeiras, "arrabalde"[3] da região central do Rio de Janeiro.[4] O nome da rua, diz a lenda, vinha do rio Ipiranga: aquele em que d. Pedro I decretou a independência e fundou o Império. O termo tem origem na língua tupi, juntando-se o "y", de "rio" ou "água", com "piranga", que significa "vermelho". Nas cercanias, um rio, de nome Carioca ou da Cabocla, descia a serra formando um campo verde, cuja fertilidade logo atraiu os colonizadores. O nome era também uma corruptela do tupi *Cariboca* — "casa do homem branco" —, ou representava quiçá uma alusão a um peixe muito frequente nos rios da região.[5]

A área começou a ser mais povoada a partir do século XVII, com a construção de habitações às margens do rio Carioca — chácaras bastante rústicas e espaçadas que tinham como vocação abastecer a cidade de verduras, laranjas e outros gêneros —, mas no final do XIX é que o bairro ganhou algumas moradias mais luxuosas de fidalgos e famílias abonadas. A vizinhança foi assim adquirindo uma população diversa. No Oitocentos já moravam por lá o visconde de São Venâncio, a "mulata Úrsula Maria de Bonsucesso", os Lisboa e a duquesa de Cadaval — viúva de um primo de d. João VI, cuja propriedade pertencera ao comendador Soler, que embelezou muito a casa, depois ocupada pela bela e poderosa Eufrásia Teixeira Leite, a futura noiva do abolicionista Joaquim Nabuco.[6] Havia também a chácara do Viana, famosa pelo cultivo de flores raras usadas pelos cavalheiros na botoeira do paletó. Fazia tempo que elas serviam de verdadeiros sinaleiros para as moças namoradeiras que, na época dos vice-reis, eram muitas vezes mantidas iletradas mas continuavam capazes de "ler" e decifrar esse tipo de linguagem e de convenção social.[7]

Com o tempo, o rio Carioca foi canalizado e construiu-se uma praça de touros com sessões aos domingos. Também se multiplicaram belas casas de campo, bem plantadas no centro de grandes terrenos, com portões vistosos, varandas e escadarias imponentes, árvores frutíferas e cercas com flores entrelaçadas a trepadeiras. Na verdade, havia de tudo, desde residências modestas e de um só cômodo, até anúncios de uma mansão na rua Ipiranga, 29, com "jardim de frente e fundos. [...] água dentro, tanque para lavar, banheiro de mármore, latrina patente, com gás em toda a casa, contando duas salas, quatro saletas, sete quartos, quarto para engomar, despensa, cozinha, água e um pequeno terraço". O aluguel desta última era elevado, 130$, mas as chaves ficavam mesmo "na venda próxima".[8]

Por conta dessa formação social um tanto variada, o bairro congregava um pouco de tudo. Famílias abastadas ostentavam chácaras espaçosas ou por vezes optavam pelos *chalets*, de influência inglesa, um tipo de residência de padrões regulares mas que não economizava nos detalhes inscritos nos fartos e bastante artificiais materiais externos: azulejos, vidros, pedras, e até esculturas ou chafarizes pequenos. Podiam-se encontrar por lá, ainda, as primeiras habitações de classe média, as quais acomodavam um florescente funcionalismo público atrelado à capital e que costumava preferir morar nas assim chamadas vilas, localizadas nos arredores da região central da corte e depois capital da República. Também em fins do século XIX apareceram as primeiras fábricas têxteis. Em Laranjeiras, por exemplo, ainda no ano de 1880, instalaram-se estabelecimentos como a Companhia de Fiações e Tecidos Aliança, que ficava no final da rua General Glicério.

A presença crescente de uma população operária levou ao surgimento, sobretudo no início do século XX, de moradias populares mais próximas das regiões fabris, como vilas operárias e casas de cômodos.[9] Havia também um conhecido cortiço, situado bem na rua em que Lima morou, além de casas que abrigavam grande número de famílias em pequenos quartos sem estrutura básica. O *Jornal do Commercio* de 2 de abril de 1880, por exemplo, traz a notícia de uma briga travada entre imigrantes no, assim chamado, cortiço de Laranjeiras na qual foram detidos 22 indivíduos: "Na rua do Ipiranga, às seis horas da tarde de anteontem, deu-se um grande conflito entre italianos moradores em um cortiço dessa rua. Houve ferimentos e tiros de revólver".[10]

Mas, embora imigrantes, trabalhadores e operários fizessem parte do ambiente local, a representação social do bairro ficou mais ligada a uma elite abonada, que se dirigiu de mala e cuia para os lados de Laranjeiras e ali se firmou. O fato é que, na época em que Lima nasceu, o bairro já ganhava ares mais urbanos, apesar de teimosamente manter certa formação aristocrática, típica dessa que ainda se assemelhava a uma sociedade de corte. Lima, anos depois, contaria que uma verdadeira dramaturgia social era então encenada nesses novos salões "dos magnatas e ricaços" do lugar.[11] As elites do tempo de d. João ou mesmo aquelas vindas do café escolhiam terrenos onde outrora existiam belos sítios, juntavam dois ou mais lotes e lá erguiam residências bastante ostentosas — os casarões e chácaras de Botafogo e Laranjeiras —, e assim não sentiam mais falta do centro do Rio.[12]

Na rua Ipiranga, mais particularmente, desfilavam tanto o grupo que ganhara sua riqueza por conta do café do Vale do Paraíba, e que foi elevado à condição de nobre por graça e vontade do imperador Pedro II — o assim chamado "baronato do café" —,[13] como alguns estrangeiros que optaram por permanecer no Brasil. E, assim, as chácaras simples, e que antes apenas abasteciam a cidade, foram ganhando novos ares e pretensões.

A própria residência da princesa Isabel, hoje Palácio Guanabara, se localizava nesse bairro, o que sem dúvida significava uma marca simbólica forte para a vizinhança, que assim se nobilitava por extensão. Para o bairro de Laranjeiras, numa casa alugada, mudaram-se Machado de Assis e sua esposa, Carolina, em 1875, antes de irem morar na rua do Cosme Velho, em 1884.[14] A família do abolicionista pernambucano José Mariano Carneiro da Cunha também tinha um solar na região. Isso sem esquecer outros moradores ilustres, como Paulino Soares de Sousa[15] (médico, conselheiro, conhecido membro do Partido Conservador e escravocrata convicto), Max Fleiuss (fundador da revista *Illustração Brasileira*) e o literato Coelho Neto, por quem Lima viria a desenvolver antipatia pessoal e literária.

No mesmo bairro existiam também cortiços, que abrigavam grande número de famílias em pequenos cômodos.[16] Como se vê, havia mistura social, mas também não faltava hierarquia e respeito por ela. Nessa sociedade de perfil aristocrático (ou que se queria aristocrática), todos podiam conviver lado a lado, e apesar disso nunca deixariam de saber, cada qual, o seu lugar. A hierarquia era dada por uma série de marcas sociais e raciais — roupas, locais de residência, círculos de amizades, viagens, festas — claramente discriminadas, a despeito da convivência num mesmo espaço.

Vale a pena, nesse sentido, constatar a discrepância nos valores dos imóveis no bairro. No *Jornal do Commercio* de 22 de abril de 1881 vemos dois anúncios, um após o outro, de casas muito distintas. O primeiro noticiava: "Aluga-se a casa da rua do Ipiranga n. 22 contendo água, gás e um bonito sótão para dormitório; trata-se no n. 24". Já o segundo assim descrevia o domicílio quase colado ao anterior: "Aluga-se a casa da rua Ipiranga, n. 16, não tem água e nem gás; trata-se no n. 24".[17] Também o tamanho e a estrutura dos imóveis variavam muito. Nos classificados da *Gazeta de Noticias* de 18 de janeiro de 1879 é possível ler: "Aluga-se uma boa casinha, muito própria para um casal sem filhos, na rua do Ipiranga n. 13; trata-se no largo do Paço n. 4, esquina da rua do Mercado".[18] Já em 17 de dezembro daquele ano, no mesmo jornal aparece a propaganda de uma imensa residência: "Aluga-se à rua das Laranjeiras n. 19 a casa assobradada sita à rua do Ipiranga n. 59; tem duas salas, quatro quartos, copa, despensa, cozinha, dois quartos para criados, grande porão, água, gás com bons aparelhos e está limpa e esteirada".[19] Outro exemplo: no dia 13 de maio de 1880, no *Jornal do Commercio* vê-se: "Aluga-se a casa da rua do Roso n. 9, nas Laranjeiras, seu preço mensal é 30$, trata-se na rua do Ipiranga n. 24, esquina da de Paissandu, armazém".[20] Em 30 de março do mesmo ano, nesse periódico aparecia com novos detalhes o verdadeiro abismo existente entre vizinhos: "Aluga-se na rua do Ipiranga n. 29, Laranjeiras, uma casa com jardim na frente e pátio nos fundos, com água dentro, tanque para lavar, banheiro de mármore, latrina patente, com gás em toda a casa, contando duas salas, quatro saletas, sete quartos, quarto para engomar, despensa, cozinha, água e um pequeno terraço: o seu aluguel é 130$; a chave está por favor na venda próxima n. 17, e trata-se na rua da Prainha n. 51".[21]

Enfim, a vizinhança e a rua podiam ser as mesmas, mas as realidades eram muito distintas entre si. Os jovens Barreto, por exemplo, até que moravam próximos do barão de Macaúbas, do barão Smith de Vasconcelos e da própria princesa Isabel, mas é provável que se identificassem mais com os operários das fábricas e manufaturas da região que viviam em casas mais modestas. Não havia distinção prévia, mas isso não quer dizer que existisse confusão social: as expectativas eram diversas, não obstante a convivência no mesmo espaço urbano.

Quando Lima nasceu, sua mãe, formada professora, já atuava no magistério. E logo abriria em sua própria casa um estabelecimento de ensino para meninas. Mas essa não era a única instituição do gênero nas cercanias. Havia outro colégio renomado situado na Ipiranga: o Colégio Abílio, que passou a se chamar Colégio Epifânio Reis. Este último, cujo nome ficou ligado à figura emblemática do dr. Abílio Borges (barão de Macaúbas),[22] instalado num confortável solar com um jardim espaçoso na frente, serviu de inspiração para *O Ateneu*, de Raul Pompeia, romance publicado primeiro como folhetim na *Gazeta de Noticias* e depois em livro, no mesmo ano de 1888. Com o subtítulo "Crônica de saudades", a obra narra a história de Sérgio no tempo em que era estudante do Ateneu, uma instituição de ensino para filhos de famílias abastadas e que contava com uns poucos alunos aceitos por caridade. Pompeia diz que ali desfilava "a fina flor da mocidade brasileira" vinda de várias partes do país, atraída pelas novidades da corte e pelo método desenvolvido pelo pedagogo que dirigia o local. O romance é considerado autobiográfico e à clef, uma vez que retrataria os sofrimentos do seu autor na época em que frequentava o internato do dr. Abílio Borges, avaliado, juntamente com o Pedro ii, como "modelar" para o ensino secundário do período, e muito relevante para a conformação de padrões de socialização das elites dirigentes da nação.[23]

A escola do *Ateneu* localizava-se no bairro do Rio Comprido, numa clara alusão ao rio Carioca e ao bairro de Laranjeiras. Já os personagens do livro compõem quase que uma fotografia da frequência social do bairro em que Lima nasceu, ao mesmo tempo que explicam por que a rua Ipiranga era também conhecida como um logradouro "tipicamente escolar".[24] Fosse qual fosse o tamanho da projeção ou da morada, o certo é que o visitante que passasse pela região logo se depararia com o colorido da população — expresso nos vários grupos étnicos que por lá conviviam e nos diferentes mundos sociais que circulavam num mesmo espaço. Aliás, essas características não diferiam das dos demais bairros próximos do centro do Rio: aí estavam imigrantes instalados havia pouco no país; uma população nacional enriquecida pelo comércio e produção do café; funcionários públicos; profissionais liberais; e muitos trabalhadores entre negros, mestiços, pardos, morenos e toda sorte de cores expressas por libertos, livres, recém-libertos, ou ainda poucos escravizados. Cada um em seu lugar. Lima, anos depois, escreveria como vivia constrangido com a presença ostensiva dos mais abonados, estudantes ricos que se vestiam em alfaiatarias chiques ou traziam ternos diretamente da Europa.[25]

Mas, mesmo com tantos "constrangimentos", o bairro e a rua dos Barreto eram sem dúvida lugares ideais para um jovem casal como a professora Amália Augusta e o tipógrafo João Henriques, que pretendiam começar a vida em conjunto e progredir a partir dos seus méritos e dos dividendos que tirassem de sua formação educacional. Essas eram conquistas bastante recentes, difíceis de lograr, e que agora faziam parte das expectativas de famílias ascendentes, que haviam conhecido a experiência da escravidão em uma ou duas gerações anteriores. A formação educacional era de fato uma maneira eficaz de distinção social. De acordo com o censo de 1872, a taxa de analfabetismo no país era de 82,3% para as pessoas de cinco anos ou mais, situação que se mantém bastante inalterada até o segundo censo, realizado em 1890 (82,6%), já no início da República.[26] Como explica Sérgio Buarque de Holanda, ainda que d. Pedro ii julgasse que "a educação, especialmente a instrução primária, sempre parecera, efetivamente, a necessidade fundamental do povo",[27] o panorama da área pouco mudou durante seu reinado. O historiador acrescenta que, em 1869, o senador Silveira Lobo lembrara que "na própria Corte havia apenas 4800 alunos primários para uma população estimada em 400 mil a meio milhão de almas".[28]

O analfabetismo será entendido, pois, como um problema nacional somente com a reforma eleitoral de 1882 (a Lei Saraiva), a qual acrescentou ao "censo pecuniário" o "censo literário", que por sua vez estabeleceu a proibição do voto do analfabeto. Já a Constituição republicana de 1891, que acabou com o "censo econômico", manteve o "censo literário".[29] O tema do analfabetismo vai virando, portanto, uma questão política, mais do que econômica; uma questão de imenso impacto social.[30] Ser alfabetizado era assim razão para grande orgulho. Significava a forma certa de galgar a hierarquia social; fundamental para a integração nesse novo projeto nacional, cada vez mais urbano.[31]

Nesse momento, algumas possibilidades de ascensão social pareciam animar os brasileiros. De um lado, o café, conhecido como "ouro negro", garantiu a estabilidade econômica do Segundo Reinado, e fez dos proprietários de grandes fazendas no Vale do Paraíba e depois no Oeste de São Paulo os famosos barões do café.[32] De outro, o crescimento da produção cafeeira levou ao aumento exponencial de escravos agrícolas.[33] Com o fim do tráfico em 1850, a mão de obra foi deslocada dos latifúndios canavieiros do Nordeste para o Sudeste, o que implicou certa "ladinização" dos cativos, que em geral faziam parte de uma segunda ou terceira geração já nascida no Brasil. Levou também, e por estranhos caminhos, a novas formas de libertação e de inserção social.

Só para que se possa ter uma ideia mais precisa, o número médio de escravizados traficados anualmente do Nordeste para o Rio de Janeiro nos anos 1850 seria de 3439, e estimava-se em cerca de 1500 os que chegavam junto com seus proprietários. Segundo o historiador Herbert Klein, se a tais cifras forem somados os embarques de escravos para o porto de Santos, é possível verificar que nas décadas de 1850 e 1860 o número de escravos vindos do Nordeste era em média de 5 mil a 6 mil por ano, comparados com os 24 mil por ano trazidos do continente africano para todos os portos do Brasil nas duas décadas precedentes.[34] Ou seja, como os escravos importados de outras províncias não pertenciam em geral a uma primeira geração de africanos, eles acabavam conhecendo mais a terra, os costumes, e as práticas de trabalho coercitivo. Não que a situação implicasse melhores tratos; pelo contrário. Com o fim iminente do sistema, as relações ficavam ainda mais severas.[35] No entanto, e paradoxalmente, toda forma de repressão leva a novos formatos de rebelião, e, nesse contexto de final dos anos 1880, diferentes modelos de libertação e de negociação dos termos da liberdade eram conhecidos.[36] Difícil de conseguir, mais complicada de manter, a liberdade criava um mundo de indivíduos que iam driblando sua história de modo a construir locais de inserção nessa sociedade até então dominada por brancos. Libertos da escravidão, que lhes marcara a história pregressa de maneira profunda, esses eram indivíduos que haviam sido treinados para manejar sua cor. Como mostra a historiadora Hebe Mattos, "a noção de cor, herdada do período colonial, não designava, preferencialmente, matizes de pigmentação [...], mas buscava definir lugares sociais, nos quais etnia e condição estavam indissociavelmente ligadas".[37] E a educação correspondia a um dos novos desenhos de libertação social e intelectual.

A percepção difusa e pouco verbalizada parecia ser a de que não se era "negro para sempre", até porque, muitas vezes, ascender podia significar "embranquecer". É conhecido o caso de André Rebouças, engenheiro, amigo da família imperial, abolicionista e reformador social, que "trocou de pele", como conta em seu *Diário*, quando, em viagem para os Estados Unidos numa missão oficial do Império de Pedro II, "descobriu-se negro". Foi por lá que não conseguiu "negociar" sua entrada num hotel de elite. Também foi naquele país que concluiu que sua origem escrava fazia alguma diferença no jogo da inserção e, sobretudo, da exclusão social.[38] Nesse período em que ainda se tinha medo de possíveis reescravizações, e em que a liberdade era uma realidade rara de lograr e ainda mais difícil de manter, o passado escravocrata consistia num dado que acabava sendo, quando possível, escamoteado.

O Brasil em que Lima nasceu era escravocrata, não só nos números como no sentimento das elites. Se o movimento abolicionista ia entrando no cotidiano dos brasileiros, já o sistema escravocrata, autorizado pela lei, era ainda por demais naturalizado no Império, e defendido por muitos para os quais essa forma compulsória de mão de obra se parecia com um destino nacional. Mas a situação foi mudando de forma acelerada na década de 1880, e a abolição virou questão supranacional, como se verá adiante. Além do mais, as fugas, rebeliões e insurreições tornavam-se cada vez mais frequentes, e obstruíam o que deveria ser a mera persistência ordeira do sistema escravocrata.

No entanto, um país não passa impunemente pelo fato de ter sido o último a garantir a vigência de um modelo de trabalho que pressupõe a posse de um homem por outro. Essas são estacas fortes, que constrangem a sociedade. A escravidão não foi apenas um tipo de mão de obra, ou um detalhe da nossa economia. Ela criou um modo de ser e estar em tal sociedade: uma linguagem social com graves consequências. Essa é, pois, uma história coletiva, mas também individual porque traz os dramas de cada pessoa e de cada família. Nesse sentido, ela atingirá em cheio a vida dos Barreto e a literatura de Lima, que jamais abriu mão de denunciar as mazelas da escravidão no Brasil, os mecanismos de humilhação, bem como as diversas formas de racismo por aqui vigentes. Ao mesmo tempo, e já como escritor, Lima Barreto nunca desistiu do que aprendeu e lembrou. Virou testemunha dos vários processos de liberdade, das cores, dos costumes, das religiões, das vestes, dos cabelos e das diferentes maneiras que os afro-brasileiros inventaram para viver e imaginar o exílio, e, assim, fazer dele o seu desterro e sua morada; um lugar onde se incluir e brigar.

Um Brasil escravocrata

Em 1881, o Brasil era ainda um país escravista, na rabeira de boa parte das nações e impérios que haviam admitido esse tipo de mão de obra em seus territórios. Se o sistema era recorrente e amplamente justificado até o final do século XVIII, daí em diante a situação se altera, e de forma bastante ligeira. O contexto internacional foi chacoalhado por um ciclo de abolições que se inicia em São Domingos (atual Haiti), quando em 1791 é levada a cabo por escravizados uma revolução sangrenta, urdida por Toussaint Louverture, que decretou a abolição do regime e defenestrou as elites locais. A despeito do veto econômico e político que se abateu sobre o lugar, e cujas decorrências podem ser percebidas até os dias de hoje, a força da revolução foi sentida por todos os países escravistas. Era a primeira vez que escravizados lideravam um movimento daquelas proporções, não simplesmente aguardando pela liberdade, mas tomando-a para si. O movimento teve tal impacto que virou substantivo, passando a ser conhecido como "haitismo", termo que fazia tremer qualquer senhor de escravos, até então confiante em sua posição de mando.[39]

Em 1807 foi a vez do Império Britânico e dos Estados Unidos colocarem um ponto--final no tráfico em seus domínios. Os líderes europeus reunidos no Congresso de Viena — que em 1815 associou Inglaterra, Rússia, Áustria e Prússia, entre outras nações, com o objetivo primeiro de varrer o fantasma de Napoleão Bonaparte —, ainda que em essência visassem à restauração do Antigo Regime, foram firmes quando se tratou de jogar na ilegalidade o comércio internacional de escravos.

E a mesma onda abolicionista varreu grande parte das colônias espanholas da América no início do século XIX. Durante a década de 1820, em decorrência dos processos de independência, aboliu-se a escravidão no Chile, na Costa Rica, no Panamá, em Honduras, na Guatemala, na Bolívia e no México. Em domínios coloniais ingleses, como a Guiana e Maurício, a abolição foi decretada na década seguinte. Os motivos para tal guinada eram muitos e a historiografia ainda se divide sobre o tema. Para alguns, consistiram na pressão por expansão econômica e nas novas formas de capitalismo que demandavam populações consumidoras e, portanto, trabalhadores livres. Para outros, o tema era político, com a entrada da linguagem dos direitos e da cidadania, e a definição de leis capazes de normalizar novas condutas da sociedade. O que ninguém discutia era que a espinhosa questão vinha para ficar. O tema da escravidão, até então um assunto quase silencioso a despeito de latente — que todos lamentavam tanto quanto justificavam —, agora começava a soar mal, mesmo em países de consolidada coexistência com o sistema. Não era mais de bom-tom defender o uso da mão de obra escrava, que dirá valer-se dela. A mudança parecia drástica: ainda em princípios da década de 1880 os senhores mediam seu poder a partir da quantidade de cativos que tinham em seus plantéis, e faziam-se fotografar à frente de seus escravos.

No Brasil, desde a chegada do príncipe d. João e da família real portuguesa, em 1808, a pressão só aumentava. Logo depois de desembarcar, o soberano — aliviado por estar em terras tropicais, longe da guerra que estourava na França e alcançava Portugal — firmou uma série de acordos com a Grã-Bretanha e garantiu que liquidaria com o tráfico. Não o fez, e talvez venha daí a expressão "para inglês ver", que em geral se refere a atitudes alardeadas mas nunca efetivamente tomadas. Novos tratados proibindo o "comércio negreiro" foram estabelecidos pelos dois países em tempos de Brasil independente. O tema entrou em cheio na agenda, e parecia não haver saída senão dar fim ao aviltante "tráfico de almas". Da parte do governo português e depois brasileiro, a teimosia (no melhor caso), ou a reiteração enquanto política premeditada (no mais realista dos casos), mostrava, no entanto, de que maneira a nação se encontrava umbilicalmente vinculada e dependente de tal sistema.

A escravidão era, de fato, uma linguagem no país, que permeava dos locais mais miúdos e privados até aqueles de maior evidência ou públicos. Nos termos, nos costumes, no cotidiano, na lista de castigos corporais, nas expressões, no teatro, na literatura, na fotografia, no trabalho, a escravidão se enraizara entre nós, de forma a parecer um dado da natureza (o que com certeza não era). Talvez por isso, ainda em 1823, falharam iniciativas como a de José Bonifácio de Andrada, que defendeu, junto à Assembleia Constituinte, o final paulatino do sistema.[40] Parecia ser muito cedo, quase uma utopia, pensar na extinção de um modelo e de uma força econômica poderosa que serviam a tantos. Todos aqueles que dependiam do labor manual e do trabalho de um modo geral.

Durante as Regências, a despeito de formalmente extinto,[41] o tráfico de almas continuou firme e em escala cada vez maior: entraram 600 mil escravos no território nacional até 1850, ano em que a Grã-Bretanha colocaria um ponto-final nessa história, forçando uma decisão definitiva. Apreendeu escravos contrabandeados, policiou embarcações e criou um caso de soberania nacional ao invadir navios já nas imediações da costa brasileira. Sem saída, o Partido Conservador, então no poder, decretou a lei que levava o nome de Eusébio de Queirós, ministro que insistiu na necessidade de o Estado dar um basta ao tráfico, e fechou, ainda mais uma vez, o comércio ultramarino de africanos. Com o intuito de não ficar com a pecha de ingênua, a Grã-Bretanha tratou de patrulhar a costa do Brasil, para dessa vez ter certeza de que a medida era pra valer.

Esse foi um duro golpe para os proprietários de escravos e para os traficantes. O governo, ciente disso, tentou facilitar um pouco as coisas fechando, pelo menos, um dos olhos. Isto é, procurou amenizar, na prática, o que continuava, ainda, apenas nos termos da lei. Até a década de 1850, os portos seguiam na prática abertos para a entrada de mão de obra cativa: aportaram no Brasil 9309 africanos de 1850 até 1856, quando, após alguns incidentes internacionais, finalmente o tráfico foi extinto. O cativeiro estava tão encravado no cotidiano brasileiro, que a Lei Eusébio de Queirós foi vivenciada como uma espécie de luto por parte das elites agricultoras. Alardeava-se que a extinção do tráfico acarretaria a desorganização da economia, a falência de famílias de proprietários rurais, a bancarrota dos negociantes, o desequilíbrio nas contas estatais... Como se o negócio de almas fosse não só respeitável mas também perene.

O importante é que não passava pela cabeça das elites locais que os dias da escravidão pudessem estar contados. O "comércio de almas", como era então chamado, e o uso disseminado de mão de obra escrava datavam dos primórdios da nossa história colonial. Essa história começou com a escravização de indígenas e logo desaguou na compra acelerada de africanos, os quais geravam, ademais, boa lucratividade para aqueles que controlavam tal comércio. Tudo parecia jogar a favor. O território era grande, a metrópole lusa pequena e despovoada, os negócios com as feitorias da costa africana conhecidos e estabelecidos, e lá se foram três séculos e meio de importação de escravizados. Como vimos, o Brasil chegou a receber 45% dos africanos que saíram compulsoriamente de seu continente — 5848265; cerca de 500 mil só durante o Segundo Reinado e por conta da economia do café.[42]

De tão naturalizada, a escravidão não era privilégio de grandes proprietários. Os monarcas, mas também pequenos roceiros, negociantes, taberneiros, profissionais liberais, padres, comerciantes, e por vezes até escravos possuíam cativos. A escravidão entrou em cheio nas casas privadas e nos negócios públicos do Estado; nas cidades e no campo; no comércio e na burocracia.[43] Se o objetivo primeiro era suprir de braços a agricultura exportadora, escravos foram usados em todo tipo de negócio: nas minas, no algodão, no arroz, na pecuária, nas grandes e nas pequenas plantações; nas cidades, como jornaleiros, carregadores, quituteiras, cozinheiras e prostitutas. O escravismo era, sobretudo, um bom negócio. Mas era mais do que isso; ele moldou condutas, definiu desigualdades sociais, fez de raça e de cor dois marcadores de diferença fundamentais, ordenou etiquetas de mando e obediência, e criou uma sociedade condicionada pelo paternalismo e por uma hierarquia estrita.

É assim que se entende por que terminar com o tráfico não significava, para os grupos interessados locais, concluir que os dias da escravidão estavam contados. Uma coisa era "ceder à pressão inglesa"; outra dar por encerrado um sistema que, assegurado pelas leis, parecia fazer parte do ar que os brasileiros respiravam. Aliás, mesmo com a lei promulgada, em vez de diminuir, o número de escravos entrados parecia aumentar proporcionalmente às iniciativas contrárias inglesas: no ano de 1845, o total de africanos transladados foi de 19363; em 1846, de 50354; em 1847, de 56172; em 1848, de 60 mil.[44]

O que mudou com "o fim do tráfico" foi o preço dos cativos em geral, que acarretou novas disparidades regionais e grandes transferências internas de mão de obra. Entre 1852 e 1862, o total de escravos transferidos, por via marítima, das províncias do Norte que tinham como destino o Rio de Janeiro alcançava o número impressionante de 34688 pessoas. No entanto, mesmo durante a vigência da proibição ao tráfico, alguns africanos continuavam a entrar no país.[45] O ambiente azedou de vez entre 1862 e 1863 com dois incidentes envolvendo ingleses,[46] ocasião que o governo de Pedro II aproveitou para sustentar a ideia de que estava em questão a soberania do Estado, e não o tráfico externo. Resultado: dois anos de relações cortadas entre Brasil e Grã-Bretanha e mais pressão por todos os lados.[47]

No cenário internacional, como se viu, o ambiente era igualmente agitado. A escravidão ia desmoronando na vizinhança — na Jamaica em 1833, na Colômbia em 1851; na Argentina em 1853; na Venezuela e no Peru em 1855. O regime de servidão também acabou no Havaí em 1852, na Índia em 1860, e na Rússia, em 1861. Em 1863, chegou a vez das colônias holandesas, tendo a voga alcançado as portuguesas em 1869.[48]

O fato é que no final da década de 1860 o Brasil ia ficando isolado. Junto com ele restavam apenas os Estados Unidos (que daria fim à escravidão em 1865, após uma sangrenta guerra civil), Zanzibar e Madagascar (1876), Costa do Ouro (1874), Bulgária (1879), Império Otomano (1882) e, na rabeira, Cuba, onde o cativeiro terminou em 1886. Do lado do Brasil, por mais que se quisesse evitar o tema, tornava-se claro que a emancipação era incontornável, ao mesmo tempo que o Império de Pedro II se convertia numa espécie de paraíso dos escravocratas norte-americanos. Não são poucos os relatos de antigos confederados americanos que queriam migrar para os trópicos brasileiros — considerados, até então, tranquilos canteiros escravocratas.[49]

E não se podia dizer que as elites nacionais e o governo imperial não andassem temerosos com o processo em curso. Política de avestruz tem limites e, por mais que o assunto fosse delicado, chegava a hora de encará-lo mais de frente. Era preciso, em primeiro lugar, evitar a divisão interna do país — a exemplo do que ocorrera no restante da América espanhola e mesmo durante a experiência próxima das Regências, quando o Brasil, de ponta a ponta, foi tomado por rebeliões nativistas. Era preciso, também, lembrar da experiência da Espanha. A chamada lei da Libertad de Vientres, que alforriava os filhos e filhas de escravas nascidos a partir da data da sua promulgação — e que já produzira bons resultados em nações como Chile, Argentina, Venezuela, Peru, Colômbia, Equador, Uruguai e Paraguai, e igualmente nas colônias de Portugal —, prometia uma abolição mais gradual, ordenada e controlada pelo Estado, e bem que poderia funcionar para o caso brasileiro. À disposição havia ainda a saída russa, que garantia abolição em quinze anos, sem indenização aos senhores. Enfim, modelos externos não faltavam, mas as respostas eram difíceis. O que não cabia nessa conta dos grandes proprietários era não indenizar os senhores; já os ex-escravizados, nem pensar. Afinal, a despeito do fim do tráfico, no censo de 1872 os escravos correspondiam a 15,2% da população nacional: 1 510 806 cativos. Entre Minas Gerais, São Paulo, Bahia e Rio de Janeiro residiam 61% dos escravos. Já no Rio de Janeiro, para cada escravo, estimava-se em 1,67 o número de homens livres.[50]

Mas, como história não tem volta nem dá dois passos para trás, o ambiente geral anunciava modificações em curso lento, porém num ritmo ascendente. Em 1864 o imperador recebia uma mensagem da Anti-Slavery Society, instituição inglesa que pressionava pelo fim da escravidão e mexia com os brios do monarca, que gostava de mostrar publicamente sua face de liberal e humanista. Nessa altura, contudo, ele não tinha mais como disfarçar sua contrariedade diante da pressão internacional, vinda justamente de nações que tanto estimava. O Brasil andava cada vez mais insulado, o que se explicava pelo enraizamento e importância que o sistema ainda mantinha. Leis como a do Ventre Livre (em 1871) e mesmo a dos Sexagenários (em 1885) apenas adiavam um encontro marcado com o término desse sistema. Também buscavam passar a ideia de controle diante de uma situação de insurgência geral. A partir da década de 1880, escravizados simplesmente deixavam em massa as fazendas, e era comum ver negros fugidos circulando pelas cidades, sem que nenhuma autoridade tivesse coragem de abordá-los. Ademais, o sistema ia ficando cada vez mais violento de parte a parte: escravos se insubordinavam, assassinavam feitores, criavam novos quilombos; senhores, vendo a iminência do fim, passavam a tratar seus cativos com maiores requintes de rigor e até de sadismo.[51] Por outro lado, além do abolicionismo legal, havia projetos mais radicais, como os de um Antônio Bento — cuja narrativa, um tanto mítica, imputa tão somente a ele a invasão de fazendas no Oeste Paulista e o auxílio aos escravizados insubordinados para que lograssem realizar suas fugas —,[52] e os clubes abolicionistas, que pipocavam pelo país.

Existiram, entretanto, outras consequências internas, que escapavam às previsões desse mundo supostamente ordenado pelas elites. Com a lei de 1871, criaram-se distinções e nomes para lidar com tanta diversidade. Por exemplo, eram chamados de "Ventres Livres" aqueles indivíduos recém-emancipados por essa lei, sendo assim discriminados pelo restante da população pelo simples fato de terem "adquirido" a liberdade há tão pouco tempo. Também, deram-se novos sentidos a termos já existentes — "moleque", "menino", "menina", "garoto", "cria", "ingênuo" —, os quais, sobretudo depois da medida que libertava os recém-nascidos, geraram classificações sociais vinculadas ao costume de evitar a determinação da idade precisa dos pequenos escravos. Aí estava um verdadeiro código silenciosamente partilhado; hierarquias dadas por nascimento, origem, educação, cor da pele e data de libertação. Era largo o vocabulário de eufemismos e de cores no Brasil.

A professora Amália Augusta

A história de Lima faz parte dessas muitas histórias da escravidão e da luta pela liberdade plena no Brasil. Sua mãe, d. Amália, nasceu no Rio de Janeiro em 21 de abril de 1862. Teve como padrinho o dr. Manuel Feliciano Pereira de Carvalho, que supostamente era seu pai mas jamais assumiu a relação. Era filha da escrava alforriada Geraldina Leocádia da Conceição e neta da escrava Maria da Conceição, "cria" da mesma família Pereira de Carvalho. Em romances como *Clara dos Anjos* e no texto inacabado *Marco Aurélio e seus irmãos*, Lima alude à ascendência da mãe, que provavelmente vinha de uma família cujo patriarca teria sido miliciano na região de São Gonçalo. Em *Clara dos Anjos*, ao citar a personagem Babá, escrava da família de Engrácia, mãe da jovem Clara, ele escreve que a velha morrera "de embolia cerebral".[53]

A coincidência pouco coincidente só começa por aí. Lima explica, na ficção, que Engrácia teria sofrido muito com essa morte, pois, não tendo conhecido sua mãe, que falecera quando ela contava sete anos apenas, foi criada por uma escrava negra: a Babá. "Os seus protetores tinham sido abastados; eram descendentes de um alferes de milícias, que tinha terras, para as bandas de São Gonçalo, em Cubandê. Pouco depois da Maioridade, com a morte do chefe da casa, filhos e filhas se transportaram para a Corte [...]. Um dos irmãos já habitava a capital do Império e era cirurgião do Exército, tendo chegado a cirurgião-mor, gozando de grande fama. Para a cidade não trouxeram nenhum escravo. Venderam a maioria e os de estimação libertaram. Com eles, só vieram os libertos que eram como da família."[54] No romance, pelo tempo do nascimento da personagem Engrácia, pode-se imaginar que restavam poucos escravizados na casa dos Teles de Carvalho. Pode-se imaginar mais: como através dessa passagem Lima delata regimes contínuos de dependência, típicos dos tempos da pós-abolição.

Lima embaralha propositadamente tudo: seus personagens e sua própria realidade. As passagens, ainda que alusivas, são fundamentais para entender rastros da história da mãe do escritor, ou ao menos o que Lima seleciona dessa história. Na falta de dados, o escritor ficcionaliza. No romance *Clara dos Anjos*, Engrácia era patroa de Babá e mãe de Clara. Já no seu *Diário*, a protagonista aparece como sua mãe. O mesmo tipo de operação pode ser encontrado em *Marco Aurélio e seus irmãos* quando o escritor menciona de passagem o destino da mãe do personagem que dá nome ao texto. Explica que ela "criara-se" na família do capitão de milícias José Manuel Brandão, o qual, "com seus filhos e escravos mais chegados, estabelecera-se na Corte".[55] Há também a referência de um conto chamado "Babá", cujo título original era justamente "Mãe Quirina". A palavra "báaba" é de origem quiconga e quimbunda, e trouxe consigo o significado de "criadeira".[56] Já no Brasil da escravidão o termo disseminou-se e passou a ser empregado para as amas que cuidavam das crianças, eram em geral afrodescendentes, e viviam ao lado de seus senhores mas também separadas da família. O conto escrito por Lima, ou crônica, difícil saber, narra o caso de uma "preta velha, velha de mais de cem anos, africana" que estava por morrer. Era da nação moçambique, e seus primeiros senhores haviam sido os Carvalho de São Gonçalo. Comenta ele: "Estranho destino o daquela mulher. A raça lhe dava a doentia resignação para morrer miserável, na mesma terra que o sangue dera o que havia de requerer para amar e de humildade para obedecer".[57]

Juntando tantos registros, nota-se que as descrições de Engrácia, em *Clara dos Anjos*, da mãe de Marco Aurélio e da personagem do conto "Babá" parecem uma biografia por associação. Afinal, o autor demonstra conhecer pouco da história de sua mãe, Amália Augusta, cujo passado é sempre vinculado à "família do doutor". Conhece menos ainda da história da avó, uma escrava doméstica que, a despeito de conseguir alforria, continuou a fazer parte do mesmo círculo doméstico de relações como "liberta da família". Numa crônica bem mais tardia, ele recuperou o que sobrou dessa "memória rota" —[58] feita de pedaços — acerca da avó que entrara no Rio de Janeiro ainda "rapariguinha".[59] Moravam no bairro de Colubandê, constituinte do município de São Gonçalo, limítrofe ao de Niterói, na província do Rio de Janeiro. Vinda da África, da nação Rebolo, a avó de Lima, Maria da Conceição, residiu em São Gonçalo como escravizada doméstica.

O escritor, que sempre procurou desvendar o enigma da sua origem, em 10 de fevereiro de 1908 foi até São Gonçalo visitar um amigo e deixou a seguinte anotação: "Eu, olhando aquelas casas e aqueles caminhos, lembrei-me da minha vida, dos meus avós escravos e, não sei como, lembrei-me de algumas frases ouvidas no meu âmbito familiar, que me davam vagas notícias das origens da minha avó materna, Geraldina. Era de São Gonçalo, de Cubandê, onde eram lavradores os Pereiras de Carvalho, de quem era ela cria. Lembrando-me disso, eu olhei as árvores da estrada com mais simpatia. Eram muito novas; nenhuma delas teria visto minha avó passar a caminho da Corte, quando os seus senhores vieram estabelecer-se na cidade. Isso devia ter sido por 1840, ou antes, e nenhuma delas tinha a venerável idade de setenta anos [...]. Quem sabe se eu não tinha parentes, quem sabe se não havia gente do meu sangue naqueles párias que passavam cheios de melancolia, passivos e indiferentes, como fragmentos de uma poderosa nau que as grandes forças da natureza desfizeram e cujos pedaços vão pelo oceano afora, sem consciência do seu destino e de sua força interior".[60]

Manuel Feliciano Pereira de Carvalho, médico e senhor de escravos da casa onde viveu a avó de Lima Barreto. Foi provavelmente o avô do escritor.

Emocionado por revisitar sua própria história, Lima conclui: "Eu vi também pelo caminho uma grande casa solarenga, em meio de um grande terreno, murado com um forte muro de pedra e cal. Estava em abandono, grandes panos do muro caídos e as aberturas fechadas com frágeis cercas de bambus. Eu me lembrei que a grande família de cuja escravatura saíra minha avó, tinha se extinguido, e que deles, diretamente, pelos laços de sangue e de adoção, só restavam um punhado de mulatos, muitos, trinta ou mais, de várias condições, e eu era o que mais prometia e o que mais ambições tinha".[61]

Não eram poucas as projeções de Lima presentes já nesse texto de 1908. Voltava ao passado, mas imaginava para si um presente melhor que o daquele "punhado de mulatos", para usar seus termos provocativos. Nesse escarafunchar da memória, o escritor recupera ainda a história do senhor de sua avó, um Pereira de Carvalho. O patriarca da família, o dr. Manuel Feliciano Pereira de Carvalho, era oriundo da região de São Gonçalo, conhecido de d. João VI e médico afamado do Império. Atuara depois como cirurgião-mor do Exército, diretor da Faculdade de Medicina e conselheiro do imperador, de quem ganhou a alcunha de Patriarca da Cirurgia Brasileira.[62] Foi considerado um dos primeiros cirurgiões dessas bandas, até porque, antes da vinda do príncipe regente, tal prática era bastante cerceada. Aliás, escolas superiores de medicina só foram fundadas após a chegada de d. João e da corte — uma na Bahia e outra no Rio de Janeiro.[63]

A carreira de Manuel Feliciano revelou-se tão ascendente como exemplar. Em 1824 foi nomeado cirurgião ajudante das Brigadas de Artilharia;[64] em 29 de dezembro de 1856, informou o *Correio da Tarde* que ele fora promovido a coronel cirurgião-mor do Exército e chefe do respectivo Corpo de Saúde;[65] em 14 de março de 1858 é promovido novamente, dessa vez a alferes do corpo de estado-maior de primeira classe;[66] e em 1861 é nomeado Cavaleiro da Ordem de São Bento de Avis.[67]

Manuel foi também o primeiro profissional a usar o clorofórmio por aqui. Suas experiências com o anestésico datam dos idos de 1848. Se ingerido, ou se seus vapores fossem aspirados, o clorofórmio aliviava as dores dos recém-operados. O produto, que havia sido descoberto apenas em 1831, foi empregado pela primeira vez em 1847, e com tanto sucesso que até rainhas, como Vitória da Grã-Bretanha, fizeram uso dele para diminuir as dores do parto. Bem informado, Manuel Feliciano estava a par das qualidades e do emprego eficiente do clorofórmio logo no ano seguinte à sua primeira utilização cientificamente documentada. O médico teria ainda arriscado outras substâncias, como o éter e o querosene, mas sem obter o mesmo resultado. Usou também o aparelho de Souberain, que empregava o clorofórmio de maneira tão generosa como racionalizada, no caso de cirurgias.[68]

A família fora transferida para a corte nos idos de 1840, e os filhos se empregaram em repartições do governo. Joaquim José Pereira de Carvalho trabalhou como escrivão de primeira classe do Almoxarifado da Contadoria da Marinha,[69] e Antônio Lourenço como escrivão da 4ª seção do Almoxarifado do Arsenal de Marinha.[70] O movimento é semelhante ao de boa parte das elites cariocas do café, para quem a capital do Império cumpria uma função centrífuga: modas, mas também empregos, administração, política, tudo funcionava por lá. Diferente do perfil geral, porém, a família de mudança vendeu a maioria dos seus antigos escravos e libertou aqueles considerados "de estimação". À corte só chegaram os libertos que faziam parte da família alargada, os domésticos. E esse foi o caso da mãe de Lima; uma "cria da casa", de acordo com o documento. O termo "criada" era evocado no exemplo da mãe de Lima, considerada dependente da família estendida. Mas, conforme veremos, ela era muito mais que isso.

Na foto que restou do famoso médico, ele parece representar e ostentar bem a posição que ocupava na corte. Médicos eram "doutores" por posição e mérito, e, naquela sociedade das honras e galhardias, esse "local social" era dos mais estimados. "Doutores" formavam uma espécie de "teocracia médica", a mesma que Lima Barreto futuramente iria criticar tanto. Numa das imagens, hoje castigada pelo tempo, a jaqueta apurada, a camisa branca, a barba e o cabelo bem-feitos conformam um belo quadro da posição social do retratado. Fotos eram caras na época, e um *carte de visite* custava muito, o mesmo preço simbólico que alcançava como demonstração de hierarquia e distinção.

Mas os méritos do dr. Manuel não se limitavam a tirar a dor cirurgicamente. Ele também se batia, tal qual um dom-quixote perdido naquele Brasil imperial, contra tantos outros males da população, de uma maneira mais geral. Conta Francisco de Assis Barbosa que, dentre os tantos feitos do cirurgião, estava a operação bem-sucedida de um escravizado que tentara cometer suicídio. Ao voltar à consciência, em vez de mostrar "eterna gratidão" o cativo queixou-se com o médico, que se encontrava ao pé de sua cama e insistia em saber de sua saúde: "Vou mal doutor. Muito mal. Se o senhor não me podia dar a liberdade, para que me deu a vida?".[71]

A reação do cirurgião revela um pouco do mal-estar que começava a se instalar nas cidades brasileiras, sobretudo na corte: ele tanto fez, que acabou por pagar pela carta de alforria do operado.[72] Histórias como essa, apesar de raras, não eram de todo estranhas nos idos de 1860, quando o tema da abolição já assolava a opinião pública. Se não havia uma crítica generalizada, e muitos preferiam se calar diante do perigo de perder seus empregados, a manumissão, em diversas formas, tornava-se cada vez mais corriqueira.

Outra história que igualmente desenha o perfil mais humanitário do médico pode ser encontrada no relato enviado pelo próprio Manuel Feliciano ao *Diario do Rio de Janeiro*, o qual foi publicado no dia 10 de março de 1858. Ele narrou o que chamou de "cena escandalosa": o "espancamento de um preto" por dois ou três indivíduos na rua de São José, entre a da Misericórdia e a do Carmo, na noite de 8 de março. Explicou o médico que "as vozes se tornavam distintas", mas ele ouviu "claramente: 'eu não estou fugido, trago papel na mão para chamar o médico, se duvida vamos à casa de meu senhor'"; isso por mais que ele suplicasse para não ser morto. Ante o espetáculo de escancarada violência pública, escreveu Manuel, "não foi possível conter-me, vendo eu ser tão barbaramente espancado um preto que apenas reclamava que o deixassem ir ao mandado de seu senhor chamar um médico, que se queixara de o terem prendido e seu dinheiro, que não estava fugido, bem como ele próprio, e que não opunha senão a resistência da inércia, isto é, não andava. Disse então da minha janela: preto, segue a esses homens para que eles te não matem a pancadas, eu serei tua testemunha voluntária, irei amanhã ao Sr. chefe de polícia, exporei tudo o que eu, a minha família e muitas outras pessoas observamos, e estes homens hão de ser punidos, e tu irás para casa de teu senhor". Diante da censura do médico, os algozes intimidados "não deram mais pancadas no preto e declararam que iam levá-lo à casa do senhor".[73]

Ao que tudo indica, o episódio teve certa repercussão, pois na edição do dia seguinte — 11 de março — Manuel Feliciano escreve elogios ao subdelegado da freguesia de São José, que o teria procurado com o propósito de obter novos esclarecimentos. De acordo com o médico, "este procedimento dos Srs. chefe e subdelegado prova categoricamente o empenho que estas autoridades mostram em fazer justiça, procurando punir os seus subordinados, que abusam do poder".[74] Enfim, Manuel Feliciano era contra os excessos de autoridade, até mesmo nesse sistema que buscava naturalizar desigualdades.

Patriota, Manuel voluntariou-se para servir na Guerra do Paraguai, pedindo, para tal, licença da direção da Faculdade de Medicina. Já havia participado da Guerra dos Farrapos, que ocorrera entre 1835 e 1845 e desestabilizara o frágil período das Regências. Mas a experiência no Paraguai seria muito mais dramática e dolorosa.

No princípio do embate, aderir à guerra parecia questão de nacionalismo, e não poucos membros das elites se alistaram no Exército julgando que o conflito seria breve e indolor. Com esse espírito, o próprio imperador partiu para o cenário da guerra, devidamente fardado, ao lado de outros voluntários. Já Manuel Feliciano, em nota no *Jornal do Commercio* de 3 de junho de 1865, convidou médicos e farmacêuticos, e pessoas com conhecimentos práticos em farmácia, a servir nos estabelecimentos militares da corte e no Exército durante a guerra.[75] Contudo, como os demais personagens, ficcionais ou bem reais, Manuel desencantou-se com a guerra e voltou, em agosto de 1867, adoentado fisicamente e partido na alma. O embate se prolongava e mais parecia uma carnificina, sobretudo aos olhos de um médico que se alistara para salvar doentes. Apesar da medalha brilhante e da Ordem vistosa que recebeu de Caxias pelos serviços dispensados à pátria, o cirurgião retornou ao Rio de Janeiro trazendo na bagagem o agravamento de sua moléstia congênita — uma séria lesão cardíaca —, além de uma infecção pulmonar. Perdera também o filho, capitão do Exército com o mesmo nome do pai, que tornava viúva a mulher com quem se casara por procuração. Ele fora uma das várias vítimas da *cholera morbus*,[76] ainda mais impiedosa no clima insalubre de Poncho Verde, localizado nos pântanos úmidos do Paraguai.

Para piorar o abatimento do médico, ele não merecera um reconhecimento à altura do seu desempenho. Segundo a *Opinião Liberal* de 12 de outubro de 1867, Manuel prestou serviços à pátria comparáveis aos do dr. Cândido Borges Monteiro. Na verdade, o dr. Cândido não fizera nada de muito heroico, a não ser viajar para a Europa ao lado dos príncipes imperiais. Ainda assim, fora logo elevado a barão, enquanto Manuel regressou "moribundo" à corte e nunca mais saiu do seu "leito da dor".[77] O mesmo periódico, no dia 31 de outubro do ano citado, questiona ainda os pequenos vencimentos recebidos por ele, e conclui ironicamente com um ditado de época: "Mais vale cair em graça do que ser engraçado".[78]

De volta ao lar, desquitado desde a época em que decidira seguir para o cenário da Guerra dos Farrapos, Manuel guardava poucos motivos para se orgulhar. Talvez por isso tenha abandonado de vez sua profissão. Mas pelo menos o ambiente da casa devia ser animado pela bagunça dos filhos pequenos da família agregada de Geraldina Leocádia. Eram não só muitos — Amália, a mais velha, Jorge, Carlos, Bernardino — como tratados tal qual netos ou filhos. Esse tipo de ligação costumeira só confirmava os rumores gerais acerca da paternidade biológica dos afilhados. Por sinal, nada disso soaria estranho naquele contexto. A sociedade patriarcal brasileira, sem ser oficialmente poligâmica, era, porém, permissiva no que se referia a uniões extraconjugais entre senhores e escravas, se não estáveis ao menos duradouras. Não poucos libertos guardavam a mesma origem, tão escondida como previsível. Todos sabiam, mas quase ninguém fazia conta desse tipo de situação.

No seu *Diário íntimo*, Lima descreve Engrácia como tendo sido educada "com mimo de filha", como acontecia com outros poucos "rapazes e raparigas filhos de antigos escravos". Termos como esses recobriam relações estreitas, presentes em tais famílias alargadas, que descendiam dos "varões da casa" e de "cochichos" próprios dessa sociedade. O fato é que a passagem faz alusão à suspeita paternidade de Amália Augusta e de seus irmãos.[79]

Por meio do rascunho de *Marco Aurélio e seus irmãos*, datado de 1904, ficamos sabendo também que a avó de Lima era "provida da precisa beleza para interessar o seu jovem senhor, tanto mais que isso estava nos costumes do tempo, quase sem prostituição pública e de aventuras amorosas difíceis".[80] Se essas eram certezas guardadas na família, ou projeções de Lima, quando imaginava seu passado, isso não temos como saber. O que, sim, sabemos é que a avó Geraldina Leocádia tinha construído um relacionamento afetivo com o médico; mesmo que não reconhecido oficialmente. Histórias bem brasileiras dos tempos da escravidão e de muito tempo depois.

Já Amália crescera mimada: primeiro teve a mãe a seu lado e depois passou para os bons tratos de d. Rosa, irmã do dr. Pereira de Carvalho. O médico tinha três irmãs, que sobreviviam graças aos serviços prestados pelo irmão falecido durante a Guerra do Paraguai. Dizia Lima no romance que ela era "quase maternal": "era médico, botica, roupas, colégio... tudo ela dava àqueles seus sobrinhos inconfessados".[81] Amália contava praticamente seis anos quando o patriarca da casa morreu; ele que, desde a volta da guerra, andava de um lado para outro, perambulando pelos cantos do sobradão. As lembranças do combate e a má sorte do filho lhe custaram muito, e o médico morreria logo depois de retornar. Não obstante, mesmo após seu falecimento, os parentes não desampaririam a família extensa da mãe de Lima. Todos os filhos receberam educação escolar, assim como herdaram o nome do antepassado: mais um costume da época, mas também um sinal forte das relações íntimas que se estabeleciam naquele ambiente doméstico.

A avó de Lima, Geraldina Leocádia, fora alforriada quando a família se mudou para o Rio. Os Pereira de Carvalho parecem ter se adiantado ao movimento que seria mais geral apenas na década de 1880, concedendo alforria condicional mas preservando os libertos por perto. A condição de liberto previa, no limite, a fidelidade ao antigo senhor, e muitos deles permaneceram na órbita de seus ex-proprietários, em circunstâncias sutilmente diferentes. Esse foi o caso, como vimos, de Geraldina, mas também, e de certa maneira, o de Amália, de quem o dr. Manuel Feliciano era padrinho de batismo. Os motivos para receber a tão desejada carta de liberdade eram vários, porém não poucas vezes razões simples, pautadas em desígnios do coração, falavam mais alto. Escravos domésticos eram muito bem aquinhoados nesse quesito, por conta de uma vida inteira passada na intimidade do lar. E o exemplo da avó de Lima aí estava, a confirmar a regra.[82]

Também confirmando a regra, Geraldina e os filhos permaneceriam próximos de seus ex-proprietários. Havia muita ambivalência, de lado a lado, nessas trocas de favores; elas auxiliavam na inserção social futura dos "ingênuos", mas igualmente mantinham laços de servidão e novas formas de dependência.[83] É assim que encontramos todos os agregados dos Pereira de Carvalho residindo sob a égide da família. O exemplo de Amália Augusta comprova, uma vez mais, essa política da ordem do privado, de prover de benesses os "ingênuos" da casa, ao mesmo tempo que eram mantidos na órbita de influência da família. Basta ver que a menina recebeu educação muito diferenciada da média das demais colegas de geração, e sobretudo de origem: diplomou-se professora, depois de ter concluído a formação no Colégio Santa Cândida, na rua do Areal.

E mais: no seu diploma constava, vistoso, o sobrenome socialmente adquirido dos Pereira de Carvalho. Essas eram estratégias conhecidas de certas famílias afro-brasileiras, que assim não só ganhavam a liberdade jurídica, como conquistavam aquela social, dada pelo acesso à educação. Amália sabia ler e escrever com perfeição, e sem dúvida conservava orgulhosa distância do grupo que se convencionou chamar de "Ventres Livres".[84] Longe de se dedicar às atividades braçais, que pareciam resumir a representação perversa da escravidão, ela estudara para se dedicar à formação dos pequenos. Esse era um futuro do qual Amália aparentemente queria fazer parte. Um Brasil diferente quando, enfim, não existiriam mais escravos, distinções, ou hierarquias pautadas na origem e na cor.

As mulheres apenas ganhavam o direito à educação, e é possível imaginar o esforço despendido por Amália para galgar tal posição, ainda mais tendo um passado marcado por tantos obstáculos. Mas o movimento parecia ser mais amplo. Desde a Constituição de 1824 o regime estabelecera a gratuidade da instrução primária aos cidadãos. Tal tipo de medida foi confirmado pela reforma eleitoral de 1882, que aboliu o voto censitário mas manteve o critério de alfabetização para o pleno exercício dos direitos políticos.[85] Educação era, pois, um ganho insofismável para o acesso à cidadania. Talvez tenha sido por esse motivo que o Ato Adicional de 1834 atribuiu às províncias o dever de legislar, organizar e fiscalizar o ensino primário e secundário. Nessa época foi criada uma série de escolas públicas, particulares, domésticas, cujos orçamentos ficavam muitas vezes aquém das reais necessidades.[86]

Em 1854, por meio do Regulamento para a Reforma do Ensino Primário e Secundário no Município da Corte, o acesso às escolas foi franqueado à população livre e vacinada, contanto que não portadora de moléstias contagiosas. A matrícula em escolas públicas era, porém, expressamente proibida aos escravos, ratificando-se uma divisão verificada na própria sociedade. Além do mais, o mesmo regulamento estabelecia que pessoas livres, entre sete e catorze anos, deveriam tomar parte do ensino obrigatório sob pena de multa de cem réis aos pais ou responsáveis. Meninos menores de doze anos, "em tal estado de pobreza" e vagando pelas ruas seriam recolhidos a casas de asilo e enviados a oficinas particulares, mediante contrato do Estado, para que aprendessem ofícios e assim estivessem "aptos ao trabalho".

O suposto geral era que o ensino primário seria suficiente para as camadas pobres. Já o ensino secundário não era obrigatório e, como consequência, acabava restrito a uma parcela seleta da população livre.[87] Tanto o curso secundário como o superior, aqueles que facultavam a entrada para as atividades intelectuais mais prestigiosas e para os cargos públicos, ficavam nas mãos das classes senhoriais, sendo que o restante da população deveria contentar-se com a dedicação aos trabalhos manuais. Aliás, a exemplo da concepção geral que advinha do uso largo da escravidão.[88]

A educação era igualmente considerada como a melhor maneira de contornar a chamada "questão do trabalho". Em 1867, o ministro conselheiro Liberato Barroso insistia nessa missão como o modo mais eficaz de "conservar a hierarquia e a civilização do Império".[89] Há, pois, uma relação evidente entre a criação de um estabelecimento como o Asilo dos Meninos Desvalidos e a Lei do Ventre Livre. A instituição deveria zelar pela educação dos "ingênuos" — os nascidos livres ou aqueles que tivessem adquirido a liberdade a partir de 28 de setembro de 1871 — e para que fossem entregues pelos senhores ao governo. Deveria, ainda, não apenas atender os meninos livres e em condições de "mendicidade", como adotar soluções para disciplinar os libertos. Por outro lado, uma série de proprietários de escravos, descontentes com a medida, solicitaram a matrícula de "ingênuos" no Asilo, como forma de indenizá-los por seus gastos com a alimentação e cuidados para com as crianças libertas pela Lei.[90]

Coincidência ou não, nos anos 1870 o número de escolas públicas criadas na corte passou de 45 para 95 já no final da década. Novos projetos educacionais foram introduzidos por associações e sociedades particulares, leigas e religiosas. Nessa época, ainda, o

O CASAL BARRETO: QUANDO EDUCAÇÃO PARECE SINÔNIMO DE EMANCIPAÇÃO | 39

governo imperial construiu os primeiros prédios escolares, com dimensões e formatos arquitetônicos mais apropriados, edificados para abrigarem de quinhentas a seiscentas crianças. Entre 1870 e 1880, foram fundados os chamados "palácios escolares" da corte: a Escola Pública da Glória (atual Escola Estadual Amaro Cavalcanti, no largo do Machado) e as escolas municipais de São Sebastião e São José, situadas nas populosas freguesias de Santana e São José. E o tema entrou em cheio na agenda do Império. Políticos, advogados, médicos, professores, fazendeiros, fundavam associações e sociedades filantrópicas, leigas e religiosas, visando "proteger", "assistir", educar e instruir as crianças.[91]

Escolas foram ficando mais especializadas, também. As primárias, por exemplo, dividiam suas crianças por gênero; meninos e meninas estudavam em locais e casas separados. Além do mais, o currículo reservado às meninas apresentava restrições no ensino de álgebra, geometria, gramática, história e geografia pátrias. Outro aspecto interessante: se o regulamento de 1854 menciona "meninos pobres", não há referência a "meninas pobres". Ao contrário, para as garotas que frequentavam o ensino primário, a doutrina cristã, a leitura, a escrita e o cálculo mais elementar pareciam suficientes, juntamente com as aulas de bordado e costura. A formação das meninas visava à vida do lar, doméstica, sendo a pública reservada aos homens. Por isso, os poucos casos que alcançavam o secundário eram geralmente direcionados para o magistério feminino, sobretudo a partir de 1870.[92]

Esses eram mundos separados e que previam inserções distintas. De toda maneira, a educação significava, para os que podiam tomar parte das novas escolas, um projeto de inclusão social, não apenas previsto pelas elites, mas agora possível para aqueles por tanto tempo separados das benesses da cidadania. A história de Amália, que fora criada nos anos 1870 num contexto de ampliação de direitos educacionais, representa um bom exemplo das possibilidades de ascensão social que as oportunidades recentes facultavam.

Mas sobraram poucas descrições ou imagens de Amália Augusta. Segundo o registro dos batizados da paróquia do Santíssimo Sacramento da antiga Sé do Rio de Janeiro, ela nasceu em 21 de abril de 1862, sendo filha natural, como sabemos, de Geraldina Leocádia da Conceição e neta materna de Maria da Conceição. Pode-se ver que até no registro oficial a descendência é só feminina; nenhum traço de paternidade. Sua única fotografia a apresenta como uma jovem que se veste com roupas e adereços em voga na época. Imagem típica dos últimos anos do Império, na foto Amália parece reforçar uma espécie de convenção conforme a qual todos buscavam retratar-se à maneira urbana, manipulando os símbolos da sociedade em que queriam, de algum modo, se ver incorporados.

Muito jovem na foto, Amália traz o "cabelo ruim", como se dizia, devidamente domado, brincos aparentes, vestido bem fechado. Com uma roupa recatada, parece condizer com a representação da professora, apenas desdita por sua pouca idade disfarçada nos trajes e adereços. O zelo e o comedimento da vestimenta também a afastam da representação fotográfica que se criou e convencionou acerca de mulheres afrodescendentes, em geral mostradas com o colo nu, a destacar sua beleza e sensualidade.

Nesse caso, porém, se dá o procedimento oposto. Amália já era uma típica representante da terceira geração de mulheres, e sua imagem na fotografia pretende antes apagar ou di-

Amália Augusta,
a mãe de Lima Barreto.

luir que ressaltar a ancestralidade. A presença já assentada no Brasil fazia muita diferença naquela sociedade condicionada pela sombra e pela realidade persistente da escravidão.

A avó de Amália, Maria da Conceição, que veio da África a bordo de um navio negreiro, parece inclusive ter marcado a imaginação do menino Lima Barreto. Embora não tenham convivido, ela lhe serviria de constante inspiração. Seu fantasma e o de Geraldina teriam o papel de vínculo afetivo com a escravidão, tema que o escritor visitaria com frequência em sua obra. A bisavó tantas vezes imaginada deveria estar na pele das inúmeras personagens matriarcais, nas quitandeiras de rua, nas conselheiras, naquelas feiticeiras que despontam, vira e mexe, na literatura de Lima.

Contudo, a imagem mais forte — na vida e na literatura de Lima — é a da mãe, que tomou parte nessa engenharia de patronagens que enredou as elites brasileiras e seus serviçais, e que condicionaria o modelo oficial de abolição. Libertação era entendida pelos proprietários de escravos e pelo Estado como uma espécie de presente; desses que se "recebem" e que "impõem" a obrigação de demonstrar gratidão e retribuir. Foi assim com Geraldina — uma escravizada doméstica que ganhou a liberdade mas ficou atada aos Pereira de Carvalho por laços de fidelidade —, e parecia ser também o exemplo de Amália, que fazia parte da família mas de algum modo alcançou posição social distinta: formou-se professora e chegou a diretora de escola. Casos como o de Amália mostram a importância da educação para o acesso à liberdade não só jurídica como social. Amália sabia ler e escrever com perfeição, e por isso diferenciava-se das gerações de sua mãe e avós, mas também dos recém-libertos com quem devia conviver.

Libertos nascidos no Brasil eram considerados livres, mas não gozavam dos mesmos direitos dos cidadãos nascidos livres. Na Constituição do Império, no Título 4º, artigo 95 (parágrafos 2 e 3), estabelecia-se que esses indivíduos não podiam ser eleitos deputados ou senadores na Assembleia Nacional, e apenas votavam nas primárias.[93] Associados a seu passado escravizado e igualados a "estrangeiros", eles constituíam uma categoria jurídica à parte. É provável que tenha sido essa a razão para que algumas famílias afro-brasileiras que gozavam, fazia algum tempo, da liberdade, e que haviam conhecido um processo de ascensão social, criassem formas de atuação que as diferenciavam dos libertos mais recentes. Amália, por exemplo, distante das atividades domésticas, escolhera o magistério. No *Diario de Noticias* de 26 de fevereiro de 1880 consta o certificado necessário: "Foram dispensadas das provas de capacidade profissional Amália Augusta Barreto [...] para que possa dirigir colégio de instrução primária e secundária e ensinar as respectivas matérias". Esse era um sonho agora possível de ser acalentado.

É certo que Amália contou com o apoio financeiro da família do médico Pereira de Carvalho. Mas soube aproveitá-lo, tornando-se professora e diretora de instituição para moças. Foi, por sinal, nesse momento da vida que conheceu o tipógrafo João Henriques, o qual, como veremos, também se valera de seus laços com o político monarquista e conservador Afonso Celso de Assis Figueiredo, futuro visconde de Ouro Preto, para alcançar sua formação profissional. Tais episódios pertencem a uma história conhecida, feita de muito esforço e mérito pessoal, mas igualmente de favores e protecionismos, elementos sem os quais seria difícil escapar da fronteira da cor e da origem social.

O tipógrafo João Henriques

Foi justamente frequentando a casa dos Pereira de Carvalho, por conta da proximidade que Afonso Celso tinha com a família do médico, que João Henriques conheceu Amália. Em 1877, quando o pedido de casamento foi feito, ela contava quinze anos, e ele, 24.

O casamento ocorreu em novembro de 1878,[94] e já no mês seguinte os futuros pais de Lima foram morar na rua Ipiranga, 18. No mesmo lugar fundaram uma escola pequena e modesta para a educação de meninas: o Colégio Santa Rosa. Em anúncio na *Gazeta de Noticias* de 4 de maio de 1880, o estabelecimento era assim descrito: "externato de instrução primária para meninas, lecionando-se também música a 5$ por mês".[95]

Na época João Henriques também se iniciava na vida profissional contando com a influência de Afonso Celso. Trabalhava no jornal do futuro visconde, na qualidade de tipógrafo de *A Reforma*. Esse era seu segundo emprego, depois de haver estudado no Instituto Artístico e no Instituto Comercial do Rio de Janeiro. Por seu lado, Afonso Celso já era um político afamado: fora senador por Minas Gerais, ministro da Marinha de 1866 a 1868, da Fazenda em 1879-80, e em 1882 virara conselheiro do Estado. Fazia parte do círculo que cercava o Paço e era bastante próximo de Pedro II. Monarquista convicto, um ano depois da data do casamento de Amália com João Henriques, Ouro Preto teria seu nome estampado na imprensa, mas em tintas negativas. Quando senador, criara um imposto de vinte réis sobre o preço das passagens de bonde, medida que gerou um movimento de contestação popular no Rio de Janeiro, entre 28 de dezembro de 1879 e 4 de janeiro de 1880, chamado de Revolta do Vintém.[96] Com gritos de "Fora o vintém", a população foi às ruas, espancou condutores, esfaqueou burros e arrancou trilhos ao longo da rua Uruguaiana, perto do trabalho do afilhado. Como se vê, Afonso Celso era tudo menos um desconhecido: sobretudo para um casal que procurava se afirmar socialmente, era um padrinho de peso.

O futuro pai de Lima nascera no Rio de Janeiro, em 19 de setembro de 1853. Era também filho de uma escrava — Carlota Maria dos Anjos — e de um português do ramo de madeiras, cujo estabelecimento se situava na rua da Misericórdia. Como não era raro ocorrer, a paternidade não foi por ele assumida, sob a alegação provável, e comum, de que aquela não passara de uma relação de ocasião. Esse foi um padrão criado nos tempos em que se implementou o modelo de colonização escravocrata, que impôs às mulheres discriminações de dois tipos: de um lado estavam as indígenas e africanas, abusadas sexualmente, com grande frequência, pelos senhores brancos, cujo status social impediria que tivessem no casamento uma saída possível. De outro, as mulheres brancas, as quais, consideradas virtuosas, deveriam ser preservadas dentro de casa, de maneira a que fossem controladas e mantivessem uma imagem de pureza e de organização familiar.[97] Desse modo, a exploração sexual das mulheres escravizadas passava a ser identificada com situações "extraconjugais", como os adultérios, concubinatos ou mesmo a prostituição. Na época, para um senhor, assumir uma relação oficial com uma escravizada, que nem ao menos teria o direito legal ao status jurídico que o matrimônio poderia conferir, parecia tema "fora de cogitação". Daí para a negação de qualquer laço de parentesco com um filho fruto de tal união havia só um passo, que foi decididamente dado na história familiar do pai de Lima. Se no exemplo da mãe do escritor a paternidade é só presumida, e o sobrenome mantido, já no caso do pai os laços foram definitivamente cortados.

Da avó paterna do escritor, Carlota, pouco sabemos.[98] Consta que teria morrido aos 49 anos devido a uma embolia cerebral, e sido sepultada no dia 4 de fevereiro de 1872, no Cemitério São João Batista.[99] O nome dela será utilizado de forma direta no romance de vida toda de Lima Barreto, *Clara dos Anjos*. Além de incluir a ambivalência presente no nome da avó — a cor "clara" e dos "anjos" para uma protagonista "negra" ou "mulata", conforme descrição presente no livro —, o escritor desenha para ela o enredo mais violento em termos de discriminação e racismo contra mulheres afro-brasileiras. Clara, como a avó de seu criador, termina sozinha, grávida, prostituída numa das versões do romance.

João Henriques, segundo as descrições e as poucas imagens que dele restaram, não negava na cor o passado afrodescendente da família: era bem morena, puxada para o preto. Na foto gasta pelo tempo, o cabelo partido no meio, como era voga, não diminui a desordem dos cachos. Vestido à moda, com seu fraque e calças com certeza emprestados pelo ateliê profissional, num formato *carte de visite*, João Henriques apoia-se na balaustrada evitando que a foto saia tremida.

João Henriques,
pai de Lima Barreto.

O ateliê também deve ter sido bem escolhido, de maneira a deixar clara a condição do fotografado, cuja situação social é enfatizada pelo pedestal clássico e pelo cortinado neutro que compõem o cenário. Tal qual Amália, João Henriques nascera livre, o que, como vimos, fazia imensa diferença no destino e nas ambições e projetos por eles desenhados. Ambos pretendiam "vencer na vida" a partir do trabalho duro e, por conta da formação diferenciada, mais voltado para os ofícios liberais. Enquanto Amália foi para o magistério, Henriques entrou no Instituto Comercial do Rio de Janeiro, antes denominado Aula de Comércio, onde concluiu os estudos básicos. Escola técnica mas ideal para quem buscava um emprego especializado, por lá aprendeu francês e obteve a formação necessária — o chamado "preparatório" — para conseguir ingressar no ensino superior.

A antiga Aula de Comércio da corte, fundada nos tempos de d. João, em 1809, fora convertida em Instituto Comercial do Rio de Janeiro pelo decreto nº 1763 de 14 de maio de 1856, expedido em virtude de outro decreto, este de 9 de agosto de 1854, que autorizava a sua reforma e incluía novos estatutos para o estabelecimento. A Aula de Comércio foi efetivamente extinta no ano de 1857, por falta de alunos: eram apenas 21 em todo o curso. O Instituto Comercial começou a funcionar em 1858 no edifício do externato do Colégio Pedro II, mas com uma entrada separada, que evidenciava as diferenças sociais. Afinal, o Pedro II formava, sobretudo, as elites do Império, o que não era bem o perfil social dos alunos que frequentavam o Instituto; indivíduos em geral provenientes de estratos mais pobres.

A princípio eram apenas dezenove alunos: catorze no primeiro ano e cinco no segundo. O ensino era pago e diurno, o que concorreu para a curta vigência do curso. Os alunos ingressantes revelavam, de uma forma geral, dificuldades para saldar as mensalidades, além de acabarem faltando muito no curso, por conta dos trabalhos extras que eram obrigados a executar para o sustento. Por isso, o índice de repetência por faltas ou inadimplência era alto.[100] Nos jornais de época, era constante a denúncia acerca do pequeno número de alunos e dos altos salários dos professores. O escândalo ia se tornando público. No *Correio Mercantil e Instructivo* de 11 de dezembro de 1864, um artigo denuncia: "É triste, e muito triste! que, quando o país mais carece de economias esteja a exaurir-se os cofres com ordenados fabulosos a sete lentes, empregados e outros acessórios, para em rigor lançar por ano um aluno pronto!... Trata-se do Instituto Comercial da Corte, no qual os lentes de alemão, de direito, de escrituração mercantil e geografia ocupam-se todo o ano com dois alunos...".[101]

Nesse meio-tempo, e devido às constantes reclamações a respeito do pequeno número de matriculados, novos regulamentos e legislações se seguiram. O decreto nº 2741, de 1861, promoveu outra reorganização do Instituto, criando um curso preparatório para facilitar o ingresso dos alunos. Já o decreto nº 3058, do ano de 1863, reformava mais uma vez os estatutos, ampliando o curso de dois para quatro anos e introduzindo disciplinas no currículo. A grade curricular incluía, no primeiro ano, francês, inglês, aritmética, com aplicação especial às operações comerciais e álgebra, até equações de segundo grau. No segundo, além dessas matérias, entravam alemão, geometria, plana e no espaço, geografia e estatística comercial. No terceiro, alunos eram informados sobre estatística comercial, direito comercial, escrituração mercantil e legislação de alfândegas e consulados das maiores praças de comércio com o Brasil. Por fim, no quarto ano, novamente direito comercial e legislação de alfândegas e consulados. Ademais, o ensino de línguas passava a orientar-se segundo as exigências da terminologia comercial. Como se vê, as demandas eram muitas, e devia ser difícil concluir os exames com êxito.

Era também complicado inscrever-se para uma vaga no Instituto. Os candidatos precisavam ser maiores de treze anos e passar por exame preparatório, que abrangia gramática e caligrafia. Por fim, havia uma taxa gorda de matrícula.[102] Com tanto rigor e inadequação à demanda, o resultado acabava sendo previsível. No Relatório de 1877, o ministro dos Negócios do Império, conselheiro deputado Antônio da Costa Pinto e Silva, constatava certa melhora no número de alunos, mas reconhecia o "fracasso" do Instituto diante do elevado grau de repetência. "No ano de 1875 ali se matricularam 29 alunos, dos quais dezesseis perderam o ano." Para piorar, entre 1875 e 1876, nenhum aluno completou o curso, o que levou o conselheiro a concluir que aquela era uma "instituição morta".[103]

Para tentar solucionar o problema, no ano de 1877 fundou-se outro Instituto Comercial, sediado na rua do Regente, 19, onde o horário atendia às necessidades da clientela: funcionava das cinco da tarde até depois das vinte horas, respeitando assim a carga de trabalho do alunato. As matérias pareciam corresponder aos interesses da clientela: contabilidade e escrituração mercantil, geografia, direito mercantil; economia política; francês, inglês, matemática, alemão, caligrafia e desenho linear. No entanto, nem com mais vantagens o estabelecimento resistiu. Segundo diferentes fontes, na década de 1880 o instituto não existia mais.[104]

Também a fim de sanar as carências e as falhas do ensino comercial-profissionalizante, foi criado o Curso Comercial do Imperial Liceu de Artes e Ofícios do Rio de Janeiro, em 1882. Era gratuito, funcionava no horário noturno, e não por acaso recebeu 478 candidatos logo na matrícula da primeira série que então se iniciava.[105]

A despeito de ser noturno, e de não ser frequentado por estudantes da elite, por conta das suas demandas educacionais severas o Instituto acabou por se converter num dos estabelecimentos mais prestigiosos da corte, aparecendo nos jornais ao lado do Colégio Pedro II — a famosa menina dos olhos do imperador — e da Escola Normal. É provável também que uma rede semelhante de professores circulasse pelas três instituições. No entanto, e apesar de contar com uma grade bastante ampla de matérias e exigências na avaliação, ficava claro que entre esses estabelecimentos vigorava uma espécie de extensão daquela vigente entre o mundo do trabalho e o do ensino na corte, bem como um tipo de relação paralela. De um lado, a dupla face aristocrata, reunindo o bacharel e o Exército; de outro, uma escola voltada para os serviços especializados, técnicos, administrativos e comerciais.

Foi por lá que João Henriques se graduou e adquiriu algum conhecimento de línguas estrangeiras. Em 5 de janeiro de 1883, no jornal *A Folha Nova*, seu nome aparece entre os dos "aprovados com distinção" nos exames de francês do primeiro ano do curso comercial do Liceu de Artes e Ofícios.[106] O pai de Lima completaria sua formação técnica no Instituto Artístico, pertencente aos irmãos Fleiuss, que estava em atividade desde 11 de janeiro de 1860. Por sinal, em dezembro desse mesmo ano começava a circular a *Semana Illustrada*, periódico de propriedade de Henrique Fleiuss, que prosperaria na corte e era umbilicalmente ligado ao Instituto, cujo nome, já em 1863, passara a ser Imperial Instituto Artístico. O papel desse estabelecimento foi fundamental também na divulgação da técnica da xilogravura. Deve-se, ainda, à iniciativa de Fleiuss a fundação do jornal *Illustração Brasileira*.

João Henriques terminou sua formação na Tipografia do Imperial Instituto Artístico. O programa durava três anos e a partir do segundo o aluno recebia uma gratificação de 120 mil-réis para trabalhar nas revistas da própria Tipografia; remuneração que no ano seguinte dobrava para 240.[107] Não era muito, mas o valor cobria os primeiros gastos e dava aos alunos a confortável sensação de fazer parte do mercado profissional. Integravam o Instituto compositores, gravadores, impressores, e foi nesse ambiente, considerado o mais qualificado em seu meio, que Henriques recebeu lições do mestre alemão Faulhaber e foi introduzido na arte da impressão.

Com a morte dos fundadores, em abril de 1878, ano em que se casavam João Henriques e Amália Augusta, as publicações seriam fechadas. De toda maneira, contando com uma formação sólida, e por conta da influência do padrinho Afonso Celso, Henriques consegue uma vaga na Tipografia Imperial (e depois Nacional). Esse emprego lhe garantiu o primeiro salário e a segurança para levar adiante o compromisso com d. Amália. Seu sonho era cursar a Faculdade de Medicina e virar "doutor"; aliás, situação material e simbólica que muitos almejavam durante o Império. Mas, dada sua posição social, um curso e emprego técnicos compunham melhor o perfil. Talvez por isso o pai de Lima depositará nos filhos as esperanças de uma formação que ele próprio não logrou: seus rebentos, sim, seriam doutores, e da Politécnica.

O marido de Amália não tinha, porém, motivo para queixas: o *Jornal do Commercio* era o mais tradicional periódico da corte. Estável, conservador e longevo, até 1875 possuía quase o monopólio das notícias de política, de negócios e de relações exteriores; representava o melhor local que um jovem operário da área gráfica poderia almejar, ainda mais em início de carreira. No entanto, os projetos de João Henriques não demorariam a passar por uma grande reviravolta. Quando o chefe da oficina gráfica do jornal faleceu, lidou mal com o fato de não ser indicado para substituí-lo. Seu patrão tentou, inutilmente, explicar as razões da decisão, alegando que não poderia desprestigiar funcionários mais antigos e que ele era novo demais para o cargo. Mas Henriques achou por bem pedir demissão. Jovem e esquentado, o tipógrafo aprendiz disse que se negaria a receber ordens de um chefe a quem julgava menos capacitado do que ele próprio.

A despeito das frustrações iniciais, o pai de Lima não ficaria desempregado por muito tempo. O mercado andava ávido por profissionais especializados, jornais começavam a pipocar na corte — alguns como experiências breves, outros mais consolidados — e Henriques logo achou serviço em outro periódico: *A Reforma*. O jornal, fundado mais recentemente, cheirava a novos ares: surgira em 12 de maio de 1869, assumindo uma posição de abertura política e moral, como dizia o seu primeiro editorial. João Henriques, por sua vez, deve ter imaginado que por lá encontraria um ambiente mais afeito ao exercício da liberdade de expressão e da equidade. Basta ler o manifesto de lançamento do jornal, que vinha assinado por personagens históricos do Partido Liberal, como José Tomás Nabuco de Araújo, Bernardo de Sousa Franco, Zacarias de Góis e Vasconcelos, João Lustosa da Cunha Paranaguá e Teófilo Benedito Otoni. Participavam ainda da publicação Bezerra de Menezes, Carlos Afonso, Cesário Alvim e Joaquim Serra, considerado "a alma do periódico". *A Reforma* foi a princípio impresso na tipografia de Francisco Sabino de Freitas Reis, comprada anos depois pelo Centro Liberal, e desde 1870 contava com oficina própria e maior estabilidade financeira; isso num contexto convulsionado pela Guerra do Paraguai e por seu desenlace, naquele mesmo ano.[108]

Já sabemos que, depois da guerra, a campanha em favor da abolição ganhou novo alento, e fundou-se o Partido Republicano. Evento nervoso do Império, o conflito com o Paraguai, segundo estudiosos como José Murilo de Carvalho, marca o momento de maior popularidade do Segundo Reinado, mas também o início do seu processo de decadência: antes dele, o Império parecia mais estável e forte do que nunca, depois começaram a tomar força instituições de oposição, e o próprio soberano dava sinais de cansaço.[109]

E nesse panorama, particularmente delicado, as bandeiras do jornal pareciam bem explosivas. O periódico insistia na urgência de uma reforma eleitoral; na necessidade da reforma do Judiciário; no fim do recrutamento militar obrigatório e da Guarda Nacional; e, finalmente, na premência da abolição da escravatura. Não deixavam para menos: "Ou a reforma ou a revolução", diziam, com a audácia de quem está começando. Ouro Preto assumiria a direção do jornal em janeiro de 1872 e imediatamente contrataria João Henriques para trabalhar por lá.[110] Mais uma vez, teria funcionado a política de compadrio, assim como as amarras de dependência entre os dois ficavam ainda mais fortes.

Na época, *A Reforma*, apesar de recente, já era considerado um jornal muito prestigioso na cidade e um dos que mais investiam nas recentes tecnologias de imprensa, ao menos durante o Império. Sua origem estava ligada ao Clube da Reforma,[111] fundado pelos mesmos grupos liberais, e que preconizava a necessidade de mudanças urgentes na ordem política do país. Suas frentes de combate mais diretas eram o governo conservador, então no poder, e a falta de diretrizes políticas que imobilizava o Brasil desde o final da guerra. Não é exagero afirmar que a ala mais radical do grupo, dali a alguns anos, acabaria por aderir à República em seu ideário.

Já João Henriques, ainda sob influência de Afonso Celso, tornou-se chefe de turma das oficinas de composição da Imprensa Nacional. Segundo o *Diario do Commercio* de 9 de agosto de 1889, o sr. João Henriques de Lima Barreto é nomeado "para o cargo de mestre da oficina tipográfica da Imprensa Nacional [...] que contará decerto no laborioso operário um trabalhador inteligente e na altura do emprego para que foi escolhido; por isso que dispõe de reconhecida e grande habilitação profissional".[112] É assim que o pai de Lima vai subindo na profissão; promovido a operário de primeira classe, passou a ganhar 5 mil-réis por dia, salário confortável para os padrões da época.

E as tentativas de proteção parecem não ter passado desapercebidas. No *Diario de Noticias* de 13 de fevereiro de 1890 aparece a seguinte nota: "Por morte do chefe da oficina da Imprensa Nacional, David Antônio Correia, cabia em sucessão, por direito de antiguidade, o lugar a José Alexandre de Azevedo, operário de reconhecido merecimento, de qualidades, de que tem dado provas durante trinta anos de ativo serviço. A nomeação feita pelo sr. Ouro Preto, de um substituto para o lugar deixado pelo mestre David, recaiu sobre João Henriques de Lima Barreto, injustamente. O sr. ministro da Fazenda, querendo compensar o digno operário preterido, nomeou-o para exercer o cargo, exonerando Lima Barreto. É um ato de justiça, que aplaudimos com sincero entusiasmo".[113]

A despeito do escândalo, João Henriques continuaria trabalhando em *A Reforma*, e teve até aumento. Próximo da data do casamento passou a receber 6 mil-réis; um belo salário, que lhe permitia assumir finalmente o matrimônio. Por aí se percebem, também, os laços sólidos e consolidados que uniam João Henriques a Afonso Celso. Nesse contexto, o visconde já era ministro da Fazenda e se afastara do jornal. Mesmo assim, figura como padrinho de casamento, do lado de João Henriques, junto com Antônio Nunes Galvão, o administrador da Imprensa Nacional e patrão do noivo. O futuro pai de Lima era definitivamente um bom pretendente para d. Amália. Afilhado de um político em evidência, fora apresentado à família como um respeitável tipógrafo e um trabalhador dedicado.

Assim, juntando o emprego público e o salário do jornal, e incluindo os ganhos auferidos pela escola de Amália, o casal poderia equilibrar as finanças, garantir uma vida honrada e imaginar a constituição de uma família feliz.

Anos mais tarde, João Henriques chegaria a mestre da referida oficina da mesma Imprensa. Orgulhoso de seu ofício, e usando dos conhecimentos de francês, língua que estudara durante sua formação técnica, o futuro pai de Lima Barreto começou a trabalhar na tradução de uma obra de Jules Claye — o *Manual do aprendiz compositor* —, que seria publicada apenas em 1888.

Tratava-se de uma obra técnica, que ensinava a arte, os vocábulos e o ofício de impressor. Não contente em realizar a tradução do francês, João Henriques adaptou as lições às condições da Imprensa Nacional.[114] A empreitada parece ter sido muito bem acolhida. Em 10 de agosto de 1888, o *Cidade do Rio*, por exemplo, refere-se positivamente à tradução de João Henriques, sem poupar elogios. Destacava seu papel para a tipografia do país, dizendo ser "incalculável o merecimento desse livro pelos bons serviços que ele vem prestar à classe tipográfica...". Há ainda a sugestão de que a Imperial Associação Tipográfica Fluminense deveria conferir "um prêmio ao inteligente moço que tão inestimável serviço prestou à classe com a publicação do seu livro".[115] O trabalho recebeu, também, uma nota na *Revista Typographica* de 18 de agosto de 1888, que definiu Henriques como "habilíssimo e inteligente tipógrafo". Elevado em seus elogios, o periódico destaca a importância da tradução para os tipógrafos das cidades do interior, "onde ainda são ignoradas as regras da arte".[116] Passados alguns dias, a resenha de Dias da Silva Júnior para a *Revista Typographica* de 8 de setembro de 1888, depois de afirmar que a tipografia daquele período estava em decadência, indica o *Manual do aprendiz compositor* como um trabalho que deveria servir de exemplo para "acordar estímulos nessa classe que tanto se tem deixado abater". E conclama Júnior: "AWAY! AWAY! Ao tipógrafo que entregou suas horas de lazer ao estudo, ao labor, trazendo para a língua vernácula e adaptando à arte tipográfica do Brasil".[117]

Como se vê, João Henriques ia galgando um lugar importante nesse ramo promissor da tipografia nacional. Por essas e por outras, a carreira dos pais de Lima lembra muito os destinos cruzados descritos por Leo Spitzer em seu livro *Vidas de entremeio*. Nele, alguns casos servem para identificar o último quartel do XIX como uma "época de ouro das libertações". Em diferentes partes do globo, os regimes de servidão começavam a ser quebrados, e a sensação geral era de que aquele seria um período de liberdades e de toda sorte de possibilidades.[118]

Os Barreto pareciam representar um bom exemplo de emancipação pela ação cultural e da educação; uma das molas que impulsionavam a elevação social e financeira. Todos esses ideais ficariam marcados na obra futura de Lima. A prática cotidiana do ensinar de

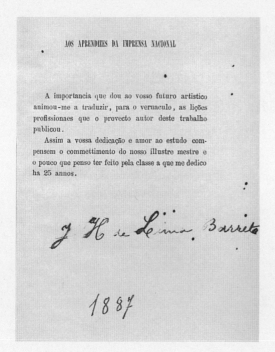

Página de rosto de *Manual do aprendiz compositor*, livro traduzido pelo pai de Lima.

sua mãe, as iniciativas profissionais de seu pai, fariam parte das primeiras lembranças do menino que desde cedo sonhava com a ideia de que a educação e o trabalho profissional igualavam a tudo e a todos.

Lima se orgulharia particularmente de sua mãe, cujo Colégio Santa Rosa figuraria no famoso *Almanak Laemmert* entre as 94 principais instituições de ensino da corte.[119] No jornal não consta, porém, o nome de Amália Augusta como diretora do estabelecimento. Ela só receberia seu certificado de habilitação como professora em fevereiro de 1880, e talvez esteja aí a razão de tal ausência.[120] Quem sabe, ainda, era a sua origem que não combinava com essa distinção. Não há como ter certeza do motivo; o mais importante é que o caso de Amália parecia comprovar que alguns indivíduos provenientes de ex-famílias de escravizados acabaram usando das franjas curtas do sistema e se beneficiaram, ascendendo social e educacionalmente.

No entanto, nessa nova sociedade que ia se arrumando para os tempos da República conviviam padrões de sociabilidade mais aristocráticos com modelos burgueses e urbanos de inserção. Os Barreto acumulavam muito talento, mas também favor e proteção. Carregavam, pois, méritos herdados dos dois sistemas: a ascensão burguesa com o protecionismo próprio de sociedades mais estamentais. De toda maneira, possuíam, por certo, expectativas elevadas de ascensão social.

Mas a maré iria subir e descer. Amália e João Henriques conheceriam de perto os limites dessa experiência moderna de inclusão e o trauma de viver no presente fantasmas que eles julgavam ter ficado retidos no passado.

2.
Vira mundo, o mundo virou: a doença de Amália, a ascensão e a queda de João Henriques[1]

Livre! livre! [...] Mas como estamos ainda longe disso! [...] São boas essas recordações; elas têm um perfume de saudade e fazem com que sintamos a eternidade do tempo. O tempo inflexível, o tempo que, como o moço é irmão da Morte, vai matando aspirações, tirando perempções, trazendo desalento, e só nos deixa na alma essa saudade do passado, às vezes composto de fúteis acontecimentos, mas que é bom sempre relembrar.
— Lima Barreto, "O traidor"

Hospital São Sebastião onde João Henriques passa algum tempo internado, 1901.

D.

Amália Augusta tinha tudo para se afastar do destino que lhe fora reservado como "ingênua" ou dependente direta dos Pereira de Carvalho. Ela mesma ganhava para seu sustento: era professora e diretora de escola, e casara-se com um profissional liberal que lhe ajudaria a criar a família, com estabilidade financeira. Mas o futuro se revelaria bem diferente do sonho e dos prognósticos que se abriam com o casamento.

Antes de tudo, a fragilidade da saúde mental de João Henriques não demoraria a se manifestar. Logo que se decidiu pelo noivado, o futuro pai de Lima apresentou o que seria diagnosticado, anos depois, como um primeiro surto psicótico. Ao que tudo indica, quando não foi contemplado com o cargo de chefia que almejava, e temendo não conseguir manter o padrão que Amália conhecera até então, o noivo teve alguns sofrimentos mentais. Deu para imaginar que sua vida como tipógrafo seria marcada por dívidas, e que agiotas bateriam à sua porta a cada novo filho. Se essa era mesmo uma ideia fixa que atormentava João Henriques, não temos como saber, mas era disso que Lima Barreto se lembraria na maturidade. O exemplo paterno parece ter traumatizado o ainda rapaz, que, em seu *Diário*, ajuíza que preferia continuar solteiro por receio de não poder sustentar dignamente uma família.[2] No romance póstumo *O cemitério dos vivos*, coloca na boca do personagem principal — Vicente Mascarenhas — o mesmo tipo de temor. Sem conseguir pagar os gastos da esposa e do filho, Vicente passa a beber e é internado num hospício.

A sina de João Henriques é bem semelhante à do personagem criado pelo filho. Um pouco antes do casamento, o padrinho Afonso Celso, percebendo a ansiedade e o estado depressivo do noivo, internou-o às suas próprias expensas na Casa de Saúde e de Convalescença de São Sebastião, uma das mais conhecidas na época e localizada no Catete, ao pé do morro Tavares Bastos, a dois quilômetros e meio do largo da Carioca.

A instituição situava-se numa "grande chácara, elevada [...] ocupando três grandes edifícios". A vista era "esplêndida" e o local, "rodeado de vegetação", era considerado uma das mais "aprazíveis vivendas do Rio de Janeiro". O estabelecimento contava com médicos, clínicos, oftalmologistas, muitos deles fluentes em vários idiomas. Os anúncios alardeavam, inclusive, como estavam à disposição "aposentos especiais para alienados, preparados segundo as mais modernas ideias da ciência".[3] O certo é que Afonso Celso não economizou nos recursos.[4] O doente ficou por lá, segundo Francisco de Assis Barbosa, durante seis meses, e seguiu depois para Caxambu. Os ares e a calmaria lhe fizeram bem, e João Henriques retornou ao Rio pronto para o casamento marcado para o dia 17 de novembro de 1878.[5] Mas a experiência da loucura entraria na pequena família dos Lima Barreto para não mais sair.

Era como se eles, na contramão de seus sentimentos e intenções mais arraigados, acabassem por involuntariamente comprovar diversas teorias que começavam a entrar em voga nessa sociedade que se preparava para a abolição definitiva do cativeiro. O mesmo momento que anunciou novos modelos de liberdade, foi justamente aquele que engendrou o surgimento de uma série de teorias deterministas e raciais.[6] O contexto em que frutificaram as teorias do liberalismo foi o que reinventou, em terras tropicais, as teorias das diferenças biológicas e hereditárias. Segundo elas, negros e sobretudo populações mestiças eram mais propensos à manifestação de doenças marcadas pela hereditariedade, como a criminalidade, a loucura, a tuberculose, a epilepsia. Esses seriam estigmas externos a atestar a existência de uma degeneração formativa e racial que incidia sobre esses grupos.

Pautadas em conceitos deterministas biológicos — que vinculavam raças a determinadas características "naturais" —, essas novas vogas partiam do princípio de que pouco valia o indivíduo, já que ele não passava da soma dos atributos de seu grupo; a bem dizer, de sua raça. Conhecidas como "teorias do coletivo", elas em tudo se opunham aos modelos do liberalismo político, que se apresentou como um discurso igualitário e que apostava nas virtudes e no livre-arbítrio do indivíduo.[7] Segundo autores como Haeckel, Gobineau, Taine, Lapouge, existiria entre indivíduos de raças diferentes a mesma distância encontrada entre animais variados, como um cavalo e um burro, por exemplo. Por isso mesmo, as raças humanas eram consideradas como realidades essenciais e ontologicamente distintas.[8] Um indivíduo não escapava, pois, das determinações de seu grupo, sendo os estigmas equivalentes a sinais externos de degeneração.

Assim, se em meados dos Novecentos assimilação e mobilidade viraram realidade em vários cantos do planeta — quando foi suspensa uma série de restrições legais, sociais e políticas que ainda grassavam sobre populações sujeitas a processos de escravidão ou presas a trabalhos serviçais —, seguiu-se a tal período um momento condicionado por teorias raciais, francamente opostas aos modelos igualitários, universais e de inclusão social. Chamado por Leo Spitzer de "embaraço da marginalização", esse segundo contexto inaugurou diferentes maneiras de condicionar diferenciação social baseadas na cor dos indivíduos e também na diversidade étnica, religiosa e cultural. O movimento andava, portanto, na contramão: em vez do fim das servidões, surgiam novas formas de hierarquia entre os homens.[9]

No Brasil, enquanto no corpo da lei se preparava a sociedade para o exercício da liberdade e da igualdade, a ciência parecia mostrar o oposto: os indivíduos não nasciam iguais, e não se poderia prever a igualdade entre, por exemplo, negros e brancos. Mais que isso, os modelos deterministas estabeleciam agora, e de maneira rígida, diferenças definitivas entre os grupos humanos, dividindo-os em superiores e inferiores. Brancos — euro-americanos — compunham o ápice da humanidade, enquanto os africanos figuravam na base social. Cor e raça convertem-se, dessa maneira, numa espécie de régua perversa, a medir a capacidade das pessoas.

As consequências desse tipo de pensamento foram imensas no país, que, desde os anos 1860, começara a ser entendido como um "laboratório" de raças mistas degeneradas. Agassiz, naturalista suíço radicado nos Estados Unidos, comprovou por aqui, e em 1865, o que já queria previamente encontrar. Escrevia ele: "quem quiser conhecer a degeneração que venha ao Brasil!".[10]

Mas não foram só estrangeiros que diagnosticaram os "males da mestiçagem". Não por coincidência, ganhava bastante renome um dos médicos fundadores da Escola Tropicalista Baiana. Nina Rodrigues realizou a mais importante pesquisa sobre as nações africanas residentes no Brasil. Depois disso passou a estudar a criminalidade, adentrou o terreno da loucura, e não mudou de teoria. Para ele, a hereditariedade era fundamental nos passos futuros dos indivíduos. Leitor de Cesare Lombroso — de seu *O homem delinquente* (1876) e das conclusões da "antropologia criminal" —, Rodrigues pretendia alertar a nação acerca dos males da mestiçagem e do desequilíbrio que esta causava.[11] A ideia era que a "raça" se constituía em peça fundamental na conduta dos criminosos. Amparado nesse modelo é que Nina defendia a proeminência dos médicos na elaboração do código criminal, bem como condenava a igualdade jurídica, uma vez que ela previa uma unidade populacional não comprovada pela biologia. Em 1894, seis anos após a abolição da escravidão, Nina publicou *As raças humanas e a responsabilidade penal*, em que defendeu a tese de que o "crime era relativo". Ali propunha a existência de dois códigos penais — um para negros, outro para brancos —, sempre justificando que a grupos diversos não poderia corresponder apenas uma regra e sanção.[12]

O fato é que, ao mesmo tempo que o Brasil se aproximava da abolição iminente, multiplicavam-se as saídas visionadas para o futuro da nação. Representantes da ciência médica eram em boa parte contrários ao que chamavam de abolição "repentina"; escravocratas afirmavam que as populações cativas "não estavam preparadas" para o exercício da liberdade; vários juristas e reformadores defendiam o fim do sistema, destacando o papel vexatório e retardatário do país na questão; manifestantes mais radicais e favoráveis à libertação imediata propunham a emancipação na marra; e as populações ainda escravizadas cada vez mais fugiam em massa, amotinavam-se, rebelavam-se.

O medo era também grande companheiro. Medo que as elites sentiam do absoluto descontrole; medo que as populações livres e recém-libertas tinham da reescravização.[13] Do mesmo modo, criavam-se hierarquias pautadas no tempo pregresso de liberdade: quem nascia livre, sentia-se diferente dos que logravam a manumissão pela lei: os "Ventres Livres", os "Sexagenários", e depois os "Treze de Maio". Grupos igualmente se distanciavam e eram diferenciados pela cor e a partir das teorias raciais. Mesmo duvidando ou sendo contra, não se passava incólume por essas teorias que chegavam com o beneplácito da ciência.

E talvez fosse esse o medo recôndito que os Barreto sentiam. Afinal, o mesmo contexto anunciava não só a igualdade, como a diferença "essencial" entre os homens, já que naturalizada pela biologia. E a jovem família logo experimentaria certo "embaraço", a partir de suas próprias experiências mais íntimas e doloridas.

De um lado, João Henriques, quiçá informado acerca dessas teorias deterministas e raciais, deveria temer que o pequeno desequilíbrio que acabara de sofrer não fosse apenas uma reação pessoal ou individual ante as novas responsabilidades que a vida lhe apresentava, mas um alerta diante de um estigma considerado comum às "raças mestiças". É certo que naquele momento a doença não se manifestaria em Henriques de maneira mais duradoura. Não obstante, para os "doutores do determinismo", um primeiro sintoma já era marca de uma patologia persistente e de fundo: um estigma operante de degeneração e de hereditariedade. E há ainda o outro lado da mesma história: Amália Augusta logo depois dos primeiros partos apresentaria mais um "sintoma" — a tuberculose.

D. Amália, a mãe de olhar triste e lembrança fugidia

Desde o princípio a vida não deu trégua ao casal. Exatos dez meses após o casamento, em setembro de 1879, Amália teve um primeiro parto muito difícil. O filho resistiu apenas oito dias; tanto que mal houve tempo de batizar o primogênito, que foi chamado de Nicomedes, numa homenagem a reis, sábios e matemáticos da Antiguidade, mas também ao santo sofredor. Como consequência, Amália adquiriu traumatismo e paralisia nas pernas, que lhe abalaram de maneira irreversível a saúde; seria para sempre obrigada a usar muletas. Ainda assim, teve mais quatro filhos, e em curto intervalo: Afonso Henriques em 1881, Evangelina em 1882, Carlindo em 1884 e Eliézer em 1886.

O primeiro nome de Afonso Henriques de Lima Barreto, o que vingaria como o mais velho dos filhos, foi escolhido em homenagem a seu poderoso padrinho: o então senador Afonso Celso de Assis Figueiredo. Já o segundo foi retirado do nome do pai, seguindo-se o costume bem brasileiro de destacar a ascendência paterna. O rebento nasceu no dia de Nossa Senhora dos Mártires, fato que Lima ressaltará como premonitório, numa visão acerca de si próprio e do deslocamento social e literário que sentiu pela vida afora.

As coincidências não parariam por aí. Há outra, ainda que um pouco anacrônica. Afinal, vale a pena anotar os usos que a memória faz da história.[14] O garoto veio ao mundo no dia 13 de maio, exatos sete anos antes do ato mais popular do Império: a promulgação da Lei Áurea.[15] Coincidências nunca são apenas coincidências, e o 13 de maio ficaria gravado como data simbólica na memória de Lima. Seria vivenciado, como vimos, primeiro como uma alegria infantil, depois como promessa, e por fim como desilusão e infortúnio.

Mas não nos cabe aqui acreditar em premonições. Melhor ficarmos nos idos de 1881, quando ainda não se imaginava que a abolição definitiva viria dali a sete anos, sem indenizações aos proprietários e muito menos, o que seria ainda mais importante, planos de inserção social para os libertos. O ambiente era tenso, os projetos pipocavam, e em 1885 a lei que dava liberdade aos sexagenários, de tão conservadora e tímida em seus efeitos, acabou por gerar reação contrária à esperada: em vez de consagração, vingou uma espécie de escárnio nacional. A liberdade chegava para os escravos com mais de sessenta anos, os quais, depois de tanto tempo de trabalhos forçados, significavam para o senhor mais prejuízo que lucro. Não é obra do acaso os jornais apresentarem uma série de casos de "sexagenários" que morreram nas vizinhanças das propriedades em que haviam trabalhado, assustados diante do desafio de enfrentar — pela primeira vez — a cidade grande.[16]

Quanto aos Barreto, suas preocupações eram bem mais imediatas. João Henriques estava muito preocupado com sua principal batalha familiar: vencer a má saúde da esposa, que declinava a olhos vistos. Amália Augusta agora apresentava problemas "nos pulmões", segundo os termos correntes. Por essa época, a família mudou de endereço várias vezes, na esperança de encontrar melhores condições climáticas para a jovem matriarca. Foram, por exemplo, para a rua Dois de Dezembro, no Flamengo, quando os médicos receitaram banhos de mar à paciente. Mas a terapia não era uma unanimidade. Anos após a morte de Amália, o dr. Plínio Olinto discorre sobre as perdas e os ganhos dessa terapia

Moda nos balneários cariocas, Rio de Janeiro, 1915.

"como medida higiênica, como tônico, mas também no tratamento de várias doenças e nas suas convalescenças", em artigo publicado na *Revista da Semana* de dezembro de 1915. Confirma ainda que as praias que os Barreto procuraram — a do Flamengo e a de Santa Luzia — eram as mais frequentadas para esse fim. Porém, ressaltava que aos tuberculosos nem sempre se aconselhava tal tipo de tratamento.[17]

De toda maneira, desde meados do século XIX crescia a preocupação com as condições de salubridade das cidades, principalmente como forma de combater as epidemias existentes. Não por coincidência, introduziu-se na capital do país uma melhor estrutura de distribuição da água, de captura e dispensa do esgoto, de coleta de lixo e de atendimento de saúde.[18] E foi então que o uso da água e dos banhos de mar virou moda, ao menos como prática terapêutica e medicinal.[19]

Uma coisa foi puxando a outra e com a consolidação dos banhos de mar houve uma maior demanda de locais públicos para as trocas de roupa. Assim, surgiram no país as casas de banho, que no Rio de Janeiro funcionavam desde as primeiras horas da manhã.[20] Os preços variavam, mas os estabelecimentos tinham em comum a oferta de pequenas cabines equipadas com banquinho e espelho, capazes de garantir que seus clientes se vestissem e desvestissem com privacidade. Ou melhor, com relativa privacidade, já que notícias da época denunciam a prática masculina de tentar observar mulheres nuas ou pouco vestidas que ingenuamente faziam uso desses locais. Em 1883, por exemplo, a casa High-Life, uma das mais conhecidas da praia do Flamengo, a fim de afastar qualquer dúvida sobre sua reputação, publicou notas nos jornais do Rio destacando ser o primeiro estabelecimento balneário da América do Sul, o mais bem montado e o único a funcionar de maneira digna na capital.[21]

Em 1879, *A Estação* descrevia a moda feminina para os banhos de mar: "A blusa e a calça são abotoadas, uma à outra, no cinto sofrivelmente largo, pregado de modo a correr com facilidade. Este modelo, de baetilha branca, é apertado por uma faixa, e enfeitado de bordado a ponto de marca".[22]

Não obstante o empenho de João Henriques, no caso de Amália o tratamento não deu muito certo. Desanimados, os Barreto passaram a viver na casa da rua das Marrecas. O novo endereço pelo menos facilitava a vida do marido, já que ficava perto da Santa Casa da Misericórdia e da Imprensa Nacional, que funcionava na antiga rua da Guarda Velha (atual avenida Treze de Maio). Além disso, não distava muito da praia de Santa Luzia, localizada nas imediações do Passeio Público e considerada tão boa como aquela do Flamengo.

Nesse meio-tempo, as coisas insistiam em dar errado: as constantes mudanças, o rigor com os afazeres da casa, o cuidado com os dois filhos pequenos, levaram ao agravamento da doença da jovem mãe. Além do mais, Amália esperava outro bebê, Carlindo, que nasceria, como vimos, em 1884. Por essas e por outras o estabelecimento de ensino da mãe de Lima foi fechado, e ela passou a se dedicar exclusivamente à vida doméstica, aos filhos e à sua saúde.

Foi quando sugeriram a João Henriques que fossem viver nos subúrbios, onde não só o clima era melhor, afamado por possuir bons ares, próprios para a cura de "moléstias do peito", como o preço dos aluguéis mais módico. Mudaram-se primeiro para a região da "Boca do Mato", que tinha fronteira com os bairros do Engenho de Dentro, Engenho Novo e Méier. De lá passaram para o Catumbi, que não ficava longe do centro do Rio; bem no limite com os bairros do Rio Comprido e Santa Teresa. Foi lá que nasceu Eliézer, em 1886. A situação de Amália, ainda assim, não melhorava. E o chefe da família tentou outra mudança, para o bairro de Paula Matos. Quem sabe os ares da montanha, na casa da rua Santo Alfredo,[23] não ajudassem na recuperação. Como indica o anúncio de um imóvel situado na mesma rua, no número 14, o lugar "era muito saudável e com esplêndida vista".[24] Talvez por isso os Barreto tenham dado ao novo lar o significativo nome de Paraíso.

Mas a tuberculose não deu trégua a Amália Augusta, que viria a falecer em dezembro de 1887. Sua sina não foi, porém, exceção. A história da doença no Brasil datava do período colonial, e sua disseminação foi de tal monta, sobretudo entre as classes menos favorecidas, que ficou conhecida, popularmente, como a "praga dos pobres". Com o crescimento das cidades no Novecentos, passou a matar ainda mais, com as estatísticas mencionando cerca de setecentos óbitos para cada 100 mil habitantes no país por ano.[25] Acumulou, então, outra alcunha: a "peste branca". E diante da sua proliferação descontrolada, que alcançava níveis epidêmicos, a moléstia deixou de ser associada ao romantismo das décadas anteriores. Isto é, se até meados do xix a tuberculose era vinculada à criação cultural — e artistas como Casimiro de Abreu chegavam a desejar morrer de tísica —,[26] agora ela em nada lembrava o "belo sofrimento"; ao contrário, suscitava muita preocupação.

Mesmo assim, a origem da tuberculose era ainda objeto de disputa nesse momento. Para alguns, tratava-se de uma doença congênita, para outros de um componente "externo ao funcionamento do organismo" — ligado a fatores como o meio ambiente e o modo de vida. Boa parte dos especialistas apostava, não obstante, na hereditariedade da moléstia. Na revista O Brazil-Medico, o dr. Cipriano de Freitas, professor de anatomia e fisiologia pato-

VIRA MUNDO, O MUNDO VIROU: A DOENÇA DE AMÁLIA, A ASCENSÃO E A QUEDA DE JOÃO HENRIQUES | 57

lógica da Faculdade de Medicina do Rio de Janeiro, mesmo constatando a exígua quantidade de documentos a comprovar sua tese, opta pelo diagnóstico que determinava o caráter infeccioso e hereditário da doença: "Pode-se afirmar que, neste século, todos os patologistas têm admitido o papel importante dos ascendentes sobre a aparição da tuberculose".[27]

Como se vê, no ano da morte da mãe de Lima, a tuberculose era ainda alvo de todo tipo de polêmica: discutiam-se as causas e os tratamentos, que incluíam medicamentos (em geral na forma de xarope) e alterações no padrão de vida.[28] No caso de d. Amália, se conferirmos as alterações frequentes de endereço, fica claro que o diagnóstico médico pedia por "mudança de ares". Já os tratamentos eram vários. No ano de 1887, normalmente se aconselhava o uso de tanino, de iodureto de cálcio, terpina ou terpinol. O iodureto de cálcio, reunindo os dois agentes medicamentosos num só composto, era solúvel na água, por isso produzido na forma de xarope. Costumava-se também dissolvê-lo em cascas de laranja, de genciana, em vinhos amargos ou em licores, e tomar o líquido antes das refeições.[29]

Mas um dos diagnósticos deveria incomodar os Barreto: o fato de a tuberculose ser entendida como um sinal hereditário de degeneração, muito próprio dos grupos mestiçados. Naquele contexto, a estigmatização dos doentes era frequente. Mesmo com o incremento das iniciativas médico-higienistas de controle da moléstia nas camadas sociais mais pobres, ela era encarada com grandes doses de ambiguidade: produzia tanto solidariedade quanto isolamento. Se era preciso cuidar dos indivíduos infectados, eles eram também vistos como "agentes corruptores do meio social", ou transmissores de germes.[30]

Para a família de Amália sobrava, pois, o preconceito. Afinal, loucura e tuberculose eram dois estigmas fortes, nos termos de Cesare Lombroso,[31] denunciando as "fraquezas da mestiçagem". Talvez por isso a imagem da mãe de Lima tenha ficado para ele associada não só à educação como à fragilidade. Como declinou Manuel Bandeira em "Pneumotórax", poema publicado em *Libertinagem* (1930): "A vida inteira que podia ter sido e que não foi".

Depois de sete anos de sofrimento, em 24 de dezembro de 1887 a *Gazeta de Noticias* publicava, na seção de obituário, a nota de falecimento de Amália Augusta Barreto. Nela, João Henriques de Lima Barreto, seus filhos e d. Clemência da Costa Vieira — chamada por Francisco de Assis Barbosa de "a ama-seca da família" — convidavam todas as pessoas de sua amizade para acompanharem o féretro de sua mulher, mãe e amiga, que saía "da rua de Santo Alfredo n. 7, descendo pela ladeira do Viana e rua do Cunha, em Catumbi, hoje às quatro horas da tarde, 24 do corrente, para o cemitério de S. João Batista".[32] A *Cidade do Rio*, dos mesmos dia, mês e ano, também noticiou que, vítima de "tubérculos pulmonares", falecera no dia anterior a "exma. sra. d. Amália Augusta de Lima Barreto, virtuosa esposa do nosso amigo João Henrique [sic] de Lima Barreto, a quem damos sentidos pêsames. Com a morte de tão respeitável senhora, perdem os carinhos e os afagos maternos seus quatro inocentes filhinhos".[33] "O escritor guardou para sempre a imagem da mãe morta",[34] combalida pelos partos e pela doença, com quem aprendera o abecê[35] e que vira num caixão, com apenas seis anos: "Só me lembro dela no caixão quando meu pai, chorando, me carregou para aspergir água benta sobre o cadáver. Durante toda a minha vida fez-me falta [...] Deixando-me na primeira infância, bem cedo firmou-se o meu caráter...".[36] Já adulto, não poucas vezes Lima recordou a maneira como ela o olhava, "fosse em que circunstância fosse, onde havia, mesclados, terror, pena, admiração e amor".[37]

João Henriques e sua ascensão profissional

João Henriques tinha, então, 34 anos completos, e já havia dado mostras de que "sofria dos nervos", como se dizia na época. Em alguns momentos parecia alegre e confiante; em outros, e logo na sequência, ficava triste e calado. De toda maneira, contra os prognósticos mais negativos, o viúvo, que restara sozinho e com quatro filhos pequenos para criar — o maior com seis anos e o caçula com quase dois —, ia construindo uma carreira de sucesso como tipógrafo. Durante a doença da esposa, ele acumulava, com o serviço regular, trabalhos como o de examinador de português na escola noturna do Congresso Operário de Beneficência e o de presidente da Associação de Auxílios Mútuos dos Empregados da Tipografia Nacional.

Após a morte de Amália, João Henriques e os filhos mudam-se novamente. Dessa vez para a rua do Riachuelo, esquina com a do Rezende. Voltavam para a região central, mais próxima do principal emprego do chefe da família, no jornal *A Reforma*. A tipografia do periódico, sediada na rua do Ouvidor, em 1875 passara a funcionar na Sete de Setembro, 181. Na época em que o pai de Lima trabalhou por lá, o endereço já era outro — rua dos Ourives (atual Miguel Couto), 9 — e um grupo animado frequentava a tipografia. É possível que Henriques tenha encontrado José do Patrocínio, que começava a chamar a atenção para a causa do abolicionismo, com seus discursos inflamados e espetáculos que organizava em teatros e com apresentações de concertos.[38]

O pai de Lima trabalhava no jornal fazia um bom tempo. Já em 25 de maio de 1873, conforme matéria publicada pelo *Jornal do Commercio* e intitulada "Arte tipográfica", ele aparece como administrador das obras da tipografia de *A Reforma* e responsável por "imprimir o volume sob o título *O partido ultramontano* do sr. dr. Joaquim Nabuco". O artigo é só elogios: define a edição como um "primor da arte tipográfica". Mais ainda, Henriques, "com a impressão desse volume e de outros" — não citados "para não ofender a sua modéstia" —, passa a merecer "o título de reformador elegante e sistemático da arte tipográfica no Brasil".[39]

Mas, ao que parece, ele nunca se livrava da polêmica; na mesma nota, o autor — que assina como "um apreciador de mérito" — afirma que o tipógrafo "não estaria isento dos apodos e calúnias". Como sugestão, o anônimo fã (que bem poderia ser o próprio Henriques) termina com um verso do poeta Bocage: "zoilos, tremei, rugi, mordei-vos!".

O "reformador elegante e sistemático" surge, a partir de 1880, como membro da Associação Nacional dos Artistas Brasileiros Trabalho, União e Moralidade.[40] Já no ano seguinte constava na posição de vice-presidente, segundo nota da *Gazeta de Noticias* acerca da eleição da nova diretoria da associação.[41] Entre 1883 e 1885, o nome do tipógrafo é mencionado nos jornais do Rio, por conta das convocatórias e resultados publicados dos exames preparatórios para o curso comercial do Liceu de Artes e Ofícios.

A formação do tipógrafo seguia a contento e com ela a possibilidade de galgar a outras posições. A *Gazeta de Notícias* do dia 1º de março de 1886 informa sobre a composição da nova direção da Associação de Auxílios Mútuos dos Empregados da Imprensa Nacional e Diário Oficial: João Henriques de Lima Barreto era o presidente.[42] O importante é que, com esse cargo, e com a notícia da presidência, o pai de Lima já entrava, automaticamente, na oficina da Imprensa Nacional.[43]

Foi nesse período bom para sua carreira que João Henriques publicou o *Manual do aprendiz compositor*, o qual traduzira do original francês de autoria de Jules Claye, como já tivemos oportunidade de comentar. A qualidade da tradução do "hábil operário" e o papel fundamental da obra foram bastante saudados nos jornais de época.[44]

A partir de dezembro de 1888, sem abrir mão do emprego público diurno, o pai de Lima aceita trabalhar à noite na recém-fundada *Tribuna Liberal*, também instalada na famosa rua Nova do Ouvidor, onde tudo parecia acontecer. A *Tribuna* era órgão do Partido Liberal, vinculada ao padrinho de João Henriques, o já conhecido visconde de Ouro Preto. Henriques muitas vezes levava o filho mais velho para o expediente noturno na oficina do jornal. O menino ficava por lá, brincando na rua em frente, enquanto o pai ia paginando as crônicas monarquistas e católicas de Carlos de Laet[45] e os textos literários de Valentim Magalhães.[46] Lima escreveria, num texto datado de 3 de junho de 1920 e intitulado "O meu almoço", que "vinha passar a noite" ao lado do pai "paginador da infausta *Tribuna Liberal*", ou saía para perambular pelas ruas nas cercanias.[47]

Nessa altura, além de paginador e chefe técnico das oficinas tipográficas da *Tribuna Liberal*, João Henriques era mestre da oficina de composição da Imprensa Nacional, muito respeitado pelos colegas, segundo informa a nota de aniversário de 1889, publicada na *Cidade do Rio* em 20 de setembro daquele ano.[48] Nesse caminho ascendente, ele tomaria parte do Centro 13 de Maio, iniciativa originalmente destinada à organização das festividades em honra da assinatura da Lei Áurea, que em curto espaço de tempo passaria a congregar a cada vez mais influente classe tipográfica.

A maré favorável, porém, duraria pouco tempo para João Henriques. Assim como a *Tribuna Liberal*, o Centro 13 de Maio estaria bastante vinculado a Ouro Preto e aos monarquistas, cujo predomínio político tinha os dias contados. Os bons ares decididamente começavam a soprar em direção contrária.

De mãos dadas com o pai: "Liberdade é o dia de hoje"

João Henriques tentou, na medida do possível, manter certa normalidade dentro da família. Afonso Henriques passou a frequentar uma escola pública localizada nas cercanias — na rua do Rezende, 127 —,[49] enquanto a irmã, Evangelina, foi matriculada no Colégio Perret; sobrenome, aliás, de sua diretora, Agostinha Ana Perret, e de suas irmãs, as professoras Cecília Júlia Perret e Elisa Carolina Perret de Castro.[50] Ouro Preto assumiria o custeio dos estudos do menino Lima Barreto, tendo sido preservados os documentos que mostram que o material escolar, livros e vestuários eram todos financiados pelo visconde.

A escola de Lima, modesta, contava apenas com "duas salas de aula", "grandes e pesadas carteiras do tempo".[51] Era chamada de "escola de d. Teresa", por causa da grande influência que essa professora exercia por lá. Foi na época da Lei Áurea que Lima a conheceu, e foi também por isso que jamais a esqueceu.

Dizia-se que o menino era muito ressabiado; andava sempre meio cabisbaixo, não dava conversa para ninguém. Clemência, a criada que o pai contratou para cuidar das crianças, padeceu nas mãos de Lima, que cismou com a moça e até forçou sua demissão. Na crônica "Da minha cela", o escritor se refere a ela, sem mencionar o papel que desempenhou para que deixasse a casa dos Barreto. "A minha educação cética, voltairiana, nunca me permitiu um contato mais contínuo com religiosos de qualquer espécie. Em menino, logo após a morte de minha mãe, houve uma senhora idosa dona Clemência, que assessorava a mim e a meus irmãos, e ensinou-me um pouco de catecismo, o 'Padre-Nosso', a 'Ave-Maria' e a 'Salve-Rainha', mas, bem depressa nos deixou e eu não sabia mais nada dessas obrigações piedosas, ao fim de alguns meses."[52]

No conto "O filho da Gabriela"[53] é possível reconhecer alguns traços do escritor, que projeta sua meninice em Horácio, o personagem principal na história, o qual, "pelos seis anos, mostrava-se taciturno, reservado e tímido, olhando interrogativamente as pessoas e coisas, sem articular uma pergunta".[54] Também em "O moleque" é fácil notar a sombra de um Lima menino.[55] Nele, o autor relata o caso de d. Felismina, que vivia num barracão de um só aposento, com seu filho Zeca. Era "preta e honesta", definia Lima. Tanto que, certo dia, perto do Carnaval, ao ver o filho entrar em casa todo contente, com uma reluzente máscara de Diabo, logo o acusou de tê-la roubado. "Você roubou, meu filho?... Zeca, meu filho! Pobre, sim; mas ladrão, não! Ah! meu Deus!..."[56] Na verdade, a máscara fora presente. Mas a acusação ficou na lembrança com muito mais força do que a acareação da realidade. Lima, aos quase sete anos, passou por experiência semelhante. No seu *Diário* lemos a seguinte passagem: "Logo depois da morte de minha mãe, quando fui acusado injustamente de furto, tive vontade de me matar".[57]

Tratava-se, enfim, de um garoto um tanto depressivo, isolado, e que devia sentir a falta de Amália e as ausências constantes do pai. Esse primogênito em quem João Henriques depositava suas maiores esperanças, estudava, pois, na escola de d. Teresa Pimentel do Amaral, referência feminina e forte na vida do escritor, e tantas vezes evocada: "Mas, de todos, de quem mais me lembro, é da minha professora primária, não direi do a-b-c, porque o aprendi em casa, com minha mãe, que me morreu aos sete anos".[58] Em outro trecho, Lima menciona sua "primeira década de vida, de meu primeiro colégio público municipal, na rua do Rezende", e sobretudo de d. Teresa, de quem "talvez se a desgraça, um dia, enfraquecer-me a memória não me esqueça de todo".[59]

D. Teresa devia ter mesmo uma personalidade marcante. Juntamente com Maria do Nascimento Reis Santos recebeu em 1907 um prêmio de 25$000 pelo conto "Entre 10 horas e 10¾".[60] Reproduzida no *Correio da Manhã* de 21 de fevereiro do mesmo ano, a história correspondia a uma enumeração didática sobre os valores morais que se pretendia transmitir aos alunos. O primeiro caso gira em torno de uma menina que caçoou de outra por se julgar superior a ela. A justificativa residia no fato de que seu pai era engenheiro, enquanto o da colega não passava de um catraieiro — o proprietário de uma catraia, ou seja, de um pequeno bote. Explica-se, então, que todos têm "uma missão a cumprir na vida" e que as profissões se igualam, desde que exercidas com "critério e hombridade". Outra lição de d. Teresa se refere ao preconceito racial. Nela é descrita a situação em que uma aluna, fazendo alusão a uma gatinha preta, apontava para sua colega negra. Conclusão da mestra: é preciso estimar os amigos "sem distinção de família, de cores, de condição", e "sem distinção de classe nem de adiantamento".[61] Enfim, Lima tinha motivos para se aproximar da sua professora e defender valores parecidos com os dela. E, de fato, a relação com d. Teresa era muito afetiva.

Entre os documentos que o escritor guardou consigo, consta um livro de Louis Figuier, *As grandes invenções antigas e modernas nas ciências, indústria e artes: Obra para uso da mocidade*,[62] cuja dedicatória manuscrita é datada de novembro de 1890. Nela podemos ler: "Mensagem da professora T. P. de Amaral para um aluno seu Afonso". Assis Barbosa refere-se a um documento que teria encontrado na mesma coleção, onde se lê: "Afonso, guarda esse livro como uma lembrança de quem se orgulha de ter desenvolvido um pouco tua grande inteligência da qual muito espera nossa cara Pátria".[63] O primeiro livro ninguém esquece, e o de Lima foi oferta de sua professora, na escola pública.

Também foi d. Teresa quem deu a notícia, quiçá, mais relembrada pelo escritor Lima Barreto em diferentes momentos de sua vida: ela reuniu a classe e contou que a partir daquela data, 13 de maio de 1888, não existiam mais escravos no Brasil. É certo que o menino, que contava sete anos feitos naquele dia, pouco compreendeu a dimensão da boa-nova. No entanto, muitas vezes história se escreve ao revés. Por isso vale a pena transcrever o relato do autor sobre o momento, tantas vezes recuperado em livros, crônicas e seletas, mas sempre com introduções e conclusões distintas e ao sabor dos tempos. A insistência só confirma a importância da ocasião.

No artigo intitulado "Maio", publicado na *Gazeta da Tarde* do dia 4 de maio de 1911, o escritor assim descreve o momento da comunicação da professora Teresa: "Eu tinha então sete anos e o cativeiro não me impressionava. Não lhe imaginava o horror; não conhecia a sua injustiça. Eu me recordo, nunca conheci uma pessoa escrava. Criado no Rio de Janeiro, na cidade, onde já os escravos rareavam, faltava-me o conhecimento direto da vexatória instituição, para lhe sentir bem os aspectos hediondos".[64]

Distante da memória do cativeiro, o menino não deixou de se contaminar, porém, com a alegria que tomou as ruas do Rio: não havia mais escravos no Brasil e a liberdade era agora de todos. Continua ele: "Era bom saber se a alegria que trouxe à cidade a lei da abolição foi geral pelo país. Havia de ser, porque já tinha entrado na consciência de todos a injustiça originária da escravidão. Quando fui para o colégio, um colégio público, à rua do Rezende, a alegria entre a criançada era grande. Nós não sabíamos o alcance da lei, mas a alegria ambiente nos tinha tomado. A professora, dona Teresa Pimentel do Amaral, uma senhora muito inteligente, a quem muito deve o meu espírito, creio que nos explicou a significação da coisa; mas com aquele feitio mental de criança, só uma coisa me ficou: livre! Livre! Julgava que podíamos fazer tudo que quiséssemos; que dali em diante não havia mais limitação aos propósitos da nossa fantasia. Parece que essa convicção era geral na meninada, porquanto um colega meu, depois de um castigo, me disse: 'Vou dizer a papai que não quero voltar mais ao colégio. Não somos todos livres?'".

Num manuscrito não datado encontrado na Biblioteca Nacional, o começo e o final do artigo são um pouco diferentes: o primeiro parágrafo foi suprimido e no último Lima é menos pitoresco e mais cético nas suas recordações: "Livre! livre! [...] Mas como estamos ainda longe disso! Como ainda nos enleamos nas teias dos preceitos, das regras e das leis! [...] São boas essas recordações; elas têm um perfume de saudade e fazem com que sintamos a eternidade do tempo. O tempo inflexível, o tempo que, como o moço é irmão da Morte, vai matando aspirações, tirando perempções, trazendo desalento, e só nos deixa na alma essa saudade do passado, às vezes composto de fúteis acontecimentos, mas que é bom sempre relembrar".[65]

Muitas vezes escritos inacabados funcionam como peças vivas, pois estão sempre sendo alterados por seu autor. No caso, as oscilações no documento acompanham as expectativas de Lima em relação aos diferentes contextos que experimentou. E nesse que estamos relendo o menino revelava seus sonhos. Afinal, o momento da Lei Áurea, além de ansiosamente aguardado, vinha repleto de simbolismo e emoção. Demorou muito, demais, e, quando chegou, a tramitação foi rápida. O projeto de lei que extinguia a escravidão foi aprovado no dia 10 de maio na Câmara e no dia 13 no Senado, quando se promulgou a lei 3353. O texto tinha apenas duas linhas: "É declarada extinta desde a data desta lei a escravidão no Brasil. Revogam-se as disposições em contrário". A lei custara tanto a sair e vinha assim, tão breve. As divisões entre escravistas, abolicionistas, liberais, conservadores e políticos em geral corriam soltas e eram muitas; mas a lei veio como uma gota d'água em copo já cheio. O imperador estava no exterior, adoentado, e as versões variavam: para alguns, Isabel se adiantara por medo de que o monarca não tivesse tempo de libertar os escravos. Para outros, era questão de cálculo político mesmo, e o ato visava garantir a existência de um Terceiro Reinado, o qual, como sabemos, nunca vingou — assinando o ato, a filha do soberano acabaria como "autora" das duas maiores leis abolicionistas: a do Ventre Livre e a Áurea. Mas, se é verdade que Isabel lucrou politicamente com a promulgação do ato, seu prestígio social não contribuiu muito para melhorar a situação política do Império, então com os dias contados.

Ao fim e ao cabo, a princesa conseguiu a proeza de decepcionar diferentes lados: os senhores, que queriam indenização pelas "perdas" em seu capital, os abolicionistas e ex-escravos, que pretendiam ver concretizados projetos mais amplos de inclusão dos libertos na sociedade que então se reorganizava. Mesmo assim, a medida foi saudada com

Reprodução do documento da Lei Áurea, de 13 de maio de 1888, com sua composição em tipos criados para a ocasião.

entusiasmo pelos brasileiros, e o povo na rua acompanhou o espetáculo como se estivesse num grande teatro ao ar livre.

A *Gazeta da Tarde* de 15 de maio de 1888 foi toda dedicada ao evento, informando, inclusive, os nomes dos profissionais que trabalharam na elaboração do documento. A composição da lei foi descrita como um ritual, sugerindo o cuidado dos tipógrafos envolvidos na tarefa e dando indícios da importância do lugar de sua arte e ofício naquele contexto. O pai de Lima, certamente, rejubilou-se ao apreciar o trabalho da sua classe e o "tipo *completamente* novo", criado para a ocasião festiva.[66]

No dia seguinte à assinatura da lei o jornal estampou o significativo título: "Liberdade é o dia de hoje". A palavra "liberdade" estava na boca de todos, e a notícia da Lei Áurea foi celebrada com um desfile que atravessou a rua do Ouvidor e invadiu a região do Paço. A comissão da Confederação Abolicionista (composta entre outros por João Clapp, Nicolau Moreira, Joaquim Nabuco, Afonso Celso Júnior, José do Patrocínio e José Dantas) subiu até uma das salas do Paço para aguardar a princesa imperial regente, com quem, como vimos, ficariam todos os louros e a memória do ato.

Pouco antes das três horas da tarde foi anunciada a chegada de Isabel, "com entusiásticos gritos do povo, que em delírio a aclamava, abrindo alas o ministério, camaristas e damas do paço [que] vieram recebê-la à porta".[67] A regente, acompanhada do esposo, o conde d'Eu, subiu a escada na qual alas de senhoras jogavam flores à sua passagem. Instantes depois, a Comissão do Senado foi recebida na Sala do Trono para apresentação dos autógrafos. Seus membros postaram-se de frente para o trono; o senador Manuel de Sousa Dantas fez um breve discurso e em seguida entregou os autógrafos ao presidente do Conselho, para que este passasse o documento a Sua Alteza, d. Isabel Cristina de Bragança.

Novo discurso foi proferido pelo senador Dantas, que exaltou as "boas qualidades" das majestades imperiais e o fato de o imperador "achar-se melhor de seus graves padecimentos", e de ser "o primeiro entre os mais esforçados propugnadores do grande e jubiloso acontecimento que acaba de realizar-se". Sabemos que rituais têm por vezes poderes de inverter a realidade. De toda forma, Isabel, "com os olhos cheios de lágrimas", teria confessado: "Seria hoje o dia mais feliz de minha vida, se meu extremoso pai não se achasse enfermo; mas espero em Deus que em breve ele regresse bom à nossa pátria". Após "uma tempestade de aplausos", o povo, que nessa altura invadira a Sala do Trono, acompanhou "Sua Alteza" a uma sala contígua onde ela sancionaria os autógrafos e referendaria o decreto extinguindo a escravidão. Depois de receber o documento das mãos do ministro da Agricultura, o conselheiro Rodrigo Augusto da Silva, a princesa assinou o documento "servindo-se da riquíssima e delicada pena de ouro que para esse ato lhe foi oferecida pelo povo". Aí estava a que ficou conhecida como a "canetada da princesa".

Logo depois, as fotos de época mostram Isabel achegando-se às janelas para cumprimentar o povo, "que em massa se estendia até grande distância". Nas imagens e nos textos dos jornais a regente foi aguardada, como dizia a edição da *Gazeta*, com "entusiásticas aclamações e repetidos vivas". A população postada diante do palácio parecia esperar entre

Multidão concentrada diante do Paço Imperial para a assinatura da Lei Áurea, Rio de Janeiro, 1888.

impaciente e maravilhada pelo momento solene, apenas protegida do sol inclemente do começo da tarde por suas sombrinhas, que não escondiam o tom colorido do povo que se espremia para ver o ato. Dizem que eram 10 mil pessoas, apeadas para ver a princesa acenar na sacada do Paço.

Aqueles que até então se achavam no interior do Paço seguiram a multidão, e João Clapp, comerciante de louças e porcelanas e membro da equipe da *Tribuna Liberal*, em nome da Confederação Abolicionista, entregou à princesa um ramo de violetas e camélias artificiais, cujas fitas de seda branca traziam o dístico: "Libertas alma mater. A S. A. Imperial Regente, a Confederação Abolicionista. 13 de maio de 1888". "Traga a liberdade, alma de mãe" era frase de efeito, como se o ato só pudesse ter vindo de uma mulher e mãe.

Em continuidade ao rito, José de Seixas Magalhães, membro ativo da Confederação Abolicionista e dono da chácara onde se instalou o quilombo do Leblon, levou mais um ramo de camélias à princesa. O português Seixas Magalhães trabalhava com fabrico e comércio de artigos de couro e possuía um estabelecimento, o Seixas e Cia., que funcionava num amplo armazém na rua Gonçalves Dias, no coração elegante da cidade. Era lá que se reuniam abolicionistas proeminentes como o poeta Olavo Bilac, o jornalista José do Patrocínio, o jurista Rui Barbosa, o escritor Coelho Neto e alguns intelectuais de renome, como André Rebouças, Paula Nei e Joaquim Nabuco — quase todos favoráveis a um projeto de abolição imediata e sem indenização aos proprietários de escravos.[68]

Criada no Rio de Janeiro por José do Patrocínio e André Rebouças, a Confederação Abolicionista reunia cerca de trinta clubes e associações antiescravistas, surgidos em praticamente todas as províncias do Império. A agremiação nasceu com a agenda cheia: aliciou escravos, acoitou fugitivos, produziu panfletos e manifestos, organizou conferências. Também esteve a postos para apoiar os fugitivos do quilombo do Leblon, e contribuiu ativamente para a proteção, organização e manutenção do refúgio de escravizados que Seixas instalou em sua chácara. No entanto, o quilombo do Leblon tornou-se famoso graças a uma particularidade: os que lá permaneciam se dedicavam ao cultivo e ao comércio de flores, mais especificamente camélias brancas. A associação da flor com a abolição foi uma ótima tirada. A camélia era rara no Brasil e, diziam eles, em sua fragilidade assemelhava-se à liberdade que os escravos lutavam por conquistar. Assim como a liberdade, ela necessitava de cuidados e abrigo especial, além do manejo de técnicas complexas de cultivo que dependiam, é claro, do trabalhador livre, e não da mão de obra escrava.

Levar uma camélia na botoeira do paletó ou cultivá-la no jardim de casa virou gesto político e simbólico: significava uma declaração de princípios e indicava disposição para a ação, ou seja, mostrava-se adesão à causa da abolição e a intenção de proteção aos cativos fugidos. E o que era iniciativa isolada foi virando um sentimento nacional: em São Paulo, por exemplo, os "caifases", contando com a figura mítica de Antônio Bento de Sousa e Castro — que em São Paulo assumira o lugar de liderança do célebre rábula Luís Gama —,[69] ajudavam a embarcar para a corte os escravizados amotinados e fugitivos das fazendas de café, com a orientação de aguardarem que alguém, usando uma camélia branca na lapela, os viesse buscar na plataforma de desembarque da Estação Dom Pedro II.[70] Os abolicionistas do Recife evocavam igualmente o simbolismo da flor e batizaram de *Camélia* uma barcaça que levava libertos para o Ceará.[71]

Já o pai de Lima estava mesmo de ouvidos e coração voltados para o evento que ocorria bem em frente ao Paço. Afinal, na sequência desse ritual do Estado, bem montado para agradar e emocionar a população ali estacionada, vinha o discurso de José do Patrocínio, popular abolicionista negro, que não por acaso foi selecionado para se manifestar naquele momento solene. José Carlos do Patrocínio era filho de uma escrava alforriada e do cônego João Monteiro. Chegou a frequentar a Escola de Medicina, mas acabou se formando em farmácia no ano de 1874. Participou de uma série de periódicos, nos quais foi acumulando a fama de polemista, até ingressar na *Gazeta de Notícias*, em 1877, jornal que serviu de plataforma para vários de seus artigos abolicionistas. Nessa época, ele fazia parte da roda de colegas do pai de Lima em *A Reforma*. Foi em 1881 que adquiriu a *Gazeta da Tarde*, tendo aí permanecido por seis anos e feito aberta campanha abolicionista. Teria o mesmo tipo de atuação em 1887, mas no jornal *Cidade do Rio*, onde radicalizou seus ataques aos escravocratas e aos projetos de indenização.

Seu lugar naquele pódio era em tudo especial: filho de escravizados, afrodescendente, abolicionista, discursando ao lado da princesa, e na sacada do Paço. O menino há de ter se impressionado com a figura imponente. Patrocínio era, porém, personagem polêmico: já no ano de 1905, Lima chama a atenção para o fato de certos políticos, entre eles o "líder negro", terem tirado proveito do momento para se autopromoverem. No seu *Diário íntimo*, ele relembra o 13 de maio de 1888, e mais explicitamente a fala de José do Patrocínio: "Quem conheceu o Patrocínio como eu o conheci, lacaio de todos os patoteiros, alugado a todas as patifarias, sem uma forte linha de conduta nos seus atos e nos seus pensamentos, não acredita que pudesse ter sido, como dizem, o apóstolo da Abolição".[72] Anos depois, Lima o acusa de "arranjar facilmente dinheiro" e explorar a causa em seu benefício. Impiedoso, acrescenta: "E, quando já era quase universal no Brasil esse amargo sentimento, é que apareceu seu Patrocínio, que, sem honestidade e sem grandeza, aproveita-se da história e, pelo 'jornalismo', consegue ser elevado à altura de um apóstolo, de um evangelizador".[73]

Não obstante, no ano de 1888, Patrocínio guardava ainda jeito de unanimidade. Sua participação na sequência de eventos de celebração da Lei Áurea foi marcante. Tanto que, terminado o discurso do patrono, Isabel retirou-se para seus aposentos particulares, seguida de mais vivas. De uma das janelas do Paço conversou com Joaquim Nabuco, "congratulando-se com o povo pelo glorioso acontecimento que se festejava". Mais discursos foram feitos à porta do Paço, por Clapp, Patrocínio e Dantas, formando um préstito que se espalhava pelas vizinhanças do palácio.

Na rua do Ouvidor, novas falas e congratulações, dessa vez proferidas das janelas das redações de jornais pelo mesmo José do Patrocínio, por Joaquim Nabuco e Afonso Celso Júnior. Com a rua iluminada, às sete horas da noite passou a banda de música dos Imperiais Marinheiros. Pouco depois, uma marcha de estudantes provenientes da Escola Naval, da Escola Militar, da Escola de Medicina e da Politécnica inundou as imediações com seus estandartes. Parecia Carnaval atrasado, bem no meio de maio. Passadas três horas, as ruas da corte continuavam lotadas e em festa. Diversos órgãos, instituições nacionais e estrangeiras enviaram mensagens à regente, congratulando-a pelo ato da libertação; incluía-se nessa lista uma comunicação do papa Leão XIII, que atribuíra à princesa uma condecoração: a Rosa de Ouro. Isabel deve ter ficado muito feliz com a comenda, uma vez que era católica e devota.

Os festejos prosseguiram após o dia 13, alcançando diferentes categorias. A *Gazeta da Tarde* de 15 de maio, na coluna "O dia de ontem", sublinhava as comemorações organizadas pelos estudantes de preparatórios que se reuniram numa sala do Liceu de Artes e Ofícios.[74] O mesmo espírito comandou o encontro da classe tipográfica.

Dentre todos os eventos que se seguiram ao dia 13, um foi registrado em foto e assim permaneceu na memória de muitos: a missa campal celebrada em 17 de maio. A imagem impressiona por conta da verdadeira multidão lá congregada, pela presença de populações de todas as cores, ambos os sexos e várias gerações, e por causa da proliferação de flâmulas e outras insígnias ligadas a sociedades e associações abolicionistas.

O ato foi sem dúvida muito popular, mas os números e cálculos variam conforme o humor e afinidades dos jornais. A *Gazeta de Notícias* do dia 18, na seção "Abolição", menciona o comparecimento de mais de 30 mil pessoas.[75] Já *O Paiz* da mesma data registrou apenas 15 mil e ainda menosprezou: "As proporções do campo de São Cristóvão, área capaz de conter número superior a 50 mil pessoas, e a colocação do altar, que não nos pareceu a melhor, não deram à missa com que a imprensa fluminense inaugurou ontem os festejos com que soleniza a promulgação da lei de 13 de maio, o aspecto imponente que se esperava".[76]

A *Gazeta da Tarde* foi às ruas em 17 de maio de 1888 destacando a emoção que tomou conta do ambiente. Entusiasmado, o autor da matéria descreve o que seria uma "confusão alegre, arroubando o espírito e deslumbrando o olhar". Comentou a presença de senhoras elegantemente trajadas, além da do ministério, do corpo diplo-

Missa campal celebrada no dia 17 de maio de 1888 em ação de graças pela abolição da escravatura no Brasil.

mático, da oficialidade de terra e mar, da Escola de Medicina, da guarnição da corte, dos aspirantes da Marinha, do Batalhão Naval, do Corpo de Bombeiros, das escolas municipais, das associações religiosas e civis, e da "multidão calada, respeitosa, serena". Pelo jeito, a festa contagiava; no mesmo artigo ficamos sabendo que várias ruas da freguesia de São Cristóvão foram enfeitadas, e que muitas casas expuseram colchas e flores em suas janelas. O trânsito local chegou a ser "interrompido", em razão do excesso de carros. E os bondes da Companhia de São Cristóvão "foram insuficientes para o povo".[77]

Pelos relatos deixados por Lima na *Gazeta da Tarde* de 4 de maio de 1911, foi seu próprio pai quem o levou para ver a princesa, por duas vezes — na frente do Paço e durante a missa campal. A notícia da abolição tinha virado ato cívico, e João Henriques deve ter achado importante que o filho mais velho presenciasse o momento ritual. Já Lima, que do alto dos seus sete anos há de ter visto tudo de baixo para cima — isso se o pai não o levantou até a altura dos ombros —, impressionou-se com a alegria geral e com a brancura da princesa.

Anos depois, no mesmo texto sobre o dia em que a professora Teresa entrou na classe e conversou com os alunos acerca da promulgação da Lei Áurea, Lima repisaria a sua impressão. Explica ele dessa vez: "Estamos em maio, o mês das flores, o mês sagrado pela poesia". Tudo segue igual até Lima mudar o "dono da boa-nova", que não seria mais a professora mas o pai. "Agora mesmo estou a lembrar-me que, em 1888, dias antes da data áurea, meu pai chegou em casa e disse-me: a lei da abolição vai passar no dia de teus anos. E de fato passou; e nós fomos esperar a assinatura no largo do Paço. Na minha lembrança desses acontecimentos, o edifício do antigo Paço, hoje repartição dos Telégrafos, fica muito alto, um *sky-scraper* [...] Havia uma imensa multidão ansiosa, com o olhar preso às janelas do velho casarão. Afinal a lei foi assinada e, num segundo, todos aqueles milhares de pessoas o souberam. A princesa veio à janela. Foi uma ovação: palmas, acenos com lenço, vivas. [...] Jamais, na minha vida, vi tanta alegria. Era geral, era total; e os dias que se seguiram, dias de folganças e satisfação, deram-me uma visão da vida inteiramente festa e harmonia."[78] A lembrança do menino, refeita pelo escritor já adulto, não foge à realidade do dia ensolarado, da multidão presente ao local, da princesa na janela. Mas a memória é também traiçoeira, e nosso autor aproveita para associar a data a seu próprio aniversário. Essa marca ia ficar. Libertação do presente, desatino do futuro.

O relato continua, agora descrevendo a missa: "Houve missa campal no campo de São Cristóvão. Eu fui também com meu pai; mas pouco me recordo dela, a não ser lembrar-me que, ao assisti-la, me vinha aos olhos a *Primeira missa*, de Vítor Meireles. Era como se o Brasil tivesse sido descoberto outra vez [...] e eu me lembro que vi a princesa imperial, na porta da atual Prefeitura, cercada de filhos, assistindo àquela fieira de numerosos soldados desfilar devagar. Devia ser de tarde, ao anoitecer. Ela me parecia loura, muito loura, maternal, com um olhar doce e apiedado. Nunca mais a vi e o imperador nunca vi, mas me lembro dos seus carros, aqueles enormes carros dourados, puxados por quatro cavalos, com cocheiros montados e um criado à traseira".[79]

A imagem da princesa doce, maternal, quase santa, se colaria na memória do menino que perdera a mãe muito jovem e da população em geral, que atribuiu a ela o feito. Além do mais, eram muitos os que consideravam a ideia de missa como inauguração da nação e a da abolição como representação de um novo descobrimento do país — de um Brasil livre —, naqueles dias carregados de emoção. E Lima fecha a *sua* história afirmando nunca ter conhecido "uma pessoa escrava". O escritor, do alto de seus sete anos, ainda não vinculava sua vida pregressa a esse sistema. De mãos dadas com o pai, ele parece adernar no clima alegre da população. Um passado tão próximo mas que devia parecer tão distante. Essa afinal era a vontade de todos. "Nós nem cremos que escravos outrora/ Tenha havido em tão nobre país", entoava o Hino da República, publicado em inícios de 1890: um ano e meio após a aguardada Lei Áurea. Tanto para lembrar, muito para (tentar) esquecer.

Vale acompanhar, mais uma vez, o texto de Lima com seu novo final, que se alterava a cada redação. No caso, ele parece menos identificado ao instante do ato e mais absorto no pai, claro, traído pela profunda melancolia de adulto: "ainda tenho de memória um dos versos: 'Houve um tempo, senhora, há muito já passado...'.[80] São boas essas recordações; elas têm um perfume de saudade e fazem com que sintamos a eternidade do tempo [...] Quanta ambição ele não mata! Primeiro são os sonhos de posição: [...] a gente vai descendo de ministro a amanuense [...] Obras, satisfações, glórias, tudo se esvai e se esbate. Pelos trinta anos, a gente que se julgava Shakespeare, está crente que não passa de um 'Mal das Vinhas' qualquer; tenazmente, porém, ficamos a viver, esperando, esperando... o quê? [...] Esperando, quem sabe se a sorte grande ou um tesouro oculto no quintal?".[81]

O imprevisto mais parecia encontro marcado; a esperança virava ceticismo, e Lima não lembra mais aquele menino curioso e de braço dado com seu pai. Ao contrário, o tempo, em vez de bom amigo, virava espécie de "inimigo" e atropelava as esperanças da época da Lei Áurea. Nada de milagres ou de tesouros enterrados. E conclui: "E assim se faz a vida, com desalentos e esperanças, com recordações e saudades, com tolices e coisas sensatas, com baixezas e grandezas, à espera da morte, da doce morte, padroeira dos aflitos e desesperados...".[82]

A crônica de 1911 dava a impressão de estar distante do ambiente que perdurou por alguns meses após a promulgação da lei. É certo que a medida chegou tímida, sem introduzir os projetos mais abrangentes que foram sendo propostos nos anos e meses anteriores ao 13 de maio de 1888, e mesmo depois desse dia. Ainda em maio, Cotegipe tentou passar no Senado uma medida que visava à indenização pecuniária a ex-senhores de escravos. Para os ex-escravizados, porém, nada. Ao contrário, ganhava força o movimento "indenizista",[83] que não teria muitos braços para atravessar o mar de clamores pela liberdade geral e irrestrita. No caso, valeu o ditado: "Inês é morta", e viva a abolição.

Por conta da popularidade do ato, muitos — até mesmo aqueles que bem pouco antes eram contra sua assinatura — tentaram deixar seu nome ou imagem ao lado da Lei Áurea. Num detalhe da foto da missa, chama atenção a quantidade de personalidades que ladeavam a princesa em seu palanque.[84]

Detalhe da missa campal.
Em destaque a princesa Isabel.

Há quem diga que a fotografia nasceu para mentir.[85] Ou melhor, a técnica desde o princípio facultou "enquadrar" a realidade, permitindo incluir e também excluir. É por isso que a foto, observada no detalhe, causa estranheza. Lá está uma aglomeração formidável e um pormenor significativo: no palanque aparecem personagens públicos, como se construíssem um sentido oficial; uma representação visual do poder. O certo é que, por vezes, um registro direto, uma fonte incontestável como essa, pode parecer artificial. Outras vezes, aquelas que são manipuladas são tomadas como originais. Nunca se escapa, porém, da agência do fotógrafo: o seu enquadramento e intenção. Coisas da técnica casada ao ritual: ambos tinham tudo para encantar, e encantaram.[86]

Afinal, a abolição foi festejada como um novo início. Símbolos e rituais nada têm de inocentes. Ao contrário, eles fundam modelos, definem direções, difundem significados. Também são bons companheiros em situações de crise e em momentos inaugurais. É isso que explica o crítico literário Edward Said em seu livro *Beginnings*. O começo, enuncia ele, "é o primeiro passo na produção intencional de sentido".[87] Foram muitos os festejos, e vários os responsáveis, para que a festa não tivesse falhas e encantasse os olhos. "Não me lembro bem de tudo", recorda Lima Barreto, "sei só que ficamos na rua Primeiro de Março; que havia muita gente; que o largo do Paço estava coalhado de povo; mas não havia cordão, nem um bandão de policiais e militares de todas [sic] as matizes."[88] Faltava banda, mas para o menino Lima era o mundo que passava em desfile, ao lado da princesa loura que, se não fosse pela cor, lembrava muito sua mãe recém-falecida.[89]

Vira mundo, o mundo virou

Deixamos pai e filho irmanados no mesmo sonho. O sonho da liberdade, da educação como forma segura de emancipação. Aí estava o bom exemplo de João Henriques, que, mesmo sem a esposa por perto, ia conseguindo manter os filhos em boas escolas, além de dar continuidade a seus propósitos profissionais. Tamanha ascensão — a realidade de ser publicamente reconhecido como tipógrafo — talvez haja tornado ainda mais íngreme a queda, que se aproximava junto com o fim iminente do Império.

Nessa altura, Henriques estava muito bem empregado e inserido na classe a que pertencia, tendo inclusive assumido lugar de visibilidade no Centro Tipográfico 13 de Maio, que representava 22 de suas oficinas. Os profissionais da área queriam redigir uma lei orgânica que lhes garantisse os direitos adquiridos com essa função, e o pai de Lima constava de todas as diretorias do grupo.

Além do Centro, outro órgão unia a classe: a *Revista Typographica*, criada para "servir de veículo e meio de organização e informação da classe tipográfica, circulação das ideias e propósitos do centro e dos demais órgãos ligados à causa da associação". Nesse momento, portanto, a profissão de tipógrafo parecia estar em alta e com ela também João Henriques.[90] Em 1888 ele fazia parte da nova administração da Imperial Associação Tipográfica Fluminense, na qual seu nome constava como vice-presidente da mesa. No ano seguinte, na matéria intitulada "7 de setembro", publicada pela *Gazeta de Noticias* do Rio de Janeiro, foi registrada mais uma participação de Henriques em associações de tipógrafos. Dessa vez como consultor, integrando uma das comissões organizadas pela União Operária para o recebimento das autoridades imperiais em comemoração ao dia da Independência.[91]

Talvez um pouco entorpecido por fazer parte de tantas atividades e associações de classe, João Henriques deve ter se surpreendido com o golpe republicano que contava com a liderança dos militares e dos republicanos paulistas mas também com a participação de muitos abolicionistas e até de antigos escravocratas, agora bandeados para os lados do novo regime. Muitas vezes terremotos chegam sem aviso prévio. Afinal, se na superfície tudo parecia estar novamente em ordem — e a monarquia parecia sair reforçada com a popularidade da Lei Áurea —, já o pai de Lima, feliz com sua carreira ascendente, não tinha como notar que a situação mudava, e de forma rápida. Na verdade, o cenário interno crispava-se: no começo de 1889, ao mesmo tempo que o Império ia à França homenagear a Revolução — sendo o Brasil a única monarquia a tomar parte da Exposição Universal de Paris —, a campanha republicana se fortalecia dentro do país, tomando como mote as mesmas comemorações do centenário da República Francesa. E a cada dia as posições, e as oposições à monarquia, radicalizavam-se.

Foi então que se criou a Guarda Negra, retomando-se um projeto antigo que previa a organização de uma força paralela ao Exército para proteger a monarquia. Como narra o historiador Flávio Gomes, ainda hoje pouco se sabe sobre o grupo. Há quem afirme que teria sido concebido em 1888 pela Confederação Abolicionista, na época da comemoração do aniversário da lei de 1871 e como uma homenagem à princesa Isabel. O certo é que, no contexto dos anos 1880, a existência de tal organização militar de libertos, que visava também proteger e defender a liberdade dos afro-brasileiros, causou barulho. Os periódicos revezavam-se, noticiando conflitos com detalhes e interpretações variadas. As críticas principais vinham das folhas republicanas, que encaravam a Guarda Negra como uma milícia de navalhistas e capoeiras arregimentada pelo ministério conservador de João Alfredo, com o objetivo exclusivo de intimidar e provocar os "seguidores dos ideais republicanos".[92]

Num período de incertezas, muitos medos e receio de reescravizações ou de reviravoltas na situação, os líderes da Guarda mostravam que era melhor ficar com o certo do que apostar no talvez. Na visão da época, e depois do ritual caprichado que o Império organizou por ocasião da Lei Áurea, até parecia que a abolição havia sido garantida pela monarquia, em vez de se tratar de um direito conquistado, e tantas vezes retardado. O fato é que uma série de especificidades históricas confundiam o cenário e as lealdades partidárias.

Nesse ambiente bastante tenso, no dia 15 de junho de 1889, quando a família imperial saía do Teatro Sant'Ana depois de ter assistido ao concerto da violonista Giulietta Dionesi, já dentro de sua carruagem d. Pedro sofreu um atentado. Ouviu-se do meio da multidão um "Viva a República" e um tiro acertou em cheio o veículo.[93] Se o episódio não passou de acidente isolado, logo descobrindo-se o autor do crime — Adriano do Vale, um imigrante português de vinte anos, recém-despedido da casa comercial em que trabalhava —, os jornais o dramatizaram. Na verdade, na agenda agitada desse ano, o episódio servia como símbolo da fragilidade do regime para alguns, amostra dos desafetos crescentes para outros. E a reação foi rápida: o chefe de polícia da corte, dr. José Basson de Miranda Osório, ameaçava processar pelo artigo 90 do Código Criminal os indivíduos que, nas praças, ruas ou em outros lugares, dessem "vivas à República, ou morras à Monarquia".

Do segundo semestre em diante, a cada dia algum acontecimento desdenhava da imagem de normalidade que a monarquia insistia em difundir. Em 15 de outubro, por exemplo, data das bodas de prata da princesa Isabel, a Guarda Negra ganhou as ruas do Rio de Janeiro, e pelo menos 1500 de seus homens saudaram o casal imperial. Contrariada, a imprensa republicana chamou a manifestação de "anárquica", enquanto outros periódicos afirmaram ser aquele um forte sinal de que d. Pedro estava para abdicar em favor de Isabel e do genro: o malfalado conde d'Eu, acusado de ter "casas de pensão" e de emprestar dinheiro como agiota. Nesse ínterim, e depois de vários incidentes, o Exército, que andava calado, começou a assumir posição de liderança no cenário de contestação.

Em 6 de junho de 1889, muito pressionado, caía o ministério de João Alfredo, sendo substituído pelo gabinete do visconde de Ouro Preto, cuja plataforma de governo visava, no limite, evitar a ascensão da alternativa republicana. Não fora apenas por graça e bondade do imperador que Ouro Preto se convertera num dos poucos viscondes conhecidos no Brasil. Ele andava cada vez mais poderoso e próximo ao Paço. Desenhou uma carreira vertiginosa, assumindo nesse mesmo ano o lugar de chefe do Partido Liberal. Já empossado no cargo de ministro, o visconde apresentou seu programa: liberdade de culto, maior autonomia dos municípios e províncias, liberdade de ensino, reforma do Conselho de Estado e redução de direitos de exportação. O programa dividiu os políticos: para alguns, muito radical; para outros, tímido demais. Os conservadores, que detinham a maioria na Câmara, o rejeitaram em bloco, e Ouro Preto determinou a sua dissolução. Mais que reafirmar a viciosa disputa entre os partidos brasileiros, o episódio anunciava o fim da estrutura monárquica centralizada e a instabilidade da figura do imperador — que até então atuava como balança equilibrada entre os dois partidos. A realidade é que a ideia do término do regime monárquico começava a ser abertamente discutida, assim como a opção pela República.

O temor maior, porém, era do descontrole. E não por acaso o Partido Republicano Paulista passa a frequentar os quartéis, tramando um golpe preventivo.[94] O estopim simbólico data do dia 9 de novembro de 1889. Era hora de d. Pedro II descer da calma de Petrópolis e inaugurar no Caju o Hospital São Sebastião. O imperador aproveitaria para presidir o Conselho de Ministros e à noite ainda tomaria parte do baile que o governo ofereceria à Marinha do Chile, o famoso Baile da Ilha Fiscal, o qual ficou conhecido como o "canto do cisne da monarquia". Discorreu-se bastante, o quanto a imaginação alcançou, sobre as orgias, a ostentação e o luxo daquela noite, tão incompatíveis com a situação política, ou sobre os rumores de que as Forças Armadas teriam sido excluídas da lista de convidados. Mas o certo é que o baile na ilha contígua à corte fora montado para justamente representar a grandeza da monarquia. Suspensos momentaneamente os conflitos, reuniam-se num mesmo salão liberais e conservadores, a corte e seus barões, e até o primeiro-tenente da Marinha, José Augusto Vinhais, que teria um importante papel, dias depois, no golpe que selaria a sorte do Império.

Enquanto isso, os militares confabulavam nos quartéis e uma agenda política apertada começou a andar ligeiro. Não é o caso de detalharmos os meandros do golpe, mas apenas de mostrar como, nessa altura, a monarquia estava cada vez mais isolada. Por isso, com a pressão dos cafeicultores paulistas e a liderança de setores descontentes do Exército, o movimento em favor da República alastra-se e os acontecimentos se precipitam. A crise do Império chegava às ruas, e com ela novos temas entravam na agenda: a República como aspiração de futuro, a democracia como projeto, e uma ideia de modernidade vinculada à alternativa de um novo sistema. O marechal Deodoro, após forte boataria acerca da prisão do major Solon, acaba entrando a cavalo no quartel-general e, depois do lapso de dar "vivas a Sua Majestade o Imperador, à Família Imperial e ao Exército", obriga Ouro Preto a demitir-se, afirmando que levaria pessoalmente ao imperador a formação do novo governo. No entanto, até mesmo essa passagem é objeto de controvérsia. Ao que tudo indica, a República não se proclamou a grito, mas Ouro Preto foi premido a se demitir.

E da queda do gabinete de Ouro Preto até a Proclamação da República o tempo passou rápido, apesar do primeiro tom mais titubeante do movimento. O anúncio oficial da República foi feito, finalmente, em 15 de novembro de 1889, em frente à Câmara Municipal do Rio de Janeiro. O orador selecionado foi ninguém menos que José do Patrocínio, naquele momento o vereador mais jovem e popular. No dia seguinte, a primeira edição do *Diário Oficial da República dos Estados Unidos do Brasil* estampou a proclamação do Governo Provisório, comunicando a extinção da monarquia. Era um novo Brasil que se montava: sem escravos e sem seu soberano. E, nessa maré, o pai de Lima, infelizmente, acabou associado a tudo que parecia antigo e vinculado ao regime monárquico.

O exílio de Ouro Preto e o descaminho de João Henriques: um desempregado no meio da República

A partir de então as mudanças seriam muitas; das mais cotidianas às mais simbólicas, entre elas a alteração do hino, da bandeira, de nomes de ruas e de instituições, como é o caso da estrada de ferro que Lima tanto usaria no futuro, a qual perdeu a denominação de Pedro II e passou a chamar-se Central do Brasil. Era toda uma nova cultura política que ia se inscrevendo nos detalhes, assim como nas estruturas mais fundamentais do país, conforme o Governo Provisório se tornava permanente. A República deitava suas raízes e vinha, como sabemos, para ficar.

João Henriques devia andar preocupado com a sorte do padrinho e, por consequência, com a sua própria. E não sem motivos: no próprio ano de 1889 ele sofreria um sério revés. A *Tribuna Liberal*, onde o pai de Lima trabalhava como tipógrafo, era umbilicalmente vinculada ao Partido Liberal, até então no poder; sendo o visconde de Ouro Preto seu diretor e proprietário. Além do mais, desde o golpe de novembro, destacava-se como órgão de resistência declarada ao republicanismo. Sua origem relacionava-se aos planos dos liberais de realizar um congresso no mês de maio de 1889. O encontro oficializou o novo programa do partido, pelo menos de uma ala mais radical dele, que agora incluía o voto secreto, a definição de eleitores por alfabetização e não pela renda, a reforma administrativa provincial, o direito de reunião, a liberdade de culto, o casamento civil obrigatório, o mandato com periodicidade determinada para o Senado e a reforma do Conselho de Estado.[95] O projeto representava, assim, uma tentativa, de última hora, para preservar a monarquia, tornando-a mais aberta aos novos tempos.

Para dar divulgação a essa agenda, lá estava a *Tribuna Liberal*, lançada em dezembro de 1888 como um órgão do partido e da própria realeza. Os vínculos do periódico com a monarquia eram de tal monta que ele foi um dos primeiros a ser fechado pelo novo governo da República, ao mesmo tempo que se enviava para o exílio seu diretor — o ministro do Império. Já o pai de Lima, recém-admitido como mestre de composição tipográfica na Imprensa Nacional e na *Tribuna*, acabou sem emprego.[96]

E vamos aos bastidores. Mesmo depois da Proclamação da República, um pequeno grupo ainda acreditava no retorno da monarquia, usando como porta-vozes alguns jornais contrários ao novo regime.[97] Esse era o caso da *Tribuna Liberal*, que continuava a fazer oposição aberta ao Governo Provisório. No entanto, como Ouro Preto estivesse no exílio, era agora Carlos de Laet que atuava como chefe editorial.

Mas o governo da República não lidou de maneira passiva com a oposição; arregaçou as mangas da farda e demonstrou qual seria a sua filosofia. Logo no dia 23 de dezembro os militares foram claros: "os indivíduos que conspirarem contra a República e o seu governo; que aconselharem ou promoverem, por palavras escritas ou atos, a revolta civil e a indisciplina militar [...] serão julgados militarmente por uma comissão militar nomeada pelo ministro da Guerra, e punidos com penas de sedição".[98] Deodoro e seu governo revelavam-se pouco dispostos a aceitar críticas por parte dos jornalistas, e já em março de 1890 ordenam a prisão do ex-governador do Maranhão, Pedro Tavares, que continuava a publicar artigos no jornal *A Republica*, da cidade de Campos, criticando o novo regime e conclamando a volta do antigo. E esse foi apenas um exemplo; quem sabe o mais comentado. Dizia-se que até mesmo os jornais do interior do Rio de Janeiro iam parar na escrivaninha do marechal, e que todos eles, bem como seus autores, acabavam incluídos na "lista negra" do Governo Provisório. Certo ou não, a água da chaleira, que estava para ferver, em 29 de março de 1890 entrou em ebulição. Sai nesse dia o decreto determinando que todos aqueles que dessem origem, "pela imprensa, por telegrama e por qualquer outro modo", à circulação de "falsas notícias e boatos alarmantes"[99] referentes aos "corpos militares" e à estabilidade da República, seriam detidos.

O documento foi recebido com grandes doses de preocupação pelos setores contrários ao novo regime, que iam ficando cada vez mais isolados. Nesse momento, os monarquistas se encontravam reduzidos a dois jornais: a *Tribuna*, no Rio de Janeiro, e *O Commercio de S. Paulo*, dirigido por Afonso Arinos. Mas faziam muito barulho. Também José do Patrocínio, apesar de sua rápida e ruidosa reconciliação com a República, já em 27 de novembro — isto é, doze dias depois de ter sido empossado o governo — escrevia seu primeiro artigo contra o novo plano financeiro, convertendo-se num dos mais abertos adversários de Rui Barbosa, então ministro da Fazenda, de Deodoro da Fonseca e da própria República.

A *Tribuna Liberal* ficaria na mira de fogo do governo; até porque o jornal ia crescendo em popularidade desde o golpe. Em 22 de novembro de 1889, vangloriava-se de ter triplicado a sua tiragem e de, só na edição de 1º de dezembro, ter vendido 22 500 exemplares. Mas não era fácil fazer oposição ao novo regime, pois a pressão contra esse tipo de periodismo crescia. O *Jornal do Commercio*, por exemplo, na edição de 26 de dezembro assinada por Miguel Lemos, destacava o protesto do Centro Positivista do Brasil contrário aos jornais favoráveis à monarquia.[100]

E é nesse clima tenso que, no dia 29 de novembro de 1890, ocorre o assalto à redação da *Tribuna Liberal*. Carlos de Laet, cada vez mais monarquista e raivoso, é preso em sua residência e conduzido à polícia. A justificativa para o mandado de prisão era sua "conspiração monarquista", sendo o jornal considerado uma espécie de quartel-general dos revoltosos. Laet declarou que sua vida era "regular como um cronômetro", e deu um depoimento "franco" afirmando sua lisura e correção, mas o governo militar não estava para brincadeira.[101]

João Henriques andava igualmente visado por ser "compadre do visconde". Sua pregressa promoção na *Tribuna Liberal* era considerada "coisa de proteção", do mesmo modo que a elevação desproporcional de seus vencimentos continuava a gerar suspeitas. No *Diario de Noticias*, criticava-se abertamente a promoção de Henriques, assim como o fato de ele ter recebido Pedro II no jornal, fazendo as honras da casa às vésperas do golpe. Com tantos anúncios desagradáveis, o pai de Lima não esperou o sinal vermelho. Quando soube que constava de uma "lista", e depois de um colega provocá-lo por ter participado do "bota-fora de Ouro Preto", João Henriques, tranquilo no trabalho e de caráter tempestuoso na vida, vestiu o paletó de alpaca que havia acabado de pendurar e afirmou que "não daria esse gosto" ao Rui Barbosa. Ninguém iria demiti-lo. Saiu da *Tribuna* e da Imprensa Nacional, onde fora tipógrafo por doze anos sem interrupção.[102]

Henriques mostrou, porém, que estava com a razão. Ninguém duvidava que o decreto de censura a jornais oposicionistas tinha endereço certo, e a *Tribuna* foi obrigada a fechar suas portas, deixando de circular em dezembro de 1890.

O pai de Lima jamais esqueceria essa sua passagem pelo jornal, nem mesmo os fatos violentos que envolveram a *Tribuna*; sobretudo o assalto à sede do periódico, que resultou na morte do revisor João Ferreira Romariz, seu amigo pessoal. Na correspondência que trocou com Lima Barreto, o amigo Antônio Noronha Santos[103] comenta a notícia do assassinato nos seguintes termos: "Barreto. O Romariz, bom rapaz, revisor dedicado, estava na redação da *Tribuna Liberal*, quando soldados invadiram a redação, na procura do Laet, Andrade Figueira, Medeiros e não encontrando nenhum dos redatores citados, assassinaram-no à queima-roupa…".[104] Muita história correu.[105] Mas o que ninguém discute é o fato de que o funcionário se encontrava no local fazendo serão noturno quando o edifício foi invadido e parcialmente destruído.

O episódio ficou na memória do menino; tanto que, anos depois, Lima voltaria ao caso no conto "A sombra do Romariz",[106] que é narrado por um tipógrafo chamado Brandão — claramente inspirado em João Henriques. É ele quem explica o que aconteceu em 1890, quando "acabava-se de proclamar a República". Brandão relata que, à noite, fazia uns bicos na *Tribuna Liberal*, "um jornal apaixonadamente monarquista que atacava o governo provisório sem peso, nem medida". Foi quando correu o boato de que "iam empastelar a folha". O governo desmentiu, "assinando que era seu ponto de honra manter a liberdade de pensamento e de imprensa". Confiante, Brandão continuou "a trabalhar com mais coragem e sossego". E naquela noite, lá pelas oito ou nove horas, um "aprendiz assustado" entrou na oficina avisando: "Fujam! Fujam! Lá vêm eles!". Perguntado sobre o que ocorria, ele respondeu que vinha descendo pela rua do Ouvidor "um magote de gente, fardados e outros à paisana, a gritar: 'Morram os sebastianistas! Morra a *Tribuna Liberal*! Viva o marechal Deodoro!'". Diante disso, "todos trataram de fugir […] Só ficou no edifício o Romariz, um pobre revisor que dormia profundamente, descansando a cabeça sobre os braços cruzados e estes sobre a mesa de trabalho. Por mais que o sacudissem e o chamassem, não foi possível despertá-lo". Não havia mais tempo e o "infeliz revisor lá ficou abandonado. Ele vivia tresnoitado; trabalhava dia e noite para manter a mãe e os irmãos […] e para pagar a casa em subúrbio longínquo; lançara mão do ofício de revisor de provas, para apresentar [sic] sua renda". Os assaltantes foram, então, entrando, "quebrando balcões, máquinas, derramando as caixas de tipos no chão". Foi aí que deram com o Romariz dormindo. Sem saberem quem era e o que fazia por lá, foram logo "desancando de cacete e de coices d'armas na cabeça e ele mesmo sem saber por quê". O narrador termina contando que "o cadáver estava hediondo" e a família "na maior miséria". No final do conto, Brandão afirma que ninguém deve se meter com as "deveras fúteis barulheiras dos políticos" e que por todo canto ele ainda vê "a sombra do Romariz". "Há muito mistério nesta nossa triste vida terrena", conclui ele.[107]

Como Romariz, o pai de Lima trabalhava de noite, bebia uns tragos de vez em quando, fazia hora extra para sustentar a família e, embora não tenha morrido no serviço, acabou desempregado e descrente na modernidade. Virava, juntamente com os demais monarquistas, um "sebastianista", numa referência anacrônica àqueles que estão sempre procurando pelo que já não encontram no presente; estão sempre atrás do passado, "do Encoberto".

Entretanto, a despeito dos ares republicanos, a violência do assalto e a morte do revisor repercutiram muito negativamente no Congresso, na classe dos tipógrafos e dos jornalistas. A *Tribuna Liberal* circularia com esse título até julho de 1890, quando perderia o *Liberal*. Nessa altura, porém, João Henriques já tinha outro emprego. Antes de ir para o exílio, Ouro Preto não se esquecera de deixá-lo amparado. Arranjara para ele um serviço de última hora, um pouco distante das suas habilidades profissionais. Seria um bom jeito de Henriques se aguentar enquanto o novo regime continuasse vigente. O ex-ministro era ruim de previsões e imaginava que "essa tal de República" seria breve.

João Henriques então mudou de cenário. Partiu com a família para a ilha do Governador, onde seria administrador das Colônias de Alienados. O pai de Lima não tinha como saber que a loucura se instalaria, de vez, na sua vida, e que ele, o tipógrafo, daria fim à sua carreira repleta de êxito.

3.
Vivendo nas Colônias de Alienados da Ilha do Governador

O velho Oliveira dava-me sempre mimos. Era uma fruta, era um bodoque, era uma batata-doce assada no braseiro do seu fogão, ele sempre tinha um presente para mim. Eu o amei desde aí e, quando, há anos, o levei para o cemitério de Inhaúma, foi como se enterrassem muitas esperanças da minha meninice e a adolescência, na sua cova...
— Lima Barreto, "Manuel de Oliveira"

Meu pai, meu grande e infeliz pai...
— Lima Barreto, "O Estrela"

Colônia de Alienados, ilha do Governador, c. 1915.

Em março de 1890 — logo depois da Proclamação da República —, para não ficar desempregado, o pai de Lima foi obrigado a se reinventar: tornou-se escriturário e em seguida almoxarife das Colônias de Alienados da Ilha do Governador. Deve ter sido difícil para ele encarar o novo emprego, totalmente distinto de sua formação técnica como tipógrafo.

João Henriques provavelmente imaginou que essa mudança teria breve duração, só até a situação política serenar. Mas a República foi se consolidando, a ideia de um golpe virando coisa do passado, e as resistências monarquistas minguaram tal qual planta seca. Nessa altura, muitos dos líderes monarquistas que haviam permanecido no Brasil acabaram por aderir ao novo regime. Já o imperador e sua família, bem como boa parte da oposição, encontravam-se no exílio na Europa e não davam sinais de que voltariam tão cedo.

O pai de Lima, por sua vez, partiu com a família para um exílio menos vistoso e elegante. O ministro do Interior, Cesário Alvim, o nomeou para o cargo de escriturário das Colônias de Alienados da Ilha do Governador, recém-criadas pelo governo. Nesses tempos de nascente República, implementaram-se políticas médicas já delineadas de maneira mais tímida durante o Império, e que visavam assegurar a ordem vigente nas cidades que cresciam a olhos vistos. Entre tais políticas constava um processo acelerado de medicalização da loucura e de exclusão dos indivíduos afetados por ela.[1] A ideia de construir um lugar adequado para os alienados era antiga. Em 1830, o então relator da Comissão de Salubridade da Sociedade de Medicina do Rio de Janeiro, José Martins da Cruz Jobim, protestou contra as péssimas condições a que submetiam os pacientes no hospital da Santa Casa da Misericórdia do Rio de Janeiro. Por exemplo, em 1835, no periódico *Diario da Saude*, o médico José Francisco Xavier Sigaud, um dos primeiros presidentes da Sociedade de Medicina do Rio de Janeiro, denunciava em tom elevado o mau estado desses locais. E não eram poucas as teses defendidas sobre o assunto: Antônio Luís da Silva Peixoto, em 1837, realizou um trabalho na Faculdade de Medicina do Rio de Janeiro sobre as causas da loucura, no qual descrevia a situação do tratamento dos alienados no Brasil.[2]

Mas o problema demorou a ser enfrentado, e só em meados do século xix foi fundado o Hospício de Pedro ii, que começa a funcionar efetivamente nos anos 1880, convertendo a corte na mais importante referência no tratamento do "alienismo". Em 1890, praticamente junto com o nascimento da República, inaugurou-se a Assistência Médico-Legal de Alienados. Na mesma época se multiplicam as teses defendidas na cadeira de psiquiatria e moléstias nervosas da Faculdade de Medicina, bem como os artigos nos jornais especializados da classe profissional.

Os vínculos entre conhecimento médico e prática alienista seriam consolidados a partir da criação do Hospício Nacional de Alienados, em 1890, e da fundação da Sociedade Brasileira de Psiquiatria, Neurologia e Medicina Legal em 1907.[3] Já as Colônias de Alienados foram inauguradas em 1888, com o objetivo inicial de recuperar mendigos e indivíduos ociosos, recolhidos na cidade do Rio. O problema parecia incomodar as autoridades. No dia 27 de maio do ano da inauguração saiu em *O Paiz* a seguinte notícia: "Mendigos ociosos. Avulta nesta corte o número de indivíduos em completa ociosidade e que vivem a explorar a caridade pública. [...] Gente avessa ao trabalho, tirando rendosos proventos de um ofício que consideram lícito [...]. Com isso, entretanto, sofrem a sociedade em geral, o comércio em particular, que é obrigado a destinar semanalmente certa verba para os mendigos sãos e doentes...".[4] Como se vê, a tolerância para o que se considerava "ócio ou vagabundagem improdutiva" ia diminuindo nesses tempos de maior "racionalidade".

Não há de ser coincidência a notícia publicada em 27 de janeiro de 1889, na *Gazeta de Noticias*, em que se comentam os bons serviços das colônias em seus primeiros meses de funcionamento, assim como se enaltece o trabalho nelas realizado: "Homens, que no Asilo de Mendicidade viviam inativos e na imundície, embrutecendo-se cada vez mais, estão agora trabalhando, satisfeitos, bem alimentados, limpos e moralizando-se pelo trabalho". Mais adiante, na mesma publicação afirmava-se que a "mendicidade no Rio de Janeiro, se, da parte de alguns, é prova de que chegaram à última miséria, da parte de outros é filha da preguiça e do vício. Àqueles, em vez das humilhações e incertezas da existência que levam, há a tranquilidade e o conforto do asilo, e a reabilitação pelo trabalho".[5]

E não eram poucos os indivíduos mais velhos que se viam presos à condição de mendicantes, não por "vício" ou "preguiça", mas por causa das poucas oportunidades de emprego e de colocação que eles encontravam. Basta lembrar, por exemplo, dos cidadãos libertos após a Lei dos Sexagenários, ou da situação daqueles mais idosos, após a Lei Áurea. Este é exatamente o caso relatado na *Cidade do Rio* de 8 de agosto de 1888: o sr. Ferreira Viana, ministro da Secretaria da Justiça, recebeu um "pobre preto", já muito velho e fraco, que, tendo desembarcado dos trilhos da Estrada de Ferro Pedro II, o andava procurando. O homem lhe explicou que trazia nas mãos uma carta de "um tal fazendeiro Paiva", em que o mesmo pedia, não mais a indenização pelo ex-escravizado, mas que "tomasse conta e desse agasalho ao mísero". Depois da conversa, o ministro soube que o "inválido da escravidão" fora libertado pela lei de 13 de maio e que embarcara de Valença a mando do seu ex-senhor, tendo-lhe este pagado a passagem, recomendando-lhe que viesse "procurar o caridoso fundador dos asilos de mendicidade". O "pobre velhinho" foi recolhido ao Asilo, onde se constata que além da "idade avançada o pobre enxotado está doente". E fecha-se o artigo: "E tal é, em resumo, a história dessa vergonha para os fazendeiros que enriqueceram à custa da escravidão e que agora não sabem ter a honestidade de amparar a velhice que lhes deu o pão".[6] Eram muitos os vínculos entre ex-escravizados e loucura, na falta de melhor termo para lidar com a improbidade com que o tema do desamparo foi tratado pelo Império e depois pela República.

Eram duas as colônias da ilha do Governador; uma localizada em São Bento e outra em Conde de Mesquita. Esses locais foram criados com o duplo objetivo de aliviar a superlotação de internos do Hospício de Pedro II e implementar novas modalidades de tratamento psiquiátrico que indicavam o trabalho agrícola como forma de acelerar a recuperação dos doentes. Nos primeiros anos após a Proclamação da República, elas eram exclusivamente formadas por pacientes homens. Com o decreto nº 508, de 21 de junho de 1890 — justamente a época da contratação de João Henriques —, as instituições foram destinadas apenas aos alienados indigentes vindos do Hospício Nacional de Alienados.[7]

O novo protetor do pai de Lima, Cesário Alvim, era também integrante do Partido Liberal, legenda que só abandonou às vésperas do golpe da República. Em 1869, fundara, juntamente com Afonso Celso, o diário *A Reforma*, que, como vimos, era muito voltado para a propaganda do seu partido, e no qual deve ter conhecido João Henriques. Entre 1884 e 1886, foi presidente da província do Rio de Janeiro,[8] mas em 1889 se declarou republicano, tomando parte do movimento que resultou no Quinze de Novembro.[9] Como tinha livre trânsito entre os dois grupos que então se digladiavam pelo poder, assumiu uma posição de mediação. Foi governador de Minas entre 1889 e 1890, por decreto de Deodoro, e a partir de novembro de 1890 eleito senador pelo mesmo estado e depois ministro. Acumulando as duas posições e fiel à sua política conciliatória, revogou o banimento de antigos chefes políticos, entre os quais estava Ouro Preto. Mas seus laços com o visconde nunca seriam desatados. Na época em que atuava como ministro, ao tomar ciência da invasão do jornal de Ouro Preto, *A Tribuna*, em 20 de janeiro de 1891, logo se demitiu dos dois cargos.

Não conhecemos os bastidores da nomeação de João Henriques. O que sabemos é que ele continuava a fazer uso das relações que construíra como tipógrafo, associando-se a pessoas política e economicamente influentes. Para não trocar o certo pelo errado, o pai de Lima resolveu mudar, então, para a ilha. Primeiro foi só, depois levou os filhos menores — Carlindo e Eliézer —, bem como a criada Prisciliana, no futuro referida por Lima como a "companheira de seu pai". Dela quase nada mais conhecemos. Mas aqui parece repetir-se o anonimato das mulheres que passam à história, apenas, como amásias ou agregadas das famílias. Os filhos mais velhos — Lima e Evangelina — permaneceram na capital, pois o pai cioso queria que eles continuassem a estudar em bons colégios. Além do mais, os dois já andavam adiantados nos estudos. O primogênito, por exemplo, estava pronto para prestar os exames de Instrução Pública e fazer os primeiros preparatórios. De Evangelina sabemos que prestara e vencera um concurso realizado por *A Universal: Revista das Revistas: Resenha da Vida Nacional e Estrangeira*. Exclusivamente aberto para "senhoras autoras", o prêmio reservava um valor em dinheiro — 50$ para o segundo lugar e 100$ para o primeiro ou um objeto correspondente — e ainda a publicação do conto. A irmã de Lima ficou com o segundo lugar, com o texto chamado "O noivado na montanha", que foi publicado no dia 30 de maio de 1902.

Enfim, os dois irmãos iam caprichando sua formação na capital, mas a ilha era refúgio certo nos fins de semana. O cenário, apesar de paradisíaco, tinha lá "seus perigos", sobretudo para os que vinham de fora. Logo nos primeiros meses, todos os membros da família Barreto sofreram com a maleita, hoje identificada como malária, que produz uma febre intermitente provocada por parasitas. De tão comum, a doença virou sinônimo de "preguiça" ou de "ausência de disposição". Mas esse não parece ter sido o caso do ex-tipógrafo. Assim que assumiu seu posto, João Henriques arregaçou as mangas como administrador das colônias. De toda maneira, prudente que era, resolveu apelar, mais uma vez, para a família do dr. Manuel Feliciano, com quem deixou as crianças por uns tempos. Ficou sozinho na ilha por um período, até que as coisas se acomodassem. Os demais foram para lá no semestre seguinte, quando a casa estava pronta e havia uma estrutura mais consolidada.

A ilha do Governador é a maior da baía de Guanabara, contando com uma área de aproximadamente 33 quilômetros quadrados, num perímetro de 46 quilômetros. Seu nome e história remontam aos episódios que marcaram a expulsão dos franceses da baía, entre 1565 e 1567, quando da consolidação do domínio português na região e da fundação da cidade do Rio de Janeiro.[10] Naquela época, a ilha fora palco de combates entre portugueses e franceses; estes últimos haviam ocupado o interior da baía desde 1555, sob o comando de Villegaignon, e chegaram a erguer fortificações no local, mas saíram derrotados em 1567. O lugar era então conhecido como Paranapuã e também como ilha do Gato. O primeiro nome tem origem no grupo Tamoio, que atuara como aliado dos franceses. Já o segundo nome fora dado pelos Maracajá, grupo que teria apoiado os lusos contra os corsários estrangeiros. Nesse caso, a explicação é outra: ilha do Gato corresponderia à tradução portuguesa para ilha dos Maracajás, espécie de felino que habitava a região.

Os limites e a veracidade dessas histórias, feitas de batalhas e boatos que uniram e dividiram indígenas e europeus, não se conhecem ao certo. O que os documentos contam é que, com a expulsão dos franceses, boa parte dos terrenos da ilha foram doados como sesmarias a Salvador Correia de Sá, sobrinho de Mem de Sá. Em 1568, Correia de Sá passou a capitão-mor e governador do Rio de Janeiro e sua propriedade ficou conhecida como ilha do Governador.[11] E o território não era nada desprezível. A ilha contava com muitas fontes de água naturais, colinas suaves, e poucos pântanos e alagadiços margeavam a costa oeste da baía de Guanabara. Era, ainda, densamente coberta pela mata e por espécimes de pau-brasil. Por fim, ocupava uma posição bastante protegida no interior da baía, o que fazia dela um excelente local de defesa.

Correia de Sá deu início, então, à ocupação efetiva da ilha a partir da plantação de cana-de-açúcar e da instalação de engenhos que perdurariam até o século XIX.[12] A família manteve o seu domínio no local por longo período, guardando-se a lembrança da espaçosa fazenda e da construção do galeão *Padre Eterno*, em 1663, na época considerado o "maior navio do mundo".[13] O lugar onde ele foi montado, na extremidade ocidental da ilha, ficou assim conhecido como ponta do Galeão, denominação herdada pelo bairro que ali cresceu posteriormente. Em 1695, Manuel Fernandes Franco, proprietário das terras da antiga fazenda de Correia de Sá, resolveu doá-las aos monges beneditinos, que lá ergueram uma nova fazenda de cana-de-açúcar e engenhos para a sua moagem, tornando-se muito influentes na ilha com as suas propriedades do lado oeste de seu território: Galeão, Flexeiras, Itacolomi, Tubiacanga.

Mas foi só a partir do século XVIII que se intensificou a ocupação da ilha do Governador. Em 1710, ela já contava com paróquia própria. No Oitocentos, além da lavoura da cana-de-açúcar, suas fazendas produziam gêneros agrícolas para o abastecimento do Rio de Janeiro, vocação que a ilha manteria até o limiar do século XX. Estima-se que nesse período a população girasse em torno de mil habitantes, incluindo-se os escravizados que trabalhavam na agricultura local e nos engenhos. Aliás, por conta da sua vida econômica associada à produção de açúcar, o lugar era também conhecido como ilha dos Sete Engenhos.

A ilha continuou um pouco perdida no seu tempo lento até a chegada da corte, em 1808, quando algumas de suas funções foram alteradas. Em primeiro lugar, os monges beneditinos trataram de construir um palacete para bem receber a família real em ocasiões especiais. Esse palacete localizou-se perto da atual praia da Bica,[14] num terreno elevado de onde se podia apreciar a vista panorâmica da baía. Dizem que d. João ali se abrigou diversas vezes até que decidiu criar uma "coutada", um campo de caça, na parte ocidental da ilha. A caça era um esporte que apreciava muito, e por lá ele podia relembrar seus tempos em Portugal, perseguindo animais autóctones ou lá introduzidos posteriormente. Em decreto de 12 de agosto de 1811, foi fundada a Real Coutada da Ilha do Governador, bem como o Regulamento para o Regime da Real Coutada da Ilha do Governador.[15] A partir daí, modificaram-se as formas de ocupação. Para que a caça do príncipe pudesse transcorrer "normalmente", os habitantes do local — até então basicamente composto de sítios e fazendas — foram submetidos a um conjunto de normas. Eles não podiam caçar e tinham de manter seus terrenos cercados para evitar a entrada de animais. Tampouco podiam cortar madeira ou derrubar árvores sem a prévia autorização. Paradoxalmente, todo esse controle acabou levando à preservação do aspecto rural e da paisagem natural da ilha do Governador.

Na falta de outras saídas, até o fim do século XIX a ilha seguiu cumprindo seu papel de centro de abastecimento da cidade do Rio de Janeiro, produzindo legumes, frutas, verduras e farinha, e fornecendo pescado. Mantinha-se, porém, bastante isolada: não havia sistema regular de transporte até o continente, e a travessia era feita apenas por pequenos barcos.

A ilha possuía, então, seis fazendas: da Bica ou da Conceição, de São Bento, de São Sebastião, da Freguesia, do Tiro e da Ribeira. Os proprietários as dividiam pela extensão das várias praias, em sua maioria despovoadas ou apresentando uma ou outra modesta construção. De resto, o território era tomado por alguns engenhos, plantações de cana ou de outros poucos gêneros, e mata, muita mata. Estima-se que, nos idos de 1870, $5/6$ da área total estivesse tomada por uma floresta fechada, abrigo para diversas espécies de madeira de lei e plantas medicinais. Por todo o local podiam ser encontrados animais selvagens, pequenos mamíferos e uma grande variedade de aves, cobras, sapos e peixes. O lugar também vivia infestado de mosquitos e formigas-saúvas. O estrago causado nas plantações por essas pequenas invasoras era fenômeno bem conhecido, e no final do século chegou a ser instalada na fazenda da Conceição uma fabriqueta de remédio contra elas. Um detalhe, mas não apenas um detalhe: a questão das saúvas faria parte da literatura de Lima Barreto, que anos depois retratou "o valente inimigo" comendo boa parcela da propriedade de seu mais famoso personagem, Policarpo Quaresma, cujo sítio, como ainda veremos, foi inspirado pelo terreno onde vivia a família, na ilha do Governador.

A partir da segunda metade do século XIX, foram fundadas no local pequenas indústrias dedicadas à fabricação de tijolos, telhas e cal. Mesmo assim, de acordo com manuscrito de Antônio Estêvão da Costa e Cunha, datado de 1870, a maior parte da população da ilha, de 3 mil habitantes, ocupava-se da pesca e da fabricação de cal. Quase todas as caieiras se situavam no lado leste, o mais densamente povoado, uma vez que concentrava fábricas, cais para atracação de barcos e estabelecimentos comerciais, os quais só chegavam a dezenove. Na faixa que ia da praia da Ribeira à Pitangueira, contavam-se por volta de cem casas construídas à beira-mar.

No final do XIX, a ilha ainda registrava uma população escrava da ordem de 20%, que declinaria, como no resto da província, a partir da década de 1880.[16]

ANO	POP. TOTAL	LIVRE	ESCRAVA
1875	2856	2253	603
1884	3694	3312	382

Existiam três pequenas escolas na ilha do Governador — duas para meninos e uma para meninas —, com não mais de quarenta alunos em cada uma delas. Como a população era majoritariamente pobre, as crianças começavam a trabalhar muito cedo, o que pode explicar o baixo número de estudantes inscritos nas escolas e o fato de João Henriques ter optado por manter os dois filhos mais velhos estudando na capital.

Quando o pai de Lima se mudou para a ilha, esta passava por um processo de decadência na agricultura, bastante prejudicada pelas famosas saúvas. Por conta disso, muitas áreas foram destinadas à Marinha e à Aeronáutica, e estabeleceram-se, na parte ocidental da ilha, próximas à ponta do Galeão, as já citadas Colônias de Alienados, onde Lima passava seus tão esperados fins de semana.[17]

Nas Colônias de Alienados

Lima Barreto ficaria para sempre impactado por essa infância peculiar vivida inteira na ilha. Mesmo que tenha continuado a residir no Rio, seus sábados e domingos eram na ilha, quando aproveitava para correr e se divertir mais livremente. A família morava no próprio terreno de uma das colônias, e, já na época, ao menino muito chamou a atenção o aspecto rural e um tanto decadente da paisagem. Quando adulto, é desta maneira que o escritor relembra o lugar: "Vivendo, por assim dizer, isolada do Rio de Janeiro, quase sem comunicações diárias com o centro urbano, abandonada pelos seus grandes proprietários, devido à decadência de suas culturas perseguidas atrozmente pela saúva, estava toda ela entregue a moradores pobres, apanhadores de suas frutas semissilvestres, como o caju, lenhadores e carvoeiros, pescadores e alguns roceiros portugueses que tenazmente se batiam contra a implacável formiga, fazendo roças de aipim, de batatas-doces, de quiabos, de abóboras, de melancias, e até de melões. [...] Essa espécie de enclave que era a ilha do Governador naquele tempo, profundamente rural e pobre, aqui pertinho da capital do Brasil, foi que me deu uma reduzida visão de roça e de hábitos e costumes roceiros".[18]

Em cima de um dos morros da Colônia São Bento se destacava a casa dos Barreto, agora arranjada como um novo lar. Era bastante arejada e dispunha de muito terreno e árvores para os filhos de João Henriques brincarem. Em crônica publicada no *Almanak d'A Noite*, de 23 de maio de 1916, Lima descreve a casa como sendo velha e roceira, porém vasta e cômoda. O que o encantava, mesmo, era o terreno que cercava a residência e o bambuzal verde.[19] O certo é que os arredores da ilha serviram de inspiração para seu romance mais conhecido, *Triste fim de Policarpo Quaresma* (publicado pela primeira vez em 1911, na forma de folhetim). O Curuzu, o lugar para onde o protagonista da história se muda, apresenta muitos paralelos com a imagem que Lima guardou do local de infância. No sítio do seu herói não havia loucos por perto, a despeito de a loucura sempre rondar os romances, os personagens e a própria vida do escritor.

As colônias ficavam na parte oeste da ilha, num terreno até então pouco habitado. Em 1889, o conselheiro Antônio Ferreira Viana fundou São Bento e Conde de Mesquita para a recuperação de "indivíduos ociosos" que restavam largados nas ruas do Rio. Assim como se apreendiam crianças soltas, também os mendicantes teriam nova destinação. Com esse objetivo, o abade Manuel de Santa Catarina Furtado doou casas e terras da fazenda São Bento, e o barão de Itacuruçá fez o mesmo na região da ponta do Galeão.[20]

Pouco se conhece acerca do antigo asilo de mendigos, a não ser o estado de precariedade em que devia funcionar.[21] O decreto de 31 de maio de 1889 foi o primeiro a mencionar as colônias, anunciando a criação de um Conselho de Assistência para a "Casa de S. José", a "Colônia de S. Bento" e o "Asilo do Conde de Mesquita". Estabelecidos "sob a Proteção da Princesa Imperial", os primeiros localizavam-se na ilha do Governador, e o último na cidade do Rio de Janeiro.[22]

Mesmo assim, notícias mais regulares só começaram a aparecer a partir de 1890, quando, como parte de uma política de reordenação da assistência à população de alienados e indigentes, criou-se, por decreto de Deodoro da Fonseca de 15 de fevereiro, a Assistência Médico-Legal de Alienados. Esse órgão passou a ser responsável pelo Hospício Nacional — porta de entrada de todo tipo de assistência nessa área e único que aceitava doentes pensionistas — e pelas colônias São Bento e Conde de Mesquita, "exclusivamente reservadas para os alienados indigentes, capazes de se entregarem à exploração agrícola e às indústrias". Durante o Império, a despeito do mau estado do local, muitos internos do Hospício de Pedro II foram transferidos para a ilha, que virou quase um "desaguadouro" de alienados.[23]

Bitu, por exemplo, era um sujeito descrito como negro simpático que circulava pela capital ainda em inícios do XIX — não se sabe se escravizado, liberto ou livre. Numa esquina da cidade, também era possível deparar com um velho alto cujo nome hoje desconhecemos, sempre com a mão estendida a ver se sobrava alguma moeda mas de cuja boca saía uma enxurrada de palavras, provavelmente sem sentido. Em Mata-Porcos, podia-se encontrar João, que nos acessos mais fortes corria pelos becos convocando um exército fictício que lutava contra o Brasil. Continuando nesse passeio, seria fácil topar com um ministro, vários juízes, alguns ex-secretários de países estrangeiros e até com representantes da Igreja, todos imaginários. Lá estavam também Mal das Vinhas, Castro Urso, Tangerina, Caxeixa; eram, definitivamente, tipos conhecidos das ruas e delas faziam parte.[24]

A prisão desses indivíduos estava prevista nas Ordenações Filipinas e no artigo 311 das leis do Império que determinavam que "logo que o juiz de órfãos souber que em sua jurisdição há algum demente, que pela sua loucura possa fazer mal, entregá-lo-á a um curador que administre sua pessoa e bens".[25] Mas, nesse contexto, o exame médico era pouco realizado, e a circulação de tais sujeitos "pitorescos" e inofensivos pelas ruas era basicamente facultada.

A inauguração do Hospício de Pedro II, em 1851 — o primeiro estabelecimento no Brasil dedicado a alienados —, representou o passo inicial para a medicalização da loucura. O caminho viria num crescente, tanto que na década de 1880 a solicitação de um especialista para lidar e avaliar a "incapacidade mental" começou a se difundir como prática.[26]

Mas, no contexto da Primeira República, na ânsia da mudança rápida dos nomes que lembrassem o Império e na introdução mais agressiva de métodos de "exclusão dos doentes" que circulavam pelas ruas, é que o Hospício de Pedro II virou manicômio nacional. Foi então desvinculado da Santa Casa da Misericórdia do Rio de Janeiro e integrado ao governo federal sob a denominação de Hospício Nacional de Alienados. A criação das Colônias de Alienados da Ilha do Governador buscava justamente superar o problema de sua superlotação e da convivência de pacientes curáveis e incuráveis num mesmo estabelecimento. Assim, em 21 de junho de 1890, por meio do decreto nº 508, artigo 79, ordenou-se a existência de um corpo de funcionários especialmente designado para o local — um diretor, um médico, um almoxarife, um escriturário, dois internos, dois enfermeiros-mores, dois despenseiros, um maquinista, um carpinteiro, um barbeiro, um oficial de farmácia, enfermeiros, guardas, mestres de oficina, cozinheiros, copeiros, lavradores, padeiros, remadores, campeiros e serventes.[27]

Nos planos iniciais constava ainda que as colônias receberiam pacientes masculinos e femininos. No entanto, a partir de 1892, determinou-se que as duas instituições seriam destinadas exclusivamente para homens. Os projetos que previam a construção de edifícios para receber os alienados também foram sendo postergados, tendo-se simplesmente adaptado os antigos prédios, outrora planejados para acomodar o Asilo de Mendicidade.

O primeiro diretor das Colônias de Alienados foi o dr. Domingos Lopes da Silva Araújo, contratado conjuntamente com João Henriques de Lima Barreto. Em 5 de março de 1890 o pai de Lima foi nomeado escriturário das colônias de S. Bento e Conde de Mesquita. Conforme o regulamento expedido em junho, caberia à sua função "fazer a correspondência do diretor; organizar os mapas de frequência de todo o pessoal das colônias; escriturar os livros de matrícula, os de assentamento dos empregados subalternos, os do registro das contas [...]; notar no livro do ponto as faltas do pessoal subalterno; fazer os mapas do movimento das colônias".[28]

Segundo o relatório de 1891, as colônias da ilha do Governador contavam, quando da criação da Assistência Médico-Legal de Alienados, com um total de 184 pacientes remanescentes do antigo Asilo de Mendicidade. Desses, 118 foram transferidos para hospitais da cidade por não serem alienados, e 78 novos doentes foram admitidos, fechando-se o primeiro ano da nova administração — após o falecimento de doze internos — com um total de 132 alienados. Foi também desse ano o decreto nº 508, de 16 de março, em que João Henriques passou de escriturário a almoxarife.

O primeiro relatório assinado pelo diretor traz ainda informações indiretas sobre as instalações físicas das colônias, que exigiram uma intervenção urgente do governo.[29] Essa situação de provisoriedade, herdada do Asilo de Mendicidade, perdurou durante todos os anos de funcionamento das colônias, sendo esse, aliás, um dos fortes motivos para que o então diretor da Assistência, Juliano Moreira, nomeado em 1903, defendesse a construção de uma nova colônia em Jacarepaguá, finalmente inaugurada em 1924.[30]

Enquanto isso, a instituição da ilha do Governador foi sobrevivendo a seu cotidiano penoso. As Colônias de Alienados eram caracterizadas como estabelecimentos agrícolas, nos quais os pacientes desenvolviam sua terapia médica a partir do trabalho, que representava igualmente um modo de custear a internação e o tratamento. O relatório de 1891, por exemplo, informa que, nas colônias, "os 132 alienados hoje ali existentes empregam-se, com raras exceções, no amanho das terras, na cultura dos cereais, legumes etc., e na criação de animais e aves domésticas".[31] Não era só no Brasil que esse tipo de tratamento vinha sendo adotado. A tese foi defendida no Congresso Internacional de Alienistas, realizado em Paris em 1889, quando se definiu o labor manual como uma forma de recuperação moral de alienados.[32] O movimento parecia ser mais geral, tanto que em São Paulo, por volta de 1898, passaria a funcionar uma colônia no Hospício do Juqueri, em moldes semelhantes aos praticados na ilha do Governador. O produto do trabalho dos internos era comercializado e entrava também para a contabilidade da instituição. Segundo o relatório de 1893, a receita proveniente do produto da lavoura e da venda de areia foi de 9:481$310, sendo superior em 2:384$530 à do ano anterior.

Os terrenos da ilha do Governador, apropriados ao trabalho agrícola e parcamente ocupados, mostraram-se de todo adequados à instalação desse tipo de estabelecimento. As duas colônias distavam cerca de três quilômetros uma da outra, e no relatório de 1895 consta que ainda não haviam sido desapropriados todos os terrenos, conforme previa o decreto de outubro de 1890.

O número de pacientes permaneceria mais ou menos estável. Em 1892 passaram pelas colônias 211 pacientes, dentre os quais 23 faleceram, oito lograram alta e cinco fugiram. Em dezembro do mesmo ano, foram contabilizados 134. Em 1895, os internos chegaram a 292, sendo que catorze pereceram. Fica logo evidente que era elevada a quantidade de mortes, sem dúvida consequência da precariedade e falta de recursos do local. Na verdade, a situação foi avaliada como "crítica", por causa das condições sanitárias e da água insalubre dos poços. É por isso que os diretores pediam urgência na canalização de água potável e dos "materiais fecais", já que não fora por acaso que a população das colônias havia sido seriamente afetada por febres palustres no ano de 1900.[33]

Não era, pois, para nenhum oásis que João Henriques partia com seus filhos. Mas ele continuaria lidando com a situação da melhor maneira que podia. Parecia equilibrista em fio esticado. Em 1891, fora promovido a almoxarife das colônias, e assim caberia a ele fazer os pedidos de gêneros, apresentar ao diretor a requisição dos objetos de que careciam; arrolar as despesas; arrecadar a renda e entregá-la ao diretor no princípio de cada mês; realizar anualmente o inventário de móveis e utensílios, assim como velar pelo asseio do lugar.[34] E Henriques se orgulhava de manter seu "livro de almoxarife" em ordem.

A travessia do Arsenal de Marinha até a enseada de São Bento, situada no sul da ilha, demorava cerca de quarenta minutos numa boa embarcação a vapor. Já uma lancha mais comum, que deixasse a enseada de Botafogo, onde se localizava o Hospício Nacional e de onde partiam muitos alienados, chegava a usar uma hora e 45 minutos. E se a viagem poderia ser até agradável, avistando-se um punhado de ilhas no percurso, o desembarque era descrito como mais difícil. Ele precisava ser realizado numa ponte de apenas duzentos metros de comprimento, que distava das colônias em torno de oitocentos metros. De lá até a Colônia São Bento, o passeio, a despeito de longo, era bastante aprazível, percorrendo-se uma estrada "talhada por entre 175 coqueiros bem plantados e cercados", que conformava uma "vistosa alameda". Além do mais, o visitante teria a oportunidade de observar os terrenos sendo cultivados pelos internos: um canavial, uma horta e um pomar.[35]

Em 1891, um ano após a travessia da família Barreto, o *Almanak Laemmert* noticiava que a ilha do Governador fazia parte da freguesia suburbana de Nossa Senhora da Ajuda, contando com uma população de 3746 habitantes. O correio estivera a cargo do agente Joaquim Freire da Silva, o qual, segundo nomeação publicada em jornal no ano de 1890, fora substituído por João Henriques, que, nessa altura, atuava também como agente dos correios da ponta do Galeão.[36] Ele exerceu tal função até 1892, concomitantemente à de escriturário e, depois, de almoxarife. Nesse ano, e a seu pedido, foi exonerado.[37]

João Henriques tentava repetir o modelo de ascensão que lograra no Rio de Janeiro — sempre subindo e acumulando postos. No entanto, e conforme dados do mesmo *Almanak*, o ambiente que a família Barreto encontrou, bem como as possibilidades de emprego, era muito diferente daquele da capital da República: a agricultura, principal fonte de sustento, era então bastante rudimentar, e a indústria, de pouca monta, concentrava-se nas fábricas de cal e de formicida. Já o modesto comércio se compunha, basicamente, de armarinhos, com uma ou outra venda, além de três padarias e uma fábrica de tijolos.[38] A vida por lá não devia mesmo ser das mais animadas.

Na pasta de documentos, que faz parte da coleção Lima Barreto da Fundação Biblioteca Nacional, existe um artigo intitulado "Um passeio pela ilha do Governador", que traz no final as iniciais A. B. e a data de 1895.[39] Afonso Henriques de Lima Barreto tinha, então, catorze anos: eram tempos de ilha do Governador. A crônica deixa clara, no excesso de adjetivos, as marcas da juventude. O ainda aprendiz de escritor começou descrevendo os "primeiros albores da hora matutina [...] coroando os cumes dos montes que cingem majestosos a bela Baía de Guanabara". Logo ficamos sabendo que Lima recordava "outra manhã", aquela em que a família partira numa lancha a vapor rumo à ilha do Governador.

Saíram do cais das Marinhas "e na última amarra, seriam seis horas". No meio do trajeto, "entre as brumas da manhã, logo distinguiram a ilha das Cobras". Rapidamente a deixaram para trás, e já passavam pelas "florestas de mastros de navios de toda sorte de nacionalidades". Observaram então o ilhéu dos Ferreiros, a ilha de Bom Jesus "que tem o estabelecimento nacional destinado ao recolhimento dos Inválidos da Pátria". Depois disso, o menino relacionou uma série de pequenas ilhas, até avistar a do Governador: "a maior da baía", confirma ele, "tem sete léguas de ponta a ponta". No mesmo ano, de 1891, o *Almanak Administrativo, Mercantil e Industrial do Rio de Janeiro* explicava como se chegava à colônia: embarcando-se numa lancha a vapor que saía do cais Pharoux pela manhã, içando uma flâmula onde se lia "A. M. L. Alienados".[40] A ilha começava a ficar associada à instituição dedicada aos alienados. Era ponto de chegada, não de partida.

Loucura: um mundo da alma

A revista do órgão da Faculdade de Medicina do Rio de Janeiro, *O Brazil-Medico*, do ano de 1888, mostra que naquela época emerge uma nova política de assistência médica à alienação mental. As colônias estariam em sintonia, portanto, com a filosofia então adotada, tendo sido inclusive criadas em função desse modelo de tratamento baseado em dois pilares: a reclusão e o trabalho. Estes, por sua vez, seguiam experimentos europeus que propugnavam a separação dos "doentes mentais" dos "sãos", e dos "pedintes e malfeitores".

Na mesma revista, em 1888, o dr. José Eduardo Teixeira de Sousa compara o ministro da Justiça brasileiro ao "glorioso Pinel", em virtude da "coragem cívica" demonstrada por ambos "a favor dos loucos" e na luta por um "digno destino [para] os que sofrem a loucura indigente". Teixeira de Sousa era figura importante nesse cenário. Foi o primeiro diretor tanto da Assistência Médico-Legal de Alienados quanto do Hospício Nacional de Alienados, e durante sua gestão ampliou os asilos. Foi ele quem criou, também, a primeira cadeira de psiquiatria para estudantes de medicina, assim como a primeira escola de enfermagem. Esteve ainda por trás da fundação das duas colônias da ilha do Governador.

A ideia era separar "o alienado pobre" do "louco errante das ruas" ou dos "malfeitores nas prisões" ou da "vagabundagem pedinte nas casas correcionais". Segundo o doutor e colaborador da revista, a ciência teria chegado a um novo patamar de conhecimento sobre a alienação mental: "termo genérico que abrange a simples *degradação* ou *degeneração* intelectual *adquirida* ou *congênita*, acompanhada quase sempre da superexcitação dos instintos animais, destarte sem freio, e compreende a loucura propriamente dita, isto é, aquele estado mórbido do espírito que se caracteriza de modo geral por — *excesso* da *subjetividade* e *insuficiência* da *razão* para *retificar os erros* da *observação*". Excesso e ao mesmo tempo insuficiência, de acordo com o dr. Teixeira, a loucura resultava de um desequilíbrio "da justa combinação dos dois elementos de nossas ideias — o fator subjetivo e o fator objetivo —", sendo, pois, um fenômeno por "natureza relativo e variável". Ao contrário, o desequilíbrio poderia tornar o indivíduo perigoso para si mesmo, para a família e para a sociedade: "O estado de loucura, quando complicado de alucinações, fixidez de ideias ou de extrema e violenta excitação dos instintos pessoais, torna-se perigoso".

Associando a República aos novos progressos da mente e ao cientificismo, assevera o articulista que, "agora que esforçamo-nos por inaugurar era de progresso e de reparação", era chegada a hora de planejar abrigos "que garantam aos [...] deserdados da fortuna material e espiritual, benfazejo isolamento, sábios cuidados, alegres exercícios, operosas distrações, e vigilância contínua". Tais condições estariam presentes nos "modernos asilos", que deveriam abrir suas portas para o "alienado indigente". Segundo ainda o dr. Teixeira de Sousa, a assistência pública aos alienados mentais poderia ser dividida em três épocas. A primeira iria do fim do século anterior até 1838, quando o louco era considerado um "náufrago da civilização". A segunda "resulta da aceitação sem murmúrio de tamanha necessidade", e manifesta-se pela intervenção governamental, organizando o regime de asilos e "não poupando dispêndios". Já a terceira teria se iniciado com os debates acerca da colônia belga de alienados em Geel, e pelo "movimento progressista". Estes "proclamam que não basta a edificação monumental e luxuosa dos asilos, para satisfazer as necessidades morais dos doentes [...] é preciso aliar-lhes a vida ao ar livre, disseminar a população asilada cada vez mais compacta" e com a "disciplina estabelecida".[41]

O conjunto de medidas, que caracterizaria a primeira reforma psiquiátrica que se conhece no Brasil, tinha como objetivo a implantação de colônias agrícolas na assistência aos doentes mentais. Esse modelo inspirava-se em experiências europeias que, por sua vez, pautavam-se na prática de uma pequena aldeia belga, Geel, para onde os doentes eram levados e amparados por santa Dinfna, a Padroeira dos Insanos. A ideia era criar uma comunidade em que os loucos convivessem fraternalmente, em casa ou no trabalho. O trabalho tornava-se, portanto, um valor decisivo na formação social burguesa e, como consequência, passava a merecer uma função nuclear na terapêutica dos asilos.[42]

Definidos como "isolador[es] por excelência", os asilos deveriam ser dirigidos com disciplina científica: "firme, sem aspereza". Segundo Teixeira de Sousa, a psiquiatria seria a única ciência capaz de fazer do "sequestro asilar" um ato que nada teria de arbitrário, na medida em que defendia a coletividade sem prejuízo da liberdade individual.[43] Conforme explicava o mesmo alienista: "O melancólico, o alienado suicida ou de impulsões destruidoras, encontrará [...] a calma que lhe é mister, aos maníacos agitados e em furor se depararão meios de contenção, sem constrangimento". O asilo fechado seria, pois, o estabelecimento mais adequado para a admissão, tratamento e observação dos casos agudos e daqueles suscetíveis de cura.[44]

E, entre as formas de trabalho, "os labores rurais, a exploração agrícola e pastoril, além de preencherem eficazmente as condições higiênicas do corpo e do cérebro, são aceitos pelos loucos com menor repugnância". Já no âmbito do asilo clínico, o médico recomendava a adoção de "colônias separadas" e subordinadas aos planos "dos modernos reformadores alienistas".[45] Como se pode notar nesses e em outros textos de época, as colônias de asilo eram entendidas como a saída "moderna" para o problema que "afligia" as cidades brasileiras. E a ilha do Governador surgia como o local mais indicado para essa terapia. Com muitas matas e poucos habitantes, ela se converteria num paraíso para o tratamento da loucura.[46]

O escriturário e almoxarife João Henriques de Lima Barreto

Já sabemos que o pai de Lima havia experimentado um episódio de "transtorno mental" nos idos de 1878. E também que nessa ocasião seu padrinho, Afonso Celso, ao perceber-lhe a ansiedade e o estado depressivo, o internou às suas próprias expensas na Casa de Saúde e Convalescença de São Sebastião.[47]

Mas agora a história era outra. João Henriques atuava como escriturário das colônias e emissário dos correios da agência recém-criada, em junho de 1890. Não se sabe bem por quê, no cargo de emissário ele não permaneceu por muito tempo, sendo exonerado em fevereiro de 1892. Sua nomeação como escriturário aparecera publicada em março de 1890,[48] e no ano seguinte Henriques acumulara a função de almoxarife. Por exemplo, na admissão de empregados para o serviço interno das colônias constava, em anúncio da *Gazeta de Noticias* de 25 de julho, que era preciso procurar a "rua do Carmo, nº 6. Colônias, 24 de julho de 1891, o almoxarife, J. H. Lima Barreto".[49]

E as colônias iam se equipando. No mesmo ano de 1891, segundo o *Almanak Administrativo*, já contavam com um diretor, o dr. Domingos Jaci Monteiro Júnior, um almoxarife, dois enfermeiros-mores e o escriturário João Henriques de Lima Barreto. O periódico informava também o endereço deste último: rua Guarda Velha, 2, local onde ele agora residia com a família.[50] A instituição contava ainda com dois enfermeiros, duas enfermeiras, despenseiros, dois remadores, um carpinteiro, cinco guardas, cinco serventes, um cozinheiro, dois lavradores, dois campeiros, dois padeiros.[51]

Também foram se delimitando os papéis de cada uma das colônias e o público visado. Para a de São Bento — instalada no antigo convento da Ordem Beneditina — e a Conde de Mesquita — localizada no antigo palacete de el-rei d. João vi — eram remetidos "os loucos incuráveis ou crônicos, mas tranquilos e suscetíveis de aplicação ao trabalho".[52] João Henriques, mais integrado ao lugar, passou a colaborar, a partir de junho de 1900, no jornal local *O Suburbano* com uma coluna intitulada "A lavoura na ilha do Governador". Sem ser agricultor, aproveitava a experiência que ia acumulando nas colônias, e tencionava dar exemplos das iniciativas agrícolas adotadas na região, mostrando que elas podiam ser rentáveis e produtivas. Informado, no seu primeiro artigo Henriques chamava a atenção para o mau uso que os colonizadores teriam feito de uma vegetação exuberante, agora transformada em áreas com terrenos estéreis. A conclusão era que seria necessária a rotação de culturas, não só com o cultivo de batata-doce e aipim, mas com o plantio alternado de feijão, milho e outras culturas.[53]

O artigo, de tão longo, continuava em 15 de junho e em 15 de julho de 1900,[54] com o pai de Lima insistindo, didaticamente, nas formas de plantação de batatas; técnicas para uso de estrume, e no mercado de tubérculos na cidade. Nacionalista, ele afirmou que seria preciso privilegiar a batata "que impropriamente chamam de inglesa, quando ela é americana".

Não só *Triste fim* seria inspirado na ilha,[55] como seu personagem principal lembraria demais João Henriques, uma grande figura que se adaptava aos vários projetos políticos e aos ofícios que lhe iam sendo apresentados. Agora ele era especialista na lavoura da batata e defensor da nacionalidade, espelhada na terra que, bem trabalhada, "tudo dá". Nas colônias, numa área de cerca de 100 mil metros quadrados, encontravam-se, justamente, plantações de batatas, cana, capim, hortaliças, e era dessa experiência que o pai de Lima se vangloriava.

Mas o tema das crônicas de João Henriques iria mudar. A partir do número 15, ele passou a publicar uma série de artigos intitulados "Apontamentos para a história das Colônias de Alienados", na qual avalia o estado "calamitoso" das colônias e retrata algumas cenas do seu cotidiano. Destaca os banhos de mar, a rotina de trabalho e a organização interna das diversas funções.[56] Num dos textos, o almoxarife chega a detalhes, descrevendo a situação da repartição diretora, sediada no edifício de São Bento. "É uma casa de 1817, com 83 anos, portanto. A construção é defeituosa e muito irregular; a divisão, a pior possível. Enfim, bem mostra ser obra feita nos antigos tempos da metrópole." O melhor parecia ser a magnífica vista do lado sul da baía de Guanabara, de onde despontava "um dos mais lindos e variados quadros do nosso porto". De um lado, serras diversas circulam a baía. De outro, mais ao sul, vê-se "com todos os seus recortes, deformidades e saliências" a capital da República.[57]

O pai de Lima foi meticuloso na caracterização do edifício da Colônia São Bento,[58] e ofereceu informações importantes para hoje entendermos as dimensões e as funções da instituição. Por exemplo, o edifício dividia-se em quatro seções: as duas primeiras — situadas na parte norte — com acomodações para 130 alienados, cem na primeira e trinta na segunda. A terceira e a quarta ficavam do lado sul e cada uma delas recebia trinta alienados.

Perto da varanda, localizavam-se o gabinete do diretor, a secretaria, o almoxarifado, o gabinete do médico, o arquivo e o refeitório do pessoal subalterno. Ali ainda ficavam os quartos onde residiam os empregados internos; devidamente separados dos alienados. Uma antiga sacristia, inteiramente modificada e que passara a servir de farmácia, fazia também parte da ala; assim como a alfaiataria e o velho coro que agora era rouparia. Do lado esquerdo do refeitório do pessoal subalterno, estava instalado o dos alienados, a despensa, a copa, a cozinha e uma casa de banho. Crítico, João Henriques mostrava que tudo por lá era de certa forma "adaptado", e mal adaptado, uma vez que "aproveitaram-se salas e quartos de uma casa que tudo podia ser, menos casa de loucos".[59]

Henriques gostava muito do jardim que circundava o edifício, "com grande variedade de plantas de inúmeros portes". O então escriturário das colônias também se orgulhava ao descrever o pomar cujas árvores, no entanto, eram todas "raquíticas" — mais uma "prova completa da improdutibilidade do terreno".

Subindo a entrada principal, o visitante logo notaria o pátio de recreio, destinado aos doentes que eram considerados incapazes de se dedicarem ao trabalho de lavoura. Como o trabalho consistia na terapia central, deixavam-nos de lado, sem nenhuma ocupação.

Em outro texto para o mesmo jornal, de novembro de 1900, o almoxarife descreveu a colônia congênere, a Conde de Mesquita, situada na parte sudoeste da ilha, exatamente na extremidade da ponta do Galeão e contando com 700 mil metros quadrados. Segundo o colunista, o campo do Galeão era o local mais lindo das colônias, com sua vegetação rasteira constituída de capim-grama e adornado por 36 mangueiras que compunham um perfeito ângulo reto bem em frente à colônia. Assim, se a instituição deixava a desejar, a paisagem era das mais aprazíveis. Defronte das colônias ficavam não só diversas ilhas como muitos portos, do que resultava a constante navegação pelo canal compreendido entre a ponta dos Araçás, na ilha do Fundão, e a ponta do Galeão. Patriota, Henriques afirmava que a ilha era tão bela que d. João residiu outrora por lá, "nos antigos tempos coloniais, quando o Brasil estava sob o domínio inepto de uma nação atrasada e retrógrada".[60] João Henriques era mesmo Policarpo, com seu nacionalismo e aversão a tudo que lembrava o estrangeiro.

Logo na entrada principal se destacava um salão espaçoso, que servia de enfermaria e era ladeado por dormitórios. A Colônia Conde de Mesquita, responsável por cem dos trezentos pacientes da ilha, não era dividida em seções, correspondendo, portanto, à quinta seção.

Com sua personalidade confiante, João Henriques adotou o pseudônimo de Nemo e passou a elogiar a administração local, que estaria sob responsabilidade dos "espíritos esclarecidos, ativos e corretos dos srs. dr. Domingos Lopes da Silva Araújo e João Henriques de Lima Barreto".[61] Orgulhoso, Nemo também asseverava seu absoluto controle de todos os trabalhos realizados nas colônias. "Por exemplo: o alfaiate fabricou tantas calças, tantas camisas, consertou tantas japonas, tantas toalhas etc.; o carpinteiro consertou tantas portas, colocou tantas fechaduras, e como estes todos os demais empregados subalternos, pois têm que prestar contas a um só indivíduo, que de tudo fica ciente, e faz a respectiva escrituração."[62] O artigo esmera-se em reiterar a excepcionalidade da administração das Colônias de Alienados; distinta daquela da "maior parte das repartições públicas [onde] reina [...] a desordem". Falando como Policarpo Quaresma (e vice-versa), que também quer tudo organizar e faz listas para qualquer ocasião, João Henriques afirmava que "a desordem, com o séquito de consequências, está muito enraizada entre nós, e dificilmente poder-se-á combatê-la! Mas o que querem? Entregam a direção de certas repartições a indivíduos inteiramente incapazes de, por si, darem um passo, indivíduos que, em absoluto, não sabem manter-se na órbita de suas atribuições!".[63]

Sem ter a futura verve do filho, que chamava a República de "uma vasta comilança", e seus políticos de "bois de coice" e "rapa-cocos",[64] também o pai de Lima, à sua maneira, desconfiava da racionalidade das repartições nacionais. Com evidente intenção de autoelogio, e buscando justificar o pessoal alocado nos serviços e o cuidado com o trabalho dos alienados, o artigo explicava, ainda, que no total eram 36 os empregados subalternos, sendo trinta na Colônia São Bento e seis na Conde de Mesquita. Asseverava que o número corresponderia às diferenças proporcionais dos alienados internados em cada seção. Quatro seriam as refeições fornecidas aos internos, e limitado — "limitadíssimo", a seu ver — o número de horas de trabalho: uma jornada de sete horas e meia por dia, sempre acompanhada e contabilizada pelos empregados da roça. Mais uma vez, elogiando a administração de seu próprio estabelecimento, Nemo dizia que fazer a chamada seria "o meio mais prático de se saber se realmente estão ou não todos os alienados, e não como em alguns estabelecimentos idênticos costumam praticar — contar o indivíduo como quem conta gado, por cabeça".[65]

Os banhos proporcionados eram apenas de mar, e somente duas vezes por semana. Mesmo assim, a muitos alienados não se facultava tal atividade por conta dos "casos de asfixia por submersão", episódios que pareciam ser frequentes. No dia 18 de março de 1890, por exemplo, faleceu o menor J. S. S., e em 20 de outubro de 1895 o alienado D. S. P. Este último foi acometido de um ataque epilético quando tomava banho de mar, e o primeiro foi levado pela correnteza do canal existente entre a ponta do Galeão e a dos Araçás.

As Colônias de Alienados tinham "à sua disposição" uma lancha a vapor, denominada *Esquirol* — uma singela homenagem ao psiquiatra francês (1772-1840) —, que fazia o serviço de comunicação entre os estabelecimentos e a cidade. Ela trazia diariamente o pão, a carne fresca e outros artigos de consumo comprados na capital, bem como o médico. A lancha partia às sete horas da manhã e chegava às colônias por volta de quinze para as nove, e era aguardada por um carro a serviço do diretor e de outros funcionários de chefia.

O maior problema era o da água, a qual, segundo o articulista, seria mesmo um "osso duro de roer". Faltavam poços salubres, sendo as colônias servidas por água do mar. Nemo não conta mais detalhes, mas, considerando os que temos, parece evidente o desalento da instituição. Parece também claro o orgulho do autor dos artigos, que não tem mesmo papas na língua e critica o governo, no passado e no presente. Tal era o pai, tal será o filho.

Entretanto, uma revolução iria estourar bem no quintal de João Henriques, e este pareceu nem se dar conta de toda aquela agitação, que, aliás, não combinava em nada com a colônia ordeira de alienados por ele preconizada. Mas adiemos esse assunto para falarmos de Lima que em sua meninice desfrutava, nos fins de semana, daquele quase paraíso cercado de "alienados" por todos os lados.

Amigos da ilha do Governador

A infância de Lima foi marcada pelo convívio com os internos da ilha do Governador. Além do aspecto predominantemente rural, aquele tipo de estabelecimento agrícola previa que seus funcionários morassem em terrenos próximos, o que garantia um contato diário e até chegado com os internos.

Colônia de Alienados, educação por meio da música: pacientes tocando flauta.

Colônia de Alienados, horário livre para os pacientes em "estado mais grave".

Nas fotografias,[66] ficam em primeiro plano as moradias improvisadas, a prática do trabalho cotidiano, bem como as roupas rudimentares dos internos. Mas o menino parece não ter se dado conta disso, apegando-se a muitos deles como se fossem amigos queridos.

Hoje, não sabemos mais os nomes desses pacientes; apenas adivinhamos suas origens diversas, condições de saúde variadas, e imaginamos um pouco do dia a dia num estabelecimento como aquele. Já Lima, que voltava do colégio nos fins de semana, parecia não se incomodar com o que seriam trejeitos estranhos, comportamentos inesperados ou dificuldades de comunicação.

Comovente é a ligação que ele criou com o negro Manuel de Oliveira, que continuaria como uma espécie de agregado da família mesmo quando os Barreto deixaram a ilha e retornaram para o Rio de Janeiro.[67] Na crônica que leva o nome do amigo, Lima escreveu: "A história da mágoa que o levou a uma semiloucura, ele me contou muitas vezes de um modo inalterável. Cabinda de nação, ele viera muito menino da Costa d'África e um português hortelão o comprara e lhe ensinara o ofício de plantar couves".[68] Manuel trabalhara numa horta, adquiriu sua liberdade, e, "como era de costume", usava o sobrenome do senhor. Tudo ia muito bem até que ele se animou e com o pecúlio que juntara comprou a liberdade de uma rapariga, a Maria Paulina. A loucura lhe apareceu quando a moça fugiu! Conta Lima que "o fato abalou o pobre preto em todo o seu ser. Ficou meio pateta, deu em falar sozinho, abandonou a horta e deixou-se errar a esmo pela cidade, dormindo aqui e ali".[69] O resultado foi que a polícia o apanhou andando sem destino e meteu-o no asilo de mendigos.[70] "Daí foi enviado para a ilha do Governador e internado numa espécie de colônia de pedintes que o governo imperial fundou nos seus últimos anos de existência. Vindo a república foram essas colônias, pois eram duas, transformadas nas atuais de alienados."[71]

Colônia de Alienados, pacientes.

Aqui voltamos à história que já conhecemos, na qual Lima relata como sua família foi morar na ilha e como ele, narrador, conheceu Manuel: "Sóbrio, trabalhador e disciplinado". Era "até encarregado de uma seção importante que superintendia com o mais acrisolado devotamento. Manuel dirigia a ceva dos porcos e, para eles, cozinhava". Vivia "independente de toda e qualquer vigilância, debaixo do terreiro anexo ao chiqueiro, vigiando a caldeirada dos suínos, resmungando e balbuciando a sua dor eterna".[72] É nessa crônica que Lima relembra com saudades os tempos de menino livre na ilha do Governador. Diz que, muito garoto — com nove anos apenas —, apesar de o terreno não ser muito regular, ele corria por toda a colônia e andava solto pelas demais dependências. "As árvores, os pássaros, cavalos, porcos, bois, enfim todo aquele aspecto rústico, realçado pelo mar próximo, enchia a minha meninice de sonho e curiosidade."[73] E nessa fase da vida "o velho Oliveira" estava sempre presente, até por conta dos mimos que oferecia ao garoto. "Era uma fruta, era um bodoque, era uma batata-doce assada no braseiro do seu fogão, ele sempre tinha um presente para mim. Eu o amei desde aí e, quando, há anos, o levei para o cemitério de Inhaúma, foi como se enterrassem muitas esperanças da minha meninice e a adolescência, na sua cova..."[74]

Explica Lima que, não obstante os rigores regulamentares, ele ia até a casa "levar isso ou aquilo; e, às vezes, lá se demorava, fazendo este ou aquele serviço". Por fim, o médico deu alta a Manuel e ele foi morar definitivamente com os Barreto. E mais: foi o antigo interno quem iniciou o futuro escritor nos "mistérios" do continente africano. "Coisa curiosa! Oliveira tinha em grande conta a sua dolorosa Costa d'África. Se eu motejava dela, o meu humilde amigo dizia-me: — Seu 'Lifonso', o senhor diz que lá não há quem saiba ler. Pois olhe: os doutores daqui, quando querem saber melhor, vão estudar lá."[75]

Além de manifestar orgulho pela África, ele tinha uma afeição particular pela sua "nação". "Para ele, cabinda era a nacionalidade mais perfeita e superior da Terra. Nem todo negro podia ser cabinda. — Manuel, Nicolau é cabinda? — Qual o quê! Aquele negro feiticeiro [...] ser cabinda! Aquilo é congo ou boca de benguela."[76]

Em política, Manuel tinha, "como todo o nosso homem do povo, uma grande veneração pelo imperador, até exagerada. Ele me dizia: — Seu Lifonso: não houve no mundo imperador como o daqui; todas as nações tinham inveja do Brasil por causa dele". Manuel não gostava nada da República, e contava que o governo de sua terra era melhor que o do Brasil, pois "lá havia, ao mesmo tempo, imperador e presidente da República".[77] Ele gostava mesmo era da horta. "O seu antigo senhor tinha-lhe inventado esse gosto que não largou até a hora da morte."[78]

Lima termina o texto mostrando muito afeto, lembrando da "pobre alma de negro que me acompanhou durante quase trinta anos [...]. Devo-lhe muito de amor e devotamento".[79] Por fim, revela que, quando a família enfrentou dificuldades, foi Manuel de Oliveira quem lhe emprestou 100 mil-réis, duramente economizados. E conclui: "Muitos outros fatos se passaram entre nós dessa natureza, e, agora, que o desalento me invade, não posso relembrar essa figura original de negro, sem considerar que o que faz o encanto da vida, mais do que qualquer outra coisa, é a candura dos simples e a resignação dos humildes…".[80] Lima era Lifonso quando tinha saudades daquele tempo que não voltava mais. Por isso mesmo, com muita emoção, o escritor retornava sempre a seu sítio quase imaginado na ilha do Governador, o qual, confessava ele: "Se bem que possa parecer exagerado, no sítio que me animo a chamar de meu…".[81]

Vida de aluno nos colégios de elite

Ao mesmo tempo que desfrutava da vida nas colônias — subindo em árvores, caçando pássaros, convivendo com os internos —, Lima seguia com sua formação escolar. Cursava colégios do Rio que garantiriam sua formação e o cargo de "doutor", como gostava de asseverar João Henriques, quando se tratava do primogênito. Nessa época, o futuro escritor frequentava o Liceu Popular Niteroiense, que, apesar de ser dedicado a discentes de elite, tinha a vantagem de admitir de graça alunos que não pudessem pagar a mensalidade.[82]

Essa era uma maneira de o garoto estudar numa escola famosa na capital do estado do Rio, considerada das melhores no seu tempo. Sem medir esforços, João Henriques recorreu novamente ao visconde de Ouro Preto — então de volta do exílio e instalado no escritório da rua do Rosário —, pedindo-lhe que o auxiliasse nos materiais de estudos do filho. E assim Afonso passou a frequentar o Liceu em Niterói. No entanto, e paradoxalmente, esse foi o ensejo para um dos temas constantes da produção literária de Lima Barreto. O menino começaria a sentir na pele a diferença de classe e a existência de um

Boletim de Lima Barreto nos tempos de Liceu: um aluno em geral "bom", não "ótimo", tampouco "sofrível".

racismo dissimulado. Vivia constrangido diante dos colegas mais abonados, que, dizia, se "destacariam, mais tarde, na magistratura, no jornalismo, na carreira das armas, no magistério".[83] Já ele sofreria por sua origem e condição econômica muito distintas das dos demais alunos. O currículo do Liceu era rigoroso; constituía-se de leitura e escrita (a partir do método lancasteriano, também conhecido como ensino mútuo ou monitorial, que objetivava ensinar em pouco tempo e com qualidade estudantes com parcos recursos), das quatro operações, dos chamados números quebrados, decimais, proporções, noções de geometria teórica e prática, elementos de geografia, moral, religião oficial e gramática de língua nacional.

Em 1893, quando se fundou o Liceu de Humanidades que Lima frequentou, ali foram matriculados 92 alunos.[84] A escola situava-se no largo da Memória, numa grande chácara, e seu diretor era um escocês, Mr. William Henry Cunditt, que dava aulas juntamente com as duas filhas: Annie e Gracie. Cunditt chegara ao Brasil na qualidade de cônsul inglês, e foi por aqui ficando. Fazia de tudo, inclusive aplicar cascudos nos alunos mais insubordinados. Annie seguia o estilo dele: dava aulas no curso primário, ensinava inglês prático e, com a morte do pai, assumiu a direção do Liceu. Lima parece ter se afeiçoado a Miss Annie, em mais uma projeção da mãe que perdera tão cedo. Mas, se lá encontrou afeto, o Liceu foi também descrito como um local de sofrimento. Nas cartas que enviava ao pai, lamentava sempre a falta que sentia da família e o fato de viver sozinho e internado. Tentou fugir algumas vezes, mas, como João Henriques o houvesse repreendido, confessou ter novamente pensado no suicídio. "Desde menino, eu tenho a mania do suicídio. Aos sete anos, logo depois da morte de minha mãe, quando eu fui acusado injustamente de furto, tive vontade de me matar. [...] Outra vez que essa vontade me veio foi aos onze anos ou doze, quando fugi do colégio. Armei um laço numa árvore lá do sítio da ilha, mas não me sobrou coragem para me atirar no vazio com ele ao pescoço. Nesse tempo eu me acreditava inteligente e era talvez isso que me fazia ter medo de dar fim a mim mesmo."[85]

A vida continuava, e Lima, na falta de amigos, parecia se voltar para os livros. Nos documentos que restaram da época do Liceu, ficamos sabendo, por exemplo, que no dia 20 de outubro de 1894 ele recebeu os seguintes materiais: um atlas de Delamarche (1500 réis), uma *Corografia do Brasil* (1500 réis) e uma coleção de literatura francesa de Charles André (4 mil-réis).[86] O atlas devia ser o de autoria dos geógrafos e engenheiros Delamarche, os quais faziam grande sucesso no final do XVIII e início do XIX com seus mapas ilustrados reunidos em livro. O pai — Charles-François Delamarche — possuía uma editora dedicada à cartografia e a tradição escorreu pela família. O filho Félix deu continuidade ao trabalho paterno, assim como o neto Alexandre, autor de um atlas da geografia antiga e moderna, datado de 1850. A obra virou referência, e foi adotada nas escolas. Devia ser motivo de alegria para o menino subir na barca, nos fins de semana, com um atlas e alguns mapas avulsos debaixo do braço.

Corografia do Brasil era o livro usado em ginásios e escolas normais, dividindo o país a partir de suas bacias fluviais e cursos de rio. Quanto à coleção de Charles André, era

Na certidão do Ginásio Nacional, emitida em 1897, Lima é aprovado apenas "simplesmente" em português.

indicada para alunos do Colégio Pedro II desde 1862. Tratava-se de um texto introdutório à literatura francesa, com trechos selecionados de prosadores, poetas e autores de maneira geral. Com certeza a influência na formação do futuro escritor, que nunca negou sua grande predileção pela literatura da França, há de ter sido imensa, do mesmo modo que o apreço por esses primeiros livros, que foram, inclusive, conservados na biblioteca montada por Lima durante a sua curta vida: a Limana.

O garoto frequentou o Liceu Popular até 1894, concluindo o secundário e cursando parte do suplementar.[87] Em seu *Diário íntimo*, o escritor repete que se sentia integrado só na ilha, junto da família, dos pacientes e dos inúmeros afazeres da colônia. Já na escola, mantinha-se isolado. O Liceu era bastante rígido e funcionava como internato. Por lá, Lima teria uma formação completa em "humanidades", o que incluía iniciação musical e desenho.[88] Mas o que o menino lembrava com mais gosto era o fato de ter se dedicado com afinco à leitura de Júlio Verne, cuja obra, aliás, fora presente de seu pai.[89] Por outro lado, parece que Lima não era muito dado aos exercícios de "barra fixa" nem à ginástica quase marcial do colégio. Sofria com a palmatória, com os horários estritos, com os gritos dos bedéis. Correr solto só mesmo na chácara da ilha.

Em 1895, o rapaz prestou exames no Ginásio Nacional (antigo Imperial Colégio Pedro II — espécie de grife do bom ensino da corte e depois da República, de onde saíam todos os modelos educacionais brasileiros). Ainda que sua vida escolar seguisse conforme o pai previra e desejava, os sábados continuavam a ser os dias mais aguardados pelo menino. Quem o buscava quando ele saltava da barca era o Zé da Costa, espécie de faz-tudo das colônias: cocheiro, carpinteiro, catraieiro e pajem.[90] O abismo era imenso. Na cidade,

Lima morava em casas modestas ou nos quartos apertados dos internatos. Na ilha, convivia com os loucos e com a espaçosa natureza local.

Conta ele, em *Coisas do Reino do Jambon*, que a ilha continuava isolada, abandonada pelos grandes proprietários, tomada por saúvas, frutas silvestres, pescadores e alguns roceiros. Mas, mesmo assim, sua casa sempre lhe pareceu um éden: "Era uma velha habitação roceira, vasta e cômoda com grandes salas e amplos quartos". Era cercada por um bambual cerrado e verde "que suspirava quando de tarde a viração soprava do mar". Ao fundo tinha fruteiras e uns "capoeirões" que estavam sempre cheios de formigueiros.[91] Lima conhecia a ilha de um lado a outro. Prendia juritis, sanhaços, tiês, rolas, frangos-d'água, saracuras, sanãs; brincava de fazer arapucas, armava laços, quebra-cabeças.[92]

Esses foram bons tempos, em que o pai acompanhava os deveres do filho e, orgulhoso, o chamava de "dr. Afonso", numa projeção do futuro que pretendia para Lima. João Henriques falava inglês e francês, e gostava de jogar conversa fora com os filhos sobre a história pátria: personagens do Império e da recente República faziam parte das suas preleções. Mas o fim de semana acabava logo. A ilha voltava à sua rotina e o menino ia para a cidade grande. Em março de 1894, Lima recebeu seu certificado comprovando que fizera exame para admissão de matrícula nos cursos de estudos superiores da República dos Estados Unidos do Brasil. Sob o número 6928, a certidão atestava a conclusão dos exames de geografia geral do Brasil e cosmografia com a nota "Aprovado plenamente". Um documento datado de fevereiro de 1895 oferece uma visão mais ampla do "aluno Afonso Barreto", que aparece com o número 28 como referência. Ficamos sabendo que nesse mês ele teria frequentado dezesseis dias, faltado quatro, mas sua conduta continuava "boa". Alcançou a nota "Ótima" em inglês e aritmética. "Boa" em francês e história geral. E "Sofrível" pelo menos uma vez, em aritmética.

No entanto, como João Henriques queria que o filho cursasse engenharia, Lima passou a estudar no Colégio Paula Freitas, mantido por dr. Alfredo de Paula Freitas, professor da Politécnica. Era ele quem administrava o curso preparatório para jovens que aspiravam entrar na famosa escola do largo São Francisco de Paula. Lima havia mesmo de virar doutor, daqueles com anel no dedo e pergaminho na mão.

A Revolta da Armada estoura nas "ordeiras" Colônias de Alienados

A vida corria tranquila, sem sobressaltos e finalmente assentada. Nenhum problema de saúde na família, as colônias andavam "organizadas", os filhos completavam os estudos, e apenas as saúvas pareciam comprometer a ordem reinante. João Henriques, de humor e temperamento costumeiramente oscilantes, mostrava-se mais confiante e seguro.

Na história dos Barreto, porém, nada se mostraria estável ou definitivo. Um pouco distanciado do cotidiano pacato da ilha, o regime da República ainda enfrentava problemas para a sua efetivação, sobrevivendo pelo uso da força: até 1894 o país experimentara a tutela militar em seus dois primeiros governos. Em 1891, menos de dois anos depois de proclamada a República, eclodiu o primeiro movimento contra a presidência do marechal Deodoro: era a Revolta da Armada. O estopim para o levante foi um ato do governo, que, em flagrante violação da Constituição desse mesmo ano, ordenou o fechamento do Congresso. A medida de exceção fora motivada pela atitude da oposição, a qual não dava trégua e expunha ruidosamente seu descontentamento com a crise econômica do período, marcado por alta especulação, fraudes e uma inflação galopante. Para fazer frente ao abuso de poder, boa parte da frota fundeada na baía de Guanabara, sob o comando do almirante Custódio de Melo, sublevou-se: a Armada — como a Marinha era chamada na época — ameaçava bombardear a cidade do Rio de Janeiro se o Congresso não fosse reaberto. Com medo de ter de encarar a provável derrota ou uma guerra civil, no dia 23 de novembro Deodoro renunciou.

Seu vice, o marechal Floriano Peixoto, assumiu o posto interinamente e deu, ele próprio, um golpe; em lugar de convocar eleições, como a Constituição estabelecia, seguiu à frente da nação. Entra em cena, nesse momento, um novo ingrediente político: o jacobinismo, muitas vezes chamado de florianismo. O termo fora adaptado da linguagem da Revolução Francesa, e referia-se a movimentos de teor nacionalista e extremista, de uma forma geral. No caso, definiu os defensores da permanência de Floriano no poder, contra o que esses grupos diziam tratar-se de ataques monarquistas.

E o movimento opositor só cresceu. O ápice da agitação se deu entre 1893 e 1897, tendo representado uma das primeiras manifestações efetivas contrárias à política autoritária da Primeira República, que já ia virando regra. As elites controlavam as eleições, o voto, a escolha de candidatos, os partidos — a política formal. Mas as novas formas de exercitar a política na cena pública — greves, protestos, panfletos, jornais operários, manifestações, associações — começavam a ribombar em diferentes cantos do território nacional. Nessa época estouraram também movimentos nos "sertões" desconhecidos desses imensos Brasis, indicando que a situação estava longe de ser controlada.[93] Ao contrário, eles revelavam um país dividido a partir de suas várias realidades regionais.

A Marinha cumpria, pois, um papel modelar, e continuava mostrando-se indócil. Ainda mais porque as promoções, as remunerações e os cargos políticos iam principalmente para os oficiais do Exército. Em setembro de 1893, por exemplo, um grupo de oficiais exigiu a convocação de novas eleições presidenciais — era a segunda Revolta da Armada. Com significativa folha de serviços prestados ao Império, a Marinha e seus membros sentiam-se agora negligenciados pela República. Entre eles, o almirante Custódio de Melo, o qual acreditava que rebelar a Armada contra o governo de Floriano representava a melhor estratégia para recuperar seu prestígio. Floriano, que já enfrentava a Revolução Federalista no Sul do país — a qual contrapôs o Partido Republicano Rio-Grandense, favorável à ditadura republicana dos positivistas gaúchos, ao Partido Federalista, defensor da Constituição de 1891, da autonomia municipal e do governo federal com poder centralizado —, reprimiu a Armada, decretou estado de sítio e acabou ganhando a alcunha de Marechal de Ferro. Estava aberta uma grave crise política.

O movimento dos almirantes foi contido apenas em 1894, mas a ferida não fechou. Novas manifestações manteriam cheia e muito conturbada a agenda da Primeira República. As revoltas da Armada revelavam também a existência de dissensões no seio das cúpulas militar e civil: enquanto a Marinha se sentia desprestigiada diante do Exército, São Paulo rompia com a hegemonia carioca. Com isso, Floriano passou a governar ditatorialmente, e seu nome tornou-se divisa dos jacobinos fanáticos e modelo de governo mantido pelas armas, a despeito de granjear simpatia popular no Rio, por conta da sua política de expansão de empregos públicos, das garantias que deu ao Exército e de sua eficiência em combater especuladores.[94]

Mesmo assim, a Revolta da Armada não se restringiu à capital; conquistar a ilha do Governador, por exemplo, significava tentar cortar o acesso à entrada e saída da baía de Guanabara. Os insurretos desembarcariam, então, na ilha, comprometendo a segurança do novamente aflito João Henriques. As primeiras notícias lhe vieram do filho, em carta enviada no dia 28 de setembro de 1893, que lamentava o fato de não ter podido visitar a família durante um mês inteiro. Do auge da sua adolescência, Lima botava a culpa na revolta que tinha convulsionado os dias da capital: "Meu pai [...] As aulas estão funcionando muito mal [...] Correu o boato que a Escola Naval estava lá na ilha [...] Eu já estou aqui há um mês sem ir lá. Se o senhor tiver alguém que venha a Niterói por necessidade, mande me buscar [...] Diga a dona Prisciliana que eu desejava vê-la aqui, para ver as balas passar e arrebentar, como eu as tenho visto daqui do Colégio [...] As granadas rebentam por todos os lados de Niterói".[95]

Quando possível, João Henriques ia apanhar o filho na escola, não sem dificuldades por conta das estradas muito acidentadas. Além do mais, em virtude da revolta a comunicação por mar entre Rio e Niterói fora temporariamente interrompida. Mas o problema maior estava por surgir. A ilha seria invadida pelos homens do segundo contingente da Armada, liderados pelo capitão Eliézer Tavares, que lá desembarcou em 23 de outubro de 1893. No dia 24, um agoniado João Henriques enviava mensagem ao diretor das colônias, dr. Araújo, então longe da ilha. Na missiva, relatou o desembarque dos revoltosos e o fim da paz que reinara nas colônias, e deplorou o fato de os militares roubarem medicamentos, porcos, galinhas, perus e patos necessários aos pacientes. Contou também sobre a ocorrência de um tiroteio que resultou em ferimento no joelho de um dos alienados, o Leocádio. Temeroso, ainda pediu ao diretor que não desse notícia aos jornais. Tinha medo das consequências e confessava: "porque eu posso ser vítima, eles nos ameaçaram, caso fizéssemos alguma comunicação".[96]

Praticamente sozinho na ilha, João Henriques começou, então, a dar novos sinais de desequilíbrio emocional. Dizia que sua posição era "horrível" e que não sabia mais "o que fazer". Ameaçava retirar os alienados e empregados dali ou até esconder-se "porque eles querem me pegar". Não há como distinguir o que era verdade do que era pânico do pai de família que também se queixava de não ter recursos para sair da ilha com os filhos. Tanto que termina sua missiva revelando estar com os nervos à flor da pele: "O que há de ser de mim! Vou para o mato assim que os avistar".[97]

"O que há de ser de mim" é expressão sintomática da disposição de João Henriques naquele momento. Em 25 de outubro de 1893, ansioso, ele mandou uma segunda carta pedindo, de forma ainda mais veemente, providências ao diretor, o qual, ao que tudo indica, manteve-se inativo. O almoxarife queixava-se, agora, da falta de providências, e acusava uma nova invasão das colônias, em que os revoltosos levaram tudo que encontraram pela frente.

O delírio parecia combinar com a gravidade da situação e, perseguido, João Henriques demonstra não confiar mais em ninguém: nem nos militares, nem nos empregados que ameaçavam ir embora, nem no próprio diretor. Avisou, pois, que, se não recebesse notícias, abandonaria a ilha, e terminou a carta com três pontos urgentes de exclamação: "Providência!!!".[98] Como, pelo jeito, não chegaram respostas ou providências, o pai de Lima insistiu numa terceira carta datada de 27 de outubro de 1893. Nela pedia gêneros e recursos. Intimidava novamente o diretor dizendo que ia "meter-se num bote com todos os filhos" e largar tudo.[99]

Para dar guarida ao desespero, no dia seguinte — e sem manifestação alguma por parte do diretor — o almoxarife constatou o retorno dos insurretos, que, dessa vez, saquearam o que havia de suprimentos. O capitão Eliézer Tavares aportou com duas lanchas a vapor na ponta do Galeão, e exigiu medicamentos e animais pertencentes às colônias. Mais agressivos, os militares declararam que "o estabelecimento estava agora em poder da Esquadra às ordens do almirante Custódio José de Melo".[100] O pai de Lima tinha motivos para apreensão. Afinal, nessa altura a boataria era grande; dizia-se que Floriano iria explodir os navios rebeldes que estivessem fundeados na baía utilizando modernos torpedos norte-americanos. Comentava-se, ainda, que um balão com homens e armas seria usado pelo governo para vencer os insurretos.

Fica então evidente o estilo mais apressado, aflito e pouco cuidadoso da carta, em que João Henriques conta como teria removido sozinho os pacientes, uma vez que não havia ninguém para ajudá-lo. Tal qual em história em episódios, e desses de terror, os marinheiros voltaram à ilha, e invadiram dessa vez a colônia onde ele morava com a família. Era lá ainda que estavam reunidos os pacientes e funcionários, e que se achava acondicionado o que sobrara na despensa. Narrou o pai de Lima ter sido obrigado a ir ao encontro de uma "força naval comandada pelo mencionado Capitão de Fragata" que o recebeu "em altos gritos".[101] O capitão ordenou que os alienados empregados na lavoura juntassem e matassem todo o gado; exigiu também que pegassem a criação de aves, porcos, e os medicamentos e os deixassem à disposição dos soldados. Não contentes, mandaram preparar um almoço para eles e roubaram a alfaiataria. De lá retiraram, contabiliza o almoxarife dedicado, "53 paletós, duzentas camisas de algodão e 150 calças".

A operação foi rápida, e duas horas depois de terem intimado João Henriques a não estabelecer comunicação com o Rio de Janeiro, os revoltosos retiraram-se.[102] Nos dias 26 e 27 as coisas acalmaram um pouco. Henriques foi buscar suprimentos para as colônias e procurou restituir certa normalidade ao lugar. Também pediu a d. Teresa, a professora da ilha, a qual a despeito da revolta ia e vinha da capital, que se arriscasse entregando outra mensagem ao diretor. E nada de chegar resposta.[103]

A situação parecia apaziguada, ao menos na ilha. Continuou assim até 12 de dezembro, quando o zeloso almoxarife voltou a escrever, relatando não existirem novas "ocorrências a mencionar". Porém, na manhã do dia 13, na hora em que se dava banho nos internos, dois indivíduos a cavalo, um deles de codinome alemão, Blok, e intitulando-se chefe dos revoltosos na ilha do Governador, exigiu três animais, "sendo: o cavalo vermelho e a égua e um outro, eu respondi-lhe que não podia anuir ao seu pedido e que eram animais do serviço das Colônias e que fariam muita falta".[104] João Henriques explicou, aliviado, que o soldado se contentou então com o cavalo vermelho mas ameaçou: "Se eu não lhe desse ao bem que empregavam força [...] não voltaram mais".[105]

A partir daí a comunicação segue truncada, mas ficamos sabendo que a ponta do Galeão acabou muito destruída por causa de uma artilharia que estourou na região. Nova ocorrência em fins de dezembro foi referida por João Henriques, restando alguns feridos entre os revoltosos. Mas, no dia 15 de janeiro, as forças, até então ali acampadas, afinal deixaram a ilha. Com o término das cartas regulares de Henriques, temos apenas notícia de um salvo-conduto, expedido pela Polícia do Distrito Federal em nome do pai de Lima — descrito como um brasileiro de 42 anos de idade, viúvo e pardo, funcionário público residente na ilha do Governador. O documento determinava que ele poderia passar livremente no trajeto que fazia da ilha até Niterói, onde se encontrava seu filho. De toda maneira, os saques praticados pelas forças dissidentes desfalcaram bastante a criação de animais e as plantações.[106]

Assim, finalmente a calma tornaria a reinar. No *Diario de Noticias* de janeiro de 1894, publicou-se a nomeação do sr. Pedro Dias Carneiro para o lugar de diretor de serviço sanitário do Hospício Nacional de Alienados; do dr. Henriques Guedes de Melo para o cargo de oftalmologista; e a confirmação de João Henriques de Lima Barreto no posto de administrador das colônias.[107] No mês seguinte, o jornal *O Tempo* estampou um comunicado do ministro da Justiça e Negócios Interiores solicitando do seu colega da Fazenda que fossem entregues ao diretor do estabelecimento situado na ilha do Governador, o dr. Domingos Lopes da Silva Araújo, a quantia de 200$,[108] e ao administrador das mesmas colônias, João Henriques de Lima Barreto, a de 50$, para o aluguel de casa.[109] Passada a agitação e reorganizado o cotidiano das colônias, vemos que o funcionário dedicado mereceu até promoção.

Lima Barreto, que no futuro voltaria muito a seu passado, lembrou como foi ingênua a sua primeira reação ao chegar àquele local, o qual mesmo em meio à revolta continuava a lhe parecer encantado. Trazido pelas mãos do pai, que fora apanhá-lo em Niterói, mal se deu conta da situação tensa: "Logo tratei dos meus pássaros, dos meus laços, pouco se me dando com o duelo que se fazia de terra para o mar e do mar para a terra, a tiros de canhão e de carabina".[110] Mas o futuro escritor logo tomaria consciência do que ocorria com o pai, que restara sozinho na ilha e lutara para prover os seus mais de duzentos internos. Escreveria ele na crônica "O Estrela", datada de 1921: "Dentre os episódios da revolta de

93, assistidos por mim, aquele que mais me impressionou foi sem dúvida o desembarque dos revoltosos no Galeão". Lima conta que tinha doze anos e acabara de chegar do colégio onde era interno. Foi só na ilha que se deu conta da angústia e da solidão do pai: "Meu pai, meu grande e infeliz pai, era dos funcionários da administração superior o único que tinha permanecido na ilha. O diretor, o médico, o escriturário se haviam retirado para a cidade. O Senhor Ernesto Sena, que se picava de historiógrafo no *Jornal do Commercio*, tratando das Colônias, nos dias de revolta, chamou a meu pai de 'Fuão' Barreto. Não sei se havia entre eles qualquer desavença, mas o certo é que o que se deve exigir de um historiógrafo é a exatidão dos fatos, das datas e dos nomes e um funcionário público, como meu pai era, tem o seu nome inscrito em registros oficiais e em certos atos públicos. Era só consultá-los para lhe saber o nome".[111]

Depois de criticar o historiador de plantão e defender a honra do pai, o qual, como vimos, não era um "fuão", um fulano qualquer, o filho prosseguiu o relato dizendo que João Henriques, que tomava café bem cedo e ia logo trabalhar nas colônias, o chamou de manhãzinha. No caminho, notou uma série de armas enfileiradas, uma porção de marinheiros e o pai metido entre eles. Imediatamente reconheceu o Pixe — "um preto moço que, asilado nas Colônias, fugira e se fizera fuzileiro naval". Fora, aliás, o Pixe quem ensinara Lima a armar alçapões e dar nome aos pássaros. Nada parecia assustar o rapaz; e muito menos Henriques, que lhe "parecia calmo e não correr perigo algum".[112] O que o garoto não atinou foi como o pai pretendia, com a presença dele, evitar alguma violência e "enternecer o comandante da força".[113] João Henriques afastou-se um pouco para negociar os termos do entendimento que estava para selar com os revoltosos; com papel passado e tudo. Foi produzido um recibo atestando todos os objetos retirados das colônias, entre roupas, gêneros e medicamentos. Nem nessa hora o pai de Lima abria mão de uma boa relação do que julgava serem meros empréstimos.

Enquanto isso, o menino continuava conversando com os marinheiros; interessado em que um deles o ensinasse o manejar de uma carabina. "Tinha então admiração pelas armas de fogo..." O local onde a força se encontrava acampada ficava debaixo de umas touceiras de taquaruçu, que Lima assim definiu: "O verde dos que amadureciam e o amarelo dos maduros, junto daquelas espingardas, lembraram-me vivamente as cores da nossa bandeira".[114] Torna-se fácil evocar o futuro patriotismo do personagem Policarpo Quaresma, que também enfrentou a Revolta da Armada alistando-se no Exército Nacional. Nesse caso, como em outros, vamos perdendo as pistas do que é fato e do que é ficção, e ainda mais: do que é armadilha da memória, que muitas vezes recria e faz da realidade sua própria ficção.

Mas o tom da crônica declina no momento em que compreendemos o verdadeiro drama que dá nome à crônica. Lima vê João Henriques e o comandante tirarem do curral o Estrela, um velho boi de carro, negro, com uma mancha branca na testa. Foi quando o garoto notou o machado que um marinheiro trazia na mão. A visão foi rápida e o rapaz só consegue lembrar da velha "paciência, a resignação do Estrela. [...] Quando vi que o iam matar, não me despedi de ninguém. Corri para casa, sem olhar para trás".[115]

Lima tinha apenas doze anos; estava naquele "instante da vida em que se gravam bem as impressões dolorosas". Para ele, anos depois, e até por conta dos motivos de foro íntimo, o período florianista mais lembrava um terremoto, pois antevia "os fuzilamentos, os encarceramentos, os homicídios legais".[116] Já o pai, embora tivesse conseguido negociar com os revoltosos, saía um tanto abalado do episódio. Ao menos aos olhos do filho quando adulto, que encontrava no incidente, e no fato de João Henriques não tê-lo poupado do abatimento do Estrela, um primeiro sinal de sua fraqueza.

Estamos muito longe da época da publicação do romance *Triste fim de Policarpo Quaresma*, que sairia em forma de folhetim em 1911 e como livro em dezembro de 1915. Mas tudo lembra o ambiente da obra: o sítio onde Lima vivia; a fauna e a flora locais; a Revolta da Armada; e, sobretudo, seu pai. Este era nacionalista e injustiçado como Policarpo. "Homem pequeno, magro [...], olhava sempre baixo, mas, quando fixava alguém ou alguma coisa, os seus olhos tomavam, por trás das lentes, um forte brilho de penetração",[117] cheio de ideias e de ideais mas que acabou afundado como burocrata de uma repartição menor. Quaresma como João Henriques tinha "patente de patriota"; daqueles que só defendem produtos nacionais e da própria terra.

Deve ter sido essa, também, a primeira vez que Lima notou um pai diferente: mais inseguro e que precisava dele — o filho mais velho — para "conter" os militares. "Meu pobre pai", escreveu, não prevendo, claro, mas de certa forma anunciando a demência que quase migrou da cabeça dos internos para a do administrador da colônia. Os sinais de loucura viriam de repente, e se instalariam para sempre a partir de 1912. O estopim foram, justamente, as contas. As mesmas das quais ele cuidava tanto e que, dessa vez, cismavam em "não fechar".

4.
Experimentando a vida de estudante: o curso da Politécnica

Na Escola Politécnica, é de praxe, de regra até, que todo o filho, sobrinho ou parente de capitalistas ou de brasseurs d'affaires, *mais ou menos iniciado na cabala cremarística do Clube de Engenharia, seja aprovado. [...] E todos eles, ignorantes e arrotando um saber que não têm, vêm para a vida, mesmo fora das profissões a cujo exercício lhes dá direito o título, criar obstáculos aos honestos de inteligência, aos modestos que estudaram, dando esse espetáculo ignóbil de diretores de bancos oficiais, de chefes de repartições, de embaixadores, de deputados, de senadores, de generais, de almirantes, de delegados, que têm menos instrução do que um humilde contínuo; e, apesar de tudo, quase todos mais enriquecem, seja pelo casamento ou outro qualquer expediente, mais ou menos confessável.*
— Lima Barreto, *Bagatelas*

Escola Politécnica no largo de São Francisco, Rio de Janeiro, *c.* 1895.

EXPERIMENTANDO A VIDA DE ESTUDANTE: O CURSO DA POLITÉCNICA | 109

Quando terminou a Revolta da Armada, serenaram os ânimos. Aliás, a passagem do ano de 1894 para o de 1895 parecia anunciar um futuro mais calmo para a ainda titubeante República brasileira: em novembro de 1894 terminou o "mandato" de Floriano Peixoto, que presidia o país de maneira irregular desde novembro de 1891, e se transformara num chefe de governo conhecido por fazer tantos afetos quanto desafetos, como seria o caso de Lima Barreto e de seu pai. Ainda em 1894 estavam rompidas as relações diplomáticas com Portugal, as quais foram reatadas já em março do ano seguinte. Em junho de 1895, colocava-se também um ponto-final na espinhosa Revolução Federalista, com a assinatura de um tratado de paz, no Rio Grande do Sul, que foi muito celebrado pelos militares governistas.

Também João Henriques conheceria relativa e curta paz na esfera privada. Começava até a se orgulhar das suas Colônias de Alienados, que se tornavam motivo de visitas oficiais, como a ilustre comitiva que passou pela ilha em agosto de 1895,[1] formada pelo primeiro presidente civil da República, Prudente de Morais; pelo ministro do interior, Antônio Gonçalves Ferreira; pelo coronel Luís Mendes de Morais; pelo diretor-geral da Assistência Médico-Legal de Alienados, o dr. Teixeira Brandão; e pelo major Ferreira da Rosa, professor do Colégio Militar. E as colônias não fizeram feio: a comitiva teria ficado com "agradável impressão [...] ao ver os alienados em muita ordem".[2] Era a glória. João Henriques, com certeza todo gabola dos seus serviços, foi quem recebeu a comitiva e percorreu os terrenos explorados pelos internos. Aí estavam algumas dezenas de indivíduos, "fortes, destros, empunhando a enxada ou o sacho, plantando, mudando, revolvendo terras, colhendo frutos" e todos "reabilitados pelo trabalho". Para comprovar o sucesso do "trabalho republicano", os integrantes do grupo presidencial dirigiram-se a um interno que passava por eles correndo, a fim de descobrirem o motivo de tanta pressa. O paciente parou, tirou o chapéu e disse que estava levando "um recado do enfermeiro", pois havia morrido o Jorge Congo e era preciso que "fosse alguém à freguesia tratar do enterro". As personalidades conversaram com mais um interno, que se dizia cônsul português; um ex-soldado com as duas pernas cortadas, que solicitou providências, pois queria sair dali, "onde o perseguiam as princesas". Um açoriano de cócoras sobre o leito explicou à comitiva que era filho do fogo, e outro "exaltado" dava notícias de um jornal todo rasgado que ele segurava.[3]

A despeito de constatar, de forma quase exótica, as peculiaridades desses "cidadãos republicanos", fica claro o argumento que orientava a matéria publicada no jornal *O Paiz* de 4 de novembro de 1895: apesar de serem compostas de alienados, nas colônias da ilha do Governador reinava a "normalidade". Além do mais, a troca de regime levara a mudanças de retratos na parede. No recinto da capela-mor, foi visto um grande nicho repleto de morcegos e no chão, encostados, os retratos a óleo de d. João VI, d. Pedro I, da primeira imperatriz e de d. Pedro II menino.

No entanto, a descrição miúda desmente a imagem geral do artigo. O dormitório dos internos, por exemplo, tem o assoalho podre e péssimas condições higiênicas. No lugar do coro, agora ficava uma rouparia improvisada e suja para os alienados. Na falta de um pavilhão apropriado, a enfermaria contígua a essas dependências mostrava, na época, alguns pacientes prostrados pela "miséria orgânica, um tuberculoso em último grau, outros em tratamento de úlceras, alguns debilitados pela complexidade de lesões internas, epiléticos, melancólicos", e não raro vítimas do alcoolismo. Nos fundos da propriedade havia ainda uma construção alpendrada que servia de guarida "aos alienados imundos ou indomáveis". Para esse local iam os casos mais graves: "os paranoicos, imbecis, atacados de estupidez vesânica [chamado estado que combina confusão mental com estado atônito] e de estupor alucinativo, que não podem ser aproveitados na lavoura".[4]

Assim, apesar do tom alvissareiro do artigo oficial, os detalhes desmentiam qualquer sinal de ambiente idílico. O maior problema continuava sendo a falta crônica de água. As colônias eram providas de água não potável, filtrada do mar através da terra. Também se registravam "abusos da população internada" por parte da administração. O *Diario de Noticias* de 1º de fevereiro de 1892 fazia questão de denunciar "três registros de nascimentos dados nesses mesmos asilos, sendo as parturientes míseras loucas ali asiladas, isto é, aí entregues para respeitosa guarda, que não para fins torpemente libidinosos". Ennes de Sousa, o autor do artigo em pauta, afirmava ainda que a população da ilha estava sendo maltratada na República do mesmo modo que havia sido nos tempos do Império.[5] Enfim, como temos visto, o pai de Lima vivia cercado por polêmicas.

Entretanto, e para lá da realidade com certeza problemática das colônias, de uma maneira ou de outra João Henriques — agora almoxarife e administrador das colônias — e seus filhos iam sendo incluídos na sociedade da ilha, e até na da capital. No dia 13 de maio de 1895, nas "Felicitações", a *Gazeta de Noticias* do Rio de Janeiro, na seção "Gazetilha", menciona-se o aniversário "do Sr. Afonso Barreto, filho do sr. Lima Barreto, administrador da colônia de alienados da Ilha do Governador".[6] No mesmo ano, na data de 19 de setembro, a coluna "Vida social", publicada pela *Cidade do Rio*, parabeniza por "mais um ano de existência o dr. João de Lima Barreto, digno administrador da Colônia de Alienados da Ilha do Governador".[7]

João Henriques ia se afirmando socialmente. Até eleição para o conselho da intendência municipal da ilha chegou a disputar — embora com resultados não muito animadores; o pai de Lima ficou em décimo lugar entre catorze candidatos —,[8] e a cada 13 de maio o *Paiz* publicava felicitações à sua família.[9] Sem perder o ânimo, ele continuava a propagandear as colônias como um lugar adequado para visitas. No ano de 1896, no *Almanak Laemmert*, e na qualidade de administrador das Colônias de Alienados, informava que a instituição se situava em locais históricos; enumerava os dias de visita e onde se devia tomar a barca a vapor que saía às sete horas do cais Pharoux, com uma bandeira em que se lia "Colônia de Alienados". Anunciava ele: "todos os domingos às mesmas horas podem as pessoas de família dos alienados visitá-los".[10]

Passadas as visitas oficiais ou as datas de aniversário da família, a instituição retornava ao marasmo do dia a dia (e João Henriques, à sua personalidade cambiante). Nos documentos que legou, o pai de Lima mostra-se por vezes eufórico por seus feitos; por vezes, mais desanimado com a vida. Em carta datada de 18 de janeiro de 1894 e endereçada ao "amigo e Sr. Dr. Araújo", conta, queixoso, que não estava conseguindo

EXPERIMENTANDO A VIDA DE ESTUDANTE: O CURSO DA POLITÉCNICA | 111

se ausentar da ilha. "Não tenho ido à Cidade porque tenho passado mal. Suponho que o excesso de andar produziu-me num dos pés uma ferida, que não me deixou calçar. Tenho tido muita febre…"[11]

Lima continuava igualmente com seu cotidiano preservado: durante os dias da semana frequentava o Liceu Popular. Era interno no Paula Freitas — um colégio que aceitava também alunos externos —, e suas notas oscilavam muito, entre "boas", "ótimas" e "sofríveis". Diferente dos alunos externos, e por ficar recluso, ele devia conhecer pouco da vida agitada do Rio; o que se alteraria bastante a partir do ano de 1897, quando passou a viver em pensões, juntamente com outros colegas; muitos em situação parecida com a dele.

De toda maneira, já nos primeiros tempos do colégio o garoto deve ter sido exposto às ideias positivistas; febre que assolava a capital da República naquele momento. Afastando-se da teologia e da metafísica, o positivismo defendia que o conhecimento científico era o único, verdadeiro, e dependia dele o progresso da humanidade. Colegas chegados de Lima, como Carlos Costa, juravam pela filosofia de Auguste Comte.[12] Já Lima, como provou em várias de suas histórias e contos futuros, nunca se deixou contaminar pela voga. Em *Triste fim*, por exemplo, soltou o verbo contra os defensores dessa filosofia com ares de religião, sobretudo os militares da República: "Eram os adeptos desse nefasto e hipócrita positivismo, um pedantismo tirânico, limitado e estreito, que justificava todas as violências, todos os assassínios, todas as ferocidades em nome da manutenção da ordem, condição necessária, lá diz ele, ao progresso e também ao advento do regime normal, a religião da humanidade, a adoração do grão-fetiche, com fanhosas músicas de cornetins e versos detestáveis, o paraíso…".[13]

Na instituição, Lima também conheceu colegas contrários ao positivismo, como José Oiticica.[14] Ele era um ano mais novo e seria, no futuro, o introdutor do escritor na "fé anarquista". Mas nessa época Lima era mesmo leitor de Descartes, e havia trocado a literatura pela filosofia. Andava inclusive escrevendo um curso de filosofia, do qual já especificara várias seções e desdobramentos. No *Diário* consta um rascunho do "Curso de filosofia feito por Afonso Henriques de Lima Barreto para Afonso Henriques de Lima Barreto, segundo artigos da *Grande Encyclopédie française du siècle XIXème*, outros dicionários e livros fáceis de se obter". Na ementa, o aluno destaca: "O curso será feito segundo a história do pensamento filosófico, devendo cada época ser representada pela opinião dos seus mais notáveis filósofos".[15] Não levou à frente o projeto, claro, mas, como menino, sonhava longe.

Enquanto isso, no ano de 1897, concluiu todos os cursos requisitados pelo colégio preparatório — história natural, inglês, física e química. Era hora de se matricular na Escola Politécnica, na qual desejava frequentar o curso mais concorrido naquele momento: engenharia civil. Para tanto, precisava passar nos exames de desenho geométrico, álgebra, geometria e trigonometria.

A grande novidade para ele, porém, era viver em pensões para estudantes. Seu colega de quarto era o italiano Nicolao Ciancio, tão pobre como ele. Moravam na rua das Marrecas, 2, chez Mme. Jeanne Parisot, que, com seu sotaque forte, vivia reclamando dos modos dos garotos. "Parreche [sic] bichas criadas no mato", dizia ela, segundo artigo do próprio Nicolao.[16] Os franceses e demais imigrantes dominavam as ruas da capital da

República, que, nessa altura, mais devia se parecer com uma babel de línguas, tal a quantidade de estrangeiros que ali viviam.

Com o fim da escravidão e a consequente desorganização do sistema de mão de obra, uma série de esforços foram empreendidos no sentido de atrair imigrantes, sobretudo europeus. A experiência vinha da época do Império, mas seria muito incrementada no contexto da Primeira República. Contando com a concorrência de países como Argentina, Cuba, México e Estados Unidos da América, o governo brasileiro precisou esmerar-se para vender a ideia do "paraíso terreal", mais ainda por ter sido a última nação a abolir a escravidão. Interessados existiam. Grandemente destinado ao campo — à formação de núcleos coloniais oficiais nos estados do Sul e em especial às fazendas de café na Região Sudeste —, o contingente de imigrantes acabaria, entretanto, absorvido pela dinâmica das cidades, que cresciam e demandavam empregos e serviços.[17]

Entre 1877 e 1903, chegaram, por ano, cerca de 71 mil, a maioria vinda da Itália, Espanha e Portugal. Se os franceses não eram muitos — não passavam de 3% do total —, sua influência na cultura e na nova sociabilidade local era imensa, assim como não eram poucas as pensões por eles administradas. Francesa era a literatura, as vogas, a culinária e os termos. O próprio Lima, em seu futuro livro *Vida e morte de M. J. Gonzaga de Sá* (cujo prefácio é de 1906 mas só seria publicado em 1919), comenta na boca desse filósofo amanuense que eram as mulheres francesas que se davam "ao trabalho de nos polir. De fato, elas nos traziam as modas, os últimos tiques do *boulevard*, o andar *dernier cri*, o pendeloque da moda".[18]

Por essas e por outras, morar fora do internato, e sob o "polimento" de Mme. Jeanne Parisot, significava, mesmo para um garoto sem muitos recursos, contaminar-se da vida da capital. Essa era a época da chegada do Cinematógrafo Edison, instalado, em março de 1897, na reluzente rua do Ouvidor, que ainda mantinha sua fama de vedete da cidade.[19] O invento demoraria a se consolidar, sobretudo quando comparado ao circuito tradicional do teatro, mas já no dia 6 de abril desse ano, segundo o jornal *Cidade do Rio*, diariamente passavam pela nova atração mil visitantes. A inovação cultural tinha vindo, claro, de Paris, e com data certa de nascimento: 28 de dezembro de 1895. Foi nesse dia que houve a exibição histórica dos irmãos Lumière no Grand Café, no Boulevard des Capucines. Há, porém, disputa sobre a data. Norte-americanos alegam que o marco seria a exibição realizada por Thomas Edison em 1889 ou 1890, quando se projetou um filme feito em laboratório, em ambiente fechado e sem contar com público pagante. Contendas à parte, o que ninguém discute é que foi em 1895 que se deu o surgimento das salas de cinema que atiçaram a curiosidade do público, mais acostumado até então às representações teatrais, espetáculos circenses, musicais e cenas burlescas. Tudo parecia mágica: os personagens moviam-se ligeiros nas ruas bem na saída do trabalho nas fábricas, e o trem que chegava à estação quase alcançava os espectadores assustados com tanta tecnologia. Os primeiros filmes eram exibidos ao ar livre, nas empenas dos edifícios ou nos terraços dos cafés, muitos acompanhados de um pianista, que, por via das dúvidas, ajudava a assegurar a concentração da plateia.[20]

Já no Rio de Janeiro, as casas de cinema pareciam bem mais simples: uma tela de projeção no fundo da sala, cadeiras voltadas para ela e todos de costas para a entrada. Os espaços eram pequenos — contando com não mais que setenta metros quadrados —, decorados com tecidos e com lustres de vela, o que, claro, aumentava o risco de incêndio. Relata o historiador Gilberto Ferrez, neto do fotógrafo pioneiro Marc Ferrez, que as primeiras salas da avenida Central (atual Rio Branco) surgiram do lado ímpar da rua, pois, como recebiam o sol vespertino, seu aluguel era mais em conta.[21] Sem grande luxo nem glamour, as salas de projeção eram, em sua origem, mais frequentadas por um público masculino, jovem, não muito abonado, e que por isso mesmo não se preocupava com o capricho no visual.

Outro divertimento à disposição, e que acontecia próximo do internato frequentado por Lima, era a corrida de touros. O espetáculo colou no gosto do carioca. Em 1896, saía o primeiro número do periódico *Sol e Sombra*, que se apresentava como "órgão da arte tauromáquica", ou "uma folha se ricos e pobres quiserem dar por ela duzentos réis".[22] O semanário crítico literário *A Bruxa* também tratou do assunto, contando com texto de Olavo Bilac que fazia eco ao entusiasmo pela "importante corrida de touros" que teria ocorrido num sábado, no dia 8 de agosto de 1896.[23]

Sucesso para valer fazia o teatro, que podia ser profissional ou amador e diletante; realizado por operários ou trabalhadores liberais; imigrantes ou nacionais. O gênero musicado criava imenso barulho nesse contexto, e era mais conhecido como "teatro de revista". Consagrado pelo público, era também o queridinho da crítica, então dominada pelas revistas do circuito comercial carioca. Segundo Artur Azevedo, ao longo da década de 1890 existiam em média 2 mil peças no Rio de Janeiro.[24] Mas esses deviam ser apenas os espetáculos encenados por grandes companhias e profissionais; se incluíssemos na conta o circuito amador, o número talvez fosse ainda maior. O teatro tinha tal importância que dividiu autores como Artur Azevedo e Coelho Neto, o segundo defendendo o drama e a alta comédia, e o primeiro fazendo o papel de advogado dos teatros de revista.[25]

Fossem quais fossem as preferências, as salas de espetáculo andavam sempre cheias, e os jornais criavam seções para anunciar as exibições ou mostrar a opinião sobre elas, sempre apaixonadamente a favor ou contra. Lima foi levado pelo pai para assistir à representação da "querida Lucinda", evocada em seu *Diário íntimo*.[26] Lucinda devia ser o nome da atriz portuguesa Lucinda Simões, e do teatro em sua homenagem situado na rua do Espírito Santo. O local era especializado em comédias, revistas musicais, operetas, mas também nos dramas considerados "sérios". A sala servira igualmente de palco para eventos políticos, como os que José do Patrocínio organizara, na década anterior, em prol da abolição da escravidão. Desde que fora inaugurado em 3 de julho de 1880 por Luís Cândido, marido da famosa atriz, o Lucinda era apontado como um dos mais populares do Rio.[27] Tinha capacidade para 650 pessoas, distribuídas em treze camarotes, 306 cadeiras na plateia, 96 lugares nas galerias nobres e duzentos nas gerais. Cândido era reconhecido como empresário dinâmico e ator afamado. Já Lucinda virou uma das intérpretes favoritas do público carioca. O próprio Artur Azevedo trabalhou ali, onde estreou várias de suas peças, como *O Liberato*, *O bilontra* e *Mercúrio*. Foi lá que se encenou *Tim Tim por Tim Tim*, da Companhia Sousa Bastos: uma das mais aclamadas peças da época. Algumas das primeiras apresentações de cinematógrafo no Brasil também ocorreram no Lucinda:

O Café de Java, um dos prediletos do grupo de Lima, era muito bem localizado: ficava entre a rua do Ouvidor e o largo de São Francisco.

entre 14 e 20 de janeiro de 1897, o lusitano Aurélio Paz dos Reis mostrou "vistas corridas" de Portugal, com lotação completa.[28]

Nas imediações de onde Lima agora residia, existia um grande número de cafés e confeitarias, concentrados especialmente na rua do Ouvidor e arredores. Esses eram locais diletos para a prática da sociabilidade, e onde "entre duas cervejas ou dois vermutes, entre duas empadinhas ou mesmo dois cafés pequenos, liam-se contos, poesias, crônicas, páginas de romances que ficariam apenas no primeiro capítulo, fundavam-se jornais e revistas que jamais circulariam, faziam-se trocadilhos e piadas, decidia-se quem tinha ou não tinha talento...".[29] Era também em torno de uma mesa que nasciam ou morriam grupos e panelinhas, assim como se fundavam movimentos sociais ou dividiam-se posições políticas. Cada confeitaria contava com seus habitués, que por lá faziam paradas diárias, como se cumprissem expediente.

Os cafés mais "badalados" eram o Café do Rio (localizado no cruzamento da rua Gonçalves Dias com a rua do Ouvidor), o Café de Java (no largo de São Francisco, esquina com a rua do Ouvidor), o Café Paris (no largo da Carioca, esquina da rua da Carioca), o Papagaio (na rua Gonçalves Dias, vizinho à Confeitaria Colombo, entre as ruas do Ouvidor e Sete de Setembro) e o Globo (na rua Primeiro de Março, entre a rua do Ouvidor e o beco dos Barbeiros). Dentre as confeitarias, destacavam-se a Colombo (na rua Gonçalves Dias), a Pascoal (na rua do Ouvidor), a Cavé (na rua Sete de Setembro, esquina com a Uruguaiana) e a Castelões (também na rua do Ouvidor).

As livrarias converteram-se igualmente em pontos centrais para as reuniões de escritores. Dentre várias, como a Briguiet (na rua Nova do Ouvidor), a Laemmert (na rua do Ouvidor) e a Azevedo (na rua Uruguaiana), a de maior destaque e mais frequentada era a Garnier, localizada no número 69 da — como podemos imaginar — rua do Ouvidor. Conta Brito Broca que na Garnier podia ser visto "aquele que nunca andara pelos cafés e confeitarias: Machado de Assis, que por lá possuía até cadeira reservada. Costumara outrora fazer ponto na Livraria Lombaert; depois tornara-se comensal da *Revista Brasileira*, onde todas as tardes se reuniam, ao lado do mestre José Veríssimo,[30] Lúcio de Mendonça,

Coelho Neto, Taunay, Nabuco e outros. Dessas tertúlias acompanhadas de um chá com torradas nascera a Academia Brasileira. Foi com o fechamento da *Revista*, em 1899, que o grupo se transferiu para a Garnier [...] o romancista tornara-se uma das glórias da casa. Para ali se dirigia, todos os dias, depois de encerrado o expediente no ministério. Recebido respeitosamente, via-se logo cercado de atenções e de interesse".[31]

Machado morreria em 1908, quando Lima ainda entrava nesse circuito social. Mas a rua do Ouvidor continuaria, de toda maneira, a cumprir o papel de verdadeiro teatro da cidade. Por lá passavam políticos, jornalistas, os novos dândis vestidos à francesa, literatos e moças com trajes da moda. Lima Barreto também descreveu, e não poucas vezes, o famoso endereço. No conto de nome sugestivo — "Que rua é essa?" —, o escritor brinca com a popularidade do logradouro: "Certo dia, Fagundes foi levar um alto personagem a bordo e resolveu, na volta, subir a Avenida a pé [...] Subia, cruzando uma porção de ruas estreitas. Chegou a uma destas, em que havia um movimento extraordinário. Pensou em alguma *grève*, pensou em revolução. Aproximou-se de um guarda e perguntou: — Que rua é esta? O guarda, descobrindo-se a meio, respondeu: — Vossa Excelência não sabe? É a Rua do Ouvidor!".[32]

Já no final da vida, em crônica publicada em *Careta* de 7 de janeiro de 1922 sob o pseudônimo de Jonathan, Lima brinca com a centralidade da rua do Ouvidor. A história gira em torno de Felisberto Bastos e sua "mania de agricultura". O homem queria comprar um sítio, mas sua condição financeira permitiu que apenas adquirisse uma chácara em Jacarepaguá. Certa vez, ao encontrar Felisberto, o narrador foi convidado a visitar a propriedade e avaliar as mangueiras que ali se desenvolviam. Mas decide recusar o chamamento com uma desculpa das boas: "Não fui porque tenho medo de sair da rua do Ouvidor e da Avenida. Fora destas duas vias públicas, é minha convicção que o resto do Brasil é uma verdadeira Calábria: mata-se, a torto e a direito, por política ou por coisa nenhuma".[33]

Vida de estudante na Politécnica

E não era longe dali que ficava o prédio da Politécnica. A Escola situava-se no vistoso largo de São Francisco de Paula: uma praça arredondada, vistosa e ajardinada, tendo ao centro a estátua de José Bonifácio. Encomendada pelo Instituto Histórico e Geográfico Brasileiro e executada pelo escultor Augusto Rochet, a obra apresenta o Patriarca da Independência carregando um livro aberto num dos braços, simbolizando o saber que a faculdade pretendia encarnar. Afinal, com o aperfeiçoamento e a valorização da indústria, com o crescimento das cidades junto com as novas necessidades urbanas, a própria profissão e a imagem dos engenheiros tenderam a se notabilizar no Brasil.[34]

O histórico da Escola Politécnica remonta às escolas militares existentes no período do Império, quando em 1812 a Academia Real Militar se alojou no prédio do largo de São Francisco. O edifício, que começou a ser erguido ainda no final do século XVIII e cujas obras se mantiveram em andamento durante todo o XIX, foi projetado para abrigar a nova igreja da Sé (a Sé Nova). Com a chegada da corte, serviu, porém, para receber a Academia

Militar. Em 1810, o príncipe regente d. João assinou lei criando a Academia Real Militar, que sucedeu a antiga Real Academia de Artilharia, Fortificação e Desenho. A engenharia nascia em berço militar e com o objetivo de construir fortificações para defender a Coroa portuguesa e depois o Império brasileiro.

Em 1858, a Academia Real Militar passou a chamar-se Escola Central. Na época, havia ali um curso teórico de ciências matemáticas, físicas e naturais; um de engenharia e ciências militares; e outro de engenharia civil voltado para técnicas de construção de estradas, pontes, canais e edifícios. Em 1874, essa Escola, que até então estava sob a responsabilidade do Ministério da Guerra, foi para a esfera do Ministério do Império, com a denominação de Escola Politécnica. Na Central só estudavam os engenheiros militares e oficiais do Estado-Maior, em cursos de três anos de engenharia civil e bacharelado em ciências. A partir desse ano, entretanto, os militares passaram a se formar inteiramente na Escola Militar da Praia Vermelha, e a Politécnica começou a receber estudantes civis, além de ter aberto novos cursos de engenharia e de ciências (estes extintos em 1896).[35] O programa geral levava uma média de três anos para ser concluído e contava com cursos de engenharia civil, de minas, industrial, mecânica e agronômica. Os engenheiros formados nos quatro primeiros programas saíam com diploma de "bacharéis em ciências físicas e matemáticas", e os formados nos últimos, de "bacharéis em ciências físicas e naturais". Para obter o título de doutor, os bacharéis ainda precisavam defender uma tese após a conclusão do curso.

O certo é que, no momento em que Lima Barreto começou a se preparar para tentar o ingresso na Escola Politécnica, esta já possuía grande renome e uma linhagem de ex-alunos ou professores emblemáticos como André Rebouças, Pereira Passos, Paulo de Frontin, Euclides da Cunha. E a profissão andava em alta. Com a crescente urbanização do país e sobretudo das capitais, os engenheiros subiam na hierarquia social dos "doutores" e passavam a competir com as profissões consideradas "tradicionais": a medicina e o direito. Representavam, nos termos da época, uma espécie de "elemento neutro"; um "domínio da técnica" capaz de fornecer critérios objetivos para os novos formatos e demandas da cidade. Eles eram, por assim dizer, "a racionalidade do XIX" expressa nas pontes, edifícios e monumentos.[36]

Deve ter sido então que o jovem Lima Barreto ouviu falar de André Rebouças. Baiano da cidade de Cachoeira, ele se mudara para o Rio de Janeiro com a família nos idos de 1846. Ingressou na Escola Militar em 1854, e três anos depois já concluía o curso, assumindo o cargo de segundo-tenente do Corpo de Engenheiros. Complementou seus estudos na Escola de Aplicação da Praia Vermelha, onde se bacharelou em ciências físicas e matemáticas em 1859, obtendo o grau de engenheiro no ano seguinte. Seguiu para a Europa em viagem de estudos entre 1861 e 1862 e logo na volta trabalhou na vistoria de portos de fortificações litorâneas. Na Guerra do Paraguai, serviu como engenheiro militar de 1865 a 1866, quando, por motivos de saúde, acabou retornando ao Rio. A partir desse período, Rebouças desenvolveu projetos ligados ao abastecimento de água na capital da República, juntamente com seu irmão Antônio, e assumiu a direção da Companhia das Docas de D. Pedro II, em 1871. Paralelamente a essas atividades, ele dava aulas e era membro do Instituto Politécnico, onde ia ganhando fama, em especial entre os alunos, que se inflamavam com as causas humanistas defendidas pelo engenheiro, o qual, desde a década de 1880, destacara-se como um dos líderes da campanha abolicionista.[37]

Na sua defesa do fim da escravidão, introduzia sempre a questão da terra: Rebouças entendia que, para atacar de vez esse sistema, seria necessária uma maior democratização da propriedade rural. Eram dois lados da mesma moeda: o combate ao monopólio de terra e o combate à escravidão permitiriam que o país saísse da estagnação para se constituir em nação livre e próspera. A fragmentação dos latifúndios e a consequente abertura de pequenas propriedades estimulariam o crescimento econômico, assim como levariam à valorização do trabalho e à liberdade dos trabalhadores. Nos termos do engenheiro baiano, desse modo começaria o "autogoverno de cidadãos livres, assim tornados pelo fato de não dependerem, absolutamente, de alguém mais".[38] Se até o ano de 1873 Rebouças se comportava sobretudo como um abolicionista teórico, comenta-se que sua postura iria mudar depois da viagem que empreendeu aos Estados Unidos, quando sentiu o racismo de perto. Ao que tudo indica, enquanto vivia no Brasil, devido à alta posição profissional que ocupava, o lugar social "eclipsou sua cor". No entanto, lá na metrópole burguesa dos americanos, contrária às etiquetas nobiliárquicas, a raça operou como limite social e obrigou-o a jantar no quarto para não circular pelo restaurante.[39]

Para Lima, Rebouças era um bom exemplo em quem se mirar: engenheiro, empreendedor, humanista, abolicionista e monarquista. Mas junto com a República chegavam não só novos valores, como a adoção de uma série de modelos científicos que introduziam raça como um dado não apenas essencial mas definidor de hierarquias internas. Talvez por isso, Lima menino rapidamente notou que a "cor social" faria muita diferença na sua história dentro da Politécnica. Verificou também, e rapidamente, que não seria nada fácil entrar e manter-se no curso que almejava, em virtude do prestígio e das demandas que cercavam a instituição. Provavelmente tinha pouco tempo e dinheiro para circular por aquele Rio de Janeiro belle époque; esse contexto indefinido, que se situa cronologicamente "entre"; entre os anos 1870 e 1914 e foi marcado por todo tipo de contradição: paz e guerra, vida e morte, otimismo mas também muita desilusão.[40] O futuro escritor, ao contrário, concentrado como estava, devia limitar-se a frequentar as aulas preparatórias e a sentar nas cadeiras da Biblioteca Nacional como consulente. Na época, o estabelecimento localizava-se na rua do Passeio, 48, no largo da Lapa, numa casa modesta e pouco adequada em termos de proporção e de luminosidade, porém não longe da residência do estudante.[41]

E, em busca do futuro planejado, Lima seguia com seu programa rotineiro. Ficava no colégio de segunda a sexta; aos sábados tomava a lancha *Esquirol* e ia para a "sua ilha", junto com os parentes dos pacientes que podiam receber visitas. Ali recarregava baterias para a semana puxada de estudante. Continuava a ser um bom aluno, mas sem grande brilho. Em 1896, foi "aprovado simplesmente" nas matérias história geral do Brasil e aritmética.[42] Segundo o sistema educacional vigente, o ritual exigia que os estudantes fossem chamados um a um à frente dos professores, para que respondessem a perguntas oralmente. Poderiam ser "aprovados com distinção", "aprovados plenamente" ou "aprovados simplesmente". Lima passou em todos os exames que prestou, o que já era um mérito, dado o elevado grau de repetência. No entanto, passou "simplesmente"; resultado que lhe garantia a continuidade dos estudos mas quem sabe arranhava, um pouco, sua autoestima.

Em março de 1896, ainda no Paula Freitas, começou o chamado "preparatório final", etapa necessária para entrar na desejada Escola Politécnica.[43] Lima escapou de ser levado pelo diretor do colégio à missa em ação de graças pelo fim da Revolução Federalista. De toda forma, ele foi obrigado a assistir ao discurso do presidente Prudente de Morais no colégio e viu alguns alunos lhe entregarem um ramo com fitas verde-amarelas como homenagem.[44] Enfim, o colégio e seu diretor pareciam conscientes de seu papel patriótico, que tanto combinava com os elementos considerados parte da "primeira sociedade".

Se até aqui lembramos mais do personagem Policarpo Quaresma, como espécie de inspiração na figura do pai do escritor, nessa fase de estudante não há como esquecer de outro protagonista da futura obra de Lima Barreto, o escrivão Isaías Caminha. A obra seria publicada pela primeira vez em outubro de 1907, em forma de folhetim, no periódico cujo editor era o próprio Lima: a revista *Floreal*.[45] Vale destacar, porém, que já em 1905 o autor anotava em seu *Diário* que andava escrevendo *Recordações*. Na ocasião, redigiu uma espécie de prefácio ao livro, em que delineava a figura de Isaías Caminha como um bom estudante de "tez de cor pronunciadamente azeitonada" que terminara o curso do liceu com fama de aluno aplicado. O personagem ficcional suplantava o estudante real: contava com "quatro aprovações plenas, uma distinção e muitas sabatinas ótimas".[46]

Além das dificuldades próprias a um estudante, há de ter atrapalhado a sociabilidade do jovem Lima a agenda convulsionada daquele momento. No ano de 1897, quando, hipoteticamente, ele experimentaria uma maior liberdade, terminava a Guerra de Canudos, rebelião que comoveu a população do país e, em especial, do Rio de Janeiro, mostrando faces pouco conhecidas da nação: os famosos sertões do Brasil. O movimento opôs os habitantes de Canudos, arraial que se desenvolveu no interior da Bahia, ao governo da República.

No mesmo ano, o jornal *O Estado de S. Paulo* contratou o jornalista Euclides da Cunha com a missão de cobrir o deslocamento das tropas republicanas durante a quarta e última expedição contra Canudos.[47] Republicano de carteirinha, engenheiro como Lima queria ser, Euclides havia embarcado para a Bahia com a convicção de que o novo regime iria derrotar uma horda desordenada de fanáticos maltrapilhos, acoitados num arraial miserável e, ainda por cima, monarquistas. Atônito, descobriu, porém, uma guerra longa e misteriosa, um adversário com enorme disposição para o combate, uma comunidade organizada que oferecia melhores condições de vida do que outras regiões do sertão nordestino. Essa era mesmo uma terra desconhecida. Com o impacto da descoberta, Euclides trocou de certezas e sua história assumiu tom de denúncia. Além do mais, reconheceu no mundo sertanejo uma marca do esquecimento secular e coletivo que grassava no país.[48]

O evento e, no futuro, o célebre livro de Euclides — publicado em 1902 — devem ter tomado a imaginação do menino. Em *Os sertões*, Euclides da Cunha manteve o estilo dos artigos escritos para o jornal, e responsabilizou a todos: a Igreja, a República, o governo estadual baiano e, sobretudo, o Exército pelo massacre dos habitantes de Canudos. Chamou de fratricídio o aniquilamento do arraial.[49]

A República procurara transformar Canudos num grande exemplo da barbárie contra a civilização, do atraso contra a modernidade. O que foi ficando claro, no entanto, era que existia um abismo, sim, mas entre as diferentes regiões do país. Um novo Brasil ia se descortinando, e o estudante Lima pertencia à geração que começava a desconfiar da política, do regime recém-implantado e do conceito de "civilização". No ano de 1905, em seu *Diário*, ele escreveria: "Guizot: a civilização é um fato [...] Princípio-macho na civilização — útil; princípio-fêmea — sonho".[50] A "civilização brasileira", para Lima, não era "um fato"; mais lembrava uma obra de imaginação.

Em 1897 Lima iniciou o curso de engenharia civil na Politécnica. Enfim o sonho de João Henriques parecia virar realidade. O filho ia ser doutor. O ano e a aprovação representaram quase que "rituais de passagem e de maturidade", pois foi então que o garoto, agora com quinze anos, passou a residir fora do internato. Desde março daquele ano, ele fazia parte da lista dos ingressantes da escola. Tinha feito o exame no início de 1897 e fora "aprovado simplesmente" tanto em desenho geométrico elementar quanto em álgebra, geometria, trigonometria retilínea e álgebra superior. Lima não se destacara nessa primeira etapa, apresentando também notas baixas nos exames preparatórios. Foi salvo pelo resultado conjunto das provas realizadas no Ginásio Nacional. Mas o que importava era que, de uma forma ou de outra, já podia ser definido como um estudante de engenharia e com toda a simbologia que envolvia a profissão.

O curso de engenharia da Escola Politécnica funcionava com um modelo denominado "ensino livre", sendo possível cursar conjuntamente cadeiras de anos diferentes ou requerer matrícula mesmo "devendo" matérias de períodos anteriores. Podia-se fazer tudo em apenas três anos e assim evitar os cinco previstos regularmente. Mas também acontecia de um aluno ir "carregando" repetências durante vários outros anos. Lima não conseguiu concluir o primeiro ano, que previa a realização de "três matérias e mais uma aula". Geometria analítica, cálculo diferencial e integral compunham a assim chamada "primeira matéria"; geometria descritiva, a segunda; física experimental e meteorologia, a terceira. Já a "aula" girava em torno de desenho geométrico, desenho de aguadas e aplicação às sombras.[51] Esse tipo de sistema flexível, se de um lado ajudou na vida estudantil de Lima, de outro, por conta das diversas reprovações que ele foi acumulando, o atrapalhou, e muito.

Fazendo amigos e inimigos na Politécnica

Lima Barreto não era certamente um grande aluno; ao menos em engenharia e em tantos cursos que requeriam um raciocínio mais associado ao que hoje chamamos de ciências exatas. As dificuldades se apresentaram logo de início, e o calouro só concluiu as cadeiras do primeiro ano no início de 1899, quando realizou os exames de cálculo e geometria analítica, sendo reprovado na primeira matéria.[52] Não é o caso de discriminar todas as disciplinas em que ele teria que ser aprovado durante o curso e não foi. Melhor é destacar como o filho de João Henriques se sentia distante de tudo e de todos.

Não que deixasse de ter modelos de engenheiros humanistas para visionar. Um deles, como vimos, era justamente André Rebouças, cuja participação na campanha abolicionista levou muitos discentes a se vincularem à causa. Nos idos de 1887, por exemplo, decretaram que qualquer escravizado que passasse em frente ao largo de São Francisco de Paula seria alforriado. Já para comemorar a Lei Áurea, em 15 de maio de 1888, o professor Rebouças foi carregado pelos alunos ao redor da escola. No ano seguinte, uma brincadeira de estudantes acabou virando manifestação republicana. No dia 25 de julho, por conta de um decreto da polícia que proibiu a "negra Sabina" de vender frutas diante da Escola de Medicina, os jovens organizaram um protesto bem-humorado. Saíram em passeata pela região central da cidade, com uma coroa feita de bananas e chuchus, e os dizeres: "Ao eliminador de laranjas". Quando a passeata chegou à Politécnica, logo recebeu muitas adesões. Resultado: Sabina continuou a vender suas frutas e virou bandeira republicana.[53]

O fato é que a escola contava, sim, com modelos abolicionistas e republicanos que bem serviam para um jovem estudante afrodescendente se inspirar. Até porque, desde os primeiros semestres, Lima já mostrava poucos pendores para "as matemáticas"; preferia filosofia, além de ter afirmado que escreveria uma "história da escravidão negra", o que não chegou a fazer.[54]

Parece que o estudante gostava mesmo era do professor Oto de Alencar.[55] Quando Lima entrou na Politécnica, o mestre tinha apenas 23 anos, e a juventude de um deve ter alimentado a identificação do outro. Além do mais, ele era professor por inteiro: um matemático amante da literatura e da música. Outra característica há de ter atraído o jovem: Oto se opunha às ideias positivistas de Augusto Comte, febre que tomava a capital, e em particular a Politécnica. Defendia o conceito de "ciência não acabada" e contrariava a importância que o francês dava à matemática. Em 1898, quando Lima cursava o segundo ano, Oto publicou o artigo "Alguns erros de matemática na síntese subjetiva de A. Comte", no qual corrigia o que considerava equívocos de conteúdo cometidos pelo filósofo em sua obra *Síntese subjetiva*.[56]

Se o relacionamento com Oto era dos melhores, já com outros docentes Lima contraíra sérias dificuldades. O estudante apresentaria problemas em algumas cadeiras do curso, especialmente naquelas ministradas por Licínio Atanásio Cardoso, que representava, de fato, o lado oposto do espelho projetado por Alencar. Positivista de carteirinha, o professor Cardoso orgulhava-se de ser bastante rigoroso com os alunos, ainda mais com aqueles que o contrariavam.[57] Em tal conjuntura, não só os livros vinham da França, como também a filosofia. O positivismo e o livro de geometria analítica de Comte eram referências básicas e presentes até em cursos de cálculo diferencial e integral oferecidos por professores como Francisco Ferreira Braga e Licínio Cardoso.

No livro *Vida e morte de M. J. Gonzaga de Sá*, logo no início da história, Lima interrompe seu relato para descrever o "severo e saudoso lente de mecânica da Escola Politécnica, doutor Licínio Atanásio Cardoso, que estudou longos anos a alta matemática para curar pela homeopatia".[58] Irônico, Lima não perdoa: "O seu julgamento é um julgamento de Minos, inflexível e reto, e que tira a sua inflexibilidade da própria ordem do Cosmos

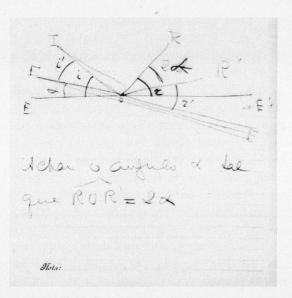

Anotações presentes em caderno que Lima Barreto teria utilizado quando cursava a Politécnica.

[...] De joelhos, rendo graças à minha estrela, por ter encontrado na minha carreira tão raro e modelar exemplo".[59]

O futuro escritor guardaria uma imagem amarga do mestre e do seu positivismo. Anos depois, em seu *Histórias e sonhos*, no conto "*Agaricus auditae*", o terrível professor estava de volta: "Esta minha memória traz no seu bojo toda uma síntese das minhas qualidades e das minhas audácias fáceis! Assentarei a minha fama de naturalista; entrarei para a Academia dos Esquecidos [...]. Como é bom ter-se um bom curso na Escola Politécnica do Rio de Janeiro!... Aquele burro do Comte! Adiante".[60]

Licínio era mesmo implacável com vários alunos, entre os quais Lima Barreto, que passava de ano mas continuava "carregando" mecânica racional. Segundo consta nos registros da escola, no ano de 1902 o estudante requereu novo exame de mecânica, sendo impedido por conta da "falta" de realizar os exames do terceiro ano.

Além das experiências frustradas com determinadas disciplinas e professores da escola, a integração de Lima com os estudantes ricos da Politécnica era, no mínimo, complicada. Ele vivia constrangido diante de alunos como Guilherme Guinle — da tradicional família de donos das Docas de Santos que tinha muitas propriedades no Rio —, Eugênio Gudin[61] e Miguel Calmon du Pin e Almeida[62] que usavam "polainas brancas, chapéu-coco, bengala com aplique de ouro e se vestiam no Raunier".[63] Ao que parece, se no período da escola e do colégio Lima não demonstrava sentir o impacto de diferenças sociais ou "de origem", como escrevia, a partir de então o fato de ser pobre e neto de escravizados passava a pesar no relacionamento que ia estabelecendo com alguns de seus colegas. Estes podiam comprar livros à vontade, iam ao teatro sem ter que fazer contas, assim como frequentavam locais requintados da capital. Já Lima se queixaria do menosprezo que sentiu da parte desses alunos, os quais, vindos de diversos estados do

Brasil, muitas vezes pertenciam à extinta nobreza do Império e faziam pouco da descendência africana do colega.

Antônio Noronha Santos, amigo da vida toda e que na época cursava a Faculdade de Direito, narra que um colega veterano teria lhe contado sobre um comentário maldoso que fizera ao secretário da escola assim que soube da inscrição de Lima na faculdade: "Vejam só! Um mulato ter a audácia de usar o nome do rei de Portugal".[64] Ninguém jamais assumiu a autoria de tal observação, e assim não é possível ter certeza de que o episódio de fato ocorreu. Sabemos apenas que Lima não presenciou a maledicência; só ouviu falar dela anos depois. De todo modo, a boutade não soaria estranha naquele ambiente majoritariamente formado por estudantes que carregavam, com sua situação social, uma forma de branqueamento e um senso estrito de hierarquia. Vestiam-se à europeia, tinham gostos importados de Paris, conviviam entre si, viajavam pela Europa. Já Lima, na sua própria descrição, usava trajes modestos, tinha cabelo pixaim e "tez de cor pronunciadamente azeitonada".

O companheiro de quarto, Nicolao Ciancio, lembra outro episódio que resume o que chama de "complexo de cor" de Lima Barreto. Conta o italiano que Bastos Tigre, outro colega de turma de Lima, ao saber do ensaio que fazia a Companhia Lírica Italiana, a qual estrearia na capital carioca com a ópera *Aida* dali a poucos dias, convidou os amigos para pularem com ele o muro do teatro. A ideia, assistir à função como penetras, logo se converteu em ação, e em minutos os garotos estavam todos nas galerias do Lírico. Ou melhor, quase todos, pois na última hora faltou coragem ao filho do administrador das Colônias de Alienados. Foi Ciancio quem, de volta ao quarto, indagou-lhe a razão da desistência. A resposta de Lima foi límpida: alegou que não queria ser preso como "ladrão de galinhas". Como o colega manifestasse incompreensão, ele completou: "Sim, preto que salta muros de noite só pode ser ladrão de galinhas!". Ciancio ainda contestou, dizendo que isso valia para ele também. Mas o futuro escritor encerrou a questão: "Ah! Vocês, brancos, eram 'rapazes da Politécnica' [...] estudantada... Mas eu? Pobre de mim. Um pretinho. Era seguro logo pela polícia. Seria o único a ser preso".[65]

Embora mais uma vez estejamos no terreno do diz que diz, o episódio conta muito de certa subjetividade dilacerada de Lima, entre ser como é e ser diferente. Esse era ao mesmo tempo um segredo íntimo e uma verdade pública, provavelmente partilhada por muitos naquela faculdade, e até pelo grupo de amigos mais próximos. Se Lima não disse e o colega imaginou, com certeza era porque algo estava lá, aos olhos de todos, como mais um segredo de polichinelo da sociedade brasileira.[66]

O caso não está distante da experiência traumática do personagem Isaías Caminha, que se descobre preto, ainda jovem, indo para a cidade grande: o Rio de Janeiro. No trajeto para o seu novo destino, ele ficava imaginando: "Obteria um emprego. Um dia pelos outros iria às aulas, e todo o fim de ano, durante seis, faria os exames, ao fim dos quais seria doutor! Ah! Seria doutor! Resgataria o pecado original do meu nascimento humilde, amaciaria o suplício premente, cruciante e onímodo de minha cor... Nas dobras do pergaminho da *carta*, traria presa a consideração de toda a gente [...] Ah! Doutor! Doutor!... Era mágico o título, tinha poderes e alcances múltiplos, vários, polifórmicos [...] Ser formado, de anel no dedo, sobrecasaca e cartola, inflado e grosso". O menino foi jantar e dormir com a "visão doutoral" que não o deixava. Tomou o trem e resolveu em certo momento descer do vagão numa determinada estação. "Tive fome e dirigi-me ao pequeno balcão onde havia café e bolos. Encontravam-se lá muitos passageiros. Servi-me e dei uma pequena nota a pagar. Como se demorassem em trazer-me o troco reclamei: 'Oh! Fez o caixeiro indignado e em tom desabrido. Que pressa tem você?! Aqui não se rouba fique sabendo!'."[67]

A insinuação de roubo parece ter tomado o garoto, que não conteve as lágrimas. Mas Lima continua narrando, na boca de Isaías Caminha, o incidente que lhe marcou a existência: "Ao mesmo tempo a meu lado, um rapazola alourado reclamava o dele, que lhe foi prazenteiramente entregue". O contraste "feriu" o menino "com os olhares que os presentes" lhe lançaram, assim como "cresceu a minha indignação". Escreve Lima, com uma mágoa partilhada entre criador e criatura: "Curti, durante segundos, uma raiva muda, e por pouco ela não rebentou em pranto. Trôpego e tonto, embarquei e tentei decifrar a razão da diferença dos dois tratamentos. Não atinei; em vão passei em revista a minha roupa e a minha pessoa. Os meus dezenove anos eram sadios e poupados, e o meu corpo regularmente talhado [...] As minhas mãos fidalgas, com dedos afilados e esguios, eram herança de minha mãe, que as tinha tão valentemente bonitas que se mantiveram assim, apesar do trabalho manual a que a sua condição a obrigava. Mesmo de rosto, se bem que os meus traços não fossem extraordinariamente regulares, eu não era hediondo nem re-

Mais deslocado na foto de turma da Politécnica, Lima aparece à direita, e com uma cor nitidamente diferente da dos demais colegas. Detalhe de Lima: gravata grande demais para a camisa e nó mais frouxo.

pugnante. Tinha-o perfeitamente oval, e a tez de cor pronunciadamente azeitonada. [...] Por que seria então, meu Deus?".[68]

Difícil não reconhecer Lima, do alto de seus dezenove anos, como autor dos relatos em que fala dos ladrões de galinha, menciona sua cor azeitonada ou relembra a mãe de mãos bonitas. Em outro registro, um rascunho datado de 2 de julho de 1900 e incluído na publicação do *Diário íntimo*, podemos encontrar mais anotações sobre sua vida na Politécnica. Lima inicia o que seria o capítulo 1 descrevendo o sol tórrido dos dias de verão no largo de São Francisco, quando "não há por toda a praça uma nesga de sombra, e as pessoas que saltam dos bondes, caminham apressadamente para a doçura amiga da Rua do Ouvidor". No largo vazio em razão do calor escaldante apenas, de vez em quando, passa algum "rapazola [que] atravessa e lépido sobe as escadas da Escola Politécnica". As aulas começavam às dez e no princípio do ano o pátio central ficava lotado a essa hora. "Os novos e os velhos, os crônicos e os distintos, encontram-se e põem-se a esgrimir espiritualmente, procurando cada qual dizer as mais maravilhosas coisas. Alunos há que só aparecem na Escola durante o primeiro mês; depois, vão-se e só voltam pelo começo do ano seguinte, para conversar, discutir e 'trepar'."[69]

"Trepar", no jargão estudantil de Lima, quer dizer "duelar intelectualmente". Significava "um prazer, uma ginástica intelectual [...], uma satisfação do espírito, unicamente exigida pelo feitio mental dos rapazes". Brinca o escritor que "trepa-se à toa", nos amigos, inimigos, com os indiferentes, "em tudo e em todos". Era nos primeiros dias do ano letivo que a "trepação" recrudescia. "As reprovações, as desilusões nos exames e, sobretudo, a inocente vaidade dos antigos, em aparecer sobre-humanos aos novos, desenvolvem o humor agressivo dos rapazes."[70] Mas, enquanto Lima gostava de "trepar" em questões sociais e na história, ironizava aqueles que se valiam da metafísica e do positivismo. "Com um esforço de filosofar risível, concluem que [o positivismo] é uma ciência apriorística, e o mundo bastante plástico, para se curvar a qualquer uma e a todas que se queira inventar..."[71]

A faculdade não foi, porém, apenas uma sucessão de problemas. Lima também se integraria "na sua turma", colaboraria no jornal da escola, *A Lanterna*, e engrossaria as fileiras de uma Federação de Estudantes Brasileiros que nascia naquele contexto. Ainda em 1900, em suas idas e voltas da ilha do Governador, o garoto teve até tempo de arriscar seus primeiros poemas: bem fraquinhos, por sinal. No número 17 de *O Suburbano*, de 1º de novembro daquele ano, na seção literária, pode-se encontrar um poema assinado por "Afonso de Lima Barreto". Tratava-se de versos de discutível qualidade, e talvez tenha sido proeza do pai publicar no jornal local essa mostra dos progressos artísticos do rebento politécnico.

ASSIM...

Elle dira, lisant ces vers tout remplis d'elle: "Quelle donc cette femme?" et ne comprandra pas. (Felix Anvers)

Esta flor, que me encanta e me seduz,/ Tem um quê de etérea e de divina,/ Naquele todo de ética mui franzina,/ Que às vezes ao delírio me conduz.// Amo-a como os crentes amam Jesus/ Tenho por ela a fé que me ilumina/ Ela é meu norte, a estrela matutina,/

Que ao turvo céu da minha vida impus.// Vê-la, apraz-me, assim desta maneira/ Da rósea cor vestida toda inteira/ Modulando da sua voz, o harpejo.// Adoro aquele seu falar de arminho;/ E nos seus cabelos meu olhar faz ninho/ Quando penteada de bandós a vejo.[72]

O poema de fundo amoroso e religioso não lembra o estilo e a verve crítica que Lima Barreto desenvolveria anos depois, mas mostra, quem sabe, os primeiros anseios literários do garoto que trocaria, acertadamente, a poesia pela prosa.

Formando sua rede: os "do contra"

Relatos deixados por alguns alunos da Politécnica repisam sempre o clima marcadamente competitivo da escola, em que os estudantes dados a laivos de civismo e patriotismo divergiam daqueles que se mostravam mais críticos à República e ao status quo vigente. Estes eram, sobretudo, barulhentos e propensos a muitas demonstrações coletivas. Já Lima Barreto, segundo conta o colega Manuel Ribeiro de Almeida, desde os tempos do Liceu Niteroiense pouco brincava no colégio, e não seria muito expansivo na faculdade.[73] Ele e Ribeiro de Almeida acompanhariam a criação da Federação de Estudantes, que agitou o ambiente estudantil do período. Um manifesto resumia o objetivo da entidade: "É absolutamente necessário que nos façamos conhecer, é urgente que entre os Estados do Brasil se elimine o isolamento quase hostil, cuja manutenção já é profundamente lamentável entre as Repúblicas da América".[74] O grupo pregava ainda a necessidade de propagar a instrução no seio do operariado, pedia por mais debate e pretendia ampliar horizontes da estudantada da Politécnica.[75] Alcançou, inclusive, outras escolas — Medicina, Direito, Belas Artes, Ciências Jurídicas e Sociais — e contou com integrantes como Herbert Moses, Levi Carneiro, Eduardo Rabelo, sendo Heitor Lira seu primeiro presidente.

Em 1902, Lima seria eleito para a diretoria da Federação, numa chapa encabeçada por Barreto Dantas, um estudante de direito. Mas Lima logo se afastaria do cargo por discordar de uma representação da entidade dirigida ao Congresso Nacional, favorável ao serviço militar obrigatório.[76] Ele se manteria, entretanto, como sócio da Federação; segundo o *Correio da Manhã* de 27 de junho de 1903, foi Lima quem a representou na primeira conferência do dr. Augusto Bernacchi na Sociedade Nacional da Agricultura.[77]

Manuel Ribeiro de Almeida também participaria, juntamente com Lima, do jornal estudantil *A Lanterna: Periódico de Ciências, Letras, Artes, Indústrias e Esportes*, que era diretamente vinculado à Federação. Fundado por Júlio de Pompeu de Castro e Alburquerque — aluno da Faculdade de Ciências Jurídicas e Sociais —, o periódico contava com a participação de outro colega dileto do escritor: Bastos Tigre, que foi, ademais, o grande responsável pela colaboração de Lima no jornal.

Conforme depoimentos de época, Bastos Tigre era em temperamento o oposto de seu amigo: barulhento e brincalhão, fazia muito sucesso no meio estudantil.[78] Recifense de origem, havia estudado no Colégio Diocesano de Olinda e criara por lá o jornal humorístico *O Vigia*. Diferentemente de Lima, conseguiria se formar com êxito na Politécnica, no ano de 1906, atuando depois como engenheiro da General Electric e nas Obras Contra as Secas do Ceará. Mas foi sempre um homem de vários chapéus; jornalista, poeta, compositor, teatrólogo, humorista, publicitário, bibliotecário — engenheiro só nas horas vagas. É dele o slogan da Bayer, "Se é Bayer, é bom", além de ter sido autor da letra que Ari Barroso musicou e Orlando Silva cantou, em 1934, intitulada "Chopp em garrafa".

Nessa altura, porém, Bastos era apenas um estudante e continuava com suas incursões no jornalismo; dessa vez com *A Lanterna*. Segundo contou Emílio de Meneses, Tigre atuava como uma espécie de "faz-tudo" no jornal: redator, colaborador, distribuidor, cobrador, escriturário e caixa.[79] O periódico estudantil trazia o subtítulo "órgão oficioso da mocidade de nossas escolas superiores", e reservava uma coluna para cada faculdade. Sempre estimulando rivalidades e gozações mútuas, a vida social das escolas era representada em diversas crônicas, escritas por seus próprios alunos. Bastos Tigre foi o primeiro correspondente da Politécnica, mas logo passou o troféu para Lima Barreto.

Afeito a um pseudônimo desde o começo de sua história como jornalista, na época Lima assinava como Alfa Z. A primeira crônica por ele publicada em *A Lanterna* data de 30 de agosto de 1902, quando substituiu seu colega Bastos Tigre na seção "Vida acadêmica — Crônica das escolas". O filho de João Henriques escreveu então "Nossa *matinée*", que trata da recepção aos oficiais chilenos em visita diplomática. O pseudônimo Alfa Z talvez fosse uma referência compartilhada com Tigre, que assinava suas colunas como Alfa Linha.

Tempos depois, quando já era dono de sua própria coluna, Lima passaria a assinar como Momento de Inércia. Sua característica mais persistente era a crítica ferina, o escárnio com colegas e consigo mesmo. Inércia é princípio da física, também conhecido como a Primeira Lei de Newton. Refere-se a toda propriedade da matéria que faz com que ela resista a qualquer mudança em seu movimento. O conceito viraria tema dileto do autor, ao tratar, por exemplo, do funcionalismo nacional e de nossos estadistas.[80] Mas o primeiro artigo com a nova assinatura era mais trivial. Lima analisava os resultados de um concurso de beleza realizado entre os alunos em que Bastos Tigre recebeu vários votos por seu "bigode". O próprio Lima, segundo Assis Barbosa, teria merecido sete votos e meio![81] Seria nessa coluna, também, que ele se vingaria do irascível mestre Licínio e de alguns colegas que "acreditavam" nos resultados de exames. "Pobres rapazes", escreveu em *A Lanterna* de 30 de novembro de 1902.

Em trecho de outra crônica, datada de 20 de dezembro do mesmo ano, Lima voltava a satirizar professores da Politécnica: "Vede o Ortiz [Ortiz Monteiro, lente de geometria descritiva], por exemplo, onde ele foi buscar aquele tipo de Têmis? Ele acredita, me parece, que é a própria deusa em pessoa, e que seus óculos azuis se transformaram na clássica venda da justiça. Lossio [Jorge Lossio, lente de desenho geométrico] tem ares de Parca [...]. É um verdadeiro museu de antiguidades egípcias, a banca da Toronomia (apud Licinius [referência ao lente Licínio Cardoso])."[82] Nem mesmo mestres queridos, como Oto de Alencar, escapavam ilesos da coluna: "O Oto tem a severa grandeza das trágicas e seculares múmias das pirâmides faraônicas".[83] E assim seguia ele, ironizando, nominalmente, cada um dos professores, os quais, com certeza, não deviam admirar o "atrevimento" do aluno.

A última colaboração de Lima nesse jornal é datada de 20 de abril de 1903, ano em que o estudante abandonaria de vez a escola. Na crônica, o autor imagina uma carta escrita por um fazendeiro de Urubu de Baixo, cujo destinatário é o próprio primo, aluno da Politécnica. "Auguro que nas aprovações das cadeiras de grau 3 não passarás e nas de exercícios práticos nunca um 7 hás de obter. O que te peço, e imploro até, é que não te amofines nem te apoquentes com isso [...] Verás nessa centena de anos brilharem [sic] na Física uma plêiade de nomes imortais; assistirás no domínio da matemática o desfilar de centenas de nomes aureolados [...] enfim, as ciências que aí se estudam desde 1810 até hoje foram ilustradas por gênios franceses, ingleses, alemães, chineses, turcos... mas brasileiros — nenhum! Por isso, primo que muito prezo, não desesperes nem atribua [sic] à ojeriza dos lentes as notas baixas que vais ter; arranja outra desculpa, inventa outra explicação..."[84]

Claramente projetado na imagem (e na frustração) que Lima ia experimentando, com tantas repetições, a carta ficcional continua: "Não julgues, primo, que o que me vai n'alma é despeito daquelas bombas que levei há treze anos. [...] Lê; estuda; examina o evoluir da ciência no século que findou, e nesse exame verás geômetras, físicos, químicos, grandes estudiosos da hidráulica e das máquinas, assistirás o desenvolvimento espantoso da eletricidade; e, garanto-te, não lerás nas mais eruditas e aparatosas das histórias dessas ciências um nome de geômetra, de físico dessa terra de Santa Cruz".

O futuro escritor devia andar frustrado com as tantas repetências que acumulava. Chamava a si mesmo de "crônico", numa coluna que escreveu em 20 de setembro de 1902, dizendo que o epíteto o perseguia aonde quer que fosse: no leito, no baile, na igreja, na boca das moças. No julgamento dos lentes, já estava marcado pelas más notas. Como os exames eram orais, dizia-se alvo também da perseguição dos mestres, os quais, segundo ele, avaliavam um candidato em função da cor e inserção social.

Se Lima tinha razão ou não, não temos como desempatar. O que é certo é que o aluno só permanecia na faculdade por conta da determinação do pai, que não concebia a ideia de deixar de ver o filho formado. As relações com o visconde de Ouro Preto, padrinho do garoto e que também investira na sua instrução, nessa altura eram mais longínquas. Ouro Preto já não privava amiúde da companhia da família Barreto, até porque acabara de regressar do exílio. De um modo ou de outro, agora era apenas o almoxarife quem arcava com as despesas escolares dos meninos e esforçava-se para manter a rotina inalterada.

Tampouco Lima voltou a visitar o visconde, que, a despeito de em tempos de República terem deixado de existir títulos de nobreza, continuava a ostentar o seu. Note-se que o conto "Sua Excelência", datilografado pelo próprio escritor para constar de *Histórias e sonhos* e hoje parte do acervo da ABL, foi autografado pelo autor e oferecido a Afonso Celso. Mais interessante do que o documento em si é a história, a qual trata de um ministro que sai de um baile da embaixada "tangido por sentimentos complexos: orgulho, força, valor, vaidade".[85] O enredo não há de ser mera coincidência. A relação esfriaria lá pelos idos de 1902 ou 1903, quando o visconde já retornara ao Brasil e Lima experimentava o auge de sua vida de estudante.

Em 1912, a notícia da morte de Ouro Preto apareceu nos jornais da capital com certo destaque. Contrariando o descaso que o escritor afirmava guardar pelo padrinho, na coleção de recortes de Lima restou arquivado seu obituário. Falácias da memória e do nosso autor, que tinha a mania de recolher e classificar uma série de notas retiradas dos jornais; sobretudo aquelas que julgava importante conservar.

O importante é que a coluna em *A Lanterna* deu um primeiro forjamento ao futuro jornalista, além de garantir-lhe certa visibilidade entre os colegas. Em 1902, porém, Lima despediu-se do jornal com seu "epitáfio". Assinou o texto como Nemo, o mesmo pseudônimo que encontramos nos artigos ufanistas escritos por João Henriques para o jornal *O Suburbano*, da ilha do Governador. Assim diz o texto: "Com o seu chapeuzinho ao lado. (Não sei bem se é verde ou preto.) Aqui jaz o decantado cronista Lima Barreto... Ninguém, ninguém escapava à sua crítica mordaz.../ Agora que não tem língua/ O Barreto nada faz".[86] Começava aí a verve satírica que tanto caracterizará a obra de Lima Barreto num amanhã não tão distante.

Mas o círculo de amizades do estudante da Escola Politécnica, apesar de aos poucos ter se ampliado, não era muito extenso. Entre os mais próximos estavam Bastos Tigre, Otávio Carneiro, Manuel Ribeiro de Almeida, João Luís Ferreira e Nicolao Ciancio. Além deles, havia os amigos Antônio Noronha Santos e José Oiticica, seu companheiro no Colégio Paula Freitas.[87] Esse era o "pessoal do contra", na expressão de outro parceiro, chamado Everardo Backheuser. Diferentemente de Lima, contudo, todos terminaram o curso superior. Backheuser viraria catedrático de geologia e mineralogia, jornalista, e seria um dos fundadores da Academia Brasileira de Ciências. Já Antônio Noronha Santos seria o Noronha, por vezes o Santos, sempre um colega de farra e de desafios literários. Como Lima, viveria do emprego público, atuando também como bibliotecário na Associação Brasileira de Imprensa. Conheceram-se no Café de Java, um dos pontos prediletos dos estudantes da Politécnica, localizado bem em frente ao estabelecimento. Mesmo depois dos tempos de escola, compartilhariam "mesas" na Americana e no Jeremias, na avenida Central.

Sabe-se bem que bares, cafés e confeitarias dividem e unem grupos; naquela época ainda mais. O personagem Gonzaga de Sá, protagonista de futuro romance de Lima, assim definia os cafés: "indispensáveis à revelação dos obscuros, à troca de ideias, ao entrelaçamento das inteligências, enfim, formadores de uma sociedade para os que não têm uma à sua altura, já pela origem, já pelas condições de fortuna, ou para os que não se sentem bem em nenhuma".[88] Nesse caso, Gonzaga é Lima, que transitava por alguns desses estabelecimentos, procurando o seu. O grupo de Bastos Tigre, Domingos Ribeiro Filho, Noronha Santos, Manuel Curvelo de Mendonça, Edmundo da Cunha Melo, Fábio Luz, Álvaro Osório de Almeida e Lima Barreto encontrava-se no Java, na Americana, no Jeremias e mais tarde no Café Papagaio. Por lá podia ser visto um grupo chamado Esplendor dos Amanuenses, que se reunia todas as tardes para discutir "coisas graves e insolúveis" e incluía, além dos amigos citados acima, Rafael Pinheiro, Amorim Júnior, Calixto, João Rangel e o caricaturista Carlos Lenoir, o Gil da revista mundana *A Avenida*.[89]

E bebiam bastante. Por sinal, foi nessa época que se iniciou a carreira de Lima nos bares e sua peregrinação pela cidade em busca do boteco aberto. Parece que no Java — que ficava quase em frente à estátua imponente de José Bonifácio — ele bebia só café. Cachaça mesmo começaria no Papagaio.[90] O grupo opunha-se ao de Olavo Bilac, Elísio de Carvalho, Coelho Neto e Medeiros e Albuquerque, chamado por eles de "nefelibatas". A palavra deriva do grego "nephele" (nuvem) e "batha" (em que se pode andar). Na área da literatura o termo indica o escritor que não obedece às regras e convenções, ou aquele que, sendo idealista, vive fugindo da realidade. Já o adjetivo usado por Lima e seus companheiros remete aos literatos "alambicados", que desprezavam os recursos simples de construção textual, dando destaque maior à forma do que ao conteúdo.[91] A turma do contra também se opunha ao grupo liderado por Machado de Assis e aqueles que se consideravam seus sucessores, os quais, como vimos, frequentavam a Garnier e dominavam o cenário da ABL.

Nessa altura, porém, o grupo de Lima não estava tão consolidado, nem tinha muitas expectativas. Os colegas da turma eram responsáveis pelo jornal humorístico *O Tagarela* — criado por Raul Calixto, trazia dois artigos de Lima, que assinava como Rui de Pina — e pelo semanário *O Diabo*, de Bastos Tigre. Os editores de *O Diabo* passariam a se reunir no Café Papagaio, onde, como sabemos, até a ave a certa altura da noite ficava bêbada. Estes eram Bastos Tigre, Domingos Ribeiro Filho, Calixto Gil, os mesmos que num futuro próximo fundariam outro periódico: *Floreal*.[92]

Mas, se *Floreal* nasceria só em 1907, e cheio de pretensões, *O Diabo* era somente passatempo entre amigos estudantes. Publicava de tudo — notícias do cotidiano da cidade, mundanidade e muita política local —, sempre com tom satírico e debochado. Ricamente ilustrado, ao menos para os padrões da época, contava com caricaturas, charges e retratos. Sua grande marca eram as entrevistas forjadas — o Diabo, personagem do jornal, encontrava-se sempre em diálogo imaginário com alguma personalidade. Caracterizava-se pela oposição, como anunciava logo o seu primeiro número: "*O Diabo*. Jornal irreverente, ilustrado por Calixto e redigido por um grupo de escritores que não são candidatos à Academia dos Imortais. Aparecerá às sextas-feiras, dia aziago, para dar sorte aos que o compram". Ou então: "O *Diabo* quer ser como o menino do Passeio Público: útil, inda brincando. Ri, que Deus deu o riso e as rosas para todos os viventes, mesmo para o *Diabo*; mas informa que todo o tempo é tempo e todo o lugar é lugar para se aprender alguma coisa".

O Diabo trazia o subtítulo de "periódico humorístico, artístico e ilustrado", e por vezes apenas *Revista Infernal de Troça e Filosofia*. O tom era realmente de troça e já no segundo número, nos agradecimentos, revela-se a intenção da publicação: "Agradecemos. Aqui estamos nós três, três Diabos sacudidos…".

Estavam ali reunidos, pois, os colegas de geração e de afinidade de Lima, e que pretendiam, do mesmo modo que ele, encontrar na jovem imprensa uma brecha para se inserirem no sistema literário vigente, assim como contrariar os modelos estabelecidos. Criador de "revistas e jornalecos", provocador por vocação, o grupo procurava se articular com a indústria cultural nascente e, ainda mais, fazer valer a sua importância, opondo-se às estratégias da geração anterior.[93]

Também na Politécnica, por volta de 1900, Lima conheceria o crítico José Veríssimo, quando este ofereceu um programa especial na escola. Segundo Backheuser: "O curso foi feito perante grande concorrência e com notável sucesso, na sala de Mineralogia [...] com imensa repercussão no ambiente acadêmico não só de engenharia como de medicina e até de direito". Foram quinze ou vinte preleções, "um curso a fundo de literatura brasileira", escreveria Lima, que nunca escondeu seu apreço pelo célebre crítico, a quem no futuro mostraria seus livros, sempre ansioso por comentários.[94] Nesse caso, o grupo abriu uma exceção e não agiu no "contra".

De toda forma, procurando seu lugar na contestação, Lima inaugurava, sem saber, um estilo que escorreria para a sua literatura e sua maneira de estar no mundo. Guardaria uma posição ambivalente em relação a tudo que o cercava: seus colegas, seus vizinhos, o funcionalismo público, suas projeções literárias, e também a engenharia. Diante das dificuldades nas disciplinas desdenhava dos professores; ante as adversidades sociais, usava da ironia e do escárnio.

Mas sua posição na Politécnica estava longe de ser fácil ou óbvia. Entre integrar-se e permanecer, "propositadamente", de fora, a postura do autor oscilava. Oscilava também entre achar-se ora perseguido ora fracassado; genial ou um "crônico". Em texto de 1918, incluído na coletânea *Bagatelas*, Lima queixa-se "da superstição de doutor que assolava o Brasil", e, para consolidar seu argumento, faz referência à sua passagem pela escola. "Na Escola Politécnica, é de praxe, de regra até, que todo o filho, sobrinho ou parente de capitalistas ou de *brasseurs d'affaires*, mais ou menos iniciado na cabala cremarística do Clube de Engenharia, seja aprovado. [...] E todos eles, ignorantes e arrotando um saber que não têm, vêm para a vida, mesmo fora das profissões a cujo exercício lhes dá direito o título, criar obstáculos aos honestos de inteligência, aos modestos que estudaram, dando esse espetáculo ignóbil de diretores de bancos oficiais, de chefes de repartições, de embaixadores, de deputados, de senadores, de generais, de almirantes, de delegados, que têm menos instrução do que um humilde contínuo; e, apesar de tudo, quase todos mais enriquecem, seja pelo casamento ou outro qualquer expediente, mais ou menos confessável."[95]

O delírio de João Henriques

Em 1902, Lima patinava na engenharia. Foi novamente reprovado em mecânica, como no ano anterior. Inseguro, incerto, definindo-se como um "estudante crônico" e atuando, para compensar, como "do contra", ele ia levando a Politécnica como podia.

Foi nesse contexto, mais precisamente em agosto de 1902, que a loucura entrou de maneira mais direta na casa dos Barreto. Certa noite após o jantar, Carlindo, o caçula, deparou com João Henriques delirando. Afonso não estava em casa. Em meio a uma série

Capa da revista *O Diabo*.

de palavras sem sentido, o pai de Lima realmente alucinava, repetindo que as contas do manicômio não fechavam e que por essa razão seria preso. Agora, a causa não era só a bebida; a qual, aliás, já se tornara sua fiel companheira. Ele, que tanto se orgulhava dos seus cadernos "em ordem", descobriu uma diferença nas entradas e saídas do seu livro--caixa, e isso virou obsessão. Quando Lima encontrou com Henriques, achou-o ainda mais calado, distraído, coçando as mãos. Mais uma vez, a observação do pai serviu de inspiração para o escritor, que em *Triste fim de Policarpo Quaresma* descreveu o delírio do personagem como um falar sem nexo, "um cataclismo, que o fazia tremer todo desde os pés à cabeça".[96]

Era chegada a hora de a família conseguir uma licença no convívio cotidiano com os doentes da ilha e partir dali. Na ocasião, quem sabe julgaram que o mal era passageiro e que João Henriques superaria a crise apenas mudando de ares. Já Lima, com 21 anos feitos, assumiria a responsabilidade pelo pai e também pelas oito pessoas que compunham sua família estendida: os três irmãos, Prisciliana — que era considerada companheira de Henriques —, os três filhos dela e Manuel de Oliveira, que deixara a loucura e os delírios no passado mas optara por continuar ao lado dos Barreto. Esse foi o fim do curto período de cinco anos vividos na farra das casas de pensão e nos bochichos com os colegas pretendentes a engenheiros. A família iria morar no bairro do Engenho Novo, na rua Vinte e Quatro de Maio, 123, e abandonaria de vez, mal sabiam eles, a história que haviam construído na ilha do Governador, com suas Colônias de Alienados.

5.
Arrimo de família: como ser funcionário público na Primeira República

Logo no primeiro dia em que funcionei na secretaria, senti bem que todos nós nascemos para empregado público. [...] Aquela placidez do ofício, sem atritos, nem desconjuntamentos violentos; aquele deslizar macio durante cinco horas por dia; aquela mediania de posição e fortuna, garantindo inabalavelmente uma vida medíocre [...]
— Lima Barreto, "Três gênios de secretaria"

É notório que aos governos da República do Brasil faltam duas qualidades essenciais a governos: majestade e dignidade.
— Lima Barreto, *Diário íntimo*

O ofício do amanuense: transcrever documentos e seguir ordens. *Careta*, 13 de setembro de 1919.

Um Rio de Janeiro belle époque

A virada do século XIX para o XX anunciou um tempo de crença no progresso. Aliás, nunca se acreditou tanto na ideia de que o homem podia vencer a natureza em passos rápidos e que avançava rumo ao futuro de maneira evolutiva e sem volta. O avião cortava a leveza dos céus voando como os pássaros; trens rasgavam novos territórios e transportavam pessoas em massa; as cidades tornavam-se cada vez mais populosas; e a industrialização mostrava que chegara para ficar. Tal regime de certezas duraria pouco, mas então o ambiente ainda era de esperança, mantida por altas doses de prepotência.

Afinal, quando terminava o século XIX, após um período de depressão econômica reequilibraram-se as economias dos países centrais, a partir de certo desafogo e expansão dos negócios na Europa Central e nos Estados Unidos. O resultado foi um clima de otimismo e confiança absoluta que ganhou a cultura, os costumes e a moral. Nesse intervalo breve, de 1890 até a Primeira Guerra Mundial, a evidência da prosperidade deu lugar a uma sociedade de sonhos ilimitados: nascia a belle époque, um período marcado por muita ambiguidade e todo tipo de conjetura. De um lado, ela representava a esperança numa época de pacificação, de outro carregava o medo de novos conflitos e reversões nas relações internacionais.

No Brasil, a atmosfera que no Rio de Janeiro ficou conhecida como Regeneração parecia corresponder ao surto que ocorria em outras partes do mundo, além de transmitir a sensação de que o país vivia em sintonia com a civilização ocidental. Para isso, não faltaram os patriotas de plantão, os quais viam apenas com bons olhos essa época que tinha muito de maquiagem superficial, que prometia um futuro estável onde só cabiam sonhos passageiros.[1] O suposto vigente era que a República representava a modernidade recém-chegada ao país, tirando-o da "letargia da monarquia" ou da "barbárie da escravidão". Marca maior da era novidadeira, Santos Dumont levou aos ares as expectativas brasileiras de alcançar as alturas das nações modernas. Ícone desses tempos foi também a "nova avenida Central" — atual avenida Rio Branco —, emblema do novo projeto urbanístico da cidade do Rio de Janeiro, com suas fachadas art nouveau feitas de mármore e cristal, seus modernos lampiões elétricos, suas lojas de produtos importados e seus transeuntes vestidos à francesa. A contrapartida da reforma urbana consistiu na expulsão da população pobre que habitava os casarões da região central. Era a ditadura do "bota-abaixo", que demolia residências e disseminava as favelas, cortiços e hotéis baratos; os "zunga", onde famílias inteiras viviam apertadas, dormiam juntas e no chão.[2] Isso para não falar da repressão às festas populares e procissões: saía das ruas centrais o popular entrudo e esboçava-se algo que mais se parecia com um ordeiro Carnaval de Veneza.[3]

No planejamento urbano, o presidente Francisco de Paula Rodrigues Alves, que governou de 1902 a 1906, montou uma equipe de políticos e profissionais à qual concedeu poderes irrestritos. Com o propósito de fazer do Rio de Janeiro o cartão-postal do país, concebeu um plano em três direções paralelas: a modernização do porto ficaria a cargo do engenheiro Lauro Müller, o saneamento da cidade — acometida por doenças e epidemias infecciosas — seria responsabilidade do médico sanitarista Oswaldo Cruz, e da reforma urbana se incumbiria o engenheiro Pereira Passos, que havia conhecido de perto a política empreendida pelo barão Haussmann em Paris.[4] Lima Barreto, anos depois, comentaria a velocidade das reformas que se abateram sobre o Rio de inícios do xx: "De uma hora para outra, a antiga cidade desapareceu e outra surgiu como se fosse obtida por uma mutação de teatro. Havia mesmo na coisa muito de cenografia".[5]

O caso da abertura da avenida Central, no dia igualmente alegórico de 7 de setembro de 1904, foi exemplar. No mês de março, acontecera a inauguração solene dos trabalhos do "grande bulevar", que representava um prolongamento das obras do cais do porto — 557 prédios foram desapropriados para dar lugar a um percurso de 1997 metros de mar a mar, e 33 de largura. Com ela, tudo se acelerou: as linhas de bonde, o telégrafo e os telefones — estes já chegavam a 13 mil em 1908. A área era densamente habitada por uma população pobre e desfavorecida, cujo deslocamento ocasionou imensa repercussão social.[6] Afinal, a região desapropriada tinha sido "agora apropriada", dizia a imprensa, para passeios no fim da tarde, chás em restaurantes e confeitarias, circulação de veículos, e para a arte do ver e ser visto. E era uma elite abonada que desfilava e aproveitava tais benesses. A euforia da propaganda oficial destacava, porém, a ideia de igualdade social e escondia a exclusão engendrada por "tamanha" modernidade.[7]

O panorama de otimismo resultaria, também, em outros costumes e hábitos e, especialmente, num incremento na vida social, sobretudo a da capital nacional. É fato que a hegemonia paulista começava a impor-se, já em fins do século xix, e a aliança com Minas Gerais — a famosa política do "café com leite" — passava a ameaçar o até ali incontestе domínio fluminense. O Rio de Janeiro, entretanto, não perderia suas características de centro político graças à presença do poder federal — do presidente e do Congresso — e de sua projeção social. Era lá que estava o núcleo administrativo do Estado — com um funcionalismo inflacionado —, a maioria dos aparatos culturais e o cenário ideal para os novos experimentos sociais.

Exemplo de grande experimento foi a introdução do bonde, que não só implicou uma adequação e ampliação dos transportes, como, a seu modo, deu um novo estímulo à vida urbana. A inauguração do serviço de bondes pela Companhia Ferro-Carril do Jardim Botânico ocorreu ainda no longínquo ano de 1868, mas data somente do início do século seguinte a expansão das linhas, que desenharam as ruas da cidade com seus trilhos e com o movimento que o transporte gerava.[8]

O aumento nas linhas de bonde aumentava na proporção em que esse transporte urbano se generalizava, alterando no mesmo ritmo os costumes locais. Em primeiro lugar, multiplicavam-se as formas de chegar ao trabalho e de visitar conhecidos e familiares. O incentivo era agora para, em vez de ficar em casa, "tomar a fresca" no bonde. Tanto que, na época, dizia-se que esse veículo representava não só uma agradável oportunidade de aliviar o calor como uma forma dileta de sociabilidade.[9] O bonde guardava ainda duas características aparentemente opostas: de um lado, oferecia ares de modernidade ao Rio de Janeiro; de outro, transgredia, de certa maneira, a ordem planejada. Se fazia parte das benesses da capital federal, que se "vestia de noiva" para bem casar com a recente situação política, econômica e social, colocava agora, no mesmo espaço, classes sociais diversas, o que apenas tornava mais claras as diferenças entre elas, em termos de afluência e consumo. Assim, se o transporte permitia certo convívio social, também desnudava fronteiras e mostrava como a pobreza estava agora mais localizada na periferia e distante da zona nobre do Rio. Em 1901, porém, inaugurou-se o uso do bonde de luxo para as elites que frequentavam o Teatro Lírico. Por causa do revestimento em brim branco, tais veículos foram logo apelidados de "bondes de ceroula".

E logo chegariam novas opções de transporte elegante à capital; os automóveis. José do Patrocínio, que andava também às voltas com seu experimento voador — o aerostato *Santa Cruz* —,[10] importou na época o primeiro carro que transitou pelas ruas irregulares do Rio, ainda em 1895.[11] As condições das vias eram inapropriadas para a circulação de transportes individuais desse tipo, datando apenas de 1903 o primeiro licenciamento da prefeitura para um automóvel particular. Tratava-se, portanto, de um círculo vicioso: a urbe criava suas novidades, e estas lhe alteravam o perfil. Estima-se que em 1906 existia uma população de 811 443 habitantes na cidade do Rio de Janeiro. Em 1903, rodavam somente seis automóveis por suas ruas; em 1907, eram 99; e em 1910, o total alcançava 615.[12] Mas, como todo verso tem seu reverso, bondes e carros geravam conflitos. Brigas causadas por falta de troco, acidentes, confusões nas linhas e percursos, demoras e atrasos — eis alguns dos impasses que os veículos motorizados traziam consigo, mostrando que modernidade não era, tão só, projeto evolutivo e isento de contrariedades.

Outras vogas entravam — e algumas ficavam — no dia a dia da cidade. O francesismo, que já era chique nos tempos da monarquia, continuava a imperar nesses anos da República. A influência francesa era evidente na literatura, na educação, na moda e nas diversões. Na arquitetura só se falava em art noveau, aulas particulares apenas de francês, e nos anúncios das grandes livrarias ofertavam-se mais livros escritos por Victor Hugo ou acerca do Caso Dreyfus que obras de autores nacionais.[13] Os tecidos para as camisas de homens de elite eram igualmente importados da França; sorvetes ou gelados eram anunciados no Café Glacier; perfumes como o L'Origan chegavam de Paris, assim como os chapéus franceses viravam coqueluche. As roupas das mulheres transformavam-se de maneira a destacar as formas femininas, sendo os modelos variados: *devant*, *droit*, *erect*, *form* — todos criados em Paris e feitos em casas especializadas do Rio como as de Madame Garnier e Agnes Scherer.

No rol das diversões mais populares eram duas as grandes novidades: o jogo do bicho[14] e os "novos" circos. O primeiro ganhou espaço entre grupos sociais variados, que tentavam a sorte na "centena" ou no "milhar". O circo também atraiu classes diferentes, embora em seu interior se estabelecesse uma estrita hierarquia a partir da separação de lugares: camarote, cadeiras, geral e arquibancada. Seu surgimento foi mais tardio, e apenas no fim do século xix e início do xx é que podiam ser vistos picadeiros e palcos na apresentação de sainetes (peças dramáticas jocosas de um ato), dramas e comédias.[15]

O teatro mantinha, porém, sua proeminência, herdada dos tempos do Império, e novas casas de espetáculo foram criadas. O Municipal foi inaugurado somente em 1909, mas surgiram no início do século o Lírico, o Recreio (desde 1903 denominado São José), o Apolo (inaugurado em 1890).[16] Pelo Lírico passaram várias companhias francesas e italianas, e em setembro de 1903 o grande tenor Caruso apresentou-se pela primeira vez no Rio de Janeiro, atuando na ópera *Rigoletto*. Como se vê, até parecia — claro, para quem frequentava a área que circundava a rua do Ouvidor e tinha dinheiro para gastar com as ofertas culturais crescentes — que vivíamos, nos trópicos, como em Paris.

Na rua do Ouvidor, na Quinta da Boa Vista, mas sobretudo na avenida Central, a diversão ganhava agora o espaço aberto da rua. Suas dimensões mais largas se deviam à necessidade de priorizar o movimento desimpedido das mercadorias, dos veículos e das pessoas. E os exemplos são muitos. No Parque Fluminense, instalado no largo do Machado, ouvia-se concerto da banda militar, assistia-se a números de bonecos ou deslizava-se sobre patins no *skating rink*. O Guarda Velha, um simpático café musical, era local dos mais concorridos, pelo menos até o ano de 1907.[17] Na praça da República, antigo Campo de Santana, renomeada por conta do novo regime, dois pavilhões foram especialmente construídos para dar lugar a apresentações musicais. Geraldo Magalhães cantava "O sole mio", numa tradução de Guimarães Passos, e à tarde dançava-se o *two-steps*, ritmo americano, com dois passos para cada lado. Festas nos parques e jardins, piqueniques na Floresta da Tijuca e no morro do Corcovado.

O cinema já estava bem consolidado nessa época: as sessões eram agora apresentadas em horários regulares e contavam com programação variada. Em 1900, o Salão Paris exibia *D'Artagnan*, *O diabo e o trabalho*, *Gatuno em flagrante*, *Jogo-de-bola*, *Dreyfus na prisão* e *Dança russa*. Em 17 de setembro de 1907, foi inaugurado o Cinematógrafo Pathé, na avenida Central, cuja frequência se convertia num dos hábitos elegantes da população. Anunciando muitas atrações por semana e divulgando seus preços módicos, o cinematógrafo começava a se tornar uma das diversões prediletas da cidade. Casas novas abriam a cada dia, trazendo letreiros vistosos e filmes ora mais realistas ora mais fantásticos, dramáticos ou cômicos. Tudo isso avivado pelo acompanhamento de pequenas orquestras ou de um simples piano, o que transformava a ida ao cinema em evento social.

Em 1909, por exemplo, funcionavam regularmente dez cinemas no Rio de Janeiro, entre eles o Cine Pathé e o Paraíso do Rio, na avenida Central, o Palace, na rua do Ouvidor, e o Brasil, na praça Tiradentes.[18] Outra novidade desse começo de século foi a gravação de discos. A Casa Edison, cuja origem é norte-americana, foi pioneira no ramo. Instalou-se no Rio em 1900 e dois anos depois deu início à gravação de músicas de artistas brasileiros.

Também os esportes disputavam as atenções. Bem na virada do século — em 1901 — realizou-se o primeiro jogo de *football* com a participação de amadores, geralmente oriundos da alta sociedade local. Os primeiros clubes cariocas foram o Rio Football Club e o Fluminense Football Club, ambos criados em 1902. Em 1904, seria fundado o Botafogo Football Club e, junto com o desenvolvimento dos campeonatos e a profissionalização dos atletas, outra prática foi se consolidando: a cobrança de ingressos para uma plateia que começava a escolher seus times e a acompanhar o futebol como se fosse questão pessoal e de foro íntimo.

E era! Lima desaprovaria a moda e escreveria várias crônicas criticando a prática esportiva, que considerava "importada" e muito violenta. Ele criaria até mesmo uma Liga Contra o Football, a qual, como se pode imaginar, não teve vida longa. Anos depois, em 13 de março de 1919, resumiu no *Rio-Jornal* o que acreditava serem os grandes "males" do novo esporte. Reproduzimos aqui alguns trechos do artigo sobre o escritor e o diálogo que ele trava com o jornalista: "Lima Barreto reside, há dezesseis anos, na pacata estação suburbana de Todos os Santos. A sua casa é modesta, porém clara e ampla, cercada de fruteiras e respirando sossego. A sua sala de trabalho, ao mesmo tempo dormitório, é também clara e ampla, tendo livros, móveis, quadros — tudo em ordem. — Você por aqui! exclamou ele logo ao ver-nos. — É verdade. Quero saber bem esse negócio da 'liga' que você fundou. [...] — O negócio é simples. Há cerca de um ano [...], conversando sobre os *sports*, em uma confeitaria do Méier, Valverde me expôs, com a sua competência especial de médico que conhece o seu ofício, os prejuízos de toda a ordem que o abuso imoderado dos *sports*, sobretudo o *football*, trazia à nossa economia vital. [...] Verifiquei que havia uma irritação inconveniente entre os *players*. [...] Concluí que, longe de tal jogo contribuir para o congraçamento, para uma mais forte coesão moral entre as divisões políticas da União, separava-as".[19]

Convencido em seu julgamento, Lima continua explicando que "a coisa pegara" em São Paulo, no Rio, em Recife, chegando a Belém e Porto Alegre. Segundo ele, os grandes clubes esportivos, aqueles que o escritor Coelho Neto apoiava, seriam portadores de "uma pretensão absurda, de classe, de raça". Conclui que o "jogo do pontapé propaga a sua separação social e o governo o subvenciona". Por isso, era contra o governo incluir o esporte no orçamento de despesas da República, já que o futebol só criaria "cizânias entre Estados da União" e "distinções idiotas e antissociais entre os brasileiros". Instado pelo jornalista a confirmar suas opiniões, o escritor afirma não ter provas, e termina: "Nem eu, nem ninguém...".[20]

Mas essa seria mais uma das "bandeiras" de Lima fadadas ao fracasso: o futebol entraria em cheio no gosto do brasileiro e a liga do autor seria fechada por falta de recursos. Aliás, várias modalidades esportivas, seguindo a voga higienista que pregava o culto do corpo saudável, ganhariam força no início do século xx. Prova disso foi a criação de, entre outros, *O Brazil Sportivo*, jornal carioca especializado no tema e que anunciava as muitas atividades agora à disposição dos habitantes da cidade do Rio de Janeiro: patinação, ciclismo, tiro ao alvo, esgrima, regatas. Apenas na capital, uma média de dez clubes dedicavam-se ao remo: Clube de Regatas Botafogo, Guanabara, Flamengo, Clube de Natação e Regatas, Boqueirão do Passeio, Internacional, Icaraí, Náutico, Velo Clube e Clube Atlético de Santa Teresa. O Sport Club concentrava-se na prática do ciclismo, e a Sociedade de Tiro Fluminense, na do tiro ao alvo.[21] Só no ano de 1902, quatro partidas de *hockey* na grama foram disputadas na cidade. E no Club Internacional seria introduzido um novo jogo: o *ping-pong*, invenção inglesa que começava a conquistar adeptos no país.[22]

Jogos... também os de azar. O carioca passou a apostar nos páreos de turfe, além de desfilar pelo Jockey Club. Em casa, os brasileiros se distraíam com as cartas: o voltarete, o gamão, o solo, o uíste, a bisca; às escondidas, com o pôquer, o lansquenê e a roleta. Ademais, e apesar da repressão policial, popularizaram-se as casas de tavolagem, como a Fuão Bentoca, a Carrapeta, a Comigo é Nove e a Pois Sim, em que se praticava qualquer tipo de jogo — os lícitos e os nem tanto.

O período é também afeito a novos temas sociais, e as mulheres começavam a reivindicar formas mais efetivas de participação: voto, trabalho e divórcio estavam em pauta na agenda nacional. Numa sociedade patriarcal em que as representantes do sexo feminino, até bem pouco tempo antes, mal saíam de casa, esses temas podiam soar um tanto postiços, mas vieram para ficar e ganharam espaço.

Formaram-se, ainda, novas associações culturais. O padrão era até então dado pela Academia Brasileira de Letras, fundada em 1897 por um colegiado de homens públicos e intelectuais como Machado de Assis, Graça Aranha, Rui Barbosa, Joaquim Nabuco e Oliveira Lima.[23] Seguindo o modelo da matriz francesa, a ABL reunia quarenta personalidades que representariam uma espécie de "arcabouço intelectual, moral e político da nação".[24] No entanto, com o correr do tempo, e já nos anos 1910, esse grupo passou a ser acusado de ocupar um lugar não só exemplar como por demais estabelecido. A nova instituição representava, para Lima e sua geração, um dos símbolos máximos dos escritores que ali "se encastelavam", abrindo mão de fazer uma literatura mais renovada e crítica. Na contramão, mas sempre atentos a formas de se incluírem na instituição, novos grupos, dos quais nosso escritor tomava parte, chamavam os acadêmicos de "mandarins literários"[25] e procuravam criar redes de sociabilidade alternativas, naquela que ia se convertendo numa República das Letras.

O ambiente cultural também se diversificava. Em 1901 fundou-se o jornal *Correio da Manhã*, e em 1902 dois livros foram publicados, com grande sucesso: *Canaã*, de Graça Aranha, e *Os sertões*, de Euclides da Cunha. Se em *Canaã* a imagem de um Brasil mais branqueado com a imigração alemã e voltado para o futuro aparecia como solução para redimir as mazelas do presente, em *Os sertões* o retrato era bem outro. A obra espelha uma importante e quase insolúvel contradição entre suas conclusões de cunho mais determinista — que condenam o brasileiro a partir de seu meio físico e de sua raça — e as evidências coletadas no cenário da luta em Canudos. Euclides ainda deixava escancarada a chacina no arraial e os muitos Brasis que viviam além da capital civilizada. Dentre os autores de não ficção, destacam-se o crítico José Veríssimo e Sílvio Romero, o professor da escola do Recife que podia ser lido igualmente nos jornais do Rio de Janeiro. Em 1901, este último lançou *Ensaios de sociologia e literatura* e, em 1906, em parceria com João Ribeiro,[26] *Compêndio de história da literatura brasileira*. Lima guardaria reações diferentes diante de Veríssimo e Sílvio Romero: enquanto o primeiro seria o grande crítico literário — aquele que, como vimos, ele conhecera em curso ministrado na

Politécnica —, o segundo ficaria conectado a certo racismo científico que condenava a mestiçagem existente no país.

No ano de 1901 foi publicado *Escritos e discursos literários* de Joaquim Nabuco. Figura tarimbada do abolicionismo, Nabuco virara personagem nacional, mas com o fim da monarquia retirara-se por algum tempo da política. Nessa altura, participava assiduamente da ABL, da qual, como vimos, fora um dos fundadores.

Na ficção, o contexto era marcado por livros como *Luzia-Homem* (1903), de Domingos Olímpio, e *Tormenta* (1901), de Coelho Neto, autor que no futuro serviria para Lima de contramodelo, não só por conta da paixão que guardava pelo futebol, mas, e sobretudo, por seu perfil literário crescentemente voltado para o parnasianismo. Não há como esquecer, claro, das obras de Machado de Assis, que continuava em plena atividade: *Dom Casmurro* é de 1899, *Esaú e Jacó* de 1904 e *Memorial de Aires* de 1908, ano em que o mestre viria a falecer. Na época, o Bruxo do Cosme Velho era seguido por muitos, porém criticado por vários, especialmente aqueles que, sem tomar parte da ABL, o chamavam, demonstrando despeito, de "múmia do Machado". Esse foi o caso de Lima, cuja reação ante o escritor sempre foi ambivalente: tinha todos os seus livros na biblioteca, mas desfazia do tipo de projeto literário que o Bruxo representava. Intrigas à parte, Machado seguia com sua posição consolidada. Contestá-lo significava, de alguma maneira, reconhecer-lhe a liderança no cenário nacional. Em 15 de agosto de 1905, deu-se o lançamento da primeira pedra do prédio da Biblioteca Nacional, na avenida Central; passados cinco anos, estava terminado o projeto.[27] Seria também um lugar bastante frequentado por Lima Barreto e pelos novos escritores com ganas de galgar o Olimpo literário.

Mas se engana aquele que pensa que invenções, hábitos urbanos e modernidades vinham em apenas um sentido, crescente e convergente. Afinal, essa foi uma época marcada também pelas "patologias da pátria", motivadas pelo lamentável estado sanitário do Brasil e pela miséria.[28] Das doenças então chamadas de pestilenciais, algumas eram avaliadas como vindas "de fora"; foi o caso das dramáticas epidemias de cólera que assolaram o território nacional. Já outras eram consideradas "de dentro", como a febre amarela, a varíola e a peste bubônica, esta por vezes entendida como uma moléstia importada. E, junto com os imigrantes amontoados na terceira classe dos navios, aportava o tracoma. Por aqui vigeria uma "trindade maldita": malária, doença de Chagas e ancilostomíase, ao lado da lepra, da sífilis e da tuberculose, além de uma dezena de outras enfermidades infecciosas e parasitárias que castigavam o país. Essas seriam as "doenças do Brasil", na perspectiva defendida desde 1910 pelo médico e cientista Carlos Chagas, que se mostrou muito ativo na institucionalização de projetos de saúde pública.

Tais "patologias do Brasil" estariam associadas, por sua vez, às representações de vários grupos doentes, alvos da medicina pública. Faziam parte da lista sertanejos, caipiras e as populações do interior, vítimas das endemias rurais, assim como ex-escravizados, moradores dos cortiços e favelas, imigrantes, trabalhadores informais e camponeses. Já as populações indígenas se mantinham invisíveis para a saúde pública institucionalizada, e com frequência dissolvidas na identidade de caboclos.[29] Mente sã em corpo são, eis um dos lemas que explicita a política de Oswaldo Cruz, muito bem aplicada naquele momento de combate à febre amarela e a outras doenças tropicais. O outro lado, porém, levou ao recrudescimento de uma espécie de "ditadura médica", mais motivada por uma "urgência nacional" do que pelo desejo de incutir uma "educação sanitária". O resultado foi, muitas vezes, o descompasso entre as práticas científicas e a compreensão da população.

Esse desacordo podia ser sentido também em outras áreas. Mesmo que afastadas dos centros mais elegantes, as festas religiosas e populares continuavam a mostrar que a ciência convivia com a espiritualidade e o misticismo. Desordenando a racionalidade científica estavam as solenidades da Semana Santa, com suas procissões, a festa da Penha e demais cortejos de santos. E havia quem estranhasse ver tais celebrações misturadas a tantos novos exemplos de urbanidade. Olavo Bilac foi um dos que se lamentaram, numa crônica de 1906: "Num dos últimos domingos, vi passar pela avenida Central um carroção atulhado de romeiros da Penha: e naquele amplo *boulevard* esplêndido, sobre o asfalto polido, entre as fachadas ricas dos prédios altos, entre as carruagens e os automóveis que desfilavam [...] me deu a impressão de um monstruoso anacronismo: era a ressurreição da barbárie — era a idade selvagem que voltava, como uma alma do outro mundo, vindo perturbar e envergonhar a vida da idade civilizada".[30]

Consequência imediata e imprevista dessa sanha modernizadora e da política autoritária impostas pelo governo nos primeiros anos da República foram as revoltas que estouraram pelo país, revelando que nele existiam muitos interesses e tempos distintos. No campo, as insurreições representavam um composto de religiosidade, misticismo e luta pela terra. Já nas cidades, a população reagia ao que era então chamado de "ditadura sanitarista". A Revolta da Vacina, que estourou no Rio em 1904; o Contestado, uma luta social ocasionada pela falta de regularização da terra bem na fronteira entre Paraná e Santa Catarina, e que durou dos anos 1912 a 1916, e até mesmo Canudos (1896-97) são resultado desse processo de modernização "a qualquer custo". Aí estão duas faces de uma mesma moeda. De um lado, "a vertigem" da modernidade — que foi o termo usado por Euclides da Cunha para definir o espetáculo insano a que assistiu na destruição do arraial de Canudos; de outro, a exclusão e o autoritarismo das medidas disciplinares urbanas.

A "vertigem" possuía, porém, muitos ângulos. Se os jornais insistiam em destacar os sinais de urbanidade, civilidade e racionalidade, não havia como deixar de pensar nos sertões longínquos e abandonados nem nas desigualdades sociais vigentes nas cidades. O espírito ufanista que inundou a belle époque encobria as fragilidades das novas estruturas urbanas. Encobria também as relações que uniam e separavam o centro dos subúrbios cariocas. No caso dos Barreto, o desgarramento entre os ideais dos novos tempos e a realidade do tempo presente seria tremendo.

A aposentadoria de João Henriques: trocando o centro pelos subúrbios cariocas

A paisagem luminosa do progresso não seria o único cenário na vida de Lima Barreto. Do outro lado da curva estava João Henriques, que ia seguindo na mão oposta. Ele manifestara sinais de loucura, doença considerada como o contrário da racionalidade: enquanto a civilização representava o reino da ordem, a loucura simbolizava a manifestação da desordem.

E o pai de Lima suscitava preocupações. Mais uma vez o caso dele vinha estampado nos jornais: não a loucura, mas "as contas" e o balancete da sua administração. As despesas lançadas não fechavam, e revelavam arbitrariedade no uso da verba pública. Ainda assim, nunca se provou uso indevido da receita durante a gestão de João Henriques nas Colônias de Alienados.[31] No final de 1902, fatigado, ele conseguiu uma licença médica de um mês. No entanto, passado esse período, uma denúncia anônima ao *Jornal do Brasil*, datada de 13 de janeiro de 1903, selaria de vez a sorte do outrora orgulhoso empreendedor e almoxarife/administrador da ilha do Governador.

Esses eram tempos do ministro J. J. Seabra, titular da pasta de Justiça e Negócios Interiores do recém-empossado presidente Rodrigues Alves. Seabra, que já havia aberto inquérito para apurar irregularidades no Hospício Nacional, estendeu a medida para as colônias. No artigo do *Jornal do Brasil* exigia-se o exame imediato dos livros da instituição. Os registros atestaram que tudo andava na mais perfeita ordem, e que a denúncia anônima, muito provavelmente, não passara de boato criado por um funcionário que devia ansiar pelo lugar de João Henriques. Afinal, o emprego garantia casa espaçosa, salário fixo e até alguma visibilidade social. Mas o estrago estava feito: apesar de o ex--administrador ter sido inocentado, o incidente só piorou seu estado mental.

O contratempo acabou forçando o afastamento definitivo do pai de Lima do mercado de trabalho. O administrador requereu aposentadoria ao ministro do Interior, a qual só lhe foi concedida, com restrições, um ano depois, em 12 de fevereiro de 1903.[32] A morosidade da burocracia obrigou a família a aguardar bastante até ver reconhecidos os direitos de Henriques. Parecia que a cada dia um novo documento era solicitado, entre memoriais, pedidos e rogos, e a situação só se resolveu a muito custo.

Um importante personagem de Lima Barreto nasceu inspirado em Pelino Guedes, então diretor-geral da Diretoria de Justiça, secretário do sr. dr. Seabra e responsável

> Viva o nosso Pelino Guedes, que acaba de ser promovi !o a dir.:ctor geral da secretaria da justiça !
> Pelino ainda ha de ir mais longe do que isso.
> Ainda havemos de ver Pelino presidente da Repu·blica. Ora !

Debochada, a nota publicada no jornal *O Malho* de 10 de janeiro de 1903 bem poderia ter sido da lavra de Lima Barreto.

pelo processo da aposentadoria de João Henriques. O escritor criou então um "modelo" de funcionário público sempre disposto a emperrar qualquer processo. Na literatura de Lima, Pelino seria ora Xisto Beldroegas, em *Vida e morte de M. J. Gonzaga de Sá*, ora o secretário bajulador e carreirista do ministro J. F. Brochado, nas páginas de *Numa e a ninfa*.

Xisto é um funcionário que se dedica a escrever biografias de ministros e sempre de forma laudatória, e que "vivia obcecado com os avisos, portarias, leis, decretos e acórdãos". Famoso por seu afã obsessivo, perdeu a calma quando não conseguiu estipular a quantidade de flechas que atravessa o corpo de são Sebastião, ou quando deixou de determinar o número de dias chuvosos ou o crescimento das plantas em um ano de gestão. Era, à sua maneira, "contra a lei", por isso indeferia todos os pedidos de aposentadoria, e nunca com rapidez; somente após muitas investidas e desgaste dos pobres cidadãos.[33]

No romance *Numa e a ninfa* (publicado como conto no jornal *Gazeta da Tarde* de 3 de junho de 1911, e como livro no ano de 1915), que apresenta uma crítica severa ao sistema político brasileiro, a definição do secretário do ministro Brochado não poderia ser mais impiedosa: "múmia peruana, untada de pinturas e a enxergar por uns óculos negros".[34] Tanto escárnio vinha, com certeza, do desgosto que Lima sentiu ao enfrentar a lerda burocracia que o impedia de receber a pequena aposentadoria do pai.

Sem poder recorrer a ninguém, foi obrigado a abandonar de vez a Politécnica. Anos depois, tentando fazer da circunstância uma premeditação, Lima, em texto de 1919 — intitulado "Henrique Rocha" e incluído na coletânea *Bagatelas* —, reflete sobre a sua sensação de não pertencimento àquela escola e a consequente desistência do curso. "Desde muito que eu desejava abandonar o meu curso. Aquela atmosfera da escola superior, não me agradava nos meus dezesseis anos, cheios de timidez, de pobreza e de orgulho. Todos os meus colegas, filhos de graúdos de toda sorte, que me tratavam, quando me tratavam, com um compassivo desdém, formavam uma ambiência que me intimidava, que me abafava, se não me asfixiava. Fui perdendo o estímulo; mas, a autoridade moral de meu pai, que me queria ver formado, me obrigava a ir tenteando. [...] Desgostava-me e era reprovado..."[35]

Quem sabe, por linhas tortas, a alienação de João Henriques não tenha ajudado na decisão, tantas vezes adiada, do filho. Sem a rédea curta do pai, Lima perdia a última motivação para prosseguir no curso. Ele ia também tomando consciência das privações que passara por lá, ou, ao menos, ia se permitindo levá-las a sério, assim como registrá-las, e por escrito. Era dessa maneira que ele explicava sua situação familiar e íntima: "Vivia eu nesse conflito moral desde os meus dezenove anos, quando, aos vinte e um, meu pai adoeceu sem remédio, até hoje. Estava livre, mas por que preço, meu Deus! [...] Não seria mais doutor em cousa alguma. [...] Ia me fazer por mim mesmo, em campo muito mais vasto e mais geral!".[36]

Lima não sabia bem a que projeto devia se dedicar. Pensou logo no amigo Bastos Tigre, "que já, por aquela época, fundava jornalecos e revistecas". O futuro escritor referia-se à publicação de *O Diabo*, que só duraria quatro ou cinco números, e que "fez o seu sucesso de estima". Ou seja, ajudava na moral mas não nas finanças. Diz ele que foi então que começou a conhecer "uma porção de artistas, poetas, filósofos, cronistas, jornalistas, repórteres", citando de cor vários — a despeito de alegar não lembrar de todos: "Emílio de Meneses, Guimarães Passos, Raul Braga, Domingos Ribeiro Filho, Raul, Calixto, Luís Edmundo, Santos Maia, Lucílio, Hélios, os dois Timóteos, os dois irmãos Chambellands, Evêncio, Jobim, Lenoir, Gil, Camerino, Arnaldo, Gonzaga Duque, Lima Campos e tantos outros, alguns já mortos e alguns ainda vivos, poucos felizes e o resto... na mesma".[37]

Diferentemente do que a visão mais caricata legou — guardando uma memória feita de trás para a frente —, Lima ainda não fazia, nessa época, parte da turma dos "beberrões inveterados". Ou ao menos não era assim que se via: "Não tinha eu hábitos de boêmia, de botequim, de confeitaria, apesar de desde pouco mais de quinze anos, quando me matriculei, até àquela data, viver sobre mim, em casas de cômodos e comendo em pensões mais ou menos familiares".[38] Possivelmente já tomava seus tragos, mas parecia sobretudo concentrado em prover a família do sustento que não viria mais de João Henriques, cuja aposentadoria mal dava conta dos gastos com sua saúde.

A saída, por ironia, veio justamente da área de seu vilão predileto: Pelino Guedes. Lima aceitaria em breve um emprego de funcionário público, ocupação comum a boa parcela da classe média residente no estado do Rio de Janeiro e que supria os quadros necessários para a capital da República.

Ganhando a vida como amanuense: mestres da boa letra

Diante da absoluta falta de opção, Lima resolveu prestar um concurso público. Na ocasião, encontrava-se aberta na Secretaria da Guerra uma vaga de amanuense, profissão bastante usual na época. A palavra deriva do latim "amanuensis", que provém da expressão também latina "ab manu", "à mão". Vulgarmente chamados de copistas, aos amanuenses cabia reproduzir e copiar textos e documentos, sendo julgados pela boa caligrafia. Charles Dickens era amanuense antes de se transformar em romancista; esse foi ainda o caso do poeta satírico Luís Gama, até ele entrar para a Faculdade de Direito e conseguir libertar muitos escravizados fazendo uso das brechas da lei.[39] Amanuenses e escrivães também inspiraram grandes personagens, como Bartleby, o protagonista de uma novela de mesmo nome escrito por Herman Melville, publicado originalmente em 1853. Bartleby era um jovem escriturário que, para desespero do seu chefe, sempre que lhe requisitavam algum serviço respondia simplesmente que "preferiria não fazer". A simbologia é forte e lida com a imagem desse profissional que, depois de tanto escrever, acaba se paralisando. No Brasil da Primeira República, sobretudo na capital, que inchava com tantos novos empregos destinados ao funcionalismo público, e diante da pouca especialização, a profissão ia virando regra em meio à intelectualidade, não exceção.[40] Tratava-se ainda de uma saída para o que era então chamado de "complexo de Bartleby". Retirado do personagem de Melville, o conceito significava aproveitar-se do sistema e encontrar um ganha-pão nas franjas dele.

Lima, no entanto, apesar de, daí por diante, ter sido obrigado a copiar documentos durante muitos anos de sua vida, além de haver redigido outros tantos, nunca viu na profissão uma saída digna. A decisão foi pragmática, e o filho de João Henriques inscreveu-se no concurso que, exigente, constava de provas de português, francês, inglês, aritmética, álgebra, geometria, geografia, história, direito, redação oficial e caligrafia.[41] Foram oito dias de exames presididos pelo barão de Itaipu, Francisco Manuel das Chagas.[42]

O ex-aluno da Politécnica deve ter confiado nos conhecimentos que acumulara, mas não contava com um obstáculo "extra": sua má letra. Ficou então em segundo lugar, pois na prova de caligrafia recebeu nota 3, e seu competidor o superou com um vistoso 9. Na crônica "Esta minha letra...",[43] que saiu na *Gazeta da Tarde* oito anos depois de sua contratação, ele ainda se amargurava: "A minha letra é um bilhete de loteria. Às vezes ela me dá muito, outras vezes tira-me os últimos tostões da minha inteligência...". O texto tratava dos problemas de Lima com o jornal, que seguidamente publicava os textos dele de forma truncada, por conta da dificuldade que sua letra impunha aos revisores. Contudo, o que mais interessa é como a letra vira metáfora para o insucesso: "Estou nesta posição absolutamente inqualificável, original e pouco classificável: um homem que pensa uma coisa, quer ser escritor, mas a letra escreve outra coisa e asnática. Que hei de fazer? Eu quero ser escritor, porque quero e estou disposto a tomar na vida o lugar que colimei. Queimei os meus navios; deixei tudo, tudo, por essas coisas de letras [...] e agora vem essa coisa de letra, esse último obstáculo, esse premente pesadelo, e não sei que hei de fazer! Abandonar o propósito; deixar a estrada desembaraçada a todos os gênios explosivos e econômicos de que esses Brasis e os políticos nos abarrotam? É duro fazê-lo, depois de quase dez anos de trabalho, de esforço contínuo e — por que não dizer? — de estudo, sofrimento e humilhações. Mude de letra, disse-me alguém. É curioso. Como se eu pudesse ficar bonito, só pelo fato de querer".

Embora Lima tivesse ficado em segundo lugar, abriu-se outra vaga e ele pôde preenchê-la. Mesmo assim, continuou a maldizer sua letra: "e tenho que aguentar esse meu inimigo, essa traição que está nas minhas mãos, esse abutre que me devora diariamente a fraca reputação e apoucada inteligência". Recebeu o aviso em 27 de outubro de 1903, e já no dia seguinte assumiu o cargo. O salário de amanuense não era dos melhores, 200 mil-réis conforme mostra a *Gazeta de Notícias* desse dia. Dava para o sustento da família, a despeito de implicar uma redução de patamar econômico; a casa, por exemplo, teria que ser menor. E lá foram eles, novamente, para a vida dos subúrbios. Com um emprego mais estável, logo que pôde Lima se mudou com a família novamente para os subúrbios, dessa vez para o bairro de Todos os Santos, na rua Boa Vista, 76.

Agora era o pai quem demandava cuidados: segundo o diagnóstico do dr. Braule Pinto, João Henriques tinha neurastenia, cujos sintomas são perda geral de interesse, apatia, inatividade. Palavra de origem grega, "neuro" significa "nervo", e "astenia", "fraqueza"; refere-se a um transtorno psicológico motivado por razões endógenas (uma predisposição genética à ansiedade e depressão), mas também exógenas: trabalho exaustivo, problemas de frustração ou situações traumáticas. O termo fora empregado pela primeira vez

Nova casa da família Barreto, agora na rua Boa Vista (depois Elisa de Albuquerque), 76, no bairro de Todos os Santos. Mas os santos não ajudavam...

em 1869 por George Miller Beard, que descreveu o distúrbio como um estado de exaustão física e psicológica combinado a uma grande sensibilidade, o qual resulta em irritabilidade seguida de depressão. A neurastenia era tão popular na época que nos jornais, em anúncios publicitários, alardeava-se a cura da doença a partir da ingestão de um vinho iodotânico fosfatado, que prometia milagres, o tratamento por hipnotismo e eletricidade, ou "pílulas rosadas do Dr. Williams".[44]

A causa do distúrbio de João Henriques poderia ser qualquer uma das até aqui citadas. Ele havia manifestado problemas psicológicos em outros momentos de sua vida, e vivenciara uma série de situações traumáticas: a morte prematura da esposa, a perda do emprego com a chegada da República, a acusação de malversação da verba pública e o escândalo nos jornais. Este último caso deve ter sido a gota d'água, e o diagnóstico, bastante comum no início do século xx, veio rápido.

Como administrador, o pai de Lima já revelara oscilação de humor, mas sempre recuperava certo equilíbrio, conseguido a partir de uma vida regrada e sem excessos — só de vez em quando quebrada por um gole de parati. Mas nesse momento a situação parecia sem volta: João Henriques se deixava ficar apático na poltrona de sua nova casa — localizada numa região que sofria com infraestrutura precária, falta de acesso a água e a saneamento básico. Isso quando não mudava de humor e passava a gritar e alucinar, imaginando a chegada da polícia, que viria prendê-lo. Provavelmente por essa razão a residência dos Barreto, em vez de estar cercada por alienados, agora seria ela própria conhecida como "a casa do louco".

Na confraria dos amanuenses: "Todos nós nascemos para o ofício público"

Depois de enfrentar o cotidiano na Politécnica e de criar para si um personagem literário — a figura de Alfa Z na coluna do jornal estudantil *A Lanterna* —, Lima teria que se conformar com a tarefa diária de escrever, copiar e, raras vezes, dar uma última redação a avisos e portarias ministeriais. Nada que se assemelhasse ao futuro que desenhara para si. Além do mais, tendo residido no centro do Rio, perto de onde "tudo acontecia", estava de volta aos subúrbios, que deviam lhe lembrar a triste circunstância da morte de sua mãe.

Lima Barreto, porém, sempre que podia, dava um jeito de se reinventar a partir de seus personagens. Dessa maneira, se Policarpo Quaresma é espelhado em seu pai, Isaías Caminha simboliza o preconceito que Lima sentiu na pele quando estudante e nos primeiros tempos de jornalista; já Gonzaga de Sá representa a vida dele como funcionário público. No retrato detalhado que faz da sua atividade de amanuense, no conto "Três gênios de secretaria",[45] publicado em 1919, o escritor a define sem dó nem piedade, mas com muita graça. O trabalho estaria resumido na função desempenhada pela ironicamente denominada Secretaria dos Cultos, que equivaleria à "sua" Secretaria da Guerra. O texto começa com uma nota dedicada a Augusto Machado, personagem ficcional ao qual Lima atribui a autoria do livro *Vida e morte de M. J. Gonzaga de Sá*. Nela, o escritor destila ironia em relação à profissão que desempenharia por catorze longos anos: "Logo no primeiro dia em que funcionei na secretaria, senti bem que todos nós nascemos para empregado público. Foi a reflexão que fiz ao me julgar tão em mim, quando, após a posse e o compromisso ou juramento, sentei-me perfeitamente à vontade na mesa que me determinaram [...]. Eu tinha vinte e um para vinte e dois anos; e nela me abanquei como se de há muito já o fizesse. Tão depressa foi a minha adaptação que me julguei nascido para ofício de auxiliar o Estado, com a minha reduzida gramática e o meu péssimo cursivo, na sua missão de regular a marcha e a atividade da nação".[46]

É fácil perceber como Lima não faz nenhum esforço de se disfarçar no meio de seu texto; critica inclusive a sua afamada má letra. Continua então desfazendo de sua função ao descrevê-la: "Puseram-me também a copiar ofícios e a minha letra tão má e o meu desleixo tão meu, muito papel fizeram-me gastar, sem que isso redundasse em grande perturbação no desenrolar das coisas governamentais. [...] Aquela placidez do ofício, sem atritos, nem desconjuntamentos violentos; aquele deslizar macio durante cinco horas por dia; aquela mediania de posição e fortuna, garantindo inabalavelmente uma vida medíocre...".

Brincando com o uso de um tom um tanto didático, explica que naquele emprego nada há de "imprevisto", assim como não se requer "esforço" algum; só se espera pelo dia seguinte com "calma e suavemente, sem colisões". Amanuenses convertem-se assim em metáforas certeiras do novo regime; com o seu cotidiano de fazer sempre o mesmo e nada criar, a não ser nos "dias feriados, santificados e os de ponto facultativo, invenção das melhores da nossa República".[47] De fato, parece que o escritor despendia pouco tempo mental como amanuense. Tanto que passou a escrever contos, crônicas e até trechos de futuros romances nos versos ou nos almaços marcados com o timbre da Secretaria da Guerra.

A seção era chefiada pelo mesmo barão de Itaipu que lhe aplicara os exames. Na descrição de Lima, ele surge como o mais "perfeito dos burocratas", além de continuar a ostentar o título de nobreza, quando esse uso fazia muito havia sido abolido. No romance

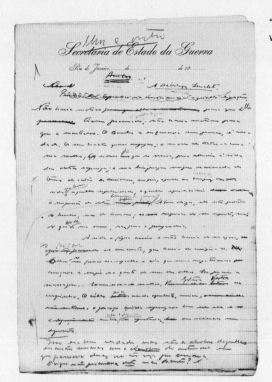

"Um e outro", publicado na *Águia* do Porto, v. 4, de 1913.

sobre Gonzaga de Sá, o escritor o esconde — mal — na figura do barão de Inhangá; um especialista na arte de apontar lápis: "Era um gasto de lápis que nunca mais acabava: mas o Brasil é rico e aprecia o serviço de seus filhos". Inhangá completara 25 anos de serviço e virara até barão.[48] Já Itaipu, que beirava os oitenta anos quando Lima o conheceu, estava no batente desde os tempos do Império, "seu máximo trabalho era abrir e fechar a gaveta da sua secretária". Pode ser que essa seja a verdade apenas de Lima. De toda maneira, mais uma vez a vida lhe dava pretextos para criar um personagem memorável — um modelo de secretário desses que ganham pedestal e insígnia.[49]

Retrato acabado e bem-feito foi aquele que Lima Barreto criou para a confraria Esplendor dos Amanuenses. No mesmo romance, o autor explica que era desse modo que ele e os amigos denominavam as reuniões que faziam entre os profissionais da área, quando tinham suas "horas de satisfação", numa "orgia regada a café" para compensar o "enfado da repartição" e as "agruras de lares difíceis".[50] O horário de Lima ia das dez da manhã às três horas da tarde, quando permanecia executando, segundo ele próprio, basicamente nada. "Quando era amanuense de uma Secretaria de Estado e não tinha que fazer, lia os volumes de alvarás, cartas régias etc., do tempo dos reis portugueses; e nelas encontrei muitos atos doces e paternais que denunciavam ainda a origem patriarcal do chefe de Estado."[51]

Vencia o enfado com duas atividades: usava as muitas horas vagas para imaginar uma série de projetos (todos, ao menos nesse período, devidamente engavetados) e trocar conversa com o amigo Domingos Ribeiro Filho, companheiro de aventuras no jornalismo e no grupo Esplendor dos Amanuenses, citado igualmente no *Gonzaga de Sá*. Por sinal, após o fim do expediente, Lima podia ser visto nas seletas reuniões de amanuenses, sempre realizadas no Café Papagaio e sob a liderança "do Domingos". No artigo "Os galeões do México", que saiu na *Gazeta da Tarde* de 20 de maio de 1911, ele escreve que por lá se encontravam no mínimo quatro desses profissionais, os quais viviam horas de felicidade por oposição "à inércia" que experimentavam em suas respectivas secretarias. E termina: "e bebíamos café, e só café, pois as finanças não permitiam o luxo da cerveja ou do *whisky*". O certo é que então já bebiam mais do que café, pelo menos Lima. A partir das quatro da tarde e até de madrugada, quando finalmente voltava para casa, ele perambulava de bar em bar, encontrando amigos mais conhecidos, mas também outros, anônimos e ainda mais humildes, que circulavam por perto da estação. Na rua da Conceição, por exemplo, costumava ser visto tomando uma talagada de parati, por uns quinhentos réis (o que não significava muito, já que em alguns bondes os bilhetes custavam de cem réis a um tostão), num bar que poderia ser considerado típico para a sua época. "Duas portinhas, um balcão, uma mesinha com duas cadeiras cada uma a um metro e pouco do balcão. Umas prateleiras com garrafas e, por detrás delas, uma espécie de depósito de caixas de garrafas. E, no fundo, uma área de claraboia e uma instalação sanitária — tanque, pia, torneira." Esse era o padrão médio de boa parte desses estabelecimentos que se espalhavam pela cidade; em geral sem nome, instalados de forma provisória numa antiga casa residencial ou num armazém de dois andares.[52]

E, se Lima e seu personagem não levavam a sério a função de amanuense, já os "colegas" de serviço, ao menos os descritos no romance, eram todos muito orgulhosos, julgando-se capazes de engendrar um "sistema de nomeação" em que "entrava-se amanuense e, de promoção em promoção, ia-se a presidente". A vantagem seria que, "quando houvesse necessidade de se lavrar um decreto em palácio, o presidente estava perfeitamente apto a fazê-lo".[53] Novamente, não ficção e ficção travam seu jogo, a despeito de não podermos ver na segunda uma decorrência imediata da primeira. Quem sabe os personagens e as confrarias que Lima criava não eram muito mais divertidos do que a própria realidade, cada vez mais enfadonha durante as cinco horas passadas à escrivaninha, copiando papéis. Para dar conta desse marasmo, Lima recorria a muita imaginação — criava vários projetos para sonhar: de livros, crônicas, peças de teatro — e a bastante bebida para aguentar o tédio. O escritor, que antes tomava seus tragos apenas socialmente, passou a inventar programas para poder se dedicar aos botecos, mais desimpedidamente. Nunca chegava em casa antes das duas ou três da madrugada e, por vezes, só quando o dia raiava. E, apesar de ele negar, foi nessa época que o vício entrou na sua vida, transformando-se em seu mais fiel companheiro até a hora da morte. De secundária a atividade viraria personagem principal.

Vários projetos e tantos "bovarismos"

No ano de 1903, João Henriques achava-se definitivamente tomado pela loucura, e Lima se iniciava como amanuense, mas sem abrir mão da carreira nas letras. Manteria os dois "empregos" pela vida afora. Com o novo salário de funcionário complementava seu sustento e o da família, e ainda se curava da "inércia". Esse era, aliás, o termo que ele usava para definir sua profissão e que escolhera para compor o primeiro pseudônimo na coluna de *A Lanterna*: Momento de Inércia. No *Diário*, comentava que, somados seus vencimentos aos do pai aposentado, as entradas eram de apenas 360$000.[54] Anotava também que 120$000 iam para o aluguel de uma casa modesta em Todos os Santos e 100$000 para o armazém.[55] Sobrava muito pouco para gastarem com supérfluos, e por isso o escritor isolava-se do seu mundo social.

Nessa época, Lima havia publicado algumas crônicas, como vimos, no jornal *A Lanterna* — a primeira ainda em 1902. Por lá, fazia o papel de enfant terrible, criticando professores e colegas. No semanário humorístico *O Tagarela*, sob o pseudônimo de Rui de Pina, escreveu duas crônicas, em julho de 1903. Em *A Quinzena Alegre*, revista que editou a convite de Bastos Tigre, notam-se os traços da sua pena afiada, assim como em *O Diabo*. E um antigo colega da Politécnica, Carlos Viana, ofereceu-lhe um emprego na *Revista da Epoca*, que, dedicada às notícias do cotidiano da cidade (obras do porto, figuras públicas etc.), apresentava ainda poemas, charadas e anúncios. A publicação, apesar de se declarar quinzenal, não tinha a regularidade anunciada. De toda forma, a partir do fim de 1903, trazia Lima Barreto no expediente, na função de secretário. O primeiro número da *Revista da Epoca* veio a público em 1902, e o periódico durou, com dificuldades, até 1918. O escritor permaneceria, porém, pouco tempo como secretário; já no número de 24 de março de 1904 saía a nota: "Lima Barreto, o nosso querido companheiro, em razão de acúmulo de trabalho deixa o secretariado da *Revista* que com tanta dedicação exerceu, continuando, entretanto a redigir as suas apreciadas crônicas que têm sempre constituído um *great attracion* para nossos leitores. Assume o cargo de secretário o nosso distinto companheiro de redação José Veríssimo Filho", filho do famoso crítico literário que o amanuense tanto apreciava.

Se Lima desistiu do cargo, saiu, contudo, "por cima", e figurava como grande atração daquele periódico feito por colegas, entre eles Bastos Tigre, Miguel Calmon du Pin e Almeida, Edgar A. Romero, Carlos Ferreira de Araújo, E. Seidl, Heitor Melo, Ribas Fradique, Antônio Bandeira, Toledo de Loiola e o caricaturista Hermes Fontes. O grupo de redatores não era muito conhecido até então, e nenhum deles fazia parte do cânone vigente. Tampouco a revista conseguiria muita projeção. Aliás, ela representava uma das iniciativas que pretendiam dar visibilidade aos representantes das novas gerações de escritores, os quais, considerando-se preteridos pela ABL, atacavam quase como esporte a instituição; pelo menos até que entrassem em seus quadros.[56]

Para justificar sua demissão, Lima apresentou duas razões. Se o motivo público foi o acúmulo de tarefas, o privado tinha a ver com o perfil intelectual do escritor. Na carta que endereçou a Viana, diretor da publicação, ele afirmava que se demitia por causa da obrigação de escrever um ou outro artigo mais laudatório aos políticos. Alegava que preferia deixar de contar com a remuneração da *Revista da Época* e ficar feliz por "seguir sua consciência".[57] Como colaborador, podia escolher os temas de suas matérias, em vez de obedecer aos ditames da revista. Mas o que ele queria mesmo era ganhar espaço no jornalismo mais estabelecido. Em 1904, lá estava Lima fazendo reportagens para o consolidado *Correio da Manhã*.

Não se sabe quem indicou seu nome. De toda maneira, vale a pena notar que no número 5 de *O Diabo*, datado de 9 de setembro de 1903, Lima e outros colaboradores publicam um agradecimento ao proprietário do *Correio da Manhã*, o mesmo com quem ele se desentenderia no futuro e a quem desdenharia nas páginas de *Isaías Caminha*: Edmundo Bittencourt. Mas nesse momento ele era todo elogios: "Rendemos aos Deuses os nossos melhores votos, por haverem trazido em salvamento e com boa saúde o magnífico e ardoroso jornalista dr. Edmundo Bittencourt. Filhos da sua escola jornalística de intrepidez e independência, nós, humildes redatores d'*O Diabo*, faltaríamos ao mais sagrado dos deveres [...] se aqui não entregássemos um *hurrah* por tão auspicioso fato".

Dois colegas seus — Bastos Tigre e Pausílipo da Fonseca — já trabalhavam no *Correio*, cujo estilo mais independente provavelmente agradava a Lima. À diferença de boa parte dos jornais da época, que tinham vocação para bajuladores, desde o primeiro número aquele periódico apostou no jornalismo de denúncia.[58] Lima foi contratado para escrever uma série de reportagens sobre "o subterrâneo" do morro do Castelo, justamente quando era aberta a avenida Central e o morro virava um tipo de vilão da cidade.

Desde os tempos de d. João, o Castelo era considerado prejudicial aos cariocas, uma vez que, segundo as teorias miasmáticas do período, dificultava a circulação de ventos e o livre escoamento das águas. Mas agora se comentava que fora descoberta no local uma espécie de túnel, o que acabou por alimentar o folclore que envolvia o malfalado morro. Originados na época das invasões francesas, no século XVI, os rumores ganharam força com a expulsão da Ordem dos Jesuítas em 1759, por determinação do marquês de Pombal. Desde lá, parece ter vingado o dito: "Quem conta um conto, aumenta um ponto". E a lenda urbana, com o tempo, foi ficando cada vez mais robusta. Dizia-se que maravilhosos tesouros estariam enterrados em galerias secretas, deixadas às pressas pelos jesuítas. O tema era popular e havia sido explorado, só para ficarmos no século XIX, por escritores como Joaquim Manuel de Macedo e Machado de Assis. Já Lima, no conjunto de 26 textos publicados entre abril e junho de 1905, descrevia as fantásticas galerias subterrâneas, "construídas há mais de dois séculos pelos padres jesuítas, com o fim de ocultar as fabulosas riquezas daquela comunidade ameaçadas de confisco pelo braço férreo do marquês de Pombal". E sublinhava: "Verdade ou lenda, caso é que este fato nos foi trazido pela tradição oral e com tanto mais viso de exatidão quanto nada de inverossímil nele se continha".[59]

Para engrossar o caldo que já era espesso, o escritor explicava que a ordem fundada por Inácio de Loiola em 1539 logo se tornou célebre por sua imensa riqueza, a ponto de ir se convertendo, pouco a pouco, numa potência financeira e política na Europa e na América. Confiscados os bens da Companhia de Jesus, em 1759, os discípulos de Loiola teriam procurado, então, salvaguardá-los. E foi assim que tomou forma a ladainha que cantava a existência de riquezas inestimáveis enterradas no morro do Castelo, "sob as fundações do vasto e velho convento dos jesuítas". Lá estariam "objetos de alto lavor artístico, em ouro e em prata, além de moedas sem conta e uma grande biblioteca". Ironizava ele que, não por coincidência, todo o movimento teria se dado nos "tempos do Encilhamento", numa referência à política econômica desastrosa do ministro Rui Barbosa, que provocou nosso primeiro pique inflacionário. Os artigos vão mostrando que sucessivas escavações foram realizadas, todas sem êxito, "até que um velho, residente em Santa Teresa, prestou-se a servir de guia [...], sem que de todo este insano trabalho rendesse afinal alguma coisa a mais que o pranto que derramaram os capitalistas pelo dinheiro despendido".

Segundo os textos fantasiosos, tais fatos restaram esquecidos, até que o "desgracioso morro condenado a ruir em breve aos golpes da picareta demolidora dos construtores da Avenida" voltou a chamar a atenção do público. Lima descreve, então, os trabalhos, as pesquisas e como um sentinela foi recrutado para ficar na porta do "subterrâneo que guarda uma grande fortuna ou uma enorme e secular pilhéria". Tudo estaria sendo supervisionado pelo dr. Paulo de Frontin[60] e pelo dr. Lauro Müller,[61] os famosos engenheiro e prefeito que andavam reformando o Rio e acabando com muitas de suas antigas ruas, casarões, casebres e bares. De acordo com o escritor, os administradores da cidade, assim como as "altas camadas", acreditavam piamente na "existência dos tesouros dos jesuítas no subterrâneo do morro do Castelo". E ele alfineta: "que uma fada benfazeja conduza o dr. Dutra no afanoso mister de descobridor de tesouros, tornando-o em mascote da avenida do dr. Frontin".[62]

Enfim, zombando de toda a polêmica que envolveu o morro do Castelo, o qual começou a ser demolido nesse momento mas cuja destruição só se completou no ano de 1922, o autor fazia fantasia com a realidade e vice-versa: transformava a realidade em fantasia. O morro foi ao chão, mas jamais se comprovou seu malefício à cidade e muito menos a existência de tesouros perdidos no seu interior. Para chatear, Lima endereça seu texto aos "megalômanos, candidatos a um aposento na praia da Saudade".[63] Em seu diário pessoal, o escritor colou dois artigos de autoria de Vieira Fazenda que terminavam perguntando: "E o restante ainda estará guardado nas entranhas do morro do Castelo? Pode ser que sim, pode ser que não".[64] A narrativa, que caprichava na fantasia, anunciava o grande estilo do escritor, que ainda não tinha emplacado romance algum mas tinha pretensão e vontade para tanto.

Um Diário íntimo *e outras incursões na literatura*

Foi no ano de 1903 que Lima deu início ao seu *Diário*, composto de tiras e notas sèparadas, as quais Francisco de Assis Barbosa e Evangelina Barreto (a irmã de Lima) reuniram num livro que postumamente intitularam de *Diário íntimo*. O texto começa com a seguinte anotação: "1903. Um Diário Extravagante. Eu sou Afonso Henriques de Lima Barreto. Tenho vinte e dois anos. Sou filho legítimo de João Henriques de Lima Barreto. Fui aluno da Escola Politécnica. No futuro, escreverei a *História da escravidão negra no Brasil* e sua influência na nossa nacionalidade. * * * Nasci em segunda-feira, 13-5-81. * * * O meu decálogo: 1 — Não ser mais aluno da Escola Politécnica. 2 — Não beber excesso de coisa alguma...".

A Politécnica ia ficando no passado e a bebida se apossava do presente. Lima devia andar impressionado pela história do pai, o qual, diziam, tomava seu trago sempre que se encontrava só, ainda quando trabalhava, o que, segundo teorias vigentes no período, teria impulsionado sua alienação. O amanuense também parecia estar a par dessas teorias sobre a bebida, o estado de embriaguez, a hereditariedade do alcoolismo e sua relação com os modelos de degeneração racial. Possuía livros sobre o tema na sua biblioteca e a eles se referiria com frequência em seus artigos. Naquele momento, os alcoolizados eram internados juntamente com os alienados, e passavam por tratamentos e terapias semelhantes. Artigos faziam correlações entre a incidência do vício no caso de populações de origem africana, como é o exemplo de *O Brazil-Medico*, uma publicação de responsabilidade da Faculdade de Medicina do Rio de Janeiro que determinava: "A raça africana no Brasil e sua descendência fornece [sic] grande dízimo mortuário determinado, quase sempre, pelo alcoolismo e suas consequências".[65] Lima devia guardar fresca, também, a memória de colegas internados por mero "pileque" passageiro ou "ressaca" brava. Entre eles o Huberto, o Pavoroso, que resolvera morar perto da estação do Méier, uma zona meio perigosa à noite. Era lá que ele encontrava Lima para um último gole e o acompanhava até em casa.[66]

No mesmo diário, Lima prometia escrever uma tese sobre escravidão, e parecia apos-

NOME DO ESTABELECIMENTO	ANOS	NÚMERO DE DOENTES ATACADOS DE ALCOOLISMO					
		VINDOS DO ANO PRECEDENTE		ENTRADOS DURANTE O ANO			
				ADMITIDOS PELA PRIMEIRA VEZ		READMITIDOS	
		Sexo masc.	Sexo fem.	Sexo masc.	Sexo fem.	Sexo masc.	Sexo fem.
Colônias de Alienados da Ilha do Governador	1907	71	–	15	–	–	–
	1908	72	–	9	–	1	–
	1909	76	–	48	–	4	–
	1910	94	–	53	–	4	–
Hospital Nacional de Alienados	1907	129	55	272	37	132	15
	1908	243	83	–	–	–	–
	1909	118	68	–	–	–	–
	1910	–	–	–	–	–	–
	1911	98	25	–	–	–	–
	1912	110	26	228	48	135	35

Movimento de doentes atacados de alcoolismo (1907-12)
Fonte: Instituto Brasileiro de Geografia e Estatística.

ARRIMO DE FAMÍLIA: COMO SER FUNCIONÁRIO PÚBLICO NA PRIMEIRA REPÚBLICA | 153

tar em vários outros livros, todos devidamente elencados em suas anotações pessoais. Anotar projetos devia ser uma forma de dar-lhes vida ou ao menos não os esquecer. Pode ser que esse fosse um modo de não abrir mão deles, ou de garantir a si mesmo que um dia se transformaria no que sonhava ser: escritor. Data de 1903, igualmente, um curso de filosofia que Lima elaborara e que incluía, de maneira discriminada, o "estudo das raças", tema que, hoje sabemos, o tocava de perto, e de longe também.[67]

Pode-se avaliar tal tipo de preocupação num esquema para uma peça intitulada *Os negros*, cujo primeiro esboço se encontra entre seus documentos desse mesmo ano. Além do mais, em suas anotações, hoje reunidas no *Diário íntimo*, Lima registrou estar escrevendo um romance que trataria da vida e do trabalho dos escravos numa fazenda. A novela, afirmou ele, seria uma espécie de "*Germinal* negro". Dizia-se influenciado pelo "negrismo", filosofia, movimento político e literário que, sobretudo a partir dos anos 1920 e 1930 — portanto, muito depois do contexto que agora descrevemos —, e contando com a liderança de Cuba, desempenhou papel estratégico na formação de uma rede de estudos e interpretações de afrodescendentes e para afrodescendentes.[68] Não sabemos se Lima tomaria conhecimento desses autores no futuro, ou se teve acesso à história coetânea da ilha caribenha, onde a abolição da escravidão se deu em 1886 e a independência em 1898. O fato é que, quando ele escrevia essas suas notas, Cuba já contava com um diretório central das sociedades da raça de cor, liderado pelo jornalista Juan Gualberto Gómez, em cuja agenda a questão da discriminação era tema central.[69] As teorias do negrismo teriam ganhado força nas Américas, principalmente nas Antilhas, em associação com as vanguardas europeias e latino-americanas e com os movimentos de abolição da escravatura. O negrismo mantinha, também, diálogo com o conceito de "cultura popular", anunciando a possibilidade de diferentes povos e grupos adquirirem voz e dicção próprias.[70]

Mas o negrismo de Lima não perseveraria muito; pelo menos esse. Com diversos projetos para tocar, e nos mais diferentes gêneros, o autor mudou de ideia novamente e se propôs a escrever, segundo consta nas páginas de seu *Diário*, e ainda na década de 1900, o que dizia ser um romance denominado *Marco Aurélio e seus irmãos*. Dele, deixou somente quatro laudas, das quais conhecemos uma frágil estrutura, dividida em alguns capítulos. Marco Aurélio é definido como um modelo de "orgulho, bondade, talento", mas também de "tristeza", por ver tanta gente "sem força, sem coragem, sem ânimo de trabalhar e de lutar, os homens; as mulheres, sem dignidade, sem grandeza, sem força para resistir às seduções, mergulhadas na prostituição".[71]

No romance, o autor iria contar a história de um velho preto, criado de Marco Aurélio havia quinze anos, caracterizado por sua "larga e doce simpatia, que só se encontra nessas almas selvagens dos velhos negros, onde o cativeiro paradoxalmente depositou amor e bondade". A inspiração para o personagem fora, quem sabe, Manuel de Oliveira, que Lima conhecera internado numa das colônias da ilha do Governador. Para o escritor, Manuel simbolizava os "negros libertos" que guardavam tamanha lealdade a seu senhor que jamais criavam suas próprias famílias. Também lembrava o modelo retirado de *A cabana do Pai Tomás*, obra de autoria da norte-americana Harriet Beecher Stowe, que trata do conflito vivido entre escravos e seus proprietários no Sul dos Estados Unidos e que logo se transformou em sucesso mundial. Lançado em 1852, o livro mostra os horrores do sistema escravocrata, e é narrado por uma escritora que conheceu de perto essa realidade e a descreve com indignação. *A cabana do Pai Tomás*, que contribuiu muito para o acirramento do debate sobre a abolição da escravidão naquele país, foi proibido nos estados sulistas, tendo se convertido num dos ícones da luta pela liberdade. A recepção do texto de Stowe foi, porém, até mesmo em sua época, paradoxal. Publicada pela primeira vez em forma de folhetim, a obra difunde uma visão bastante pacífica acerca das atitudes dos escravizados, bem como uma concepção moderada e controlada da batalha encetada pelo fim desse sistema.

Algo semelhante ocorre com o rascunho de *Marco Aurélio*, que apresenta uma versão bastante próxima do modelo presente no livro de Stowe: um tipo de abolicionismo confinado aos "bons valores" e à luta pacífica pela liberdade. Este era o Lima de inícios do século; mas existiam e existirão outros, ainda mais aguerridos. O importante é que o tema "mordeu" o escritor, que andava refletindo muito acerca da sua "origem" e dos problemas sociais que daí advinham.[72]

Outro projeto que o autor começou nesse momento foi o romance *Clara dos Anjos*, cujo texto ele alterou durante toda a vida e que até hoje é considerado inacabado. O primeiro esboço aparece justamente no *Diário* de 1904, em forma de rascunho e com um final muito diferente daquele que conhecemos. Na versão atualmente estabelecida, Clara é uma moça "mulata" que vive nos subúrbios, bem cuidada e protegida por seus pais, que não a deixam afastar-se muito do círculo familiar. Isso até a garota conhecer Cassi — um "modinheiro", mais claro que ela, e com uma pretensa melhor condição econômica —, por quem se apaixona perdidamente. Resultado: ela termina só, desiludida e grávida.

A Clara que aparece no *Diário* de Lima é ainda mais radical. Ela supera a primeira desilusão, reage, têm vários amantes, inclusive um português que lhe dá cinquenta contos e a deixa com uma filha. Diferentemente da protagonista do romance publicado anos mais tarde e que por sua passividade lembra muito Pai Tomás, a Clara do *Diário* continua vivendo livremente: casa-se com um jogador que lhe rouba os cinquenta contos e morre, e ela então se amasia com um pedreiro.

É paradoxal, mas o realismo de Lima está mais aguçado no começo da carreira do que no final, ao menos no que tange às várias versões de *Clara dos Anjos*. Na primeira, a filha de Clara repete a vida da mãe, fugindo de casa com um cabo da polícia: José Portilho. Termina prostituída e morre como indigente na Santa Casa da Misericórdia.

No *Diário* de 1904, o escritor apresenta o seguinte esquema:

Época: 1874 a 1905.
Clara.

Nasceu	1868	Deixada	1892
Morte do pai	1887	Casada	1894
Deflorada	1888 (12 ou 13 de maio)	Viúva	1899
Dá à luz	1889	Amigada de novo	1900

A versão original de *Clara* era mais comprometida com certo "negrismo", com a denúncia das estruturas de opressão, bem como mais esperançosa diante das possibilidades de reação por parte dessas populações. Basta notar a metáfora fácil de a defloração da protagonista acontecer bem no dia 13 de maio de 1888. Lima também se refere nessa versão ao poema de Castro Alves, "Vozes d'África", publicado pela primeira vez em 1868. No poema, é a África que se queixa das desventuras dos seus filhos tirados do solo pátrio para serem escravizados. "Deus! ó Deus!", escreve o poeta, "onde estás que não respondes?"[73]

Esse e alguns outros projetos inacabados de Lima já mostram traços que se converteriam em características evidentes em sua obra futura: a crítica ao bovarismo, uma maneira complexa de lidar com a própria circunstância e projetar a vida e a sorte para outro local. O bovarismo representava uma atitude de evasão do imaginário, que implicava conceber-se sempre como outro, diferente do que se é.[74] Conforme Lima gostava de destacar, essa seria uma idiossincrasia da sociedade brasileira, igualmente presente na vida dos personagens dele. Clara, por exemplo, queria sempre afastar-se da vizinhança. A protagonista julgava-se diferente dos demais por conta de sua educação e cor mais clara, e não se conformava com a vida e o destino a ela reservados nos subúrbios.

Pode ser reconhecida, nessa peculiaridade, uma grande influência na obra de Lima Barreto: a utilização do conceito de bovarismo que fora retirado da teoria de Jules de Gaultier. Gaultier era um filósofo francês declaradamente nietzschiano, jornalista do *Mercure de France*, periódico por meio do qual provavelmente Lima tomou conhecimento de sua existência. Não há como ter certeza, mas sabemos que o escritor encomendou o livro, porque, em sua biblioteca, consta o registro de um exemplar na "estante ɪ". A teoria do francês girava em torno do poder da ilusão e da capacidade humana de se conceber a partir do que *não* se é. Para ele, os homens eram grandes mentirosos e produziam sentidos com base nas ilusões que criavam para si. Segundo o filósofo, essa conduta poderia ser aferida num grupo, mas também numa sociedade e até mesmo numa nação.[75]

O nome "bovarismo" é retirado do nome da personagem do famoso romance *Madame Bovary*, de Gustave Flaubert, obra publicada pela primeira vez no ano de 1857. É possível dizer que Emma Bovary tinha dificuldade em "habitar" sua própria realidade e assim criava sempre outra para viver. O fato é que tanto a protagonista quanto a ideia "pegaram", e no contexto de Lima alcançavam grande sucesso. O romance de Flaubert e sua personagem ficaram, é claro, muito mais conhecidos do que a teoria filosófica de Gaultier, mas Lima leu os dois, ambos fazem parte de sua Limana. No *Diário íntimo*, nos anos de 1904 e 1905, não foram poucas as ocasiões em que o escritor elencou suas reflexões acerca do bovarismo "alheio": "Encontrei o Carneiro, o Mário Tibúrcio Gomes Carneiro, que sofre de 'bovarismo' revolucionário [...]. Derruba governos e concerta países".

É preciso reconhecer que também Lima era (ou ia ficando) um pouco bovarista: na época da Politécnica desdenhava dos alunos e da profissão de engenheiro; vivendo da profissão de amanuense, fazia pouco do funcionalismo público; morador do subúrbio, sentia-se desconfortável quando era confundido com seus colegas de trem. Mas também usava do conceito para questionar a si próprio. Em 26 de janeiro de 1905, Lima assim comenta sua triste situação familiar: "Ontem, quarta-feira, fui à casa do Santos, Antônio Noronha Santos [...] Voltei pra casa, eis senão quando dou com um baile em forma [...] Ora, no estado que meu pai está, com os poucos recursos que temos, positivamente aquilo me aborreceu [...]. Demais, meu pai, aluado, na saleta, e o baile, a roncar [...] A minha vida de família tem sido uma atroz desgraça. Entre eu e ela há tanta dessemelhança, tanta cisão, que eu não sei como adaptar-me. Será o meu 'bovarismo'?".[76]

Dois dias depois, o escritor conta em seu *Diário* ter voltado para casa e haver lido por uma hora "o bovarismo do Gaultier, um curioso livro". No dia 31 de janeiro nova referência ao conceito: "Último dia do mês em que, com certa regularidade, venho tomando notas diárias da minha vida, que a quero grande, nobre, plena de força e de elevação. É um modo do meu 'bovarismo', que, para realizá-lo, sobra-me a crítica e tenho alguma energia...".

Lima era leitor, também, das teorias do determinismo racial e tinha na sua biblioteca "clássicos do gênero" como Gobineau e Buckle. Chegou a afirmar que, depois da obra de Gaultier, a que mais o influenciou foi um presente do médico de seu pai, o dr. Braule Pinto:[77] o livro de Maudsley, *Le Crime et la folie*, numa versão em francês. O doutor era amigo da família, e devia vigorar uma camaradagem entre Lima e ele, já que os Barreto conheciam Braule desde os tempos em que atuava como médico na ilha do Governador. Tanto que numa carta de 22 de agosto de 1907, em que o escritor dá notícias de um ataque sofrido por João Henriques, o tom é dos mais amistosos. Lima inicia a correspondência com o vocativo "Amigo senhor doutor Braule", e segue: "Levo ao seu conhecimento, como amigo e médico que soube sempre ser de meu pai, que ele, ontem, às quatro para as cinco, foi acometido de um ataque, que lhe tirou a voz". Termina a carta com "recomendações a todos, à dona Zizinha, ao José e à Nair", e assina "seu amigo Afonso".[78]

O presente do dr. Braule Pinto parece ter tido especial importância para Lima, que nunca escondeu sua predileção pela obra. Henry Maudsley era um psiquiatra inglês que naquele momento fazia relativo barulho em virtude da sua teoria sobre a associação entre responsabilidade penal e o conceito de sociopatia. Segundo ele, se alguns cidadãos possuíam "responsabilidade moral" e precisavam ser julgados em função dela, já outros não passariam de "imbecis morais".[79] A obra deve ter chamado a atenção de nosso autor não só por conta dos problemas do pai, mas ainda por causa da teoria de hereditariedade nela presente. Em outro livro, *Responsabilidade na doença mental*, Maudsley discute a relação entre psicologia e natureza e o que chamou de "patologia da insanidade". Para ele, a chave da compreensão de tal problema estava justamente na herança biológica, assim como no conceito de degeneração racial. Ou seja, da mistura entre raças distintas o produto surgia "desequilibrado", existindo estigmas fundamentais a ajudar na descoberta dos "problemas de hereditariedade": epilepsia, criminalidade, loucura e também alcoolismo.

É bom lembrar que tanto o médico Nina Rodrigues, em *As raças humanas e a responsabilidade penal no Brasil* (de 1894), como Euclides da Cunha, em *Os sertões*, haviam feito menção a esse pensador, mas para refletir acerca de impasses nacionais (e não individuais).[80] Mais uma vez, não há como afirmar que Lima leu as obras de Euclides da Cunha e de Nina Rodrigues, mas o certo é que ambas tiveram grande influência no período. De toda maneira, o contexto de publicação era o mesmo. Além do mais, o peso — e a carga explicativa — que os livros de Gaultier e de Maudsley exerceram na literatura de Lima é notável. Nessa época, apesar de ter abortado seu projeto de virar "doutor", o que em tese o liberaria das amarras da família, Lima acabou ficando cada vez mais preso a ela. Mesmo assim, reagia a seu pai e irmãos, como se fosse um estrangeiro diante deles. Em seu *Diário*, em janeiro de 1904, desabafa: "Dolorosa vida a minha! Empreguei-me há seis meses e vou exercendo as minhas funções. Minha casa ainda é aquela dolorosa cena pra minh'alma. É um mosaico tétrico de dor e de tolice. Meu pai, ambulante, leva a vida imerso na sua insânia. Meu irmão, C…, furta livros e pequenos objetos para vender. Oh! Meu Deus! Que fatal inclinação desse menino! […] A Prisciliana e filhos, aquilo de sempre. Sem a distinção da cultura nossa, sem o refinamento que já conhecíamos, veio em parte talvez prender o desenvolvimento superior dos meus. Só eu escapo!".[81]

O curioso é que C. era Carlindo, que viria a fazer uma carreira relativamente bem-sucedida na polícia. Mais revelador é o comentário sobre Prisciliana e seus filhos — considerados inferiores pelo escritor, a ponto de este achar que diminuiriam "o desenvolvimento superior" dos irmãos dele. Justo Lima, que combatia preconceitos, deixava transparecer os seus, produzindo hierarquias internas diante de outras famílias afro-brasileiras que não devem ter contado com a mesma formação que receberam os Barreto. A "negra Prisciliana", como o amanuense a chamava com certo desprezo, depois de muitos anos estabeleceu uma relação com um zelador da Colônia Juliano Moreira e se foi, levando consigo os filhos. A despeito disso, aparece de maneira errante nas memórias do escritor, como se ele não pudesse lidar abertamente com esse que foi um episódio bastante duradouro na vida de sua família.[82] Igualmente revelador é o depoimento que deixa no dia 6 de novembro de 1904, quando visita a ilha do Governador com o objetivo de pagar umas dívidas que o pai não tivera tempo de sanar. Volta triste, melancólico. Põe a culpa no vinho — que lhe dava "um vazio n'alma, um travo amargo na boca, um escárnio interior". Acrescenta, ainda, um episódio que deve ter mexido com ele e aumentado o tal "travo". "Na estação, passeava como que me desafiando o C. J. (puto, ladrão e burro) com a esposa ao lado. O idiota tocou-me na tecla sensível, não há negá-lo. Ele dizia com certeza: — Vê, 'seu' negro, você me pode vencer nos concursos, mas nas mulheres, não. Poderás arranjar uma, mesmo branca como a minha, mas não desse talhe aristocrático. Suportei o desafio e mirei-lhe a mulher de alto a baixo e, dentro de alguns anos, espero encontrar-me com ela em alguma casa de alugar cômodos por hora."[83]

Os trechos transbordam detalhes importantes. Em primeiro lugar, fica claro que Lima começara a beber. Moderadamente, mas já tomava mais que só café, como costumava afirmar, ou apenas socialmente. Fica também evidente seu constrangimento, expresso na viagem de trem e no retorno forçado à ilha. Por fim, o episódio do encontro com C. J. demonstra boas doses do bovarismo do próprio Lima. Não poucas vezes ele se referiu à dificuldade que sentia em encontrar uma parceira amorosa. Talvez o motivo fosse seu nível diferenciado de educação; talvez procurasse mulheres um pouco mais brancas que ele — como queria sua Clara ou alegava o viajante inoportuno do trem. Quiçá não fosse nada disso, mas somente Lima reagindo à sua cor e origem. De toda forma, a sensação de deslocamento social ia se agudizando, e as manifestações de preconceito não "passavam" mais sem deixar incômodo. Em outro trecho do *Diário*, no mesmo ano, dizia: "Hoje observei uma mulata que parecia amigada a um português; viajavam no bonde separados".[84] Para onde quer que olhasse, só via exclusão social: mistura, mas com separação.

Em 26 de dezembro, ainda em 1904, conta um episódio que provavelmente mexeu com sua autoestima. Escreve que ia andando pelo corredor do ministério, quando um soldado se dirigiu a ele e perguntou se era "contínuo". O amanuense reagiu de maneira contrariada: "Ora, sendo a terceira vez, a coisa feriu-me um tanto a vaidade, e foi preciso tomar-me de muito sangue-frio para que não desmentisse com azedume. Eles, variada gente simples, insistem em tomar-me como tal [...] Parece-me que [...] a educação embeleza, dá, enfim, outro ar à fisionomia. Por que então essa gente continua a me querer contínuo, por quê? Porque... o que é verdade na raça branca, não é extensivo ao resto; eu, mulato ou negro, como queiram, estou condenado a ser sempre tomado por contínuo. Entretanto, não me agasto, minha vida será sempre cheia desse desgosto e ele far-me-á grande".[85]

Lima parecia cético diante da filosofia que orientara sua família — de que a educação era o verdadeiro fator para a diferenciação social e "embelezamento". Não só a loucura do pai e o abandono da faculdade representavam uma danação; também sua profissão de amanuense o deixava descrente em relação às possibilidades que aquele novo Brasil oferecia. Ele não passaria de um "contínuo da República". E conclui a reflexão: "Quando me julgo — nada valho; quando me comparo, sou grande. Enorme consolo".[86] Em outro trecho, sentenciaria de maneira sintética: "É triste não ser branco".[87]

O certo é que Lima cobrava um preço alto de si. Tornava-se cada vez mais ressentido, demandava reconhecimento de seu valor no trabalho, em casa, junto dos amigos. O outro lado dessa história é a constatação da discriminação, que produz nele a sensação do bovarismo que Lima tanto estuda: de estar em outro lugar, de *querer* estar em outro lugar, de ser jogado para outro lugar. Clara e Lima padeciam do mesmo mal, na teoria e na prática.

Revolta da Vacina. Todos contra a República

Não seria justo e muito menos correto dar a Lima só o lugar da vítima; que ele sem dúvida era também. Isto é, se fora obrigado a largar os estudos para cuidar do pai doente e se virara arrimo de família no início da mocidade, Lima não se acomodava na posição de "vencido". Ao contrário, ia batalhando para se inserir no jornalismo e atuava como freelancer aqui e ali. Ao mesmo tempo, formava e fortalecia a rede de amigos que conhecera na Politécnica, nas associações, ou nos periódicos em que colaborou. Ia lapidando, igualmente, uma postura que desenvolveria durante toda a vida e com consistência: a "do contra".

Com esse objetivo, Lima selecionava uma série de alvos, entre eles a República e Rui Barbosa. O amanuense o definia, antes de mais nada, como o algoz de seu pai, por ter sido

Licença médica requerida e conquistada por Lima Barreto já em 1905. Essa viraria uma prática do amanuense: ausentar-se do trabalho por conta dos problemas de saúde.

aquele que assinou o seu documento da demissão e que fez dele um dos primeiros desempregados da República. Rui representava para o escritor, também, o exemplo maior da hipocrisia inscrita na retórica da República. Lima descrevia-o como o suprassumo do patriotismo falacioso, o maior representante do tom hiperbólico e declamatório das elites republicanas, o bacharelismo, o oportunismo político e o símbolo da intelectualidade a serviço do Estado. "Rui, o letrado beneditino das coisas de gramática, artificiosamente artista e estilista, aconselha pelos jornais condutas ao governo [...] Até onde leva a retórica; e depois..."[88] Contra o agora senador pela Bahia, Lima comentava no dia 14 de janeiro de 1905: "Ontem passei o dia em casa. Um dia bom. Folheei os meus livros, cortei os artigos dos jornais franceses e preguei-os de encontro à lídima prosa de Rui Barbosa. É um perfeito retórico esse tal Rui, glória do Brasil e honra da América do Sul [...] Como a retórica exigia, lá vai pura, azulada e radiante".[89]

É certo que esse era o Rui Barbosa que Lima criou. Mas combinava com a melancolia em que o escritor se encontrava. E dá-lhe desconsolo protegido pelo sigilo de seu *Diário*: "É notório que aos governos da República do Brasil faltam duas qualidades essenciais a governos: majestade e dignidade".[90] A bronca com Rui também vira pretexto para, no mesmo trecho, Lima desancar o papel do Estado e da República diante do episódio que ficou conhecido como a Revolta da Vacina. "Eis a narrativa do que se fez no sítio de 1904. A polícia arrepanhava a torto e a direito pessoas que encontrava na rua. Recolhia-as às delegacias, depois juntava na Polícia Central. Aí, violentamente, humilhantemente, arrebatava-lhes os cós das calças e as empurrava num grande pátio. Juntadas que fossem algumas dezenas, remetia-as à ilha das Cobras, onde eram surradas desapiedadamente. Eis o que foi o Terror do Alves; o do Floriano foi vermelho; o do Prudente, branco, e o do Alves, incolor, ou antes, de tronco e bacalhau."

Lima acusava a política da República, que, diante da revolta popular eclodida no Rio de Janeiro em 10 de novembro de 1904, a qual durou seis dias, só soube responder com "tronco" e "bacalhau", numa referência aos antigos instrumentos de tortura e humilhação de escravizados. Formada principalmente pela população pobre do centro e arredores da capital, a revolta reagia à vacinação obrigatória contra a varíola; operação liderada pelo médico e sanitarista Oswaldo Cruz.[91] A manifestação era resultado, sobretudo, da falta de comunicação do Estado e da pouca sensibilidade dos seus agentes, que entravam nas casas aplicando injeções sem antes explicar à população os objetivos de tal medida. A incompreensão de parte a parte gerou uma verdadeira explosão social, com direito a quebra de meios de transporte, depredação de edifícios e ataque a agentes higienistas. O governo agiu com violência: decretou estado de sítio, suspendeu direitos constitucionais, prendeu e deportou para o atual estado do Acre os líderes do movimento. A revolta foi finalmente controlada, mas o saldo restou ambivalente: de um lado, a doença foi erradicada na cidade com um êxito extraordinário; de outro, chegou a trinta o número de mortos durante a rebelião e a 110 os registros de feridos.

Aí estava mais uma vez a "vertigem" descrita por Euclides da Cunha; o descompasso entre as diferentes partes do país. Não há dúvidas de que era necessário priorizar a saúde da população; mas a desinformação pagava um preço alto demais. O problema era agudo. Desde o fim do século xix viajantes, jornalistas, literatos, médicos e cientistas sociais andavam atentos à grande incidência de moléstias tropicais e às enfermidades, que, segundo eles, haviam sido geradas pela entrada de escravos africanos e imigrantes nas cidades.[92] Isso jamais foi comprovado, contudo os dados oficiais revelavam que era crescente a taxa de óbitos acarretada por doenças de perfil epidêmico.

	MOLÉSTIAS GERAIS																		
	TRANSMISSÍVEIS																		
ANOS	FEBRE TIFOIDE	FEBRE E CAQUEXIA PALUSTRES	VARÍOLA	SARAMPO	ESCARLATINA	COQUELUCHE	DIFTERIA E CRUPE	GRIPE	CÓLERA ASIÁTICO	DISENTERIA	PESTE	FEBRE AMARELA	LEPRA	BERIBÉRI	TUBERCULOSE	SÍFILIS	OUTRAS	CÂNCER e outros tumores malignos	OUTRAS
1908	59	564	9046	149	6	70	52	597	–	81	54	4	22	33	3616	104	47	313	322
1909	54	525	355	57	2	78	34	609	–	60	15	–	14	32	3346	130	43	306	349
1910	42	448	1	312	–	115	39	684	–	62	18	–	12	25	3640	138	36	334	568
1911	47	378	8	144	–	198	43	824	–	222	22	2	29	12	3566	149	45	328	618
1912	54	392	12	365	–	151	57	756	–	214	8	3	26	14	3746	171	67	318	638

Óbitos, por moléstias, registrados no Distrito Federal (1908-12)
Fonte: Instituto Brasileiro de Geografia e Estatística.

O município do Rio de Janeiro, então Distrito Federal, em 1904 contava com uma população de 771 276 habitantes. Em 1906, de acordo com o recenseamento realizado em 20 de setembro, o número de habitantes passou a 811 443, sendo 625 756 domiciliados na zona urbana e 185 687 na suburbana. A doença que mais matava na cidade era a varíola, causa de 9046 óbitos em 1908, seguida pela tuberculose (3616 óbitos) e pelas moléstias do aparelho digestivo (3309 óbitos).

Já o caso da febre amarela era bastante singular. Data de 1850 sua entrada no Rio de Janeiro. A propagação foi favorecida pelo aumento da população e pela chegada em larga escala de navios negreiros, no ano de extinção do tráfico de escravos para o Brasil. Além disso, as péssimas condições de higiene, os inúmeros pântanos da cidade e o lixo acumulado contribuíram para a multiplicação dos mosquitos transmissores da doença. Em 1852, a febre amarela fez 1943 vítimas no Rio. Entre 1861 e 1864, sem registros de epidemias muito graves, ela quase desapareceu, retornando no final de 1869, e em todo o ano de 1870, quando atingiu centenas de pessoas. Até o fim do século a tendência prosseguiu, sem mudanças estruturais visíveis.

O cenário foi alterado quando Oswaldo Cruz montou um plano de combate, criando o Serviço de Profilaxia da Febre Amarela, em abril de 1903. Segundo Benchimol, a cidade foi repartida em dez distritos. A seção encarregada dos mapas e das estatísticas epidemiológicas fornecia coordenadas às brigadas de mata-mosquitos, que percorriam as ruas neutralizando depósitos de água com larvas do *Aedes aegypti*. Outra seção expurgava com enxofre e píretro [uma flor que serve como inseticida e repelente natural] as casas, depois de cobri-las com imensos panos de algodão, para matar o mosquito. Os doentes mais abastados eram isolados em suas próprias residências e os pobres iam para os hospitais públicos. As pessoas vitimadas pela peste e outras doenças contagiosas eram conduzidas, com seus pertences, para um dos desinfectórios da cidade e, em seguida, isoladas.[93] O problema era, porém, outro, e foi corretamente apontado por Lima: a falta de vontade política da República de esclarecer a população, sobretudo aquela menos abonada, acerca dos riscos das doenças e dos procedimentos necessários para contê-las. Assim, em vez da educação, a saída era a força, que gerou grande reação popular.

Lima, por sua vez, começaria a manifestar, nas páginas de seu *Diário*, aquela espécie de "mania persecutória" que o acompanharia até o final da vida. Depois de alguns meses sem escrever nenhuma ficção ou ensaio, anotou: "Este caderno esteve prudentemente escondido trinta dias. Não fui ameaçado, mas temo sobremodo os governos do Brasil. Trinta dias depois, o sítio é a mesma coisa [...] Um progresso! Até aqui se fazia isso sem ser preciso estado de sítio [...]. Durante quatrocentos anos não se fez outra coisa pelo Brasil. Creio que se modificará o nome: estado de sítio passará a ser estado de fazenda. De sítio para fazenda, há sempre um aumento, pelo menos no número de escravos".[94]

A escravidão teria acabado oficialmente, mas a violência continuava a existir. Esse é o Lima que não se conforma com a situação vigente e denuncia os maus-tratos aos mais humildes. Quem sabe, mais que tão só uma "testemunha", no sentido daquele que passivamente anota seu contexto, o escritor não foi virando um dos "artífices" da imagem que hoje se colou à Primeira República: a de uma "República Velha". Talvez ele andasse ressentido demais para poder reconhecer avanços institucionais e políticos do seu período. Ao contrário, passava a desconfiar das certezas que haviam alimentado o projeto de vida de sua família — a qual sempre se valera da educação como forma de integração. Ainda em seu *Diário*, Lima anotou: "A capacidade mental dos negros é discutida *a priori* e a dos brancos, *a posteriori*. [...] A ciência é um preconceito grego; é ideologia; não passa de uma forma acumulada de instinto de uma raça, de um povo e mesmo de um homem".[95]

6.
Central do Brasil: uma linha simbólica que separa e une subúrbios e centro[1]

O arruamento do subúrbio é delirante. Uma rua começa larga, ampla, reta; vamos-lhe seguindo o alinhamento, satisfeitos, a imaginar os grandes palácios que a bordarão daqui a anos; de repente, estrangula-se, bifurca-se...
— Lima Barreto, *Vida e morte de M. J. Gonzaga de Sá*

A tarde se aproximava e as toilettes domingueiras já apareciam nas janelas. Pretos com roupas claras e grandes charutos; grupos de caixeiros com flores estardalhantes; meninas em cassas bem engomadas; cartolas antediluvianas ao lado de vestidos pesados de cetim negro, envergados em corpos fartos de matronas sedentárias; e o domingo aparecia assim decorado com a simplicidade dos humildes, com a riqueza dos pobres e a ostentação dos tolos.
— Lima Barreto, *Triste fim de Policarpo Quaresma*

Estação Dom Pedro II, que passaria a se chamar Estação Central ainda em 1889, logo depois da Proclamação da República, c. 1899.

Da minha janela vejo o mundo passar, ou "Só tem calo quem quer"

No domínio do pensamento, as paradas de sentimento são extraordinariamente fecundas. Em geral, ao iniciar, o temperamento literário é delicado, é fraco, é semifeminino."[2] Essa reflexão ficou registrada no *Diário* de Lima Barreto, mas sem dia ou ano a comprovar seu contexto. Interessante notar, porém, que o escritor define a literatura por meio do gênero: feminino! Com certeza, uma visão um tanto conservadora da mulher, a despeito de coadunada com os modelos de época. Clara dos Anjos, um dos vários alter egos de Lima, o único sob a forma de mulher, é igualmente, a exemplo de Emma Bovary, delicada e feminina — e, da mesma maneira que a personagem de Flaubert, quer sair, a qualquer custo, do local em que vive. No seu caso, os subúrbios cariocas, onde nasceu, cresceu, estudou, virou menina e moça.

Há muitos personagens na obra de Lima que emprestam o nome para expressar vicissitudes de seu criador, bem como acompanham etapas diferentes de sua biografia. Mas apenas Clara foi parceira da vida toda. Tanto que, até no ano da morte prematura dele, 1922, Lima dizia estar reescrevendo esse romance. Assim, se não é possível vincular a protagonista a um momento específico da obra do escritor, é fácil localizá-la num contexto geográfico particular: os subúrbios cariocas, com toda a carga simbólica que eles têm na história do autor.

Não foram poucas as vezes em que, nos diários, crônicas e novelas, Lima referiu-se aos subúrbios e à linha da Estrada de Ferro Central do Brasil. A "cidade", que é a maneira como os suburbanos chamam até hoje a região central da capital do Rio de Janeiro, era sem dúvida sua boa companheira. Lá ele trabalhava como amanuense, compartilhava de farras com sua turma, encontrava os colegas de vida literária, divertia-se nos teatros, nos cafés, nos bares e nas redações de jornal.[3] Era ainda no centro que perambulava e colhia material para suas crônicas, andava como *flâneur*, ou simplesmente seguia o ritmo acelerado da urbe. Se é certo que naquele momento todos caminhavam pelas vias do Rio, já Lima aproveitava para, além disso, fazer um itinerário paralelo, que incluía redações, editoras, bares e botequins. Era um andarilho no meio dos demais andarilhos da cidade; era também um *flâneur* boêmio da capital.

No entanto, se Lima ia virando um personagem da cidade, era durante o trajeto percorrido todos os dias — da rua Boa Vista, no subúrbio de Todos os Santos, até a Secretaria da Guerra, que ficava na praça da República, e vice-versa — que o escritor encontrava tempo para observar os passageiros, a arquitetura dos vários bairros e estações de trem, os tipos, os vizinhos, a "aristocracia suburbana", os funcionários públicos como ele, os estudantes, os "humilhados", os operários, as senhoras, as moças.

Mais que um percurso rotineiro, a linha da Central do Brasil virava, ela própria, personagem nos escritos de Lima. Ora como tema principal, ora como operação retórica de ambientação para a trama. O trajeto do trem era pretexto, ademais, para assinalar diferenças sociais que delimitavam classe, raça, gênero e região, singularidades que ficavam ainda mais claras quando comparadas com as da população do centro do Rio. Por fim, esse trajeto permitia caracterizar intimidade, mas também, e em certas circunstâncias, uma imensa estranheza. No trem, o escritor registrava faces, cores, expressões, costumes, personagens, recuperava os diálogos que ouvia, anotava opiniões e descrevia a paisagem observada da janela. O certo é que, no conjunto de sua obra, ele foi elaborando uma espécie de geografia íntima e pessoal da região.

A literatura de Lima pode ser considerada, portanto — e sobretudo a partir de 1903, quando ele aceita o emprego de amanuense e vai residir nos subúrbios —, como uma "obra em trânsito", literalmente, com seu autor anotando as diferentes paisagens conforme ia e voltava do trabalho. Mas essa era também uma "literatura em trânsito", pois não devolvia imagens chapadas; elas se mantinham sempre em movimento no sentido de que contemplavam muitas ambivalências e alterações no curso da viagem. Além do mais, os territórios que o escritor anotava eram curvilíneos, e as fronteiras frágeis, visto que uniam mas separavam também o centro dos subúrbios. Em alguns escritos, sua vizinhança representa a pureza ainda não conspurcada pela civilização artificial da cidade do Rio; em outros, os subúrbios não passam de lugares com hábitos atrasados, pouco preparados para uma nova modernidade urbana. E a mesma ambivalência é demonstrada nos textos sobre a cidade; tida por Lima como um local de práticas estrangeiradas e importadas, é ao mesmo tempo o espaço para seu projeto de sucesso na literatura e de melancolia em relação ao funcionalismo público.

A linha do trem é, assim, um traçado geográfico, simbólico e identitário que demarca projetos de inclusão e de exclusão social. A oposição entre o subúrbio e o centro do Rio de Janeiro — tendo a Estrada de Ferro Central do Brasil como trajeto, ponte, fronteira e limite — é, pois, tema recorrente na literatura de Lima Barreto. De um lado, trata-se de uma retórica do subúrbio, uma vez que o escritor faz questão de nomear o lugar onde mora, no sentido de utilizá-lo como uma referência particular da sua literatura.[4] De outro, muitas vezes o narrador usa uma terceira pessoa, magnânima, como se não fizesse parte daquele local. "Nos subúrbios, há disso", escreve ele em *Clara dos Anjos*.[5]

Dom Casmurro, famoso personagem de Machado de Assis, já declarara no ano de 1899, quando o livro homônimo fora lançado, que, sentindo o peso dos anos, viúvo e sem seu único filho, pretendia escrever algo novo e útil para as gerações que iam surgindo: "uma *História dos subúrbios*". O projeto daria muito trabalho e acabaria engavetado por Casmurro. Mas o mais importante é o que o plano antecipa: um processo de reconfiguração urbana do Rio de Janeiro que a trama de Casmurro bem simboliza.[6] Com efeito, no período de 1890 a 1906 houve um aumento populacional considerável nas freguesias suburbanas mais próximas ao centro, com destaque para os casos do Engenho Novo (cuja população residente cresceu 126%, indo de 27873 habitantes em 1890 para 62898 em 1906) e de Inhaúma (com crescimento de 293%, devido ao aumento da população residente para 68557 habitantes em 1906 contra 17448 de 1890). A população da Zona Norte da cidade aumentava em decorrência do deslocamento exigido pelas obras de modernização da região central, assim como crescia a ocupação da Zona Sul como consequência da melhoria dos bondes, que passaram a ser movidos a eletricidade.[7] O agigantamento das regiões vizinhas ao centro era evidente até para as testemunhas do tempo, e o mesmo se dava com os planos de reforma urbana, que agora deveriam englobar os subúrbios, e não apenas "invadi-los" com a população que fora expulsa da "cidade". Se Casmurro se declarava um mero observador; já os personagens de Lima guardavam uma postura, digamos assim, mais "contaminada". Talvez por isso, boa parcela de suas novelas e protagonistas mais comoventes devam muito a essas vizinhanças; eram uma espécie de ser e não ser.

O conceito *suburbium* tem origem latina, e chegou a aparecer nos círculos cultos do Renascimento. No entanto, foi sobretudo durante a reforma urbana de Paris, empreendida por Napoleão III, que o vocábulo se tornou mais usual, designando as regiões não abarcadas pelo centro mas a ele adjacentes. Em tal contexto, passou a relacionar-se a um grupo social que conquistava o espaço urbano, em termos de consumo, ostentação e lazer. Balzac, autor de predileção de Lima, dedicou-se a escrever crônicas sobre os novos habitantes dos subúrbios, desfazendo, em *A comédia humana*, de seus valores argentários, suas formas de exibição e manias de poder. Na história inglesa, a palavra ficaria vinculada aos bosques ajardinados a oeste de Londres, que na Revolução Industrial começaram a ser ocupados por aqueles que desejavam viver longe da poluição mas ter fácil acesso à região central. Com a chegada da estrada de ferro e o incremento das atividades urbanas, foram sendo dotadas de infraestrutura novas áreas com paisagens verdes, distantes da movimentação e dos ruídos das metrópoles. Esse era pelo menos o sentido europeu e norte-americano do conceito de subúrbio.

O escritor argentino Jorge Luis Borges também destacou os subúrbios de Buenos Aires como um espaço imaginário que se contrapunha à cidade moderna.[8] O mesmo faria Walter Benjamin, que definiu esses locais como "o estado de sítio das cidades, o espaço de batalha onde se deflagra o combate decisivo entre a cidade e o campo, o moderno e a tradição".[9] Por sua vez, o historiador brasileiro Nicolau Sevcenko reiterou que, se a urbe representava a vida agitada, o subúrbio carregava a sofisticação e o afastamento necessário dessa desordem. "A cidade era a senzala, o subúrbio, a casa-grande."[10]

E essa seria a história dos subúrbios cariocas no final do século XIX e início do XX. Nesse momento, diversos serviços que visavam à melhoria da malha urbana redefiniriam seus espaços sociais. Além do mais, com o advento do regime republicano, um acelerado processo de substituição de elites pôde ser verificado. Esta foi a nossa "comédia humana": dentre as várias modificações que a nova situação financeira preparava — como o Encilhamento, a Caixa de Conversão, a Política dos Governadores —,[11] a atividade mais rentável passou a ser a especulação financeira, e, acima de tudo, a imobiliária.

Como vimos, Machado de Assis publicou *Dom Casmurro* em 1899, durante o governo de Campos Salles, que assentou as estruturas política, econômica e financeira da Primeira República. Não por acaso, Bentinho, personagem que dá nome ao romance, já mais velho e desiludido, evoca a inspiração de figuras de César, Augusto e Nero, ditadores militares que se beneficiaram do colapso da República romana e estabeleceram o Império. Esse momento representou o fim das prodigiosas riquezas cartaginesas, as quais levaram consigo as últimas virtudes e instituições republicanas. Bentinho parece acompanhar a própria reconfiguração do espaço urbano. Aliás, suas sucessivas mudanças de residência seguem a rota de expansão dos novos subúrbios refinados. Nesse sentido, *História dos subúrbios* teria sido um notável livro da lavra de Dom Casmurro. Sabemos que Machado não deve muito à alegoria histórica, mas, no caso específico, ele usava o termo para consolidar uma espécie de "topografia do arrabalde", sempre indecisa entre as primeiras casas da área urbana e as derradeiras construções da zona rural, entre as qualidades de uma cultura que ia se perdendo e o lado corrosivo, inacabado e trágico da ruína que se construía, tudo ao mesmo tempo.[12]

E, se Machado sugeriu, pode-se dizer que foi a literatura de Lima que insistiu em incluir os subúrbios na geografia imaginária da cidade ampliada. Eram muitos os seus subúrbios. Por vezes eles apareciam como locais de bastante penúria; por vezes, como espaços para uma classe média baixa mais estável ou até para uma elite que queria morar perto do centro sem sofrer com a movimentação do dia a dia. Também variavam na paisagem humana e em estrutura. Se existiam algumas estações mais pobres e desprovidas de grandes equipamentos, havia outras habitadas por funcionários públicos como Lima, os quais buscavam ar saudável e preços de aluguel mais módicos. Literatura nem sempre é boa etnografia ou documento aferível — no sentido de ser fiel ao contexto que procura descrever. Na verdade, ela muitas vezes trapaceia com a realidade que diz retratar; faz da memória subterfúgio e pretexto. No caso do escritor, os subúrbios eram quase que uma estratégia discursiva; uma maneira de construir um projeto literário alternativo a partir de um ambiente que ele dominava e experimentava. Aquele dos trabalhadores da Central, dos metidos a grã-finos, da gente endomingada e de costumes simples. Não por coincidência, os melhores personagens e histórias de Lima serão ambientados nesses subúrbios, que se transformam no seu melhor cenário e definição.

A Central do Brasil: o grau zero

Com a reforma urbana, a região central passou a representar "o grau zero" da capital, enquanto novas classificações foram sendo criadas com o objetivo de definir os espaços mais afastados mas ainda assim integrados à cidade. "Arrabaldes" eram as regiões que se localizavam para lá do centro; "subúrbios", as que se situavam fora da cidade. Clássicos arrabaldes ficavam no início da Zona Sul, como Glória, Flamengo, Botafogo; e, na Zona Norte, Catumbi, Rio Comprido e Tijuca. Já os subúrbios começavam no Méier, conhecido também, por conta de sua infraestrutura, como a "capital dos subúrbios".

Havia bolsões de miséria em todos esses bairros, assim como áreas mais ricas se mesclavam a regiões onde habitavam trabalhadores sem recursos. No entanto, no imaginário social foi se construindo a noção de que a provisoriedade estava mais concentrada nos subúrbios do que no centro do Rio; o que era e não era verdade.

Francisco Pereira Passos, que atuou como prefeito no Rio de Janeiro entre os anos de 1903 e 1906, foi o principal executor de um plano urbanístico de grandes dimensões que acabaria por mudar a paisagem da capital do país e de seu entorno. Se certas elites se transferiram para os arredores próximos do centro, os subúrbios foram sendo aos poucos dominados por um contingente formado de pobres, e sobretudo afro-brasileiros

— alguns deles saídos havia pouco do sistema escravista —, trabalhadores nacionais e imigrantes, funcionários públicos de médio e baixo escalão. O crescimento das favelas também fez parte da expansão dos subúrbios cariocas. Já no final do século xix, registros mostram a presença dessas habitações não só na área central do Rio — os morros da Favela e de Santo Antônio —, como nas faixas suburbanas.[13]

No Rio de Janeiro das últimas décadas do xix, o termo "subúrbio" — muitas vezes usado no plural, por conta dessa grande diversidade — passou a denominar e classificar áreas fora do centro, de um modo geral, descrevendo a região residencial e industrial constituída entre a serra do Engenho Novo, o morro do Telégrafo (na Mangueira) e o morro do Retiro (em Realengo). Formando um território longilíneo, os subúrbios acompanhariam a linha férrea da Central, que corria do centro em direção ao interior. Aliás, esse é o motivo que explica o desenho deles: em vez de se assemelharem a outras periferias urbanas, que normalmente se espalhavam contornando os núcleos centrais das grandes cidades, os subúrbios cariocas distribuíram-se numa faixa estreita e contínua, que seguia para o lado oeste da cidade, recebendo designações sucessivas.

Paralelamente, foi se instituindo uma clara hierarquia interna, na qual alguns bairros eram considerados menos providos de infraestrutura — como Cascadura — e outros definidos localmente como mais chiques e elegantes. Esse foi o caso de Boca do Mato — conhecido em virtude de seu clima serrano como Suíça Suburbana ou Europa dos Pobres —, Jacarepaguá, Tijuca e, em certo sentido, do amplo distrito do Méier. Os bairros menos equipados eram, não por acaso, os mais distantes do centro e aqueles ocupados basicamente por uma população pobre e imigrante, que sai do Rio com a Reforma Passos e com o fim da escravidão. Já as vizinhanças mais "aristocráticas" — segundo os termos da época — foram habitadas pelas elites que optaram por viver mais afastadas da "cidade grande" — em chácaras e propriedades ajardinadas — e por um vasto funcionalismo público, resultado da grande oferta de empregos administrativos providos pela capital do país.

No início da década de 1890, implementou-se para a divisão administrativa da cidade, antes feita em "freguesias", a categoria de "distritos". Estes, por sua vez, eram subdivididos em "urbanos" e "suburbanos". No caso, os termos distinguiam locais, mas também expressavam a crescente urbanização e expansão espacial do Rio, além de corresponderem a uma separação entre as regiões consideradas mais urbanas e aquelas predominantemente rurais.[14]

No recenseamento de 1906, a população do Rio de Janeiro foi dividida entre moradores da "Cidade" (628041) e dos "Subúrbios" (183402). Já as pesquisas realizadas entre 1906 e 1920 mostram o crescimento do número de habitantes do distrito do Méier, que passou de 34476 para 57252, variando de 4,25% para 4,94% em relação à população total da cidade.[15] Esse distrito espelha o perfil "socioeconômico" dominante na região, ao menos nos bairros mais próximos do centro. Na composição populacional, dividida a partir dos ramos profissionais especificados pelo censo, chama atenção, ainda, a grande quantidade de funcionários públicos que ali viviam. No ano de 1906, por exemplo, quando Lima morava por lá, o Méier já era a região com o maior número absoluto de servidores do Estado.

Boa parte dos moradores desses bairros era empregada em diversos ramos das ativi-

A estação do Méier, bairro considerado mais aristocratizado, na linguagem interna dos subúrbios, c. 1923.

dades industriais. O deslocamento para as fábricas — situadas em geral na região de São Cristóvão, na zona portuária do centro e na Mangueira — era normalmente feito por trens, enquanto se utilizavam os transportes da Companhia Ferro-Carril[16] apenas para percorrer espaços mais curtos, e entre os bairros. Além dos funcionários públicos e dos operários, no registro da população local é relativamente elevado o número de trabalhadores que atuavam no comércio. Tal crescimento, aliás, já começava a fazer do bairro do Méier o grande centro comercial dos subúrbios.

O mesmo recenseamento de 1906 mostra as profissões e as nacionalidades registradas no distrito municipal do Méier. Aí também, a população era composta principalmente de trabalhadores industriais e comerciantes, e de um grande número de funcionários públicos.[17] Quanto ao nível de instrução dos moradores de cada distrito, o censo revelou que a população do Méier (55,4% de alfabetizados para 41,1% de analfabetos) guardava proporções próximas da média geral do Distrito Federal — 51,4% alfabetizados —, ainda que ambas fossem bastante discrepantes da média nacional, que atingia o impressionante índice de 74,6% iletrados, em 1916.[18] Esses dados destacam o argumento que perseguimos aqui: a composição profissional dos moradores dos subúrbios, ao menos aqueles localizados mais perto do centro, era muito elevada para os padrões nacionais. O fator que a explica é a existência razoavelmente expressiva de profissionais liberais e comerciantes, e, acima de tudo, a grande concentração de funcionários públicos.

Quanto à nacionalidade dos moradores do Méier, que representa bem o perfil populacional da região toda, o censo de 1906 dividia-os em:

NACIONALIDADE	HOMENS	MULHERES	TOTAL
Brasileiros	15 885	13 744	29 629
Portugueses	2 660	783	3 443
Italianos	262	117	379
Espanhóis	180	95	275
Turcos/Árabes	46	19	65
Alemães	28	30	58

Fonte: Recenseamento de 1906.

Tratava-se, pois, de um local habitado basicamente por uma população de origem brasileira, marcado por uma classe média baixa que ocupava os fartos cargos do funcionalismo público oferecidos àqueles que residissem no centro carioca ou em suas cercanias. Por sinal, o número de indústrias instaladas no distrito do Méier em 1906 não era grande: dezoito em 1906 e 39 em 1920. Enfim, os subúrbios mais próximos do centro, como aquele de Todos os Santos em que Lima morava, não eram exatamente "operários", mas conformavam vizinhanças povoadas pelo volumoso exército de profissionais, como ele, e outrora seu pai, a serviço do Estado.

Uma linha real e imaginária: a Estrada de Ferro Central do Brasil (EFCB)[19]

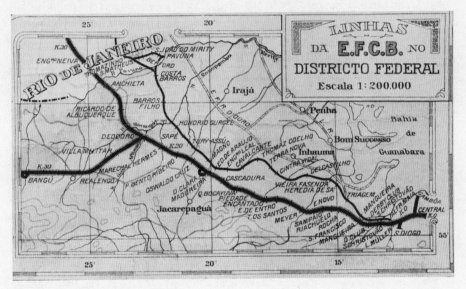

Estrada de Ferro Central do Brasil, 1919.

Em muitos de seus textos Lima esmera-se em mostrar de que maneira as várias estações de trem davam ensejo à constituição de identidades próprias a cada subúrbio. Partilhadas pelos vizinhos tal qual limites físicos estritos, elas carregavam características particulares que acabavam marcando todo o bairro, como a existência ou não de tetos nas plataformas, a parada mais ou menos longa, o fato de o bairro ser cortado pela linha do trem ou possuir passarelas mais seguras. Mas a importância de cada estação era conferida sobretudo por sua disposição em relação ao marco zero — que definia a capital do país.

Essa lógica é também dada pela história das estações de trem. Quando da inauguração da Estrada de Ferro Dom Pedro II, em 29 de março de 1858, os subúrbios contavam com as estações de Engenho Novo, Cascadura, Maxambomba (Nova Iguaçu) e Queimados. No ano seguinte, a linha seria ampliada com a inauguração de São Cristóvão, Sapopemba (Deodoro) e Belém (Japeri), esta última aberta já em 8 de novembro de 1858. De modo geral, as estações do subúrbio são fenômenos que datam das últimas décadas do século XIX e de início do XX, seguindo o adensamento da população e a constituição dos bairros no lugar de antigas fazendas, sítios e terrenos privados. Por isso mesmo, eram muitas e próximas umas das outras. Para chegar a Engenho de Dentro — perto do bairro em que Lima vivia, Todos os Santos —, era necessário percorrer onze paradas, cumprindo os primeiros 11,4 quilômetros da linha. Se não havia grandes distâncias entre as estações, os moradores tratavam de criá-las, simbolicamente até, a partir de traços, muitas vezes, apenas reconhecidos pelos próprios usuários.[20]

Foi no ano de 1861 que a Estrada de Ferro Dom Pedro II passou a contar com um serviço regular de passageiros para os subúrbios do Rio, ao longo da chamada Linha do Centro e do Ramal de Mangaratiba. As estações dos subúrbios eram servidas por dois tipos de trem: os de "pequeno percurso" (que ultrapassavam sua zona e chegavam a estações mais distantes) e os "trens de subúrbio". Enquanto os primeiros baldeavam apenas em Cascadura e Engenho de Dentro, os últimos paravam em todas as estações, ampliando bastante o tempo de viagem.

Assim, a lógica do trem distinguia lugares e diferenciava os subúrbios "melhores" dos "piores". Os "melhores" eram onde os trens "diretos" faziam pausa obrigatória. Os "piores", aqueles em que os trens "de subúrbio" se detinham por pouco tempo para que os passageiros, que não costumavam ser muitos, entrassem e saíssem rapidamente. Por exemplo, em 1910 os trens de subúrbio chegavam a levar quarenta minutos entre a Central e Cascadura, enquanto os "diretos" gastavam cerca de vinte.

Existiam outras diferenças nos tipos de acomodação, as quais criavam novas distinções sociais. Até o final do XIX, os carros de passageiros eram divididos em três classes, sendo utilizada, posteriormente, apenas a divisão entre a primeira e a segunda classe. Em 1907, o custo da passagem de trem para o percurso entre a Central e Deodoro ou Dona Clara (estação conexa a Madureira) era bastante diferenciado: nos trens de "pequeno percurso" pagavam-se $500 réis na primeira classe e $300 na segunda. Nos "trens de subúrbio", a primeira classe custava $300 réis e a segunda somente $200. Assim, a maior parte dos trabalhadores optava por circular nos "trens de subúrbio", cuja segunda classe ganhou o nome de "trem dos operários". A composição social dos passageiros também explica o fato de o movimento ser bem maior nos horários da madrugada. Por volta de 1910, entre 4h51 e 5h11 partiam quatro trens de Cascadura para a Central, em intervalos de menos de dez minutos. O inverso acontecia no fim da tarde, quando dez trens saíam da Central entre 17h e 18h.

O trem da madrugada era tomado por um universo sobretudo masculino. Como se vê na foto do vagão de segunda classe, eram quase todos homens os que se dirigiam ao centro, destino final e começo da jornada de trabalho. Chama atenção ainda a cor de boa parte dos passageiros, que é também muito reveladora da sua condição social.

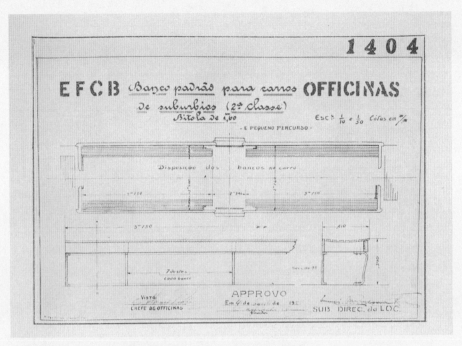
Modelos de bancos para os trens suburbanos da segunda classe, 1925.

Trem de subúrbio, vagão de segunda classe.

A divisão entre os passageiros usuais da primeira classe e os da segunda compunha quase uma linguagem local. E, também nesse quesito, Lima aproximava-se e distinguia-se daqueles que tomavam o trem mais barato. "Antes", escrevia ele, só pegava os vagões "de primeira"; "depois", por prazer e opção, teria resolvido aderir aos "de segunda". Nas palavras do amanuense, que nessas horas sempre dava um jeito de estabelecer uma distância entre si e os demais usuários: "Habitualmente não viajo em segunda classe; mas tenho viajado, não só, às vezes, por necessidade, como também, em certas outras, por puro prazer. Viajo quase sempre de primeira classe e isso, desde muito tempo".[21]

O escritor parece justificar tal escolha com a "etnografia" que realizava nos vagões, a qual ia se transformando numa espécie de laboratório para a sua literatura. E não devia faltar material, uma vez que o número de passageiros crescia. Os quadros abaixo ajudam a comprovar essa elevação, do fim do século XIX ao início do XX, bem como vislumbrar melhor a divisão, que permanece estável, entre as duas classes.

ANO	1ª CLASSE	2ª CLASSE	TOTAL
1890	1612764	3961636	5576290
1895	3975578	7234178	11211651
1900	3677563	8803263	12482726
1906	6122726	13116510	19241142

Número de passageiros transportados anualmente pela EFCB em trens dos subúrbios
Fonte: Manuel Fernandes Figueira (Org.). *Memória histórica da Estrada de Ferro Central do Brasil*. Rio de Janeiro: Imprensa Nacional, 1908, pp. 696-7.

ANO	NÚMERO DE PASSAGEIROS
1900	12627197
1905	17781547
1910	23592123
1915	29138055
1920	38437019

Número total de viajantes por ano nos trens de subúrbios da "Linha do Centro"
Fonte: "Introdução ao Relatório do ano de 1925, apresentado ao exmo. sr. dr. Francisco de Sá (ministro da Viação e Obras Públicas) pelo engenheiro João de Carvalho Araújo". Rio de Janeiro: Pimenta de Mello & C., 1926.

Todos os trens, sem exceção, partiam da Estação Central, considerada a mais elegante e bem equipada. Talvez por conta da projeção social e arquitetônica que ela adquiriu, a Central foi ganhando vários nomes ao longo da sua história. No Império era chamada de Estação do Campo ou da Corte, passando a se denominar Central com o advento da República.[22] No fundo, ela era mesmo "central": representava o caminho de encontro e de desencontro entre a cidade do Rio de Janeiro e seus subúrbios, que forneciam, a cada dia, os trabalhadores necessários para que a capital do país cumprisse o papel administrativo e econômico que possuía e pretendia manter.

A Estação de Todos os Santos, ou Como viver espremido entre o Méier e o Engenho de Dentro

A importância que as estações adquiriam para os moradores dos subúrbios e o fato de estes demonstrarem uma intimidade grande com elas, às quais se referiam quase como se fossem membros da família, não escaparam à percepção de Lima: "Na vida dos subúrbios, a estação da estrada de ferro representa um grande papel: é o centro, é o eixo dessa vida. Antigamente, quando ainda não havia por aquelas bandas jardins e cinemas, era o lugar predileto para os passeios domingueiros das meninas casadouras da localidade e dos rapazes que querem casar, com vontade ou sem ela. Hoje mesmo, a gare suburbana não perdeu de todo essa feição de ponto de recreio, de encontro e conversa [...] De resto, é em torno da 'estação' que se aglomeram as principais casas de comércio do respectivo subúrbio...".[23]

Tudo girava em torno da "estação", que é definida por Lima como "verdadeira e característicamente suburbana". Conta o morador de Todos os Santos que, na hora em "que descem os empregados públicos, os pequenos advogados e gente que tal", o melhor é "ver e ouvir as palestras e as opiniões daquela gente toda, sempre a lastimar-se de Deus e dos governos".[24] Usando de um olhar distanciado, a despeito de ser, ele mesmo, usuário do trem (e também reclamar deste), o escritor os define como uma "gente em cuja mente a monotonia do ofício e as preocupações domésticas tiraram toda e qualquer manifestação de inteligência, de gosto e interesse espiritual, enfim, uma larga visão do mundo...". Por vezes crítico diante dos seus colegas de trem, Lima trata dos vizinhos de casa como de gente estranha: "O brasileiro é vaidoso e guloso de títulos ocos e honrarias chochas. O seu ideal é ter distinções de anéis, de veneras, de condecorações, andar cheio de dourados, com o peito *chamarré d'or*, seja da Guarda Nacional ou da atual segunda linha. Observem. Quanto mais modesta for a categoria do empregado — no subúrbio pelo menos — mais enfatuado ele se mostra".[25]

As mulheres também não escapam ao crivo de Lima e sua percepção das diferenças de classe que separam os subúrbios do centro: "Fui atraído para uma menina que passava carregando uma caixa de violino, um rolo de músicas e um livro [...] Pobre moça! [...] No instituto, só têm talento musical as moças ricas e bem aparentadas".[26] Segundo o autor, elas compunham uma evidente minoria, naquele ambiente, e até por isso viravam pretexto para todo tipo de assédio: "A essa hora, na estação, as moças e senhoras escasseiam; a delas é mais tarde, para depois do meio-dia. Às vezes, porém, aparece uma outra, desgarrada. Quando isso se dá, todos aqueles exemplares de chefes de famílias e exatos funcionários estremecem nos seus assentos [...] Cochicham alguns, olhando de esguelha a senhora ou a moça, caluniando-a ou segredando inúteis verdades; outros [...] o valete

Todos os Santos, c. 1928.

de copas manda às favas as *Apostilas da língua vernácula* e [...] põe bem à vista o anel de boticário".[27]

A viagem de trem vai se tornando, assim, um enfado, mas também uma espécie de arquivo vivo que permite a Lima anotar diferenças não apenas de classe, como de gênero, cor e estação. Narra ele, por exemplo, que a "mania dos suburbanos é discutir o merecimento deste subúrbio em face daquele. Um morador do Riachuelo não pode admitir que se o confunda com um do Encantado e muito menos com qualquer do Engenho de Dentro. Os habitantes de Todos os Santos julgam a sua estação excelente por ser pacata e sossegada, mas os do Méier acusam os de Todos os Santos de irem para o seu bairro tirar-lhe o sossego".[28]

Enfim, sossego ou agitação, iluminação ou a falta dela, asfalto ou ruas de terra, todo e qualquer elemento servia para criar marcas distintivas entre os moradores de uma estação, assim como para que uns se definissem em oposição aos outros. E, se isso tudo é verdade, deve-se reconhecer que Todos os Santos, a estação que Lima frequentava, era das mais modestas. Só tinha a seu favor o fato de ser uma das mais antigas. Fora inaugurada nos idos de 1868, e nos anos 1870 ainda não passava de uma parada rápida. Apenas anos depois, e quando Lima já não estava vivo para contar a história, é que ela se tornou uma estação no sentido tradicional do termo, dispondo de bilheteria e alpendre. Antes disso, ela guardava, sonolenta, a mesma estrutura inicial de quando fora construída. O jornal *Diario do Rio de Janeiro* de 25 de dezembro de 1868 reproduziu uma pequena nota que informava ser essa a primeira estação a surgir no trecho entre Engenho Novo e Cascadura e que fora terminada "a expensas" da população local, que soltou fogos de artifício para comemorar o grande feito.

Todos os Santos era definitivamente uma estação pequena e simples, com uma cobertura de duas folhas sobre a plataforma de 139 metros quadrados, cujo único acesso se dava pela travessia dos trilhos. Nascera e permanecia diminuta, e a população continuava a se arriscar para chegar até ela.[29]

ESTAÇÃO	NÚMERO DE PASSAGEIROS
São Francisco Xavier	2 340 663
Engenho Novo	3 490 954
Méier	3 266 585
Todos os Santos	2 112 142
Engenho de Dentro	4 542 508
Cascadura	4 058 513

Número total de passageiros no decênio 1886-96
Fonte: Francisco Agenor de Noronha Santos. *Meios de transporte no Rio de Janeiro: História e legislação.* Reed. Rio de Janeiro: Secretaria Municipal de Cultura, Departamento Geral de Documentação e Informação Cultural, 1996.

A história do bairro de Todos os Santos não diferia muito daquela da sua estação. A exemplo do que ocorria com outros subúrbios, era uma espécie de consequência e continuidade dela. Originalmente o bairro fazia parte da freguesia de Inhaúma, e foi associado em 1873 à freguesia do Engenho Novo. Seguindo a lógica da organização da Estrada de Ferro Central do Brasil, embora Todos os Santos fosse a parada seguinte ao Méier, não havia demarcação entre elas que delimitasse a fronteira entre os dois bairros.[30] E, como eles eram fundamentalmente contíguos, a distinção tinha que ser feita na base dos significados internos: enquanto o Méier representava o agito dos subúrbios, Todos os Santos era pura calmaria.

A parte mais característica de Todos os Santos (e na qual Lima Barreto morou) é a região leste, à direita de quem sobe a linha do trem. Descrições da época mencionam um bairro basicamente residencial e muito pacato quando comparado ao Méier. Além do mais, por conta do terreno montanhoso o clima era dos mais "saudáveis e recomendado por muitos médicos para doentes de moléstias pulmonares".[31] Artigos daquele período referem-se a "casas excelentes", em terrenos arborizados e ajardinados, nas ruas situadas nas imediações da estação. Outros destacavam serviços de cartomantes e até mesmo uma firma, Lima Barreto & Simões, dedicada ao comércio de secos e molhados. Não foi possível comprovar a propriedade da família; o fato permite, porém, atestar a existência de um mercado local animado pela vizinhança, que também frequentava uma loja cujo propósito era combater o velho e bom inimigo: "as formigas de Todos os Santos".[32] Mas, apesar da monotonia, acidentes ocorriam, e com frequência. Houve um passageiro que caiu na linha e "resultou bastante ferido na cabeça", e um garoto que tombou no buraco dos trilhos, "machucando-se bastante".[33] Quedas de trem pareciam ser, inclusive, bastante recorrentes, sobretudo em Todos os Santos, cuja estrutura de proteção era escassa, levando várias vezes a desastres, muitos dos quais fatais. Num deles, a vítima, que adormecera de tanto esperar pela chegada do trem, acordou com o silvo da locomotiva e, entrando nos trilhos, foi apanhar uma lanterna: "o trem passou por cima do infeliz". Manuel Marques

Por conta de tantos acidentes, o jornal *O Malho*, em 1927, projetou como seria a EFCB no ano 2000.

Maurício calculava o dinheiro que tinha para a passagem; "o fez tão desastradamente que foi apanhado".[34] Outro passageiro saltou do vagão em movimento e sofreu sérias fraturas. Existiram ainda casos de suicídio, como o do português Manuel de Oliveira Teixeira, que teve o tronco decepado e "ficou irreconhecível".[35]

A estação era mesmo fundamental na vida de Todos os Santos e dos Barreto. Lima era seu freguês contumaz, e Eliézer, o caçula — que nasceu em 1886, quando a família residiu, por pouco tempo, no bairro de Catumbi —, no ano de 1918 aparece como funcionário da Estrada de Ferro Central do Brasil, onde faria carreira.

A despeito de certas melhorias estruturais que foi recebendo ao longo das primeiras décadas do século XX e das suas novas ofertas culturais, o bairro não perdia o jeito de suspenso no tempo. Por exemplo: o Méier possuía, nessa altura, mais de três cinemas e um teatro. Todos os Santos chegou a ter duas salas para cinematógrafos na década de 1930; ambas fechadas por volta do fim dos anos 1960. Enquanto o subúrbio de Lima continuava tranquilo, toda a região que o circundava crescia a olhos vistos. Se no recenseamento de 1890 a população da freguesia do Engenho Novo não alcançava os 28 mil habitantes, no ano de 1906 ela saltara para 62 898 almas. Aliás, esse seria o período de maior expansão e crescimento populacional dos subúrbios, proporcional à ampliação de serviços oferecidos pela capital do país.

A história de Todos os Santos era igualmente bem outra. Costumes tranquilos, uma vida quase interiorana, embora fazendo parte formalmente da capital do país, e uma população, conforme sempre destacava Lima, bastante "negra e morena". Esse era mesmo um mundo às vezes apartado da "modernidade" do centro, às vezes totalmente conectado com ele. O escritor também guardaria um recurso semelhante de afastamento e de aproximação em relação a seus vizinhos, que definia como "humildes" e "infelizes".[36] Mais distante era, sem dúvida, certa aristocracia local: desta ele desfaz sem dó nem piedade: "Quando há quase vinte anos, fui morar nos subúrbios, o trem me irritava. A presunção, o pedantismo, a arrogância e o desdém em que olhavam as minhas roupas desfiadas e verdoengas, sacudiam-me os nervos e davam-me ânimos de revolta. Hoje, porém, não me causa senão riso a importância dos magnatas suburbanos".[37]

Certamente irado, o amanuense chama esses passageiros de "burocratas faustosos [...] doutores de secretaria [...] títeres de politicões e politiquinhos". Já quando eles se achavam nas ruas do centro da cidade, misturados à população que por ali trafegava, as diferenças engendradas pelas elites locais se dissipavam: "É no trem que se observa melhor a importância dessa gente toda. Eles estão na sua atmosfera própria que os realça desmedidamente. Chegam na rua do Ouvidor, e desaparecem. São uns fantoches".[38] Novamente, o movimento é recorrente. Lima transforma em estranha a ele essa "classe" de funcionários públicos da qual fazia parte mas com a qual nunca se identificou.

Talvez por isso mesmo "essa gente" mexia com seus "nervos" e o "irritava" em demasia. Com um ar pretensamente ausente, o autor conclui: "semelhante gente vive de um modo singular". É como se ele, enquanto narrador, criasse a sensação de que nada tinha a ver com aquele mundo, quando, na verdade, a fronteira é bem mais fluida e inclui Lima também. Como os demais funcionários, jogava com sua posição, ora se apresentando como amanuense, ora (e apenas) como escritor. Mais distante ainda Lima se sentia em relação à aristocracia dos subúrbios que se concentrava no Méier. Essa ele não perdoava. "Foi um dia destes [...] O aspecto desordenado dos nossos subúrbios ia se desenrolando aos meus olhos; o trem se enchia da mais fina flor da aristocracia dos subúrbios. Os senhores com certeza não sabiam que os subúrbios têm uma aristocracia. Pois têm. É uma aristocracia curiosa, em cuja composição entrou uma grande parte dos elementos médios da cidade inteira: funcionários de pequena categoria, chefes de oficinas, pequenos militares, médicos de fracos rendimentos, advogados sem causa etc."[39]

Aos olhos do escritor, tudo nela parecia caricato: os costumes, a pretensão, as roupas e, pior, a atitude. "Os vestuários, com raras exceções, são exageradíssimos. Botafogo e Petrópolis exageram Paris; e o subúrbio exagera aqueles dois centros de elegância." Para desnudar a deselegância dessa aristocracia, Lima descreve a divertida "cerimônia de dar o lugar". Nenê e Iaiá entram no trem e não acham banco vazio. Põem-se ostensivamente em pé ao lado de um banco onde estão dois cavalheiros, um dos quais elas suspeitam ser sensível e amável. Guedes lê *A Noticia* e Nunes *O Combate*. Iaiá cochicha com Nenê; riem um pouco e ambas olham para os dois. "Nenhum se dá por achado. Continuam as moças no seu jogo. Nunes e Guedes resistem heroicamente." Como notassem que os cavalheiros não se rendiam aos seus sorrisos de ironia tendenciosa, as moças mudam de tática. "Iaiá toma a iniciativa de suspirar e dizer alto: — Ai, meu Deus! Em pé, até o Méier! Que inferno! Nenê secunda: — Ainda é feliz, porque vai até o Méier. E eu que vou até Quintino! O sensível Guedes não resiste mais. Dobra o jornal e oferece o seu lugar às moças [...]. Lá vão Iaiá e Nenê bem sentadinhas, enquanto Guedes e Nunes sofrem atrozes dores nos calos. É verdade que, no carro, há pregados, em diversas partes, anúncios de calistas e de remédios para calos. [...] Só tem calos, quem quer."[40]

Nostalgia de subúrbio: o tempo da "sala de visitas" não volta mais

Tal "aristocracia curiosa" não se limitava a atuar no ambiente que cercava a estação de trem; protagonizava também animados saraus, que muitas vezes duravam a noite inteira, envolvendo declamação de poemas, muita música e dança (entre choros, maxixes e polcas). Na crônica "Bailes e divertimentos suburbanos",[41] datada do último ano da vida de Lima — 1922 —, ele descreve uma dessas festas, que costumavam levá-lo a permanecer insone madrugada adentro. Contudo, na opinião do cronista, o problema maior era o fato de os suburbanos andarem encantados com tudo que fosse importado. Retomando seu mote do bovarismo, o escritor ironizava a mania dos vizinhos de se rejubilarem diante de "tudo que não era seu". É o caso da "espécie de música" que se dançava por lá: "polcas adoidadas e violentamente sincopadas", "barcarolas cantadas em italiano", "tangos, fox-trot, ragtime e [...] um tal de shimmy". Nada de "valsas, mazurcas, quadrilhas ou quadras etc.". Contrariado, ele reclama das "danças importadas" e recorda os bailes familiares de vinte anos antes. Saudosista, lamenta que o baile já não fosse uma "instituição nacional", "especialmente suburbano". Além disso, as casas iam perdendo suas funções originais. "Nas salas de visitas das atuais mal cabem o piano e uma meia mobília, adquirida a prestações. Meia dúzia de pessoas, numa delas, estão ameaçadas de morrer asfixiadas com as janelas abertas."[42] Queixando-se sempre da falta que sentia do que havia passado, Lima conclui que o tempo da "sala de visitas" não existia mais.

Tudo era estranho e artificial, porque indevidamente importado. E, dentro do critério "esquisitices", um novo esporte que entrava no gosto nacional ia ganhando muito espaço nos escritos do autor: o futebol. Numa resenha para o livro do amigo Carlos Süssekind de Mendonça, intitulado *O esporte está deseducando a mocidade brasileira*,[43] Lima toma como pretexto as danças "desavergonhadas" que chegavam "do estrangeiro" e, por incrível que pareça, consegue pôr a culpa no futebol. A despeito de confessar a Süssekind que corria o risco do exagero, ele se insurgia contra "o tal de futebol" que "pôs tanta grosseria no ambiente [...] tanta brutalidade de maneiras, de frases e de gestos, que é bem possível não ser ele isento de culpa no recrudescimento geral, no Rio de Janeiro, dessas danças luxuriosas que os hipócritas estadunidenses foram buscar entre os negros e os apaches".[44]

Enfim, entrava tudo no mesmo pacote: as danças, o futebol, os Estados Unidos, e até o dito encomiástico que deu fama ao jornalista Alberto Figueiredo Pimentel; "O Rio civiliza-se".[45] Completa Lima: "O subúrbio civiliza-se, diria o saudoso Figueiredo Pimentel, que era também suburbano; mas de que forma, santo Deus?".[46] Como se pode notar, Lima

Barreto procurava se distanciar não só dos aristocratas dos subúrbios como também dos novos tempos, da influência dos valores e hábitos estrangeiros — especialmente aqueles vindos dos Estados Unidos. O resultado dessa "avalanche invasora", ao menos na interpretação do escritor, seria a "contaminação" dos subúrbios, o fim dos bailes respeitosos e dos costumes tradicionais, como o de tocar no violão choros e modinhas. Seria esse, inclusive, o mote central do principal personagem de *Triste fim de Policarpo Quaresma*, romance publicado na forma de folhetim a partir de 1911. Policarpo era ele próprio um nacionalista, e por isso valorizava a tradição dos bailes e das serestas, e, em particular, o choro.

De toda maneira, se esse é um argumento recorrente nas crônicas de Lima, aí mora igualmente uma de suas ambivalências: o autor sente saudades do que também critica, assim como reprova os subúrbios, vistos a partir de certo passado que ele mesmo, por vezes, maldiz.[47] Lima censura "solenemente" Botafogo, como o limite mais próximo do centro, e o Méier, que teria função paralela, com sua pretensão de "capital" dos subúrbios. Sempre debochado, qualifica o Méier como "o orgulho dos subúrbios e dos suburbanos", mas certamente não com a intenção de elogiar o bairro; apesar de ficarmos sabendo que este possuía "confeitarias decentes, botequins frequentados; padarias que fabricam pães, estimados e procurados; [...] dois cinemas; [...] um circo-teatro, tosco [...] casas de jogo, patenteadas [...] boêmios, um tanto de segunda mão; e outras perfeições urbanas, quer honestas, quer desonestas". Nesse movimento de dizer e desdizer, o texto logo despenca, e termina revelando péssimo juízo sobre o distrito. Um bom exemplo é a definição das lojas de moda locais: "As casas de modas, pois as há também, e de algum aparato, possuem nomes *chics*, ao gosto da rua do Ouvidor. Há até uma 'Notre Dame', penso eu". Seu objetivo é, portanto, ridicularizar "os elegantes baratos": "Hoje, nenhuma suburbana pobre ou remediada se zangará com quem lhe disser que ela se veste no 'Paquin' do Méier [...] As lojas de primeira ordem copiam os das grandes casas das primeiras cidades do mundo; e as dos arrabaldes e subúrbios, por sua vez, copiam os dísticos daquelas e acrescentam o nome da divisão da cidade em que se acham".[48]

Nem mesmo as festas e o Carnaval escapavam da régua severa de avaliação de Lima, que assim descreve a agitação local: "Resta-nos o Carnaval; é ele, porém, tão igual por toda a parte, que foi impossível, segundo tudo faz crer, ao subúrbio dar-lhe alguma coisa de original. Lá, como na Avenida, como em Niterói, como em Maxambomba, como em todo este Brasil inteiro, são os mesmos cordões...".[49] A região é definida, pois, a partir de um passado que não volta mais. Um Lima nostálgico recorda o teatrinho de amadores e a figura do pianista dos bailes. "O que havia de característico na vida suburbana, em matéria de diversão, pouco ou quase nada existe mais. O cinema absorveu todas elas".[50] A culpa é sempre dos "novos divertimentos". "O futebol flagela também aquelas paragens [...] Nunca lhes vi uma partida, mas sei que as suas regras de bom-tom em nada ficam a dever às dos congêneres dos bairros elegantes."[51] Guardando invariavelmente um tom saudoso, ajuíza solene: "o subúrbio não se diverte mais".[52] E continua a listar as "faltas", que são muitas: "A vida é cara e as apreensões muitas, não permitindo prazeres simples e suaves, doces diversões familiares, equilibradas e plácidas". O seu tempo era das "diversões inocentes", enquanto o momento atual apenas "se atordoa e se embriaga não só com o álcool, [mas] com a lascívia das danças novas que o esnobismo foi buscar no arsenal da hipocrisia norte-americana".[53]

Lima se convertia, assim, em personagem paradoxal dessa região: um estrangeiro em sua própria casa. Se era na cidade grande que ele trabalhava; se era por lá que jogava conversa fora com os colegas de repartição e do jornalismo ou frequentava botequins barulhentos, era, porém, em Todos os Santos que guardava a intimidade dos amigos de longa data, como o dono do bar e o do mercado, a privacidade de seu lar e de sua biblioteca.

Nas ruas de Todos os Santos podia observar cachorros vadios e galinhas ciscando o chão; trabalhadores apressados logo cedo para não perder o trem; o movimento das donas de casa indo às compras ou fofocando na porta das residências. E também os balões com estrutura de arame, os vendedores de leite que chegavam de madrugada, as parteiras solidárias que vinham socorrer as futuras mães, as bicas de água espalhadas pelas praças, os bíblias que percorriam os domicílios em busca de novos fiéis. Antes de se aposentar, ele só frequentava o bairro à noite e nos fins de semana, quando era visto nos botequins, esses estabelecimentos conhecidos por agregar clientes em torno de bebidas, petiscos, tira-gostos ou refeições simples mas que se transformavam em centros difusores de notícias e de muita intriga. Igualmente chamados de frege-moscas, botecos ou tendinhas, eram verdadeiras instituições, e Lima, um freguês costumeiro — tanto no centro quanto nos subúrbios. Como mostra Francisco de Assis Barbosa, era nesses locais que o escritor dava "seu passeio filosófico e higiênico", terminando por passar um quarto de hora ou talvez mais na venda do seu Ventura, lendo jornais do dia ou batendo papo. Alguns vizinhos vinham lhe pedir favores — como se Lima, na qualidade de funcionário público, fosse figura influente —, outros o convidavam para padrinho, apostando numa relação duradoura e afetiva com ele.[54] Enfim, diferentemente do cronista, que estabelecia um distanciamento em relação ao subúrbio, Lima parecia integrado ao lugar em que residia.

Seu bairro era mesmo Todos os Santos. Moravam na rua Boa Vista, no topo de uma ladeira, onde o vento batia forte, principalmente de manhã e ao anoitecer. A habitação correspondia ao estilo local: alpendre central, alguns cômodos para instalar a família e agregados, cerca viva, quintal no fundo com banheiro. Era nessa casa que Lima se permitia imaginar personagens inspirados no seu subúrbio, distintos das pessoas com quem convivia "na capital". O escritor parecia preferir ficar na fronteira entre os subúrbios e o centro da cidade.

Nos romances, a sombra do subúrbio

De toda maneira, na construção de seus romances e personagens, Lima ia se tornando, e de maneira crescente, um "romancista suburbano". Todos os Santos, Piedade, Engenho de Dentro, Quintino, Madureira, Méier, Madureira, Cascadura, Engenho Novo... eram nomes de estações e bairros dos subúrbios que introduziam nas tramas certa psicologia

CENTRAL DO BRASIL: UMA LINHA SIMBÓLICA QUE SEPARA E UNE SUBÚRBIOS E CENTRO | 181

coletiva, compensando, de algum modo, bairros como Botafogo, nos quais Lima identificava a existência de uma espécie de quartel-general das "elites bovaristas". Em seus romances os subúrbios nunca se ausentam. Por exemplo, já em *Recordações do escrivão Isaías Caminha*, publicado em 1909, uma das atividades iniciais do protagonista, mal chegado ao Rio, foi o "passeio de pragmática" a Botafogo, não tendo ele gostado de nada do que viu. Os bairros suburbanos é que lhe agradavam. Caminha recordava seus passeios de bonde e a pé, sem destino certo, "passando de um bairro para outro, procurando travessas despovoadas e sem calçamento…".[55]

É Gonzaga de Sá, personagem do último romance publicado em vida por Lima, em 1919, quem lembrará, com jeito e retórica de seu autor, a fisionomia irracional dos subúrbios cariocas no início do século xx. O relato é comovente: "O arruamento do subúrbio é delirante. Uma rua começa larga, ampla, reta; vamos-lhe seguindo o alinhamento, satisfeitos, a imaginar os grandes palácios que a bordarão daqui a anos, de repente, estrangula-se, bifurca-se, subdivide-se num feixe de travessas, que se vão perder em muitas outras que se multiplicam e oferecem os mais transtornados aspectos. Há o capinzal, o arremedo de pomar, alguns canteiros de horta; há a casinha acaçapada, saudosa da toca troglodita; há a velha casa senhorial de fazenda com as suas colunas heterodoxas; há as novas edificações burguesas, com ornatos de gesso, cimalha e compoteira, varanda ao lado e gradil de ferro em roda. Tudo isso se embaralha, confunde-se, mistura-se e, bem não se colhe logo como a população vai se irradiando da via férrea. As épocas se misturam; os anos não são marcados pelas coisas mais duradouras e perceptíveis…".[56]

As histórias se misturavam nos subúrbios, e a população espalhava-se a partir e junto da linha do trem. Em *Policarpo Quaresma*, de 1911, romance que Lima diz ter escrito em dois meses e meio, como se estivesse grávido da narrativa, ele voltará à descrição topográfica do mundo suburbano, acrescentando-lhe o elemento humano: "Há pelas ruas damas elegantes, com sedas e brocados, evitando a custo que a lama ou o pó lhes empanem o brilho do vestido; há operários de tamancos; há peralvilhos à última moda; há mulheres de chita; e assim pela tarde, quando essa gente volta do trabalho ou do passeio, a mescla se faz numa mesma rua, num quarteirão, e quase sempre o mais bem-posto não é [o] que entra na melhor casa".[57]

Se a impressão é de mistura de tempos e de população, Lima não perde de vista a desigualdade social e o fato de boa parte dos moradores ainda viver em condições deploráveis: "Casas que mal dariam para uma pequena família, são divididas, subdivididas, e os minúsculos aposentos assim obtidos, alugados à população miserável da cidade". As "profissões mais tristes e mais inopinadas", continua o romancista, são exercidas pelos habitantes desses "caixotins humanos": "Além dos serventes de repartições, contínuos de escritórios, podemos deparar velhas fabricantes de rendas de bilros, compradores de garrafas vazias, castradores de gatos, cães e galos, mandingueiros, catadores de ervas medicinais, enfim, uma variedade de profissões miseráveis que as nossas pequena e grande burguesias não podem adivinhar".[58]

Quase como um retrato na parede, daqueles colorizados e com jeito de lembrança de família, Lima descreve um dia de domingo: "A tarde se aproximava e as *toilettes* domingueiras já apareciam nas janelas. Pretos com roupas claras e grandes charutos, grupos de caixeiros com flores estardalhantes; meninas em cassas bem engomadas; cartolas antediluvianas ao lado de vestidos pesados de cetim negro, envergados em corpos fartos de matronas sedentárias; e o domingo aparecia assim decorado com a simplicidade dos humildes, com a riqueza dos pobres e a ostentação dos tolos".[59] Decorados com a simplicidade dos humildes, a riqueza dos pobres e a ostentação dos tolos, os subúrbios iam virando projeto particular e íntimo, porém distante e alheio. Os subúrbios eram sua luz e sombra, e vice-versa.

Como se vê, os limites entre a identificação com os subúrbios e o distanciamento são sempre tênues e absolutos. Tanto que não poucas vezes o autor prefere vestir sua "roupa" de estrangeiro na região; daquele que desentende determinadas atitudes e não compartilha do ambiente. Como se não operasse com os mesmos parâmetros, Lima trata de especificar o que seriam métricas locais. A elite do lugar tomava como critério de distinção identitária não apenas o sucesso econômico e profissional, como certos conceitos "nativos": viver num bairro melhor, ter pele mais clara ou casar com alguém mais claro. E também estilos arquitetônicos estabeleciam novas hierarquias. Chalés, santos, ladrilhos, puxadinhos, alpendres, casas de cômodo, azulejos, portais de ferro, enfim, uma grande e caótica mistura de materiais e de inspirações arquitetônicas faziam as graças e as desgraças dos subúrbios de Lima.

Talvez por isso uma frase pinçada do romance *Clara dos Anjos* seja também a mais definitiva: "O subúrbio é o refúgio dos infelizes".[60] Lima se referia, nesse caso, à personagem principal da narrativa; "a mulatinha de seios empinados". Moça romântica, vivia de esperar por seu príncipe encantado, que chegaria sob a forma de Cassi, um modinheiro branco — ao menos mais branco quando comparado à tonalidade da vizinhança. Conforme descrevia Lima: "A residência dos pais de Cassi ficava num subúrbio tido como elegante, porque lá também há estas distinções. Certas estações [de trem] são assim consideradas, e certas partes de determinadas estações gozam, às vezes, dessa consideração [...] Nos subúrbios há disso...".[61] Uma "estranha gente".[62]

Ora, essa "estranha gente" eram seus vizinhos de porta, amigos de jogar conversa fora, colegas de boteco e de estação que Lima, vez por outra, convertia em "desconhecidos" de costumes esquisitos. Será preciso, não obstante, conceder e concluir, junto com o narrador, que os subúrbios não eram mesmo regiões homogêneas. Se na contraposição com o centro pareciam muito semelhantes entre si, olhados de dentro e de perto deixavam perceber claras diferenciações internas. Os critérios das estações de trem eram ainda mais definitivos quando a eles se juntavam outras formas de qualificação social: a classe social que variava de acordo com os bairros ou até a cor dos indivíduos, a qual contava histórias de um passado não tão longínquo. Cassi, por exemplo, que Clara considerava branco, não seria claro o bastante para os padrões de Copacabana. Não era exatamente mais rico ou educado que a protagonista, mas morava numa estação de trem tida como elegante — ao menos nos subúrbios. Era essa combinação de elementos que tornava um suburbano superior ou inferior a outro. Assim, quase como dialeto local, os subúrbios criavam seus limites internos, que, apesar de porosos, eram evidentes no dia a dia e nas relações estabelecidas entre os moradores da vizinhança.[63]

No conto "O número da sepultura", publicado pela primeira vez em 1921,[64] Lima volta a tratar dos subúrbios quando descreve a travessa das Saudades como "uma pitoresca rua, afastada alguma coisa das linhas da Central, cheia de altos e baixos, dotada de uma caprichosa desigualdade de nível, tanto no sentido longitudinal como no transversal". O que o escritor narra com sensibilidade é um processo histórico de parcelamento das terras para a criação de lotes residenciais, quando os subúrbios seriam ocupados por segmentos tidos como mais "populares". Esse foi um movimento que variou no decorrer do tempo e conforme a região da cidade. De toda maneira, tal processo de curso longo atingiu intensamente, desde a década de 1870, os bairros hoje conhecidos como São Cristóvão, Tijuca, Vila Isabel e Piedade. A partir de 1890 ele incidiria sobre Méier, Madureira, Engenho Novo e Inhaúma. Toma forma, então, um surto descontrolado de abertura de ruas e loteamentos, de modo irregular e tumultuado. Ruas mal traçadas, dispostas em terrenos acidentados, sem pavimentação nem meio-fio, iam surgindo por todos os lados, assim como construções em lotes inadequados e desprovidos de alinhamentos.[65]

São essas vias desiguais, cheias de subidas e descidas, desorganizadas por definição, que Lima introduzirá no conto "O moleque", datado pelo escritor do ano de 1920.[66] Nele, mais uma vez os subúrbios estão presentes como pano de fundo: "É um subúrbio de gente pobre, e o bonde que lá leva atravessa umas ruas de largura desigual, que, não se sabe por quê, ora são muito estreitas, ora muito largas, bordadas de casas e casitas sem que nelas se depare um jardinzinho mais tratado ou se lobrigue, aos fundos, uma horta mais viçosa".[67]

A descrição vem tomada por um tom de afeto, o qual se estende à caracterização da população local, que para lá foge buscando "morros e escuros arredores", de forma a poder livremente "cultivar a Divindade como seus avós". Na visão agora enternecida do escritor, "nas suas redondezas é o lugar das macumbas, das práticas de feitiçaria com que a teologia da polícia implica, pois não pode admitir nas nossas almas depósitos de crenças ancestrais. O espiritismo se mistura a eles e a sua difusão é pasmosa. A Igreja católica não satisfaz o nosso povo humilde. [...] O padre, para o grosso do povo, não se comunica no mal com ela; mas o médium, o feiticeiro, o macumbeiro, se não a recebem nos seus transes, recebem, entretanto, almas e espíritos que, por já não serem mais da terra, estão mais perto de Deus e participam um pouco da sua eterna e imensa sabedoria".[68]

Guardando o ar de estrangeiro que retrata de fora mas que dessa vez vem mesclado a um tom de especialista, que conhece de dentro, Lima alonga-se na descrição da mestiçagem religiosa, a qual passa a definir outra linguagem particular aos subúrbios: "o curioso [...] é o amálgama de tantas crenças desencontradas a que preside a Igreja católica com os seus santos e beatos. A feitiçaria, o espiritismo, a cartomancia e a hagiologia católica se baralham naquelas práticas, de modo que faz parecer que de tal baralhamento de sentimentos religiosos possa vir nascer uma grande religião, como nasceram de semelhantes misturas as maiores religiões históricas. Na confusão do seu pensamento religioso, nas necessidades presentes de sua pobreza, nos seus embates morais e dos familiares, cada uma dessas crenças atende a uma solicitação de cada uma daquelas almas, e a cada instante de suas necessidades".[69]

Aí está um subúrbio de credos mestiçados, de gente que carrega muitas fés e mistura vários cultos; todos bastante apartados da feição laica da República, que escolheu o catolicismo e o casamento civil como provas da mudança do regime.[70] Falando de operação retórica, vale anotar que, no caso, "o povo humilde" vira "o nosso povo humilde"; Lima se aproxima dessa face dos subúrbios. A religiosidade de matriz africana parece merecer grande simpatia do narrador, que por muitos ângulos vai se definindo como um "escritor negro", nos seus termos; afro-brasileiro no vocabulário mais contemporâneo.

Por isso, quando Lima, de alguma maneira, baixava a guarda da crítica ou se deixava contaminar por essa "linguagem das estações", perdia-se ou se encontrava com sua própria intimidade. Em tais circunstâncias, até o motorneiro do bonde virava personagem carinhoso: "Embarco em Cascadura. É de manhã. [...] Vou ocupar o banco da frente, junto ao motorneiro. Quem é ele? É o mais popular da linha. É o 'Titio Arrelia' — um crioulo forte, espadaúdo, feio, mas simpático. Ele vai manobrando com as manivelas e deitando pilhérias, para um lado e para outro. Os garotos, zombando da velocidade do veículo, trepam no bonde e dizem uma chalaça ao 'Titio'". Titio Arrelia era o nome do motorista popular do bonde que passava por Cascadura. Mas essas eram apenas reminiscências breves nas crônicas de Lima, de um passado que havia de lhe escapar. E continua o narrador: "o passado é um veneno. Fujo dele, de pensar nele [...] E o bonde corre, mas 'Titio Arrelia' não diz mais pilhérias, nem assovia. Limita-se muito civilizadamente a tanger o tímpano regulamentar...".[71]

O subúrbio resta, portanto, na imaginação de Lima, como uma espécie de Titio Arrelia: perdido num passado pujante e solto no presente marcado pela falta: de polícia, de luz, de infraestrutura.

Em Todos os Santos, ou quase todos

Os santos não deviam ser muitos; o nome guardava, entretanto, o orgulho dos que se definiam pela pequena estação. Mas nem tudo era apenas falta ou escassez na vida dos vizinhos que partilhavam da monotonia do bairro. Na crônica "A polícia suburbana",[72] aparece mais um exemplo da ironia de Lima para com a segurança local: não há policiamento no seu bairro, mas quem precisa dele! Conta o amanuense que "um delegado inspecionando, durante uma noite destas, algumas delegacias suburbanas, encontrou-as às moscas, comissários a dormir e soldados a sonhar". Fazendo troça, o autor esclarece que "os jornais, com aquele seu louvável bom senso de sempre, aproveitaram a oportunidade para reforçar as suas reclamações contra a falta de policiamento nos subúrbios". Nessa hora, ele vira "da região" e "estrangeiro" diante de seus colegas de jornal, e explica: "Leio sempre essas reclamações e pasmo. Moro nos subúrbios há muitos anos e tenho o hábito de ir para a casa alta noite. Uma vez ou outra encontro um vigilante noturno, um policial e muito poucas vezes é-me dado ler notícias de crimes nas ruas que atravesso. A impressão que tenho é de que a vida e a propriedade daquelas paragens estão entregues aos bons sentimentos dos outros e que os pequenos furtos de galinhas e coradouros não exigem um aparelho custoso de patrulhas e apitos. Aquilo lá vai muito bem, todos se entendem livremente e o Estado não precisa intervir corretivamente para fazer respeitar a propriedade alheia [...]. Os policiais suburbanos têm toda a razão. Devem continuar a dormir. [...] Ainda bem".[73]

Os subúrbios agora se entendem, sem que seja preciso contar com a ação da Polícia Federal. Nesses momentos, o escritor, ao mesmo tempo que denuncia, também elogia; parece ser parte e ser outro.[74] Melhor era ficar com a blague, sobretudo quando o tema recaía na falta de estrutura — neste caso, de calçamento — dos seus subúrbios: "Queixa de defunto. Antônio da Conceição, natural desta cidade, residente que foi em vida, na Boca do Mato, no Méier, onde acaba de morrer, por meios que não posso tornar público [sic], mandou-me a carta abaixo que é endereçada ao prefeito. Ei-la: [...] A culpa é da Prefeitura Municipal do Rio de Janeiro que não cumpre os seus deveres, calçando convenientemente as ruas [...]. Tendo sido enterrado no cemitério de Inhaúma e vindo o meu enterro do Méier, o coche e o acompanhamento tiveram que atravessar em toda a extensão a rua José Bonifácio, em Todos os Santos. Esta rua foi calçada há perto de cinquenta anos a macadame e nunca mais foi o seu calçamento substituído. Há caldeirões de todas as profundidades e largura, por ela afora. Dessa forma, um pobre defunto que vai dentro do caixão em cima de um coche que por ela rola, sofre o diabo. De uma feita um até, após um trambolhão do carro mortuário, saltou do esquife, vivinho da silva, tendo ressuscitado com o susto".[75]

Nem defunto tinha vida eterna nos subúrbios; ou melhor, saía lucrando, pois ganhava vida com os solavancos do seu cortejo. E Lima vai jogando com várias formas de espelhamento em relação aos subúrbios, além de mudar de posição conforme a projeção: quando se refere ao lado de lá da Central, "a cidade", ele é como o "povo" dos subúrbios. Roupas, costumes, arte erudita — tudo seria avesso e distante do Brasil real, representado pela população mais simples do local. Já quando observa a partir de Todos os Santos, tudo é estranho: a falta de educação, a falta de diversões, a falta de estrutura. Mais uma vez, a linha

Rua Amaro Cavalcanti, sentido Todos os Santos, em 1923.

do trem é seu refúgio mas também limite e contradição. Por vezes o escritor habita um lado da estação; por vezes outro. Até a morte e seu ritual de sepultamento viram pretexto fácil para descrever os subúrbios.

Lima dedica, por exemplo, uma crônica inteira, "Os enterros de Inhaúma",[76] ao cemitério municipal, dizendo por lá "não encontrar aquele ar de recolhimento, de resignada tristeza, de imponderável poesia do Além, que encontro nos outros". Provavelmente ele se referia ao cemitério da região central — o São João Batista —, que por estranhas circunstâncias devia julgar mais calmo e organizado. Já o de Inhaúma, acreditava ser "feio, sem compunção, com um ar morno de repartição pública". Mesmo assim, o cemitério local parece chamar pela solidariedade do escritor, uma vez que na "pobreza da maioria dos habitantes dos subúrbios ainda mantém neles esse costume rural de levar a pé, carregados a braços, os mortos queridos [...] Já andaram alguns quilômetros e vão carregar o amigo morto, ainda durante cerca de uma légua [...] Tristes enterros de Inhaúma!".[77]

Na crônica "História macabra",[78] os tristes e cômicos enterros da vizinhança de Todos os Santos estão de volta. Nesse caso, Lima se refere à morte do "amigo Florêncio da Costa", que morava no Engenho Novo e cujo sepultamento foi realizado no cemitério de Inhaúma. "Ajustei bem no corpo a minha melhor roupa preta e segui para a residência do falecido amigo, cheio de compunção." Como se trata de história ficcional, o escritor aproveita para garantir que "conhecia mal os subúrbios, de modo que não adivinhei os tormentos por que ia passar e também o meu amigo morto". Ele se faz, mais uma vez, de amigo distante. O cortejo parte e o carro funerário balança muito: "a cancela estava aberta; o carro mortuário passou e alguns do cortejo; mas o resto ficou do lado de cá". O cortejo fora dividido pela própria linha do trem, em "inflexíveis linhas de aço". Somente após "uma demora de vinte minutos" o féretro segue em frente. Passa pela rua José Bonifácio, em Todos os Santos; "esta rua há vinte anos que foi calçada; e, desde essa longínqua data, o seu calçamento não tem recebido o menor reparo". Segundo o cronista, "os buracos nela são abismos e o cocheiro do coche fúnebre, ao desviar-se de um bonde, caiu em um deles, o caixão foi ao chão, o cadáver saltou de dentro deste e o meu amigo, ainda mesmo depois de morto, ficou machucado. Piedosamente concertamos o defunto e o caixão, seguindo enfim o nosso caminho. [...] Houve outras peripécias e, tão "emocionantes foram" que o defunto ressuscitou"...[79]

Novamente, ironia e distância são estratégias do narrador, tão repetidas quanto as demonstrações de apreço e identificação. "Conhecia mal os subúrbios", diz ele, para então desfazer dos costumes e das carências da região: ruas esburacadas, trens atrasados e uma população cujos hábitos vão parecendo cada vez mais retrógrados. Mais um exemplo: em "O cedro de Teresópolis",[80] Lima especifica que "nossos arrabaldes e subúrbios são uma desolação. As casas de gente abastada têm, quando muito, um jardinzito liliputiano de polegada e meia; e as da gente pobre não têm coisa alguma".

Tudo seria diferente de "antigamente", quando "os ricos gostavam de possuir vastas chácaras, povoadas de laranjeiras, de mangueiras soberbas, de jaqueiras, dessa esquisita fruta-pão que não vejo mais...". Procurando por um tempo que, Lima sabe, talvez jamais tenha existido, ao menos na forma definitiva que ele imaginava, o escritor pergunta onde estariam "os jasmineiros das cercas"; os "extensos tapumes de maricás que se tornam de algodão que mais é neve, em pleno estio". Enfim, para ele, só os subúrbios "guardam dessas belas coisas roceiras, destroços como recordações".

Lima compete consigo próprio, oscilando entre elogiar a vida que desfruta nessas vizinhanças e destacar somente o abandono, os "terrenos baldios onde ainda crescem teimosamente algumas grandes árvores das casas de campo de antanho".[81] As histórias que ele tanto gosta de contar acerca dos subúrbios são não apenas recorrentes como cheias de ambivalências que lembram bem o processo de modernidade brasileiro: com avanços e recuos, ganhos e muitos sinais de decadência. É certo que o escritor anota procedimentos semelhantes quando se refere ao "centro", igualmente repleto de populações miseráveis e tipos que andam perdidos pelas calçadas, com suas diferentes temporalidades: a da imigração, outra do recém-extinto sistema escravocrata, outra ainda advinda do novo perfil urbano da capital do Brasil.[82] Por isso, quando Lima fala dessas populações o afeto que ele guarda não distingue os personagens urbanos dos suburbanos. No entanto, se a cidade do Rio será palco de tantos romances e contos de época, é bem mais raro achar quem eleja moradores dos subúrbios como heróis da narrativa; miseráveis como protagonistas; "negros", "mestiços" e "pardos" como personagens centrais. É esse universo extenso que o autor vai construindo por meio dos seus romances, crônicas e contos. Um Rio de Janeiro alargado é seu posto de observação, e os subúrbios, seu ambiente privilegiado de inspiração. Região e espaço são marcas fundamentais de tal literatura. Não há subúrbio sem centro, e vice-versa. Não há linha do trem que não seja tanto real quanto simbólica e imaginada.

No fundo, é Lima a personagem principal que perambula entre o subúrbio e o centro da capital do país, demarcando de forma literal e metafórica essa fronteira desenhada pela linha longitudinal da Central do Brasil. Seguindo a definição que ele próprio oferece em "O destino da literatura",[83] Lima seria "um sujeito sociável": "passo, das vinte e quatro horas do dia, mais de catorze na rua, conversando com pessoas de todas as condições e classes".[84] Carioca seria aquele que vai de Copacabana a Todos os Santos e conhece bares e segredos internos de cada um desses locais. No trajeto diário, era o subúrbio que o enternecia; principalmente aquele marcado pela desatenção do Estado, por práticas mistas de arquitetura, de religião e de sociabilidade. Sua vizinhança em Todos os Santos é, assim, simultaneamente, sua condição e seu limite. É uma sombra onipresente, afetiva, da qual ele também quer se livrar. É lá que mora seu pai, e é lá que o amanuense se encontra com um destino que, quem sabe, não queria como seu.

Os subúrbios cariocas ajudam a pensar que a literatura se constrói nesse espaço "entre", ou da margem, e que escapa aos dois lados mais óbvios e opostos da moeda. Se o relato de Lima é bom testemunho, e muitas vezes parece com etnografia fina, não deixa de ser narrativa de alto teor ficcional. Esses são os *seus* subúrbios; um de seus personagens principais.

Por isso, os muitos textos de Lima Barreto sobre essa região — por vezes diretos, por vezes indiretos; afirmativos ou feitos pelos detalhes — são um pouco de tudo ao mesmo tempo: generosos e irônicos; de olho no passado e voltados para o presente; melancólicos e saudosos. Aí residem, prioritariamente, seus próprios fantasmas, as suas próprias contradições.[85]

7.
Floreal: uma revista "do contra"

O ano que passou foi bom para mim. Em geral, os anos em sete fazem grandes avanços aos meus desejos. Nasci em 1881; em 1887 meti-me no alfabeto; em 1897, matriculei-me na Escola Politécnica. Neste andei um pouco, no caminho dos meus sonhos. [...] Já começo a ser notado.
— Lima Barreto, *Diário íntimo*

Floreal, n. 2, 1907.

Fazendo aquecimento na Fon-Fon

Embora tenha sido obrigado a abandonar o curso da Politécnica, Lima manteve vários amigos dos tempos de estudante, aos quais se somaram alguns que conheceu no serviço público. Os rapazes encontravam-se em geral no Café Papagaio, jogavam muita conversa fora em torno de garrafas de parati, mas também discutiam política, maldiziam os jornalistas e debatiam literatura. O nome que criaram para identificar o círculo masculino e de jovens escritores é prova do humor que os unia; afinal, ali estava a divertida confraria Esplendor dos Amanuenses.

O grupo — de algum modo capitaneado por Lima — se tinha em alta conta. Na avaliação de seus integrantes, eles seriam os "novos". "Novos" porque se autoproclamavam os genuínos representantes de uma nova literatura; "novos" porque apartados do que consideravam ser os protecionismos da ABL e dos grandes jornais da capital. Na opinião da confraria, o ambiente daquela República das Letras era por demais fechado, até tacanho, e avesso a iniciativas concorrentes. Claro que essa era a percepção de uma geração que ia chegando com muita vontade de ascender, ou, ao menos, de ter chance de mostrar seus trabalhos.

E eles tinham lá suas razões. Formada em boa parcela por jornalistas, a literatura nacional crescia, sobretudo a partir de instituições como a Academia Brasileira de Letras, que funcionava como uma sorte de régua interna a distinguir os mais estabelecidos daqueles que permaneciam como outsiders.[1] Já a possibilidade de lançar um livro sem fazer parte desse círculo seleto era de todo restrita, uma vez que as poucas editoras que havia se concentravam usualmente em torno de nomes consagrados. Logo, a maneira mais fácil de apresentar uma obra e ganhar evidência era por meio dos jornais, que publicavam romances em capítulos e na forma de folhetins. Os trabalhos de vários escritores — nacionais e estrangeiros — foram divulgados desse modo, e os de Lima também.[2] Aliás, cada vez mais populares, os folhetins vinham sendo promovidos por vários periódicos de grande circulação no Rio. Tramas rocambolescas e episódios picantes tinham como objetivo fisgar a curiosidade do leitor, que ficava preso na narrativa, a qual sempre terminava prometendo novos capítulos para os dias seguintes.

Mas até mesmo esse tipo de oferta era escasso, e as oportunidades disputadas a tapa. Ainda que os jornais se tornassem mais regulares e passassem a contar com um corpo de funcionários fixo e colaboradores afamados, justamente por causa dos artigos e colunas que assinavam, continuava difícil entrar nesse clube, em que todos se conheciam e reconheciam.

Mesmo assim, nosso autor, embora sem ter livro publicado e apenas debutar na vida de cronista, jamais baixava suas altas expectativas com relação à literatura. Como vimos, no dia 12 de janeiro de 1904, em seu *Diário*, o amanuense registrava que estaria escrevendo uma "espécie de *Germinal* negro", com uma "psicologia especial" e um "sopro de epopeia". O drama seria tão "sombrio, trágico e misterioso, como os do tempo da escravidão". A ideia de escrever sobre a escravidão não era nova; fazia parte do espírito de

Carta timbrada que Lima Barreto endereça a seus colegas da confraria Esplendor dos Amanuenses.

época e da tentativa de dar conta desse sistema, ainda mal analisado e estudado, de nossa história. Novo era o grau de comparação e o acento do projeto. Lima usava como parâmetro o romance de Émile Zola, *Germinal*, publicado em 1885, cujo mote é uma greve de trabalhadores provocada pela redução de salários. Nela, o escritor francês denuncia as circunstâncias desumanas em que vivem os mineradores, além de descrever os primórdios do que seria a organização política e sindical da classe operária e experimentos anarquistas. E, no seu *Diário íntimo*, o morador de Todos os Santos confessava: "Como exija pesquisa variada de impressões e eu queira que esse livro seja, se eu puder ter uma, a minha obra-prima, adiá-lo-ei para mais tarde".

O rapaz deixava claro, pelo menos no espaço protegido da sua privacidade, que pretendia encontrar seu lugar na literatura a partir de uma narrativa de fundo histórico e que retomasse os tempos da escravidão; "essas ideias" que o "perseguem". Tencionava "pintar e fazer a vida escrava com os processos modernos do romance, e o grande amor que me inspira — pudera! — a gente negra, virá, eu prevejo, trazer-me amargos dissabores, descomposturas, que não sei se poderei me pôr acima delas". Essa seria sua utopia, sua definição de literatura, uma "literatura negra" porque impactada pelas estacas da escravidão. Mas, "até lá", escrevia ele, "meu Deus!, que de amarguras, que de decepções! Ah! Se eu alcanço realizar essa ideia, que glória também! Enorme, extraordinária e — quem sabe? — uma fama europeia".[3]

Do alto da sua juventude, aos 23 anos, Lima não escondia pretensões. Seria um escritor da saga dos afrodescendentes, a despeito de temer pela reação: "Dirão que é o negrismo, que é um novo indianismo, e a proximidade simplesmente aparente das coisas turbará todos os espíritos em meu desfavor; e eu, pobre, sem fortes auxílios, com fracas amizades, como poderei viver perseguido, amargurado, debicado? Mas... e a glória e o imenso serviço que prestarei a minha gente e a parte da raça a que pertenço. Tentarei e seguirei avante. 'Alea jacta est'. Se eu conseguir ler esta nota, daqui a vinte anos, satisfeito, terei orgulho de viver! Deus me ajude!".[4] Como se percebe, suas projeções pessoais não eram pequenas: escrever um novo *Germinal*, ganhar fama na Europa, terminar uma obra-prima, adotar o negrismo como filosofia e escrever com jeito de indigenismo; não o

Leve, irônica e crítica, a *Fon-Fon* carregava já no seu logotipo a experiência motorizada da nova modernidade urbana, 1907.

romântico, mas aquele que descrevia valores locais e incluía a história dos africanos que chegaram forçadamente ao Brasil. Ao mesmo tempo, ficam claros temores que se revelarão presentes ao longo da carreira do autor. Lima, que apostava muito em sua literatura e em seu futuro como escritor, não era um franco-atirador. Já nesse contexto tinha a certeza de que "sua cor" e o fato de seus avós terem sido escravizados lhe causavam grande prejuízo social. Segundo ele, eram tais precondições que geravam "fracas amizades" e frágeis possibilidades de contar com "auxílios" e proteções privados.

Lima guardava uma atitude tão ambivalente diante de tudo e de todos, que desfazia até dos próprios integrantes da turma. Também no *Diário*, no mesmo ano de 1904, ele conta que seu amigo Bastos Tigre era "um tipo de literato do Brasil [...], inteligente, pouco estudioso, fértil, que usa da literatura como um conquistador usa das roupas — adquirir mulheres, de toda a casta e condição". Domingos Ribeiro Filho, com quem frequentava, entre outros, o Clube dos Democráticos, uma das três grandes sociedades que regiam o Carnaval local, tampouco se saía bem no escrutínio de Lima.[5] Na definição dele, Domingos, natural de Macaé,[6] era um escritor "daqueles que pensa [sic] que o literato deve ser o inimigo do casamento, da moral, das coisas estabelecidas, com tintas de darwinismo e haeckelismo, velhíssimas coisas que ele pensa novas, escreveu um romance rebarbativo e idiota, para fazer constar que é um voluptuoso, um lascivo, e põe-se nas ruas a fazer os mais baixos comentários sobre as mulheres que passam: 'Que peixão! Que bunda! Oh! A carne!'. Isso! Aquilo! É um imbecil".

Enfim, embora tivesse uma rede de amigos próximos, Lima não abria mão de se distinguir deles. Com frequência se escudava em sua condição mais remediada, por vezes era a origem afrodescendente que explicava sua situação distinta; em outros momentos, o fato de residir nos subúrbios lhe dava argumentos para se "aproximar" da população dessas vizinhanças, apartando-se dos demais escritores. Eram sobretudo as diferenças sociais que, na própria visão do autor, faziam dele um peixe que nadava fora da marola criada pelo grupo.

De toda forma, 1907 começou prometendo, e muito. Nesse ano Lima foi convidado a tomar parte de uma nova iniciativa literária: a revista *Fon-Fon*, que já surgia badalada.[7] Seria uma boa oportunidade para ele se jogar de vez na carreira de jornalista, que consistia, como vimos, num passo fundamental para chegar à "grande literatura". Lançada no dia 13 de abril, a revista rapidamente ganhou a simpatia do público carioca por conta de seu tom leve, engraçado e informativo. *Fon-Fon* assim se definia: "Semanário alegre, político, crítico e esfuziante; noticiário avariado, telegrafia sem arame, crônica epidêmica; tiragem: cem mil quilômetros, por ora; colaboração de graça, isto é, de espírito".

A revista trazia no título o barulho da buzina dos novos carros e tinha tudo a ver com os ares de modernidade dos cariocas. Não se sabe bem por que o poeta simbolista, criador de vários periódicos e um dos fundadores da *Fon-Fon*, Mário Pederneiras, convidou Lima para atuar como secretário de redação do semanário.[8] Sabe-se, porém, que tentou convencê-lo com o argumento de que devia abandonar a colaboração no que se chamava, na época, de imprensa burguesa; qual seja, os jornais em boa parte nascidos no fim do XIX e início do XX, e que nesse período já se encontravam estabelecidos, como a *Gazeta da Tarde*, *Diario de Noticias*, *Cidade do Rio*, *Gazeta de Noticias* e *Correio da Manhã*.

Nessa altura, Lima não era um desconhecido. Basta lembrar da série de crônicas chamadas "O subterrâneo do morro do Castelo", que publicara no *Correio*, com relativa repercussão. No entanto, e mesmo assim, nas rodas de amigos ele costumava atacar as publicações "binoculares", numa referência às colunas sociais, as quais faziam grande sucesso no momento, que só olhavam de longe, e de maneira superficial, para a realidade bem defronte de seus próprios olhos.

Lima aceitou o convite de Pederneiras, que lhe permitiria manter a posição de amanuense. Mas sua passagem pela *Fon-Fon* acabaria sendo rápida. Por lá permaneceu nove meses — três dos quais como secretário de redação —, deixando uma carta de demissão da qual hoje só conhecemos o rascunho. Nela, lamenta que o semanário não oferecesse mais oportunidades, atribuindo a culpa em parte a si, em parte à direção. Lima era sempre assim: a princípio compreensivo e depois sinceramente agressivo. "Vejo que as coisas minhas não agradam", lastimava-se. E acrescentava: "ficam à espera enquanto as de vocês nem sequer são lidas, vão logo para a composição". É difícil entender como não conseguia publicar seus artigos se era secretário de redação. O fato é que sua atitude continuava ambivalente: ele se movia entre considerar-se inserido e ter certeza de que era preterido. Tanto que afirmava não sentir "ciúme" dos demais; dizia-se de há muito apenas "resignado".

De todo modo, entre atender o que chamava de "a bondade" de Pederneiras e se demitir, revelando "orgulho", Lima decide dar fim à situação. Diante desse tipo de impasse, punha sempre a culpa em sua história pregressa: "A desgraça não me deixa andar para adiante; eu venho assim desde os sete anos e me resigno perfeitamente, o que é de meu gênio e das minhas origens...".[9] Não havia espaço, concluía Lima, para ele desenvolver um projeto editorial próprio junto à revista. Prova maior foi que, durante o primeiro ano de circulação da *Fon-Fon*, não publicou mais que três crônicas, e, mesmo essas, um pouco escondido atrás dos pseudônimos de Phileas Fogg e S. Holmes.[10] Também a escolha dos nomes não parece coincidência. Phileas Fogg é o protagonista do romance *A volta ao mundo em oitenta dias* (1873), de Júlio Verne. Homem de poucas palavras, enigmático e pontual, é frio e econômico nos gestos. Já Sherlock Holmes

Detalhe de foto de conferência promovida pela *Fon-Fon* em 1907. Entre os vários colaboradores da revista encontra-se, muito provavelmente, Lima Barreto, que aparece mais à esq. na terceira fileira. (A identificação foi feita por Felipe Botelho Corrêa, que publicou o documento na seleção de crônicas de Lima organizada por ele em 2016.)

é o célebre detetive criado pelo médico e escritor inglês Sir Arthur Conan Doyle, que ganhou fama pela maneira como resolve seus casos: a partir da lógica dedutiva e do método científico.

O então secretário da *Fon-Fon* selecionou, assim, dois personagens famosos da ficção; ambos bastante sóbrios no comportamento, originais na atuação. As crônicas de Fogg e Holmes são críticas à situação do Brasil e contrárias aos bovarismos; ou seja, a adoção de uma cultura postiça, pelo simples fascínio pelo que é estrangeiro. Em "Falsificações", Lima detona a mania dos consumidores de evitar "gêneros perfeitamente puros" e preferir os "falsificados": "Nosso irrepreensível! apóstolo, no sacrossanto intuito de mostrar a sua perfeita solidariedade com os animais, não come carne nem peixe, e usa botas de pano com solas de borracha [...] E porque lhe constasse que nos Estados Unidos se falsificavam artefatos de borracha com a pele e tecidos dos pretos linchados, o altruístico vice-diretor submete à prova infalível da análise as sandálias [...] as botinas que vai calçar. Os falsificadores são terríveis...".[11]

Talvez tenha sido a decepção perante a *Fon-Fon* o que animou Lima a investir numa publicação própria. Nela, ele não se esconderia mais atrás de pseudônimos e não veria seus artigos esperando na gaveta ou sendo preteridos em nome de outros colaboradores. Ao menos, foi o que Lima alegou na carta de demissão endereçada a Mário Pederneiras, em seu já conhecido movimento de recuar e atacar. Quem sabe por isso mesmo ele tenha encontrado um final titubeante para a sua mensagem: "Não me gabo de ser lá grande escritor [...] entretanto, tenho feito esforços, neste e naquele gênero, para os agradar. Fantasio, imagino, faço química, escrevo pilhérias... não há meio!...".[12] Lima não tinha certeza, mas imaginava, e muito.

Floreal: *Lima Barreto, o faz-tudo*

Mas, apesar da frustração com a *Fon-Fon*, o momento não era de todo mau. Ao contrário, parecia anunciar bons projetos. Em 1908, nas anotações que deixou em seu *Diário íntimo*, o escritor realizou uma espécie de balanço do ano anterior: "5 de janeiro. O ano que passou foi bom para mim. Em geral, os anos em sete fazem grandes avanços aos meus desejos. Nasci em 1881; em 1887 meti-me no alfabeto; em 1897, matriculei-me na Escola Politécnica. Neste andei um pouco, no caminho dos meus sonhos. Escrevi quase todo o *Gonzaga de Sá*, entrei para o *Fon-Fon*, com sucesso, fiz a *Floreal* e tive elogio do José Veríssimo. [...] Já começo a ser notado".[13]

Se Lima queria começar a "ser notado", 1907 fora de fato um ano que anunciava bons prognósticos. No *Diário* ele esquece dos contratempos experimentados na *Fon-Fon*, menciona a conclusão de seu primeiro romance e ainda inclui a revista que passaria a dirigir: a *Floreal*. Bem a seu estilo, e desenvolvendo muitos projetos ao mesmo tempo, além de *Gonzaga de Sá* escrevia em ritmo acelerado *Recordações do escrivão Isaías Caminha* e apostava firme na possibilidade de uma nova publicação, mais combativa que as demais.[14] Não se sabe muito bem como foi concebido o periódico. Mas com certeza foi desenhado nas mesas do Café Jeremias, ou do Café Papagaio.[15] Era nesses locais que se reunia regularmente o grupo de Lima, que, além de se reconhecer como "boêmio", guardava singularidades no humor. Bastos Tigre, Emílio de Meneses, Raul Pederneiras e Lima Barreto compunham outra confraria — a "confraria humorística" —, fazendo trocadilhos, desafios e, no caso de Calixto, que também frequentava as mesas do café, caricaturas bem-humoradas.

O café tornou-se quartel-general do grupo, que batizou de *Floreal* sua nascente publicação, em homenagem ao oitavo mês do calendário revolucionário, decretado em 1793 pela Convenção Francesa, e que lembrava a primavera e a liberdade dos povos. Lima também costumava destacar que havia nascido em maio: o mês das flores.

Em torno da revista reuniram-se alguns dos amigos mais chegados do autor — como Antônio Noronha Santos e Domingos Ribeiro Filho —, mas também colegas um pouco distantes, como Manuel Curvelo de Mendonça (bacharel em direito e jornalista) e Fábio Luz[16] (médico e literato que concorreu várias vezes à ABL, sempre sem sucesso), ambos do círculo anarquista que Lima viria a frequentar anos depois.

A ideia tomava forma, e logo ficou estabelecido que Lima coordenaria o projeto. O escritor continuava ganhando a vida como amanuense, e apenas aceitou o desafio, comentava ele de forma debochada, porque nenhum deles tinha "pai livreiro". O objetivo da revista não era nada velado: os redatores queriam ver seus artigos publicados e assim saber se eram, afinal, "burros ou inteligentes, geniais ou medíocres".[17]

Pois bem, no dia 25 de outubro de 1907, um sábado, chegava às mãos do público carioca uma nova revista, cujo editor e diretor era Lima Barreto. Apresentando um formato pequeno, 15×22 cm, *Floreal* surgia para disputar o gosto dos leitores da capital. Sua meta, assim definiam os redatores, consistia em "escapar às injunções dos mandarinatos literários [...] ao formulário das regras de toda a sorte".[18] O alvo declarado era a Academia

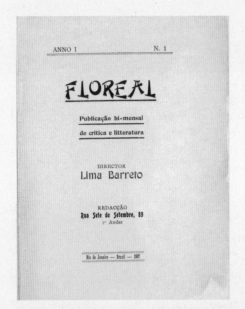 

Capa e contracapa do n. 1 da *Floreal*, 1907. O nome de Lima Barreto aparece em destaque.

e o que julgavam ser uma literatura muito pautada por regras gramaticais distantes da linguagem do povo. Com certeza, tratava-se da ousadia dos "jovens", que vinha acondicionada com muito desejo de *épater le bourgeois*. Os rapazes pensavam alto: queriam competir por uma fatia do mercado de veículos impressos, o que se revelaria tarefa árdua numa época em que os jornais iam ganhando em recursos financeiros e técnicos também. Os jornais que circulavam no Rio nesse momento eram, em geral, mais bem diagramados; contavam com fotos, ilustrações, caricaturas e projeto gráfico caprichado; e, portanto, pouco pareciam com brincadeira de amadores e iniciantes.

Além do mais, era crescente o número de periódicos disponíveis na capital: se entre 1890 e 1899 surgiram quinze jornais no Distrito Federal, entre 1900 e 1908 esse número mais que triplicou, chegando a 52 novos empreendimentos. Apenas em 1907, ano de lançamento da *Floreal*, apareceram oito. A natureza desses jornais de início do século xx (e até 1908) era bem variada, sendo eles divididos em noticiosos (36), literários (22), científicos (24), religiosos (onze), almanaques (sete), didáticos (quatro), humorísticos (quatro), estatísticos (quatro), comerciais (seis), espíritas (três), esportivos (dois), anunciadores (três), infantis (dois), históricos (três), industrial (um), marítimos (dois), militar (um).[19] Tal crescimento refletia o anseio de informação de um público urbano e a emergência de uma classe média com interesses culturais mais definidos.[20]

A *Floreal*, sem contar com ilustrações internas e carente de tudo — de uma máquina administrativa e industrial, de recursos financeiros e de uma equipe de escritores consagrados —, teria assim um difícil caminho a percorrer a fim de ganhar a atenção do leitor carioca, que possuía um cardápio bastante farto à disposição.

De toda maneira, no dia 26 de outubro de 1907, o *Jornal do Brasil* noticiava de forma simpática e camarada o aparecimento de uma revista literária dirigida pelo sr. Lima Barreto. Ela "traça, com bastante *humour*, o seu programa. Tem boa colaboração e é trabalhada com esmero, até na parte material".[21] O jornalista não se enganara a respeito do "humor" presente na nova publicação. Especialmente na segunda parte, chamada de "Revista da Semana", tudo era repassado de modo irônico: personalidades, eventos, situações, nada escapava da pena afiada dos rapazes.

No entanto, enganava-se quem achava que a filosofia a animar o grupo era apenas fazer graça. Ao contrário, na redação da *Floreal* estava um grupo que pretendia ir longe e alçar voo. A redação foi instalada modestamente numa saleta no centro da cidade — rua Sete de Setembro, 89, primeiro andar —, atrás de uma alfaiataria frequentada por um dos membros do grupo: Mário Tibúrcio Gomes Carneiro, estudante da Faculdade de Direito.[22] O projeto representava, sobretudo, a materialização de uma espécie de plataforma comum, idealizada, mais particularmente, por Lima, que tinha então 26 anos. Dirigir sua própria revista e fazer dela um instrumento de intervenção — e de sua apresentação — na sociedade literária carioca era o sonho maior do jovem amanuense. Até porque, naquela altura, ele ainda não se destacara entre os literatos da capital, e não havia publicado um romance sequer. Mas a *Floreal* significava também um esforço de equipe, um empreendimento geracional e de amigos. O preço da revista era baixo — quinhentos réis —, "de amigo", mas, mesmo assim, a revista só veio a lume porque cada "sócio" se dispôs a contribuir com uma cota de 10 a 20 mil-réis mensais.[23]

O estilo da revista lembra muito o de Lima e seu grupo, que, nas animadas reuniões realizadas nos cafés, ironizavam o "perfil sensacionalista" dos demais jornais, os quais, sem meias palavras, eram chamados de "imprensa burguesa", interessada apenas em sucesso comercial e nas altas tiragens. A nova publicação, por sua vez, pretendia denunciar o periodismo em voga, feito "de mágica, com encantamentos, alçapões e fogos de bengala".[24] A ideia era, pois, fazer da *Floreal* um noticioso "por oposição": eles seriam em tudo contrários aos demais, não teriam preocupações mercantis, apresentariam as notícias de modo isento e mais próximo do que diziam ser o "interesse popular".

Lima tinha tal influência e presença na revista que, das 39 páginas do primeiro número, ele comparecia em dezessete, e nas duas partes da publicação: no noticioso e nos artigos especiais. Além disso, seu nome estava grafado na abertura, em letras maiúsculas, em negrito e bem no centro da página. Com o intuito de assinalar, logo de início, a que vinha o periódico, já no artigo de abertura se apresentava uma sorte de plataforma. Nos termos do grupo, consistia num projeto "individualista", em que cada um poderia, "com a responsabilidade de sua assinatura, manifestar as suas preferências, comunicar as suas intuições, dizer os seus julgamentos".[25] Mais uma vez, a personalidade da revista não diferia da de seu editor, que lhe imprimiria um caráter afirmadamente autoral. Ela era "individualista", pois o que se pretendia não era dar publicidade a uma nova estética de vanguarda, mas sim, e sobretudo, aos seus redatores. Por outro lado, partindo do princípio de que se tratava de uma empreitada coletiva, não só os editoriais como alguns dos artigos — muitas vezes de autoria de Lima — eram escritos no plural e assim partilhados pelos colegas.

No editorial de abertura, por exemplo, o diretor explicitava as diretrizes adotadas pela revista, bem como as razões de sua publicação: "Não se destina, pois a *Floreal* a trazer a público obras que revelem uma estética novíssima e apurada; ela não traz senão nomes dispostos a dizer abnegadamente as suas opiniões sobre tudo o que interessar a nossa sociedade".[26] No entanto, a despeito do fôlego anunciado pelos redatores, ao empreendimento faltavam grandes nomes, desenhos, e as fotogravuras que começavam a ser facilmente encontradas nas páginas em cores com chapadas de vermelho estampadas nos demais periódicos da época. O grupo e acima de tudo o diretor da *Floreal* também careciam de um maior capital de relações, tanto no meio literário como entre as elites locais que poderiam bancar uma iniciativa como aquela.

Aliás, tendo em vista as poucas credenciais de Lima, só se pode explicar a escolha do nome dele para a direção da revista em função de seu caráter ativo e empenhado, que não era segredo para ninguém. Se faltava tudo, sobrava vontade. Por isso, a estratégia seria, mais uma vez, a da contraposição. Ou seja, construindo seus dragões na grande imprensa — por eles considerada de todo estrangeirada —, a *Floreal*, como se fosse um Dom Quixote, viria se bater pelas questões mais propriamente nacionais. A ideia era que, sem buscar exatamente uma nova estética, eles se opusessem "aos mandarinatos literários"; aos "protegidos", aos "preconceituosos", aos "preguiçosos acomodados às regras".

A *Floreal* assumia, assim, um tom de grupo e anunciava logo no início dos trabalhos certa atitude de combate, mas com respeito. Porém, já na apresentação da revista, as propostas citadas iam todas na direção contrária. Por exemplo, a maneira de definir os demais jornais em circulação significava quase uma declaração de guerra. Chamados de "*féerie*"; de "cinematógrafos", por causa da brevidade das notícias, os jornais da capital eram todos transformados em caça-níqueis burgueses.[27] Já a *Floreal* teria surgido para ser diferente. O estilo seria direto, pouco acabado como forma escrita, as opiniões plurais e baseadas na contribuição livre de seus colaboradores. Também não aceitariam o que denominavam "teoremas da arte"; ou seja, as fórmulas literárias que consideravam fechadas e preconcebidas.

Enfim, se não existia programa ou plataforma absolutamente fechada, o que parecia integrar o grupo eram as garras da nova geração. Mas sem afugentar o leitor. Nada de "estúpidas hostilidades preconcebidas", pois "o antigo se encadeia no novo, o novo no novíssimo, e [...] quando mesmo isso não se dê, ambos podem coexistir, por mais antagônicos que sejam".[28] Contudo, mesmo com as armas encobertas — para evitar o conflito em campo aberto — a *Floreal* não deve ter agradado os colegas jornalistas e escritores. O periódico vinha carregado de empáfia e dizendo tudo por meias palavras. Não conseguia esconder que seu fito, afinal, era combater uma imprensa que julgava burguesa e dada a amenidades, e um grupo literário igualmente voltado para a vida social.

No número de estreia da revista, por exemplo, apareciam as seguintes matérias: um "diálogo" a respeito da nova moral sexual, de autoria de Antônio Noronha Santos; o prefácio e o primeiro capítulo do que seria o romance inaugural de Lima Barreto — *Recordações do escrivão Isaías Caminha*; e o terceiro capítulo do conto "Dia de amor", de Domingos Ribeiro Filho, antes publicado em duas edições dominicais do *Correio da Manhã*.[29] Para que se possa ter uma ideia, se o artigo de Noronha provocava a moralidade local, pouco afeita a um debate sobre a abertura sexual dos cariocas, a história de Isaías Caminha, como veremos logo mais, atacava de frente a cena jornalística da época — com nomes facilmente identificáveis. Já o conto de Domingos acabou saindo inteiro na *Floreal*, visto que seus capítulos foram considerados imorais e devidamente censurados pelo *Correio*.[30] Espécie de dramalhão vivido por Pedro e Vera, a narrativa gira em torno de uma paixão tão incontrolada quanto proibida, contada com requintes de sensualidade.

E, se Domingos Ribeiro Filho apenas redirecionou um material que já vinha publicando em outro veículo, Noronha Santos escreveu seu artigo especialmente para a revista. Amigo mais constante de Lima, colega dos tempos do Liceu e da Politécnica, legou uma assídua correspondência com ele, testemunho da amizade que mantiveram pela vida afora. Noronha viveu dos oito aos onze anos em Paris, acompanhando o pai médico. Formou-se bacharel em direito e tentava então entrar no circuito dos jornalistas da capital, a exemplo do amigo. Por isso caprichou no seu primeiro texto para a *Floreal*, intitulado "Diálogo". Nele, imagina uma conversa entre dois sujeitos que criticam a prática do uxoricídio — o assassinato premeditado de mulheres por seus maridos e namorados —, bastante comum e relativamente aceito na época.

O adultério foi tema do Código Penal de 1890, e a República classificou-o de crime "contra a segurança da honra e honestidade das famílias". O ato era punido com prisão celular — confinamento em "células solitárias e individuais" — de três anos para o caso da mulher considerada adúltera. Para o homem, previa-se penalidade apenas no caso em que fosse provada a existência de uma concubina "teúda ou manteúda", ou seja, um relacionamento estável. Isso porque se regulava por lei a responsabilidade do marido de sustentar a família. Sendo assim, se às mulheres cabia a punição da reclusão, os homens só iam parar na prisão quando a Justiça entendia existir ameaça ao conforto da esposa legítima e dos filhos.[31]

O artigo de Noronha explicava que a sociedade precisava encontrar outras saídas, distintas do uso indiscriminado da violência.[32] A crônica listava diferentes práticas do divórcio e pedia que a sociedade brasileira se abrisse a elas. A abordagem desse tema mostrava a disposição dos redatores de não abrir mão de questões polêmicas e espinhosas em seu contexto.

Agora, exploremos um pouco mais o conto de Domingos Ribeiro Filho, "Dia de amor". Como vimos, o trecho correspondia ao terceiro capítulo de um livro maior, cuja publicação o *Correio da Manhã* achara por bem suspender, alegando impedimentos morais. Se tomarmos somente a decisão editorial da revista — de dar continuidade a um material recusado por outro veículo —, já se evidencia seu posicionamento contestador. Mas essa não foi apenas uma escolha de ocasião. São conhecidas as afinidades do diretor do periódico com a temática tratada por Domingos Ribeiro Filho e Noronha Santos. Algum tempo depois, o próprio Lima publicaria seu "Manifesto maximalista", em que, além de discorrer sobre outros temas, defendia o divórcio como uma das bases para a transformação da sociedade capitalista.

Outra afinidade entre os três colegas de redação era a simpatia com o anarquismo, em especial com as ideias de Kropótkin, um dos líderes do anarquismo e do anarco-comunismo.[33] Domingos Ribeiro Filho, na definição de Astrojildo Pereira,[34] era um escritor não conformista, extremamente cioso da sua independência. Teria virado "um rebelde por natureza e revolucionário por convicção, e por tudo isso duro no combate a todas as formas e manifestações de farisaísmo intelectual ou de torpeza política".[35]

Eram muitas, pois, as compatibilidades entre Lima e Domingos, mas também as discordâncias. Lima Barreto, por exemplo, no terceiro número da *Floreal*, fez severas críticas ao futuro livro de Domingos, que, lançado em 1907, ganhou o título de *O cravo vermelho*. Resultado da história publicada aos pedaços, o romance tratava quase que didaticamente, na opinião do amanuense, de temas como o casamento, a infidelidade feminina, o adultério, os crimes da paixão e a violência baseada na questão de honra. A despeito de apoiar a perspectiva combativa de Domingos, e se opor publicamente a atitudes mais conservadoras em relação ao casamento e à família, que considerava instituições burguesas, o diretor da *Floreal* julgou que a qualidade da obra deixava a desejar. O tema era novo e merecia divulgação, mas a trama concedia demais ao assunto que queria explorar. Ao que tudo indica, Domingos não aceitou bem as reservas do amigo. Muitos anos depois, nos idos de 1938, quando Lima já não estava nem vivo para responder, ele avaliou negativamente a trajetória política do ex-companheiro, o qual, segundo ele, jamais atuara como um "verdadeiro revolucionário anarquista".[36]

Esse embate apimentado ainda tardaria, porém, a acontecer. No começo da *Floreal*, os laços de identidade entre os dois escritores eram maiores que as desavenças. A publicação simultânea de partes de *Recordações do escrivão Isaías Caminha* e de *O cravo vermelho* na revista representava um esforço comum no sentido de questionar a imprensa que seus editores consideravam acomodada. Basta lembrar a passagem do futuro romance em que Lima descreve o ambiente da redação de *O Globo*, disfarce frágil que logo deixa reconhecer o lugar do *Correio* na trama, além de não poupar os jornalistas da casa: "Não há repartição, casa de negócio em que a hierarquia seja mais ferozmente tirânica. O redator despreza o repórter, o repórter, o revisor; este por sua vez, o tipógrafo, o impressor, os caixeiros do balcão".[37]

Na segunda parte — "Revista da Semana" — do primeiro número da *Floreal*, e mais particularmente na seção "Pretextos", Lima já destilava o estilo crítico ao discutir algumas iniciativas do cenário literário carioca. De acordo com ele, certos escritores, famosos por conta das obras que publicaram ou em função da posição que ocupavam na política e na administração pública, "resolvem reunir-se e fundar uma sociedade, um clube, que dê banquetes congratulatórios e convoque sessões ruidosas".[38] Mais uma vez, o diretor da *Floreal* desfaz do ambiente literário, definido como um grotesco "*bric-à-brac*" com seus senhores de casaca desfilando "nas salas elegantes do Cassino e Lírico da Guarda Velha".[39]

E Lima vai fechando a coluna com seu célebre desdém: "Singular maneira de melhorar o gosto público e de levantar a cultura da massa!". Esse era mesmo um modo dileto de se distinguir dos demais escritores, dizendo duvidar que outra "casta" ou "classe" e muito menos esses literatos amassem "o povo" ou achassem nele "poesia, matéria-prima para suas obras". Com os olhos voltados para o Lírico, para os bondes de Botafogo, para as barcas de Petrópolis ou para os passeios na Tijuca, eles teriam se esquecido de uma das maiores "funções da literatura que é de soldar os grupos de um país uns aos outros" e revelar formas diferentes "de pensar, de sentir, os sonhos, as aspirações particulares a cada qual".[40]

Na seção "Jornais e Revistas", ainda no primeiro número da *Floreal*, Antônio Noronha Santos comenta um artigo publicado no *Mercure de France* sobre o cinematógrafo. Mais saudosista que Lima, Noronha Santos parecia acreditar que a nova técnica "devorará talvez o romance, o conto, a comédia, o drama, o poema narrativo". A revista vai seguindo, no número de estreia, com seus pitacos, mirando tudo que fazia sucesso. Nessa toada, seus editores escolhem como alvo o romance *Canaã*, do acadêmico Graça Aranha, e junto com ele todos os demais "reformadores da ortografia". Na seção "Ecos" aparecem pequenas notas humorísticas acerca das atividades de tais literatos, que "acreditaram que pugnavam em prol de uma obra de simplificação e economia", e um comentário igualmente maldoso sobre o aviador Santos Dumont, verdadeiro herói da vez. O "retrato" que dele faz a *Floreal* é bem diferente do corrente. Dizem os rapazes que o aviador é "mais conhecido no globo do que a Cléo de Mérode.[41] Tem automóvel, frequenta belas mulheres, e aparece nos álbuns...".[42]

Enfim, parece que o estilo da revista consistia em dar uma no cravo e outra na ferradura. Diferentemente do tom mais moderado da abertura, a estratégia era provocar, chocar, criticar, e debochar de tudo que fosse mais estabelecido. Qualquer "pretexto" — aliás, título de uma das seções — bastava para desfazer dos que eles consideravam seus "outros": membros da ABL, literatos de maior proeminência, jornalistas influentes, gramáticos e celebridades da época.

A *Floreal* era, assim, o produto de um grupo jovem, que se pretendia em tudo diferente e por isso ousava atravessar algumas fronteiras da convenção acertada entre os jornais mais consolidados. Talvez tenha sido esse o motivo por que vendeu tão pouco. E a própria redação tratou de ironizar o tímido sucesso da revista. Na segunda edição, de 12 de novembro de 1907, a avaliação das vendas é iniciada com a reprodução do diálogo ocorrido entre a redação e Tomás Labanca, o distribuidor da *Floreal*: "— Quantos, Labanca? — Trinta e oito, respondeu o Labanca, com entonação compungida. — 38! Sim, tinham sido 38 os exemplares avulsos, vendidos do primeiro número da *Floreal*! Trinta e oito — 38 — sobre os 850 mil habitantes da cidade do Rio de Janeiro, por curiosidade, por esquecimento, por qualquer motivo, este aqui, aquele mais adiante [...] Trinta e oito heróis eram esses, seguramente, que ousavam assim proceder diante de toda esta heroica cidade, talvez na rua do Ouvidor, à vista do dr. Ataulfo e da Casa Raunier! Uma onda de gratidão nos invadiu a alma. Benditos 38! [...] Dignos 38!"...[43]

Como se pode notar, o fracasso financeiro não comprometeu o bom humor e a atividade dos jornalistas do periódico. No segundo número, a venda avulsa chegou a 82 exemplares, feito por eles comemorado como um grande sucesso.[44] Os confrades insistiram na bravata e ainda aumentaram um pouco o tamanho da revista, que passou de 39 para quarenta páginas e ainda mais duas com propagandas. A mudança era quase um detalhe, mas mostrava que o grupo não se intimidara diante do primeiro resultado.

Aliás, também a capa e o projeto gráfico seguiam deixando a desejar. Uma tímida flor lembrando o estilo art nouveau, mas sem truques maiores, continuava a ser a marca da publicação.

Nesse novo número, a *Floreal* dedicou o artigo inicial à discussão dos erros e acertos das ideias de Herbert Spencer, filósofo e sociólogo inglês muito identificado ao darwinismo social e especialmente influente entre intelectuais brasileiros. Fiel ao estilo da revista, em "Spencerismo e anarquia" Manuel Ribeiro de Almeida discute o lugar, a extensão e a função do Estado, bem como avalia o papel da sua intervenção administrativa, em longas e um tanto enfadonhas dez páginas. Em seguida, o periódico traz o poema "Face a face", de João Pereira Barreto. A composição não parece fazer jus ao tom mais arejado que o grupo clamava para si, já que se remete a Deus e sua relação com a natureza. "Sem que jamais por ela um só remorso passe;/ Algo que nos arroube, algo que nos impila,/ E à força desse Deus se oponha face a face".[45]

Depois do poema, vinha "História triste", de Carlos de Lara, conto que reproduz a conversa de quatro amigos durante um baile. Um deles narra sua aventura (ou desventura) ocorrida em Londres, envolvendo Lucy, jovem de quinze anos, loura, alta, delgada, uma criatura "suavemente franzina", a qual dizia ganhar a vida na rua desde que o pai a entregara a um "homem bruto" que a obrigava a levar dinheiro para casa. O rapaz a acompanha até o quarto, dá-lhe duas libras, e ao sair nota um sujeito em seu encalço, provavelmente o pai. Para piorar a situação, logo percebe que a menina lhe batera o relógio e a corrente![46] Misto de crítica social e autoironia, o conto entra no arranjo orquestral dos rapazes da *Floreal* tanto pela ousadia do tema e pelo desfecho quanto pelo fato de o autor ser pouco conhecido, até mesmo em seu contexto.

E a primeira parte do segundo número da revista fechava com a continuação da história de Isaías Caminha, que, nas suas quase oito páginas, ia introduzindo novos personagens sob pseudônimos, sempre facilmente "traduzidos" pelos jornalistas atacados. O folhetim, ainda que aos pedaços e publicado num noticioso de baixa circulação, acabaria escandalizando o meio literário local, e selaria a futura má recepção do livro de Lima, como veremos em breve.

Mas os amigos queriam mesmo chocar. Em "Pretextos", Edmundo Enéas Galvão, pseudônimo de Noronha Santos,[47] comenta a dificuldade de serem discutidas questões que envolviam o Exército, como o caso da Lei do Sorteio. A lei havia sido criada em 1906 e instituía o serviço militar obrigatório por meio de uma loteria. Lima, como já sabemos, na época da Politécnica afastou-se da diretoria da Federação de Estudantes depois de a entidade ter encaminhado ao Congresso uma moção favorável à obrigatoriedade do serviço militar. O artigo de Noronha Santos é, porém, bem mais cuidadoso e menos intempestivo. Apesar de ser contrário à ideia, ele se dedica a explicar que a medida visava, entre outras coisas, garantir nas fileiras do Exército não apenas trabalhadores de poucos recursos, como recrutas advindos de todas as classes sociais. Embora tal lei jamais tenha sido aplicada, vale a pena acompanhar a argumentação de Noronha, que pretende salientar os problemas criados pela obrigação militar para os trabalhadores nacionais. Segundo ele, não só faltavam aos brasileiros condições de competição profissional com os estrangeiros, como estes saíam beneficiados, já que não lhes era exigido que servissem ao Exército. E mais uma vez o grupo da *Floreal* se opunha, nesse caso ao que se considerava uma das benesses da jovem República: o serviço militar.

Em "Questões atuais", o mesmo autor voltou à carga, abordando novamente o polêmico assunto do sorteio para o serviço militar. Noronha alegava que a prática levaria ao afastamento de grande contingente de braços do setor produtivo, isso sem falar do custeio de manutenção desse pessoal por dois ou três anos. Para ele, tais procedimentos geravam uma "militarização por via direta" e uma atitude oposta àquela da "inteira dedicação à pátria".[48]

Como se vê, a revista era de fato uma ação entre amigos e uma conversa pública de ideias que todos partilhavam. Tanto que a seção "Protocolo" foi ocupada com os poucos cumprimentos recebidos pela primeira edição e com uma nota acerca da publicação do romance de Domingos Ribeiro Filho, *O cravo vermelho*. "É o primeiro de uma série de estudos sociais e morais", tendo como "mola interior" a questão da importância do estabelecimento de uma regra para nossa conduta à felicidade.[49]

Por sinal, "amigos" não só dão evidência a seus trabalhos, como se divertem juntos. Em "Ecos", fazem uma sátira aos costumes da elite brasileira, representada por Mme. de Bulhões Silva, em cuja casa se servia o chá fervendo. E lá ia crítica ao "senhor barão do Rio Branco", o qual, com sua "alta cultura" e o seu considerável "savoir-faire", teria que tomar cuidado com os copeiros nacionais, que precisavam aprender a "servir o chá na temperatura certa". O barão do Rio Branco simbolizava tudo que os confrades mais censuravam: a pose de aristocrata herdada do Império, a pompa de embaixador e os discursos tão extensos como vazios.

O segundo número terminava com muito autoescárnio: os autores davam boas risadas dos mesmos 38 exemplares vendidos e agradeciam àqueles leitores que efetivamente adquiriram a *Floreal*. Os motivos de a revista não emplacar, embora não fosse cara quando comparada a outras, só não eram evidentes para seus editores. O periódico continuava sem apelo visual, não contava com nomes reconhecidos, era muito voltado para o próprio grupo e, além do mais, não deixava nada em pé.

Teimosos, os redatores mantiveram a estrutura básica no terceiro número. Manuel Ribeiro de Almeida, por exemplo, escreveu um artigo intitulado "A evolução da matéria", tratando da obra de Gustave Le Bon. Le Bon ficara muito conhecido por suas teorias sobre a psicologia das massas e também pelas máximas acerca da superioridade racial branca. No caso, porém, Manuel Ribeiro nada dizia a esse respeito, optando por resenhar uma obra menos conhecida do cientista, *L'Évolution de la matière*, datada do ano de 1905, e que lidava com o árido tema de como toda matéria "se dissocia lentamente [...]

Floreal, n. 3, 1907.

e tudo desaparece aos poucos no éter". Não deu certo. Novamente, o texto de abertura, a despeito de deveras atualizado para a intelectualidade brasileira, parecia ser muito específico e de difícil leitura para um público mais amplo. Aqui é a ciência que empresta aos amigos de redação a pretensão de serem "novos".

A capa desse novo número, mais elaborada, trazia uma musa com um ramo nas mãos, em destacado estilo art nouveau, afastando-se um pouco do aspecto por demais gráfico das anteriores. Lima continuava na direção, mas seu nome não constava mais na capa, sendo substituído pela designação "crítica literatura".

Além do ensaio de Domingos, a terceira *Floreal* trazia um poema de Otávio da Rocha. Não sabemos se Rocha era mesmo um colaborador, uma vez que nada foi encontrado com esse nome, ou se se tratava de um pseudônimo. Quem conhecemos é Deodoro Leucht, ao qual foi dedicado o poema. O próprio Lima lhe dedicou um conto bastante escandaloso intitulado "Um e outro", escrito em 1913 e publicado juntamente com a primeira edição de *Triste fim de Policarpo Quaresma*, datada de 1915. A linguagem e o tema do conto eram semelhantes aos da agenda do grupo, e por isso é importante lembrá-lo aqui, assim como imaginar que fosse da autoria de um dos redatores da *Floreal*.

Para mostrar como o repertório é comum, basta recuperar o começo de "Um e outro": "Não havia motivo para que ela procurasse aquela ligação, não havia razão para que a mantivesse. O Freitas a enfarava um pouco, é verdade. Os seus hábitos quase conjugais; o modo de tratá-la como sua mulher; os rodeios de que se servia para aludir à vida das outras raparigas; as precauções que tomava para enganá-la; a sua linguagem sempre escoimada de termos de calão ou duvidosos; enfim, aquele ar burguês da vida que levava, aquela regularidade, aquele equilíbrio davam-lhe a impressão de estar cumprindo pena. Isto era bem verdade, mas não a absolvia perante ela mesma de estar enganando o homem que lhe dava tudo, que educava sua filha, que a mantinha como senhora, com o *chauffeur* do automóvel em que passeava duas vezes ou mais por semana [...] A bem dizer, ela não gostava de homem, mas de homens; as exigências de sua imaginação, mais do que as de sua carne, eram para a poliandria. A vida a fizera assim e não havia de ser agora, ao roçar os cinquenta, que havia de corrigir-se. Ao lembrar-se de sua idade, olhou-se um pouco no espelho e viu que uma ruga teimosa começava a surgir no canto de um dos olhos [...] Examinou-se melhor. Estava de corpinho".[50]

No caso desse conto de Lima, não eram só os homens que tinham direito à infidelidade; também as mulheres tomavam, aliás, parte ativa em relações do tipo. O terceiro número da revista trouxe ainda um ensaio de Domingos Ribeiro Filho, intitulado "Educação negativa", com uma crítica à vida moderna, e a continuação de *Isaías Caminha*, com mais insinuações aos jornalistas da capital, além de um comentário de Juliano Chaves Barbosa, o qual detonava com duas peças de teatro na primeira parte e duas conferências na segunda. O principal alvo era Coelho Neto, um dos idealizadores da ABL, e vítima preferencial de Lima toda vez que o escritor queria acusar algum literato de verborragia ou academicismo. Dizia o artigo, e parece que em nome de todos: "Não suporto o sr. Coelho Neto. Acho-o falsíssimo com seu bucolismo português de zagais e ovelhinhas brancas, de serranas e espigas louras; não tolero o aprumo conselheiral do período, a ênfase, a solenidade, a mania bíblica e os termos sem significação, sem valor algum, para as nossas ideias e sensações atuais, catados aos dicionários".[51] Há quem diga que a desavença entre os escritores começara anos antes. A história da intriga pessoal é mais ou menos esta. Certo dia, Coelho Neto escreveu uma resenha para o jornal *O Paiz*, elogiando um dos livros de Lima, autor a quem conhecia apenas de nome. Educado, o criador de Isaías Caminha resolveu pagar-lhe uma visita com o objetivo de agradecer pela crítica. Dirigiu-se, então, à residência do futuro acadêmico, onde foi recebido pela criada da casa. Como tinha ordens explícitas de jamais incomodar o patrão, ela foi logo explicando ao visitante que o escritor havia saído. Já Lima achou por bem insistir, o que causou um bate-boca azedo no meio da rua. O dono da casa, interrompido pela confusão, procurou informar-se do que estava ocorrendo. Ao que consta, a empregada descreveu Lima Barreto como um tipo qualquer; um "maltrapilho". A reação de Neto foi imediata: "Estou, mas não o recebo! Não quero amolações! Vá dizer!". Quando a criada foi transmitir o recado, já não encontrou o editor da *Floreal*, que com certeza ouviu os comentários. Tempos depois, impressionado com os textos ferinos que Lima entregava a seu respeito, Coelho Neto soube da "grosseria involuntária" que cometera, e tentou uma reaproximação. Mas era tarde demais; o escritor de Todos os Santos não costumava levar desfeita para casa.[52]

A despeito do escárnio dos rapazes, a revista passava por sérias dificuldades financeiras e contava agora com poucos artigos e colaboradores. Por isso, os editores recorriam mais e mais a nomes pouco conhecidos. As contas não fechavam, e no dia 5 de janeiro de 1908, fazendo um balanço do ano anterior, Lima segredou nas páginas de seu *Diário*: "A *Floreal* vai mal". Mesmo assim, e na mesma nota, comentou que o período não havia sido de todo ruim. Continuava escrevendo bastante, e nas vésperas do Natal encontrara José Veríssimo — o grande crítico literário da época. Tinha ido visitá-lo junto com Manuel Ribeiro. E segue o relato: "Recebeu-nos afetuosamente. Ribeiro falou muito, doidamente, difusamente; eu estive calado, ouvi, dei uma opinião aqui e ali. Deu-me conselhos, leu-me Flaubert e Renan, aconselhando aos jovens escritores. Falou da nossa literatura sem sinceridade, cerebral e artificial. Sempre achei a condição para obra superior a mais cega e mais absoluta sinceridade [...] Concordei, porque me acredito sincero. Sê-lo-ei? Às vezes, penso ser; noutras vezes, não. Eu me amo muito; pelo amor em que me tenho, com certeza amarei os outros. A *Floreal* vai mal".[53]

Essa nota contém vários elementos importantes. Não poucas vezes Lima desfazia dos amigos e elevava a si próprio. Um elogio de Veríssimo devia significar muito então, ser digno de moldura;[54] portanto, não é de todo estranho o fato de o escritor se vangloriar. Ao mesmo tempo, parece um tanto constrangedor que ele confessasse "se amar muito". Talvez fizesse uso da máxima cristã: "Amarás o teu próximo como a ti mesmo". Quem sabe, naquele momento ele ainda fosse muito confiante em si e em suas potencialidades.[55] De toda maneira, um projeto bastante claro e certa arrogância, ao menos um bem-querer, não faltavam. As condições materiais é que não ajudavam, e seu primeiro investimento pessoal estava prestes a fechar.

Claro que Lima não poderia saber que a quarta edição da *Floreal*, de 31 de dezembro de 1907, seria também a última. E ela foi, paradoxalmente, a maior em número de páginas: 56 no total. O humor e a chacota, tão comuns à revista, permaneciam lá, assim como a crítica a personalidades literárias da época. Nesse número publicou-se um "Pequeno almanaque de celebridades", com biografias breves e nada enaltecedoras de homens de letras. Aparecem ressalvas a Afrânio Peixoto, Curvelo de Mendonça e Pinheiro Machado, de quem se diz, por exemplo, que era "senador e chefe do Bloco. Um dos muitos brasileiros que aprenderam português pelo método 'Berlitz'".[56]

A edição foi preenchida pelos temas do grupo e por textos de seus representantes. Domingos Ribeiro Filho respondeu à crítica de Lima sobre o romance *O cravo vermelho*, reafirmando seu anticatolicismo. Mas a camaradagem continuava em alta, e Domingos endereçava o ensaio ao "Barreto amigo". Falou-se ainda, e mal, de *Na Estacada*, panfleto quinzenal recém-lançado por Sílvio Romero e Lopes Trovão no Rio de Janeiro entre 1907 e 1908. Publicação modesta, que saía nos dias 10 e 25 de cada mês num fascículo de dez páginas, e de impacto pequeno, o folheto não escapou, porém, da reação dos redatores da *Floreal*, que o definiram como "recheado de latim e escrito numa maneira um tanto arqueológica para os nossos vinte e tantos anos".[57] Como se vê, marcar a geração era também uma estratégia do grupo, do mesmo modo que afirmar inconformismo diante de qualquer escrita mais acadêmica e repleta de "passadismos".

Último número de *Floreal*, datado de 31 de dezembro de 1907.

Exemplo de projeto gráfico utilizado como padrão da *Floreal*, 1907.

Mas a crítica social foi talvez o maior cimento a unir os rapazes da *Floreal*, os quais faziam troça das colunas sociais de sucesso — como a "Binóculo", de Figueiredo Pimentel, que inaugurou esse gênero de grande perenidade e influência no país, e que já na época trazia notas de aniversário, bilhetes de amor e comentários sobre a vida elegante do Rio. Tal mundanismo desgostava profundamente o grupo, que não cansava de enaltecer seu próprio engajamento e perfil de exceção.

Reconhecido pelos editores, o malogro da *Floreal* seria debatido no último número, em que confessavam que os distribuidores não tinham interesse naquele tipo de revista e por isso a colocavam debaixo das publicações mais famosas: "os cotidianos [sic] sagrados e as revistas respeitavelmente paleontológicas". E terminavam jogando o pano branco: "O nosso caso é eloquente. Cada um de nós passa junto de um vendedor e não vê a *Floreal*; quando se recolhe a edição, venderam-se trinta e oito exemplares. Que se há de fazer?...".[58]

A capa do número final saiu mais caprichada, com letras art nouveau e um desenho em primeiro plano: uma mulher segurando o ramo de flor que dava nome à publicação.

O interior da revista também se sofisticou, recebendo uma diagramação mais cuidadosa e desenhos que representavam musas estilizadas. Mas era tarde demais. Já no segundo número, o próprio distribuidor, Tomás Labanca, fazendo um balanço das vendas do primeiro, ajuizava: "A capa matou muito...". Quiçá Labanca não conhecia bem, ao menos não profundamente, o grupo e o idealizador da revista. Na verdade, fazia parte do modelo preconizado pelos rapazes valer-se do conteúdo e ganhar proeminência apenas a partir deste. O projeto previa evitar os truques "caça-níqueis". Pretendiam também conquistar os leitores por meio de teorias e artigos que os identificassem com tudo que havia de novo em matéria de filosofia, literatura e ciência.

Entretanto, em vez de granjear adeptos de peso, a revista passou a contar com colaboradores tão desconhecidos quanto seus idealizadores, ou mais. Do último número da *Floreal* participaram, além de Lima, Domingos e Manuel Ribeiro, nomes hoje pouco mencionados pela crítica: João Pereira Barreto, Chaves Barbosa, Gilberto de Morais, Juliano Palhares. Esse também deve ter sido um dos motivos da escassa receptividade da publicação, que, não conseguindo engajar autores mais renomados, tomou como estratégia desfazer deles.

A *Floreal* teve a duração de dois meses e quatro números. O grupo imaginou que existiriam no mercado nacional espaços para um periódico sóbrio, fincado na crítica literária séria. Mas a desvantagem diante das demais publicações foi mortal. Seus redatores entendiam a leitura como uma atividade emancipatória; pena que, na sua grande maioria, o público leitor não concordasse com eles.[59]

Com um olho nas vanguardas europeias, os colaboradores da *Floreal* usaram como modelo, aparentemente, a revista *Mercure de France*, que o grupo não só seguia com assiduidade, como fez questão de resenhar no primeiro número. A ordenação das seções; os artigos mais analíticos na primeira parte; a "Revista da Quinzena" na segunda, a seção "Ecos" e a "Revista da Semana", que depois passou a se chamar "Revista da Quinzena": tudo deixava transparecer o diálogo com aquela publicação fundamental na cena cultural da Europa.

Mais uma coincidência ou indício. A *Mercure*, em seu número de setembro de 1907, trazia a resenha de uma revista de Luxemburgo cujo título era, justamente, *Floreal*.[60] De toda maneira, se o acaso não explica tudo, o periódico brasileiro objetivava apresentar a mesma rebeldia estética praticada pela *Mercure de France*, também conhecida como *Revue des Deux Mondes des Jeunes*.

A revista francesa, que nasceu ainda no XVII como *Le Mercure Galant*,[61] publicava obras originais, resenhas e informações mais mundanas, partituras, crítica musical, teatral e literária de Paris, bem como notas variadas sobre costumes sociais. Passou a se chamar *Le Mercure de France* em 1724, e seu ressurgimento reuniu escritores que assinalavam mudanças geracionais, encetando uma espécie de batalha contra o "antigo" e o "ultrapassado".[62] Sorte de insurreição literária, exaltava agora a abertura para novas formas de construção do romance. Foi em 1889 que a revista *Le Pléiade*, após seu quinto número, apropriou-se do nome *Mercure de France* e se pôs a rivalizar com outras publicações, como a *Revue de Paris* e a *Revue des Deux Mondes*. Para se contrapor a elas, denominou-se *Revue des Deux Mondes des Jeunes*, herdando um público consolidado mas garantindo, já no título, a geração que dali em diante lideraria o empreendimento. Cada número trazia crônicas, poemas, excertos de romances inéditos, além de crítica de arte e literatura. Havia seções fixas como "Les Livres", com resenhas de obras recém-lançadas; "Journaux et Revues", que continha um balanço dos jornais franceses; e "Échos Divers et Communications", na qual a revista buscava dialogar de forma direta com seu público leitor. A publicação dedicava-se, ainda, às artes, às ciências e à filosofia, e apostava nas novas tendências. Talvez por isso tenha traduzido Nietzsche, já em 1893, seguindo a voga que o filósofo inaugurava entre as vanguardas de pensamento.[63]

Enquanto isso, a versão tropical da *Mercure*, a valente *Floreal*, se não contava com nomes famosos, também se entendia como vanguarda nos temas, nos autores citados e resenhados, na crítica à literatura e ao jornalismo da época, que, de boca cheia, seus editores chamavam de burguês. Não por obra do acaso, a revista saiu num momento em que os jornais ainda andavam inundados pelas notícias da Revolução Russa de 1905. O anarquismo e as novas demandas do movimento operário, que começava a tomar as ruas de cidades como São Paulo e Rio de Janeiro, foram entrando nas páginas da *Floreal*. E na mala dos imigrantes chegavam também as ideias anarquistas de Bakunin, a literatura de Zola e Tolstói, e o anticlericalismo de Renan.

A circulação de ideias evidencia-se quando comparamos as duas revistas. Há uma diferença abismal, porém: o grupo brasileiro era um tanto restrito e girou, basicamente, em torno de si. No dia 20 de abril de 1914 de seu *Diário*, Lima comenta o fato de ter andado lendo a *Mercure de France* no mesmo período em que resolveu escrever seu primeiro livro, *Isaías Caminha*, e, portanto, no momento de criação da *Floreal*. Mas agora o tom do relato é totalmente distinto, e em nada lembra o entusiasmo inicial do grupo de amigos. "Hoje, pus-me a ler velhos números do *Mercure de France*. Lembro-me bem que os lia antes de escrever o meu primeiro livro. Publiquei-o em 1909. Até hoje nada adiantei. Não tenho editor, não tenho jornais, não tenho nada. O maior desalento me invade."[64]

Como se vê, havia muito lastro para pouca vela e o barco adernou, rapidamente. De todo modo, e apesar de sua vida curta, a *Floreal* representou uma estratégia bem ensaiada da equipe e nomeadamente de seu diretor para tentar sair do anonimato. Se Lima não podia entrar na República das Letras pelo coro dos iguais, faria sua iniciação por meio da alteridade, de maneira "marginal". A criação da *Floreal* marca, pois, a estreia profissional do romancista, jornalista e escritor perante o público leitor, assim como inaugura o seu traço fundamental: a contraposição crítica. Havia de entrar nessa República das Letras por outra porta.

Seguiria ainda, e à risca, o que entendeu ser o conselho de Veríssimo. Seria "sincero", dialogaria diretamente com temas da realidade e faria uma literatura que considerava, nos seus próprios termos, "militante". Também se inspiraria no realismo russo, leria Flaubert, e adotaria o bovarismo como lema e estratégia literária. Miraria igualmente Dostoiévski e os temas explorados por ele, como a autodestruição, a humilhação dos mais destituídos e a loucura. Existiam inclusive coincidências biográficas: a mãe de Dostoiévski morreu de tuberculose quando ele era jovem, e o pai, embora não apresentasse distúrbios mentais, guardava um temperamento irascível. Além disso, como Lima, que desenvolveria problemas psicológicos graves, Dostoiévski tinha epilepsia, amargou uma relação ambivalente com o pai e logrou manter apenas uma inserção parcial na sua sociedade, desfazendo das elites locais a despeito de querer delas participar.[65]

O escritor carioca também era leitor assíduo do filósofo e historiador francês Ernest Renan, que, entre outras atividades, colaborava na *Revue des Deux Mondes*, a qual, como sabemos, estava entre as preferidas de Lima. Renan acreditava no determinismo universal, era anticlerical e anticatólico, só entendendo a crença na sua forma radical e racional, razão por que virou referência obrigatória para agnósticos e ateus. Em 1882 publicou *Qu'Est-Ce Qu'Une Nation?*, obra crítica ao nacionalismo que teria grande influência nos livros futuros do então amanuense. Em questão estavam o Estado e suas técnicas de construir consensos emocionais; vazios de significado.

Lima cercava-se, pois, de modelos críticos e ia declarando sua guerra, cada vez mais pessoal, à República brasileira e seus representantes. Espelhou-se nesses autores e, como boa parte deles, guardou uma posição ambivalente em relação à prática que mais queria para si: a literatura. Se desdenhava da profissão (e dos colegas de ofício), a entendia como seu ideal, sua missão, sua maneira de projeção.

O fechamento da *Floreal* não pôs fim ao relacionamento de vários de seus colaboradores. Havia entre eles uma afinidade que poderia ser sintetizada na noção de combate, guerrilha das letras e rebeldia. Esse tipo de concepção surgiria resumido no artigo "Amplius!", publicado no jornal *A Época* de 10 de setembro de 1916.[66] Tal qual um manifesto tardio do grupo, lá estavam as novas regras do jogo que Lima anunciaria quase dez anos depois: "o nosso dever de escritores sinceros e honestos é deixar de lado todas as velhas regras, toda a disciplina exterior dos gêneros […]. A literatura do nosso tempo vem sendo isso nas suas maiores manifestações, e possa ela realizar, pela virtude da forma, não mais a tal beleza perfeita da falecida Grécia […]; não mais a exaltação do amor que nunca esteve a perecer; mas a comunhão dos homens de todas as raças e classes, fazendo que todos se compreendam, na infinita dor de serem homens. […] Não desejamos mais uma literatura contemplativa […] Não é isso que os nossos dias pedem; mas uma literatura militante para maior glória da nossa espécie na terra e mesmo no Céu".[67]

Nesse "manifesto", o escritor se posicionava contra o que considerava obstáculos à entrada dos jovens no cenário da literatura nacional.[68] Lima andava igualmente motivado pelo desejo de se ver transformado em arauto de um novo momento, e assim exagerava nas tintas.

Uma escrita mais direta, voltada para a conscientização "do povo", menos "binocular", era o lema dos rapazes da *Floreal*, e continuaria sendo a bandeira de seu colaborador mais assíduo. Essa estratégia literária, que previa a exclusão porém queria a inclusão, nunca foi abandonada por Lima. Como veremos, na hora de publicar seu primeiro livro, ele tinha dois textos na gaveta: *Recordações do escrivão Isaías Caminha* e *Vida e morte de M. J. Gonzaga de Sá*. Não se sabe ao certo por que pendeu para o primeiro, mas sem dúvida foi a escolha mais coerente com a postura do escritor que queria "ser notado" e construía sua "persona literária" e seu projeto literário na oposição.[69] *Isaías Caminha* pretendia *épater la bourgeoisie*, sobretudo aquela vinculada aos jornais mais estabelecidos da capital. De fato, bateu pesado.

8.
O jornalismo como ficção: *Recordações do escrivão Isaías Caminha*[1]

Escrevendo estas linhas, com que saudade me não recordo desse heroico anseio dos meus dezoito anos esmagados e pisados! Hoje!... É noite. Descanso a pena.
— Lima Barreto, *Recordações do escrivão Isaías Caminha*

A capacidade mental dos negros é discutida a priori *e a dos brancos,* a posteriori.
— Lima Barreto, *Diário íntimo*

Retrato de Lima Barreto que circulou na época em que o escritor publicou *Isaías Caminha*. Comportado, bem-arrumado, ele mais parece um cordato funcionário público.

Lima Barreto escolheu a dedo o romance com que ingressaria na vida literária nacional. Ao que tudo indica, e como mostra Francisco de Assis Barbosa,[2] tinha alguns outros livros em preparação ou quase terminados, mas decidiu lançar *Recordações do escrivão Isaías Caminha* com o claro objetivo de escandalizar. Julgava que o *Gonzaga de Sá* era mais morno; quem sabe, acomodado demais. Já *Isaías Caminha* tinha potencial para a polêmica, e daria novo impulso à carreira que ele havia trilhado na *Floreal* e ia desenvolvendo nas demais revistas literárias.

O livro que Lima mal tirara do forno, narra a história do jovem Isaías, que chega à cidade grande cheio de esperanças de tornar-se "doutor" mas conhece o preconceito, a humilhação e a tristeza. Apesar de o argumento ser forte, o texto não foi recebido como imaginava o escritor, tampouco se converteu em sucesso imediato de crítica. O original tinha, porém, pólvora para agitar o cenário intelectual da época e, sobretudo, da imprensa. E agitou.

O grupo de literatos que circulava em torno dos periódicos era ainda pequeno, bastante autorreferente, e foi duramente atingido pelos ataques desferidos por Lima com seus "pseudônimos" mal disfarçados na trama — o protagonista, como o autor, mora em região distante do "centro", arruma emprego num jornal mas pena muito para se afirmar nesse mundo fechado. Não por acaso, a artilharia dirigiu-se ao chamado "jornalismo burguês", que Lima considerava leviano, adepto de uma cultura superficial, sujeito a políticas de influência e a práticas corruptas de toda sorte. Já os literatos foram descritos como dândis sem responsabilidade social e com formação artificial e importada. Diria Isaías Caminha, espécie de porta-voz das ideias de seu criador, no meio de um diálogo: "O jornal já prestou serviços. — Decerto... não nego... mas quando era manifestação individual, quando não era coisa desse lucro; hoje, é a mais tirânica manifestação do capitalismo e a mais terrível também".[3] O escritor dava vazão, assim, a um debate que não se limitava ao contexto nacional. No panorama europeu, não poucos intelectuais analisavam criticamente o papel conservador que os jornais iam assumindo. O suposto era que eles iam perdendo seu caráter contestador, não só na configuração de novos gêneros literários como nas técnicas de expressão.

Lima queria mesmo escancarar a questão. Para ele, o protótipo do "jornal burguês" era o *Correio da Manhã* — (mal) disfarçado no romance de *O Globo* —, o qual, segundo o autor, já nascera grande.[4] O escritor também parecia pouco preocupado em esconder-se e aos jornalistas que atingia, e não camuflava a forma literária que procurava seguir. Era um defensor do realismo europeu, e autores como Balzac, Dickens, Flaubert, Maupassant, Eça de Queirós e Tolstói estavam entre seus preferidos. O gênero, que se contrapunha ao romantismo, dedicava-se a imaginar mas também descrever e criticar as mazelas da realidade, além de inspirar-se por elas. O suposto era que, em vez da visão parcial, do "egocentrismo romântico", a literatura realista deveria apresentar o indivíduo — seus sentimentos, talentos, inspirações — a partir das engrenagens sociais que o condicionavam. Vem daí o acento nos interesses materiais, no poder, no prestígio, que estariam sempre por detrás das boas intenções e dos sentimentos puros que justificavam o amor romântico ou o casamento.[5]

Como vimos no capítulo anterior, Lima era admirador confesso da literatura de Dostoiévski e do modo como o autor russo introduzia em suas novelas a violência e as políticas de humilhação social implementadas pelo Estado.[6] Não serão poucas as vezes em que o escrivão discorrerá, apaixonadamente, sobre esse seu gosto literário, o que se dá de maneira exemplar no início de *Recordações*. Nesse caso, o narrador e protagonista interrompe a história para avaliar a qualidade de sua própria escrita: "Se me esforço por fazê-lo literário é para que ele possa ser lido, pois quero falar das minhas dores e dos meus sofrimentos [...] Não nego que para isso tenha procurado modelos e normas. Procurei-os, confesso; e, agora mesmo, ao alcance das mãos, tenho os autores que mais amo. Estão ali o *Crime e castigo* de Dostoiévski, um volume dos *Contos* de Voltaire, *A guerra e a paz* de Tolstói, o *Le Rouge et le noir* de Stendhal, a *Cousine Bette* de Balzac, a *Education sentimentale* de Flaubert, o *Antéchrist* de Renan, o Eça".[7]

Mal disfarçado sob a pele de Isaías Caminha, Lima repassa na ficção os livros e a biblioteca que tem efetivamente diante de si, no seu quarto, e refere-se não apenas aos literatos como aos cientistas sociais que faziam parte da sua lista de eleitos: "Na estante, sob as minhas vistas, tenho o Taine, o Bouglé, o Ribot [...]. Confesso que os leio, que os estudo, que procuro descobrir nos grandes romancistas o segredo de fazer. Mas, não é a ambição literária que me move [...]. Com elas, queria modificar a opinião dos meus concidadãos, obrigá-los a pensar de outro modo, a não se encherem de hostilidade e má vontade quando encontrarem na vida um rapaz como eu e com os desejos que tinha há dez anos passados".[8]

Há, portanto, um projeto narrativo, uma forma literária que aparece justificada nessa abertura do primeiro romance que Lima decide publicar: de um lado estão as cenas e os personagens retirados da realidade; de outro, a capacidade de alterá-los na ficção por meio do estilo e da alma do escritor.[9] Não há dúvidas de que o modelo para *Recordações* veio também da escrita autobiográfica de Flaubert em *A educação sentimental* e das novelas de Dostoiévski narradas em primeira pessoa, como *Humilhados e ofendidos* e *Recordações da casa dos mortos*.[10] Fiel a seus modelos, *Recordações do escrivão Isaías Caminha* vinha repleto de eventos extraídos da biografia íntima de Lima, misturados com personagens, fatos e características do jornalismo da época. Assim, se boa parte do enredo era dedicada à denúncia dos jornalistas e da vida que levavam nos "jornais burgueses", a obra, no seu conjunto, não se limitava a isso. Investia igualmente em temas de difícil trato, e caros ao escritor, tais como as diferenças sociais expressas em termos de cor, raça, classe e região. Não por acaso o personagem sai do subúrbio para ganhar a cidade grande; é pobre, jovem, bem-educado, tem "uma tez de cor pronunciadamente azeitonada", e andava cheio de planos. Tudo muda quando ele perde a inocência e assume o tom cético da maturidade.

O livro traz ainda uma crítica profunda a um Brasil que não se realizava; ou melhor, que mostrava as mesmas políticas de exclusivismo e de discriminação. Era profundamente oligárquica aquela nova/velha República, marcada pela proeminência dos bacharéis e dos grandes proprietários do café;[11] a "República do Kaphet", conforme Lima ironizava em muitos de seus textos. Isaías, "parente" próximo do autor, é por vezes revoltado, por vezes resignado; esperançoso e desiludido; isolado e integrado; crítico das teorias darwinistas raciais mas temeroso do destino que se inscrevia em sua pessoa; com muitos projetos para realizar mas pessimista de índole; enfim, ambivalente como nosso escritor. Lembra de perto as contradições desse intelectual que pretendia muito de si e de sua carreira mas se desapontava sempre com a política, com os preconceitos, com os conchavos e em alguns momentos até com os amigos.

Além disso, o romance pretendia reagir a um gênero de literatura mais suave, de grande aceitação na época, e que o escritor Afrânio Peixoto, em seu *Panorama da literatura brasileira*, chamou de "o sorriso da sociedade": "Quando ela é feliz, a sociedade, o espírito se lhe compraz nas artes e, na arte literária, com ficção e poesia, as mais graciosas expressões da imaginação".[12] Ora, era justamente a esse tipo de visão que o livro de Lima endereçava o ataque. Sua obra de fundo social se caracterizaria pelo sofrimento, e daria à literatura outro lugar e condição.

Apesar das divergências, esses dois escritores tinham mais em comum do que Lima poderia, a princípio, imaginar. *Recordações* saiu em 1909 e recebeu uma crítica impiedosa, que o acusou de ser um romance à clef, isto é, muito influenciado pela experiência pessoal do autor e, portanto, carente de imaginação:[13] Se o leitor tivesse a chave em suas mãos, não demoraria a identificar as personagens reais ocultas por detrás da ficção.[14] Já o romance de Peixoto, *A esfinge*, publicado dois anos depois, e também baseado na biografia de seu autor, nunca teve o prestígio abalado por isso.[15] O mesmo ocorreu com *O Ateneu*, de Raul Pompeia, que, a despeito de retratar a difícil experiência do próprio Pompeia num colégio do Rio, foi logo aclamado. Lançado em 1888, o livro era evidentemente obra de memorialista, mas não o questionaram. O problema não estava, portanto, no gênero; parecia mais endereçado à obra de Lima, e aos ataques que ele insistia em desferir contra o jornalismo.

Também nessa época, como vimos, Lima Barreto escreveu *Vida e morte de M. J. Gonzaga de Sá*, que ficaria na gaveta quase até a sua morte.[16] Gonzaga de Sá, assim como Isaías, era avesso ao panorama das letras nacionais, acusando a "nossa emotividade literária" de só se interessar "pelos populares do sertão, unicamente porque são pitorescos e talvez não se possa verificar a verdade de suas criações". De resto, explicava o amanuense, os literatos se importavam apenas com "retórica mais difícil" para falar sempre do mesmo: "D. Dulce, moça de Botafogo em Petrópolis, que se casa com o dr. Frederico [...] Está aí o grande drama de amor em nossas letras [...]. Quando tu verás, na tua terra, um Dostoiévski, uma George Eliot, um Tolstói [...]?".[17]

No entanto, entre o ponderado Gonzaga de Sá e o esquentado Isaías Caminha, Lima escolheu o último como carta de apresentação. Ele era seu personagem jovem e afrodescendente, o que lhe facultaria voltar a temas que já havia abordado, mesmo que lateralmente, na *Floreal*: o "negrismo" e uma visão desesperançada sobre a abolição, que não teria redimido a população a quem afirmava proteger.

É certo que Lima não os cita diretamente, mas suas opiniões indicam algum conhecimento de uma elite de intelectuais negros e ativistas como Paul Cuffee, Martin

Delany, J. A. Horton, Edward Blyden, Marcus Garvey e W. E. Du Bois, que discutiam, no contexto norte-americano, os limites do escravismo e, no pós-abolição, o processo de subalternização das populações negras. Em comum lutaram pela valorização cultural do grupo, pela importância da retomada dos laços com a África, e, a despeito de não se desvincularem do tema da integração do negro em suas sociedades, questionaram a noção biológica de raça. Deles, talvez o mais renomado tenha sido Du Bois, que, no livro *As almas da gente negra* (1903), chamou a atenção para o "dilema universal do negro", emparedado entre a busca de sua especificidade e a integração nas comunidades em que se inseria.[18] Du Bois foi também um ativista político na luta pela união africana com a diáspora negra, denominando esse movimento de "cooperativismo negro" e "solidariedade negra".[19]

Lima também abordaria de frente, em seu romance de estreia, a questão do "preconceito de cor", mostrando como Isaías, apesar de inteligente e bem formado, sofria com as barreiras e o racismo da sociedade brasileira. Em carta a um colega, diria que o personagem tinha tudo para vencer, porém seria "batido, esmagado, prensado pelo preconceito".[20] Em missiva endereçada ao crítico Veiga Miranda, tratou de asseverar que vigorava, sim, esse tipo de problema no país, e acrescentou que conhecia "sociedades de homens de cor" em São Paulo e em Campinas.[21] Bem informado, o escritor decerto se referia aos vários clubes, associações beneficentes, centros cívicos e grêmios literários criados por afro-brasileiros durante a Primeira República, não só entre paulistanos mas país afora. Eram movimentos de "associativismo negro" que combinavam o desejo de assimilação com iniciativas políticas e práticas sociais específicas.[22]

Assim, vai ficando claro que Lima escolheu conscientemente apresentar-se na cena literária a partir de uma obra combativa; um romance de crítica social. A arte é um fenômeno social, insistia, citando Taine, Descartes, Spencer e contrapondo-se a tudo que era realizado no país. À semelhança do que havia feito na *Floreal*, seu livro de estreia chegaria provocando a intelectualidade carioca, a qual, sentindo-se atingida, não perdoaria a "ousadia do iniciante". A propósito, o ressentimento causado pela revista levou o escritor a se deparar com muitas dificuldades para publicar *Recordações*. Só o fez graças à intervenção do colega João Pereira Barreto, que, já tendo publicado um livro de poemas em Portugal, prontificou-se a apresentar Lima a seu editor. Foi o "amigo e camarada"[23] Antônio Noronha Santos que levou a carta e os originais para a Europa, sendo *Recordações do escrivão Isaías Caminha* lançado pela Livraria Clássica Editora, de A. M. Teixeira & Cia., com sede em Lisboa. Bom mesmo seria editar na Garnier, então a mais importante casa editorial brasileira, mas a empresa só publicava autores consagrados, e Lima não era um deles.

A editora portuguesa elogiou o estilo e o talento do principiante, destacou o potencial de "escândalo" do romance e aceitou lançá-lo. Havia, entretanto, uma condição: ele precisava abrir mão dos direitos autorais e, como dizia Noronha, não ser "exigente na questão".[24] O livro chegaria cerca de nove meses após a entrega dos originais. Eram 316 páginas envoltas em capa cor de vinho, e pode-se imaginar a alegria de Lima ao recebê-las. A obra representava a concretização de seu projeto como escritor, novidade que vinha bem a calhar. Afinal, naquele ano de 1909, ele sofreu um revés na lista de promoções da Secretaria da Guerra. Diferentemente do que esperava, continuou na posição de amanuense. Quem acabou se beneficiando foi um funcionário que ingressara na repartição "sem concurso e dois anos depois dele". Tal situação lhe deu grande desgosto. Lima chegou a redigir um memorial — possivelmente não enviado — para o presidente da República, em 13 de fevereiro de 1909, no qual apelava para "a alta justiça de Vossa Excelência" a fim de que "as altas autoridades da República respeitem os seus direitos e recompensem os humildes serviços que tem prestado à administração da República".[25]

Em carta endereçada ao amigo Noronha, Lima informava também que fora preterido: "Creio que esperavas isso; eu não, por isso o fui. Um idiota, dos mais que há aqui, passou-me a perna, graças à pusilanimidade do barão [barão de Itaipu, então diretor da Secretaria da Guerra]...". O outro respondeu animando-o: "Foste preterido? Depois do teu livro [referindo-se a *Isaías Caminha*], não o serás mais".[26] Diferentemente da visão otimista de Noronha, Lima acreditava, porém, que o livro não o ajudaria. Ou pelo menos foi o que ele explicou ao amigo em nova missiva datada de 18 de maio de 1909, quando opinava sobre a reforma feita pelo marechal Hermes no quadro de funcionários do Ministério da Guerra: "O Hermes fez a tal reforma projetada. Tirou a importância da repartição e eu penso que o meu livro em nada servirá para evitar futuras preterições. Ando imaginando o meio de sair daqui. Sinto-me incompatível e cheio de rancores. Agora mesmo, graças a tal reforma, projetam-se promoções e eu serei de novo preterido [...]. Todas essas injustiças me sabem como roubos...".[27]

Lima era tão realista como negativo e perseguido. Promoções salariais ele não obteve; mas, com a reforma, trocou de título burocrático: virou "terceiro oficial da secretaria". Enfim, sucesso de público ou não, Isaías Caminha era, mesmo antes de aparecer em livro, personagem conhecido nos círculos literários da capital. Saíra nas páginas da *Floreal*, distribuído nos seus quatro primeiros números. A revista, como sabemos, não obtivera êxito, mas não passou despercebida a críticos literários e jornalistas que acompanhavam aquele tipo de publicação. Por isso, os que tinham resolvido nada comentar em relação ao periódico, continuaram a guardar silêncio diante do lançamento do romance. Ou melhor, se encararmos o silêncio como uma forma de recepção, podemos dizer que *Recordações do escrivão Isaías Caminha* fez barulho. Como escreveu Lima em 1916: "A única crítica que me aborrece é a do silêncio".[28]

Eu, Isaías Caminha

O novo romance vinha narrado em primeira pessoa, por Isaías, claramente um alter ego de Lima: de fora da capital, pobre, de cor azeitonada, esforçado, tenta a sorte como jornalista e acaba escrivão da coletoria. A metáfora da estrada de ferro surge também nesse livro, cujo enredo parece estar constantemente "em trânsito". Isaías começa viajando de trem para a capital — verdadeiro ritual de entrada na vida estrangeirada do Rio, onde as diferenças de região, classe e cor eram muito mais presentes e distintas. Já na cidade grande, Isaías anda por todo lado, percorre diferentes bairros; sempre de bonde, em movimento.

Tal como Lima, Isaías é bom aluno e recebe um livro da professora de ginásio, do qual não se separa mais. Detesta, igualmente, Botafogo e Petrópolis, não gosta das artificialidades do jogo social, carrega desconfianças para com o Apostolado Positivista e diante das reformas urbanas que vão sendo realizadas. Por fim, assim como seu criador, amarga sérias preocupações acerca da relevância da obra que está escrevendo: suas recordações. Na "Breve notícia" que abre a versão da *Floreal*,[29] Lima apresenta Isaías como um amigo seu, escrivão da coletoria. Repassa então a própria história da edição do livro — com a viagem de Noronha à Europa, a publicação dos poemas de João Pereira Barreto em Portugal e a menção elogiosa ao texto "sem escoras ou pàra-balas". A "Breve notícia" traz até o comentário favorável de Veríssimo aos primeiros capítulos que saíram na *Floreal*.

Os recursos literários, apesar de previsíveis em seu conteúdo, são bastante inovadores na forma. Lima usa, inclusive, dois prefácios na edição de 1917: um do personagem e outro do "amigo" Lima Barreto. Num prefácio ficamos conhecendo a crítica de Veríssimo, que estaria disposto a desfazer um grande engano: as recordações são verdadeiras — Caminha existe e Barreto é seu editor. No outro, é Caminha quem explica a razão de escrever suas memórias, e Lima reaparece numa nota dando opinião e contando sobre o *Isaías* dez anos depois de tê-lo concluído. Há aqui uma dupla arapuca para o leitor. Em primeiro lugar, o término da história de Isaías não está no fim do livro, e sim no início, por meio da voz de seu falso editor. Em segundo, um leitor desatento pode não perceber que o livro não começa no primeiro capítulo, mas no prefácio. E mais: o "editor Lima Barreto" declara que resolveu publicar o manuscrito que lhe fora confiado transcrevendo o "prefácio inteiramente como saiu na inditosa *Floreal*". Não há perigo de erro: Isaías é mesmo Lima, sendo o oposto, como veremos, também verdadeiro. Ou melhor, estando espelhado em seu criador, é mais que ele e diferente dele. Na verdade, ao usar esse tipo de recurso, o escritor põe a própria autoria em questão e cria sua identidade, ao mesmo tempo que a dissimula.

Na tentativa de explicar o argumento da obra, Lima afirma que lembrou de escrever "estas recordações" quando, dois anos antes, "um dia, por acaso, agarrei um fascículo de uma revista nacional, esquecida sobre o sofá de minha sala humilde, pelo promotor público da comarca". No periódico, um dos colaboradores "fazia multiplicadas considerações desfavoráveis à natureza da inteligência das pessoas do meu nascimento, notando a sua brilhante pujança nas primeiras idades, desmentida mais tarde, na madureza". Continua Isaías, reconhecendo que, quando leu o trecho pela primeira vez, sentiu tanto "ódio" que teve "desejos de rasgar as páginas e escrever algumas verrinas contra o autor". Leitor do racismo científico, Isaías/Lima desmente, portanto, com essas suas "recordações", as certezas da teoria que apostava numa "involução" de certas raças: começo brilhante, maturidade em descenso.[30]

A crítica a esses modelos mas também um temor profundo a eles fariam parte da história de Lima. Talvez a dor que o escritor carregou, de ver seu pai largado e insano, seria vingada pela personagem da ficção, com o próprio desenrolar da trama. Ademais, trata-se do parágrafo de abertura do livro, o qual deixa claro que o autor/personagem não só tiraria partido de seu "nascimento", como guardaria uma reação ambivalente: num primeiro momento Isaías sentiria "ódio", para depois desenvolver uma atitude resignada diante da vida. Mais velho, ao escrever o prefácio, arrazoa: "Considerei melhor e vi que verrinas nada adiantam [...] O melhor, pensei, seria opor argumentos a argumentos, pois se uns não destruíssem os outros, ficariam ambos face a face, à mão de adeptos de um e de outro partido".[31]

Seria esse o motivo das tais "recordações", que cobririam nascimento, infância, mocidade e o começo da aposentadoria do personagem. A frustração, segundo ele, era reconhecer o abismo entre os "extraordinários inícios nos mistérios das letras e das ciências e os prognósticos dos meus professores de então, com este meu triste e bastardo fim de escrivão de coletoria de uma localidade esquecida". E Lima continua descrevendo as ambiguidades de Isaías: "Cheio de melancolia, daquela melancolia nativa que me ensombra nas horas de alegria e mais me deprime nas de desalento [...], olhei um momento o rio a correr e me pus a analisar detidamente os fatos de meu passado [...] Cri-me fora de minha sociedade, fora do agrupamento a que tacitamente eu concedia alguma coisa e que em troca me dava também alguma coisa".[32]

Era o próprio Lima quem se habituara a oscilar entre alegria e desilusão, entre acreditar ser — ou poder ser — parte integrante da nova sociedade que então se formava e julgar-se apenas um estranho nesse ambiente. E termina assim a "breve notícia" de abertura: "Perdoem-me os leitores a pobreza da minha narração. Não sou propriamente um literato, não me inscrevi nos registros da Livraria Garnier, do Rio, nunca vesti casaca e os grandes jornais da Capital ainda não me aclamaram como tal — o que de sobra, me parece, são motivos bastante sérios, para desculparem a minha falta de estilo e capacidade literária. Caxambi, Espírito Santo, 12 de julho de 1905. Isaías Caminha. Escrivão da Coletoria".[33]

O recurso indireto à autobiografia, a demonstração inicial de modéstia e o fato de não se vangloriar por ser literato não escondem as grandes aspirações de Lima, reveladas a partir da contraposição com a Garnier, as roupas arrumadas e os periódicos mais estabelecidos do Rio. Não era, mas pretendia ser isso tudo, ao mesmo tempo que desfazia de si próprio. Tanto que, no romance, Isaías volta ao tema da literatura e das dúvidas e projeções que mantinha diante de seu novo livro: "Despertei hoje cheio de um mal-estar que não sei donde me veio [...] Penso — não sei por quê — que é este meu livro que me está fazendo mal [...] Não é o seu valor literário que me preocupa; é a sua utilidade para o fim que almejo [...] Eu não sou literato, detesto com toda a paixão essa espécie de animal".[34]

O procedimento é semelhante: aproximar-se e afastar-se. Lima tinha iniciativa para publicar seu livro, porém não queria ser igualado aos demais literatos. O romance representa, igualmente, uma versão direta e clara do que o escritor chamava de "negrismo"; qual seja, uma projeção para o Brasil do movimento internacional de pan-africanos que, naquele momento, internacionalmente lidava com as dificuldades enfrentadas pela população negra no pós-abolição. Lima descreve com detalhes a cor de seus personagens, bem como o mundo de constrangimentos que fazia parte do cotidiano dessas populações. Isaías, que sempre se entendeu mais educado e inteligente que as outras pessoas de "seu nascimento", não deixa de ironizar a si próprio: "Aquela postura no jardim, fez-me lembrar não sei que passagem do meu livro de cabeceira [...] Abri-o e, desejoso por encontrar a passagem, não reparei que uma pessoa viera sentar-se no mesmo banco que eu. Num dado momento, virei-me e dei com uma rapariga de cor, de olhos tristes e feições agradáveis. Tinha uma bolsinha na mão, um chapéu de sol de alpaca e o vestuário era pobre. Considerei-a um instante e continuei a ler o livro, cheio de uma natural indiferença pela vizinha. A rapariga começou a murmurar, perguntou-me qualquer coisa que respondi sem me voltar. Subitamente, depois de fazer estalar um desprezível muxoxo, disse-me ela à queima-roupa: — Que tipo! Pensa mesmo que é doutor... Fechei o livro, levantei-me e, já afastado, ainda ouvi dela alguns desaforos [...] Olhei uma, duas, mil vezes, os pobres e os ricos. Eu estava só".[35]

A sensação de "estar só" — não fazer parte do seu grupo de origem nem de outros círculos sociais literários — era um mote frequente do *Diário* de Lima e elemento constitutivo de sua personalidade. *Recordações*, por sua vez, elege um partido: escolhe denunciar a exclusão social experimentada pelos negros durante a Primeira República. O trecho em que esse tema aparece de forma mais forte, e que já tivemos tempo de mencionar, é aquele em que o personagem principal, em seu caminho até o Rio, pede uma média no balcão de uma pequena estação de trem e leva não só uma reprimenda como a insinuação: "Aqui não se rouba, fique sabendo!". Isso, ao mesmo tempo que "um rapazola alourado" recebia rapidamente o seu pedido.[36] Lima não procura dourar a sensação perversa do racismo; ao contrário, inclui a cor de pele para deixar a descrição ainda mais direta.

A resposta de Isaías vai da "raiva muda", que por "pouco [...] não rebentou em pranto", até o desalento. Incrédulo, sentindo-se "trôpego e tonto", o protagonista comenta não ter atinado bem a situação. Por isso, passa em revista sua roupa, suas "mãos fidalgas", e Lima/Isaías alude abertamente à mãe, professora. O que fica na entrelinha é o trabalho escravo que carcomia as mãos e os pés dos trabalhadores. Para causar maior mal-estar no leitor, o personagem, embora diante de tamanha evidência de racismo, repassa traços do seu rosto para concluir que não "era hediondo nem repugnante. Tinha-o perfeitamente oval, e a tez de cor pronunciadamente azeitonada".[37] Enfim, o narrador nos faz seguir de perto as inquietações de Isaías, tenta entendê-las; procura a resposta em si mesmo, mas não a encontra. Repassa sua própria imagem e recupera seus olhos castanhos, a "fisionomia animada" por seus olhos de "timidez e bondade". E se pergunta: "Por que seria então, meu Deus?".[38]

Talvez a reação não fosse, afinal, necessária; melhor era dormir com "o crepúsculo [que] cobria as coisas com uma capa de melancolia". A sensação que Lima deixa é a de que, diante de certas situações, as palavras não dão conta. "Repentinamente senti-me outro", diz o protagonista.[39] O sentimento de virar outro, de estar só, reaparece nesse caso representando uma espécie de iniciação para o jovem Isaías em seu caminho para a cidade grande. Lima não economizava nos temas espinhosos, os quais estavam na contramão do modelo de Brasil pregado pela reforma de Pereira Passos, que com o bordão da modernidade parecia não ter tempo e espaço para lidar com as especificidades de uma nação onde a escravidão acabara de ser abolida e as consequências desse sistema continuavam à flor da pele.

O caminho da recepção de *Recordações* foi, a seu modo, paradoxal. Em vez de se deter na forte denúncia racial, presente em diversos momentos da obra, ou mesmo na forma original do personagem/narrador, a crítica preferiu abordar a maneira como o livro tratou o jornalismo e as formas de sociabilidade literárias, e, principalmente, os periódicos. Se o romance como um todo é autobiográfico, nessa segunda parte ele soa rancoroso, um relato tão detalhado como impiedoso de várias publicações e personagens que tomavam parte daquele mundo da belle époque brasileira. E a reação viria rápido: partiu da própria classe dos jornalistas, que selou a sorte da obra, ao menos em seu contexto de nascimento.

O ritual de iniciação: a experiência do preconceito na cidade grande

O tema da desigualdade racial e social aparece desde o início do romance, com a disparidade intelectual que se estabelece no que o personagem, ainda menino, descreve como "espetáculo do saber de meu pai, realçado pela ignorância de minha mãe".[40] Se o abismo está dado logo nas primeiras páginas, a explicação, profunda, só chegaria um pouco depois. Isaías era resultado de um "romance fortuito" entre uma mulher de origem africana e um padre. Como diria a linguagem popular, era "filho de padre". "Meu pai, o seu corpo anguloso, seco, a sua dor contida, que se escapava no seu olhar e na sua fisionomia transtornada. Via-o às tardes, nos dias de bom humor, mudá-la de chofre, fazer-se risonho, vir para mim, sentar-se à mesa, e, à luz do lampião de querosene, explicar-me pitorescamente as lições do dia seguinte [...] Às oito horas, depois dessas efusões, dessas raras manifestações da sua paternidade, minha mãe punha, na mesa da sala de jantar, o chá que ele tomava em geral sozinho no quarto. — Pode tirar o chá, 'seu' padre? — Pode, minha filha. Era assim que se falavam. Encontrei sempre esse tratamento distante entre eles. Pareceu-me que o seu encontro fora rápido, o bastante para me dar nascimento. Uma crise violenta do sexo fizera esquecer os votos do seu sacerdócio, vencera a sua vontade, mas, passada ela, viera, com o arrependimento da quebra do seu voto, a dor inqualificável de não poder confessar a sua paternidade."[41]

Distância e formalidade entre os pais, "confessar" ou não o fruto de um relacionamento de circunstância, oficializar ou ocultar o passado, aí estão descritos os dramas de muitas crianças, frutos de uniões passageiras e por isso cercadas, sobretudo por parte paterna, de muita ambiguidade. Lima se esmera no relato e na quantidade de contradições que devem circundar esse tipo de relação: "Em público, olhava-me de soslaio, media as carícias, esforçava-se por fazê-las banais; em casa, porém, quando não havia testemunhas, beijava-me e afagava-me com transporte. Ele temia o murmúrio, temia dar-lhe força com os atos ou palavras públicas; entretanto toda a redondeza quase seria capaz de atestar em papel timbrado a minha filiação...".[42] Esses eram os segredos mais conhecidos do Brasil. O pai se fazia servir de chá e contava histórias de uma "antiga escrava": "Vinha o chá, nós ficávamos a tomá-lo e ao menor ruído minha mãe vinha do interior da casa para saber se meu pai queria alguma coisa. Acabado o chá, eu ainda ouvia histórias da tia Benedita, uma preta velha, antiga escrava do meu reverendo pai [...]. Tal fora a minha infância, que, nas dobras da saudade [...] me vinha trazendo à memória com uma nitidez assombrosa".[43]

A situação é novamente exemplar: permite entender a questão da paternidade tantas vezes recusada a filhos e filhas de escravizadas. A mãe de Isaías tinha "a cor do bronze" e portava-se de maneira humilde diante do pai dele. Já o pai devia ser branco e era padre. Por isso, mal se falavam; tudo que tinham em comum era o filho em segredo.

Daí em diante, o romance vai ficando menos cuidadoso e mais didático em seus objetivos: personagens aparecem e desaparecem, situações restam pouco claras e há saltos narrativos. O protagonista vai se afundando na cidade, cada vez mais frustrado, sem dinheiro nem emprego. Os primeiros ataques dirigem-se aos políticos. Um deles, um senador, "bolina" uma moça no bonde; outro só pode ser encontrado na casa que não é de sua família. Já a sessão da Câmara é caracterizada como "o misterioso trabalho de fazer leis para um país" realizado pelos "augustos e digníssimos representantes da Nação Brasileira".[44] Políticos, por sinal, ganham no livro sua melhor definição: pessoas cujas "palavras [...] morriam nos lábios". Um deles, por exemplo, "movia a boca e gesticulava como um doido furioso", ao passo que os colegas, "desapegados da sua eloquência", dividiam-se em grupos. À esquerda, alguns viam cartões-postais; outro "escrevia febrilmente, erguendo, de quando em quando, a caneta para pensar"; uma roda de três conversava sorrindo; ao fundo, "um deputado gordo [...] esquecido no sono, por detrás de um par de óculos azuis, roncava perceptivelmente".[45]

Enquanto isso, Isaías está longe de lograr uma ocupação fixa. Com uma carta de recomendação nas mãos, ele começa um verdadeiro périplo tentando abrir as portas da capital. Para não desanimar, fia-se no conselho da mãe, que antes da partida do filho, com um olhar que mesclava "terror, pena, admiração e amor", lhe diz: "— Vai meu filho! [...] E não te mostre [sic] muito, porque nós...".[46] O suposto das reticências e do "nós" — e dos "outros" ocultos — acompanharia o protagonista central em sua esperança e desalento, nessa trajetória de iniciação ritual em que ele seria frequentemente lembrado de sua origem; do seu "nós".

Toda vez que é obrigado a explicar o motivo de sua viagem, é desconfiança o que encontra. "O senhor veio a passeio? perguntou-me. — Não senhor, disse-lhe de pronto. Vim estudar. — Estudar! — De que se admira? — De nada."[47] O cenário é, pois, de de-

O JORNALISMO COMO FICÇÃO: *RECORDAÇÕES DO ESCRIVÃO ISAÍAS CAMINHA* | 221

sencontro; da dificuldade de se integrar, de achar emprego ou de fazer valer o seu estudo. Cheio de metáforas, o personagem é comparado a "uma árvore cuja raiz não encontra mais terra em que se apoie e donde tire vida; era como um molusco que perdeu a concha protetora e que se vê a toda a hora esmagado pela menor pressão".[48]

A noção de "opressão", de "humilhação", é reiterada a cada vez que Isaías deixa de encontrar seu suposto "pistolão" ou vive a experiência de desconfiança — sua e alheia. E as situações multiplicam-se: no hotel, nas ruas, nas repartições. Um dos episódios mais marcantes do livro e que, não por coincidência, assinala o fim da primeira parte, faz alusão a uma experiência íntima do próprio Lima. Ele e Isaías foram acusados injustamente de roubo.[49] A mesma alta voltagem com que o autor descreve o episódio em seu *Diário* retorna no romance, na voz de Isaías: "Escrevendo estas linhas, com que saudade me não recordo desse heroico anseio dos meus dezoito anos esmagados e pisados! Hoje!... É noite. Descanso a pena".[50]

Muito mais forte do que a memória da época da maturidade, que relembra de forma resignada o passado, é a força dessa situação em particular, que jogou Isaías de vez num lugar que não era seu: a delegacia. "A sua intimação era para as onze horas." Assim começa o relato do episódio, vindo de encontro a um Isaías que andava "deprimido, desalentado", cuja "vontade era frouxa"; os "sentimentos tinham-se enfraquecido". Ficava ele entretido em "curtir ódios", "arquitetar vinganças", enquanto farejava "a miséria próxima".[51]

Até então, ele não sabia bem por que fora convocado a depor na delegacia. É o copeiro do hotel em que se encontrava quem lhe transmite a ordem, mencionando por alto um roubo que ocorrera naquele estabelecimento na noite anterior. Quando Isaías indaga ao funcionário o que ele iria fazer lá, o outro se limita a responder: "Depor, naturalmente". Só quando se vê sentado na estação policial é que o narrador lembra a expressão do copeiro, que "sublinhara a resposta com um piscar de olhos cheio de canalhice... Seria possível? Qual! Eu era estudante, rapaz premiado... Qual! Nem por sombras!...".[52] Estudante, rapaz premiado, nada disso parecia superar a certeza da cor e da origem.

Chegando à delegacia, Isaías toma um chá de cadeira que lhe permite acompanhar os vários rituais de humilhação empreendidos com sucesso durante os inquéritos. É quando o relógio de parede bate quatro horas e do fundo do compartimento sai um "personagem ventrudo, meão de altura, de pernas curtas, furta-cor, tendo atravessado no peito um grilhão de ouro, donde pendia uma imensa medalha cravejada de brilhantes". Imponente, ele se dirige ao inspetor: "— Raposo, vou sair: há alguma coisa? — Nada, capitão Viveiros. — E o caso do Jenikalé?[53] Já apareceu o tal *mulatinho*?".[54] Com a menção ao hotel em que se encontrava hospedado, logo Isaías percebe o que está acontecendo: é sua cor novamente em questão. E lá vai confissão íntima: "Eu saíra do colégio, vivera sempre num ambiente artificial de consideração, de respeito, de atenções comigo; a minha sensibilidade, portanto, estava cultivada e tinha uma delicadeza extrema que se juntava ao meu orgulho de inteligente e estudioso, para me dar não sei que exaltada representação de mim mesmo, espécie de homem diferente do que era na realidade, ente superior e digno a quem um epíteto daqueles feria como uma bofetada".[55]

A ideia de que ele fosse só um "mulato", e no diminutivo — a "baixeza do tratamento" —, deixava evidente o desinteresse por sua história pregressa ou sobre sua formação: ninguém queria saber "da minha personalidade que não queriam ouvir, sentir
e examinar". Nada o distinguia dos demais "mulatos", e tal atitude vinha justamente
de "um funcionário, de um representante do governo, da administração que devia ter
tão perfeitamente, como eu, a consciência jurídica dos meus direitos ao Brasil".[56] Na
continuação do relato, o protagonista do romance afirma que "as lágrimas secaram-se
nos olhos, antes que o inspetor o apresentasse ao escrivão Viveiros". E o pior debate
estava por acontecer: "— O senhor é o moço do Hotel Jenikalé? — Sou um deles. —
Qual é sua profissão? — Estudante. Houve algum espanto na sua fisionomia deslava-
da. Conteve-se e continuou-me a perguntar: — Tem documentos? — Alguns. — Ah!
Pode-se justificar perfeitamente. — Como? — Com testemunhas e documentos. — Se
não conheço ninguém aqui no Rio... — Eu lhe arranjo. — Aceito e obrigado. — Mas
custa-lhe trinta mil-réis. — Não posso pagar, Capitão. Não tenho dinheiro. — E o seu
correspondente? — Não tenho. — Então meu caro... Encolheu os ombros, afastou-se
cheio de indiferença...".[57]

Corrupção e cinismo sublinham as palavras do policial, que obrigou Isaías a esperar
ainda mais um pouco e assim constranger para lograr a confissão. Em seguida, ele é
levado mais uma vez à presença do capitão Viveiros. E o interrogatório prossegue sem
que o estudante entendesse o sentido de tanta suspeita. O delegado, por sua vez, tomava
a atitude de espanto do rapaz como prova de mentira, e assim se difundia o "sentimento
geral da minha inferioridade, decretada *a priori*".[58]

Na mesma época, em seu *Diário*, Lima anotou: "A capacidade mental dos negros é
discutida *a priori* e a dos brancos, *a posteriori*".[59] A expressão é a mesma, e não restam
dúvidas de que os sentimentos do autor e de seu personagem eram iguais, assim como a
atitude. Tanto que Isaías, perguntado se conhecia dois versos, logo afirma não ler poetas.
É o suficiente para o diálogo entornar de vez. Da sua parte, conta Isaías que foi nesse
momento que ele se lembrou de Dostoiévski: o abateu "o que um autor russo chamou
a convulsão da personalidade". E continua: "Senti num segundo todas as injustiças que
vinha sofrendo; revoltei-me contra todos os sofrimentos que vinha suportando. Injustiças, sofrimentos, humilhações, misérias, juntaram-se dentro de mim [...] e então expec-
torei sacudindo as sílabas: — Imbecil!...".[60] Resultado: Isaías vai para o xadrez. "Entrei
aos empurrões; desnecessários, aliás, porque não opus a menor resistência. As lágrimas
correram-me e eu pensei comigo: A pátria!"[61]

Como se pode notar, e a despeito das críticas que recebeu, *Recordações* não tratava
exclusivamente da imprensa. Toda a primeira metade do romance representa uma espécie de ritual de passagem: a consciência de que a educação, apenas, não era suficiente
para garantir a inclusão, e a certeza de que cor de pele era mais que uma marca externa
e física. Quase no final do livro, com evidente ironia, Lima volta ao tema sem se referir a
Isaías. Resolve contar a história de um crime que tomara a imaginação da cidade e que
fora desvendado por meio de mensurações antropológicas. "O laudo do dr. Franco con-

cluía que o homem era mulato, muito adiantado é verdade, um quarteirão, mas ainda com grandes sinais antropológicos da raça negra." Raça era, pois, um argumento em si, a comprovar, previamente, qualquer crime. Abolia-se a necessidade de comprovação factual. A confissão já vinha embutida na superfície da pele.[62]

Somente na parte VIII do livro, com mais da metade do enredo andado, é que Isaías consegue seu emprego e uma maior estabilidade financeira: vai trabalhar num grande jornal da cidade. Apesar disso, as duas partes do romance não são, definitivamente, distintas e estanques. A partir daí, embora vivendo uma nova situação social, o protagonista carregaria as mesmas dificuldades e contradições de seus tempos iniciais na capital. Não voltaria, porém, a manifestar a esperança inocente com que ali chegou. Tudo lhe parecia, agora, falso e artificial: os deputados, a polícia, a política, os políticos, a civilização e, sobretudo, os jornalistas.

Quem é quem nas Recordações do escrivão Isaías Caminha

Confiança e desconfiança fariam parte da personalidade do protagonista do livro. No auge do desespero, quando tudo parecia insistir em não dar certo, Isaías finalmente arruma um emprego de contínuo na redação de *O Globo*, jornal que, todos sabiam, já na época, correspondia ao *Correio da Manhã*, para o qual Lima trabalhara no ano de 1905. Por isso mesmo ele conhecia bem os bastidores da redação e o ambiente entre os seus profissionais. O fato é que o romance enevereda para a descrição da vida e do cotidiano do periódico, mas, dessa vez, sem usar o subterfúgio de dizer e voltar atrás. A crítica é direta, impiedosa, cheia de detalhes, a despeito de o autor se valer de pseudônimos para nomear uma série de jornalistas e literatos envolvidos na trama.

O caso mais frequente, e que está presente desde o início do romance, é o de João do Rio, de quem Lima não disfarça sua "bronca". Na terceira parte do livro nos é apresentado o jovem jornalista Raul Gusmão. Na primeira menção a ele, escorre a malícia de Lima/Isaías, que estranha "a voz fanhosa, sem acento de sexo, e emitida com grande esforço doloroso". A insinuação da homossexualidade de Gusmão estará sempre evidente, introduzida com ironia, o que só deve ter azeitado a inimizade entre os dois e a pirraça com que João do Rio passaria a tratar de Lima Barreto vida afora.

Por exemplo, quando o original de Lima chegou ao editor português pelas mãos de Noronha Santos, João do Rio, que se encontrava em Lisboa na ocasião, teria mentido, dizendo "desconhecer" aquele autor. Mas Lima tinha feito por merecer tal "desconhecimento". Afinal, a caracterização do personagem — conhecida desde a publicação de trechos do romance na *Floreal* — era repleta de preconceitos e caricaturas: "Essa sua voz de parto difícil, esse espumar de sons ou gritos de um antropoide que há pouco tivesse adquirido a palavra articulada, deu-me não sei que mal-estar, que não mais falei até à sua despedida [...]. Fiquei a ouvi-lo respeitosamente, tanto mais que nos tratou, a mim e ao padeiro, com tal desdém, com tal superioridade que fiquei entibiado, esmagado, diante do retrato, que dele fiz intimamente, de um grande literato, universal e aclamado, espécie de Balzac ou Dickens, apesar da voz de *Pithecanthropus*. Falava e não nos olhava quase; errava os olhos — os olhos pequeninos dentro de umas órbitas quase circulares a lembrar vagamente uma raça qualquer de suíno".[63]

Pithecanthropus, raça de suíno, falso literato, são alguns dos atributos que Lima repete durante o romance, mostrando seu escárnio, e inclusive tornando a narrativa reiterativa. É fato que João do Rio, em seu *As religiões no Rio*, cuja primeira edição data de alguns anos antes, 1904, também usou termos semelhantes para definir os terreiros de candomblé, que caracterizou como "antros de gorilas manhosos e de uma súcia de pretas cínicas e histéricas".[64] Mais uma vez, não é possível apostar na coincidência dos termos e na possível revanche do autor de *Isaías Caminha*. Mas o certo é que qualquer coisa referente a Raul Gusmão logo virava "falsa" e "insolente": a maneira como pedia "vinhos antigos"; tirava "uma preguiçosa fumaça do charuto"; pedia bebidas importadas "como *peppermint* e uma dose de Xerez"; pegava "na colherzinha com dois dedos". Tudo parecia irritar Lima/Isaías: os "gestos", as "palavras", as opiniões e os costumes, "o alentado corpanzil encostado à bengala vergada".[65] Evidentemente desequilibrado quando se trata de definir Gusmão/João do Rio, Isaías resume o personagem deste modo: "Nos confins da minha aldeia natal, eu não podia adivinhar que o Rio contivesse exemplar tão curioso do gênero humano, uma desencontrada mistura de porco e de símio adiantado, ainda por cima jornalista ou coisa que o valha, exuberante de gestos inéditos e frases imprevistas".[66] Enfim, havia uma guerra surda mas declarada.

João Paulo Emílio Cristóvão dos Santos Coelho Barreto, o João do Rio, era naquela altura uma personalidade carioca, autor de crônicas de grande sensibilidade e muito renomadas no ambiente literário. Data de 1904 sua série de reportagens intitulada "As religiões do Rio", quando tratou dos cultos africanos na cidade. O sucesso foi tal que os textos logo viraram livro. Em apenas seis meses, 8 mil exemplares foram vendidos, e a obra facultou a entrada do cronista na ABL, em 1910.[67]

Por sua vez, a orientação sexual de João Paulo Coelho Barreto sempre gerou suspeita e muita troça por parte dos colegas. Tradutor de várias obras de Oscar Wilde, um "dândi de salão", João do Rio desafiou essa sociedade que conferia pouco espaço à diversidade sexual. Talvez levado pela caçoada geral, Lima, em vez de poupar o colega, incendiou ainda mais os termos. "Figura inflada", "mescla de suíno e símio", "fisionomia de porco *Yorkshire*" num "corpo alentado de elefante indiano", "sorriso afetado", "covardia moral", são algumas das imagens que Lima/Isaías usa, trazendo a público, na ficção, as chacotas dos bastidores.

Em certo momento do livro, aliás sem grande importância para o desenvolvimento da narrativa, Isaías Caminha participa de um diálogo acerca da sexualidade do colega. "Era de fato ele de braço com o Oliveira. Vestia um grande fraque de xadrez; tinha botinas de verniz com os canos de pano e marchava conversando com o companheiro, apertando os olhos e procurando os mais surpreendentes gestos que lhe viessem aumentar a reputação jornalística [...] — É verdade o que se diz por aí dele? indagou a meia voz o solicitador. — Não sei, nunca vi, mas, no domingo, nós... [...] vimo-lo entrar numa hospedaria da rua da Alfândega com um fuzileiro naval. — Que coisa! Mas será verdade? — Qual, disse Leiva, não creio. Ele faz constar isso e faz suspeitar, para se ter em melhor conta o seu talento. O público quer que o seu talento artístico tenha um pouco de vício; aos seus olhos, isso o aumenta extraordinariamente, dá-lhe mais valor e faz com que o escritor ganhe mais dinheiro. — Como é então que entrou na hospedaria? indagou Marques. — Tinha-nos visto e, mediante uma gorjeta, obrigou o soldado a prestar-se ao papel..."[68]

O escritor, que assumia papel tão significativo na denúncia do racismo vigente no país, não parecia se comover muito com outras minorias que também sofriam preconceito e exclusão social. Por outro lado, se Lima deveria apreciar o tipo de jornalismo que João do Rio realizava, não deveria aprovar sua carreira literária e as concessões sociais que fazia. Não fica difícil, portanto, entender o "troco" que João do Rio lhe daria não apoiando a publicação de seu livro e sua futura candidatura à ABL.

Outros jornalistas também saíram chamuscados em *Recordações*. Florêncio, por exemplo, seria o já mencionado Figueiredo Pimentel, que assinava a conhecida coluna "Binóculo", publicada na *Gazeta de Notícias*. Originalmente autor de romances e de livros infantis, Pimentel virou colunista social e acabou ditando moda. Na história de Lima, o personagem por ele inspirado é pego em flagrante ao roubar um livro. Ricardo Loberant seria Edmundo Bittencourt, o proprietário do *Correio da Manhã*, que fundou o jornal em 1901. Na ficção ele é o autoritário diretor/proprietário de *O Globo*, o "moralizador da República". Pacheco Rabelo é Pedro Leão Veloso Filho, o Gil Vidal, um dos fundadores do *Correio* e que atuava, na época, como redator-chefe. Ele é descrito como a "segunda cabeça da casa", um sujeito irascível e igualmente autoritário. "Um homem gordo que se movia pela sala com a dificuldade de um boi que arrasta a relha enterrada na charrua."[69] E por aí vamos. Leporace, o "secretário, arrogante como todo jornalista", é Vicente Piragibe, redator do *Correio* e depois diretor de *A Época*. Frederico Lourenço do Couto, o Floc, era João Itiberê da Cunha, que assinava como Jic a crítica teatral e musical daquele jornal. Sempre de casaca, Floc matou-se na própria redação. Lobo, aquele que tratava das "escoras gramaticais" e que, no romance, terminou no hospício, era Cândido Lago, responsável no mesmo periódico pela seção "O que é correto". Losque era Gastão Bousquet, redato do *Correio*, que na pena de Isaías vira uma "espécie de cavalaria parta viva no ataque e capaz de deitar frechas mortais na retirada".[70]

Desse fogo cruzado nem os literatos escaparam. Veiga Filho é o escritor Coelho Neto, que no livro recebe um tratamento pra lá de cruel. Lima sempre duvidara — e continuaria duvidando até o fim da vida — do talento do acadêmico, visto por ele como símbolo maior da hipocrisia literária vigente na sociedade carioca. Assim o descreve Isaías: "O grande romancista de frases campanudas, o fecundo *conteur* [...] Era aquele o homem extraordinário que a gente tinha que ler com um dicionário na mão? Era aquela a forte cerebração literária que escrevia dois e três volumes por ano [...]?".[71]

O próprio Lima está representado na figura de Plínio de Andrade ou Plínio Gravatá de quem escreve: "Plínio Gravatá, mais por sistema do que por qualquer outra coisa, continuava a dispensar-me a consideração de igual...".[72] Não é o caso de multiplicar os exemplos;[73] o que importa é mostrar que, nessa segunda parte, o romance é mesmo à clef e concede muito aos gostos e desgostos de Lima. Literatos e jornalistas são descritos como superficiais, sem ética, mundanos e atentos somente aos negócios e ao conchavo. "A Imprensa! Que quadrilha! [...] Nada há tão parecido como o pirata antigo e o jornalista moderno [...]. Todos nós temos que nos submeter a eles, adulá-los, chamá-los gênios, embora intimamente os sintamos ignorantes, parvos, imorais e bestas. [...] Fazem de imbecis gênios, de gênios imbecis [...]."[74] Numa referência, ainda que sem a devida citação, Lima homenageia Balzac, um de seus autores preferidos: "Era a Imprensa, a Onipotente Imprensa, o quarto poder fora da Constituição!".[75] Aí está uma espécie de *Ilusões perdidas* desse Balzac tropical, com Lima reconhecendo na imprensa o quarto poder da República, artificial e coadunada com os embelezamentos empreendidos por Pereira Passos, outro alvo dileto do escritor.

Falando em reformas urbanas, elas não escapariam ilesas dos ataques de Lima/Isaías. O escritor inventa uma medida compulsória criada pela República acerca "dos sapatos obrigatórios" e, a partir dela, critica os projetos de modernização do Rio. Mas a brincadeira nada tem de ingênua; tem destino certo. Trata-se de uma dupla alusão. De um lado, o autor de *Recordações* refere-se a uma interdição antiga e imposta pela lógica do costume que impedia escravizados de usar sapatos. Estes ganharam tal valor simbólico que, logo após a abolição, vários libertos correram às lojas para comprar calçados, transformados em metáfora de liberdade.[76] No entanto, há outro paralelo possível. Sabemos que Lima escreveu sobre a Revolta da Vacina, a qual ocorreu no Rio de Janeiro nos idos de 1904. Se a medida era correta, uma vez que visava erradicar a febre amarela na cidade, a forma autoritária como foi implementada gerou verdadeira comoção popular. Por isso Lima ironiza a falta de comunicação vigente naqueles primeiros anos da República e o abismo que ela ia criando diante de seus cidadãos. "Nascera a questão dos sapatos obrigatórios de um projeto do Conselho Municipal, que foi aprovado e sancionado, determinando que todos os transeuntes da cidade [...] seriam obrigados a vir calçados. Nós passávamos então por uma dessas crises de elegância, que, de quando em quando, nos visita. Estávamos fatigados da nossa mediania, do nosso relaxamento; a visão de Buenos Aires, muito limpa, catita, elegante, provocava-nos e enchia-nos de loucos desejos de igualá-la."[77]

Entre acertos e erros, escárnio e mensagem dirigida, Lima mostrava suas garras diante da imprensa, e fazia dela uma plataforma de ataque à República das Letras e a tudo aquilo de que se julgava excluído. A investida, forte, não foi em vão. No caso da imprensa, o silêncio foi o melhor contra-ataque.

Estratégia equivocada

Por essas e por outras é que não há coincidência no fato de Lima Barreto ter escolhido exatamente *Recordações do escrivão Isaías Caminha* para se lançar como escritor. O romance trazia de tudo um pouco — crítica social, fofoca literária, bastidores do jornalismo; o suficiente para chamar bastante atenção e causar escândalo. A decisão se revelaria, porém, equivocada. A fria recepção que a obra mereceu é prova de seu desajuste, ao menos na época.

Já mencionamos que o próprio Lima trabalhara no *Correio da Manhã* — cujo diretor então era "o autoritário" Edmundo Bittencourt —, produzindo uma série de matérias não assinadas. De 28 de abril a 3 de junho de 1905, publicou as reportagens "O subterrâneo do morro do Castelo". Talvez por isso não seja o caso de pensar numa vingança contra o *Correio*, apenas. Quem sabe o escritor visasse atingir o periodismo de um modo mais geral e só tenha selecionado esse periódico por ser ele o exemplo de maior sucesso naquele momento. Atingi-lo representava atacar "o jornalismo moderno" de forma ampla, e a todos que teriam por prática o ato que o escritor atribuiu a *O Globo*: "vendeu-se, vendeu-se, vendeu-se…".[78]

Não vale a pena desempatar a partida e decidir se a crítica era dirigida ou não. O importante é que na época o *Correio* representava, para Lima, o protótipo da imprensa que ele gostava de criticar, formada por jornalistas ligeiros, habituados a publicar crônicas superficiais. Mas há outro lado nessa história. Se é certo que o autor pretendia escancarar as fragilidades dos noticiosos brasileiros — e as muitas injustiças que, com certeza, ocorriam —, queria também gerar escândalo e virar, ele próprio (com seu livro), notícia: "Se lá pus certas figuras e o jornal, foi para escandalizar e provocar a atenção para a minha brochura. Não sei se o processo é decente, mas foi aquele que me surgiu para lutar contra a indiferença, a má vontade dos nossos mandarins literários".[79]

Há, pois, uma clara estratégia de inserção literária construída por meio de vários "anti": antiacademia, antiformalismo, antijornalismo, antirrepública. E, em tal contexto, nada como atacar o periodismo e, assim, resvalar em todo o resto. Afinal, é evidente o moralismo das acusações presentes em *Recordações*, que constrói uma imagem cruel desse ambiente profissional e exclui da avaliação apenas o autor do livro. A atitude era coerente com a atuação de Lima e da nova geração de escritores que pretendia opor-se a tudo que fosse estabelecido e consolidado, até porque se encontravam afastados dessas instituições de consagração. Além do mais, ao citar com frequência alguns de seus mestres — como Taine e Eça de Queirós —, Lima procurava passar atestado acerca de seus próprios modelos. Uma literatura engajada, preocupada em conscientizar os leitores dos problemas de sua sociedade.[80] Essa seria a função social de sua literatura, bem como a justificativa, mais digna, para seu romance de estreia.

A verdade é que o livro não vendeu nem gerou o escândalo público imaginado por Lima. Nas diferentes críticas e em boa parte das notas publicadas a respeito do romance, a avaliação parecia unânime: ele ficava devendo demais à realidade local. *O Paiz* de 25 de janeiro de 1910, por exemplo, salientou que uma "literatura de escândalo, isto é, de crítica pessoal e direta", estaria "irrompendo no nosso meio com alguma violência". Citava então o "livro irreverente de Lima Barreto, um escritor novo e fulgurante, que desenhava nas *Recordações do escrivão Isaías Caminha* os perfis mais evidentes do nosso mundo literário e jornalístico, exagerando-lhes as deformidades, os defeitos, os senões, e exercendo sobre eles, com um prazer satânico, uma espécie de vingança de rebelado". Para contrastar com o livro resenhado, o autor mencionava a nova obra de Elísio de Carvalho, *Five o'clock*,[81] que também retratava o mundo das letras mas que se convertera, segundo ele, num incontestável sucesso de público.[82]

Já na "Nota à margem", que saiu em *Careta* de 5 de fevereiro de 1910, "Frei Antônio" observa que, tendo Lima Barreto "surpreendido, no interior de um jornal em atividade, algumas figuras de jornalistas", agora, depois de tê-las fotografado, "exibe-as com indiscrição nas páginas de suas *Memórias do escrivão Isaías Caminha*". O autor da matéria claramente oscila entre condenar e elogiar o caráter alusivo do romance. Ao fim e ao cabo, esquiva-se e conclui: "Se as *Memórias* são um livro de ódio e vingança, podereis (vós, não eu) contestar a nobreza destes sentimentos".[83]

De todo modo, Lima deixava aos poucos de ser um mero desconhecido. Figurava até em crônicas na imprensa. Na seção "Fora do sério", de *A Epoca* de 12 de abril de 1913, um artigo assinado por R. Dente e que leva o nome de "Autêntica" — no sentido de "piada autêntica" — mais um pseudônimo a esconder a identidade de seu autor — apresenta um encontro imaginário entre o amanuense e um jornalista: "O Lima Barreto encontra um conhecido jornalista, célebre pela sua mania de citações. O jornalista puxa de uma tesoura, com que corta a ponta de um charuto. — Para que traz, você, esta tesoura? Perguntou o Lima. — Ora, não estás vendo? Para cortar os meus charutos. — Ah! Pensei que fosse para escreveres os teus artigos...".[84]

Enfim, Lima ia ficando conhecido no meio literário como um autor crítico e pernóstico; mas seu livro não vendeu. Em carta ao amigo, jornalista e magistrado piauiense Esmaragdo de Freitas,[85] que publicara resenha sobre o *Isaías Caminha*, Lima elaborou uma espécie de avaliação do desempenho do romance: "Ninguém quis ver no livro nada mais que um simples romance à clef, destinado a atacar tais e quais pessoas; os que gostaram foi por isto, os que não gostaram foi por isto também. Há alguma cousa a mais do que isso no meu modesto volume".[86] Ele não deixava de ter razão. O livro recebeu pouquíssimas críticas sérias, e elas repisavam o mesmo argumento. De resto, reinava um silêncio frustrante para quem pretendia, em sua estreia, polemizar e conquistar lugar de evidência.

O resultado pífio de vendas poderia ser considerado ainda pior quando comparado ao de outros romances que saíram naquele ano de 1909. Fiquemos apenas com o tão caricaturado João do Rio. Lima Barreto, que foi obrigado a abrir mão dos direitos autorais de *Recordações*, devia saber que a Garnier pagara a João o valor de 1:000$000 pela venda dos direitos de *Dentro da noite*. No ano anterior, este recebera 1:500$000 da editora Francisco Alves pela venda dos direitos de *Era uma vez...*, em coautoria com Viriato Corrêa. Em 1907, a Garnier lhe adiantou 2:000$000 para que escrevesse duas obras:

Momento literário e *A alma encantadora das ruas*.[87] A Lima couberam, como forma de pagamento pela publicação de *Isaías Caminha*, apenas alguns exemplares, e ele próprio tratou de divulgar seu trabalho. As inúmeras cartas que enviou a amigos, livreiros, pessoas influentes, atestam o empenho do escritor na distribuição e venda do livro. Isso sem esquecer o fato de ele ter sido lançado por uma editora portuguesa, o que tornava ainda mais difícil aferir-lhe o desempenho no mercado livreiro nacional.

Mas o malogro maior veio da atitude do *Correio da Manhã*. Principal alvo de ataque, o grande jornal simplesmente ignorou a existência do romance, e vetou o nome de Lima na sua redação e nas suas páginas. Como se dizia na época, foi um "silêncio olímpico". Já os demais periódicos, fazendo coro a certa "ética de classe", devem ter achado mais prudente calar, ao menos por um tempo, diante de uma obra considerada absolutamente "inconveniente".[88] Foram poucas as exceções: Alcides Maia, no *Diario de Noticias*, decretou que o livro não passava de uma "verdadeira crônica íntima de vingança, diário atormentado de reminiscências más", e Medeiros e Albuquerque, em *A Noticia*, escreveu tratar-se de "um mau romance e um mau panfleto";[89] alegava que era "uma decepção, porque todo ele é feito de alusões pessoais, de descrição de pessoas conhecidas, pintadas de um modo deprimente". O uso de personalidades do jornalismo para basear personagens da obra, ainda de acordo com Medeiros e Albuquerque, representaria a falta de coragem do autor para realizar uma investida direta às pessoas "que mesmo os panfletários mais virulentos deveriam respeitar". Aí estaria, segundo ele, uma tentativa de causar escândalo sobre motivos pessoais e extraliterários.

Medeiros e Albuquerque não era figura qualquer. Jornalista, professor, político, literato, teatrólogo, ensaísta e memorialista, compôs a letra do Hino da Proclamação da República e entrou na ABL. Talvez por conta dessa sua biografia influente, Lima tenha se dirigido a ele, em carta datada de 15 de dezembro de 1909, tentando desfazer a má impressão: "Estou certo de que as pessoas que não me conhecem só poderão ter a impressão que o senhor teve. Há, entretanto, alguma coisa que a justifique, dentro mesmo dos motivos literários. Se a revolta foi além dos limites, ela tem contudo motivos sérios e poderosos".[90]

Cauteloso, o escritor procurou explicar suas razões no que se referia aos personagens: "há (ouso pensar) uma simples questão de momento. Caso o livro consiga viver, dentro de curto prazo ninguém mais se lembrará de apontar tal ou qual pessoa conhecida como sendo tal ou qual personagem".[91] O autor de *Recordações* tentava, assim, tirar o foco dos pseudônimos com o propósito de destacar as qualidades literárias da obra. Mas o tempo provaria que Lima, nesse aspecto, estava equivocado. Pois, se o enredo é considerado menos bem-acabado, mesmo quando comparado ao de outros livros de sua autoria, os jornalistas indiretamente citados e todo o ambiente em que viviam ainda são tomados como documentos históricos, fundamentais para descrever os primeiros anos da República. Por outro lado, tinha razão ao buscar igualmente se desvincular de seu personagem. Afinal, literatura é o que faz. E Isaías, sendo criatura de um escritor, era "outro" também, e não se limitava à mera projeção pessoal.

Até o consagrado crítico José Veríssimo, o qual, como vimos, saudara positivamente a *Floreal*, bem como o romance do escritor que nela saía na forma de folhetim, mudou a sua avaliação ao ler o livro até o seu final. Em carta endereçada diretamente a Lima, escreveu que, apesar de sua primeira "impressão geral [...] excelente" sobre o livro, encontrou "nele, porém, um defeito grave [...] É pessoalíssimo, e, o que é pior, sente-se demais que o é. Perdoe-me o pedantismo, mas a arte, a arte que o senhor tem capacidades para fazer, é representação, é síntese, é, mesmo realista, idealização [...]. A cópia, a reprodução, mais ou menos exata, mais ou menos caricatural, mas que se não chega a fazer a síntese de tipos, situações, estados d'alma, a fotografia literária da vida, pode agradar à malícia dos contemporâneos que põe um nome sobre cada pseudônimo, mas, escapando à posteridade [...] Eu que isto lhe digo, eu mesmo me deliciei, com a sua exata e justa pintura da nossa vida jornalística e literária, mas não dou por boa a emoção que ela me causou".[92]

Veríssimo denunciava a verdadeira mania que tomara conta da elite carioca de "pôr um nome sobre cada pseudônimo". Além do mais, mudou de opinião; se na época da *Floreal* saudou os primeiros capítulos do livro — de maneira que Lima até o citou no falso prefácio que abre a obra —, agora entrava no coro dos críticos e acusava a caricatura. Ao que tudo indica, o que levou à censura velada de *Recordações*, diferentemente do que dizia o reconhecido crítico, não foi apenas o fato de o romance ser à clef; foi antes a atitude, considerada atrevida, para um escritor principiante. E Lima sabia disso. Tanto que presentearia o amigo Noronha com um exemplar do também à clef *A esfinge*, de Afrânio Peixoto, devidamente lido e anotado. Na dedicatória ficam registradas a ironia e a contrariedade do autor de *Isaías Caminha*: "Ao Sr. Dr. Antônio Noronha Santos, desejando que tenha na sua estante uma eloquente prova da importância do senso literário nacional e também do critério que, por este século xx, ainda se tem, entre nós, do romance". E numa margem do livro escreveu: "É à clef, e eles elogiaram".[93] O próprio Medeiros e Albuquerque, que enxergara no livro de Lima "um mau romance e um mau panfleto", no caso de *A esfinge* escreveu resenha em tudo diversa, elogiando-o como "um documento precioso para o estudo do nosso tempo", onde não havia "excesso" ou "caricatura".[94]

Assim, o que estava em jogo, e Lima logo intuiu, não eram as qualidades literárias dos dois romances coetâneos, mas a origem social dos autores: um deles, negro, morador do subúrbio e funcionário público sem expressão que ousava se lançar como escritor; o outro, um jovem branco, médico e professor da Faculdade de Medicina, que, antes até de publicar um livro, já se tornara membro da ABL. No entendimento de Lima, a responsabilidade pelo fracasso da obra não podia estar nela mesma; havia de estar em outro lugar. De toda maneira, ele repetia para si o que via em seu personagem: o estigma racial é que explicava o bom ou o mau destino de um livro, bem como a atitude de crítica a essa artificiosa República das Letras, tema que jamais sairia da pauta do escritor.

Não há como esquecer que o personagem/narrador Isaías traz o nome de profeta; aquele que reivindica a verdadeira religião. Também é o profeta Isaías aquele que traz a salvação e cujo nome significa "ajuda" e "auxílio". Enfim, levando o nome do protagonista a sério, e nos fiando nos princípios do realismo e do gênero à clef, quem sabe concluiríamos não haver acaso na escolha do narrador. Isaías seria então um mensageiro que traria a salvação ao anunciar as mazelas sociais de seu momento.[95]

Talvez por conta dessa conversa íntima com seu contexto, se *Isaías Caminha* é até hoje muito lido, para a sua plena compreensão, sobretudo a de sua segunda parte, o livro pede uma espécie de "bula", de forma que se evidenciem instituições, personagens, episódios destacados e o próprio autor camuflado na obra. Já o escritor preferiu pôr a culpa na sociedade, mas sentiu o golpe. Justo ele que esperava tanto desse seu romance de estreia. Coincidência ou não, foi na mesma época que o amanuense começou a fazer da bebida mais que um passatempo; ela foi virando sua parceira de toda hora. "Vai me faltando energia", escreve Lima em seu *Diário*. "Já não consigo ler um livro inteiro, já tenho náuseas de tudo, já escrevo com esforço. Só o Álcool me dá prazer e me tenta... Oh! Meu Deus! Onde irei parar!"[96]

O alcoolismo, mal que acometera seu pai, perseguiria o escritor daí até o fim da vida. E Lima passaria a ser visto andando maltrapilho pelas ruas, agindo de modo inconveniente com os amigos, ou sentado nos bares com uma garrafa de parati ou de cerveja na mão. Nessa época, aliás, ganharia outra fama, sem dúvida contrária ao bom-mocismo da Academia: a de boêmio contumaz.

Se a dor da exclusão social e a realidade da humilhação das populações afro-brasileiras, mas também seus gestos, modos de viver e certo sentimento estético e religioso já faziam parte de seu projeto literário — que por vezes ele chamava de negrismo —, nesse momento a diferença viraria ressentimento e até mania de perseguição. E a situação

Nos desenhos pertencentes à coleção da Biblioteca José Mindlin, vemos um Lima Barreto boêmio, concentrado, à mesa de um bar.

era certamente complexa. Por um lado, Lima parecia não dominar o vocabulário social do grupo literário preponderante; por outro, acabava impondo-se com suas críticas e a maneira nada generosa como descrevia os colegas. De toda forma, o livro serviu para "vestir" o artista, que adquiria não só a reputação de "terrível", como a de escritor da nova geração que surgia na década de 1910, buscando romper com os cânones mais assentados e incluindo outros espaços sociais para a literatura. Em 1911, no anúncio da publicação do conto "A nova Califórnia" pela *Revista Americana*, citou-se também o livro sobre *Isaías Caminha*, assinalando-se que a obra conferira ao autor um lugar entre "os novos que vêm surgindo à vida literária do Brasil".[97] Numa coluna mais tardia, que saiu em *O Paiz* no dia 9 de julho de 1915, comentava-se a visita de alguns jornalistas brasileiros a Buenos Aires. A nota mencionava que muitos deles tinham se admirado ao encontrar na biblioteca particular de um escritor argentino "um livro que aqui teve o seu quarto de hora de notoriedade, mas não chegou a ser um sucesso de livraria". Era um exemplar de *Recordações*: "Houve quem entre eles, sentisse os frêmitos da vaidade, parado diante da lombada do livro de Lima Barreto, tão cuidadosamente acondicionado numa estante luxuosa".[98]

Lima não se intimidaria, porém, com a recepção fria, e continuaria com sua militância literária e política. Por sinal, nessa mesma época — entre 1909 e 1910 —, ele andava engajado na acirrada campanha eleitoral para a Presidência, que contava com dois candidatos: o marechal Hermes da Fonseca, o qual representava a volta do militarismo, e Rui Barbosa; o jurista, político e diplomata, que fora coautor da primeira Constituição e primeiro ministro da Fazenda do regime instaurado em novembro de 1889, sendo um dos responsáveis pela demissão do pai de Lima.

Era a primeira vez durante a República que a população se mobilizava em grandes comícios. Rui Barbosa pôs em cena, então, um debate de ideias que privilegiava o respeito às leis e a prevalência da educação, da cultura e da moralidade pública.[99] Lima deve ter colocado o passado em hibernação, e se afirmaria, então, como um anti-hermista de primeira hora, defendendo palavras de ordem da campanha de Rui: em nome "da liberdade, da cultura e da tolerância". Pelo menos é esse o teor da missiva que ele enviou ao candidato civilista, a qual vinha assinada por Isaías Caminha.[100] Quem sabe tivesse medo de retaliações na Secretaria da Guerra; quem sabe se sentisse melhor valendo-se da personalidade de sua "criatura", que, diferentemente dele, no final do romance se encontrava mais estabelecida e podia escrever o que bem entendesse.

Foi assim, e contra qualquer prognóstico, que ele virou um adepto da causa civilista e aderiu ao nome de Rui Barbosa, cujo prestígio aglutinava todos os grupos de oposição contra o até então ministro da Guerra, Hermes da Fonseca. No dia 14 de junho de 1909, em plena campanha, o presidente Afonso Pena morreu (vítima de "traumatismo moral", conforme se brincava na ocasião), e seu vice, Nilo Peçanha, assumiu o governo. A comoção foi grande, e o próprio Lima descreveria o episódio em seu conto e futuro livro, *Numa e a ninfa*, e num divertido panfleto, intitulado *O Papão*, que organizou com Noronha Santos.[101]

Folheto feito e distribuído por Lima Barreto e Noronha Santos a favor da Campanha Civilista, 1909.

O descontentamento ia crescendo na mesma proporção em que se consolidava a candidatura de Rui Barbosa: o bacharel contra o militar; o jurista versus o general. No dia 22 de setembro houve o episódio conhecido como Primavera de Sangue, que, a despeito de não estar vinculado diretamente à campanha pela sucessão presidencial, acabou apimentando ainda mais a situação. O estopim foi um conflito ocorrido nas ruas do Rio, durante uma passeata da primavera, quando os estudantes e o comandante da Brigada Policial se desentenderam. Representantes dos estudantes foram à polícia reclamar dos procedimentos violentos dos soldados, mas o general Sousa Aguiar não os atendeu.[102]

A celebração da primavera nada tinha a ver com a batalha eleitoral; era uma atividade tradicional dos estudantes (realizada em vários países sul-americanos) e vinha sempre associada a algum tipo de protesto. Aproveitando o ensejo, no mês de setembro de 1909 os alunos cariocas introduziram no ritual o enterro simbólico do general Sousa Aguiar. A expressão "matar de ridículo" vem dessa espécie de enterro político. Mas o general não aprovou a brincadeira: possesso, mandou a força policial interromper a celebração. E assim o ritual, que não passava de uma passeata com ares de Carnaval, provocou tumulto e terminou com a morte de dois estudantes e diversos feridos. O evento gerou comoção na cidade. Mesmo com tamanha agitação, a vitória foi de Hermes da Fonseca, que só conseguiu assumir seu cargo em 1910 por conta da temperatura alta vigente na capital.

No mesmo mês, organizou-se um tribunal do júri para avaliar o episódio do assassinato dos dois estudantes. Os acusados pertenciam todos ao Exército e, entre os jurados, estava o terceiro escriturário da Secretaria da Guerra: Lima Barreto. O clima era de muita tensão: o Exército ameaçou invadir o tribunal e os jurados receberam ameaças de morte.[103] Por sua vez, os jornais do dia 14 de setembro deram grande cobertura à primeira sessão do júri, que votou pela condenação do tenente João Aurélio Lins Wanderley, sobrinho do general Aguiar, e seus companheiros. O episódio, que já era complexo,

Lima Barreto, na época do julgamento do tenente Wanderley, com traje completo. Setembro de 1910.

custaria ainda mais caro ao funcionário público Lima Barreto. Não se pode ter certeza da causa, no entanto o amanuense não ascenderia em sua carreira na Secretaria da Guerra. Tampouco seria convocado para o segundo julgamento, que acabou por absolver o tenente.[104]

Das poucas fotos que restaram do escritor, duas foram tiradas na época do julgamento. Não sabemos por que Lima foi chamado para compor o polêmico júri, mas o fato é que ele não se furtou a tal missão. Nas imagens, aparece bem-vestido, atento, e quem sabe ciente da proeminência — não conquistada com o livro — que poderia ganhar com a situação. Até o *Correio da Manhã*, que, como sabemos, havia decretado veto ao seu nome, abriu uma exceção e elogiou-lhe a atuação no evento.

Isso era fogo de palha. Passado o segundo certame, que condenou o tenente Wanderley, Lima viu sua carreira de funcionário, e inclusive no grande jornalismo, deparar com sérios impedimentos. Sua carreira como servidor público jamais decolaria, quem sabe por conta de sua atuação na qualidade de jurado, quem sabe por sua atitude individual e das constantes licenças que passou a pedir.

Não há de ser coincidência que, em 1º de fevereiro desse ano de 1912, Lima tenha requerido e recebido licença para tratar a saúde até dia 30 de abril, com a justificativa de "reumatismo poliarticular, hipercinese cardíaca". Esses eram problemas físicos mais ligados à bebida do que à tensão do julgamento. De toda maneira, fica claro como o escritor manifestava a firme intenção de não voltar mais ao serviço. Em carta de 1912, Lima atesta não ser de sua "disposição íntima" ir à secretaria, e autoriza o sr. Machado, a quem dirige a missiva, a "proceder de acordo com o regulamento". Explica, ainda, que não tinha como expor seus "motivos" íntimos, mas que também não queria "criar embaraços". E finaliza: "Meu caro Senhor Machado, o senhor deve conhecer bem aquele rifão que diz: vão-se os anéis, mas fiquem os dedos".

O certo é que Lima se equilibrava nessa sua balança pessoal: de um lado, colocaria muito pouca energia no seu trabalho enquanto funcionário do Estado; de outro, jogaria todo o seu esforço na construção de sua "persona literária", sempre independente e do contra. Em artigo de 1911, o escritor reconhecia: "O que tenho são implicâncias parvas; e é só isso. Implico com três ou quatro sujeitos das letras, com a Câmara, com os diplomatas, com Botafogo e Petrópolis; e não é em nome de teoria alguma, porque não sou republicano, não sou socialista, não sou anarquista, não sou nada: tenho implicâncias".[105] A quantidade de nãos é reveladora da sua posição afirmativa. Se o texto é fiel ao que o escritor entendia sobre si mesmo e acerca da sua atuação, significava também um atestado de como ele negociava com suas próprias pretensões e ia construindo — às vezes por opção e muitas vezes pela falta de opção — sua condição de "marginal".[106] Acreditou tanto na representação, que nela se enredou. *Recordações do escrivão Isaías Caminha* seria lido dessa forma em sua época, e o próprio criador acabaria se vestindo com seu personagem.

Significativa, nesse sentido, foi a crônica escrita para o *Correio da Noite* em 18 de janeiro de 1915, "O nosso secretário". Nela, Lima volta a seu argumento sobre o clima reinante nas redações de jornal: "Dizem os metafísicos que o fundo do ser é a contradição; o fundo desta vida de jornais é também a contradição. Berram eles pelos princípios morais, reclamam lealdade entre os homens, generosidade, clemência, justiça etc. etc., e nada disso há entre os seus profissionais. Nas suas relações mútuas mais domina o azedume do que a cordialidade; mais a intolerância do que o perdão mútuo. Quem vive dentro do jornalismo, tem a impressão de que está entre lobos; os homens de jornais se devoram. Há mesmo a teoria do 'tombo'. Consiste [...] em se meter um sujeito em um jornal, por intermédio deste ou daquele, fazer artes e coisas, e derrubar o protetor. São intrigas de serralho, mas às quais ninguém escapa, quer como paciente, quer como agente, quer como agente-paciente".[107]

Os jornais padeceriam, portanto, dessa teoria do "tombo", e Lima parecia chamar para si a missão de denunciá-la, a despeito de pretender estar sempre perto dela. Se os jornais eram criadores de ficção, a ficção desse escritor era também, e à sua maneira, uma criadora de realidades: a sua realidade acerca dos jornais cariocas. Em 1917, quando publicou *Recordações* pela segunda vez, e então no Brasil, Lima acrescentou quatro curtos parágrafos à "Breve notícia", e os datou e localizou: "Todos os Santos, 31 de dezembro de 1916". Assim como Lima Barreto, seu personagem Isaías Caminha teria mudado de Caxambi, no Espírito Santo, para o bairro onde o escritor agora morava.

Julgamento dos accusados como responsaveis pelo assassinato dos estudantes Guimarães e Junqueira. O juiz Machado Guimarães presidindo os trabalhos. Os jurados, entre os quaes estão o Dr. Bruno Lobo, illustre professor da Faculdade de Medicina, e o escriptor Lima Barreto, (o que está com a mão no queixo) autor das Memorias do escrivão Isaias Caminha.

Julgamento dos accusados como mandante e executores do assassinato dos estudantes Guimarães e Junqueira. Os réos procuram occultar o rosto, para não serem photographados. O que está de oculos pretos é o Tenente Wanderley.

Cena do julgamento do tenente Wanderley. Aqui está Lima Barreto entre os jurados e a prova de como o ritual foi concorrido. *Careta*, 17 de setembro de 1910.

NO CÍRCULO: Detalhe da cena do julgamento, com Lima Barreto, que aparece à dir., em destaque.

Lima lapida ainda mais o argumento do livro e desenha um personagem finalmente acomodado na vida. Embora pela via negativa, aí estão os mesmos inimigos e preconceitos. Afinal, de 1909 (data do primeiro prefácio) até 1916, muita história havia passado, e talvez Isaías/Lima tivesse perdido de vez a ingenuidade. Essa é a impressão que o autor deixa nas cinco páginas do romance pertencentes ao "prefácio", as quais mais se parecem com fim de novela: "Afora as coisas da 'Garnier' e da 'casaca' e dos 'jornais', que são preconceitos provincianos, o prefácio, penso eu, consolida a obra e a explica, como os leitores irão ver. Disse bem preconceitos, porque, após dez anos, tantos são os que vão da composição das *Recordações* aos dias que correm, o meu amigo perdeu muito da sua amargura, tem passeado pelo Rio com belas fatiotas, já foi ao Municipal, frequenta as casas de chá; e, segundo me escreveu, vai deixar de ser representante do Espírito Santo, na Assembleia Estadual, para ser, na próxima legislatura, deputado federal. Ele não se incomoda mais com o livro; tomou outro rumo. Hei de vê-lo em breve entre as encantadoras, fazendo o tal *footing* domingueiro, no Flamengo, e figurando nas notícias elegantes dos jornais. Isaías deixou de ser escrivão. Enviuvou sem filhos, enriqueceu e será deputado. Basta. Deus escreve direito por linhas tortas, dizem. Será mesmo isso ou será de lamentar que a felicidade vulgar tenha afogado, asfixiado um espírito tão singular? Quem sabe lá?...".[108]

Pelo menos Isaías havia casado e enviuvara, não tinha mais medo de footing, de casaca, da Garnier, nem dos jornais. E mais, ia virando deputado federal. Enquanto isso, Lima deixava o caminho pavimentado para um novo romance. Dessa vez, estava pronto para denunciar outro mundo viciado: aquele da política nacional.

9.
Política de e entre doutores

Desde menino, sentira bem que era preciso não perder de vista a submissão aos grandes do dia, adquirir distinções rápidas, formaturas, cargos, títulos, de forma a ir se extremando bem etiquetado, doutor, sócio de qualquer instituto, acadêmico ou coisa que o valha, da massa anônima. Era preciso ficar bem endossado, ceder sempre às ideias e aos preconceitos atuais. [...] Era preciso dominar e, na sua espessa mediocridade, esse desejo guiava todos os sentimentos e matava outra qualquer veleidade mais nobre.
— Lima Barreto, *Numa e a ninfa*

Galeria de personagens criados por Lima Barreto para figurar no romance *Numa e a ninfa*. *A Noite*, 12 de março de 1915.

Na década inicial do século xx, o mundo da política andava muito agitado, sobretudo na capital federal. Como vimos, recebeu o nome de Campanha Civilista a participação do baiano Rui Barbosa na corrida para a Presidência, que ocorreu entre 1909 e 1910. A vitória seria do marechal Hermes da Fonseca, em 1910, mas a disputa eleitoral significou a primeira grande fissura na política do café com leite, que fazia oscilar no poder, desde a escolha de Prudente de Morais em 1894, um político de Minas Gerais e outro de São Paulo. Nesse ano, ao contrário do que se deu em boa parte das disputas durante a Primeira República, os dois estados defenderam lados opostos.

Em 1908, dois anos antes do encerramento de seu mandato, Afonso Pena, do Partido Republicano Mineiro, abrira o debate em torno da sucessão presidencial. O procedimento era novo e tinha objetivo certo. O candidato de Afonso Pena — com o devido apoio da oligarquia paulista — era o então presidente de Minas Gerais, João Pinheiro; um republicano de "velha cepa" e que estava na base de um projeto de modernização para o estado que presidia.[1] No entanto, ainda em 1908, com a morte repentina do indicado no dia 25 de outubro, o presidente sugeriu o nome de seu ministro da Fazenda, Davi Campista. Mas a história com Campista era diferente; ao contrário de Pinheiro, ele não tinha carisma ou prestígio, sua experiência política era considerada pequena, e não apareceu como um nome de consenso entre os políticos mineiros.

E assim, correndo por fora dos circuitos de Minas, foi tomando forma, de um lado, a campanha do baiano Rui Barbosa, apoiado por seus conterrâneos e pelos paulistas; de outro, a de Hermes da Fonseca. Ministro da Guerra do governo Afonso Pena, ele provinha do Rio Grande do Sul, e foi logo adotado pelo influente político gaúcho Pinheiro Machado, que temia o fortalecimento crescente da bancada mineira, além de desejar implantar uma alternativa à Política dos Governadores. Estava anunciada a crise. Os gaúchos, que inicialmente pretendiam apoiar Rui Barbosa, acabaram aprovando a candidatura de Hermes. A opção pelo militar, até então tida como secundária, ganhou força diante de um possível embate contra o governo federal. Alçar um militar à Presidência representava uma forma de passar a contar com o apoio das Forças Armadas, afastadas do poder central desde o governo Floriano Peixoto.

Lima, numa carta ao amigo Noronha, que se encontrava em viagem à Europa, fez um resumo bem-humorado dos acontecimentos da capital: "Sabias que o Campista era candidato à presidência do Pena. Bem. A estupidez nacional e a cavação também começaram a agitar o nome de Hermes. Ele [Campista] tomou a sério [...]. O Pena pediu então à gralha [Hermes] que declarasse se era ou não candidato [...]. Sabes o que o Pena fez? Mandou chamá-lo, pediu-lhe desculpas, abandonou o Campista e a gralha ficou na pasta. Está aí a que está reduzido o Brasil".[2]

Começava, portanto, a disputa — e Lima Barreto a sintetiza bem — pela hegemonia na política nacional. A própria base do governo no Congresso corroía-se rapidamente, a ponto de a maior parte das lideranças mineiras ter apoiado para vice na chapa de Hermes a indicação do governador do seu estado, Venceslau Brás.

Com a oficialização da dupla Hermes-Venceslau, em maio de 1909, São Paulo ficou numa posição espinhosa. Afinal, naquela altura, ligar-se ao bloco mineiro e gaúcho significava ter que dividir a vitória com Minas Gerais e Rio Grande do Sul, e, para piorar, assumir papel secundário no jogo montado. A situação, que já era complicada, ficou ainda mais tensa quando, no dia 14 de junho, em meio à crise sucessória, o presidente Afonso Pena faleceu, sendo substituído pelo vice, Nilo Peçanha, que apenas completaria o mandato. Nilo era filiado ao Partido Republicano Fluminense, ligado a Pinheiro Machado, e inimigo do presidente morto. E foi ele quem abriu o caminho para a candidatura de Hermes da Fonseca. À oligarquia paulista, escanteada, não restou alternativa senão apoiar o nome da oposição que mais se destacava no quadro sucessório: Rui Barbosa. E assim a campanha de 1910 inaugurou um cenário totalmente novo: de um lado estavam Rio Grande do Sul e Minas Gerais; de outro, Bahia e São Paulo. A candidatura civil de Rui animou a população. Contando com os recursos financeiros dos cafeicultores paulistas, pela primeira vez na história republicana brasileira um candidato à Presidência percorreu vários pontos do país em busca de votos; e a bordo de uma caravana muito vibrante. Na lógica da propaganda eleitoral de Rui, essa era a competição de um bacharel, advogado e jurista com um marechal do Exército.

Porém, ao fim e ao cabo, a máquina da Primeira República voltou a agir. Hermes da Fonseca, que contava com o apoio da maioria dos políticos dos estados, sagrou-se vencedor. Rui Barbosa acabou funcionando como uma espécie de cavalo de Troia para acalmar e distrair a oposição. De toda maneira, ninguém duvidava da força que sua candidatura ganhou, ao congregar as elites descontentes com o militarismo, e engajar apoios de peso como o PRP e de jornais como *O Estado de S. Paulo* e o *Correio da Manhã*. E os civilistas fizeram bonito: se a oposição costumava receber pouquíssimos votos nessas eleições fechadas, o resultado dessa vez foi muito significativo. A chapa oficial terminou com cerca de 403 mil votos, enquanto Rui teve pouco mais de 222 mil. A Campanha Civilista mostrou sua força e granjeou mais votos do que Hermes em importantes capitais, como São Paulo, Rio de Janeiro e Salvador — cidade natal do baiano. O país estava dividido e a resposta das urnas expressou tal efeito de ação prolongada.[3]

Lima deve ter percebido que sua carta a Noronha mais parecia um trailer de filme cujo enredo é previamente conhecido. Com tal ambiente em mente, preparou, então, o argumento de seu futuro romance — *Numa e a ninfa* —, baseado nos acontecimentos que levaram à vitória de Hermes da Fonseca. Dessa vez buscava atingir os políticos, não mais os jornalistas. Um conto com o mesmo nome, verdadeira pílula condensada e melhor lapidada que o romance — que viria a ser publicado em forma de folhetim no jornal *A Noite* somente em 1915 —, saiu na *Gazeta da Tarde* no ano de 1911. Os políticos apareciam por lá retratados sem dó nem piedade!

Os personagens do conto e do romance formam um casal nada romântico, movido por interesses comuns. Segundo João Ribeiro, na resenha que faz para o livro, Numa teria casado com Edgarda "para viver profissionalmente de genro. Era marido por emprego".[4] Aliás, até seu nome é alegórico, uma vez que Numa Pompílio de Castro carrega uma referência ao segundo rei da monarquia romana.[5] Político sem convicção e com o hábito de dormitar

POLÍTICA DE E ENTRE DOUTORES | 241

na bancada, Numa tinha a fama de ser o "deputado ideal": sabia-se antecipadamente sua opinião e voto, e ele não perdia uma sessão sequer. No conto, Lima menciona que seu protagonista tinha "faro de adivinhar onde estava o vencedor — qualidade que lhe vinha da ausência total de emoção, de imaginação, de personalidade forte e orgulhosa". Filho de um empregado de um hospital do Norte, fizera-se bacharel em direito às custas das privações da família. Numa via na sua formatura uma maneira de se transformar num dos "brâmanes privilegiados, dominando sem grande luta e provas de valor [...] O filho do escriturário, desprezado pelos doutores, percebeu logo que era preciso ser doutor fosse como fosse".[6]

Conta o escritor que a vida de Numa era "miserável": mal se alimentava, dormia em cima de jornais. Apesar disso, jamais faltava às aulas, formando-se aos 24 anos sem ter "alta estima às matérias". Pragmático, sabia que, se "tais matérias foram criadas, descobertas ou inventadas, o foram tão somente para fabricar bacharéis em Direito". Decorava apostilas, cadernos, e com esse saber de "períodos mastigados, triturados" e repetidos passava nos exames e ia ganhando distinções. Tinha sempre as melhores notas; só se deu mal em medicina legal quando, fiando-se num erro de sua prática como copista de cadernos, confundiu-se e disse que na glândula tireoide haveria dezessete *gramas*, em vez de dezessete *centésimos de miligrama*, de arsênico. O pequeno lapso tirou-lhe a distinção e um prêmio: "Foi a única amargura de sua vida".

Como nada tinha dos "penates paternos", foi "em busca da fortuna". Despachado como promotor de uma comarca de estado longínquo, que no conto Lima nomeia Catimbau,[7] Numa virou-se como podia para adquirir "fama de talento. Fundava jornais onde escrevia panegíricos aos chefes, organizava bandas de música e animava representações teatrais em pequenos teatros de fortuna".[8] Fez-se de "juiz alfanje de emir", e passou a seguir o influente Neves Cogominho, que foi logo eleito presidente do estado. Numa virou então chefe de polícia local.

Ocorre que o político tinha uma filha que chamou a atenção do dedicado Numa. Até então, este se mantivera solteiro, e só pensava em "encarreirar-se". Mas nunca deixou de lembrar que o casamento poderia oferecer-lhe "o definitivo empurrão na vida". Por isso, "ora ameaçava casar com a filha de Fulano e obtinha isto; ora deixava transparecer que gostava da filha de Beltrano, e conseguia aquilo". Por isso, também, julgou até "natural" casar-se com a filha de Cogominho. Aliás, a presença da moça o fez pensar mais alto e relembrar de "suas desmedidas ambições casamenteiras". Não que fosse belo e galanteador; afinal, "sabia que essas coisas não são indispensáveis para um bom casamento, desde que o noivo não viesse a fazer má figura no eirado dos diplomatas e outras pessoas exigentes da representação interna e externa do Brasil".[9] E assim foi: a mesma "firmeza" com que se formara e havia se empregado invadiu o protagonista da história. Ele não via nenhum obstáculo.

Edgarda era mais nova do que ele, apesar de já haver passado dos vinte anos. Nascida e criada no Rio de Janeiro, tinha vivido em "rodas senatoriais e burguesas" e possuía "ilusões de nobreza". Como "castelã", sonhara casamentos excepcionais. Ainda assim, "nunca supôs que aquele bacharel esguio, amarelado, cabelos duros, com um grande queixo, vestido com um apuro exagerado de provinciano, premeditasse casar-se com ela".[10] Não obstante, por conta do "ócio provinciano" e da "falta de galanteadores passáveis", ou até mesmo por causa da "vontade de matar o tédio" que a levou a "esquecer a artificial representação que tinha de si mesma", a moçoila acabou aceitando a corte feita a ela por aquele promotor e juiz que atuava na política ao lado de seu pai. Já Cogominho viu com bons olhos o casamento, que bem podia ser "útil à sua política". Para manter Numa como aliado, incentivou a união e converteu-o em deputado federal.

Casados, partiram Numa, já como deputado eleito, e sua jovem esposa Edgarda para o Rio, onde ele iria tomar assento na Câmara Federal. E é a partir daí que o romance se desenvolve. A despeito do casamento recente e da mudança para a capital, a vida era apenas "plácida, como a de um velho casal". Pouco conversavam entre si, e Edgarda mantinha uma atitude reservada; lia o tempo todo. O esposo, que jamais terminara um livro sequer, não conseguia entender que tipo de prazer ela tirava daquilo.

Em pouco tempo, Edgarda começou a perceber a "obscuridade" e a "resignação" do marido: ele decorava discursos, não gostava de conversar com colegas, levantava e dormia cedo, lia os jornais superficialmente. Não se sabe bem por quê, mas num certo momento ela decidiu que precisava fazer dele um grande deputado. Essa era "sua ambição": iria realizar-se na celebridade do cônjuge. Pôs-se então a redigir os discursos de Numa, os quais eram logo decorados e declamados por ele com bom desempenho nas sessões da Câmara. Os discursos foram agradando e até se dizia que havia muito "pensamento" por trás deles. Aliás, o apelido "ninfa" para Edgarda vem da menção do colega, o deputado Pieterzoon, "um gordo descendente de holandês, mas cuja malícia não tinha nem o peso do seu corpo, nem o da sua raça", que certa vez disse em tom zombeteiro: "O Numa ainda não ouviu a Ninfa". A referência remetia à lenda segundo a qual o rei romano Numa tirava sua inspiração da ninfa Egéria, que aparecia à noite para lhe dar conselhos. Ninfas, na mitologia grega, eram aquelas que protegiam e curavam. Edgarda era, pois, um pouco disso tudo; não que fosse amorosa, mas com certeza cuidava bem da profissão do esposo.

Numa e Ninfa moravam em Botafogo, bairro que, como bem sabemos, representava para o escritor o suprassumo da nova burguesia metida a exibir ares aristocráticos. Lima complementa a boa caracterização dos personagens e do contexto com uma descrição das redondezas de Humaitá, onde "Darwin morou e ao anoitecer, punha-se a ouvir embevecido o hino que a natureza, por intermédio das rãs humildes, entoa às estrelas distantes". A ironia fina desfazia da harmonia do jovem casal.

Mas, depois desse início hilário, tanto o conto como o livro de Lima se perdem numa nova paródia à clef, agora retratando os bastidores da política. Por sinal, na época em que foi lançado como romance (1915), mais uma vez identificaram-se rapidamente as personagens. O jornal *A Noite* de 12 de março anunciou tal publicação com grande estardalhaço: "Um romance que vai causar sucesso".[11] Não contente, o periódico apresentava a galeria de políticos em que o autor teria buscado inspiração. Dr. Bastos era Pinheiro Machado; General Bentes fazia as vezes do presidente Hermes da Fonseca; Xisto era o vice Davi Campista; Fuas Bandeira, o jornalista João Laje, que já fazia parte da galeria de personagens de *Recordações do escrivão Isaías Caminha*, e por aí vai. Até

Lima estava lá, como Benevuto: um escritor que não sabia versejar e cuja preocupação era, justamente, não fazer nada.[12]

Nesse caso, porém, e segundo o folclore que cercou a escritura do romance, Lima escreveu um livro "intencionalmente" à clef. Foi o próprio jornal que encomendou o texto quem deu "carta branca" para que o escritor tratasse "de qualquer assunto, ou de qualquer pessoa — político, jornalista ou homens de negócios — sem limitações de espécie alguma". Segundo o mesmo periódico, o romance, antes de vir a público, já tinha muita história de bastidores. "Um dia contavam-se aqui na redação vários escândalos dos milhares que assinalaram o governo Hermes", cujo governo era considerado corrupto pelo redator da matéria. A iniciativa do folhetim teria partido do próprio periódico, que decidiu encontrar um escritor capaz de "romantizar os protagonistas do momento político e social brasileiro". Logo veio à luz o nome de Lima Barreto, "o festejado autor das *Memórias de Isaías Caminha*, incontestavelmente um dos nossos romances nacionais mais bem escritos e mais populares".

Conforme comentamos, não era bem verdade que o romance tivesse sido dos "mais populares". Entretanto, a imagem de Lima, como escritor, é que ia se construindo ao lado da de seus personagens. Ao menos é isso que se depura das observações do periodista, que o define como uma pessoa marcada pela "despreocupação pelo sucesso na vida", de "hábitos boêmios", "um excelente observador" e dono de "uma ironia causticante". A boemia entrara em definitivo na vida de Lima, e ele era cada vez mais descrito a partir dela, com a sua persona literária sendo sempre associada à propensão à bebida. Ele, que denunciava o racismo e a exclusão social, que era contra a literatura estabelecida, avesso aos jornais burgueses, encontrava no álcool um prazer mas também uma maneira de compor sua personagem carioca. Nada de ordem e "bom-mocismo". Como dizia na sua crônica "Alguns reparos", publicada em *A Estação Theatral* de 15 de julho de 1911: "não obedeço a teorias de higiene mental, social, moral, estética de espécie alguma". Implicava com "a Câmara, com os diplomatas, com Botafogo e Petrópolis" e dizia-se avesso a qualquer filiação: não se definia como republicano, socialista ou anarquista.

O problema é que às vezes a "persona" que construía acabava por se misturar ao Lima real e fugia-lhe ao controle. Era visto com frequência nos bares, muitas vezes ébrio demais para se lembrar do que dizia. Escrevia rápido, não revisava os textos, mantinha diversos projetos ao mesmo tempo, e *Numa e a ninfa* seria mais um deles. Segundo a notícia de *A Noite*, poucos dias depois de feito o convite, Lima chegou à redação com o primeiro maço de tiras.[13] O romance, ainda que mal começado, tomava forma e conteúdo.

Numa e a ninfa seria uma obra com cara, métrica e rima certas para denunciar o contexto em que fora criada, e deve ter divertido muito a seu autor, já que retomava temas que Lima gostava de castigar. Lá está descrita, por exemplo, a mania do brasileiro de se fazer passar por doutor, que, "no Brasil, é um título que dá todos os direitos, toda a consideração".[14] O escritor aproveitava para também dar uma patada na "República, necessária à integração do Brasil no regime político da América. Não se atina bem por que seja isso necessário, pois é perfeitamente sabido que, antes de nós, os argentinos, nos quais essa espécie de gente encontra modelo, quiseram lá implantar a forma monárquica".[15] Mas o alvo da vez eram mesmo os políticos. Tanto que, por meio de Numa, o escritor descrevia os bastidores dessa seara, "suas retortas de fantásticas transformações". "Esse ritual de salamaleques e falsas demonstrações de amizade influem [sic] no progresso da vida política. Como havíamos de subir, ou, pelo menos, de manter a posição conquistada, se não fôssemos sempre às missas de sétimo dia dos parentes dos chefes, se não lhe [sic] mandássemos cartões nos dias de aniversário, se não estivéssemos presentes aos embarques e desembarques de figurões?"[16]

Ao definir os políticos, e sua "cauda de bajuladores", Lima com certeza arrumava novos "inimigos" entre os que ocupavam as ruas centrais da capital do país. Afinal, era lá que se concentravam periódicos, confeitarias, associações de classe e os políticos do Congresso Nacional. E os jornais da época só ampliaram o escândalo embutido no novo romance. O Imparcial de 23 de março de 1917 comenta que "Numa e a ninfa é sobretudo um documento da nossa duvidosa moralidade política".[17] Já a A.B.C. de 17 de março de 1917 afirma que o livro é "pintura, forte e autêntica, dos nossos costumes políticos e sociais". Nessa matéria da A.B.C., o jornalista arrisca ainda uma aproximação da literatura de Lima à do irlandês Swift: "É a mesma sátira, é a mesma revolta disfarçando-se, amargurada, nas dobras de um sarcasmo contundente…".[18]

Mas a obra ficaria de certa maneira datada, tal a quantidade de referências imediatas ao contexto. Se o conto condensa e assim evita o registro documental, já no romance homônimo a política toma tanto espaço que a leitura sai prejudicada: é praticamente impossível ler o livro sem explicações ao lado. Mais uma vez, Lima valia-se dos humores de sua época e fazia de seu romance um termômetro que indicava a temperatura elevada do momento.

O incrível dr. Bogóloff

É em Numa e a ninfa que Lima introduz um personagem que ganhará vida própria em outros contos e romances de sua autoria. Grégory Petróvitch Bogóloff é definido como professor, tradutor do russo, um "velho anarquista", e muitas vezes tomado por um "cáften". Desfazendo da polícia do Rio, na base da chacota, Lima mostra como os profissionais da ordem confundiam a tudo e a todos. Para eles, "estes nomes em 'itch', em 'off', em 'sky', quase todos são de caftens. Não falha!".

E ainda: foi nessa época que Lima começou a dedicar-se às leituras anarquistas, às quais ficaria, de alguma forma, vinculado pelo resto da vida. Bogóloff era uma espécie de charlatão barato, cujo caráter vinha, segundo o crítico Astrojildo Pereira, "da sua incapacidade de adaptação a um mundo hostil e adverso".[19] Talvez não tivesse o desejo de se "adaptar", e por isso mesmo nenhum "empecilho moral" o detinha.[20]

Pensado nesses termos, Lima seria também Bogóloff; na desfaçatez e no desrespeito às autoridades.[21] O personagem de ficção ganharia fôlego próprio, saindo em fascículos avulsos a partir de 1912. Louro e estrangeiro, tinha tudo para agradar as "elites empoladas". Ele faz inclusive uso da ignorância dos políticos brasileiros para ascender e sempre apro-

Exemplar de folheto datado de 1912 e que se concentra nas aventuras desse anti-herói.

veita o fato de ser estrangeiro para autopromover-se. Diferentemente de Lima, porém, Bogóloff acaba se dando bem na vida e cria a cada dia novas histórias delirantes para contar.

A saga do russo ganhou fôlego maior quando foi publicada em folhetim. Explica Bogóloff que passou a ler "brochuras escandalosamente apologéticas da desconhecida república da América do Sul". Nelas encontrava descrições de um país "onde não havia frio nem calor; onde tudo nascia com a máxima rapidez; que tinha todos os produtos do globo; era, enfim, o próprio paraíso". Esperto, ele deu um desconto de "cinquenta por cento" no que leu, e mesmo assim resolveu emigrar. No final, terminou maldizendo a aventura: "Que desgraçada viagem! Nada há mais infernal que a terceira classe de um navio!".[22] O estilo do folhetim tinha o dom de inflacionar, ainda mais, o clima de burla e farsa presente no romance. Nele, Bogóloff era de fato um tratante: "Anos passei dentro dos meus 'indecentes sonhos' de quimeras e justiça e fraternidade, e eles se fizeram tanto mais fortes quanto eu lia a mais não poder, com a fúria de vício, com febre e terríveis anseios. Inutilizei-me".[23]

O dr. Bogóloff queria ser agricultor. Só que acabou descobrindo que bom mesmo era ser doutor, então decidiu aproveitar-se do seu diploma: "No Brasil, é um título que dá todos os direitos, toda a consideração, mesmo quando se está na prisão [...] Louro, doutor e estrangeiro, ias longe!".[24] E, com tanta sabedoria, o doutor russo logo se acostumou aos "hábitos da terra". Bem informado, foi virando mestre na malandragem local e passou a dispensar lições sobre política para os residentes locais: "Mandam os batalhões, chamam os adversários de gatunos, proclamam-se honestos e fazem-se presidentes, governadores, custe o que custar".[25]

Mas os folhetins, que iam saindo paralelamente aos capítulos de *Numa e a ninfa* publicados em *A Noite*, não fizeram muito sucesso. Lima parecia ter pressa demais. Aliás, nesse período foram divulgados, como informa Assis Barbosa, outros folhetos de autoria do escritor, que traziam o mesmo ar de broma. Datam ainda desse momento os folhetins publicados na revista *O Riso*, que eram picantes até nos títulos: *O Chamisco ou O querido das mulheres* e *Entra, senhór!...* Não se sabe muito mais sobre eles, apenas que, por terem sido impressos em papel barato, provavelmente se desfizeram com a ação do tempo.[26] A primeira história trata das peripécias de um conquistador inveterado, e a segunda relata as memórias de uma cortesã estrangeira, como mostra o acento estampado no título.[27] O conteúdo considerado, na época, pornográfico[28] (ou "de sensação") deve também ter selado a sorte desses textos.

O que importa é que tal conjunto de folhetins desferia críticas duras ao despreparo e à corrupção dos políticos nacionais, assim como trazia situações indecorosas envolvendo-os e às elites locais. Não por coincidência, descontinuou-se a publicação de todos esses experimentos de Lima. Os enredos não fechavam, as provocações eram muito localizadas e atingiam de perto figuras bem situadas na sociedade. Alguns deles foram inclusive incorporados ao romance *Numa e a ninfa*, como é o caso dos folhetos "Fiz-me, então, diretor de Pecuária Nacional" e "Como escapei de 'salvar' o Estado dos Carapicus". O mesmo ocorreu com Bogóloff, que simbolizava um exemplo pronto do bovarismo praticado na terra. Para a descoberta de crimes sabia fazer "deduções com verniz científico", ou virara "barão", porque "os brasileiros estão sempre dispostos a ver no estrangeiro bem-vestido um fidalgo; e nos pobres, um animal desprezível".[29]

Datados demais, esses textos seriam vencidos pelo tempo. *A Epoca* de 18 de setembro de 1912, por exemplo, publicou matéria crítica acerca de *Aventuras do dr. Bogóloff*, na qual o articulista as define como mais do mesmo. "Lima Barreto, mais uma vez, ou melhor, como sempre, estigmatizou toda essa nossa burocracia, eivada de tanto pedantismo científico." Poucos dias depois, o jornal *A Noite* trazia outra nota sobre o barão russo chamando atenção: "Os nossos tipos políticos são estudados em posições curiosas, em flagrantes ridículos".[30] Enfim, enfatizava-se muito a autoria e as referências, mas pouco a qualidade literária dos textos.

Não obstante, passo a passo a reputação de Lima ia se consolidando nos jornais da capital. Mais ainda, o cronista começava a se confundir com seus personagens: era cáustico e fora da curva como eles. Quem valia mais, ficção ou realidade? Começava a ficar difícil apostar, uma vez que ambas faziam parte da mesma obra e de forma inseparável. Como mostra Antonio Candido, a pergunta é inútil no caso da literatura de Lima Barreto, que era mesmo um "ator social".[31]

Fechando o romance. Numa volta para a cama; tudo em nome da nação

Numa e a ninfa foi concluído em 1915. Ácido como os folhetos que Lima andava publicando na época, nesse romance ele desferia ataques para todos os lados, e invariavelmente em tom de deboche. De um lado, mostrava como os brasileiros não deveriam se contentar com a imaginação dos estrangeiros a respeito do nosso país: "Há quem pense que daí não advém mal algum; que a representação de um país na imaginação de outro povo há de ser sempre inexata".[32] De outro, mostrava como os nativos locais se habituavam, muito facilmente, a uma verdadeira política de invisibilidade em relação à população afro-brasileira: "Outra fonte de irritação para esses espíritos diplomáticos estava nos pretos. Dizer um viajante que vira pretos, perguntar uma senhora num *hall* de hotel se os brasileiros eram pretos, dizer que o Brasil tinha uma grande população de cor, eram causas para zangas fortes e tirar o sono a estadistas aclamados [...] Hão de concordar esses cândidos espíritos diplomáticos que o Brasil recebeu durante séculos muitos milhões de negros e que esses milhões não eram estéreis; hão de concordar que os pretos são gente muito diferentes [sic] dos europeus [...]. Os diplomatas e jornalistas que se sentiam ofendidos com a verdade tão simplesmente corriqueira, esqueciam tristemente que por sua vez a zanga ofendia os seus compatriotas de cor; que essa rezinga queria dizer que estes últimos eram a vergonha do Brasil e seu desaparecimento uma necessidade".[33]

Voltando a um tema que explorava com rara perseverança e sensibilidade, Lima introduzia com ironia a noção da "transparência" dos afrodescendentes; isso a despeito de eles corresponderem à maior parte da população nacional. Segundo o autor, era como se, atuando em várias profissões subalternas, tais "elementos" acabassem transparentes diante das elites, que preferiam negar seu passado e a história presente, ou então apostar no desaparecimento progressivo desses seus cidadãos.

É por isso que Lima punha na conta dos viajantes o "esforço" em mencionar os "negros", mesmo que fosse para destacar seu futuro "sumiço". Segundo ele, os viajantes "tinham sempre o cuidado de dizer que não havia mais febre amarela e o preto desaparecia. Um houve que teve intensas alegrias quando não viu negros no porto de Santos e levou essa novidade ao mundo inteiro".[34] Mais uma vez, o escritor não se deixava contaminar pelos relatos, pela voga dos modelos raciais ou pelas teorias estrangeiras que viam na mestiçagem uma doença ou nos prognósticos do branqueamento uma boia de salvação.

Por essas e por outras, Lima andava na via oposta, uma vez que tais teses eram então amplamente difundidas, e quase oficiais, naquele contexto. Basta lembrar que em 1911 o Brasil enviara uma delegação para participar do Congresso Universal de Raças, em Londres. O chefe do grupo brasileiro era o então diretor do Museu Nacional, João Batista de Lacerda, que defendeu uma tese intitulada "Sur Les Métis au Brésil" (Sobre os mestiços do Brasil) cujo objetivo era justamente mostrar que em três gerações — por efeito da natureza ou da ação dos homens — o Brasil seria definitivamente branco.[35]

Sempre muito bem informado sobre os modelos de discriminação existentes nos Estados Unidos, Lima mostrava, por contraposição, a atenção dispensada por diplomatas e viajantes estrangeiros às teorias que apostavam na existência de diferenças biológicas entre os homens: "Os nossos diplomatas [...] quiseram apoiar a sua vaidade em uma filosofia qualquer; e combinaram as hipóteses sobre as desigualdades de raça com a seleção guerreira, pensando em uma guerra que diminuísse os negros do Brasil. Não podendo

Anúncios da revista *O Riso* de dois romances de "conteúdo adulto", conforme se dizia à época, de autoria de Lima Barreto.

organizar uma verdadeira *reserve for the blacks*, decretar cidades de residência, estabelecer o isolamento *yankee*, pensaram na guerra em que morressem milhares de negros, embora ficando as negras a parir bebês brancos. [...] Há inequívocas manifestações desse espírito nos jornais e fora deles; e elas indicam perfeitamente esse pensamento oculto, esse tácito desejo dos nossos homens viajados e influentes".[36]

Leitor crítico das teorias raciais, muito preocupado com o que ocorria no Sul dos Estados Unidos em termos de segregação, Lima registrava que as medidas, apesar de não oficiais, mantinham padrões herdados dos tempos da escravidão. Vem, aliás, dessa época a verdadeira ojeriza que o escritor manifestaria contra os norte-americanos e a sua condenação à maneira como eles maltratavam os "irmãos de cor".

Sem abandonar sua opinião negativa com relação aos grandes jornais, os quais, segundo ele, eram máquinas de fazer dinheiro e davam "fortunas" a seus proprietários,[37] Lima não esquecia da situação dos indígenas, retratados ironicamente em *Numa e a ninfa* como bêbados e inadaptados aos costumes estrangeirados da capital. Eles seriam "homens da selva, pouco habituados às regras e preceitos das salas [...]: embriagavam-se de cair e caíam pelos jardins, dormiam familiarmente com o rosto para o céu estrelado, como filhos das brenhas que eram".[38]

A personagem d. Florinda Seixas foi inspirada em Leolinda Daltro, professora primária que ficou conhecida na época por sua atuação como indigenista e pela luta que travou em prol da implementação da educação laica e profissional para os índios no país. Ela foi também uma das fundadoras do Partido Republicano Feminino em 1910 e pioneira na

POLÍTICA DE E ENTRE DOUTORES | 249

defesa dos direitos das mulheres.[39] E é justamente a proeminência de Leolinda que Lima parece não perdoar. Assim, ao descrever a personagem d. Florinda, o escritor afirma que esta tentava, em vão, empregar "seus esforços de domadora ou civilizadora para impedir tão indecente caboclismo". Em certa passagem do livro, ele narra que o maior empenho da professora era ensinar seus discípulos "selvagens" a comportar-se bem na "civilização". Muito empenhada nessa sua "missão", numa cena que se passa num "bufê", ela teria sido vista dizendo a expressão "Tupaná penê cotê!". Já os "caboclos respondiam, amuados como crianças teimosas: 'Quelo bebê! Quelo bebê!'. E sacudiam a juba de cima dos olhos, das bordas dos copos e os bebiam às dúzias cheios de cerveja. Gostavam mais de *whisky*".[40]

Usando do recurso ao itálico no intuito de atrair a atenção para a introdução de termos em inglês ou francês, e assim acentuar o lado postiço da situação, Lima insiste na aula pública de guarani promovida por d. Florinda, logo subvencionada pelo governo. O episódio renderia muito: o escritor conta que a professora "tinha muitos caboclos", mas estimava sobremodo um chamado Tupini: "um índio alto com uma cabeleira de apóstolo".[41] Tupini vai então assistir à lição ao lado de d. Florinda. Ela inicia a sessão asseverando que o guarani é a língua mais antiga, mais bela do mundo; e exemplifica: "— Meus senhores, vejam só esta frase: *amané saçu enacá pinaié*. Sabem o que quer dizer? [...] O peixe vive no mar. — Tá elado — gritou Tupini". D. Florinda volta-se então para o índio e responde em guarani: *Puxiguera che aicó*. Ele reage com um sonoro "tá elado". A professora insiste: *"Emu mameara cê lecê* — que quer dizer: minha noiva é bonita". Tupini replica devagar mais uma vez com seu "tá elado".[42]

Na tentativa de deslegitimar, pois, os conhecimentos da mestra, o escritor multiplicou a anedota. Segundo ele, d. Florinda criaria associações e sociedades com tribos "Mundurucus, Caiapós, Omaguas, Pataxós Kaingangs, Tamoios, Carijós, Charruas, Xavantes", além de outras entidades representadas por "comissões vestidas a caráter, tendo os respectivos estandartes: folhas de palmeiras, de bananeiras, remos de canoas, capivaras empalhadas. Ao centro vinha o conhecido Tupini, de cocar e enduape, arco e flecha ao lado, pernas nuas, coxas nuas, peito nu e braços nus — o rei da floresta brasileira que marchava".[43]

É possível notar nesse trecho um primeiro esboço à crítica que Lima faria em breve no seu livro *Triste fim de Policarpo Quaresma*, quando voltaria ao tema do nosso nacionalismo tupiniquim. De acordo com o escritor, essa não passava de uma mera artificialidade, que emprestava um lustro dos povos locais mas que simplesmente os desconhecia, desprezava e deixava morrer nas selvas. Seria assim com Tupini e d. Florinda, e seria assim, também, com o major Quaresma, que tentaria em vão impor o tupi-guarani como língua nacional e acabaria sendo acusado de louco.

Seguindo esse mesmo tipo de interpretação, no artigo "O nosso caboclismo" Lima afirma: "Uma das manias mais curiosas da nossa mentalidade é o caboclismo. Chama-se isto a cisma que tem todo o brasileiro de que é caboclo ou descende de caboclo [...]. A mania, porém, percorreu o Brasil; e, quando um sujeito se quer fazer nobre, diz-se caboclo ou descendente de caboclo".[44] E o escritor não deixava de ter razão: se os indígenas eram exaltados nos romances e nos compêndios, no dia a dia a história era outra. Como mostra a antropóloga Manuela Carneiro da Cunha, "no século XVI os índios eram ou *bons selvagens* para uso na filosofia moral europeia, ou abomináveis antropófagos para uso na colônia. No século XIX eram, quando extintos, os símbolos nobres do Brasil independente, e quando de carne e osso, os ferozes obstáculos à penetração que convinha precisamente extinguir".[45] Se os indígenas funcionavam como representação nacional, na prática não existiam políticas para ampará-los ou mesmo inseri-los adequadamente.

Por isso, em *Numa e a ninfa*, Lima brinca com os pressupostos dos políticos falastrões, para quem os indígenas não passavam de inimigos internos, retardatários da natureza que deviam ficar bem longe da "civilização". Nesse livro em especial, ele caçoa do "ressurgimento do sentimento republicano e nacional", quando se multiplicam as manifestações de "severidade patriótica" e de artificialidade na produção do "alto simbolismo filosófico e patriótico".[46]

Hora de voltar ao casal central do romance e ao escândalo que ficava reservado para o desenlace da trama. Ao mesmo tempo que a política pública desconhecia "a estima e a popularidade", também na esfera do privado as coisas não iam bem. Mas assim seguia o cotidiano: enquanto Ninfa/Edgarda se concentrava cada vez mais em bem informar seu marido, o qual sofria de "sua irremediável preguiça mental", Numa acomodava-se. Pois nem ao menos os autores que ela citava ele era capaz de ler e compreender. "A sua atonia de inteligência requeria uma artificial alimentação intelectual e esta ainda não havia sido inventada."[47]

O final do romance reservava, porém, um tapa forte na política, nos valores da família e do casamento. Lima andava estudando as ideias do anarquismo, e são conhecidas as críticas dessa teoria política à instituição do matrimônio. Mero negócio, este era considerado uma fonte de tristezas e padecimentos. É certo que podiam ser encontradas, na época, posições diversas sobre amor, casamento e família na própria literatura anarquista. Contudo, em geral elas acabavam sendo críticas à interferência do Estado e da Igreja na vida e nas relações privadas, como também ao modelo patriarcal. De acordo com boa parte desses intérpretes, o matrimônio apenas restringia a liberdade individual da mãe e da criança. Bakunin, por exemplo, acreditava que o casamento religioso e civil deveria ser substituído pelo "casamento livre"; ou seja, por um contrato segundo o qual ambas as partes vivessem voluntariamente juntas e compartilhassem responsabilidades, inclusive a tarefa de criar e educar os filhos. A anarquista e feminista Emma Goldman encarava o matrimônio como uma convenção social, um aprisionamento das mulheres, uma castração sexual ou até uma forma de prostituição. Na palestra "Casamento e amor", publicada em *Anarchism and Other Essays* (1910), ela declarava que "casamento e amor não têm nada em comum [...] são antagônicos um ao outro".[48] E o caso dos protagonistas do livro de Lima confirmava esse tipo de tese. O casamento de Numa com Ninfa não passava de um bom "negócio"; aliás, reconhecido e admirado por todos. Na superfície, tudo corria bem: os cônjuges andavam de braço dado e comportavam-se como enamorados. Na reclusão do lar, no entanto, a despeito de serem "sempre cordatos um com o outro", e de Ninfa dedicar-se a escrever os discursos do marido, pouca intimidade existia. O fim do romance retoma, assim, a temática anarquista dos

POLÍTICA DE E ENTRE DOUTORES | 251

hábitos familiares frustrados e a explode por dentro: nada seria "normal" na suposta rotina de um "lar burguês".

Mas vamos colocar um ponto-final nessa história. Certa feita, Numa retorna para casa e encontra Ninfa, como sempre, às voltas com os livros na biblioteca. Ele chega profundamente amuado por conta do fiasco que fizera ao falar de improviso. Ao saber disso, em vez de consolar o marido, Edgarda queixa-se: "Que imprudência!". Diante da reação intempestiva da esposa, Numa, aos prantos, confessa que falara no palanque por apenas cinco minutos, mas gaguejara demais. Um desastre!

O fato é que a retórica descrita com tintas alvissareiras por Afonso Celso no seu livro *Oito anos de Parlamento*, originalmente publicado em 1898, e no qual o antigo padrinho de Lima Barreto dava conselhos aos políticos, deve ter escapado à leitura de Numa.[49] Nele, o autor recomendava aos colegas que, na hora de discursar, caprichassem nas palavras, no tom e até no volume elevado; isso para prenderem a atenção neles depositada. E prescrevia ainda mais: um deputado jamais devia acomodar-se, e tomar o púlpito por pouco tempo; melhor que usasse uma hora ou mais. Mas nosso Numa fez tudo ao contrário, e não contou sequer com os subsídios da esposa!

Agora, mais do que nunca, Numa precisava dos préstimos de Ninfa para desfazer a má impressão do dia. Só mesmo um novo discurso, e com urgência, poderia dar conta do recado. Já tranquilizada, e de forma quase maternal, Ninfa lhe pede calma e sugere que vá dormir; ela mesma iria "compô-lo completo e perfeito". Ficaria de vigília para estudar e escrever um belo discurso na calada da noite, enquanto ele, que tinha "os nervos fatigados" e "pedia repouso", deveria dormir a noite toda para apresentar-se bem-disposto no dia seguinte.

Numa descansa um sono reparador e, no meio da noite, desperta. Nota que a mulher não está a seu lado e se recorda do arranjo feito. Inspirado pelo amor da esposa dedicada, pensa até em desistir da política. Porém, passa a recordar o "Catete, as suas salas oficiais, o piquete, os batedores [...]. Era preciso ter destaque, figurar; era preciso que o chamassem sempre de deputado, senador; tivesse sempre consideração especial. Então podia ser assim um qualquer? Subir! Subir!".[50] Acha por bem, então, ir de surpresa até Edgarda. Agradeceria a ela, lhe faria um carinho. Calça as chinelas e segue com cuidado rumo ao aposento ao lado de seu quarto. Só que quem se surpreende é ele: "Ao aproximar-se, ouviu um cicio, vozes abafadas... Que seria? A porta estava fechada. Abaixou-se e olhou pelo buraco da fechadura. Ergueu-se imediatamente... Seria verdade? Olhou de novo. Quem era? Era o primo... Eles se beijavam, deixando de beijar, escreviam. As folhas de papel eram escritas por ele e passadas logo a limpo pela mulher. Então era ele? Não era ela? Que devia fazer? Que descoberta! Que devia fazer? A carreira... o prestígio... senador... presidente... Ora bolas! E Numa voltou, vagarosamente, pé ante pé, para o leito, onde sempre dormiu tranquilamente".[51]

A crítica às convenções sociais, à família, à falta de intimidade dos casais era tão oblíqua quanto a lógica "estratégica das uniões burguesas". Além do mais, o fracasso desse tipo de união amorosa combinava perfeitamente, ao menos na perspectiva de Lima, com a classe política. Políticos, para ele, eram artistas da farsa, campeões do fingimento e da

De bovarismo em bovarismo

Nos anos 1910-11, Lima publicaria dois de seus contos hoje mais conhecidos: "O homem que sabia javanês"[52] e "A nova Califórnia".[53] As narrativas de ambas as tramas retomam a questão do bovarismo, cada uma à sua maneira: javanês era língua praticamente desconhecida e bastante inútil mas que, por ser estrangeira, garantia lustro. Já em "A nova Califórnia", a notícia falsa da descoberta de ouro no corpo dos mortos, anunciada por um viajante estrangeiro, levaria a uma corrida desenfreada em busca dos cadáveres e ao desrespeito a um ritual que dava dignidade às lembranças dos antepassados. Nos dois exemplos, sublinhava-se a crítica ao costume de adotar tudo que era importado, sem peias e sem se preocupar com as devidas traduções.

Publicado pela primeira vez na *Gazeta da Tarde* de 20 de abril de 1911, "O homem que sabia javanês" representa uma pérola do sarcasmo crítico de Lima. O conto se passa todo numa conversa entabulada numa confeitaria, alimentada por muita cerveja — referência, por sinal, a uma atividade que o autor desenvolvia com primor. Mas a ação ocorre mesmo na Biblioteca Nacional, outro local bastante frequentado pelo escritor. Ciente da fama de *enfant gâté* que ia progressivamente ganhando, Lima não economizava nos termos ao se referir ao Brasil, que chama com displicência de "imbecil e burocrático".

A história é narrada em terceira pessoa. A ideia de se tornar um especialista em javanês teria surgido a partir da leitura de um anúncio, publicado no *Jornal do Commercio*, que tratava da importância da literatura antiga e moderna desse país. Desde então, o personagem passara a estudar a língua e se candidatara a uma vaga de professor particular. De lá até a Secretaria dos Estrangeiros o pulo foi rápido. "Passei a ser uma glória nacional e, ao saltar no cais Pharoux, recebi uma ovação de todas as classes sociais." Até o presidente da República o convidara para almoçar, e tempos depois o nomeara cônsul em Havana, onde estivera por seis anos e para onde pretendia voltar a fim de aperfeiçoar seus estudos das línguas da Malaia, Melanésia e Polinésia.

No fim do conto, o narrador se diz satisfeito com sua vida, mas menciona que, se por acaso não "estivesse contente", já sabia no que se converter: "Bacteriologista eminente", respondeu o amigo. Não é preciso ir longe para adivinhar o alvo da comparação. Fosse qual fosse a especialização, bastava ser doutor para despertar fascínio na elite cultural, social e política do país.

Uma variante dessa disposição fácil dos brasileiros de adotarem qualquer novidade pode ser encontrada em "A nova Califórnia". Escrito em 1910 e publicado pela primeira vez em 1915, juntamente com o romance *Triste fim de Policarpo Quaresma*, o conto era um dos prediletos de Lima. A história começa com a chegada de Raimundo Flamel à cidade de Tubiacanga. E, como ninguém sabia ao certo qual era o ofício do novo morador, logo foram sendo imaginadas profissões variadas: "fabricante de moeda falsa", sábio ou químico. Por fim, descobre-se que o estrangeiro era mesmo um "grande químico".

A história só se torna pública quando o farmacêutico de Tubiacanga é procurado pelo forasteiro. O dr. Flamel queria que o moço testemunhasse a sua mais recente descoberta: fazer ouro a partir dos ossos dos mortos. A partir de então, a cidade que era pacata passou a ser assolada por um tipo de crime "repugnante": violavam-se sepulturas e roubavam-se corpos do Sossego, o "sossegado" cemitério local. De tocaia, a população organizou-se para surpreender os infames infratores: eram "o coletor Carvalhais e o coronel Bentes, rico fazendeiro e presidente da Câmara" e o dr. Flamel.[54]

Diante da notícia, "a desinteligência não tardou a surgir; os mortos eram poucos e não bastavam para satisfazer a fome dos vivos. Houve facadas, tiros, cachações". O desfecho do conto vem rápido: "De manhã, o cemitério tinha mais mortos do que aqueles que recebera em trinta anos de existência. Uma única pessoa lá não estivera, não matara nem profanara sepulturas: fora o bêbedo Belmiro. Entrando numa venda, meio aberta, e nela não encontrando ninguém, enchera uma garrafa de parati e se deixara ficar a beber sentado na margem do Tubiacanga, vendo escorrer mansamente as suas águas sobre o áspero leito de granito — ambos, ele e o rio, indiferentes ao que já viram [...] mesmo à fuga do farmacêutico, com o seu Potosí e o seu segredo, sob o dossel eterno das estrelas".[55]

"A nova Califórnia" representa outra investida, a partir de novo ângulo, contra as vogas estrangeiras e o fascínio das ideias que vinham da ciência, as quais, não poucas vezes, levavam à "desinteligência" coletiva. Na época, Lima já escrevia contra a moda determinista que pretendia ver na loucura, na epilepsia e até na criminalidade estigmas e provas de que a mestiçagem resultava em degeneração pessoal e da própria nação. Opondo-se ao que afirmavam os cientistas de seu momento, o autor mostra que a loucura estava em todos nós: nos estrangeiros com suas crenças estranhas, e nos brasileiros que faziam delas um bom milagre para acreditarem.

É claro que o conto não se resume a acusar os brasileiros de bovaristas. A história é também um libelo contra a ganância; uma denúncia dos interesses materiais que não encontram barreiras nas sociedades modernas. A ideia de fazer "fortuna fácil" acaba por atiçar a cobiça, que, a despeito de ser universal, acha no conto em questão uma crítica ao contexto nacional; em especial ao capitalismo predatório e à ética aventureira; motes diletos do discurso anarquista.

Enfim, mais uma vez Lima fazia de sua literatura um bom pretexto para a crítica social, e nesse caso política, que é invariavelmente mais bem-acabada do que o enredo em si. Estamos nos anos 1910, e o escritor ia desfazendo dos doutores, com qualquer casaca: políticos, cientistas, farmacêuticos, grandes proprietários ou tenentes. Todos seriam presas fáceis do fascínio das hierarquias dadas pela posição social; prisioneiros de suas próprias verdades importadas. Já Lima insistia em se construir como figura na contraposição. Ele seria o boêmio que preferia ver o rio passar a aderir a modas que, assim como as águas em fluxo contínuo, correm rápido e sempre na mesma direção.

10.
Bebida, boemia e desânimo: a primeira internação

Desgraçado nascimento tive eu! Cheio de aptidões, de boas qualidades, de grandes e poderosos defeitos, vou morrer sem nada ter feito.
— Lima Barreto, *Diário íntimo*

Retrato retirado da ficha de internação de Lima Barreto no Hospício de Alienados do Rio de Janeiro, em 1914.

BEBIDA, BOEMIA E DESÂNIMO: A PRIMEIRA INTERNAÇÃO | 255

L ima chamou *Numa e a ninfa* de seu "romance da vida contemporânea".[1] Lá havia de tudo: mau uso da política, escândalos da vida privada, muita anedota e escárnio para todos os lados. O livro, além de ser à clef, era um relato de encomenda — no caso, de um jornal. Carecia ter "chave e código" para entender os bastidores da narrativa, e, se existia denúncia, tinha de ser velada. Afinal, o ganha-pão de Lima continuava a ser o funcionalismo público, e o autor manifestava escrúpulos e até mesmo certa preocupação: não queria chocar (demais) os seus patrões.

Numa e a ninfa nunca foi considerado um grande romance, mas servia para confirmar os pendores de Lima, que ficaria cada vez mais associado a um estilo tido, na época, como panfletário. Ele estava se tornando uma espécie de "amanuense crítico da sociedade", uma voz dissonante da nova geração a denunciar as falácias sociais, culturais e políticas da Nova República. Por isso, como mostra Francisco de Assis Barbosa, sem ser uma obra fundamental *Numa e a ninfa* marca uma guinada importante na carreira do escritor e confirmava uma orientação literária.[2]

No entanto, como biografia não é projeto evolutivo ou avenida sem bifurcações, também no caso desse autor não há somente uma direção a seguir. Lima sofria com muitas das questões que criticava. Sofria por denunciar, sofria por sua "origem" — termo usado por ele para definir suas marcas étnicas e de classe —, sofria com receio de padecer dos males que denunciava. Por isso, e na conta de tantas ambiguidades, nem mesmo na roda de amigos mais íntimos manifestava padrões de sociabilidade estáveis. Faltava aos encontros, deixava reuniões antes do combinado e, por vezes, simplesmente sumia. Além do mais, ia virando um solteirão e quase um celibatário. Mantinha relações fortuitas, frequentava o que na época se chamava de "casas da vida", mas não se conhecem histórias de amores assumidos nem de namoradas fixas; comentava em seu *Diário* que tivera apenas uma, aos dezesseis anos.

H. Pereira da Silva, em artigo para a revista *Carioca*, narra um fato que escapa em geral às demais biografias. Segundo ele, a família fez questão de esconder que Lima teria acalentado uma única relação mais duradoura com Leonor, uma mulher branca sobre a qual não temos mais informações, a não ser que lhe correspondeu no afeto. O escritor a teria pedido em casamento mas recebera uma negativa da família dela. Atribuiu-a logo à sua cor, e a humilhação da recusa, de acordo com amigos próximos, data do mesmo momento em que o amanuense começou a beber com mais frequência.[3]

O fato é que não encontramos muitos registros amorosos na vida do escritor. Em seu *Diário íntimo*, por exemplo, no dia 5 de janeiro de 1908, ele narra a visita feita à casa de um amigo (M... A...) que vivia "amancebado com uma rapariga portuguesa" de cerca de 24 anos. Lima expressava incompreensão quanto àquele tipo de relação; o colega quase não dormia por lá, parecia ter outras amantes e ainda mantinha "um sócio na mulher".[4] Continua Lima dizendo que certo dia foi ter com o amigo. Como não o encontrasse em casa, entabulou conversa com a moça. A sensação descrita por ele, de encanto com a possibilidade de estar a sós com uma mulher, é bem reveladora de sua pouca experiência. "Em começo, tive uma alegria de devasso — quem sabe? — que passou depressa e felizmente. Ela sentou--se na minha frente, fumei desesperadamente e conversei. Nunca estive tão bem. Tenho vinte e seis anos e, até hoje, ainda não me encontrei com uma mulher de qualquer espécie de maneira tão íntima, de maneira tão perfeitamente a sós; mesmo quando a cerveja, a infame cerveja, me embriaga e me faz procurar fêmeas, é um encontro instantâneo, rápido, de que saio perfeitamente aborrecido e com a bebedeira diminuída pelo abatimento."[5]

Na correspondência trocada com Noronha Santos, muitas vezes o tema da bebida e da dificuldade com as mulheres retornava. Em carta enviada no dia 21 de julho de 1908, além de reclamar da "letra detestável" de Lima, Noronha conta uma experiência que tivera na cidade de Lorena. Ele fora levado à casa de uma "dama" chamada Candinha, que tinha, segundo ela mesma dissera, quinze anos. Era realmente "muito menina, com um ar triste e cansado, a fala arrastada dos paulistas; isto num quarto lúgubre onde esta flor recebia os altos funcionários [...] e a *jeunesse dorée* de Lorena". O amigo de Lima reconhecia que a coisa toda fora "humilhante": "Imagina que eu fiquei deitado com ela uns vinte minutos [...] e saí de lá como tinha entrado!". O confrade da *Floreal* reconhecia mais: "por pouco que eu seja dado a estas coisas, estava naquela ocasião com desejo de mulher".[6]

Se Noronha realmente não era dado a mulheres ou à prostituição, não sabemos. O fato é que, animado pelo tema, Lima responde ainda no dia 27 do mesmo mês. Comenta a passagem do amigo pela Candinha e aproveita para falar de suas experiências. Escreve que estivera no High Life, onde tomara "dois pifões" e ficara até as seis da manhã. Foi quando se achegaram à mesa duas francesas e, no fim da noite, a Marieta Bicicleta. Lima explica que dali em diante só "deu gafe", e acabou achando tudo muito "idiota, besta, sem resultado e sem prazer"; sentiu nojo de si próprio.[7]

Tudo se passava como se ele e o amigo não se interessassem muito por relações desse tipo, apesar de aparentemente recorrerem a elas vez por outra. Aliás, no episódio da Marieta Bicicleta, Lima refere-se não apenas a essas profissionais, mas ao ambiente reinante nesses clubes: "Esses repórteres, essas fêmeas, esses rufiões, mais ou menos disfarçados, já me enchem de nojo. Eu tenho mesmo nojo de mim mesmo que me meto com eles. Acho muito melhor a minha casa familiar do que essa farândola doida de porres, vagabundas e clubes de *baccara*. [...] Tenho firmes tenções de me retirar dessa infâmia toda. Não já, porque a minha vontade não é das mais fortes, mas em breve".[8]

Lima também mostra suas ambivalências em outra missiva endereçada a Noronha Santos. Dessa vez, ele conta que bebeu com Pausílipo no High Life até as três da madrugada e, ao vê-lo jogando, teve ímpeto de imitá-lo: "O tinir das fichas, as fêmeas, aquela febre, todo esse aspecto especial do jogo interessou-me e tentou-me. Dei mesmo cigarros às fêmeas. É uma das coisas que mais gosto de ver, é uma fêmea fumando. Aquelas vagabundas de cigarro à boca tinham um ar mais espiritual, uma fisionomia mais rejuvenescida".[9]

Essas são cartas íntimas e, portanto, menos autocensuradas. Não obstante, vemos como Lima oscilava: referia-se às prostitutas de forma excitada e ao mesmo tempo muito agressiva. Parece antes um voyeur em meio aos fregueses e às "fêmeas". O excesso de bebida também não devia ajudar no território da sexualidade. De fato, Lima tinha passado a beber demais — a toda hora —, e era descrito pelos amigos como alguém que estava sempre tombando pelas mesas e seguindo de bar em bar. Transformava-se num andarilho, já que atravessava a noite procurando um local para tomar sua "parati". Ia virando um homem mais parrudo, macilento, de coloração baça. Queixava-se de dores nas juntas, apareciam-lhe vermelhidões no rosto, transpirava cachaça, e seu cabelo estava permanentemente ensebado. Ao que tudo indica, o costume vinha do pai, que gostava de um bom trago. Porém, nessa altura, João Henriques não saía mais de casa e Lima pouco ficava por lá. O hábito, antes social e realizado na companhia dos confrades, agora se tornava um vício, cumprido de maneira solitária e cada vez mais descontrolada.[10] Muitas vezes Lima caía na sarjeta e era achado dormindo pelas ruas, a roupa toda amassada. Seus amigos contavam que ele desaparecia com frequência.[11] Nesses momentos, encontrava-se com as "fêmeas" ou as ficava observando. O termo não é aleatório: mostra que se tratava de relações fortuitas, pautadas ora pela "necessidade" ora por certo desinteresse rápido.

Mas nem sempre era a bebida que explicava as "escapadas" do escritor. Assis Barbosa descreve um episódio que teria ocorrido no Carnaval de 1906 ou 1907, quando mais uma vez Lima simplesmente evaporou. Tempos depois, teria confessado a Antônio Noronha que resolvera deixar a animada turma no momento em que passara um rancho cantando o famoso "Vem cá, mulata!,/ Não vou lá não/ Vem, ó meu doce de coco,/ Que você me mata,/ Ou me deixa louco". Composta em 1902, a letra de Arquimedes de Oliveira converteu-se em grande sucesso nos Carnavais subsequentes, e sobretudo naquele de 1906, quando foi gravada. Seriam da autoria de Bastos Tigre os seguintes versos, acrescidos à música nesse mesmo ano: "O Democráticos, gente jovial,/ Somos fantásticos do Carnaval". Lima segredou ao amigo que aquele dito lhe penetrou "nos ouvidos como um insulto": lembrara de sua mãe e tomou o convite ali contido como se fosse para ela. A atitude era coerente com a postura que manifestara no primeiro número de *Floreal*, de 25 de outubro de 1907, quando clamava "para afastar das fanfarras", justamente, o "Vem cá, mulata".[12]

Com certeza o mal-estar não era apenas fruto de idiossincrasia pessoal. "Mulatos e mulatas" foram sistematicamente apresentados no teatro e na literatura do século XIX como personagens potencialmente perigosos, a despeito de serem considerados "passíveis de salvação".[13] A imagem ficaria ainda mais forte e seria reiterada após a abolição da escravidão. Nessa época, a representação desses personagens ficaria associada à prática da malandragem e da gatunagem, enquanto para as mulheres guardaria uma conotação de incitação ao sexo. Estereótipo herdado da sociedade escravocrata, a imagem da "mulata" se agarraria indelevelmente à noção de desejo e de facilitação sexual. Como se a culpa fosse da vítima, não de seu algoz.

Tal tipo de percepção escorregará para a literatura de Lima, mas na chave oposta. Basta lembrar a figura da "mulatinha pobre" de "seios empinados", Clara dos Anjos. A protagonista do romance permanecia reclusa em Todos os Santos, protegida pelo pai e pela mãe, que procuravam resguardá-la das vilanias do mundo. O nome selecionado também não é coincidência: ela é clara no nome e dos anjos na intenção. Seduzida por Cassi, um modinheiro que só era branco na régua e compasso dos subúrbios pois morava no Rocha, Clara acaba grávida, solteira e prostituída na primeira referência ao texto, ainda no *Diário* do ano de 1903, e abandonada na última versão, em conto de 1920 e livro póstumo.[14] Os desenlaces podiam ser diferentes, mas o argumento continuava basicamente o mesmo. Clara perde a inocência quando descobre a vida.

Não é coincidência, também, o fato de o livro ser dedicado à memória da mãe do autor e contar com uma epígrafe de João Ribeiro que diz: "Alguns as desposavam [as índias]; outros, quase todos, abusavam da inocência delas, como ainda hoje das mestiças, reduzindo-as por igual a concubinas e escravas".[15] A verdade é que Clara constituía quase uma versão feminina de Isaías Caminha, o alter ego confesso de Lima, só que com um destino menos "feliz e acomodado", digamos assim. Ela representava ainda uma homenagem à mãe do escritor, e especialmente à avó, que foi escravizada, viveu como concubina e cujos filhos nunca tiveram a paternidade reconhecida.

É a ancestralidade, a história familiar de Lima, que ajuda a explicar a ojeriza que o escritor sentia pelas modinhas, bem como sua insistência em desfazer de certos modinheiros. Na festa em que fora convidado a tocar, Cassi usou da letra de uma modinha para declarar que "a razão de sua desgraça" era Clara. Ainda incluiu no repertório uma música que intitulou "Na roça", pautada num poema de Gonçalves Crespo, e que declamava: "Mostraram-me um dia na roça dançando/ Mestiça formosa de olhar azougado". A composição, chamada "Canção", datava de 1870, mas o suposto de Lima mantinha-se presente em sua época: a despeito do fim do sistema escravocrata, brancos continuavam a se entender como feitores em relação não apenas ao trabalho dos afrodescendentes como ao corpo das mulheres e filhas destes. Conforme diziam os versos de Crespo: "Que viva mulata!/ Por ela o feitor/ Diziam que andava perdido de amor. [...]/ Sorria a mulata,/ Por quem o feitor/ nutria quimeras e sonhos de amor". Lima tinha, pois, seus motivos para não gostar desse tipo de música, e das suas letras.[16]

No romance, a hora da modinha simbolizava o momento em que Clara dos Anjos se submete ao moço branco. Por isso, ele a fascina como feitor, e como poeta representante do lirismo popular modinheiro. O escritor guardava, podemos ver, verdadeira repulsa pelos cantores de modinhas sentimentais, as quais, segundo ele, carregavam "todo um arsenal de simulação amorosa".[17] Além disso, devia sofrer com a imagem das "mulatas" presente na literatura nacional. Por exemplo, Manuel Antônio de Almeida, em *Memórias de um sargento de milícias*, de 1854, descreve a mulata Vidinha como a própria desordem: uma mulher "que se pode apenas amar, sem casamento nem deveres [...], onde todos se arrumam mais ou menos conforme os pendores do instinto e do prazer".[18] Com seus dezoito a vinte anos, ela possuía olhos muito pretos e vivos, dentes alvíssimos, uma fala descansada, doce e afinada. Outro personagem famoso dessa mesma galeria é Rita Baiana, que ocupa parte fundamental em *O cortiço* de Aluísio Azevedo, que talvez Lima tenha lido. Publicado em 1890, o romance detém-se na história dessa "mulata" que acaba se insinuando na vida do imigrante português Jerônimo e destrói seu casamento com a mulher de nome significativo, Piedade. O cortiço, entendido como uma espécie de laboratório social, é devastado por um incêndio, e depois refeito de maneira "civilizada" e livre das "degenerações" que vinham da mistura e dos tempos da escravidão.[19]

Enfim, diferentemente do lugar social preenchido pela antiga figura da *mãe preta* no interior da família patriarcal, o da "mulata" é definido por sua sensualidade. Da literatura ao cancioneiro popular, ela concentra vários estereótipos raciais: independente e mais autônoma, ela é tratada como traiçoeira, sensual e insinuante, convertendo-se em símbolo das experiências pré- ou extraconjugais do homem branco. Nos versos de uma canção do fim do século XIX, fica claro como ninguém a ela resiste ou controla, nem mesmo a República: "Fui ao Campo de Santana/ Beber água na cascata,/ Encontrei o Deodoro/ Dando beijos na mulata./ A mulher do Deodoro/ É uma grande caloteira,/ Mandou fazer um vestido,/ Mas não pagou a costureira".[20]

Há muito de humor nesse cancioneiro nacional. Mas piada só tem graça quando não é explicada e quando inverte, e assim reforça, pressupostos de época.[21] Afinal, termos como "mulata" não permanecem apenas pela lógica adormecida do passado: são reanimados na história do presente. No fim do XIX e começo do XX, logo após a abolição da escravidão no país, afro-brasileiros, libertos, ex-escravizados ganhavam a liberdade jurídica, mas não a igualdade biológica. Como temos visto, datam desse período teorias deterministas raciais que entendiam as raças humanas como espécies distintas, e os "mestiços" como degenerados, "raças" de cujos "estigmas" a prostituição fazia parte. Não parece coincidência o fato de o médico Nina Rodrigues publicar no mesmo momento artigo sobre o "hímen rompido das mulatas". Pautado em tal "evidência científica", o dr. Nina avaliava, e desqualificava, as queixas das "mulatas violentadas" que ele examinava.[22]

A reação de Lima à letra da modinha não é, assim, um desabafo isolado. Ele conhecia de cor esses modelos, a ponto de ironizar-lhes as decorrências em seu *Diário*: "Vai se estendendo, pelo mundo, a noção de que há umas certas raças superiores e umas outras inferiores, e que essa inferioridade, longe de ser transitória, é eterna e intrínseca à própria estrutura da raça. Diz-se ainda mais: que as misturas entre essas raças são um vício social, uma praga e não sei que coisa feia mais".[23]

E a coisa era feia mesmo. O termo "mulato", de origem espanhola, vinha de "mulo" — animal híbrido, produto do cruzamento do cavalo com a jumenta. Desse uso genérico, o nome passou a conceito, ligado aos "filhos mestiços das escravas" que coabitavam com seus senhores e deles engravidavam. Portanto, vista ainda por outro ângulo, fica cada vez mais evidente a aversão de Lima à associação das "mulatas" com certos comportamentos sexuais. Não há como esquecer que ele próprio era neto de uma escravizada, e que sua família fora toda formada a partir de uma relação nunca assumida formal e consensualmente pelo senhor da casa. É possível que tal situação esclareça a história pregressa do então amanuense, sua constante referência carinhosa à avó, bem como o constrangimento que sentia diante das mulheres; sobretudo as brancas. Isaías Caminha costumava explicar sua timidez dizendo: "sempre fui assim diante das senhoras", qualquer que fosse "a sua condição". E continuava: "desde que as veja num ambiente de sala são todas para mim marquesas e grandes damas".[24]

Bastos Tigre também comenta a maneira recatada de Lima se portar, e como jamais ouvira dele nenhuma pornografia, nem mesmo a mais corriqueira, estivesse ele como estivesse. Era tímido nessa área.[25] Pouco narrava histórias com mulheres e, quando o fazia, ora descrevia prostitutas ora as transformava em "meninas-moças" ilibadas. Essa era afinal a situação de Lima quando Cecília — pois esse era o nome da amante de seu amigo — o convidou para jantar. Até então não passava de uma "mulher da vida"; "com aquela palidez mate das prostitutas um tanto diminuída; simples de inteligência, não tem quatro ideias sobre o mundo, aceita o seu estado, acha-o natural, não deita arrependimentos, tem vontade de empregar as elegâncias que aprendeu com as francesas dos grandes bordéis em que andou".[26]

No entanto, a primeira impressão logo se desfaz, e Lima se encanta pela moça; ela vira logo uma "princesa". Prontamente o teria convidado para entrar, transformando aquela tarde num momento inesquecível: conversaram das seis e meia às dez horas, "inocentemente". Escreve ele que a olhava com "seu olhar pardo, em que há o tigre e a gazela, de quando em quando, e ela, sempre, constantemente, me envolvia com o seu olhar azul, macio e sereno, que lhe iluminava o sorriso de afeto, eterno e constante, espécie de riso da natureza fecunda e amorável por uma manhã límpida e suave de maio, quando as flores desabrocham para frutos futuros". Olhos pardos e olhos azuis anunciam uma diferença de "origem", que virou, no relato do rapaz, não um abismo, mas uma ponte, ao menos naquela situação, evidentemente idealizada pelo escritor.[27]

Lima se enternece com as palavras de Cecília: "Senhor Barreto, M... não está. O senhor janta e depois vai-se embora, não é?". Na opinião deslumbrada do autor, a frase fora dita com "singeleza" e "espontaneidade", como se a jovem fosse "uma donzela ou uma senhora casada". A imagem que o romancista criou, então, foi a de uma moça "meiga, simples, ignorante e um tanto obstruída de inteligência, que um vendaval de miséria trouxe para esta África disfarçada [...] aproveitada essa diminuição pela concupiscência dos patrícios que lhe atiraram à grande prostituição, acenando-lhe com a riqueza e a fortuna, que ela não alcançou, talvez porque fosse fundamentalmente boa".[28]

De amante fria do amigo ela vira, pois assim Lima quer que ela seja, "boa, doce, sem arrependimento, mas a desejar um casamento que a nobilite e eleve". O escritor declina seu grande modelo literário, Dostoiévski, e o romance *Recordações da casa dos mortos*, para concluir, a partir de Cecília, que a nossa humanidade é melhor. "Essa rapariga que viu bordéis, ladrões, estelionatários, rufiões e jogadores; que se meteu em orgias; que certamente se atirou a desvios da sexualidade, aparece-me cândida, ingênua e até piedosa."[29] Com sua pequena quilometragem amorosa, Lima sem dúvida exagera; vê nos olhos azuis de Cecília uma Maria Madalena e se apaixona: "Há não sei que separação entre o seu passado e presente e a sua alma verdadeira, que tenho um delicioso bem-estar em vê-la". Passa a comentar a conversa que tiveram, e que acabou resvalando em assuntos de jogo e de mulheres. "Ela bebeu mais que de hábito, e houve um instante que ela me disse, ao tomar um copo de vinho, cheia daquela espontaneidade que dominou a entrevista toda: — Eu não posso viver sem gostar de alguém."

E arremata o escritor: "Como a prostituição me parece sagrada; se não fora ela, esta minha mocidade, órfã de amor, de carinho de mulher, não teria recebido esse raio louro

BEBIDA, BOEMIA E DESÂNIMO: A PRIMEIRA INTERNAÇÃO | 261

de um sorriso e de um olhar, para me recordar esse misterioso amor que se sofre, quando se o tem, e se padece, quando se não o tem". Assim termina: "Chove... Vou para a cadeira de balanço. Vou fumar e sonhar...".[30] A opinião apaixonada não demorou, porém, a se dissolver. Lima teria voltado à casa do amigo no dia 24 de janeiro de 1908 e sua impressão seria totalmente outra. "Por falar nela, voltei lá na penúltima quinta-feira. Não trouxe nenhuma convicção. A conversa foi falsa. M... estava lá, com toda a sua burrice e falta de poesia."[31] A representação elevada se desfazia como castelo de areia, com um Lima muito oscilante em suas ideias a respeito do sexo oposto.

Numa nota do *Diário* datada de 21 de janeiro de 1918, o tema do desejo diante das mulheres de seus conhecidos retorna. "Eu beijei por uma ou duas vezes [...]. Isto foi há dias e eu estava esquentado. Se aquela ocasião fosse propícia, talvez consumássemos o ato. Ela é casada com um demônio de um inferior da Marinha, estúpido a roçar na idiotice [...] Tem dois filhos. A E. não é uma beleza, mas é farta de carnes e tem aquele capitoso das caboclas, quando moças. Foi sempre ela quem me provocou. Naquele dia, eu fui adiante... O que eu queria dizer é que, agora, quase um mês passado, eu não tenho nenhum interesse em continuar a aventura. Não lhe tenho amor, não me sinto atraído por ela, por isso não encontro justificativa em mim mesmo para arrastá-la, como se diz, a um mau passo [...] (Morreu no fim do ano e o G. também. Gripe)."[32]

O fato é que Lima sonhava romances cálidos, mas, definitivamente, não tinha traquejo e isso mexia com ele. O escritor Modesto de Abreu diz ter presenciado o romancista exercendo grande fascínio sobre as mulheres, e que uma ocasião o vira numa festa "cercado das mais belas donzelas". E acrescenta: "era muito simpático o Lima".[33] Tudo não passa, porém, de suposição, e o certo é que o autor de *Isaías Caminha* sofria e reconhecia seu deslocamento social também nessa área. Aliás, se sua imagem, como cronista e romancista, era a de um escritor radical e crítico, no que se refere à sexualidade ele se mantinha acanhado, inibido e evitava palavrões. Na breve anotação de 7 de março de 1917 do *Diário* explica que passara a frequentar a Livraria Garnier, onde ia jogar conversa fora com os colegas. Termina o relato refletindo: "Não me entendem ao certo e procuram nos meus livros bandalheiras, apelos sexuais, coisa que nunca foi da minha tenção procurar ou esconder. Chamam-me de pudico. Ora bolas!".[34]

Pode-se dizer que Lima se sentia "estrangeiro" onde quer que estivesse. Em primeiro lugar, seu grau de formação levava-o a se apartar dos vizinhos de Todos os Santos. O escritor gostava de reconhecer sua educação e dela se gabar, e assim guardava certa quilometragem dos personagens que tão bem descrevia. Em segundo lugar, na sua roda de amigos boêmios conservava uma separação cautelar, ainda mais quando se tratava de "socializar com as moças". Conhecia demais aquilo que chamava de "limitações" trazidas pela cor que estampava em sua pele, ou ao menos mantinha esse tipo de obstáculo bem delineado quando tentava medir-se ou medir os outros.

Novamente no seu *Diário*, em 1908, o sentimento de deslocamento manifesta-se: "Mas de tudo isso, o que mais me amola é sentir que não sou inteligente. Mulato, desorganizado, incompreensível e incompreendido, era a única coisa que me encheria de satisfação, ser inteligente, muito e muito! A humanidade vive da inteligência, pela inteligência e para a inteligência, e eu, inteligente, entraria por força na humanidade, isto é, na grande Humanidade de que quero fazer parte [...]. Abate-me também não ter amigos e ir perdendo os poucos que tinha. Santos está se afastando; Ribeiro e J. Luís também. Eram os melhores. Carneiro (o Otávio), o egoísta e frio Otávio, está fazendo a sua alta vida, a sua reputação, o seu halo grandioso, e é preciso não me procurar mais. Eu esperava isso tudo; mas não pensei que fosse tão cedo. Resta-me o Pausílipo, este é o único que se parece comigo e que tem o meu fundo, que ele desconhece por completo [...]. Eu fico só, só com os meus irmãos e o meu orgulho e as minhas falhas".[35]

Solteirão por opção ou por "falha". Cló ou "mi compra ioiô"

Esse tipo de percepção, a certeza do que chama de "falhas", talvez tenha afastado Lima de relacionamentos amorosos sonhados ou possíveis. Quem sabe também por esse motivo, em seus contos, tenha pretendido mostrar a realidade da prostituição que atingia sobretudo as jovens afro-brasileiras. Um dos mais duros contos do escritor intitula-se "Cló". Editado originalmente em *Histórias e sonhos*, no ano de 1920, o texto fora criado anos antes, composto à mão e impresso em prelos manuais em tiragem única de 119 exemplares.[36] Vinha acompanhado de ilustrações, mas as placas foram infelizmente inutilizadas. Ficou a narrativa, terrível no diagnóstico impiedoso que traz. A história transcorre numa "segunda-feira de Carnaval, quando as confeitarias têm todas as mesas ocupadas e as cerimônias dos outros dias desfazem-se, dissolvem-se".[37] Lima sabia como a sociabilidade, em especial em dias como aquele, era feita de infidelidades, a começar pelos fregueses dessa confeitaria que publicamente formavam casais de três. O personagem principal é "o velho Maximiliano". Mestre e professor de piano, curioso, não se cansava de observar aqueles homens e aquelas mulheres "cheios de vícios" e "aleijões morais". Como se vê, Lima importava para os contos o sarcasmo presente em seu *Diário*, contaminando a narração com as marchinhas de Carnaval. "Lá fora, o falsete dos mascarados em trote, as longas cantilenas dos cordões, os risos e as músicas lascivas enchiam a rua de sons e ruídos desencontrados [...], um frêmito de vida e de luxúria que convidava o velho professor a ficar durante mais tempo bebendo, afastando o momento de entrar em casa."[38]

Por isso, Maximiliano andava "macambúzio e isolado, embora mergulhado no turbilhão de riso, de alegria, de rumor, de embriaguez e luxúria dos outros, em segunda-feira gorda". Jogara no "jacaré", que não dera "e muito menos a centena". Esse capricho da sorte roubara-lhe a "doce esperança" de resolver sua situação financeira em casa. Agora lá estava ele, "ainda em mar alto, já sem provisões quase, e com débeis energias para levar o barco a salvamento". Não tinha como pagar "o vestido de que a filha andava precisada, para se mostrar, sábado próximo, na rua do Ouvidor, em toda a plenitude de sua beleza, feita (e ele não sabia como) da rija carnadura de Itália e de uma forte e exótica exalação sexual".[39]

Da sua mesa, ele via "aquela formosa e famosa Eponina, a mais linda mulher pública da cidade, produto combinado das imigrações italiana e espanhola, extraordinariamente estúpida, mas com um olhar de abismo, cheio de atrações, de promessas e de volúpia". O velho lente contentava-se em olhar "tudo aquilo pausadamente, com a sua indulgência de infeliz", quando se pôs a pensar no seu lar, "onde o luxo era uma agrura, uma dor, amaciada pela música, pelo canto, pelo riso e pelo álcool". Lembrou-se da filha, Clôdia — Clô, para a família —, "em cujo temperamento e feitio de espírito havia o estofo de uma grande cortesã com o tipo de boa educação da velha Grécia". Lembrou-se "de sua carne veludosa e palpitante, do seu amor às danças lúbricas, do seu culto à *toilette* e ao perfume, do seu fraco senso moral, do seu gosto pelos licores fortes"; e, por um instante, "ele a viu coroada de hera, cobrindo mal a sua magnífica nudez, com uma pele mosqueada". E punha-se a matutar sobre esse enigma da vida — "como é que ele tinha posto no mundo um exemplar de mulher assaz vicioso e delicado como era a filha?" —, quando se aproximou o dr. André, em quem "o ouro do aro do *pince-nez* reluzia fortemente e iluminava a barba cerdosa". Era um "homem forte, de largos ombros, musculoso, tórax saliente [...]; e, se bem tivesse as pernas arqueadas, era assim mesmo um belo exemplar da raça humana". Apesar de ser um "bacharel vulgar e um deputado obscuro", que tinha "falta de agilidade intelectual", André era seu último amigo, o mais constante comensal de sua mesa. Político rico, "representava, com muita galhardia e liberalidade, uma feitoria mansa do Norte, nas salas burguesas; e, apesar de casado, a filha do antigo professor, a lasciva Clô, esperava casar-se com ele, pela religião do Sol", um culto fundado havia pouco tempo por um agrimensor sem emprego.[40]

O velho Maximiliano, por seu turno, não tinha nenhum pensamento definitivo sobre o caso: "não os aprovava, nem os reprovava". Limitava-se a pequenas reprimendas sem convicção. "E se isto fazia, era para não precipitar as coisas..." Foi então que o lente convidou o deputado para passar na sua casa e dar uma olhada em sua Clô, que estava se arrumando: ela iria ao baile de Carnaval com roupa de "preta-mina".[41] Tendo ambos concordado que a fantasia deveria "ficar muito bem" nela, despediram-se e prometeram encontrar-se em breve. Isso, depois de haverem feito juras de amizade eterna, de o lente ter demonstrado ao parlamentar o descompasso econômico existente entre os dois e de o deputado ter retirado da carteira "uma bela nota, cujo valor nas algibeiras do dr. Maximiliano fez-lhe esquecer em muito a sua desdita no 'jacaré'". A noite caíra, mas "os cordões e os bandos carnavalescos continuavam a passar, rufando, batendo, gritando desesperadamente. Homens e mulheres de todas as cores [...] de penas multicores, fingindo índios, dançavam na frente ao som de uma zabumbada africana, tangida com fúria em instrumentos selvagens, roufenhos, uns, estridentes, outros. As danças tinham luxuriosos requebros de quadris [...]. Eram restos de danças guerreiras ou religiosas dos selvagens de onde a maioria deles provinha, que o tempo e outras influências tinham transformado em palhaçadas carnavalescas".[42]

Ele, o dr. Maximiliano, apaixonado amante da música, deteve-se um pouco, "para ouvir aquelas bizarras e bárbaras cantorias, pensando na pobreza de invenção melódica daquela gente".[43] E, devagar, se foi pela rua, "cobrindo de simpatia toda a puerilidade aparente daqueles esgares e berros, que bem sentia profundos e próprios daquelas criaturas grosseiras e de raças tão várias, mas que encontravam naquele vozerio bárbaro e ensurdecedor meio de fazer porejar os seus sofrimentos de raça e de indivíduo e exprimir também as suas ânsias de felicidade".[44]

Como fica fácil notar, Lima interrompe a trama para desfazer do Carnaval, como ritual, mas encontrar nele um escape para os "sofrimentos de raça". Mas voltemos ao dr. Maximiliano que depois do diálogo entabulado foi direto para casa. Estava fechada, mas havia luzes na sala principal, dança e música. Lembrou-se dos cordões, dos ranchos, "das suas cantilenas ingênuas e bárbaras, daquele ritmo especial a elas que também perturbava sua mulher e abrasava sua filha". Assim que ele entrou, a filha perguntou se tinha estado com o político, ao que o lente, "severo", e fazendo-se de sonso, reagiu perguntando: "Que tem você com André?". "Nada, papai", respondeu a moça, acrescentando: "Mas ele é tão bom…". Bem que Maximiliano tentou "apossar-se da sua respeitável autoridade de pai de família". Mas apenas disse, frouxamente: "Você precisa ter mais compostura, Cló. Veja que o doutor André é casado e isto não fica bem". O respeitável professor foi, porém, vencido e convencido de que a afeição da filha pelo deputado era a coisa "mais inocente e natural deste mundo". E o jantar acabou sério e familiar, embora cerveja e vinho não tivessem faltado. Mal a refeição terminou, o dr. André se fez anunciar. Desculpou-se por não ter chegado antes, depois disse saber que "d. Clódia ia de 'preta-mina'" e lembrara de "trazer-lhe este enfeite". Cló agradeceu sorridente, e logo chegou a hora de se prepararem para o baile, enquanto os homens ficaram sós na sala, bebendo uísque. "André, impaciente e desatento; o velho lente, indiferente e compassivo, contando histórias brejeiras…"[45]

A filha irrompeu no recinto, então, "linda, fresca, veludosa, de pano da Costa ao ombro, trunfa, com o colo inteiramente nu, muito cheio e marmóreo, separado do pescoço modelado, por um colar de falsas turquesas. Os braceletes e as miçangas tilintavam no peito e nos braços, a bem dizer totalmente despidos; e os bicos de crivo da camisa de linho rendavam as raízes dos seios duros que mal suportavam a alvíssima prisão onde estavam retidos". Ainda aproveitou para requebrar sobre as chinelas, e toda risonha sentou-se, "esperando que aquele Salomão de *pince-nez* de ouro lhe dissesse ao ouvido: 'Os teus lábios são como uma fita de escarlate; e o teu falar é doce'". A moça, "pondo tudo que havia de sedução na sua voz […], cantou a 'Canção da preta-mina': 'Pimenta-de-cheiro, jiló, quibombô;/ Eu vendo barato, mi compra ioiô!'". Ao terminar a música, balançando os quadris e apoiando as mãos dobradas na cintura, curvou-se para o dr. André e disse: "'*Mi compra ioiô!*' E repetia com mais volúpia, ainda uma vez: '*Mi compra ioiô!*'".[46]

O conto fala por si, e não há por que lhe dar uma só interpretação. No entanto, ele diz muito, nesse contexto, da visão de Lima sobre as "moças", não apenas as "mulatas", mas sobretudo as brancas vestidas como negras. A mera escolha de uma fantasia de mina fazia da moça objeto de desejo e sedução. A ideia de "compra" lembrava alusivamente, e pelo silêncio que soava, a realidade ainda presente da escravidão. Nada escapava ao crivo moral do autor. Esse é o caso de outro conto escrito na mesma época, intitulado "Miss Edith e seu tio".[47] Localizado e datado — "Todos os Santos (Rio de Janeiro), março de 1914" —, foi publicado originalmente na primeira edição de *Triste fim de Policarpo Quaresma*, de 1915. O fato de o texto ter sido selecionado para tal edição mostra o quanto Lima o prezava. Trata-se de um episódio que teria ocorrido na Pensão Familiar Boa Vista, situada na praia do Flamengo. O prédio que sofrera com a urbanização do Rio, acabou recebendo outra função: do antigo sítio elegante, com muitas árvores, "só restava um tamarineiro no fundo do exíguo quintal". A pensão era dirigida por Mme. Barbosa, "uma respeitável viúva de seus cinquenta anos, um tanto gorda e atochada, amável como todas as donas de casas de hóspedes e ainda bem conservada, se bem que houvesse sido mãe muitas vezes, tendo até em sua companhia uma filha solteira, de vinte e poucos anos por aí, mlle. Irene, que teimava em ficar noiva, de onde em onde, de um dos hóspedes de sua progenitora".[48]

Lima explora, como sempre, ambientes paralelos ao conteúdo central da trama — nesse caso, a mania de casamento das moças solteiras. Ele relata que d. Irene era criteriosa na escolha dos noivos para sua filha: "Procurava-os sempre entre os estudantes que residiam na pensão, e, entre estes, aqueles que estivessem nos últimos anos do curso, para que o noivado não se prolongasse e o noivo não deixasse de pagar a mensalidade à sua mãe [...]. Já fora noiva de um estudante de direito, de um outro de medicina, de um de engenharia e descera até um de dentista sem, contudo, ser levada à presença do pretor por qualquer deles". Agora mirava os empregados públicos...[49]

O escritor brinca com a queda no "ideal de doutor" de Irene, que passou do direito à medicina e daí para a odontologia até aceitar um burocrata. Estavam todos nesse raciocínio quando tocou a campainha e a dona da pensão chamou Angélica — o braço direito da patroa, que atuava como cozinheira, copeira, arrumadeira e lavadeira, e exercia alternativamente cada um dos ofícios, quando não dois e mais a um só tempo — para que fosse atender. A preta, que era "sempre agradecida" à sua "sinhá", "não ouviu [...] o tinir do tímpano". Por isso, a patroa deixou de esperar a "mansa Angélica" e foi em pessoa ver quem batia. Ao abrir a porta envidraçada, viu um casal de aparência estrangeira. Sem muitos preâmbulos, o cavalheiro foi dizendo com voz de comando: "Mim quer quarto". Mme. Barbosa percebeu que lidava com ingleses e muito se alegrou, tanto "com a distinção social de tais hóspedes" como com a perspectiva de "extraordinários lucros". Assim, ela mesma se pôs a apresentar os cômodos vagos. Prontamente ofereceu o melhor a eles e explicou que mandaria vir uma cama de casal, ao que o "cidadão britânico interrompeu-a, como se estivesse zangado: — Oh! Mim não é casada. *Miss* aqui, meu sobrinha. A *miss* por aí baixou os olhos cheios de candura e inocência", e Mme. Barbosa desculpou-se, assegurando-lhes que conseguiria dois quartos vizinhos. Na escada encontraram Angélica, com seus baldes, jarros, moringues, que ficou "inebriada" com tal visão. "Ela viu [...], naqueles cabelos louros, naqueles olhos azuis, de um azul tão doce e imaterial, santos, gênios, alguma coisa de oratório, de igreja, da mitologia de suas crenças híbridas e ainda selvagens."[50]

N. 118 — 16 de Abril de 1914   A ILLUSTRAÇÃO BRAZILEIRA   131

Miss Edith e seu tio

A preta Angelica

A PENSÃO familiar "Bôa Vista" occupava uma grande casa da praia do Flamengo, muito fêia de fachada, com dous pavimentos, possuindo bons quartos, uns nascidos com o predio e outros que a adaptação ao seu novo destino fizera surgir com a divisão de antigas salas e a amputação de outros aposentos.

Tinha bôas pareis de solida alvenaria de tijolo e pequenas janellas de portadas de granito e riga recta, que olhavam para o mar e para uma rua lateral, á esquerda.

A construcção devia datar de cerca de sessenta annos atraz e, nos seus bons tempos, certamente possuiria, como complemento, uma chacara que se estendia para o lado direito e para os fundos, chacara desapparecida, em cujos chãos se erguem actualmente predios modernos, muito peliritras e enfeitados, ao lado da velha, forte e pesadona edificação de outros tempos.

Os aposentos e corredores da obsoleta moradia tinham uma luz especial, uma quasi penumbra, cahiam lentamente como lagrimas, algum hospede sedentario e amoroso da sombra maternal das grandes arvores.

O grande salão da frente — a sala de honra das recepções e bailes — estava dividido em faixas de quartos e d'elle só ficara, para lembrar o seu antigo e nobre mister, um corredor acanhado, onde os hospedes se reuniam, após o jantar, conversando sentados em cadeiras de vime, ignobilmente mercenarias.

Dirigia a pensão Mme. Barbosa, uma respeitavel viuva de seus cincoenta annos, um tanto gorda e atochada, amavel como todas as donas de casas de hospedes e ainda bem conservada, se bem que houvesse sido mãe muitas vezes, tendo até em sua companhia uma filha solteira, de vinte e poucos annos por ahi, Mlle. Irene, que teimava em ficar noiva, de onde em onde, de um dos numerosos de sua progenitora.

Mlle. Irene, ou melhor: D. Irene, escolhia com muito cuidado os seus noivos. Procurava-os sempre entre os estudantes que residiam na pensão e, entre estes, aquelles que estivessem nos ultimos annos do curso, para que o noivado não se prolongasse e o noivo não deixasse de pagar a mensalidade á sua mãe.

Isto não impedia, entretanto, que o insuccesso viesse coroar os seus esforços. Já fôra noiva de um estudante de direito, de um outro de medicina, de um de engenharia e descera até o de dentista, sem, comtudo, ser levada á presença do pretor por qualquer d'elles.

Voltára-se agora para os empregados publicos e toda a gente na pensão esperava o seu proximo enlace com o Sr. Magalhães, escripturario da Alfandega, hospede tambem da "Bôa Vista", moço muito estimado pelos chefes, não só pela assiduidade ao emprego como pela competencia em cousas da sua burocracia aduaneira e outras mais distantes.

Irene cahira do seu ideal de doutor até acceitar um burocrata, sem saltos, suavemente; e consolava-se interiormente com essa degradação do seu sonho matrimonial, sentindo que o seu noivado era tão illustrado com muitos doutores e tinha razoaveis vencimentos.

Na mesa, quando a conversa se generalisava, ella via com orgulho Magalhães discutir grammatica com o Dr. Benevente, um moço formado que escrevia nos jornaes, leval-o á parede e explicar-lhe versos de Camões.

E não era só nesse ponto que o seu proximo noivo demonstrava ser forte: elle o era também em mathematicas, como provara questionando com um estudante da Polytechnica sobre geometria e com o doutorando Alves altercara sobre a efficacia da vaccina, dando a entender que conhecia alguma cousa de Medicina.

Não era, pois, por esse lado do saber que lhe vinha a ponta de descontentamento. De resto, em que poderia interessar a uma noiva o saber do noivo?

Aborrecia-lhe um pouco a pequenez do Magalhães, verdadeiramente ridicul e, ainda por cima, o seu canhestrismo de maneiras e vestuario.

Não que ella fosse muito alta, como se podér suppôr; porém, algo mais do que elle, era Irene fina de talhe, longa de pescoço, ao contrario do futuro noivo que, grosso de corpo e curto de pescoço, ainda parecia mais baixo.

Naquella manhã, quando já se ia em meio dos preparativos do almoço, o tympano electrico annunciou estrepitosamente um visitante.

Mme. Barbosa, que superintendia na cozinha o preparo da primeira refeição dos seus hospedes, áquelle appello da campainha electrica, de lá mesmo gritou á Angelica:

— Vá ver quem está, Angelica!

Essa Angelica era o braço direito da patrôa. Cozinheira, copeira, arrumadeira e lavadeira, exercia alternativamente cada um dos seus officios, quando não dous e mais a um só tempo.

Muito nova viera para a casa de Mme. Barbosa, ao tempo em que esta não era ainda dona de pensão; e, em companhia d'ella, ia envelhecendo sem revoltas, nem desgostos ou maiores desejos.

Confidente da patrôa e, tendo visto creanças, todos os seus filhos, partilhando as alegrias e agruras da casa, recebendo por isso festas e palavras doces de todos, não se julgava bem uma criada, mas uma parenta pobre, a quem as mais ricas haviam recolhido e posto a coberto dos azares da vida miseravel.

Cultivava por Mme. Barbosa uma gratidão illimitada e procurava com o seu auxilio humilde minorar as difficuldades da protectora.

Tinha guardado uma ingenuidade e uma simplicidade de creança que, demodo algum, diminuiam a actividade pouco methodica e interesseira dos seus quarenta e tantos annos.

Se faltava a cozinheira, lá estava ella na cozinha; se bruscamente se despedia a lavadeira, lá ia para o tanque; se não havia cozinheira e copeira, Angelica fazia o serviço de uma e de outro; e sempre alegre, sempre agradecida á Mme. Barbosa, D. Sinhá, como ella chamava e gostava de chamar, não sei por que irreprimivel manifestação de ternura e intimidade.

A preta andava lá pelo primeiro andar na faina de arrumar os quartos dos hospedes mais madrugadores e não ouviu nem o tinir do tympano, nem a ordem da patrôa. Não tardou que a campainha soasse outra vez e d'esta, imperiosa e autoritaria, forte e rude, dando a entender que fallava por ella a propria alma impaciente e voluntariosa da pessoa que a tocava.

Sentiu a dona da pensão que o estupido aparelho lhe queria dizer qualquer cousa importante e não mais esperou a mansa Angelica. Foi em pessôa ver quem batia. Quando atravessou o "salão", reparou um instante na arrumação e ainda ageitou a palmirita que, no seu topo de faiança, se esforçava por embellezar a meza do centro e fazer gracioso todo o aposento.

Promptificou-se em abrir a porta envidraçada e logo encontrou um casal de apparencia estrangeira. Sem mais preambulos, o cavalheiro foi dizendo com voz breve e de commando: "Mim quer quarto".

Percebeu Mme. Barbosa que lidava com inglezes e logo se descoberta, muito se alegrou, porque, como todos nós, ella tinha tambem a imprecisa e parva admiração que os inglezes, com a sua

Mlle. Irene

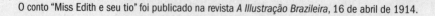

O conto "Miss Edith e seu tio" foi publicado na revista *A Illustração Brazileira*, 16 de abril de 1914.

Capa da revista *A Illustração Brazileira* e detalhe das ilustrações que acompanham o conto "Miss Edith e seu tio".

Prometeram mandar as malas no dia seguinte, e a dona da pensão, "tão comovida e honrada estava com a futura presença de tão soberbos hóspedes", que nem lhes falou em pagamento. "Radiante, certa da prosperidade de sua pensão [...] d. Sinhá, no carinhoso tratamento da Angélica, penetrou pelo interior do casarão adentro com um demorado sorriso nos lábios." Escolheu uma mesa especial para os ingleses: tio e sobrinha. Só no dia seguinte, pela manhã, na hora do almoço, eles foram vistos. "Entraram sem descansar o olhar sobre ninguém; cumprimentaram entre os dentes…" Todos ficaram também silenciosos, as conversas barulhentas cessaram como se de todos "se tivesse apossado a emoção que a presença dos ingleses trouxera ao débil e infantil espírito da preta Angélica". Acharam neles "não sei o quê de superior, de superterrestre; deslumbraram-se [...]. Não se ligaram a ninguém na pensão e todos suportavam aquele desprezo como justo e digno de entes tão superiores".[51]

Se tal compreensão era partilhada de forma geral na pensão, para Angélica "a coisa tomara feição intensamente religiosa". Tanto que levava chocolate até a porta do quarto da menina sem jamais interrompê-la. "Em uma dessas manhãs [...] com grande surpresa sua, a preta não a encontrou no quarto. [...] Onde estaria? Farejou um milagre, uma ascensão aos céus, por entre nuvens douradas; e a *miss* bem o merecia, com o seu rosto tão puramente oval e aqueles olhos de céu sem nuvens… Premida pelo serviço, Angélica saiu do aposento da inglesa; e foi nesse instante que viu a santa sair do quarto do tio, em trajes de dormir. O espanto foi imenso, a sua ingenuidade dissipou-se e a verdade queimou-lhe os olhos. Deixou-a entrar no quarto e, cá no corredor, mal equilibrando a bandeja nas mãos, a deslumbrada criada murmurou entre os dentes: — Que pouca-vergonha! Vá a gente fiar-se nesses estrangeiros… Eles são como nós… E continuou pelos quartos, no seu humilde e desprezado mister."[52]

"Miss Edith e seu tio" deixa evidente a crítica ao fascínio dos estrangeiros e nosso "complexo de vira-latas". Entretanto, a nota normativa fica por conta do desencanto de Angélica. As mulheres, fossem brasileiras ou estrangeiras, eram raramente santas. Lima, no *Diário*, reforça o argumento ao referir-se à sua relação difícil com as moças. Em 1905: "Amores… Aborrecimento comigo… Falta de dinheiro… […] Não há moças bonitas. Só velhas e anafadas burguesas. Turcos mascates e suas mulheres também […]. Cais do beira-mar. Travessa do Maia. 'Ei-la.' Número 22. Que doçura de fisionomia. Pálida. Calma. Cílios poucos. Não há nela nem revolta, nem resignação. Interessa-me. Queria-a para minha mulher. Mas eu… Ah! Meu Deus! Há de ser sempre isso. Há uns tempos a esta parte, vai se dando uma curiosa coisa. Na rua, nos bondes, nos trens, eu me interesso por certas moças e às vezes por cinco minutos chego a amá-las. Procuro-lhes a moradia. Passo duas, três vezes pela porta timidamente, *gauchement* — onde me levará isso?".[53]

O tímido amanuense parecia interessar-se pelas moças mais claras, como Miss Edith e Cló, mas se sentia sem jeito — talvez deslocado. Em 1907, anota: "Mulher bonita é que não falta nesta vida; o que falta é a mulher de que a gente goste".[54]

Bebidas e mulheres: "uma tecla sensível"

A bebida também não ajudava. Lima tomava os primeiros tragos logo de manhã e se mantinha com aquele ar distante o dia todo. A embriaguez não contribuía para a sociabilidade, e nesse caso é difícil distinguir causa de efeito. Por vezes, ele ficava desagradável, falava demais, transpirava muito e, se já não conseguia se relacionar com os amigos, o que dizer da relação com o sexo oposto. Em 1908, escreve: "Tomei um 'pifão' uma noite e andei experimentando o meu inglês com alguns. Foi um fiasco". No mesmo ano, comenta que as mulheres agora "têm outros amigos, com o consentimento deles […]. Os costumes estão desse modo, permitem já a poliandria. Há muita falta de delicadeza e beleza nas nossas coisas. Aborreci-me!". A verdade é que Lima não tinha jeito para se aproximar das mulheres e por isso se "aborrecia".[55] Em 1911, anota no *Diário*: "Timidez diante das mulheres de alta-roda, donde gosto pelas raparigas airadas".[56] Ou ainda, em 1917: "Quando se está perto de uma mulher, ou dizemos asneiras, ou nos calamos".[57]

O episódio mais revelador desse tipo de atitude, que se tornava padrão, ocorreu quando Lima era jovem e começava na vida de amanuense. No dia 6 de novembro de 1904 ele foi

O alcoolatra comparece ao Tribunal do Jury

O alcoolatra atacado de *delirium tremens*

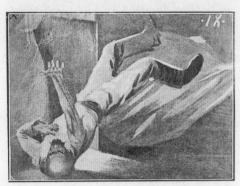
Como o alcoolatra morre

O alcoolatra louco

Exemplos de ilustrações e legendas, claramente apelativas, que constavam do livro do professor Hermeto Lima, publicado no ano da internação de Lima Barreto: 1914.

à ilha do Governador pagar algumas dívidas do pai. Na volta, na estação de São Francisco, "estava triste". Diz ele que, ao embarcar, invadiu-o "tão grande melancolia", que resolveu descer à cidade. "Que seria?", escreve. "Foi o vinho?" E admite: "Sim, porque tenho observado que o vinho em pequenas doses causa-me melancolia; mas não era o sentimento; era outro, um vazio n'alma, um travo amargo na boca, um escárnio interior. Que seria?".[58]

A vida do rapaz era invadida pela bebida, e ele recorria à mesa de bar "com gosto". No entanto, sempre procurava, e encontrava, toda espécie de motivos para explicar a melancolia e sua necessidade de beber. Foi nessa ocasião, inclusive, que encontrou um colega que passeava com a esposa e que fez questão de lhe tocar na "tecla sensível" dizendo: "— Vê, 'seu' negro, você me pode vencer nos concursos, mas nas mulheres, não".[59] A ladainha vai repetindo-se. A "tecla sensível", nos termos do escritor, os fatos que lhe traziam "vazio n'alma", tinham a ver com sua origem e sua impossibilidade de conquistar as mulheres que desejava. Talvez mais brancas que ele; quiçá de costumes mais "aristocráticos". Assim como Clara amava Cassi, que lhe parecia "superior" na cor e na condição social, Lima considerava que a sua formação e recursos pessoais de nada valiam, pelo menos diante das "moças".

Ante os infortúnios, bebia. Bebia por medo, pela falta de amigos, por não encontrar a rapariga certa, para fugir da "desgraça doméstica", por causa de seu emprego. E bebia porque bebia, porque gostava de beber. No *Diário* do ano de 1914, ele resume seu permanente estado de embriaguez como uma forma de escapismo: "A minha casa me aborrece. O meu pai delira constantemente e o seu delírio tem a ironia dos loucos de Shakespeare. Meus irmãos, egoístas, queriam que eu lhes desse tudo o que ganho e me curvasse à Secretaria da Guerra. O que me aborrece mais na vida é esta secretaria. Não é pelos companheiros, não é pelos diretores. É pela sua ambiência militar, onde me sinto deslocado e em contradição com a minha consciência [...] É o meu pesadelo, é a minha angústia. Tenho por ela um ódio, um nojo, uma repugnância que me acabrunha. Queria ganhar menos, muito menos, mas não suportar aqueles generais [...]. Demais, o meu feitio é tão oposto àquela atmosfera de violência, de opressão, de bajulação, que me enche de revolta. Não sei o que hei de arranjar para substituir aquilo, e a minha gana de sair de lá é tão grande, que não me promovem, não me fazem dar um passo à frente. Eu fiz parte do júri de um Wanderley,[60] alferes, e condenei-o".[61]

Lima refere-se aqui ao episódio, por nós conhecido, da Primavera de Sangue, e ao júri que condenou os militares pelo assassinato de estudantes que se manifestavam contra Hermes da Fonseca em 1910: "Fui posto no índex. [...] Enfim, a minha situação é absolutamente desesperada, mas não me mato. Quando estiver bem certo de que não encontrarei solução, embarco para Lisboa e vou morrer lá, de miséria, de fome, de qualquer modo. Desgraçado nascimento tive eu! Cheio de aptidões, de boas qualidades, de grandes e poderosos defeitos, vou morrer sem nada ter feito. Seria uma grande vida, se tivesse feito grandes obras; mas nem isso fiz".[62]

E justificava o vício: para não se aborrecer, para não ter que enfrentar o descompasso entre suas "aptidões" e "boas qualidades", assim como para poder lidar (ou esquecer) de seus "poderosos defeitos" e frustrações. Bebia chope, uísque, cachaça, para afastar o abismo que devia enxergar entre si e os amigos, os colegas de repartição, as mulheres, a família, os vizinhos. Depois do episódio da Primavera de Sangue, sentia-se ainda mais isolado dos demais profissionais da Secretaria da Guerra, que lhe censuraram abertamente a atitude, na qualidade de colega e funcionário público. E havia seu pai, de todo alienado, que se deixava ficar numa cadeira num mutismo absoluto, só quebrado pelos momentos em que delirava, via coisas, e passava a berrar e a uivar.

Por essas e por outras, Lima se sentia e parecia cada vez mais deslocado. A roupa sempre manchada, o sapato desgastado, e placas de suor que lhe marcavam a camisa e colavam o cabelo à cabeça. Sofria com o tédio da repartição, com sua vida literária que

BEBIDA, BOEMIA E DESÂNIMO: A PRIMEIRA INTERNAÇÃO | 271

não decolava, e com sua situação pessoal: poucos amigos, sem namoradas, e com uma família que ele precisava prover. A bebida, para Lima, transformava-se ao mesmo tempo numa espécie de evasão para a sua profissão, que o entediava, e daquele mundo que insistia em não dar certo.

O paciente da ala Pandemônio: "Andei porco, imundo"

Lima não escolhia mais lugar, dia da semana ou horário para beber. Acabaria internado pelo próprio irmão em 1914, sendo obrigado a afastar-se da repartição. Essa não foi, aliás, a primeira vez que se viu forçado a ausentar-se do trabalho por motivo de saúde, mas a terceira. Em 3 de novembro de 1910, por exemplo, a junta médica do Ministério da Guerra concedeu a ele licença por três meses, com o diagnóstico de "impaludismo"; ou seja, malária. Lima havia contraído a moléstia ainda menino, quando morava na ilha do Governador. Por lá, a doença, que ocasiona febres, suadouro, fraqueza e muito mal-estar, era quase endêmica.

Quanto ao segundo afastamento, datado de 20 de novembro de 1911, atestava "reumatismo poliarticular, hipercinese cardíaca", com a recomendação de que o "doente" ficasse noventa dias em recuperação.[63] Esses são sintomas comuns do uso continuado do álcool. Lima, apesar de no dia a dia negar o mal que o hábito lhe fazia, é mais direto em seu *Diário*: "De há muito sabia que não podia beber cachaça. Ela me abala, combale [sic], abate todo o organismo, desde os intestinos até à enervação. Já tenho sofrido muito com a teimosia de bebê-la. Preciso deixar inteiramente. [...] Tinha levado todo o mês a beber, sobretudo parati. Bebedeira sobre bebedeira, declarada ou não. Comendo pouco e dormindo sabe Deus como. Andei porco, imundo".[64]

Problema maior que esse, só mesmo o seu lar: "Ia para a cidade, quando me senti mal. Voltei para casa, muito a contragosto, pois o estado de meu pai, os seus incômodos, junto aos meus desregramentos, tornam-me a estada em casa impossível. Voltei, porque não tinha outro remédio".[65] As coisas definitivamente não iam bem. Mas ficariam pior quando em 1914 Lima deu entrada no Hospital Nacional de Alienados.[66]

Retrato em branco e preto, ficha antropométrica preenchida. É dessa forma que Lima Barreto se encontra registrado no Hospital Nacional de Alienados. A instituição remontava ao ano de 1841, com o nome de Hospício de Pedro II, quando José Clemente Pereira, provedor da Santa Casa da Misericórdia do Rio de Janeiro, iniciou campanha pública em favor da criação de uma instituição para alienados sediada na corte. Era preciso separar os loucos dos outros doentes, e ministrar-lhes tratamento diverso em função da natureza agora reconhecida da moléstia. O tratamento da alienação não permitia, porém, divisões: "indivíduos embriagados" recebiam cuidados semelhantes aos que eram oferecidos aos demais, sendo descritos como portadores de psicose tóxica.[67] Havia clara associação entre alcoolismo, estados de demência e moléstias mentais. Em textos publicados entre o fim do século XIX e as primeiras décadas do XX, nota-se uma diferenciação entre a loucura denominada "constitucional" e a loucura "alcoólica"; esta última seria desencadeada por uma intoxicação alcoólica, incluindo-se na categoria de "psicose tóxica". Embora não existisse consenso quanto ao fato de ser o alcoolismo causa ou consequência das moléstias mentais, não havia divergências na afirmação de que o abuso da bebida alcoólica era capaz de produzir sintomas praticamente iguais aos manifestados pelos alienados mentais.

Esse não era, também, um diagnóstico recente. Nos Códigos de Posturas Municipais do Império, os loucos e os embriagados foram entendidos como um perigo social. O relatório de Salubridade da Sociedade de Medicina do Rio de Janeiro de 1839 entendia a embriaguez como uma doença de caráter "especial". Contudo, ajuizava que, como não havia um hospício na corte, e poucos hospitais pertencentes a irmandades religiosas recebiam alienados, os médicos deveriam reunir os acometidos por esses males. Por isso mesmo, e a exemplo de outros pacientes, doentes internados em tais estabelecimentos ou no Hospital da Santa Casa da Misericórdia por causa do uso extremado da bebida eram acomodados em cubículos mal iluminados e pouco ventilados, muitas vezes compartilhando espaços com os demais alienados. Superada a crise, eram logo restituídos às famílias.[68]

Mas os casos de loucura e de alcoolismo aumentavam juntamente com o crescimento das cidades. E assim tomou forma a demanda para a criação de um estabelecimento especializado, o qual foi justificado em tal contexto em nome da boa "ordem das ruas". Pautados nos modelos de Pinel, Esquirol, Frank, Dubois, entre outros, os médicos brasileiros agora preconizavam o isolamento da loucura e sua reclusão. Foi então aprovado no ano de 1842 um novo projeto, e selecionou-se o local para a construção do edifício. No dia 5 de dezembro de 1852, inaugurou-se o imponente prédio de arquitetura neoclássica, situado num lugar famoso por sua beleza natural. De lá se observava um espetáculo pungente: a baía de Botafogo, a serra dos Órgãos, as montanhas de Niterói, o Pão de Açúcar e a Urca. Lima, décadas mais tarde, e de outra perspectiva, descreveria a vista que ele tinha do interior do hospital em seu *Diário do hospício*: "Olho a baía de Botafogo, cheio de tristeza [...] Tudo é triste".[69]

Estranho paradoxo opunha a paisagem de fora à paisagem humana de dentro: internos anônimos, vagando maltrapilhos e unidos apenas por uma etiqueta comum, a loucura. Anos depois, a arquitetura do hospital seria questionada, uma vez que, segundo as novas concepções, devia-se abrir mão de construções tão grandiosas, ainda mais no caso de instituições de saúde. Arquitetos então renomados, como Domingos Monteiro, José Maria Jacinto Rebelo e Joaquim Cândido Guilhobel, foram chamados para ajudar na elaboração do projeto, atestando a relevância deste nos planos do Império, cuja política científica se voltava para a aplicação das recentes ciências e tecnologias. Originalmente, o hospital era de todo devassado, expondo o cotidiano dos pacientes, até porque consistia em ponto de visitação dominical. De 1855 em diante, porém, um gradil passou a separar os loucos do restante da sociedade. Não por acaso Lima, em seu *Diário*, descreveria o hospício como "frio, severo, solene...".[70]

N.

Nome *Affonso Henriques de Lima Barreto* Côr *branco* Idade *33* annos. Estado *solteiro*

Nacionalidade *brazileira* Profissão *empreg. publico* Entrada em *18* de *Agosto* de *1914*

Diagnostico *Alcoolismo.*

DADOS ANTHROPOMETRICOS

Altura		Arco bi-zygomatico.		Diametro ant. post.	
Busto		» bi-auricular.		» transverso.	
Grande abertura.		» bi-mastodeu.		» bi-mastodeu. . . .	
» circumferencia. . . .		» n. h.		» bi-auricular. . . .	
Arco anterior		» n.		» bi-zygomatico. .	
» posterior		» n. b.		Indice cephalico.	
» lateral direito		» n. t.		Força direita	
» » esquerdo . . .		» b.		esquerda	

Peso por occasião da entrada _____ Peso por occasião da sahida _____

OBSERVAÇÕES

Inspecção geral *O nosso observado é um individuo de boa estatura, de compleição forte, apresentando estygmas de degeneração physica. Dentes maus; lingua com accentuados tremores, que bellem assim como nas extremidades digitaes.*

Ficha do Arquivo do Hospício de Alienados do ano de 1914, acompanhada dos seguintes dados: Nome: Affonso Henriques de Lima Barreto; Idade: 33; Cor: branco; Estado civil: solteiro; Nacionalidade: brasileira; Profissão: empregado público; Entrada: 18/08/14; Diagnóstico: alcoolismo; Tratamento: purgativo, ópio.

Temas como a loucura andavam em voga, e não eram poucos os teóricos que defendiam teses sobre a maior incidência de casos num país mestiçado. Com a chegada dos primeiros pacientes ao Hospício de Pedro II, transferidos sobretudo da Santa Casa da Misericórdia, o cotidiano passou a estruturar-se. A organização da construção separava, antes de mais nada, os homens (que ficavam na ala esquerda) das mulheres (na direita). Além disso, dividiam-se os alienados a partir de sua origem social entre aqueles admitidos gratuitamente (indigentes, escravos e marinheiros) e pensionistas (discriminados como "primeira classe", que recebia tratamento especial, e "segunda classe", com direito a quarto para dois internos). Os alienados eram ainda diferenciados pelo comportamento: tranquilos, agitados, imundos, afetados por moléstias acidentais ou crônicas. Bastante simples, a classificação combinava critérios que atentavam para a condição social, higiene, incidência de outras moléstias, manifestação da loucura e grau de periculosidade. Lima, anos depois, ficaria na "segunda classe", entre os afetados por moléstias acidentais e calmos.

A capacidade de "cura" dos pacientes era, entretanto, limitada, uma vez que faltavam médicos, enfermeiros e remédios. Ademais, não existia distinção clara entre controle e tratamento. Por exemplo, de maneira indiscriminada ministravam-se banhos como tratamento e para o controle de pacientes "nervosos". De forma também alargada empregavam-se substâncias farmacológicas (como o ópio), sangrias e purgativos. E ainda, como a loucura era considerada "doença moral", o trabalho cumpria função primordial. As mulheres costuravam, lavavam e engomavam roupas, enquanto os homens se dedicavam à limpeza, atuando como serventes nos jardins, refeitórios e enfermarias, espaços em que arrumavam camas, varriam e lustravam os assoalhos.

Com a chegada da República, procedeu-se a uma acelerada alteração de nomes, títulos e emblemas. O "Pedro II" não ficou atrás: logo em janeiro de 1890 foi rebatizado de Hospício Nacional de Alienados e, em 1911, de Hospital Nacional de Alienados. Além disso, tornaram-se ainda mais fortes modelos como o da "teoria da degenerescência", elaborada por Morel e difundida por Magnan, e o conceito do "organicismo", que estabelecia a predominância dos elementos biológicos sobre os sociais. Pressupostos como esses levaram a uma mudança de enfoque com relação à loucura e à importância das determinações hereditárias. Às novas conclusões correspondiam terapêuticas originais, uma medicalização crescente e um aprimoramento desse gênero de instituição.

Não obstante, sobravam críticas ao hospital que desabonavam desde o caráter inapropriado de sua arquitetura até a falta de médicos e a superlotação. Foi justamente para atender a essa demanda represada que, em 1890, criou-se a Assistência Médico-Legal de Alienados, a qual administraria o Hospício Nacional de Alienados e as Colônias de Alienados da Ilha do Governador. O hospício passou, então, a contar com uma logística independente da Santa Casa da Misericórdia. Crescia, igualmente, a autoridade do médico, que exercia uma espécie de tutela sobre seus pacientes, desbancando o poder familiar.

E foi esse tipo de estabelecimento que recebeu Lima Barreto em agosto de 1914. Ele, naquela altura conhecido do público leitor da capital federal, foi tomado como um paciente a mais, "um alienado passageiro", sujeito ao delírio transitório do álcool. O amanuense começava a anotar, também, alucinações no seu *Diário*. Via monstros pelas paredes e, quando isso ocorria, ficava agressivo, imprevisível: quebrava móveis e investia sobre aqueles que queriam ajudá-lo. Foi esse o argumento da família justificando a internação, a qual, mesmo assim, pegou o "paciente" de surpresa. Se a imagem de boêmio lhe "caía bem" e compunha a representação de um escritor avesso a convenções e bom-mocismos, o descontrole ia na contramão do seu intuito consciente ou não: o de projetar-se como uma "persona literária", um testemunho crítico dessa República das Letras.

O medo maior de Lima devia ser imaginar que sua história repetia o que os prognósticos deterministas apontavam: não se escapava da origem e dos estigmas hereditários. Era esse o receio dele diante da loucura do pai, e foi provavelmente esse o temor que sentiu ao acordar no hospital, já sóbrio e mais atento à sua situação. A explicação era a de sempre: tudo o entediava. A casa, a repartição com "ambiência militar", a vida pessoal sem graça, o pai que delirava com "a ironia dos loucos de Shakespeare" e a secretaria onde se sentia "deslocado e em contradição".

Certo dia, depois de uma semana dedicada à bebedeira, o romancista achou melhor ficar em casa descansando. Foi quando teve a primeira alucinação, descrita por seu irmão Carlindo. Lima pedia a ele que enxotasse um gato enorme que insistia em ficar embaixo da mesa, quando não havia bicho algum na casa. Em outra ocasião, era uma turma de vagabundos que ameaçava invadir sua intimidade. Aquietou-se novamente para dizer em seguida que agora eles faziam serenatas, e que Carlindo podia deixar que entrassem.

Daquela vez, a família chamara o dr. Braule Pinto, médico de João Henriques, que diagnosticou "alucinações alcoólicas. Coisa passageira". Mesmo assim, aconselhou os irmãos a providenciarem a remoção do amanuense para outro local. Era sua opinião que as inquietações do filho poderiam provocar piora no estado do pai, já muito comprometido. Além disso, em seu delírio, o romancista atirava objetos contra paredes imaginárias ou na direção dos seresteiros que dizia ouvir. Lima foi enviado, então, para a residência do tio, Bernardino Pereira de Carvalho, em Guaratiba, mas a medida não surtiu o efeito esperado. Os fantasmas viajaram com ele para o interior, e o escritor dizia ter se deparado com policiais na porta da casa. Gritava, ainda, que o tenente Serra Pulquério estava ali para prendê-lo por causa de sua fé no anarquismo e de seu ataque a Hermes da Fonseca.

Era de novo o trauma do julgamento dos militares e o medo de ser "descoberto" por conta de sua simpatia pelas teorias do anarquismo. Para evitar a prisão imaginária em que se autoencarcerara, o escritor quebrou a casa do tio.[71] Resultado: Carlindo, que fazia parte dos quadros da polícia, o internou no hospício. Lima jamais perdoaria o irmão, nem esqueceria da viagem que fez de Guaratiba até a praia Vermelha, misturado a delinquentes. O conto "Como o 'homem' chegou",[72] incluído pelo autor na primeira edição de *Triste fim*, de 1915, é claramente inspirado no episódio. Escreve ele: "A polícia da República, como toda a gente sabe, é paternal e compassiva no tratamento das pessoas humildes que dela necessitam. [...] Naquela manhã, tinha a delegacia um movimento desusado [...]. A circunscrição era pacata e ordeira. Pobre, não havia furtos; sem comércio, não havia gatunos; sem indústria, não havia vagabundos...".

Lima passa a descrever, então, sua "masmorra ambulante" que sacolejava sem parar: "mas, no tal carro feroz, é tudo ferro [...]. É blindada e quem vai nela levado aos trancos e barrancos de seu respeitável peso e do calçamento das vias públicas, tem a impressão de que se lhe quer poupar a morte por um bombardeio de grossa artilharia [...]. Essa prisão [...] blindada, chapeada, couraçada, foi posta em movimento; e saiu, abalando o calçamento, a chocalhar ferragens, a trovejar pelas ruas afora".[73]

Na crônica escrita algum tempo depois do trauma que resultou da primeira internação, Lima, irônico, desanca as práticas da polícia, que, "sem ter o que fazer", prende inocentes. Os paralelos autobiográficos são evidentes: Fernando, o personagem central, morava com o pai nos arredores da cidade, era acusado de bebedeira renitente ao lado de amigos vagabundos, e passava o tempo vendo estrelas. Se Lima não contava estrelas, tinha hábitos boêmios, faltava ao trabalho e queria mesmo era viver da sua literatura, o que para muitos não passava de sinal de ócio e preguiça. No mesmo dia em que publicou o conto, escreveu em seu *Diário* que a vida na secretaria era seu pesadelo. Há um salto temporal, exatamente no contexto da internação, e no dia 13 de julho o escritor volta ao seu ofício: "Noto que estou mudando de gênio. Hoje tive um pavor burro. Estarei indo para a loucura?". Novo salto e uma anotação sem data: "Estive no hospício de 18-8-14 a 13-10-1914".[74]

"Angústia" e "pesadelo" são termos que definem bem a sensação de Lima. Afinal, em sua biblioteca pessoal havia uma série de livros acerca das teorias da degeneração, segundo as quais indivíduos miscigenados carregariam "vícios" das duas raças que os formavam. Estabelecia-se assim uma correlação clara entre origem e doença mental, e, se a loucura não tinha uma única raça, "negros e mestiços" estavam mais predispostos a ela. Henrique Roxo, médico do manicômio onde Lima foi internado, em pronunciamento no II Congresso Médico Latino-Americano (1904), asseverava que "negros e pardos" deveriam ser considerados como "tipos" que não evoluíram; retardatários entre nós. De acordo com ele, se todos carregam uma "tara hereditária", a desses grupos era "pesadíssima". Não deixava de incluir argumentos sociais para explicar o aumento no número de casos, culpando a abolição "repentina" e o crescimento das cidades. Por conta disso é que tais indivíduos teriam maior propensão para a vadiagem, o alcoolismo e demais distúrbios mentais.

Conforme sabemos, Lima conhecia a loucura de muito perto, pelo menos desde 1902, quando seu pai foi considerado "neurastênico" e nunca mais voltou à razão. Já no hospício o escritor conviveria com pacientes semelhantes a João Henriques ou àqueles que conheceu na ilha do Governador. Ao lado da sua ficha de internação, são muitas as que contêm nomes e rostos preservados pelas fotos em preto e branco — hoje meros desconhecidos —, cada interno carregando seus dramas pessoais, descritos nos pequenos relatos que mencionam brigas, manias políticas, agressividade, criminalidade, fanatismo religioso, alcoolismo, ciúme e uma vasta gama de experiências, todas classificadas com o mesmo rótulo forte e generalizante. A loucura parece ser o contrário da ordem e da normalidade, uma corruptela para designar exagero, agitação, periculosidade, ou, como mostra Castel, "um excesso que é falta".[75]

O conjunto das fichas traz um universo de certa maneira recorrente: os internos, em sua maioria, são descritos como "brasileiros"; entre os poucos estrangeiros, mais portugueses e espanhóis. Divididos por cor — "brancos, pardos ou negros" —, também tinham a profissão anotada. As mulheres foram em sua totalidade definidas como "domésticas", enquanto os homens, em sua maior parte, genericamente como "trabalhadores", ou, quando não é esse o caso, como comerciantes e ainda estivadores, mecânicos, tipógrafos, pedreiros, alfaiates, serralheiros, carregadores, um chofer e dois empregados públicos; entre eles Lima Barreto.

Nas fichas de observação, a partir de pequenos detalhes percebe-se o diálogo difícil e hierarquizado que se entabula entre doente e médico. De um lado, o paciente buscava chamar para si alguma singularidade. De outro, muitas vezes era obrigado a deixar-se classificar com base numa situação alheia à sua vontade mas que por lá unia a todos. Se o diagnóstico apresentava variações — alcoolismo, epilepsia, psicose periódica, paralisia geral, delírio episódico, demência senil, debilidade mental, esclerose cerebral, sífilis cerebral ou simplesmente psicose dos degenerados, isso quando os termos não vinham seguidos por um ponto de interrogação —, o tratamento era bastante usual, resumindo-se à prescrição de purgativo, ópio e tônicos calmantes.

Lima, em seu *Diário do hospício*, anotaria a "humilhação" que sentiu logo na chegada ao estabelecimento, quando se viu transformado num "mulato".[76] Pouco adiantou, nessa hora, seu conhecimento crítico do darwinismo racial. Sobraram o desânimo e certo fatalismo, presentes nas anotações do *Diário* ainda no ano de 1904: "A capacidade mental dos negros é discutida *a priori* e a dos brancos, *a posteriori*. A ciência é um preconceito grego; é ideologia".[77]

Interno no ano de 1914: loucura por todos os lados

Aquele que entrar na biblioteca do Instituto de Psiquiatria da Universidade Federal do Rio de Janeiro, localizada nos fundos do campus da praia Vermelha, ao lado do edifício onde funciona o Instituto Psiquiátrico Philippe Pinel, e pedir o Livro de Observações do ano de 1914 se deparará com um documento encadernado, repleto de questionários com conteúdo-padrão, respondidos ou em parte vazios, e de fotos em branco e preto seguidas de curtas descrições.

O documento gera impacto, tal a intimidade nele revelada sobre certos personagens cujos nomes e feições parecem ter se perdido na pátina do tempo. Um deles, lá internado no dia 18 de agosto, com certeza se destaca em meio à massa de desconhecidos: o escritor Afonso Henriques de Lima Barreto, então com 33 anos. Ele aparece trajando o uniforme de detento que estampa um carimbo com o nome de sua seção: Pandemônio. Não há como saber a razão oficial da escolha do designativo. "Pandemônio" tem origem no inglês *pandemonium*, por meio do radical grego *pân*, "todo", acrescido de *daímon*, "demônio", também do grego. Tal neologismo foi criado pelo poeta inglês John Milton (1608-74), no seu *Paradise Lost*, para designar o palácio de Satã. É ainda a denominação da capital imaginária do Inferno, significando "tumulto", "balbúrdia", "confusão". O nome da seção era tão forte que deve ter motivado o autor a começar a escrever, ali mesmo, um livro intitulado *O cemitério dos vivos*, totalmente embasado em sua internação.

Na foto incluída em sua ficha, Lima apresenta o rosto um pouco inchado, olheiras, e no olhar a resignação de quem perdeu temporariamente o controle dos próprios atos. Sabemos que não era um paciente qualquer. Fora contratado em 1914 para escrever uma crônica diária no *Correio da Noite* e desde 1911 colaborava na *Gazeta da Tarde*, onde publicara o conto em forma de sátira política "Numa e a ninfa" e seus dois fascículos das *Aventuras do dr. Bogóloff*.

Além disso, e como veremos, na ocasião da internação, Lima já havia publicado, na forma de folhetim, seu romance satírico de maior fôlego, e no qual depositava grande esperança de sucesso: *Triste fim de Policarpo Quaresma*. Lançado entre agosto e outubro de 1911 na edição vespertina do *Jornal do Commercio*, *Triste fim* retornava aos tempos de Floriano e ressuscitava os dias vividos na ilha do Governador, quando o pai de Lima, atuando na administração das Colônias de Alienados, viu sua propriedade ser invadida por militares insurretos nos idos de 1893; contexto em que se inicia a Revolta da Armada. O movimento parece assumir papel quase simbólico na existência do romancista, uma vez que significa a sua entrada no mundo adulto e o surgimento dos receios com relação a João Henriques. Não é possível imaginar que o jovem teria a capacidade de prever a doença futura do pai, e menos ainda as suas próprias "fraquezas" — para ficarmos com os termos dele. O certo é que, por meio da denúncia de uma situação pública, o romance vai anunciando as falácias presentes na vida privada do escritor.

Ademais, se até então Lima jamais havia sido internado, seus problemas começariam a ficar mais reincidentes. A internação chegou em péssima hora; quando o escritor procurava transformar "Policarpo Quaresma" em livro. Também não conseguiu deixar na ficha do hospício a classificação que mais lhe agradava e que, em seu entender, o definia: escritor. Era um "funcionário público", e só. A tensão é nítida. Enquanto o notário parece preencher burocraticamente as fichas, pode-se perceber o esforço dos internos em especificar a profissão e assim ganhar um lugar diferenciado naquela instituição cuja tendência era jogar a todos na mesma grande vala comum da loucura. Lima queria ser classificado como escritor, contudo ficou registrado apenas (mas pelo menos) como funcionário público. A profissão que tantas vezes ironizou, naquele momento se tornou o instrumento certo para defender sua exceção.

Também causa estranheza a indicação da "cor branca". De um lado, ela contraria o que a imagem evidencia: a pele azeitonada e o cabelo pixaim. De outro, nega aquilo que o autor tanto defendia: ele se definia como um "escritor de origem africana", que fazia uma literatura muito voltada para os costumes e sofrimentos dessas populações. Aí está mais uma prova da maneira perversamente brasileira de negociar com a cor. É difícil especificar o responsável pela atribuição: o funcionário zeloso em "branquear" alguém que, como ele, trabalhava para o Estado, ou o próprio escritor que, quiçá, achou por bem associar, naquela circunstância, sua profissão à cor social branca? Quem sabe tenha sido mesmo o notário, que pensou haver praticado um ato de bondade, uma vez que eram vários os casos de pacientes classificados como brancos desditos pelas fotos. Quem sabe tenha sido Lima que, no afã de sair dali, recorreu ao subterfúgio da cor, até porque internos brancos tinham mais chances de ver diminuídas suas penas.

Não há como saber. No entanto, vale a pena recorrer à detalhada "inspeção geral", constante do livro de "observações clínicas".[78] Nela, estabelece-se novo diálogo tenso entre Lima e o funcionário. Na primeira parte do laudo, o diagnóstico é claro e não permite prever nenhum debate: "O nosso observado é um indivíduo de boa estatura, de compleição forte, apresentando estigmas de degeneração física. Dentes maus; língua com acentuados tremores fibrilares, assim como nas extremidades digitais". De imediato, chamam atenção duas palavras fortes no vocabulário da época: "estigmas de degeneração". "Estigma" vem da terminologia da antropologia criminal de Lombroso, termo muito aplicado pelos médicos locais que, à semelhança da Escola Tropicalista Baiana, estudavam as associações entre as raças mestiças, a criminalidade e a loucura. "Estigma" supõe a existência de traços rígidos, fixos e essenciais, vinculados às raças, entendidas como fenômenos naturais e finais. Supõe, ainda, a ação da hereditariedade como fator determinante no comportamento das populações. Mais "degradada" era, não obstante, a situação das "raças mistas", sujeitas a todo tipo de "degeneração". Portanto, se Lima podia ser branco na cor social, parecia "não tão branco" no diagnóstico.

O procedimento seguia a orientação do hospital e do professor Henrique Roxo, que em 1901 defendeu a tese *Duração dos atos psíquicos elementares nos alienados*. Roxo substituiu seu orientador, Teixeira Brandão, na direção do Pavilhão de Observação do Hospital Nacional de Alienados e criou nova técnica para exame de "suspeitos de alienação". Segundo o médico, se o questionário-padrão deveria ser fixo, já o diálogo que se estabelecia com o paciente precisava responder à especificidade de cada caso clínico. Ou seja, o funcionário era premido a anotar os dados físicos do enfermo — estatura, idade, cor, estado civil —, caracterizar sua fisionomia e passar na sequência ao "estado geral": calmo, agitado, triste, alegre, concentrado, disperso. Só depois disso é que se dava início ao "diálogo".

Conforme o manual local, considerava-se essa primeira fase fundamental para definir "traços degenerativos e/ou marcas deixadas pelas alucinações".[79] A etapa seguinte, porém, era "mais objetiva" e visava elucidar os dados antropométricos do paciente: crânio, face, orelhas, nariz, olhos, cavidade bucal. Objeto de grande atenção eram também os órgãos genitais, o fígado, o coração, o estômago e os intestinos. Por fim, vinha uma etapa tida como "mais subjetiva", uma vez que tinha o propósito de preencher os dados anamnéticos, as condições de vida do ou da paciente. No caso, Roxo recomendava que o funcionário ganhasse a confiança deles, deixando-os falar mais livremente.[80] Em suma, o objetivo era anotar a fisionomia dos doentes — considerada a "janela do caráter" —, o temperamento, a medida do crânio e as maneiras de expressão (mutismo ou fala abundante). Anotavam-se ainda as tendências intelectuais e emotivas dos internos, julgando-se o "excesso" sinal de loucura. Excesso religioso era logo interpretado como fanatismo; e condenavam-se prontamente pendores elevados pela política, e em especial pelo anarquismo.

Chamados de "loucos morais", os anarquistas eram classificados como doentes mentais. O professor Álvaro Fernandes, da Faculdade de Medicina do Rio de Janeiro, mostrava, em 1898, que o anarquista era o tipo de louco moral por excelência, "nascendo da luta social, da desarmonia entre o capital e o trabalho".[81] Franco da Rocha, diretor do Juqueri, havia defendido em 1904 tese semelhante, estabelecendo correlações entre "loucura moral e radicalismo revolucionário". Pode-se imaginar o temor de Lima; daí a insistência em nada declarar sobre suas simpatias políticas. Esse é, portanto, quase um diálogo de surdos, em que o paciente busca omitir dados de sua vida, e o atendente procura criar um ambiente amistoso para incitá-lo "a falar".

Os "inquéritos de entrada" continuavam com os exames de "sensibilidade e motilidade", que no caso de Lima se mostraram na "íntegra". Já o exame de "reflexos" deixou a desejar, "com as pupilas" não se sensibilizando "à luz, reagindo lentamente à acomodação". Devia ser um dos efeitos da embriaguez recente. No *Diário* do ano de 1908, o escritor já mencionava sua "mania do suicídio" e como a bebida se tornara constante na vida dele.[82] O mesmo Lima claramente deprimido aparece, como vimos, no *Diário* no dia 20 de abril de 1914: "O maior desalento me invade. Tenho sinistros pensamentos. Ponho-me a beber, paro".[83]

Alcoolismo era considerado — juntamente com tuberculose e sífilis — um dos fatores mais frequentes de "degeneração", com graves consequências. Conforme alardeava o livro do dr. Cláudio de Sousa, de 1906: "Entre os demais fatores da nossa degeneração três ocupam o primeiro lugar e disputam entre si a sorte da nossa raça: a tuberculose, o alcoolismo e a sífilis!". Nitidamente elevado em seu tom, o livro conclamava a "repressão moral e legal do vício", sendo a reclusão em hospício indicada para prevenir que o ébrio do presente se transformasse no louco do futuro. O problema encontrava-se, pois, no presente e no futuro, uma vez que, como asseverava o médico, "desta geração deve vir uma outra, com estigmas de embriaguez hereditária, acesso maníaco, paralisia geral".[84] O professor de direito Hermeto Lima, em livro de 1914, corrobora as opiniões acima, espalhando o mesmo tipo de "alerta" contra a epidemia da bebida. Escreve ele: "o Rio de Janeiro, mais talvez do que outro qualquer centro populoso, contribui com o álcool como fator do crime e como elemento para encher as prisões das delegacias e os asilos de loucos".[85] De forma exaltada, o autor discrimina todos os perigos envolvidos na "doença da bebida", assim como inclui imagens acerca das ameaças que a sociedade sofria.

Não contente em apresentar esse "sinistro panorama" — exemplificado com dados internacionais —, Hermeto Lima ainda introduz "o número exato de casas que vendem bebidas alcoólicas em toda a cidade, chegando à seguinte cifra: 1961 vendas; 1177 botequins; 441 casas de pasto; total: 3579 estabelecimentos". O analista também alega ter visitado vários estabelecimentos dessa natureza — em Laranjeiras, Gamboa, São Cristóvão, Caju, Engenho Novo e Cascadura — e ter inquirido sobre a quantidade de parati vendida diariamente. Seu veredito: "Nos pontos mais centrais, como a rua Visconde do Rio Branco, Saúde e Campo de Santana, obtivemos uma média de quarenta a cinquenta litros [...]. Nos bairros mais afastados, como Águas Férreas, Pedregulho e Cascadura, uma média de dez a quinze litros. Consequentemente, umas por outras casas, regulam vender vinte litros por dia. Vinte litros por dia, espalhados pelos 3579 negócios que vendem parati, dão o resultado de 71580 litros".[86]

Com tais dados em mente, é possível entender não só por que os casos de alcoolismo, como o de Lima, iam se revelando numerosos para as autoridades, mas também por que os que padeciam desse "mal" ficavam menos tempo recolhidos no hospital. Além do mais, faltavam leitos na rede pública. No Relatório sobre o Hospício Nacional de Alienados, de 1904, apresentado pelo dr. Juliano Moreira ao ministro do Interior, o número de internos retidos por causa da bebida parecia alarmante: "Em 1806 infelizes, observados no Hospício e colônias, 431 (328 homens e 103 mulheres), foram de psicose tóxica — 'alcoolismo' — o que dá a proporção de 28,8 por cento, para os homens, e 15,3 por cento, para as mulheres, sendo que a proporção geral, relativamente ao número total, sem distinção de sexo, é de 23,9 por cento". Segundo o jornal *A Noite* de 14 de junho de 1913, os números eram ainda mais altos, com os casos de alcoolismo recolhidos ao Hospital Nacional chegando a 60% do total da ocupação.

Diante dessas evidências, o dr. Cunha Cruz (que atuava ainda como legista na polícia da capital) concluía que "o perigo social é imenso, pois ele não provém somente da inflexível lei da herança, mas também do sugestivo exemplo de uma conduta irregular que o progenitor alcoolista oferece aos filhos e que, é quase certo, por eles será imitada".[87] O suposto da hereditariedade era, assim, incontornável na análise dos especialistas da época. Se os indivíduos acometidos pelo vício permaneciam menos tempo reclusos, a "certeza" do retorno, sob a forma da loucura, era igualmente alarmante.

Seguindo esse tipo de orientação, na primeira internação Lima ficou apenas dois meses no hospital; dois meses que lhe custaram, porém, muito. Basta analisar o diálogo que se estabelece entre o amanuense da Secretaria da Guerra e o escrevente M. Pinheiro. Este último relata: "Todos os aparelhos (digestivo, circulatório, respiratório) parecem normais"; "o único que apresenta anomalia digna de nota é o geniturinário que apresenta uma blenorragia", então conhecida como "esquentamento", "purgação" ou "gonorreia". A constatação da doença venérea representava outro sintoma de "degenerescência", pois configurava "excesso", "falta de regramento" e "perversão" diante de um modelo de "normalidade" cujos limites previam práticas sexuais circunscritas, prazer moderado e rechaço moral à prostituição.

Numa entrevista feita em 22 de agosto de 1914, indagou-se sobre os dados "comemorativos de família". Lima informa, cordato, que "sua mãe morreu tuberculosa; o pai vivo, goza saúde e é robusto. Tem três irmãos fortes". Menciona ainda que o "pai sofre neurastenia", utilizando o termo científico de época. A síndrome gerava a incapacidade de esforço físico e uma grave perturbação de humor. Irritação, cefaleia, distúrbios do sono e dificuldade de adaptação social levavam à ocorrência de fobias e desconfiança generalizada.[88] Lima, por sua vez, conhecia bem os conceitos em vigor, pois acompanhava o pai quando este ia ao médico; presenciou o processo de aposentadoria de João Henriques, e temia pela sua própria loucura. Aliás, também a tuberculose era no momento entendida como "estigma de raças degeneradas"; uma marca pesada num exame de observação como aquele.

Falta introduzir "os comemorativos pessoais e de moléstia", a parte do exame que retomava dados da família e discriminava moléstias do paciente: "Nada informa aos antecedentes de hereditariedade [...] Acusa insônias, com alucinações visuais e auditivas. Estado geral bom. Boa memória. Já teve sarampo e catapora, blenorragia, que ainda sofre e cancros venéreos". Pode-se imaginar a quantidade e a qualidade das situações vexatórias que o escritor teve que enfrentar apenas para lidar com essa seção do questionário. Insônias e alucinações eram sem dúvida efeitos passageiros do álcool, e Lima parecia não querer associá-las a nenhuma herança biológica vinda do pai ou mesmo da mãe, ou de sua suposta "origem racial". O romancista acabou confirmando, por fim, que sofria de outras lesões venéreas. Eram as visitas às "casas de cômodos" que deveriam explicar o "seu mal", o seu "vício".

No laudo, Lima ainda se confessa "alcoolista imoderado, não fazendo questão de qualidade". O cronista deve ter, porém, se destacado da média dos pacientes, com o escrevente indicando que ele estava "bem orientado no tempo e meio". E acrescentou: "memória íntegra; conhece e cita com bastante desembaraço fatos das histórias antiga, média, moderna e contemporânea, respondendo as perguntas que lhe são feitas, prontamente. Tem noções de álgebra, geometria, geografia". É quase possível conceber o espanto do funcionário do hospital diante da erudição de Lima, acostumado a citar fatos do passado em seus escritos. Impressionado, no relatório ele continua mencionando os autores prediletos do paciente: "Bossuet, Chateaubriand 'católico elegante' [sic], Balzac, Taine, Daudet".

Nessa altura, o autor parecia estar mais no controle da situação. O funcionário escreve, ainda, que Lima "conhece um pouco de francês e inglês", e que faz "comentários mais ou menos acertados" sobre os escritores que cita. E conclui: "em suma, é um indivíduo que tem algum conhecimento e inteligente para o meio em que vive". No elogio vem de carona o preconceito, que dá valor ao conhecimento do interno mas lhe concede apenas certa margem de superioridade; isso quando comparado a "seus iguais". A partir daí surge um Lima por vezes delirante, e que mistura problemas de trabalho com receios diante de sua "fé anarquista". Quando perguntado sobre o motivo de sua internação, alega que "prepararam-lhe uma assombração, com aparecimentos de fantasmas, que aliás lhe causam muito pavor". Passou a narrar um incidente parecido com aquele descrito pelo irmão: contou ao escrevente que o tenente Serra Pulquério, "seu amigo de pândegas", o teria acusado de fazer panfletos contra seu trabalho. Afirmando sempre que discordava da sua internação, o amanuense alegou que fora conduzido à polícia, "tendo antes cometido desatinos em casa, quebrando vidraças, virando cadeiras e mesas". Por isso, ele "protesta contra o seu 'sequestro' [...] uma vez que nada fez que o justifique".

Perseguido por seus delírios, Lima reclama da animosidade que sentia por parte dos companheiros de trabalho no Ministério da Guerra, os quais, segundo ele, o ameaçavam de represálias porque defendia doutrinas anarquistas. Dando por encerrado o depoimento, o escrevente conclui que o interno "apresenta-se relativamente calmo, exaltando-se quando narra os motivos que justificaram a sua internação". Por fim anota, e erra no título do livro: "Tem duas obras publicadas: *Triste fim de Policarpo Quaresma* e *Memórias* [sic] *do escrivão Isaías Caminha*".

Como se pode notar, o paciente Lima Barreto oscilava entre momentos mais ou menos exaltados; mais conscientes ou até delirantes. As suas simpatias pelo anarquismo deviam causar-lhe, naquela situação particular, tal incômodo, que apareciam nos momentos de menor controle. Por isso, apesar de afirmar "não ser grande escritor, nem ótimo pensador", deve ter terminado o relato valendo-se de seu lugar na literatura, garantido pelas duas obras publicadas. A conclusão sobre a "moléstia" e seu "tratamento" é clara: alcoolismo cura-se com purgativo e ópio, medicamentos ministrados quase indiscriminadamente para outros diagnósticos.

Mas as teorias começavam a mudar. Juliano Moreira foi diretor do Hospital de 1903 a 1930, assim como da Assistência Médico-Legal de Alienados.[89] Baiano, proveniente de uma família pobre e afrodescendente, ele concluiu a Faculdade de Medicina de seu estado e dedicou-se a "doenças nervosas e mentais". Fez longo estágio, entre 1895 e 1902, em asilos da França, Itália e Alemanha. Quando voltou, e já no ano seguinte, passou a dirigir o Hospício Nacional de Alienados. Condenava a atribuição da degeneração à mestiçagem, tendo se oposto às teses do mestre Nina Rodrigues, dominantes naquele contexto. Jamais pôs em questão a "teoria da degenerescência"; discutiu seus fatores causais. Julgava que o combate ao alcoolismo, à sífilis, às verminoses, às péssimas condições sanitárias e educacionais é que deveria ser atacado, e não "os ridículos preconceitos de cores ou castas".[90] Conhecido como o introdutor da psiquiatria no Brasil, Juliano Moreira reivindicou tratamentos especiais e em locais separados para alcoólatras, epiléticos, portadores de doenças contagiosas, crianças e tuberculosos. Aliás, ele próprio sofrera de tuberculose quando jovem, e era "negro" como Lima. Sem nomear ou fazer uso direto de sua "origem", ou mesmo dos assim chamados "estigmas de hereditariedade", transformou-os não em travas ou obstáculos, mas em vantagens para lidar de maneira mais diferenciada e plural com a "loucura" e a "insanidade".

E a instituição em que Lima se encontrava já seguia essa conduta; lá existiam, naquela altura, as seções Pinel e Calmeil, para homens, e Morel e Esquirol, para mulheres. Havia outras, reservadas a epiléticos, leprosos, tuberculosos, pacientes com doenças infecciosas intercorrentes, ficando as crianças separadas. Ainda assim, Juliano Moreira cercou-se de profissionais com especialidades diferentes, como Gustavo Riedel, Antônio Austregésilo e Henrique Roxo, já citado e que defendia a apartação de "mestiços degenerados". O importante é que o diretor foi mudando, aos poucos, a orientação do hospital. Talvez por isso Lima, em seu *Diário do hospício*, revele ter gostado do médico, ao contrário do que ocorrera com Henrique Roxo, com quem diz não ter simpatizado. Achou-o "muito livresco e pouco interessado em descobrir, em levantar um pouco o véu do mistério...".[91]

No gabinete de fotografia do hospício: um anônimo entre anônimos

Para além das páginas do inquérito, restariam a foto de Lima e as de tantos outros internos, que permanecem, entretanto, desconhecidos até hoje. Prática logo associada à identificação e ao registro policial — de criminosos e doentes —, a fotografia, ao mesmo tempo que ganhava estatuto artístico, assumia novo lugar como registro — das gentes, da paisagem, do cotidiano e da contravenção. Se não restam muitas fotos do escritor, daquela vez, no manicômio, a expressão revela certa humilhação de quem se vê flagrado em situação vexatória. As oscilações presentes em seu *Diário*, as tentativas de sair do círculo vicioso da bebida e de se afastar de seus "estigmas hereditários", parecem "desmascaradas" pela câmera, que pretende mostrar uma imagem científica, avalizada pelos dados que acompanham a anamnese.

Se qualquer fotografia busca fixar o tempo e dá vazão a uma operação que carrega muita artificialidade e jogo de cena, nesse caso o resultado foi ainda mais perverso. Todos aqueles que são vistos nas fichas do hospício parecem unidos pelo aviltamento do uniforme, pelo incômodo da câmera, isso sem esquecer que muitos lá estavam em condições de saúde instáveis e de pouco controle. E o próprio Lima, em seu *Diário do hospício*, queixou-se do tratamento que recebeu: a exposição pública, as cenas de nudez, duchas coletivas, quartos superlotados e fétidos. E ele tinha razão; em matéria para o jornal *A Noite* de 25 de março de 1912, Rocha Pombo Filho denuncia as más condições do hospício: doentes não conseguiam consulta com os médicos; a alimentação era precária — pacientes graves comiam apenas um arroz aguado e galinha em pedaços miúdos, e os da enfermaria tomavam só leite e uma vez ao dia; a superlotação era abusiva; e grassava a falta total de atenção. Dois anos depois, no dia 16 de agosto de 1914, foi a vez de o jornal *A Época* publicar notícia acerca de uma interna violentada por um carpinteiro que prestava serviços no estabelecimento.

Mas, se as condições físicas do local estavam longe de se mostrarem adequadas, também a situação dos "colegas" de instituição incomodava demais a Lima. Ora taciturnos, ora agressivos; por vezes calados, em outros momentos loquazes; humildes ou com mania de grandeza. Essa variedade de "estados da alma" pode ser atestada no caderno do Pavilhão de Observação, onde fica guardado o registro de uma série

BEBIDA, BOEMIA E DESÂNIMO: A PRIMEIRA INTERNAÇÃO | 285

de pacientes que, como Lima, podem ter lutado contra o anonimato. Em *Diário do hospício*, ou no romance incompleto *O cemitério dos vivos*, o escritor relata sua experiência junto a eles e suas tentativas, todas fracassadas, de socialização.

Ao pesquisador de hoje saltam aos olhos casos semelhantes ao de Lima: os alcoolizados. Majoritários no manicômio, eles pareciam incomodar seu diretor, que defendia a criação de asilos separados para os "bebedores". Regulares eram os casos crônicos, que vira e mexe retornavam ao local. Lima, em *O cemitério dos vivos*, descreve tal rotina: "o álcool me provocava alucinações, eu incomodava os outros, metiam-me em casas de saúde ou no Hospício, eu renascia, voltava, e assim levava uma vida insegura, desgostosa e desgostando os outros".[92]

E eram vários os internos que dividiam histórias semelhantes com a dele. Um bom exemplo é o de J. F., de dezoito anos, solteiro e brasileiro. Descrito como "trabalhador", traz no seu diagnóstico a sentença: "debilidade mental e alcoolismo".[93]

Já o funcionário destaca sua passividade: "Apresenta-se calmo; atitude de obediência, humor tranquilo". Interrogado sobre o motivo da internação, J. F. alega que foi preso sem saber por quê, e o escrevente acrescenta: "tem noção de meio, não de lugar e de tempo, diz que na ilha do Governador onde morava era tido como feiticeiro e por isso um padre ia frequentemente benzê-lo; atenção e percepção regular, é de ínfimo nível intelectual, é analfabeto. Confessa hábitos alcoólicos exagerados, confessa alucinações auditivas; memória deficiente; responde às nossas perguntas com calma revelando uma deficiência intelectual". Anota ainda que o paciente padecia de "delírios religiosos" e de uma "opressão que apareceu inesperadamente". "Preto", J. F. era considerado alienado, alcoólatra e feiticeiro. E, nesse contexto, "delírios religiosos" eram claros sinais de degenerescência. Seu tratamento não fugiu à regra — recebeu purgativo, poção tônica e ópio. Foi logo transferido para o hospício, e depois não há mais notícias dele.

Outro caso de alcoolismo é o de M. D., que tem 22 anos completos e é descrita como "parda". Nas "informações adicionais" consta o seguinte comentário: "Interrogada sobre o motivo da internação diz atribuí-lo ao fato de ser julgada alienada em casa porque conversava de maneira original"; "confessa alucinações visuais, via sombras". Cumprindo o ritual, o funcionário termina deixando a interna "falar", porém aparentemente não dá atenção a suas explicações. É revelador o emprego do verbo "confessar", também nesse caso, o qual esclarece que o diálogo foi realizado sob pressão. Depois de M. D. ser submetida ao exame de "inspeção geral", o escrevente deduz que ela teria "estigmas físicos de degeneração". Mais uma vez, mesmo desconhecendo-se os estigmas, degeneração parece funcionar como suposto prévio. Já nos "comemorativos pessoais e de moléstia", as conclusões correspondem ao que se nota na foto: "apresenta-se calma, atitude de desânimo, humor triste".

M. D., como os outros, nega sua condição de alienada, mas o atendente parece não lhe dar ouvidos e sentencia: "não tem noção de tempo e lugar; atenção um tanto esvaída [...] associação de ideias regular; faz uso moderado de bebidas alcoólicas, confessa alucinações visuais, via sombras, nega alucinações auditivas". "Negra", considerada com "ínfimo nível intelectual" e "alcoolizada", M. D. era quase que um estereótipo ambulante: alienada porque degenerada; a consequência vem antes da causa. Seu tratamento é idêntico ao dos demais: purgativo e ópio.

Na época em que Lima esteve internado, deu entrada no hospital o ferreiro de origem italiana I. J., com 54 anos. Se o seu diagnóstico era o mesmo — alcoolismo —, já as informações mostram um quadro bastante distinto: "Diz que veio por ter tomado a comunhão depois do almoço, diz que é um grande pecado mortal é um sacrilégio que o mata [...] contou-nos que há tempo, um ano aproximadamente, deflorou uma menina de nove anos a insistência dela mesma; perguntado se se arrependia de ter praticado tal ato, ficou admirado e não se absteve de perguntar-nos se de fato era esse último o pecado, arrependendo-se".

Nos "comemorativos familiares", novos elementos comprovam, para o escrevente, os efeitos da hereditariedade; entre eles, a morte por infecção tísica do pai e de uma filha de I. J.: todos estigmas lombrosianos. E o funcionário conclui: "É de ínfimo nível intelectual; perguntando-nos a cada passo se de fato é grande pecado o ter deflorado a pequena e se é por isso que lhe está reservado o inferno, lastimando amargamente a sorte e dizendo que ele não queria, mas que a moça o instigou; confessa hábitos alcoólicos exagerados, confessa alucinações visuais [...] vive em constante perturbação de espírito". Mais uma vez, o diagnóstico repisa o que já se sabe de antemão: trata-se de paciente com antecedentes hereditários (tísica, doenças venéreas, fanatismo religioso) a condená-lo. Já o tratamento é sempre igual: purgativo, ópio.

Como se pode notar, nem nos casos que revelam óbvio "estado de delírio" os procedimentos médicos apresentam diferença relevante. Esse é o exemplo do prontuário de A. A. C., de 34 anos, classificada como branca mas evidentemente negra. No seu diagnóstico, a sentença: "psicose periódica e debilidade mental [...] sua fisionomia lembra o imbecil".

A. A. C. tomou purgativo, calmantes e ioduretos. A ideia de "degeneração hereditária", embora começasse a ser condenada, ainda parecia unificar a todos, transformando casos distintos em assemelhados: raças mistas apresentam estigmas comuns e todos eles levam à loucura. No ambiente psiquiátrico brasileiro, a associação entre sexualidade e doença mental era ainda muito comum. O "instinto sexual perturbado" interessava aos alienistas, e o consideravam perversão ou anomalia grave. Casos como impotência, masturbação excessiva, estupros e abusos na infância eram classificados como estigmas de loucura.

Veja-se um caso diagnosticado como histeria. E. C., "branca", 48 anos, casada, portuguesa, ingressou no hospital em 30 de agosto de 1902. Nos "comemorativos individuais", conta ela "ter sido sadia na sua infância [...]. Na idade de catorze anos, seu organismo foi profundamente abalado sofrendo muito devido ao atentado contra sua honra, por um seu cunhado que desejou violá-la. Guarda ainda hoje ódio a este homem a ponto de adoecer quando o vê, o que muito a incomoda por ser amiga de sua irmã. [...] Há três anos começaram seus sofrimentos que consistem em manifestações nervosas. Tem ataques, quando está para aparecerem estes ela sente calor na cabeça, vontade de cantar e de correr". Segundo o funcionário, aí estaria um caso de "histeria nervosa" motivada por perturbação sexual, mais clara em mulheres que desenvolvem a histeria. Descabelada e desanimada, com um ar de profunda tristeza, E. C. parece encarar a câmera com expressão de resignação.

Esses exemplos correspondem a uma parcela ínfima dos pacientes que conviveram com Lima. Além dos internados por alcoolismo, existiam aqueles "com mania de grandeza, os sorumbáticos, os falantes, os calados, os agressivos e perigosos, os calmos e prestativos, os sifilíticos, os tuberculosos", e toda uma gama de doentes enlaçados pela loucura e pelas concepções largas e pouco específicas de degeneração e hereditariedade. Tomar parte de tal grupo era como viver "o espetáculo da loucura", comungar dos "desatinos dos loucos". "O negro é a cor mais cortante, mais impressionante", arremata o escritor. E conclui que esses eram seus "tristes companheiros de isolamento e de segregação social".[94]

Já fora do hospício, bem que Lima tentaria desfazer do seu sofrimento. No conto "As teorias do doutor Caruru",[95] publicado na revista *Careta* de 30 de outubro de 1915, um ano após a primeira internação, o autor narra a história de um "sábio doutor", especialista em caracteres somáticos de degenerescência, que analisa o caso de morte de um "bêbedo incorrigível, vagabundo" e conclui que o indivíduo era de fato degenerado por apresentar um pé maior que o outro. Só depois, alertado pelo servente, se dá conta de que a irregularidade não vinha da biologia, mas de um acidente prévio. Crer ou não crer (na degeneração), eis a questão.

11.
Cartada forte e visionária: fazendo crônicas, contos, e virando *Triste fim de Policarpo Quaresma*

Brancos, pretos, mulatos, caboclos, gente de todas as cores e de todos os sentimentos, gente que se tinha metido em tal aventura pelo hábito de obedecer, gente inteiramente estranha à questão em debate, gente arrancada à força aos lares ou à calaçaria das ruas, pequeninos, tenros, ou que se haviam alistado por miséria; gente ignara, simples, às vezes cruel e perversa como crianças inconscientes; às vezes, boa e dócil como um cordeiro, mas enfim gente sem responsabilidade, sem anseio político, sem vontade própria...
— Lima Barreto, *Triste fim de Policarpo Quaresma*

Ah! A Literatura ou me mata ou me dá o que peço dela.
— Lima Barreto, *Diário do hospício*

Caricatura de Lima Barreto que acompanhava a entrevista do jornal *A Época*, em 18 de fevereiro de 1916.

CARTADA FORTE E VISIONÁRIA: FAZENDO CRÔNICAS, CONTOS, E VIRANDO *TRISTE FIM DE POLICARPO QUARESMA* | 289

A passagem pelo hospício parece ter dividido a vida de Lima em duas. De um lado, o evento foi-lhe tão traumático que viraria tema de crônicas, contos e romances. De outro, ele parecia resolvido a não se deixar abater, ao menos no que se referia ao seu compromisso com a literatura. O álcool entrara em seu cotidiano, o que explica os constantes pedidos de licença médica no trabalho e as internações episódicas. Começou nos cafés e confeitarias, passou depois aos bares; destes foi aos botecos e botequins, até chegar nas tendinhas, quando não ficava jogado nas calçadas. Conforme costumava dizer, ia "enxaguando a cachaça no chope".[1] Trazia o hálito dos alcoólatras, a camisa e o colarinho sujos, o chapéu de palhinha encardido, a barba por fazer, os sapatos furados, o cabelo desgrenhado e o andar cambaleante.[2] Nessa altura, Lima parecia disposto a abrir mão de tudo por um trago: emprego, encontros com amigos, compromissos importantes, relações íntimas. Se eram muitos os sinais de descontrole, não se pode afirmar que o escritor tenha se convertido numa vítima passiva da bebida. Ao contrário, nesses mesmos anos se tornou cada vez mais produtivo; aparecia na imprensa com frequência e preparava-se para publicar, primeiramente como folhetim, seu livro de maior fôlego: *Triste fim de Policarpo Quaresma*. Além da produção febril, seu esforço em ser reconhecido era evidente, o que se demonstra por um investimento direto em sua profissionalização, inclusive por meio de vinculação a algumas associações de classe.

Em 25 de junho de 1913, os jornais noticiam sua integração à comissão de organização das festas em homenagem a Olavo Bilac.[3] Em 1914, foi eleito secretário junto à nova administração da Caixa Beneficente dos Funcionários da Secretaria da Guerra.[4] Já em 1916, seu nome constava como parte de um "Centro Carioca" que, "sem fins políticos", visava "promover os interesses da cidade e defender os direitos dos cariocas".[5] O escritor parecia se concentrar, ainda mais, em organizações que articulavam jovens autores, os quais, por motivos diversos, estavam fora da Academia Brasileira de Letras. Em 1911, por exemplo, seu nome constava na lista dos intelectuais e escritores que apoiavam a iniciativa do jornal *A Imprensa* para a fundação da Academia Livre de Letras ou Academia dos Novos. O objetivo era reunir "distintos intelectuais cariocas e demais representantes pelos estados", e, entre os citados, apareciam Emílio de Meneses, Rocha Pombo,[6] Mário Pederneiras, Pedro do Couto, Osório Duque Estrada. Lima era um dos trezentos nomes da lista, e recebeu três votos.[7]

Apesar de, no final do processo, não ter sido selecionado para compor a relação dos seletos "10 Acadêmicos Livres", o importante é que se empenhou, e muito. Em março de 1913 foi a vez de Lima participar ativamente do concurso, organizado pela revista *Fon-Fon*, para eleger o Príncipe dos Poetas Brasileiros. Seu nome não só fazia parte da lista de votantes do certame, no qual se sagrou vencedor Olavo Bilac, como o escritor estava na recepção de confraternização ao poeta.[8]

No dia 18 de junho de 1914, o jornal *O Paiz* informava sobre a recente organização para literatos, e lá estava Lima animando a iniciativa. Tratava-se da Sociedade Brasileira dos Homens de Letras, que se definia desta maneira: "Sem número limitado de sócios, sem intenções de academia [...] com o fim de reunir utilmente todos os intelectuais do país, desta capital e dos estados, tratar da propriedade literária etc.".[9] Vale notar a insistência no "sem", e o fato de que a sociedade não tinha "intenções de academia". Não existiam, nesse caso, limites de vagas, sendo 108 sócios fundadores, entre eles Coelho Neto, Emílio de Meneses, Goulart de Andrade, Raul Pederneiras, Mário Pederneiras, Elísio de Carvalho, Augusto Shaw Ferreira, Bastos Tigre, Osório Duque Estrada, Luís Edmundo, José do Patrocínio Filho e Domingos Ribeiro Filho.[10]

Alguns nomes constavam de outras entidades semelhantes, como o grupo da Academia Livre de Letras, mencionado acima. Tal evidência reforça a certeza da atitude combativa dos jovens escritores, que pareciam conscientes das dificuldades de sua profissão, bem como reagiam à "estabelecida" Academia Brasileira de Letras. No conto "*Agaricus auditae*"[11] (publicado originalmente na primeira edição de *Histórias e sonhos*, 1920), Lima faz referência a uma Academia dos Esquecidos, e destila ironia sobre o fato de esse estabelecimento definir-se como um instituto científico e de pesquisa. O personagem principal da história, Alexandre Ventura Soares — um bacharel em ciências físicas e naturais que, por ser concursado no Museu de História Natural, conseguiu uma viagem para a Europa —, escreve uma memória para concorrer a uma vaga nessa academia, requisito necessário para se casar com a filha de seu vizinho, o desembargador e presidente da mesma instituição. Por meio da figura de Alexandre, o autor se refere sarcasticamente à Escola Politécnica; ataca evolucionistas, como Darwin e Haeckel; e ainda desfaz do racismo científico, citando Louis Agassiz.

O desembargador oferece a seguinte explicação acerca das virtudes dessa bela Academia dos Esquecidos: "Mas... acontece que os senhores não conhecem bem o Brasil, senão saberiam que existe uma academia respeitável e egrégia, não só pelos vários ramos de ciências naturais nela cultivados, como também pelo número de sábios mortos e vivos a ela pertencente [...]. É de admirar!".[12] A relação de Lima com a Academia era, assim, marcada pela ambivalência. Queria nela entrar, mas desfazia dela. Por isso a chamava de "cemitério das letras e dos literatos" e seus membros de "cadáveres bem embalsamados".[13]

Por outro lado, a participação dele nesse tipo de associação, em boa parte de vida curta, representava um indicador forte do amadurecimento de uma nova geração de escritores brasileiros que passavam a debater problemas próprios da sua profissão, como as condições de veiculação do produto literário ou a criação de uma política de distribuição de direitos autorais.[14] Por isso, na segunda década do século xx, ensaiou-se no Rio de Janeiro uma série de articulações corporativas, nas quais o tema mais propriamente editorial se vinculou ao propósito de definir o status da categoria, assim como visou discriminar e assegurar o formato e o futuro dessa classe profissional.

A iniciativa não vingou. No entanto, a proposta de constituir, em 1914, a Sociedade Brasileira dos Homens de Letras, inspirada não mais no modelo da Sociedade Literária Goncourt, fundada em 1902, mas no da Société des Gens de Lettres parisiense,[15] defensora dos direitos autorais dos escritores, teve um pouco mais de sobrevida. Lima mostrou tal interesse no projeto, que foi dele a ideia de adquirir o livro *A festa literária: Por ocasião de fundar-se na capital do Império a Associação dos Homens de Letras do Brasil*, datado de 1883. A obra, que constava da sua biblioteca privada, a Limana, narrava a experiência encabeçada pelo advogado, político e jornalista Franklin Távora (1842-88), ainda durante o Segundo Reinado. O objetivo era criar uma associação que pudesse congregar os escritores na "defesa da classe".[16]

Aliás, o grupo de 1914 definia-se como "herdeiro" das tentativas antes ensejadas, uma vez que seu propósito era basicamente o mesmo: reverter a frágil situação do mercado editorial local e lograr uma troca mais equitativa. Ou seja, em vez de só discriminar direitos para o editor e deveres para o autor, passava-se a priorizar uma profissão que fosse, como dizia a proposta da nova sociedade, "honestamente remunerada". Nos seus estatutos, a Sociedade Brasileira dos Homens de Letras distinguia sua "organização e fins": "a união dos homens de letras do Brasil; a defesa direta de seus interesses profissionais e econômicos, morais e sociais [...]; a organização de uma sociedade editora". Entre "suas atribuições" estavam: facilitar aos sócios a publicação de trabalhos literários e artísticos; adquirir livros e todo material que pudesse contribuir para a instrução profissional dos mesmos; realizar cursos, congressos e festas de arte; influir junto aos poderes da República para que fossem votadas e aplicadas leis de interesses literário e artístico; realizar acordos com sociedades congêneres do exterior; fomentar a fundação de sociedades estaduais da mesma natureza; animar a crítica; fiscalizar a propriedade literária e a artística de autores estrangeiros; e publicar uma revista mensal.

Já na parte relativa aos "sócios e seus deveres", estabelecia-se que o número seria ilimitado mas nunca inferior a sete, podendo integrar a sociedade todos os homens de letras e aqueles que desempenhassem funções de natureza intelectual. As regras eram, porém, um tanto cerceadoras, a ponto de "nenhum sócio poder realizar contratos ou arranjos particulares com casas editoriais, empresas teatrais ou diretores de companhias, quando esses atos" fossem de encontro às convenções "celebradas entre estas [sic] e a Sociedade". Os sócios também não poderiam "vender a propriedade de suas obras, sem prévio assentimento da diretoria, valendo a infração deste artigo pela eliminação definitiva sem direito de regresso".[17]

Regras não faltavam, mas o mesmo não se pode dizer das atividades editoriais. Em compensação, abundavam as sociais. No dia 15 de junho de 1915, o jornal *O Paiz* noticiou que se iniciariam "as festas organizadas pela Sociedade Brasileira de Homens de Letras, para a fundação do patrimônio social".[18] Com esse intuito, no dia 19 daquele mês, um sábado, no salão do *Jornal do Commercio*, realizou-se às dezesseis horas "uma Hora Literária", na qual se leram "poesias e trechos de prosa" de escritores brasileiros, seguida de "uma Hora Musical, uma Hora dos Caricaturistas, uma Hora Dramática". Em julho ainda, ocorreria um grande festival, no Teatro Lírico, "com a representação dos *Deuses de casaca*". A mesma sociedade promoveria uma sequência de conferências, como a proferida pelo dr. Edmundo Gutiérrez, um intelectual colombiano que vinha percorrendo os países da América do Sul com o objetivo de aproximar "seus diversos centros de cultura".[19] O fato é que a instituição foi ganhando forma e, em 10 de julho de 1915, a revista *A.B.C.* reproduziu um discurso de seus idealizadores, com a mesma verve e retórica tão criticadas por escritores como Lima, que, entretanto, fazia parte do *club*: "A Sociedade Brasileira de Homens de Letras apareceu como um exército vitorioso pisando gloriosamente um território conquistado ao adversário depois de leal e curta peleja. [...] Entre os seus desígnios sagrados figura a intenção de pôr termo aos dissídios pessoais entre os homens de espírito, juncando assim de flores odoríferas o terreno sáfaro onde antes só urzes brotavam...".[20]

Julgando-se missionários, os membros da sociedade queriam também um lugar no "Parnaso" e, para isso, defendiam estratégias de grupo. E, enquanto o Olimpo não vinha, a instituição realizava jantares no Jockey Club, como o que foi noticiado pela *Revista da Semana* no dia 7 de agosto de 1915, e que incluiu palestras, festas animadas, saraus artísticos, assim como debates acerca dos estatutos da sociedade. O próprio Lima, a despeito de ser sócio, em artigo de 10 de julho do mesmo ano tratou de mostrar que não tinha esperanças nesse tipo de associação. "Não acredito na realização do sonho encantador da SBHL porque estou convencido de que no Brasil não existem aspirações literárias, e sim ambições pessoais demarcadas. Todos querem subir e olvidam que é possível chegar ao alto da escada sem dar encontrões nos companheiros de jornada."[21]

Lima era sempre assim: integrava-se e se isolava, tudo ao mesmo tempo. Bastos Tigre também se referiu à associação, chamando a atenção para o papel de seu principal organizador: Olavo Bilac. Segundo ele, "seus desígnios eram precipuamente econômicos". Mesmo assim, o colega de Lima lamentou o fato de a ideia não ter ido em frente: "É que, se hoje nos queixamos da exiguidade dos proventos do trabalho intelectual, naqueles evos do começo do século, a coisa era pra lá de pior. Jornais e revistas não remuneravam a colaboração literária. Os editores faziam favor em publicar livros, dando alguns exemplares de presente ao autor. E nada mais". Esse era, de acordo com Bastos Tigre, o movimento de "Resistência dos Estivadores da Pena", e não causou espanto ter naufragado antes mesmo de efetivamente começar.[22]

A instituição teve vida curta, mas, enquanto foi ativa, configurou-se principalmente como uma entidade promotora de conferências e atividades sociais, em que se buscava animar os meios literários. No entanto, é forçoso reconhecer que a movimentação promovida pela sociedade colaborou para dar maior visibilidade ao tema, bem como para ampliar os círculos literários.[23] Já Lima, de personalidade tímida, a despeito de ter se esforçado para frequentar certames como esses, que lhe permitiam mover-se com mais facilidade na lógica de sua classe profissional, também por vezes desdizia dessas instituições. Ainda assim, continuou a tomar parte desse tipo de associação, além de publicar mais do que nunca e em progressão geométrica.

Foi nesse período, por exemplo, que começou a atuar numa série de revistas, aprofundando sua inserção como cronista crítico da cidade. De 1910 a 1915, participou de vários noticiosos, como *Correio da Noite*, *Gazeta da Tarde*, *O Copacabana*, *O Fluminense*, *A Falladora*, *A Voz do Trabalhador*, e das revistas *Careta*, *Ordem e Progresso*, *O Theatro*,

A Estação Theatral, Revista Americana, O Rio-Nú, Annaes da America, A Epoca, A Águia, Illustração Brasileira. Os locais, os periódicos e as orientações eram distintos, mas Lima era sempre ele mesmo: desfazia dos políticos, dos costumes, das instituições. Em 1910, por exemplo, publicou o conto "A cartomante",[24] na revista cívico-literária *Ordem e Progresso*, que pertencia a um "núcleo de distintos oficiais inferiores do Exército".[25] Retomou, então, um tema forte do momento, quando a ciência procurava se impor diante das várias formas de prever o futuro, buscando dominá-lo. Cartomantes continuavam a ser, porém, uma coqueluche naquela cidade dada a tantos modernismos, e o escritor devia querer afirmar-se, nesse momento, como voz crítica e cética. No conto, o narrador queixa-se das "atrapalhações de sua vida", acusa "mandinga de algum preto", e resolve gastar seus últimos réis numa cartomante. Qual não é sua surpresa quando descobre que "a pitonisa" era sua própria mulher. Brincando com os preconceitos de época, ele inclui a cor (preta) e a prática (da mandinga) como elementos definidores dos grupos e costumes considerados avessos à ciência, mas mostra como, no limite, nada se restringia a apenas um grupo social.

De 8 de abril até 20 de maio de 1911, o autor publicou "Uma coisa puxa a outra",[26] n'*A Estação Theatral* do Rio de Janeiro. Tratava-se de uma série de três artigos em que Lima avaliava "o arrendamento do Teatro Municipal" e discutia a vida teatral local, a despeito de confessar seu afastamento desse tipo de ambiente. Afinal, ele se vestia mal e achava-se "sofrivelmente binocular, para acotovelar as elegâncias que se premem nos nossos teatrinhos". Aí estava Lima, que não se sentia bem nas suas vizinhanças, mas também ficava desconfortável nos lugares mais elegantes.

Nos dias 4 e 25 do mês de maio, assinou a coluna "O Teatro Nacional: males, preconceitos e remédios" para a revista *O Theatro*. No texto, explicou por que seria essa a única revista dedicada ao gênero, e arriscou um argumento político. Este era um país, escreve ele, "em que só a política, a política da hora presente, domina, e só as questões atinentes a esta interessam e arrastam os espíritos". Crítico, continuou afiançando que no Brasil a riqueza apenas provinha dos "cargos chamados de confiança", e "sabemos perfeitamente que todas essas coisas só se arranjam, umas mais outras menos, com a influência política". E prossegue: "E é por não podermos esperar nada do comércio, da indústria, muito pouco da agricultura, nada das letras [...] O drama, a comédia, a tragédia (esta então!), têm que por força se imiscuir nessas questões morais e sociais [...] O povo do Brasil não quer saber disso, absolutamente não quer: ou por inferioridade mental ou porque não veja nas tentativas até agora feitas nada que se assemelhe à sua vida cotidiana".[27]

Fica fácil perceber como, independentemente do tema, tudo desaguava em crítica à política local. Lima dedicou, nesse contexto, uma série de artigos ao teatro brasileiro, tratando de empresários, autores, atores, gêneros de literatura dramática e tudo que envolvia a arte. O cronista ainda aproveitava o espaço que tinha na *Revista Americana* para divulgar contos e histórias que, com o tempo, foram ganhando maior notoriedade. Lá ele publicou, em 10 de novembro de 1910, o conhecido conto "A nova Califórnia", sobre uma cidade inteira que começou a desenterrar os mortos devido à notícia falsa de que era possível fazer ouro com seus ossos. Em 27 de maio de 1911, provocava com "Ele e as suas ideias",[28] que saiu em *O Fluminense*. Dessa vez, o conto trata da sina de um homem comum mas com "a mania de ter ideias" que, por causa da falta de meios e de apoio dos poderes públicos e da imprensa, deixou de realizar. Nada mais próximo de Lima, e mais diferente também, ao menos na sua autorrepresentação. No mesmo dia 27, a peça *Casa de poetas*,[29] de sua autoria, foi publicada em *A Estação Theatral*. O texto ironizava a figura do "poeta célebre" que provinha de uma família de classe média urbana e que andava apenas à caça de prestígio.

O conjunto impressiona em função da tonalidade crítica. Lima era contra vogas literárias, contra a ganância, e acusava a falta de espaço para os "verdadeiros" escritores ingressantes. Além do mais, esses e outros textos de época comprovam como a bebida não interrompia a sua atividade. Ao contrário, ele se construía como um personagem da cidade: boêmio, "encachaçado", como costumava dizer, mas presente e alerta. Seu renome era tal que, em 27 de julho de 1912, *O Rio-Nú* trouxe uma crônica intitulada "Notas... verdadeiras e falsas, recolhidas e em circulação", que desenvolvia um suposto diálogo entre os amigos Domingos Ribeiro Filho e Lima Barreto. O debate em si não é muito revelador, uma vez que, de forma nada original, traz as mesmas repreensões que Lima dirigia seguidamente à imprensa.[30] Mostra, no entanto, que o escritor de Todos os Santos se tornara figura pública no Rio, a ponto de constar de uma conversa imaginária criada pelo jornalista da revista.

O cronista azedo da cidade: crítica social, política e cultural

Além de crítico da cidade, membro da confraria Esplendor dos Amanuenses e da Academia dos Esquecidos, literato do grupo dos Novos e boêmio por vocação, Lima começava a assumir-se abertamente como anarquista. Em 15 de maio de 1913, no jornal *A Voz do Trabalhador*, órgão da Confederação Operária Brasileira, publicou "Palavras de um *snob* anarquista".[31] No artigo, descrevia as simpatias pelo anarquismo que já havia manifestado em texto para a *Floreal*, deixando claros seus posicionamentos políticos. Logo no início do texto, o escritor provocava: "Por ocasião da passagem do 1º de Maio, os grandes jornais desta cidade, bem ou mal, tiveram que tratar da questão social. Alguns, com aquele jeito furta-cor tão interessante para um zoologista, enquanto na primeira ou segunda página defendiam uma futura oligarquia atacando outra, na quarta ou quinta faziam panegíricos dos operários etc. etc.; outros, com mais franqueza, ao dia seguinte, atacavam os anarquistas". Guardando para si uma posição diversa daquela dos "grandes jornais", dos periodistas com "jeito furta-cor", ou das oligarquias locais, Lima filiava-se ao operariado e, de quebra, ao anarquismo. E encerrava: "Os anarquistas falam da humanidade para a humanidade, do gênero humano para o gênero humano, e não em nome de pequenas competências de personalidades políticas". O artigo vinha

Careta, 13 de setembro de 1919. Ilustração que acompanha a crônica "Nós! Hein?".

assinado por "Isaías Caminha", e tinha estilo e dicção de seu autor e personagem. Se Isaías confrontava a imprensa burguesa, Lima usava o anarquismo como instrumento para se contrapor ao "jornalismo *snob*".

Lima gostava de se definir como "outro": outro no jornalismo, outro em suas preferências políticas, outro ainda (e sobretudo) quando se referia ao funcionalismo público. Vale a pena, nessa direção, lembrar de um texto curto que saiu na revista *Careta*, intitulado "Nós! Hein?".[32] Chama atenção o recurso ao "nós", usado aí, como veremos, como pura ironia: "nós" é na verdade "eles". Lima começa a narrativa da seguinte maneira: "Quando eu fui amanuense da Secretaria de…, contava-me um amigo". Borrando a fronteira da ficção e da não ficção, do conto e da crônica pessoal, o autor apresenta um amigo narrando a história desse funcionário que era tido como "empregado vagabundo, relapso", e mais, "poeta e boêmio". Por conta de tantos "atributos", acabou preterido em todas as promoções que surgiram. No início da história, o personagem principal exaspera-se, mas com o tempo se conforma com a situação. O diretor da instituição era o conselheiro Flores Telles, o qual, considerado velho já nos tempos do Império, transformara-se no funcionário público mais antigo da República. Não tinha faltas nem licenças. Entrava às dez e saía às três.

Ocorre que, nesse ambiente, o amanuense ficcional de Lima deu um jeito de se reinventar: especializou-se em fazer discursos (longos e tediosos), muitos deles enaltecendo o seu diretor. E eis que a história apresenta nova reviravolta: com a morte do chefe, coube ao "dedicado" funcionário redigir "alguma coisa no livro do ponto" sobre seu superior. E o texto ganhou vida própria; foi lido no Senado, publicado no *Diário do Congresso*, e tudo com grande sucesso. Agora, o desenlace: no dia seguinte ao enterro, quando o amanuense chegou ao escritório, atrasado como de hábito, foi logo cumprimentado pelo novo chefe de seção, exultante com a recepção positiva do texto do empregado. Orgulhoso, saiu-se com o seguinte elogio: "Nós fizemos figura no Senado. Nós! Hein? Demos a letra! — Que disse você? — Eu!… Nada".

Qualquer semelhança não será, nesse caso, mera coincidência, pois sabemos que Lima se queixava da falta de promoções, especialmente depois de sua atuação no julgamento dos militares da Secretaria da Guerra. Conhecemos também sua fama de boêmio, as ausências constantes no trabalho e o sentimento que tinha de não pertencer àquele mundo de amanuenses e funcionários públicos. Ademais, sua "letra" — a bem dizer, sua caligrafia —, como já vimos, também não o ajudava. Portanto, o personagem tem muito de seu autor, que era tão gauche como ele; ou melhor, que era assim definido e gostava igualmente de ser dessa forma apreciado.

Na época, Lima colaborava com frequência na *Careta*, usando os mais diversos pseudônimos: J. Caminha, Aquele, Inácio Costa, Ingênuo, Lucas Berredo, João Crispim, Puck, Flick, J., J. Hurê, L. B., Xim, Jamegão e Jonathan. Puck, por exemplo, escrevia acerca de temas candentes da cidade.[33] Em 12 de fevereiro de 1910, alertava seus leitores sobre "o cupom" criado pela Companhia Jardim Botânico, que aconselhava os cidadãos a mudarem para Copacabana. O cronista aproveitava então para enumerar os problemas vivenciados pelo bairro — os ventos cataclísmicos, os mosquitos — e terminava o artigo em tom de chacota: "Enfim Copacabana é um bairro ideal. O governo devia desapropriar as casas que ali existem e constituir outras e mais meia dúzia de hotéis e oferecer tudo, gentilmente, aos argentinos".[34]

Puck, como seu criador, gostava também de temas políticos. Na crônica "Os dois deputados",[35] publicada na *Careta* em 22 de junho de 1912, Lima comentava: "Um deputado por um dos Estados do norte, incluído na estatística da *Noite* entre os cavalheiros sem profissão conhecida antes de serem nomeados representantes da nação, mas que provavelmente ocupou um cargo honrado no comércio de gêneros da terra, tem apreciado extraordinariamente o Rio, que antes ele só conhecia por cartões-postais".[36]

A despeito de denunciar a mania dos pseudônimos que assolava o Rio de Janeiro, Lima se valia, e muito, deles. Outro dos seus favoritos era J. Caminha ou I. Caminha. Na *Careta* de 10 de abril de 1915, assim escrevia Caminha na crônica "O pistolão".[37] Dr. Café, uma vez nomeado diretor do Serviço de Construção de Albergues e Hospedarias, prometera não atender aos pistolões, mas logo é procurado por um rapaz que deseja ser nomeado porteiro de um albergue na ilha do Governador. O recém-empossado diz não conhecê-lo e se teria alguma recomendação. Então mostra uma carta do senador Xisto: no dia seguinte já estava nomeado. Os nomes variavam, contudo os temas se repetiam, teimosamente.

No mesmo ano saiu "Um e outro"[38] na revista de arte e literatura *A Águia*, publicada no Porto, sob direção do poeta Teixeira de Pascoais e do pintor Antônio Carneiro. O conto data de março, e constava não só da edição de julho-dezembro de 1913 como da primeira edição de *Triste fim*. Já relatamos a história, mas vale lembrá-la brevemente neste contexto e mencionar um novo trecho. Aqui ficamos sabendo sobre a sina de Lola, amante de Freitas e que tem um caso com um *chauffer*. Lima fazia questão de escrever o termo no idioma original, de modo a destacar a ironia e a importância desse tipo de símbolo social. Lola era mulher vaidosa, julgava a todos e se achava superior: "Que as vagabundas comuns morressem, vá! Que as criadas morressem vá! Ela, porém, ela que tivera tantos amantes ricos; ela que causara rixas, suicídios e assassinatos, morrer, era uma iniquidade sem nome! Não era uma mulher comum, ela, a Lola, a Lola desejada por tantos homens...".[39]

A moça saiu de casa com o plano de pedir um chapéu novo ao Freitas. Tencionava também "comprar um mimo e oferecê-lo ao *chauffeur* [...], o seu último amor, o ente sobre-humano que ela via coado através da beleza daquele 'carro' negro, arrogante, insolente, cortando a multidão das ruas orgulhoso como um Deus". Na imaginação dela, ambos, *chauffeur* e "carro", não se separavam um do outro: a seu dispor tinha "a força e a velocidade do vento [...] O automóvel, aquela magnífica máquina, que passava pelas ruas que nem um triunfador, era bem a beleza do homem que o guiava; e, quando ela o tinha nos braços, não era bem ele quem a abraçava, era a beleza daquela máquina que punha nela ebriedade, sonho e a alegria singular da velocidade [...] A vida de centenas de miseráveis, de tristes e mendicantes sujeitos que andavam a pé, estava ao dispor de uma simples e imperceptível volta no guidão; e o motorista, aquele motorista que ela beijava, que ela acariciava, era como uma divindade que dispusesse de humildes seres deste triste e desgraçado planeta".

Automóveis eram ainda relativamente raros nas vias locais e contavam com dificuldades adicionais, pois as ruas esburacadas não haviam sido idealizadas para veículos de tal porte e velocidade. Sua chegada ao Rio de Janeiro coincidiu com o contexto de modernização da cidade no fim do século xix e início do xx, uma vez que a abertura de novas ruas e avenidas favoreceu sua circulação. Estima-se que entre 1891 e 1907 tenham sido importados cerca de seiscentos carros, enquanto, entre 1908 e 1913, entraram no Brasil 9915 veículos particulares. Uma coisa puxa a outra e, com a criação de um mercado direcionado às elites nacionais; com o surgimento de importadoras e de fábricas de peças; com o incremento da demanda de mecânicos, cresceu também a necessidade de *chauffeurs*.[40]

No meio desse processo acelerado, os veículos logo se converteram em ícones de status e distinção, mesmo que não fossem da propriedade do seu condutor. Daí a inerente associação entre o *chauffeur* — pois nem ao menos ficamos sabendo o nome dele — e seu carro. Daí também a correlação entre a função e o lugar de "amante". Hora de voltar para a Lola, que agora aparece pedindo dinheiro ao marido, o Freitas, com a desculpa de que com ele ajudaria a filha que morava na Espanha. Ela subiu então a rua do Ouvidor, parou na loja de joias pensando no que compraria para "o amante *chauffeur*": "Um anel? Já lhe havia dado. Uma corrente? Também já lhe dera uma. Parou numa *vitrine* e viu uma cigarreira [...]. Achou-a maravilhosa, entrou e comprou-a sem discutir". Tomou o bonde "cheia de satisfação", e foi ver "seu *chauffeur*". O romance já durava seis meses, e eles se encontravam secretamente numa casa discreta e limpa, bem frequentada, sempre "cheia de precauções para que os frequentadores não se vissem". O escritor esmera-se em descrever o momento em que os dois entram no quarto; ela toda carinhosa e o *chauffeur* sem retribuir as carícias. "Nele, o amor não tinha prefácios, nem epílogos; o assunto ataca-se logo."[41]

No auge do ato dá-se, então, o fatal diálogo. O *chauffeur* havia decidido deixar o emprego para trabalhar com um táxi. Lola quase desmaiou; a sensação que teve foi a de receber uma "pancada na cabeça. Pois então, aquele Deus, aquele dominador, aquele supremo indivíduo descera a guiar um táxi, sujo, chacoalhante, mal pintado, desses que parecem feitos de folha de Flandres. [...] em um instante, em um segundo, de todo se esvaiu [...]. Não era mais o mesmo, não era o semideus, ele que estava ali presente; era outro ou antes era ele degradado, mutilado, horrendamente mutilado. [...] Deitou-se a seu lado com muita repugnância, e pela última vez".[42]

Fim de romance. Esse era o tipo de relacionamento que Lima gostava de descrever: mesquinho e sem amor. Aí está o outro lado, mas o mesmo, do conto que já menciona-mos, "Miss Edith e seu tio", quando o que parecia uma inocente relação entre tio e so-brinha, ambos estrangeiros e distintos, logo vira uma "pouca-vergonha".[43] Lola ou Edith, ingleses e brasileiros, tinham os mesmos padrões de relacionamento, e eram destituídos dos valores que Lima parecia apregoar, pela negação ou pela insistência.

Mas, claro, esses não eram os temas exclusivos do escritor, que em suas crônicas jamais abria mão de tratar de assuntos públicos, digamos assim. A destruição da cidade, por exemplo. Entre dezembro de 1914 e março de 1915, ele colaboraria no *Correio da Noite*, periódico em que publicou uma série de artigos. Falava de política, do patriotis-mo (e da falta dele), da má qualidade da nossa polícia e dos problemas advindos do des-matamento da região. Em "A derrubada",[44] que saiu nesse jornal no dia 31 de dezembro de 1914, Lima descreveu a remoção das grades do Passeio Público e atacou outro as-sunto de sua predileção: o adversário literário Coelho Neto. Brincava ele que o escritor da ABL havia justificado a retirada das grades evocando os "gregos com o seu cânone de beleza". E ajuizou: "Esse negócio de gregos e de beleza é coisa muito engraçada...". Do Passeio Público o amanuense passou à análise da acelerada derrubada de árvores que ocorria na cidade como um todo: "Nos subúrbios, as velhas chácaras, cheias de anosas mangueiras, piedosos tamarineiros, vão sendo ceifados pelo machado impiedoso do construtor de avenidas".[45]

É, não obstante, no *Correio da Noite* que Lima soltaria sua verve crítica contra as instituições da República. As delegacias viveriam "às moscas, comissários a dormir e sol-dados a sonhar"; políticos seriam regidos por cartomantes que entraram "decididamente na vida nacional", e os deputados nada teriam a ver com o nobre ofício da política. Em 16 de janeiro de 1915, publicou "O novo manifesto",[46] em que, num blefe, lançava sua candidatura a deputado: "Eu não pretendo fazer coisa alguma pela Pátria, pela família, pela humanidade. Um deputado que quisesse fazer qualquer coisa dessas, ver-se-ia bam-bo, pois teria, certamente, os duzentos e tantos espíritos dos seus colegas contra ele. [...] O subsídio, meus senhores, viria dar-me elementos para realizar essa minha velha aspiração de emparelhar-me [...] Razões tão poderosas e justas, creio, até agora, nenhum candidato apresentou, e espero da clarividência dos homens livres e orientados [...] para ocupar uma cadeira de deputado, por qualquer Estado, província, ou emirado, porque, nesse ponto, não faço questão alguma. Às urnas...".[47]

A tônica era sempre próxima: de nada valiam os nossos representantes políticos, e ele, Lima Barreto, corporificava o outro lado — malvestido, sem pistolões e avesso às badalações da rua do Ouvidor. Talvez a crônica mais forte nesse sentido tenha sido "À margem",[48] publicada no *Correio da Noite*, no dia 23 de dezembro de 1914. O tema era a Revolta da Chibata, que estourara no Rio em novembro de 1910, motivada pelos maus-tratos a que eram submetidos os marinheiros de baixo escalão, e em sua maior parte afrodescendentes. Sabe-se que o líder da rebelião, João Cândido Felisberto, conhecido como o Almirante Negro, havia estado no manicômio em período próximo ao do nosso autor, mas não há como ter certeza de que tivessem se encontrado. Ao que parece, o pretexto que levou o escritor a recuperar tal acontecimento foi um artigo sobre o mesmo tema que saiu no jornal *O Imparcial*, "órgão da aristocracia marinheira". Segundo o autor de *Isaías Caminha*, essas notícias oficiais só cobriam "de baldões os desgraçados que, em desespero de causa, se sublevaram para obter aquilo a que todos nós temos direito, a receber dos outros; sermos tratados como homens". Em sua opinião, os castigos físicos constantes e a falta de justiça eram do conhecimento de todos, sem que nada se fizesse a respeito. E atacava: "Essa pobre gente não podia apelar para tribunais, não tinha absolutamente meios e modos de obter justiça e só um único caminho se lhe apontava: revoltar-se!". Era por isso que ele se opunha ao *Imparcial*, assim como destacava a forte separação existente entre oficiais — "aqueles se julgam de raça, de carne, de sangue superior" — e marinheiros. Lima denunciava, finalmente, "o preconceito de cor" existente na Escola Naval, que para ele muito se aproximava do modelo praticado no Sul dos Estados Unidos.

Pode-se notar facilmente que, já em 1914, Lima não só tinha consciência da discriminação existente no Brasil, como andava atualizado sobre o que ocorria nos Estados Unidos. De acordo com ele, o padrão vigente consistia em disfarçar o racismo existente. Invisível no país, o preconceito era, porém, e segundo ele, escancarado em outras paragens. Na terra de "Tio Sam" é que o sr. Rio Branco,[49] "que vivia a adular indecentemente a grande república da América do Norte", teria se dado conta "do estúpido preconceito dos americanos contra a gente de cor [...] Curiosa explicação!".[50] Rio Branco era atacado com constância pelo escritor, que via nele o símbolo da política "palavrosa", e apenas encantada com os Estados Unidos e o Velho Mundo.

Por contraposição, Lima entendia-se como uma espécie de paladino, um anarquista solidário, a dizer verdades em geral mantidas no silêncio. Críticas aos políticos e à política seletiva, falta de incentivo cultural, ausência de preocupação com o meio ambiente, a desfaçatez dos jornalistas e dos literatos, eram temas da sua agenda tão seleta como urgente. A operação retórica consistia em denunciar e alardear sua própria distância de tais temas e dos setores problemáticos que, segundo ele, punham em risco a robustez da República. E, não por obra do acaso, todos esses assuntos apareceriam, de maneira mais ou menos direta, em seu livro mais importante, e que estava para ser lançado. Bovarismo, violência do Estado, elites estrangeiradas, literatos com seus barroquismos e o racismo pipocavam por toda parte nas páginas do romance. *Triste fim de Policarpo Quaresma* seria mesmo sua grande cartada.

Atirando longe: Policarpo Quaresma, um triste visionário[51]

Se a colaboração de Lima na imprensa de esparsa virava frequente, se ele já era figura tarimbada na cena cultural carioca, seu grande feito foi de fato a publicação do folhetim *Triste fim de Policarpo Quaresma*. Divulgado pela primeira vez na edição vespertina do *Jornal do Commercio* entre 11 de agosto e 19 de outubro de 1911, viraria livro no final de 1915. Mas valia a estreia nesse que era um dos mais importantes periódicos em circulação no Rio, contando com duas edições diárias. O texto de Lima apareceu na seção "Folhetim do *Jornal do Commercio*", gênero que se convertera em verdadeira coqueluche na cidade, a qual, a despeito do fim da monarquia, continuava a comportar-se como se ainda existisse uma corte difundindo vogas e costumes.

Da França vinha não só a sociabilidade, como a língua franca, os costumes, e também a voga dos folhetins. Chamado de "frutinha do nosso tempo" por Machado de Assis, "folhetim-colibri" por José de Alencar, o gênero já havia sido adotado por autores como Balzac, Eugène Sue e Alexandre Dumas. *Le feuilleton* surgiu em meados do século xix e ocupava o *rez-de-chaussée*, ou seja, o rodapé da primeira página dos jornais, e era garantia de sucesso: do periódico e do próprio autor, que passava — quando suas histórias eram bem-sucedidas — a lançar-se em voos mais altos. Por isso, o folhetim se associou à carreira dos escritores iniciantes: muitas vezes esses romances em fatias eram transformados em livros, trazendo novos leitores para os autores consagrados e facilitando o duro início dos que estreavam nas lides literárias.

No Brasil, *Les Mystères de Paris* de Eugène Sue apareceu no *Jornal do Commercio* de 1º de setembro de 1844 a janeiro de 1845, quase duplicando as vendas do noticioso. Já *O guarani*, de José de Alencar, surgiria na forma de folhetim durante 1856-57, sendo igualmente muito bem recebido pelo público.[52] *Triste fim* não fugiria à regra. Foi dividido em 52 folhetins e três diferentes partes com desfechos "tristes": o primeiro, o fim da carreira de Policarpo como funcionário público — por conta de uma petição mal compreendida em que requeria que o tupi fosse transformado em língua nacional; o segundo, a falência do sítio do herói; o terceiro, com o personagem voluntariando-se no Exército e terminando preso.

Lima teve o cuidado de guardar o manuscrito que deu origem à obra: são 254 fólios escritos com sua conhecida má letra.[53] No alto das folhas de almaço consta o nome da Secretaria da Guerra. Lá, o ofício de Lima era redigir atas, mas, como já vimos, ele costumava usar o tempo livre desenvolvendo seus próprios projetos literários. Para que a obra aparecesse em livro, o que só se deu em 1915, na única edição que o autor conheceu em vida, ele teve de arcar com os custos, e não obstante alegava que a publicação era pobre, cheia de erros e "gatos". Em março de 1917, no seu *Diário*, o escritor anotou: "Devo unicamente ao Lima, pela impressão do *Policarpo*, a quantia de 442 mil-réis".[54] No ano de 1916, assim se referia à publicação: "O *Policarpo Quaresma* foi escrito em dois meses e pouco [...] Tomei dinheiro daqui e dali, inclusive do Santos,[55] que me emprestou 300 mil-réis [...] *Audaces fortuna juvat*".[56]

CARTADA FORTE E VISIONÁRIA: FAZENDO CRÔNICAS, CONTOS, E VIRANDO *TRISTE FIM DE POLICARPO QUARESMA* | 301

O autor queixava-se não só do dinheiro que despendeu, como daquele que teve de gastar para dar publicidade à obra. Apesar das lamúrias, o jornal *A Época* de 18 de fevereiro de 1916 estampou na primeira página uma entrevista acompanhada de resenha favorável ao livro. O jornalista destacava o lado "marginal" do escritor e sua origem; diversa, ao menos quando comparada a outros nomes da literatura da época. "*Policarpo Quaresma* é um livro comum em que pretendo mostrar a puerilidade de muitas das nossas pretensões brasileiras", explica Lima na matéria. E o jornalista segue: "No Rio de Janeiro, não há quem não o conheça. Ele vive em todos os bairros, arrabaldes, subúrbios. [...] a rua é seu elemento. Pergunta-se a qualquer pessoa: 'Tu viste o Lima?'. Ela responderá imediatamente: 'Vi-o [...] hoje, pela manhã, jogando bilhar'. Ninguém lhe contesta a leitura, e é suposição de todos que ele a faz nos bondes, nas barcas, nos trens. [...] Lima Barreto não é jovem, já passou dos trinta, mas continua cheio de mocidade e ardor. Nasceu no Rio de Janeiro [...] e admira a beleza estonteante da sua cidade. Estudou engenharia e abandonou o curso. Escapou de ser doutor, como diz ele. Fez-se empregado público [...] e, parece, é o desespero dos seus chefes. Procuramo-lo. Andamos de botequim em botequim, de confeitaria em confeitaria e fomos encontrá-lo em uma *brasserie*".[57]

Com a publicação de *Triste fim*, a figura literária de Lima seria ainda mais lapidada. Ele era então caracterizado, e também gostava de se definir desta maneira, como um escritor boêmio, frequentador de botequins, realista por gosto, avesso ao jornalismo burguês e aos formalismos da literatura. Seus problemas na Politécnica viravam virtudes, seu ir e vir nos subúrbios uma forma de existência. A despeito de tanta contraposição, Lima jamais negava seu sonho de viver das letras. Tanto que, nessa mesma entrevista, assim resumia sua "missão": "O fim da minha vida é as letras. Eu não peço delas, senão aquilo que elas me podem dar: Glória! [...] Não quero ser deputado, não quero ser senador, não quero ser mais nada senão literato. Não peço às letras conquistas fáceis [...] peço-lhes coisa sólida e duradoura. [...] Eu abandonei tudo, por elas; e a minha esperança é que elas me vão dar muita coisa. É o que me faz viver mergulhado nos meus desgostos, nas minhas mágoas [...] Vamos beber cerveja".[58]

O imprevisto virava sorte premeditada, e Lima explicava todo o passado em função do futuro: sua glória na literatura. Por sinal, naquele momento, nada parecia amainar a expectativa do escritor, expressa também em alguns detalhes de *Triste fim*. Por exemplo, ele dedicou a edição de 1915 a João Luís Ferreira.[59] Até aqui nada de estranho; afinal, o autor tinha por costume dedicar seus textos a amigos. Nesse caso, porém, o homenageado era da elite piauiense, estudara com Lima na Escola Politécnica e, diferentemente dele, concluíra o curso de engenharia civil, retornando a seu estado, onde se elegeu governador. João Ferreira era irmão de José Félix Pacheco, diretor proprietário do *Jornal do Commercio*, deputado federal, senador, ministro das Relações Exteriores, poeta, e tradutor de Baudelaire. Fácil notar que Lima se cercava de amigos tão cultos como proeminentes, e que contava com eles para alcançar projeção nas artes ao mesmo tempo que atacava a elite intelectual e política do país.

À sua maneira, o amanuense ia fazendo carreira ruidosa, com suas crônicas provocativas, contos igualmente críticos e romances bastante escandalosos. *Isaías Caminha*, de 1909, não fora sucesso de crítica, mas lhe conferira certa notoriedade de enfant terrible. A pecha lhe custara, contudo, muito caro. Por causa das denúncias à imprensa, definida por ele como o "quarto poder da República", a obra mereceu, como vimos, certo silêncio dos colegas.

E *Triste fim* parecia seguir a mesma trilha. Comecemos pelo começo. Vale a pena iluminar a citação de Joseph-Ernest Renan, retirada de *Marc-Aurèle et la fin du monde antique*, que abre o livro: *"Le grand inconvénient de la vie réelle et ce qui la rend insupportable à l'homme supérieur, c'est que, si l'on y transporte les principes de l'idéal, les qualités deviennent des défauts, si bien que fort souvent l'homme accompli y réussit moins bien que celui qui a pour mobiles l'égoïsme ou la routine vulgaire"*.[60]

Renan foi um pensador cético, crítico da ciência e do seu tempo, e nesse trecho ele se refere mais explicitamente a Marco Aurélio.[61] O paralelo é evidente: o imperador romano e Policarpo seriam ambos homens de espírito superior, mas mal entendidos por sua geração, motivo pelo qual não passavam de homens "tristes". O suposto é que aqueles que se movem por bons princípios têm menos sucesso do que os que encontram razões egoístas para gerenciar sua própria vida. Além do mais, todos eles, incluindo Lima, seriam patriotas incompreendidos. A pátria que amavam era um ideal e não parecia ser a mesma dos demais habitantes de seus respectivos países.

Policarpo era um patriota paradoxal, desses que geravam estranheza, em função de seus projetos, ideias e manias. Queria, por exemplo, introduzir o tupi-guarani como língua nacional e era veementemente avesso a qualquer inovação vinda do estrangeiro. Cultor das "nossas tradições", tomava aulas de violão, o qual considerava "genuinamente brasileiro", e a modinha o ritmo por excelência desse instrumento. Era contra o petit-pois, que trocava por guando — uma erva da família das leguminosas —, calçava botas nacionais e só tomava parati.

Era pontual como um relógio e por isso a vizinhança estava acostumada a fiar-se na rotina dele, "sem erro de um minuto". Pequeno, magro e sempre com seu pincenê, andava olhando para baixo. No entanto, quando resolvia prestar atenção em alguém, era como se perscrutasse a "alma da pessoa ou da coisa que fixava". O título de major que portava era meramente honorífico, presente de amigo influente no Ministério do Interior que "lhe tinha metido o nome numa lista de guardas nacionais, com esse posto. Nunca tendo pago os emolumentos, viu-se, entretanto, sempre tratado major, e a coisa pegou".[62] A princípio protestou, mas, depois, acabou acomodando-se com a deferência.

O protagonista de *Triste fim* lia muito; constantemente literatura brasileira ou sobre o Brasil. Gostava de Gregório de Matos, Basílio da Gama, José de Alencar, Gonçalves Dias, e dos viajantes como Gândavo, Gabriel Soares e Rocha Pita. A lista dos seus favoritos era grande, sendo ele ainda cultor de dicionários, enciclopédias e compêndios.[63] Quaresma era "antes de tudo brasileiro"; mas seu amor não era do tipo "comum", "palra-

CARTADA FORTE E VISIONÁRIA: FAZENDO CRÔNICAS, CONTOS, E VIRANDO *TRISTE FIM DE POLICARPO QUARESMA* | 303

dor e vazio". Todo o seu "sentimento" era "sério, grave e absorvente". Também não tinha pretensões políticas ou administrativas. Seu conhecimento acerca do país servia apenas para que meditasse sobre "recursos", e pensasse em "remédios" para o Brasil.

A primeira parte do romance é tomada, pois, por essa descrição da personalidade e da rotina de Policarpo e seus amigos; sobretudo o professor de violão Ricardo Coração dos Outros; Olga, sua leal afilhada; e sua pacata irmã Adelaide, que o acompanha nas aventuras. Ela que nunca "sonhara príncipes, belezas, triunfos, nem mesmo um marido".[64] Tudo ia de forma regular, como era regular a vida do major, até que, no auge de seu patriotismo, ele resolveu fazer um ofício para o ministro defendendo a introdução do tupi como língua oficial. Publicado nos jornais, o documento virou motivo de pilhéria, e Quaresma virou um "encerramento em si mesmo": acabou no hospício.

Até aqui temos muitos elementos a ligar Lima a seu personagem. Seu pai era assim, rotineiro como o major, e, à sua maneira, fora muito patriota. João Henriques, nos artigos que escreveu a respeito da ilha do Governador, dava conselhos sobre agricultura e também advogava que a batata que chamamos de inglesa era na verdade americana. Já Policarpo sempre se gabava das terras férteis de seu país e de como por aqui tudo dava — feijão, milho e até a batata-inglesa.

E, da mesma forma que o major, o administrador das Colônias de Alienados se ensimesmou e enlouqueceu. Entretanto, diferentemente do pai de Lima, cujo último capítulo de vida estava "sendo escrito" numa poltrona da casa de Todos os Santos, e cada vez mais distante do mundo, Policarpo permanecia cheio de planos e não se dava por vencido. Na segunda parte do livro, ele compra um sítio para onde se muda com a irmã. O lugar apresenta paralelos evidentes com a descrição que Lima deixou do seu sítio na ilha do Governador, além da semelhança no nome — o sítio do Sossego ficava no Curuzu, o de Policarpo a duas léguas de distância: perto da cachoeira do Carico (no Curuzu). Ademais, num paralelo "afetivo" com a infância do escritor, também a casa do major ficava bem no topo de uma colina.

Policarpo deixou os subúrbios, onde morava — aliás, como a família de Lima —, para se dedicar a seu novo "sacerdócio". Longe da cidade, agora seguia outra vida junto à lavoura. Roçava a terra como João Henriques ensinara em seus artigos: arava, tirava os matos, tratava do solo até que ficasse limpo e pronto para o plantio. Era contra adubos, pois acreditava na fertilidade natural do Brasil. Mas, mais uma vez, a calmaria anunciava reviravolta. Certo dia, o tenente e escrivão Antonino Dutra foi até a casa de Policarpo para saber se ele ajudaria na festa da Conceição. Avesso a "trocas de favores", o major negou o pedido, o que bastou para que os políticos locais passassem a prejudicar seu sonho. Taxas e impostos, que jamais haviam sido cobrados, passam a cair na cabeça do major, que ainda tirava pouco do sítio. Bem que Policarpo pensou numa reforma agrária para solucionar esses males. Porém, desanimado com as formigas que insistiam em invadir sua propriedade, o protagonista aprontou-se para nova aventura.

Na terceira e última parte do livro encontramos Policarpo de volta à cidade, e informado sobre um acontecimento que entrara de vez no cotidiano da população: a Revolta da Armada. Juntando dois mais dois, o major fez um memorial contendo suas "medidas necessárias para o levantamento da agricultura nacional" e o entregou ao marechal Floriano. Este, evidentemente desinteressado do tema, convidou o amigo a se alistar no Exército e combater contra os inimigos. Patriota, o herói aceitou o desafio e foi listado como major; o que era título honorífico agora virava realidade. A revolta passou a figurar no dia a dia de Quaresma, como entrara na vida de Lima. No fim do romance, o protagonista se desaponta com a guerra, arrepende-se de ter matado um homem, e sai ferido levemente. Quando o movimento político se encerra, ele é preso — sem ter certeza dos motivos — e termina seus dias questionando-se acerca do próprio patriotismo. Ele não passava de um "visionário", e a "pátria que quisera ter era um mito; era um fantasma criado por ele no silêncio do seu gabinete".[65]

Bem que Olga tentou libertá-lo, mas teve que ouvir um ajudante de ordens dizer que Quaresma era um "traidor", um "bandido". Concluiu que era melhor deixá-lo "morrer só e heroicamente num ilhéu" do que tirá-lo da masmorra na base dos favores. E assim se fecha, com muita emoção, a narrativa, e chega-se ao "triste fim" desse herói quixotesco nacional, o major Policarpo Quaresma.

Também no caso desse livro, Lima revelava pressa. Escrito em dois meses e meio, o romance carrega um tom de "artista impaciente", como se um contexto nervoso invadisse as páginas da ficção.[66] Coincidência ou não, *Triste fim* marca alegoricamente o término de um momento na carreira do autor e o início de outro: antes dele, Lima frequentava de maneira assídua rodas de escritores, jornalistas e políticos; depois dele, e com a pequena repercussão da obra — ao menos diante das imensas expectativas do autor —, a bebida fez com que ficasse menos atento a esse tipo de socialização literária, mantendo um círculo de amigos ainda mais restrito.

A obra, apesar de não ser exatamente à clef, dessa vez traduziria o ambiente conturbado de seu contexto, recuando aos idos de 1893, quando começa a Revolta da Armada. A circunstância não poderia ser mais significativa para ele, inclusive pessoalmente. Em 1890, como sabemos, seu pai, João Henriques, até então um tipógrafo bem-sucedido, foi demitido da Imprensa Nacional sob alegação de conivência com a monarquia. Foi também nesse período que acabou aceitando o emprego de escriturário das Colônias de Alienados na ilha do Governador. Conhecemos igualmente as cicatrizes profundas que a Revolta da Armada deixaria no pai e no filho. Numa crônica mais tardia, publicada no *Almanak d'A Noite* de 23 de maio de 1916, Lima descreve sua vida aos doze anos e como a revolta de 1893 entrou nela.

Nesse regime de falsas coincidências, nota-se facilmente que o movimento da Armada assume papel simbólico no livro e na vida do seu autor. Para Lima, significou a entrada na vida adulta, com a sucessiva mudança da família para os subúrbios cariocas. Foi também nessas vizinhanças, afastadas e conectadas da cidade, que o autor imaginou a morada de outro grande personagem — o menestrel Ricardo Coração dos Outros.

A loucura, que entraria em cheio na vida de Lima, se transformaria em personagem do romance. Ismênia, uma moça casadoira, com a fuga do noivo cairá demente. Era

CARTADA FORTE E VISIONÁRIA: FAZENDO CRÔNICAS, CONTOS, E VIRANDO *TRISTE FIM DE POLICARPO QUARESMA* | 305

uma loucura mansa, essa da eterna noiva Ismênia, que, como a filha da pensionista do conto "Miss Edith e seu tio", que descia socialmente a cada namorado que encontrava, nunca deixou de sonhar com um marido. O estado de alienação resultava da falta de perspectiva das moças e do descrédito de Lima diante do matrimônio. Ele nunca fora favorável ao casamento, seus personagens tampouco: "O casamento já não é mais amor, não é maternidade, não é nada disso: é simplesmente casamento, uma coisa vazia, sem fundamento nem na nossa natureza nem nas nossas necessidades".[67]

Policarpo também será internado durante alguns meses em razão de suas opiniões radicais e "excessivas". O protagonista se retirou no seu insulamento e ganhou um "ar de estranho a tudo, às competições, às ambições, pois nada dessas coisas que fazem os ódios e as lutas tinha entrado no seu temperamento".[68] A loucura está presente, ainda, no quartel de Floriano ou na impossibilidade de o sítio do Sossego vingar. São todos uns loucos na caserna ou aqueles que acreditam na agricultura do Brasil. Por isso, é a loucura que constrói a narrativa e confere a ela o tom de folhetim, que guarda a cada dia uma nova desventura, mais um triste fim.

Lima cria nesse romance uma galeria de tipos impagáveis. De um lado há Policarpo, "um visionário" e defensor das "coisas do Brasil". De outro, Floriano com seu "bigode caído", "traços flácidos e grosseiros", "olhar mortiço, redondo, pobre de expressões".[69] É forte o contraste entre Ismênia e Olga. A primeira, frágil como o pai de Lima, logo sucumbe à loucura. Já a segunda, a afilhada de Policarpo, é a ética do major inscrita no corpo de mulher. Há ainda a contraposição entre o sempre fiel Ricardo Coração dos Outros e Genelício, empregado do Tesouro que não passava de um "gênio" na arte da "bajulação".

Não existem vilões definitivos na obra; estão todos nas "encruzilhadas dos talvezes", na feliz expressão do seu autor.[70] Ou seja, cada um deles, e à sua maneira, pode ser bom e ruim; dadivoso e egoísta; altruísta e velhaco. O general Albernaz e o contra-almirante Caldas ostentavam seus títulos mas nunca haviam participado de batalha alguma. Dr. Florêncio "era mais um guarda de encanamentos do que mesmo um engenheiro". E assim vamos, com cada figurante expressando os dilemas de uma modernidade aos pedaços. Ceticismo e otimismo; honestidade e contravenção; sanidade e loucura; progresso e decadência são oposições que organizam toda a obra. O que impera é a ambivalência dos personagens, que corresponde às próprias ambivalências do contexto, oscilante entre a profunda crença no futuro, o olhar saudoso para o passado e a descrença diante do porvir. O único que escapa é Floriano; ele, sim, a personificação do radicalismo e do descaminho que esperava o país. Nada tem de "talvez".

Momento dos mais significativos é aquele em que as formigas destroem de vez o sítio do protagonista. Sem abandonar o humor, Lima retoma a frase do naturalista Saint-Hilaire quando percorreu o país nos idos de 1816 e 1822: "Ou o Brasil acaba com a saúva ou a saúva acaba com o Brasil". Já o sítio de Policarpo sofreria verdadeira invasão de formigas: "Quis afugentá-las. Matou uma, duas, dez, vinte, cem; mas eram milhares e cada vez mais o exército aumentava". Esses insetos também maltrataram as colheitas de João Henriques na ilha do Governador, onde até havia uma fábrica de veneno cujo objetivo era eliminar os terríveis predadores. O "infame inimigo" não sairia da cabeça do escritor, que em "As formigas e o prefeito" contava: "Esse negócio de saúvas preocupa-me desde menino, quando o meu velho amigo Policarpo Quaresma narrou à minha infância curiosa os suplícios que elas o fizeram sofrer".[71] E tais insetos virariam obstáculo real e metafórico em diferentes relatos. Paulo Prado, em *Retrato do Brasil*, de 1928,[72] incluiu-os entre os nossos problemas locais, e Mário de Andrade, em *Macunaíma*, arrematou: "Muita saúva e pouca saúde os males do Brasil são".[73]

Portanto, não é de somenos importância o fato de as saúvas figurarem na passagem da segunda para a terceira parte do livro com seus desfechos tristes. Se na primeira Policarpo é internado por propor o tupi-guarani como língua nacional, já nesse momento a decepção viria com a terra do Brasil, onde nem tudo dá. Nem nossa "forte base agrícola", aquela que tiraria o país de seu empobrecimento secular, salvava-se das formigas e dos políticos tacanhos. A terceira decepção estaria na própria "pátria". O major se insurge e acaba preso na ilha das Cobras. O movimento é claro e anuncia sempre o lamento: da repartição pública para o campo; do campo para o Ministério da Guerra, os problemas se repetem. "O tupi encontrou a incredulidade geral, o riso, a mofa, o escárnio; e levou-o à loucura. Uma decepção. E a agricultura? Nada. As terras não eram ferazes e ela não era fácil como diziam os livros. Outra decepção. E, quando o seu patriotismo se fizera combatente, o que achara?" A pátria virava "um mito", um fantasma do seu gabinete.[74]

Quaresma era assim um patriota distinto dos demais, pois sua pátria era aquela retirada dos seus livros e da sua biblioteca. *Triste fim* é construído, dessa maneira, a partir de uma série de desencantos: com a política e os políticos, com os livros, com o Brasil. Conforme sugere o crítico Silviano Santiago, a repetição do tema central, os núcleos reiterados, a redundância narrativa é que conferem ao livro uma clara "estética popular".[75] Há também nele uma crítica dura e teimosa ao autoritarismo e à repressão ao pensamento divergente, cujo destino só pode ser o manicômio, a prisão ou a morte. Por isso, é uma obra triste, amargurada, e que retoma o pessimismo que já ia se colando a Lima. Aqui ele vira quase uma tópica: "e assim é que ia para a cova, sem deixar traço seu, sem um filho, sem um amor, sem um beijo mais quente, sem nenhum mesmo, e sem sequer uma asneira".[76]

Esse foi o livro em que Lima Barreto apostou mais. E não sem motivos. No seu *Diário* do mês de março de 1916, ele anotou: "Meu livro, o *Policarpo*, saiu há quase um mês. Só um jornal falou sobre ele três vezes (de sobra). Em uma delas, Fábio Luz assinou um artigo bem agradável. Ele saiu nas vésperas do carnaval. Ninguém pensava em outra coisa. Passou-se o carnaval e Portugal teve a cisma de provocar guerra com a Alemanha [...]. E não têm tempo de falar no meu livro...".[77]

Lima tinha urgência, e a recepção dos jornais ficava aquém do que ele esperava e projetava. A resenha mais importante para o escritor, e que ele chegou a ler, foi a de Oliveira Lima, escrita para *O Estado de S. Paulo* no dia 13 de novembro de 1916. O diplomata chamava o major Quaresma de um "Dom Quixote nacional" e fechava: "ambos

CARTADA FORTE E VISIONÁRIA: FAZENDO CRÔNICAS, CONTOS, E VIRANDO *TRISTE FIM DE POLICARPO QUARESMA* | 307

são tipos de otimistas incuráveis porque acreditam que os males sociais e sofrimentos humanos podem ser curados pela mais simples e ao mesmo tempo mais difícil das terapêuticas, que é a aplicação da justiça da qual um e outro se arvoraram paladinos". Era a tópica do patriotismo ideal que voltava nessa resenha. De resto, o livro continuava, assim como seu autor, no relativo silêncio, ao menos na régua de sua alta expectativa. Se o romance pretendia causar muita polêmica, o primeiro resultado desanimou o escritor: faltaram críticas de peso. Houve outras notas, sem dúvida, mas mais indiretas. Em *A Imprensa* de 20 de agosto de 1916, um jornalista defendeu a criação da Academia Livre de Letras, denunciou a exploração dos editores e aproveitou para introduzir Lima Barreto como caso exemplar da nova geração literária. Visto sob esse ângulo, Lima ia até virando modelo, "líder do grupo que se reunia na revista *Floreal*", e que pedia por uma literatura engajada, inspirada por autores como Dostoiévski, Tolstói, Flaubert, Balzac, Taine, Stendhal, Eça de Queirós e Renan.

Triste fim também aparecia, por vezes, disperso em meio a outros assuntos. A *Gazeta de Noticias* de 29 de abril de 1916, por exemplo, publicou — na coluna "Binóculo" — um artigo em que uma amiga imaginava o cotidiano da outra, mas reclamava do desaparecimento dela "dos chás, do *footing*, das reuniões e até da própria Avenida". Descarta algum *flirt* e revela que a amiga andava assistindo como espectadora aos "acontecimentos do coração e do espírito", por meio dos livros. "Mme. Violeta", a remetente da carta, confessa ser grande leitora e ter predileção por autores brasileiros. Afirma ela que devora textos de Albertina Bertha, versos de Gilka Machado, os poemas de Olegário Mariano e os trabalhos de filosofia de Jackson de Figueiredo.[78] Por fim, menciona que andava lendo "o romance de um cavalheiro terrível, originalíssimo, mas apesar de tudo cheio de talento: *Triste fim de Policarpo Quaresma*". E vai em frente: "Não lhe quero fazer a crítica deste livro [...] caricatura real e habilíssima deste aglomerado tumultuoso que é a nossa sociedade". Violeta arrisca até uma analogia da obra com *Les Dieux ont soif*, de Anatole France, uma vez que ambos os autores tratariam do "mesmo tema da negação: uma época idêntica de agitação e de perturbação social". Depois de ressaltar qualidades do livro, ajuíza: "parece que se faz misteriosamente silêncio em torno dele". E responde: "Eu penso que os livros bons devem ser elogiados, mesmo quando sejam produzidos por desafetos nossos. Que importa que o seu autor seja um impenitente *blagueur* se realmente tem talento?".[79]

Ante as dificuldades em entender aquela inibição da crítica, Violeta aposta no perfil original do seu autor, que "não tem a habilidade em cumprimentar certos cavalheiros na rua", além de continuar inédito nos chás elegantes, ignorar as récitas do Municipal e, durante a *season*, não fazer o footing. Acrescenta que ele não usaria monóculo e que "tem pelo líquido que alagou a terra no tempo de Noé uma sincera e respeitosa aversão". E fecha: "fosse discreto, fosse elegante e, sobretudo, possuísse aquele prodigioso dom que nos dá hoje, o sucesso na vida — a mediocridade [...] se assim fosse minha amiga, estou certa de que o autor do *Policarpo Quaresma* seria um triunfador, *sous la coupole*".[80]

A crítica indireta e em tom de blague, com claras pinceladas irônicas em relação ao alcoolismo que acompanhava a biografia do escritor, procura explicar a tímida recepção à obra de Lima e à sua pessoa. Com efeito, naquela altura ele já era constantemente descrito como avesso ao mundo social, partidário da bebida, e uma espécie de inimigo confesso dos escritores mais badalados. A coluna, na verdade, fora escrita por Alberto Figueiredo Pimentel que, como poeta, associava-se aos círculos simbolistas. Era dele, como sabemos, o famoso dito "O Rio civiliza-se", slogan lançado em 1904 pelo jornal *Gazeta de Noticias*, e que se transformou em símbolo desse Rio belle époque, dos cafés elegantes e da vida social animada. E em tal contexto literário, se o livro de Lima era elogiado, já seu autor surgia retratado como um completo inadaptado. Faltava-lhe vocabulário social.

Figueiredo Pimentel tinha também motivos particulares para ver no escritor um "adversário" ou, ao menos, um sujeito distante daqueles círculos literários e seus padrões de sociabilidade. Afinal, em 11 de janeiro de 1915, Lima escrevera no *Correio da Noite* uma crônica intitulada, justamente, "Com o 'Binóculo'", em que destruía a coluna e o colunismo social. "Julgava que essa história de *pic-nics* não fosse mais binocular; o meu engano, porém, ficou demonstrado. No largo da Carioca havia dois ou três bondes especiais e damas e cavalheiros, das mais *chics* rodas [...]. Elas, as damas, vinham todas vestidas com as mais custosas confecções [...], e ensaiavam sorrisos como se fossem para Versailles nos bons tempos da realeza francesa. [...] O *Binóculo* deve olhar para esse fato; deve procurar pôr um pouco mais de proporção, de discrição nessas manifestações festivas da nossa grande roda aos cavalos de corridas [...]."[81]

Nesse caso, portanto, a crítica à sua pessoa era até previsível. Lima não se enquadrava bem nas exigências da sociabilidade contemporânea, que ia tomando o Brasil das capitais. O que se exigia agora era um escritor mais público, mais alvissareiro também; todos atributos que não se ajustavam ao projeto de Lima nem ao patriotismo expresso por Quaresma e seu autor.

Mas o escritor ficaria particularmente aborrecido com a resenha que recebeu do jornal *A Noite* de 1º de outubro de 1916. Medeiros e Albuquerque, que fazia parte da ABL desde a sua fundação e já havia criticado *Recordações do escrivão Isaías Caminha*, publicou resenha negativa, condenando o perfil à clef dos romances de Lima. Albuquerque começava até elogiando: "O *Triste fim de Policarpo Quaresma* prova mais uma vez que o sr. Lima Barreto é um admirável romancista. O livro tem os melhores característicos dos bons romances; suscita, de princípio a fim, o maior interesse e desenha rigorosamente tipos, que a nossa imaginação evoca com inteira nitidez".

O lado positivo do artigo era, não obstante, curto; muito mais intensas eram as reprovações: "O autor tem, entretanto, uma predileção, que não é de louvar: a de pôr em cena personagens conhecidos. Gosta do que os franceses chamam o romance à clef, romance em que é possível reconhecer quem o escritor quis evocar [...]. No seu primeiro livro isto era ainda mais sensível. Neste, a coisa está menos visível, mais atenuada. Resta, porém, ao romancista a defesa de que, pintando o meio em que vive, nele buscou os tipos de que precisava para a sua ação. E a censura pode parecer um elogio. Mas há no sr. Lima Barreto um tal instinto de agressividade e de caricatura que, tendo reconhecido alguns dos seus personagens, fica-se com a desconfiança de que também os outros devem ser copiados — e deformados — da realidade".[82]

O crítico, que até então louvara a obra, afirmando que "a ação, que é muito bem desenvolvida, prende, da primeira à última página, a atenção do leitor", descamba para as reprovações: "Mas o sr. Lima Barreto se esquece às vezes que está fazendo um romance e abre parênteses para discutir. É como se um dramaturgo surgisse, de repente, no palco, atrapalhando a representação [...] Do mesmo modo, não satisfeito de pôr em cena o marechal Floriano de um modo notoriamente injusto, o autor interrompe a ação do livro para discutir-lhe a personalidade [...] É um cúmulo! Seria talvez mais justo alguém que o achasse loiro e de olhos azuis, ele que era moreno e de cabelos bem pretos...". Enfim, a impressão que fica é a de que Medeiros até aprecia qualidades da obra. Contudo, volta sempre ao contencioso, não escondendo seu desagravo: "Mas tendo o que não se aprende, falta-lhe o que lhe será fácil de aprender: um pouco mais de correção de linguagem".[83]

Lima deve ter ficado contrariado com a crítica, que talvez o tenha pegado desprevenido. Afinal, o próprio jornal *A Noite*, de 30 de abril de 1916, havia elogiado a obra: "Com o novo livro de Lima Barreto, *Triste fim de Policarpo Quaresma*, dá-se um caso muito raro em livros nacionais [...]. Quando se acaba de ler o *Triste fim de Policarpo Quaresma* sente-se um esquisito patriotismo; um patriotismo triste [...]. O livro de Lima Barreto é um livro cético, mas é um livro sincero e patriótico, porque expõe ao vivo muitas das mazelas que impedem o desenvolvimento nacional deste 'grande país sem estadistas'...".[84]

O livro era cético, sincero e até patriótico; quanta diferença para a resenha acachapante de Medeiros. De toda forma, se a cobertura não teve o tamanho que Lima desejava, ou competiu com outras dedicadas a livros que saíram no mesmo período, como os de João do Rio, por exemplo, não se pode dizer que *Triste fim* não tenha gerado repercussão. Ao contrário, contou com várias resenhas até favoráveis. Esse é o caso de *O Paiz* do dia 22 de setembro de 1916, que trazia um comentário breve e não se detinha em nenhum aspecto da obra mas no fecho ajuizava: "Livro a respeito do qual se pode desde logo fazer uma afirmação, que é o seu melhor elogio: não tem banalidade".[85] Mas *Triste fim* não decolou. Lima atribuía o resultado pífio à sua origem social e às suas diferenças com os jornalistas e as redes literárias que o cercavam. É difícil apostar no motivo certo e único. Se não há como negar de todo a alegação do autor, é possível arriscar que, mais uma vez, as ilações ao contexto podem ter sido prejudiciais à recepção do livro. Pensar nas ciladas do patriotismo, observar com ceticismo os projetos de nacionalidade, deitar um olhar nostálgico sobre o presente ou até deixar "um triste fim" — em vez dos arremates mais grandiosos, românticos ou elevados — eram modelos que não se coadunavam com aquele momento, o qual preferia a atitude de louvação ou uma literatura menos ácida. Não se pode tampouco esquecer dos florianistas que, ainda vivos, não deviam ter gostado, como Albuquerque, das referências pouco respeitosas ao antigo presidente e à sua política.

Afinal, ataques é que não faltavam no livro. À política do passado e do presente; à falta de projetos das elites; ao fascínio pelas ideias estrangeiras; e aos nacionalismos postiços. Existia ironia até no nome escolhido para o herói da narrativa, como bem mostra Silviano Santiago.[86] "Policarpo", segundo o dicionário, significa "aquele que tem e produz muitos frutos". Mas a vida do herói não resultou em nenhum produto digno; ele terminou só, sem descendentes, e até sem herança para deixar. Já o verbo "carpir" (que pode significar também "chorar", "lamentar") remeteria a outra referência existente no título da obra: "o triste fim". "Quaresma" é igualmente palavra de mais de um sentido; num deles, designa o período de quarenta dias de jejum que termina no Domingo de Páscoa e com o sacrifício de Cristo; sacrifício entendido como ato de consagração, cujo desenlace, apesar de triste, pode fundar um pacto com uma nova sociedade. Policarpo seria assim um gênero de Cristo dessa nacionalidade tropical; um líder melancólico de um novo porvir. No entanto, não foi. Por isso tem mais de "carpo" que de Policarpo. "Quaresma" é ainda um tipo de coqueiro; essa árvore presente na representação do Brasil desde os primeiros mapas seiscentistas e que virou no século XIX, e com a pesquisa que lhe dedicaram os naturalistas austríacos Spix e Martius, símbolo da nacionalidade.[87] Há quem discuta sua origem e a atribua à Ásia, mas nenhum viajante negaria a existência da espécie em toda a costa tropical. Desse modo, ela se tornou ícone maior de nosso ufanismo, e o personagem não poderia ser homenagem mais ao revés. Se ele se dedicava à agricultura do país, também se desencantou com a falta de frutos e resultados.

Difícil esquecer que em 1901 o conde Afonso Celso, filho do nosso velho e conhecido visconde, escrevia *Porque me ufano do meu país* a partir dos mesmos modelos "eurocêntricos", e das pitadas felizes e esperançosas que faziam a alegria dos leitores brasileiros: "Verdadeira maravilha a uberdade da terra roxa, que o calor e a umidade bastam a fecundar".[88] Já a terra "ubérrima" do sítio de Policarpo é invadida pelas formigas, que, no limite, representam a "realidade" do país. Os "pequenos inimigos" são aqueles que acabam por destruir o sonho e a utopia.

O próprio Afonso Celso escreveu uma resenha do livro para o *Jornal do Brasil* de 28 de março de 1916, na coluna "Cotas aos casos". Mais uma vez, Lima foi definido como autor do romance à clef *Isaías Caminha*, que "há anos produziu viva sensação em nossas rodas literárias". Sobre *Policarpo Quaresma*, o conde tece elogios; afirma que é "um trabalho original e forte, muito superior ao antecedente [*Isaías*]...". Aproximando o livro de Lima a *Memórias póstumas de Brás Cubas*, *Quincas Borba* e *Dom Casmurro*, Afonso Celso distingue e compara os autores. Para ele, o primeiro escritor não possuiria "o estilo fluido, cintilante e conceituoso do mestre", nem a "docilidade, correção e aticismo" de Machado de Assis. Mas veria os "homens e coisas por um prisma semelhante ao dele". Lima demonstrou grande satisfação com a crítica, reagindo em carta endereçada a seu autor no dia seguinte à publicação. Nela, diz não saber bem como agradecer "a bondade e a delicadeza que teve com o obscuro autor do *Policarpo Quaresma*". Difícil dizer se há gratidão ou escárnio na resposta e no humilde fim da missiva: "eu não podia esconder a minha eterna gratidão". E o escritor repisa o cumprimento: "O certo, porém, é que as palavras de Vossa Excelência, Senhor Conde, me tocaram muito e muito me alentaram para fazer coisa melhor e mais perfeita".[89]

Fato é que, no livro, a ambiguidade consiste numa espécie de personagem de fundo; do título à epígrafe — de Renan — até o desfecho. Nas páginas de *Triste fim*, uma clara carga irônica incide sobre a sociedade brasileira e seu personagem principal, que não consegue nem sequer "carpir" e limpar sua roça, seja ela real ou metafórica: no sítio, na repartição ou no Ministério da Guerra — onde, aliás, Lima trabalhava quando entregou os originais. Ambivalência maior está, finalmente, no discurso nacionalista da ficção, que é confirmado pelos livros que Policarpo guarda, orgulhosamente, em sua biblioteca. Nada impede o alardeado "fim": nem seus sonhos, muito menos sua profissão, seu apego à agricultura, ou os conhecimentos que arregimentara.

Não há como saber se Lima leu *Bouvard e Pécuchet*, livro inacabado de Flaubert, publicado postumamente em 1881.[90] O que se sabe é que o amigo Antônio Noronha, em carta datada de 20 de junho de 1916, comenta com o escritor de Todos os Santos, de forma breve, certa passagem presente naquela obra, acerca da cultura do melão.[91] O jeito ligeiro e alusivo com que o colega da *Floreal* menciona o trecho e o fato de Lima ser fã confesso do autor francês parecem provar alguma familiaridade dele com o texto. De qualquer maneira, como escreveu Silviano Santiago, salta aos olhos o paralelo entre Policarpo e os dois escriturários, amantes da ciência e que tentam de tudo um pouco — agricultura, ginástica, teologia, química e pedagogia — mas falham em todas as "artes". A sina de Policarpo seria semelhante: major, funcionário, cientista, agricultor, historiador e geógrafo, termina falido e preso por "lesa-pátria". A dupla de Flaubert acabaria numa casa de loucos. Já Policarpo morreria nas mãos de seus algozes, igualmente frustrado com a República que sonhou e que ruía bem na sua frente.

E não seria descabido juntar não só o pai de Lima como o próprio escritor com mais esse seu personagem de ficção: ele também se via como um paladino, uma voz isolada na República das Letras. Policarpo era ainda outro Lima, ao menos como ele gostava de se ver: "desinteressado de dinheiro, de glória e posição, vivendo numa reserva de sonho, adquirira a candura e a pureza d'alma que vão habitar esses homens de uma ideia fixa, os grandes estudiosos, os sábios, e os inventores, gente que fica mais terna, mais ingênua, mais inocente que as donzelas das poesias de outras épocas".[92]

Talvez Policarpo fosse tão Quixote como Lima. Afinal, não poucas vezes o escritor se definira como avesso ao sucesso, a despeito de lutar, à sua maneira, por ele. Além do mais, se denunciava o aburguesamento de nossas instituições, usaria dessa obra para tentar a sorte na ABL. Fez uma primeira tentativa em agosto de 1917, e sua candidatura nem ao menos foi considerada.[93]

E Lima mais uma vez tentou se espelhar nas criaturas que ia inventando em seus livros. Isoladas, avessas às sociabilidades e ao sucesso. Em dezembro de 1914, publicou um artigo no *Correio da Noite*, que intitulou "O patriotismo".[94] Nele escrevia: "Nota-se, de uns tempos a esta parte, graças à crítica histórica, difundida por todas as formas e meios, que o patriotismo é um sentimento que vai morrendo. [...] A pátria é uma ideia religiosa e de religião que morreu, desde muito. [...] Quanto à raça, os repetidores das estúpidas teorias alemãs são completamente destituídos das mais elementares noções de ciência, senão saberiam perfeitamente que a raça é uma abstração, uma criação lógica, cujo fim é fazer o inventário da natureza viva, dos homens, dos animais, das plantas e que saindo do campo da história natural, não têm mais razão de ser. [...] Entretanto, entre nós, há uma recrudescência de patriotismo [...] Penso que essa gente deixou de ser absolutamente brasileira, para ser paranaense ou espírito-santense e esqueceu que Paraná, Santa Catarina, Ceará ou Mato Grosso são divisões político-administrativas do Brasil e não pátrias [...] Penso eu...".[95]

Era Lima ou Quaresma quem escrevia o artigo no *Correio da Noite*; ou seria um no outro? Afinal, em dezembro do ano de 1914 era o autor que assim definia o amor à pátria de seu personagem da ficção: "A razão tinha que ser encontrada numa disposição particular de seu espírito, no forte sentimento que guiava sua vida. Policarpo era patriota. Desde moço, aí pelos vinte anos, o amor da pátria tomou-o todo inteiro. Não fora o amor comum, palrador e vazio; fora um sentimento sério, grave e absorvente. Nada de ambições políticas ou administrativas; o que Quaresma pensou, ou melhor: o que o patriotismo o fez pensar, foi num conhecimento inteiro do Brasil, levando-o a meditações sobre os seus recursos, para depois então apontar os remédios, as medidas progressivas, com pleno conhecimento de causa".[96]

Crer ou não crer no Brasil, aí estava a questão agudamente enfrentada por Lima e Quaresma. Ser "patriota profundo" ou um cético absoluto eram duas possibilidades; duas faces da mesma moeda. Por isso, nesses anos sofridos, há em Lima certo elogio da loucura. Uma loucura produtiva, molhada de nacionalismo, ora movida por um patriotismo exaltado, ora por desilusão. No romance, o escritor vaticina: "É raro encontrar homens assim, mas os há e, quando se os encontra, mesmo tocados de um grão de loucura, a gente sente mais simpatia pela nossa espécie, mais orgulho de ser homem e mais esperança na felicidade da raça".[97]

No seu *Diário* uma frase solta mostra a potência e, ao mesmo tempo, a capacidade destrutiva de qualquer livro: "Policarpo Quaresma. Ideia que mata. A decepção. O pessimismo".[98]

Ou então bastaria retomar no livro a frase que mais define o personagem central: "Você, Quaresma, é um visionário". Talvez fosse e não fosse mais. Afinal, era Quaresma quem, decepcionado, concluía: "Nada. As terras não eram ferazes e ela [a agricultura] não era fácil como diziam os livros. Outra decepção. E, quando o seu patriotismo se fizera combatente, o que achara? Decepções. Onde estava a doçura de nossa gente? Pois ele não a viu combater como feras? Pois não a via matar prisionei-

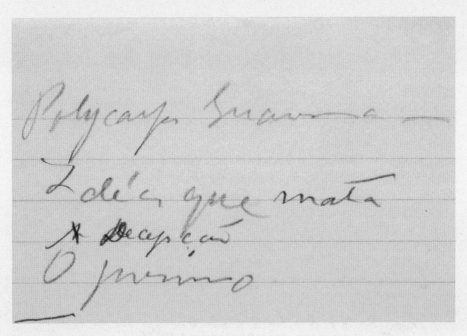

Manuscrito que faz parte do *Diário íntimo* de Lima Barreto.

ros, inúmeros? Outra decepção. A sua vida era uma decepção, uma série, melhor, um encadeamento de decepções...".

Decepção é tema central do livro, das crônicas, dos contos, e também da vida de Lima. Ele que tentava usar uma linguagem popular, que dava a seus textos um tom público,[99] navegava contra a corrente que insistia em aterrá-lo. A sensação lembrava a de um náufrago, faltava ar.

12.
Limana: a biblioteca do Lima[1]

Se eu pudesse [...] se me fosse dado ter o dom completo de escritor, eu havia de ser assim um Rousseau, ao meu jeito, pregando à massa um ideal de vigor, de violência, de força, de coragem calculada, que lhe corrigisse a bondade e a doçura deprimente.
— Lima Barreto, *Vida e morte de M. J. Gonzaga de Sá*[2]

Ex-líbris de Lima Barreto. O desenho é de Correia Dias e foi datado do ano de 1914.

LIMANA: A BIBLIOTECA DO LIMA | 315

Em sua casa, no subúrbio tranquilo de Todos os Santos, Lima mantinha uma generosa biblioteca, motivo de muitos comentários no bairro. Para a vizinhança curiosa, que passava na calçada e podia observar o interior do aposento, devia parecer estranho aquele amontoado de prateleiras cobertas por inúmeros livros, revistas e manuscritos.

A biblioteca funcionava como quarto e escritório do escritor e, de tão frequentada por seu proprietário, ganhou nome e intimidade. Era a Limana, de "Lima" e de "mana": espécie de irmã, em termos carinhosos. Ele se referia ao recinto como a uma amiga e, nos momentos em que permanecia em casa, praticamente morava por lá. Não gostava de sua residência, sobretudo por conta do comportamento cada vez mais "aluado" e dos uivos do pai. No *Diário*, Lima adverte seu hipotético leitor: "Se essas notas forem algum dia lidas, o que eu não espero, há de ser difícil explicar esse sentimento doloroso que eu tenho de minha casa, do desacordo profundo entre mim e ela". O abismo entre ele e os irmãos aumentava. Era até próximo de Evangelina, porém dos irmãos Carlindo, detetive de carreira e guarda-civil, e Eliézer, funcionário da Central do Brasil, parecia a cada dia mais distante. "Entre eu e eles", dizia, "há tanta dessemelhança, tanta cisão, que eu não sei como adaptar-me." Tampouco se adaptava à vizinhança, que achava aborrecida. Por isso, seu refúgio, quando não estava no centro do Rio, ia mais e mais se resumindo àquele local isolado, quieto, por vezes empoeirado, mas onde podia usufruir da companhia dos livros.

Lima aludia à sua própria biblioteca, como se para homenageá-la, ao descrever aquela de seu mais famoso personagem, Policarpo Quaresma. "O major entrou para um aposento próximo, enquanto sua irmã seguia em direitura ao interior da casa. Quaresma despiu-se, lavou-se, enfiou a roupa de casa, veio para a biblioteca, sentou-se a uma cadeira de balanço, descansando. Estava num aposento vasto, com janelas para uma rua lateral, e todo ele era formado de estantes de ferro. Havia perto de dez, com quatro prateleiras, fora as pequenas com os livros de maior tomo."[3] O ambiente lembra muito a Limana, cuidadosamente descrita pelo escritor num documento datado de 1917, em que ele relaciona seus livros, estante por estante, prateleira por prateleira. Mas as coincidências não se restringem às prateleiras da biblioteca. Até parece que Quaresma era "dono" dos livros de Lima: "Quem examinasse vagarosamente aquela grande coleção de livros havia de espantar-se ao perceber o espírito que presidia a sua reunião. Na ficção, havia unicamente autores nacionais ou tidos como tais: o Bento Teixeira, da *Prosopopeia*; o Gregório de Matos, o Basílio da Gama, o Santa Rita Durão, o José de Alencar (todo), o Macedo, o Gonçalves Dias (todo), além de muitos outros [...]. De História do Brasil [...] os cronistas, Gabriel Soares, Gândavo; e Rocha Pita, Frei Vicente do Salvador, Armitage, Aires do Casal, Pereira da Silva, Handelmann (*Geschichte von Brasilien*), Melo Morais, Capistrano de Abreu, Southey, Varnhagen, além de outros mais raros ou menos célebres. Então no tocante a viagens e explorações, que riqueza! Lá estavam Hans Staden, o Jean de Léry, o Saint-Hilaire, o Martius, o príncipe de Neuwied, o John Mawe, o Von Eschwege, o Agassiz, Couto de Magalhães e se se encontravam também Darwin, Freycinet, Cook, Bougainville e até o famoso Pigafetta, cronista da viagem de Magalhães, é porque todos estes últimos viajantes tocavam no Brasil, resumida ou amplamente. Além destes, havia livros subsidiários: dicionários, manuais, enciclopédias, compêndios, em vários idiomas".[4]

As bibliotecas de Quaresma e de Lima parecem uma só, e isso não é fruto de mera coincidência. As obras discriminadas em *Triste fim* faziam parte da coleção privada do escritor, e vice-versa. Na verdade, sua bibliografia de predileção, depositada nas prateleiras da Limana, era mencionada constantemente em seus romances e nas crônicas de jornal. Neles, não raro o autor se vangloriava de sua boa formação, tal qual Quaresma: "Sentado na cadeira de balanço, bem ao centro de sua biblioteca, o major abriu um livro e pôs-se a lê-lo à espera do conviva. Era o velho Rocha Pita, o entusiástico e gongórico Rocha Pita da *História da América Portuguesa*".[5]

Por vezes, incomodado por algum vizinho ou familiar, Quaresma interrompia a leitura, mas logo retornava a ela: "Após uma hora ou menos, voltava à biblioteca e mergulhava nas revistas do Instituto Histórico, no Fernão Cardim, nas cartas de Nóbrega, nos anais da Biblioteca, no Von den Stein e tomava notas sobre notas, guardando-as numa pequena pasta ao lado".[6] Os vizinhos do personagem, tal como os de Lima, estranhavam esse santuário feito de livros. Basta tomar novos trechos do romance para ter certeza: "Aquele Quaresma podia estar bem, mas foi meter-se com livros... É isto! Eu, há bem quarenta anos, que não pego em livro",[7] diz o general Albernaz em conversa com o menestrel Ricardo Coração dos Outros.

Outras bibliotecas existiam na obra de Lima, no entanto nenhum de seus "donos" guardava tal afeição por elas ou desse modo com elas se identificava. O marido de Olga, afilhada de Quaresma, por exemplo, até comprava seus volumes, mas não os consumia como o protagonista do livro. O herói transformou a "sala da frente do alto porão" em biblioteca, cujas paredes eram "forradas de estantes que gemiam ao peso dos grandes tratados". Ia para lá à noite, quando "o sono não tardava a vir ao fim da quinta página... Isso era o diabo!".

Não há como esquecer, também, da biblioteca de Meneses, em *Clara dos Anjos*: "Fizera uma pequena biblioteca de engenharia mecânica [...]. Dessa biblioteca, nunca se separou; e, conquanto já bebesse, com o tempo, os desgostos e a miséria atraíram-no mais para o álcool, e o furor de beber o tomou inteiramente. A toda hora, naquele casebre dos subúrbios, onde morava com a irmã e o palerma do sobrinho, ele esperava, adivinhava, construía uma catástrofe que lhe devia cair sobre os ombros; e essa visão de uma próxima catástrofe na sua vida entibiava-lhe o ânimo, descoroçoava-o e pedia-lhe para afastar — a bebida".[8]

Bebida e livros, ou o contrário, eram os principais vícios do escritor. Do primeiro ele não se orgulhava; do segundo, sim, e muito. Tanto é verdade que investiu na criação de seu próprio ex-líbris, encomendado a um bom desenhista. Correia Dias era um artista recém-chegado ao Rio, mas já bastante reconhecido nos meios em que Lima circulava. Português de nascimento, atuava como ilustrador, cenógrafo, escultor, quadrinista, gravurista de jornais e artista gráfico. Dias alcançou tamanho sucesso em seu país de origem que chegou a manter uma espécie de página publicitária para oferecer seus serviços: caricaturas, ilustração, vitrais, cerâmicas, pirogravura, marcenaria. Na época em que resolveu mudar para o Brasil, fazia parte de um grupo modernista em Coimbra que propunha a ruptura radical com o naturalismo. A cena era de grande efervescência cultural, e os artistas daquele meio estampavam suas gravuras na capa dos mais importantes jornais locais. A proeminência de Correia lhe valeu o posto de diretor artístico da revista *O Gorro*, considerada um marco na história da arte em Portugal. Chegou à América em 1914, trazendo na bagagem uma boa centena de trabalhos acumulados para expor e vender.[9] Sua fama cruzou o oceano junto com ele, e isso o levou a ser recepcionado por escritores e intelectuais, que começaram a introduzir sua arte nos principais jornais e revistas do Rio, entre eles *A Manhã*, *A Epoca* e o *Diario de Noticias*. No ano de 1922, o artista conheceu Cecília Meireles e com ela se casou. O enlace virou, inclusive, tema de notícias e de muita fofoca social. Correia Dias, entretanto, passou a manifestar os primeiros sinais de depressão e foi diagnosticado com neurastenia — a mesma doença do pai de Lima, que seria mais tarde atribuída igualmente ao filho.

O escritor há de ter entrado em contato com Dias quando da chegada deste ao Brasil, uma vez que o seu ex-líbris é de 1914 e contém uma referência ao local de produção — Rio — logo abaixo do desenho. Ao que tudo indica, trabalharam no mesmo período no jornal *A Epoca* e, nesse contexto intelectual, quem sabe se identificaram na crítica que ambos professavam ao naturalismo. Por fim, é provável que tenham frequentado os mesmos circuitos sociais, mais conectados às novas tendências literárias e artísticas do momento.

O ex-líbris de Lima traz, em estilo art nouveau, um corpo de leão com motivos egípcios a adorná-lo, tal qual uma esfinge alada. A imagem faz referência ao enigma da esfinge, que tanto combina com Lima e sua vida. "Na estrada de Tebas, Édipo encontrou a Esfinge, que lhe propôs um enigma tremendo. Se o não decifrasse, seria devorado como os outros. Decifrou-o, e foi o mais desgraçado dos homens...".[10] Na mitologia grega, a Esfinge foi a criatura enviada para, entre outras atribuições, punir o povo de Tebas, que desagradara aos deuses. Por isso, nada lhes mudaria o destino de viver desgraçados pelo mundo.[11] Dias inspirou-se também na convenção egípcia, ao introduzir uma cabeça humana (coberta com o nemes), e com isso agregou à imagem o valor da sabedoria.[12]

Não há como saber se Correia Dias conhecia profundamente os "enigmas" de Lima. O importante é que caprichou na alegoria, introduzindo asas que lembram motivos da Antiguidade. O desenho não parece finalizado; é antes um rascunho reconhecível nos traços pouco precisos, e tem no alto a palavra "Amplius!" — "Mais", em latim. O texto que abria os trabalhos da *Floreal* foi incorporado como introdução à coletânea de contos do escritor — *Histórias e sonhos*, de 1920. Aliás, Lima aparentemente guardava especial apreço por esse tipo de documento de geração, no qual defendia a entrada de novos gêneros na literatura nacional. Por isso mesmo, pode ter comentado com o artista português não só o termo latino como as projeções que gostaria de ver impressas no seu ex-líbris. E nada como vincular o "desenho" que definia a Limana a seu texto "Amplius!".[13] Era nele que o autor procurava explicar, não sem pretensão, o que julgava serem as novas regras do jogo da literatura. Propunha também o fim dos formalismos, o tributo à oralidade e uma literatura de cunho social; sempre por contraposição ao que chamava de vogas esteticistas e "academicistas" do seu período. Conforme sintetizou o crítico Antonio Candido, ao definir as principais tendências literárias de tal contexto, essa seria "uma literatura satisfeita, sem angústia formal, sem rebelião nem abismos. Sua única mágoa é não parecer de todo europeia; seu esforço mais tenaz é conseguir pela cópia o equilíbrio e a harmonia [...]. É o que se poderia chamar naturalismo acadêmico, fascinado pelo classicismo greco-latino...".[14]

Antonio Arnoni Prado também ressalta o caráter militante da literatura de Lima, destacando outro texto de perfil semelhante. Trata-se de "Os samoiedas", que saiu em *Os bruzundangas*, quando o escritor decretou guerra ao que chamava de apatia intelectual dos literatos da Livraria Garnier. Na opinião de Lima, a geração que o precedeu cultivava, pois, regras fúteis, pautadas "nas aparências, na falsa vocação literária, na ausência de originalidade, na sede de glória, na mediocridade de concepção, na linguagem empolada e delambida e no apego excessivo às normas".[15]

Já Alfredo Bosi situa a literatura de Lima no período que ficou conhecido, a posteriori, como pré-modernismo. A caracterização fora criada por Tristão de Ataíde[16] para designar o período brasileiro que vai do princípio do século xx até a Semana de Arte Moderna. Mas, se escritores como Coelho Neto e Afrânio Peixoto foram pré-modernistas apenas no sentido cronológico, pois segundo um critério estético mais rigoroso seriam antes antimodernistas, remanescentes de uma "cultura realista parnasiana"; Lima se situaria em "nível mais alto e mais próximo da renovação modernista". Nesse sentido, teria ficado no meio, e "entre" gerações, e por isso mereceu o prefixo "pré-" apenas por uma conotação temporal e de anterioridade.[17] Mas a própria caracterização de "pré-modernismo" não passaria no escrutínio de novas gerações. Flora Süssekind, por exemplo, chama a atenção para como o período ficou em geral associado a uma simples "diluição das tendências estéticas anteriores", ou "como prefiguração de um modernismo vindouro". E acrescenta ela: "é como se só fosse possível compreendê-la, neste período, como *pré* ou *pós* alguma coisa. Enquanto vampirização diluidora de marcas e estilos anteriores ou 'embrião' de traços modernistas futuros".[18]

Seja lá o ângulo literário que se for selecionar, o contraste com o ex-líbris da Limana é evidente. Apesar de incluir o famoso dístico — "Amplius!" —, e de introduzir um estilo art nouveau, o desenho de Correia Dias não lembra o tom combativo da literatura preconizada pelo escritor. Aliás, a referência é à mesma voga da Antiguidade que Lima tanto gostava de ironizar.[19] De toda maneira, encomenda é encomenda, e o ex-líbris sinaliza, ao menos, o desvelo que o amanuense guardava para com o seu acervo. Ele era sua esfinge.

Aliás, o orgulho que manifestava diante de sua biblioteca talvez explique a motivação para, durante o ano de 1917, relacionar, pessoalmente, os títulos que dela faziam parte. Assinou a relação como Afonso Henriques de Lima Barreto e discriminou os volumes com a seguinte anotação de próprio punho: "Inventário. Este livro é destinado a inventariar as obras existentes na minha pequena biblioteca. O catálogo farei depois, por intermédio dele. Rio de Janeiro, neste lugar de Todos os Santos, em primeiro de setembro de mil novecentos e dezessete". E ainda acrescentou uma N. B. (uma nota biográfica ou bibliográfica), atestando: "A coleção chama-se 'Limana'".[20]

Sua alta estima pela coleção fica, também, flagrante no inventário que realizou, dividindo-a por estantes (quatro) e prateleiras (cinco na primeira e na quarta estante, quatro na segunda e duas na terceira). Separou ainda as obras impressas — os livros "em cima das estantes e das mesas" — dos "manuscritos e originais". No total, o escritor contabilizou oitocentas peças.[21]

Como Quaresma, Lima vangloriava-se de suas obras mais gerais — livros de historiadores brasileiros, de viajantes, os dicionários e as gramáticas. Próximos dessa prateleira, que lhe devia servir para a consulta cotidiana, ficavam o exemplar de *Cours de littérature française*, de Charles André, sempre referido por ele, e *As grandes invenções*, de Louis Figuier, presente que ganhou de d. Teresa Pimentel do Amaral como prêmio de aplicação nos tempos da escola primária. Aí se juntam, pois, dois critérios: afeto e uso. Os primeiros livros eram "pau para toda obra", e o escritor os acionava invariavelmente, quando trabalhava em romances e também em crônicas e reportagens. Já o segundo era o livro da meninice, que ali ganhava lugar de troféu.

Bem perto de sua escrivaninha restavam, ainda, os exemplares de Balzac e *Le Bovarysme*, de Jules de Gaultier, bem como exemplares da finada revista *Floreal*: nesse caso, mais exatamente na primeira prateleira da quarta estante. Essas eram as obras que permaneciam, respectivamente, na segunda e na quarta estante, ao alcance das mãos. Proximidade era ali sinônimo de predileção e carinho.

Os livros que compõem a Limana em 1917 não parecem estar dispostos em ordem cronológica, temática ou pelo nome ou sobrenome de seus autores. Apenas os "manuscritos e originais" — obras de Lima, e sempre com suas devidas anotações — foram organizados por autoria. Lá estavam *Clara dos Anjos*, em cujo manuscrito ele acrescentou a anotação "romance meu (inédito e incompleto). 1904"; *Recordações do escrivão Isaías Caminha*, "romance meu (publicado em 1909, a 1ª edição; em 1917, a 2ª ed.)"; *Policarpo Quaresma*, "romance meu (publicado no *Jornal do Commercio*, ed. da tarde, 1911; e em livro, 1916)"; *Numa e a ninfa*, "romance meu (publicado em *A Noite*, em 1915; e em fascículos, em 1917)"; e mais: "v Originais Publicados; vi Originais a Aproveitar; vii Papéis vários; viii Originais a Organizar; ix Originais a Aproveitar; x *Numa e a ninfa* (em provas revistas)".

O escritor organizava seus próprios textos em cadernos especiais, que continham a etiqueta "Retalhos de jornal". A eles juntava artigos diversos com recortes das publicações estrangeiras que assinava. Nesses escritos, inclusive, é clara a preocupação de colecionar tudo que fosse publicado sobre a questão racial.[22] Por exemplo: um dos artigos arquivados intitulava-se "Questão das raças nos Estados Unidos", e saíra no *Jornal do Commercio* de 23 de junho de 1905. Outro, do *Fígaro*, tinha por título "L'École Normale des nègres". Um terceiro tratava de um manual, o *Histoire de la littérature grecque*, de Alfred e Maurice Croiset. Lima com certeza gostou do que leu, tanto que adquiriu a obra, que faz parte da Limana sob o número 215, bem como recortou um esquema de termos relacionados à cor negra na Antiguidade.

Mas esse não é o tema exclusivo dos "Recortes" de Lima. Ali ele reuniu artigos sobre violência cometida contra mulheres, crônicas acerca da cidade do Rio e resenhas que tratavam das obras de sua autoria. Por fim, lá estão seus cadernos de anotações e toda a correspondência pessoal — aliás, não se tem notícia de que tenha deixado sem resposta uma carta sequer. Como se vê, o escritor, à sua maneira, cuidava da própria memória; se não era premonição, sem dúvida significava zelo com sua carreira na literatura.

Lima conservou também vários jornais e revistas de sua predileção. A *Fon-Fon* de 1907 (em que ele acrescentou "onde está a minha colaboração") foi encadernada em um volume. Já a *Revue Philosophique*, a *Revue de Paris* e a *Revue des Deux Mondes* foram classificadas em lotes. As publicações anarquistas: *La Flamme*, *Na Barricada*, *A Vida*, ficavam juntas num dos "amarrados" da coleção.[23] O amanuense guardou igualmente, na quarta prateleira da segunda estante, o *Manual do aprendiz compositor*, de Jules Claye, traduzido e editado por João Henriques. O volume devia lembrar a Lima um pai ainda ativo, empreendedor, com muitos sonhos, e diferente daquele que então se encontrava recluso, isolado pela loucura.

Na Limana, os idiomas da maior parte das obras são o português e o francês. Podem ser encontrados apenas poucos livros em italiano ou espanhol. Mas fica evidente que seu proprietário dominava a língua de Rousseau. Além dele, outros clássicos franceses dividiam espaço naquele recinto, como Rabelais, Diderot, Voltaire, Victor Hugo, Chateaubriand, La Fontaine, Flaubert, Balzac e Anatole France, cujo modelo literário (e combativo politicamente) era, com frequência, evocado por Lima. Ali havia ainda volumes de Cervantes, Dante, Schopenhauer, Nietzsche, Camões, Shakespeare e Eça de Queirós, de quem o escritor se dizia seguidor. Seu apreço aos russos está também representado pelos livros de Dostoiévski, Tchékhov, Turguêniev e Tolstói. Essa era a "galeria íntima" de Lima, os nomes que declinava como "seus". Era neles que se espelhava, e a "boa" localização de sua coleção nas prateleiras funcionava como sinalizador forte das suas preferências.

A biblioteca contava também com um vasto acervo das obras de teóricos do determinismo racial, filosofia que, como temos destacado, o autor condenava. Lá estava uma seleta do pensamento racial da época, e Lima parecia acreditar que era preciso "conhecer" para melhor "combater". Por isso guardava volumes de G. Le Bon, Haeckel, Buckle, Topinard, Gobineau, Morel, e Théodule Ribot,[24] autor de *L'Hérédité psychologique*, tema que preocupava muito o escritor. Obras de divulgação de Darwin, *Névrose*, Morel, *Determinismo y responsabilidad*, Hamon, e *Le Préjugé des races*, de J. Finot, também faziam parte do acervo.

Uma vez que o autor de *Policarpo Quaresma* se mantinha informado acerca das teorias que desprezava, não parece ocasional o fato de ele preservar textos de João Batista de Lacerda (1846-1915), diretor do Museu Nacional por longo tempo e um dos mais conhecidos teóricos brasileiros a defender a tese do necessário branqueamento da nação. Havia na Limana um livro dele intitulado *Fastos do Museu Nacional* e uma réplica do polêmico discurso "Sur Les Métis au Brésil" (Sobre os mestiços do Brasil), que o cientista proferiu no Congresso Universal de Raças.

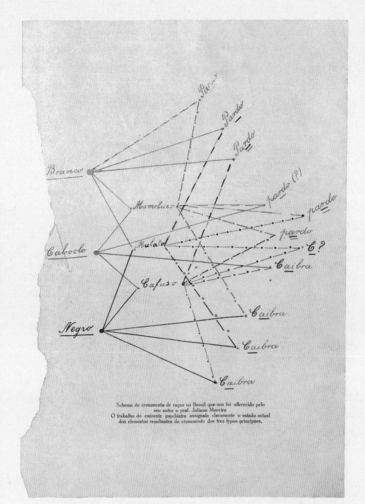

Trecho de um recorte encontrado na Limana e que se refere à "divisão racial" encontrada entre os povos de origem africana.

É curioso notar que Lima teve o cuidado de manter o folheto em sua coleção. Esse foi o documento oficial apresentado pelo governo brasileiro; único país da América do Sul convidado a participar, entre 26 e 29 de julho de 1911, do encontro internacional realizado em Londres. O cientista fora financiado pelo então presidente, o marechal Hermes da Fonseca, e contara com o apoio científico de seu assistente no Museu Nacional — o então jovem antropólogo Roquette-Pinto.[25] João Batista de Lacerda se formara em medicina pela Faculdade do Rio de Janeiro e era autor de pesquisas na área de fisiologia e microbiologia. No Museu Nacional, fora chefe do Laboratório de Fisiologia Experimental e subdiretor da Seção de Antropologia, Zoologia e Etnografia. Atuou também como diretor dessa instituição, além de ter sido presidente da Academia Nacional de Medicina. Lacerda era, pois, a pessoa certa no lugar certo. Afinal, combinava diversas especialidades e, ademais, abordava com suas teorias as "potencialidades e limites" de uma "nação de raças mistas", como o Brasil.

E no convite do certame científico já ficavam claros os propósitos eurocêntricos do congresso: "Os brancos, cuja consciência desperta com a ideia do dever, convidam os negros e os amarelos, seus irmãos, a estreitar mais liames de amizade". Além das palestras específicas dadas pelos diferentes representantes de cada país convidado, ocorreram durante o encontro várias apresentações de temas considerados "candentes", como "O problema da raça negra nos Estados Unidos", "A posição mundial do negro e do negroide", "O destino da raça judaica", "A consciência moderna e os povos dependentes" e "As raças sob o ponto de vista sociológico". Como se vê, apesar de o século xx já ter começado fazia certo tempo, os modelos continuavam a dever bastante às teorias deterministas do xix, as quais defendiam a ideia de que as raças eram fenômenos ontológicos e finais. É nesse sentido que a participação do Brasil no congresso chamou muita atenção. Afinal, ainda naquele momento, o país era conhecido como um "laboratório racial"; o mais acabado retrato do "cruzamento extremado de raças"; um exemplo de "degeneração" obtida pelo "efeito perverso" da mistura.

João Batista de Lacerda e seus colegas de geração conheciam de perto os métodos da antropologia física e moviam-se no espaço demarcado pelas teorias do darwinismo social, que condenavam a mestiçagem. Segundo eles, se era possível "prever do que cada raça seria capaz", já os resultados do cruzamento racial permaneciam como incógnitas. Além do mais, nesse período imperava o pan-americanismo de Bolívar, agora combinado com a Doutrina Monroe (o "monroísmo", nos termos de Lacerda), que implicava imaginar um modelo único para todo o continente americano. O padrão era dado pelo Estado norte-americano, e o delegado faria força para distanciar-se do que chamava de a "anarquia" das demais repúblicas latino-americanas. Por isso mesmo, caprichou na tese da "paz reinante no Brasil" e no argumento da distância que o país mantinha de seus vizinhos. Mas era necessário defender o mais difícil: de acordo com Lacerda, a mestiçagem brasileira seria (apenas) transitória e benéfica, não deixando no futuro rastros ou pistas. E mais: era preciso demonstrar como nos portávamos de maneira diversa, até em relação aos Estados Unidos. Se por lá grassara um sistema escravocrata violento, no Brasil o processo teria sido mais "pacífico". Por fim, o diretor do Museu Nacional argumentava que, enquanto na América do Norte vigia uma ampla gama de preconceitos, por aqui a característica marcante seria a ausência de padrões de exclusão. Como se vê, bem no começo do século, Lacerda defendia uma espécie de "*melting pot* tupiniquim", diferenciado do resto do mundo; se não plantado no presente, ao menos projetado para o futuro.

De problema, o cruzamento racial convertia-se em solução, e o enviado oficial apostava num tipo de mestiçagem redentora, lograda a partir de algumas políticas públicas concernentes à imigração. Acreditava também nas certezas da ciência e na "seleção dos mais fortes". A tese era abusada: em um século, e após três gerações, seríamos brancos. Lacerda havia chegado a tal conclusão com base nos dados do colega Edgar Roquette-Pinto, que por sua vez trabalhara com as estatísticas oficiais de 1872 e 1890. Segundo o antropólogo, os dados oficiais mostravam que a população negra e indígena vinha declinando e que o embranquecimento da população era "fato cientificamente observado".[26]

Lacerda escrevia como "profeta" para seu tempo, e pode-se imaginar a contrariedade de Lima diante disso. O escritor se declarava, com frequência, hostil aos Estados Unidos por causa da discriminação aos "irmãos de cor" por lá praticada, assim como desdenhava do "imperialismo cultural" dos gringos. Não obstante, mantinha um exemplar da brochura em sua biblioteca. Resta lembrar um detalhe da publicação. Não foi por mero acaso, ou apenas para "ilustrar" seu artigo, que na abertura o cientista incluiu a tela *A redenção de Cam*, do pintor acadêmico espanhol Modesto Brocos (1852-1936). O trabalho do artista havia sido concluído em 1895; portanto, alguns anos antes do texto de Lacerda. Mas este deve ter pinçado a tela, pois pretendia, por meio dela, mostrar o processo "depurador" que ocorreria no Brasil. A legenda da obra não deixa dúvidas: "O negro passando a branco, na terceira geração, por efeito do cruzamento de raças".

O cientista traduzia a pintura em termos próprios, conferindo-lhe uma interpretação darwinista racial. Além disso, imprimia-lhe uma noção de evolução de mão única: se a avó era "preta retinta", a mãe já trazia traços "suavizados", enquanto o filho, localizado no centro da composição, e fruto do casamento com um branco (possivelmente português), tinha a aparência de um europeu com seus cabelos lisos e a pele clara. A pintura trazia, ainda, uma alusão ao episódio bíblico que dá título à obra; aquele em que Noé, ao dividir o território entre seus filhos, cinde também a humanidade. No caso, porém, o processo evolutivo, "cientificamente confirmado", redimiria a máxima bíblica: esse seria o destino (certo) do Brasil.

Mas a pintura permite uma leitura adicional, quem sabe um pouco "menos científica". Num contexto marcado pelo catolicismo popular, uma representação como essa poderia ganhar um tom milagreiro. A velha avó, uma afrodescendente, olha para os céus e, num gesto milenarmente expresso por suas mãos, parece agradecer pela graça divina recebida. Mãe e pai, orgulhosos, observam o filho, o qual, disposto bem no centro da cena, lembra Cristo na manjedoura. Enfim, o que a ciência não resolvia, solucionava-se pela crendice.[27]

A conclusão do ensaio de Lacerda era insofismável: em três gerações o país ofereceria um exemplo ao mundo e já não contaria com "negros" em sua população. Não por acaso começavam a ganhar força, naquele exato momento, teorias de branqueamento que previam estar reservado ao Brasil um futuro "branco" e assim "civilizado"; compatível com os projetos de urbanização dos tempos de Hermes da Fonseca. Essa era a versão oficial, uma saída quase "laboratorial", que levaria ao clareamento controlado da população.

Enfim, se Lima devia compartilhar das suspeitas de Lacerda no que se referia ao imperialismo norte-americano, quanto às posições relativas à mestiçagem discordava, e profundamente. Afinal, nessa altura já virara uma voz pública contra a política do apartheid que vigorava no Sul dos Estados Unidos e contra os modelos de segregação praticados naquela nação. Em seu *Diário* era de maneira forte que ele se manifestava: "Se a feição, o

A redenção de Cam, de Modesto Brocos, 1895.

peso, a forma do crânio nada denota quanto à inteligência e vigor mental entre indivíduos da raça branca, por que excomungará o negro?".[28]

Assim, ao mesmo tempo que Lima divergia dessas teorias, que tinham grande impacto na opinião pública e em sua própria vida, sentia-se obrigado a prestar atenção nelas. Aliás, esses não eram os únicos livros contrários às suas convicções que ele conservava em sua coleção privada. Reservou espaço para pensadores positivistas estrangeiros e nacionais — desde Auguste Comte até Teófilo Braga —, os quais, não poucas vezes, acusou de serem cultores de doutrinas artificiais, num caso, e importadas, no outro. Esse tipo de julgamento negativo vinha já dos tempos da Politécnica, mas nem por isso o escritor se desfez de tais obras.

O forte da Limana, no entanto, eram os livros de autores que seu proprietário efetivamente estimava. Por exemplo, os adeptos do anarquismo, doutrina que, como teremos oportunidade de avaliar, foi crescentemente adotada por Lima. Na coleção constam as obras *Filosofia del anarquismo* e *Socialismo y anarquismo*, e ainda um guia geral, *O anarquismo*, de autoria de Paulo Eltzbacher, considerado um grande teórico da tradição e bolchevique ativo. A literatura realista, que o escritor tanto apreciava, tinha, como esperado, presença forte na biblioteca. Nela constam vários títulos de Balzac, alguns de Zola, outros de Flaubert, a maior parte em português, os demais em francês.

A biblioteca era também bem servida de livros sobre a Grécia, a Antiguidade, e, ainda mais, sobre a África Negra, histórias de um continente que o ex-diretor da *Floreal*, desde seus primeiros registros no *Diário*, gostava de acompanhar e nas quais buscava uma forma própria de reconstruir seu passado.

O amanuense parecia investir menos nas publicações de escritores brasileiros, ou se dava por satisfeito de segui-las, quem sabe, nas consultas que fazia à Biblioteca Nacional. Tinha romances de Raul Pompeia, como *O Ateneu*; obras de Cláudio Manuel da Costa; o recém-lançado *D. João VI no Brasil*, de Oliveira Lima; *O abolicionismo*, de Joaquim Nabuco; *Urupês* e *Negrinha*, de Monteiro Lobato. Entre seus livros nacionais estavam ainda os de Machado de Assis, de quem ele anotou possuir três: *Memórias póstumas de Brás Cubas*, *Quincas Borba* e *Esaú e Jacó*, e um de autoria do dr. Luís Ribeiro do Vale, com o título *Psicologia mórbida na obra de Machado de Assis*. Mais uma vez, percebe-se que a biblioteca tinha cara e jeito de seu dono. Sobre Machado de Assis, por exemplo, Lima mantinha juízos bastante ambivalentes: apreciava muito a obra do Bruxo do Cosme Velho, mas seu projeto de carreira, como veremos, nem tanto.

Lima e Machado: guerra e paz[29]

Não é de hoje que se trava um verdadeiro Fla-Flu toda vez que se intenta traçar comparações entre as obras de Lima Barreto e as de Machado de Assis. Apesar de Machado[30] ter falecido quando Lima apenas despontava na carreira literária, e a despeito de não existirem registros de contato direto entre os dois, a crítica nacional, desde a estreia do escritor de *Todos os Santos* na literatura, tentou opor, e de maneira crescente, o autor de *Memórias póstumas* ao de *Triste fim*.

Se não é o caso de fazer aqui uma análise estritamente literária, é importante explorar essa feição bastante reveladora da vida de Lima (e não de Machado, é claro); ou seja, perceber como ele se construiu, de certo modo, a partir das leituras e das posições que assumiu diante do presidente da Academia. A intenção não é, portanto, analisar a obra de Machado usando como régua e compasso as opiniões de Lima. Ao contrário, nosso objetivo restringe-se a esmiuçar as ideias deste último, agora destacando a posição ambivalente por ele formada em relação ao escritor que virava modelo consensual no panorama literário de sua época.

Não foram poucos os momentos em que o escritor de *Policarpo Quaresma* se posicionou sobre o autor de *Quincas Borba*. Neles, por vezes, remetia-se ao fundador da ABL de maneira explícita; noutras, de forma indireta. Restaram ainda alguns comentários de Lima aos amigos — em cartas e artigos. Isso sem esquecer a crítica literária coetânea ou imediatamente posterior à sua morte, em 1922, que tratou de exacerbar as diferenças existentes entre os dois escritores.

Ambiguidade, como temos visto, é prática recorrente na vida e na obra de Lima, que sempre adotava uma postura um pouco escorregadia quando se tratava de descrever a carreira, os amigos, os vizinhos, a intelectualidade e os jornalistas. E o mesmo se deu com relação a Machado de Assis. Apesar de ter alguns livros deste em sua biblioteca, nos artigos e nas conversas com os amigos a impressão que o escritor de Todos os Santos passava era diferente: ao contrário da suposta harmonia, a paz parecia "armada". Estratégia, aliás, típica do criador de Isaías, que se construía na base "do contra" mas deixava nas entrelinhas sua real intenção de participar daquela República das Letras e nela se inserir. Nesse sentido, a oposição a Machado surge como uma atitude necessária para alguém que, longe das instituições oficiais, tentava imaginar projetos de inserção literária. Fosse em função de sua situação de classe, por conta da sua cor, ou por causa da literatura militante que professava, o fato é que ele parecia entender-se como "outro", ainda mais quando comparado a Machado.

Sabemos que o autor de *Quincas Borba* também tinha uma "origem diferente" nessa política de eufemismos tão própria da retórica das elites brasileiras. Seus dois avós eram afrodescendentes, e ele provinha de uma família ainda mais remediada que a de Lima. Nasceu no morro do Livramento, ficou órfão na infância, sua educação foi considerada muito irregular, tendo sido aluno de escolas de qualidade inferior à das que o criador de Policarpo frequentou. Até por isso, só pôde superar suas deficiências na base da formação autodidata. Vale lembrar, ainda, que Machado trabalhou desde a adolescência como aprendiz de tipógrafo na Imprensa Nacional, de onde passou à redação do *Diário Oficial*, inventando-se como cronista, atividade que desenvolveu em vários jornais e durante toda a sua trajetória de escritor. Já adulto, e tal qual Lima, foi funcionário público, mas, diferentemente dele, subiu na hierarquia do Estado.

É evidente que diferenças internas existiam em todos os estratos sociais, e elas estavam presentes na situação que ambos os escritores experimentaram na infância e na formação escolar. Aliás, tais diferenças acabavam por guardar e reproduzir desigualdades, inclusive de status. Machado trabalhou desde pequeno para seu sustento e da família, cujos membros — o pai e a mãe, morta prematuramente, e depois a madrasta — desempenhavam profissões e tinham ocupações manuais extremamente modestas. Já a infância e a juventude de Lima poderiam ser definidas como mais seguras e estáveis, sobretudo se comparadas à de Machado. Ele recebeu educação formal regular, não precisou trabalhar quando criança, e seus pais alcançaram posições profissionais muito bem-sucedidas — o pai foi tipógrafo e a mãe, professora, chegando a ser proprietária de um pequeno colégio para moças. Mas de alguma forma o destino de cada um deles parece ligado às diversas perspectivas abertas às populações afro-brasileiras que viveram nos tempos do Império e da Primeira República. Pois é no novo regime que o conceito de raça passa a delimitar e criar hierarquias sociais rígidas e deterministas. Uma coisa era "ser negro" no Segundo Reinado, regime que, de certa maneira, buscou invisibilizar tal distinção — bem guardada pela vigência "segura" do sistema escravocrata. Outra era advogar tal condição na República, que, junto com o sistema de classes, incluiu outros marcadores de diferença, como raça e cor. Talvez esses dados contextuais e a mudança na situação social e cultural verificada nas histórias de vida desses grupos no período da República ajudem a entender por que, com um início tão promissor, os Lima Barreto conheceram um "triste fim". E por que, com uma origem tão mais modesta, portanto uma socialização tão mais precária, Machado conseguiu galgar postos durante o Império, embora sua ascensão tenha sido mais de status que de classe. Afinal, ele morreu funcionário público e pagando aluguel.[31]

Tampouco é correto alardear que Machado não se referiu à escravidão, e muito menos que foi favorável ao sistema. Ao contrário, se não existem na obra do presidente da ABL protagonistas definidos como "negros", e se ele também nunca assumiu publicamente uma posição abolicionista ou foi adepto de uma literatura mais nitidamente vinculada a uma causa política direta, todas as vezes que circundou o tema — em seus romances, crônicas, peças de teatro, poemas, contos e documentos que produziu como funcionário público — se revelou crítico à instituição. Usou, em primeiro lugar, de dissimulação e de discursos indiretos, e com frequência da inversão de valores, para tratar do assunto. Utilizou-se ainda do recurso da ironia fina para abordar essa agenda que tomava os últimos anos do Império mas permaneceria vigente nos anos pós-abolição. Além do mais, de forma reiterada, e pelos detalhes, em diversas ocasiões — e sem o emprego da alegoria direta — ele retomava tais questões espinhosas que agitavam a sociedade brasileira. Nessa mesma direção, o crítico literário John Gledson mostrou como os dramas dos escravizados e suas batalhas apareciam numa série de colunas de Machado e por detrás dos seus vários pseudônimos: João das Regras, Lélio, Malvólio, e até Policarpo. Assim, se o escritor nunca foi panfletário, pois esse não era seu estilo, jamais deixou de expor as mazelas que envolviam o sistema.[32]

O crítico Eduardo de Assis Duarte, que faz amplo levantamento acerca do material presente na obra do Bruxo do Cosme Velho, explica o que seriam essas suas estratégias de "caramujo". O termo viria do próprio Machado, que, em crônica de 1893, quando se reportava justamente à festa do Treze de Maio de 1888, declara ter entrado "no préstito, em carruagem aberta", e que esse fora "o único dia de delírio público" que lembrava de ter visto. E assim se define: "Eu, o mais encolhido dos caramujos".[33]

Dentre os inúmeros textos e documentos levantados por Duarte, algumas repetições se destacam. A censura à falsa filantropia é uma delas. No seu "História de quinze dias", Machado conta o "ato do benfeitor" de um proprietário de uma escrava de 65 anos que "já lhe havia dado a ganhar sete ou oito vezes o custo". O amigo "fez anos e lembrou-se de libertar a escrava... de graça. De graça! Já isto é gentil. Ora, como só a mão direita soube do caso (a esquerda ignorou-o), travou da pena, molhou-a no tinteiro e escreveu uma notícia singela para os jornais indicando o fato, o nome da preta, o seu nome, o motivo do benefício, e este único comentário: 'Ações desta merecem todo o louvor das almas bem formadas'. Coisas da mão direita!".[34]

Astrojildo Pereira, apoiado em documento de Francisco de Paula Barros, datado de 1888, também sustenta como, na Secretaria da Agricultura, e na condição de funcionário público, o escritor do Cosme Velho teria dado a liberdade a milhares de escravos.[35] Já o historiador Sidney Chalhoub comprovou como, dentre os vários pareceres e respostas que emitiu para a burocracia do Estado, Machado realizou uma verdadeira "arena de luta", fazendo valer a lei de 1871, que dava liberdade aos filhos de escravos — os ingênuos — nascidos a partir de 28 de setembro.[36]

Machado, funcionário público, defendeu de maneira sistemática o Fundo de Emancipação, bem como censurou a hipocrisia dos políticos e criticou os estereótipos vigentes — como o do escravo vingativo, feiticeiro e deformado, ou o da escrava sensual e abatida moralmente, que não se encaixa no modelo familiar dos senhores. Denunciou, ainda, a exploração sexual a que as escravizadas eram regularmente submetidas. Em seus contos, criou personagens como Elisa, Mariana e Sabina, que se entregavam a seus senhores tornando-se amásias e não tendo nunca relações oficializadas. Elas lembram parentes próximas das personagens femininas de Lima, e até da avó do escritor de Todos os Santos, que criou a família na base do segredo de polichinelo. Nos textos de Machado, a crítica sub-reptícia é tão aguda, que, por vezes, nem ao menos mães elas podem ser. No famoso conto "Pai contra mãe", publicado em *Relíquias da casa velha*, vemos como a escravidão vai aparecendo nos intestinos do Império, por meio da figura de Cândido Neves, que vive do trabalho de prender escravos fugidos. Como as ocupações manuais eram consideradas "coisa de preto escravo", qualquer outra função parecia, aos olhos de tal sociedade, mais digna. Até mesmo essa vil ocupação, a qual levou o personagem do conto a condenar à morte o filho de uma escravizada que ele perseguia. Grávida, de tanto correr tentando escapar das garras do seu algoz, acabou capturada e teve um aborto.[37] Já Neves, com a recompensa obtida, conseguiu "libertar" seu próprio filho, que se encontrava na Roda de Enjeitados. Essas são, pois, contradições profundas; relações violentas que o escritor não abre mão de descrever, e assim tomar partido.

A hipocrisia dos políticos e a noção vigente entre os escravocratas — de que a abolição deveria ser gradual, lenta e sem grandes convulsões, de maneira que ao fim da mão de obra escrava se sucedesse, e sem solavancos, a exploração do trabalho no campo pelos mesmos antigos proprietários — são igualmente ironizadas por Machado em seus contos e crônicas. Em 1887, pouco protegido pelo pseudônimo de Malvólio, o escritor constrói um personagem chamado Pai Silvério — certamente uma alusão às figuras de "pretos passivos" consagradas pelo livro norte-americano *A cabana do Pai Tomás*. Silvério vendia verduras de porta em porta, aliás, como Manuel Cabinda, amigo de Lima. Parte do poema diz: "Meu senhor, eu, entra ano,/ Sai ano, trabalho nisto;/ Há muito senhor humano,/ Mas o meu é nunca visto.// Pancada, quando não vendo,/ Pancada que dói, que arde;/ Se vendo o que ando vendendo,/ Pancada por chegar tarde".[38] Esse é também o caso do escravo Pancrácio, que se torna "livre" pouco antes do Treze de Maio, mas com a condição de continuar na casa de seu senhor. A pretensa liberdade havia de eternizar-se agora num sistema de subassalariamento.[39]

É possível mostrar ainda, como ensina Roberto Schwarz, que, ao realizar um deslocamento no centro de interesse da sua obra — do escravo para o senhor —, Machado teria elaborado uma fina crítica ao projeto romântico que lhe antecedeu e do qual foi igualmente contemporâneo. Ao se concentrar na elite brasileira, que se movia ao mesmo tempo em dois registros — o mais tradicional e o mais moderno —, o escritor não descurava da questão da escravidão; ao contrário, demonstrava como esse era um ponto nodal e inescapável do sistema. Aí estava, nos termos do intérprete, um "quiproquó das ideias", a "dissonância [...] que ocasionam o saber e a cultura de tipo 'moderno' quando postos neste contexto". Tal processo implicaria também "continuidades sociais mais profundas", que, na realidade brasileira, produziam a noção de favor que inseria a sociedade toda, dos mais miseráveis aos mais favorecidos.[40] Nesse quesito Machado seria mestre, pois entranhou na forma literária as contradições da própria sociedade escravista brasileira.[41] Encontravam-se aí seu universalismo e seu brasileirismo; seus personagens, seus enredos, seu estilo, sem dúvida todos muito diferentes, como solução literária, do que conhecemos dos escritos de Lima.[42]

Mas, se não faltam na obra do Bruxo do Cosme Velho referências negativas à escravidão, além de descrições miúdas e sensíveis, identificando práticas de "caboclos", "negros" e "libertos", não há como negar a existência de estilos e estratégias literárias diferentes dos presentes nos livros de Lima. Neste, o ataque é direto; em Machado, por meio da dissimulação que vai como que organizando a narrativa. O que parece indireto e até externo se torna "de dentro", interno, "numa espécie de acerto de contas com as culpas da classe dominante".[43] Havia também um projeto de inserção social que acabou se mostrando bastante distinto. O Machado que Lima conheceu era aquele que fazia parte integral do *sistema* de distinção que então se montava, participando ativamente de tais instituições, enquanto Lima, nessa altura, ia se sentindo injustiçado e excluído de certames diante dos quais amargava altas doses de contradição.[44]

E, nesse jogo complexo, Lima encontrou em Machado sua maior projeção e oposição. E, como não se conhecem comentários do autor de *Brás Cubas* com relação ao criador de Policarpo Quaresma — o que, em termos temporais, nem ao menos seria possível —, essa é, pois, uma conversa de um lado só, uma cadeira com apenas duas pernas. O autor de *Isaías Caminha* começou já em 1919 a brincar com a fama do Bruxo do Cosme Velho. Na *Revista Contemporânea* de 10 de maio ironizou: "Nós todos temos a mania de procurar sempre a verdade muito longe. O caso de Machado de Assis é um deles. Ele e a sua vida, o seu nascimento humilde, a sua falta de títulos, a sua situação de homem de cor, o seu acanhamento, a sua timidez, o conflito e a justaposição de todas essas determinantes condições de meio e de indivíduo, na sua grande inteligência, geraram os disfarces, estranhezas e singularidades do Brás Cubas, sob a atenta vigilância do autor sobre ele mesmo e a sua obra. Penso que um estudo nessa direção explicaria melhor".

"Uma fatia acadêmica" é o título do artigo que o escritor boêmio publicou na revista *A.B.C.* de 2 de agosto de 1919.[45] O ensaio adquiriu certa importância para ele, tanto que foi incluído na coletânea *Feiras e mafuás*, cuja organização é do próprio Lima. Terminado em 1922, esse conjunto de ensaios só ganharia edição em 1953, mais de trinta anos depois da morte do escritor.

No texto em questão, ele discorre sobre sua percepção acerca da literatura de Machado, definindo quais seriam as principais diferenças (muito respeitosas, nesse caso) entre eles. Lima buscou, ainda, separar a vida da obra de Machado. Isto é, da mesma forma que discordava dos modelos de ascensão social e de institucionalização da vida literária que para ele o Bruxo representava de maneira exemplar, adotava uma posição diversa com relação à sua obra.

Vale a pena sublinhar que o artigo saiu num periódico conhecido por suas análises políticas e sociais, e foi tido como parte do que então se considerava uma "imprensa alternativa". Por sinal, *A.B.C.* transformou-se, após a experiência fracassada da *Floreal*, na revista com a qual o escritor mais se identificou. Colaborou na publicação até o fim da vida, só tendo suspendido seu trabalho em 1º de fevereiro de 1919, pelo fato de nela se ter divulgado um texto que ele julgou ser "contra a raça negra".[46] Mesmo assim, logo voltou à rotina. O diretor da *A.B.C.*, Paulo Hasslocher, apesar do visual caprichado, das polainas elegantes e do jeito de dândi, era conhecido por seus artigos desaforados. Era visto também como uma antítese dos literatos que se reuniam na Confeitaria Colombo e na Livraria Garnier, e talvez venha daí a sua afinidade com o autor de *Isaías*, e quiçá com o teor das ressalvas que ambos guardavam com relação a Machado.

Data de oito meses antes sua "Carta aberta",[47] quando Lima insistia no que considerava ser sua "missão" pessoal, bem como tornava pública sua estratégia particular de inserção nessa República das Letras. Nela, criticava severamente a imprensa, a qual, na opinião dele, só se nutria por "sujeitos premiados, agaloados, condecorados, titulados".[48] Aproveitava, ainda, para se vangloriar diante dos demais. Conforme sua própria definição, ele constituía um exemplo de escritor avesso a condecorações, ao jornalismo social e aos grupos literários estabelecidos. Machado, sim, encarnava, no seu entender, tal posição.

O fato é que, nesse momento, delineava-se um círculo paralelo e concorrente de escritores que buscavam se encaixar nas poucas instituições de consagração então existentes: revistas e jornais, academias e associações de classe. Ademais, depois da morte de Euclides da Cunha, em 1909, e da de Machado de Assis, em 1908, a Academia parecia viver de suas glórias passadas.[49] Talvez até por isso, e por conta dessa espécie de entressafra, começava a ser reconhecível — a ser identificado e a se identificar — um grupo de oposição. Unidos pela confrontação, eles se julgavam críticos a tudo e a todos. Além de Lima Barreto e Antônio Noronha Santos, faziam parte do circuito velhos conhecidos deles, como Bastos Tigre, Domingos Ribeiro Filho, Curvelo de Mendonça[50] e Fábio Luz. Eram colegas da extinta *Floreal*, mas também de ambientes semelhantes de cultura e sociabilidade.[51]

E, se há muita ambiguidade em tal movimento, o que existia em comum era o fato de todos pertencerem à mesma geração e filiarem-se a uma literatura engajada, bastante inspirados por autores como Tolstói, Dostoiévski, Flaubert, Balzac, Taine, Stendhal, Eça de Queirós e Renan. Esse era também um projeto de entrada no edifício cada vez mais formatado da literatura nacional.

A situação de Lima não era de todo ruim; mesmo assim, a opinião dos críticos sobre o autor oscilava. Ora o recebiam como uma voz aguda e original, ora como um escritor menor, cuja referência à realidade diminuía a imaginação. Para piorar, o momento aparentemente se inclinava mais para leitores que buscavam pouca inquietação, como comprova a famosa definição de Afrânio Peixoto, que descreveu a literatura como " o sorriso da sociedade". O certo é que, após a morte de Machado, a crítica parecia não encontrar outro nome que rivalizasse, para valer, com ele.

Na época, *A esfinge*, de Afrânio Peixoto, fez impressionante sucesso, a despeito de seu autor ter revelado que escrevera o livro às pressas, em apenas três meses, e premido pelo objetivo de ingressar na ABL. A obra, publicada em 1911, recebeu uma segunda edição um mês depois. Cerca de 11 mil exemplares foram vendidos em cinco edições (as duas últimas saíram em 1919 e em 1923). De acordo com Laurence Hallewell, esse foi o romance de maior vendagem no Brasil desde *Canaã*, de Graça Aranha, lançado pela Livraria Garnier em 1902.[52] Mas a qualidade da obra é que não combinava com a recepção positiva, e os altos números de venda.

O *Almanaque Brasileiro Garnier* de 1914 traz notícia dos autores e livros publicados no período pela prestigiosa Garnier. Dentre eles, destacam-se, em primeiro lugar, obras de Machado de Assis: *Esaú e Jacó* em 1904; *Relíquias da casa velha* em 1906; e *Memorial de Aires*, seu último romance, em 1908. Aluísio Azevedo relançou *A condessa Vesper* em 1902, com boa cobertura da imprensa. Medeiros e Albuquerque ganhou edição definitiva de seu volume de poesia *Mãe tapuia* em 1905. O livro de poemas de Olavo Bilac foi editado em 1904, mas, a partir de então, toda a sua obra foi impressa pela Francisco Alves: *Crítica e fantasia* (1906), *Poesias infantis* (1904), *Dicionário de rimas* (1913), *Tratado de versificação* (1910), *Ironia e piedade* (1916).[53]

Outros nomes se mantinham ativos no mercado editorial. Augusto dos Anjos publicou seu único livro em vida, *Eu*, em 1912, numa tiragem de mil exemplares, em edição particular. Não há como deixar de mencionar o êxito crescente de um conhecido desafeto de Lima: João do Rio. Seu livro *Religiões do Rio* alcançou cerca de oito edições e *A alma encantadora das ruas* (1908) chegou a três, sem esquecer das obras que ele publicou na Garnier, como *O momento literário* (1908), *Vida vertiginosa*, *Psicologia urbana*, *Portugal d'agora* (todos de 1911), *Dentro da noite* (1912) e *Fados, canções e danças de Portugal* (1909) — antes de passar para outros editores (Francisco Alves, Briguiet, Lello, Leite Ribeiro e Villas-Boas).[54] Destacava-se igualmente outro "inimigo de plantão" de Lima: Coelho Neto, cuja produção bem poderia representar o que a crítica Lúcia Miguel Pereira chamou de livros dedicados a um "deleite do espírito tranquilo". O escritor, que teve uma juventude boêmia e uma obra a princípio considerada promissora, logo mudou de figurino para aderir ao que na época se denominava "naturalismo acadêmico", e ao parnasianismo, cujos autores estavam mais preocupados com a forma estetizante do que com o conteúdo, além de serem fascinados pelo classicismo greco-latino.[55] E por aí o regime de contraposições se mostrava ainda mais impiedoso. Segundo Lima, Coelho Neto seria o precursor do purismo gramatical, em tudo oposto à visão militante do escritor de Todos os Santos, que advogava uma literatura pública, política e popular. Enquanto o primeiro acreditava num apego a certo orientalismo, o segundo não abria mão de uma tendência nacionalista; o que no acadêmico surgia como forma arcaizante, no criador de Isaías Caminha se traduzia como um esforço de atualização na linguagem. Por fim, e ainda de acordo com Lima, na obra de Coelho Neto, que com o tempo foi lançando uma quantidade impressionante de títulos, tudo seria rebarbativo, eloquente, excessivo; justamente o contrário do que pretendia o amanuense, que pregava por certa concisão sintética e defendia uma literatura mais oralizada.[56] Mas, para desespero de Lima, os livros do acadêmico faziam muito mais sucesso que os dele. Prolixo, até 1914, quando lançou *Rei negro*, Coelho Neto já contava com mais de trinta obras publicadas.

Despeitado com o sucesso alheio, Lima, em carta que enviou a Monteiro Lobato alguns anos depois, no dia 4 de janeiro de 1919, comentava seu medíocre desempenho de vendas, ainda mais quando comparado a outros livros e autores. "Muito obrigado pelas referências aos meus broquéis; e, embora o João do Rio se diga literato, eu me honro muito com o título e dediquei toda a minha vida para merecê-lo. Por falar em semelhante paquiderme… Eu tenho notícias de que ele já não se tem na conta de homem de letras, senão para arranjar propinas com os ministros e presidentes de Estado ou senão para receber sorrisos das moças brancas botafoganas daqui…". E dá-lhe ressentimento, com a manifestação de que seu livro só vendera 2 mil exemplares enquanto os de d. Albertina Bertha, feminista e alvo direto do amanuense escritor, apenas com seu livro de versos teria vendido 5 mil. E termina afirmando que isso daria "a medida da inteligência do leitor do Rio".[57]

Mas, se a área de ficção andava meio morna e não decolava, incluindo-se nesse panorama a literatura do criador de Isaías, na área da não ficção o ambiente parecia mais animado. José Veríssimo, o crítico tão estimado por Lima, publicou quase sempre pela Garnier. Com exceção de *História da literatura brasileira*, que saiu pela Francisco Alves em 1916, os seus demais livros — *Estudos de literatura brasileira* (seis séries entre 1901 e 1907), *Homens e coisas estrangeiras* (três séries entre 1902 e 1908), *Que é literatura? e outros escritos* (1907) — traziam o selo da prestigiosa editora. Euclides da Cunha virou best-seller com sua primeira obra, inaugurando um estilo que misturava relato jornalístico, etnografia, história social e sociologia. Lançado pela Laemmert, *Os sertões* alcançou imensa repercussão, com três edições apenas no ano de 1902, e no final da primeira década do século xx continuava ditando moda.[58] Joaquim Nabuco foi recebido como grande memorialista com a publicação de *Minha formação* em 1900, reeditado nos anos seguintes. Nesse texto, que trafega entre o ensaio e a lembrança do passado revista pela lente do presente, o abolicionista narra sua formação sentimental, intelectual e política, a qual representava também o percurso de uma elite agrária que agora se via às voltas com os novos desafios do seu tempo.[59] Manuel de Oliveira Lima estreava na área de história com *Dom João VI no Brasil*, em 1909. Em 1910, o crítico Gonzaga Duque lançou *Graves e frívolos* e teve seus contos reunidos em *Horto de mágoas*, editado postumamente, em 1914.

Enfim, tirando-se a média entre ficção e não ficção, o ambiente literário não andava tão acomodado quando Lima, em 1909, publicou seu primeiro livro: *Recordações do escrivão Isaías Caminha*. Mesmo assim, não existiam consensos. Alguns anos depois, Lúcia Miguel Pereira[60] confirmaria a opinião do ex-diretor da *Floreal* sustentando que, ao menos no decênio inicial do século xx, destacaram-se apenas dois romances: *Canaã* (de 1902), de Graça Aranha, e *Luzia-Homem*, de Domingos Olímpio, em 1903. Segundo ela,

Aluísio Azevedo afogara-se no naturalismo; Inglês de Sousa andava afastado da literatura; Coelho Neto imobilizava-se com seu verbalismo.

Havia, porém, e como temos visto, muito mais do que uma geração "entre". Na verdade, os primeiros vinte anos da República, em especial no momento que vai de 1906 a 1920, conheceram uma crescente reação, expressa por intelectuais — entre jornalistas, políticos e médicos, sobretudo oriundos das classes médias urbanas, mas também provenientes das camadas mais populares — frustrados com o frágil processo de democratização experimentado no país e ainda não propriamente reconhecidos pelo cânone literário.

Pois bem, voltemos ao pretexto para esse longo passeio pela literatura da época: o artigo de Lima para a *A.B.C.* intitulado "Uma fatia acadêmica", que foi escrito em 2 de agosto de 1919, num ambiente marcado por muita expectativa e também frustração. Diz ele: "Em 24 do mês passado, a Academia Brasileira de Letras, admitiu entre os seus membros o eminente sr. Alfredo Pujol. Não houve quem maldissesse dessa escolha".[61] Lima utiliza-se de uma terceira voz narrativa para melhor criticar o evento e seus participantes. Usando de estilo caricato, define os imortais como destituídos de honestidade intelectual e sem talento. O propósito do artigo era descrever a cerimônia de recepção de um novo integrante da ABL, mas a intenção evidente era desfazer de tudo: do ritual e dos acadêmicos presentes. "Recebeu-o o sr. Pedro Lessa, ministro do Supremo Tribunal Federal, afamado jurisconsulto e, como quase todo advogado, homem de letras e, no seu caso, dos mais conspícuos. Como veem, são ambos pessoas de competência acima do vulgar, tanto nas letras como fora delas; e, se me meto, como agora me meto, entre eles, é por ser as letras uma República onde todos devem ser iguais."[62]

Mantendo uma postura pretensamente respeitosa, Lima fica, porém, na fronteira do elogio com o escárnio. Mais interessante é a forma como principia o texto, brincando com "o poder de abstração" do autor do discurso, para rapidamente esquecer dele e se concentrar em Machado de Assis. No discurso de Lessa, o presidente da ABL é incluído entre os "grandes gênios", contudo sempre distante das "crônicas ou fotografias da cidade em que nasceu".[63] O orador, afetando imparcialidade, é injusto com a obra de Machado, caracterizando-a como "literatura de abstração". "Um escritor cuja grandeza consistisse em abstrair fortemente das circunstâncias da realidade ambiente" e cujos personagens seriam "fantoches e não almas, personagens vivos". Já Lima discorda de Lessa, mas não com muita veemência. "Os nossos sentimentos pessoais, com o serem nossos, são também reações sociais", definia o criador de Policarpo saindo em defesa de sua própria literatura.[64] Transformando arte numa "simples álgebra de sentimentos e pensamentos" — sendo o meio, as raças e o contexto social fatores determinantes na narrativa —, Lima acusava essa (outra) literatura de ter perdido o "poder de comover" e de ter aberto mão da capacidade de mostrar "as razões de suas [das almas] dores e alegrias". E nesse pacote o alvo principal voltava a ser Machado, que "não tinha força interior bastante para lutar e quebrar-se contra o Destino".

Só faltava o ponto-final, e Lima o coloca quando cita de cor seus grandes mestres: Taine, Guyau, Brunetière, mas também Shakespeare, Dostoiévski, Swift.[65] É evidente, e quase ingênua, a estratégia do escritor de Todos os Santos. Com o propósito de pretensamente reproduzir um discurso de posse na ABL, ele acabou por definir mais a si próprio e seu projeto do que aos demais envolvidos. Lima estaria de um lado; Machado do outro. "Machado era um homem de sala, amoroso das coisas delicadas, sem uma grande, larga e ativa visão da humanidade e da Arte", que "gostava das coisas decentes e bem-postas, da conversa da menina prendada, da garridice das moças". O Bruxo do Cosme Velho é transformado, assim, num literato aristocrático, das coisas em ordem, de conversa com moças, das frases decentes. Já Lima seria a nova burguesia, aberta à competição.[66]

Essa foi a única vez em que o escritor amanuense se referiu diretamente a Machado. Em outras ocasiões, mencionou o nome do acadêmico de maneira breve, apenas como alusão ou em meio a outros temas. Num artigo sobre Domício da Gama, escritor que se dedicava a memórias e a textos de viagem, Lima usou Machado como régua comparativa, dessa vez positiva. No texto "A casa dos espantos", entregue à revista *A Actualidade* de 20 de julho de 1919, ele declinou: "O que falta no senhor Domício da Gama é força, é vigor de alma, é paixão, é necessidade de amar e de odiar". No caso, porém, Machado passou a ser parâmetro elogioso. "Há, entretanto, uma diferença: se os sestros e as esquisitices do velho Machado tinham nascido dele mesmo, do amplo solo de sua alma dolorida; as cravinas literárias do senhor Domício haviam sido cultivadas em um pote de janela e regadas com um regador de menina de qualidade. Nasciam murchas."[67]

Mas nem tudo era louvação. Machado virava "velho", assinalando-se assim a diferença de geração entre eles. Além do mais, mesmo quando não mirava diretamente no Bruxo, Lima aproveitava para atacar outros alvos que, não por coincidência, rodeavam o círculo social do acadêmico: Joaquim Nabuco, o Itamaraty, Rio Branco, que aparecia agora descrito "como ídolo desta negralhada brasileira que quer ser latina".[68] Mas, se, ao pretensamente tratar de outros, ele visava sobretudo a Machado, ao falar de si, jamais esquecia Machado. Por exemplo, no artigo que escreveu para a *Gazeta da Tarde* de 28 de junho de 1911, com o engraçado título de "Esta minha letra..."[69] — já mencionado neste livro —, Lima brincou com os próprios garranchos e chamou sua grafia irregular de "bilhete de loteria".

Nessa crônica bem-humorada ele simultaneamente desfaz do fato de contar com poucos leitores e o valoriza. Aproveita, e chama a atenção para as pequenas gralhas que insistiam em aparecer nos seus textos publicados, e explicar a hostilidade que julgava cercá-lo: jogou tudo na conta de sua "sinceridade" e na sua incapacidade de silenciar acusações diante dos colegas. "Queimei os meus navios; deixei tudo, tudo, por essas coisas de letras. Não quero aqui fazer a minha biografia; basta, penso eu, que lhes diga que abandonei todos os caminhos, por esse das letras; e o fiz conscientemente, superiormente, sem nada de mais forte que me desviasse de qualquer outra ambição; e agora vem essa coisa de letra, esse último obstáculo, esse premente pesadelo, e não sei que hei de fazer!"[70] Numa nova guinada no artigo, sua letra se tornava metáfora para ele se contrapor ao "senhor" Machado de Assis, o "grande chanceler das letras", "homem aclamado e considerado". Segundo Lima, o presidente da ABL nem precisava se dar o trabalho de "mudar de letra"; já ele, "pobre autor de um livreco", "que não sou nem doutor em qualquer história", "tenho o dever e posso mudar de letra".[71] A ironia tem sentido expresso. Mudar de letra significava, literalmente, melhorar a caligrafia e, metaforicamente, mudar de estilo para aproximar-se do perfil de jornalistas consagrados como Alcindo Guanabara, ou de Machado. .

Nessa luta, que, nos termos de Lima, era travada entre "realezas", se de um lado estava ele — um "pobre autor de um livreco"; de outro, ficavam os acadêmicos. O escritor de *Triste fim* aproveitava, portanto, para deixar mais claro o círculo do qual *não* fazia parte: "o cenáculo do Garnier" ou o "salão literário do Coelho Neto". No artigo ele revela suas fragilidades, mesmo que à custa de muita ironia: "De manhã, quando recebo a *Gazeta* ou outra publicação em que haja coisas minhas, eu me encho de medo [...]. Tenho vontade de chorar, de matar, de suicidar-me; todos os desejos me passam pela alma e todas as tragédias vejo diante dos olhos. Salto da cadeira, atiro o jornal ao chão, rasgo-o; é um inferno. Eu não sei mais se todos nos jornais têm boa caligrafia".[72]

O recurso de Lima é paradoxal. Ele afirma que não vai citar nomes, mas os cita; diz que não fará uma autobiografia, e a faz. A letra vira, assim, caligrafia social; o tíquete de ingresso para a "corte da literatura". Não contente, o amanuense inclui o local de onde fala (os subúrbios), brinca com o desconhecimento da elite da capital acerca dos seus arredores e ainda afirma que não consideraria a ideia do casamento por ter "consciência" de sua "fealdade". Enfim, aí está o pacote completo: ele se sentia excluído do círculo literário consagrado, morava longe do centro, pertencia a outro grupo social e, ademais, tinha dificuldades no relacionamento com mulheres. Achava-se feio, "caboclo" e deslocado.

E, em meio a esse emaranhado de sentimentos, chama atenção a presença oculta mas recorrente de Machado. Sua sombra era tal que, por vezes, ele surgia insinuado em frases e expressões. No conto "Manifestações políticas" — publicado em 29 de outubro de 1921 —, Lima termina o texto com o seguinte diálogo: "Quem é essa gente que me aclama assim? [...] Nisto um bêbedo ou um maluco, antepassado certamente de Quincas Borba, gritou bem alto: *Ao vencedor, batatas!...*".[73] Ao citar, sem motivo aparente, a famosa expressão de Rubião — a qual, entretanto, é originalmente do filósofo cujo nome dá título ao romance *Quincas Borba*, de 1891 —, o escritor acabava por se revelar. Era mesmo um leitor de Machado, como, aliás, toda a sua geração.

Mais um exemplo. Em outro bem-humorado conto, "Três gênios de secretaria", Lima envenena a profissão de funcionário público, seu ganha-pão. Claramente autobiográfica, a sátira escancara a crítica do autor de *Isaías Caminha* ao parasitismo do funcionalismo. Além do mais, retorna, ainda outra vez, à questão do casamento e dos pistolões: "Pensei até em casar, não só para ter uns bate-bocas com a mulher, mas, também, para ficar mais burro, ter preocupações de 'pistolões', para ser promovido. Não o fiz. Casar-me no meu nível social, seria abusar-me com a mulher, pela sua falta de instrução e cultura intelectual; casar-me acima, seria fazer-me lacaio dos figurões, para darem-me cargos, propinas, gratificações, que satisfizessem às exigências da esposa".[74]

O monólogo deixa às claras as ambivalências da posição de Lima diante desse tema complexo — o matrimônio ou qualquer relacionamento afetivo. Defendia ele, sempre que podia, que o casamento não passava de uma "instituição burguesa". No entanto, por detrás do humor, a passagem concisa desnuda concepções pessoais ainda mais conflituosas. De um lado, o escritor carregava a consciência de que não podia contrair um matrimônio acima de sua classe, pois lhe faltariam atributos financeiros necessários para garantir tal tipo de união. De outro, parecia reconhecer que casar dentro de seu próprio estrato poderia significar rebaixar-se, uma vez que mostrava clarividência diante do que dizia ser sua "diferença"; ou seja, os hábitos culturais que não partilhava dentro de seu grupo social.

Ainda assim, chama atenção a hipotética reflexão que o escritor entabula entre o suposto sogro e o noivo: "O velho sogro [...] arranjou-lhe o lugar de 'auxiliar de gabinete' do ministro. [...] Adquiriu títulos literários [...] e sua mulher quando fala nele, não se esquece de dizer: '— Como Rui Barbosa, o Chico...' ou 'Como Machado de Assis, meu marido só bebe água'".[75] Como se vê, Machado (e Rui também) era a referência da referência; o símbolo de uma situação social e econômica que o amanuense invariavelmente alegou não possuir (ou mesmo desejar). Identidade é construção social, marca de pertencimento e, ademais, é sempre produzida em relação e por contraste.[76] Por isso, nesse caso, interessa menos denunciar como Lima e Machado guardavam histórias de infância e de início de carreira bastante semelhantes.

O que mais importa é entender como o escritor de Todos os Santos, em fragmentos ou referências soltas, vai moldando um perfil, com frequência contraposto a uma série de personagens e instituições. A ABL e o Itamaraty estavam no centro do alvo, assim como Coelho Neto, Rui Barbosa e, de maneira particularmente ambivalente, Machado de Assis. Identidades são também expedientes acionados pelos próprios agentes sociais e representam respostas políticas e sociais.[77] E essa é a estratégia acionada por Lima: a despeito de se apresentar como "vítima" de seu tempo — o que, evidentemente, em alguma medida ele é —, negocia, manipula sua imagem para então se construir na contracorrente. Boêmio, representante de uma geração marcada pelo sentimento social, o criador de Isaías se construía, cada vez mais, como um anti-Machado; ou talvez outro Machado. Última observação: no ano de 1908, Lima incluiu em sua seleta coleção de "Recortes" uma pequena nota retirada do *Jornal do Commercio*. Ela anunciava a morte de Machado de Assis.

Cafés, fofocas e divisões literárias

Lima não vivia, porém, apenas enfurnado em sua biblioteca ou envolvido com seus textos. Sua sociabilidade era feita nos cafés e confeitarias que acabaram por definir ou devolver uma imagem do que seria o Rio de Janeiro da belle époque. Mas esses lugares eram mais que meros pontos de encontro; como vimos, funcionavam tal qual quartéis-generais para os vários círculos de escritores, aglutinando e dividindo grupos de sociabilidade.[78] Os cafés frequentados por Lima, e como vimos, eram o Jeremias, o Java, o Americana e o Papagaio. Era neles que o escritor podia ser encontrado, sempre cercado, na expressão de Noronha Santos, de uma roda de rapazes "mais ou menos instruídos", que tinham por norma evitar que a conversa recaísse na literatura. Melhor era relaxar em torno de umas garrafas e da fumaça dos cigarros. A ideia do grupo era também contrapor-se ao clima "artificialmente literário" de outros círculos e criar um retrato que em nada lembrava a "boa ordem" reinante nos demais cafés.[79]

Já sabemos que era no Café Papagaio que Lima desfrutava da companhia dos confrades do Esplendor dos Amanuenses, grupo que se reunia todas as tardes para discutir "coisas graves e insolúveis". Dizem os testemunhos que foi por lá que ele passou a beber cachaça e chope e ganhou a fama de "mordedor" — qual seja, pedia um trocado para tomar o trem da Central a qualquer colega que sentasse ao lado dele. Seu salário, brincava, ia todo nos tragos.[80] Faziam parte desse circuito parceiros da *Floreal* e outras figuras, como o médico Rafael Pinheiro, excelente orador mas abstêmio por convicção; Amorim Júnior, funcionário postal e repórter de *O Paiz*; Calixto Cordeiro, o K. Lixto, desenhista, ilustrador, litógrafo, professor e diretor da *Fon-Fon* desde 1907; e o também caricaturista Carlos Lenoir.[81] Não é coincidência o fato de eles não constarem das listas de autores de sucesso da Garnier, das quais falamos há pouco.

Além dos cafés, outros pontos de encontro construíam essa geografia simbólica que distinguia filiações literárias e pessoais. As rodas literárias, por exemplo, aconteciam também nas livrarias e editoras. A mais famosa era a da Livraria Garnier, na rua do Ouvidor. Isso sem esquecer as demais, entre elas a da Livraria Laemmert — na mesma rua — e a da Livraria Azevedo — situada na rua da Uruguaiana e conhecida como o ponto dos gramáticos e dos professores. Lima não costumava tomar parte de reuniões como essas e, talvez por isso, preferia ironizar a frequência chique que as caracterizava. É de sua autoria o comentário maldoso sobre o bom comportamento de Machado. Se o Bruxo fosse encontrado pelas redondezas da rua do Ouvidor, jamais seria para entrar nos cafés. O autor de *Quincas Borba* fazia ponto na Livraria Laemmert e na Lombaert, e depois se tornaria habitué da *Revista Brasileira*, reunindo-se com sua redação — que incluía José Veríssimo, Lúcio de Mendonça, Coelho Neto, Olavo Bilac, Medeiros e Albuquerque, Rui Barbosa e Afonso Celso; o mesmo grupo que compunha a ABL. Por sinal, Afonso Celso era o filho do padrinho de Lima, e, ainda assim, não pareceu interessado em consolidar afinidades com o escritor de Todos os Santos. Enfim, com certeza a cena literária carioca era bem mais complexa. O importante, contudo, é guardar a posição central do grupo de Machado, nessa verdadeira lógica feita a partir de clubes de sociabilidade, que se afirmavam por meio do jogo entre escolas, mas também de gerações e padrões de conduta.[82]

Confeitarias, livrarias e editoras ajudavam, pois, a delimitar fronteiras dentro de fronteiras. Aliás, se conflitos e fofocas sempre existiram, nos anos 1910 tenderam a se fortalecer, sobretudo com o falecimento de Machado, e o surgimento de novos autores, como

Lima. Mesmo assim, Machado continuava a servir de métrica para o amanuense. E, se nas publicações o autor de *Isaías* se mostrava respeitoso, em cartas ou comentários ele desferia críticas mais duras ao presidente da Academia.

Tal posição fica particularmente clara na resposta de Lima a uma carta aberta escrita por Austregésilo de Ataíde,[83] e publicada no jornal carioca *A Tribuna* em 18 de janeiro de 1921. Nela, o crítico estabelece comparações entre os dois autores e pende para o lado do criador de Policarpo. Já bem mais velho e muito depois da morte do Bruxo, o escritor de Todos os Santos agradece ao crítico, e afirma que, a despeito de não negar "os méritos de grande escritor", julgava que o acadêmico sofria de "secura de alma, muita falta de simpatia humana, falta de entusiasmos generosos, uma porção de sestros pueris".[84] Orgulhoso, declara que jamais o imitou e reitera sua cantilena: "Que me falem de Maupassant, de Dickens, de Swift, de Balzac, de Daudet — vá lá; mas Machado, nunca! Até em Turguêniev, em Tolstói; podiam ir buscar os meus modelos; mas, em Machado, não! [...] Creio que é grande a diferença".[85]

Nessa passagem de uma correspondência privada, o autor de *Triste fim* não doura a pílula. Lima, por sua vez, seria o único "verdadeiro" que não se rebaixava a "palmatória" alguma. Os termos não são inocentes, já que o escritor tantas vezes se definiu como neto de escravos, e parte integrante de uma larga população afrodescendente.[86] E estava dada a largada das comparações para um lado ou para o outro. Jackson de Figueiredo, em artigo publicado em 1916 em *Lusitania*, acusa o criador de Policarpo de ser apenas "analista que combate". O crítico aproxima, no entanto, os dois literatos quanto ao uso do humor: Lima teria uma ironia contundente, enquanto Machado primaria pela leveza e pela intenção filosófica. Essa era a época do lançamento de *Triste fim*, e Jackson pende para o lado do seu autor, dizendo ser ele "mais humano e mais verdadeiro".[87] José Oiticica, por sua vez, publica, em 1916, artigo no jornal *A Rua* afirmando que Lima "é um Machado de Assis sem correção gramatical, porém, com vistas amplas, hauridas no socialismo e no anarquismo".[88] Já Vitor Viana,[89] em 1919, no *Jornal do Commercio*, volta a estabelecer paralelos entre Machado e Lima. Vincula ambos à escrita dos ingleses, mas encontra no primeiro doçura e resignação, e no segundo revolta e ardor político.

Nesse ano de 1919, outros críticos — como João Ribeiro e Tristão de Ataíde — arriscam novas comparações entre os dois escritores, distinguindo-os a partir do apelo (ou não) à realidade. Não é o caso de enumerar todos os comentários, até porque a disputa continuaria por anos afora. Sérgio Buarque de Holanda, por exemplo, tempos depois, mais exatamente no dia 23 de janeiro de 1949, dá ressonância à castigada polêmica. Publica no *Diario de Noticias* um artigo intitulado "Em torno de Lima Barreto", no qual pontifica que a obra do criador de Clara seria "inferior" à de Machado. O historiador bate duro: "A verdade é que Lima Barreto não foi o gênio que nele suspeitam alguns dos seus admiradores e nem é possível, sem injustiça, equipará-lo ao autor de *Brás Cubas*". Parece não perdoar a Lima, que, bem na sua frente, teria exposto seu desapreço, em mais de uma ocasião manifestado, pela obra de Machado de Assis".[90] Lamentando o fato de o escritor amanuense ter lhe dito que considerava Machado inferior a Aluísio Azevedo, conclui o autor de *Raízes do Brasil*: "É muito possível que entrasse em tais manifestações menos uma convicção firmada do que o ressentimento...". Para Holanda, se ambos os romancistas eram cariocas, separavam-se num ponto essencial. "Enquanto os escritos de Lima Barreto foram, todos eles, uma confissão mal disfarçada, os de Machado foram antes uma evasão e um refúgio."[91]

Nesse segundo momento, engrossava-se um tipo de recepção que aprisionava os textos de Lima a uma avaliação que desfazia do realismo — gênero tido, então, como por demais colado à realidade. A avaliação era, porém, leviana, ao menos no que se refere ao criador de Isaías, que sempre julgou artificial esse tipo de distinção, a qual separava o autor de seu meio. Na verdade, ele próprio via a obra literária como um duplo: ela não só refletia como criava o contexto que pretendia descrever.

Mas a crítica seria severa com Lima Barreto, vinculando-o de forma imediata e negativa à sua biografia, como se não fosse possível tratar de uma sem remeter à outra, e vice-versa. Até mesmo críticos estimados pelo escritor, como José Veríssimo, voltaram-se contra ele, pedindo que deixasse de lado sua vida pessoal em prol da construção de uma obra literária: "O quadro saiu-lhe acanhado e defeituosamente composto, e a representação sem serenidade, personalíssima".[92]

O certo é que tal opção literária, política e institucional por uma arte voltada para o social e definida como "militante" representou uma saída inovadora, mas ao mesmo tempo um obstáculo para a recepção coetânea e futura de Lima. E esse não seria o único "porém". Naquele contexto, começava a se delimitar, também, um tipo de crítica que vinculava a conduta moral do escritor à sua obra.[93] Taxado de boêmio, ele passava a ser considerado, como se fosse uma consequência, "desleixado". Mas, se é certo que Lima tinha pouco tempo para "pentear" seus textos, e os entregava com rapidez, já sabemos que a bebida não o imobilizava. Ao contrário, Helio Seelnguer, que privou da sua companhia no Café Holanda, assim se lembra dele: "Bebia mais que um gambá. E ainda se fala mal dos boêmios! Como trabalhou esse rapaz!".[94]

Não é o caso de pagar um tributo à embriaguez. Mas vale assinalar como vigorava certa expectativa de comportamento e de vocabulário social no Rio da belle époque que, talvez, o escritor de Todos os Santos não dominasse bem. E, se o padrão era dado pela Academia, foi contra ela que o amanuense armou seus canhões. Na mesma proporção em que ficava mais ciente de que não havia lugar para ele naquele certame, elevava a carga negativa dos adjetivos com os quais definia a instituição. Ali estavam, na sua opinião, a "velha guarda", os "parnasianos e nefelibatas" ou, como anotou em seu *Diário*, uma "literatura de clube, imbecil, de palavrinhas, de coisinhas", sem "grandeza de análise".[95]

Paradoxalmente, Lima parecia precisar de "uma Academia" à qual se opor para, assim, melhor definir seu papel. Numa carta endereçada a Mário Galvão,[96] apresentava-se como representante de uma nova postura, que incluía "a dor de escrever", "essa tortura que o papel virgem põe n'alma" dos deserdados que, como ele, se atreviam a acercar-se do ofício das letras.[97] Para o escritor, sua obra tomava a via oposta naquela estrada que aparentemente não padecia com curvas ou sinuosidades. Sua linguagem seria estratégia de resistência, sua luta de foice com o passado; sua batalha era contra o deleite das palavras, seu decreto de guerra dirigia-se aos velhos modelos (fossem eles quais fossem). Tratava-se, na perspectiva de seu próprio criador, de um projeto de ruptura; uma literatura rebelde e urgente,[98] uma opção moral e política, quase bélica, para a escrita. Essa era a saída para aglutinar os "novos" — como se o termo geracional fosse sinônimo de inauguração de um tempo redentor.

Para Lima, tal "posição" — pois era antes um local que se afirmava em relação a outros locais e redes de sociabilidade — acabou virando registro de identidade. Talvez essa concepção explique como o autor, ao menos nos seus escritos, ia se mostrando cada vez mais identificado com os pobres, os afrodescendentes, os moradores dos subúrbios. Lá estava ele, um tanto quixotesco,[99] avesso aos modismos e às corrupções de toda sorte. Nesse projeto, não cabiam muitos. "Entre nós, não há disso; nós vivemos isolados", escreveria.[100]

Estamos no período da Primeira Guerra Mundial, e a experiência da Revolução Russa começaria a abalar as estruturas e as imaginações. Lima adotaria de forma mais direta o anarquismo; passaria a escrever para a revista *A.B.C.* com grande constância e se emocionaria com os fatos que marcaram o fim do regime tsarista na Rússia. Não deixa de ser revelador um pequeno detalhe. Foi em 1917 — o ano da Revolução — que o escritor, com sua má letra, resolveu atuar como amanuense da própria biblioteca e se pôs a relacionar obra a obra da sua coleção. A velha e boa Limana.

Vários escritores fizeram juras de amor às suas bibliotecas ou as transformaram em personagens diletas. Em outros casos, essas coleções surgem como cartões de apresentação de seus proprietários, ou representam o resumo da herança intelectual que um autor quer legar à posteridade. Bibliotecas também integraram uma série de histórias nacionais. Instaladas em grandes edifícios e formadas por livros milenares e documentos cuja data de origem se perdeu, acabaram por guardar uma imagem de estabilidade que pouco combina com seus destinos manifestos. A história mostra que tais coleções foram sistematicamente destruídas, seja por motivos naturais, seja por conta da lógica instável dos homens. Foi assim com Alexandria, que durou apenas um século e cuja destruição — e a de seus 700 mil volumes — extinguiu um imenso conhecimento acumulado na Antiguidade grega. Não por acaso, os ingleses queimaram a Biblioteca do Congresso em 1814, quando então se construiu não só um país novo, mas um acervo cultural diferente. Fenômeno semelhante ocorreu quando Monte Cassino foi bombardeada, durante a Segunda Guerra Mundial, e perdeu-se boa parte das fontes sobre a Europa medieval. Também a destruição da Biblioteca Nacional do Camboja pelo Khmer Vermelho levou consigo um estoque importante de informações sobre essa civilização.[101] Isso sem esquecer a Biblioteca Nacional do Brasil, que foi apresentada como o primeiro termo de uma longa conta que pagamos a Portugal para garantir nossa independência política em 1825.[102] Como se vê, a história das bibliotecas é tão antiga quanto feita de destruições e novas construções.

Bibliotecários e suas coleções também se converteram em personagens literários emblemáticos. É famosa a passagem de *Dom Quixote* em que um barbeiro e um cura lan-

Recorte encontrado na Limana com anotação de Lima Barreto: "O quilombo".

çam à fogueira os excomungados alfarrábios que já haviam perturbado demais a mente fraca de d. Alonso Quijano, *el Bueno*. Dom Quixote dormia o sono dos justos quando os desordeiros entraram no seu cômodo, onde também moravam os livros "culpados". Logo concluíram que ali vivia uma "livraria endemoniada" e, sem mais delongas, jogaram ao fogo aquela "maravilhosa coleção".

Bibliotecas guardam memórias e encantamentos, e não poucos escritores dedicaram a elas as páginas mais bonitas de seus livros. Jorge Luis Borges concluiu que, "quando se proclamou que a biblioteca guardava todos os livros, a primeira reação foi de uma felicidade extravagante".[103] E Elias Canetti, em *Auto de fé*, conta a história do professor Peter Kien, cuja obsessão eram os livros e sua seleta biblioteca, que lhe permitiam evitar o contato prático com a realidade que o massacrava. Ele gostava mesmo do "entrevero de espíritos, do sossego, o farfalhar reconfortante dos livros…". Mas também a biblioteca do professor Kien ardeu, com ele dentro.[104]

Lima tinha uma relação parecida com sua Limana. E, com o decorrer dos anos, passou a viver cada vez mais enfurnado em seu interior. Entre os vários "recortes" que colecionou, um se destaca: a foto de uma confortável residência de campo, contendo a anotação: "O Quilombo! Minha casa no Engenho da Pedra". O registro aparece com a data de 1917, e diz muito da atitude de Lima na época em que adotou uma espécie de nome de guerra para sua moradia. Aquela cujo teto dividia com os uivos do pai. "Será a Vila Quilombo", escreveu ele, "para assustar Copacabana." O padrão é, ao mesmo tempo, de desaforo e de

Este livro é destinado a inventariar as obras existentes na minha pequena bibliotheca. O catalogo farei depois, por intermedio delle.

Rio de Janeiro, neste lugar de Todos os Santos, dia primeiro de Setembro de mil novecentos e dezete.

Affonso Henriques de Lima Barreto

N. B — A collecção chama-se "Limana".

1917.

Acima e página ao lado: Inventário da Limana.

identificação. Desaforo contra os elegantes do centro do Rio, identificação com a história dos povos escravizados.

Pois bem, aquela não era de fato a casa dele. Não passava de um recorte, daqueles tantos que ele gostava de manter em sua coleção. Mas aí está uma peça de identificação, uma tentativa de mostrar um lar ordenado em meio à desordem que ia se tornando sua vida. De toda maneira, era em sua residência de verdade que ficavam o quarto e o escritório dele, e no mesmo lugar acomodavam-se seus 707 volumes. Lá estava a Limana, a biblioteca que tinha até nome íntimo. Lima vivia entre os livros e em meio aos tantos fantasmas que sempre habitaram as bibliotecas.

E a sina da Limana não escaparia à regra. Ela valia pelas viagens que ele não fez; pelas namoradas que não conheceu; pelos amigos dos quais abriu mão. Era feita da matéria que constituía sua obra, assim como do próprio destino traçado pelo escritor. Como veremos, seria também sua última morada. Era seu auto de fé.

13.
Um libertário anarquista: solidariedade é a palavra[1]

Os maiores ladrões são os que têm por ofício livrar-nos de outros ladrões.
— Lima Barreto, *Os bruzundangas*

A minha alma é de bandido tímido.
— Lima Barreto, *Correio da Noite*

Capa do periódico anarquista *A Vida* de 21 de dezembro de 1914.

UM LIBERTÁRIO ANARQUISTA: SOLIDARIEDADE É A PALAVRA | 345

Enquanto não emplacava na literatura, o autor de *Isaías Caminha* ia se impondo no cenário da capital como um cronista aguerrido, que jamais deixava escapar a oportunidade de chocar seus leitores. Segundo o historiador Nicolau Sevcenko, Lima preocupava-se em demonstrar total independência diante de qualquer corrente política organizada, recusando categorizações rígidas que lhe restringissem a autonomia de pensamento.[2] Nadava contra a corrente e gostava de repisar sua atitude, repetindo com frequência, e sempre que podia, aquelas que eram suas grandes implicâncias. O futebol, por exemplo, costumava ser ótimo pretexto para reprovar tudo. "O Rio não dá nada. O *football* veio matar o pequeno interesse que ele tinha pelas coisas nobres do espírito humano [...]. A pouca literatura que sai nos jornais daqui é linda por [sic] alguns e aborrecida para quase todos [...] As bibliotecas vivem às moscas; os museus, os concertos, as exposições de pintura, os arrabaldes pitorescos não têm nenhuma frequência; mas nos domingos e dias feriados, não há campo de *football* por mais vagabundo que seja, onde não se encontre uma multidão..."[3]

Deve ter sido, em parte, o seu comportamento "do contra" — contra a literatura de sucesso, o Estado, a patriotada e os estrangeirismos — que levou o escritor a se aproximar do anarquismo e das novas correntes libertárias, as quais bateram na porta do país já nas décadas de 1900 e 1910.[4] Embora tenha sempre evitado se filiar, abertamente, a grupos ou clubes anarquistas, assim como evitou aderir a ações mais diretas, Lima se encantou com essas teorias que inflamavam colegas de geração e passou a veiculá-las em muitos de seus artigos. Ao que tudo indica, foi Domingos Antônio Ribeiro Filho, militante anarquista e companheiro de repartição, quem primeiro "doutrinou" o amanuense. Domingos já trabalhava na Secretaria da Guerra quando Lima foi contratado, e os dois devem ter se aproximado em tal contexto. Afinal, tinham objetivos semelhantes na vida: nenhum deles pretendia se eternizar naquela função pública e ambos aspiravam vencer na vida como escritores.

Domingos era autor de *O cravo vermelho*, romance escandaloso publicado em 1907, que, como já tivemos oportunidade de comentar, não fizera grande sucesso. Na função de jornalista, fora, em 1903, secretário do semanário *A Avenida*, outro periódico de vida curta. Foi também um dos fundadores da revista *Floreal*, em 1907, ao lado de Lima, Curvelo de Mendonça e Elísio de Carvalho. Conhecido por suas opiniões libertárias e sua simpatia declarada pelo anarquismo, Ribeiro Filho era um misto de boêmio com revolucionário.[5]

Exaltado por definição e uso, Domingos tinha sido florianista radical na adolescência, pegando em armas para defender o governo na época da revolta de 1893. Depois disso, e até o fim da vida, foi anarquista convicto e partidário das ideias de Kropótkin, cuja doutrina tratou de divulgar em palestras, cafés e por meio de artigos publicados em jornais da capital. Também tomou parte do grupo Esplendor dos Amanuenses e frequentou o Café Papagaio. Mesmo assim, e a despeito de serem colegas de repartição, companheiros de bar e até vizinhos em Todos os Santos, os dois manifestaram sempre certa incompatibilidade literária.

Na *Floreal* de número 3, Lima criticou duramente o romance *O cravo vermelho*, afirmando que nele faltava literatura. Na edição seguinte do periódico — por sinal, a derradeira —, foi a vez de Domingos replicar, defendendo seu livro. Argumentou que detestava "a nossa moral". Esse jogo continuaria até mesmo depois da morte de Lima. Escrevendo em 1938 sobre o criador de Policarpo na revista *Visão Brasileira*, Domingos afirmou "estranhar" aqueles que "queriam fazer dele um gênio". E acrescentou: "Lima Barreto não foi um revolucionário, não foi um acomodado, não foi um cabotino, tinha os pés, as mãos e a cabeça amarrados ao liame de um terrível complexo. Tinha — coisa interessante — caráter e coração: um e outro [...] serviram para ponderar e equilibrar suas ambições. É que ele via, arrepiado, a ascensão de uns tantos escritores, por uma escada de frases feitas, versos frouxos e conceitos de tonelada e meia, até a consagração acadêmica. Entretanto — terrível complexo — a revolta de Lima Barreto nunca passou da ironia".[6]

O comentário é ambíguo: elogia e desaprova ao mesmo tempo. Lima não seria exatamente um revolucionário e era vítima de seu "complexo". A verdade, porém, é que Domingos era de fato um romancista sofrível, mas um bom cronista e ótimo contador de casos. Tanto que escreveu na *Careta* durante dezessete anos, usando na maior parte das vezes o pseudônimo Dierre Effe.[7] Foi ainda redator na *Fon-Fon* e n'*O Tico-Tico*, sempre advogando princípios da democracia e atacando o fascismo. A crítica literária Lúcia Miguel Pereira o definiu como um "anarquista visionário" e um dos escritores de cunho social do início do século.[8] Já seu colega de militância Astrojildo Pereira o caracterizou como um escritor menor em muitos sentidos; "pequenino de estatura, muito feio, e o narigão recurvo".[9] Explicou mais: que Domingos se constituía logo, e em qualquer grupo, na figura central, graças a seu "espírito em fulguração permanente. Era na verdade um conversador admirável, e escrevia como falava, com a mesma abundância e o mesmo encanto".[10] Pode-se imaginar, pois, a voltagem da dupla. Domingos, muito falastrão, e Lima, mais recatado. Este desfazendo dos romances do amigo, que por sua vez o censurava por sua pouca modéstia e por seu "complexo".

Mas ambos se viam como gauches. Em carta a Lima, Domingos afirmava que ia pouco à *Don Quixote* por ser contra a "pilhéria inócua". Segundo ele, ainda, "a revista tem uma botica e não vive sem a receita".[11] Bem ou mal, foi Domingos quem introduziu o autor de *Triste fim* nas rodas anarquistas, a despeito de não o considerar um "revolucionário". Nesses ambientes, Lima conheceria Pausílipo da Fonseca. Nascido em Pernambuco, Pausílipo chegou adolescente ao Rio, assentando praça num batalhão para, tempos depois, ingressar como adido na Escola Militar. Era um nacionalista exaltado, florianista rubro. Contudo, desligado da escola em 1897, em meio ao quadriênio de Prudente de Morais, foi deportado para o Mato Grosso, juntamente com setenta colegas. Na época, o florianismo mais lembrava um movimento de esquerda, de perfil nacionalista, centralizador, que apostava no progresso e na urbanização. Talvez por isso a turma de colegas tenha apoiado esse movimento, que, apesar da curta duração, gerou grande entusiasmo. Lima era diferente. Por causa do seu pai, abominava tudo que envolvesse adesão ao florianismo. Declarara certa vez que detestava o dono do jornal *A Notícia*, Manuel Jorge de Oliveira Rocha, o Rochinha, só por ele ter apoiado abertamente a Floriano. Conta o folclore da época que, como Lima tivesse passado a noite bebendo com o poeta P. B., que foi acusado de ter tomado parte no assassinato da esposa em Niterói, foi intimado a depor. Quando as autoridades lhe perguntaram se o réu já havia manifestado intenção de matar alguém, ele respondeu que sim. "— E o senhor não lhe perguntou quem era esse 'alguém'? perguntou o juiz." Respondeu Lima: "— Não, apenas o aconselhei: Se você quiser matar alguém, escolha o Antônio, da *Noticia*?". "Antônio" era o pseudônimo que Manuel Rocha utilizava na seção de poemas humorísticos do mesmo jornal.[12]

Se Lima tinha sempre o deboche pronto, já Pausílipo era figura séria. Retornou à capital apenas em 1899, quando publicou um pequeno volume intitulado *Mártir pela fé*. O "ensaio literário", dedicado "à memória de Floriano Peixoto", foi um retumbante fracasso. Desgostoso com sua sorte, o rapaz passou a se dedicar à vida de imprensa, iniciando suas atividades como operário gráfico nas oficinas de *O Paiz*. Teve, a partir de então, uma carreira ascendente: tornou-se compositor, depois revisor, repórter e redator.[13] Segundo testemunhas, Pausílipo era um tipo simpático, brilhava como orador e tinha uma voz impactante. Não demoraria a trocar suas convicções nacionalistas pelas ideias anarquistas, atuando em semanários libertários, a exemplo de *Novo Rumo* e *A Greve*. Por volta de 1904, ganhou destaque como fundador e principal organizador de um Partido Operário Independente,[14] e logo depois aderiu aos grupos anarquistas. Com o tempo, porém, sua combatividade de jornalista panfletário se atenuou. No *Correio da Manhã*, foi promovido a repórter e cronista político. Designado representante do jornal no Senado, acompanhou, nessa função, Rui Barbosa nas excursões que este realizou a São Paulo e Minas Gerais por ocasião da Campanha Civilista.[15]

Outro personagem importante da imprensa e do movimento anarquista da época era José Oiticica, que havia estudado com Lima no Colégio Paula Freitas, na Tijuca, no ano de 1896, durante o preparatório para a Politécnica. Desde 1912, ele se declarara anarquista. De acordo com John W. F. Dulles, o primeiro contato de Oiticica com o movimento operário anarquista se deu em 1903, e ele logo se distinguiu como orador nas reuniões de sindicatos operários. Era descrito como um homem incansável e de vastos conhecimentos, que costumava apresentar uma extensa preleção da filosofia anarquista "com o intuito de educar e elevar moralmente os operários".[16]

Professor do Colégio Pedro ii desde 1917, Oiticica participou da insurreição anarquista de 1918, no Rio, sendo considerado o principal articulador e líder político da tentativa frustrada de tomada de assalto do Palácio do Catete, em novembro daquele ano.[17] Foi durante essas atividades, em que difundia o anarquismo, que Oiticica conheceu Fábio Luz, romancista de 54 anos que já pregava a doutrina havia mais de dez, e associou seu nome ao dele. Formado em medicina, o escritor exercia a função de inspetor escolar no Distrito Federal. Era no Centro de Estudos Sociais, fundado no Rio em 1914, que figuras como Oiticica e Luz palestravam em agitadas sessões nas noites de sexta-feira.[18]

Vários dos intelectuais até aqui citados circulavam pelos grupos anarquistas, tomavam parte no movimento operário e também participaram, em 1904, do projeto de Elísio de Carvalho de criar uma Universidade Popular,[19] o qual envolveu, entre outros, Fábio Luz, José Veríssimo, Domingos Ribeiro Filho, Evaristo de Morais, Manuel Bonfim e Rocha Pombo.[20] Se a experiência durou poucos meses, a iniciativa ficaria durante muito tempo na memória.[21]

Lima conviveu com essa turma desde os idos de 1903. Encontravam-se nos animados cafés do centro, onde debatiam política, literatura, anarquismo, e falavam mal dos que, diferentemente deles, não se reuniam em torno de uma mesa de bar. Datam também desse período as diversas manifestações do escritor favoráveis ao movimento dos trabalhadores organizados, que, sobretudo no Rio, começava a ser veiculado por jornais operários e uma imprensa de perfil mais independente.

Na própria Limana existiam algumas obras sobre anarquismo, muitas vezes citadas em suas crônicas. Entre elas, constava a versão francesa do livro *Ajuda mútua*, de 1902, do anarquista e geógrafo russo Piotr Kropótkin (1842-1921).[22] Numa análise que parte do reino animal e chega até as sociedades humanas, Kropótkin mostra de que maneira as várias espécies conseguem superar situações adversas e sobreviver por meio da colaboração, defendendo assim a ideia de ajuda mútua como um fator de progresso. O livro significava uma resposta ao darwinismo social e opunha-se à aplicação mecânica das leis da natureza aos homens, além de estudar os problemas sociais daqueles tempos, conclamando a revolução.[23] Significava também um apego ao "naturalismo" que supunha que toda a produção, até mesmo a agrícola, acabava por perpetuar a escravidão dos homens e de outros animais. Propunha, portanto, que a humanidade vivesse apenas do que a natureza provia.[24]

Foi no pequeno jornal *A Quinzena Alegre*, criado por Bastos Tigre, que Lima se referiu, mais diretamente, a suas primeiras experiências com grupos libertários. Na crônica "Os galeões do México",[25] ele descreveu o ambiente formado nos primeiros anos de 1900, quando esse círculo de jovens intelectuais boêmios e menos abastados se reunia nos cafés localizados nos arredores do largo de São Francisco, tendo a estátua de Bonifácio como "tribuna". Da rede participavam alguns dos colegas de Lima da Politécnica, jornalistas e amanuenses; mas nenhuma moça entrava na roda. Eram os mesmos de sempre: Bastos Tigre, Antônio Noronha Santos, Pausílipo da Fonseca, Carlos Viana, Domingos Ribeiro Filho, entre outros. Nessas ocasiões, enquanto os demais declamavam, Lima basicamente escutava.[26]

O grupo procurava imiscuir-se nos novos debates, contribuindo com artigos na grande imprensa e colaborando em periódicos menores, além de lançar pequenos veículos de divulgação,[27] que incluíam o jornalismo militante, associado ao anarquismo e ao movimento sindical dos trabalhadores. Juntos, imaginavam um país diferente e, segundo eles, obrigatoriamente mais libertário do que aquele em que viviam.

Guerra, anarquismo e radicalização

Se Lima não dependia de seus artigos para sobreviver — portanto, em tese, podia escrever o que bem entendesse —, tampouco se sentia livre, na condição de funcionário público, para criticar o Estado, ao menos nas páginas da grande imprensa. Tal atitude é ainda mais evidente quando comparada à de colegas mais diretamente envolvidos na militância política, que entenderam o novo momento como um tempo de "conversão". Por conta dessa atitude, parte significativa do grupo dedicou-se de corpo e alma a atividades políticas nos sindicatos e partidos operários. Já a participação de Lima seria bem mais tímida.

A atmosfera política esquentava a olhos vistos. Em 1906, reuniu-se o I Congresso Operário Brasileiro e foi fundada a Confederação Operária Brasileira (COB).[28] Dois anos mais tarde, a COB criou seu próprio jornal, *A Voz do Trabalhador*,[29] no qual Lima colaboraria tempos depois. Data também dessa época a formação mais robusta do operariado nacional, resultante do novo parque industrial brasileiro e da entrada acelerada de imigrantes europeus. E, se não foram os imigrantes os únicos nem os maiores responsáveis pelos movimentos grevistas, é certo que tiveram grande influência, sobretudo no que se refere à introdução das ideias anarquistas no país, especialmente a partir da década de 1890. Italianos, espanhóis, portugueses e muitos brasileiros aderiram ao movimento, constituindo a mais importante corrente de organização e mobilização política dos operários por mais de trinta anos.[30]

Dos anos 1860 em diante, com o aparecimento das tecelagens de algodão, a indústria concentrou-se cada vez mais na Região Centro-Sul do Brasil e, a partir de 1880, já se notavam índices de aceleramento no nosso parque industrial, acompanhado por uma demanda crescente de mão de obra: entre 1880 e 1884, foram abertas 150 fábricas; em 1907, esse número saltou para 3410; e, em 1929, 13336 novos estabelecimentos absorviam um total de 275512 trabalhadores.[31] A base social dessa classe operária vinha das migrações inter-regionais e da imigração europeia, principalmente italiana. Durante o período, São Paulo consolidou sua vocação de centro industrial, destacando-se em particular a indústria têxtil, bem como a presença estrangeira. Em 1912, 60% dos operários têxteis paulistanos eram italianos, provenientes de Nápoles, Vêneto, Sicília e Calábria. A imigração italiana ajuda a esclarecer, assim, a associação de trabalhadores brasileiros com o anarquismo — força política bastante hegemônica no movimento operário da Itália —, pelo menos em São Paulo e no Rio de Janeiro.[32] Afinal, como reza a boa tradição revolucionária, um anarquista vindo daquele país, ao imigrar, transformava-se logo num missionário dos ideais libertários. O importante é que as filosofias dessas organizações desembarcaram na bagagem de imigrantes italianos, e também na de espanhóis e portugueses. Estes, por sinal, assumiram papel decisivo na orientação política do movimento operário que crescia igualmente em Minas Gerais. Definiam-se como anarquistas, pois se aglutinavam em torno do objetivo de criar uma sociedade sem Estado ou partidos, formada por comunidades autogeridas, e cujo cotidiano seria orientado pelos princípios da liberdade, da livre experimentação, da solidariedade e da fraternidade.

No Brasil os anarquistas se organizaram entre as classes operárias por meio de associações de luta e de reivindicação — voltadas para a melhoria das condições de vida do trabalhador e do seu acesso à educação. Criaram também periódicos próprios para divulgar suas ideias. Além de *A Voz do Trabalhador*, a partir da segunda metade da década de 1910 eram várias as publicações ligadas a esses grupos. *A Lanterna* circulou em São Paulo entre 1901 e 1916, dirigida por Benjamin Motta e Edgard Leuenroth. *O Amigo do Povo*, lançado em 1902, pertencia a Neno Vasco, Edgard Leuenroth e Giulio Sorelli.

A Greve, jornal carioca de 1903, era controlado por Elísio de Carvalho. E havia outros; no Rio de Janeiro: *A Guerra Social* (1911); *A Vida* (1914); *Na Barricada* (1915); *O Debate* (1917); *Spartacus, O Jerminal* e *Voz do Povo* (1919); e em São Paulo: *A Terra Livre* (1905, transferido para o Rio em 1907) e *A Plebe* (1915).

As tendências eram muitas, mas poderiam ser aglutinadas em duas correntes majoritárias. Os anarcossindicalistas, predominantes em São Paulo, apostavam nas associações como principal espaço de atuação política. Já os anarco-comunistas viam na insurreição o caminho de ação revolucionária. Todos estavam de acordo num aspecto: apenas por meio da ação operária, direta e autônoma, seria possível abolir o capitalismo e instaurar um novo regime de justiça social.[33]

O período de 1906 a 1908 ficaria marcado pelo crescimento acelerado do número de greves. A classe operária reagia às péssimas condições de trabalho — não havia restrição de idade nem tempo máximo de jornada diária —, além de lutar por melhores salários e pela criação de órgãos de representação, como sindicatos e partidos. Seus membros tornaram-se, pois, novos protagonistas na vida pública do Brasil. Entre 1900 e 1920, estouraram cerca de quatrocentas greves mobilizadas em torno da reivindicação por melhores condições de trabalho e de vida. Demandava-se o aumento salarial, a proteção ao trabalhador, a redução da jornada de trabalho e o direito de organização. Outros movimentos tinham natureza explicitamente política, a exemplo das greves contra a Primeira Guerra Mundial (1914-18) e em solidariedade às lutas internacionais dos operários.

Na primeira década do século xx, greves menores ocorreram nos grandes centros industriais. Em 1901, trabalhadores das pedreiras localizadas no Rio de Janeiro reivindicaram redução da jornada de trabalho de doze para oito horas; em São Paulo, no mesmo ano, houve mobilizações de sapateiros, tecelões e vidraceiros. No Rio, a primeira grande manifestação grevista foi deflagrada em 1902, envolvendo uma fábrica de sapatos. Em 1903, também na capital federal, eclodiu a primeira greve geral multiprofissional, que arregimentou pintores, gráficos, chapeleiros e trabalhadores de outros setores. Em 1904, nova greve, coordenada por funcionários da Companhia Docas de Santos, e apoiada pelos gráficos de São Paulo e pelos marítimos do Rio de Janeiro. Em 1906, uma greve ferroviária irrompeu em São Paulo, motivada pelos abusos cotidianos sofridos pelos operários locais e pela redução de salários. Em 1907, houve a primeira greve geral em São Paulo, pela defesa da jornada de oito horas, difundindo-se para outras cidades do estado, como Santos, Ribeirão Preto e Campinas. A agitação tomou conta das indústrias de alimentação, da metalurgia, e alcançou sapateiros e gráficos, chegando a atingir 20 mil operários. No entanto, a despeito do claro crescimento do movimento grevista, num país de tradição clientelística e pouco afeito à esfera pública de representação essas manifestações eram alvo de repressão sistemática. Vários imigrantes foram deportados sob a alegação de serem "anarquistas e baderneiros", e muitos trabalhadores brasileiros acabaram presos pela mesma razão.

As crises de 1910 e 1913, o desemprego, a redução nas horas de trabalho e o prolongamento da jornada explicam o recrudescimento do movimento anarquista. Em 1917, a greve atingiu de 50 mil a 70 mil operários no Rio de Janeiro, e em São Paulo chegou à maioria da população trabalhadora. Os resultados práticos não foram imediatos, mas a repercussão ampliou a mobilização dos trabalhadores e a formação dos futuros sindicatos.[34] O clima andava quente e, entre 1919 e 1920, ocorreram 64 greves só na capital de São Paulo, e mais catorze no interior. O Primeiro de Maio de 1919 congregou de 50 mil a 60 mil participantes no Rio, entre trabalhadores industriais, líderes anarquistas e simpatizantes do comunismo. Em São Paulo, calcula-se um perfil semelhante, incluindo têxteis, sapateiros, gráficos, padeiros, metalúrgicos e operários. Na capital federal, entre 1890 e 1920 realizaram-se 316 greves.[35]

O movimento também espelhava e não perdia de vista acontecimentos internacionais, como a Primeira Guerra Mundial e a Revolução Russa. Conforme mostra Assis Barbosa, em 1914, quando a guerra começou, surgiu no Rio a revista mensal *A Vida*, dirigida pelo engenheiro e jornalista Orlando Correia Lopes, que fazia doutrinação à base de Karl Marx, Faure, Hamon e outros. Além de ser assinante dessa publicação e de *Na Barricada* — ambas de vida efêmera —, Lima se posicionou com firmeza contra o conflito mundial. No artigo "Sobre a guerra", que saiu no *Correio da Noite* de 19 de dezembro de 1914 e foi depois incluído em *Marginália*, o escritor investiu contra o militarismo germânico e o que chamou de "orgia militar, a que a Alemanha desde muito se vinha entregando".[36] Qualificando tal regime de "crime contra a liberdade, contra a independência", aproveitou para atacar o serviço militar obrigatório — seu pomo da discórdia desde os tempos da Politécnica. Arriscou até prognóstico: o de que aquele sistema tinha seus dias contados e que "os homens que criam o futuro poderão agir".[37]

Lima não era bom de previsões, e o militarismo alemão, assim como a guerra, ainda iria durar muito. De toda forma, se ele chegou a aderir à Liga dos Aliados, acabou distanciando-se dela para se aproximar dos grupos anarquistas. No artigo "São capazes de tudo...", publicado em *Bagatelas* já depois de terminado o conflito internacional, comentava ele que no "começo da contenda europeia" tinha garantido sua adesão à "Liga pelos Aliados". Porém, depois que tudo "desandou" e que a instituição tomou a forma de um "escritório de anúncios de carnes frigorificadas, e outros gêneros de primeira necessidade", teria retirado seu apoio.[38] Segundo o autor, a organização teria descambado numa mera sociedade musical e dançante, ou em clube dramático, recreativo e literário. Em tom exaltado, dizia ainda que, a despeito de não se considerar patriota, "querendo mesmo o enfraquecimento do sentimento de pátria", continuava desejando a derrota da Alemanha, a qual sempre julgara "retardada politicamente".[39]

Mas seu fito era mesmo reclamar, e muito, da posição do Brasil no certame. De acordo com ele, o país, que só entrara na guerra por causa do lucro do café, deveria ter se mantido neutro. Lima era contra a guerra e, a partir da sua posição pacifista, aproveitava para retornar à sua conhecida agenda política: atacou os "espertalhões fartos que chamam todos os mais de vagabundos"[40] e nomeou como alvo novamente Rio Branco — o qual se metera no Itamaraty e fizera com que a nação se "endomingasse". Não esqueceu também de desfazer dos Estados Unidos, que, em seu entender, "se opuseram oficialmente, durante muito tempo [a] que a Espanha fizesse a emancipação da escravatura em Cuba".[41] A condenação do escritor era irrestrita: à Alemanha, à "burguesia" da Liga dos Aliados, aos norte-americanos e ao Itamaraty. Um tema levava a outro, um pretexto a outro ainda, e suas opiniões radicalizavam-se. Ele se dizia cada vez mais contrário ao patriotismo, o que combinava com as críticas contidas em *Triste fim* e com as crescentes simpatias que demonstrava diante das organizações anarquistas.

Interessante lembrar a maneira com que Lima definia os aliados: "escritório de anúncios de carnes frigorificadas". Ao que tudo indica, o escritor ia dando um jeito de unir vários de seus temas em torno de uma única causa: o anarquismo e a necessária solidariedade diante de toda a humanidade, mas frente à natureza, também. É por mais esse ângulo que se pode entender seu ataque constante à violência que circundava as mulheres, e também sua postura contrária ao assassinato inútil de animais. Segundo a antropóloga Nádia Farage, existiriam implicações importantes neste engajamento. Nos escritos dessa época, a narrativa em forma de fábula ou alegoria, carregava um claro objetivo didático. Animais apareciam como protagonistas ou personagens secundários, mas sempre guardando posição afetiva e não raro sujeitos a todo tipo de arbitrariedade. Basta lembrar da crônica "O Estrela", datada de 1921, e da qual já tratamos aqui quando relatamos a tristeza do menino Lima diante do assassinato de seu "boi de carro, negro, com uma mancha branca na testa" na ilha do Governador. Vale lembrar também do conto Manel Capineiro, de 1915 e que saiu na revista *Nova Era*. Nele, o tema central gira em torno da relação profunda que se estabelece entre o trabalhador e seus animais de carga. Isso sem esquecer do maior vilão criado pelo escritor, Cassi, que enganou Clara dos Anjos, e que se dedicava a criar galos de rinha. Galos que iriam morrer e matar também. O autor de *Policarpo*, que era leitor de Kropótkin e de Tolstói, devia se pautar no conceito de "apoio mútuo", e seus escritos só poderiam significar fábulas de solidariedade, formas de manifestação das críticas naturalistas ao capitalismo. Nesse contexto a recusa ao consumo de animais vinculava-se, pois, ao pacifismo pós-Primeira Guerra Mundial.[42]

O ambiente se radicalizava, porém, e em sentido contrário. Já Lima, nos livros, crônicas e artigos, ia tornando mais evidentes as suas posições. Num momento dado a novos nacionalismos, desacreditar da pátria, ou ao menos das demonstrações de ufanismo, deveria chocar os leitores cívicos — que participavam de chás beneficentes em nome da Cruz Vermelha — e irritar os chefes do amanuense, reunidos na Secretaria da Guerra. Se até então, devido ao emprego, Lima se contivera diante do novo quadro político, daí em diante soltou suas amarras, e cada vez mais. Na carta que endereçou a um amigo, denunciava a Alemanha, mas também cerrava fogo contra a ideia de pátria: "A pátria me repugna [...] porque a pátria é um sindicato, dos políticos e dos sindicatos universais, com os seus esculcas em todo [o] mundo, para saquear, oprimir, tirar couro e cabelo, dos que acreditam nos homens, no trabalho, na religião e na honestidade. Essa gente explora esse sentimento sobrevivente como os padres sinceros exploram a beatice das mulheres ou a hipocrisia dos homens".[43] A definição kropotkiniana de amparo e seus argumentos pacifistas hão de ter penetrado profundamente no anarquismo do escritor, e em sua interpretação acerca do momento em que vivia. Em seu texto intitulado *Congresso Pamplanetário,* ele avalia a proeminência que os Estados Unidos ganharam depois da guerra, o saldo de rapinagem que o conflito mundial legou e a frágil paz que o mundo experimentava. É com ironia que denuncia, ainda, a exploração, aprisionamento e caça de animais, e o papel vil dos homens, definidos como predadores; em tudo contrários às espécies sociáveis.[44]

Enquanto o grosso da opinião pública andava tomado por gestos emotivos, que vinculavam os bons valores ao amor incondicional à pátria, Lima se insurgia e pregava pelo pacifismo universal, apoio mútuo e solidariedade diante de qualquer espécie. Mas os humores andavam em direção oposta. Essa foi a época, por exemplo, de uma nova campanha pelo serviço militar obrigatório, que se justificava exatamente pelo "amor à pátria". O escritor não pouparia esforços para demolir a iniciativa e, como bem se pode imaginar, os diretores da secretaria não ficaram nada felizes com os ataques desferidos na imprensa pelo funcionário de uma de suas seções. Ao contrário, sabia-se que os dirigentes da repartição em que Lima trabalhava apoiavam Olavo Bilac, o qual, professando um "amor irrestrito" à "educação cívica da mocidade", iniciou uma campanha pela obrigatoriedade do serviço militar. Tal empreitada resultou, inclusive, na criação das Linhas de Tiro de Guerra — instituição militar encarregada de formar soldados e cabos de segunda categoria (ou seja, reservistas) para o Exército. A novidade era conciliar instrução militar com trabalho e estudo, num acordo firmado entre as prefeituras e o Comando da Região Militar. Não por coincidência, esse foi também o contexto de entrada do escotismo no Brasil, com toda a sua indumentária, gritos de guerra, gestos militarizados e exaltações patrióticas.

O cronista, por seu lado, mantinha a coerência; afinal, desde a juventude se mostrara contrário a manifestações cívicas dessa natureza. Comentamos aqui que ele abandonara, ruidosamente, a Federação de Estudantes quando colegas ameaçaram introduzir o serviço militar obrigatório na moção do grupo. Agora, e em tal ambiente militarizado, o tema mais parecia questão de honra. Tanto que anos depois, no dia 9 de abril de 1921, o escritor publicou na *A.B.C.* um artigo, intitulado "Educação física",[45] em que afirmava ser preciso combater "esse monstruoso e imbecil serviço militar obrigatório", e dizia não se conformar com a ideia de que o "fim da civilização seja a guerra". Tampouco podia crer numa República que não passava de um "feroz sindicato de argentários cúpidos, com os quais só se pode lutar com armas na mão".[46]

Mais um elemento importante: a mesma revista divulgou, na ocasião, o protesto do Comitê de Defesa dos Direitos Humanos acusando o governo paulista de invadir casas, maltratar crianças e mulheres e realizar prisões ilegais. Os boatos corriam soltos e o governo de Altino Arantes foi responsabilizado pela expulsão de líderes anarquistas considerados mentores da greve.[47] De fato, a partir de outubro de 1917, São Paulo capitaneou uma espécie de "caça às bruxas" contra lideranças operárias e militantes anarquistas.[48] Segundo a imprensa, nove grevistas teriam sido embarcados à força no navio *Curvelo* e sumariamente deportados, sem que seu pedido de perdão fosse sequer avaliado pelo Supremo Tribunal.[49] Lima reagiu com rapidez e firmeza à situação, escrevendo em *O Debate* do dia 13 de outubro de

1917. Alegava ele que no Supremo Tribunal estava "realizando-se toda essa vergonha, todo esse rebaixamento da independência dos magistrados, perante o povo 'bestializado', calado de medo ou por estupidez, esquecido de que a violência pode, amanhã, voltar-se sobre um qualquer de nós, desde que tal sirva à plutocracia paulista e ela o exija".[50]

Nesse mês, o Brasil preparava-se para declarar guerra à Alemanha, em retaliação ao torpedeamento do navio mercante *Paraná*, afundado por um submarino pertencente ao Reich em 5 de abril de 1917. O tema era delicado e a reação do governo ao episódio fora devidamente adiada, até que no dia 18 de outubro outra embarcação — *Macau* — foi atingida. Era o quarto afundamento de navio mercante brasileiro, e o então presidente Venceslau Brás não tinha mais como postergar uma resposta oficial: enviou mensagem ao Congresso e decretou a guerra. Mas tal atitude foi tímida diante do tamanho da reação dos grupos anarquistas, que promoveram novas e ruidosas manifestações. Da sua parte, Lima aproveitou a ocasião para, mais uma vez, deixar evidente sua posição contrária aos Estados Unidos. Novamente nas páginas de *O Debate*, proclamaria seu antagonismo a esse país, discriminando dois problemas fundamentais: o "preconceito contra os negros" e o "imperialismo econômico".[51]

O escritor não cessava de publicar, e aumentava o número de periódicos em que atuava como colaborador. Também continuava bebendo muito. No seu *Diário*, em 1917, anotou: "Hoje, depois de ter levado quase todo o mês passado entregue à bebida, posso escrever calmo. O que me leva a escrever estas notas é o fato de o Brasil ter quebrado a sua neutralidade na guerra entre a Alemanha e os Estados Unidos, dando azo a que este mandasse uma esquadra poderosa estacionar em nossas águas. A dolorosa situação dos homens de cor nos Estados Unidos não devia permitir que os nossos tivessem alegria com semelhante coisa, pois têm. Néscios. Eu me entristeço com tal coisa, tanto mais que estou amordaçado com o meu vago emprego público. A escolher, sim senhor, eu preferia mil vezes a Alemanha. Não posso dizer nada e nada direi; mas aqui fica o meu protesto mudo".[52]

Nos dias de hoje, soaria estranho o fato de um escritor humanista apoiar a Alemanha em lugar dos Estados Unidos; mesmo na época, assim deve ter parecido. Sobretudo porque, publicamente, e até então, Lima havia criticado sem rodeios o militarismo alemão e o pendor daquela nação para a guerra. Contudo, sua posição ambivalente pode ser, de algum modo, explicada. Em primeiro lugar, tais opiniões são da ordem do privado e constavam só de seu *Diário*. Além disso, e talvez mais importante, o autor avaliou mal a força germânica. Mesmo assim, já no contexto de 1917 era possível estimar o papel do militarismo alemão e o significado de uma guerra como aquela. Vista como o primeiro conflito mundial, ela introduziu o conceito de guerra total, com a violência sendo associada à nova era industrial. Esse foi também o começo da era das guerras consideradas terroristas, por conta do uso de gases asfixiantes pelos alemães e das bases submarinas. Portanto, desconfiança por parte do amanuense devia existir. Entretanto, em tal situação, e pelo menos na lógica íntima do *Diário*, o fundamental parecia ser o repúdio aos Estados Unidos e a solidariedade com os afrodescendentes daquele país.

Nesse ano de 1917, declinava em seu *Diário*, mas de forma mais humorada, as mesmas cantilenas contra os ianques. "Minha irmã acaba de chegar da rua (sete e meia da noite) e me traz a notícia de que um grande prédio em construção no largo do Rossio acaba de desabar, matando quarenta operários. O antigo prédio era uma arapuca colonial, mas [...] resistia impavidamente. O novo ia ser uma brutalidade americana, de seis andares, dividido em quartos, para ser hotel: Hotel New York (que nome!), um pombal, ou melhor: uma cabeça de porco. Somos de uma estupidez formidável. O Rio não precisa de semelhantes edifícios. Eles são desproporcionados com as nossas necessidades e com a população que temos. Com pouco mais, o seu construtor adquiria os prédios vizinhos e faria coisa decente, proporcional, harmônica com a nossa vida e os nossos gostos. Mas a mania de imitarmos os Estados Unidos leva-nos a tais tolices. Uma casa dessas, servida por elevadores [...] é sempre uma ameaça para os que a habitam. Em caso de desastre, de acidente, os pequenos elevadores não a poderão esvaziar, a sua população. Mas os americanos... É o que eles chamam progresso. Fresco progresso!"[53] Divertido, ele critica o que denomina "brutalidade americana", motivado apenas pelo nome do novo hotel.

No seu entender, o lugar não passava de uma "cabeça de porco" — referência direta às edificações existentes no Rio que abrigavam muitas famílias num espaço exíguo, popularmente conhecidas como "casas de cômodo". Já o Cabeça de Porco era um famoso cortiço situado bem no coração da capital federal. Seu nome vinha da figura de um suíno que sobressaía na entrada do local, disposta num grande portal em arcada. O termo pegou e descontextualizou o "bicho". Eram várias as histórias que circulavam em torno do Cabeça de Porco, e os jornais, muitas vezes com exagero, estimavam sua população em 4 mil pessoas. Verdade ou não, esse era reconhecidamente o maior cortiço da cidade, mais parecendo um labirinto que se estendia da rua Barão de São Félix até a pedreira dos Cajueiros, no morro da Providência.

Em 1893, o então prefeito Barata Ribeiro determinou sua demolição, que custou a terminar. De toda maneira, na época em que Lima escrevia tal comentário em seu *Diário*, o Cabeça de Porco era antes uma lenda urbana — sinonimizava o modelo de habitação coletiva de má qualidade —,[54] e a comparação, clara: tanto os edifícios norte-americanos quanto os cortiços eram "desproporcionados" à nossa realidade.

Lima já havia publicado no *Correio da Noite* de 13 de janeiro de 1915 uma matéria no mesmo tom, mas daquela vez o tema era a Biblioteca Nacional. Contava que deixara de frequentar a instituição, sobretudo depois que ela se mudara "para a avenida e ocupou um palácio americano". E assim se definia: "A minha alma é de bandido tímido e, quando vejo desses monumentos, olho-os, talvez, um pouco, como um burro; mas, por cima de tudo, como uma pessoa que se estarrece de admiração diante de suntuosidades desnecessárias. [...] O Estado tem curiosas concepções, e esta, de abrigar uma casa de instrução, destinada aos pobres-diabos, em um palácio intimidador, é das mais curiosas. Ninguém compreende que se subam as escadas de Versailles senão de calção, espadim e meias de seda; não se pode compreender subindo os degraus da Ópera, do Garnier, mulheres sem decote e colares de brilhantes, de mil francos; como é que o Estado quer que os malvestidos, os tristes, os que não têm livros caros, os maltrapilhos [...] avancem por escadarias suntuosas [...]?".[55]

A favor das mulheres, mas contra a campanha do feminismo

Acusando a "empáfia da atual" biblioteca, desvendando sua alma de "bandido tímido", Lima aproveitava para denunciar, ainda, o pouco uso do acervo. Ao descrever os livros mais consultados, já que um tema leva a outro, o escritor brinca com o fato de apenas duas pessoas terem procurado livros em guarani. E acrescenta: "Será a d. Deolinda Daltro? Será algum abnegado funcionário da inspetoria de caboclos? É de causar aborrecimento aos velhos patriotas, que só duas pessoas procurassem ler obras na língua que, no entender deles, é a dos verdadeiros brasileiros. Decididamente este país está perdido... Em grego, as obras consultadas foram unicamente duas, tal e qual, como no guarani; e, certamente, esses dois leitores não foram os nossos professores de grego, porque, desde muito, eles não leem mais grego...".[56] Voltando a uma temática cara a seu personagem Policarpo, ele não perdoava algumas figuras do tipo de Leolinda de Figueiredo Daltro, a quem chamava de Deolinda, professora feminista e indigenista, fundadora, juntamente com a escritora Gilka Machado, do Partido Republicano Feminino. Aliás, em 1917 ela lideraria uma passeata exigindo o direito ao voto das mulheres, tema com o qual Lima não parecia lidar muito bem.[57]

Na verdade, tratava-se de um movimento que ganharia importância crescente na capital. Naquele momento, porém, o feminismo foi liderado, majoritariamente, por uma cúpula advinda das classes médias e mais altas, que, de certa maneira, deixaram um pouco de lado as reivindicações de mulheres trabalhadoras e operárias. A luta concentrou-se, então, na paridade de direitos, sobretudo no que dizia respeito ao voto e ao acesso a posições profissionais mais qualificadas, e menos nas condições de trabalho ou do sufrágio.[58] As novas feministas reclamavam agora o direito de serem úteis à pátria e de deixarem de ficar presas à esfera doméstica e do lar.

De toda forma, e a despeito das divisões internas, o certo é que o movimento organizado de mulheres começava a aparecer na imprensa, com demandas que iam da igualdade de oportunidades educacionais e profissionais à emancipação política.[59] Lima, por seu lado, era como jogo de somar: os temas iam se acumulando na sua agenda; nunca eram esquecidos. Por isso, ele percebeu logo a ambivalência que se instaurava no seio do movimento, separando as mulheres mais pobres, e suas reivindicações, daquelas provenientes de classes mais abastadas. E esse era o caso de Leolinda Daltro; presidente do Partido Republicano Feminino, fundado no ano de 1910, ela virou alvo privilegiado de ataque do escritor de Todos os Santos. Segundo ele, uma "das manias mais curiosas da nossa mentalidade é o caboclismo", e a feminista representava um caso "excepcional" nesse sentido. E dá-lhe ironia: "D. Deolinda acaba de se apresentar candidato [sic] a intendente da cidade do Rio de Janeiro. Nada teria a opor, se não me parecesse que ela se enganava. Não era do Rio de Janeiro que ela devia ser intendente; era de alguma aldeia de índios. A minha cidade já de há muito deixou de ser taba; e eu, apesar de tudo, não sou selvagem".[60]

Muito sarcástico, o artigo desfaz do "caboclismo" de grandes figuras nacionais — de José de Alencar a Rondon —, voltando sempre a "Deolinda". Na crônica "O feminismo em ação", o escritor provoca: "Eu, que sou antifeminista, à vista do que está acontecendo, me julgo completamente satisfeito".[61] Em "Uma nota", repisa o argumento: "Mas, não é só do sufragismo de Dona Daltro que vem meu riso íntimo; é também de outras feministas. Os senhores devem ter reparado que a nossa religião feminista, mal nasceu, cindiu-se. Há diversas seitas e cada qual ferozmente inimiga da outra".[62] Enfim, nada lhe escapava, nem a divisão de classes presente no seio do movimento de mulheres.

Nesse meio-tempo, Lima seria envolvido numa confusão, por conta do caso da srta. Rebelo Mendes.[63] *A Epoca* de 11 de outubro de 1918 publicou um artigo desancando o escritor e destacando sua posição ambivalente em relação às mulheres.[64] No texto, intitulado "Denúncia contra o chanceler?", foi a vez de a ironia trocar de lado. Alegava-se que a candidata Mlle. Castro Rebelo se sagrara vitoriosa em concurso público para uma vaga na Secretaria das Relações Exteriores, que dezenas de funcionárias já haviam sido nomeadas e que, mesmo assim, o "sr. Lima Barreto" fizera uma denúncia ao Judiciário tentando anular a indicação. A matéria terminava de forma forte, acusando o autor de "continuar no exercício de seu emprego no Ministério da Guerra, do qual está procurando conseguir aposentadoria com dez ou doze anos de serviço".[65] Aí estava uma forma de vingança dissimulada.

Como se vê, dessa vez a acusada (ou quem a defendia) não deixou a calúnia sem resposta. E o próprio Lima tinha teto de vidro. Em primeiro lugar, estava se tornando mais famoso por causa das controvérsias em que se metia e de sua constante vigília no que se referia à distribuição de postos por favoritismo. No caso, o argumento era semelhante. Mas há mais fumaça nessa fogueira. Ele mesmo, como temos visto, naquela altura já havia se ausentado do trabalho algumas vezes, conseguindo licenças médicas recorrentes, e não era segredo sua batalha pela aposentadoria precoce.

Além disso, com frequência o escritor era hostilizado por adotar posições contrárias às causas feministas. E não era para menos, já que muitos dos seus artigos desfaziam do movimento e de suas conquistas. E talvez esse seja o motivo de fundo para o tom de "Denúncia contra o chanceler?", que, sem usar de subterfúgios, parte para o confronto direto com Lima. Mais que defender a srta. Castro Rebelo, o texto o acusa de duvidar da carreira alheia e lutar a favor de sua própria aposentadoria antecipada. Não conhecemos as implicações de tal debate. O certo é que Lima sairia chamuscado da contenda, tendo sido chamado de "despeitado" pelo jornal *A Republica*.[66]

E não se pode considerar esse um episódio isolado, muito menos injustificado. O amanuense fazia então campanhas constantes contra as vozes feministas em projeção no momento. Outro alvo de ataque era Albertina Bertha (1880-1953). Colaboradora de vários jornais da capital, Albertina, feminista declarada, defendia o voto das mulheres e a criação de uma Academia Feminina de Letras. Escreveu diversos ensaios sobre religião, política, filosofia e história, e em *Exaltação*, seu romance de estreia, criou uma heroína que ousava se libertar dos preconceitos da época. Pois Lima, em resenha sobre a obra, abusou da chacota: "A sra. d. Albertina Bertha é um dos mais perturbadores temperamentos literários que, de uns tempos a esta parte, têm aparecido entre nós. Muito inteligente, muito ilustrada mesmo, pelo seu nascimento e educação, desconhecendo do edifício da vida muitos dos seus vários andares de misérias, sonhos e angústias, a autora do *Exaltação*, com auxílio de leituras de poetas e filósofos, construiu um castelo de encantos, para seu uso e gozo, movendo-se nele soberanamente, sem ver os criados, as aias, os pajens e os guardas".[67]

O criador de Policarpo não perdoava a casa aristocrática de onde proviera Albertina Bertha, que era filha do conselheiro Lafayette Rodrigues Pereira e fora educada por uma preceptora alemã. Porém, se a resenha menospreza a origem e ressoa a crítica à classe social de Albertina, a princípio Lima até elogia sua coletânea intitulada *Estudos*. Diz ele: "*Estudos* é talvez mais do que o seu romance de estreia demonstrativo da originalidade do seu temperamento e do seu curioso talento, tanto mais curioso quando se trata de uma mulher e de uma mulher brasileira".[68] Mas a crítica azeda dissipava a boa vontade inicial. Lima recriminava a autora por não ter "nitidez [...] clareza e coerência de ideias". Além disso, questionando sua erudição, e sempre de maneira um pouco cínica, desautorizou o uso que ela fazia de Nietzsche para logo anunciar sua "ojeriza pessoal" pelo filósofo. Incontido, acusou Nietzsche e os esportes de serem os causadores do flagelo da guerra de 1914, e de exaltarem a brutalidade, a amoralidade e a falta de humanidade.[69]

Lima também aproveitava a oportunidade para voltar às suas conhecidas opiniões contrárias à prática de esportes, os quais, segundo ele, só levavam a conflitos. Colocava, na mesma cesta, Nietzsche e Albertina, para mostrar a que ponto ambos desconheciam a "humanidade". E não economizava nos termos: "Nietzsche é bem o filósofo do nosso tempo de burguesia rapinante, sem escrúpulos; do nosso tempo de brutalidade, de dureza de coração, do *make-money* seja como for, dos banqueiros e industriais que não trepidam em reduzir à miséria milhares de pessoas, a engendrar guerras, para ganhar alguns milhões mais".[70] Claramente elevado em seu tom, o amanuense voltou a um autor de predileção, Herbert Spencer, que em seu livro *Fatos e comentários* teria previsto o papel retrógrado que o atletismo representaria no mundo. Pior mesmo apenas a "praga" do futebol, escrevia ele, que teria gestado a disseminação de "sentimentos violentos".[71]

Enfim, nesse jogo de criticar e alisar, Lima voltou àquela que já estava virando uma questão de estilo: agressivo a princípio, terminava com um pedido de "desculpas à ilustre autora", mas sem abrir mão da discordância. Finalizava afirmando que o livro de Albertina era cheio de "ideias e opiniões". Pois, dizia ele, só tem "opiniões sinceras" quem "tem paixão".[72] O autor de *Policarpo* era sem dúvida ácido quando queria criticar, e considerou todos os feminismos, igualmente, "teorias importadas". Mas eram muitos os feminismos, vários os grupos que disputavam a liderança, bem como plurais as agendas: havia grupos lutando pelo direito ao voto, pela emancipação na sociedade, pela participação no trabalho, pelo fim da exploração sexual, e assim por diante.[73]

De todo modo, em seu próprio contexto fica sempre mais difícil desbastar a neblina, e o escritor viu no movimento, representado por essas protagonistas, uma forma de retomar seus temas diletos. Por isso, insistiu no conflito de classes e na ideia de que se tratava de uma voga passageira. Não seria justo, no entanto, mostrar apenas essa face de

Lima avessa ao feminismo. Na verdade, dizia tomar para si a defesa das mulheres mesmo quando atuava contra a campanha feminista. Paradoxal, como sempre, bateu-se, por exemplo, pelo divórcio. Opunha-se também ao casamento, partindo do pressuposto de que, se a instituição não valia a pena, era ainda pior para as mulheres, que entravam nela em condição de inferioridade. Com esse objetivo, publicou uma série de artigos sobre uxoricídios, divergindo da tese de que tais crimes acabavam sendo justificados pela lei e pela sociedade por conta da acusação de adultério. Além disso, não poucas vezes se rebelou contra a violência praticada por maridos, amantes, sogros e namorados.

Em "Mais uma vez",[74] artigo publicado na *A.B.C.*, Lima combateu a prática que criticava desde os tempos da *Floreal*, aproveitando para denunciar maridos que, segundo ele, se atribuíam o direito de matar as esposas, amparados por decisões do júri que sistematicamente os absolviam. "Se a cousa continuar assim", escreveu, "em breve de lei costumeira, passará a lei escrita e retrogradamos às usanças selvagens que queimavam e enterravam vivas as adúlteras."[75] Em tais ocasiões, virava advogado das mulheres e, dessa maneira, se dizia antifeminista: "contra tão desgraçada situação da nossa mulher casada, edificada com a estupidez burguesa e a superstição religiosa, não se insurgem as borra-botas feministas que há por aí [...]. É um partido de 'cavação', o feminista, como qualquer outro masculino".[76] Aí estava um Lima febril, que reconhecia, porém, não ter muita quilometragem naquele departamento. Não há de ser acaso o fato de boa parte das personagens femininas que criou não ser independente nem apresentar autonomia financeira e profissional. Ao contrário, a maioria delas está sempre envolta em atividades domésticas. Elas são em geral caracterizadas como moças pobres, muitas vezes coadjuvantes, que, quando trabalham, têm pouco tempo para se dedicar a essas causas.[77] Talvez por isso sua birra fosse mais de classe que de ideal.

Mesmo diante da irmã, Evangelina, Lima mostrava-se muito controlador. Anotava no *Diário*, por exemplo, os horários em que ela chegava em casa — "minha irmã chegou tarde; sete e meia" — e explicava que resolvera pagar-lhe um curso para que ela se formasse professora de piano. Talvez tivesse medo de que se convertesse numa Clara dos Anjos, a heroína sobre a qual ele escrevia fazia tantos anos mas que, a despeito da instrução avançada, acabou não resistindo às injustiças daquela sociedade que praticava o assédio moral, sobretudo contra moças mais pobres e afrodescendentes.

E, se o escritor de Todos os Santos era em geral um tanto prepotente no seu estilo, ao menos nesse terreno sempre demonstrou constrangimento e humildade. Num artigo para a *A.B.C.* de 28 de setembro de 1918, ao tratar de um novo livro de Ranulfo Prata, aludia a determinado trecho em que o autor apresentava as moças das cidades de interior a partir de sua beleza. E ponderava: "a minha experiência a esse respeito é infelizmente nula e não posso apresentar objeção de preço, mas duvido que seja assim".[78] Nessa altura, Lima já poderia ser considerado um celibatário contumaz, e ele próprio reconhecia sua pouca maturidade quando o tema era casamento. Ainda assim, não deixava de se posicionar contra a instituição (burguesa, dizia) — era a favor das esposas e noivas, mas definitivamente contra as feministas. Enfim, era mesmo um causador de (boas) polêmicas

> *O Ministro de Estado dos Negocios da Guerra, em nome do Snr. Presidente da Republica, resolve conceder ao 3º Official da* [...]

Atestado do afastamento de Lima Barreto em 14 de novembro de 1910.

e, ao que parece, seus chefes na Secretaria da Guerra não andavam muito "orgulhosos" de sua "sincera" atuação na imprensa. Talvez por conta dessa atitude, sua carreira não decolava. Lima estreara na função de amanuense em 1903, e nela permanecera. A bem da verdade, não existiam muitas promoções na Secretaria da Guerra, mas, se analisarmos os documentos da repartição onde o autor de *Isaías Caminha* trabalhava, não é raro constatar substituições no cargo de chefe da seção. Percebe-se também a entrada de novos amanuenses ou contínuos. Já a situação do autor continuava a mesma; as constantes requisições de afastamento, por motivo de saúde, não devem ter ajudado no projeto de ascensão do funcionário, que, pelo jeito, nada tinha de exemplar.

Suas diversas licenças eram invariavelmente prescritas para noventa dias. Lima tirou uma em 1º de dezembro de 1910, logo após a atuação no júri da Primavera de Sangue, quando tentou se recuperar, em Juiz de Fora, de uma grande estafa. Na ocasião, conseguiu um afastamento para tratamento de saúde por impaludismo, que duraria até 28 de fevereiro de 1911. Em 1º de fevereiro de 1912, requisitou e obteve outra licença, para curar-se de uma crise de reumatismo poliarticular e hipercinese cardíaca. Em 1913, conseguiu novo afastamento de um mês, ficando fora do serviço da secretaria até o dia 30 de abril. Hoje, praticamente todas essas doenças seriam vinculadas ao consumo excessivo de álcool, hábito que já influenciava o cotidiano do escritor.

De toda forma, as licenças um dia acabavam, e logo Lima reassumia suas funções e o cotidiano que julgava tedioso. Também não existiam muitas novidades a animá-lo na área literária, mas ele insistia. Em 13 de maio de 1913, o jornal *A Época* publicou uma nota em homenagem ao aniversário do terceiro oficial da Secretaria da Guerra, Afonso Henrique (sic) de Lima Barreto, em que destacava o "distinto homem de letras, que receberá por esse motivo inequívocas provas de apreço dos seus inúmeros amigos e colegas".[79] Nessa altura, ele fazia parte igualmente da Academia Brasileira de Imprensa (ABI) ou "Aporeli", como a chamava — Associação Barão de Itararé. É difícil delimitar a data de sua admissão, e mesmo a sua frequência, pois, ao que tudo indica, ele não pagava as mensalidades.[80] Contudo, se as relações com profissionais da área de letras se expandiam, as "provas de apreço" na repartição — expressas em promoções, aumentos salariais ou reconhecimento de seu trabalho como escritor — não vinham, e pelo jeito não viriam tão cedo.

O perfil crítico e irônico, cada vez mais presente nos textos de Lima, tampouco ajudava a corrigir tal cenário. Ao contrário, com o crescimento do movimento operário, as notícias que chegavam da guerra, as greves que irrompiam país afora ou mesmo a penetração do anarquismo no Brasil, o autor se tornava mais e mais extremado em suas opiniões. E não é fortuito datar dessa época sua aproximação com o círculo de intelectuais mais vinculado aos novos ideais; grupos recém-formados que atuavam nos jornais mas que também começavam a se engajar em ações políticas.

Se o amanuense não era dos mais ativos, ao menos na participação militante, contribuía, é certo, como difusor das ideias e das atividades de tais setores, sem propriamente tomar parte de suas ações. Já amigos como Pausílipo da Fonseca adotaram atitudes bem mais efetivas; foi ele que fundou, em 1904, o Partido Operário Independente, inscrevendo o nome de Lima para a função de delegado do segundo diretório. O escritor, entretanto, em correspondência trocada com Pausílipo, declinou o "convite", alegando que não tinha habilidade para aquele tipo de atuação e que, ademais, estava compromissado com o Estado, uma vez que era funcionário público. Participação mais direta, portanto, ele nunca teve. Não se furtou, no entanto, a intervir como jornalista e cronista do grupo, ou a colaborar nos jornais dedicados à causa.[81] Solidariedade era e continuava sendo o seu nome.

Lima Barreto na imprensa "libertária"

Nos primeiros anos do século xx multiplicava-se o número de periódicos de tendências "anarquistas", "libertárias", "socialistas" ou apenas de "crítica social". A imprensa proletária da época, conforme nota Nelson Werneck Sodré, em geral era composta de pequenos jornais, frutos de iniciativas muitas vezes pessoais ou vinculadas a grupos mais restritos. Ou seja, ao mesmo tempo que novas organizações sindicais e partidos políticos se solidificavam, tomavam forma algumas publicações de orientação semelhante, que raramente chegavam a durar um ano. Sempre às voltas com a perseguição política, com a censura e a repressão policial, esse tipo de imprensa ganhou força junto ao crescente movimento operário, e foi surfando na onda dos impactos da Revolução Russa e da ascensão dos movimentos revolucionários mundo afora.

Tal periodismo, inseparável das formas políticas de organização dos trabalhadores, constituía-se em peça fundamental para os partidos, grupos políticos e sindicatos. Esse era o caso, por exemplo, do jornal *A Voz do Trabalhador*, no qual Lima colaborou durante o ano de 1913. A tiragem não era baixa, ao contrário. No começo, rodavam-se 3 mil exemplares, que logo passaram a 4 mil.

A Voz do Trabalhador publicava textos e análises sobre assuntos ligados ao operariado, além de notícias gerais acerca do movimento. De uma maneira ou de outra, as páginas desses periódicos dedicavam-se à ação, mobilização e organização política mais direta dos trabalhadores, nelas predominando artigos sobre a situação dos operários, a luta por melhores condições de trabalho e salários, bem como questões relacionadas ao proletariado internacional.

Alguns dos amigos de Lima participaram ativamente da organização da Confederação Operária Brasileira e de seu jornal, entre eles Domingos Ribeiro Filho, Pausílipo da Fonseca, Astrojildo Pereira e João Crispim.[82] O amanuense, ao seu feitio, manteria uma atuação mais discreta, tanto na entidade como no periódico propriamente dito. Por exemplo, na mesma página em que foi publicada uma crônica de Lima, podemos ler a seguinte nota sobre um evento realizado pela cob: "O Centro de Estudos Sociais, a nova e já ativa associação de propaganda libertária, realizou anteontem, 13, uma sessão comemorativa no Pavilhão Internacional, às quatro horas da tarde, nesta cidade. O Treze de Maio é chamado a data de libertação dos escravos. Foi o fecho 'áureo' da grande campanha abolicionista. Pois o Centro de Estudos Sociais com a sessão de anteontem quis mostrar ao povo que ainda está por fazer a libertação dos escravos. A lei de 88 não libertou ninguém. Os negros, e com eles os brancos, amarelos e azuis, continuaram da mesma forma escravos: escravos do capitalismo. Este é que é o grande 'senhor' que precisa ser abolido".[83]

O diapasão da notícia era elevado, igualava homens de "todas as cores" na luta contra o capitalismo e conclamava o povo a lutar por seus direitos. Por sua vez, a crônica de Lima, intitulada "Palavras de um *snob* anarquista",[84] mas que ele assinou como Isaías Caminha, destoava, de certa maneira, do restante do periódico, por conta de seu estilo mais pessoal. Ao menos foi dessa maneira que os amigos do jornal reagiram ao texto. Afinal, em tempos de causas eminentemente sociais, acusou-se o escritor de interceder a favor da introdução do anarquismo no Brasil, mas sempre em termos privados e particulares. Depois de um longo e erudito arrazoado sobre o assunto, ele concluía que os anarquistas eram os únicos a falar "da humanidade para a humanidade, do gênero humano para o gênero humano".[85] Explicava ainda que apenas eles evitavam "'esnobismos' que dão gordas sinecuras na política e sucessos sentimentais nos salões burgueses", e conseguiam escapar do jornalismo "emperrado no regime capitalista".[86]

Enfim, é evidente que Lima concordava com a agenda da publicação. Mesmo assim, causava empáfia entre aqueles que nela atuavam. Como mostra Arnoni Prado,[87] nesse período a relação entre "anarquismo" e "cultura" não era tão clara. Segundo o crítico literário, a contribuição jornalística na imprensa operária era mais limitada à denúncia e às análises políticas — um gênero que foi então chamado de "ação militante". Pouco espaço sobrava, pois, para escritos com arroubos "literários" como contos, crônicas, poemas ou artigos de cunho biográfico.[88] O fato é que, onde quer que escrevesse, Lima era sempre Lima, mais conhecido por sua literatura combativa do que por sua face de ativista político e de ações práticas. Sua ação se dava nas letras.

Como colunista colaborou ainda na revista *Na Barricada*, fundada em 1915 por Correia Lopes e João Gonçalves da Silva, da qual faziam parte Fábio Luz, José Oiticica, o deputado Maurício de Lacerda e o líder trabalhista Sarandi Raposo. Também publicou artigos no jornal *O Debate*, que, criado em 1917, teve vida curta. Esse era um periódico estritamente "operário", cuja pauta se concentrava na denúncia de desigualdades sociais, na exploração da classe trabalhadora e no que chamavam de "imperialismo *yankee*". Seu time de colaboradores revelava a articulação de um grupo de "escritores militantes". Entre eles estavam os editores Astrojildo Pereira e Adolfo Porto, alguns jornalistas que já conhecemos, como Domingos Ribeiro Filho e José Oiticica, e, claro, Lima.[89] A primeira crônica de Lima para *O Debate* saiu no dia 19 de julho de 1917. Intitulada "O que o 'Gigante' viu e me disse",[90] criticava o desembarque de soldados da Liga dos Aliados na cidade do Rio de Janeiro, recordando as outras "invasões" ocorridas na baía de Guanabara desde os tempos coloniais. O amanuense continuou a escrever para o jornal nas edições de agosto, setembro e outubro daquele ano, tratando de temas como a carestia, denunciando a entrada de ideias estrangeiras no país e as "coisas americanas".

Ademais, com o desenvolvimento dos movimentos populares, crescia em Lima a consciência da marginalização das classes mais humildes naquela República que ele considerava um patrimônio dos oligarcas e do capital financeiro internacional. Entusiasmado com as "teses maximalistas" da Revolução de 1917, passou a nutrir clara simpatia pelas causas do operariado e do anarquismo. Tais teorias do "maximalismo"[91] — quais sejam: a revolução proletária na base de suas aspirações totais e não "minimalista" — logo teriam forte influência nos seus escritos para *O Debate* e outros periódicos. A palavra derivava de uma distinção entre "programa máximo" (que imaginava uma revolução iminente) e "programa mínimo" (concepção que se adaptava às exigências mais imediatas da conjuntura e que nem sempre era favorável à revolução). No entanto, conforme define Arnoni Prado, até mesmo nesse departamento Lima era sobretudo "um livre atirador", em quem se misturava certo ressentimento com a percepção, um pouco desordenada, desse tipo de ideologia.[92] De toda maneira, ele seguia publicando e se entendendo como um escritor solidário à causa dos pobres, um entusiasta da imprensa operária, um simpatizante do anarquismo, que via como uma forma de libertação da humanidade.

Fiel a essa filosofia, Lima passaria a publicar com constância ainda maior na revista *A.B.C.* Ele participava da publicação desde 1917, e manteve uma colaboração assídua até sua morte, em 1922. A *A.B.C.* não tinha filiação ideológica direta ao anarquismo, ou mesmo aos ideais libertários. Definia-se apenas como "um jornal crítico". Fundada em 1915 pelo italiano Ferdinando Borla, circulava semanalmente, aos sábados. E fazia sucesso: o primeiro número chegou a vender 10 mil exemplares e foi muito comentado na imprensa local. O objetivo da publicação era "passar em revista os acontecimentos políticos da semana, de forma diferente da que se via no jornalismo". Teve longa duração — de 1915 a 1934 —, mas nunca figurou entre os periódicos considerados da "grande imprensa". Havia nela uma clara hierarquia de temas. O jogo político e as questões sociais apareciam sempre em destaque, enquanto a literatura e as artes, assuntos por vezes até estampados na capa, ficavam em segundo plano.

A.B.C. era tida como moderna em termos de qualidade gráfica, trazendo ilustrações na capa e em suas páginas internas. Entre seus principais colaboradores estavam justamente Lima Barreto, Astrojildo Pereira, Oliveira Lima, Agripino Nazaré, Mário Matos (1891-1966),[93] Jackson de Figueiredo e Benjamin Costallat. Os temas eram bastante comuns à agenda do amanuense e não faltava espaço para ataques pessoais. Por exemplo, o primeiro número veiculou uma crítica direta a um antigo desafeto de Lima. O artigo "As superfetações dum imortal",[94] de Ferdinando Borla, diretor da revista, atingiu em cheio Paulo Barreto, então à frente da *Gazeta de Notícias* e mais conhecido por seu pseudônimo, João do Rio. O acadêmico, de acordo com o texto, copiava ideias alheias e detinha-se em torno do óbvio. Além do mais, Borla fez questão de desmerecer as opiniões do autor sobre o talento literário de Nilo Peçanha. Segundo ele, João do Rio, numa evidente atitude oportunista, teria definido o político como um "escritor fulgurante" somente depois de este ter assumido o governo do Rio, em dezembro de 1914. O livro de Peçanha fora publicado três anos antes, e o crítico, que deixara passar o feito literário, só então se lembrara de exaltar suas qualidades.

Enfim, Lima não poderia se mostrar mais afinado com a *A.B.C.* Mas o semanário combinava com ele ainda em outros aspectos, de mais largo alcance e projeção, especialmente em sua defesa aos anarquistas amotinados, presos ou desterrados durante a insurreição carioca de 1918. A revista também compartilhava com o escritor a adoção das teses maximalistas e boa parte do radicalismo que ia se impregnando à figura dele. Se na colaboração na *Careta* Lima dava vazão a sua verve bem-humorada, na *A.B.C.* ele se dedicaria às questões políticas do momento, produzindo artigos de análise. Contudo, apesar de ter um preço de capa mais baixo, a publicação tinha menos apelo popular.[95] Seus temas eram em geral sérios e os artigos, mais longos, apresentavam menos humor.

Até por isso, e em função da linha editorial, nesse periódico é que Lima escreveria seus textos mais exaltados. Por exemplo, em 11 de maio de 1918 foi publicado "No ajuste de contas...", incluído em *Bagatelas*, coletânea de artigos organizada pelo próprio escritor.[96] Aí, o criador de Policarpo desenvolvia um libelo carbonário, inspirado pela Revolução Russa. Esse era seu manifesto maximalista. "Desde que o governo da República ficou entregue à voracidade insaciável dos políticos de S. Paulo, observo que o seu desenvolvimento econômico é guiado pela seguinte lei: tornar mais ricos, os ricos; e fazer mais pobres, os pobres."[97] Após longo balanço histórico, e depois de ter se manifestado contra

São Paulo, os proprietários de terra, os burgueses e a Igreja, Lima defende o confisco estatal. "Um governo enérgico e oriundo do povo que surgiu, tem o dever de confiscar esses bens, de retalhar as suas imensas fazendas, de aproveitar os seus grandes edifícios para estabelecimentos públicos e vender, assim como as terras divididas, os prédios de aluguel que essas ordens possuem, em hasta pública."[98] O Estado deveria também suprimir os colégios de religiosos para ambos os sexos. Duro, Lima pede urgência: "cessar essa fome de enriquecer característica da burguesia que, além de todas as infâmias que, para tal, emprega, corrompe, pelo exemplo, a totalidade da nação".[99] Ele se confessa, então, a favor da poligamia, do divórcio e de várias formas de revolução social. E conclui: "Terminando este artigo que já vai ficando longo, confesso que foi a revolução russa que me inspirou tudo isso [...]. 'A face do mundo mudou'. Ave Rússia!".[100] Como se vê, se Lima não assumia funções práticas no movimento, não deixava de multiplicar as recentes ideologias que incendiavam as classes operárias e toda uma nova geração de intelectuais brasileiros. Maximalismo era uma forma de comunismo, uma filosofia entendida por vezes de forma difusa mas que representava a luta e o desejo pela igualdade.

Estamos em maio de 1918, e nada poderia ser mais diferente do que o ambiente cordato da Secretaria da Guerra. A despeito da foto comportada de amanuense estampada nas páginas da revista, o artigo era mesmo forte, decretando guerra a todas as instituições burguesas e formas de opressão. Aí estava um Lima libertário, no sentido mais amplo e abrangente do tema.

Na República da Bruzundanga

Mas, mesmo quando escrevia artigos sérios e mais cabeludos, Lima dava um jeito de fazer piada; aliás, foi na *A.B.C.* que, a partir de 1917, ele publicou uma série de textos satíricos, todos dedicados à República da Bruzundanga. Por sinal, nessa fase de sua vida, o escritor parecia particularmente interessado em veicular seus livros e textos e dar-lhes visibilidade. Tanto que pagou, ele próprio, a segunda edição de *Recordações do escrivão Isaías Caminha*. A obra, "revista e aumentada", saiu em 1917 pela Tipografia Revista dos Tribunais, com 234 páginas. Ao mesmo tempo, o jornal *A Noite* pôs em circulação, numa brochura barata, mal-acabada e cheia de erros, *Numa e a ninfa*. Em carta a Artur Mota, Lima escreveu, com sua usual verve satírica: "O livro está, como o autor — pouco apresentável".[101]

E, como já adiantamos, foi nesse ano que o amanuense entregou ao editor Jacinto Ribeiro dos Santos um novo original: *Notas sobre a República das Bruzundangas*.[102] Vendera tudo por 70 mil-réis, "quase nada", reclamava. Ou "para todo o sempre", conforme constava no recibo de próprio punho.[103] Sua situação financeira não era fácil, uma vez que ele contraíra dívidas para pagar a reedição de *Isaías Caminha*. Tinha recorrido a agiotas que circulavam pela Secretaria da Guerra e ficara devendo uma quantia acima de suas posses. Assis Barbosa conta que, se quisesse, Lima poderia até ter ganhado algum dinheiro com a republicação da obra. *O Paiz*, noticioso da oposição que vivia de criar

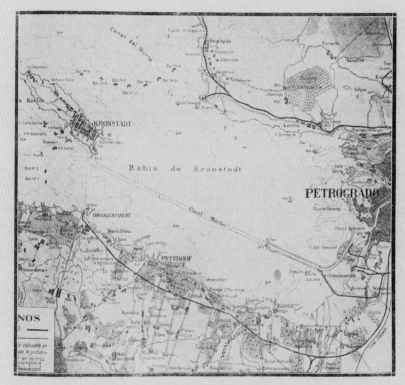

Capa da revista *A.B.C.*, Rio de Janeiro, ano IV, n. 189, 19 de outubro de 1918.

polêmicas, bem que se oferecera para patrocinar a reedição do romance sob a forma de folhetim. Mas o escritor, que já havia publicado partes do livro na *Floreal*, recusou a oferta, alegando que seu texto era uma "obra de arte", não sairia num jornal de vida efêmera, e muito menos para servir a interesses políticos ou econômicos.[104]

Tal sacrifício pessoal foi feito num momento especialmente delicado. Era seu círculo vicioso: Lima andava cada vez mais produtivo, apesar de beber mais e mais. Bebia porque queria dar um jeito no vazio de sua vida. Bebia porque gostava de beber. "No dia 30 de agosto de 1917, eu ia para a cidade, quando me senti mal. Tinha levado todo o mês a beber, sobretudo parati. Bebedeira sobre bebedeira, declarada ou não. Comendo pouco e dormindo sabe Deus como [...]. Voltei para casa, muito a contragosto, pois o estado de meu pai, os seus incômodos, junto aos meus desregramentos, tornam-me a estada em casa impossível. Voltei, porque não tinha outro remédio."[105] Seu estado, nessas ocasiões, era de total inconsciência; tanto que teve que ser acudido por Elói, que era filho de Prisciliana e seu afilhado, e sua irmã. Ele mesmo alegava não ter ideia do "que se passou". Sabia apenas que fora socorrido por algumas senhoras da vizinhança, despertando com "equimoses nos tornozelos".[106]

A impressão que se tem é que Lima combatia do jeito que podia "a vergonha" de ser visto em tal situação e de nada se recordar. Acordava sem saber onde dormira, culpava-se por vexar a família e acusava o pai de ser o culpado de seus "vícios". Ao mesmo tempo, logo que saía desse estado, tornava a publicar, além de escrever com assiduidade cada vez maior na imprensa libertária. Boemia era uma forma de modernismo, e o escritor representava como que um resumo desse grupo.

Pois bem, hora de tratar da publicação de sua obra mais satírica à Primeira República. Bruzundanga é um país fictício com diversos problemas sociais, econômicos e culturais, em que os ricos e incautos acumulam títulos acadêmicos e têm fama de eruditos. O escritor, que era leitor de Swift, traça nesse livro um paralelo divertido com o autor de *Viagens de Gulliver*, centrando-se num país inexistente mas que, claro, evoca o Brasil.[107] Valendo-se da figura de um visitante estrangeiro que descreve a terra exótica, Lima atingia de modo contundente as estruturas de sua própria sociedade.

Essa era a sua República da Bruzundanga. Fazendo troça com a nova República, o autor inicia a sátira contando a história de um bom rei, que até por isso foi deposto. "Quando menos se esperava, num dado momento em que se representava, no Teatro Imperial da Bruzundanga, o *Brutus* de Voltaire, vinte generais, seis coronéis, doze capitães e cerca de oitenta alferes proclamaram a república e saíram para a rua, seguidos de muitos paisanos que tinham ido buscar as armas de flandres, na arrecadação do teatro, a gritar: Viva a República! Abaixo o tirano! etc. etc."[108] O amanuense prossegue em seu relato, voltando à tese de que o povo assistiu a tudo "estupidamente mudo. Tudo aderiu; e o velho imperador e os seus parentes [...] foram exilados".[109]

Nesse clima de conto de fadas misturado à sátira política alegórica, Lima continuava explicando que uma parte da família teria, contudo, permanecido no reino, inclusive o pequeno príncipe d. Henrique. Enquanto isso, na República se gastava à solta, dando fim à atitude comedida do antigo reino. "Começou logo a construir palácios e teatros, a pôr casas abaixo, para fazer avenidas suntuosas. O dinheiro da receita não chegava, aumentou os impostos, e vexações, multas etc. Enquanto a constituinte não votava a nova Constituição, decuplicou os direitos de entrada de produtos estrangeiros manufaturados."[110] Enfim, misturando o epílogo do Império brasileiro com o início da República, Lima não conseguia esconder suas predileções. "Nunca houve tempo, em que se inventassem com tanta perfeição tantas ladroeiras legais."[111] O resultado de tanto desperdício foi a miséria do reino e a fuga do povo do campo para a cidade, atraído e iludido por salários mais altos. Por lá acabaram, porém, convivendo em casas "sujíssimas e cheias de insetos parasitas, transmissores de moléstias terríveis".[112]

Em determinado momento, a sina da "triste raça da Bruzundanga" fica ainda mais delirante: o herdeiro do reino é assassinado e sucede-se uma série de "epidemias de loucuras". As aventuras seguem em tintas apocalípticas, com as cidades se enchendo de hospícios e asilos de alienados. O sofrimento e a penúria levam à bebida, "para esquecer"; a bebida leva ao manicômio. Pode-se ver que Lima gostava, por vezes, de metáforas fáceis. Nada como explicar seus próprios temores colocando-os ora na conta dos problemas com o pai ora nas falácias da República.

Mas, pelo menos na ficção, a vida tomava outros rumos. Para dar conta de tanta decadência, surgiram profetas, cartomantes, práticos de feitiçaria. E dá-lhe moralismo! Embora recorresse a "casas da vida", o escritor condena o meretrício. Em Bruzundanga, "a prostituição, clara ou clandestina, era quase geral [...]; e os adultérios cresciam [devido] ao mútuo engano dos nubentes em represália…".[113] O ambiente que Lima cria, por detrás do humor, é em si devastador; os pobres, desgraçados e criminosos ocupam "casebres miseráveis, sujos, frios, feitos de tábuas de caixões de sabão e cobertos com folhas desdobradas de latas em que veio acondicionado o querosene".[114]

Eis então que nos "subúrbios", onde agora "reinava a fome", nasce a mística de que o imperador estava para voltar, num paralelo evidente com o sebastianismo. E d. Henrique retornaria para reinar até seus sessenta anos: "aquele sábio príncipe proclamou por sua própria boca a república, que é ainda a forma de governo da Bruzundanga, mas para a qual, ao que parece, o país não tem nenhuma vocação. Ela espera ainda a sua forma de governo…".[115] Esperanças milenares, críticas à República, denúncias da pobreza e das arbitrariedades, já faziam parte da literatura libertária de Lima, mas voltavam nesse texto com ar de calamidade e estrutura de fábula e destino.

Para além desse primeiro episódio, que corresponde, digamos assim, ao mito de fundação da República da Bruzundanga, vale conferir o prefácio da obra, datado e localizado: "Todos os Santos, 2-9-17".[116] Nele, Lima oferece um comprimido de ação rápida que resume o enredo: "Na *Arte de furtar*, que ultimamente tanto barulho causou entre os eruditos, há um capítulo, o quarto, que tem como ementa esta singular afirmação: 'Como os maiores ladrões são os que têm por ofício livrar-nos de outros ladrões'".[117] Em estilo de mofa, o cronista atesta como "a Bruzundanga fornece matéria de sobra para livrar-nos, a nós do Brasil, de piores males, pois possui maiores e mais completos".[118] E Lima segue o relato dessa República, desdenhando os nobres da terra, a "nobreza doutoral", a "nobreza de palpite", os financistas, a política e os políticos, a falência das riquezas naturais, a Constituição local, os diplomatas, o presidente, a agricultura e seu ministro, o Legislativo, as questões da Academia de Letras, os estrangeirismos, a elite, as manifestações artísticas, a literatura e os cientistas do lugar. Um deles, por sinal, Harakashy; um javanês mestiço, amigo do narrador.

O escritor retomava assim seus temas preferidos, além de se referir a um de seus contos diletos, "O homem que sabia javanês"[119] — o qual, como vimos, fora publicado em 1911 e incluído na primeira edição de *Triste fim*, datada de 1915. Java e o javanês viram sinônimos do conhecimento fácil e sem sentido, da erudição de lustro e vazia de significado, típica de nossos homens de letras, da nossa República e do jornalismo burguês e capitalista; conforme ele gostava de amofinar.

De uma maneira ou de outra, nesse contexto tudo parecia emocionar Lima, e profundamente. De um lado, o imobilismo da política, do jornalismo burguês, da literatura acadêmica. De outro, as novas ideias que vinham com a Revolução Russa, com o anarquismo, com os discursos de solidariedade que ganhavam corpo nas greves. Aliás, durante a greve geral que combaliu a capital do país em novembro de 1918, Lima estava de licença, recolhido no Hospital Central do Exército. No seu leito, quando se achava lúcido e mais consciente de seu estado, escreveu para a *A.B.C.* um artigo de solidariedade aos grevistas. Já no *Diário*, comentou que o chefe de polícia tinha um tipo de ideia fixa: "a) acoimar de estrangeiros os anarquistas, e exploradores dos operários brasileiros; b) debochar os seus propósitos e inventar mesmo alguns bem repugnantes e infames; c) exaltar a doçura e o patriotismo do operário brasileiro...".[120] E termina com uma espécie de utopia: "Viver às claras".[121]

14.
Literatura sem "*toilette* gramatical" ou "brindes de sobremesa": a segunda internação

Houve quem perguntasse: bebemos porque já somos loucos ou ficamos loucos porque bebemos?
— Lima Barreto, *Diário do hospício*

O que me roía era o silêncio, era calar, esconder o que eu tinha de mais eu mesmo na minha vida.
— Lima Barreto, *O cemitério dos vivos*

Detalhe da ficha da segunda internação de Lima Barreto no Hospital Nacional de Alienados, em 1919.

LITERATURA SEM *"TOILETTE* GRAMATICAL" OU "BRINDES DE SOBREMESA": A SEGUNDA INTERNAÇÃO | 371

No dia 7 de setembro de 1918, Lima Barreto publicou na *A.B.C.* um novo artigo. Depois de *"Amplius!"*, um texto de grupo e geração, era chegada a hora de redigir um manifesto em defesa própria e também de sua literatura. A crônica, que ele intitulou "Literatura militante",[1] não deixava margem a dúvidas. O pretexto foi um artigo do sr. Carlos Malheiro, literato que o amanuense julgava um "janota", desses "para uso das damas alambicadas", mas apenas até conhecê-lo pessoalmente.[2] O ensaio de Malheiro, publicado em *O Paiz*, não tinha lá grande importância. O que chamou a atenção de Lima e gerou a discórdia foi o fato de Malheiro tratar (e mal) da obra de Anatole France; este, sim, um autor a quem o criador de Policarpo admirava, e muito.

Além disso, o escritor aborreceu-se para valer quando Malheiro Dias se referiu aos leitores brasileiros de literatura francesa (categoria em que se incluía com grande orgulho) como "aprendizes, militantes e honorários". Lima vestiu, então, a carapuça e tratou de logo esclarecer que aceitava o termo para si, e que não era novidade o fato de ele definir sua literatura como "militante". Alegou, no entanto, que não se considerava um "aprendiz", pois já tinha vários livros publicados. A provocação não fora séria, mas se mostrou o bastante para que o criador de Policarpo tomasse "o pião na unha".[3]

O cronista tinha apreço especial pela obra e pelas atitudes de Jacques Anatole François Thibault, autor cético, eleito para a Academia Francesa em 1896. Anatole France ganhou renome internacional ao devolver sua Legião de Honra quando a comenda foi retirada de Émile Zola em 1894.[4] France era homem de princípios, defendia a ética pública, tendo participado da fundação da Liga dos Direitos do Homem e recebido o Nobel de Literatura em 1921. Aí estavam atitudes sociais, gestos políticos e um estilo literário que forneciam a Lima um bom espelho em que se mirar.

Contudo, ser considerado um "aprendiz", ele não admitia de jeito nenhum. Em 1918, já se tinha em alta conta e julgava que, ao lado de Anatole France, representava a grande "literatura militante". Ao citar diferentes livros do escritor francês, entre os quais *A ilha dos pinguins* e *O sr. Bergeret em Paris*, o articulista da *A.B.C.* usava-os como estratégia para melhor caracterizar não tanto as obras de France, mas seu próprio trabalho. "Eles nada têm de contemplativos, de plásticos, de incolores. Todas, ou quase todas as suas obras, se não visam a propaganda de um credo social, têm por mira um escopo sociológico. Militam", escreveu.[5] Esse era o lugar, afinal, que Lima escolhera para si no Brasil, por isso Anatole France e mesmo Jean-Marie Guyau — poeta, filósofo e conhecido leitor de Herbert Spencer — surgiam como importantes referências estrangeiras. Em sua lista de diletos, Lima incluía ainda Hippolyte Adolphe Taine, outro membro da Academia Francesa, expoente do positivismo, além de criador de um método que pretendia compreender o homem com base em três fatores determinantes: meio ambiente, raça e momento histórico. Também não era à toa que o escritor tivesse na Limana livros de todos esses autores, os quais julgava representantes fidedignos de um gênero de literatura que tão bem o definia: o militante.

Mas Lima tinha diante de si outra realidade. Considerava o Brasil "mais complexo", na sua estrutura social, econômica, e "no seu próprio destino".[6] Explicava que Portugal, "a velha terra lusa", possuía um grande passado, enquanto nós não compartilhávamos de nenhum — "só temos futuro".[7] Essa noção é fundamental para compreender o tipo de literatura que ele fazia e que, sobretudo, julgava ser a única passível de relevância neste nosso país ainda atado a laços coloniais. Essa era a "missão" que impunha à sua obra, quase uma fotografia três por quatro de seu autor.[8] E foi com a alma que Lima deitou essas linhas: "Nós nos precisamos ligar; precisamos nos compreender uns aos outros; precisamos dizer as qualidades que cada um de nós tem, para bem suportarmos o fardo da vida e dos nossos destinos. Em vez de estarmos aí a cantar cavalheiros de fidalguia suspeita e damas de uma aristocracia de armazém por atacado, porque moram em Botafogo ou Laranjeiras, devemos mostrar nas nossas obras que um negro, um índio, um português ou um italiano se podem entender e se podem amar, no interesse comum de todos nós".[9]

Repisando sua geografia simbólica — que dividia um Brasil real de outro, menos verdadeiro —, o escritor desfazia dos bairros que para ele representavam o quartel-general da aristocracia estrangeirada brasileira. O mapa literário de Lima ia se desenhando, portanto, cada vez mais discriminado, com suas fronteiras e limites. Ele até aceitava as escolas literárias francesas e russa, contanto que "traduzidas" para as condições locais. O resto "cheirava à rua do Ouvidor e ao balcão (bar) de Botafogo".[10] Havia aí, também, uma questão de método; era preciso especificar as condições físicas, introduzir as particularidades raciais, incluir o contexto e, assim, bem ambientar as tramas. Tal qual ingredientes de uma receita de bolo, o articulista incitava: "Eles estão aí, à mão, para nós fazermos grandes obras de arte".[11]

Sem falsa modéstia, Lima compara-se às suas inspirações, uma vez que considera a si e a todos eles escritores fiéis à "grande força da humanidade" que seria a "solidariedade": "Venho para as letras disposto a reforçar esse sentimento com as minhas pobres e modestas obras".[12] Mas sua família literária ainda não estava completa. Segundo o criador de Isaías, na língua portuguesa o primeiro a empregar a definição "literatura militante" fora Eça de Queirós, por quem, diz ele, "não cesso de proclamar a minha admiração".[13] José Maria de Eça de Queirós constituía, pois, o outro vértice do triângulo literário do escritor brasileiro. Lima explicava, ainda, que Eça teria introduzido a expressão na sua coletânea de textos intitulada *Prosas bárbaras* (1903), quando comparara o espírito da literatura francesa com o da portuguesa. Também lidara com o tema nos cadernos ou folhetos chamados *As Farpas*, que escrevera em coautoria com Ramalho Ortigão e onde fazia comentários muito críticos da vida portuguesa. O escritor brasileiro colecionava vários exemplares na Limana.

Enfim, ao misturar suas preferências literárias, Lima articulava a defesa da literatura que perfilhava. Segundo o amanuense, fora Eça quem mostrara que "desde muito as letras francesas se ocuparam com o debate das questões da época, enquanto as portuguesas limitavam-se às preocupações da forma, dos casos sentimentais e amorosos e da idealização da natureza. Aquelas eram — militantes; enquanto estas eram contemplativas e de paixão".[14] O cronista brasileiro opunha, dessa forma, a literatura de contemplação e sentimentalismo àquela militante, comprometida com o "destino da humanidade". E terminava sua crônica "fazendo todas as citações de memória". Não havia, porém, nada de improviso ou de memória ligeira nesse artigo. Assim era Lima: dizia ao que vinha, *que* literatura fazia, *como* fazia e o que também *não* pretendia fazer.

Careta, caricatura de João do Rio adentrando a ABL; 21 de maio de 1910.

Do alto de seus 37 anos incompletos, parecia ter premência em deixar explícito o modelo literário em que acreditava e o qual praticava. Para tanto, delimitava "amigos" — companheiros de jornada — e inimigos. Em 18 de janeiro de 1918, publicou em *Lanterna* o artigo "Literatura e política",[15] em que se dedicava a desancar Coelho Neto. Se implicava com João do Rio, era por causa de sua imagem, seu homossexualismo declarado e por se vestir e se portar como um dândi. Deveria, naquela altura, também ter certa inveja de João do Rio. Afinal, depois da terceira tentativa, em 1910 o autor de *As religiões do Rio* conseguiu uma cadeira na ABL e com méritos de sobra.[16]

No caso de Coelho Neto, porém, a reação de Lima era tão forte que mais lembrava a repulsa. O escritor fez parte do grupo de idealizadores da ABL, projeto que se transformou em realidade no final de 1896. Autor de uma série de romances de sucesso na época, Coelho Neto era considerado um neoparnasiano, dono de uma literatura arcaizante, repleta de truques retóricos e de formalismos.[17] Devido à quantidade de títulos que publicou, era chamado, já naquele tempo, de "fabricante de romances". Conhecido como "o ateniense do Maranhão", é dele a expressão "Cidade Maravilhosa", que Lima, a contragosto, viu-se obrigado a engolir. Representava, enfim, o tipo de autor com quem o escritor de Todos os Santos definitivamente não se identificava. Segundo ele, Coelho Neto só se preocupava com estilo, vocabulário e roupas, enquanto questões políticas, morais e sociais passavam ao largo. Avaliações à parte, o importante é notar a contradição. Lima elegia Coelho Neto como seu oposto, a despeito de ele próprio acalentar a ideia de vir a frequentar as cadeiras da ABL.

A foto da página seguinte é uma referência direta à famosa pintura de Rembrandt de mesmo título. No quadro do pintor holandês, reproduz-se a autópsia do corpo de um

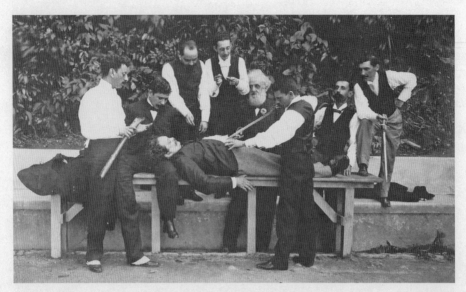

Jocosa encenação do quadro *A lição de anatomia do dr. Tulp*, de Rembrandt (a fotografia pertencia a Olavo Bilac).

marginal que fora condenado à morte por ter roubado uma bolsa.[18] Já a versão tropical da tela, uma montagem fotográfica assinada por Olavo Bilac, apresenta, concentrados na mesma ação, alguns intelectuais que participaram da fundação da Academia. Da esquerda para a direita se vê: Olavo Bilac, Leôncio Correia, Henrique Holanda, Pedro Rabelo, Aquiles Pederneiras, Álvaro de Azevedo Sobrinho e Plácido Júnior. O autopsiado é Artur Azevedo, sendo o legista justamente Coelho Neto, que o examina com um sabre. Tudo registrado de maneira adequada para figurar no acervo da ABL.

Não se sabe o motivo da brincadeira dos rapazes nem por que Artur Azevedo representa o cadáver autopsiado. É evidente, porém, o papel de liderança de Coelho Neto, que guarda a mesma posição destacada do legista de Rembrandt. Lima não deve ter achado graça alguma nessa brincadeira dos cavalheiros da Academia. Num de seus artigos, investiu contra o legista da foto, o qual, a despeito de ter concorrido duas vezes à Câmara por seu estado de origem, o Maranhão, não lograra ser indicado. Valendo-se assim do infortúnio do colega, o criador de Isaías Caminha usou sua própria arte para abalizar a avaliação: "Eu também sou literato e o que toca as coisas de letras, não me é indiferente". Sua definição é inclemente: "O sr. Coelho Neto, que surgiu para as letras nas últimas décadas do século XIX, não se impressionou com as mais absorventes preocupações contemporâneas [...] As cogitações políticas, religiosas, sociais, morais, do seu século, ficaram-lhe inteiramente estranhas".[19]

Desfazendo das ambições e dos conhecimentos literários do colega, Lima anunciou: "Em um século de crítica social, de renovação latente, das bases das nossas instituições; em um século que levou a sua análise até os fundamentos da geometria [...] o sr. Coelho Neto ficou sendo unicamente um plástico, um contemplativo [...]; sempre fascinado por uma Grécia que talvez não seja a que existiu, mas, mesmo que fosse, só nos deve

LITERATURA SEM "*TOILETTE* GRAMATICAL" OU "BRINDES DE SOBREMESA": A SEGUNDA INTERNAÇÃO | 375

interessar arqueologicamente".[20] Seu argumento recorrente consistia em desautorizar o "opositor" e na sequência destacar sua própria arte. Ele, um literato engajado e preocupado com seu mundo; Coelho Neto que nutria uma "simpatia ativa e incansável de gregos e troianos". Segundo Lima, quer no papel de deputado, quer no de romancista, o acadêmico desconhecia "o clamor das vítimas da nossa brutalidade burguesa"; fazia pouco-caso da "avidez de ganho" e não guardava nenhuma "utopia" no sentido de "solapar a construção social que já encontrou balançando".[21] A estratégia de Lima era límpida: delinear Coelho Neto como sua antítese: "Em anos como os que estão correndo, de uma literatura militante, cheia de preocupações políticas, morais e sociais, a literatura do sr. C. N. ficou sendo puramente contemplativa, 'estilizante', sem cogitações outras que não as da arte poética, consagrada no círculo dos grandes burgueses embotados pelo dinheiro". E termina em triunfo: "Quem não quer ser lobo, não lhe veste a pele…".[22]

Lima voltaria mais e mais à carga, variando de periódico. Na *Revista Contemporanea* de 15 de fevereiro de 1918,[23] lá estava ele tratando do mesmo personagem, porém com um ar de novidade: "É doloroso a quem, como eu, sabe as grandes dificuldades que cercam um escritor no Brasil, vir publicamente tratar sem grande deferência um homem como o sr. Coelho Neto […]. Entretanto, apesar de doloroso e das promessas que fiz […] me vejo obrigado a voltar à carga e tratar da sua atividade literária no nosso meio".[24] Claro está que ninguém obrigava o amanuense a nada. Era ele que achava por bem jogar sua verve contra o acadêmico, chamando-o, apenas e tão somente, de "o sujeito mais nefasto que tem aparecido no nosso meio intelectual".[25] Aí estaria um literato "sem visão da nossa vida, sem simpatia por ela", "sem vigor de estudos, sem um critério filosófico ou social seguro". Tudo nele seria apenas "estilo e fraseado", e sua literatura feita de "escrever bonito, fazer brindes de sobremesa, para satisfação dos ricaços".[26]

Entre afirmar sua própria obra e escolher um inimigo para depreciar, Lima optou pelas duas estratégias. Os termos que adota e que saltam de um jornal a outro são os mesmos. "Onde está isto na obra do sr. Neto? Onde está isto nos cinquenta e tantos volumes? […] É homem da moda e não entende a alma de uma criada negra. […] Toda a sua literatura, copiosa, vasta, trabalhada, paciente, é falha […]. Desde menino, o sr. Coelho Neto, ficou deslumbrado por Botafogo e as suas relativas elegâncias".[27] Já Lima via como sua a "missão" de fazer da literatura uma via para "comunicar umas almas com as outras", incluindo-se os sofrimentos e as dores do povo. Nesse departamento, Coelho Neto só entendia de Botafogo e dos elegantes.

Com o objetivo de exteriorizar ideias políticas e concepções literárias, nada melhor que eleger um inimigo de plantão e transformá-lo numa forma de definição. Mas é preciso admitir que as ideias de Lima Barreto já estavam bem formadas havia alguns anos. Por exemplo, ao participar de uma enquete sobre o "estado atual das letras do Rio de Janeiro", publicada em *O Pirralho* de 27 de novembro de 1915,[28] Lima deu respostas atrevidas: "I — Que pensa do estado atual das letras no Rio? A minha opinião é que o Rio está absolutamente idiota. Não falando nas futilidades políticas, este meu Rio de Janeiro vive imbecilmente a aprender boas maneiras, a ajeitar delambidos madrigais às damas de todos os bailes, a meditar sobre figurinos e a ler e procurar ler crônicas elegantes. Não se fala em outra coisa senão em bailes, em recepções, em jantares e banquetes; e daí é que vem toda a inspiração dos nossos literatos. Na maioria, parece que eles se fizeram poetas ou não sei o que para arranjar amantes *chics...*", com "seus juncos de jovens cheios de padrinhos políticos [...]. É, entretanto, semelhante gente que se fez ultimamente apologista do sorteio militar e vai regenerar o caráter nacional".[29] Incluindo nas críticas seus temas regulares, Lima não perdoava: condenava a artificialidade dos escritores, depreciava o ambiente cultural vigente e voltava ao tema da obrigatoriedade do serviço militar.

Questionado sobre se tinha alguma "obra escrita ou a fazer", Lima citou seus livros publicados e ainda disparou: "Sem contar os contos, crônicas e até artigos políticos, como veem os senhores, já escrevi alguma coisa e podia sentar-me, na Academia, ao lado do sr. Afrânio, do sr. Oswaldo Cruz e do sr. Lauro Müller. Há, porém, obstáculos que me impedem de fazê-lo e me atormentam sobremodo: não sou médico como os dois primeiros ou ministro como o último. Para vencer o primeiro obstáculo, quase me formei em uma das faculdades de sessenta mil-réis; para superar o segundo, estou disposto a fazer-me irmão de alguma irmandade e pleitear o cargo de ministro na respectiva mesa".[30] Aí estava a bofetada sempre pronta na Academia, nos doutores, nos políticos. Na opinião do escritor carioca, tudo era pago, resultado de protecionismos e políticas que nada tinham a ver com sua literatura.[31]

Só o fato de ser chamado a participar de uma enquete realizada em São Paulo já revelava a projeção que Lima adquiria também fora de sua cidade. E não eram apenas os paulistas que começavam a reconhecê-lo. Um bom exemplo pode ser encontrado na troca de cartas entre ele e Andrade Murici, um jovem escritor paranaense. Orgulhoso por ter mantido correspondência com Lima, o novato publicou as missivas num jornal local.[32] A nota de abertura, além de destacar a reprodução dos documentos, dizia: "Publicamos hoje as felicitações que lhe endereçou Lima Barreto, o brilhante autor deste estranho livro que é *O triste fim de Policarpo Quaresma*".

A resposta do carioca a Andrade Murici nada tinha de especial; parecia-se muito com outras de sua lavra. Lima sempre acusava o recebimento do exemplar, agradecia, animava o principiante a continuar escrevendo e terminava assinando com um simpático "confrade e amigo". O que mais interessa é a nota de abertura. Nela, o escritor foi definido como o "brilhante autor" de um "estranho livro"; viu sua correspondência privada se tornar pública; e, além do mais, uma carta particular virar fato jornalístico na imprensa de outro estado.

Parece relevante, ainda, que o cronista de Todos os Santos tenha aberto mão de sua antiga marca de juventude e passado a se autoidentificar como um representante de uma geração mais velha, usando sua pretensa maturidade para colocar sob suspeita o pensamento nacional dominante. Lima tinha apenas 37 anos incompletos em 1917, mas já se sentia "velho". Assinar como "confrade" era decerto um gesto de coleguismo, a fim de acolher o novato na "confraria dos escritores" sinceros e solidários. Nesses momentos, sua atitude com os aspirantes à profissão era quase paternal.

Talvez por causa da projeção que alcançava — mesmo que de forma enviesada — e por estar empolgado com as suas atividades de escritor, Lima requereu nova aposenta-

LITERATURA SEM *"TOILETTE* GRAMATICAL" OU "BRINDES DE SOBREMESA": A SEGUNDA INTERNAÇÃO | 377

doria em julho de 1918, "julgando-se inválido para o serviço público e contando mais de dez anos, nos termos da Constituição e das leis".[33] Andava bem alquebrado, passara por vários incidentes provocados pelas bebedeiras — ou, em consequência delas, cansava-se à toa, e a viagem diária de trem sugava suas forças. Era chegada a hora, pensou, de viver apenas da literatura. Requisição feita, em 17 de agosto uma junta médica o examinou e resolveu afastá-lo do serviço na secretaria, por sofrer de "epilepsia tóxica", em geral causada pelo abuso do álcool. Apesar do diagnóstico, conseguiu tão somente mais uma licença, até 27 de dezembro de 1918.

Naquele ano, além de seu *Diário* registrar um novo episódio de crise alcoólica em Ouro Fino, quando então teria sido levado à Santa Casa local, foi internado no Hospital Central do Exército no Rio de Janeiro devido a uma fratura na clavícula. Tudo indica que já não aparecia na repartição fazia um mês. Sumiu também de casa, e sua família, aflita, não teve outro remédio senão pedir a intervenção do amigo Noronha Santos. Este encontrou Lima na pequena estação de Todos os Santos, delirando. Sentado na sarjeta, o olhar perdido, o amanuense jogava níqueis no cano de esgoto. O "velho Noronha" perguntou o que estava afinal ocorrendo, e a resposta veio rápida. As moedas iam todas "para os diabos".[34]

Enfim um escritor sem *"toilette gramatical": Lima e Lobato*

A bebida, outra vez, não chegou a imobilizá-lo. Lima podia se sentir mais velho e extenuado, porém não abandonava sua urgência e seu ritmo vigoroso. Decidira que era chegada a hora de publicar *Vida e morte de M. J. Gonzaga de Sá*, cujo personagem principal era um amanuense e andarilho como ele. Lima considerava o livro ponderado, pouco injurioso; um romance mais maduro. Ainda no hospital, tentou a sorte e enviou o original a Monteiro Lobato. Não o conhecia pessoalmente, mas decerto sabia que o paulista havia comprado a *Revista do Brasil* e que estava abrindo espaço tanto para autores conhecidos como para novos talentos. Prudente, tomou o cuidado de trocar correspondência com Noronha Santos, que iria ajudá-lo a enviar os originais. Pediu ao amigo que revisasse tudo e acrescentou: "Você deve anotar onde está 'Afonso' que eu quero cortar".[35] Ao que tudo indica, o escritor identificava-se de tal maneira com seu personagem que, num primeiro momento, batizou-o com seu próprio nome. Mas logo desistiu e adotou Gonzaga de Sá.

É possível dizer que, nessa época, Lobato inaugurava uma verdadeira política editorial, estabelecendo termos e práticas arrojados ao menos para o ambiente cultural de então. Era dono de afirmações de impacto: "Livro é sobremesa", e o queria colocado "debaixo do nariz do freguês". Para tanto, anunciava que trataria as obras literárias como produtos de consumo. Suas capas precisavam ser atraentes e coloridas; a produção gráfica, primorosa; a distribuição, feita por vendedores autônomos e profissionais especializados espalhados por todo o país. Com muito gás sobressalente, Lobato montou a editora Monteiro Lobato & Cia., transformada depois na Companhia Editora Nacional, que faria história.[36]

A resposta do editor ao amanuense veio depressa. Remetida em 15 de novembro, tratava Lima de "prezadíssimo confrade e amigo", o mesmo tipo de saudação que o escritor carioca endereçara ao jovem paranaense Andrade Murici. Mas no caso de Lobato a expressão não significava mera gentileza. Ele não era o tipo de jogar conversa fora, e sua carta indicava não só familiaridade com a obra do criador de Isaías Caminha, como iniciativa: ele não só aceitou o livro de pronto como apresentou a seu autor uma oferta. Os termos foram tão profissionais que merecem ser reproduzidos aqui: "Recebi a sua carta de 9 do corrente e com ela os originais, que não li, nem é preciso, visto como estão assinados por Lima Barreto. A *Revista do Brasil* tem muito gosto em editar essa obra e o faz nas seguintes condições: como é pequena, podendo dar um volume só de 150 pgs. mais ou menos, convém fazer uma edição de 3 mil exemplares em papel de jornal que permita vender-se o livro a 2$000 ou no máximo 2$500; neste caso, proponho 50% dos lucros líquidos ao autor, pagáveis à medida que se forem realizando. Podemos fazer mais outra proposta: a *Revista* explorará a primeira edição tirada nas condições acima, mediante o pagamento de 800$000 no ato da entrega dos originais; ou de 1:000$000 em duas prestações — uma de 500$000[37] pela entrega dos originais e a outra três meses depois de saído o livro. Se lhe servem estas condições, poderemos firmar contrato imediatamente. Sem mais, disponha do amigo com probabilidades de se tornar também editor. (a) J. B. Monteiro Lobato".[38]

A velocidade com que a resposta chegou e a forma direta dos termos do contrato devem ter animado o então enfermo Lima Barreto. Melhor ainda foi o fato de Lobato ter dito que nem precisara avaliar o original pois apenas o nome do remetente já lhe havia bastado. Além do mais, era a primeira vez que lhe faziam uma oferta em dinheiro. Até ali, ou o próprio Lima custeara a publicação de seus originais, ou recebera uma "miséria", como no caso recente de *Os bruzundangas*.

A atitude de Lobato revelava também certa camaradagem, afinal não era a primeira vez que estabeleciam contato. Nos seus tempos iniciais como diretor da *Revista do Brasil*, o editor paulista pediu a Lima que colaborasse na publicação, no que foi logo atendido. Já na estreia da troca de correspondência, datada de 2 de setembro de 1918, Lobato usara de todo o seu poder de persuasão.[39] Valia tudo quando o objetivo era convencer um colega. Insinuante, esbanjava elogios: "A *Revista do Brasil* deseja ardentemente vê-lo entre os seus colaboradores. Ninho de medalhões e perobas, ela clama por gente interessante, que dê coisas que caiam no gosto do público. E Lima Barreto, mais do que nenhum outro, possui o segredo de bem ver e melhor dizer, sem nenhuma dessas preocupaçõezinhas de *toilette* gramatical que inutiliza metade de nossos autores. [...] A confraria é pobre, mas paga, por isso não há razão para Lima Barreto deixar de acudir ao nosso apelo. Aguardamos, pois, ansiosos a resposta, uma resposta favorável. Do confrade (a) Monteiro Lobato".[40]

Lima era tratado na terceira pessoa, festejado por seu *Policarpo* — "queremos contos, romances, o diabo, mas à moda do Policarpo Quaresma, da *Bruzundanga* etc." —, e se via retratado da maneira que gostava: o oposto dos medalhões e perobas, e sem "*toilette* gramatical". A carta foi certeira: atingiu em cheio os anseios mais íntimos de Lima Barreto. Lobato sabia, de fato, aliciar um colega.

E o escritor de Todos os Santos não se fez de rogado: enviou de imediato o conto "O moleque",[41] que já fora publicado na *A.B.C.* de 15 de junho de 1918.[42] Nele o escritor retomava vários de seus temas de cabeceira: ambientava a ficção no subúrbio de Inhaúma, falava com sensibilidade da pobreza e da dignidade dos habitantes do lugar, mencionava a proeminência do trem no cotidiano local, descrevia as moradias modestas e se detinha nos cultos populares. Contava a história de Felismina — cujo nome quem sabe misture sua origem mina com a ideia de felicidade — e de seu filho Zeca, um "pretinho de pele de veludo". O menino vivia de trazer e levar roupas para os fregueses e era o orgulho da mãe, que o tinha sempre por perto.

O autor se detém na psicologia de Felismina e em seu apego à casa própria. "Titubeou a rapariga e o velho funcionário compreendeu, pois desde muito já tinha compreendido, na gente de cor, especialmente nas negras, esse amor, esse apego à casa própria, à sua choupana, ao seu rancho, ao seu barracão — uma espécie de protesto de posse contra a dependência da escravidão que sofreram durante séculos."[43] Como quem nada quer, tal qual um detalhe desimportante, o autor introduz um tema central ao período do pós-abolicionismo: a "felicidade" que sentia "a gente de cor" de ter, afinal, uma propriedade.[44] Só alguém de "dentro", que conhecesse profundamente a realidade dessas populações, poderia descrever a situação de forma tão delicada e ao mesmo tempo precisa.

E é de maneira igualmente sensível que o cronista toca em mais um tema também muito doloroso e revoltante para essas populações: a associação perversa que se estabelece, e com certa regularidade, entre "indivíduos negros" e o furto. O outro lado (que no fundo é o mesmo) era a demonstração da honestidade e da idoneidade. Certo dia, o filho de Felismina ganhou de um coronel local uma fantasia de diabo. Ao chegar ao seu "barracão" depois do trabalho, a mãe notou a "máscara apavorante de olhos esbugalhados, língua retorcida e chifres agressivos", que lhe "apareceu tão amedrontadora que se o próprio diabo a visse teria medo".[45] Felismina perguntou então ao filho como conseguira semelhante fantasia. Diante do titubeio dele, não demorou a tirar sua conclusão. "Vendo aquilo, ficou subitamente cheia de más suspeitas: — Zeca, que é isso? Uma visão dolorosa lhe chegou aos olhos, da Casa de Detenção, das suas grades, dos seus muros altos... Ah! meu Deus! Antes uma boa morte!..."[46]

Como se vê, trata-se de um conto que vingava o que Domigos Antônio Ribeiro Filho chamava de "complexo de cor" do amigo Lima. Vamos em frente. A imaginação era pior que a realidade, e Felismina o repreendeu e o acusou: "— Você roubou, meu filho?... [...] Pobre, sim; mas, ladrão, não!". O pequeno, tomado de "medo", apenas balbuciava as palavras: "— Foi seu Castro quem me deu. Eu não pedi...". Com a justificativa, a mãe sossegou e o menino também. Mas ela ainda perguntou: "— Mas para quê, você quer isso? Antes tivessem dado a você umas camisas... Isto é para gente rica, que pode".[47] O suposto silencioso dessa frase é que diversão é coisa da elite. Zeca, então, explicou que, ao contrário do que a mãe julgava, ele "precisava sim" da fantasia. Toda vez que passava em frente à casa de d. Ludovina, os meninos, quando o viam, gritavam: "— Ó moleque!

— Ó negro! — Ó gibi!".[48] Foi por isso que o coronel lhe prometeu a fantasia. Assim, pelo menos, metia "medo aos meninos".

A narrativa que Lima escolheu enviar a Lobato sintetiza muitas questões caras ao escritor carioca — assuntos que faziam parte dessa sua literatura militante, que nada tinha de *"toillete"*. A vida dos subúrbios, a realidade pós-escravidão e a discriminação renitente. Era assim que Lima se sentia: um pouco como Zeca; quite.

O editor paulistano gostou tanto do texto, que logo o publicou em sua revista; e assim deram início a um bom relacionamento, alimentado pelas duas partes. O ex-diretor da *Floreal* tratou de devolver a atenção ao publicar, em 22 de fevereiro de 1919, resenha na *Revista Contemporanea*.[49] Muito elogioso, comemorava que "poucas vezes se há visto nos meios literários do Brasil, uma estreia como a do sr. Monteiro Lobato". No texto — raro se comparado a outros de sua autoria, nos quais nunca perdia a chance de espicaçar — Lima elogiava Lobato e seus dois novos livros: *Problema vital* e *Urupês*, ambos de 1918. Ainda dava um jeito de criticar o ambiente paulistano, comentando que o que mais se devia "admirar em tal autor e em tais obras, é que ambos tenham surgido em São Paulo, tão formalista, tão regrado…".[50]

Assim, se não havia desdita com Lobato, já São Paulo e sua arena literária não passavam impunes. Tal carioquismo, como veremos, ainda custaria caro para Lima, mas ele não conseguia mesmo conter a acidez de sua verve. "Não digo que, aqui, não haja uma escola delambida de literatura, com uma retórica trapalhona de descrições de luares com palavras em 'l' 'l' e de tardes de trovoadas com vocábulos com 'r' 'r' dobrados; mas São Paulo, com as suas elegâncias ultra-europeias, parecia-me ter pela literatura, se não o critério da delambida que acabo de citar, mas um outro mais exagerado."[51]

Anunciando sua má vontade com a literatura dos paulistas, Lima abriu uma exceção para Lobato. "A sua roça, as suas paisagens não são coisa de moça prendada, de menina de boa família, de pintura de discípulo ou discípula da Academia Julien;[52] é da grande arte dos nervosos, dos criadores, daqueles cujas emoções e pensamentos saltam logo do cérebro para o papel […] O seu livro é uma maravilha nesse sentido, mas o é também em outro, quando nos mostra o pensador dos nossos problemas sociais, quando nos revela, ao pintar a desgraça das nossas gentes roceiras, a sua grande simpatia por elas. Ele não as embeleza, ele não as falsifica: fá-las tal e qual."[53]

Ao vincular a elite literária de São Paulo a "menina de boa família" e "moça prendada" que viajavam para o exterior — e já dando mostra da implicância com que no futuro receberia os modernistas da cidade —, Lima encontrou em Lobato um seu "confrade" da estética militante. Comentou, ainda, o opúsculo *Problema vital*, uma coleção de artigos que o escritor paulistano publicara no jornal *O Estado de S. Paulo* sobre a questão do saneamento no interior do Brasil. Na coletânea, analisava o trabalho de jovens médicos como Artur Neiva, Carlos Chagas, Belisário Pena, que desnudaram a existência de uma população roceira vítima de "várias moléstias que a alquebravam fisicamente". Uma vez que Lima era um bom leitor de si mesmo, tal deixa bastou para ele voltar ao seu tempo de meninice e adolescência, quando morava na ilha do Governador, local onde grassava a maleita.

Sempre muito dono da verdade, o escritor carioca mencionou o tema das moradias precárias que ladeavam os amplos latifúndios, e diagnosticou, com altas doses de certeza, que o remédio teria que advir de uma reforma agrária — do fazer "desaparecer a fazenda". Enfim, o "problema vital", na opinião do criador de Policarpo, era não só sanitário mas também de "natureza econômica e social". Era preciso "combater o regime capitalista na agricultura, o latifúndio, dividir a propriedade agrícola [...] dar a propriedade da terra ao que cava a terra e planta e não ao doutor que vive na 'Casa-Grande' ou no Rio ou em São Paulo". Invariavelmente uma nota acima de Lobato, e numa voltagem mais alta, Lima interpelava seus "confrades", e até o próprio escritor paulista. Tanto no conto como em sua resenha, declinava os problemas espinhosos da agenda do país, entre eles a falta de distribuição de terra. O embaraço não era apenas "médico", e sim estrutural.

Não se sabe por quê, mas Lima silenciou sobre a polêmica em torno do personagem Jeca Tatu, lançado por Lobato na coletânea de contos e ensaios *Urupês*. É certo que o criador do Jeca se explicaria, dizendo que os males do "caboclismo" não eram hereditários, porém consequência do descaso do governo. "O caipira não é assim; está assim", afirmaria ele, que era amigo do médico Renato Kehl, da Faculdade de Medicina do Rio de Janeiro, um dos defensores da eugenia. Tal relação bem poderia ter abalado a nascente amizade entre Lobato e Lima — este, sim, um algoz das teorias raciais. Mas ocorreu o contrário. Em carta datada de 26 de dezembro de 1918, Lima acusa o recebimento de *Urupês*, sobre o qual diz ter lido "um magnífico artigo do senhor Oliveira Viana, no *O Paiz*". Brincalhão, comenta: "Vi, por ele, que você sustenta muita coisa sobre o nosso sestro nacional de caboclismo, muita coisa que é da minha opinião [...] Vou ler o livro de você e falarei de qualquer modo sobre ele, em uma qualquer revisteca daqui".

Contudo, Lima parece ter optado por nada escrever acerca do polêmico Jeca Tatu. Preferiu manter-se calado e continuar temperando a amizade. Jogando prosa fora, explica que tencionava escrever algo logo que sua aposentadoria estivesse "em bom caminho". E se estende no tema: "pois eu com trinta e sete anos de idade me aposento, contando mais ou menos dezesseis de serviço [...] Não se assuste você com essa minha precoce aposentadoria. Eu ando sempre depressa nessas coisas oficiais e depressa elas me aborrecem. Matriculei-me com menos de dezesseis anos na Escola Politécnica e não sou doutor em coisa alguma — graças a Deus!". E ainda inclui uma espécie de P.S.: "Não se esqueça nunca de pôr no meu endereço — Todos os Santos. Se não fizer, a entrega é demorada ou não será feita".[54]

Com timbre zombeteiro, a correspondência trocada entre os dois escritores mais lembrava um toma lá dá cá. Numa missiva de 28 de dezembro de 1918, Lobato dizia a seu "confrade" carioca: "Cá entre nós: não sou literato, nem quero ser, porque o João do Rio o é". Alisando o ego do colega, e fazendo seus os inimigos de Lima, o autor de *Urupês* terminava a carta declarando que "o Brasil é a terra onde o certo dá errado e o errado dá certo. Quando ouço te criticarem a vida desordenada — e leio por outro lado os teus livros, firma-se-me a ideia supra. E cá comigo: se o 'ordenam', em vez de Policarpos, o Lima engorda e emudece".[55] Enfim, se divergências existiam, Lobato sabia como dizer o que um autor queria ouvir, e Lima acabou por não tratar de assuntos que os dividiam. Nesse caso, a camaradagem entre autor e editor falou mais alto.

Reagindo à reação geral: um Lima maximalista

Não fazia parte dos planos de Lima permanecer no hospital por muito tempo. Lá fora a cidade fervia, tomada pela agitação social. Por isso, tão logo se viu mais livre das dores, ainda internado decidiu retomar sua atividade de cronista. Afinal, no dia 18 de novembro, a União dos Trabalhadores, com o apoio da liderança anarquista, decretara greve geral. Como boa parte da imprensa se revelasse a favor da violenta repressão policial que tomou conta da capital, o escritor aproveitou para elevar ainda mais o calibre de seu discurso. Chamou as autoridades, na pessoa do chefe de polícia, Aurelino Leal, de "inquisidor do candomblé republicano", e acusou-as de não hesitar "em cercear a liberdade de pensamento e o direito de reunião", enquanto a "teimosia dos burgueses" só conseguia "adiar a convulsão", a qual, segundo o cronista, "será então pior".[56]

Lima concedeu uma entrevista intitulada "Importação inútil" ao jornal *Republica*, de Santa Catarina, em que responsabilizava os brasileiros de serem maximalistas no sentido inverso. "Nós somos, por hábito e tolerância, o povo mais amigo da ideia estranha. [...] O que é nosso não presta, a começar pelas galinhas... É estrangeira? perguntamos diante da mercadoria. O negociante, esperto por nascimento, sorri, pinga duas exclamações e responde: — Sim! Nesta casa tudo é importado!" Fazendo um uso pouco ortodoxo do termo, alegava que padeceríamos "do excesso de superlativos".[57] No contexto da Revolução Russa, e mesmo antes dele, recorria-se a conceitos como maximalismo e maximalista para designar correntes mais radicais, mas de definição pouco rigorosa. Na Rússia revolucionária, e de forma coerente, maximalistas eram os anarquistas e bolcheviques que propunham a revolução imediata e todo o poder aos bolcheviques. Já no Brasil, a exemplo do que fez Lima, usou-se o conceito de maneira mais arbitrária e a favor dos próprios combates. Padeceríamos, justamente, do excesso de superlativos e importações, sem travas ou restrições.

O autor de *Policarpo* buscava, ainda, associar luta social com missão cultural, apregoando o retorno aos costumes locais. E assim, animado com os acontecimentos que estouravam no país e com as notícias que chegavam da Rússia, ele começou a se inspirar na ideia de revolução. Não que fosse adepto da ação direta. Pelo contrário, vinha limitando sua atuação à esfera intelectual. De toda maneira, andava comovido com as manifestações que rebentavam nas ruas da cidade e esperançoso de que sua "literatura militante" pudesse ter alguma influência naquele momento.

Depois da alta no Hospital Militar, bem que Lima se dispôs a retornar ao seu cotidiano de funcionário público. Mas a verdade é que ele nunca se encontrou no tedioso ofício de amanuense. Como dizia, o trabalho burocrático apenas lhe roubava um tempo que deveria estar reservado ao desenvolvimento de atividades, no seu entender, mais relevantes. De um lado, escrevia cada vez mais, e com a pena muito afiada. De outro, bebia também progressivamente. A aposentadoria passou a ser, então, seu objetivo mais premente, e por isso submeteu-se a uma nova avaliação médica em 27 de novembro. O resultado, mais uma vez, foi decepcionante. Mas Lima insistiu, e, um mês depois, no dia 26 de dezembro, quando sua licença estava prestes a expirar, "Afonso Henriques de Lima Barreto, 3º oficial da Diretoria do Expediente do Ministério da Guerra" é aposentado, por decreto do presidente da República. Finalmente! O ato encerrava longos catorze anos, três meses e doze dias, cuidadosamente contabilizados, de sua carreira frustrada como servidor público.

Para ritualizar o momento, Lima escreveu para sua fiel revista *A.B.C.* uma crônica-desabafo intitulada "Quem será, afinal?",[58] que foi publicada no dia 25 de janeiro de 1919. Nela contava como até então havia se poupado, para não ferir os brios de seus chefes. Confessava também que, até ali, muitas de suas atitudes "vinham do angustioso recalque dos ímpetos de minha alma" e que era obrigado a dizer "pela metade, aquilo que eu podia dizer totalmente".[59] Sabemos que a história não havia sido bem essa e que o então ex-funcionário nunca fora de levar desaforo para casa. De todo modo, o importante é que parecia chegada a hora tão esperada de viver tranquilo em sua Vila Quilombo, gozando da aposentadoria. Seu sonho era dedicar-se apenas à escrita, dar vazão a novos projetos, assim como concluir os que estavam em andamento e viviam sendo adiados pelo que julgava ser sua falta de tempo para a literatura. Pretendia terminar, por exemplo, o romance que escrevia e reescrevia havia muito, *Clara dos Anjos*, cujos personagens se movimentavam em ambientes semelhantes ao do escritor: bares, vendas, com trabalhadores na madrugada, vivendo conflitos misturados com grandes doses de solidariedade. E já fazia cerca de quinze anos que ele morava em Todos os Santos, o suficiente para criar raízes e bem descrever o ambiente.

No entanto, se Lima se livrara do trabalho que nunca suportou, continuava a conviver com sua "grave dor doméstica", que, conforme dizia, "me ensombra a existência". Era uma situação paradoxal: quanto mais permanecesse em casa, mais perto do pai estaria. E mais tempo de lazer também significava mais tempo para andar de bar em bar. Aliás, Lima deve ter guardado consigo o diagnóstico que recebeu ao dar entrada no Hospital Central do Exército, onde constava: "alcoolismo crônico".[60]

Apesar de tudo, era hora de ele se concentrar na publicação de *Vida e morte de M. J. Gonzaga de Sá*, pois dessa vez havia um contrato profissional para selar o compromisso. Já sabemos que o original ficara guardado numa prateleira da Limana por muito tempo. A primeira versão do livro datava da época de *Recordações* e, em 1918, ganhara apenas um novo prefácio. Mesmo sem ter mexido muito no texto, o escritor costumava gabar-se desse romance. Por sinal, em carta ao colega Carlos Süssekind de Mendonça, disse considerá-lo seu livro mais bem-acabado.

Tudo leva a crer que os novos tempos de liberdade produziram uma grande e imediata sensação de felicidade no escritor de Todos os Santos. Ele era assim mesmo; na mesma velocidade em que seu humor declinava e o autor se deprimia, também, de um momento para outro, saía da tristeza e ficava eufórico. Tamanha foi a vibração que contaminou o sempre desconfiado Lima, que dessa vez ele abriu a guarda.

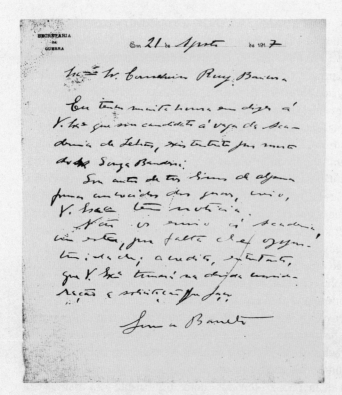

Bilhete a Rui Barbosa, atestando que se candidatará a uma vaga da Academia Brasileira de Letras, 1917.

Com a morte do boêmio Emílio de Meneses em 1918,[61] o escritor julgou que a posição vacante na ABL, por direito, deveria ser sua. Meneses era diferente dos demais imortais, e sua candidatura e eleição tinham sido recebidas, na época, com muita contrariedade. Desregrado, vivia nos botequins e era conhecido por suas maledicências. Casou-se mas se separou, escreveu versos mordazes, atacou sem trégua políticos e literatos. A princípio foi rejeitado pelo grupo fundador da Academia; depois, em 1914 logrou ser eleito, sem, porém, ter tomado posse.

O ex-diretor da *Floreal* deve ter acreditado que, embora sua candidatura fosse criar algum constrangimento nos membros da ABL, ainda assim poderia trilhar o mesmo caminho do último eleito para a cadeira. Ocuparia, pois, o lugar simbólico de seu antigo colega de boemia, representante de uma geração mais velha. Ledo engano. Como na primeira ocasião em que tentara entrar na Casa de Machado, em agosto de 1917, a Academia fechou-lhe as portas. Naquela vez, perdera para Helio Lobo, secretário da Presidência da República; agora era preterido em favor de Humberto de Campos, jornalista, contista, memorialista e poeta neoparnasiano.

Lima retornou mais irado a seu velho e bom vitupério à Academia, constituída, segundo ele, apenas de "diplomatas *chics*", "médicos afreguesados", "potentados do silêncio é ouro". A Lobato, reconheceria: "Sei bem que não dou para a Academia e a reputação da minha vida urbana não se coaduna com a sua respeitabilidade. De *motu*

LITERATURA SEM "*TOILETTE* GRAMATICAL" OU "BRINDES DE SOBREMESA": A SEGUNDA INTERNAÇÃO | 385

proprio, até, eu deixei de frequentar casas de mais ou menos cerimônia — como é que eu podia pretender a Academia? Decerto, não".[62] E esse era, porém, um escrito de fórum privado; em público sua atitude era sempre belicosa. A conduta raivosa não era novidade nele; em 1917, quando a Academia desconsiderou sua inscrição, o deboche de um artigo que escreveu para a *A.B.C.* começou pelo título: "Mais uma".[63] Fica claro como o escritor se movimentava tal qual um pêndulo: se adquiria alguma proeminência, testava sua força; se fracassava, investia contra a ABL. Escreveu que os imortais não levavam livros nem embaixo do braço; que não passavam de um bando de acomodados. Enfim, Lima esperneava e insultava, mesmo assim não desistia. O livro *Gonzaga de Sá* foi posto à venda em fevereiro de 1919, e em 4 de dezembro de 1920 o autor o inscreveu para o prêmio da Academia na categoria "Melhor livro do ano". Nova decepção: venceu *Pequena história da literatura brasileira*.

Gonzaga de Sá, que Lima considerava sua "obra-prima engavetada", perdeu o páreo para o livro do poeta, ensaísta e diplomata carioca Ronald de Carvalho,[64] que certa vez definira seu próprio texto como "destinado a vulgarizar, nos seus delineamentos, a fisionomia de nossa literatura". Muito bem escrito, o compêndio teria um uso mais didático: mesmo não sendo uma obra crítica, durante quatro décadas foi adotado como manual de ensino de literatura, o que era, aliás, o objetivo inicial do autor.[65] Lima conhecia a importância do autor, mas, na comparação que ele próprio fez, julgou muito pouco ter lhe cabido apenas uma menção honrosa, anunciada no começo de 1921.

Ainda nesse ano, tentaria se candidatar à vaga de Paulo Barreto (o João do Rio), com quem Lima não guardava nenhuma simpatia ou identificação, diferentemente do que nutria em relação a Meneses. O falecimento de Paulo Barreto foi noticiado pelos principais jornais da época, que deram ampla cobertura a seu funeral. O *Jornal do Brasil* de 24 de junho de 1921 dizia que ele era "o triunfo claro da inteligência". A edição do dia seguinte de *A Patria* trouxe uma imagem do velório e noticiou em detalhe o embalsamento do corpo e o enterro, realizado com pompas no Cemitério de São João Batista. O tom das reportagens era elogioso e cheio de pesar. Na nota de *O Jornal* de 25 de junho constava: "Ecoou dolorosamente, como era de esperar, em todo o país a notícia da morte prematura do brilhante jornalista que foi Paulo Barreto".[66] No mesmo dia, *A Gazeta de Noticias* explicava, sob o título "O pesar da cidade", que não era fácil relatar "a impressão de mágoa que em todos os círculos sociais causou a morte inesperada de Paulo Barreto". Descrevia ainda que uma multidão — desde "senhoras da mais alta sociedade, de políticos, homens de letras, representantes do comércio, da indústria, a gente humilde, operários, trabalhadores rudes, mulheres do povo" — acompanhava aquela que seria uma "derradeira homenagem".[67]

A morte de João do Rio com certeza comoveu a cidade, e Lima, quem sabe em consequência disso, achou por bem retirar sua nova candidatura à ABL. Desistiu na última hora, alegando "motivos inteiramente particulares e íntimos". Talvez soubesse que jamais seria eleito, ou estivesse incomodado com o antigo dono da cadeira, sobre o qual teria dificuldades de redigir um discurso.

Lima abriu mão da vaga e do equilíbrio pessoal. Em 25 de dezembro de 1919, foi internado pela segunda vez no Hospício Nacional. Uma época do ano que, definitivamente, não lhe trazia boas recordações. Lembrava da morte de sua mãe, na véspera do Natal de 1887, mas lembrava, também, na alegria dos demais, das suas próprias tristezas.

Crônica de uma loucura anunciada: Diário do hospício *e* O cemitério dos vivos[68]

Lima Barreto, de certa maneira, poderia ser reconhecido em qualquer um de seus textos, que costumavam guardar alguma "memória de si".[69] Mas em dois escritos, e até por razões óbvias, é possível flagrá-lo de forma mais direta: *Diário íntimo* e *Diário do hospício*. Ainda assim, mesmo neles, e sobretudo em *Diário do hospício*, a associação nem sempre é óbvia, já que o escritor de Todos os Santos inclui referências que não condizem com sua realidade, como afirmar que era casado ou que tinha um filho. Nesses casos, é difícil discriminar ficção de não ficção. É preciso reconhecer também que ele jamais explicitou nenhum desejo de publicar essas suas notas esparsas, muitas vezes sem continuidade e que só postumamente foram organizadas na forma de livro. Não obstante, por vezes se traiu, dirigindo-se a um suposto leitor que ele imaginava acompanhar seus registros pessoais.[70]

Os chamados *Diários* de Lima foram compilados por sua irmã Evangelina e por seu biógrafo, Francisco de Assis Barbosa, apenas nos anos 1950. Ambos trabalharam nos documentos legados pelo escritor — cadernetas, agendas, tiras de papel, notas, recortes e esboços de ficção — e os dividiram em duas partes. As fontes que abarcam os anos de 1900 a 1921 foram reunidas sob o nome *Diário íntimo*, e ali estão comentários, trechos de obras, planos, notícias, listas de nomes, notícias esparsas e desconexas. Sem organização maior, apenas seguem uma ordem cronológica, enquanto aglutinam textos e pensamentos muitas vezes descontínuos. Já o outro conjunto é mais orgânico, pois representa o resultado da segunda internação do autor, ocorrida entre dezembro de 1919 e fevereiro de 1920. Denominado mais tarde de *Diário do hospício*, o conjunto de registros foi escrito a lápis, em 79 tiras de papel com anotações na frente e no verso. As condições que Lima encontrou no hospital foram muito adversas, mas ele fez questão de salientar que pretendia observar tudo, tal qual um etnógrafo em campo, com o objetivo de escrever um futuro romance sobre o tema. Publicados pela primeira vez em 1953, os *Diários* nos aproximam da vida atormentada do escritor, em especial durante os dois meses que ele passou naquela instituição para alienados.[71] Como mostram Augusto Massi e Murilo Marcondes de Moura, parecia haver certa intenção de editar também esse segundo material, uma vez que Lima nunca deixou de registrar a data, o número da página e o título de cada ficha de observação que produziu naquele período. Além disso, no cotejamento dos originais é possível notar que algumas dessas tiras, consideradas repetitivas, foram descartadas por ele com o seguinte comentário: "Já falei".[72]

LITERATURA SEM "*TOILETTE* GRAMATICAL" OU "BRINDES DE SOBREMESA": A SEGUNDA INTERNAÇÃO | 387

O cemitério dos vivos, por sua vez, é o resultado bastante próximo, e por vezes idêntico, das anotações encontradas no *Diário do hospício*. O romance começou a ser escrito durante a segunda internação de Lima Barreto no Hospício Nacional do Rio de Janeiro, depois que o psiquiatra Juliano Moreira lhe deu lápis e papel para que registrasse suas memórias. Juliano Moreira andava revolucionando o tratamento de alienados, dividindo gêneros, separando os casos por doença e contrapondo-se à explicação determinista racial que buscava nas hereditariedades biológicas as explicações últimas para a loucura.[73] A singularidade desse médico não passou despercebida de Lima, que relatou: "Tratou-me com grande ternura, paternalmente, não me admoestou. Fez-me sentar a seu lado e perguntou-me onde queria ficar. Disse-lhe que na Seção Calmeil [...] e, em breve, lá estava eu".[74]

O interno literato foi, então, transferido da Pinel para a Calmeil, onde permaneceu até receber alta, um mês depois. Ali teve oportunidade de registrar o dia a dia local, seu e dos demais internos. É provável que, quando finalmente chegou à seção, estivesse sofrendo menos perturbações tóxicas, a despeito de ainda relatar alucinações visuais. Costumava ver bichos pelas paredes; pulgas, baratas e percevejos viravam monstros, sintoma típico de pacientes alcoolizados crônicos, que dão vazão, na imaginação, a seus piores temores da realidade.[75] Na Calmeil, o regime de vida era diferente, e lá o autor encontrou tempo e condições de se reinventar e de escrever seu *Diário*. No cronograma cotidiano, além das horas reservadas às refeições, os internos faziam passeios no pátio e ao ar livre, bem como repousavam por longas horas ao lado dos colegas de quarto e de instituição. Havia tempo para a memória; uma forma de sair imaginariamente daquele lugar.

O escritor concebeu um título para o romance, *O cemitério dos vivos*, batizou seus personagens, mas nunca passou dos capítulos introdutórios. Nos poucos que concluiu, percebem-se referências à rotina do escritor no hospício. O nome do protagonista, Vicente Mascarenhas, é, ao que tudo indica, uma alusão e homenagem à rua Major Mascarenhas, onde o autor morou a partir de 1919.[76] Segundo Assis Barbosa, Lima se impressionou com o relato de viagem do diplomata Henrique C. R. Lisboa, *A China e os chins*, de 1888, bem como com o cemitério dos vivos de Cantão lá mencionado. E em seu *Diário* ele cita explicitamente o livro de Lisboa: "Nas imediações dessa cidade, um lugar apropriado de domínio público era reservado aos indigentes que se sentiam morrer. Dava-se-lhe [sic] comida, roupa e o caixão fúnebre em que se deviam enterrar. Esperavam tranquilamente a Morte".[77] Além do mais, não poucas vezes introduziu ali a palavra "cemitério": "Aqui no Hospício, eu só vejo um cemitério: uns estão de carneiro e outros de cova rasa".[78] Não por acaso, o primeiro título que o ex-amanuense escolheu para a obra foi "Sepulcro dos vivos", no qual já ficava expresso seu sentimento de estar enterrado e excluído daquela República convulsionada por insurreições populares.[79]

Lima sempre teve pressa, mas, levando-se em conta o contexto em que vivia, e na confluência dos escritos de memória[80] com suas cartas e entrevistas da época, fica claro como, mais do que nunca, o escritor tinha urgência. A despeito de o gênero diário ser considerado estreitamente vinculado à história de seus autores, no caso dele por vezes é difícil estabelecer os limites entre ficção e não ficção. O próprio Lima é que, não raro, ficcionaliza sua vida: ora tira seu nome do texto, ora risca e de novo o inclui. Nessas ocasiões, conforme vaticina o antropólogo Marshall Sahlins, com frequência "a história vira metáfora e o mito [ou o romance, no caso] realidade".[81] Por outro lado, vários trechos dos *Diários* são absolutamente idênticos aos das páginas do romance, o que sugere um projeto literário que passa e transita entre a novela e o relato de fundo pessoal. A memória surge aqui, portanto, como exercício marcado pela experiência da doença que catalisa a dor, a exclusão e a autoexclusão que Lima atribuía a si e ao momento político que vivia. Em suas próprias palavras, tratava-se de um "sequestro".

Dois diários improvisados e um romance inacabado

"O espetáculo da loucura, não só no indivíduo isolado, mas, e sobretudo, numa população de manicômio, é dos mais dolorosos e tristes espetáculos que se pode oferecer [...]."[82] É dessa maneira que Lima inicia o terceiro capítulo de *O cemitério dos vivos*. Foi justamente após uma "noitada em que havia descido do *whisky* à genebra, ao *gin* e, daí até a cachaça", que o recolheram no hospital.[83] Doentes internados por alcoolismo, além de serem os mais habituais, eram aqueles que recebiam alta mais rápido: um mês para casos passageiros, dois para renitentes. O escritor permaneceu por lá um mês e dez dias, e registrou a experiência como uma espécie de traição tanto de seu corpo quanto da sociedade. Crítico severo das teorias raciais, talvez o incomodasse a classificação "crônico" que o acompanhava desde sua última entrada no Hospital Central do Exército, em julho de 1917. Também deve ter se preocupado com o diagnóstico de "neurastenia", que já selara a sorte de seu pai e que então se atrelava a ele. A doença, como vimos, costumava ser associada à "astenia física e psíquica", isto é, a uma grande incapacidade de realizar esforços, a distúrbios do sono e a frequentes manifestações de irritabilidade. Devido à variedade de sintomas, era moléstia de difícil diagnóstico e tida como um distúrbio de personalidade ligado a problemas no desempenho profissional, mas expressos, igualmente, no convívio social.[84] O termo "neurastenia" já não é usado nos dias de hoje, entretanto nos idos de 1910 a doença transformava Lima em réu, ao explicar pela biologia o que era antes, e no máximo, uma inadaptação social que se manifestava em determinadas situações. Hereditariedade e degeneração eram, pois, temas que, apesar da crítica intelectual, continuavam a fazer parte de seu interesse teórico e subjetivo, digamos assim, num momento em que os limites entre alcoolismo e loucura estavam em questão.

Nessa segunda vez que ele enfrentava o vexame de uma internação num manicômio, o cenário era pior. Novamente fora conduzido ao hospício num camburão da polícia, depois de passar a noite de Natal vagando e delirando pelas ruas do subúrbio. O escritor foi encontrado ao amanhecer, com a roupa rasgada e os sapatos sujos, na porta de uma venda, onde o esperava seu irmão Carlindo.[85]

Na época, Lima anotou no *Diário*: "Não me incomodo muito com o Hospício, mas o que me aborrece é essa intromissão da polícia na minha vida. De mim para mim, te-

LITERATURA SEM "*TOILETTE* GRAMATICAL" OU "BRINDES DE SOBREMESA": A SEGUNDA INTERNAÇÃO | 389

nho certeza que não sou louco; mas devido ao álcool, misturado com toda a espécie de apreensões que as dificuldades de minha vida material há seis anos me assoberbam, de quando em quando dou sinais de loucura: deliro [...]. Estou seguro que não voltarei a ele pela terceira vez; senão, saio dele para o São João Batista, que é próximo".[86] A tentativa de controlar sua vida, combinada a certo fatalismo, era evidente. Não há como desprezar a menção a um cemitério real e não apenas metafórico. Mais paradoxal, localizado em Botafogo, bairro que ele tanto menosprezava.

Chegou ao sanatório acompanhado por Jorge e Alípio, este último um amigo que costumava escutar suas "doutrinas subversivas".[87] Entrou quase como indigente no Pavilhão de Observação: "Estou no Hospício ou, melhor, em várias dependências dele, desde o dia 25 do mês passado. Estive no Pavilhão de Observação, que é a pior etapa de quem, como eu, entra para aqui pelas mãos da polícia. Tiram-nos a roupa que trazemos e dão-nos uma outra, só capaz de cobrir a nudez, e nem chinelos ou tamancos nos dão. Da outra vez que lá estive me deram essa peça do vestuário que me é hoje indispensável. Desta vez, não. O enfermeiro antigo era humano e bom; o atual é um português (o outro o era) arrogante [...]. Deram-me uma caneca de mate e, logo em seguida, ainda dia claro, atiraram-me sobre um colchão de capim com uma manta pobre, muito conhecida de toda a nossa pobreza e miséria".[88]

Lima foi recepcionado pelo dr. Adauto Junqueira Botelho, um discípulo de Juliano Moreira e de Henrique Roxo, ambos médicos atuantes no hospital.[89] O dr. Adauto o tratou "com indiferença", e disse que, segundo seu julgamento, logo o "punha na rua". Mas o que parece ter doído mais foi o tratamento indiscriminado que recebeu. A noção de anonimato, de estar ali "que nem um peru, no meio de muitos outros". A retirada forçada das roupas, lavar o próprio banheiro, eram medidas regulares no local mas que o fizeram sentir "muito pudor" e sofrer a dor da invisibilidade.

Logo no momento da entrada Lima foi diagnosticado com "psicose alcoólica", estágio avançado do alcoolismo caracterizado pela presença de alucinações, perturbações psicomotoras, ideias delirantes, persecutórias e paranoides, que, em certos casos, acabam por produzir quedas e desmaios.[90] Fazia tempo que em seu *Diário* ele alegava sofrer de amnésias temporárias, alucinações, e dava sinais de ter pensamentos recorrentes. Em tais circunstâncias, porém, era como se os episódios que o escritor considerava temporários se transformassem em sua única realidade. Tanto que o dr. Airosa, que também o examinou, apenas sorriu para Lima, "como dizendo: 'você fica mesmo aí'". Naquela hora seus "créditos literários" de nada valiam.[91]

Anular histórias pregressas parecia parte do expediente da instituição. Internado nas primeiras décadas do século xx, Lima foi poupado de toda a parafernália que seria inventada anos depois para controlar o delírio. Eletrochoques, lobotomia e uma farmacologia especializada pretendiam conter os excessos de pacientes que eram entendidos como o outro lado da ordem civilizada. Foi Michel Foucault quem mostrou como os loucos, desde a Idade Média, ocuparam o lugar dos leprosos no imaginário ocidental. Com eles, estavam também os portadores de doenças venéreas, os vagabundos, os pobres. O suposto era, portanto, que o terror e o inferno moravam no interior dos próprios homens, não sendo externos a eles.[92]

Junto com a loucura vinha também a invisibilidade, da qual Lima tanto se queixava. Mas a relação era, também, ambivalente, pois continha certo fascínio (e o autor se utilizava dele). Afinal, no "estado de humilhação" em que se encontrava, preferia "não se dar a conhecer",[93] ora para ficar mais apartado, ora para melhor observar o espetáculo, ou, conforme anotou: para "não me dar a conhecer". Seus dias de internação começaram na Seção Pinel, onde todos "os doidos" eram iguais, com mania de "andarem nus". O pátio lhe pareceu a *bolgia* do inferno". Aí estava mais uma de suas expressões de distinção, uma prova de erudição, com Lima se referindo à *Divina comédia* de Dante no momento em que o escritor italiano descreve o oitavo círculo do Inferno. Convencido disso, é nessa hora que pede a Juliano Moreira, médico que o teria tratado "paternalmente", que o transferisse para a outra seção. Assim foi feito, e Lima dá entrada na Calmeil. Mesmo assim, o alojamento era dos mais rudimentares: o literato dividia espaço com dezenove internos, todos acomodados num salão amplo com três janelas que davam para a rua da frente. Mas, se a companhia era estranha, como ele brincava, a vista não podia ser melhor: a Enseada de Botafogo (sempre Botafogo...).

De novo o paciente Afonso H. de Lima Barreto

Lima deu entrada no hospital no Natal de 1919, e já no dia 26 de dezembro se encontrava na Seção Pinel. Foi entregue às autoridades médicas pela polícia e chegou à instituição como indigente. Sua ficha de observação traz a idade de 33 anos (sic), nacionalidade brasileira, naturalidade carioca e nenhuma referência a religião. Sua profissão: funcionário público. Estado civil: solteiro. E a anotação final: "Enviado pela Repartição Central de Polícia". Outro detalhe que chama atenção e merece destaque: dessa vez, e cinco anos depois da primeira internação, em lugar de "branco" o autor de *Policarpo* é definido como "pardo".

No Pavilhão de Observação, tiraram uma foto dele, como fizeram na primeira vez em que foi internado. Sua imagem é, porém, bastante distante daquela de 1914. Mais resignado, Lima é outro na ficha. Talvez no íntimo pretendesse permanecer anônimo, conforme declarou depois, em entrevista concedida ainda no hospício. O fato é que a vergonha parecia corroê-lo mais intensamente nessa segunda internação.[94]

O funcionário que anotou seus dados antropométricos o qualificou de "pardo", o que comprova o caráter subjetivo da determinação de cor feita pelas autoridades.[95] O empregado do hospício pode ter alterado por comodidade a definição. "Raça parda" é uma classificação genérica, que denota uma coloração mais escura e sempre relativa. A palavra "pardo" seria usada nesse sentido já em Portugal, derivando do nome "pardal", que designa esse pássaro corriqueiro na paisagem daquele país e do Brasil, e conhecido por suas penas de cor indefinida.[96] Correta ou não tal etimologia, a verdade é que o conceito está ainda hoje sujeito a muita manipulação — depende da ocasião, do contexto social e da

LITERATURA SEM "*TOILETTE* GRAMATICAL" OU "BRINDES DE SOBREMESA": A SEGUNDA INTERNAÇÃO | 391

pessoa que classifica a cor —, sendo com mais frequência uma categoria externa que de autoidentificação. Pelo menos naquele contexto.[97]

Quem sabe — nessa versão brasileira de racismo que define a cor com base na situação social — Lima tenha *ficado* "evidentemente pardo". Afinal, chegou ao hospício no meio da noite, num carro de polícia e com outros "suspeitos", todos compartilhando de um mesmo anonimato. Além do mais, sua fisionomia é conturbada e triste, a cabeça deitada para o lado. Parece muito mais vencido. O alienista que o avaliou na entrada da Seção Pinel emitiu o seguinte parecer: "É um indivíduo precocemente envelhecido, de olhar amortecido, fácies de bebedor, regularmente nutrido. [...] Perfeitamente orientado no tempo, lugar e meio, confessa desde logo fazer uso, em larga escala, de parati; compreende ser um vício muito prejudicial, porém, apesar de enormes esforços, não consegue deixar a bebida".[98] Lima já mencionara em seu *Diário íntimo* "o mal da bebida", e alegava que os delírios eram consequência do "abuso mais forte e mais demorado" do álcool.

Não contente com a descrição inicial, o funcionário registrou sua segunda impressão em diálogo com o recém-chegado. O inspetor de seção disse ter conhecido o pai de Lima quando ele trabalhara como administrador das Colônias de Alienados da Ilha do Governador. E informou que João Henriques "fazia uso excessivo de bebidas alcoólicas, apresentando humor irascível e taciturno". Sua intenção parece ser deixar patenteada, logo na ficha de admissão, a "hereditariedade do vício do álcool". O funcionário anotou, ainda, seus "antecedentes": "Mãe falecida tuberculosa. Pai vivo, aposentado no serviço da administração das Colônias de Assistência a Alienados; há dezoito anos não sai de casa, preso de psicastenia ou lipemania, como informa o examinado".[99] "Psicastenia" é termo usado para definir indivíduos que apresentam "enfraquecimento do psiquismo"; os sintomas são comportamentos neuróticos, angústia, obsessões e atos compulsivos. Já lipemania remete a uma alienação mental caracterizada por um estado de tristeza profunda, com delírios, melancolia e tentativas de suicídio. Lima tinha controle de tudo, sabia dos seus "males" e também dos "males" dos seus pais. No inquérito falou de "seus últimos delírios" e, segundo o escrevente, "reconhecendo perfeitamente o fundo doentio deles".

O relatório do funcionário do manicômio o descrevia ainda com "tremores fibrilares da língua e das extremidades digitais [...] bem como abalos e tremores dos músculos da face, mormente quando fala".[100] Lima decerto tentava driblar os efeitos da bebida, sem grande sucesso, pois sua fala foi definida como "algo arrastada e meio enrolada".[101] Em seu benefício, afirma ser colaborador da *Careta*, diante do que o escrevente registra: "Diz-se escritor". É reveladora essa última anotação: "diz-se". A expressão devia ser corrente. O próprio Lima faria uso dela em seu *Diário* quando relatou (e desacreditou) o que lhe contavam os demais internos, os quais "se diziam" tantas coisas: "Diz-se descendente de um revolucionário pernambucano"; "Diz-se conhecido em toda a parte, no Chile, na Argentina, mas nada sabe do Rio de Janeiro"; "Diz que dispõe de poderes quase sobrenaturais"; "Diz que não esteve na Pinel, outra hora diz que esteve"; "Diz que ganhou dinheiro viajando".

Mas a anamnese não deixou de ser paradoxal. Se o tratamento dispensado era comum a todos — "poção gomosa de ópio" —, em outro parágrafo o documento atestou "a fama" do paciente e sua excepcionalidade, ao menos naquele local: "O observado [...] goza nos meios literários da reputação de um escritor talentoso e forte, cheio de mordacidade".[102] Nem sequer na hora da internação a ironia de Lima ficava sem destaque. Mesmo assim, o autor de *Isaías Caminha* não conseguiu escapar de uma "Nota", acrescentada no final do processo. Nela, fica inscrita a derradeira suspeita: "Merece assinalar que o paciente, referindo-se ao seu escrito a sair sábado, 27, na *Careta*, tendo sido feito há apenas quinze dias, está para ele completamente esquecido. Foi elaborado quando em estado de leve embriaguez". Enfim, ali, fosse o paciente quem fosse, ou quem alegasse ser, ele era, antes de tudo, um alcoolizado.

De toda forma, a sua profissão de literato (e não os serviços prestados na função de amanuense do Estado) lhe serviu de credencial e moeda de diferenciação naquele lugar que tendia a transformar todos os pacientes num conjunto indistinto. Lá ele era escritor e, como tal, dos poucos a receber lápis e papel da própria direção. E, como vimos, Lima parece ter optado por iniciar seu *Diário*, no dia 4 de janeiro de 1920, sem poupar a si ou a seu hipotético leitor: "Estive no Pavilhão de Observação, que é a pior etapa de quem, como eu, entra para aqui pelas mãos da polícia. Tiram-nos a roupa que trazemos e dão-nos uma outra, só capaz de cobrir a nudez...".[103] Esse não é um trecho qualquer, pois dá o tom e sublinha a vergonha que o autor sentiu ao tomar parte daquele tipo de ritual de entrada.

O Hospício Nacional de Alienados era um velho conhecido de Lima. Primeiro, porque ele estivera internado lá cinco anos antes. Depois porque, a partir de 14 de setembro de 1919, portanto três meses antes de sua segunda internação, a instituição foi objeto de uma série de matérias de teor escandaloso. Um paciente de nome Pietro Rossi, de nacionalidade italiana e 61 anos de idade, havia sido espancado e torturado nas dependências da instituição. Retirado dali pelo irmão, faleceu em seguida numa clínica particular. Seu corpo foi encontrado repleto de equimoses, e, de acordo com o laudo, a morte decorreu de uma "luta corporal com outro louco".

Os jornais cariocas, muito sensacionalistas, exibiram reportagens com fotos do cadáver de Rossi, que estivera internado justamente na Seção Calmeil. Aproveitaram a oportunidade para avaliar as condições do hospício, considerado em tudo ultrapassado. Com capacidade para abrigar oitocentos alienados, contava com 1,4 mil. Além do mais, qualquer doença servia de pretexto para dar entrada a novos pacientes. Comentava-se, por exemplo, a internação de Gastão Moreira dos Santos Neves, natural de Minas Gerais, colocado na instituição por "motivo fútil", uma luta em que fora agredido com uma alavanca. Enfim, para onde quer que se olhasse, via-se um casarão arruinado, uma administração ineficiente, com jardins abandonados, capim se alastrando pelo gradil e fendas abertas em paredes que pareciam prestes a ruir.[104]

Difícil imaginar que Lima não tivesse conhecimento dessas matérias, ele, que desde a infância na ilha do Governador conhecia tão de perto o assunto. Outra evidência é a matéria publicada no jornal *A Razão* de 25 de setembro de 1919, que trazia o subtítulo: "Sobre aquele cemitério de vivos". Se o escritor se inspirou nesse mote para seu romance, não há como saber, mas o fato é que, passado um mês, era ele quem se encontrava internado naquela "casa de loucos" e em condições semelhantes às estampadas nas reportagens: nu, humilhado e tão alienado como seus companheiros de instituição. "Passei a noite de 25 no pavilhão, dormindo muito bem, pois a de 24 tinha passado em claro, errando pelos subúrbios, em pleno delírio [...] Voltei para o pátio. Que coisa, meu Deus! [...] Ele me fez baldear a varanda, lavar o banheiro, onde me deu um excelente banho de ducha de chicote. Todos nós estávamos nus, as portas abertas, e eu tive muito pudor. Eu me lembrei do banho de vapor de Dostoiévski, na *Casa dos mortos*. Quando baldeei, chorei; mas lembrei de Cervantes, do próprio Dostoiévski, que pior deviam ter sofrido em Argel e na Sibéria. Ah! A Literatura ou me mata ou me dá o que eu peço dela".[105]

Lima se recordou de Dostoiévski e Cervantes e, pelo quilate da comparação, pode-se medir, também, sua projeção pessoal. A analogia foi, sobretudo, com a novela do autor russo *Recordações da casa dos mortos*, publicada pela primeira vez em 1862, que trazia um retrato duro da vida nas prisões da Sibéria. O próprio Dostoiévski passara quatro anos exilado por ter tomado parte de um grupo literário — o Círculo de Petrachévski — banido por Nicolau I e acusado de subversão.

A admiração de Lima por esse escritor era grande. Ele apreciava o recurso do memorialismo a que o russo recorria com frequência e a maneira como incluía dados de sua época nos textos. Por sinal, o autor carioca devia se espelhar não só na obra como na biografia de Dostoiévski, que também era considerado um outsider em sua sociedade. Contam seus biógrafos que ele não se adaptava bem às elites intelectuais e, tal como Lima, apesar de desdenhá-las, procurava de alguma maneira fazer parte delas.

Há ainda outros paralelos biográficos que bem podem ter "inspirado" o brasileiro. Dostoiévski tinha um gênio difícil, sua mãe falecera quando ele era bem jovem, seu pai foi problemático a vida toda (mas morreu de forma violenta; dizem, assassinado por seus servos). Para completar o quadro, o próprio autor sofria de epilepsia, na época também considerada um indício de "degenerescência racial", como o alcoolismo. Uma última semelhança a anotar: em 1849 Dostoiévski acabou preso quando participava de uma reunião considerada subversiva. A sina do russo, porém, seria ainda mais árdua que a do escritor de Todos os Santos. Apesar de ter sua pena de morte anulada, amargou nove anos preso na Sibéria.[106]

Viver na prisão com outros condenados deu a Dostoiévski a oportunidade de descrever tal experiência de dentro, ainda que ele pertencesse a outro mundo. Do mesmo modo se sentia Lima no manicômio: fazia parte daquele universo, embora ali se considerasse totalmente fora de lugar. Ou seja, se a loucura nivelava, e mesmo os mais aquinhoados eram tratados de maneira igual, o escritor, que jamais "tirara o seu diploma" — e não poucas vezes ironizava aqueles que se fiavam nele —, buscava com frequência se diferenciar dos "parceiros de manicômio". Basta ver a passagem em que menciona o anel de formatura (de arame) como forma de manter um último fio de identidade: "Contudo, um deles, bacharel, o mais mudo de todos, na sua insânia, não se esquecera do anel simbólico e, com um pedaço de arame e uma rodela não sei de quê, improvisara um, que ele punha à vista de todos, como se fosse de esmeralda. Havia um outro, que diziam ser engenheiro; este guardava uma certa presunção do 'anelado' brasileiro [...]. Os leitores hão de dizer que não era possível encontrar isso numa casa de loucos. É um engano; há muitas formas de loucura e algumas permitem aos doentes momentos de verdadeira e completa lucidez".[107] Como se nota, nem tão "íntimo" era o *Diário do hospício* de Lima, que já se imaginava em diálogo com seus "leitores".

Há quem diga que também foi ideia do diretor do manicômio, Juliano Moreira, dar a Lima o livro *A China e os chins*. A identificação seria rápida: "O nosso sistema de tratamento da loucura ainda é o da Idade Média: o sequestro. [...] Aqui no hospício, com as suas divisões de classes, de vestuário etc., eu só vejo um cemitério: uns estão de carneiro e outros de cova rasa. Mas, assim e assado, a Loucura zomba de todas as vaidades e mergulha todos no insondável mar de seus caprichos incompreensíveis".[108]

A loucura havia "zombado da vaidade" de Lima, e ele retribuiu o golpe com outro. A despeito da situação-limite em que o mundo da loucura o colocou, o literato deu conta de preencher o seu *Diário*. Este possui dez capítulos; até o quinto, são mais descritivos. "O pavilhão e a Pinel" retrata as seções do manicômio. "Na Calmeil", a área do hospital para onde iam os pacientes com melhores condições financeiras. "A minha bebedeira e a minha loucura" é o capítulo em que o escritor pondera sobre os motivos de sua "doença". Em "Alguns doentes", ele trata de narrar a vida e as impressões que teve de seus colegas de hospital. "Guardas e enfermeiros" é o segmento em que analisa a posição dos funcionários. Depois dessa primeira parte, os escritos ganham um tom mais desorganizado. Lima trata de tudo ao mesmo tempo: do seu cansaço e desânimo, da dor dos internos, das condições indignas da biblioteca, da arquitetura do hospício e de casos até pretensamente cômicos, por exemplo o de um "colega" que subira no telhado e passara a jogar pedras nos transeuntes na rua; nunca em seus companheiros. Teria alegado: "Não, entre nós, não! Vocês são infelizes como eu!".[109]

Num momento dramático do *Diário do hospício*, o escritor conjetura sobre sua própria situação, quando então surge um Lima devastado por sua história pessoal: "Essa questão do álcool, que me atinge, pois bebi muito e, como toda a gente, tenho que atribuir as minhas crises de loucura a ele, embora sabendo bem que não é o fator principal...".[110] Sem casamento, carregando sua "dor doméstica", desfazendo do tipo de jornalismo que realizava, Lima tinha consciência de sua incontinência na bebida.

Mesmo assim, não se permitia revelar sinais de abatimento: preparava-se para sair daquele lugar levando consigo o projeto da nova obra, radical, dentro de seu projeto já muito radical. *O cemitério dos vivos* seria um livro em diálogo com sua própria experiência e com a literatura de Dostoiévski. Mostraria também outro "subsolo" da nossa sociedade: o manicômio.

Foi dessa maneira que deu tratos à bola e se pôs a escrever tudo junto: as anotações do *Diário* e o romance. Lima, é preciso que se diga, andava ainda um tanto delirante. Ao mesmo tempo que lamentava sua solidão amorosa ou a falta de um projeto de casamento, durante o processo de escrita, pretensamente de memória, misturava-se com seu personagem Vicente Mascarenhas. No *Diário*, Mascarenhas assume a voz narrativa: "Não amei nunca, nem mesmo minha mulher que é morta e pela qual não tenho amor, mas remorso de não tê-la compreendido, devido à oclusão muda do meu orgulho intelectual; e tê-la-ia amado certamente...".[111] Quem seria a amada de Lima/Mascarenhas? Afinal, o autor nunca se casou — portanto, não teve como decepcionar esposa alguma. Essa também poderia ser uma tentativa de ficcionalizar sua experiência no hospício, já antevendo o romance que pretendia escrever no futuro.[112] De toda forma, em tal mistura de lugares, personagens e tormentos, cada vez mais Lima ia se tornando sua própria ficção. E o oposto era igualmente verdadeiro: ele não deixava de projetar suas frustrações em situações que nunca vivenciou. Fazia mais: imaginava-se um escritor como aqueles que tanto admirava. "Sonhei Spinoza, mas não tive força para realizar a vida dele; sonhei Dostoiévski, mas me faltou a sua névoa."[113] Aí estava seu próprio refúgio, seu sequestro, seu cemitério.

Um diário do cemitério dos vivos

Portanto, foi nessa sua segunda passagem pelo hospício que o escritor teve tempo e disposição para anotar o cotidiano local. Descreveu seus "colegas de manicômio", os quartos lotados de pacientes, enfermeiros pouco atenciosos, médicos cheios de certezas, a biblioteca vazia de livros, a linda vista da enseada, a serra dos Órgãos, as montanhas de Niterói, o Pão de Açúcar e a Urca.[114] Acima de tudo, foi nesse momento que relatou o abatimento de se sentir anônimo, "um *va-nu-pieds*".[115] Se nada valia a pena ali, sobrava tão somente a incongruente beleza natural, que transformava a instituição em motivo de visitação: "A impressão que se tem é que não se pode mais sonhar felicidade diante das belas paisagens e das belas coisas".[116]

Sobrava-lhe tempo e material para escrever uma nova novela, ambientada naquele espaço. A estratégia de *O cemitério dos vivos* segue de perto o esquema do *Diário*, possibilitando, porém, que a experiência pessoal se adéque à estrutura do romance. Por isso, no primeiro capítulo, escapamos um pouco do cenário do hospício para conhecer mais a vida de Vicente Mascarenhas e descobrir como ele foi obrigado a se casar por imposição da família da noiva. Já o capítulo 2 lembra bastante as anotações do *Diário*: "Passei [...] as tradicionais festas de ano, entre as quatro paredes de um manicômio. [...] O Pavilhão de Observação é uma espécie de dependência do hospício a que vão ter os doentes enviados pela polícia, isto é, os tidos e havidos por miseráveis e indigentes, antes de serem definitivamente internados. [...] A polícia e não sei como e por quê [...] suspeita de todo sujeito estrangeiro com nome arrevesado, assim os russos, polacos, romaicos são para ela forçosamente caftens; todo o cidadão de cor há de ser por força um malandro; e todos os loucos hão de ser por força furiosos e só transportáveis em carros blindados".[117] E lamenta os banhos: "feriam o meu amor-próprio".[118]

Trazendo para o romance sua agenda privada, o escritor retoma a política de exclusivismos da Primeira República, que prende apenas os estrangeiros e o "cidadão de cor". As semelhanças pessoais são igualmente inequívocas. Como Mascarenhas — ou talvez o contrário —, Lima fora internado no Natal, vexado com os banhos públicos, e perdera, ao menos num primeiro momento, sua individualidade no que chamava de seu "transplante forçado para outro meio que não o meu".[119] Por vezes desprezava os companheiros de cela: "A necessidade de convivência com os de meu espírito e educação. Estranheza".[120] De novo se aproximava e se distinguia, e reafirmava a consciência de estar em lugar nenhum: nem com os mais despossuídos nem longe deles.

Lima deplorava os furtos frequentes e sentia-se obrigado a esconder tudo — "livros, toalha, papel, sabonete etc." —, assim como se mostrava aflito com a convivência a que tinha de se submeter: "Na primeira vez que aqui estive, consegui não me intrometer muito na vida do Hospício; agora não, sou a isso obrigado, pois todos me procuram e contam-me mexericos e novidades. Esse convívio, obrigado, com indivíduos dos quais não gostamos, é para mim, hoje, insuportável".[121] Mas o paciente não tinha energia nem coragem para forçar sua alta. Temia enfrentar as suas "apavorantes dívidas" e preferia regressar à vida cotidiana só depois do Carnaval. Seu medo maior era claro: "eu penso que o tal delírio me possa voltar, com o uso da bebida. Ah! Meu Deus! Que alternativa! E eu não sei morrer".[122] O "convívio obrigado", a precariedade de sua situação, tudo corroborava a ideia de um mundo sem "alternativas". De um lado, a vontade de sair daquele local e terminar seu romance mais definitivo. De outro, o medo do descontrole da bebida e a fantasia de nem ao menos "saber morrer".

No entanto, a realidade falou mais alto. Por causa de um motim no hospício, Lima resolveu pressionar os médicos a fim de "abreviar sua estada". A revolta ganhou destaque nos jornais, e os relatórios enviados em junho de 1920 denunciavam o estado deplorável do local: superlotação, equipamentos antiquados, péssimas remunerações para os profissionais.[123] De sua parte, Lima capricha nos detalhes em seu *Diário*. Tudo teria ocorrido no dia 27 de janeiro de 1920, quando uma revolta de presos estourou às sete horas da noite na Seção Pinel, vizinha àquela onde ele se achava internado. O líder do movimento, o paciente D. E. (que Lima identifica como Duque Estrada), subiu no telhado e passou a atirar objetos em tudo e em todos.

Logo chegaram os bombeiros e a força policial. Apavorado, o escritor queixa-se do sumiço dos guardas da Calmeil e dos enfermeiros responsáveis. O clima mudara e ele resolveu "trocar de leito"; estaria melhor em sua casa do que num manicômio insurreto. "Já tenho medo de ficar aqui", escreveu.[124] O motim coincidiu com o fim do período de internação de Lima e com a visita que recebeu de um repórter de *A Folha*, para uma entrevista cuja chamada foi "Lima Barreto no hospício".[125] Embora o título seja sensacionalista, a frase que vinha a seguir atenuava o impacto: "Uma interessante palestra com o notável romancista". O tom mais se parecia com uma conversa de bar, e o jornalista explicava que o autor carioca preparava um "estudo sobre loucos e manias". Lá vai um trecho da matéria: "Lima Barreto, o romancista admirável de *Isaías Caminha*, está no Hospício. Boêmio incorrigível, os desregramentos de vida abateram-lhe o ânimo de tal forma, que se viu obrigado a ir passar uns dias na Praia da Saudade, diante do mar, respirando o ar puro desse recanto ameno da cidade. [...] É verdade que não está maluco, como a princípio se poderá cuidar; apenas um pouco excitado e combalido. O seu espírito está perfeitamente lúcido, e a prova disso é que Lima Barreto, apesar do ambiente ser mui pouco propício, tem escrito muito. Ainda há dias, numa rápida visita que lhe fizemos, tivemos ocasião de verificar a sua boa disposição e de ouvi-lo sobre os planos de trabalho que está construindo mentalmente, para realizar depois que se libertar das grades do manicômio".[126]

Com uma série de lugares-comuns e antíteses, o jornalista devolvia aos seus leitores a imagem que já guardavam de Lima e aproveitava para saciar a curiosidade acerca da instituição em que ele estava internado. O escritor foi chamado de notável romancista, mas também de boêmio incorrigível. O hospício era descrito como um recanto ameno, mas também gradeado. Lima estava excitado, mas também combalido.

Esse mesmo estilo, construído com uma série de dicotomias à primeira vista excludentes, mantém-se presente na entrevista concedida pelo autor. Quando o repórter lhe perguntou: "— Então, Lima, que é isso?", ele respondeu: "— É verdade. Meteram-me aqui para descansar um pouco. E eu aqui estou satisfeito, pronto a voltar ao mundo".[127] O próprio interno parece controlar a conversa, invertendo em parte as expectativas. O jogo de afirmar e esconder contaminou o artigo, e, levando-se em conta também o restante da matéria, até parece que o amanuense "optara" por internar-se, passar uns dias "calmos" no manicômio e assim estudar o dia a dia da instituição.

"Boa, então, esta vidinha?", perguntou o jornalista. Lima respondeu de pronto: "Boa, propriamente, não direi; mas, afinal, a maior, se não a única ventura, consiste na liberdade; o Hospício é uma prisão como outra qualquer, com grades e guardas severos que mal nos permitem chegar à janela. Para mim, porém, tem sido útil a estadia nos domínios do senhor Juliano Moreira. Tenho coligido observações interessantíssimas para escrever um livro sobre a vida interna dos hospitais de loucos. Leia *O cemitério dos vivos*. Nessas páginas contarei, com fartura de pormenores, as cenas mais jocosas e as mais dolorosas que se passam dentro destas paredes inexpugnáveis...".[128]

Para desmentir a desfaçatez, basta atentar para a descrição que o jornalista faz da indumentária de Lima: "vestindo a roupa de zuarte, usada no estabelecimento, os cabelos desgrenhados e os dedos sujos de tinta, sinal evidente de que escrevia no momento em que fora chamado".[129] O jogo que o escritor resolve jogar é complicado. Nele, o hospício funciona como dado de atração e de repulsa. Brincando com os domínios do sr. Juliano, sentindo falta de sua liberdade, o criador de Policarpo procurava transformar a prisão num arbítrio seu. Permanecia internado porque assim desejava; para melhor se dedicar a seu novo romance, que ele anunciava quase acabado mas que estava, hoje sabemos, apenas no início. O primeiro capítulo, intitulado "As origens", seria publicado em janeiro de 1921 na *Revista Souza Cruz*.[130] O restante ficou na conta de um projeto não terminado.

Mesmo assim, não há como negar que o tema lhe era crucial. Nas páginas do romance, e já fora da instituição, prepararia nova artilharia, desafiando as conclusões deterministas da época. É Vicente Mascarenhas quem ironiza a sentença do juiz: "O réu, meus senhores, é um irresponsável. O peso da tara paterna dominou todos os seus atos, durante toda a sua vida, dos quais o crime de que é acusado não é mais que o resultado fatal. Seu pai era um alcoólico, rixento".[131] Encontro marcado entre a imaginação e a realidade, em *O cemitério dos vivos* Lima joga para seu personagem suas próprias incertezas, que não o preveniram de ter que enfrentar o hospício. Respaldado pelo terreno seguro da ficção, critica a política de "antecedentes" e da herança de "taras ancestrais", bem como nega a autoridade do médico que exerce sua profissão no "vago e nebuloso céu da loucura". Contudo, por haver muita ambivalência nessa situação, é no espaço do romance, e num crescendo, que o personagem admite ser um "náufrago", um "rebotalho da sociedade", um "doente indigente", um "pária social".[132]

As imagens são mesmo fortes. Na entrevista para *A Folha*, Lima procurou racionalizar sua reação resignada, botando tudo na conta do livro que escrevia. Disse que evitou ser reconhecido, pois não queria "pistolão": pretendia "passar despercebido, para observar melhor". Difícil afirmar quem observava quem nessa ocasião. E talvez pouco importe; afinal, antes mesmo da internação, em 14 de setembro de 1918, ele escreveu na *Brás Cubas*: "Afirmou Dostoiévski, não me lembro onde, que a realidade é mais fantástica do que tudo o que a nossa inteligência pode fantasiar. Passam-se, na verdade, diante dos nossos olhos coisas que a mais poderosa imaginação criadora seria incapaz de combinar os seus dados para criá-las".[133]

O importante é que era no espaço da ficção que Lima se excedia. A trama do romance, inconcluso, ressente-se da falta de cuidado na sua construção. Pior, de tão referenciada a novela se torna caricatura fácil. Mascarenhas, como Lima, é "preto", pobre, abandona a escola superior para trabalhar num emprego do Estado, escreve numa revista de gênero humorístico, possui uma biblioteca e pede empréstimos para publicar seus livros. Também reclama da mania dos "estudos superiores" — de obter "o 'pergaminho', o lacre, o canudo, o grau, o retrato de tabuleta, numa casa de modas na rua do Ouvidor" — e de como essa pressão, nas palavras do personagem: "Assustava-me e revoltava-me".[134] As similitudes não acabam aí. Mascarenhas lia autores nacionais — Alencar, Macedo, Aluísio, Machado de Assis, Manuel de Almeida, Gonçalves Dias, Varela, Castro Alves e Gonzaga — e estrangeiros — *Dom Quixote*, o *Robinson*, o *Paulo e Virgínia*, Descartes, Condorcet, Zola, Dante, Molière, Shakespeare —, além de mencionar um breve namoro com o positivismo. Enfim, mais uma vez, Lima enfileirava na novela suas próprias leituras e obras da Limana.

Se a vida de Mascarenhas diverge um pouco da de seu criador, talvez seja em virtude das ambivalências deste último. Assim, o personagem se casa por constrangimento, tem um filho que não cria, e perde a esposa, falecida prematuramente. O protagonista do romance também toma o trem da Central e bebe para dar conta dos desgostos com a família que arranjara — um "inferno", escrevia ele no *Diário*; uma "catástrofe doméstica",[135] resumia na novela.

Entretanto, se no início do romance realidade e imaginação tomam rumos alusivos mas não convergentes, quando se entra no hospício os relatos se tornam basicamente

LITERATURA SEM "*TOILETTE* GRAMATICAL" OU "BRINDES DE SOBREMESA": A SEGUNDA INTERNAÇÃO | 399

idênticos. No conto "Como o 'homem' chegou",[136] Lima narra sua primeira estada no hospital, em 1914: "A polícia da República, como toda a gente sabe, é paternal e compassiva no tratamento das pessoas humildes que dela necessitam; e, sempre, quer se trate de humildes, quer de poderosos, a velha instituição cumpre religiosamente a lei".[137] Usando da ironia, mas no afirmativo, Lima condena as autoridades do novo regime. A sina se repete em 1919, e Mascarenhas embarca no mesmo "carro-forte" — uma "carriola, pesadona, arfa que nem uma nau antiga".

O dia a dia seria igualmente anotado na realidade e na ficção. Mascarenhas menciona três companheiros: um velho, um português e um preto epilético. Já Lima, em seu *Diário do hospício*, divide os alienados em mudos ou barulhentos e conclui: "não há espécies [...] há loucos só".[138] No *Diário* e no romance fica clara a certeza de que escritor e personagem eram apenas "mais um" no manicômio. Nesse jogo de afirmar e negar, impressiona sua declaração em determinado trecho do *Diário*: "Sou instruído, sou educado, sou honesto".[139] Já na ficção, nenhuma concessão: "O Destino me nivelara. Sofri, com resignação [...]. Esqueci-me da minha instrução, da minha educação, para não demonstrar, com uma inútil insubordinação...".[140]

A experiência no hospício parecia representar um banho de realidade, no qual a doença catalisava a memória de Lima, fornecendo-lhe ainda mais elementos para a imaginação. "Horror" é o termo que ele usa em *O cemitério dos vivos* para descrever o desatino dos loucos ou para enumerar a "pigmentação negra" de parte sensível dos doentes: "O negro é a cor mais cortante, mais impressionante; e contemplando uma porção de corpos negros nus, faz ela que as outras se ofusquem no nosso pensamento".[141] Aqui a consciência da cor social, não vem acompanhada de orgulho, mas da triste constatação da diferença e da exclusão. Lima, pelo menos nessa ocasião, parecia profundamente cético. Na pele de Mascarenhas, desabafa: "O que me roía era o silêncio, era calar, esconder o que eu tinha de mais eu mesmo na minha vida".[142]

Pode-se mensurar a convulsão de sentimentos que Lima experimentava na época da confecção dessas duas obras. Nas páginas finais de *O cemitério dos vivos*, ele se pergunta com grande dose de ironia: "A Constituição é lá pra você?".[143] A resposta mantém uma retórica que inverte para então incitar: os alienados compunham uma "subcidadania", feita de "doentes indigentes" e "párias sociais".[144] Não eram parábolas ingênuas. Afinal, como vimos, pouco antes o médico Nina Rodrigues publicara *As raças humanas e a responsabilidade penal no Brasil*, livro em que propunha a criação de dois códigos penais: um para os afrodescendentes, outro para os brancos. Datava também desse contexto a atuação de Renato Kehl, na Faculdade de Medicina do Rio de Janeiro, e suas propostas de introdução de modelos eugênicos de separação das raças.[145]

Os vários escritos de Lima datados do período em que esteve internado na passagem do ano de 1919 para 1920, nasceram irmanados e jamais perderam sua carteira comum de identidade. Além do mais, por motivos diversos, e por serem ambos projetos inacabados, guardam falhas de construção. No *Diário do hospício* e em *O cemitério dos vivos*, o autor comete confusões de nomes, fatos e episódios. Por outro lado, se no romance ele usa como material sua experiência no manicômio, no *Diário* ficcionaliza sua própria vida introduzindo citações do tipo: "Não amei nunca, nem mesmo minha mulher que é morta e pela qual não tenho amor, mas remorso de não tê-la compreendido".[146] Ou: "Minha mulher faz-me falta, e nestas horas tenho remorsos".[147] Isso sem esquecer das passagens idênticas presentes nos dois escritos. No livro de memórias ele registra: "só um outro [choque moral] bem forte, mas agradável, que abrisse outras perspectivas na vida, talvez me tirasse dessa imunda bebida que, além de me fazer porco, me faz burro".[148] Em *Cemitério*: "andei sujo e imundo".[149]

Lima sempre alegou não ter intenção de publicar seus *Diários*. Não obstante, são frequentes os momentos em que volta atrás, se expõe e entabula conversas com seus leitores imaginários. O certo é que universo memorialístico e universo autobiográfico fazem parte integral desses escritos. Misto de confissão com registro de época, os textos confundem-se, revelando um escritor consumido por uma dor profunda e reiterada ambivalência. Ele, que tanto lutara para construir sua persona literária, que denunciara as mazelas do clube da literatura, do jornalismo e do discurso racial, acabava "sequestrado" justamente pela ciência à qual não se cansara de condenar. Enquanto o Lima dos idos de 1904 afirmava, de maneira onipotente, "a capacidade mental dos negros é discutida *a priori* e a dos brancos, a *posteriori*", o escritor escondido no *Diário* admitia sua desilusão: "Tenho sinistros pensamentos. Ponho-me a beber; paro. Voltam eles e também um tédio da minha vida doméstica, do meu viver cotidiano, e bebo. Uma bebedeira puxa a outra e lá vem a melancolia. Que círculo vicioso! Despeço-me de um por um dos meus sonhos".

A memorialística é mesmo um gênero ambivalente, uma vez que mescla objetividade e subjetividade, realidade e ficção. Não se sabe mais o que é conto, romance, diário, entrevista ou ato premeditado. A memória representa aqui um registro subjetivo de um jogo complicado que mistura pobreza, cor, ambição, loucura. A loucura de Lima significava uma espécie de "fantasma de seu pai", mas igualmente uma forma de autoflagelo, de desclassificação e de testemunho do dissenso social.

Um ano antes de sua segunda internação, em 30 de novembro de 1918, Lima escreveu uma crônica para a *A.B.C.* intitulada "Da minha cela".[150] O texto é longo e no conjunto procura recuperar o que ele vivera no Hospício Nacional nos idos de 1914, sem imaginar que o episódio se repetiria logo mais. "Não é bem um convento, onde estou há quase um mês; mas tem alguma coisa de monástico, com o seu longo corredor silencioso, para onde dão as portas dos quartos dos enfermos. [...] Tinha duas partes: a dos malucos e a dos criminosos. *O crime e a loucura* de Maudsley, que eu lera há tantos anos, veio-me à lembrança; e também a *Recordação da casa dos mortos*, do inesquecível Dostoiévski. Pensei amargamente (não sei se foi só isso) que, se tivesse seguido os conselhos do primeiro e não tivesse lido o segundo, talvez não chegasse até ali; e, por aquela hora, estaria a indagar, na rua do Ouvidor, quem seria o novo ministro da Guerra, a fim de ser promovido na primeira vaga. [...] Mas... Deus escreve direito por linhas tortas; e estava eu ali muito indiferente à administração da República, preocupado só em obter cigarros."[151]

O escritor nem sequer em situações-limite deixa de mencionar as figuras memoráveis de sua biblioteca. Maudsley é o mesmo autor citado por Euclides da Cunha no final de *Os*

LITERATURA SEM "*TOILETTE* GRAMATICAL" OU "BRINDES DE SOBREMESA": A SEGUNDA INTERNAÇÃO | 401

sertões, quando o jornalista confessa ter assistido, incrédulo, a um massacre da República. Publicado em 1902, o livro ganhou imensa recepção, e Maudsley virou modelo de análise da psicologia das multidões, da loucura e das raças. Por isso, aparece como uma sombra ambivalente: Lima discordava dele, porém o usava como referência. Já Dostoiévski é homenageado tanto nessa crônica quanto no relato que o amanuense aposentado faria sobre sua vida no hospício. Projetivamente, ele era sua "alma gêmea", que descera aos infernos mas retornara também.

Se agora o autor tratava do tema às claras, já antes de estar encerrado nas grades do manicômio mostrava sua expertise no assunto. "Tenho, desde os nove anos, vivido no meio de loucos. Já mesmo passei três meses mergulhado no meio deles [...]. Julgo que os médicos dados a tais pesquisas têm esse interesse no intuito de obter nos literatos e na literatura subsídios aos estudos que estão acumulando, a fim de que um dia se chegue a decifrar, explicar, evitar e exterminar esses dois inimigos da nossa felicidade, contra os quais, até hoje, a bem dizer, só se achou a arma horripilante da prisão, do sequestro e da detenção".[152]

Nesse ensaio, Lima emprega os mesmos termos que adotaria no ano seguinte: "prisão", "sequestro" e "detenção". Ainda assim, mostra ironia ao "servir à ciência". "Não entendo dessas coisas; mas posso garantir que dei ao doutor Murilo, sobre os meus antecedentes as informações que sabia; sobre as minhas perturbações mentais, informei-lhe do que me lembrava, sem falseamento nem relutância, esperando que o meu depoimento possa concorrer algum dia para que, com mais outros sinceros e leais, venha ele servir à ciência e ela tire conclusões seguras, de modo a aliviar de alguns males a nossa triste e pobre humanidade. Sofri também mensurações antropométricas e tive com o resultado delas um pequeno desgosto. Sou braquicéfalo [...] entre os meus inúmeros defeitos e incapacidades, há de apontar mais este: é um sujeito braquicéfalo; é um tipo inferior!"[153]

Invariavelmente crítico e mordaz, zomba das mensurações antropométricas, que vinculavam tamanho de cérebro à inteligência e capacidade intelectual, e "confessa" ter o formato de cérebro alongado que, segundo as teorias da época, indicava traços de degenerescência próprios das raças mestiças. Piadas sempre jogam com a lógica da inversão,[154] e é disso que se trata aqui; de ironizar o "saber antropológico" e a "veneração" que a ele devotam os "caciques republicanos quando estão armados com o tacape do poder". Lima conclui o texto com a memória dos "doces dias de uma confortadora delícia de sossego...". Tudo invertido. No final, resta sua própria definição da condição em que se encontrava, bem escondida numa citação de Nietzsche: "O homem é uma corda estendida entre o animal e o super-humano — uma corda sobre um abismo. Perigoso era atravessá-la; perigoso, ficar no caminho; perigoso, olhar para trás".[155]

Era perigoso o caminho que Lima ia trilhando. A bebida parecia ganhar de lavada do seu sonho tantas vezes adiado de se tornar um escritor de renome.

15.

Clara dos Anjos e as cores de Lima[1]

Mesmo sem conhecer a língua e desprovido de intérprete, eu podia tentar penetrar em certos aspectos do pensamento e da sociedade indígenas: composição do grupo, relações e nomenclatura de parentesco [...] vocabulário das cores [...] têm com frequência propriedades comuns que os situam a meio caminho entre o vocabulário e a gramática.
— Claude Lévi-Strauss, *Tristes trópicos*

Havia simples marinheiros; havia inferiores; havia escreventes e operários de bordo. Brancos, pretos, mulatos, caboclos, gente de todas as cores e todos os sentimentos, gente que se tinha metido em tal aventura pelo hábito de obedecer.
— Lima Barreto, *Triste fim de Policarpo Quaresma*

O negro é a cor mais cortante.
— Lima Barreto, *O cemitério dos vivos*

Caricatura de Lima Barreto feita por Hugo Pires e encomendada por *A Cigarra*, 1919.

oi no ano de 1919 que saiu na revista *A Cigarra* a hoje famosa caricatura de Lima Barreto. Era só uma caricatura, e para uma publicação de menor porte, mas, diante da absoluta carência de imagens de Lima, a figura do "malandro" acabou virando sua marca registrada. Fundada por Gelásio Pimenta em 1914, e voltada para as transformações culturais de São Paulo, *A Cigarra* era bastante direcionada ao sexo feminino. A despeito disso, contava sobretudo com colaboradores homens, alguns ilustres, como Guilherme de Almeida, Oswald de Andrade e Monteiro Lobato. Pode-se supor que teria partido deste último a iniciativa de encomendar ao artista Hugo Pires uma charge do escritor carioca. Esse foi o ano do lançamento do livro *Vida e morte de M. J. Gonzaga de Sá*, e Lobato, como editor moderno que era, devia estar interessado em divulgar nos meios paulistanos a figura do mais novo autor de seu catálogo.

Na caricatura, Lima aparece ao mesmo tempo semelhante a sua imagem usual e diferente dela. Semelhante, pois o desenho mostra um homem "de tez de cor pronunciadamente azeitonada", para ficarmos em seus termos, com expressão irônica e vestes de boêmio da capital. Definir-se de origem africana — num país que buscava tornar invisível seu passado, bem como a cor social predominante em seu território — não era postura fácil de sustentar. O desenho não só apresenta, portanto, seu "melhor retrato", como inclui o tema mais recorrente na obra do autor: sua origem afro-brasileira. Sorriso nos lábios, chapéu palheta na cabeça, sapato caprichado, colete e gravata, cabelo carapinha, Lima é definido no ângulo em que mais se reconhecia: irreverente e distinto dos escritores de "*toilette*", do "ninho de medalhões e perobas", expressões incluídas por Lobato na carta que endereçara ao carioca, alisando-lhe o ego.

No entanto, no traço esperto de Hugo Pires, a aparência de Lima por certo estava diferente daquela que ele tinha então. Não há como negar o bom trabalho do caricaturista, até porque, como vimos, eram e são escassas fotos disponíveis do escritor. Pires deve ter se inspirado nas imagens dos jornais da época, quando publicaram matérias sobre o julgamento dos militares que saíram às ruas em apoio a Hermes da Fonseca e acabaram assassinando um estudante.[2] Nelas, o júri pode ser visto, em destaque, assim como a figura do seu secretário: o "nosso amanuense". Fato inusitado, daquela feita ele se vestiu com apuro, com o propósito de se apresentar bem no evento: usou terno completo e colete, cabelo arrumado e sapato da moda.

Talvez o chargista tenha optado por combinar a veste alinhada com o lado boêmio do escritor. Naquela altura, não era segredo para ninguém, sobretudo no meio literário, como Lima se achava alterado pelo uso recorrente da bebida. Precocemente envelhecido, com as maçãs do rosto inchadas, desgrenhado, terno meio roto, seu aspecto não condizia com a expressão de sucesso e de ironia que acompanhava seu porte elegante no trabalho de Pires. Na vida real, em vez do homem com imagem bonachona que salta do desenho de *A Cigarra*, encontramos um Lima cada vez mais fechado em seu quarto/escritório e concentrado em seus projetos.

Ele parecia ter urgência em definir o tipo de literatura que fazia e na qual acreditava; tinha ânsia de organizar seus escritos;[3] andava apurado para publicar as obras que restavam

Página inteira do jornal *A Cigarra*, 1919.

guardadas na Limana. Depois do lançamento de *Gonzaga de Sá*, entrando o ano de 1920 estava acertada a edição de *Os bruzundangas*, prometida pelo editor Jacinto Ribeiro dos Santos. O trabalho se achava, porém, atrasado: tudo fora combinado fazia mais de três anos, e, por enquanto, nada de sair o livro. *Feiras e mafuás*, outra coletânea de artigos, havia sido entregue ao mesmo editor, com a observação do autor de que o original estava "pronto a sair".[4] Francisco Schettino, dono de uma pequena editora e amigo de Lima, resolveu ajudá-lo, e preparava *Bagatelas* e *Marginália*. A Gianlorenzo Schettino Livraria Editora, situada na rua Sachet, 18, posteriormente travessa do Ouvidor, era novata no gênero, além de contar com poucos recursos. Por isso, o livro tardava. Segundo o autor, eles eram pouco competentes e, ademais, morosos. Em carta a Almáquio Cirne — um jovem escritor que, em 1920, publicara uma crítica positiva sobre *Numa e a ninfa* na revista *Illustração* —, Lima reclamava do fato de que seus editores faziam corpo mole, e, quando realizavam algo, era a "trouxe-mouxe, às pressas, de forma que a obra sai mal impressa", "feia, errada, até empastelada".[5] Por sinal, não poucas vezes o criador de Policarpo se desculpou pelos erros que encontrou em suas várias edições. Dizia invejar os livros de outros escritores, mais cuidados e profissionais que os seus. No entanto, entre não publicar e publicar mal, preferia ir em frente.

Em 1920, viria a público a coletânea *Histórias e sonhos*, reunindo os contos escolhidos pelo escritor e lançados pelo editor e impressor Schettino. O próprio Lima, mais uma vez desgostoso com o resultado final da edição, tratou de, na errata, explicar: "Durante a impressão deste livro, por motivos totalmente íntimos, foram atormentadas as condições de vida, tanto da do autor, como da do seu amigo [Antônio Noronha Santos] que se encarregou da revisão das respectivas provas".[6] Com efeito, Noronha — sempre o Noronha — resolvera ele próprio revisar as provas do livro em virtude das condições de saúde instáveis do autor. Mesmo assim, o amigo não era um profissional de livros, e o resultado não saíra a contento, conforme lamenta Lima.

A despeito dos problemas editoriais, o livro foi bem recebido pela crítica jornalística — entendido como uma amostra da "literatura original de Lima Barreto". Na *Revista Souza Cruz* de fevereiro de 1921, a coletânea de contos era saudada com o seguinte comentário: "Espírito sereno na melancolia de sua revolta contra as injustiças do mundo, Lima Barreto é o piedoso amigo dos humildes, o intérprete compassivo das desventurosas almas nascidas para as delicadezas do sonho e condenadas pelo egoísmo social, às durezas da vida, entre a ignorância e o trabalho. Poucos escritores terão, como Lima Barreto, tão exata visão das condições do meio brasileiro, aprendido pela sua argúcia mental, na complexidade de confusos antecedentes históricos em conexão com os fatores contemporâneos, sob a pouco estudada influência de uma natureza que parece deprimir e deveras exaltar o indivíduo".[7] Na resenha, Lima era considerado "excepcional", mas não se esqueciam de seus "antecedentes históricos" e das condições que o deviam "deprimir" e "exaltar". Mais ainda, *Histórias e sonhos* era recebido como uma obra que trazia "o sentimento da terra" e a "compreensão do povo", tudo com "ironia" e "piedade". Nessa e noutras matérias Lima vai sendo definido como escritor do meio brasileiro, das almas excluídas. Segundo o comentarista, sua obra era devotada "à justiça e à verdade", no "retratar das humildades infelizes", e aí estaria uma definição embaixo da qual ele assinaria. Havia muito sonho aliado à desventura; melancolia combinada com revolta.

Entre as histórias que Lima selecionou para a coletânea, estavam episódios picantes de *Os bruzundangas* e alguns de seus contos prediletos: "O moleque",[8] que narra a falsa acusação de um crime; o terrível "Cló",[9] em que uma mulher branca se disfarça de "Negra Mina" e canta de forma sensual "Mi compra ioiô! Mi compra ioiô!"; e "A biblioteca".[10] Neste último texto, o escritor trata da sina de Fausto Fernandes Carregal, dono de uma imensa biblioteca da qual nunca tivera coragem de se desfazer. Entretanto, com a chegada da velhice, passara a recear que, tão logo falecesse, ela seria liquidada por sua gananciosa família. É com essa conclusão em mente que o proprietário opta por incendiá-la. Não é preciso ser vidente para adivinhar que esse era um dos temores que o criador de Policarpo também acalentava com relação à sua coleção particular. Sempre que podia, dava um jeito de mencionar — em sua ficção e textos jornalísticos —, ora a estranheza que a Limana causava no bairro, ora (ainda) a desconfiança com que eram vistos todos aqueles que liam em demasia.

Em *Histórias e sonhos*, "Clara dos Anjos" apareceria pela primeira vez como conto. Fora assim também com "Numa e a ninfa", publicado inicialmente como conto e mais tarde como novela. Para quem gostava de dizer que Lima era apressado em suas edições, fica claro como muitas vezes ocorria o oposto: o escritor testava seu argumento numa narrativa condensada, e só depois arriscava uma versão mais longa. Também costumava publicar a história como conto, para em seguida avaliar se ela renderia um livro. Lima não chegou a ver o romance *Clara dos Anjos* impresso, embora o manuscrito datasse de final de 1921 e começo de 1922. Já o conto, sim.

Dedicado a Andrade Murici, o jovem escritor paranaense protegido de Lima, "Clara dos Anjos" é ambientado nos subúrbios cariocas de Todos os Santos. A história começa apresentando o pai da protagonista que dá nome ao conto, Joaquim dos Anjos, carteiro que "não era homem de serestas e serenatas, mas gostava de violão e de modinhas". Ele tocava flauta, "instrumento que já foi muito estimado, não o sendo tanto atualmente como outrora". Retomando um mote literário muito seu — a crítica à elite, que preferia sempre o último produto importado ao que era moda no local —, Lima o descreve como "pouco ambicioso em música" e nas "demais manifestações de sua vida". Nunca cobiçara muito, e se contentava com um modesto emprego público que lhe desse direito à aposentadoria e ao montepio para a mulher e a filha. Dedicava-se ao serviço de carteiro "havia quinze para vinte anos, com o qual estava muito contente, apesar de ser trabalhoso e o ordenado ser exíguo".[11]

Logo que o contrataram no emprego, Joaquim comprou "uma casita de subúrbio, por preço módico", foi pagando o resto em prestações e, no contexto da narrativa, já tinha plena posse dela. A morada era simples e lembrava muito a descrição da residência de Lima. Tinha dois quartos, um que dava para a sala de visitas e outro para a sala de jantar. Correspondendo a um terço da largura total da casa, havia nos fundos um puxadinho que servia também de cozinha. Fora do corpo da residência, ficava um barracão: era lá que se localizavam o banheiro e o tanque de lavar. Junto dele, estava também o quintal "onde cresciam goiabeiras maltratadas e um grande tamarineiro copado".[12] A descrição lembra o lar dos Barreto, e Lima ultima o conto (e o romance também) observando tudo a partir do interior de sua própria casa. "A rua desenvolvia-se no plano e, quando chovia, encharcava que nem um pântano; entretanto, era povoada e dela se descortinava um lindo panorama de montanhas que pareciam cercá-la de todos os lados, embora a grande distância."

Era esse panorama que o escritor desfrutava sentado em seu quarto, onde passava cada vez mais tempo desde a aposentadoria precoce. A Vila Quilombo ficava no alto de uma ladeira, e dali se podia ver longe. Detalhista, Lima esmiúça a variedade de residências existentes nos subúrbios, onde até hoje se nota a contiguidade das habitações simples com outras mais bem-acabadas: por vezes uma casa "forrada de azulejos até à metade do pé-direito"; por vezes uma "chácara de outros tempos".[13]

Lima se detém ainda na caracterização dos "bíblias",[14] com "seus cânticos, aos sábados, quase de hora em hora". Segundo ele, o povo não via com hostilidade aqueles "humildes homens e pobres raparigas". Afinal, "não eram como os padres que, para tudo, querem dinheiro". Descrevendo de maneira leve e profunda o universo religioso brasileiro, explica

Manuscrito do conto "Clara dos Anjos", datado de dezembro de 1919. A partir do documento é possível constatar a afamada "má letra" do escritor e como ele corrigia e arrumava seus originais. Ao que tudo indica, o pai de Clara iria no princípio se chamar Manoel e não Joaquim, como consta no romance de 1922.

que a população reagia "sem nenhuma repugnância, pois é próprio do nosso pequeno povo fazer um extravagante amálgama de religiões e crenças de toda a sorte, e socorrer-se desta ou daquela, conforme os transes de sua existência. Se se trata de afastar atrasos de vida, apela para a feitiçaria; se se trata de curar uma moléstia tenaz e resistente, procura o espírita; mas não falem à nossa gente humilde em deixar de batizar o filho pelo sacerdote católico, porque não há quem não se zangue: Meu filho ficar pagão! Deus me defenda!".[15]

Linda maneira de definir o jeito inclusivo dessa população que se utiliza, como pode, do domínio da religião, misturando credos e crenças, sem negar nenhuma forma ou motivo. Seu Joaquim "não fazia exceção desta regra e sua mulher, a Engrácia, ainda menos". Eles eram casados havia quase vinte anos, no entanto só tinham uma filha, a Clara. "O carteiro era pardo claro, mas com cabelo ruim, como se diz; a mulher, porém, apesar de mais escura, tinha o cabelo liso." Lima faz questão de descrever com detalhes as cores de seus personagens, e eles conformam parte constitutiva da obra do autor. E faria o mesmo ao caracterizar a filha de Joaquim e Engrácia, esmiuçando seus traços físicos: "Na tez, a filha puxava o pai; e no cabelo, à mãe. Na estatura, ficara entre os dois. Joaquim era alto, bem alto, acima da média, ombros quadrados; a mãe não sendo muito baixa, não alcançava a média, possuindo uma fisionomia miúda, mas regular, o que não acontecia com o marido que tinha o nariz grosso, quase chato. A filha, a Clara, tinha ficado em tudo entre os dois; média deles, era bem a filha de ambos".[16]

O escritor não deixa escapar as mínimas variações da "cor escura", prática estranha à época tanto na literatura como na pintura, e até mesmo na fotografia. Pintores acadêmicos alegavam dificuldades para representar corpos negros nas telas. Teoricamente, tratava-se apenas de um problema técnico: faltavam tintas e modelos adequados para reproduzir os muitos tons de marrom da população. Essa falta era, contudo, excesso (na significação que continha); carecia-se de recursos e de vontade de pintar aqueles que pouco frequentavam os retratos das pinacotecas mas que constituíam (e constituem) a maioria dos habitantes do nosso país. O problema não era, portanto, da ordem da "natureza", e sim da cultura e da sociedade.[17] Na verdade, a falta de uso vinha da teimosa exclusão social, econômica e política existente por aqui. A pobreza não merecia retrato na parede, muito menos a escravidão, que se espalhou feito erva daninha por estas Américas. Foi por esse motivo de fundo social que a Kodak, durante muito tempo, não fabricou filmes apropriados para captar a cor negra. A calibragem configurada para a revelação das fotos não reproduzia peles mais escuras, cujas imagens, quando captadas, surgiam com uma coloração pálida ou tão pretas que só se podia distinguir o branco dos olhos e dos dentes. O padrão era outro: brancura. Foi somente nos anos 1960, com a afirmação dos movimentos de direitos civis, que o impasse ganhou solução e a diversidade étnica começou a ser mostrada. A questão é, assim, moral e está vinculada às práticas estabelecidas de representação visual.[18]

A partir desse pretenso pequeno detalhe, a cor, é possível descobrir um escritor muito atento às variações em torno do tom de pele marrom e às especificidades de uma literatura impactada pelos temas e pelas cores sociais da população afrodescendente. Isso, numa época em que os personagens oriundos desses grupos, quando apareciam nos romances, ainda eram majoritariamente escravos ou, se tanto, remediados, quando não vilões. Naquela altura, já fazia mais de trinta anos que a Lei Áurea fora decretada e, mesmo assim, os estereótipos continuavam presentes. Clara, ao contrário, crescera alheia a tudo isso: era filha única de uma família bem estruturada, morava em casa própria, estudava e tinha sonhos iguais aos das demais mocinhas, que imaginavam a chegada de seu príncipe encantado. E mais: nunca abria mão de uma modinha "com os dengues e a melancolia". Aos "dezessete anos, tanto o pai como a mãe tinham por ela grandes desvelos e cuidados". Protegida de todos, desacompanhada não ia nem à venda mais próxima. Por vezes tinha permissão de ir ao cinema com as amigas no Méier ou no Engenho de Dentro, os bairros mais animados dos subúrbios.[19]

A vida ia seguindo assim pacata até que, "certo dia, um dos companheiros dominicais do Joaquim pediu-lhe licença para trazer [...] um rapaz de sua amizade, o Júlio Costa, que era um exímio cantor de modinhas". Seu Joaquim concordou e no dia da festa o trovador apareceu. "Branco, sardento, insignificante, de rosto e de corpo, não tinha as tais melenas denunciadoras, nem outro qualquer traço de capadócio. Vestia-se seriamente com um apuro muito suburbano, sob a tesoura de alfaiate de quarta ordem [...]. Acompanhava-o o violão. A sua entrada foi um sucesso."[20]

Todas as moças "das mais diferentes cores que, aí, a pobreza harmonizava e esbatia", logo o admiraram. Lima destaca a profusão de cores das meninas e as contrasta com a figura de Júlio Costa; brinca, assim, com a pretensa superioridade do modinheiro: branco e morador de um bairro "melhor" dos subúrbios. Apresentado aos donos da casa e à filha, logo deitou "o olhar guloso para os seios empinados de Clara". O baile começou com a música de um "terno" de flauta, cavaquinho e violão, para depois seguir-se a polca. Num dos intervalos, Joaquim convidou o moço para cantar, e Clara insistiu. Júlio, depois de se fazer de difícil, concordou e, "repinicando as cordas", não deixava "de devorar com os olhos os bamboleios de quadris de Clarinha".[21]

Dias depois, Clara recebeu uma mensagem do "cantor magoado", reclamando da falta de atenção de sua nova musa. Ela não "pôs malícia na coisa", e o Costa passou a almoçar na casa de seu Joaquim. Informa o escritor que, no começo, eram "só olhares"; depois foram galanteios trocados às escondidas, para, afinal, chegar a última e "fatídica carta".[22] Lima, que sempre desfez da gramática formal dos acadêmicos, brinca com a escrita de Júlio, que assassinava a ortografia. Apesar de sua condição social, recebera uma educação menos qualificada que a da filha de seu Joaquim. "A carta era a coisa mais fantástica, no que diz respeito à ortografia e à sintaxe [...]; tinha, porém, uma virtude: [...] era original."[23] Ainda que repleta de erros, a missiva estremeceu "toda a natureza virgem de Clara". Ela não sabia o que fazer. Afinal, "ele era branco; ela, mulata". "Mas que tinha isso?" O autor, que em quase todos os seus escritos dava um jeito de incluir os problemas de exclusão racial, dessa vez pegou a questão a laço.

Júlio Costa morava na estação próxima a Todos os Santos, e a situação social de sua família era melhor que a da namorada. O pai tinha "emprego regular na prefeitura" e carregava a "imponência grotesca do bom funcionário". Sua mulher era mais "relaxada de modos e hábitos. Comia com a mão, andava descalça, catava intrigas e 'novidades' da vizinhança; mas tinha, apesar disso, uma pretensão íntima de ser grande coisa...". Eram três as irmãs de Júlio: uma já era adjunta municipal, outra estudava na Escola Normal e a mais moça cursava o Instituto de Música. Como "tinham ambição de casamentos doutorais", portanto "não suportariam de nenhuma forma Clara, como cunhada, embora desprezassem soberanamente o irmão...".[24] Lima não perdoa a família de Júlio, que vivia nos subúrbios mas se julgava muito distinta dos vizinhos. Representavam a própria "aristocracia local", desdenhada com frequência pelo escritor. As três irmãs de Júlio eram "pequenas burguesas, sem nenhuma fortuna", e, com tais planos de ascensão, jamais aceitariam um casamento com alguém mais pobre e, ainda mais, afrodescendente. Casamento, segundo o autor do romance, vinha sempre revestido de interesses, e para Clara elas admitiam um só futuro: "o de criada de servir". Já a garota, "doce e meiga; inocente e boa", era "muito superior ao irmão delas pelo sentimento, ficando talvez acima dele" na instrução, "conquanto fosse rudimentar [...] dada a sua condição de rapariga pobríssima".

A intenção de Lima é, assim, contrapor os dois personagens e revelar a ambiguidade: Júlio, apesar de sua origem "melhor", era menos bem formado — tanto na instrução como no caráter. Os grupos eram diversos internamente, e o autor se mostra atento a essas singularidades, caprichando em sua descrição: ele "era quase analfabeto", "muito estúpido" e "sua vida mental se cifrava na composição de modinhas delambidas, recheadas das mais estranhas imagens que a sua imaginação erótica, sufocada pelas conveniências, criava, tendo sempre perante seus olhos o ato sexual".[25] Lima despeja todos os seus ressentimentos contra essa classe média — vizinha em termos de região e condição social, porém distante em suas projeções. Já sabemos que ele não gostava das letras das modinhas[26] e criticava com frequência a atitude dos "rapazes brancos" que usavam de sua posição para corromper moças jovens e pobres; em geral "negras ou mulatas". Júlio concentrava tudo isso, e ainda mais: "se vira a braços com a polícia por causa de defloramentos e seduções de menores".[27]

Enfim, o destino falou mais forte e a mocinha fez o que prometera: deixou a janela do quarto aberta para que o galã entrasse. Júlio repetiu a façanha por várias noites seguidas, até que, um belo dia, Clara sentiu alguma coisa estranha no ventre. Comunicou ao namorado e "ele acalmou-a, prometendo casamento".[28] No conto, a trama se precipita: grávida, a moça pressiona o anti-herói para que se case com ela, enquanto a mãe dele usa de todo tipo de artimanha para impedir o casamento. Brancos aparecem, pois, como defloradores profissionais, e Lima mostra, por mais esse ângulo, como o racismo do passado se reinscreve no presente.

A narrativa do conto toma o rumo esperado. O pai, desgostoso com o filho, não quer mais saber dele. "Júlio vivia no porão da casa ou nos fundos da chácara onde tinha gaiolas de galos de briga, o bicho mais hediondo, mais repugnantemente feroz que é dado a olhos humanos ver. [...] Barganhava-os, vendia-os, chocava as galinhas, apostava nas rinhas [...] Era o tipo completo do vagabundo doméstico, como há milhares nos subúrbios e em outros bairros do Rio de Janeiro."[29] Lima vincula simbolicamente a imagem de Júlio à das rinhas de galo, e carrega nas tintas. Era vagabundo, sedutor, deflorador, sem escrúpulos diante da humanidade e dos animais e, além do mais, modinheiro. Daí inverte a coloração: para o autor de "Clara dos Anjos", os malandros não eram os morenos e pobres: eram os brancos da classe média baixa.

O sucesso da sedução de Júlio teve a ver também com a "obsessão pelo casamento" cultivada por Clara. Novamente o matrimônio aparece como perdição, e não como um projeto de futuro. Lá estava a "mania de matrimônio" que Lima tanto criticava — e que assolava mulheres ricas e pobres. Clara não foi o único exemplo. A história vai chegando ao fim: o cantador das modinhas some e Clara se sente cada vez mais desamparada. A mãe é a primeira a desconfiar e "aquelas duas humildes mulheres choram abraçadas diante do irremediável". Lima ainda joga para seu leitor um lampejo de esperança com a "ideia salvadora" da moça, que achou ser possível convencer a mãe de Júlio. E lá foi ela, "com toda a coragem" confessar "seu erro e a sua desdita".[30] Dá-se então o diálogo mais ríspido do conto. Clara, altiva, propõe o casamento. A mãe de Júlio retruca com "a realidade" da diferença racial: "Ora, esta! Você não se enxerga! Você não vê mesmo que meu filho não é para se casar com gente da laia de você! Ele não amarrou você [...] Vá-se embora, rapariga!".[31]

Clara não consegue esconder a revolta: "Então ela não se podia casar com aquele calaceiro, sem nenhum título, sem nenhuma qualidade superior? Por quê? Viu bem a sua condição na sociedade, o seu estado de inferioridade permanente, sem poder aspirar a coisa mais simples a que todas as moças aspiram".[32] Nessa passagem, a protagonista lembra muito Isaías Caminha, que descobriu ser afrodescendente quando rumava para a cidade grande; Clara, com a gravidez avançada de um filho de pai branco. Cético, Lima parece mostrar que apenas com educação e bons sentimentos não se ultrapassam preconceitos e amarras criadas pelo sistema escravocrata. Por isso, Clara, desiludida, se pergunta: "Para que seriam aqueles cuidados todos de seus pais? Foram inúteis e contraproducentes, pois evitaram que ela conhecesse bem justamente a sua condição e os limites das suas aspirações sentimentais".[33] A protagonista e o narrador onisciente tratavam de dar à trama um choque de realidade. Júlio e Clara nada tinham de Romeu e Julieta, e o modinheiro pouco lutou para ficar ao lado de sua "amada". Nos trópicos, a questão racial anulava qualquer idealismo romântico. Embora ambos morassem nos subúrbios, pertencessem a uma classe média remediada, fossem filhos de funcionários públicos, com a educação formal favorecendo a moça, persistia uma diferença incontornável entre os dois: ele era branco e ela, "negra", por isso haviam de confirmar as discriminações vigentes no Brasil.[34] A diferença expressa em termos de raça e origem tornava-se quase estamental. O final do conto é presumível: Clara volta para casa e encontra a mãe. "Não lhe disse nada; abraçou-a [...] e entre soluços, exclama: — Mamãe, eu não sou nada nesta vida."[35]

O romance *Clara dos Anjos* foi o livro mais trabalhado e alterado pelo autor. Seu original não é longo, tem cerca de 150 páginas, datadas e localizadas: "Todos os Santos (Rio de Janeiro), dezembro de 1921 e janeiro de 1922".[36] Este foi, em qualquer uma de suas versões, o texto de Lima mais voltado para as especificidades dos subúrbios e também o mais preocupado em delimitar as divisões espaciais e simbólicas que por lá se estabeleciam — com fronteiras criadas internamente a partir da cor. Não biológica, mas a cor como construção social, como forma de diferenciar grupos de maneira hierárquica e comparativa. No Brasil, as cores muitas vezes não guardam significado absoluto, só adquirindo sentido em relação a uma circunstância delimitada ou dentro desta.[37] Esses, porém, eram limites tênues e só reconhecíveis pelas populações locais, acostumadas a tais linguagens internas, das quais Lima partilhava e que tentou transportar do conto para o romance. Júlio muda de nome, vira Cassi, e suas características "abomináveis" se exacerbam. O Cassi do romance não é um "psicopata", e muito menos "cedia a impulsos de doença; fazia tudo muito calculadamente e com todo o vagar". Se era "muito estúpido para tudo o mais", na sedução tinha "a habilidade consumada dos *scrocs*". "O violão e a modinha eram seus cúmplices."[38] Como se vê, Cassi era mesmo o vilão de Lima.

Cassi Jones de Azevedo era "filho legítimo de Manuel Borges de Azevedo e Salustiana Baeta de Azevedo". O Jones, provoca o escritor, "é que ninguém sabia onde ele fora buscar, mas usava-o, desde os vinte e um anos", talvez por "achar bonito o apelido inglês". A mãe, "nas suas crises de vaidade", dizia-se descendente de "um fantástico Lord Jones, que fora cônsul da Inglaterra, em Santa Catarina; e o filho julgou de bom gosto britanizar a firma com o nome do seu problemático e fidalgo avô".[39] Cassi seguia "as modas da rua do Ouvidor", mas com um "apuro forçado e o *dégagé* suburbanos". Vestia-se no "Brandão", um ateliê simples às "margens da Central". Portanto, na avaliação certeira de seu criador, era um "elegante dos subúrbios" que, entretanto, não sobrevivia ao crivo da capital: sua ostentação só fazia efeito nos bairros mais pobres, como o de Clara e de Lima.

No romance, de forma mais acentuada do que no conto, o modinheiro é do tipo "criminoso". Era Salustiana, a mãe, quem em geral recebia a "confissão, mas não acreditava": uma "crioulinha" que fora copeira da casa; a Luísa, empregada de um conhecido; a Santinha, que costurava para fora. Diante de todas, ela batia o pé, afirmando que o filho não casaria com "criada preta". Esses eram os "preconceitos de fidalga e alta estirpe" da mãe de Cassi.[40] Com sensível precisão, Lima descreve hierarquias de cor; códigos só traduzíveis pelos "de dentro" dos subúrbios.

O autor de *Clara* escava ainda mais fundo a questão ao estabelecer que a residência da família de Cassi ficava "num subúrbio tido como elegante, porque lá também há estas distinções. Certas estações são assim consideradas, e certas partes de determinadas estações gozam, às vezes, dessa consideração [...]. O Méier, por exemplo, em si mesmo não é tido como chique; mas Boca do Mato é ou foi; Cascadura não goza de grande reputação de fidalguia, nem de outra qualquer prosápia distinta; mas Jacarepaguá, a que ele serve, desfruta da mais subida consideração".[41] Há aqui, portanto, "fronteiras" de cor e de região. E Lima persegue os arcabouços dessa construção social: "A casa da família do famoso violeiro não ficava nas ruas fronteiras à *gare* da Central; mas, numa transversal, cuidada, limpa e calçada a paralelepípedos. Nos subúrbios, há disso: ao lado de uma rua, quase oculta em seu cerrado matagal, topa-se uma catita, de ar urbano inteiramente. Indaga-se por que tal via pública mereceu tantos cuidados da edilidade, e os historiógrafos locais explicam: é porque nela, há anos, morou o deputado tal ou o ministro sicrano ou o intendente fulano".[42]

Era essa, justamente, a situação da casa de Cassi. Quando o pai a comprou, não passava de "um simples e modesto *chalet*". Com o tempo, o patriarca foi conferindo a ela um aspecto de "boa burguesia remediada".[43] Eram brancos, mas de classe média baixa; assim, os limites sociais dos Azevedo ou dos Jones eram proporcionais à reação virulenta da mãe do modinheiro. Também no romance, diante do pedido da "mulata Clara", d. Salustiana se exalta. O escritor vai elevando a inflexão, a fim de destacar a contradição vigente no seio da família: "A intervenção da mulatinha a exasperou. [...]. — Que é que você diz, sua negra?".[44] Aí estava o exemplo das continuidades da escravidão que se reinventavam na República.

As irmãs de Cassi são apresentadas de maneira até mais simpática no romance, revelando-se vexadas com o comportamento do caçula. Mesmo assim, as dicotomias continuam bem delimitadas. Cassi Jones — e o nome diz muito da crítica de Lima ao "bovarismo" das elites e das semielites brasileiras — é definido por sua "crapulice". Nos subúrbios tinha "fama de violeiro [...] ele tinha personalidade [...]. Mas ali, sobretudo do campo de Santana para baixo, o que era ele? Não era nada. Onde acabavam os trilhos da Central, acabava a sua fama e o seu valimento; a sua fanfarronice evaporava-se...".[45] Muito versado nesse alfabeto das cores e das regiões, Lima mostra como fora do limite seguro dos subúrbios o personagem se anulava; Cassi deixava claro que não conseguia ler um livro sequer, não sabia pedir bebidas com nomes importados e discriminava bem a distância que o separava das moças da capital, as quais considerava rainhas ou princesas.

Ao mesmo tempo que o escritor elabora uma descrição fina das marcações de classe, região, cor, gênero e origem, deixa passar seu ressentimento por meio dos termos com que caracteriza Cassi.[46] O modinheiro tinha "estupidez congênita", uma "perversidade inata", era "criminoso nato".[47] Interessante contrastar a opinião de Lima expressa na descrição de um personagem da sua ficção com a crítica que ele fazia a esses modelos do determinismo racial, hereditários e biológicos. Ainda que desacreditasse tais teorias, não se furtou a utilizá-las na construção da figura de seu vilão, que carregava "taras inatas". Ele podia estar jogando com o senso comum da época ou projetando-o para delinear o seu personagem. De toda forma, os termos evidenciam como a linguagem da biologia era ainda forte naquele momento.

Mas não era só o tema da raça, expresso nas cores sociais, que aparecia no romance de modo intencional. Foi nessa trama que o escritor investiu de forma mais direta na denúncia aos maus-tratos das mulheres pobres. Conforme já mencionamos, também nesse terreno as atitudes de Lima eram ambivalentes. Se o autor criticava as feministas por considerá-las portadoras de "vogas que vinham do estrangeiro", moças da elite que se divertiam com uma nova linguagem política, não se mostrava insensível ao regime de violência a que as mulheres estavam sujeitas. Desde os tempos da *Floreal* ele não só voltava com regularidade e consistência ao tema dos assassinatos de moças consideradas "infiéis" — condenando a atitude usual do marido traído e a decisão corriqueira dos juízes —, como denunciava a prática da sedução, que vitimava sobretudo as afrodescendentes. Por esse ângulo, o exemplo de Cassi é dos mais sonoros. De um lado, ele não fazia uso da força, "no que era o contrário dos conquistadores suburbanos, a ponto dos jornais noticiarem, de quando em quando, o desespero das vítimas que se fazem assassinas, para se defenderem de tão torpes sujeitos". De outro, porém, nem por isso usava técnicas mais suaves: "quando no decorrer de suas conquistas, encontrava obstáculos [...] logo procurava empregar violência".[48]

Entre as torpezas do vilão de Lima, estava sua capacidade de convencimento, que incluía uma "oportuna teoria" da livre vontade. Cassi costumava dizer que jamais se podia "contrariar dois corações que se amam com sincera paixão".[49] Inspirado pelos artigos de jornal que colecionava, o escritor mostrava como a técnica de sedução de Cassi era, à sua maneira, violenta. Afinal, "na sua singular moral de amoroso-modinheiro, não se sentia absolutamente criminoso por ter até ali seduzido cerca de dez donzelas e muito maior número de senhoras casadas. Os suicídios, os assassínios, o povoamento de bordéis de todo o gênero, que os seus torpes atos provocaram, no seu parecer, eram acontecimentos estranhos à sua ação e se haviam de dar de qualquer forma. Disso, ele não tinha culpa".[50] Enfim, nada havia de "livre" numa sociedade ainda condicionada pelos mores da escravidão e pela realidade do racismo.

A primeiríssima versão dessa trama, aquela que ficou anotada no *Diário íntimo* de Lima, era até mais radical, e Clara terminava na prostituição. No caso do romance, se o futuro da menina permanece em aberto, não é difícil intuí-lo. Pelo menos é o que se deduz de uma das cenas finais do livro, quando Cassi, depois de ter abandonado a menina, passa ligeiro pela capital, onde se deparou com gente "diferente de trato e de cor". O vilão tomou a rua do Ouvidor e foi descendo por "becos imundos que se originam da rua da Misericórdia". Entrou numa taverna e a seu encontro foi "uma negra suja, carapinha desgrenhada…". O rapaz estranhou o olhar insistente e indagou-lhe o motivo da curiosidade. A "negra, bamboleando, pôs as mãos nas cadeiras e fez com olhar de desafio: — 'Então, você não me conhece mais, 'seu canaia'? Então você não 'si' lembra da Inês, aquela crioulinha que sua mãe criou e você…". Para deixar clara a intenção, o autor joga com os termos; quando jovem e bonita, Inês era definida como uma "crioulinha" que foi seduzida por Cassi. Agora, abatida e velha, virava "negra suja".

Essa havia sido a "primeira vítima" de Cassi, e ele não a reconheceu. Mais uma vez o diálogo é definitivo: "Quando você 'mi' fazia 'festa' […] eu não era 'muié' era outra coisa, seu 'cosa' ruim!".[51] "Um negro esguio", que parecia capoeira, segurou o rapaz — "É o 'home qui mi' fez mal; que 'mi' desonrou, 'mi pois' nesta 'disgraça'" — e Inês passou a contar tudo que se passara "no quarto da mãe de Cassi". A cena, que já era forte, tornou-se grotesca quando uma mulher "branca, com uns lindos cabelos castanhos, em que se viam lêndeas", acrescentou o dito: "Esses 'nhonhôs gostosos' desgraçam a gente…".[52] O episódio termina com "a pobre negra" abaixando-se para enxugar as lágrimas na "barra da saia enlameada". Faltava, porém, o desenlace: o filho deles, antes mesmo de completar dez anos, "já travara conhecimento com a Casa de Detenção".[53] Aí está a condenação de Lima, que, se não fechou o romance com Clara prostituída, concluiu com algo pior: o infalível destino dos herdeiros dessas relações violentas. Cassi acaba se safando, mas Lima dá seu recado.

Na Limana, o original de *Clara dos Anjos* seria mantido na prateleira com a seguinte nota: "Romance meu (inédito e incompleto). 1904". A última versão foi datada de pouco antes da morte do autor; no entanto, do jeito que ficou, mais parece um manifesto a favor dos subúrbios e da ética dos pobres. *Clara* era também uma plataforma contra os estrangeirismos, as desigualdades de origem, raça, classe e região; uma denúncia poderosa diante das continuidades que não se encerraram com a lei que aboliu a escravidão. Por essas e por outras é que se pode dizer que Lima fazia uma "literatura negra". Não apenas por ser afrodescendente (aliás, ele sempre difundiu com orgulho a história do continente africano), mas porque sua literatura era universal e brasileira ao tratar de personagens "negros", "morenos" e com todas as variações de cor, e ao trazer enredos em que essas populações, embora sofressem com o preconceito arraigado, levavam a vida, criavam, cultuavam seus deuses, decoravam suas casas, cantavam suas músicas, vestiam-se para os dias feriados, divertiam-se com suas festas.

A cor e a raça social fazem *toda* a diferença na construção dos romances de Lima, no desenho dos protagonistas e no desfecho de seus livros. Além do mais, ele mesmo se definia como "negro", o que, paradoxalmente, dava à sua obra uma feição, se não distinta, ao menos bastante particular no panorama da literatura nacional. Isso, mesmo levando-se em conta a imensa maioria dessa população no Brasil. Em 1890, os brasileiros chegavam à marca de 14 milhões de habitantes, e os afrodescendentes — compostos de pretos, morenos e pardos — correspondiam a quase 50% do total. Essa porcentagem, já em si expressiva, poderia ser ainda maior não fosse a subnotificação sempre presente nesses levantamentos, sobretudo num país em que, com a vigência das teorias raciais e modelos de branqueamento, poucos se declaravam como tal. O tema tornou-se tão espinhoso que o quesito "raça/cor" chegou a ser retirado dos censos de 1900 e 1920. Ele parecia desajustado em meio aos modelos oficiais da época, que incentivavam projetos de imigração europeia, ou, se lembrarmos de 1922, quando se comemorou o Centenário da Independência, celebrando-se outro modelo de nação — que jogava "os tempos da escravidão" para um "passado remoto e nebuloso".[54]

Assim, no Brasil do início do século XX, constituído por uma população de maioria afrodescendente, era raro, muito raro, um escritor que se dedicasse à questão racial. Se ela é invisível para muitos autores, ou se expressa apenas nos detalhes, será absolutamente visível e repetitivamente afirmada na literatura do escritor de Todos os Santos, com seu verdadeiro vocabulário das cores, e em cores.

As cores de Lima

Na obra de Lima Barreto há detalhes que saltam aos olhos. O escritor é muito minucioso ao anotar (e quase desenhar) as falas, as vestes, as expressões de seus personagens e dos transeuntes, assim como jamais deixa de descrever, com pormenores, suas cores. Não poucas vezes ficamos sabendo como a diferença de origem se expressava numa linguagem social das cores; uma convenção sutil que cumpre papel paralelo e complementar às várias políticas de exclusão racial experimentadas no pós-abolição. Em *Clara dos Anjos*, além dos exemplos já mencionados, há outros, mais en passant, em que o escritor se detém nos personagens menores, conferindo a eles perfis humanos e cheios de sentimentos, em cores. É o caso de João Pintor, um dos "bíblias", que trabalhava nas oficinas de Engenho de Dentro, de onde viera seu apelido. Era "um preto retinto, grossos lábios, malares proeminentes, testa curta, dentes muito bons e muito claros, longos braços, manoplas enormes, longas pernas e uns tais pés, que não havia calçado [sic], nas sapatarias, que coubessem neles".[55] É como se víssemos João Pintor passar bem na nossa frente, muito preto e com apenas os dentes brancos, e uns pés que nunca tinham visto sapato.[56]

Essa não é, porém, uma especificidade desse livro. Mais exemplos podem ser encontrados em toda a obra de Lima, comprovando a intencionalidade do autor. Em *Gonzaga de Sá*, um de seus primeiros romances a ficar pronto mas que só seria publicado em 1919, o amanuense andarilho comenta como quem nada quer: "Na nossa terra de submissão antecipada, o paradoxo encanta [...]. Subi devagar uma rua em ladeira, pelas bandas da Candelária; e bati palmas [...]. Veio-me abrir a porta um preto velho, da raça daqueles pretos velhos que sofreram paternalmente os caprichos das nossas anteriores gerações".[57] Não por ingenuidade ou força de expressão, Lima introduz a figura do "preto velho", que representa a imagem da passividade e o paradoxo da "boa escravidão", submissa e leal. Era essa a representação que as elites queriam guardar, e não aquela dos cativos rebeldes e amotinados, que conquistaram sua abolição pela força da insurreição.[58] Em outro momento, o escritor insiste na mesma figura: "Dentro em pouco o velho preto Inácio entrou com os copos e a garrafa numa bandeja. — Deixa aí, Inácio. Embora Gonzaga de Sá falasse com toda a brandura, o pobre velho quase deixou cair a garrafa".[59] Gonzaga era um humanista, mas, acostumado a essa linguagem que ressoava os tempos da escravidão, não conseguia introjetar um novo tipo de comportamento, ainda que já vivesse num contexto de liberdade republicana.

Logo no início do romance, Lima apresenta Gonzaga de Sá, uma de suas admiráveis encarnações no mundo ficcional: "Fugi dessa gente de Petrópolis, porque, para mim, eles são estrangeiros, invasores, as mais das vezes sem nenhuma cultura e sempre rapinantes, sejam nacionais ou estrangeiros. Eu sou Sá, sou o Rio de Janeiro, com seus tamoios, seus negros, seus mulatos, seus cafuzos e seus 'galegos' também...".[60] Bela apresentação de Lima, que se entendia como um personagem carioca, uma mistura de vários povos, principalmente africanos, e muito distante do pessoal de Petrópolis, de quem guardava, bem conhecemos, imensa antipatia. A cidade serrana continuava sendo a capital para onde o governo se mudava durante o verão, levando consigo a agitada vida social do Rio. Para o autor, ela seria sempre símbolo dessa aristocracia improvisada; de uma Suíça postiça nos trópicos. Foi também em Petrópolis que o então presidente assinou a aposentadoria do pai de Lima, e pode estar aí mais uma razão da mágoa íntima do escritor.

Numa passagem aparentemente sem importância, retirada do mesmo livro, ele comenta: "Seu filho chegou com o pão. Era um magnífico exemplar de mulato, de mulato robusto, ousado de olhar e figura, mas leve, vivaz, flexível, sem ressumar peso nem lentidão nos modos".[61] "Mulato", termo que vem de "mula" — cruzamento entre jumento e égua —, lembrava, no uso perverso do léxico, tanto inferioridade biológica como mestiçagem indevida. Uma vez que era a classificação mais popular e recorrente, o escritor a utilizava com naturalidade, mal escondendo, e assim denunciando, a violência contida na palavra.[62]

O importante é que Lima não só revela uma onipresença das cores na descrição da sua paisagem ficcional, como brinca com a pretensa ausência delas. Em outra passagem do romance, ele desfaz do senso comum, ironizando que teriam sido os viajantes os primeiros a notar a existência de "negros" no país. Em tom de burla, denuncia a prática da invisibilidade social num território com grande predominância de afrodescendentes. Agora é Gonzaga de Sá quem comenta o fato de num jornal de caricaturas aparecerem uns "clichés muito negros". E alinhava: "Olha que ninguém quer ser negro no Brasil!".[63] Em *Os bruzundangas* o escritor relata a história da fictícia nação, e debocha: também lá "não há pretos". No mesmo livro, ao comparar a capital federal com a grande cidade do Prata, Lima caçoa da suposta superioridade dos portenhos: "a capital argentina tem longas ruas retas; a capital argentina não tem pretos". E fecha: "portanto, meus senhores [...] o Rio de Janeiro, capital de um país que recebeu durante quase três séculos milhões de pretos, não deve ter pretos".[64]

Pirraça semelhante aparece no romance *Numa e a ninfa*: "Outra fonte de irritação para esses espíritos diplomáticos estava nos pretos. Dizer um viajante que vira pretos, perguntar uma senhora num *hall* de hotel se os brasileiros eram pretos, dizer que o Brasil tinha uma grande população de cor, eram causas para zangas fortes e tirar o sono a estadistas aclamados...".[65] O escritor retoma o tema da transparência social de certas cores para mostrar, justamente, como essa presença silenciosa estava por toda parte. Na crônica "Elogio de amigo", ele volta ao tema, a partir da história "de um pobre preto que teve audácia de fazer versos, e foi excomungado por ser preto e fazer versos, como se neste país todos nós não fôssemos mais ou menos pretos e todos nós não fizéssemos versos".[66]

Assim, na obra de Lima homens e mulheres afrodescendentes nada tinham de invisíveis. Eles podiam ser "pretos", "pardos", "morenos", "crioulos", "negros", "cafuzos", mas também "mulatos" e "mulatas", termos, aliás, dos quais abusa, como se guardasse o propósito de chocar. Enfim, Lima traz para o primeiro plano de sua produção essa linguagem das cores; uma forma brasileira de classificação, um léxico social repleto de hierarquias. Mais ainda: linguagem que se afirma como um idioma local a repor processos de constrangimento social na lógica do privado e da intimidade. Vamos a esses personagens fundamentais na obra de Lima Barreto.

"Pretos humildes": personagens que carregam os anos de escravidão nas costas

"Pretos", na literatura do escritor de Todos os Santos, eram sempre os mais "humildes", aqueles que viviam e sofriam na pele o preconceito que a sociedade brasileira ia reproduzindo, na mesma medida em que se tornavam comuns no cenário brasileiro do pós-abolição. "O cavalheiro digno de nota era um preto baixo, um tanto corcunda, com o ombro direito levantado, uma enorme cabeça, uma testa proeminente e abaulada, a face estreitante até acabar num queixo formando, queixo e face, um V monstruoso, na parte anterior da cabeça; e, na posterior, no occipital desmedido, acaba o seu perfil monstruoso."[67] Por vezes humildes, por vezes amedrontadores, os "pretos de Lima", de alguma maneira, mostravam na cor a fartura de contrariedades que sua condição social produzia. Em seu *Diário do hospício*, por exemplo, ele retrata, no interior da instituição, "um preto moço, tipo completo do espécimen mais humilde da nossa sociedade. Vestia umas calças que me ficavam pelas canelas, uma camisa cujas mangas me ficavam por dois terços do antebraço e calçava uns chinelos muito sujos, que tinha descoberto no porão da varanda". Outro, "quase preto", era "o terror da enfermaria". Havia ainda um que "não era bem preto; tinha a tinta do rosto azeitonada, cabelos lisos e negros, embora a barba e o bigode fossem crespos".[68]

"Tinta do rosto" evoca uma série de associações, enquanto "tinta do rosto azeitonada" é termo que alude a uma tonalidade de difícil tradução. Lima usa em geral a palavra "preto" quando se refere a personagens mais passivos e marcados pelo medo do retorno ao cativeiro. Em seu *Diário íntimo*, cita um "velho preto", ou "um preto velho, o Nicolau". Era ele quem levava o café. "Há quinze anos que ele o fazia, com a mesma regularidade e com aquela larga e doce simpatia, que só se encontra nessas almas selvagens dos velhos negros, onde o cativeiro paradoxalmente depositou amor e bondade."[69] A constatação de que sobrara bondade naqueles "pretos velhos", mesmo depois dos séculos de escravidão, enternece Lima.[70]

No *Diário* e em *O cemitério dos vivos*, o escritor relaciona outros "pretos do Hospício" entre seus colegas de internação. Um deles "era um preto que tinha toda a aparência de são, simpático, com aqueles dentes dos negros, límpidos e alvos, como o marfim daqueles elefantes que as florestas das terras dos seus pais criam...".[71] Esses eram, segundo seu *Diário íntimo*, antigos "pretos do ganho, quitandeiros", "carregadores", que seguiam dominando as ruas do Rio, mesmo que então vivessem à base do (parco) salário.[72] Eles atuavam como serviçais, a exemplo "de um preto, o Timóteo", que exercia o ofício de jardineiro na fazenda em que fora escravizado. A propriedade fazia parte daquelas regiões que, assevera Lima, iam decaindo mas continuavam cheias de "antigos senhores e patrões".[73] Timóteo não se encaixava, porém, na nova sociedade, "não dá por isto", escreve o autor de *Isaías Caminha*, e "continua a plantar as suas flores humildes e modestas...". O fim do sistema escravocrata não parecia haver garantido o término dos costumes, que não cessaram de opor senhores e trabalhadores, embora a lei prescrevesse o oposto.[74]

Para deixar clara a presença forte desses "tipos", o escritor insiste nas expressões "pretos velhos" e "pretas velhas", numa tentativa de provocar mal-estar diante da situação de dependência que a abolição não havia apagado. Basta ver o exemplo do "preto Anastácio", um comovente personagem de *Triste fim* que servia Policarpo fazia trinta anos e conversava sobre "cousas antigas". Anastácio andava "ligeiro, rápido, raspando o mato rasteiro, com a mão habituada, a cujo impulso a enxada resvalava sem obstáculo pelo solo, destruindo a erva má". A relação deles era tão desigual quanto assentada e afetiva. Por isso, quando prenderam o major, de quem ele mais se lembrou foi "naquele momento [...] do Anastácio, o seu preto velho, do seu longo olhar, não mais com aquela ternura passiva de animal doméstico, mas cheio de assombro, de espanto e piedade, rolando muito nas órbitas as escleróticas muito brancas...". A descrição de "animal doméstico", de "ternura passiva", todo "seu", pode ser entendida como uma espécie de manifesto contra o costume perverso e ao mesmo tempo se compara à solidariedade que Lima destila com seu naturalismo anarquista.[75] Mas há mais na expressão. Segundo mostra o historiador Robert Darnton, "animais domésticos" são, por definição, ambivalentes, uma vez que se localizam nos limiares entre a natureza e a cultura, o público e o privado.[76] E Anastácio, cujo nome deve ter vindo da escrava Anastácia — personagem popular de cuja existência não se tem prova concreta mas que virou modelo de passividade e da representação da "boa" escravidão; até hoje mencionada em discursos oficiais ou nos que procuram apagar a evidência da violência desse sistema —, era assim: um "animal de estimação" da casa e do major, daqueles dos quais se sente falta e cuja "lealdade" se reconhece.

Até mesmo Ricardo Coração dos Outros, músico e amigo do major Quaresma, não deixa de ser preconceituoso na hora de se equiparar a um "sujeito preto" que tocava muito bem violão. "Não é que ele tivesse ojeriza particular aos pretos. O que ele via no fato de haver um preto famoso tocar violão, era que tal coisa ia diminuir ainda mais o prestígio do instrumento."[77]

"Pretos" também eram descritos como feiticeiros, como os que não haviam "ultrapassado" suas crenças e malefícios. Eram aqueles que jamais abandonavam os esquemas em que tinham se habituado a viver no período do cativeiro. A crônica "Variações" conta o caso de um homem que foi encontrado "num matagal de Fábrica das Chitas". Era "um indivíduo de cor preta, que aí armara tenda, comia e fazia outras necessidades naturais". Teria, assim, desenvolvido "uma vida humana perfeitamente selvagem", mas "bem perto da avenida Central que se intitula civilizada".[78] "Selvageria" e "civilização" moravam lado a lado, ao menos no caso desses sujeitos que, findos os dias do sistema escravocrata, optavam por desfrutar da liberdade recém-adquirida.[79] Nada de trabalho estável ou rotina de labuta. Iam ficando igualmente borrados os limites entre quem era "perfeitamente selvagem" e quem era "civilizado". O fato é que liberdade era um conceito difícil de ser empregado naquele Brasil que permitira quatro séculos de trabalho forçado.[80]

Talvez o "preto velho" mais próximo do coração de Lima tenha sido Manuel Cabinda, mencionado em *Diário íntimo* como o "preto cabinda" que "tinha de sua nação um orgulho inglês".[81] Já tratamos dele em outros capítulos, e sua importância ficou registrada na crônica que o escritor intitulou com seu nome: "Manuel de Oliveira". Como vimos, o texto saiu na *Revista Souza Cruz* de maio de 1921, contando a vida desse verdadeiro companheiro de Lima e de sua família, com quem conviveram nos tempos das Colônias de Alienados e que virou um agregado depois que os Barreto deixaram a ilha do Governador.[82] A crônica reproduz a história de uma grande "mágoa", tão grande que levou sua vítima à "semiloucura". Lima o chama afetivamente de "o pobre Manuel — era esse o nome do meu cabinda", com o uso do pronome possessivo revelando paternalismo, afeto, bem como a preservação dos laços de dependência inscritos também na maneira como ex-escravizados e libertos levavam o nome da família de seus proprietários.[83] Assim explica o escritor: "Durante anos, Manuel de Oliveira, pois, como era costume, veio a usar sobrenome do senhor, fez ele isso, ao sol e à chuva, juntando nas mãos do senhor os seus lucros diários. Quando chegou a certa quantia estipulada, o Oliveira, dono da horta, deu-lhe a sua carta de alforria". Manuel, no entanto, não conhecendo outro ofício, continuou a trabalhar com seu antigo senhor, mas agora "mediante salário". Como estava "habituado a economizar", apenas de quando em quando comprava o seu "gasparinho" — uma fração do bilhete da loteria. "Um belo dia, a sorte bafejou-o e a loteria deu-lhe um conto de réis, que ele guardou nas mãos do patrão."[84]

Lima vai deixando clara a dependência de Manuel, que mantinha e renovava laços de afeição com seu antigo senhor, e se contentava em tomar, em liberdade, o seu trago. Foi quando Manuel de Oliveira conheceu "uma pretinha escrava que acudia pelo nome de Maria Paulina". A "comborça" ("amante", na linguagem de então) interessou-o e ele, à vista das "condições de fortuna" em que estava, resolveu agir. Libertou, então, "a rapariga, comprou uns móveis toscos, alugou um tugúrio" e foi morar com ela. De manhã, Manuel seguia para a horta, pegava o tabuleiro e corria à freguesia. Lá pelas onze horas ia para casa, almoçava com a Paulina e voltava para a horta a fim de molhar os canteiros do patrão. "Assim, ia correndo a sua vida, quando ele teve a honra, na sua humildade, de ser objeto de drama. Maria Paulina fugiu…" Escreve Lima que o fato foi forte demais para o "pobre preto", que ficou "meio pateta", abandonou o trabalho e passou a dormir na cidade, sem endereço fixo. "A polícia apanhou-o e meteu-o no Asilo de Mendigos. Daí foi enviado para a ilha do Governador."[85]

O autor mistura a história de Manuel Cabinda com a sua própria e com a da República, contra a qual se manifestou sempre que pôde. Comenta que, instaurado o novo regime, as duas colônias foram "transformadas nas atuais de alienados", e a partir daí já sabemos o que aconteceu. "Meu pai foi, em 1890, nomeado para um pequeno emprego delas. Fomos todos morar lá e foi então que eu conheci Manuel de Oliveira."[86] Trabalhador disciplinado, "o velho preto cabinda" parecia feliz como "encarregado de uma seção" do manicômio: ele cuidava dos porcos. "Vivia independente de toda e qualquer vigilância [...] resmungando e balbuciando a sua dor eterna."[87] Manuel era sempre o mais próximo de sua "primeira meninice", apesar de sua "dor eterna". "O velho Oliveira" mimava o rapaz quando este chegava da cidade, dando-lhe frutas, batata assada ou um bodoque. Por fim, o médico deu-lhe alta e lá foi ele morar com a família. Nesse período Lima pôde "conhecê-lo melhor e apreciar a grandeza de sua alma e a singularidade de suas opiniões. Coisa curiosa! Oliveira tinha em grande conta a sua dolorosa Costa d'África". Se o jovem tentasse menosprezar sua própria origem, o "humilde amigo" logo retrucava e, chamando-o carinhosamente de "seu *Lifonso*", lembrava-o de que devia se orgulhar da África.[88]

Cabinda lembrava com carinho da época de Pedro II, e não gostava nada da República. Já Lima, embora chamasse de "curiosas" as convicções políticas de Manuel, também se aproximaria afetivamente das lembranças do Império, escrevendo a respeito dos soberanos ou culpando o novo regime pelos infortúnios por que passava o país, e pela discriminação racial vigente. Por exemplo, num artigo intitulado "A política republicana",[89] anuncia de forma eloquente: "Não gosto, nem trato de política. [...] Eu a encaro, como todo o povo a vê, isto é, um ajuntamento de piratas mais ou menos diplomados que exploram a desgraça e a miséria dos humildes". No entanto, jamais deixava de dar seus pitacos sobre política. Ajuizou ele: "No Império, apesar de tudo, ela [a política] tinha alguma grandeza e beleza. As fórmulas eram mais ou menos respeitadas; os homens tinham elevação moral [...]. A República, porém, trazendo à tona dos poderes públicos, a borra do Brasil, transformou completamente os nossos costumes administrativos e todos os 'arrivistas' se fizeram políticos para enriquecer". E coloca um sonoro ponto-final: "A República no Brasil é o regime da corrupção. [...] Vem disto a nossa esterilidade mental, a nossa falta de originalidade intelectual, a pobreza da nossa paisagem moral e a desgraça que se nota no geral, da nossa população. Ninguém quer discutir; ninguém quer agitar ideias; ninguém quer dar a emoção [...]. Todos querem 'comer'. 'Comem' os juristas, 'comem' os filósofos, 'comem' os médicos [...] 'comem' os romancistas, 'comem' os engenheiros, 'comem' os jornalistas: o Brasil é uma vasta 'comilança'".[90]

E a culpa era toda da República: "Foi o novo regime que lhe deu tão nojenta feição para os seus homens públicos de todos os matizes. Parecia que o Império reprimia tanta sordidez nas nossas almas".[91] Lima tinha opiniões formadas sobre esse sistema e conservava a imagem da monarquia banhada em formol; mas sempre num registro nostálgico, que recuava à figura da princesa Isabel, e daquele dia em que seu pai o levou para ver o ato da abolição. No imaginário popular ela continuava "Redentora".

Foram muitos os anos passados ao lado do jardineiro, que achou seu prumo, se mudou para o Rio com os Barreto e levou uma vida regular como um relógio. Era essa a única que Manuel conhecia, e a vivia de forma sábia e previsível. No final do belo texto, Lima conta que, depois de tanta convivência, foi ele quem providenciou o enterro do Cabinda no cemitério de Inhaúma. Junto com Cabinda, confessa o escritor, soterrou boa parte das esperanças que carregava consigo.[92]

Poucas vezes Lima descreveu com tamanho afeto um amigo ou parente. Oliveira era de fato uma "figura original de negro", que comprovava a "candura dos simples e a resignação dos humildes...".[93] Estamos no fim do primeiro semestre de 1921, quando o autor fala em "desalento", lembra com doçura do passado e parece aos poucos ir se despedindo dos amigos — junto com "seu Manuel". Os "pretos velhos de Lima" são figuras que continuavam assombradas, premidas pelos novos tempos, e que, embora humilhadas por tantos anos de cativeiro, encontravam um jeito de criar um bom cotidiano para viver em liberdade. Se Lima se diferenciava deles por ter nascido livre, identificava-se com sua simplicidade e altruísmo. E quem sabe não existissem outros tantos Manuel Cabinda na vida do escritor? Basta lembrar o preto velho "quase centenário, de fisionomia simiesca e meio cego" retratado em *Isaías Caminha*; ou o preto que "tinha os pés espalmados", "andava de leve, sem quase tocar no chão, escorregava, deslizava — era como uma sombra...". A marca forte e perversa da escravidão impusera pés descalços e o silêncio dos que viviam "à sombra".[94] Apesar disso, foram esses indivíduos que ofereceram ao autor exemplos sobre a importância da memória. É que eles não abriram mão de suas histórias, das lembranças orgulhosas de seu continente de origem; uma época real ou tantas vezes imaginada de quando viviam livres na África. Afinal, ninguém fora escravo no passado, todos nasceram num território, tiveram seus vizinhos, seus próprios diários íntimos. Em tais momentos, a ternura de Lima era imensa e dolorosa. Com esses seus personagens tão cheios de afeto, ele provavelmente revisitava as muitas histórias da sua história.

"Mulatos", "malandros" e "perseguidos": cor e contracor

Outra palavra que aparece com frequência na obra de Lima é "mulato". Por certo o escritor não desconhecia toda sorte de associações desqualificadoras vinculadas ao termo e parecia empregá-lo intencionalmente, até para melhor detratar a sociedade, que o usava e de forma perversa. Além do mais, de tão reiterados na obra eles acabam ganhando uma feição comum. São personagens caracterizados com base em alguns traços comuns, como o de manipular histórias e negociar com mais facilidade a própria situação. "Mulatos" são, ainda, descritos como escravos de segunda geração ou como aqueles nascidos livres. Por isso, seriam mais "espertos" e pouco dados ao "trabalho humilde" nas fazendas. Ataliba do Timbó, personagem de *Clara dos Anjos*, é "um mulato claro, faceiro, bem-apessoado, mas antipático pela sua falsa arrogância e fatuidade".[95] No mesmo romance, outro coadjuvante, "oficial de Marinha" e "maquinista", é descrito como "amorenado, tirando a mulato, baixo, sempre triste, curvado e pensativo".[96] Há também Ezequiel, filho de Florência Pestana, que "puxara muito ao pai [...] que era mulato, mas tinha os olhos glaucos, translúcidos, de sua mãe meio eslava, meio alemã, olhos tão estranhos".[97] Os "mulatos" das histórias de Lima pareciam referendar a poderosa teoria do senso comum, que atribuía a eles muitas aptidões, sobretudo a argúcia e a certeza de que naquela sociedade era preciso saber manipular para "vencer na vida".[98] "Nasci pobre, nasci mulato",[99] conclui um personagem de *Clara dos Anjos*, falando pelos demais.

Talvez até para dar conta dos tantos percalços, Lima inclui alguns "mulatos" suspeitosos. É o caso de Santana, um enfermeiro-mor que surge no *Diário do hospício* como um "mulato forte, simpático, olhos firmes, um pouco desconfiados",[100] mas bom de coração. Outro exemplo: um personagem anônimo que consta de *O cemitério dos vivos* como um "mulato escuro, forte, mesmo muito forte, rosto redondo grande, olhos negros brilhantes, com uma pequena jaça de desconfiança".[101] Desconfiados, pois a falta de segurança lhes impusera tal atitude; muitos deles, a despeito de simpáticos como são descritos, pareciam prontos para repentinamente se tornarem agressivos e virar o jogo, mostrando que não estavam ali para perpetuar nenhuma situação.

Na literatura brasileira os "mulatos" conformam um estereótipo forte, que habitualmente os caracteriza a partir da beleza do corpo. E mais uma vez Lima devolve a imagem, espelhando-a. Pacientes dessa cor aparecem desenhados no *Diário do hospício* como "estátuas de ébano". Também costumavam ser considerados "sagazes", como Elói, definido no *Diário íntimo* por seu "oportunismo". Talvez por isso "escondesse a cor", ou por "medo de ser chamado mulato ou negro".[102] Esse "mundo mulato", na obra de Lima, é inesperadamente variado, plural, rico. Denunciando o preconceito vigente, o autor construiu em seus escritos um retrato amplo e comovente desse grupo. Por eles circularam não só as figuras consagradas nos outros livros de época — os espertos, os capoeiras e os malandros —, mas também os "mulatos", que lutavam com bravura para ascender socialmente.

Boa parte dos personagens criados pelo escritor carioca eram muito diferentes, por exemplo, do capoeira de *O cortiço* (1890), de Aluísio Azevedo; Firmo só queria viver longe do trabalho. Crispim, que aparece em *Marginália*, "nem de leve, se insurgiu, a não ser inofensivamente em palestras e na platônica insurreição do cálice de cachaça, sorvidos, nos lábios de um rapaz, embora mulato, mas educado e com instrução superior à vulgar".[103] Apesar de "mulato", Crispim guardava uma educação superior — como Clara, aliás —, e a bebida era sua forma maior de insurreição.

Outro pressuposto perverso e onipresente na sociedade daquele período era entender os "mulatos" como "mestiços degenerados", dados à bebida, à loucura e à criminalidade. Lima parece denunciar exatamente essa espécie de predisposição em *Isaías Caminha*, quando um crime sem autoria é logo imputado a um "mulato". Como vimos, o protagonista foi levado à delegacia sem nem ao menos suspeitar do porquê. Justamente ele, que tinha educação muito "superior à vulgar", embora não conseguisse emprego por causa da "aparência"; aliás, um eufemismo social usado até hoje. Registra Lima: "O laudo do dr. Franco concluía que o homem era mulato, muito adiantado é verdade, um quarteirão, mas ainda com grandes sinais antropológicos da raça negra".[104] "Mulato adiantado" era expressão que se referia a indivíduos que iam apagando suas "marcas de origem" porém guardavam sinais afrodescendentes pronunciados, carregando, dessa maneira, o estigma da criminalidade. Um personagem que também merece destaque, nesse sentido, é Lucrécio, "mulato" conhecido como Barba-de-Bode que faz parte das *Aventuras do dr. Bogóloff*. O autor o define como uma "bela pessoa", que exercia o lucrativo ofício de "capanga" político. Outro, ainda, recebe uma apresentação sugestiva: "belo mulato escuro, forte e alto, de cabelos corridos, peito alto e ombros largos. Tinha uma fama de terrível e era muito procurado pelas eleições. Servia de guarda de corpo do senador Sofônias e propagava a sua celebridade nas 'classes desafortunadas'".[105] Enfim, o conjunto da obra de Lima desenha quase uma fotografia: os "mulatos" seriam pessoas bonitas de corpo, bem-vestidas, capoeiras e bons guarda-costas, mas também gente que se defendia melhor, com o objetivo de encontrar novas formas de inserção social naquela sociedade tão excludente.[106]

Lima construiu um "quadro mulato" dos mais complexos e ambivalentes. De um lado, havia os faceiros, malandros, e aqueles usados para todo tipo de serviço e, em geral, contratados por brancos para tarefas fora do registro da ordem e da lei. De outro, estavam os mais inteligentes, educados, mas que também não escapavam do julgamento da cor.[107]

Por isso é que Lucrécio, figura secundária na trama de *Numa e a ninfa*, faz coro à paisagem humana que o escritor cria no conjunto de sua obra. Diz ele: "Deixe-me! Deixe-me! Vocês não sabem o que é ser mulato! Ora, bolas!".[108]

Em certos momentos, o próprio autor se define como "mulato", atraindo para si a carga de preconceitos que desenhava para seus personagens. Em *Diário íntimo*, ele medita: "Mas de tudo isso, o que mais me amola é sentir que não sou inteligente. Mulato, desorganizado, incompreensível e incompreendido, era a única coisa que me encheria de satisfação, ser inteligente, muito e muito!".[109] Como "mulato, desorganizado", Lima parecia sujeito a todo tipo de trava na vida. Afinal, segundo mostravam os personagens dele, sendo "negro ou mulato" não se chegava ao ápice da carreira nem se ascendia socialmente. O autor de *Clara* ia misturando sua vida à das figuras que criava, e entendia-se quase ficcionalmente como um contínuo e um amanuense "mulato". No Brasil negociam-se cores, e Lima definia seus personagens mas também se entendia a partir dessa métrica interna.[110]

Cores são réguas comparadas, e branco, paradoxalmente, é a cor mais visível e invisível, também. Afinal, é ela que estabelece a norma, pode acarretar ou não promoção e discrimina possibilidades de ascensão social. Conforme demonstra Victor Turner no livro *Floresta de símbolos*, há alguns elementos essenciais para extrair das cores. O antropólogo inglês sugere a existência de três cores básicas — preto, vermelho e branco —, que representariam produtos do corpo humano e seriam capazes de emitir e incrementar emoções. Essas experiências corporais corresponderiam, por sua vez, a distinções de poder e hierarquia social, espelhadas em esquemas cromáticos.[111] Cores são, assim, relações, já que nunca se definem sozinhas e de maneira absoluta.

Percepções pautadas na cor também foram chamadas de "pigmentocracias", modelo existente desde o Egito antigo e que permanece influente em várias sociedades, as quais, seguindo a mesma ideologia do "senso comum", estabelecem padrões de ascensão social regulados por tons da pele, assim como criam vínculos estreitos entre raça e status socioeconômico. Essa correlação popular entre cor, etnia, raça e classe social está presente na maioria dos países latino-americanos de passado colonial, e conformava parte essencial da realidade vivenciada e expressa por Lima em sua obra.[112]

Mas o conceito de "mulato", tão impregnado de conotações históricas e raciais, é ainda mais difícil de classificar. Considerada uma cor "intermediária", está sujeita a mais manipulação. O cientista baiano Nina Rodrigues, em seu livro *As raças humanas e a responsabilidade penal no Brasil* (1894), "lamentava" o fato de os "mulatos" conformarem um "grupo muito numeroso, constituindo quase toda a população de certas regiões do país". Ademais, o cientista acreditava haver uma correlação direta entre esse grupo e a grande incidência de crimes. Devido a sua variedade e "graus de periculosidade", achou por bem dividi-los em: "mulatos dos primeiros sangues; mulatos claros de retorno à raça branca e que ameaçam absorvê-la de todo; mulatos escuros, cabras, produto de retorno à raça negra, alguns quase completamente confundidos com os de negros crioulos, outros de mais fácil distinção ainda".[113] Segundo o então famoso médico, "mulatos" eram entendidos como uma espécie de intermediários sociais: alguns se adaptariam à vida em sociedade, outros definitivamente não. Dessa forma, representavam "perigo social", podendo ascender ou descender na escala social. Além disso, dependendo da situação em que estavam inseridos, podiam "mudar de cor". É quase paradoxal pensar que essa era a situação que Lima divisava para si próprio. Era possível para ele — que se autodefinia como "mulato ou negro" — ora fazer parte da sociabilidade da capital literária do Rio de Janeiro ora nem tanto. Da primeira vez que entrou no manicômio foi definido como "branco", na segunda, virou "pardo". Naquela altura de sua vida, porém, a cor social mais parecia uma sorte de danação.

"Mulatas", "mulatinhas", "pardas": beleza e intimidação

Muito presentes na obra de Lima Barreto, as "mulatas" já vinham ocupando posição de "destaque" na literatura da época. Mas, se as personagens assim definidas não eram novas, a forma como ele as apresentava era, sim. Rita Baiana, personagem de Aluísio de Azevedo em *O cortiço* (1890), é o protótipo da "mulata" independente, insinuante, que seduz a todos e sempre se "vira na vida".[114] Lima, em vez de repetir a representação vulgar das "mulatas", em seus escritos parece querer denunciar o olhar preconceituoso que a sociedade lhes dirige, seja descrevendo os maus-tratos a que são submetidas, seja mencionando a frustração delas com seus sonhos de ascensão que acabam sempre se mostrando infundados. Vimos como a protagonista de *Clara dos Anjos*, uma "mulatinha" de "seios empinados", acaba sozinha e grávida em todas as versões, além de prostituída em algumas. Também citamos trecho do mesmo romance em que outra "mulata" vincula sua má sorte ao azar de encontrar "Nhonhôs gostosos". O escritor, que reservava uma postura desconfiada em relação ao feminismo mas era solidário quando se tratava de denunciar violências cometidas por maridos, amantes, namorados ou desconhecidos, caracterizava as protagonistas "mulatas" quase como prisioneiras desse seu destino traçado.

Em "Um especialista", de maneira indireta Lima reproduz os comentários sexualizados que cercam essas personagens. "É uma coisa extraordinária! Uma maravilha! Nunca vi mulata igual. Como esta, filho, nem a que conheci em Pernambuco há uns vinte e sete anos! [...] Calcula que ela é alta, esguia, de bom corpo; cabelos negros corridos, bem corridos: olhos pardos. É bem fornida de carnes, roliça; nariz não muito afilado, mas bom! Uma boca breve, pequena, com uns lábios roxos, bem quentes... Só vendo mesmo! [...] Não se descreve."[115]

Sem minorar o mal-estar e até com o objetivo de incomodar os leitores, o criador de Clara leva para a sua literatura expressões em geral evitadas no espaço público: "negra suja", "negrinha", "crioulinha", "pretinha", "moça pobre mulata", "cabrochinha". Abusando dos diminutivos, recurso ainda presente na nossa contemporaneidade, descreve homens no aumentativo, enquanto as mulheres — num paralelo com a expressão "sexo frágil" — são definidas com termos ambivalentes que as diminuem socialmente e denotam sensualidade.[116] Seus corpos são classificados como "maravilhosos", "extraordinários", "excessivos", "fartos".[117] Comporiam, assim, uma categoria à parte: "bem fornidas de carnes"; "esguias e de bom corpo", com "lábios roxos e bem quentes". Segundo a tese de Cassi, eram "elas que se ofereciam". A inversão é perversa e é praticada ainda hoje, quando, não raro, de vítimas essas mulheres se transformam em algozes; de seduzidas em sedutoras. Já Lima trabalha retoricamente com a inversão da inversão da imagem consagrada na literatura. Ao invés de acobertar as situações de intimidação racial e de violência sexual, ele as destaca e inclui de forma quase repetitiva em sua literatura.[118]

O tema, como já sabemos, era caro e também dolorido para Lima. Quando, no Carnaval de 1906, ele se exasperou ao ouvir cantarem a modinha "Vem cá, mulata" e deixou a festa, lembrou de sua mãe e das tantas "mulatas" obrigadas a entrar nesse jogo de sedução, sempre como o elo mais fraco da equação social. Aí o estilo de Lima chama mais atenção. Nas passagens de suas obras que envolvem essas situações de sedução, ele parece empenhado, antes, em denunciá-las, e ainda incriminar o pouco impacto que a violência doméstica produz na sociedade.[119] Raça, classe, local e gênero conformam, pois, sistemas distintos de dominação que, associados, contribuem para a consolidação de uma única estrutura de poder e prestígio.[120]

As histórias das mulheres da família do escritor estão por toda parte e ressoam em seus textos. Afinal, sua avó Geraldina foi uma escravizada doméstica e a mãe dele, Amália, era "protegida" da casa dos senhores onde nasceu. Projetivamente ou não, a verdade é que as "mulatas" aparecem na obra de Lima confinadas ao espaço das casas nos subúrbios ou às ruas da prostituição na capital. No entanto, a impressão que se tem é que elas lá estão como um alerta contra a subjugação experimentada por parte da população feminina e afrodescendente, que seguia sujeita à violência masculina e, de forma particular, ao desprezo dos homens brancos. São essas histórias que Lima parece fazer questão de não esquecer, e com sua lembrança constranger.

"Toda sorte de cores"

Negros, negras, negros flexíveis, pardos, pardas, pardos claros, escuros, morenos, morenas, caboclos, caboclas, mestiços, crioulos, azeitonas, morenos pálidos, morenos fortes, negra suja, velha preta, criada preta, moça pobre mulata... Lima vai introduzindo em sua obra uma miríade de cores para dar conta desse vocabulário brasileiro que acomoda origem, hierarquia, sexualidade, região, geração e classe social.

A operação começava já nas notas de seu *Diário íntimo*: "David C., baiano, homem insinuante; vivo; de escrúpulos reduzidos, honestidade relativa. [...] Tísico. Moreno pálido. Meão de altura. Olhos vivos e grandes, inquietos. Meio calvo. Bigode farto. Arcadas superciliares fundas. Sobrancelhas espessas. Vagamente mulato. Sem família".[121] O que seria "vagamente mulato" ou "mulato pálido", só os "nativos" pareciam entender, e Lima se comportava como um deles.

Ainda em *Diário íntimo*, o escritor se detém em seu Cordeiro: "é homem velho, pardo sem ser mulato (?), de pele encarquilhada, a boca pequena calcada para dentro e projetando o queixinho redondo pra fora. Um bigode ralo amarelaço sempre aparado, como uma penugem de pássaro, enquadra-se magnificamente bem em semelhante rosto, a cuja superfície, e, sem exagero, quase no seu plano, brilham uns olhinhos pardos, aureolados com o halo da velhice. Os cabelos, muito lisos, tais como se fossem falsos, descem untados das bordas internas do chapéu".[122] Esse mais parece um retrato visual e falado. Afinal, sem ter a "cara amassada", esse "homem velho" exibe uma "pele encarquilhada", uns olhinhos pardos e cabelos muito lisos, "como se fossem falsos".[123]

Em *Marginália*, Lima assim descreve o popular maquinista Titio Arrelia: "um crioulo forte, espadaúdo, feio, mas simpático".[124] Já o pai de Clara, só para, com a repetição, termos certeza da intenção do escritor, é "pardo claro, mas com cabelo ruim". Havia se casado "pior"; a mãe era "mais escura", mas pelo menos "tinha cabelo liso". A associação entre cor da pele e tipo de cabelo, outro marcador forte e profundo no Brasil, também não passa despercebida para o escritor, que anota como esses detalhes, devidamente associados, ofereciam descrições renitentes dos sujeitos e de sua condição social. O sentido de "ruim" é patente: cabelo pixaim era sinal de descenso, ainda mais quando vinculado a uma "cor firme". O oposto, cabelo liso, melhorava os prognósticos e as chances de casamento, mais ainda para as mulheres.

Quaresma não se cansa de olhar para "aquele velho mulato escuro, com uma grande barba mosaica e olhos espertos". Barba espessa, jeito esperto, eis outro mundo de alusões. O próprio major, num trecho de *Triste fim*, desinteressa-se de uma conversa e passa a analisar um rapaz "moreno" postado bem na sua frente. "Ele era magro e chupado, moreno carregado e a oval do seu rosto estava amassada aqui e ali".[125] Nesse mesmo livro, Lima observa no porto os prisioneiros da Revolta da Armada: "Havia simples marinheiros; havia inferiores; havia escreventes e operários de bordo. Brancos, pretos, mulatos, caboclos, gente de todas as cores e todos os sentimentos, gente que se tinha metido em tal aventura pelo hábito de obedecer". "Cores", aqui, remete à ideia de "inferioridade" e de "obediência" — duas heranças penosas dos tempos não tão distantes da escravidão.[126]

Lima sublinha, ainda, a relação entre cor e trabalho. Numa de suas crônicas, ele reproduz uma citação de Darwin que descreve a dura realidade do cotidiano: "Uma madrugada fui passear uma hora antes de sair o sol para admirar, à minha vontade, o solene silêncio da paisagem, mas, bem depressa ouvi elevar-se nos ares o hino que cantam em coro os negros no momento de começar o trabalho".[127] A associação entre "negritude e trabalho" vinha dos tempos da escravidão, quando em 1711 o jesuíta Antonil buscou explicar, com ar de naturalidade, que os "negros" constituíam "as mãos e os pés do senhor do engenho".[128] Esse dito prosperou, vinculando de modo vil as populações afrodescendentes à labuta diária, assim como disseminou o preconceito contra o trabalho manual, considerado, então, na cruel expressão popular, "coisa de preto". Mas Lima não se detém apenas na vitimização; apresenta também elementos da sociabilidade desses grupos, feita das brechas e nas brechas, com os cantos que ajudavam não só a passar o tempo mas a irmanar e a construir novas formas de solidariedade.

O momento mais forte da associação entre "negritude", pobreza e humilhação pode ser encontrado num trecho das *Aventuras do dr. Bogólloff*. De forma dura, Lima denuncia seu próprio preconceito: "Não deixava de influir também nesse grande desprezo que tinha pelos homens do Brasil, uma boa dose de preconceito de raça. Aos meus olhos, todos eles eram mais ou menos negros e eu me supunha superior a todos".[129] Lima caminha aqui pelo fio muito tenso entre delatar e corroborar o preconceito. Como vimos, diferentemente da tábula rasa que a ideia de abolição pretendeu criar, no Brasil deslocaram-se preconceitos próprios dos tempos da escravidão. Também se reafirmaram subdivisões internas entre afrodescendentes nascidos escravos, outros que eram filhos de escravos, outros ainda nascidos no seio de famílias livres ou ainda após o Treze de Maio.[130] Foi em seu último conjunto de textos, em que recupera sua história no manicômio, que o escritor associou, de forma ainda mais contundente, pobreza e loucura, mostrando como a origem era (assim como é) um "mais" efetivo na hora de imputar criminalidade ou alienação. Registrou que os loucos provinham das camadas "mais pobres da nossa gente pobre", entre as quais "imigrantes italianos, portugueses, espanhóis e outros mais exóticos; são negros roceiros, que levam a sua humildade, teimando em dormir pelos desvãos das janelas sobre uma esteira ensebada e uma manta sórdida; são copeiros, são cocheiros, cozinheiros, operários, trabalhadores braçais e proletários mais finos: tipógrafos, marceneiros etc.". Nessa enumeração sem meias-tintas, e que em nada afaga o modelo da época, o qual começava a apostar numa mestiçagem redentora, o autor de *Isaías Caminha* não deixa de apontar onde reside a discriminação e uma espécie de subcidadania: "Esse pátio é a coisa mais horrível que se pode imaginar. Devido à pigmentação negra de uma grande parte dos doentes aí recolhidos, a imagem que se fica dele, é que tudo é negro. O negro é a cor mais cortante, mais impressionante; e contemplando uma porção de corpos negros nus, faz ela que as outras se ofusquem no nosso pensamento".[131]

O "negro" virava, nesse caso-limite — o cotidiano do hospício —, "a cor mais cortante", e tudo parecia ter, aos olhos do interno Lima, a mesma pigmentação, que não era apenas física, era também social. Em tal contexto, o escritor associava "negro" à doença e à pobreza, mas essa era, quem sabe, apenas uma circunstância. Tanto que no seu *Diário íntimo* mostra o oposto: "Os negros fizeram a unidade do Brasil. O negro é recente na terra. Os negros, quando ninguém se preocupava em arte no Brasil [...] Os produtos intelectuais negros e mulatos, e brancos, não são extraordinários, mas se equivalem [...]. Os negros diferenciam o Brasil e mantêm a sua independência, porquanto estão certos que em outro lugar não têm pátria".[132]

Literatura, para Lima, não significava apenas escrever bem e tratar de coisas belas. Ele a definia como uma "atividade espiritual", um trabalho que precisava se conectar com seu tempo, com sua região e com sua origem e condição. Raça era tratada não como uma condenação determinista, e sim como um modo de associar cor, classe e origem. Era também uma maneira de fazer literatura autobiográfica e militante porque jamais desvencilhada da experiência social. Em seu dia a dia, essa linguagem complexa das cores produzia uma imensa diferença. Por isso mesmo, por vezes sua literatura denunciava o preconceito, por vezes o experimentava, e aí sobrava todo tipo de ambivalência na narrativa.[133]

Cor não é detalhe, mas pode ser apreendida pelos detalhes.[134] É uma forma de classificação severa que introduz novas hierarquias pautadas em critérios como classe social, educação formal, origem familiar, todas paralelas e correspondentes a esse código de cores, cuja compreensão é facilmente captada — e com rara "erudição e competência" — pela população nacional.[135] Sem fazer coro à ideia de uma nação da "tolerância racial" nem alisar o discurso de uma sociedade supostamente avessa a conflitos, Lima mostrava nas letras como a própria estrutura social brasileira travava a cidadania plena dos afrodescendentes e o quanto a escravidão permanecia como uma espécie de herança cujo confronto era sempre adiado. E por isso destacar as cores sociais significava enfrentar uma contradição central da sociedade.

É nesse sentido, também, que é possível dizer que Lima optou por fazer uma literatura condicionada e afetada pela história das populações afrodescendentes. Não porque a biologia e a biografia explicassem sua forma de escrita, mas porque, em suas narrativas, esse mundo em que a cor atua como discriminador social tinha um profundo significado. Além do mais, realizar uma literatura à clef, no seu caso, implicava abrir uma porta em duas direções: para dentro e para fora. Não restam dúvidas de como, de um lado, a realidade social era seu fermento na construção de suas criaturas, no desenho de seus destinos, na discriminação dos preconceitos, na descrição dos padrões de sociabilidade distintos que iam sendo criados durante a República. De outro, o próprio escritor se moldava, e de maneira reflexiva, pela "verdade" de seus protagonistas. Era sempre Lima, na mesma medida em que ia assim se transformando em cada um de seus personagens. Lima e suas criaturas estavam cada dia mais misturados, sem que houvesse, contudo, "imitação" ou "cópia" na relação com sua literatura. Na verdade, ele ia se tornando a sombra de seus personagens, e vice-versa. Afinal, nessa altura, seus protagonistas eram quase fantasmas muito presentes em sua vida.[136]

Os fantasmas de Lima talvez fossem parentes próximos daqueles que Toni Morrison criou em seu romance *Amada*. A escritora conta como, na "casa 124", onde moravam três mulheres unidas pelo passado recente da escravidão, os fantasmas eram o que de mais real existia. Enquanto os vivos lembravam almas penadas, eles se mostravam mais e mais ativos, cheios das vontades e no controle das relações. No limite, porém, vivos e mortos andavam assombrados.[137] Lima também parecia cada vez mais assombrado com seus fantasmas — naquele momento de sua existência, todos eles habitavam o seu redor.

16.
Lima entre os modernos[1]

Mais do que qualquer outra atividade espiritual da nossa espécie, a Arte, especialmente a Literatura, a que me dediquei e com que me casei; mais do que ela nenhum outro qualquer meio de comunicação entre os homens, em virtude mesmo do seu poder de contágio, teve, tem e terá um grande destino na nossa triste Humanidade.
— Lima Barreto, "O destino da literatura"

Capa do n. 1 da revista dos modernistas paulistanos: *Klaxon*, maio de 1922.

No ano de 1921, a doença do pai de Lima se agravou muito. João Henriques definhava a olhos vistos: cada vez mais alheio a tudo, vivia isolado em casa fazia um bom tempo. Apesar da relação ambivalente que continuava a manter com a vizinhança, a família e sobretudo com o pai, o escritor andava inquieto. Acusava o irmão mais velho, Carlindo, de furtar livros e pequenos objetos para vender. Tinha medo de que seu dinheiro acabasse, que não fosse dar conta das despesas com o médico e com um futuro enterro, que parecia iminente. Preocupava-se também com o próprio destino. A aposentadoria não chegava a cobrir os gastos familiares, e seus livros e artigos não rendiam muito. Em seu *Diário* só existia lugar para pensamentos negativos: "A minha casa me aborrecia, tão triste era ela! Meu pai delirava, queixava-se, resmungava [...]. De resto, tinha horror à vizinhança, e, por isto [...], procurei sempre entrar em casa ao anoitecer, quando todos estavam recolhidos. [...] Coisas de maluco".[2] Diante de tanta contrariedade, bebia e escrevia alucinadamente.

E Lima vivia só para a literatura. Enfim, por mais que guardasse carinho e até identificação na tarefa diuturna de cuidar do pai doente, havia também evidente distância cultural; aliás, um deslocamento semelhante ao que o escritor sentia em relação a seus conhecidos em Todos os Santos. Por isso, permitiu-se confessar no *Diário*: "Só eu escapo!".[3]

Além do mais, se já era amigo, de longa data, da bebida e se acostumara a andar embriagado pelas redondezas, depois de tantos anos de excesso o álcool drenou suas forças. Sua decadência física passou a ser comentada até pelos amigos, segundo os quais Lima permanecia longos intervalos calado, por vezes desaparecia dos cafés e das redações, do centro. Vivia mais recolhido, pois se cansava fácil e mostrava-se abatido fisicamente. Sua velhice precoce era visível, seu cabelo, a crer no relato do confrade escritor Enéias Ferraz, embranquecera completamente. Mesmo em casa mantinha comportamento semelhante: de vez em quando ficava silencioso e com o olhar perdido; então a irmã, preocupada, colocava um cálice de parati a seu alcance.[4] Desde que deixara o Hospício Nacional, e já sem ter que cumprir o horário fixo do emprego, passava parte do tempo vagando sozinho pelos cantos da cidade, às vezes como seu Gonzaga de Sá — espécie de andarilho filosófico —, às vezes totalmente ébrio, sem dar pelos outros nem por si. Em não poucas ocasiões os amigos o encontraram caído inconsciente numa calçada. Nesses momentos Lima se igualava a tudo que não queria ser: um desconhecido coberto pelo anonimato circunstancial da bebida.[5] Alguns colegas inventaram para ele apelidos como Esmolambado e Hálito de Onça, outros contavam que andava "fedendo a cachaça" e que, em certas ocasiões, parecia um mendigo. Corria a história de que, ainda no hospício, Lima teria dado dez tostões a um camarada, João Barafunda, e lhe pedido que fosse comprar alguma coisa para que ambos comessem uma refeição melhor do que a servida na instituição. João, também romancista, tinha estado internado com ele e recebera alta havia pouco, portanto conhecia os meandros do estabelecimento. O conhecido teria retornado com nove tostões de cachaça e um pão, ao que o criador de Policarpo obstou: "Pra que tanto pão?".[6]

Apesar da decadência e do cansaço físicos, Lima fazia questão de manter vasta correspondência com seus pares, especialmente escritores de gerações mais novas, espalhados por vários estados. Muitos deles continuavam a enviar-lhe cartas e originais, à espera de sua avaliação — e, quem sabe, bênção —, e nunca ficavam sem resposta.[7] Em seu acervo pessoal podem ser encontradas missivas de Agripino Grieco,[8] Mário Sette,[9] Leo Vaz,[10] Gastão Cruls,[11] Murilo Araújo,[12] Adelino Magalhães,[13] Alberto Deodato,[14] Olívio Montenegro,[15] Carlos Süssekind de Mendonça, Pascoal Carlos Magno,[16] Ranulfo Prata[17] e tantos outros. Estranho pensar que, nos dias de hoje, a maior parte desses nomes, muitos deles vinculados a esse modelo social de literatura, é pouco reconhecida. Se até hoje são nomes destacados em seus estados de origem por conta do prestígio intelectual que mereceram, eles parecem ter ficado, e não por obra do acaso, fora do cânone modernista que ganhou força nos anos 1920 e deixou de lado muitos literatos que se lançavam no mesmo momento.

Da sua parte, o autor de *Policarpo Quaresma* procurava incentivar os jovens colegas e de todas as maneiras; ofereceu-se, por exemplo, como fiador do novo livro de Enéias Ferraz,[18] *História de João Crispim*, e o apresentou a seu amigo e livreiro Schettino. Na carta enviada ao rapaz, Lima recomendou que a edição fosse "modesta" e que o novato arranjasse pelo menos 500$000 dos 1:500$000 necessários para a publicação. Paternal, aconselhou-o a ir liquidando a dívida "aos poucos" e usou de autoironia: "Hás de rir-te que eu fique fiador, pois o Rio é tão nobre cidade que eu — tu bem me conheces — posso ser fiador de muita coisa. Imagina tu que moro há cinco anos em uma casa, sem carta de fiança, a 200$000 por mês. Já fiquei devendo quase um ano e já pagamos, eu e meus irmãos. Manda o calhamaço".[19]

Ainda que estivesse na pior, Lima não perdia a piada. Ao que tudo indica, *História de João Crispim* foi mesmo inspirado no escritor de Todos os Santos. O protagonista é um andarilho incorrigível que costuma vagar pela madrugada bebendo em diferentes botequins, quase sempre na companhia de seu celibatário e solitário amigo Afonso Pina, poeta que termina por suicidar-se. Há também proximidades na descrição física, além de serem ambos, o criador de Isaías Caminha e o personagem de Enéias Ferraz, escritores e jornalistas, e de terem sido internados no hospício.

Assim, se Lima andava deprimido com o andamento de sua carreira, parecia esperançoso com as novas gerações. Em encontro com alguns desses escritores, ou nas missivas trocadas, discorria sobre sua paixão incontestável pela literatura e jamais deixava de declinar seus autores prediletos. Durante um ano inteiro correspondeu-se com um jovem chamado Jaime Adour da Câmara.[20] Portava-se professoralmente diante dele, estimulando-o, fazendo críticas e sugestões. Indicava também várias obras de sua biblioteca. "Leia sempre os russos", aconselhou, listando seus favoritos, entre os quais "Tolstói, Turguêniev um pouco de Górki; mas, sobretudo, o Dostoiévski da *Casa dos mortos* e do *Crime e castigo*".[21]

O "mestre" aconselhava ao "pupilo" que era "preciso arredondar mais", que não deixasse aparecer "as costelas, o esterno", e que as leituras fossem mais "transfiguradas por um pensamento de moço e seu". A ideia era que as referências tinham seu valor, mas não deveriam ficar "à flor da pele". Perguntava, ansioso, se Jaime havia recebido *Socialismo progressivo* ou a conferência de José Ingenieros. Os livros do médico, psiquiatra e escritor ítalo-argentino andavam em voga e faziam parte das "obras seletas" da Limana. Ele tomava parte de um grupo de tendência comunista, o Claridad,[22] e professava abertamente ideias anti-imperialistas. Essa era, pois, a "turma de combate" de Lima. Tanto que, na correspondência assídua que mantinha com Jaime Adour, o autor acrescentou que iria lhe mandar mais publicações "(as baratas, bem entendido) [...] sobre coisas sociais".[23]

Lima defendia, portanto, diante das novas gerações, a importância da literatura solidária em que tanto acreditava. E prometia enviar exemplares de filósofos anarquistas como Kropótkin ou obras de Hamon, de Reclus, entre outros.[24] Recomendava também "o 'maluco' do Comte e o Spencer, *Introdução à ciência social* e *A moral entre os diferentes povos*".

Por meio dessa correspondência assídua, parecia querer criar novas redes de conhecidos e constituir herdeiros que entendessem e admirassem sua maneira de encarar a profissão de escritor. A literatura precisava ser social e se manter distante da "mania grega" que tomara, segundo ele, a capital do país; uma literatura de "recepção", dada a "brindes de sobremesa". Lima ia assim levando a vida: continuava a escrever suas crônicas, esforçava-se para publicar seus artigos, mas, como vimos, perdia aos poucos a luta contra a bebida. Já não controlava bem seus gestos e recorria ao álcool com mais frequência, não discriminando tipo de bebida. Passou a tomar seus tragos mais sozinho. Era visto embriagado antes do almoço, depois do almoço, no jantar e até mesmo quando se recolhia para dormir. Ia se afastando de todos, mas boa parte dos antigos companheiros também começava a não ver muita graça em estar na sua companhia. Com regularidade, nessas horas ele ficava repetitivo e inoportuno. Era um Lima mais dominado pela bebida, a qual, claramente, também agia nele cada vez mais rápido.

Viagem a Mirassol e a profissão de fé na literatura social

Foi nessa época que o escritor e médico Ranulfo Hora Prata conheceu Lima Barreto. Ranulfo era sergipano, formado pela Faculdade de Salvador, com especialização na Escola de Medicina do Rio de Janeiro e clínico reconhecido em cidades do interior de São Paulo. Era, além do mais, autor dedicado à causa dos pobres e definia sua literatura como "operária". Acabara de publicar seu primeiro romance, *O triunfo*, sem grande repercussão. Ranulfo e Lima encontraram-se pela primeira vez no Hospital do Exército, onde o criador de Policarpo fora internado para se tratar de uma fratura na clavícula, consequência de mais uma noite em que vagara ébrio pelas ruas. A conversa entre o doutor e o paciente transcorreu solta, e o tema logo deixou de ser a saúde para se concentrar na literatura.

Depois da alta, Ranulfo enviou um exemplar de seu livro a Lima, que, como era de seu feitio, respondeu à remessa com uma carta elogiosa à obra. Não contente com tal gesto,

ASSOCIAÇÃO BRASILEIRA DE IMPRENSA

Serviço Medico

Receita médica passada pelo dr. Alberto Duque Estrada a Lima Barreto, em março de 1919, com o objetivo de ajudar na sua saúde e no controle da bebida.

Nesta casa, já demolida, localizada na antiga rua Plínio de Godói, hoje rua Marechal Deodoro, em Mirassol, Ranulfo Prata hospedou Lima Barreto durante quarenta dias.

aproveitou o tempo livre para ir visitar o médico no hospital. Mais animado e querendo demonstrar a leitura cuidadosa que fizera do romance, o autor carioca indagou se a protagonista da trama, Angelina, era mesmo tão bonita como aparecia descrita ali. Debochado, afirmou que as moças dos lugares que frequentava eram todas feias e desalinhadas, e que andava precisando conhecer uma mulher mais vistosa.

O Lima que Ranulfo encontrou no hospital possivelmente exibia aspecto adoentado, o que levou o médico a propor ao novo amigo uma forma "heterodoxa" de recuperação. O plano era retirar o escritor do Rio de Janeiro e convidá-lo a passar uns dias no interior paulista. Ranulfo morava parte do tempo na capital de São Paulo, e tinha uma clínica em Santos e outra em Mirassol; por lá se casou e tiveram um filho.[25] Já o autor de *Triste fim* julgou que na pequena e pacata cidade, longe do pai e das frustrações que experimentava no ambiente literário carioca, teria chances de deixar para trás sua longa história com a bebida.

Até então o autor havia saído poucas vezes do Rio, e deve ter recebido a proposta de tratamento como uma "aventura". Frequentara a ilha do Governador durante a infância e a adolescência, mas suas últimas lembranças de lá, com o pai louco, não eram das melhores. Também tinha visitado seu tio Bernardino Pereira de Carvalho em Guaratiba, no ano de 1914, quando sofreu uma de suas maiores crises de abstinência e destruiu parte da casa da família, episódio que resultou em sua primeira internação.[26] Em 1916, tivera outra crise, quando se achava em Ouro Fino, Minas Gerais, e fora parar na Santa Casa da cidade.[27] Pode-se imaginar, portanto, que não confiava muito em suas poucas e desagradáveis experiências de viagem.

Daquela vez, porém, tudo havia de ser diferente. Lima poderia aproveitar a viagem para passar por São Paulo e rever alguns confrades que ali moravam. Daria um jeito de se encontrar também com seu editor e amigo por correspondência, Monteiro Lobato. Para dar uma trégua à insegurança de Lima, Ranulfo, nas cartas que lhe enviou, tomou o cuidado de especificar as baldeações necessárias até o destino final: São Paulo, Araraquara, São José do Rio Preto. Além do mais, para evitar que o escritor mudasse de ideia, mandou-lhe dinheiro para as despesas.

Nas crônicas intituladas "Até Mirassol: notas de viagem",[28] publicadas na *Careta* entre 23 de abril e 7 de maio de 1921, fica claro o bom humor e o ânimo renovado de Lima. Para caprichar no visual, até comprou uma "fatiota nova e um chapéu também novo, e lá se foi, rumo a Mirassol. Estava novinho em folha", e brincava: o "calhambeque de mala não condizia com a elegância da indumentária". Lima preparava-se para o que considerava uma nova etapa em sua vida. Ia tirar a poeira do corpo, afastar-se um pouco de casa e tratar-se de "sua doença". Esse parecia ser um momento de virada, e seu texto só confirmava tal impressão. Escreveu que partia para a "localidade de Mirassol", a qual ficava "nos confins de São Paulo, atraído também pelo seu nome pitoresco". De mala e cuia, o dono da Limana embarcou na Central no dia 1º de abril; bem no Dia da Mentira. Com o bilhete previamente enviado por Ranulfo, tomou seu lugar no vagão da primeira classe uma hora antes da partida. Como não estava acostumado a vagões luxuosos, aborreceu--se: seu "calhambeque de mala", claro, não cabia debaixo do banco. Um vexame que o levou a prever "o azedume do companheiro de defronte, por causa do tropeço que ela lhe vai causar às pernas".[29]

Lima usufruiu a viagem para tomar notas e escrever sua literatura em trânsito. Descreveu passageiros, observou feições e pensou em recuar: "Envergonho-me da minha pobreza e dos meus humildes cigarros. Arrependo-me da viagem ou, antes, de não ter tomado a segunda classe. É o meu lugar".[30] O escritor, com suas roupas pouco alinhadas e as inseguranças de plantão, ia seguindo os trilhos com seus pensamentos.

Na parada em São Paulo, visitou amigos do anarquismo, como Edgar Leuenroth,[31] e, conforme escreveu, trocou dois dedos de prosa, finalmente, com Monteiro Lobato no escritório de sua editora. Tempos depois enviaria uma carta a seu outro editor, Schettino, contando que tinha estado com "o Lobato" num "encontro simples e cordial".[32] Difícil termos certeza desse encontro. Lima andava meio delirante, e na troca de correspondência com Lobato não fica claro se haviam, de fato, se reunido. Na carta para Schettino, ele diz que "conhecera" Lobato em São Paulo, a caminho de Mirassol. Mas o faz de forma ligeira, sem detalhes, o que causa estranheza. Afinal, o escritor carioca ansiava pelo encontro e devia ter muitas perguntas guardadas para o editor. Já Lobato, em missiva ao jornalista e escritor Jaime Adour da Câmara, afirma ter visto "o Lima só uma vez no Rio, e não estava *ivre mort*, coitado, estava a meio pau". Há mais uma pista que confirma a versão de Lobato: o médico sanitarista e escritor Gastão Cruls disse lembrar de uma conversa em que o editor paulistano lhe relatara, frustrado, o momento em que avistara Lima num boteco na capital, pouco após o

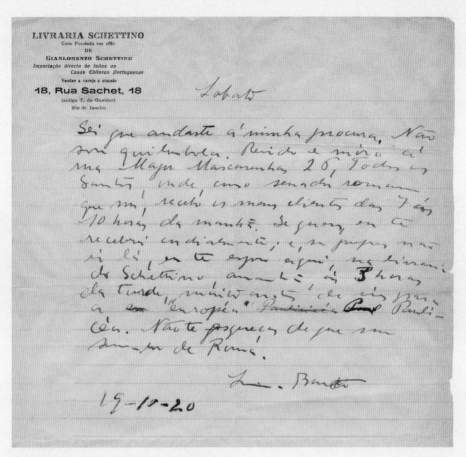

Carta de Lima Barreto para Monteiro Lobato, 1920.

lançamento do *Gonzaga de Sá*. Achava-se este em tal "estado de ânimo" que Lobato preferiu não se apresentar.³³

Até 1920, pelo menos, temos certeza de que os dois não se encontraram. Numa carta bem-humorada, Lima assim se refere a uma possível reunião entre eles: "Sei que andaste à minha procura. Não sou quilombola. Resido e moro à rua Major Mascarenhas 26, Todos os Santos, onde, como senador romano que sou, recebo os meus clientes das sete às dez horas da manhã. Se queres, eu te receberei cordialmente; e, se preferes não ir lá, eu te espero aqui, na livraria do Schettino, amanhã, às três horas da tarde, muito antes de ir para a 'europeia' Pauliceia. Não te esqueças de que sou senador de Roma".³⁴

O autor a assina e data: 19 de novembro de 1920. A carta foi guardada por Monteiro Lobato em seu acervo, e o papel timbrado que Lima usou é do seu outro editor, Schettino, amigo de vários anos. Há, assim, muita lenda em torno dessa história.³⁵ Se não temos ainda como resolver o enigma, certo é que a situação física de Lima declinava, e até críticos que o tinham em alta conta evitavam encontrá-lo naquelas condições. É revelador o fato de ele dizer, mesmo ironicamente, que não era quilombola. A piada só tem graça por causa do mundo de inversões que propõe, e fica claro que o escritor de Todos os Santos aludia ao "refúgio" em que se achava e à sua literatura mais militante e tão voltada para os temas da população afrodescendente.

Na *Revista do Brasil*, Lobato escreveria: "De Lima Barreto não é exagero dizer que lançou entre nós uma nova fórmula de romance de crítica social sem doutrinarismo dogmático. [...] Conjuga equilibradamente duas coisas: o desenho dos tipos e a pintura do cenário. É um revoltado, mas um revoltado em período manso de revolta. Em vez de cólera, ironia; em vez de diatribe, essa *nonchalance* filosofante de quem vê a vida sentado num café e amolentado por um dia de calor".[36] Enfim, talvez o editor preferisse evitar um encontro presencial com um Lima meio delirante e ébrio; melhor seria guardar intacta a imagem de sua "grande descoberta literária", privar-se da conversa pessoal e preservar os romances por editar. Mesmo assim, nas cartas, os dois mostravam intimidade. Chamavam-se de confrades e trocavam elogios. Em correspondência datada de 28 de dezembro de 1918, Lobato deixa clara sua impressão sobre o autor de *Triste fim*: "E cá comigo: se o 'ordenam', em vez de Policarpos, o Lima engorda e emudece".[37] O que quer que tenha acontecido em São Paulo, não se pode esquecer que a passagem de Lima pela capital paulista visava apenas a uma pausa breve em meio a uma viagem cujo objetivo era, mais exatamente, "ordená-lo".

O tempo correu rápido na Pauliceia desvairada, e logo o literato dos subúrbios do Rio pisava firme na pequena Mirassol. Por lá parecia que todos se conheciam, e ele foi recebido como autoridade. Mas ordens são ordens, e o amigo médico, depois das boas-vindas, não demorou a lhe impor um cotidiano exigente, que previa vida regrada, ar puro e boa comida. No começo tudo andou bem. Lima parecia disposto, receptivo e mais falante, até que alguns colegas de Ranulfo tiveram a péssima ideia de convidar "o famoso escritor carioca" para proferir uma palestra em São José do Rio Preto; espécie de sede da comarca, distante poucos quilômetros da cidade.[38]

A ideia provou ser um enorme desacerto. Lima não estava habituado a falar em público, não gostava disso e não se saía bem. Aceitara o convite apenas para demonstrar sua boa educação e seu caráter cordato. A calma que vinha experimentando, porém, foi-se embora, e ele ficou aflito; perambulava de um lado para outro, sem conseguir dormir. Nessas horas, parecia-se um pouco com o pai, que diante da ansiedade era capaz de andar quilômetros, mesmo fechado no quarto. Agitava-se muito e, em seguida, sentia-se vencido, deprimido e sem vontade de desempenhar atividade alguma.[39]

Acreditando que dominaria a ansiedade quando a ocasião chegasse, escreveu seu discurso. Confiante, julgava que o desafio era até pequeno para ele, habituado à sociabilidade das letras no Rio. No entanto, quanto mais se aproximava o dia da palestra, maior se ia lhe afigurando a tarefa. Tudo parecia líquido e certo; mas, no momento em que saía a caravana de carros especialmente preparada para o convescote literário, Lima não apareceu. Depois de passar uma boa hora procurando o paciente por todos os cantos da cidade, Ranulfo finalmente o encontrou, em condição semelhante àquela com que o irmão Carlindo e o amigo Noronha estavam acostumados. O criador de Numa, totalmente bêbado, quedava desfalecido numa calçada da pacata Mirassol.[40]

A literatura com quem casei

O escritor jamais proferiu aquela que seria sua primeira palestra pública. Mais sóbrio, e depois do que julgou um vexame pessoal, ele decidiu não se demorar muito mais em Mirassol, e o médico convenceu-se do fracasso de sua missão. Mas o texto que Lima escrevera especialmente para a ocasião, intitulado "O destino da literatura", acabou sendo publicado na *Revista Souza Cruz*, na edição de outubro-novembro de 1921.[41] Mal sabia o autor carioca que o artigo se converteria numa espécie de testamento de sua obra — num balanço e numa defesa de sua literatura militante. Aquele era o melhor resultado da excursão que fizera a São Paulo e arredores. Se o tratamento imaginado pelo dr. Ranulfo Prata falhara, pelo menos o testamento de Lima estava pronto.

O ensaio é longo e começa pela contraposição; aliás, segredo fundamental do estilo consolidado de Lima. De saída, ele se opõe às "conferências literárias", atividade social muito em voga na capital do país, em que senhores e, sobretudo, senhoras se reuniam para tomar chá tendo como convidado um palestrante ilustre. Cheio de sua boa ironia, afirma que se exige desse palestrante "elegância na exposição", bem como outras qualidades "quase de nenhum valor". "Desembaraço e graça, distinção de pessoa, capricho no vestuário e — quem sabe lá? — beleza física e sedução pessoal."[42] Nenhum de tais atributos fazia parte das qualidades do escritor carioca, que dá como exemplo o poeta Olegário Mariano, conhecido por sua "voz melhor, menos estridente". Era ele que levava "o auditório de suas conferências" a ser "monopolizado pelas moças e senhoras", as quais o procuravam menos pelas letras e mais por seus dotes dionisíacos.[43] Lembra ainda de outro colega, também "lindo e loiro", a quem a esposa proibira de continuar com as conferências porque certa vez ela fora ao auditório e não vira ali um homem sequer. Lima usa este mote para admitir que não era bom de conferências: "O discurso nunca foi o meu forte e desde bem cedo me convenci disso".[44] Era como se no íntimo pressentisse que a esperada palestra jamais aconteceria.

Mas não era desse tempo que pretendia tratar. Lima tinha como propósito explicar o que de fato o comovia nessa vida. Seria a "Literatura, ou a Arte" que mais contribuiriam "para a felicidade de um povo, de uma nação, da humanidade?".[45] O tom do autor é de "passar a vida a limpo", de revisão de carreira. Admite que "há cerca de vinte anos" se pôs "juvenilmente a escrever para o público, em revistas, e jornalecos que nasciam, eram lidos e morriam na rua do Ouvidor". Não permanece, porém, no lamento pelo que "não foi". Logo muda de postura e passa a resumir o "problema da importância e do destino da Literatura".

Erudito e assertivo, afirma que, apesar da falta de consenso entre "os sábios e as autoridades no assunto", na sua opinião "o fenômeno artístico é um fenômeno social", assim

O destino da literatura

Minhas senhoras e meus senhores:

E' a primeira vez que faço o que nós brasileiros convencionámos chamar conferencia ilteraria. Na fórma que nós o naturalizámos é um genero de literatura facil e ao mesmo tempo difficil e isto porque elle, não só exige de quem o cultiva, saber nas letras, habilidade no tratar o assumpto, elegacia na exposição, mas tambem por que impõe outras qualidades ao conferencista que, quasi de nenhum valor, para o sucesso nas demais modalidades de actividade literaria, são, entretanto, capitaes e indispensaveis para nelle se obter um bom resultado.

Pede tal genero ao expositor desembaraço e graça, distincção de pessôa, capricho no vestuario e — quem sabe lá? — belleza physica e seducção pessoal. E' o criterio nacional de que tenho muitas provas nas torturas porque têm passado aquelles meus amigos e confrades aos quaes Deus galardoou, em tão raras virtudes.

Explico-me.

O meu bello camarada O. M. canta ás cigarras com voz melhor, menos estridente e mais suavemente amorosa do que aquella com que esses insectos o fazem quando inspirados pelos crepusculos aloirados do estio. Elle possue, em alto gráo, a segunda serie de qualidades do bom conferencista, a que acima alludi. O auditorio de suas conferencias é monopolisado pelas moças e senhoras. Sabem o que lhe tem acontecido? O. M. vê-se de tempos a esta parte atrapalhado para guardar em casa, caixinhas, caixas, caixões de cigarras seccas que as suas admiradoras, do Amazonas ao Prata, lhe mandam insistentemente. E' um verdadeiro pesadello.

Um outro meu amigo, que é excepcionalmente lindo e louro, embora da "Terra do Sól", bello "diseur" de solidas conferencias, nas salas do tom do Rio de Janeiro, foi prohibido de continuar a fazel-as, pela respectiva esposa, porque, em uma das vezes, esta não viu no auditorio um só homem. Tudo eram moças e senhoras.

Conhecedor desse feitio caracteristico que tomaram entre nós, pelo menos no Rio de Janeiro, as conferencias literarias, sempre que, para ellas fui attrahido, solicitado por isto ou por aquillo, por este ou por aquelle, me eximi de experimentar fazel-as, empregando para isto todos os subterfugios, todas as excusas, desde a simples desculpa de doença até á fuga covarde diante do inimigo.

E' verdade que o Sr. Augusto de Lima, grande poeta nacional e parlamentar conceituado, faz conferencias com successo; mas é que, se não tem ou não teve a belleza de moço, possue hoje a immaterial da idade madura. E' verdade tambem que assisti conferencias concorridas de Anatole France e do professor George Dumas, e não eram elles, lá para que se diga, homens bonitos e chics. Em Anatole, achei eu e alguns amigos um bello homem; mas não da belleza que fere as mulheres. E esta é a qualidade fundamental para se fazer uma excellente conferencia, no julgar de todos ou de todas da cidade brasileira em que nasci.

Não é só essa a opinião de Botafogo, de Copacabana ou Laranjeiras; ella é partilhada pelas minhas visinhas do Meyer e tambem pelas deidades do morro da Favella e da Gambôa. E' opinião geral da gente carioca.

Estão bem a ver que nunca quiz fazer uma ou mais conferencias, não por orgulho nem por pretender ser mais profundo do que os meus confrades que as fazem; mas, só e unicamente, pelo facto de conhecer a minha cidade natal, de alto a baixo, e de estar convencido de que, no tocante a ellas, palestras ou conferencias, a minha organização literaria tinha falhas.

De resto, o discurso nunca foi o meu forte e desde bem cedo me convenci disso. Quando bem moço, quasi menino, ainda imperfeitamente conhecedor da minha verdadeira personalidade, atrevia-me a frequentar festas familiares e quasi sempre dellas sahia fortemente despeitado com os oradores dos brindes de anniversario, de baptisado, de casamento ou mesmo com aquelle eloquente conviva que erguera solemnemente suas taças (era um simples copo, em geral) ao bello sexo.

CANETA TINTEIRO 100 VALES

Quasi com lagrimas, a minhas adolescencia vaidosa tentava explicar por que razão a minha relativa superioridade sobre taes oradores não permittia fazer os brilharetes de eloquencia que elles faziam.

Procurava então desculpar essa minha incapacidade para orador de sobremeza, annotando anecdotas da vida de grandes homens que não conseguiram falar, perante qualquer auditorio, uma unica vez na sua existencia.

Newton era um delles, e Gomes de Souza, o maior geometra brasileiro, era outro.

Muitos mais grandes homens tinha eu a meu lado e, com isso, me orgulhava; mas, naquelles tempos, era menino e é proprio de menino não achar grande differença entre um simples mortal e um grande homem, quando não o é de tambem suppôr-se um verdadeiro genio.

Tudo isto, entretanto, não vem ao caso; e só a titulo de amenidade póde ser explicavel que aqui viesse apparecer, tanto mais que conferencia literaria não é bem discurso, nem parlamentar, nem domestico-festivo, nem judiciario, nem mesmo mitingueiro. E' antes uma digressão leve e amavel, despretenciosa, que dispensa os éstos demosthenicos, as soberbas metaphoras de Ruy Barbosa, arroubos outros e tropos de toda sorte, antigamente tão bem catalogados pela de

Revista Souza Cruz

"O destino da literatura", *Revista Souza Cruz*, outubro-novembro de 1921.

como "o da Arte é social, para não dizer sociológico".[46] Lá estava, em poucas linhas, o recado de Lima. Essa era sua "Teoria geral da Arte", que só fazia sentido se acompanhada por um coletivo de escritores de sua predileção. Começa citando Tolstói, continua com Taine, passa a Guyau e Brunetière (1849-1906), professor francês de literatura que seguia a teoria do darwinismo e escrevera uma biografia de Balzac.[47]

A discussão volta-se, então, para a questão do "belo em literatura". Na linha de frente de sua argumentação, está Taine, pensador que não se interessava pela forma ou pelo "encanto plástico, na proporção e harmonia das partes"; nada de "helenizantes de última hora". Segundo o criador de Isaías Caminha, o que valia mesmo era "a substância da obra, não [...] as suas aparências". Lima queria mais da sua literatura; queria que ela enfrentasse as "questões de nossa conduta na vida".

Buscando, ardorosamente, justificar seu recorte, o escritor cita outra vez *Crime e castigo*, de Dostoiévski. De acordo com Lima, era a partir de seu sofrimento e da identificação com a miséria de seu país que o russo compreendia melhor "os erros da nossa organização social". A beleza estaria, portanto, na "ideia", na filosofia, numa sorte de vocação literária. É bonito notar como o autor de *Triste fim* se emociona ao esmiuçar o tema, explicando que "é preciso que esse argumento se transforme em sentimento; e a arte, a literatura salutar tem o poder de fazê-lo, de transformar a ideia, o preceito, a regra, em sentimento; e, mais do que isso, torná-lo assimilável à memória, incorporá-lo ao leitor". A obra de arte não poderia ser resultado de um "capricho individual". Representava a união e a harmonia entre os homens, um ideal elevado com capacidade de transformar o "sofrimento da imensa dor de sermos humanos".[48]

Esse, o tema que o "apaixona", que o afeta profundamente. Literatura e arte corporificariam, pois, um fenômeno que "ergue o homem de sua vida pessoal à vida universal, não só pela sua participação nas ideias e crenças gerais, mas também ainda pelos sentimentos profundamente humanos que exprime".[49]

O discurso que restou no papel, que Lima nunca teve coragem de pronunciar em público, vai se encerrando com um tipo de profissão de fé literária: "Mais do que qualquer outra atividade espiritual da nossa espécie, a Arte, especialmente a Literatura, a que me dediquei e com que me casei [...] teve, tem e terá um grande destino na nossa triste Humanidade".[50] O solteirão Lima admite ter se "casado com a Literatura", essa Arte que faz "baixar das altas regiões, das abstrações da Filosofia e das inacessíveis revelações da Fé, para torná-las sensíveis a todos".[51]

Era somente essa a literatura que o ex-amanuense considerava digna de explicar "a dor dos humildes aos poderosos e as angustiosas dúvidas destes, àqueles".[52] Seria essa literatura "militante" que faria compreender as diferentes "almas dos homens dos mais desencontrados nascimentos, das mais diversas épocas, das mais divergentes raças; ela se apieda tanto do criminoso, do vagabundo, quanto de Napoleão prisioneiro [...]. Fazendo-nos assim tudo compreender; entrando no segredo das vidas e das coisas, a Literatura reforça o nosso natural sentimento de solidariedade com os nossos semelhantes, explicando-lhes os defeitos, realçando-lhes as qualidades e zombando dos fúteis motivos que nos separam uns dos outros".[53]

Aí estava, com certeza, o testamento de Lima e de sua literatura. Uma literatura vinculada ao "ideal de fraternidade, e de justiça entre os homens"; à solidariedade; uma arte que apostava num "sincero entendimento" entre os diferentes; que se "apiedava" de tudo e de todos. Lá estava, e sendo fiel ao título eleito por ele para a palestra que não deu, "o destino da Literatura"; o seu "sacerdócio" da literatura.

Lima chega até a desconectar-se do presente para projetar-se no futuro: "Que me importa o presente! No futuro é que está a existência dos verdadeiros homens".[54] Quase prevendo o destino que em breve bateria à sua porta, o escritor professa, reproduzindo uma citação de Guyau, que só a literatura o fazia "senhor do infinito". E coloca um ponto-final: "Possam estas palavras de grande fé; possam elas na sua imensa beleza de força e de esperança atenuar o mau efeito que vos possa [sic] ter causado as minhas palavras desenxavidas. É que eu não soube dizer com clareza e brilho o que pretendi; mas uma coisa garanto-vos: pronunciei-as com toda a sinceridade e com toda a honestidade de pensar. Talvez isso faça que eu mereça perdão pelo aborrecimento que vos acabo de causar".[55]

Este era Lima, com sua literatura social, seus gestos de solidariedade, sua profunda identificação com os humilhados. Este era Lima também na ambiguidade e no deslocamento social. Escrever mais do que isso, e como ele mesmo explica ao encerrar seu texto, seria apenas "causar aborrecimento na plateia". Desse modo, contrariado por ter se delongado com sua filosofia literária, ele termina rápido, pedindo perdão.

Lima e os modernos

O escritor de Todos os Santos voltou para sua estação "desenxavido". Certamente frustrado. Afinal, criara muita expectativa sobre a viagem a Mirassol (com direito a passagem por São Paulo), tendo se preparado para ela com extremo cuidado, sobretudo porque vislumbrara a possibilidade de vencer "seu vício da bebida".

Como o plano do médico Ranulfo Prata não deu certo, é possível supor que Lima tenha retornado até pior do que foi, ou pelo menos com a moral mais abalada. Regressava com sua mala-calhambeque, o terno talvez mais roto por causa do pileque que tomara. O que ele não sabia era que aquele seu "testamento" combinava não com passado, mas com o futuro. Um Brasil novo, um país menos idealizado, mais atento à sua realidade, às suas diferenças, às várias formas de ser brasileiro, começava a ser desenhado, não só mas também, por uma geração literária que se aprontava para assumir a liderança em tal contexto.

Os anos 1920 abrem uma agenda de mudanças e inauguram hábitos, procedimentos e diagnósticos que chocalharão os desafios intelectuais do país. Lima, entretanto, chegava a essa década mostrando sinais de cansaço. Sua batalha era solitária, ele parecia um Dom Quixote, a exemplo de seu Policarpo, um visionário que combatia moinhos. Se houvesse tido mais tempo de vida, reconheceria, quem sabe com alegria, inúmeros indícios, ainda dispersos e aleatórios, tomando forma: um sentimento forte de decepção com a República, combinado com um imaginário nacional mais atento às especificidades do país, lembrando, e muito, as aspirações maiores do projeto de literatura que ele advogava. Uma literatura que dissesse respeito a todos e, assim, a cada um de nós. Nos termos da época, esses eram os grandes desafios dos nossos modernismos que começavam a se arrumar para arrombar a festa.[56]

O marco simbólico desse processo ocorreu no sobrecarregado ano de 1922, quando dois eventos profundamente distintos aconteceram de maneira quase simultânea: de um lado, em todo o país, comemorava-se de forma patriótica e oficial o Centenário da Independência; de outro, na até então isolada São Paulo, tinha lugar a Semana de Arte Moderna, crítica às convenções mais estabelecidas. E, enquanto isso, Lima refazia internamente sua viagem desastrada a Mirassol. A sensação era a de que deixara escapar uma boa chance de se reerguer e que continuava perdendo de lavada a batalha contra "o seu vício". As marcas podiam ser notadas em seu corpo. Inchaço nas juntas, olhos fundos, pele meio macilenta e dores musculares eram suas queixas diárias. Essas limitações o tornavam ainda mais fechado, tímido e voltado para seu próprio mundo; ou ao menos para o mundo da capital, que até aquele momento parecia dialogar pouco com outras partes do Brasil. Também por questões geográficas, Lima passou longe do barulho estridente que fizeram os modernistas paulistas. Teve tempo, porém, de assistir aos festejos e à Exposição montada para celebrar o Sete de Setembro no Rio e comentá-los. A celebração tinha um papel simbólico importante, como bem mostra o historiador José Murilo de Carvalho: havia de representar "a maioridade da República em termos de país civilizado".[57]

Na revista *Careta* de 4 de março de 1922, por exemplo, usando seu velho pseudônimo de Jonathan, Lima analisava como a "Exposição do Centenário da proclamação da Independência do Brasil", mostra inaugurada no "aterrado do saco da Glória", tinha tudo para chamar a "atenção universal [...] para o nosso país e, particularmente, para a nossa capital". Sempre debochado, explicava que a Espanha presenteara a Argentina com um magnífico monumento a Cristóvão Colombo, enquanto Portugal nos ofertaria "alguma coisa, mas, depois de acabado o certame", daria um jeito de levá-la de volta. Mencionava ainda que a embaixada do México prometera uma reprodução da estátua de Cuauhtémoc, último imperador asteca. E aproveitava para encrencar: "Desde que não vá para São Paulo...".[58]

E o escritor continuava, sempre em tom de troça, a desfazer dos presentes que iam chegando, "aos centos", dos Estados Unidos, de Londres, da Palestina e dos banqueiros de Amsterdam. Para terminar, comentava que o monumento de bronze e mármore feito em homenagem a "Augusto Epitácio" seria oferecido pelo "Centro Paraibano que, como se sabe, goza de extenetiolidade [sic] e é, portanto, equiparado a um estado soberano".[59] Epitácio Pessoa, paraibano de origem, presidia o Brasil na época. Tendo disputado o cargo com o septuagenário Rui Barbosa, Pessoa soube que ganhara as eleições quando estava no exterior, representando o Brasil na Conferência de Versalhes. Voltou como

Vista da avenida das Nações e dos pavilhões provisórios da Exposição do Centenário da Independência do Brasil, em 1922.

presidente eleito em 21 de junho de 1919, uma semana depois tomou posse, e sua gestão foi até novembro de 1922.

Foi no seu governo que se terminou de destruir o Morro do Castelo; o qual foi ao chão com a imprensa encontrando nele um "grande vilão", e na sua ruína um feito da modernidade. Também se inauguraram, vistosamente, as comunicações radiofônicas, em mais um ato de patriotada que visava aproveitar a data festiva de 1922. A nova tecnologia só entraria nos lares, e para valer, alguns anos depois, mas a emissão simbólica, que pretendia unir o país, foi emitida diretamente do Corcovado. Também durante a gestão de Pessoa se construiriam mais de mil quilômetros de ferrovias na Região Sul do Brasil.[60]

Mas o ano estava mais para crise do que para a celebração. Epitácio Pessoa governaria em meio a uma sucessão de greves operárias e muitas reações públicas contra sua política de financiamento do café, feita às custas de altos empréstimos obtidos no exterior, sobretudo dos Estados Unidos. Acabou enfrentando um dos períodos mais conturbados da Primeira República, que culminou com a Revolta do Forte de Copacabana, ocorrida em 5 de julho de 1922, e a fundação do Partido Comunista, que engrossaria a agenda, já farta, de contestações.[61]

O governo de Epitácio Pessoa foi assim marcado por muita agitação política, mas também por grande movimentação no campo cultural. Boa parte de sua atenção nessa área voltou-se, num primeiro momento, para as comemorações do Centenário da Independência, motivo de piada para Lima. A visita do atlético rei Alberto da Bélgica também gerou muitos comentários, assim como a decisão de revogar, em 1920, o banimento da família imperial brasileira, que permanecia no exílio desde a Proclamação da República.

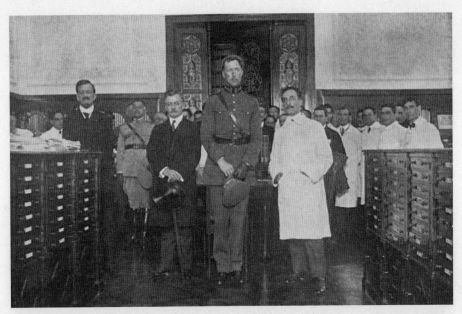

O presidente Epitácio Pessoa, o "gigante" rei Alberto e o cientista Carlos Chagas, no Rio de Janeiro, 1920.

Mas a vinda dos corpos dos antigos imperadores criou tal celeuma, que ela só se concretizaria anos depois, no governo de Getúlio Vargas.[62]

Enfim, o ano ia se desenrolando com a população muito descontente e com o governo se utilizando, como podia, das diversas efemérides. Sabemos que a simbologia política é particularmente eficaz em momentos de crise, e aquela parecia ser a hora certa para Epitácio Pessoa a ela recorrer.[63] Já Lima desaprovava várias dessas ações. Era contra o espírito patriota e nacionalista que tomou os brasileiros por causa do Centenário de 1922, assim como — a despeito de criticar a prática do futebol — não podia apoiar o veto à presença de afrodescendentes na seleção brasileira que participara do Campeonato Sul-Americano de 1921.

Essas realizações e querelas, contudo, seriam de certa maneira apagadas pelos movimentos culturais que agitavam o país: eram os modernismos que ganhavam força em vários estados, colocando em pauta e em processo de revisão antigos modelos. Por meio dessa outra voz e acento, apresentava-se um "novo" Brasil, mais conectado a "seu povo"; não apenas aos indígenas, como aos afrodescendentes e à "mestiçagem" decorrente de tantos anos de hierarquia e mistura; mistura com hierarquia.[64]

E, se foram muitas as vanguardas, a contraposição básica era dada pela Academia Brasileira de Letras. Embora seus membros e a própria instituição guardassem um perfil bem mais complexo do que a caricatura que deles se fazia, o que importa entender é como a entidade era avaliada pelos vários grupos modernistas que então se constituíam. Nesse contexto, a ABL passava a simbolizar o "velho", o porto seguro de uma literatura estabelecida e distante das novas experiências.[65]

Não é correto imaginar que o modernismo brasileiro se restringisse à Semana de 1922. No entanto, coube ao grupo paulista catalisar a primeira percepção desse momento em que ideias, contestações e anseios se achavam dispersos pelo país. O marco simbólico se deu de 11 a 18 de fevereiro de 1922, quando São Paulo sediou, no vistoso e neoclássico Teatro Municipal, localizado no centro da cidade, uma Semana de Arte Moderna promovida por intelectuais e escritores do calibre de Mário de Andrade e Oswald de Andrade, pelos artistas Di Cavalcanti, Anita Malfatti e Victor Brecheret, pelo músico Heitor Villa-Lobos, entre outros.[66] Graça Aranha, ele próprio membro da Academia, foi também um dos organizadores do evento, assim como o intelectual e cafeicultor Paulo Prado, que ajudou a financiar as atividades. Em pauta estava a crítica à importação indevida de movimentos artísticos e teorias estrangeiras, propondo-se a introdução de modelos mais locais. O intento era renovar o ambiente cultural, adotando experiências estéticas de vanguarda que agitavam a Europa — como o futurismo, o cubismo, o expressionismo —, mas fazendo uso de "régua e compasso" brasileiros.

A nova agenda modernista tinha pontos comuns com aquela de Lima. Afinal, ele também andava preocupado, havia muito, em contestar o parnasianismo, as linguagens estetizantes e pautadas apenas na forma; era expressamente contrário à adoção, sem a adaptação necessária, de linguagens estrangeiras que dominavam a literatura nacional. Já em 9 de julho de 1906, em carta a Noronha Santos, o autor de *Policarpo* debochava: "Je pretendo go sunday, 16, vers Rio de Janeiro. Eu can't remain plus Inconfidentes, because molto insípido [...] You pode to end de envoyer newspapers for moi. Muchas gracias a usted. Responda: non se merece. farwell [sic] et eu believe arriver in Rio (Cascadura) seventeen, at seven o'clock a. m.".[67]

Mas na época os 359 quilômetros que separam o Rio de Janeiro de São Paulo levavam pelo menos doze horas para serem percorridos por trem. Para que se possa ter uma ideia, na década de 1920 "a Central do Brasil mantinha diariamente dois trens rápidos e quatro trens noturnos" circulando entre o Rio e São Paulo.[68] A distância geográfica e a reduzida oferta de transportes públicos permitem, portanto, encontrar uma primeira explicação do motivo por que podiam ser difíceis e pouco frequentes as comunicações entre os grupos literários paulista e carioca. Além do mais, é forçoso reconhecer que, nos idos de 1922, o movimento modernista paulistano ainda não era muito reconhecido ou comentado para além do estado.

Mesmo assim, não há que subestimar o tamanho da ambição do grupo, que desejava inaugurar uma nova "língua literária", "não catequizada". Contra a importação fácil das vogas europeias, eles propunham uma retomada de filosofias e culturas locais, sem a idealização do indianismo romântico e com a incorporação das culturas africanas, até então muito relegadas, se não praticamente esquecidas, pela tradição literária. Isso sem descurar das manifestações culturais que teriam se "misturado" no país. Não que esses autores fossem xenófobos ou avessos aos valores do estrangeiro, mas procuravam uma dicção própria, relacionando-se com outras culturas e histórias brasileiras. Conforme escreveria Oswald de Andrade anos depois, em seu *Manifesto antropófago* de 1928: "Quando o português chegou/ Debaixo de uma bruta chuva/ Vestiu o índio/ Que pena!/ Fosse uma manhã de sol/ O índio tinha despido/ O português". Ou: "Antes dos portugueses descobrirem o Brasil, o Brasil tinha descoberto a felicidade".[69]

Um novo Brasil começava a ser representado. Nele já não cabia o argumento determinista racial com seu pessimismo, tampouco o romantismo do movimento indigenista do século XIX, que apenas estetizava os nativos locais e os lia através de lentes francesas.[70] Esquecidos ou camuflados pelo nacionalismo palaciano do Segundo Reinado, os indígenas, os afrodescendentes ou as expressões culturais criadas no país se transformavam então em elementos fundamentais e fontes de inspiração para outros projetos literários. Foi ainda nesse momento que as Minas Gerais barrocas se viram pinçadas pelos modernistas paulistanos, para se armarem como "berço da cultura brasileira". A ideia era apagar qualquer passado imperial, considerado "artificial" e "copiado", exaltando-se agora o mestiço, mas também um Brasil urbano, industrial e, nesse sentido, novo.

Entretanto, se São Paulo cumpriu o papel de núcleo de produção de ideias, vale relativizar sua centralidade exclusiva. No Rio de Janeiro, a contestação a uma literatura mais estabelecida partia justamente dos ambientes onde Lima circulava e participava de forma ativa. Anarquistas, simbolistas, definiam-se como uma geração avessa à Primeira República e a suas políticas de exclusivismo social e de bovarismo cultural e literário. Boa parte deles já se conformava, e eram reconhecidos como o grupo boêmio carioca que, com seus textos e atitudes, queria se divertir mas *épater* também. O grupo fora muito influenciado por artistas da geração anterior, como Paula Nei, Pardal Mallet e José do Patrocínio. Mas nos anos 1910 e 1920 a patota era outra, reunindo figuras tarimbadas do circuito carioca, como o crítico Gonzaga Duque, o caricaturista Raul Pederneiras, Noronha Santos, Bastos Tigre — que recebeu o apelido de Don Xiquote — e Lima Barreto. Eles se autodenominaram "confraria humorística", e destacaram-se por improvisar discursos, fazer muita piada e jogar deboche fora.

Dizem que Sérgio Buarque de Holanda, que também participava do grupo dos modernistas paulistanos e da revista *Klaxon* mas na época morava no Rio, mantinha relações distantes, ainda que cordiais, com o colunista da *Careta* Lima Barreto. Aliás, os dois grupos tinham muito em comum, embora pudessem não se dar conta disso. Lima era totalmente contra a "mania grega" que tomara a capital, e buscava dar oralidade a seus textos — e assim se aproximar da linguagem popular. Mais: sabemos que o autor de *Policarpo Quaresma* costumava ser generoso com os novos escritores, animando-os na profissão. Dessa vez, porém, não foi assim.

Na verdade, estava para acontecer um acidente que marcaria a sorte de Lima com o grupo da *Klaxon*. Quando recebeu a revista, entregue por Sérgio Buarque, o escritor carioca, que cumpria o papel de crítico literário das novas gerações de escritores, reagiu de pronto, revelando seu célebre escárnio.[71] Avaliou que a publicação devia muito ao futurismo italiano e, quem sabe, implicou com "os rapazes", a quem provavelmente julgou burgueses e muito paulistas.[72]

História de "se" não existe. Ou seja, *se* Lima tivesse juntado dois mais dois; *se* tivesse sido capaz de superar sua primeira opinião sobre a capa modernista da publicação dos paulistas; *se* tivesse conseguido reconhecer nas novas gerações anseios semelhantes, ou ao menos afinados, aos que ele descrevera em seu "manifesto" de 1921 — intitulado "O destino da literatura" —, talvez a história fosse outra. Mas não houve tempo, e o que ocorreu lembrou o estrondo e as consequências de uma trombada.

Lima achou que os "moços de São Paulo" tinham jeito de bovaristas e que andavam animados demais com as ideias de Marinetti. Já eles, na resposta divulgada no número seguinte da publicação, fizeram pouco-caso das avaliações do "herbolário carioca". Pensaram que só podia ser coisa de gente da capital. Se 1922 deu a impressão de que iria se abrir como um ano de encontro, foi ano de fim.

1922: o ano que não foi [73]

Nessa época, portanto, em nome do grupo paulistano, Holanda ofereceu ao escritor de Todos os Santos um exemplar da *Klaxon*. Lima atuava como cronista em vários jornais do Rio e bem que podia dar publicidade ao novo veículo modernista. Com um design arrojado que combinava com a prosa do grupo paulistano, a revista trazia em suas páginas a verve e o estilo dos modernistas, que se propunham, entre outras coisas, a "descoelhonetinizar" a literatura brasileira. Não há como saber se eles eram leitores das crônicas hilárias do escritor carioca sobre Coelho Neto, mas a coincidência é das boas. Para Lima, já fazia algum tempo que o acadêmico se transformara num símbolo da convenção literária contra a qual ele tanto se insurgia. Ademais, se no passado o acadêmico publicara obras mais ousadas, agora quase que simbolizava a "mania grega" que dominara a literatura nacional, o "pedantismo" e a escrita parnasiana artificial que o criador de Isaías solenemente desdenhava.

Vistos por esse ângulo, Lima e os paulistas estariam mais próximos que apartados, e a ousadia dos jovens modernistas poderia ter agradado ao ex-amanuense. Além disso, o autor geralmente portava-se de maneira paternal com as iniciativas das novas gerações e, sobretudo, dos escritores que manifestavam algum pendor social. Mas quem sabe não foi aí que começou o ruído.

Seria possível, ainda, procurar semelhanças entre a extinta *Floreal* e a *Klaxon*, que surgia fazendo barulho. Zélia Nolasco-Freire chama a atenção para o fato de que, a despeito dos quinze anos que separam as revistas, "ambas foram criadas para romper com a imprensa tradicional e burguesa". Além do mais, tanto um grupo como o outro buscavam uma "nova linguagem, mais autêntica e compromissada com os acontecimentos sociais".[74] Por fim, pode-se dizer que as duas publicações carregavam certo tom de prepotência que por vezes define as novas gerações.

As similitudes, porém, eram antes aparentes, digamos assim, uma vez que as revistas não contavam com a mesma plataforma literária. A publicação da turma de Lima era toda ela "militante" e impactada pelos temas sociais. O periódico do grupo de Mário e Oswald era mais antenado com as linguagens das novas vanguardas europeias, embora não abrisse mão de explorar especificidades locais.

Mas há outro paralelo possível entre elas. A *Klaxon — Mensário de Arte Moderna*, repetindo o desempenho da *Floreal*, mais fez estardalhaço (no seu tempo e posteriormente também) do que mostrou longevidade. Ainda que seu fôlego tenha sido bem superior ao da revista de Lima, as duas sobreviveram por menos de um ano. A publicação dos paulistanos, apesar de surgir alardeando várias novidades na forma e no conteúdo, manteve-se ativa somente de 15 de maio de 1922 a janeiro de 1923.

O nome *Klaxon* foi inspirado no som da buzina dos automóveis, símbolo maior da urbanidade motorizada que invadia as ruas de São Paulo e igualmente as do Rio de Janeiro. No entanto, seus editoriais deixavam claro que a ideia não era apenas reproduzir a onomatopeia, mas também ironizar as falácias da nova sociedade industrial. O periódico mensal paulista contava com a contribuição da nata da Semana de 22. Além de Mário de Andrade e Oswald de Andrade, que basicamente estreavam nessa data, ou das artistas Anita Malfatti e Tarsila do Amaral, nele colaboravam conhecidos do escritor carioca, como Menotti del Picchia, Manuel Bandeira, Di Cavalcanti, Graça Aranha e o próprio Sérgio Buarque de Holanda.

Ademais, nas páginas do semanário — que também funcionava como uma espécie de cartão de visita do movimento — estampavam-se as diretrizes que reuniam sua equipe: a concepção de que a arte não era cópia fiel da realidade; a demonstração de uma forma renovada de pensar a literatura; um diálogo consistente com as vanguardas europeias; uma maneira nova de pensar o país. E, convenhamos, essa não era uma ementa sem apego para Lima Barreto.

A *Klaxon* publicava críticas de arte, poemas, artigos, piadas, tudo de acordo com o espírito modernista de seus criadores. Os mais ativos no comitê de redação eram Menotti del Picchia e Guilherme de Almeida, sendo que hoje se sabe que Mário de Andrade atuava nos bastidores da revista como uma espécie de líder e diretor. Desde o primeiro número, os editores definiam que a "*Klaxon* tem uma alma coletiva", mostrando como ela introduzia as ideias do grupo que se aglutinava a seu redor.

Com uma diagramação plasticamente audaciosa — inspirada nas técnicas da Bauhaus e trazendo ilustrações assinadas por Brecheret e Di Cavalcanti —, a revista apareceu declarando um perfil mais cosmopolita. Era ainda oficialmente contra o provincialismo de certas elites brasileiras. "*Klaxon* sabe que a humanidade existe. Por isso é internacionalista." Para dar conta desse programa, publicavam-se, a cada edição, matérias, poesias, trechos, documentos de autores franceses, italianos e espanhóis (nos idiomas originais), sem deixar de fora poemas de autores nacionais como Manuel Bandeira e Sérgio Milliet, também com versão em francês. Isso sem esquecer das palavras de ordem — "*Klaxon* não é futurista. *Klaxon* é klaxista" —, que visavam provocar os leitores, mas também e, de certa maneira, abolir determinado passado para assumir outro presente: o moderno. "Representar a época de 1920."

Advogavam uma "lente transformadora e mesmo deformadora da natureza", e a revista era tão irreverente no tom como sarcástica nas críticas. Conforme Menotti del Picchia ensinava: "É uma buzina literária, fonfonando, nas avenidas ruidosas da Arte Nova, o advento da falange galharda dos vanguardistas".[75]

Nada disso era, porém, límpido e claro em 1922. Em novembro do ano anterior, Lima tinha acabado de publicar na *Revista Souza Cruz*, provavelmente pouco conhecida entre os paulistanos, a palestra que não proferira em São José do Rio Preto. Portanto, com grande probabilidade os modernistas não tiveram chance de conhecer as teses do escritor carioca. Já o modernismo paulistano, a despeito da polêmica que a Semana causou em sua própria cidade, ainda não era muito comentado em nível nacional,[76] sendo a *Klaxon* o primeiro esforço mais amplo e organizado do grupo nesse sentido. Em suma: a Semana de 22 não tivera a repercussão imediata que tencionavam seus líderes; e o movimento, até então, parecia um tanto restrito a São Paulo.

Talvez por isso a reação de Lima tenha sido meio galhofeira quando, em junho de 1922, recebeu a *Klaxon* das mãos de Sérgio Buarque de Holanda, então com vinte anos. Ele achou a revista muito apegada às vogas vindas do exterior, com cara de "arroz de festa" e gosto pelo escândalo. Sem muita paciência, e fiel a seu estilo mais ardiloso, o cronista da *Careta* viu na publicação e no grupo de modernistas meros "imitadores de Marinetti", e, no modernismo paulistano, uma tradução fácil do futurismo.

Em artigo para a *Careta* de 22 de julho de 1922, intitulado "O futurismo",[77] Lima alfinetou: "São Paulo tem a virtude de descobrir o mel do pau em ninho de coruja. De quando em quando, ele nos manda umas novidades velhas de quarenta anos. Agora, por intermédio do meu simpático amigo Sérgio Buarque de Holanda, quer nos impingir como descoberta dele, São Paulo, o tal de 'futurismo'".[78] É certo que se referiu de forma "cordial" a Sérgio Buarque, mas seguiu em frente em tom nada cauteloso. "Ora, nós já sabíamos perfeitamente da existência de semelhante maluquice, inventada por um Senhor Marinetti [...]. Assim sendo, vejam os senhores como esse 'futurismo' é mesmo arte, estética do futuro."[79]

E o sabor azedou de vez: "Recebi, e agradeço uma revista de São Paulo que se intitula *Klaxon*. Em começo, pensei que se tratasse de uma revista de propaganda de alguma marca de automóveis americanos. Não havia para tal motivos de dúvidas porque um nome tão estrambótico não podia ser senão inventado por mercadores americanos, para vender o seu produto. Quem tem hábito de ler anúncios e catálogos que os Estados Unidos nos expedem num português misturado com espanhol, sabe perfeitamente que os negociantes americanos possuem um talento especial para criar nomes grotescos para batizar as suas mercancias".[80]

Lá ia Lima gozando de tudo e de todos: das modas europeias e do que vinha dos Estados Unidos, os quais, segundo ele, não passavam de "mercadores". O cronista continuava: "Estava neste 'engano ledo e cego', quando me dispus a ler a tal *Klaxon* ou *Clark*. Foi, então, que descobri que se tratava de uma revista de Arte, de Arte transcendente, destinada a revolucionar a literatura nacional e de outros países, inclusive a Judeia e a Bessarábia. Disse cá comigo: esses moços tão estimáveis pensam mesmo que nós não sabíamos disso de futurismo? Há vinte anos, ou mais, que se fala nisto e não há quem leia a mais ordinária revista francesa ou o pasquim mais ordinário da Itália que não conheça as cabotinagens do 'il Marinetti'".[81]

Criticou tudo na publicação: o nome, que lembrava importação americana; o futurismo, que para ele nascia velho; a novidade dos paulistas que todos conheciam. Não contente, ainda chamou os modernistas de "moços tão estimáveis", desfazendo, com pouca sutileza, da idade e das condições sociais da maioria dos integrantes do grupo. A agressão maior (pois injusta) foi chamá-los de meros difusores de Marinetti e adaptadores baratos de vogas vindas do estrangeiro.

Talvez o autor carioca tenha se irritado com o estilo da revista; quem sabe demonstrava com o texto a sua contrariedade com o que julgava ser a elite paulistana; ou pode ser que intentasse passar lições de escritor mais velho para os mais jovens; ou tudo junto. O fato é que, depois de desdenhar dos "moços", ele recuou um pouco e tentou selar uma paz: "O que há de azedume neste artiguete não representa nenhuma hostilidade aos moços que fundaram a *Klaxon*; mas sim, a manifestação da minha sincera antipatia contra o grotesco 'futurismo', que no fundo não é senão brutalidade, grosseria e escatologia, sobretudo esta. Eis aí".[82] O juízo pode ter sido um pouco rápido, como eram muitas vezes apressados os artigos de Lima, especialmente naquele ano de 1922, em que, preocupado com as finanças da família, ele produzia crônicas como quem entregava pãozinho quente de manhã. Mas era tarde: a provocação pegou forte nos "moços", que não gostaram da pecha de futuristas nem de serem definidos, e duas vezes, como jovens e pouco maduros.

Soa estranho que ele, um escritor que se vangloriava de estimular novas iniciativas literárias, tenha reagido dessa maneira à *Klaxon*. Uma hipótese seria a de que Lima tivera ocasião de ler a virulenta crítica de Lobato atacando Anita Malfatti e a pintura moderna de forma geral. A artista voltara em 1914 de uma temporada na Alemanha e nos Estados Unidos, e no mesmo ano apresentara uma exposição onde já dava sinais do que havia aprendido sobre expressionismo. E sua mostra de dezembro de 1917 causou ainda mais escândalo. Nela figuravam telas como *O homem amarelo*, *A mulher de cabelos verdes*, *A estudante russa*, obras que invertiam os parâmetros, as proporções de figura e fundo, e em tudo diferiam das pinturas acadêmicas.

Naquele final de 1917 Monteiro Lobato já era um editor e autor renomado. E, usando de seu prestígio, abriu fogo contra a artista num artigo para *O Estado de S. Paulo*, o qual, de tão severo, teve imensa repercussão. O texto "A propósito da exposição Malfatti" apareceu inicialmente na coluna "Artes e artistas", mas ficou mais conhecido sob outro título, mais escandaloso — "Paranoia ou mistificação" —, publicado na edição noturna do jornal.[83]

Lobato bateu pesado. O artigo começava dividindo o mundo das artes em dois: "Há duas espécies de artistas", dizia, "uma composta dos que veem normalmente as coisas e em consequência disso fazem arte pura [...]. A outra espécie é formada pelos que veem anormalmente a natureza, e interpretam à luz de teorias efêmeras, sob a sugestão estrábica de escolas rebeldes, surgidas cá e lá como furúnculos da cultura excessiva. São produtos do cansaço e do sadismo de todos os períodos de decadência; são frutos de fim de estação, bichados ao nascedouro". A matéria não deixava pedra sobre pedra e ainda dava um jeito de enquadrar todos os modernismos: "Embora eles se deem como novos, precursores duma arte a vir, nada é mais velho do que a arte anormal ou teratológica: nasceu com a paranoia e com a mistificação. [...] Sejamos sinceros: futurismo, cubismo, impressionismo e *tutti quanti* não passam de outros ramos da arte caricatural".[84]

A exposição da pintora e a crítica negativa que sofreu tiveram, entretanto, papel importante na união e no fortalecimento dos vínculos internos do grupo modernista paulistano. Aliás, todo o ano de 1917 fora particularmente significativo para eles. Mário de Andrade estreara na vida literária com o livro de versos *Há uma gota de sangue em cada poema*, sob o pseudônimo de Mário Sobral; Manuel Bandeira publicarà o livro de poemas *A cinza das horas*; e Menotti del Picchia, *Juca Mulato*. Mas as agendas culturais dos dois estados não andavam mesmo muito afinadas. A repercussão de toda essa agitação parece ter sido bastante tímida no ambiente intelectual carioca, e recebeu pouca cobertura da imprensa da capital.

Na época em que Lobato publicou sua resenha sobre a exposição de Malfatti, ele e Lima ainda não haviam estreitado relações de camaradagem, apesar de já se conhecerem por causa da *Revista do Brasil*. Mas quem sabe o criador de Isaías Caminha não tenha, mesmo que a posteriori, ficado ciente das posições do editor e aderido às críticas dele ao grupo dos modernistas paulistanos? Não há como ter certeza, pelo menos por ora, de que Lima reagiu à *Klaxon* amplificando as implicâncias do próprio autor de *Urupês*. De toda forma, uma cisma lembra bastante a outra.

Já sabemos que na capital pouca gente do Rio seguia os noticiosos de São Paulo. Mas é possível pensar que esse tipo de opinião acerca dos "modernos" paulistanos não era tão incomum no fim dos anos 1910 e começo dos 1920, ao menos na capital. Até mesmo os cariocas que participavam do grupo modernista ainda não eram renomados. Dizia-se que Villa-Lobos, por exemplo, ganhava a vida tocando violoncelo num cabaré. Do grupo que se reuniu no Municipal em 1922, Lima, sem dúvida, conhecia Graça Aranha (de quem por certo não gostava muito). O escritor lançara *Canaã* em 1902, era membro da ABL e circulava nos ambientes literários da capital. Diplomata, em 1921 publicara os ensaios *A estética da vida*, em que introduziu uma filosofia monista, a qual supunha que a fusão da matéria e do espírito resultava no infinito, um gênero de pensamento que não devia agradar a Lima — tampouco aos modernos paulistas, diga-se de passagem, mas isso o autor de *Policarpo* não tinha como saber. Há quem diga que, nos bastidores, Oswald o chamava de "bestalhão", ou de "desgraça mosca",[85] bem a seu estilo jocoso, porém declinando uma certa distância do grupo para com o acadêmico.

O lugar de Graça Aranha no grupo modernista de 1922 fora, quem sabe, garantido pelo uso que fazia em *Canaã* de algumas lendas populares, ou até por causa de sua peça *Malazarte*, de 1911. Também há de ter ajudado o fato de ele poder contribuir com um capital cultural e simbólico significativo: além de ser membro da ABL, tinha grande penetração nos circuitos literários. No entanto, mesmo com sua participação na Semana e o rompimento com a Academia em 1924, Graça Aranha nunca aderiu plenamente à nova estética.

A Semana de 1922 fora financiada por Paulo Prado, uma espécie de mecenas do evento. O empresário e intelectual convivia com as vanguardas europeias e privava da intimidade de intelectuais notáveis, como Alcântara Machado, Blaise Cendrars e Yan de Almeida Prado.[86] Seu livro mais importante, *Retrato do Brasil: Ensaio sobre a tristeza brasileira*, seria publicado apenas em 1928, apesar de a conversa com o grupo datar de anos anteriores. Foi ele o autor do prefácio de *Pau-Brasil*, de Oswald de Andrade, lançado em 1925, e consta que debateu com Mário de Andrade quando este preparava *Macunaíma*, marco do modernismo, que saiu em 1928. Ambas as obras são posteriores à morte de Lima, mas comprovam a atuação ativa de Paulo Prado naquele período de adensamento da produção do modernismo paulistano.[87]

Os nomes de Graça Aranha e Paulo Prado constituem mais duas pistas para que se possa entender a reação visceral de Lima. Em artigos pregressos, o escritor de Todos os Santos sempre havia encontrado um modo de desancar a "plutocracia paulista", em particular Antônio Prado,[88] pai de Paulo. No texto intitulado "Sobre a carestia", que publicara no jornal *O Debate* de 15 de setembro de 1917, o autor carioca chamara o fazendeiro paulista de "açougueiro".[89] Em pleno período da Primeira Guerra, acusou-o de explorar os brasileiros, aumentando de forma exorbitante o preço da carne. Já Graça Aranha era definido como o "seu caixeiro-viajante", talvez devido ao fato de ter sido embaixador ou à sua relação próxima com a família Prado. O fato é que o criador de Policarpo, ao se opor à República, por extensão a identificava com o que chamava de "ganância dos paulistas" e, também, com seus representantes literários.

Exagero ou não, tudo parecia caber no mesmo balaio, o que apenas mostra a predisposição de Lima para não gostar das atividades do grupo da Semana, que ele associava tanto à burguesia do café quanto à Academia, na figura de Graça Aranha. Ademais, segundo ele, todos teriam se engajado numa visão inapropriada do "futurismo nacional", entrando, assim, no pacote de críticas que dirigia com frequência aos bovarismos e ao elitismo vigente no país.

O conceito de futurismo, nessa altura, era ainda bastante vago, sobretudo na capital. Na São Paulo de 1920, parecia definir e movimentar tudo que se opusesse a uma estética consagrada. Era também categoria de acusação: nem todos os modernos diziam pertencer à escola de Marinetti, mas os inimigos das novas tendências assim os consideravam. De um lado, e visto dessa perspectiva, o futurismo era tomado de forma pejorativa. De outro, e de acordo com Menotti del Picchia, o próprio grupo adotara o termo, antes como um desafio e muitas vezes para arreliar e marcar a diferença entre novos e conservadores. Não é de estranhar, pois, que nos idos de 1921 seus membros fossem reconhecidos pela designação e até se nomeassem como futuristas.[90]

Foi nesse contexto, em que o conceito valia para qualquer lado em que fosse introduzido — como elogio e como condenação —, que Lima julgou o modernismo paulista.

Nessa época tudo de "estranho" que ocorresse logo levava a pecha de "futurismo". *Fon-Fon*, ano VIII, n. 21, 23 de maio de 1914.

A *Gazeta de notícias* de 28 de julho de 1910, por exemplo, ironizava a escola, definindo o futurismo como "mais uma doutrina nova e esta, ainda para uso da mocidade". Em 8 de maio de 1914 continuava duvidando da importância do fenômeno: "E o leitor sabe que coisa é o 'Futurismo', em sua realidade?". Já a *Fon-Fon*, mantendo sua veia humorística, debocha da moda, comentando que desde o aparecimento da escola, toda vez que alguém interrompe com um argumento antecipado outra pessoa, logo "há quem o exponha a hilaridade, chamando-o de futurista".[91]

Como Lima frequentava exatamente esse tipo de ambiente, devia achar os integrantes do movimento um tanto esnobes, cópias atrasadas das novas estéticas europeias. Além disso, tinha bronca de Graça Aranha por conta do sucesso que fizera com *Canaã* — quanto a isso não há dúvida — e também por sua pose de vanguarda, ainda que continuasse vinculado à ABL.[92] Analisada pelo ângulo que fosse, a coluna de Lima sobre a *Klaxon* estava contaminada por certa má vontade. Mas também é verdade que, embora ela até possa ter sido escrita de forma ligeira e sem muita pesquisa, a revista do grupo da Semana de 22 era mesmo cheia de pretensões.

Seria bom poder voltar atrás e recontar essa história de outra maneira, imaginando que Lima tivesse levado a *Klaxon* mais a sério e encontrado nela mais semelhanças com sua postura literária. Até porque isso o teria poupado da resposta "dos rapazes", que não se fez esperar. No número seguinte da *Klaxon*, de agosto daquele ano — um mês depois da publicação da coluna de Lima —, um comentário ardido na última página, a 17, devolveu tudo, e com verve semelhante. Sem dedicar-lhe um espaço mais nobre, a reação dos "moços" saiu no interior da seção em que se apreciavam as críticas à *Klaxon*. A nota dizia: "Na *Careta* (22 de julho) confunde ainda o espírito de atualidade de *Klaxon* com o futurismo italiano um snr. Lima Barreto". A intenção era justamente diminuir a autoridade do escritor carioca, chamando-o, várias vezes, de "um snr. Lima Barreto".

E não parava por aí. O comentário, que não vinha assinado, continuava, também com ironia: "Desbarretamo-nos, imensamente gratos, ao ataque do clarividente. Mas não é por causa da estocada que estamos gratos. Esta apenas nos permitiu sorrisos de ironia. Pois estamos bem acastelados, de metralhadoras armadas, e lá nos surge pela frente, a vinte metros, um ser que, empunhando a antiga colubrina, tem a pretensão de nos atacar! Colubrina? Qual! A colubrina é uma espada muito nobre do passado. É uma navalha que traz o atacante. Qual navalha! O snr. Lima Barreto, como escritor de bairro, desembocou duma das vielas da Saúde, gentilmente confiado nas suas rasteiras. [...] Mas com franqueza, snr. Lima, uma rasteira a vinte metros! [...] Mas as pernas (espirituais) do atacante apenas têm dez centímetros!".[93] E a nota prosseguia: "Mas ainda não dissemos o que nos deixou gratos para com o estudioso conhecedor da literatura universal... Foi isto: o snr. Lima Barreto assinou seu artigo. Enfim!".[94] Referindo-se ao fato de a *Klaxon* ter merecido, até aquele momento, poucas resenhas, os redatores investiram pesado contra todos os que haviam "ousado" reagir negativamente à nova publicação. O primeiro fora Mário Pinto Serva, cujo artigo mereceu a mesma réplica pedante dos modernos.[95] Os redatores lembravam que ele os chamara de "loucos, de cabotinos", a despeito de só ter escrito "um livro sobre a Alemanha". Mário colaborava na *Revista do Brasil*, dirigida por Júlio de Mesquita e Monteiro Lobato, e devia pertencer a uma "turma oposta" ou, se não, foi identificado com uma delas.

Com o "segundo" crítico, Lima Barreto, também não seriam nada generosos: "O snr. Lima chama-nos de descobridores do futurismo 'do il Marinetti' (O snr. Barreto é incontestável a respeito de artigos!). E cansado com o descobrimento eis o snr. Lima azedo, obfurgatoriando, mais ou menos com razão, contra Marinetti. Mas que temos nós com o italiano, oh! fino classificador? Mas o herbolário carioca sabe que certos arbustos naturais de Itália e da mesma família de apenas *alguns* registrados em *Klaxon* são comuns à Rússia, à Áustria e à Alemanha Saqueada... Em todo caso, simpático snr. Lima, como seu artigo não representa nenhuma hostilidade aos moços que fundaram *Klaxon*, amigavelmente tomamos a liberdade de lhe dar um conselho: não deixe mais que os rapazes paulistas vão buscar ao Rio edições da *Nouvelle Revue*, que, apesar de numeradas e valiosíssimas pelo conteúdo, são jogadas como inúteis embaixo das bem providas mesas das livrarias cariocas. Não deixe também que as obras de Apollinaire, Cendrars, Epstein que a Livraria Leite Ribeiro de há uns tempos para cá (dezembro não é?) começou a receber, sejam adquiridas por dinheiros paulistas. Compre esses livros, snr. Lima, compre esses livros!".[96] Não há como prever se o escritor carioca leu essa nota, até porque ele morreria três meses e meio depois da publicação do quarto número da revista.

É no mínimo irônico lembrar que, antes de ler a coluna do autor de *Policarpo*, os próprios modernos buscaram guarida nesse escritor "azedo", entregando a ele a revista. Já Lima, naquela altura, deve ter sido considerado um literato com credibilidade suficiente para divulgá-la nos meios intelectuais da capital do país. Aliás, conta Mário da Silva Brito que foram muito poucos os que subscreveram a *Klaxon*. Ainda segundo o crítico, o primeiro número da publicação foi todo "ofertado".[97]

Lima, por seu lado, depois de receber a revista, resolveu escrever a resenha, mas não abriu mão do hábito: atacou para depois alisar e contemporizar. Mas dessa vez não deu certo. O grupo paulista, atingido, passou a desautorizar a crítica. Não era a primeira vez que o autor carioca fazia inimizades por causa de sua virulência. No entanto, diferentemente do que escreveram os "moços", ele era bem antenado com a literatura da época e consumia um pouco de tudo, lendo obras diretamente do francês, do espanhol e do inglês, embora viajasse pouco. Com certeza conhecia bem o escritor, poeta, jornalista e ativista italiano Marinetti, que ganhara renome depois de 1909, quando publicou no jornal *Le Figaro* um manifesto em que pedia o fim das fórmulas tradicionais e acadêmicas e a introdução de uma arte mais livre, porque vinculada ao dinamismo da sociedade industrial, com sua velocidade, mecânica e eletricidade. O carioca guardava, porém, as suas idiossincrasias, e bem arraigadas: era contra a modernidade urbana, ou pelo menos avesso à patriotada que cercava esse tipo de visão do progresso. Por isso, quem sabe, perdeu a mão diante do arrojo da nova proposta.

Mas o diálogo de surdos ainda não tinha terminado. Com o objetivo de passarem seu atestado de conhecimento das vanguardas, os editores da *Klaxon* citaram o escritor e crítico de arte francês Apollinaire — talvez o mais importante ativista cultural das vanguardas do século XX —, bem como evocaram Blaise Cendrars, poeta que esteve no Brasil na década de 1920 e teve seu nome gravado nos versos de Oswald de Andrade e em seu *Manifesto da poesia pau-brasil*. Enfim, o espírito mordaz e destrutivo de Lima aguçou a empáfia e o salto alto dos modernistas paulistas.

Se o escritor carioca brincara com a capacidade "dos moços" de "revolucionar a arte", eles devolveram a "piada" chamando-o de "classificador". Não aceitaram o "pito" do "autor maduro"; ao contrário, revidaram o tapa de pelica, ressumando a disputa entre paulistas e cariocas, e desfazendo dos juízos de Lima. A nota da *Klaxon* se referira também aos "dinheiros paulistas". Os editores deviam estar a par, assim, das pirraças de Lima com os capitalistas paulistanos, e a melhor defesa era o ataque: o autor de *Isaías Caminha* virava "escritor de bairro", ele, sim, provinciano.[98] Como se vê, os dois lados lavaram muita roupa suja. O certo, contudo, é que, se os "moços" tinham dado um jeito de fazer chegar a *Klaxon* às mãos do colunista por intermédio de um de seus membros, é porque não o consideravam apenas "um snr. Lima Barreto".

Ademais, não há como esquecer que havia ambiguidade também no seio do próprio grupo. Além dos exemplos que demos, vale assinalar a divisão interna existente entre os modernos. Oswald de Andrade, por exemplo, um dos líderes da Semana, escreveu artigo para o *Jornal do Commercio* de 27 de maio de 1921 em que elogiava Marinetti e Guilherme de Almeida. Homenageava ainda Mário de Andrade, a quem chamou de "O meu poeta futurista". Não contente, reproduziu nas páginas do jornal versos de *Pauliceia desvairada*. O artigo gerou celeuma, e dizem que Mário sofreu a mesma espécie de reação negativa que, anos antes, afetara a carreira da pintora Anita Malfatti. Se até então era um personagem pouco conhecido na cidade — professor no Conservatório Dramático e Musical de São Paulo —, passou, assim afirmam testemunhas, a ser apontado nas ruas.[99] Não é o caso de discorrer sobre a contenda; esmiuçar por que o futuro autor de *Macunaíma* não aprovou tal tipo de publicidade, ou mesmo avaliar os estilos divergentes de Mário e Oswald. Interessa mais destacar como "futurismo" era um termo compartilhado pelo grupo, a despeito de toda a ambiguidade que trazia. Vale lembrar igualmente que o próprio Mário de Andrade, no dia 6 de junho daquele ano, e no mesmo jornal, publicou um artigo intitulado "Futurista?".[100] Portanto, por mais que os "moços" desfizessem do que seria um mau julgamento de Lima sobre o futurismo, é preciso reconhecer que o termo andava difundido e fazia parte de um jargão dos próprios modernistas paulistanos — isso na década de 1920. Pensada nesses termos, a brincadeira do autor carioca, ao menos naquele momento, nada tinha de enganosa ou desinformada. Como mostra a crítica Annateresa Fabris, a bandeira futurista foi, de fato, içada na fase inicial do movimento com o objetivo de contestar "as estruturas vigentes, de atacar o academismo-parnasianismo que imperava, a fim de afirmar a nova arte que pregavam". É certo que depois das primeiras polêmicas — e das várias reações que as ideias futuristas geraram — os integrantes do grupo foram mudando de posição. O futurismo passou a representar, então, sobretudo após a Semana de 22, um momento superado.[101]

Talvez seja esse o motivo para, logo na apresentação do primeiro número da revista *Klaxon*, os editores se autodefinirem "não como 'futuristas', e sim 'klaxistas'". Algum tempo depois, já no terceiro número, Mário de Andrade escrevia: "E se em outras coisas aceitamos o manifesto futurista, não é para segui-lo, mas por compreender o espírito de modernidade universal".[102] Enfim, São Paulo ficava longe — física e intelectualmente —, ainda mais para um escritor como Lima, que tentava se cercar de todo tipo de publicação mas se afastava pouco do Rio. Talvez por isso fosse difícil para ele acompanhar as mudanças de rumo e as sutilezas internas do grupo modernista, as quais, é preciso que se diga, tardaram a ser mais conhecidas pela crítica, de uma forma geral. Aliás, pensando comparativamente, e como bem mostra Assis Barbosa, o escritor de Todos os Santos até que mantinha boas relações com alguns membros da turma que liderou o evento paulista.[103] Além de Sérgio Buarque, ele privava da amizade do pintor Di Cavalcanti, a quem fora apresentado por Schettino, no cafezinho da rua Sachet. Na ocasião, Lima apressou-se em dizer que conhecia o álbum de desenhos do artista e agradeceu o exemplar recebido.[104] Enfim, não há como recuperar o que o tempo não permitiu prosseguir, mas vale destacar o depoimento que um Sérgio Buarque de Holanda muito diferente e já assentado na carreira daria, em 1976, ao crítico literário Antonio Arnoni Prado, um grande especialista na vida e na obra de Lima Barreto.[105]

Munido dessa reminiscência, Arnoni escreveu uma carta imaginária a Mário de Andrade em que narrava este episódio, supostamente ouvido de Sérgio Buarque durante a entrevista: "Sérgio foi bater na Livraria Schettino, um maço de exemplares da *Klaxon* debaixo do braço. Manhã bem cedo, a livraria fechada, quem vem lhe abrir a porta, imagine a surpresa!, é um Lima Barreto maldormido e estremunhado que vai logo amaldiçoando a luz do sol e a chegada do primeiro cliente. Como passasse uma temporada na rua largado à vida boêmia, o livreiro Schettino o abrigava ali entre os livros, acomodando-o num pequeno estrado atrás do balcão principal".[106]

A cena criada por Arnoni Prado pode ter sido imaginária, mas estava repleta de detalhes verídicos. Algum tipo de relacionamento existiu entre Lima Barreto e Sérgio Buarque de Holanda. Apesar das grandes diferenças que os separavam, poderiam, quem sabe, ter sido "comparsas" ou "confrades", termos que o carioca usava sempre que endereçava ou respondia cartas a seus colegas escritores. Em comum guardavam, ainda, uma profunda descrença na anunciada e sempre protelada realização dos valores republicanos no Brasil. Mas eram também muito diferentes, o jovem franzino e elegante e o "maldormido" Lima. Como revela o crítico Pedro Meira Monteiro, a afetação e a sofisticação literária do moço paulistano eram bem conhecidas na cidade letrada carioca e destoavam muito do estilo andarilho e desconjuntado do criador de Isaías Caminha.

Dois meses antes da fatídica coluna que Lima escreveu para a *Careta*, mais exatamente em abril de 1922, um artigo assinado por "João Crispim" apareceu na mesma revista. Nele, o autor repreendia com ironia, embora sem sombra da acidez posterior, o "futurismo". As críticas se dirigiam a um genérico "Sérgio": "O meu amigo Sérgio, crítico literário, hóspede de casa de pensão, estudante de direito, escritor de pró-labores a 20$000 e, mais do que tudo isso, um futurista de imensa imaginação, vai publicar uma revista intitulada *Vida Literária*. A notícia é positivamente agradável. [...] Mas Sérgio, que usa um pedaço de monóculo no olho direito, sempre que me topa aí pelas esquinas, atravessa-me o caminho com um gesto alto e discreto, ajeita no olho o seu brunido cristal e entra a definir copiosamente o que seja o *futurismo*. [...] Entretanto, eu vou cometer aqui uma imperdoável irreverência para com esses moços [...] com a afirmação que, a respeito do *futurismo*, me fez o meu vendeiro, o snr. Manuel, legítimo português do Minho, homem de tamancos, proprietário abastado e, no fundo, muito bom coração [...]. — Aí é que está a coisa! O *senhoiri* João está a *veiri* que o homem não é um literato e, vai daí, cada vez que lhe mando cobrar a conta, insulta-se, torna-se fulo, diz que espere, pois que ele é um *futurista*. E faz assim com o padeiro, com o açougueiro e até com o *sinhoiri* farmacêutico, que eu soube!".[107] O texto, definitivamente, carregava o estilo e a dicção de Lima.

Manuel Bandeira, num artigo publicado em 1952, no *Diário Carioca*, em homenagem aos cinquenta anos de Sérgio Buarque, também relembrou a personagem excêntrica do amigo caminhando pelas ruas do centro do Rio nos idos de 1921 ou 1922: "Nunca me esqueci de sua figura certo dia em pleno largo da Carioca, com um livro debaixo do braço, e no olho direito o monóculo que o obrigava a um ar de seriedade...".[108] Lima e Sérgio não faziam parte, porém, da mesma turma de farra que moldou uma espécie de mitologia inaugural do modernismo na capital federal. Isso se acreditarmos na memória por vezes um pouco inflacionada de Gilberto Freyre, o qual escreveu que ele e Sérgio bebiam ao som de Pixinguinha, Donga e Patrício Teixeira nos bares do centro do Rio.[109] A turma de Lima era outra, também da boemia, mas composta de alguns escritores que ficaram distantes, de certa maneira, do cânone literário e mais voltados para uma literatura que chamavam de militante e social.

Muito mais tarde, em 1941, resenhando um livro de crônicas de Alcântara Machado para o *Diario de Noticias* do Rio de Janeiro, Sérgio pareceu reler mentalmente o artigo de Lima sobre a *Klaxon*, e resolveu rever sua posição e acreditar que a ira do escritor se dirigia só contra o futurismo, como se ele nunca tivesse atacado os modernos (o que, sabemos, é e não é verdade). E perguntou: "Quantos, ao lerem hoje essas páginas, se lembram de que já em seu quarto número, *Klaxon* respondia a um artigo de Lima Barreto, onde os 'futuristas da Pauliceia' se viam assimilados aos estridentes discípulos de Filippo Marinetti? Creio, aliás, que o azedume, se existiu nesse caso, veio antes do lado dos klaxistas, indignados com a confusão. O criador de Isaías Caminha fora até moderado e mesmo maliciosamente simpático quando se referiu ao pessoal de *Klaxon*. Todo o seu mau humor reservara-o para o italiano".[110]

Em 1949, porém, Holanda foi mais incisivo na crítica que escreveu sobre o romance *Clara dos Anjos*.[111] Dizia ele: "Não sei se é lícito escrever sobre os livros de Lima Barreto sem incorrer um pouco no pecado do biografismo, que tanto se tem denunciado em alguns críticos. No caso do romancista carioca, não só as circunstâncias de sua vida pessoal, tão marcada pelo desmazelo e a intemperança, parecem inseparáveis de sua obra literária, como afetam certamente muitos dos juízos, benévolos ou desfavoráveis, que pôde suscitar".[112]

Holanda, a despeito de seu estilo em geral ponderado, desaprovava o uso da biografia na obra de Lima Barreto. Por isso, emitiu juízo como historiador e recuperou a produção do escritor apenas como documento histórico, e não literário. Segundo ele, os textos de Lima representariam "uma confissão mal escondida, confissão de amarguras íntimas, de ressentimentos, de malogros pessoais". A seu ver, na obra desse autor a "refundição estética" não teria sido realizada "de modo pleno". "Em outras palavras", completa ele, "os problemas íntimos que o autor viveu intensamente e procurou muitas vezes resolver através da criação literária não foram integralmente absorvidos e nela ainda perduram em carne e osso como corpo estranho." Sérgio Buarque refere-se também a algumas daquelas que chama de as "poucas e confusas recordações" que guardou de Lima Barreto, dizendo que o conhecera pessoalmente no último ano de sua vida. O carioca teria então lhe dito: "Poeta era o Verlaine. Bebia como uma cabra...".[113]

Volta, assim, ao mesmo tipo de ataque que a *Klaxon* fizera a Barreto, afirmando que ele prezava demais sua própria "originalidade", e não deixa de repisar a velha dicotomia entre o escritor de Todos os Santos e o Bruxo do Cosme Velho: "O certo é que, apesar de tudo quanto podiam ter de comum, os dois romancistas cariocas se separavam num ponto essencial. Enquanto os escritos de Lima Barreto foram, todos eles, confissão mal disfarçada [...], os de Machado foram antes uma evasão e um refúgio [...]. Deste pode--se dizer que não conseguiu forças para vencer, ou sutilezas para esconder, à maneira de Machado, o estigma que o humilhava".[114]

Enfim, Holanda vai aprisionando Lima a seu "estigma". Triste termo que o carioca tanto evitava e que se associava à teoria de Lombroso e dos determinismos raciais. É verdade que o crítico paulista não fazia exatamente esse uso, mas Lima, também para ele, era por vezes uma sombra de sua história. Sérgio Buarque comenta, por exemplo, como a famosa passagem em que "um caixeiro atende mal o personagem Isaías Caminha que lhe pede troco, ao passo que recebe prazenteiramente a reclamação de outro freguês, este alourado, e não mestiço como ele, Isaías, marca um contraste suficiente para transtornar suas relações com o mundo que o cerca". E conclui: "Há nessa humilhação, sem dúvida, o eco de muitas outras que o romancista padeceu pessoalmente e registrou em seu diário íntimo...".[115]

Lista, na sequência, alguns dos momentos em que Lima volta ao que o historiador chama de seu "estigma". Um deles é a passagem contida no *Diário* na qual, ao retornar da ilha do Governador, aonde fora pagar uma dívida do pai, o carioca encontrou um desafeto e ouviu o seguinte desaforo: "Vê, 'seu' negro. Você me pode vencer nos concursos, mas nas mulheres, não. Poderás arranjar uma, mesmo branca como a minha, mas não desse talhe aristocrático".[116] O crítico lembra ainda como, numa ocasião, quando o funcionário público encontra uma esquadra americana de visita ao Rio, nota que na prancha de embarque a ninguém pediam convite, sendo que a ele pediram, o que o leva a constatar: "É triste não ser branco". Por fim, mais um episódio a confirmar a tese de Holanda: no Ministério da Guerra, onde servia como amanuense, só por ser "negro" todos o tomavam por contínuo. Segundo Holanda, aí estava "a pobre impressão que parecia suscitar nos outros a sua condição de mestiço". A despeito de fazer uma série de ressalvas afirmando haver "absurdo, certamente, em procurar nesses desajustamentos a explicação para toda a arte de Lima Barreto", o crítico arrazoa, sim, existir aí "alguma coisa de seu sabor". O ensaio vai se encaminhando de forma elogiosa e sensível para a conclusão, e Sérgio define Lima assim: "Este homem nascido nas Laranjeiras, que se distinguiu nos estudos de Humanidades e nos concursos, que um dia sonhou tornar-se engenheiro, que no fim da vida ainda se gabava de saber geometria contra os que o acusavam de não saber escrever bem, procurou deliberadamente a feiura e a tristeza dos bairros pobres [...] o avesso de Botafogo e de Petrópolis".[117]

No fim, o intelectual paulista se desculpa, dizendo saber que análises psicológicas são sempre difíceis, mas termina reconhecendo que "o senso da caricatura leva-o [a Lima] a engrossar em demasia os traços". Essa espécie de crítica, que de alguma maneira aprisionou o autor carioca à sua biografia, não foi exclusiva de Sérgio Buarque. Poucos, na década de 1940, o valorizavam. Talvez a grande exceção tenha sido Astrojildo Pereira, que, em artigo para a *Revista do Brasil* de junho de 1941, disse que Lima era um escritor que não se preocupava em se "esconder" ou "dissimular".

Essa, contudo, é outra história. O certo é que na década de 1920 o grupo de Lima foi se tornando bem reduzido, restrito a seus colegas de boemia. A única homenagem, e que ele aceitou, foi um almoço oferecido em seu aniversário pelo editor Francisco Schettino, no Hotel Novo Democrata, na capital federal. O cardápio nada teve de estiloso: era uma farta e gordurosa feijoada, acompanhada de cachaça. Lima teria ficado tão emocionado que passou a refeição "mudo que nem um peixe" diante dos amigos que lá estavam, como Agripino Grieco, Amaral Ornelas, Raimundo Magalhães Júnior e Coelho Cavalcanti, o "João Barafunda"; aquele que comprara bebida para Lima, na época em que se encontrava no hospício, que terminaria seus dias por lá e ali morreria depois de quinze anos de reclusão.[118]

Já naquela época, no segundo semestre de 1922, Lima ia ficando mais e mais ensimesmado. Talvez tenha feito escolhas que não se mostrariam tão acertadas no futuro. Cercara-se de escritores em boa parte hoje pouco conhecidos, assim como se afastara de outros círculos literários. Podia se equivocar em seus juízos também. Mas seu projeto literário era mesmo esse, e ele o defendia com unhas e dentes. Não abria mão do estilo irônico, sarcástico até, e tinha ojeriza a tudo que cheirasse a importação. A vida cotidiana era seu material criativo; seu ambiente, os subúrbios dos mais pobres; sua República, aquela que se dizia então: "A república que não foi".

Também Lima "não foi", e nos idos de 1922 o encontramos flertando com a morte.

17.
Triste fim de Lima Barreto

Para se compreender bem um homem não se procure saber como oficialmente viveu. É saber como ele morreu; como ele teve o doce prazer de abraçar a Morte e como Ela o abraçou.
— Lima Barreto, *Vida e morte de M. J. Gonzaga de Sá*

A Morte não é o maior mal. Todos sabem disso. [...] Vendo tudo isto, esses enterros em que há coisas tão cômicas, fico a pensar se é a Vida que faz a Morte, ou esta que faz aquela.
— Lima Barreto, "Os enterros de Inhaúma"

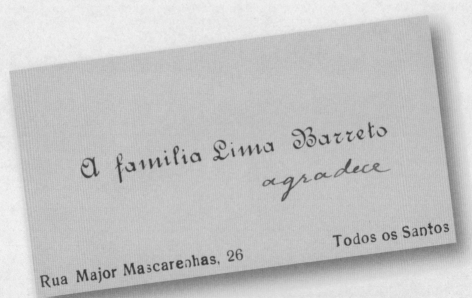

Cartão de agradecimentos fúnebres distribuído pela família enlutada em novembro de 1922.

O ano de 1922 começou bem para Lima. Ainda no fim de 1921, mais controlado emocionalmente, ele trabalhou firme nos originais de *Clara dos Anjos*. Deu o livro por encerrado logo em janeiro do ano seguinte e o datou. Mesmo assim, deixou-o descansando; possivelmente contava fazer uma revisão mais adiante. Mas a obra mostrou carregar sua própria sina: se foi a mais refeita, acabou não sendo publicada em vida. De toda maneira, cheio de planos, o escritor tomou coragem e enviou o primeiro capítulo — "O carteiro"[1] — para a revista *O Mundo Literario*.[2] A resposta veio rápida e o texto saiu no número de maio.

Animado com o ponto-final que conseguira colocar em *Clara dos Anjos*, celebrou seu feito na revista *A.B.C.* de 7 de janeiro de 1922. No artigo intitulado "Será sempre assim?",[3] antecipava que o romance ia "bem adiantado". Depois de tamanho empenho, de tanto escrever, cortar e reescrever, a obra resultara bem mais curta que o projeto original, datado dos idos de 1904. Não obstante, hoje é visível como ficou faltando polimento na linguagem e até apuro no argumento. As passagens de uma cena para outra restam por vezes repetitivas e certos fatos nem sempre encontram sequência na narrativa. Alguns personagens são comoventes, como o poeta Leonardo Flores, que, quando bebia demais, tirava as roupas e gritava para quem pudesse ouvir: "Nasci pobre, nasci mulato, tive uma instrução rudimentar, sozinho completei-a conforme pude; dia e noite lia e relia versos e autores...".[4] Nessas horas, talvez Lima ficcionalizasse a si mesmo, lembrando sua origem, sua cor e outros poucos poetas e literatos afrodescendentes, como Luís Gama e Cruz e Sousa, que, como ele, depositaram em suas líricas a revolta da exclusão, a denúncia da violência praticada contra mulheres e em especial as negras, as persistências da escravidão no cotidiano pretensamente livre da República, a loucura como expressão do inconformismo.

Para contrabalançar, porém, há personagens bastante caricatos, bem como furos na continuidade da trama. O pai de Clara, por exemplo, de repente some da história; já a mãe submissa reaparece apenas no fim. Mas foi na personagem de Cassi que o autor forçou a mão, deixando seus pressupostos todos à mostra na superfície da narrativa. O modinheiro era branco e muito sardento, criava e apostava em galos de rinha, não fora bem educado e tinha como esporte violentar mulheres pobres, humildes e, em geral, afrodescendentes; além disso, morava num bairro do subúrbio que se considerava aristocrático sem, no entanto, em nada diferir dos demais. Cassi representava, pois, tudo aquilo que o escritor desdenhava em termos de falta de solidariedade e, ainda, um bovarista escancarado. A vida inteira desse anti-herói era pretensão sem nenhuma realidade; "lastro demais e pouca vela".[5]

A hesitação em publicar o livro decorria de um traço muito próprio do caráter de Lima, dado a todo tipo de oscilação de humor. Acordava animado e trabalhava vigorosamente; logo depois perdia o entusiasmo e mostrava-se mais depressivo, melancólico e sem energia. E o caso dessa obra é o mais flagrante em tal aspecto. Quando 1922 começou, Lima arrumou uma maneira de colocar uma nota no jornal dizendo que o romance ia de vento em popa. Depois, provavelmente mais atento às lições que transmitia a seus pupilos de correspondência, deve ter julgado que *Clara dos Anjos* ainda deixava aparecer "as costelas" da sua construção. Os ódios, as implicâncias e ideias fixas do escritor surgiam espelhados nos protagonistas e no enredo da novela.[6]

Contudo, naquela altura Lima tinha mais urgência do que cuidado e, para ampará-la, contava com o fiel amigo e editor Schettino. Era ele quem sempre dava "um jeito na coisa", apressando e viabilizando a publicação dos originais depositados na Limana e que iam sendo liberados aos poucos por seu criador. Schettino, o Chico, era quinze anos mais novo que ele. Conheceram-se em 1918, quando sua livraria, localizada na rua Sachet, se tornou ponto de encontro da roda de amigos frequentada pelo escritor.

Schettino editou não só *Histórias e sonhos*, uma compilação de contos selecionados por Lima, como livros da turma de protegidos deste: *Fetiches e fantoches*, de Agripino Grieco, e *História de João Crispim*, de Enéias Ferraz.[7] O próprio Lima tratou de resenhar ambas as obras na *Careta*, fazendo assim sua parte no que não deixava de ser uma ação entre amigos. Mas a editora de Chico, como ele assinava e era tratado na correspondência que trocavam, nasceu e continuou tão pequena quanto pouco profissional. Conforme o escritor comentava, era quase "coisa de amador". Precavido, em 27 de novembro de 1920 advertiu o editor, recomendando uma série de cuidados para o lançamento de *Histórias e sonhos*: "Você poderá verificar como muitos contos estão totalmente errados embora outros estejam quase perfeitos. Você devia ir organizando a errata [...]. Espero que você tomará em consideração isto que digo a você aqui e não ponha a coisa à venda sem a errata e o meu *placet*". E assina: "Lima Barreto, amigo".[8]

Ainda mais afetivo era Schettino, que costumava se despedir com: "Sou o teu, Chico", "Teu", "Sempre o Chico", "Teu sempre". Demonstrando uma relação próxima, na correspondência de 5 de dezembro de 1921 o editor reclamava da falta de cartas de Lima: "Então, meu amigo, não é só a vela que se consome por si mesmo [sic], somos nós que nos consumimos através dos nossos desejos, muitas vezes incontidos...". E terminava: "Teu até o coração".[9] Realmente, havia um tom de grande intimidade na correspondência trocada entre os dois.[10]

O amigo Chico chegou a convidar o escritor para viajar com ele até o Piauí: "Vamos para lá? Estou nesse firme propósito. Não o estarás tu, também? Viagem, clima, aspectos, não darão motivos para um novo romance?".[11] Mas Lima recusou polidamente a oferta. Em outra passagem, o editor ironiza o tom respeitoso com que ele mesmo iniciou uma carta: "Até parece que estou escrevendo para um amigo cerimonioso, a quem quero agradar para um prefácio ou para um elogio".[12] Isso sem esquecer o convite de seu casamento, feito à mão e de maneira informal.

Lima seguia, porém, concentrado em sua carreira, buscando estratégias de figurar, de modo ainda mais agressivo, no mercado de livros. *Vida e morte de M. J. Gonzaga de Sá* estava finalmente à disposição dos leitores, e desde 1921 de "roupa nova", segundo expressão do seu editor. Como vimos, depois do reconhecimento da Academia, Lobato resolvera colocar, em volta da capa do romance, uma cinta com o texto: "Menção honrosa da Academia Brasileira de Letras".[13]

Se seus editores, o paulista e o carioca comemoraram, Lima se decepcionou com a mera menção honrosa. Aquele era um texto que (por inteira responsabilidade de seu au-

Bilhete de Schettino convidando Lima para seu casamento: Chico sempre se despedia com um "Sempre amigo" e "ex-corde" ("do coração", em latim).

tor) custara muito a ganhar a forma de livro. Afinal, a história sobre o amanuense andarilho estava pronta desde os idos de 1909, época do lançamento de *Recordações do escrivão Isaías Caminha*. Naquele momento, porém, Lima decidira adiar a sua publicação, pois a julgara uma obra mais acomodada, sem a pólvora necessária para marcar o romance de estreia de um escritor que se definia como militante. Agora, o livro parecia combinar com ele, em sua fase mais madura. Além do mais, publicado por um editor profissional, *Gonzaga de Sá* reacendia suas esperanças engavetadas.

E não era para menos. Embora não tenha entrado na pauta de jornais mais importantes, o livro recebeu algumas resenhas elogiosas (em *O Combate*, na velha e boa *A.B.C.*, em *A Noite*, na *Revista Contemporanea* e na *Gazeta Suburbana*). Nelas se destacavam a escrita espontânea e o combate à "verborragem", ao "malabarismo retórico" e ao "falar difícil". O escritor foi comparado a Swift e Eça de Queirós, mas apesar disso levou reprimendas. Em *O Pharol*, por exemplo, pede-se a ele que se afaste "dos maus camaradas" e, assim, não se deixe influenciar.

Como de costume, era a sua biografia e seus hábitos boêmios que contaminavam a recepção da obra, e Lima perdia o ânimo diante da possibilidade, sempre adiada, de ver sua arte finalmente reconhecida. Decepcionava-se novamente com a Academia, instituição que atacava cada dia mais: "Em letras, temos a nossa Academia Brasileira — é verdade. É uma bela senhora, generosa, piedosa, religiosa; mas tem um defeito: só estima e julga com talento os seus filhos legítimos, naturais, espúrios e, mesmo, os adotivos. Quem não sugou o leite da Academia ou não foi acalentado por ela, quando de colo, a rabugenta matrona não dá mérito algum".[14]

A mágoa era grande e o ressentimento também. Afinal, Lima considerava o *Gonzaga de Sá* — assim o chamava depois de o texto ter ficado tanto tempo "autoengavetado" — seu livro mais equilibrado e autobiográfico. Se em todos os personagens dele era possível reconhecer, de alguma maneira, o autor da obra — ou, como disse Astrojildo Pereira, "um autor que se confessava" —, nesse caso tudo parecia ainda mais autorreferente. Gonzaga de Sá era bacharel em letras pelo Colégio Pedro II e, por não ter vontade de cursar uma escola superior, fez-se funcionário público. Nada mais semelhante ao destino de seu criador, que, querendo se consagrar à ciência e depois à literatura, acabou amanuense.

Ponderou Lima: "Sua história sentimental é limitada. Não foi casado, esqueceu-se disso". Essa era também, naquela altura de sua vida, uma espécie de destino selado do escritor, que viveu e morreu celibatário. No máximo, "casara-se com a Literatura", e a não ser com ela, nunca teve casos amorosos mais duradouros.[15] Com relação aos estudos, consta que Gonzaga não possuía "qualquer sabedoria excepcional", mas tinha, em compensação, "vistas suas e próprias". Aí estava a imagem que o autor guardava de si e projetava para si: sem ter se formado em nada, sabia muito e de muitas coisas.

No livro *Bagatelas*, há uma advertência inicial de Lima em que ele explica como o *Gonzaga de Sá* fora composto a partir "de algumas reflexões sobre fatos, coisas e homens da nossa terra, que julgo, talvez sem razão, muito próprias a mim".[16] Mais uma vez, nota-se certa sobreposição reflexiva entre criador e criatura. Ambos julgavam ter muito a dizer acerca do Brasil, de sua população, e, ainda mais, acreditavam conhecer os sofrimentos e as humilhações dessa gente humilde. Vejamos como o escritor define seu personagem: "Com a sua mania introspectiva, analisando-se constantemente, conhecendo bem a fonte de suas dores e indo ao encontro delas", ele "ficara mais apto para compreender as dos outros, para justificá-las ao mesmo tempo, e, portanto, perfeitamente capaz de simpatizar com aqueles que as curtiam".[17] Aqui, as fronteiras entre representar a realidade e virar ela mesma — por meio da literatura e do que esta produz — são tênues. Lima escrevia usando da sua dor; prova disso foi o manifesto "O destino da literatura",[18] feito para demonstrar como era empático com o sofrimento alheio e como a literatura precisava guardar, sobretudo num país como o nosso, uma face social e de denúncia. No entanto, e cada vez mais, não há como saber se era o personagem que lembrava o amanuense aposentado ou se este é que ia se assemelhando ao andarilho filósofo. Afinal, cultura não é apenas decorrência direta e óbvia; ela carrega essa capacidade reflexiva de "ser" e "fazer": ao mesmo tempo que reproduz, também produz.[19] O fato é que, nesse processo dinâmico, Lima se transformava em seus próprios personagens assim como o oposto acontecia.

Lima e Gonzaga eram um só e a mesma figura triste, ao mesmo tempo que, projetivamente, se espelhavam em tantos outros personagens. Em comum cultuavam uma literatura de extração mais realista, ou ao menos crítica ao romantismo e ao parnasianismo, que, segundo eles, se dedicavam somente ao subjetivismo individualista.

Também criticavam o casamento, por verem o amor como uma construção igualmente romântica, destituída de maior interesse social. Não era de estranhar, portanto, que ambos declamassem de cor e salteado, quase como um recitativo, seus "grandes" da literatura — Dostoiévski, Tolstói e George Eliot — e jurassem por eles. Nessa galeria de honra, constavam ainda outros: Pascal, Voltaire, Rousseau, Swift, Stendhal, Taine, Renan, Flaubert, Maupassant, Anatole France e Eça. Enfim, Lima e Gonzaga pareciam-se bastante. É possível dizer que eram quase irmãos gêmeos no tocante a aspirações, projetos, escolhas literárias e nas críticas ao funcionalismo público, aos estrangeirismos, aos escritores adocicados e de palavras excessivas. Quanto às dores pessoais, lembravam siameses. Criador e criatura eram, ainda, bons andarilhos. Conheciam o Rio afetivamente e de perto: como *flâneurs*.[20]

Cada vez mais o escritor se transformava em suas criaturas ou era por elas influenciado. Iam tornando-se amigos íntimos, parentes próximos. Até que o destino pregou uma boa peça: ele e Gonzaga *viveriam* e *morreriam* (quase) da mesma forma. Esse seria seu primeiro original e seu último romance integral publicado. Sem ter como imaginar ou prever, Lima de fato escrevera "*Vida e morte de M. J. Gonzaga de Sá e de Lima Barreto*".

Nos jornais de 1922: um escritor urgente

Embora nos últimos tempos Lima andasse determinado a não esmorecer, o álcool continuava consumindo a sua saúde.[21] As pernas doíam, sentia as dores do reumatismo em várias partes do corpo, as juntas viviam inchadas, e tinha taquicardia — tudo consequência do excesso de bebida. Apresentava cada vez mais picos de depressão, quando ficava calado e irritadiço, e seu humor oscilava demais. O ex-amanuense padecia de déficit de vitamina B6, comum em alcoólicos em estágio avançado e também em decorrência de sua dieta irregular, o que lhe causava lesões na pele, rachaduras nos cantos da boca, dores articulares. Seu sistema imunológico parecia vulnerável até a um inocente resfriado. Lima sentia também formigamento nas mãos e nos pés. Enfim, ainda jovem, lembrava o aspecto do pai, parecendo muito mais velho do que era, com bolsas intumescidas embaixo dos olhos.

Testemunhas descrevem o quão descuidada era sua maneira de vestir: "Sapatos cambetas, palheta suja, roupa azul-marinho muito manchada e duas placas de suor e poeira nas costas". Apesar de não sair de casa sem chapéu de palha ou de feltro, suas roupas eram modestas, de casimira comum, e logo pareciam cinzentas. Compradas em lojas simples, nunca sob medida, caíam desajeitadas, e seus bolsos estavam constantemente abertos por causa dos papéis para anotação que trazia consigo. No bolso externo do paletó guardava os trocados, enrolando as notas em formato de cilindro. Os níqueis e moedas, soltos, produziam um sonido metálico que anunciava sua chegada. A gravata estava sempre fora de alinhamento, e não raro ele aparecia com um pé calçado com sapato e o outro com chinelo. Além do mais, costumava embebedar-se sem ficar ébrio, já que criara uma resistência comum a alcoólatras em estágio avançado. Ainda assim, e segundo o relato dos amigos, andava "sempre tomado", bebericando "antes do almoço [...] até o jantar, e deste até a hora de dormir".[22]

De todo modo, em 1922 ele estava longe de se mostrar vencido; pelo menos da literatura não abria mão. E não lhe bastava publicar os textos durante tanto tempo mantidos na Limana. O escritor, com 41 anos, parecia ansioso por escrever aquela que seria sua obra de maturidade. Apostava as fichas em *O cemitério dos vivos*, cujo personagem principal, Vicente Mascarenhas, sofrera como ele no hospício. Vicente andara "sujo e imundo", tal qual o seu criador, que escrevera frase quase idêntica em seu *Diário* e fora tão humilhado quanto ele pela bebida e pelo cotidiano do local. É possível dizer que, tivesse o romance sido concluído, seria sua autobiografia ficcional mais primorosa. Se *Clara dos Anjos* era questão apenas de arremate, a novidade estava nesse novo livro, em que a loucura deixava de ser pretexto ou personagem menor para virar protagonista. Em *O cemitério dos vivos*, fato e ficção tornavam-se ainda mais indiscriminados, sendo difícil separar a vida da obra de Lima.

Escrevia ele, nos primeiros capítulos, na voz de Vicente: "O meu sofrimento era mais profundo, mais íntimo, mais meu. O que havia no fundo dele, eu não podia dizer, a sua essência era meu segredo".[23] Era esse "segredo" que ia consumindo por dentro o escritor, o qual, sem emprego fixo, cada vez mais convivia, na intimidade, com seus personagens e fantasmas. Sem contar com a antiga rotina, feita do trajeto de ir e vir pelos trilhos da Central, lá estava ele, cada dia mais isolado em seu próprio mundo e em sua imaginação: "Em tal estado de espírito, penetrado de um profundo niilismo intelectual, foi que penetrei no Hospício, pela primeira vez; e o grosso espetáculo doloroso da loucura mais arraigou no espírito essa concepção de um mundo brumoso, quase mergulhado nas trevas, sendo unicamente perceptível o sofrimento, a dor, a miséria, e a tristeza a envolver tudo...".[24] Na época em que foi internado pela segunda vez, Lima vivia nesse "mundo brumoso", composto de bichos terríveis projetados nas paredes, temores e desmaios.

Com medo de andar "mergulhado nas trevas", o autor receava confirmar o diagnóstico que recebera depois de sua primeira internação, em 1914, e que compartilhava com o pai: neurastenia aguda e crônica. A loucura era como um mundo vasto, onde tudo cabia. Comportamentos bipolares, surtos psicóticos, casos de esquizofrenia, neurastenia, tremores causados pela bebida, entravam nesse conceito-ônibus em que sempre podiam ser acomodados novos passageiros. No original da obra ainda estão visíveis as marcas de um Lima delirante, que trocava termos, riscava e voltava a escrever. Não raro, grafava seu nome no lugar do de seu personagem. Mas acontecia também o oposto, pois nessa altura o escritor ficcionalizava a própria vida, não discriminando, por vezes, o *Diário* do romance.[25]

Uma vez que não tinha condições financeiras para arcar com as despesas da doença do pai, Lima multiplicou-se, escrevendo artigos para a *Careta*. Em seu *Diário do hospício* reclamava por ser obrigado a atuar como um jornalista de "banalidades", e esse era seu cotidiano no ano entrado de 1922. Escondendo-se por trás de pseudônimos, alguns conhecidos, outros nem tanto, como mostram Assis Barbosa e Felipe Botelho,[26] continuava a proceder como colunista da cidade.

No conto "O homem das mangas",[27] o qual assina como Jonathan e foi publicado em 7 de janeiro de 1922, Lima narra a história de Felisberto Bastos, que tinha "mania de agricultura". Seu maior desejo era adquirir um sítio nos arredores da capital, onde pudesse cultivar frutas, legumes, e criar aves domésticas. Empregado público e solteirão, tinha se aposentado depois de juntar dinheiro suficiente para comprar uma chácara. No entanto, passado apenas um mês, o protagonista já andava desiludido: "Vinha triste e sorumbático, cheio de desgosto no olhar". Relatava furtos, arrombamentos da propriedade, uma briga feia com os vizinhos, e concluiu: "Está aí em que deram as mangas. Um suplício!".[28] Com uma forma mal-acabada e personagens de pouca densidade, o conto representava uma espécie de retorno ao tema de *Triste fim*, em que o escritor brincava com a troca de nomes; em vez de Policarpo, Felisberto. Mas o destino e o recado eram semelhantes: a falência dos projetos destinados ao bem-estar e riqueza pessoais, como também da nação.

Mesmo nesse seu último ano, Lima fazia questão de carimbar e passar em revista seus velhos temas. Por exemplo, no artigo de 21 de janeiro intitulado "O pavilhão da Inglaterra"[29] e igualmente assinado por Jonathan, queixava-se do fato de o morro do Castelo ter ido abaixo, tendo se "transformado em lama *in natura*". Frustrado, lamentava a passividade da sociedade. Segundo Jonathan/Lima, "quando se anunciou a demolição do Castelo, toda a cidade estremeceu; e tudo fazia crer que, à primeira enxadada no flanco do morro, se seguisse uma revolução. Esta não veio". E terminava: "Ora, graças!".

Era o Lima dos mesmos temas e reclamações, só que agora mais apressado e sem paciência para lapidar artigos, crônicas ou contos, que entregava todos os dias, sem folga. Sem perder a reprimenda, dedicou uma coluna à saúde pública sob o título de "Assassinato profilático".[30] Ainda em 21 de janeiro de 1922, e de novo na *Careta*, colocou Jonathan assinando mais um escrito de sua autoria. Portanto, dois artigos vieram a público no mesmo dia, o que comprova como a necessidade de arrecadar dinheiro para cuidar do pai movia o autor. Além disso, a morte aparentemente lhe interessava cada vez mais. Por exemplo, em novo texto datado desse ano Jonathan desfaz das "ultramodernas" práticas da medicina, que se pautam na precaução. "No começo, foi contra a febre amarela que apareceu a tal profilaxia; hoje, é para tudo, o que é louvável, pois, conforme diz a experiência dos velhos, é melhor prevenir do que curar. Há até uma repartição própria, embora pequena, para a profilaxia do suicídio. É um serviço de alta relevância religiosa que demanda raras qualidades de psicólogo e observador nos que assumem a responsabilidade de exercê-lo."[31] Advogando o direito à morte voluntária, Lima flertava com essa ideia ou ao menos com a noção, retirada do anarquismo, de que os homens deveriam ser donos de sua vida e de sua morte.

Não era a primeira vez que mencionava o suicídio; na verdade, essa era quase uma tópica onipresente em sua obra. Também não era a primeira vez que fazia campanha contra os "matadores de mulheres": "O que nós não poderíamos imaginar, é que surgisse em cabeça de brasileiro a ideia de que o assassinato podia ser também meio profilático contra o adultério. [...] De modo que uma dama casada só porque olha mais para um cavalheiro está arriscada a ser esfaqueada ou servir de alvo dos tiros do revólver furibundo do marido [...]. Dessa forma, não há senhora que escape a esses revólveres moralizadores". E pontifica: "Este Brasil é formidável!".[32]

Era como se o escritor estivesse passando a limpo, ainda que de forma panorâmica, assuntos consolidados em sua agenda pública: o direito ao livre-arbítrio até mesmo em fronteiras limítrofes como o suicídio; a campanha contra o assassinato da vida alheia, dos animais e dos próximos. De qualquer maneira, era de morte e vida que as novas colunas tratavam com insistência.

Numa crônica datada de 4 de março, assinada por Anna de Gerolstem[33] mas que é evidentemente da lavra de Lima, por tratar da República dos Bruzundangas, o escritor, depois de defender a vida das mulheres, torna a contestar os movimentos feministas. "'Como V. Exca. não ignora há tempos fundei uma 'Liga' feminina, a que dei o nome de 'Liga pela Elevação da Mulher.' Não obtive sócias, mas obtive conhecimentos nos jornais, onde consegui colocar 'comunicados' diários que me valeram uma certa notoriedade, sem esforço próprio, nem trabalho algum. [...] Peço a V. Exca. que dê notícia disso, para que o feminismo aumente nesta sábia República da Bruzundanga, onde nasci e tem amor às novidades quando gentilmente lançadas."[34]

Lima não conseguia mesmo lidar de modo razoável com o tema e apelava para o humor. Na edição de 12 de agosto, publicou na *A.B.C.* o texto "O nosso feminismo".[35] Nele, comentava novas medidas concernentes ao sexo feminino e adiantava sua opinião (a de sempre, nesse caso): "Não me move nenhum ódio às mulheres, mesmo porque não tenho fome de carne branca; mas o que quero é que essa coisa de emancipação da mulher se faça claramente, após um debate livre, e não clandestinamente, por meio de pareceres de consultores e auditores, acompanhados com os berreiros de D^a. Bertha e os escândalos de D^a. Daltro".[36] Atividade considerada fútil, mero entretenimento de mulheres de classe alta, segundo o cronista, a defesa dos direitos humanos nada tinha a ver com um movimento social (causa que, apesar do mau juízo do autor, viria a se mostrar da maior relevância). Mas Lima não teve tempo de assistir ao avanço dessas reivindicações por direitos civis, que ganharam destaque entre as lutas em busca de uma cidadania plural e ampla. Suas críticas de classe e racial vinham sempre na frente daquelas que lidavam com as discriminações de gênero, e, nesse item pelo menos, ele ficou um pouco preso a sua própria época.

Existiam, no entanto, questões que efetivamente comoviam Lima. Por exemplo, a da venda de armas, tema de outro artigo que assinou como Jonathan, publicado em 25 de março na *Careta*. "Lembraram pessoas sensatas que se devia proibir a venda de armas, porque a facilidade com que são mercadas espalham [sic] assassinatos e suicídios." E encerra o assunto: "Quem não tem cão caça com gato. Se o sujeito que premeditou o assassinato, pretende executá-lo mesmo, vai executá-lo com qualquer arma, por mais imprópria que ela pareça".[37] Ao que tudo indica, a coluna refere-se a casos de assassinato de uma forma geral, mas bem poderia estar legislando em causa própria. Aquele que quisesse se matar com uma arma de fogo não teria dificuldade em encontrá-la no mercado.

Como se vê, em 1922 Lima escreveu muito. Era como se quisesse listar e repassar todas as suas preocupações sociais, públicas, mas também as pessoais. Ainda na *Careta*, no dia 6 de maio, publicou um artigo intitulado "As divorciadas e o anel",[38] em que contava de maneira divertida como um joalheiro de Nova York inventara um adereço para mulheres divorciadas. Mesmo com seu grande moralismo, que se revelava toda vez que precisava lidar com temas sobre mulheres mais independentes, ele ironizava o fato de o direito brasileiro admitir que uma esposa se separasse do marido mas não permitir que se casasse novamente. Indagou então: o que faziam as moças da alta sociedade de Botafogo e Santa Teresa? Arranjavam outra religião e um "pretor qualquer". Se o escritor era um crítico dos Estados Unidos, nesse caso considerou que por lá "a coisa é mais clara e mais completa". E fechou o raciocínio: "Não há necessidade do pastor [...]. Ela põe um anel de divorciada e — zás-trás nó cego — arranja um novo marido [...]. Não há assassinatos, não há revólveres, não há discussões [...]. Tudo se passa em paz e a Hipocrisia foge a quatro patas".[39] Até o final da vida de Lima, Botafogo era seu alvo de deboche. Ele publicou na revista *A. B.C.* em 1921: "Caindo a monarquia, aos poucos, com o sacolejo da república, apesar de brando, subiu à tona da nossa vida social, a borra da nossa sociedade que se apossou dos primeiros lugares, mediante uns títulos caçados sabe Deus como, de fortunas arranjadas por meios inconfessáveis, e se determinou que só era *chic* morar em Botafogo e adjacências".

Nessa espécie de retomada, não poderia faltar outro de seus assuntos diletos: a carreira de político. Na crônica "Eu também...",[40] de 1º de julho, Lima fazia uso de sua conhecida veia satírica: "Sou, por exemplo, candidato a vereador da cidade do Rio de Janeiro. Os títulos com que me apresento são simples e podem ser expostos em poucas palavras. Ei-los: a) Nunca matei ninguém; b) Sei ler e escrever, coisa que acontece a pouca gente neste mundo; c) Publiquei cinco livros com algum sucesso; d) Nunca fui eleitor do Sr. Irineu Machado;[41] e) Não moro na Favela. Sendo assim me parece que estou apto a ser intendente municipal...". Desfazendo sempre da gente de Botafogo, Lima se lançava ficticiamente como candidato. E encerrava: "eu sou cidadão da cidade carioca e reclamo que ela seja representada por gente que a estime, a ame e a conheça. Sou candidato".[42]

Entre as novidades que o ano preparava, lá estava a grande vedete: a celebração do Centenário da Independência. Lima tinha dado cobertura aos preparativos, e agora era hora de fazer um balanço das realizações. No curto texto publicado em 30 de setembro, assinado por Jonathan e com o título "O pavilhão do Distrito",[43] ele comentava: "este nosso grandioso 'certâmen', como se diz, é como os romances-folhetim que os jornais publicam; isto é, tem sempre um 'continua', pois todo o dia se inaugura isto ou aquilo". Fazendo troça da mania de inauguração que tomara conta do Rio naquele ano, Lima criou um diálogo entre ele e um estrangeiro: "Espero que se inaugure o respectivo Pavilhão, para ver amostras de suas indústrias e da sua pomicultura. Afinal, ele se inaugura. [...] Não tenho verdadeiramente uma decepção, mas uma deliciosa surpresa. [...] A razão é simples. Porque, além de uns peixinhos muito dignos da panela que lá vi, o que domina, são os trabalhos das escolas primárias. A sua cidade é uma cidade infantil; é inocente, portanto".[44]

Lima brincava com o amadorismo das construções e dos aparatos cívicos; em vez do encantamento com os pavilhões, feitos para comover os visitantes, ele ressaltou a pobreza do ambiente e a tacanhice (e até o ridículo) da comemoração. No mesmo clima, na crônica de 14 de outubro, Jonathan, seu colunista fictício, dialoga animadamente com um amigo goiano acerca do projeto da construção de uma "futura capital do Brasil", a ser instalada nos "confins de Goiás" e cuja "pedra fundamental" teria sido lançada justamente no dia 7 de setembro. Crítico à ideia da criação de uma nova capital, o cronista iniciava o diálogo perguntando como seria possível contar com "uma cidade improvisada, perdida num sertão despovoado [...]?".[45] O colunista era, pois, por princípio, contra a celebração patriótica.[46]

Mesmo assim, e a despeito de sair cada vez menos de Todos os Santos, Lima resolveu ir ao centro para assistir a uma das muitas "inaugurações" que iam preenchendo a agenda cívica daquele ano. Se 1922 prometia inaugurar uma nova era no país — ao menos levando-se em conta o discurso alvissareiro do Estado —, na vida do criador de Policarpo esse período parecia ser de balanço e fechamento.

Como jornalista, Lima não se contentou em colaborar na *Careta*. Era lá que publicava os artigos mais leves, sobre as amenidades que afetavam a cidade. Já na *Revista Suburbana*,[47] de propriedade de Pio Dutra, seu amigo dos tempos da ilha do Governador, escreveu um texto analítico sobre as responsabilidades do governo e as do cidadão, que saiu no dia 3 de setembro.[48] "Todos nós brasileiros, estamos sempre dispostos a esperar tudo o que nos interessa, nos é útil e agradável, da ação dos governos. [...] E assim em relação a tudo, de forma que, para nós, o governo não é um simples coordenador das atividades particulares da nação, mas, tem de ser ele mesmo todas as iniciativas e atividades que a comunhão pede e reclama."[49] Depois de criticar os brasileiros, ele não deixa de lado o papel do Estado: "À vista disso, que faz o governo? Toma o pião na unha e faz as 'coisas'; mas, de que modo, Santo Deus!".[50] Acusou, então, o governo de só colocar dinheiro numa "casa de espetáculos [...] luxuosa e suntuosa", frequentada pelos "magnatas da política, da bolsa, da indústria, do comércio, do caftismo doméstico e da ladroeira".[51] O mesmo teria se passado com os hotéis, quando a prefeitura se estribou numa campanha em prol da construção de hospedarias. Segundo o cronista, tudo edificado com tal pompa "que só príncipes, altos ricaços", "*scrocs di primo cartello*", poderiam nelas ficar. "Que ganhamos nós outros, pobres, remediados e pequenos rendeiros com tal preço de *Mil e uma noites*? Nada."[52]

Num tempo em que a falta de moradias populares se tornava uma questão crucial para o Rio de Janeiro e para o Brasil, o escritor usou o espaço que tinha nos jornais para criticar a despreocupação das autoridades com aqueles que se viam sem habitação na capital — tanto a população nacional como os estrangeiros que continuavam a chegar ao país.[53] Lima cobrou ao Estado que abrisse mão da celebração para se dedicar aos brasileiros. E não economizou nos termos; chamou os políticos de "aventureiros e *parvenus*", que, "além de educação, e quase sempre apoucada instrução", não tinham "nenhuma convicção íntima da grandeza da missão de que estão investidos".[54] Posicionava-se, ainda mais, ao lado da lógica daqueles que habitavam os subúrbios. Reclamava da falta de investimento nessa "parte da cidade" e das obras feitas com parcos recursos e muito improviso.[55] Parecia-se cada vez mais com Gonzaga, em suas queixas contra a destruição do Rio, no lamento pelo término do período das chácaras, então substituídas por casas diminutas. E lembrava Machado de Assis, nessa espécie de recordação afetiva da época dos subúrbios do passado: "No tempo dele, esse subúrbio devia estar crivado delas, trescalantes do aroma próprio ao arredor, e cheias de sombra e doçura amiga". Era como se o opositor de antanho virasse referência e justificativa. No fim da vida, Lima confirmava alguns de seus temas prediletos e fazia as pazes com autores que também não deixavam de ser, à sua maneira turrona, seus diletos.

Era momento de reconhecer amigos e reforçar os já consolidados. Entre eles, os colegas da *A.B.C.*, na qual, em 22 de julho, o escritor publicou o artigo "Estado de sítio".[56] Nele, contava a história de dois camaradas, Fagundes e Nepomuceno, que "viviam afastados de todas as modalidades da vida mundana". Fagundes "tinha algumas apólices de cujo rendimento vivia"; "Nepomuceno era aposentado de qualquer repartição pública, para a qual entrara, a fim de socorrer os seus parentes", no entanto, logo que pôde, "tratou de fugir ao ambiente deletério da burocracia: aposentou-se". Qualquer semelhança não será mera coincidência; Lima brincava com sua própria situação. Ironizava a burocracia do Estado, comentava as artimanhas para a obtenção de uma aposentadoria precoce e até resvalava o tema do casamento. Aliás, os dois personagens eram solteiros, "porque Fagundes gastara a mocidade, sonhando com o Amor", Nepomuceno porque decidira cuidar dos irmãos. Aborrecidos com a vida, resolvem "morar juntos num arrabalde afastado da cidade, vivendo melancolicamente a contemplar as montanhas do Rio de Janeiro e a ter piedade da gente pobre que lá residia".[57] Mas eles eram "tristes e conversavam tristemente num botequim de subúrbio". Tristes como Lima, solteiros como o escritor e vivendo nos subúrbios, entristecidos, de Lima.

Fagundes, cético tal qual o autor, foi logo dizendo "que todas essas revoluções só servem para prestigiar os governos". Nepomuceno concordou e citou o exemplo das revoltas que ocorreram nos mandatos de Floriano, Prudente de Morais e Rodrigues Alves. O importante é que ambos, à imagem e semelhança de seu criador, pareciam animados com os movimentos sociais que eclodiam país afora, mas não pelos motivos mais nobres. Olhando para "o longínquo horizonte dos Órgãos", a mesma paisagem que Lima apreciava da janela de sua casa, Nepomuceno confessou não estar satisfeito com o estado de sítio. Quando Fagundes lhe perguntou por quê, a resposta veio quase intestina: "Pela razão muito simples de que ainda não fui preso". Disse mais, que nunca fora político, não compreendia a política, mas queria ser preso. O motivo? "É simples. Estou cheio de dívidas que não sei como saldar."[58] Esse era Lima, ironizando acontecimentos recentes com a dose certeira de humor.

O escritor também fazia uma espécie de balanço sobre suas próprias percepções; por exemplo, a vida toda se achou "feio". Ao escrever o conto "A matemática não falha",[59] devia lembrar de si mesmo, sobretudo quando desenhava a figura do major Vital, um personagem popular no cenário carioca. Ele era "um pretinho muito baixo, miúdo, feio, com feições de pequeno símio, malares salientes, lábios moles, sempre úmidos de saliva, babados mesmo, que era visto passar pelas ruas principais...".[60] Devolvendo de maneira irônica o que na verdade era o preconceito expresso pela sociedade, o autor mostrava como "feiura" era critério estético mas vinculado ao tom da pele e à condição social. "Ser ou não ser feio" era uma questão séria para Lima, com inúmeras conotações (sociais, raciais, geográficas), presentes em vários de seus textos. Um dos mais inspirados sobre o tema é a crônica, jamais publicada, "Apologética do feio", em que ele claramente se refere a si próprio e ironiza: "V. Exa. é capaz de apontar uma definição, um traço; uma característica em suma que possa servir de base a uma 'Teoria Positiva do Feio'? Não o é, eu aposto; e não o é por dois motivos: 1º Porque o Feio é indefinível. 2º Porque o Feio é pessoal; depende de uma série de circunstâncias a que não são estranhos o ponto de vista, o lugar geográfico, a influência do meio e até o momento histórico. Outras fossem as circunstâncias mesológicas, étnicas, psicológicas e físicas, e V. Exa. não me teria recusado a honra daquela valsa".[61]

O fato é que, *se* sua condição de escritor afrodescendente o aprisionava como "feio", libertava-o para outras realidades: a observação de novos personagens, a descrição das cores sociais e dos costumes de populações muitas vezes invisíveis nos demais romances que faziam sucesso então. Se a educação diferenciada fazia dele um deslocado, sua condição social o integrava aos subúrbios. Por isso, ora se isolava e maldizia os vizinhos, ora se comportava somente como mais um entre os seus.

Dizia Agripino Grieco que Lima foi "o grande romancista empregado público e, como tal, assíduo apenas nas faltas". Na época em que trabalhava na secretaria, aguentava entediado o batente, que se estendia das dez da manhã às três da tarde, enquanto a monotonia do dia se arrastava entre a cópia de um documento e o registro de uma petição. Tudo com sua péssima letra. Mas, quando a hora de bater o ponto chegava, o escritor se aprontava para novo périplo pelos bares e freges. À noitinha seu passo já era pesado, quase artrítico, encharcado de bebida. Ia no trem de volta com os olhos mais fechados e, vez por outra, assustava os demais passageiros, falando sozinho sobre seu Brasil e a "canalhada" dos políticos.[62]

Por vezes passava longas semanas abstêmio. Então escrevia muito, para desespero dos linotipistas e revisores. Seus períodos eram extensos, as frases sem muita pontuação, sua letra ainda mais incompreensível e, do seu escritório e das prateleiras da Limana, saíam artigos às vezes entregues às dúzias aos jornais. Também respondia freneticamente à correspondência e a todos que lhe mandavam livros, recortes, cartas. Não sabia compor versos, sentia-se deslocado nos salões e só esteve na Academia uma ocasião, quando assistiu à posse de Alcides Maia. E comportou-se mal, fazendo comentários em tom de voz alto, derrubando cadeiras e interrompendo a saudação do acadêmico Rodrigo Otávio.

Testemunhas relatavam como agora viam menos aquele sujeito de lábios grossos, "cor [...] azeitonada", face rapada, altura mediana, nem gordo nem magro, sem grandes sinais particulares. Já estavam acostumadas com o fato de ele sair cedo de casa, depois de ter passado algum tempo mexendo nos velhos livros depositados em suas estantes. Descia a ladeira e olhava para as casas ajardinadas onde as crianças, mais à noite, jogariam peteca ou cantariam em roda uma série de sons que o escritor guardaria em suas colunas sobre folclore urbano. Dali, partia para seu ritual matutino e encaminhava-se para o seu *club*, que ele pronunciava "clâbe", tentando forçar uma dicção inglesa para fazer graça. Era sócio remido dos botequins de bairro, onde, "esvaziando botelhas", encontrava seus modelos diletos e a inspiração certa para seus melhores personagens: "carreiros, carvoeiros, verdureiros e mascates em trânsito por aquelas paragens".[63] Encerrado o ritual, despedia-se, educado, e seguia para a estação de trem, onde se enfiava num carro de segunda e rumava em direção ao centro. Parecia distraído, por vezes podia-se julgar que dormia. Na verdade, amiúde observava os companheiros de viagem. Armazenava as imagens na memória e, de vez em quando, sacava seu caderno de notas e escrevia frases soltas. Devia reparar numa garota que ia absorta no canto do carro, e quem sabe imaginá-la Clara dos Anjos, a menina inocente que foi vítima de um conquistador suburbano. Uma senhora mais velha dormitando no banco do trem bem podia ser tia Benedita, a escravizada que animava o menino Isaías Caminha com as histórias das *Mil e uma noites*. No garoto que examinava, concentrado, seu brinquedo devia ver aquele que fora injustamente acusado de roubar uma máscara e que pensou em suicídio. Naquele tocador de violão reconhecia Ricardo Coração dos Outros, um parente de Eduardo das Neves, um desses trovadores que enchem a alma de música. Enxergava no sujeito engravatado um Leporace, o secretário de "natureza gelatinosa". Seria mais difícil deparar com uma das madames Bovary dos subúrbios, como a lânguida Cló, que costumavam se esconder em casa e no Carnaval saíam com decotes fartos e requebros de "negras minas".

Quem sabe não daria com Simões, personagem de um de seus últimos contos, "O caçador doméstico".[64] Ele era descendente da família dos Feitais, da qual a Lei do Treze de Maio "arrebatou mais de mil escravos. Uma verdadeira fortuna, porque escravo, naquela época, apesar da agitação abolicionista, era mercadoria valorizada".[65] Os Feitais eram célebres pelo "sadio tratamento de gado de engorda que davam aos seus escravos e também pela sua teimosia escravagista".[66] Seus membros tinham um "horror extraordinário à carta de alforria. Não davam uma, fosse por que pretexto fosse".[67] Contava-se que certa vez, tendo percebido que possuía um escravizado mais claro, o qual mostrava aptidões para os estudos, Simões o matriculara na faculdade de medicina. No entanto, quando o rapaz estava para terminar o curso, trouxe-o de volta para a fazenda e, embora o tratasse como homem livre, nunca lhe concedeu a liberdade. Nesse meio-tempo, Simões empobreceu, mudou-se para os subúrbios, e bem poderia ser visto num trem de segunda classe, sentado ao lado de Lima. "Não soubera aproveitar as relações de família, para formar-se em qualquer coisa e arranjar boas sinecuras, entre as quais a de deputado."[68] Morava num sítio e deu de "caçar os frangos e outros galináceos da vizinhança".[69] Cansados de tantas maldades, os vizinhos resolveram dar termo à situação. "Trataram de mal assombrar a casa. Contrataram um moleque jeitoso que se metia no forro da casa, à noite e lá arrastava correntes."[70] Simões lembrou-se dos escravos de seus parentes e sentiu remorsos. "Um dia assustou-se tanto que correu espavorido para o quintal, alta noite, em trajes menores, com o falar transtornado." Seus cachorros não o reconheceram "e o puseram no estado em que punham os incautos frangos da vizinhança: estraçalharam-no. Tal foi o fim de um dos últimos rebentos dos poderosos Feitais de Barra Mansa".[71]

Triste fim de um escravocrata; triste fim das nossas tantas histórias com o estilo inconfundível de Lima Barreto. Essas personagens suburbanas formavam parte fundamental de seu fermento literário, dessa narrativa em trânsito que no caminho apanhava humildes e mais remediados, profissionais e donas de casa, velhos e raparigas. Lima era mesmo, como então se dizia, um "criador de almas".

Todos esses temas ficaram, porém, um pouco diluídos na velocidade do tempo que ia consumindo o último ano do escritor. Ele agora parecia se comportar como um espectador de sua época, e também começava a insistir numa questão em particular: a morte. Esta, que já era um assunto recorrente em sua obra, ganhava um poder redentor, apresentando-se como uma saída digna. Além do mais, ela se aproximava da sua biografia. A morte, que rondava o quarto ao lado — o de seu pai —, insistia em bater na porta de Lima: no quarto onde vivia com seus fantasmas e livros.

Escritos sobre a morte[72]

Até mesmo na *Careta*, Lima deu um jeito de tratar da morte, e a partir de um pretexto divertido: os caóticos "enterros de Inhaúma". Ele não gostava do cemitério local; a bem dizer, achava-o "horroroso". Mas tinha fascínio pelos rituais da morte. No dia 26 de agosto, confessou ao público que sentia "curiosidade pelo culto dos mortos em todas as suas manifestações, em várias partes da Terra. Não deixo de ver nunca nelas, senão a denúncia da nossa Eternidade".[73] A frase era forte, ainda mais para quem tinha encontro marcado com a "eternidade" em apenas dois meses. A crônica mais memorava uma confidência sobre a morte e seus rituais. Uma conversa de Lima com Lima.

Com ar supostamente despretensioso, o escritor detalha, então, os rituais que caracterizavam seu cotidiano. "Pela manhã saio de casa e vou ao botequim mais próximo. Compro um jornal e ponho-me a lê-lo. Dentro em pouco passa um enterro. Olho a rua. Quem é? É uma criança. O forro é encarnado. Carregam-no meninas de todas as cores. Tiro o chapéu e gosto que a Morte — a sagrada Deusa de nós todos — tenha feito a comunhão de tanta gente diversa."[74] A morte era assim descrita por um Lima que nunca se mostrou muito crédulo ou reverente com a religião. Afirmava-se católico, mas guardava um misticismo combinado com descrença, e, ainda que se enternecesse com a imagem de Nossa Senhora da Glória, não poucas vezes declarou-se agnóstico.[75] Fora batizado na Igreja, dizia-se protegido por ela, e todo dia 15 de agosto prestava-lhe homenagens, por considerá-la sua madrinha, a "princesa dos artistas" e a santa de devoção de seus antepassados. Mas jamais se dedicou, de fato, ao assunto.[76] A não ser na base da ironia: "Eu sou afilhado de N. S. da Glória. Não quero ser deputado, não quero ser senador, não quero ser mais nada, senão literato".

Não obstante, se era cético quanto à filosofia, parecia encantado pelos rituais de enterramento e cortejos fúnebres. Na crônica "Os enterros de Inhaúma", comenta como os amigos deixaram o caixão mortuário na calçada e resolveram "beber um trago". E assim julga a conduta: "Muito bem. As festas da Vida e da Morte sempre mereceram libações [...] Vendo tudo isto, esses enterros em que há coisas tão cômicas, fico a pensar se é a Vida que faz a Morte, ou esta que faz aquela".[77] Novamente, não é possível dizer que Lima previu a própria morte, mas sem dúvida chama atenção como incorporou o fim da vida em suas reflexões sem perder a veia cômica e a forma cética de pensar a existência.

Não era a primeira vez que Lima se detinha para pensar e descrever a morte. No ano de 1918, publicou uma crônica que chamou simplesmente de "Elogio da morte":[78] "Não sei quem foi que disse que a Vida é feita pela Morte. É a destruição contínua e perene que faz a vida. A esse respeito, porém, eu quero crer que a Morte mereça maiores encômios. É ela que faz todas as consolações das nossas desgraças; é dela que nós esperamos a nossa redenção; é ela a quem todos os infelizes pedem socorro e esquecimento. Gosto da Morte porque ela é o aniquilamento de todos nós; gosto da Morte porque ela nos sagra. Em vida, todos nós só somos conhecidos pela calúnia e maledicência, mas, depois que Ela nos leva, nós somos conhecidos (a repetição é a melhor figura de retórica), pelas nossas boas qualidades".[79]

Quatro anos antes, portanto, o autor de *Triste fim* fazia uma confissão sobre seu gosto pela morte, que para ele traria redenção. Claramente melancólico, com laivos suicidas, bem desanimado com a "doença" da bebida — para ficarmos com seus termos — e, na ocasião, licenciado para tratamento de saúde, na crônica Lima praticamente marcava um encontro com a morte. "É inútil estar vivendo, para ser dependente dos outros; é inútil estar vivendo para sofrer os vexames que não merecemos. A vida não pode ser uma dor, uma humilhação de contínuos e burocratas idiotas; a vida deve ser uma vitória. Quando, porém, não se pode conseguir isto, a Morte é que deve vir em nosso socorro."[80] E concluía defendendo a salvação que viria com ela: "Dessa forma, quem, como eu, nasceu pobre e não quer ceder uma linha da sua independência de espírito e inteligência, só tem que fazer elogios à Morte. Ela é a grande libertadora que não recusa os seus benefícios a quem lhe pede. Ela nos resgata e nos leva à luz de Deus. Sendo assim, eu a sagro, antes que ela me sagre na minha pobreza, na minha infelicidade, na minha desgraça e na minha honestidade. Ao vencedor, as batatas!".[81]

O artigo, que saiu em *Marginália*, terminava fazendo uma ode à Morte — grafada com inicial maiúscula e, assim, referida como uma terceira pessoa. Há, ainda, uma coincidência (ou uma referência paradoxal) com a frase proferida por Quincas Borba, personagem da obra de mesmo nome escrita por Machado de Assis e publicada em 1891. A sentença seria de autoria do filósofo Quincas Borba, um teórico do Humanitismo, que Machado definiu como uma espécie de filosofia cética. A razão do homem estaria na busca da sobrevivência, que implica muitas vezes vencer o outro. Por sinal, em sua origem, a expressão "ao vencedor, as batatas" evoca a história de duas tribos que lutam por um campo de batatas, as quais só podem abastecer um dos grupos.

Sabemos que a frase ficou sujeita a várias interpretações,[82] e não é o caso de retomá-las aqui. Interessa mais pensar no uso que Lima fez dela. Quem sabe quisesse demonstrar que aquele que perseguia títulos obtinha só as "batatas". Quem sabe tenha querido aludir a Machado. Ou talvez ambas as possibilidades. Pode haver elogio — da Morte e de Machado —, mas também escárnio da evidência de que existia pouco a fazer num país como este, sobretudo por um escritor "humilde" e "independente".

Em seu *Diário íntimo*, anotou: "Aqui bem alto declaro que, se a morte me surpreender [...] peço a quem se servir delas [das notas] que se sirva com o máximo cuidado e discrição, porque mesmo no túmulo eu poderia ter vergonha".[83] Confessou ainda, e no mesmo local: "Desde menino, eu tenho a mania do suicídio. Aos sete anos, logo depois da morte de minha mãe, quando eu fui acusado injustamente de furto, tive vontade de me matar. Foi desde essa época que eu senti a injustiça da vida, a dor que ela envolve, a incompreensão da minha delicadeza, do meu natural doce e terno...".[84]

Mas esse Lima era muito diferente do da meninice. O problema não era, por certo, de "diagnóstico", e sim a forma como o criador de Clara voltava ao mesmo tema e ao incidente que havia marcado sua meninice e inspirado um conto de sua predileção: "O moleque".[85] A infância é um período rápido na contagem dos anos, porém longo na memória projetiva, e o escritor imortalizava a "injustiça" social vivida na pele por um garoto que, como ele, tinha menos condições de se defender publicamente.

Mais velho, relacionou humilhação social a desejo de morte, quando não a suicídio. "Tenho um livro (trezentas páginas manuscritas), de que falta escrever dois ou três capítulos. Não tenho ânimo de acabá-lo. Sinto-o besta, imbecil, fraco, hesito em publicá-lo, hesito em acabá-lo. É por isso que me dá gana de matar-me; mas a coragem me falta e me parece que é isso que me tem faltado sempre."[86] Esse é um Lima menos propositivo e mais depreciativo diante de uma situação que julgava não dominar. Mas aqui não temos um lado *ou* outro: são os dois lados do escritor, que oscila, vacila, cai, levanta, e vai procurando encontrar um lugar de afirmação e pertencimento.

Um ano antes de publicar em folhetim *Triste fim de Policarpo Quaresma*, seu texto mais bem-acabado e no qual depositava tantas esperanças, Lima escreveu em sua caderneta: "Ilusões que morrem. Ilusões e fatos. Desenganos".[87] Ao lado da grande alegria de realizar um feito literário, qual seja, publicar um livro de sucesso — seu desejo mais íntimo —, logo vinha o desengano, a depressão e a bebida. "Uma bebedeira puxa outra e lá vem a melancolia. Que círculo vicioso! Despeço-me de um por um dos meus sonhos. Já prescindo da glória, mas não queria morrer sem uma viagem à Europa, bem sentimental e intelectual, bem vagabunda e saborosa, como a última refeição de um condenado à morte."[88] Ele ia se despedindo dos sonhos de virar um autor consagrado, de viajar para a Europa, de conhecer uma boa moça e se casar, de fazer parte de uma República mais inclusiva, de ver seu pai saudável, de não beber tanto. Por isso, não são poucos os momentos em que flerta com a morte. Se por vezes ela surgia de maneira alusiva, inscrita na pele de um personagem, se em algumas ocasiões ganhava sentido de troça ou de informação, em suas cadernetas a morte era tema cativo. Lima pensava em si e em sua sina, da mesma forma que datava cuidadosamente o falecimento dos amigos. "Vilarinho morreu em 8-4-1916." "Manuel de Oliveira morreu a 8 de novembro de 1916, dia de anos de minha irmã."[89]

Não só os protagonistas têm seu momento final descrito de modo detalhado; coadjuvantes, no instante de sua morte, recebem tratamento especial e com direito a muita reflexão. Nessas horas, o escritor parece viver diversas mortes em uma só. Em *Recordações do escrivão Isaías Caminha*, por exemplo, há várias passagens sobre o tema. Quando a mãe de Isaías falece, ele comenta: "Não continuei a leitura; deixei cair a mão ao longo do corpo e estive a olhar a rua, sem ver coisa alguma. Morria minha mãe! E via-a logo morta, muito magra, os círios, o crucifixo, o choro... Passou-me pelos olhos a sua triste vida, humilde e humilhada, sempre atirada a um canto como um móvel velho, sem alegria, sem fortuna, sem amizade e sem amor...".[90] Morrer como um móvel velho era o receio também de Lima, que naquela altura procurava sacudir a depressão e dar sentido para tanto esforço consagrado à literatura.

No seu *Triste fim de Policarpo Quaresma* são muitas as passagens em que o assunto retorna. A morte de Policarpo é deixada em aberto, mas supõe-se que ele tenha falecido na prisão. Não obstante, o personagem da Morte ronda e atropela o enredo. Na descrição do manicômio, ressoam no romance as anotações do *Diário*. "No bonde vinham outros visitantes e todos não tardaram em saltar no portão do manicômio. Como em todas as portas dos nossos infernos sociais, havia de toda a gente, de várias condições, nascimentos e fortunas. Não é só a morte que nivela; a loucura, o crime e a moléstia passam também a sua rasoura pelas distinções que inventamos."[91]

A ideia de que a morte nivela tudo, aplaina qualquer sonho, era uma constante na obra do escritor. Assim como a certeza da necessidade de lograr grandes feitos em vida, antes que a morte levasse tudo consigo. É Policarpo quem evoca: "Chegara tarde, mas não a ponto de que não pudesse, antes da morte, travar conhecimento com a doce vida campestre e a feracidade das terras brasileiras. Então pensou que foram vãos aqueles seus desejos de reformas capitais nas instituições e costumes".[92] Essas são reflexões de Lima também, que via as marcas da velhice precoce se inscreverem em seu corpo, em sua respiração curta e ofegante, nos joelhos inchados que limitavam cada vez mais seus movimentos.

Nem mesmo em *Numa e a ninfa*, seu romance mais vocacionado para fazer troça política, Lima perde a chance de retomar a questão da morte. "De volta do enterro de uma parenta, a mulher de Numa vinha satisfeita. Nem sempre isso acontece, mas muitas vezes se dá, apesar de nós. Não se colhem bem os motivos, as razões profundas de se ter passado de uma emoção à contrária, o certo é que se tem como que um alívio n'alma, a impressão que se diminuíram os nossos pecados; ficamos melhor diante de nós mesmos, mais de acordo com o Deus e com o Mistério."[93] A morte era um mistério na mente racional de Ninfa, e uma emoção sempre aberta na ferida que o escritor levava consigo. A emoção valia para ele e para aqueles que considerava seus irmãos, vindos da África nas condições mais adversas. Depois de relatar a história dos milhões de afrodescendentes que entraram no Brasil na conta do inclemente sistema escravocrata, Lima conclui: "Da eterna morte vem a eterna vida, e o sacerdócio daquela é o sacerdócio desta... Destruído um milhão, em pouco, dos despojos deste, surgirão os vencedores e os perfeitos...".[94] Ou, então, coloca na boca do protagonista um pensamento que era estranho na ficção mas recorrente na realidade do autor: "Quando se está na miséria, surgem essas ideias extravagantes; são as visões radiantes que o afogado tem nas portas da morte. O pensamento não me deixava e eu o julgava a coisa mais exequível desse mundo".[95]

No entanto, se a ideia geral nunca deixa de estar presente, é sobretudo em *Vida e morte de M. J. Gonzaga de Sá* — paradoxalmente uma das primeiras obras escritas mas a última a ser publicada — e *O cemitério dos vivos* que a temática da morte parece contaminar tudo. Logo no começo de *Gonzaga de Sá*, ficamos conhecendo a filosofia que preside o livro: "Para se compreender bem um homem não se procure saber como oficialmente viveu. É saber como ele morreu; como ele teve o doce prazer de abraçar a Morte e como Ela o abraçou".[96] A certeza de estar constantemente a ponto de receber o abraço da morte foi sempre grande em Lima. Tanto que ele inicia o romance admitindo que o relato da morte do protagonista é que mobilizava o mote da história: "De Gonzaga de Sá, vou contar-lhes as suas coisas íntimas e dizer-lhes, antes de tudo, como morreu, para fazer bem ressaltar certos trechos e particulares que serão mais tarde contados, de sua bela obscuridade".[97] Começar pela morte era forma de dar-lhe total proeminência.

Os personagens de Lima eram parte de seus sonhos e, ao mesmo tempo, se transformavam em "seus mortos": "Sonho também por minha conta, ao jeito dos meus mortos; e os meus sonhos são mais belos porque são imponderáveis e fugazes".[98] O escritor declarava-se para a morte e a pedia em casamento: "Andem devagar, devagarinho... Não se corre nem para a morte a quem amo".[99] Ou então: "Mas tudo isso de que vale? Vem a Morte [...] A vida é cruel, disse-lhe em certa ocasião. Tudo acaba na Morte".[100] É evidente como Lima se projetava em Gonzaga de Sá, personagem que ganhara vida e se tornara um dos pseudônimos preferidos do escritor durante quase toda a sua existência. Foi por meio desse heterônimo que ele fez críticas contundentes, e que mais se confessou; foi com ele que declinou suas próprias certezas acerca da morte: "E a morte tem sido útil, e será sempre", anunciou Gonzaga de Sá. "Não é só a sabedoria que é uma meditação sobre ela — toda a civilização resultou da morte."[101]

Também em *O cemitério dos vivos* a morte desfila por toda parte. Ela aparece já no início da novela, com o falecimento da mulher de Vicente: "'Vou morrer! Que pena! Vou deixá-lo só por este mundo afora'. [...] Não sei, não me recordo, se, logo após a sua morte, me pus a pensar nas suas palavras, a bem dizer as últimas, e no meu casamento e outros fatos domésticos. Mas o certo é que elas me ficaram gravadas; e nunca mais se foi de mim a imagem daquela pobre moça, a morrer, com pouco mais de vinte e cinco anos, e o sentimento da dor que se lhe estampava no olhar místico, por me deixar no mundo, dor que não era de mulher, mas de mãe amantíssima".[102]

Não é difícil supor, tendo em mente esse trecho, que o escritor relembrava de sua própria infância e da morte da mãe quando ele tinha sete anos. E também da morte do pai: "Comecei cedo a fazer os preparatórios, se não com brilho, ao menos com muita segurança; e cedo acabei-os; mas sobrevieram dificuldades de família, meu pai enfermo veio a morrer, fiquei sobre mim, longe de minha mãe e dos meus irmãos".[103] Mais uma vez, era a figura de João Henriques que morria na ficção, na pele da esposa de Vicente, Efigênia; ambos de forma demorada e penosa. Quantas vezes Lima não teria imaginado o falecimento paterno, que sempre lhe parecera iminente? De quantas maneiras experimentara na fantasia essa morte que tanto temia quanto ansiava? "A sua moléstia foi dolorosa e duradoura. Mais de quatro meses, ela esteve acamada, morrendo aos bocados. No fim, só tinha de humano o olhar, aquele seu olhar vivo, penetrante, com expressões indefiníveis."

De certa maneira, o falecimento do pai de Lima já se anunciava fazia mais de dez anos. Afinal, com a alienação vieram a perda do emprego e o fim do convívio com os demais. O isolamento era sem dúvida uma espécie de morte; entretanto, em 1922 o tema batia forte na porta dos Barreto, e os médicos alertavam a família acerca do declínio físico agudo do paciente.

Lima não se limitava, porém, a explorar a questão da morte apenas em seu círculo mais íntimo e familiar. Também visitava o assunto por outros ângulos; entre eles, o tema da escravidão e das formas de dependência que criava. É esse tipo de situação que surge em *O cemitério dos vivos*, com a descrição da morte a partir da experiência de uma agregada da família. "Ana era uma crioula de meia-idade, que chefiava a cozinha. Não era bem uma criada; era uma espécie de agregada desse tipo especial de negras e pretas, criado pela escravatura, que seguem as famílias, nos seus altos e baixos, são como parte integrante delas e morrem nelas."[104] Ainda que o sistema escravocrata tivesse findado mais de trinta anos antes, o escritor, arguto, não perdia de vista o regime de dependências legado. Nem na morte havia liberdade nesse gênero de cativeiro que de público se convertia em cárcere privado e íntimo. Ana era como Manuel Cabinda, generosa nos préstimos que continuava a dispensar à "sua" família; triste na vida de dependência em que fora inserida e da qual não tivera tempo ou oportunidade de se desvencilhar. Por isso, a morte virava saída digna e valente.

Tinha ganas de perecer rápido, de morte súbita, por impotência diante das amarras que a sociedade brasileira prosseguia produzindo não apenas no passado, mas no presente. Ainda mais nesse romance, em que o criador se confundia com seu personagem: "Veio-me, repentinamente, um horror à sociedade e à vida; uma vontade de aniquilamento, mais do que aquele que a morte traz; um desejo de perecimento total da minha memória na terra; um desespero por ter sonhado e terem me acenado tanta grandeza, e ver agora, de uma hora para outra, sem ter perdido de fato a minha situação, cair tão, tão baixo, que quase me pus a chorar que nem uma criança".[105] Lima é quem morria aos poucos, de alguma maneira: preso em sua casa, cercado e convivendo com seus personagens que iam virando seus próprios demônios. É Vicente Mascarenhas, na pele de Lima Barreto, quem afirma: "Gostei sempre muito da casa, do lar; e o meu sonho seria nascer, viver e morrer, na mesma casa". Ou: "A sua moradia era provisória; a Morte não tardaria em levá-los…". E ainda: "Durante quarenta anos, uma razão para tristeza, para renunciamento de si, para sonhar com a ventura da Morte, que é o sossego".[106] Talvez em "segredo", mas com muita tenacidade, o autor ansiasse por esse tipo de sossego. Desiludido, quem sabe não tenha se dedicado a olhar mais de frente para a morte anunciada do pai, e para a sua também. Em carta endereçada ao escritor Paulo de Magalhães, datada de 26 de setembro de 1922, elogiou a peça *Vícios modernos*, de autoria do "confrade Magalhães", e destacou os personagens bem construídos. No entanto, de forma abrupta, interrompeu a correspondência, lamentando não poder se alongar por conta da "exiguidade do tempo de que disponho".[107] Coincidência ou não, o tempo de Lima ia mesmo escasseando.

O cemitério de Lima representava uma homenagem aos mortos e à ideia de que se enterravam inclusive os vivos. Sobretudo os que não percebiam que já estavam mortos. Essa, a metáfora forte que rodeava a noção de hospício construída pelo escritor, e igualmente a de sua casa, que mais e mais se lhe afigurava um cemitério. Quem sabe essa sensação não estivesse crescendo dentro do escritor, que também se enterrava na sua Vila Quilombo, a qual parecia, naquele 1922, um *Cemitério dos vivos*? "Nas imediações dessa cidade, um lugar apropriado de domínio público era reservado aos indigentes que se sentiam morrer. Dava-se-lhes comida, roupa e caixão fúnebre em que se deviam enterrar. Esperavam tranquilamente a Morte."[108]

Triste fim

O último aniversário de Lima foi celebrado no Café Suísso, no centro do Rio de Janeiro. Uma nota que saiu em *O Brasil* de 16 de maio de 1922, assinada por Vagalume, diz ter encontrado por lá um grupo animado, festejando o "boêmio incorrigível e primoroso escritor — honra e glória da literatura brasileira". O texto, sintético, exalta o talento do criador de Policarpo, mas também seu "coração boníssimo, onde o ódio não tem guarida, onde os sentimentos maus não têm asilo". Só mesmo seu aniversário para justificar um perfil tão diverso de Lima, que jamais se privou de delinear seus ódios e desafetos. Ainda assim, seu colega Agripino Grieco certa vez disse que o literato carioca era daqueles que não invejavam ou detestavam ninguém.[109] O fato é que a data comemorativa parece ter tido o poder de aplainar diferenças e de construir um personagem já alheio a seu tempo. O artigo continua: "Indiferente a tudo e todos, sem grandes aspirações, de uma condenável modéstia, sem sonhar com a fortuna e dispondo de um grande tesouro que é o seu incontestável talento manifestado pela sua pena diamantina, Lima Barreto, é bem o homem da rua, na simplicidade do seu trajo e na bondade das suas palavras...".[110] O autor da nota, sem consciência disso, escrevia em tom de epitáfio, como se Lima já estivesse acima dos interesses mundanos e não vivesse mais exatamente entre nós.

Em 7 de outubro do mesmo ano, Lima deixou na *Careta* uma confissão, aliás bem coerente com seu estilo, a qual misturava, com relativo desapego, vida pessoal com suas novelas ou crônicas: "Além de outros motivos, devido a um infernal reumatismo que não me deixa, há bem seis anos, e me deixará nunca, por assim dizer não tenho arredado o pé de casa, desde que o povo do Brasil houve por bem reconhecer que estávamos independentes há um século".[111] Muito debochado, brincava com a mania de celebração que, como uma onda, inundava os brasileiros. Lamentava, ao mesmo tempo, o abismo que existia entre o humor geral e o seu. Enquanto os cariocas caçavam pretextos para andar pelas ruas em clima de festa, ele ia ficando cada vez mais preso à sua casa em Todos os Santos. Lima passara a metabolizar mal a bebida, e o reumatismo, uma das consequências mais imediatas do alcoolismo, o impedia de andar muito.

O certo é que Lima já se aventurava pouco a passear pelo centro da cidade. Mas, quando chegou o tão anunciado Centenário de 1922, resolveu passar o dia todo fora de casa. Tentava entender que independência era aquela que os brasileiros tanto celebravam. Aproveitou, então, para rever seus lugares preferidos na vistosa capital do país. Como Gonzaga de Sá, caminhou pela rua do Ouvidor, onde bateu ponto nos endereços mais íntimos — as redações dos jornais, a livraria do Schettino e seus botecos prediletos. Foi ao campo de Santana, onde desfilavam os militares, mas ficou muito pouco por lá; não lhe agradavam as paradas cívicas. Dirigiu-se em seguida para o Passeio Público. Afinal, teoricamente, iria "cobrir" os festejos do Centenário, assim como observar as principais edificações erguidas para a ocasião. Não gostou de nada. Achou a exposição artificial e não reconheceu o seu Rio. Por isso, abriu mão da pauta e desistiu de acompanhar os eventos do dia: "Não vi a revista naval; não vi os fogos de Bengala da praia de Botafogo; nada vi, enfim, nem mesmo a Exposição".[112]

Enéias Ferraz, que gostava de se definir como discípulo dileto de Lima e naquele ano lançara *História de João Crispim*,[113] contou num relato, publicado depois da morte do escritor, que se deparou com ele já noite adentro. Nosso autor seguia pela avenida Gomes Freire, concentrado em si mesmo: "De mãos nas costas, a cabeça baixa, o passo tardo, caminhando humildemente ao longo da calçada. Dir-se-ia um sonâmbulo".[114] A chegada do amigo interrompeu tanto "ensimesmamento". Educado, o literato confessou, em tom de queixa, que as pernas doíam muito e o "corpo alquebrado" não lhe dava sossego. Mesmo assim, manifestou sentir "quase um prazer em continuar a andar. [...] Andando, parece que penso melhor".[115] A impressão que se tem, olhando de trás para a frente, é que Lima, de repente, já não tinha urgência. Como se tivesse escolhido o Sete de Setembro para dar adeus à cidade que considerava tão sua.

No entanto, tal qual Gonzaga de Sá, ele precisava cumprir o ritual à sua maneira: desacompanhado. Por isso, foi breve na conversa com o "confrade". Despediu-se de Enéias e continuou sua peregrinação filosófica — tão filosófica e quieta como a empreendida por seu protagonista andarilho. A cidade parecia ferver a seu redor, mas seu mundo ia se apequenando e ficando estranhamente silencioso. Seu personagem, que já era velho e maduro na época em que foi concebido, nos idos de 1909, agora se assemelhava ainda mais a seu criador. Ambos gostavam de refletir enquanto caminhavam, momentos em que costumavam passar a vida a limpo. Comovido, mas sempre sarcástico, aproveitou para fixar a vida da capital.[116]

Esse talvez tenha sido o último passeio de Lima. Pelo menos é o que seus amigos supõem. A bebida, por duas décadas acumulada, acabou empurrando o escritor para a reclusão, apartando-o inclusive de seus hábitos mais arraigados. A doença nas pernas o incomodava tanto que mesmo o giro até os botequins do bairro lhe era penoso. O Palha Seca, como o chamavam com afeto por causa de seus cabelos precocemente brancos e secos, passara a achar tudo "uma bagatela".[117] Sua rotina ia se resumindo a circular pelo seu quarto e a recorrer à Limana em busca de inspiração para novos livros e artigos. Também não conseguia mais ir ao banco pagar as contas do mês. Na correspondência que trocou com seu editor e amigo Schettino em 18 de outubro de 1922, deixou clara sua angústia: "Estou verdadeiramente arrebentado de todas as vísceras, órgãos e membros, por isso não pude ir até lá, segunda-feira. Deixei o dinheiro num botequim, com o senhor Antônio. [...] O senhor Antônio ficou encarregado de mandar levar o dinheiro a você. Isto me causa apreensão".[118]

A certeza de que seu corpo fraquejava parecia perturbá-lo sobremaneira, mas o escritor não se esquivava de tentar acertar suas contas e de socorrer as finanças da família. Seu pai enlouquecera por causa de contas no hospício que julgara, equivocadamente, não ter saldado, e agora era Lima quem receava o dispêndio que teria pela frente e que (pensava) não conseguiria honrar. Apesar disso, manifestava não temer o futuro. Sua preocupação estava mais voltada para João Henriques, o qual, segundo o médico da família, tinha as horas contadas.

Contudo, eram as horas de Lima que insistiam em ludibriar o relógio do tempo. Assis Barbosa relata que o escritor, a despeito de estar um pouco resfriado, acordou sereno e sem febre no dia 1º de novembro. Passara a noite bem, e por isso aconselhou os irmãos a esquecerem dele e tomarem cuidado com o pai; sua indisposição era passageira. Cuidadosa, Evangelina foi levar-lhe um chá no quarto e encontrou o criador de Policarpo, recostado na cama, lendo tranquilamente um exemplar da *Revue des Deux Mondes*. Essa era uma publicação dedicada ao universo cultural e político francês, considerada de tendência liberal e em que colaboravam vários autores da predileção de Lima.[119] O irmão dedicava-se, portanto, a um de seus "vícios culturais". Ela saiu de lá apaziguada.

Já o pai deles suava muito, gemia, delirava e parecia perto do fim tantas vezes anunciado. Absorta, Evangelina provavelmente se deixou ficar cuidando de João Henriques. Há de ter se esquecido do irmão mais velho, ao menos por algum tempo. Uma hora depois, foi até o seu quarto, meio esbaforida. Ao entrar, notou que ele se mantinha na mesma posição, com a revista francesa no colo.[120]

O destino aprontou com Lima, que tanto temera como ansiara (e aguardara) a morte do pai: falecia antes dele, às dezessete horas de um dia chuvoso. A morte "o abraçou" do mesmo jeito que fizera com Gonzaga de Sá; veio rápida, súbita e sorrateira. Como se estivesse a bordo de um cometa ligeiro, o autor morreu de um infarto fulminante. O seu atestado médico, que incluía o endereço: rua Major Mascarenhas, 26, diagnosticou "Gripe torácica e colapso cardíaco". "Gripe torácica", termo que não se usa mais, indicava que Lima não vinha sofrendo de um simples resfriado. Era, quem sabe, uma pneumonia. Mas o que deve ter provocado seu falecimento foi a "velha" arritmia, que o assaltava de forma inesperada. Com frequência aparecia enquanto ele caminhava, às vezes quando estava lendo, e mesmo quando se achava deitado ou descansando. Os médicos costumavam acalmar o paciente, que em determinadas ocasiões se mostrava ansioso. O batimento irregular do coração do ex-amanuense até podia ser descrito pelos médicos como benigno e passageiro, como coisa de momento, mas dessa vez veio com força e levou o escritor.

Lima consumiu álcool de maneira descontrolada, chegando a tomar mais de cinco doses por dia, durante pelo menos vinte anos. Já a arritmia cardíaca — a fibrilação atrial —, que usualmente não implica risco de vida, em alcoólicos pode levar a derrames fatais. A disfunção acarreta palpitações, desmaios, dores no peito e insuficiência cardíaca, a qual, por sua vez, causa manifestações que muitas vezes podem se associar a uma falência geral dos órgãos. Esse foi o caso de Lima: a morte o levou pela mão, e seu corpo inerte conservou uma revista literária pousada no colo.

Amigos e familiares providenciaram para que o enterro fosse realizado no dia seguinte, e o féretro dirigiu-se para o Cemitério São João Batista. Lima havia dito que não queria ser enterrado no Inhaúma, o cemitério desorganizado que descrevera em sua crônica para a *Careta* naquele ano de 1922. Na sua opinião, o lugar não tinha "aquele ar de recolhimento, de resignada tristeza, de imponderável poesia do Além". Preferia o São João Batista, que tinha mais pompa e circunstância. Impressiona que tenha escolhido Botafogo, o bairro que tanto detestava, e um cemitério longe dos seus subúrbios. Justo ele que, ironicamente, quando convidado para uma palestra em Porto Alegre, respondera, escrachado: "Eu, mulato, na terra de gente loura? Chega o que tenho passado aqui". E ajuntou: "Sou contra a zona sul. Não vou! Só pro São João Batista…".[121]

O artista Di Cavalcanti, que, como vimos, conhecia Lima superficialmente, fez questão de ir ao velório e se recordou de ter visto Carlindo, um dos irmãos dele, vestido com uniforme da guarda civil, compungido e fazendo guarda ao morto.[122] Já Enéias Ferraz lembrou que a cerimônia não foi das mais concorridas. O escritor, que vivera bastante deslocado, recebia um sepultamento entre poucos. Na tarde de 2 de novembro, o féretro tomou o caminho que Lima percorria todos os dias como amanuense da Secretaria da Guerra, até a pequena estação de Todos os Santos. Não se sabe se "o caixão balançava" pelas ruas do bairro pacato, a exemplo do que ocorrera no conto "Queixa de defunto",[123] escrito em 1920, em que o morto ressuscitou.[124] Disse ainda o discípulo que, na hora da partida, também foram poucos os amigos a levar o caixão.

Lista de amigos, familiares e escritores presentes à missa de Lima Barreto.

No entanto, rapidamente uma *"foule* anônima" aderiu em silêncio ao cortejo. "Eram pretos em mangas de camisa, rapazes estudantes, um bando de crianças da vizinhança (muitos eram afilhados do escritor), comerciantes do bairro, carregadores em tamancos, empregados de estrada, botequineiros e até borrachos, com o rosto lavado em lágrimas, berrando [...] o nome do companheiro de vício e de tantas horas silenciosas, vividas à mesa de todas essas tabernas."[125]

Na cidade, outros poucos escritores o receberam, entre eles Olegário Mariano, o poeta "bonitão", de quem Lima sempre debochava com carinho, afirmando que este levava à loucura as moças casadoiras que frequentavam suas conferências literárias. Aqui a vida parecia repetir a literatura de Lima, não o oposto. Em *Gonzaga de Sá*, o autor descreve detalhadamente o enterro de um compadre. A casa dele tinha um "aspecto de burguês médio", e logo quem chegasse dava de cara com "o caixão, o vulto confuso do cadáver dentro dele [...] curiosos da vizinhança... [...] Fui vendo a sala, não havia muita gente [...]. Mas que variedade de tipos e de cores; encontravam-se quase todos do espectro humano".[126] No romance, a porta foi aberta por d. Gabriela, que bem lembra Evangelina: "Alta, muda, com a sua misteriosa pele parda ia e vinha, espevitava as velas, endireitava um *bouquet*". Gabriela, como Evangelina, conhecia o costume; já o narrador diz ter ficado por lá, tomado pelo tempo sem tempo dos rituais: "Veio a noite completa. Tinha pensado muito, é verdade; mas sem ter concluído coisa alguma".

No capítulo "O enterro", do mesmo livro,[127] Lima nos convida a tomar parte no cortejo, com semelhanças que parecem premonitórias. "Fomos levando o cadáver pela rua empedroucada, trôpegos; revezando-nos, aborrecidos e tristes [...]. Pelo caminho (era de manhã), os transeuntes mecanicamente se descobriam, olhavam as grinaldas, o aspecto do acompanhamento, medindo bem de quem era e de quem não era."[128] O caixão do compadre de Gonzaga (e anos depois o de Lima) embarcou no trem, rumo ao cemitério no centro. Ambos tiveram enterros de segunda ou terceira classe; era o que Lima imaginava e com o que sua família podia arcar, ainda assim contando com o auxílio financeiro dos amigos. Ninguém descreveu a expressão daqueles que acompanhavam o cortejo de Lima, mas o criador de Gonzaga o fez: "Contraíra a fisionomia, a pele da testa se mantivera enrugada durante toda a viagem, parecendo que prendia grandes pensamentos fugidios. Colocamos o esquife no coche e fomos tomar lugar na velha caleça de aluguel".[129]

Faltou coragem para que as testemunhas narrassem o momento em que o caixão com os restos mortais de Lima foi colocado na terra. Ele, porém, não perdeu nenhum detalhe ao criar a hora derradeira de seu enterro imaginário: "Chegamos em breve à beira da cova funda... O caixão desceu rapidamente pela sepultura abaixo. As correntes tilintaram aborrecidas daquela faina que exerciam há tantos anos. Lancei a minha pá de cal, sem comoção quase, desajeitadamente".[130]

Lima Barreto morreu no bairro de Todos os Santos no dia 1º de novembro, Dia de Todos os Santos, que os cariocas chamavam de Dia de São Nunca. O enterro se deu na tarde do dia seguinte, Dia de Finados.[131] Quem sabe só um dia depois do outro para comprovar que o escritor com jeito e fama de provocador estava mesmo morto. Findo o ritual, a reduzida família dos Barreto voltou ao seu cotidiano; mas por pouco tempo. Em 3 de novembro, 48 horas depois, falecia João Henriques, o pai do autor. Parece que ele, logo após a morte do filho, teria recobrado a consciência momentaneamente e perguntado por Lima. "Que foi que aconteceu? Afonso morreu?"[132]

Era a "desgraça doméstica", tantas vezes descrita e anunciada por Lima, que ganhava seu desenlace como drama conjunto. Conforme escreveu Tolstói, um dos autores da sua predileção: "Todas as famílias felizes se parecem entre si, todas as infelizes são infelizes cada uma à sua maneira". João Henriques e Lima foram enterrados na mesma lápide do São João Batista. Aliás, no mesmo cemitério em que já se encontrava d. Amália, mãe de Lima. Pai e filho não conseguiram se separar em vida, permanecem eternamente juntos, não só em sua história comum.

Também Gonzaga de Sá era um grande leitor de revistas estrangeiras; assinava a *Revue*, o *Mercure de France*, a *Revue Philosophique*, e aguardava com especial ansiedade a chegada de seu exemplar da *Revue des Deux Mondes*. Há e não há coincidências a anotar por aqui. É certo que Lima não podia adivinhar que morreria com um exemplar dessa revista nas mãos; também não consta que assinasse e muito menos lesse regularmente todos os periódicos citados por Gonzaga. Mas com relação à *Revue des Deux Mondes* não sobram dúvidas e há muito de premonição: ela representava uma referência literária para ele e era constantemente mencionada em suas crônicas para a *Careta* ou a *A.B.C.*

Enfim, o espetáculo da morte criou um cenário apropriado, que se transformou numa sorte de homenagem derradeira a esse personagem que viveu de fato entre "dois mundos". Dois mundos sociais, literários, raciais, geográficos... Muitos mundos. Todos eram *seus* e ele os habitava da maneira que podia. Mas eram também mundos diferentes. Eram os *Deux Mondes*, que ora Lima aproximava ora deixava distantes, apartados, definitivamente descolados. Como Gonzaga de Sá, ele "teve o doce prazer de abraçar a morte" exatamente no momento em que lia uma revista bastante conformista e conservadora. Até na morte, repentina, Lima deixou clara a ambivalência que o dividia, a antinomia que nunca negou. Foi enterrado num cemitério da elite e em Botafogo; ao morrer, tinha nas mãos uma revista que até admirava mas cujo conteúdo criticava. Aliás, esta foi a atividade que mais soube exercer e que desenvolveu como ninguém: crítica humana, bem-humorada, favorável aos mais humildes, contrária aos estabelecidos, e sempre autorreferida.

Lima era mesmo seus personagens, e vice-versa. Morreu como um deles: o amanuense andarilho Gonzaga de Sá. "[...] mantive-me calado, fumando, e toda a minha atividade cerebral girou em torno da morte. Veio a noite completa. Tinha pensado muito — é verdade; mas sem ter concluído coisa alguma. Nada me ficou palpável na inteligência; tudo era fugidio, escapava-me como se tivesse a cabeça furada. Evaporou-se tudo e eu só sabia dizer: a Morte! a Morte! Era o que restava da longa meditação."[133] E ponto-final.

***

P.S.: Exatamente na hora em que coloquei um ponto-final neste livro, recebi uma mensagem de Whatsapp de alguém que não conheço e que se apresentava como Evangelina. Não posso negar que, mesmo sendo uma cética como Lima, duvidei da coincidência. (Princeton, 13 de novembro de 2016. Um domingo de sol.)

Para todos...

Banquete offerecido ao Sr. Dr. Bettencourt Rodrigues pelos seus amigos e admiradores, a 5 deste mez, no Hotel Terminus, em S. Paulo.

ANTIGAMENTE...

Hontem, indo, por acaso, a um suburbio, tive occasião de ver (ha quanto não os via!) os accendedores do gaz. Fiquei enternecido. Aquelles homens que levam ás velhas ruas, aos morros pobres a luz triste do lampeão de gaz, outr'ora, na nossa meninice, foram um constante motivo de admiração e de surpresa.

Porque não podiamos nos explicar o mysterio daquella lança que fazia a luz brotar como por encanto, a um simples toque. E onde morariam aquelles homens mysteriosos que só appareciam á tardinha, quando a noite ameaçava a tréva? Era no tempo de Papá Noel, das mil e uma noites da nossa infancia... Hoje sabemos tudo, explicamos tudo. Mudámos. A cida-

Lima Barreto, o fino humorista, de tão aguda intelligencia, de sensibilidade tão commovida, que a morte levou na madrugada do dia 2 de Novembro.

de tambem mudou. Só nos velhos logares ainda existe o mysterio dos homens do gaz. Estou quasi lamentando o progresso. Mas para que, si daqui a alguns annos estarei a recordar, com saudade, os homens de hoje, os costumes de hoje, o tempo em que levamos duas horas para ir, num bonde da Light, ali do largo do Machado á Gloria, atropellando gente na corrida vertiginosa, no excesso de velocidade...

DOIS LIVROS NOVOS

Mais dois livros acaba de editar a casa Monteiro Lobato & Comp.

São elles: *O homem e a morte*, de Menotti Del Picchia e *O crime do estudante Baptista*, de Ribeiro Couto.

Como se vê, trata-se de dois escriptores cujo elogio já não é mais necessario fazer-se, pois que são conhecidos de sobejo do nosso publico, editados magnificamente como sempre acontece com a grande casa editora de S. Paulo.

Para os que se lembram do atrazo em que estavamos em materia de editores, será sempre grato applaudir o festejado autor de *Urupês*, que vem sempre progredindo no seu nobre mister de revelar aos olhos do paiz, em edições luxuosamente bem feitas, bons escriptores.

Senhorinha Delphina Costa.

Senhorinha Lucinda Costa.

DE GRANDE VALOR PARA OS ESCOTEIROS SERA' O — ALMANACH D'"O TICO-TICO" PARA 1923.

Notícia da morte do escritor ladeada por outras reportagens cotidianas.

Quase conclusão:
Lima, o colecionador[1]

Queimei os meus navios; deixei tudo, tudo, por essas coisas de letras.
— Lima Barreto, *Diário íntimo*

é sempre mais difícil/ ancorar um navio no espaço
— Ana Cristina Cesar, "Recuperação da adolescência", em *A teus pés*

A caricatura de Alvarus brinca com a imagem de Lima Barreto nos últimos anos de vida. Os traços denunciam as rugas e o envelhecimento precoce, 1972.

oda conclusão carrega consigo um ar de confissão. Neste caso, porém, ela não apresenta um diapasão mais pessoal ou intimista. Tampouco tenta explicar ou justificar a narrativa. Minha intenção aqui é retomar impasses que foram se apresentando desde que comecei a escrever o livro, bem como revelar "as costelas" — conforme gostava de dizer o escritor — não só desta biografia, mas também da própria história da recepção de um pensador como Lima Barreto.

Na verdade, qualquer biografia reserva a seu autor algumas armadilhas. A primeira delas é tentar "inventar" trajetórias contínuas e ordenadas. Se é preciso "vestir os sapatos do morto", como sugere o historiador e diplomata Evaldo Cabral de Mello,[2] também não vale a pena transformar nossos personagens em exemplos de coerência ou em protagonistas de plantão.

Em segundo lugar, como somos de certa maneira muito marcados por histórias de vencedores, não raro procuramos personagens que se distinguiram, ou então tentamos converter os nossos em figuras de proa, acima de qualquer contexto. Fora de seu tempo; adiante de seu tempo. Não por acaso, a própria definição do gênero chamado "biografia" colou-se à historiografia do século XIX. O modelo pedia mais; que se transformasse a vida privada do personagem numa grande homenagem; um caso particular de raro sucesso e fortuna. Histórias de reis, príncipes, papas e governantes eram com frequência encomendadas àqueles que se dispusessem a dignificá-los, elevando-se, como decorrência, a pátria em que viviam. A biografia nascia, assim, "oficial", pois dedicada exclusivamente a engrandecer.

Há, ademais, um terceiro lugar nessa lista de escorregões. Com relativa angústia, mas com o intento de "defender" nossos biografados, acabamos por criar heróis — verdadeiros paladinos em sua coerência — e poucas vezes permitimos que apareçam suas ambivalências.[3] Daí surgem biógrafos que se comportam ora como "advogados de defesa" ora como autores de quase romances, tão ficcionalizadas resultam as narrativas.

Claro que existe certo exagero nessa lista, mas, ainda assim, essas são arapucas comuns ao gênero. Isso sem esquecer da tentação que sentimos de "preencher vazios". Ou seja, criar informações suplementares, ou pouco comprovadas, com o intuito de completar lapsos e partes da trajetória que os documentos insistem em não trazer ou explicar. Por essas e por outras é que biografias nem sempre são "a prova dos nove".[4]

Não é o caso de aqui resumir a história do gênero;[5] muito menos o de mencionar exemplos e autores que conformariam, garanto, um batalhão.[6] Basta apenas dizer que, talvez por conta dessa sua origem contenciosa, durante algum tempo as biografias sofreram uma espécie de interdição, ou foram consideradas "desautorizadas", ao menos por uma parcela de determinada historiografia. O ato de escrever biografias já parecia conter, em si, um gesto conservador, quando não démodé.

Também não seria o caso de colocar o gênero sob escrutínio: criticá-lo ou a ele rasgar elogios. O certo é que escrever sobre uma vida implica interrogar o que os episódios de um destino pessoal têm a dizer sobre o mundo e as coisas públicas. Implica também jogar um facho de luz sobre o sentimento do tempo e o modo como esse sentimento foi vivido, estabelecendo conexões entre eventos e nosso personagem. Vale, portanto, muito mais revelar impasses que fazem parte de toda biografia. Por exemplo, é quase um consenso a percepção de que o biógrafo, depois de alguns anos estudando seu biografado, costuma identificar-se, e profundamente, com ele. E assim se deu com a recepção de Lima Barreto por Francisco de Assis Barbosa, responsável não só pela primeira história, completa e detalhada, da vida do criador de Policarpo, como pela organização de toda a sua obra, a qual, na década de 1950, andava um tanto esquecida.

Imediatamente após o falecimento de Lima Barreto, no ano de 1922, não foram poucos que renderam homenagens ao escritor em notas e artigos. Muitos desses textos repisavam o talento do autor, mas foram raros aqueles que deixaram de enfatizar a condenação da boemia. Em *O Pharol* de 4 de novembro de 1922, a elegia não escondia o julgamento negativo: "Boêmio, levou uma vida desordenada, que por certo prejudicou a sua produção mental, que seria mais vigorosa se o escritor não esbanjasse o talento, o espírito e a saúde no gênero de existência que levou e que foi o resultado do seu altivo desprezo pela sociedade moderna".[7]

Há até menções paradoxais. Justo Lima, com a solene birra que tinha do futebol, recebeu uma distinção da Liga Suburbana de Football, que resolveu realizar em ata "um voto de pesar pelo falecimento" dele e "oficiar à sua família".[8] O fato é que boa parte da imprensa carioca cobriu a morte de Lima Barreto. A *Gazeta de Noticias*, o *Jornal do Brasil*, *O Paiz*, o *Correio da Manhã*, *O Jornal*, *O Pharol*, a *Careta* e a *A.B.C.* publicaram logo no dia 3 de novembro obituários e matérias fúnebres que lamentavam a morte do escritor, estampando sempre a mesma foto. Nela, ele aparece bem-arrumado: cabelo penteado, terno alinhado, camisa social e gravata com nó bem-feito.

A.B.C., 4 de novembro de 1922.

A matéria mais alentada saiu na *Careta* de 9 de dezembro de 1922, revista em que Lima atuou durante longo tempo. Esse foi também o texto mais pessoal e o único a não repetir, burocraticamente, os demais. Começava lastimando a morte de uma "das mais fortes individualidades" da literatura nacional, e caracterizando o autor como um "espírito insubmisso" mas de "grande coração". Com o objetivo de melhor definir o personagem, a revista reproduzia, acompanhada de um desenho que pouco combinava com a mensagem, uma frase de sua autoria retirada de *Histórias e sonhos*: "O que nos dá o senso da vida na sua significação real e alevantada é a desgraça".[9]

Três dias depois, a *Careta* ainda incluiu, na seção "Folhetins", um texto cujo título chama atenção: "O boêmio imortal".[10] Boêmios não tinham por hábito frequentar a Academia Brasileira de Letras, e a expressão destilava provocação. A história vinha assinada pelo escritor gaúcho Garcia Margiocco, redator da revista.[11] Na crônica, Margiocco reproduzia um diálogo que teria ocorrido entre ele e um colega no Dia de Finados. A conversa centrou-se, justamente, no falecimento repentino de Lima Barreto. "Soube assim, por esse amigo [...] que o anarquizado e irrequieto romancista brasileiro havia morrido serenamente como um burguês honesto no seu leito impoluto de homem puro." Coberta de alusões, a definição dava seu recado, procurando enquadrar o escritor na hora de sua morte. Mas o artigo não parava por aí. Retornava ao mês de outubro daquele ano, quando supostamente o autor de *Policarpo Quaresma* teria conversado com o colega da *Careta* acerca de suas "criações novas".

Nessa circunstância é que Margiocco haveria tomado a liberdade de perguntar a Lima sobre a bebida. Rindo, o escritor teria reagido rápido: "A cachaça não faz mal a ninguém, o que está estragando a nossa literatura é a burrice...". Ato contínuo, se despediu do ami-

Careta, 9 de dezembro de 1922.

go e caminhou "firme e sorridente entre as mesas cheias de fregueses em direção ao tosco balcão como um pobre pároco de aldeia dirigindo-se por entre modestos fiéis ao altar em que diz o seu sagrado ofício".

A imagem era tão recorrente que parecia não mais poder ser apagada. Não havia como se referir à literatura de Lima sem associá-la à bebida. E pior: sem vincular a conduta do escritor a seus "antecedentes históricos". O texto citado prossegue afirmando que ele não era, porém, "o boêmio por degenerescência, vítima portanto de males ancestrais; tampouco por ideal, como os das épocas românticas". Em pleno século xx, numa revista como a *Careta*, a questão da hereditariedade ainda pesava, até porque era necessário mencioná-la e assim contrapor-se a ela. Era a prisão de Lima; a sua "diferença de origem" em meio a uma pretensa igualdade republicana.

Com a autoridade de quem detém um segredo, Margiocco contava ainda sobre uma conversa mais íntima que tivera com Lima na sede da *Careta*. Segundo o cronista, o colega mal o encontrara e já se saíra com uma confissão: a de que se preparava para "veranear". Estranhando o comentário, por conta da falta de recursos do criador de Isaías Caminha, o redator da revista indagou-lhe a respeito da "estação" que escolhera. "O Hospício", foi sua resposta. Tempos depois o teria encontrado novamente, dessa vez na saída da Livraria Garnier, cheio de livros nas mãos. Repetiu a pergunta e ouviu: "Aquela gente do Hospício está toda maluca". Num texto repleto de lugares-comuns, oferecendo aos leitores o que estes desejavam previamente ler, Margiocco repisava estereótipos que marcaram toda a vida de Lima, e dos quais ele não se libertara nem mesmo na hora da morte. Conforme afirma o crítico Henry Louis Gates Jr. numa obra que traz uma série de biografias de afrodescendentes, essa seria uma "representação comum" do que significa "ser um homem negro" e carregar consigo o "fardo da representação".[12] Uma memória feita de muitas lembranças mas de silêncios também.

É fácil notar que, ao menos no contexto imediato a seu falecimento, a vida de Lima parecia mais forte que a obra dele. Ou melhor, a condenação ao comportamento do escritor sobrepujou a avaliação de sua arte — e ele permaneceu, durante quase trinta anos, numa espécie de vácuo literário. Lima nasceu em 1881, ano de lançamento em livro de *Memórias póstumas de Brás Cubas*, e morreu em 1922, ano da Semana de Arte Moderna.[13] Ficou bem no meio do caminho entre os acadêmicos e o modernismo. Bateu-se a vida toda com a sombra de Machado de Assis: reconhecia a importância da obra do Bruxo do Cosme Velho, mas de seu projeto institucional guardava reservas. No entanto, a questão era, como vimos, mais complexa: se criticar a ABL consistia num de seus esportes prediletos, ele nunca deixou de tentar fazer parte da instituição; apesar de no íntimo saber que não se adequava aos modelos sociais lá preconizados.

Revelador, nesse sentido, é o artigo de Coelho Neto publicado no *Jornal do Brasil* em 5 de novembro, quatro dias após a morte de Lima. Intitulado "A sereia",[14] o texto devolvia a ironia com que o escritor de Todos os Santos sempre havia se referido ao acadêmico, usando, porém, da alegoria clássica. Fiel a seu estilo e à mania grega de que Lima tanto debochava, Coelho Neto voltou à história da *Odisseia*, mais particularmente ao famoso episódio do canto sedutor das sereias que buscavam fisgar Ulisses, para fazer uma metáfora (óbvia) do "vício" que contaminou o colega — mas não ao autor da crônica. Remeteu-se à cena em que Ulisses põe cera nos ouvidos a fim de evitar o encantamento das sereias. Relatou então a atitude do herói, o qual pede que o amarrem ao mastro do navio, de onde só deveria ser desatado quando longe daquela "ilha sortílega", e concluiu: "Não fosse a inflexibilidade da campanha e o chefe arguto teria pago com a vida a imprudência, não só ele como todos que o acompanhavam, vítimas, que teriam sido, da sedução melodiosa das filhas de Aqueloo".

Coelho Neto vai narrando a lenda, e explica que existiria uma sereia especialmente perigosa; aquela que fazia mais vítimas na "Mocidade". E chega ao desenlace moral à sua maneira: "Essa sereia terreal dá pelo nome de Boêmia. Ninguém a vê, todos, entanto, a ouvem e guiam-se-lhe pela voz. [...] Afeta mil metamorfoses, todas as seduções". Seria ela que, dirigindo-se "à porta das espeluncas tavolageiras, cochichando aos que passam o chamariz do vício". Entraria ainda na "mesa sórdida das tascas [...] desbragadamente e convidando todos a acompanharem-na". "E assim", escreveu ele, "satanicamente, com ilusórios prazeres, vai destruindo vidas, estiolando caracteres, apagando em cérebros privilegiados o sagrado lume que esplendera, por vezes, em clarões de genialidade."

Com seu estilo empolado, Coelho Neto não poupa o adversário nem sequer na morte. Usando de um tom de confissão, contou ele que, quando estreou nas letras, "a Boêmia era a princesa musageta". Dramático, explicou que o "desvairo era a norma do viver. Ter casa, para quê, se havia o teto do céu, constelado de estrelas? Horas de refeição, isso era para a burguesia". Fazendo referência a seu início de carreira, mas desfazendo daqueles que se mantêm no "vício", o acadêmico acrescentava que a figuração do poeta previa sujeitos livres e que aparecessem em público com "trajes miseráveis [...] os olhos assonorentados, e o nidor de estômago vazio". Devia também ter sido fichado por casos de polícia, e por evitar a elegância, ter "cabeleiras leoninas", "fundilhos remendados", e não frequentar os salões.

E lá vem o desfecho previsível: "Venceu, por fim, a decência e nesse dia a Boêmia sofreu o primeiro golpe, começando a desprestigiar-se e deixando as ruas centrais da cidade pelos becos e a parte urbana pelos subúrbios". Não há como ignorar o endereço fixo a que se remetia o material de Coelho Neto. Era Lima o artista embriagado; com entradas em hospitais e manicômios por conta da bebida; que andava a cada dia mais maltrapilho, além de, detalhe nada desimportante, diferentemente dos demais, viver nos subúrbios. Mas faltava ainda a espécie de "homenagem fúnebre". "Infelizmente, porém, a terrível sereia não se deu por vencida e continuou a procurar talentos para seduzir. Uma das suas últimas vítimas foi esse grande Lima Barreto — e aqui repito o que, em vida do romancista, disse na Academia Brasileira. Esse escritor pujante [...] era um boêmio de gênio. Nunca se preocupou com a felicidade [...]. Romancista dos maiores que o Brasil tem tido — observando com o poder e a precisão de uma lente, escrevendo com segurança magistral, descrevendo o meio popular como nenhum outro, Lima Barreto, assim como se descuidava de si, da própria vida, descuidou-se da obra que construiu, não procurando corrigi-la de vícios da linguagem, dando-a como lhe saía da pena fácil, sem a revisão necessária, o apuro indispensável, o toque definitivo, de remate que queria a obra d'arte."[15]

A ironia é que Lima, que em vida tanto ansiara entrar para a ABL, ganhara direito a discurso (um pouco torto, é certo) na instituição apenas na morte. Só assim podia chegar até o "Olimpo das letras": pelo contra, como vivera. Era o insubmisso, o desarrumado, o escritor inconveniente, o "boêmio talentoso" mas vencido por seu "vício".

Lima também passava a ser assumido pela crítica como um autor "entre": entre gerações, entre gêneros, entre grupos. Não se identificava com seus vizinhos de Todos os Santos, mas também não dominava totalmente os padrões de sociabilidade que vigoravam em boa parte dos círculos literários cariocas. Se não se adequava aos padrões das gerações que imediatamente lhe antecederam, nem aos daquelas com as quais convivia, tampouco parecia coadunar-se com o estilo das novas vogas literárias, que faziam barulho entre os jovens paulistanos. O autor de *Policarpo Quaresma* considerava "os moços de São Paulo" adeptos demais das vogas futuristas e legítimos representantes das novas elites burguesas e industriais. Já os modernistas paulistanos, ao menos nesse primeiro momento, reservaram a Lima o mesmo tipo de aversão que guardavam com relação ao grosso da produção literária que vinha do Rio de Janeiro, e o julgaram conservador demais. Um regressista que não admitia a entrada dos novos costumes, vogas artísticas e literárias ou hábitos urbanos.

Engraçado pensar que foi Oswald de Andrade, um dos líderes da Semana de 22, quem escreveu que, no Brasil, "o contrário da burguesia não era o proletário — era o boêmio!".[16] Se não tivesse havido uma espécie de rompimento, quase prévio, entre Lima e os modernistas paulistas, quem sabe tal definição do futuro autor do "Manifesto antropófago" não sugerisse uma aproximação com o grupo carioca, do qual Lima era parte integral. Lá estavam eles, sócios da desditosa confraria Esplendor dos Amanuenses, mais gauches, críticos, atentos ao que chamavam de "a realidade social", sempre com muito humor e reunidos em volta de uma garrafa.

Embora Lima se encaixasse muito bem na definição de Oswald, e seu projeto literário seguisse de alguma forma o compasso das bandeiras dos novos modernismos que surgiam no país, ele acabou no limbo nesses inícios da década de 1920, que ficaram para a história da literatura como um "pré-algo", no sentido de serem "quase" um período e não outro — pré-modernos, por exemplo —, ou então caracterizados por um termo, por essência, bastante indefinido: belle époque.[17] Já na nova régua literária, agora calculada pelos modernos, o criador de Clara dos Anjos deixaria de ser identificado aos "novos"; passaria a lembrar, até por questões geracionais, os "velhos". Talvez sua morte prematura, que se deu justamente no carregado ano de 1922 — quando foi fundado o Partido Comunista do Brasil, estourou a Revolta dos 18 do Forte, ocorreram a Semana de Arte Moderna e as comemorações do Centenário —, tenha impedido um futuro diferente. Mas essas são histórias do *se*, as quais não vale a pena explorar.

Se Lima nunca se vinculou ao movimento modernista, sua literatura, em muitos aspectos, bem que poderia ser incluída em qualquer manifesto dessa natureza. Era ele, também, um defensor irascível de uma literatura em diálogo com as próprias especificidades do país; um algoz da mania generalizada de importação que tomara conta dos brasileiros, e sem a devida "tradução local"; um advogado do uso de uma linguagem que incorporasse nossas origens indígenas, africanas e mestiças, assim como a forma popular.[18]

No entanto, e como sabemos, o pessoal da *Klaxon* acabou por desdenhar do criador de Isaías Caminha e, nesse descompasso, Lima virou carioca demais e associado ao tipo de literatura que se fazia "na capital" — e que o escritor tanto criticava. Justo ele, que falava mal da verborragia praticada pelos colegas e da voga grega que assolara o contexto carioca.[19] O autor de *Policarpo Quaresma* sentia-se como um quixote das letras nacionais, um defensor de uma literatura mais brasileira e não "contaminada" pelo que vinha do estrangeiro. É certo que alegava filiação ao realismo russo, e não abria mão da influência de Eça de Queirós e Flaubert. Com seu jeito de ambivalente, era como se selecionasse o limite dos possíveis, e só acusasse de "importado" o que não lhe tocava a alma.

Em ambos os casos, e por motivos diferentes, conforme provoca o crítico literário Roberto Schwarz, nessa época o "nacional" era compreendido por "subtração" como sendo produto da mera retirada do que era estrangeiro. Para chegar a uma cultura "genuinamente brasileira", a operação seria simples, ao menos na aparência: era apenas necessário retirar os elementos que não condiziam ou não eram considerados "originais". "Reinava um estado de espírito combativo, segundo o qual o progresso resultaria de uma espécie de reconquista, ou melhor, expulsão dos invasores."[20] É certo que o crítico se refere ao modernismo paulista, e não a Lima Barreto, mas surpreende constatar a coincidência de certos alvos: os parnasianos, por exemplo, ou "a exterioridade ianque", para ficarmos nos termos de Mário de Andrade.

Mais um paralelo entre autores; o autor de *Macunaíma*, anos mais tarde, menosprezaria o *American way of life* imposto pelo "irmãozão", e que em nada combinava com a "paciência nossa tropical". Também foi Mário quem afirmou que não existiam "negros na propaganda" do *American way of life*, assim como não se documentavam "negros pobres no Brasil". Nada mais significativo do que sua "Nova canção de Dixie", cujo manuscrito é datado de 25 de janeiro de 1944, mas a primeira publicação no *Correio Paulistano* foi póstuma.[21] Mário desconfiou muito da chamada Colour Line Land e, apesar do convite que recebeu para conhecer o país, preferiu não ser "asfixiado" pelo abraço apertado do "Amigo Urso".[22]

Mas talvez o que mais aproximasse Lima e Mário fosse o esforço de "abrasileiramento". Essa não era uma atitude que implicava um nacionalismo irrestrito e muito menos um patriotismo ingênuo. Nem um nem outro eram xenófobos, no sentido de terem total "aversão a valores, práticas e povos estrangeiros". Como mostra André Botelho, abrasileirar-se significava uma forma mais democrática de lidar com as histórias e as culturas; uma maneira de relacionar-se com seu próprio país a partir do "sentimento" mas também da "imaginação".[23] Nada como relembrar o ensaio de Mário de Andrade sobre Aleijadinho, aquele que, com "o dengue mulato da pedra azul, fazia ela se estorcer com ardor molengo e lento". Na opinião do líder intelectual da Semana de 22, o escultor mineiro foi "abrasileirando a coisa lusa, lhe dando graça, delicadeza e dengue na arquitetura". Era assim que ele "reinventava o mundo".[24]

Enfim, com vinte anos de gap, os dois escritores pareceriam identificados na bronca que destilavam diante dos americanos, mas igualmente na defesa de uma certa brasilidade que vinha acompanhada e misturada de tantas influências culturais. Afinal, se Lima não escondia de ninguém que era "contra" muitas coisas — a "mania" dos brasileiros de se encantarem com tudo que se produzia fora do país, e que chamava de "a estética do 'ferro'" que vem nos ensinar literatura por "mares nunca dantes navegados";[25] a falta de solidariedade existente no país; e a literatura mais academicista —, era também "a favor". A favor do que dizia respeito às especificidades "bem nossas", expressas nas religiões mistas, nos costumes locais, nas músicas populares e nas histórias retiradas de narrativas de antanho. Contudo, em geral não se é bom vidente de seu próprio momento e, nas fronteiras que distinguiam paulistas de cariocas, o antiamericanismo do criador de Numa pesou e foi entendido como sinônimo de reacionarismo e de aversão a novidades.

Essa era, porém, uma questão pessoal, mas não exclusiva. Na verdade, um grupo inteiro de literatos, situado entre o final do xix e o início dos anos 1920, foi classificado, então, como "pré-modernista", no sentido de serem "anteriores", cronológica e evolutivamente. A crítica coeva incluía não só Lima como toda a sua confraria de intelectuais boêmios, os quais, justamente, buscavam fazer o oposto: usando da crônica social, da crítica política e da caricatura cultural, desenhavam um projeto modernista quiçá paralelo porém sediado no Rio de Janeiro. Em suma, se não vamos refazer todo o debate,[26] destaquemos o mais importante, que é como a recepção imediata da obra de Lima acabou por sofrer, e muito, com esse tipo de avaliação.

Além do mais, se parte dos colegas de então o julgou como um literato sem imaginação pois muito comprometido com sua realidade imediata e o cenário que o rodeava, outros o definiram como reacionário, acusando-o de negar o progresso que vinha dos Estados Unidos ou a novidade contida nos movimentos feministas. Não faltaram também aqueles que o chamaram de boêmio em seus costumes e, assim, relaxado na arte que produzia. Enfim, descrito a partir de vários ângulos, o escritor carioca, que tanto duvidou de seu contexto político e literário, pareceu ficar cativo dele. Por trinta anos vigorou uma espécie de contrariedade, quebrada por raros momentos de retomada da obra e da própria história do autor de *Isaías Caminha*.

É claro que existiram referências e artigos esparsos, mas foi somente nos anos 1940 que o jornalista Francisco de Assis Barbosa — então redator-chefe da *Última Hora*, de Samuel Wainer,[27] com passagens pelo *Correio da Manhã*, *Diário Carioca* e *Folha de S.Paulo* — se interessou pela história e pela obra de Lima Barreto. É dele não só a primeira e mais alentada biografia do autor, que foi lançada em 1952, como uma verdadeira estratégia de retorno do escritor carioca. Assis Barbosa tomou para si a responsabilidade de liderar a reedição dos livros de Lima, o que implicava reunir, organizar e publicar uma obra completa em dezessete volumes. Além disso, selecionou a dedo os prefaciadores de cada volume, destacando também crônicas previamente escritas, e elogiosas ao

Foto do então presidente Getúlio Vargas recebendo os irmãos de Lima Barreto no Catete. Ao fundo, Francisco de Assis Barbosa. Publicada no *Diario de Noticias* de 29 de maio de 1951.

escritor de Todos os Santos. Os textos de apresentação não foram unânimes: alguns criticaram o criador de Policarpo, outros destacaram sua originalidade. De toda maneira, a empreitada teve jeito de operação de guerra.

Francisco de Assis Barbosa, autor de Lima

Chico de Assis Barbosa, como o jornalista era conhecido pelos amigos, arregaçou as mangas durante seis anos para realizar sua extensa pesquisa.[28] É o próprio jornalista quem conta que tudo começou quando o editor Zélio Valverde[29] o procurou, em 1946, com a incumbência de organizar a obra completa do autor de *Policarpo Quaresma*. Assis Barbosa tratou, então, de estabelecer contato com os parentes do escritor e recebeu das mãos de d. Evangelina, a irmã de Lima, uma série de documentos que haviam ficado guardados no guarda-louça da casa da família.[30]

No entanto, se naquele primeiro momento o projeto de edição da obra completa fracassou, a ideia de escrever uma biografia acabou vingando. Depois de ter posto as mãos nos muitos documentos inéditos, relacionados a material literário e pessoal, o jornalista passou a escrever uma história detalhada da vida de Lima. O livro fez tamanho sucesso que mereceu resenhas de escritores como José Lins do Rego, Rachel de Queiroz, Tristão de Ataíde e Manuel Bandeira. Foi mesmo uma consagração do biógrafo e um retorno do biografado.

A *Última Hora*, jornal em que, como vimos, Assis Barbosa trabalhava na época, cobriu amplamente e encheu de elogios a nova publicação. Numa das matérias, chamou a aten-

A família e a vida de Lima Barreto são o tema da matéria do jornal *Última Hora*, Rio de Janeiro, 20 de agosto de 1952. Os irmãos e a casa onde o escritor morou.

ção para os três irmãos de Lima. Evangelina formara-se professora, como a mãe, porém se dedicava às classes de piano. Com um estilo bastante apelativo, o periódico afirmava que ela "não quis casar-se" e que perdera "toda a mocidade, como enfermeira do pai" durante "os longos anos da doença, de 1903 a 1922".[31] Nos fins de semana podia ser encontrada na igreja, tocando órgão. Não há como ter certeza, pois seu nome completo não aparece destacado na matéria, mas bem que poderia ser a mesma Evangelina que dava aulas gratuitas a trezentas crianças no Centro Patriótico 13 de Maio. Se fosse, teria partilhado das posturas de Lima, que sempre defendeu "seus irmãos de cor", como costumava chamá-los. Em 1952, curiosamente, ela adquiriu um terreno na ilha do Governador, local que conhecia bem — dos tempos de infância. Morreu no ano de 1956.

O irmão Carlindo fez parte da Guarda Civil por mais de trinta anos. Trabalhou como detetive e investigador, mas seu nome acabou sendo associado a casos de "improbidade" referentes a um espancamento promovido por policiais e a uma acusação de falsificação de passagens da Central do Brasil. Com o tempo, e conforme contam alguns dos amigos de Lima, passou a secretariar a obra do irmão escritor.

Eliézer, o caçula, atuou desde jovem como funcionário da Central do Brasil, onde começou como cabineiro e mais tarde foi promovido a condutor. De um jeito ou de outro, a família se encontrava na Central. Faleceu no ano de 1961.

Homenagens à família de Lima Barreto por ocasião do lançamento da biografia. À esq., o irmão Carlindo, que atuava como espécie de secretário do escritor.
Última Hora,
Rio de Janeiro,
4 de novembro de 1952.

Logo depois da publicação da biografia, o então editor da Brasiliense, o historiador Caio Prado Jr.,[32] que já declarara considerar Lima o "maior romancista brasileiro", disse que o julgava, também, "ignorado" e "incompreendido".[33] Talvez por isso mesmo tenha decidido retomar o projeto de edição das obras completas do autor, e chamou Assis Barbosa para organizar o conjunto de escritos, entre romances, contos, crônicas, correspondências e documentos até então esparsos. Barbosa, por sua vez, convidou Manuel Cavalcanti Proença[34] e Antônio Houaiss[35] para ajudar na tarefa.[36]

Francisco de Assis Barbosa esmerou-se em cuidar de toda a obra de Lima. Mais: não se limitou a devolver ao público os seus romances; também estabeleceu os diários, que até então não passavam de notas perdidas nas várias cadernetas pessoais do escritor; fez a sistematização da sua correspondência e deu a ela a forma de dois livros; e organizou coletâneas de ensaios. Não contente, escolheu, como vimos, os prefaciadores dos diferentes volumes, de maneira a gerar uma rede de intelectuais que sustentassem o autor; tudo no ano de 1956, quatro anos depois da publicação de sua biografia, fundamental numa época em que ninguém dava muita bola para o criador de Policarpo Quaresma. O projeto era de monta e visava reviver Lima Barreto e sua literatura.

Assis Barbosa assinou a introdução do primeiro volume, dedicado ao romance *Recordações do escrivão Isaías Caminha*, e assim inaugurou a coleção. Os demais prefaciadores também impressionam: o escritor e crítico Alceu Amoroso Lima, cujo pseudônimo era Tristão de Ataíde, com *Vida e morte de M. J. Gonzaga de Sá*; o historiador Sérgio Buarque de Holanda, com *Clara dos Anjos*; a crítica literária Lúcia Miguel Pereira, com *Histórias e sonhos*; Oscar Pimentel, com *Os bruzundangas*; Olívio Monteiro, com *Coisas do Reino do Jambon*; o jornalista, escritor e crítico Astrojildo Pereira, com *Bagatelas*; o filólogo e crítico Antônio Houaiss, com *Artigos e crônicas: Vida urbana*; o colega do escritor, crítico literário e ensaísta Agripino Grieco, com *Artigos e crônicas: Marginália*; o romancista e crítico M. Cavalcanti Proença, com *Impressões de leitura*; o antropólogo e sociólogo Gilberto Freyre, com *Diário íntimo*; o escritor e crítico literário Eugênio Gomes, com *O cemitério dos vivos*, que incluía *Diário do hospício*; e o bom amigo de Lima, Antônio Noronha Santos, fez o posfácio da *Correspondência I* e, sob o pseudônimo de B. Quadros, da *Correspondência II*. Também recolheu ensaios de autores influentes mas que, naquela altura, já haviam falecido, como o do historiador, crítico e embaixador Manuel de Oliveira Lima, que escreveu sobre *Triste fim de Policarpo Quaresma*; o do filólogo, historiador e jornalista João Ribeiro, que ficou com *Numa e a ninfa*; e artigo do professor, ensaísta e político Jackson Figueiredo, com *Feiras e mafuás*.[37]

Era um time de peso. Mas, se a intenção de Assis Barbosa era elevar a obra de Lima, ele não tinha como controlar autores desse calibre, e o tom dos artigos variou, e muito. Por exemplo, já conhecemos o prefácio que o historiador Sérgio Buarque de Holanda escreveu para *Clara dos Anjos*. Nele, o antigo editor da *Klaxon* elogiava Lima, mas incluía algumas reservas. Dizia que entre os atributos do escritor de Todos os Santos não estaria o "trato da literatura de imaginação".[38]

Também João Ribeiro, ao prefaciar *Numa e a ninfa*, lamentava o que chamou de "defeito

Assis Barbosa e dois irmãos de Lima Barreto inauguram uma biblioteca em sua homenagem. Ao fundo, o retrato do escritor. *Jornal do Brasil*, 15 de março de 1953.

grave" do autor: o pouco acabamento das obras. "Falta sempre a chave da abóbada que ele carpenteja excelentemente", concluía. Para o historiador, os personagens desapareciam de repente, como que "desfaleciam". Reclamava ainda da falta de "estilização" do livro, pois todos os envolvidos deveriam restar "sob um véu mais diáfano, evitando nomes conhecidos".[39]

O velho amigo de Lima Barreto, Noronha Santos, no posfácio de um dos volumes dedicados às correspondências, aderiu ao coro e lamentou: o "álcool o encobriu como uma cortina de fumaça". Contou que, certa vez, um alto funcionário do jornal *O Estado* tentara pagar seus artigos em "limonadas, no intuito declarado de regenerá-lo. A regeneração falhou". Para Noronha, por trás do "panfleto" e do "*coup de pistolet*, disparado para forçar a atenção, se desenrolava a tragédia do homem de cor, túnica envenenada de que Lima não conseguiu libertar-se até à morte".[40]

A crítica literária Lúcia Miguel Pereira conjeturou: "É preciso não esquecer, entre os fatores do desequilíbrio de Lima Barreto, a angústia causada pelo vício que não tinha forças para dominar". Destacava, na galeria de figuras humanas de *Clara dos Anjos*, Leonardo Flores, que, segundo ela, era "uma caricatura do seu criador". Também esse personagem devido "ao álcool e desgostos íntimos [...] não era mais que uma triste ruína de homem".[41]

Assis Barbosa convidou nada mais nada menos que Gilberto Freyre para escrever a introdução do *Diário* de Lima. Dessa vez, o projeto e a intenção não tinham como levar a bom resultado. O intelectual pernambucano, no ano de 1956, quando redigiu e datou o prefácio, andava muito empenhado em seu projeto de lusotropicalismo e na difusão do modelo de uma mestiçagem brasileira "democrática" — que se converteria "numa esperança para um mundo dividido".[42] Por isso, evidentemente não gostou muito do material que leu.[43] Definiu Lima como "ressentido de ser mulato", e censurou "seu saber desordenado e como ele próprio boêmio". Julgou-o "desajustado a sofrer constante e intensamente de seu desajustamento de mulato pobre", bem como tentou achar algum reconhecimento do escritor diante do que chamava de "bom padrão racial" existente no Brasil. Para tanto, Freyre separou e deslocou um trecho do *Diário*, do dia 2 de fevereiro de 1905, em que Lima dizia haver "um grande sentimento liberal, com certas restrições, em favor dos negros".[44] Na citação que fez, o antropólogo cortou o trecho em que o criador de Policarpo falava em "certas restrições", pinçando o que mais convinha à sua teoria.

Claramente pouco confortável na posição, Freyre ainda afirmou que Lima era "homem de sensualidade quase de moça", e que lhe faltou "a certeza" encontrada por Machado. Era o velho Fla-Flu literário que ressurgia com a volta de Lima Barreto ao mundo editorial, além de um ligeiro comentário maledicente. Segundo Freyre, o escritor de *Policarpo Quaresma*, "por ser pobre", não teve oportunidade de se transformar em "mulato sociologicamente branco", como "o igualmente negroide evidente" — embora bem "mais claro de pele" — Machado de Assis, ou ainda "como o quase negro Juliano Moreira, médico ilustre casado com alemã branquíssima". Aí ficavam expostos preconceitos de um contexto que condenava a atitude de Lima de não disfarçar sua origem; e, ao contrário, destacar os problemas advindos com o longo e inacabado processo do pós-escravidão. E o antropólogo de Apipucos vai terminando seu texto com o estilo saboroso que o consagrou, dizendo que Lima era como "personagem de romance russo desgarrado nos trópicos". Categórico, reiterou que nossos "preconceitos [eram] menos de raça do que de classe". Era Freyre sem tirar nem pôr, mas vestido num terno tão justo que lhe tolhia os movimentos. O criador de Isaías Caminha não combinava com o Brasil que o pernambucano imaginava e desenhava como nação. Era o oposto disso: escancarava exclusivismos sociais, e mostrava que o problema era de classe, sim, porém de raça (também).

Mas nem todos os autores convidados levantaram maiores ou menores óbices à obra de Lima Barreto. Alceu Amoroso Lima — o Tristão de Ataíde — chamou a atenção, na introdução de *Vida e morte de M. J. Gonzaga de Sá*, para o período de "plena paz literária" vivido pelo escritor. Aludiu, então, à "trovoada de verão" dos modernistas, que dividiu o ambiente literário entre dois partidos: os "Novos" e os "Velhos". De acordo com ele, por causa de seu falecimento prematuro, Lima ficara de "fora das letras do modernismo" e não "pertencia nem aos Novos nem aos Velhos". Interessante que, sem se deter muito no livro que fora incumbido de prefaciar, Amoroso Lima, um conhecido crítico do modernismo paulista, defendeu não existir obra mais "pateticamente moderna" que a do criador de Isaías Caminha.[45]

Não é o caso de comentar cada um dos prefácios encomendados na ocasião; o objetivo é antes sublinhar a intenção do organizador. Assis Barbosa fez muito mais do que publicar a história de vida de Lima Barreto, o que por si só já significava um tapa de pelica na bem-posta intelectualidade brasileira, que não raro escondia o tema da cor, da raça, das diferenças e das discriminações sociais. O biógrafo acabou forçando gente famosa a ler e a comentar o autor de Todos os Santos e, assim, produzir uma renovada recepção. Com isso, também inspirou gerações que vêm retomando a obra do escritor.[46]

Esta (quase) conclusão é, portanto, uma forma de homenagear o primeiro biógrafo de Lima Barreto e uma tentativa de destacar os laços afetivos que, em geral, se estabelecem entre o pesquisador e seu objeto de estudo.

Hora de contar uma última história. Ainda nos anos 1990 realizei uma pesquisa sobre o imperador Pedro II na Biblioteca de José Mindlin,[47] que abria com imensa generosidade a sua casa a quem quisesse estudar em seus livros e documentos. Foi nessa época que fiquei sabendo que no acervo dele existiam vários documentos que tinham pertencido a Lima Barreto ou que se referiam à sua vida. Em 2010, quando voltei ao estabelecimento, dr. Mindlin, infelizmente, não estava mais vivo, mas Cristina Antunes, a dedicada bibliotecária da coleção, continuava trabalhando por lá e começava a preparar a remoção de parte das obras para a nova sede, na Universidade de São Paulo.[48]

Fiquei sabendo, então, que d. Yolanda de Assis Barbosa doara a José Mindlin a coleção que pertencera originalmente ao marido dela, Francisco de Assis Barbosa, amigo próximo do bibliófilo. Naquela altura eu já pesquisava sobre Lima Barreto, e fiquei muito surpresa ao ver dispostas, na minha frente, várias pastas contendo um material pouco explorado e que não fazia parte dos documentos do autor de *Policarpo* depositados em pastas especiais da Biblioteca Nacional.[49] Além de muitos registros pessoais de Lima — entre cartas, originais, fotos, recortes, propagandas e folhetos —, todos devidamente incluídos e creditados neste livro, encontrei algumas caricaturas do próprio Francisco de Assis Barbosa.

Nessa primeira imagem de Nássara,[50] datada de 1952, vemos duas caricaturas. A do autor da biografia e a do biografado. O jornalista traz seu novo livro nas mãos. Na obra original, Assis Barbosa optou por estampar uma foto de Lima, aqui prontamente substituída por um desenho.

Francisco de Assis Barbosa carrega sua biografia de Lima Barreto. *Última Hora*, 16 de setembro de 1952.

A imagem foi publicada na *Última Hora*, que, como vimos, fez muito barulho quando do lançamento da biografia de Lima. No entanto, e pelo visto, um recorte mais amplo foi afetivamente guardado na coleção do homenageado: o jornalista e biógrafo Francisco de Assis Barbosa. No meio do caminho, achei também outro original de uma caricatura de Lima, de corpo inteiro. Era evidentemente um rascunho do mesmo desenho, que ficou preservado entre os documentos do jornalista.

Interessante pensar em outra matéria, que saiu no jornal *Última Hora* também por ocasião da publicação do livro, cujo título era "Almoçamos com 'Lima Barreto'". Na imagem está, por razões óbvias, Chico de Assis Barbosa.

Caricatura original de Lima Barreto encontrada no acervo de Francisco de Assis Barbosa. Ela aparece na matéria do jornal *Última Hora*, como capa da nova biografia.

Black tie
JOÃO DA EGA

Almoçamos Com "Lima Barreto"

O sr. e a senhora Samuel Wainer ofereceram, ontem em nossa redação, um almoço a Francisco de Assis Barbosa. O motivo foi homenagear o amigo e companheiro de trabalho pelo lançamento de seu livro "A Vida de Lima Barreto". A essa justa comemoração estiveram presentes, além dos "hosts", a senhora Alzira Vargas do Amaral Peixoto, colega de turma de Chico Barbosa; a senhora Adalgiza Lourival Fontes, o sr. e a senhora Luiz Fernando Bocayuva Cunha; o Embaixador Gilberto Amado, Edgardo Castro Rabelo, professores da turma de Chico Barbosa; João Etcheverry, Octavio Malta, o sr. Genolino Amado, o deputado Cirilo Junior, o professor Herries Lima, o sr. Herbert Moses, o sr. Luiz Guimarães, o sr. Carlos Holanda Moreira, o sr. Joel Silveira, o sr. Aloysio de Sales, o sr. Henrique La Roque e Almeida, o sr. José Lins do Rego, sr. Augusto Frederico Schmidt e o sr. Adolfo Gigliotti.

Colegas de turma de Chiquinho Barbosa também vieram para aplaudir a obra, na pessoa do autor: Cesario Levi Carneiro, Odilo Costa Filho, Murilo de Almeida Reis, Carlos Flexa Ribeiro e Francisco Augusto La Roque.

Entre seus amigos de redação estavam Nelson Rodrigues, Humberto Alencar, Oto Lara Rezende, Paulo Silveira, Augusto Rodrigues, Antonio Nassara e o da Ega.

Samuel Wainer, a sobremesa, deu a palavra ao professor Gilberto Amado, que, num discurso magistral, contou reminiscências da turma de Chico Barbosa, comentou a figura de Lima Barreto, deu o seu depoimento e, com a verve, o talento, a cultura e o gênio que lhe são familiares, produziu uma peça que é um ensaio filosófico da mais alta qualidade. Não era de esperar coisa diversa daquêle teôr, de quem, como Gilberto Amado, há muito la fêz saber à gente da sua e de outras terras, o quanto ainda teremos sempre que aprender com êle.

Em seguida João Etcheverry, com a sua habitual vibrante emotividade, saudou, em nosso nome, o escritor que é nosso companheiro de trabalho.

E Chico, visivelmente emocionado, agradeceu a homenagem, num simples, breve e magnífico discurso. Imperou a cordialidade. Durante o almoço, que foi uma reforçada feijoada granfina de "Vogue", a algazarra era o sinal do contentamento. Schmidt, para fazer espírito, declarou ser contra a campanha de ÚLTIMA HORA sôbre Copacabana, por ser a favor do "basfond". E José Lins do Rêgo, também pilheriando, explicou que não poderia igualmente ser contra a realidade.

Mas o ponto do discurso do Professor Gilberto Amado, que mais preocupou parte da assistência, foi aquele em que o mestre ensinou que em todo homem maduro deve existir uma alma de criança. E que quando essa criança morre, é que o homem passa a "gaiteiro". Será, então, a vitória do "gagaismo". E o profesor Gilberto pedia a seus amigos que o avisassem quando julgassem que a alma de criança tivesse morrido nêle.

Foi uma festa simples e expressiva, ao mesmo tempo, porque foi o começo da merecida consagração de Francisco de Assis Barbosa.

Matéria publicada no jornal *Última Hora* de 6 de setembro de 1952. Francisco de Assis Barbosa é caricaturado em refeição, na qual se fala de seu novo livro sobre Lima Barreto.

Esse conjunto de documentos visuais guarda um elemento comum: neles, como se pode ver, a figura de Francisco de Assis Barbosa vai se misturando com a de Lima Barreto.

Ao fundo está o Pão de Açúcar, ao centro, uma pilha com vários títulos de Lima Barreto, à esquerda, Francisco de Assis Barbosa já com o fardão da Academia.

Mais uma caricatura. Dessa, perdemos a pista de origem ou data. Mas ela homenageia, com certeza, a publicação da obra completa de Lima Barreto, em 1956. Afinal, nela aparecem os exatos dezessete livros da coleção, empilhados à direita do personagem caricaturado, com os títulos bem legíveis. Ao fundo está o Pão de Açúcar, indicando o local de origem do biógrafo e também do biografado. Numa das mãos, Assis Barbosa traz a sua biografia, e na outra uma placa em que se lê: "Tô com o Lima e não abro". É evidente a associação entre Barbosa e a obra que ele ajudou, e muito, a difundir. Há, porém, uma segunda possibilidade. A roupa que o biógrafo usa lembra o fardão da ABL, instituição para a qual foi eleito em 1970 (e tomou posse no ano seguinte). Se o biografado não conseguiu entrar na casa de Machado de Assis, seu biógrafo, sim, o fez, e deveu muito, como ele próprio reconheceu, a Lima.

Todo esse percurso lembra o que o historiador francês Pierre Nora chamou de "lugares de memória". Segundo ele, até mesmo um depósito de arquivos, que guarda uma aparência puramente material, só se transforma num lugar de memória se a imaginação o investir como tal.[51] Qualquer objeto, qualquer documento — um testamento, uma certidão de casamento ou de nascimento, uma foto ou um desenho —, só ganham sentido se incluirmos neles nossas lembranças e afetos.

"Lugares de memória" nascem e vivem, portanto, a partir do sentimento e da emoção, e é possível dizer que nunca surgem espontaneamente. Ou seja, acabamos por ritualizar algumas memórias, não todas. Aliás, se tentássemos guardar todas as nossas lembranças, elas seriam basicamente inúteis. Somos nós que damos sentido às recordações e, em geral, é a história que se apodera delas, as seleciona, e assim lhes confere certo significado de perenidade. Não só lembramos, como fazemos questão de esquecer, também. Por isso, os "lugares de memória" vigoram quando o simples registro passageiro cessa de existir; ou

QUASE CONCLUSÃO: LIMA, O COLECIONADOR | 509

seja, quando suspendemos a lembrança do dia a dia e resolvemos dar a ela um lugar mais fixo e estabelecido. Nesse momento, ela deixa de ser mera reminiscência, para ganhar um valor simbólico e sentimental.

Arquivos não são, pois, apenas arquivos. Sejam eles privados ou públicos, dizem muito a respeito dos desejos de seus proprietários. Carregam consigo as intenções de seus idealizadores, bem como armazenam e organizam as suas memórias. Mais ainda, a cada vez que uma coleção muda de mão, novas possibilidades de sentido vão sendo adicionadas. Dessa maneira, não há nada de acidental naquilo que guardam e no modo como o guardam.[52]

É evidente que o arquivo de Francisco de Assis Barbosa continha muito do que afetou e impactou a sua biografia sobre Lima Barreto: imagens do pai, da mãe e do avô do escritor. Imagens de Lima junto (e separado) dos colegas na foto da turma da Politécnica, folhetos como *O Papão* — uma brincadeira impressa dos tempos de Hermes da Fonseca —, rascunhos de notas e de contos, a lista de quem foi à missa do ex-amanuense e o cartão de pêsames da família.

Assim, esse era um arquivo do arquivo. Aquilo que Assis Barbosa julgou importante reter para si, e não entregar com os demais documentos que foram doados à Biblioteca Nacional. Hoje sabemos, e por intermédio do próprio Francisco de Assis Barbosa, que os livros que compunham a biblioteca de Lima Barreto acabaram praticamente destruídos.[53] A Limana foi doada pela família a José Mariano Filho, logo após a morte do escritor.[54] José Mariano custeara as despesas do sepultamento não só do romancista, como do pai deste. Arcou também com a transladação dos corpos de Inhaúma para o Cemitério São João Batista. Uma matéria de jornal explica que "a família de Lima Barreto resolveu ofertar ao dr. José Mariano Filho a biblioteca do escritor, expressa nas seguintes linhas: 'Todos os Santos, 1 de julho de 1924 — Exmo. sr. dr. José Mariano Filho — Saudações — Sendo nosso desejo enviar-lhe uma lembrança do nosso falecido irmão, Lima Barreto, tomamos a liberdade de oferecer-lhe sua modesta biblioteca, esperando que nos dê a honra de aceitá-la. Evangelina de Lima Barreto, Carlindo de Lima Barreto e Eliézer de Lima Barreto'".[55]

O benfeitor parece não ter dado maior importância ao presente, que depositou numa chácara de sua propriedade em Jacarepaguá, na Zona Oeste do Rio de Janeiro. Os livros desapareceram em sua maior parte. O próprio Assis Barbosa visitou o local e só encontrou meia dúzia de volumes em péssimo estado. Eram os últimos destroços da Limana, que restou viva somente na relação de obras feita por seu antigo proprietário, cuidadosamente, nos idos de 1917. Localizamos apenas um livro que teria pertencido à coleção de Lima Barreto, e que hoje se encontra na Biblioteca Nacional. Significativamente, era o exemplar de *As grandes invenções antigas e modernas nas ciências, indústria e artes: Obra para uso da mocidade*, de Louis Figuier, que a professora Teresa Pimentel tinha dado ao aluno, em 1890, e que ele guardava como um troféu de seu bom relacionamento com a mestra.

Já os papéis íntimos que estavam com d. Evangelina foram recolhidos, organizados e depois vendidos, entre 1944 e 1947, à Biblioteca Nacional, que pagou um valor aproximado de 45 mil cruzeiros pela coleção, ainda quando Rubens Borba de Moraes dirigia a instituição.[56] Ali havia rascunhos, cadernos de notas e apontamentos, cartas de amigos

Imagens pertencentes à coleção de Francisco de Assis Barbosa que passaram a integrar a biblioteca Guita e José Mindlin e hoje se encontram na Brasiliana Guita e José Mindlin da USP. São muitos os lugares de memória.

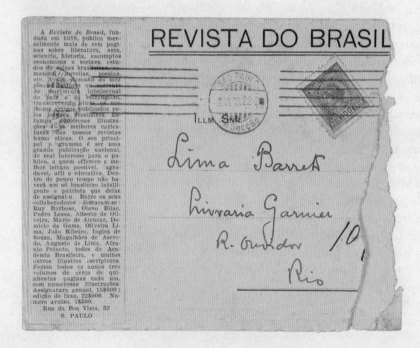

Recorte encontrado na Limana traz a imagem da casa, hoje demolida, onde o escritor possivelmente morou.

e minutas das respostas, além de manuscritos completos de algumas das obras de Lima. Achavam-se todos num armário da sala de visitas, a qual servia também de sala de aula para as lições de piano que Evangelina ministrava às suas alunas, na modesta casa em que morava, em Inhaúma. Os papéis encontravam-se desorganizados, em consequência das sucessivas mudanças. Foi Francisco de Assis Barbosa quem tratou de sistematizá-los, junto com a paciente irmã do escritor.[57]

Aí está, portanto, o desenlace dessa trama. Parte da história que a família de Lima Barreto resolveu guardar no guarda-louça. Parte da história que o biógrafo reteve para si. Parte da história que o próprio Lima julgou que valia a pena lembrar. Afinal, ele era um colecionador de si mesmo, e colocava tudo que podia na sua Limana. Era como se não quisesse deixar nada passar, como se cuidasse de sua memória, que poderia ser reconstituída por meio de recortes.

Quantos "espaços de memória" habitavam a Limana? Justamente ela, que se perdeu, mas também se achou. Enfim, essas são histórias dentro das histórias; coleções que viram outras coleções.

Tudo lembra a biblioteca do professor Peter Kien — personagem principal da obra de Elias Canetti, *Auto de fé*. Eminente sinólogo, sua obsessão eram, justamente, os livros. De tão vinculado a eles, no final da vida sentia saudades apenas de sua coleção de livros, do sossego e do espírito que ela continha. Dizia que em sua biblioteca moravam "Dez mil livros e, sobre cada um, um fantasma acocorado".

O que seriam esses recortes dispersos, mas unidos pela mão de seu proprietário, o escritor boêmio Lima Barreto? Lá estão uma casa idealizada, os rascunhos da letra L, uma caricatura que ficou em forma de rascunho, o verso de um cartão-postal, um telegrama com a sua assinatura, um pedaço de um de seus contos prediletos: "A nova Califórnia". São as assombrações e os fantasmas afetivos do próprio Lima. A sua memória, as nossas memórias.

A assombração apagou a candeia/ Depois no escuro veio com a mão/ Pertinho dele/ Ver se o coração ainda batia
— Oswald de Andrade, "O medroso", *Poemas de colonização*, em *Pau-Brasil*

NOTAS

INTRODUÇÃO: CRIADOR E CRIATURA [PP. 8-19]

1. Nessa época apresentei o trabalho que iria resultar no livro *O espetáculo das raças* (São Paulo: Companhia das Letras, 1993).

2. Para uma visão mais ampla dos pseudônimos, que voltarão a aparecer no decorrer deste livro, sugiro a leitura de, entre outros, Francisco de Assis Barbosa, *A vida de Lima Barreto* (Rio de Janeiro, José Olympio, 1952) e Felipe Botelho Corrêa (Org.), *Lima Barreto: Sátiras e outras subversões* (São Paulo: Companhia das Letras, 2016).

3. Ver Alberto da Costa e Silva, *Um rio chamado Atlântico: A África no Brasil e o Brasil na África* (Rio de Janeiro: Nova Fronteira; Ed. UFRJ, 2003).

4. Lima Barreto, "O moleque". In: Lilia M. Schwarcz (Org.), *Contos completos de Lima Barreto*. São Paulo: Companhia das Letras, 2010, pp. 141-51. Conto publicado originalmente na primeira edição de *Histórias e sonhos* (1920), pp. 13-26. Também publicado na *Revista do Brasil* (Rio de Janeiro, ano 1, n. 385, pp. 64-71, 1984).

5. Alberto da Costa e Silva, op. cit., p. 44.

6. O termo é do próprio Lima. Ver o trecho: "Reina, hoje, na República das Letras, uma grande liberdade de opinião que era bom reinasse ela também em outras repúblicas, uma das quais é muito nossa conhecida". Em *Careta*, Rio de Janeiro, 29 jul. 1922.

7. Lima Barreto, "Esta minha letra...". *Gazeta da Tarde*, 28 jun. 1911. In: Beatriz Resende e Rachel Valença (Orgs.), *Lima Barreto: Toda crônica*. Rio de Janeiro: Agir, 2004. v. 1: 1890-1919, pp. 90-3.

8. Luciana Hidalgo, *Literatura da urgência: Lima Barreto no domínio da loucura*. São Paulo: Annablume, 2008, p. 111.

9. Lima inventariou oitocentos volumes. No entanto, Denílson Botelho evidenciou a existência de alguns saltos na relação do autor, e o total correto seria informar 707 volumes. Denílson Botelho, "A República na biblioteca de Lima Barreto: Livros, leituras e ideias". *Revista Eletrônica Cadernos de História*, ano IV, v. 8, n. 2, dez. 2009.

10. Essa relação foi publicada pela primeira vez em 1952 na biografia de Lima Barreto realizada por Assis Barbosa.

11. Na conclusão, teremos oportunidade de apresentar melhor o trabalho hercúleo de Assis Barbosa, que não só escreveu uma biografia de Lima Barreto em 1952 como coordenou a republicação da obra deste em 1956 pela Editora Brasiliense: organizou a correspondência, deu forma de diário a anotações e cadernetas dispersas e chamou intelectuais de peso para prefaciarem os livros. Como veremos, e com mais detalhes, o material da Limana teve diferentes destinos. A biblioteca foi doada pela família a José Mariano Filho, pois fora ele quem custeara o enterro de Lima e do pai deste. Os livros depositados numa casa de campo pratica-

mente desapareceram. Já os papéis íntimos que estavam sob a guarda da família foram em parte vendidos para a Fundação Biblioteca Nacional. A compra se deu entre 1944 e 1947. Parte dos documentos ficou com Francisco de Assis Barbosa. Sua viúva os doou ao bibliófilo José Mindlin, em 1992. Hoje eles se encontram preservados na Brasiliana Guita e José Mindlin, criada em 2005 na Universidade de São Paulo (USP).

12. Inspirei-me nos procedimentos adotados por Joseph Frank na sua excelente biografia sobre Dostoiévski, que justamente se utiliza dos romances do escritor russo para organizar o andamento dos capítulos (Joseph Frank, *Dostoiévski: As sementes da revolta – 1821-1849*. 2. ed. São Paulo: Edusp, 2008). Além do mais, o próprio Lima escreveu uma espécie de manifesto para justificar a literatura militante e realista que advogava e julgava realizar. Ver, nesse sentido, Lima Barreto, "Literatura militante" (*A.B.C.*, Rio de Janeiro, ano IV, n. 183, 7 set. 1918), em Lima Barreto, *Impressões de leitura* (São Paulo: Brasiliense, 1956).

13. A ilha do Governador possui, ainda hoje, regiões sob preservação ambiental que fazem parte de áreas militares. Para uma história do local ver Cybelle Moreira de Ipanema, *História da ilha do Governador* (Rio de Janeiro: Mauad X, 2013).

14. Andréa da Silva Gralha, em 2015, defendeu a dissertação (mestrado em Memória Social) *Espaços de memória, lugares de esquecimento: Lima Barreto e a "reinvenção" do sítio do Carico*, na Universidade Federal do Estado do Rio de Janeiro.

15. Foi Andréa Gralha quem me explicou a razão da vigilância. Nos termos dela, aí estaria um grande "nó górdio": a casa é reconhecida pelo Pamb e pela comunidade, mas não é tombada. A despeito da maior conscientização, resultado do trabalho que pesquisadores como Andréa e André Luiz dos Santos vêm fazendo sobre o valor histórico não só da casa como do sítio, o local continua ainda pouco explorado em termos de patrimônio cultural. Além de desenvolver trabalho sobre o tema (*A casa do louco*. Rio de Janeiro: Instituto de Letras-Uerj, 2001. Dissertação [Mestrado em Letras]), André foi o primeiro a localizar a casa de Lima no terreno da Aeronáutica.

16. Ver texto de Antonio Sérgio Guimarães, "Preconceito de cor e racismo no Brasil" (*Revista de Antropologia*, São Paulo: USP, v. 47, n. 1, pp. 15-35, 2004). Do mesmo autor, e para um balanço do tema, sugiro a leitura de *Preconceito racial: Modos, temas e tempos* (São Paulo: Cortez, 2008).

17. Trataremos com mais vagar da história de Manuel Cabinda no capítulo 15.

18. O leitor notará que adoto o termo "escravizado e escravizada", em vez de "escravo e escrava". Optar por utilizar "escravizados" e "escravizadas" significa deixar evidentes as agências e ações cotidianas dessas populações. Mais ainda, implica mostrar como esse foi um regime de trabalho forçado, compulsório e imposto. Jamais uma opção. Ser escravo era uma circunstância histórica e não um dado de origem. Vamos, porém, manter o termo quando apresentarmos documentos ou definirmos o regime de uma maneira mais geral.

19. Lima Barreto, "O Estrela". *Almanak d'A Noite*, 23 maio 1916, pp. 319-20. In: Beatriz Resende e Rachel Valença (Orgs.), *Lima Barreto: Toda crônica*, op. cit., v. 1: 1890-1919, p. 260.

20. Uso "afeto" aqui com o sentido que conferiu ao termo Jeanne Favret-Saada em "Être affecté" (*Gradhiva*, Paris, n. 8, pp. 3-9, 1990).

21. Foram muitos os autores que me inspiraram a pensar em biografia de maneira crítica: não teleológica, ageográfica, evolutiva ou celebratória. Seleciono aqui alguns: Pierre Bourdieu, "A ilusão biográfica", em Janaina Amado Baptista de Figueiredo e Marieta de Moraes Ferreira (Orgs.), *Usos e abusos da história oral* (Rio de Janeiro: Ed. FGV, 1988); Antonio Candido, *Um funcionário da Monarquia: Ensaio sobre o segundo escalão* (São Paulo: Ouro sobre Azul, 2002); Sergio Miceli, *Intelectuais à brasileira* (São Paulo: Companhia das Letras, 2001); Carlo Ginzburg, *Indagações sobre Piero* (Rio de Janeiro: Paz e Terra, 1989); Carl Schorske, *Viena fin-de-siècle: Política e cultura* (São Paulo: Companhia das Letras, 1988); Raymond Williams, *A produção social da escrita* (São Paulo: Ed. Unesp, 2014); Joseph Frank, op. cit.; Howard Becker, "Biographie et mosaïque scientifique" (*Actes de la Recherche en Sciences Sociales*, Paris, v. 62-63, 1986). Trabalhei com o tema no texto "Biografia como gênero e problema" (*História Social*, Campinas: IFCH-Unicamp, n. 24, pp. 51-74, 1º sem. 2013).

22. Agradeço a minha amiga, leitora e preparadora de textos, Márcia Copola, que me "acusou" de ser "triste", e me lembrou dessa outra acepção da palavra.

23. Cito nessa introdução apenas três desses pesquisadores e pensadores, e com tal menção pretendo homenagear todos os demais livros e autores que aparecerão no decorrer desta biografia: Beatriz Resende, Antonio Arnoni Prado e Nicolau Sevcenko. Destaco que a fortuna crítica sobre Lima Barreto é extensa e competente, e será fartamente utilizada neste livro.

24. Lucien Febvre, *Le Problème de l'incroyance au 16ème siècle, la religion de Rabelais*. Paris: Albin Michel, 1942.

25. Para uma aproximação mais contemporânea do tema e da perspectiva afrodescendente na literatura, na poesia e no romance, ver entre (muitos) outros, Maria da Conceição Evaristo, *Becos da memória*. (Belo Horizonte: Mazza Edições, 2006); Ana Maria Gonçalves, *Um defeito de cor* (Rio de Janeiro: Record, 2015) e Lázaro Ramos, *Na minha pele* (Rio de Janeiro: Objetiva, 2017).

26. Alfredo Bosi, *Literatura e resistência*. São Paulo: Companhia das Letras, 2002, p. 186. Bosi trata apenas dos paralelos entre Cruz e Sousa e Lima Barreto. A frase original (e inspiradora) é a seguinte: "Para as convenções da história literária não há relação consistente entre Cruz e Sousa e Lima Barreto. O primeiro é poeta simbolista, o segundo é narrador realista. Dois gêneros, dois estilos diferentes; logo, cada um deve ocupar um escaninho próprio nos acervos da informação bem catalogada. No entanto, há um fio existencial que os une e lhes dá parentesco próximo".

27. Ver Luís Gama, "Quem sou eu?", em *Primeiras trovas burlescas e outros poemas*, org. de Lígia Ferreira (São Paulo: Martins Fontes, 2000).

28. Cruz e Sousa, "Da senzala". In: "O livro derradeiro". *Poesia completa*, org. de Zahidé Muzart. Florianópolis: Fundação Catarinense de Cultura; Fundação Banco do Brasil, 1993. Para uma bela análise do escritor, ver Cuti, *A consciência do impacto nas obras de Cruz e Sousa e de Lima Barreto* (Belo Horizonte: Autêntica, 2009). Lima comenta em artigo sobre a falta de crítica literária no Brasil que Cruz e Sousa seria "autor que está exigindo justiça dos seus envergonhados admiradores e imitadores". *A Folha*, Rio de Janeiro, 1 jun. 1920.

29. Voltaremos ao tema mais à frente. Mas agradeço aos meus colegas Júlio Assis Simões, Laura Moutinho e Heloisa Buarque de Almeida e ao grupo do Núcleo de Estudos sobre Marcadores Sociais da Diferença (Numas) pelo trabalho com o conceito. Ver também Avtar Brah, "Diferença, diversidade, diferenciação" (*Cadernos Pagu*, Campinas, n. 26, pp. 329-76, 2006); Judith Butler, *Problemas de gênero: Feminismo e subversão da identidade* (Rio de Janeiro: Civilização Brasileira, 2003); Donna Haraway, "'Gênero' para um dicionário marxista: A política sexual de uma palavra" (*Cadernos Pagu*, Campinas, n. 22, pp. 201-46, 2004); e Anne McClintock, *Imperial Leather: Race, Gender, and Sexuality in the Colonial Context* (Nova York: Routledge, 1995).

30. Hannah Arendt, *Origens do totalitarismo*. São Paulo: Companhia das Letras, 2001. Agradeço a Heloisa Starling, minha parceira, por me "ensinar" tanto sobre as vicissitudes desse lugar da testemunha. Ver, sobre a mesma questão, Lilia M. Schwarcz e Heloisa M. Starling, *Caderno de leituras para Brasil: uma biografia* (São Paulo: Companhia das Letras, 2016), pp. 129-31.

31. Lima Barreto, "São Paulo e os estrangeiros" (1917). In: Id., *Bagatelas*. São Paulo: Brasiliense, 1956, pp. 52-5.

32. Uma experiência, até mais radical, foi feita por Antonio Arnoni Prado, no livro *Lima Barreto: Uma autobiografia literária* (São Paulo: Ed. 34, 2012). Nesse caso, coube ao crítico organizar a edição e elaborar a apresentação e as notas. Já os textos são todos, e sem interferência alguma, de Lima Barreto.

33. Georges Didi-Huberman, *Diante do tempo*. Belo Horizonte: Ed. UFMG, 2015, p. 41.

34. Alfredo Bosi, *Dialética da colonização*. São Paulo: Companhia das Letras, 1992, p. 11. Ver também a inspiradora discussão realizada por Cuti no início de seu livro *A consciência do impacto nas obras de Cruz e Sousa e de Lima Barreto*, op. cit.

35. Para o conceito de "urgência" na obra de Lima Barreto, ver Luciana Hidalgo, op. cit.

36. Lima Barreto, "O futurismo". *Careta*, Rio de Janeiro, ano xv, n. 735, 22 jul. 1922. In: Beatriz Resende e Rachel Valença (Orgs.), *Lima Barreto: Toda crônica,* op. cit., v. 2: 1919--1922, pp. 538-9.

37. Ver Lima Barreto, *Numa e a ninfa* (Rio de Janeiro: Garnier, 1989), p. 77.

1. O CASAL BARRETO: QUANDO EDUCAÇÃO PARECE SINÔNIMO DE EMANCIPAÇÃO [20-49]

1. Uma primeira versão deste capítulo foi escrita em diálogo com o grupo temático "Formação do campo intelectual e da indústria cultural no Brasil contemporâneo" (Fapesp, 2009-12) e aproveito para agradecer todos os colegas envolvidos. Ver, nesse sentido, "Marcas da infância na vida de Lima Barreto", em Sergio Miceli e Heloisa Pontes (Orgs.), *Cultura e sociedade: Brasil e Argentina* (São Paulo: Edusp, 2014), pp. 73-114. No ano de 2015 ministrei, com André Botelho, curso de um semestre no Departamento de Sociologia e Antropologia da UFRJ, chamado "Cidadania e cultura: Lima Barreto e Mário de Andrade". As reflexões apresentadas no capítulo devem muito aos debates ocorridos no contexto desse curso.

2. O próprio Lima escreveria sobre seu nascimento em maio. "Estamos em maio, o mês das flores, o mês sagrado pela poesia. Não é sem emoção que o vejo entrar. Há em minha alma um renovamento; as ambições desabrocham de novo e, de novo, me chegam revoadas de sonhos. Nasci sob o seu signo, a treze, e creio que em sexta-feira; e, por isso, também à emoção que o mês sagrado me traz se misturam recordações da minha meninice." Lima Barreto, "Maio". *Gazeta da Tarde*, Rio de Janeiro, 4 maio 1911, p. 3. In: Beatriz Resende e Rachel Valença (Orgs.), *Lima Barreto: Toda crônica,* op. cit., v. 1, 1890-1919, p. 77.

3. No capítulo 6 teremos oportunidade de voltar ao tema dos arrabaldes do Rio.

4. "[...] as minhas fumaças de carioca da gema, nascido na hoje catita Laranjeiras. Quem o diria?" Lima Barreto, "A mudança do Senado". *Brás Cubas,* Rio de Janeiro, ano II, 26 set. 1918. In: Beatriz Resende e Rachel Valença (Orgs.), *Lima Barreto: Toda crônica,* op. cit., v. 1, 1890-1919, p. 385.

5. Brasil Gerson, *História das ruas do Rio: E da sua liderança na história política do Brasil.* 5. ed. Rio de Janeiro: Lacerda, 2000, p. 269.

6. Para uma análise da importância de Eufrásia, ver *Joaquim Nabuco,* de Angela Alonso (São Paulo: Companhia das Letras, 2007).

7. Brasil Gerson, op. cit., pp. 270-1; e para linguagem de flores, ver Alessandra El Far, "Uma etnografia do galanteio nos terrenos da ficção: Afinidades eletivas entre antropologia e literatura" (*Revista de Antropologia,* São Paulo, v. 57, n. 1, pp. 393-422, 2014).

8. *Jornal do Commercio,* Rio de Janeiro, 30 mar. 1880.

9. Brasil Gerson, op. cit., p. 275.

10. *Jornal do Commercio,* Rio de Janeiro, p. 1, 2 abr. 1880.

11. "Se querem exibir a sua dramaturgia, que o façam nas salas dos magnatas e ricaços de Botafogo e Laranjeiras." Lima Barreto, "A propósito...". *Correio da Noite,* Rio de Janeiro, 12 jan. 1915, p. 2. In: Beatriz Resende e Rachel Valença (Orgs.), *Lima Barreto: Toda crônica,* op. cit., v. 1, 1890-1919, p. 148.

12. Id., "O cedro de Teresópolis". In: Beatriz Resende e Rachel Valença (Orgs.). *Lima Barreto: Toda crônica,* op. cit., v. 2, 1919-1922, pp. 129-31.

13. Sobre nobreza no Brasil, ver, entre outros Afonso Eduardo Martins Zuquete (Org.), *Nobreza de Portugal e do Brasil* (Lisboa; Rio de Janeiro: Editorial Enciclopédia, 1960, 2 v.); Rui Vieira da Cunha, *Estudo da nobreza brasileira* (Rio de Janeiro: Arquivo Nacional, 1966, 2 v.); José da Gama e Castro, *Memória sobre a nobreza no Brasil por hum brasileiro* (Rio de Janeiro: Typographia Nacional, 1841); Vera Lúcia Bottrel Tostes, *Estrutura familiar e simbologia na nobreza brasonada: Províncias do Rio de Janeiro e São Paulo, século XIX* (São Paulo: FFLCH-USP, 1989. Dissertação [Mestrado em História Social]); Eduardo Silva, *Barões e escravidão: Três gerações de fazendeiros e a crise da estrutura escravista* (Rio de Janeiro: Nova Fronteira, 1984) e Lilia Moritz Schwarcz, "Como ser nobre no Brasil", em Lilia Moritz Schwarcz, *As barbas do imperador* (São Paulo: Companhia das Letras, 1988).

14. Érico Melo, *Olho do mapa, vozes do chão: Cartografia e geoestratégia no romance brasileiro 1870-1970.* (São Paulo: FFLCH-USP, 2016. Dissertação [Mestrado em Teoria Literária e Literatura Comparada).

15. Para uma biografia do personagem, ver *Flores, votos e balas: O movimento abolicionista brasileiro* (*1868-88*), de Angela Alonso (São Paulo: Companhia das Letras, 2015).

16. Vale a pena ler análise de Antonio Candido sobre o romance de Aluísio Azevedo, *O cortiço* (1890): "De cortiço a cortiço" (*Novos Estudos Cebrap,* São Paulo, n. 30, pp. 111-29, 1991). O crítico mostra, entre outras coisas, como o livro de Azevedo devolve e amplia o imaginário da época acerca de tais moradas coletivas, onde reside o "mundo do trabalho, do lucro [...], da exploração econômica". O cortiço é também entendido como um laboratório, um concentrado de diversos grupos.

17. *Jornal do Commercio,* Rio de Janeiro, p. 6, 22 abr. 1881.

18. *Gazeta de Noticias,* Rio de Janeiro, p. 3, 18 jan. 1879.

19. Ibid., p. 5, 17 dez. 1879.

20. *Jornal do Commercio,* Rio de Janeiro, p. 8, 13 maio 1880.

21. Ibid., p. 6, 30 mar. 1880.

22. O *Almanak Laemmert* de 1878 informa, na p. 584, tratar-se de um colégio de menino para alunos internos, semi-internos e externos, localizado no palacete da rua Ipiranga, 4, que tinha como fundador e diretor o dr. Abílio César Borges e como vice-diretor o dr. Epifânio José dos Reis (fundador e ex-diretor do Colégio São Salvador de Campos).

23. Raul Pompeia, *O Ateneu: Crônica de saudades* (*Gazeta de Noticias*, Rio de Janeiro, abr./jun. 1888). Ver, entre outros, Carlos Eduardo Dias Souza, *A educação como prática política: Formação e renovação de repertórios pedagógicos no Segundo Reinado* (*o Colégio Pedro II, o Ginásio Baiano e o Culto à Ciência*) (São Paulo: FFLCH-USP, 2015. Tese [Doutorado em Sociologia]).

24. Brasil Gerson, op. cit., pp. 269-75.

25. Francisco de Assis Barbosa, "O carioca Lima Barreto: Sentido nacional de sua obra". In: Affonso Carlos Marques Santos (Org.), *O Rio de Janeiro de Lima Barreto*. Rio de Janeiro: Rioarte, 1983, v. 1, p. 18. Ver também Lilia Moritz Schwarcz (Org.), *Contos completos de Lima Barreto*, op. cit., p. 33.

26. Ver Alceu Ravanello Ferraro e Daniel Kreidlow, "Analfabetismo no Brasil: Configuração e gênese das desigualdades regionais" (*Educação e Realidade*, Porto Alegre, v. 29, n. 2, pp. 179-200, jul./dez. 2004).

27. Sérgio Buarque de Holanda, *História geral da civilização brasileira: O Brasil Monárquico. Do Império à República*, v. 5, t. II. Rio de Janeiro; São Paulo: Difel, 1977, p. 188.

28. Ibid. Apud Alceu Ravanello Ferraro e Daniel Kreidlow, op. cit., p. 183.

29. Vanilda Paiva, "Um século de educação republicana". *Pro-Posições*, Campinas, v. 1, n. 2, pp. 7-18, jul. 1990.

30. Alceu Ravanello Ferraro e Daniel Kreidlow, op. cit., p. 184.

31. Gilberto Freyre, em *Sobrados e mucambos: Decadência do patriarcado rural e desenvolvimento do urbano* (São Paulo: Global, 2003) descreve a ascensão social desse grupo com a urbanização do país em meados do século XIX. A figura mais estimada era a dos bacharéis; sempre dependentes das relações familiares e senhoriais. Ver também Letícia Rosa Marques, "Entre cor e hierarquia: Apontamentos sobre ascensão social de mulatos e a carreira militar no Brasil da primeira metade do século XIX" (*Estudios Historicos*, Montevidéu, ano V, n. 11, dez. 2013).

32. Foi na década de 1830 que o Brasil se tornou o primeiro produtor mundial de café. Em 1832, o produto ocupou o primeiro lugar na pauta das exportações e, já em 1837-8, o valor alcançava 53,2%, mais que a soma dos valores de todos os demais produtos exportados. Orlando Valverde, "A fazenda de café escravocrata no Brasil". *Revista Brasileira de Geografia*, Rio de Janeiro: IBGE, v. 29, n. 1, pp. 37-81, jan./mar. 1967.

33. Em 1836, o número de escravos representava 27,4% da população da província de São Paulo, concentrando-se basicamente no Vale do Paraíba e Litoral Norte (37% da população), bem como na zona central (41% da população). Em 1854, com o aumento da produção na zona do Vale do Paraíba e Litoral Norte, a população escrava passa para 39680, em contraposição aos 28862 indivíduos de 1836.

Na zona central, o incremento de 598,9% na produção de café entre 1836 e 1854 eleva o número de escravos de 31838 para 38038. Em 1874, a população escrava da província passa de 117731 a 156618 cativos. Ver Ana Rosa Cloclet da Silva, "Tráfico interprovincial de escravos e seus impactos na concentração populacional da província de São Paulo: Século XIX", em *Anais do VIII Encontro Nacional de Estudos Populacionais* (São Paulo: Abep, 1992, v. 1), pp. 341-66; Rafael da Cunha Scheffer, *Comércio de escravos do Sul para o Sudeste, 1850-1888: Economias microrregionais, redes de negociantes e experiência cativa* (Campinas: IFCH-Unicamp, 2012. Tese [Doutorado em História Social]); Herbert Klein, "The Internal Slave Trade in Nineteenth-Century Brazil: A Study of Slave Importations into Rio de Janeiro in 1852" (*Hispanic American Historical Review*, Durham, NC, v. 51, n. 4, 1971); Robert Edgar Conrad, *World of Sorrow: The African Slave Trade to Brazil* (Baton Rouge: Louisiana State University Press, 1986); e Robert W. Slenes, "Comments on 'Slavery in a Nonexport Economy'" (*Hispanic American Historical Review*, Durham, NC, v. 63, n. 3, 1983).

34. Ver Richard Graham, "Nos tumbeiros mais uma vez?: O comércio interprovincial de escravos no Brasil". *Revista Afro-Ásia*, Salvador, n. 27, p. 129, 2002.

35. Ver Maria Helena Machado, *O plano e o pânico: Os movimentos sociais na década da abolição*. Rio de Janeiro; São Paulo: Ed. UFRJ; Edusp, 1994.

36. Sidney Chalhoub, *Visões da liberdade: Uma história das últimas décadas da escravidão na corte*. São Paulo: Companhia das Letras, 2011.

37. Hebe Maria Mattos, *Das cores do silêncio: Os significados da liberdade no Sudeste escravista — Brasil, século XIX*. 2. ed. Rio de Janeiro: Nova Fronteira, 1998, p. 98.

38. André Pinto Rebouças, Anna Flora Veríssimo e Inácio José Veríssimo (Orgs.), *Diário e notas autobiográficas: Texto escolhido e anotações*. Rio de Janeiro: José Olympio, 1938. (Documentos Brasileiros, 12).

39. Para o resumo da agenda das abolições, usamos e recomendo o ótimo balanço feito por Angela Alonso em *Flores, votos e balas: O movimento abolicionista brasileiro*, op. cit. Ver também: Arthur F. Corwin, *Spain and the Abolition of Slavery in Cuba, 1817-1886* (Austin: Institute of Latin American Studies, University of Texas Press, 1968); Seymour Drescher, *Abolition: A History of Slavery and Antislavery* (Cambridge: Cambridge University Press, 2009); Rebecca Scott, *Slave Emancipation in Cuba: The Transition to Free Labour, 1680-1899* (Princeton, NJ: Princeton University Press, 1985); Thomas Holt, *The Problem of Freedom: Race, Labour and Politics in Jamaica and Britain, 1832-1938* (Baltimore: Johns Hopkins University Press, 1999); Manuel M. Fraginals, Stanley Engerman; Frank Pons, *Between Slavery and Free Labour: The Spanish-Speaking Caribbean in the Nineteenth Century* (Baltimore: Johns Hopkins University Press, 1985); e Frederick Cooper, Thomas Holt e Rebecca Scott, *Beyond Slavery: Explorations of Race, Labor* *and Citizenship in Postemancipation Societies* (Chapel Hill: University of North Carolina Press, 2000).

40. O título oficial desse documento é "Representação à Assembleia Geral Constituinte e Legislativa do Império do Brasil sobre a escravatura". Depois de uma primeira justificativa, seguem-se 32 artigos, todos apresentados na Constituinte de 1823. O texto não propõe a abolição imediata da escravidão, mas uma transição planejada para o trabalho livre. Segundo Bonifácio, o sistema envenenava moralmente o país e impedia seu progresso. O projeto jamais chegou a ser votado. Ver Miriam Dolhnikoff, *José Bonifácio* (São Paulo: Companhia das Letras, 2012).

41. Em 7 de novembro de 1831 foi promulgada a Lei Feijó, que considerava a importação de escravos pelo Brasil como atividade ilegal a partir de então.

42. Sobre o tráfico, ver, entre outros, Leslie Bethell, *The Abolition of the Brazilian Slave Trade: Britain, Brazil and the Slave Trade Question, 1807-69* (Cambridge: Cambridge University Press, 1970); Fernando Novais, *Portugal e Brasil na crise do antigo sistema colonial (1777-1808)* (São Paulo: Hucitec, 1985); e Luiz Felipe de Alencastro, *Le Commerce des vivants: Traites d'esclaves et "pax lusitana" dans L'Atlantique Sud* (Paris: Université de Paris x, 1986. Tese [Doutorado em História Moderna e Contemporânea]). Para uma bibliografia a respeito dos últimos anos de escravidão no Brasil: Robert Conrad, *The Destruction of Brazilian Slavery* (Berkeley; Los Angeles: University of California Press, 1972); Herbert S. Klein, "The Internal Slave Trade in Nineteenth-Century Brazil: A Study of Slave Importations into Rio de Janeiro in 1852" (*Hispanic American Historical Review*, Durham, NC, v. 51, n. 4, pp. 567-85, 1971); Herbert S. Klein e Francisco Vidal Luna, *Slavery in Brazil* (Cambridge: Cambridge University Press, 2009); Jock H. Galloway, "The Last Years of Slavery on the Sugar Plantations of Northeastern Brazil" (*Hispanic American Historical Review*, Durham, NC, v. 51, n. 4, pp. 587-605, 1971); Maria Helena Machado, *O plano e o pânico: Os movimentos sociais na década da abolição*, op. cit.; Célia Maria Marinho de Azevedo, *Onda negra, medo branco: O negro no imaginário das elites século XIX* (Rio de Janeiro: Paz e Terra, 1987); e João José Reis e Flávio dos Santos Gomes (Orgs.), *Liberdade por um fio: História dos quilombos no Brasil* (São Paulo: Companhia das Letras, 1996).

43. Segundo Angela Alonso, "a escravidão estruturou um modo de vida, definiu identidades, possibilidades e destinos dos membros da sociedade imperial. Daí sua legitimidade tácita, socialmente natural. A nação toda era escravista, o que retardou a conversão do tema em problema na agenda pública". Angela Alonso, *Flores, votos e balas: O movimento abolicionista brasileiro*, op. cit., p. 29.

44. Sérgio Buarque de Holanda, *História geral da civilização brasileira: O Brasil Monárquico. Do Império à República*, op. cit.

45. Angela Alonso, *Flores, votos e balas: O movimento aboli-*

cionista brasileiro, op. cit., p. 30. Para a entrada de africanos livres nesse contexto, ver Beatriz G. Mamigonian, *Africanos livres: A abolição do tráfico de escravos no Brasil* (São Paulo: Companhia das Letras, 2017).

46. Em 1862, dois marinheiros britânicos foram presos ao se envolveram numa briga com a polícia brasileira, no Rio de Janeiro. O ministro dos Negócios Estrangeiros solicitou que eles fossem julgados pela Justiça brasileira. Já o embaixador William Christie ameaçou, pedindo medidas concernentes aos policiais brasileiros envolvidos. Ao contrário do que se esperava, d. Pedro II respondeu que estaria pronto para a guerra.

47. Leslie Bethell, op. cit.

48. Angela Alonso, *Flores, votos e balas: O movimento abolicionista brasileiro*, op. cit., p. 30.

49. Ver, sobre o tema, Luciana da Cruz Brito, *Impressões norte-americanas sobre escravidão, abolição e relações raciais no Brasil escravista (1840-1860)* (São Paulo: FFLCH-USP, 2012. Tese [Doutorado em História Social]).

50. Ver Sidney Chalhoub, "População e sociedade", em José Murilo de Carvalho (Org.), *História do Brasil nação: 1808-2010* (Madri; Rio de Janeiro: Fundación Mapfre; Objetiva, 2012, v. 2).

51. Maria Helena Machado, *O plano e o pânico*, op. cit.

52. Alexandre Otsuka, *Antônio Bento: Discurso e prática abolicionistas na São Paulo da década de 1880* (São Paulo: FFLCH-USP, 2016. Dissertação [Mestrado em História Social]); Lilia Moritz Schwarcz, *Retrato em branco e negro*. São Paulo: Companhia das Letras, 1990.

53. No *Correio do Brasil* de 7 fevereiro de 1872 aparece a notícia da morte de Carlota Maria dos Anjos por embolia cerebral. Lima Barreto, *Clara dos Anjos*. São Paulo: Companhia das Letras, 2012, pp. 143-4.

54. Ibid., p. 144.

55. Lima Barreto, *Diário íntimo*. In: Eliane Vasconcellos (Org.), *Lima Barreto: Prosa seleta*. Rio de Janeiro: Nova Aguilar, 2001, pp. 1234-7.

56. Essa informação me foi dada por Alberto da Costa e Silva, a quem agradeço.

57. O conto "Babá" está incluído em Lilia Moritz Schwarcz (Org.), *Contos completos de Lima Barreto*, op. cit., pp. 563-4. A fonte é um manuscrito inacabado, conservado na BN: "Babá", [S.l.], [19--]. Orig. Ms., 5 f. FBN/Mss I-06,34,0902. Fundo/Coleção Lima Barreto.

58. Aprendi a importância dessa expressão com Arcadio Díaz-Quiñones e em seu livro *A memória rota: Ensaios de cultura e política* (São Paulo: Companhia das Letras, 2016).

59. "O órgão de São Paulo, se bem me lembro, dizia que os cariocas não eram 'cariocas', eram hebreus, curdos, anamitas; enquanto os paulistas eram 'paulistas'. Deus do céu! exclamei eu. Posso ser rebolo (minha bisavó era), cabinda, congo, moçambique, mas judeu — nunca! Nem com dois milhões de contos!" Lima Barreto, "Sobre o football". *Brás Cubas*, 15 ago. 1918. In: Beatriz Resende e Rachel Valença

(Orgs.), *Lima Barreto: Toda crônica — Volume 1, 1890-1919*, op. cit., p. 373.

60. Eliane Vasconcellos (Org.), *Lima Barreto: Prosa seleta*, op. cit., pp. 1279-80.

61. Ibid., p. 1280.

62. Ver Francisco de Assis Barbosa, *A vida de Lima Barreto*. 7. ed. (Belo Horizonte; São Paulo: Itatiaia; Edusp, 1988), p. 24.

63. Tratei do tema em meu livro *O espetáculo das raças*, op. cit.

64. *Imperio do Brasil*, Rio de Janeiro, p. 91, 26 jul. 1824.

65. *Correio da Tarde*, Rio de Janeiro, p. 3, 29 dez. 1856.

66. *Almanak Militar*, Rio de Janeiro, p. 272, 1858 a 1859.

67. *Correio da Tarde*, Rio de Janeiro, p. 3, 4 jun. 1861.

68. Francisco de Assis Barbosa, *A vida de Lima Barreto*, op. cit., p. 24.

69. Ibid., p. 26.

70. *Almanak Laemmert*, Rio de Janeiro, p. 113, 1844.

71. Francisco de Assis Barbosa, *A vida de Lima Barreto*, op. cit., p. 25.

72. Ibid.

73. *Diario do Rio de Janeiro*, Rio de Janeiro, p. 1, 10 mar. 1858. Interessante o uso do termo "preto" para o caso de escravizados em situação mais passiva. Discuti a diferença do uso de preto e negro no século XIX em meu livro *Espetáculo da raças* (São Paulo: Companhia das Letras, 1993).

74. Ibid., p. 3, 11 mar. 1858.

75. *Jornal do Commercio*, Rio de Janeiro, p. 2, 3 jun. 1865.

76. "Doença infecciosa aguda, geralmente epidêmica, marcada por intensa diarreia, cãibras, prostração causada pelo *Vibrio cholerae*, que se transmite especialmente pela água." Conhecida popularmente apenas por "cólera". (Antônio Houaiss e Mauro de Salles Villar, *Dicionário Houaiss da língua portuguesa*. Rio de Janeiro: Objetiva, 2001, p. 759.)

77. *Opinião Liberal*, Rio de Janeiro, p. 3, 12 out. 1867.

78. Ibid.

79. *Diário íntimo*. In: Eliane Vasconcellos (Org.), *Lima Barreto: Prosa seleta*, op. cit., pp. 1227-8.

80. Ibid., p. 1228.

81. Ibid.

82. Ibid., pp. 1227-8.

83. Sobre a prática do favor e suas consequências, ver Roberto Schwarz, *Ao vencedor as batatas: Forma literária e processo social nos inícios do romance brasileiro* (São Paulo: Duas Cidades; Ed. 34, 2000).

84. Também guardava distância das outras moças de mesma origem, cor e condição social. É isso ao menos que Lima destaca no romance *Clara dos Anjos*, sob a forma de epígrafe: "'Alguns as desposavam [as índias]; outros, quase todos, abusavam da inocência delas, como ainda hoje das mestiças, reduzindo-as por igual a concubinas e escravas.' João Ribeiro, *História do Brasil*".

85. Hebe Maria Mattos, *Escravidão e cidadania no Brasil monárquico*. Rio de Janeiro: Jorge Zahar, 2000; Keila Grinberg, *O fiador dos brasileiros: Cidadania, escravidão e direito civil no tempo de Antonio Pereira Rebouças*. Rio de Janeiro: Civilização Brasileira, 2002.

86. Alessandra Frota Martinez de Schueler e Ana Maria Bandeira de Mello Magaldi, "Educação escolar na Primeira República: Memória, história e perspectivas de pesquisa". *Tempo*, Niterói: UFF, v. 13, n. 26, pp. 32-55, 2009.

87. Alessandra Frota Martinez de Schueler, "Crianças e escolas na passagem do Império para a República". *Revista Brasileira de História*, São Paulo, v. 19, n. 37, pp. 59-84, 1999.

88. Decreto nº 1331-A, de 17 de fevereiro de 1854. Regulamento para a Reforma do Ensino Primário e Secundário no Município da Corte. Anexo Relatório do Ministro do Império, 1854.

89. Liberato Barroso, *A instrução pública no Brasil*. Rio de Janeiro: Garnier, 1867.

90. Luiz Carlos Barreto Lopes, *Projeto educacional Asilo dos Meninos Desvalidos: Uma contribuição à história social da educação* (Rio de Janeiro: UFRJ, 1994. Dissertação [Mestrado em Educação]).

91. Brasil, *Recenseamento de 1872 e 1890*. Apud José Murilo de Carvalho, *Os bestializados: O Rio de Janeiro e a República que não foi* (São Paulo: Companhia das Letras, 1987); Sidney Chalhoub, *Visões da liberdade*, op. cit.; e Hebe Maria Mattos, *Das cores do silêncio: Os significados da liberdade no Sudeste escravista — Brasil, século XIX*, op. cit.; Alessandra Frota Martinez de Schueler e Ana Maria Bandeira de Mello Magaldi, op. cit.

92. O número de escolas femininas era muito inferior ao de escolas masculinas. Alessandra Frota Martinez de Schueler e Ana Maria Bandeira de Mello Magaldi, op. cit.

93. Agostinho Perdigão Malheiros, *A escravidão no Brasil: Ensaio histórico, jurídico e social*. Rio de Janeiro: Typographia Nacional, 1866. v. 1: Direito sobre os escravos e libertos.

94. *O Apostolo* de 20 de novembro de 1878 diz, no "Proclamas": "Foram lidos na Capela Imperial no dia 17 de novembro, os seguintes proclamas: [...] João Henrique [sic] de Lima Barreto com Amália Augusta". Essa data aparece também em *A Reforma* de 21 de novembro de 1878. Já no assento de casamento digitalizado pelos mórmons, consta a data de 17 de dezembro do mesmo ano.

95. *Gazeta de Noticias*, Rio de Janeiro, p. 6, 4 maio 1880.

96. Sobre o tema, ver Sandra Lauderdale Graham, "O motim do vintém e a cultura política do Rio de Janeiro em 1880" (*Revista Brasileira de História — Reforma e Revolução*, São Paulo: Anpuh; Marco Zero, v. 10, n. 20, 1990); e Jane Santucci, *Cidade rebelde: As revoltas populares no Rio de Janeiro no início do século XX* (Rio de Janeiro: Casa da Palavra, 2008).

97. Ver Verena Stolcke, "O enigma das intersecções: Classe, 'raça', sexo e sexualidade — A formação dos impérios transatlânticos do século XVI ao XIX". *Estudos Feministas*, Florianópolis, v. 14, n. 1, pp. 15-42, 2006.

98. Pelas notas de falecimento e missa de sétimo dia da mãe de João Henriques, sabe-se que ele teve um irmão, Francisco de Assis Leal. Mas não há muita informação a seu respeito, apenas que se casou com d. Francisca Rosa da Conceição em novembro de 1866 (*Correio Mercantil e Instructivo*, Rio de Janeiro, 19 nov. 1866) e veio a falecer em 27 de janeiro de 1874 (*A Reforma*, Rio de Janeiro, 28 jan. 1874). Já sua esposa morreu aos 27 anos, vítima de tuberculose, em abril de 1876 (*Diario do Rio de Janeiro*, Rio de Janeiro, 9 abr. 1876).

99. *Correio do Brazil*, Rio de Janeiro, p. 2, 7 fev. 1872. Sobre o enterro, ver *A Reforma* (Rio de Janeiro, p. 4, 4 fev. de 1872).

100. Ver Alba Carneiro Bielinski, "Educação profissional no século xix – Curso Comercial do Liceu de Artes e Ofícios: Um estudo de caso" (*Boletim Técnico do Senac*, Rio de Janeiro, v. 26, n. 3, pp. 45-55, set./dez. 2000).

101. *Correio Mercantil e Instructivo*, Rio de Janeiro, p. 2, 11 dez. 1864.

102. *Coleção das leis do Império do Brasil – 1863* (Rio de Janeiro: Typographia Nacional, 1863, p. 33, v. 1).

103. Alba Carneiro Bielinski, op. cit.

104. Isso é o que indica o editorial do *Cruzeiro* de 26 de junho de 1882: "Era o vício originário do papelório; para que cada aluno ali penetrasse exigia-se-lhe tantos documentos e informações, que logo aos primeiros passos desanimava o aspirante à matrícula". Alba Carneiro Bielinski, op. cit.

105. Ibid.

106. *A Folha Nova*, Rio de Janeiro, p. 3, 5 jan. 1883.

107. Francisco de Assis Barbosa, *A vida de Lima Barreto*, op. cit., p. 20.

108. Ver Nelson Werneck Sodré, *História da imprensa no Brasil* (Rio de Janeiro: Mauad, 2004), p. 202.

109. José Murilo de Carvalho, *Os bestializados: O Rio de Janeiro e a República que não foi*, op. cit.; Francisco Doratioto, *Maldita guerra: Nova história da Guerra do Paraguai*. São Paulo: Companhia das Letras, 2002; Ricardo Salles, *Guerra do Paraguai: Escravidão e cidadania na formação do Exército*. Rio de Janeiro: Paz e Terra, 1990.

110. Ver Nelson Werneck Sodré, *História da imprensa no Brasil*, op. cit., p. 202.

111. Sobre o Clube da Reforma, ver Carlos Pontes, *Tavares Bastos* (São Paulo: Companhia Editora Nacional, 1939), pp. 292-9; e Joaquim Manuel de Macedo, *Memórias da rua do Ouvidor* (Brasília: Ed. UnB, 1988. [Coleção Temas Brasileiros, 63. Documentos e Estudos]).

112. *Diario do Commercio*, Rio de Janeiro, p. 1, 9 ago. 1889.

113. A exoneração de João Henriques como mestre da oficina de composição da Imprensa Nacional aparece na p. 1 da *Gazeta de Noticias* também em 13 de fevereiro de 1890, onde se aponta a nomeação de José Alexandre de Azevedo como substituto.

114. Francisco de Assis Barbosa, *A vida de Lima Barreto*, op. cit., p. 32.

115. *Cidade do Rio*, Rio de Janeiro, p. 2, 10 ago. 1888.

116. *Revista Typographica*, Rio de Janeiro, p. 2, 18 ago. 1888.

117. Ibid., p. 4, 8 set. 1888.

118. Leo Spitzer, *Vidas de entremeio*. Rio de Janeiro: Ed. da Uerj, 2001.

119. O *Almanak* era a mais confiável publicação na época, sobretudo quando se tratava de verificar oportunidades e serviços. Ver Gilberto Ferrez, "A obra de Eduardo Laemmert" (*Revista do Instituto Histórico Geográfico Brasileiro*, Brasília; Rio de Janeiro, n. 331, pp. 193-211, 1981); Aline de Morais Limeira, "Almanaque de primeira: Em meio à ferrenha concorrência editorial do século xix, o *Almanak Laemmert* se destacou pela variedade de informações" (*Revista de História da Biblioteca Nacional*, Rio de Janeiro, n. 60, pp. 80-3, set. 2010); e Ana Laura Donegá, "Folhinhas e *Almanaque Laemmert*: Pequenos formatos e altas tiragens nas publicações da Tipografia Universal" (*Anais do Seta*, Campinas: Unicamp, v. 6, pp. 16-28, 2012).

120. Francisco de Assis Barbosa, *A vida de Lima Barreto*, op. cit., pp. 29-30 e nota 2.

2. VIRA MUNDO, O MUNDO VIROU: A DOENÇA DE AMÁLIA, A ASCENSÃO E A QUEDA DE JOÃO HENRIQUES [PP. 50-77]

1. Este capítulo deve muito aos dados da pesquisa que Paulo Maciel levantou sob minha orientação. Pedro Galdino também encontrou informações fundamentais na Hemeroteca da Biblioteca Nacional, assim como Paloma Malaguti me ajudou a complementar a pesquisa. Por fim, agradeço a Heloisa Starling, que sempre me ensina sobre o significado e a importância da "República".

2. Lima Barreto, *Diário íntimo*. In: Eliane Vasconcellos (Org.), *Lima Barreto: Prosa seleta*, op. cit.

3. No jornal *A Nação* de 14 de julho de 1874, p. 4, um anúncio destaca a localização privilegiada do estabelecimento – rua da Pedreira da Candelária, 82, atual rua Bento Lisboa, junto à antiga praça Duque de Caxias, hoje largo do Machado – bem como listava os nomes dos diretores e profissionais à disposição. Já no *Jornal do Commercio* de 25 de setembro de 1874, p. 7, conhecemos mais detalhes sobre clientela, preços e estrutura da clínica. Chama a atenção o fato de os profissionais da casa serem fluentes em francês, alemão, inglês e espanhol –, da instituição receber doentes de ambos os sexos e de todas as condições sociais. Escravos permaneciam em enfermarias especiais e pagavam menos – de 1$600 a 3$ diários. "Doentes livres" eram tratados em salas comuns ao custo de 3$ a 5$000, mas, se quisessem ficar em quartos individuais, precisariam desembolsar de 5$ a 20$000.

4. Em 2011, o prédio onde se localizava o estabelecimento foi tombado. Uma das justificativas foi o "valor histórico e afetivo da Casa de Saúde São Sebastião para a população carioca, tendo em vista os 132 anos de serviços médico-hospitalares prestados pela referida instituição". Em 2015, o prédio sofreu um incêndio; o segundo, pois Francisco de Assis Barbosa menciona outro, ocorrido em 1905 (Francisco de Assis Barbosa, *A vida de Lima Barreto*, op. cit., p. 27, nota 19).

5. Há certo desacordo sobre essa data. Seguimos os dados de *O Apostolo* de 20 de novembro de 1878, p. 3, com referência a 17 de novembro, e de *A Reforma* de 17 de novembro de 1878, p. 2. Já Francisco de Assis Barbosa (*A vida de Lima Barreto*, op. cit., p. 28, nota 20) indica o "livro 7 de termos de casamento da freguesia de São José, fls. 125" e a data de 7 de dezembro.

6. Louis Dumont, *Homo hierarchicus: O sistema de castas e suas implicações*. São Paulo: Edusp, 1992.

7. Mariza Corrêa, *As ilusões da liberdade: A Escola Nina Rodrigues e a antropologia no Brasil*. 3. ed. (Rio de Janeiro: Fiocruz, 2013).

8. Conferir, entre outros, George W. Stocking Jr., *Victorian Anthropology* (Nova York: The Fare, 1987); Stephen Jay Gould, *The Mismeasure of Man* (Nova York: Norton, 1981); George W. Stocking Jr., *Race, Culture, and Evolution: Essays in The History of Anthropology* (Chicago: University of Chicago Press, 1968); e Kwame Anthony Appiah (Org.), *Color Conscious: The Political Morality of Race* (Princeton, NJ: Princeton University Press, 1996); Magali Engel, *Os delírios da razão: Médicos, loucos e hospícios (Rio de Janeiro, 1830-1930)* (Rio de Janeiro: Fiocruz, 2001). Também tratei do tema no livro *O espetáculo das raças*, op. cit.

9. Leo Spitzer, op. cit.

10. Maria Helena Machado e Sasha Huber (Orgs.), *(T)Races of Louis Agassiz: Photography, Body and Science, Yesterday and Today/Rastros e raças de Louis Agassiz: Fotografia, raça e ciência, ontem e hoje*. São Paulo: Capacete, 2010.

11. Nina Rodrigues, paradoxalmente, com seu livro *Africanos no Brasil* (escrito entre 1890 e 1905 mas publicado postumamente em 1932) realizou uma importante contribuição no sentido de classificar as diferentes nações africanas presentes no Brasil. Para uma abalizada visão desse autor, ver Filipe Pinto Monteiro. *O "racialista vacilante": Nina Rodrigues sob a luz de seus estudos sobre multidões, religiosidade e antropologia (1880-1906)* (Rio de Janeiro: PPGHCS-Fiocruz, 2016. Tese [Doutorado em História das Ciências e da Saúde]). Nesse trabalho retoma-se a bibliografia utilizada pelo médico; dentre outros Gabriel Tarde e Edward Tylor.

12. Ver Nina Rodrigues, "Os mestiços brasileiros" (*O Brazil-Medico — Revista Semanal de Medicina e Cirurgia*, Rio de Janeiro, ano IV, n. 7-10, 22 fev./15 mar. 1890); *As raças humanas e a responsabilidade penal no Brasil*. 3. ed. (Rio de Janeiro: Companhia Editora Nacional, 1938); "Métissage, dégénérescence et crime" (*Archives d'Anthropologie Criminelle*, Lyon, v. 14, n. 83, 1889). Interessante pensar como o médico defendia um conceito moderno de relatividade penal. O problema era a solução por ele encontrada para esse fenômeno.

13. Experiências de reescravização ocorreram em outras partes da América Latina. Ver Matheus Gato de Jesus, *Negro, porém republicano: Investigações sobre a trajetória intelectual de Raul Astolfo Marques (1876-1918)* (São Paulo: FFLCH-USP, 2010. Dissertação [Mestrado em Sociologia]).

14. Sobre as falácias da condenação ao anacronismo, ver Walter Benjamin, "Sobre o conceito de história", In: *Magia e técnica, arte e política: Ensaios sobre a literatura e história da cultura* (São Paulo: Brasiliense, 1994). Georges Didi-Huberman, em *Ante el tiempo: História del arte y anacronismo de las imágenes* (Buenos Aires: Adriana Hidalgo, 2011), retoma o tema de uma perspectiva contemporânea.

15. Ver análise de José Murilo de Carvalho (Org.), *História do Brasil nação: 1808-2010*, op. cit., sobre a força desse ato que pretendia garantir a perpetuação do Império, por meio da figura da princesa Isabel.

16. Ver, entre outros, Joseli Maria Nunes Mendonça, *Entre a mão e os anéis: A Lei dos Sexagenários e os caminhos da abolição no Brasil* (Campinas: Ed. da Unicamp; Cecult, 1999).

17. *Revista da Semana*, Rio de Janeiro, p. 37, 25 dez. 1915.

18. Ver artigo de Victor Andrade de Melo, "Enfrentando os desafios do mar: A natação no Rio de Janeiro do século XIX (anos 1850-1890)" (*Revista de História*, São Paulo, n. 172, pp. 299-334, 2015).

19. Id., "O mar e o remo no Rio de Janeiro do século XIX". *Estudos Históricos*, Rio de Janeiro, v. 13, n. 23, pp. 41-73, 1999.

20. Ver Rosane Feijão, "As praias cariocas no início do século XX: Sociabilidade e espetáculos do corpo" (*Escritos*, Rio de Janeiro: Fundação Casa de Rui Barbosa, v. 7, n. 7, pp. 229-47, 2014).

21. *Jornal do Commercio*, Rio de Janeiro, 6 jan. 1883. Sobre o tema, ver também Julia O'Donnell, *A invenção de Copacabana: Culturas urbanas e estilos de vida no Rio de Janeiro (1890-1940)* (Rio de Janeiro: Jorge Zahar, 2013). No capítulo 2 a autora trata de como, ao longo da década de 1900, os cariocas incorporaram os bairros atlânticos à sua experiência de vida cotidiana.

22. *A Estação*, Rio de Janeiro, p. 118, 17 jul. 1879, apud Victor Andrade de Melo, "Enfrentando os desafios do mar: A natação no Rio de Janeiro do século XIX (anos 1850-1890)", op. cit.

23. É provável que a casa em que eles moraram tenha sido a de número 7, já que foi desta que partiu o caixão da mãe de Lima em direção ao cemitério, como consta no convite da família para o enterro, publicado na *Gazeta de Noticias* de 24 de dezembro de 1887, p. 5: "João Henriques de Lima

Barreto, seus filhos e d. Clemência da Costa Vieira convidam a todas as pessoas de sua amizade para acompanharem os restos mortais de sua mulher, mãe e amiga d. Amália Augusta Barreto, saindo o féretro da rua de Santo Alfredo n. 7".

24. *O Paiz*, Rio de Janeiro, p. 4, 4 out. 1885.

25. Túlio Hostílio Montenegro, *Tuberculose e literatura: Notas de pesquisa*. Rio de Janeiro: Casa do Livro, 1971.

26. Ver Marina de Souza Maciel, Plínio Duarte Mendes, Andréia Patrícia Gomes e Rodrigo Siqueira-Batista. "A história da tuberculose no Brasil: Os muitos tons (de cinza) da miséria" (*Revista da Sociedade Brasileira de Clínica Médica*, São Paulo, v. 10, n. 3, pp. 226-30, maio/jun. 2012).

27. Cipriano Freytas, "Da hereditariedade nas moléstias infectuosas". *O Brazil-Medico — Revista Semanal de Medicina e Cirurgia*, Rio de Janeiro, ano I, n. 4, p. 49, 7 fev. 1887.

28. Um exemplo famoso é o de Manuel Bandeira, que foi obrigado a passar por mudanças sucessivas. O poeta teve o diagnóstico da doença aos dezoito anos. De São Paulo a família mudou-se para o Rio de Janeiro, optando pelo bairro de Botafogo. No começo de 1905, ele já se encontrava em Jacarepaguá. De lá seguiu para o sul de Minas Gerais. E continua a peregrinação: Campanha, em Minas, onde viveu de 1905 a 1906; Teresópolis, no estado do Rio de Janeiro, de 1906 a 1907. De 1907 a 1908, passou pelas as cidades de Maranguape, Uruquê e Quixeramobim, no Ceará. De volta ao Rio, esteve interno nas cidades serranas de Petrópolis e Teresópolis. No ano de 1913 encontrava-se no sanatório de Clavadel, na Suíça. Ver Ângela Pôrto, "A vida inteira que podia ter sido e que não foi: Trajetória de um poeta tísico" (*História, Ciências, Saúde — Manguinhos*, Rio de Janeiro, v. 6, n. 3, pp. 523-50, 2000).

29. Clemente Ferreira, "Emprego da terpina nas afecções broncopulmonares". *O Brazil-Medico — Revista Semanal de Medicina e Cirurgia*, Rio de Janeiro, ano I, n. 3, pp. 19-20, 29 jan. 1887.

30. O estigma do tuberculoso é tratado por Oracy Nogueira em *Vozes de Campos do Jordão: Experiências sociais psíquicas do tuberculoso pulmonar no estado de São Paulo*. 2. ed. (Rio de Janeiro: Fiocruz, 2009). O antropólogo aborda a tuberculose pulmonar como uma experiência social. Apesar de o estudo ser posterior ao período que tratamos aqui — tendo sido realizada em 1945 — e de se circunscrever à região de Campos de Jordão, o texto mostra como a doença criava um mundo segregado socialmente.

31. Ver Cesare Lombroso, *L'uomo delinquente* (Roma: [s.n.], 1876).

32. *Gazeta de Noticias*, Rio de Janeiro, p. 5, 24 dez. 1887.

33. *Cidade do Rio*, Rio de Janeiro, p. 1, 24 dez. 1887.

34. Francisco de Assis Barbosa, *A vida de Lima Barreto*, op. cit., p. 40.

35. Lima Barreto, *Bagatelas*, op. cit., p. 64.

36. "O único assassinato de Cazuza". Texto conferido a partir de *Revista Souza Cruz* (Rio de Janeiro, ano VII, n. 62, fev.

1922). Publicado ainda em Lima Barreto, *Vida e morte de M. J. Gonzaga de Sá*, 4. ed. (Rio de Janeiro: Mérito, 1949).

37. Lima Barreto, *Recordações do escrivão Isaías Caminha*. São Paulo: Companhia das Letras, 2010, p. 78.

38. Sobre o ativista e suas apresentações públicas, ver Angela Alonso, *Flores, votos e balas: O movimento abolicionista brasileiro (1868-88)*, op. cit.; Raimundo Magalhães Júnior, *A vida turbulenta de José do Patrocínio* (Rio de Janeiro: Sabiá, 1969); Ueliton Farias Alves, *José do Patrocínio: A imorredoura cor do bronze* (Rio de Janeiro: Garamond, 2009); José Murilo de Carvalho, Prefácio, em José do Patrocínio, *Campanha Abolicionista: Coletânea de artigos* (Rio de Janeiro: Fundação Biblioteca Nacional, 1996); Ana Carolina Feracin da Silva, *De "papa-pecúlios" a Tigre da Abolição: A trajetória de José do Patrocínio nas últimas décadas do século XIX* (Campinas: Unicamp, 2006. Tese [Doutorado em História]); Humberto F. Machado, "Encontros e desencontros em José do Patrocínio: A luta contra a indenização aos 'Republicanos de 14 de Maio'", em Gladys Sabina Ribeiro e Tânia Maria T. Bessone da Cruz Ferreira (Orgs.), *Linguagens e práticas da cidadania no século XIX* (São Paulo: Alameda, 2010).

39. *Jornal do Commercio*, Rio de Janeiro, 25 maio 1873, p. 2.

40. Faziam parte do conselho Antônio José Hilário, Sérgio José de Sousa, Cândido José dos Reis, Francisco Domingos Machado, José Ramos de Paiva, Manuel Antônio Leobone, Artur Francisco de Siqueira, Antônio Luís Gomes dos Santos, Antônio João Francisco, Augusto César Ramos, José Adriano Pereira e Benigno José dos Santos. *Diario do Brazil*, Rio de Janeiro, p. 2, 22 set. 1881.

41. *Gazeta de Noticias*, Rio de Janeiro, p. 1, 21 set. 1881.

42. Ibid., p. 1, 1 mar. 1886.

43. Ainda em 1887 ele participa também do Centro Beneficente e Auxiliar das Classes Laboriosas. *Gazeta de Noticias*, Rio de Janeiro, p. 2, 5 abr. 1887.

44. *Diario de Noticias*, Rio de Janeiro, p. 1, 23 set. 1888; *Diario de Noticias*, Rio de Janeiro, p. 4, 16 jul. 1893.

45. Carlos de Laet nasceu em 3 de outubro de 1847 no Rio de Janeiro, cidade onde faleceu em 7 de dezembro de 1927. Bacharel em letras, foi o fundador da cadeira número 32 da ABL. Como jornalista, estreou no *Diario do Rio de Janeiro* em 1876 e em 1878 já atuava no *Jornal do Commercio*. Trabalhou ainda na *Tribuna Liberal*, no *Jornal do Brasil*, em *O Commercio de S. Paulo* e *O Jornal*. Como veremos, em 1890 tentou articular, juntamente com outros intelectuais monarquistas, um contragolpe que assegurasse o retorno da família imperial exilada. Retirado de <www.academia. org.br/academicos/carlos-de-laet/biografia> e de Rosana Llopis Alves, *Carlos de Laet: Entre o magistério, a política e a fé* (Niterói: UFF, 2013. Tese [Doutorado em Educação]). Segundo Alfredo Bosi (*O pré-modernismo*. São Paulo, Cultrix, 1968, p. 144), tratava-se de um "conde papalino e monarquista radical, que viveu denunciando as mazelas da Primeira República...".

46. Valentim Magalhães nasceu em 16 de janeiro de 1859 no Rio de Janeiro, onde faleceu em 17 de maio de 1903. Estudou direito em São Paulo e jornalismo em sua cidade natal. Ocupou a cadeira número 7 da ABL. Dirigiu *A Semana*, que, além de tratar de literatura, se dedicava à propaganda da Abolição e da República. Retirado de <www.academia.org.br/academicos/valentim-magalhaes/biografia>. Ver também Francisco de Assis Barbosa, *A vida de Lima Barreto*, op. cit., p. 33.

47. Lima Barreto, *Feiras e mafuás*. São Paulo: Brasiliense, 1956, p. 285.

48. *Cidade do Rio*, Rio de Janeiro, p. 1, 20 set. 1889.

49. É impossível saber ao certo o nome da escola. Francisco de Assis Barbosa menciona simplesmente "escola pública de d. Teresa Pimentel do Amaral".

50. Em 1871, constam no Relatório do Império as informações de que o colégio se localizava na rua Evaristo da Veiga, 43, era dirigido por Agostinha Ana Perret e contava com as professoras Cecília Júlia Perret e Elisa Carolina Perret de Castro. Mas, como se vê nos anúncios de 6 de janeiro de 1886 do *Jornal do Commercio*, p. 3, e de 5 de janeiro de 1890 da *Gazeta de Noticias*, p. 5, o colégio para meninas muda de endereço, passando para a rua do Rezende, 127.

51. Lima Barreto, "Tenho esperança que...". *A.B.C.*, 8 jun. 1918. In: *Bagatelas*, op. cit., p. 62.

52. Id., "Da minha cela". *A.B.C.*, 30 nov. 1918. In: *Bagatelas*, op. cit., pp. 97-8.

53. Rio de Janeiro, 1906. Foi publicado originalmente na primeira edição de *Triste fim de Policarpo Quaresma* (Rio de Janeiro: Typ. Revista dos Tribunaes, 1915, pp. 257-70). Assis Barbosa encontrou o mesmo paralelo que aqui arriscamos.

54. Lima Barreto, "O filho da Gabriela". In: Lilia Moritz Schwarcz (Org.), *Contos completos de Lima Barreto*, op. cit., pp. 98-108.

55. Lima Barreto, "O moleque". *A.B.C.*, 15 jun. 1918. In: *Histórias e sonhos*, op. cit., pp. 13-26.

56. Lima Barreto, "O moleque". In: Lilia Moritz Schwarcz (Org.), *Contos completos de Lima Barreto*, op. cit., pp. 141-51.

57. Id., *Diário íntimo*. In: Eliane Vasconcellos (Org.), *Lima Barreto: Prosa seleta*, op. cit., p. 1282.

58. Id., "Tenho esperança que...". In: *Bagatelas*, op. cit., p. 64.

59. Ibid., p. 62.

60. Conforme o *Anuário do Jornal do Brasil* de 1907.

61. *Correio da Manhã*, Rio de Janeiro, p. 3, 21 fev. 1907.

62. Porto; Braga: Livraria Internacional de Ernesto Chardron; Eugenio Chardron, 1873.

63. Francisco de Assis Barbosa, *A vida de Lima Barreto*, op. cit., p. 46.

64. Lima Barreto, "Maio". *Gazeta da Tarde*, Rio de Janeiro, 4 maio 1911, p. 3. In: *Feiras e mafuás*, op. cit., p. 256.

65. Id., "O traidor". [S.l.], [19--]. Orig. Ms. 10 f. FBN/MSS I-06,35,0964. Fundo/Coleção Lima Barreto.

66. Na matéria "*Gazeta da Tarde* ao povo brasileiro pela li-bertação dos escravos", o jornal destacava: "A lei foi composta em tipo completamente novo" (*Gazeta da Tarde*, Rio de Janeiro, p. 4, 15 maio 1888). Como se vê, tudo era novo, inclusive os tipos elaborados para a ocasião.

67. *Gazeta de Noticias*, Rio de Janeiro, p. 2, 14 maio 1888. As citações que se seguem foram todas retiradas desse jornal e artigo.

68. Para o quilombo do Leblon e a figura de seu idealizador, ver Eduardo Silva, *As camélias do Leblon e a abolição da escravatura: Uma investigação de história cultural* (São Paulo: Companhia das Letras, 2003). Ver também Lilia M. Schwarcz e Heloisa M. Starling, *Brasil: uma biografia* (São Paulo: Companhia das Letras, 2015), pp. 308-9.

69. Sobre a obra de Luís Gama, ver Ligia Fonseca Ferreira, *Com a palavra, Luiz Gama: Poemas, artigos, cartas, máximas* (São Paulo: Imprensa Oficial, 2011).

70. Para um estudo a respeito da mística construída em torno de Antônio Bento e do quilombo do Jabaquara, ver Alexandre Otsuka, op. cit.

71. Províncias como Ceará e Amazonas aboliram a escravidão em 1884, bem antes da data oficial nacional. Para os dois episódios, ver Osvaldo Orico, *O Tigre da Abolição* (Rio de Janeiro: Gráfica Olímpia, 1953), pp. 84 e ss.; Eduardo Silva, *As camélias do Leblon e a abolição da escravatura: Uma investigação de história cultural*, op. cit.; e Henrique Coelho Neto, *A conquista* (São Paulo: Civilização Brasileira, 1985 [1899]).

72. Lima Barreto, *Diário íntimo*. In: Eliane Vasconcellos (Org.), *Lima Barreto: Prosa seleta*, op. cit., p. 1257.

73. Sobre José do Patrocínio, ver também José Murilo de Carvalho, "Com o coração nos lábios", em *José do Patrocínio, Campanha abolicionista: Coletânea de artigos* (Rio de Janeiro: Fundação Biblioteca Nacional; Departamento Nacional do Livro, 1996).

74. *Gazeta da Tarde*, Rio de Janeiro, p. 4, 15 maio 1888.

75. *Gazeta de Noticias*, Rio de Janeiro, p. 1, 18 maio 1888.

76. *O Paiz*, Rio de Janeiro, p. 1, 18 maio 1888.

77. *Gazeta da Tarde*, Rio de Janeiro, p. 2, 17 maio 1888.

78. Lima Barreto, "Maio". *Gazeta da Tarde*, Rio de Janeiro, 4 maio 1911, p. 3. In: Beatriz Resende e Rachel Valença (Orgs.), *Lima Barreto: Toda crônica – Volume 1, 1890-1919*, op. cit., pp. 77-9.

79. Ibid.

80. O poema citado parece ser "As rosas da rainha", que foi publicado anos antes, em 16 de fevereiro de 1887, no *Diario Illustrado* de Lisboa, em homenagem à rainha de Portugal, d. Maria Pia. A primeira frase é idêntica, mas não há como ter certeza de que é a ele que Lima se remete.

81. Lima Barreto, "Maio". *Gazeta da Tarde*, Rio de Janeiro, 4 maio 1911, p. 3. In: Beatriz Resende e Rachel Valença (Orgs.), *Lima Barreto: Toda crônica – Volume 1, 1890-1919*, op. cit., pp. 78-9.

82. Ibid., p. 79.

83. Sobre o tema, ver Angela Alonso, *Flores, votos e balas: O movimento abolicionista brasileiro* (*1868-88*), op. cit.

84. Segundo informações pesquisadas pela Brasiliana Fotográfica, lá estariam a princesa Isabel; Luís Filipe Maria Fernando Gastão de Orléans, o conde d'Eu; o marechal Hermes Ernesto da Fonseca; Machado de Assis; José de Miranda da Silva Reis e barão Miranda Reis — que fora ajudante de campo e camarista do imperador Pedro II, durante a Guerra do Paraguai, além de ter sido ministro do Supremo Tribunal Militar; José do Patrocínio que na foto segura a mão de seu filho primogênito; José Ferreira de Sousa Araújo — diretor da *Gazeta de Noticias* e vice-diretor da Comissão Central da Imprensa Fluminense, formada para organizar os festejos em torno da Abolição; Tomás José Coelho de Almeida — ministro da Guerra; Rodrigo Silva — ministro dos Negócios da Agricultura e interino dos Negócios Estrangeiros; José Fernandes da Costa Pereira Júnior — ministro do Império; João Alfredo Correia de Oliveira — presidente do Conselho de Ministros; Maria José Velho de Avelar, baronesa de Muritiba — dama do Paço e amiga íntima da princesa Isabel; Maria Amanda de Paranaguá Dória, baronesa de Loreto — dama do Paço e amiga íntima da princesa Isabel; Fernando Mendes de Almeida — redator-chefe do *Diario de Noticias*; Ângelo Agostini — cartunista que fez intensa campanha pela abolição da escravatura, além de colaborar e fundar diversas publicações; dentre eles a famosa *Revista Illustrada*, que circulou entre 1876 e 1898. Além deles, estavam por lá outros jornalistas e políticos, todos querendo sair "bem na foto".

85. Susan Sontag, *Sobre fotografia*. São Paulo: Companhia das Letras, 2004.

86. Agradeço a Sergio Burg pelo diálogo acerca dessa foto. Claro está que ele não tem qualquer responsabilidade pela análise. Para duas belas observações sobre a capacidade de "esquecer" que tem a fotografia, ver Eduardo Cadava, "Fotografias de la mano" (2007); e Georges Didi-Huberman, *L'Image survivante* (2002).

87. Edward Said, *Beginnings: Intention and Method*. Nova York: Basic, 1975.

88. Não há aqui a intenção de dar conta de todas as narrativas sobre o dia do Treze de Maio. Sabe-se que entre 13 e 21 de maio houve diversos festejos públicos pela cidade, desde manifestações espontâneas até aquelas organizadas pela imprensa. Ocorreu também um processo de disputa em torno dos significados da festa. Sobre o tema, entre outros, ver o ótimo balanço realizado em *As festas da Abolição: o 13 de Maio e seus significados no Rio de Janeiro (1888-1908)*, de Renata Figueiredo Moraes (Rio de Janeiro: PUC-Rio, 2012. Tese [Doutorado em História Social da Cultura]).

89. Lima Barreto, "Maio". *Gazeta da Tarde*, Rio de Janeiro, 4 maio 1911, p. 3. In: Beatriz Resende e Rachel Valença (Orgs.), *Lima Barreto: Toda crônica — Volume 1, 1890-1919*, op. cit., pp. 77-9.

90. Sobre o tema, ver Paulo Berger, *A tipografia no Rio de Janeiro: Impressores bibliográficos, 1808-1900* (Rio de Janeiro: Cia. In-

dustrial de Papel Pirahy, 1984); Cláudia Marino Semeraro e Christiane Ayrosa, *História da tipografia no Brasil* (São Paulo: Museu de Arte de São Paulo, 1979); e Marianne L. Wiesebron, "Livros no Brasil: História de tipógrafos e editores", em *O livro ilustrado brasileiro* (Haia: Rijksmuseum Meermanno-Westreenianum; Museum van het Boek, 1991), pp. 9-35.

91. *Gazeta de Noticias*, Rio de Janeiro, p. 1, 30 ago. 1889; Manoel Duarte Moreira de Azevedo, "Origens e desenvolvimento da imprensa no Rio de Janeiro". *Revista do Instituto Historico Geographico e Etnographico do Brasil*, Rio de Janeiro, tomo 28, p. 69, 1865.

92. Ver Flávio dos Santos Gomes, *Negros e política (1888-1937)*. Rio de Janeiro: Jorge Zahar, 2005; Flávio dos Santos Gomes, "No meio das águas turvas — Racismo e cidadania no alvorecer da República: A Guarda Negra na corte (1888-89)", em Flávio dos Santos Gomes e Petrônio Domingues (Orgs.), *Experiências da emancipação: Biografias, instituições e movimentos sociais no Pós-Abolição (1890-1980)* (São Paulo: Selo Negro, 2011, pp. 15-43); Petrônio Domingues, "Cidadania levada a sério: Os republicanos de cor no Brasil", em Flávio dos Santos Gomes e Petrônio Domingues (Orgs.), *Políticas da raça: Experiências e legados da Abolição e da pós-emancipação no Brasil* (São Paulo: Selo Negro, 2014, pp. 121-54); Humberto Fernandes Machado, "Abolição e cidadania: A Guarda Negra da Redentora" (*Passagens — Revista Internacional de História Política e Cultura Jurídica*, Niterói, v. 5, n. 3, pp. 505-24, 2013); e Michael Trochim, "The Brazilian Black Guard: Racial Conflict in Post-Abolition Brazil" (*The Americas*, Nova York, n. 3, pp. 285-300, 1988).

93. Heitor Lyra, *História de d. Pedro II*. São Paulo: Editora Nacional, 1938-40. 3 v. São Paulo: Edusp; Belo Horizonte: Itatiaia, 1977, p. 387.

94. Renato Lemos, "A alternativa republicana e o fim da monarquia". In: Keila Grinberg e Ricardo Salles (Orgs.), *O Brasil Imperial*. v. 3: 1870-1889. Rio de Janeiro: Civilização Brasileira, 2009; Celso Castro, *A Proclamação da República*. Rio de Janeiro: Jorge Zahar, 2000.

95. José Murilo de Carvalho argumenta que a transformação dos liberais em republicanos, a partir do Manifesto de 1870, provocou um retrocesso conservador dentro do partido e suspendeu o amplo programa de reformas sociais e políticas proposto pelos liberais durante os anos 1860. Para um ótimo resumo do programa liberal, ver artigo "Radicalismo e republicanismo", em José Murilo de Carvalho e Lúcia Maria Bastos Pereira das Neves (Orgs.), *Repensando o Brasil do Oitocentos: Cidadania, política e liberdade* (Rio de Janeiro: Civilização Brasileira, 2009). Ver também Amanda Muzzi Gomes, *Fragilidade monarquista: Das dissidências políticas de fins do Império às reações na primeira década republicana (1860-1900)* (Rio de Janeiro: PUC-RJ, 2013. Tese [Doutorado em História Social da Cultura]).

96. As informações sobre o destino da *Tribuna Liberal* nos primeiros meses da República foram retiradas do texto de

Bruna Vieira Guimarães e Lincoln Franco "A censura na propaganda ideológica nos impressos no início da República", em Adolpho Queiroz e Lucilene Gonzales (Orgs.), *Sotaques regionais da propaganda* (São Paulo: Arte & Ciência, 2006, pp. 179-96).

97. Nelson Werneck Sodré, *História da imprensa no Brasil*. 2. ed. Rio de Janeiro: Graal, 1977.

98. Bruna Vieira Guimarães e Lincoln Franco, op. cit.

99. Consultado em <www2.camara.leg.br/legin/fed/decret/1824-1899/decreto-295-29-marco-1890-541739-publicacaooriginal-47734-pe.html>.

100. *Jornal do Commercio*, Rio de Janeiro, p. 2, 26 dez. 1889.

101. Frederico de S. (Eduardo Prado), *Fastos da ditadura militar no Brasil*. São Paulo: Martins Fontes, 2003, p. 29. Ver também Francisco de Assis Barbosa, *A vida de Lima Barreto*, op. cit., p. 36.

102. Francisco de Assis Barbosa, *A vida de Lima Barreto*, op. cit., p. 39.

103. Para evitar enganos destacamos que existiram três "Noronha Santos" vivendo basicamente no mesmo período. Antônio Noronha Santos e Francisco Agenor de Noronha Santos, escreveram artigos para jornais e revistas e se envolveram com arquivos e bibliotecas. Antônio Noronha Santos é o amigo de Lima que trabalhou como encarregado geral do Catálogo do Arquivo e na Biblioteca Pública do Estado. Francisco Agenor de Noronha Santos (nascido no Rio de Janeiro em 1º de outubro de 1876 e falecido, na mesma cidade, em 15 de março de 1954) trabalhou, a partir de 1910, no Arquivo Municipal. Foi a partir de março de 1937 que passou a trabalhar como funcionário da Diretoria do Patrimônio Histórico e Artístico Nacional, onde exerceu extensa atividade como historiador. Já Antônio Alves de Noronha, formado pela Escola Politécnica do Rio de Janeiro, formou-se e atuou como engenheiro. O amigo de Lima, e que aparecerá mais amiúde neste livro, é Antônio Noronha Santos.

104. Lima Barreto, *Correspondência ativa e passiva — 1º tomo*. São Paulo: Brasiliense, 1956, pp. 89-90.

105. *Diario de Noticias*, 30 nov. 1890, p. 1, e 2 dez. 1890, p. 1. Segundo o *Diario* de 26 de dezembro de 1890, o assalto ocorreu em 29 de novembro. O nome que aparece no periódico não é João Ferreira Romariz, e sim Jerônimo Romariz. Ele não foi morto no local, mas ficou ferido, assim como Guilherme Cabral. A notícia saiu também na *Gazeta da Tarde* de 2 de dezembro de 1890, p. 1, que assim se refere ao episódio: "Estão felizmente melhores, apesar de terem sido os mais maltratados naquela triste noite". Já o *Diario de Noticias* de 20 de dezembro afirma que o funcionário se achava em estado muito grave, e noticia sua morte no dia 26.

106. *Careta*, Rio de Janeiro, ano XV, n. 708, p. 42, 14 jan. 1922. Publicado também em Lima Barreto, *Vida e morte de M. J. Gonzaga de Sá*, 4. ed. (Rio de Janeiro: Mérito, 1949).

107. Lima Barreto, "A sombra do Romariz". In: Lilia Moritz Schwarcz (Org.), *Contos completos de Lima Barreto*, op. cit., pp. 499-501.

3. VIVENDO NAS COLÔNIAS DE ALIENADOS DA ILHA DO GOVERNADOR [PP. 78-107]

1. Vera Maria Portocarrero, *Arquivos da loucura: Juliano Moreira e a descontinuidade histórica da psiquiatria*. Rio de Janeiro: Fiocruz, 2002. (Loucura & Civilização, 4).

2. "Hospício de Pedro II". *Dicionário histórico-biográfico das ciências da saúde no Brasil* (*1832-1930*). Fiocruz/Casa de Oswaldo Cruz.

3. Magali Gouveia Engel, op. cit., p. 11.

4. *O Paiz*, Rio de Janeiro, p. 1, 27 maio 1888.

5. *Gazeta de Noticias*, Rio de Janeiro, p. 1, 27 jan. 1889.

6. *Cidade do Rio*, Rio de Janeiro, p. 1, 8 ago. 1888.

7. "Hospício de Pedro II". *Dicionário histórico-biográfico das ciências da saúde no Brasil* (*1832-1930*), op. cit.

8. Os governadores de estado eram chamados de "presidentes" nessa época.

9. Não se pode, é claro, confundir a República com o golpe de 1889. Mesmo nos últimos anos do Império já havia toda uma nova cultura política republicana em formação. Para uma visão do tema, sugiro a leitura de Maria Tereza Chaves de Mello, *A República consentida*: *Cultura democrática e científica do final do Império* (Rio de Janeiro: Ed. FGV; Ed. UFRJ, 2007).

10. Fernando Lourenço Fernandes questiona a interpretação historiográfica mais canônica de que a primeira feitoria portuguesa no Brasil teria se estabelecido na região fluminense de Cabo Frio. Tomando um conjunto de evidências arqueológicas e historiográficas, Fernandes defende que a primeira feitoria teria se estabelecido no interior da baía de Guanabara, mais precisamente na ilha do Gato, bem antes da ocupação francesa. Ver Fernando Lourenço Fernandes, "A feitoria portuguesa do Rio de Janeiro" (*História*, São Paulo, v. 27, n. 1, pp. 155-94, 2008).

11. As informações sobre o período colonial foram retiradas de Fernando Lourenço Fernandes, op. cit.

12. Interessante lembrar que o neto de Salvador Correia de Sá, também governador, anos depois, teria que conter uma rebelião no Rio de Janeiro, a Revolta da Cachaça, por conta das taxas que criou sobre o produto. Ver, entre outros, Lilia M. Schwarcz e Heloisa M. Starling, *Brasil: Uma biografia*, op. cit., cap. 5.

13. Segundo Luiz Felipe de Alencastro, o governador tinha seis galeões fundeados num só estaleiro (cf. *O trato dos viventes: Formação do Brasil no Atlântico Sul*. São Paulo: Companhia das Letras, 2000). De acordo com Charles Boxer, o *Padre Eterno* tinha 2 mil toneladas, 53 metros de comprimento e 144 peças de artilharia. Era mesmo um prodígio de construção naval. Ver Charles Boxer, *Salvador de Sá and the Struggle for Brazil and Angola* (*1602-1608*) (Londres: University of London; The Athlone Press, 1952).

14. Reza a lenda que o nome "praia da Bica" advém de uma fonte natural de água, na região, em que o príncipe d. Pedro gostava de se banhar.

15. A designação de um corpo de funcionários da Coutada comprova a importância da iniciativa, que durou até 1821, quando d. Pedro põe fim à instituição. Ver <www.camara.gov.br/Internet/InfDoc/conteudo/Colecoes/Legislacao/Legimp-B3_25.pdf>.

16. Dados apresentados por Cybelle de Ipanema em *História da ilha do Governador* (Rio de Janeiro: Marcelo de Ipanema, 1991), a partir do *Almanak Laemmert* de 1891.

17. Ibid.

18. Lima Barreto, *Coisas do Reino do Jambon*. In: Eliane Vasconcellos (Org.), *Lima Barreto: Prosa seleta*, op. cit., p. 1031.

19. Id., "O Estrela". *Almanak d'A Noite*, 23 maio 1916, pp. 319-20. In: Beatriz Resende e Rachel Valença (Orgs.), *Lima Barreto: Toda crônica — Volume 1, 1890-1919*, op. cit., pp. 259-62.

20. Cybelle de Ipanema, *História da ilha do Governador*, op. cit.

21. Assis Barbosa afirma que, entre as benesses de João Henriques, estava a de ter transformado o antigo asilo de mendigos, "que vivia ao abandono", num grande sítio que contava com mais de mil árvores no final de 1897. Vale acrescentar ainda que mesmo após a criação da Assistência Médico-Legal de Alienados, em 1890, continuou a existir um Asilo de Mendicidade no Rio de Janeiro, que atendia um público de indigentes muitas vezes repassado à Assistência de Alienados. Os relatórios a que tivemos acesso mostram o diretor da Assistência pedindo a transferência de pacientes do Asilo de Mendicidade para as Colônias de Alienados a fim de proporcionar-lhes tratamento adequado. Ver Brasil, Ministério da Justiça e Negócios Interiores, *Relatório dos anos de 1892 e 1893 apresentado ao presidente da República dos Estados Unidos do Brazil*. Rio de Janeiro: Imprensa Nacional, 1893.

22. Brasil, Ministério do Interior, *Relatório apresentado ao presidente da República dos Estados Unidos do Brazil*. Rio de Janeiro: Imprensa Nacional, 1891; Brasil, Ministério da Justiça e Negócios Interiores, *Relatório dos anos de 1895 e 1896 apresentado ao presidente da República dos Estados Unidos do Brazil*. Rio de Janeiro: Imprensa Nacional, 1896.

23. Ver, entre outros, Magali Gouveia Engel, *Os delírios da razão: Médicos, loucos e hospícios (Rio de Janeiro, 1830-1930)*, op. cit.; Cristiana Facchinetti, Andrea Ribeiro, Daiana Crús Chagas e Cristiane Sá Reis, "No labirinto das fontes do Hospício Nacional de Alienados". *História, Ciências, Saúde — Manguinhos*, Rio de Janeiro, v. 17, supl. 3, pp. 733-68, 2010; Cybelle de Ipanema, *História da ilha do Governador*, op. cit.; Ana Teresa A. Venancio, "Da colônia agrícola ao hospital-colônia: Configurações para a assistência psiquiátrica no Brasil na primeira metade do século xx". *História,*

Ciências, Saúde — Manguinhos, Rio de Janeiro, v. 18, supl. 1, pp. 35-52, 2011.

24. Para um retrato comovente desses tipos de rua, ver Magali Gouveia Engel, *Os delírios da razão: Médicos, loucos e hospícios (Rio de Janeiro, 1830-1930)*, op. cit., cap. 1.

25. Disposto no título 103 do livro IV das *Ordenações do Reino* (Rio de Janeiro: Typ. do Instituto Philomatico, 1870).

26. Magali Gouveia Engel, *Os delírios da razão: Médicos, loucos e hospícios (Rio de Janeiro, 1830-1930)*, op. cit., cap. 2. Sobre o processo mais amplo, ver Roberto Machado, Ângela Loureiro, Rogério Luz e Kátia Muricy, *Danação da norma: A medicina social e constituição da psiquiatria no Brasil* (Rio de Janeiro: Graal, 1978).

27. <legis.senado.gov.br/legislacao/ListaTextoIntegral.action?id=75211&norma=101996>.

28. Brasil, Senado Federal, Decreto nº 508, de 21 de junho de 1890. Aprova o regulamento para a Assistência Médico-Legal de Alienados. Rio de Janeiro: Imprensa Nacional, 1890. Ver <legis.senado.gov.br/legislacao/ListaTextoIntegral.action?id=75211&norma=101996>.

29. "É também de urgente necessidade levar a efeito a construção de um edifício apropriado, na ilha do Governador, com destino a asilo dos alienados que para ali são transferidos do hospício." Brasil, Ministério do Interior, *Relatório apresentado ao presidente da República dos Estados Unidos do Brazil*, op. cit., p. 28.

30. Teremos oportunidade de discorrer sobre a importância de Juliano Moreira para as instituições psiquiátricas no Brasil no capítulo 10 e no capítulo 14 quando trataremos das duas internações de Lima Barreto.

31. Brasil, Ministério do Interior, *Relatório apresentado ao presidente da República dos Estados Unidos do Brazil*, op. cit., p. 28.

32. Ana Teresa A. Venancio, op. cit.

33. *Relatório do Ministério da Justiça e Negócios Interiores de 1903 e 1904*. Segundo o *Almanak Laemmert* de 1894: "Os asilos em 23 de setembro de 1893, tinham 180 alienados, sendo 105 em S. Bento e 75 no Conde de Mesquita. Nos dois últimos anos restabeleceram-se 26 alienados, e a renda das colônias atingiu a 16:578$090".

34. Brasil, Senado Federal, Decreto nº 508, de 21 de junho de 1890. Aprova o regulamento para a Assistência Médico-Legal de Alienados. Rio de Janeiro: Imprensa Nacional, 1890. Consultado em <legis.senado.gov.br/legislacao/ListaTextoIntegral.action?id=75211&norma=101996>.

35. Segundo relato do jornal *O Paiz* de 4 de novembro de 1895, p. 2, as colônias venderam no mercado da capital, só em 1894, abóboras, aipins, batatas-doces, berinjelas, batatas-inglesas, cana-crioula, couves, ervilhas, jilós, melancias, pepinos e legumes diversos, que alcançaram um total de 4:483$100.

36. *Almanak Administrativo, Mercantil e Industrial do Rio de Janeiro*, Rio de Janeiro: Companhia Typographica do Brazil,

48º ano, p. 410, 1891. Lê-se em *O Brazil* de 26 de junho de 1890, p. 2: "Foi criada uma agência de correio na ilha do Governador, no lugar denominado Ponta do Galeão, e nomeado agente João Henriques de Lima Barreto".

37. No *Diario do Commercio* de 9 de fevereiro de 1892, p. 1: "Foi exonerado, a pedido, do lugar de agente de correio da Ponta do Galeão, João Henriques de Lima Barreto e nomeado para o mesmo lugar Antônio Gonçalves da Silveira".

38. *Almanak Administrativo, Mercantil e Industrial do Rio de Janeiro*, 1891, op. cit., p. 412.

39. Como teremos oportunidade de verificar no capítulo 12, trata-se de um conjunto de "recortes" selecionados por Lima e cuidadosamente guardados na sua biblioteca, a Limana.

40. *Almanak Administrativo, Mercantil e Industrial do Rio de Janeiro*, 1891, op. cit., p. 1307.

41. *O Brazil-Medico – Revista Semanal de Medicina e Cirurgia*, Rio de Janeiro, ano II, n. 5, p. 130-1, maio 1888.

42. A esse respeito, ver Paulo Duarte de Carvalho Amarante, *Psiquiatria social e colônias de alienados no Brasil (1830-1920)* (Rio de Janeiro: IMS-Uerj, 1982. Dissertação [Mestrado em Medicina Social]); e Geofilho Ferreira Moraes, "Asilos, alienados e alienistas". Psicólogo Geofilho Ferreira Moraes, 2011.

43. Ver, nesse sentido, Vera Maria Portocarrero, op. cit., p. 75.

44. *O Brazil-Medico – Revista Semanal de Medicina e Cirurgia*, Rio de Janeiro, ano II, n. 5, pp. 130-1, maio 1888.

45. Ibid.

46. Ver ainda Roberta Cerqueira, *Lima Barreto e os caminhos da loucura: Alienação, alcoolismo e raça na virada do século XX* (Rio de Janeiro: PUC-Rio, 2002. Dissertação [Mestrado em História]).

47. Francisco de Assis Barbosa, *A vida de Lima Barreto*, op. cit., p. 13. Ver, também, o capítulo 2 deste livro.

48. *Diario de Noticias*, Rio de Janeiro, p. 1, 8 mar. 1890.

49. *Gazeta de Noticias*, Rio de Janeiro, p. 3, 25 jul. 1891.

50. *Almanak Administrativo, Mercantil e Industrial do Rio de Janeiro*, 1891, op. cit., tomo *Indicador ou lista alfabética dos habitantes do Rio de Janeiro e Niterói*, p. 223.

51. Ibid., p. 1307.

52. Ibid.

53. *O Suburbano*, Rio de Janeiro, ano 1, n. 7, pp. 2-3, 1 jun. 1900.

54. Ibid., ano 1, n. 9, p. 4, 1 jul. 1900.

55. No romance, não há episódios propriamente ambientados na ilha, mas ela é mencionada em três ocasiões: a primeira no capítulo 2 da parte III: "À esquerda, era o saco da Raposa, o Retiro Saudoso, a Sapucaia horrenda, a ilha do Governador, os Órgãos azuis, altos de tocar no céu; em frente, a ilha dos Ferreiros, com os seus depósitos de carvão". As outras menções ocorrem no capítulo 3, da mesma parte III: "A ilha do Governador tinha sido ocupada e Magé tomado; os revoltosos, porém, tinham a vasta baía e a barra apertada [...]"; "Da ilha do Governador fez-se uma verdadeira mudança de móveis, roupas [...]".

56. *O Suburbano*, Rio de Janeiro, ano 1, n. 15, 1 out. 1900.

57. Ibid., ano 1, n. 16, p. 4, 15 out. 1900.

58. Teria 130 metros de frente por 29 de fundos, com uma grande varanda de 26 metros de comprimento por 3,5 de largura.

59. *O Suburbano*, Rio de Janeiro, p. 4, ano 1, n. 16, 15 out. 1900.

60. Ibid., ano 1, n. 17, p. 4, 1 nov. 1900.

61. "Apontamentos para a história das Colônias de Alienados". Série de três artigos de Nemo, em *O Suburbano* de 15 de outubro, 1º de novembro e 15 de novembro de 1900, respectivamente. In: Francisco de Assis Barbosa, *A vida de Lima Barreto*, op. cit., p. 50, nota 5. Sabemos que Domingos Lopes foi nomeado subdelegado (*Gazeta de Noticias*, 19 de janeiro de 1889). Depois disso seria nomeado "para o lugar de chefe da secretaria da Assistência Médico-Legal de Alienados o dr. Domingos Lopes da Silva Araujo, diretor das colônias da Assistência Médico-Legal de Alienados, e para o lugar que este exercia o dr. Domingos Jacy Monteiro Junior, médico externo do Hospício Nacional" – publicado na *Gazeta de Noticias* de 8 de outubro de 1890. Foi nomeado novamente para diretor das colônias da Assistência Médico-Legal de alienados, pois ao dr. Domingos Jacy Monteiro Junior foi concedida exoneração. Ele teria recusado a nomeação para o cargo de delegado, segundo publicação da *Gazeta de Noticias* de 21 de setembro de 1892.

62. *O Suburbano*, Rio de Janeiro, ano 1, n. 17, p. 4, 1 nov. 1900.

63. Ibid.

64. Lima Barreto, *Marginália*. 2. ed. São Paulo: Brasiliense, 1961, p. 79. Ver também Lima Barreto, *Coisas do Reino do Jambon* (São Paulo: Brasiliense, 1953), p. 110.

65. "Apontamentos para a história das Colônias de Alienados". *O Suburbano*, ano 1, n. 18, p. 3, 15 nov. 1900.

66. O conjunto das imagens disponíveis pode ser visualizado em <www.ccs.saude.gov.br/memoria%20da%20loucura/mostra/colonias.html>.

67. Trataremos mais do caso de Manuel Cabinda no capítulo 15.

68. Lima Barreto, "Manuel de Oliveira". In: Lilia Moritz Schwarcz (Org.), *Contos completos de Lima Barreto*, op. cit., pp. 663-9. O texto saiu originalmente na *Revista Souza Cruz* (Rio de Janeiro, ano VI, n. 53, maio 1921).

69. Ibid., p. 664.

70. O termo correto, na época, era "asilo de mendicidade".

71. Lima Barreto, "Manuel de Oliveira". In: Lilia Moritz Schwarcz (Org.), *Contos completos de Lima Barreto*, op. cit., p. 664.

72. Texto conferido a partir da *Revista Souza Cruz* (Rio de Janeiro, ano VI, n. 53, maio 1921). O ensaio aparece sob o título de "conto" na Biblioteca Nacional, respeitando o critério do autor.

73. Lima Barreto, "Manuel de Oliveira". *Revista Souza Cruz*, maio 1921, pp. 22-3. In: Lilia Moritz Schwarcz (Org.), *Contos completos de Lima Barreto*, op. cit., p. 665.

74. Ibid.

75. Ibid.

76. Ibid.

77. Ibid.

78. Ibid.

79. Ibid., p. 666.

80. Ibid.

81. Lima Barreto, "O Estrela". In: *Feiras e mafuás*, op. cit., p. 62.

82. Na *Gazeta de Noticias* de 17 de janeiro de 1882, p. 2, aparece o seguinte anúncio: "O Liceu Popular Niteroiense recebe gratuitamente, quer para o curso primário, quer para o secundário, todos os que forem destituídos de meios. Admitem-se alunos internos e meio pensionistas".

83. Francisco de Assis Barbosa, *A vida de Lima Barreto*, op. cit., p. 46.

84. Fontes: *A Tribuna*, 3 e 4 de abril de 1980, e Sala Fluminense da Biblioteca Estadual de Niterói.

85. Lima Barreto, *Diário íntimo*. In: Eliane Vasconcellos (Org.), *Lima Barreto: Prosa seleta*, op. cit., p. 1282.

86. Todos os documentos abaixo discriminados se encontram na Biblioteca Nacional, na pasta "Papéis pessoais de João Henriques de Lima Barreto. Papéis vários: certificados escolares, formulário da Academia Brasileira de Letras. Certidão de nomeação para o cargo de amanuense da Secretaria de Guerra, licença para tratar da saúde, receitas médicas etc. 1894-1921". São ao todo dezesseis documentos.

87. Francisco de Assis Barbosa, *A vida de Lima Barreto*, op. cit., p. 47.

88. No jornal *O Fluminense* de 9 de maio de 1886, p. 4, aparece a seguinte propaganda: "Cursos primário e secundário, constando de todos os preparatórios e regido por cinco professores; e suplementar, constando de música e desenho".

89. Ver artigo de Patrícia Regina Cenci Queiroz "Dificuldades, estratégias e contratempos de um escritor na Primeira República: Uma análise da trajetória editorial de Lima Barreto". *Baleia na Rede — Estudos em Arte e Sociedade*, v. 1, n. 4, pp. 109-39, 2007.

90. Ver Lima Barreto, *Feiras e mafuás*, op. cit., p. 64; e Francisco de Assis Barbosa, *A vida de Lima Barreto*, op. cit., pp. 49-50.

91. Lima Barreto, *Feiras e mafuás*, op. cit., p. 62.

92. Ibid., p. 63.

93. No livro *Brasil: uma biografia*, op. cit., exploramos esse ambiente no capítulo 13. Para Floriano e o florianismo, ver Lincoln de Abreu Penna, *O progresso da ordem: O florianismo e a construção da República* (Rio de Janeiro: 7Letras, 1997); Suely Robles Reis de Queiroz, *Os radicais da República: Jacobinismo, ideologia e ação, 1893-1897* (São Paulo: Brasiliense, 1986).

94. Steve Topik, *A presença do Estado na economia política do Brasil de 1889 a 1930*. Rio de Janeiro: Record, 1987.

95. Citado por Francisco de Assis Barbosa, *A vida de Lima Barreto*, op. cit., pp. 56-7. Seção Manuscritos da Biblioteca Nacional (documento não encontrado).

96. Todas as cartas de João Henriques fazem parte do fundo: I-6,33,875. Papéis pessoais de João Henriques de Lima Barreto. "Relatórios, memorandos e cartas ao Serviço de Assistência Médico-Legal da Colônia de Alienados, pertencentes a João Henriques de Lima Barreto". 26 docs. 20/01/1891-28/05/1898. (Biblioteca Nacional)

97. Id.

98. Id.

99. Id.

100. Id.

101. Id.

102. Id.

103. Id.

104. Id.

105. Id.

106. Segundo *O Paiz* de 4 de novembro de 1895, p. 2, "no tempo da revolta esta indústria nascente nas colônias de alienados sofreu grande devastação; o que justifica o seu estado atual reduzido".

107. *Diario de Noticias*, Rio de Janeiro, p. 1, 2-3 jan. 1894.

108. Foi nomeado subdelegado da ilha do Governador — publicação da *Gazeta de Noticias* de 19 de janeiro de 1889.

* Foi nomeado para a guarda nacional da corte como tenente cirurgião — publicação da *Gazeta de Noticias* de 25 de agosto de 1889.

* Foi nomeado "para o lugar de chefe da secretaria da Assistência Médico-Legal de Alienados o dr. Domingos Lopes da Silva Araujo, diretor das colônias da Assistência Médico-Legal de Alienados, e para o lugar que este exercia o dr. Domingos Jacy Monteiro Junior, médico externo do Hospício Nacional" — publicação da *Gazeta de Noticias* de 8 de outubro de 1890.

* Foi nomeado novamente para diretor das colônias da Assistência Médico-Legal de Alienados, pois ao dr. Domingos Jacy Monteiro Junior foi concedida exoneração. Para o lugar do dr. Domingos Lopes, ou seja, para o cargo de chefe da secretaria da dita assistência, entrou Horacio Gusmão Coelho — publicação da *Gazeta de Noticias* de 19 de abril de 1891.

* Dr. Domingos Lopes da Silva Araújo recusou a nomeação para o cargo de delegado da circunscrição da ilha do Governador, sendo nomeado, então, Pedro Barbosa da Silva — publicação da *Gazeta de Noticias* de 21 de setembro de 1892.

109. *O Tempo*, Rio de Janeiro, p. 2, 10 fev. 1894.

110. O depoimento que se segue nos próximos parágrafos foi retirado da crônica "O Estrela", publicada no *Almanak d'A Noite*, em 1921. In: Lima Barreto, *Feiras e mafuás*, op. cit., pp. 61-6.

111. Lima Barreto, "O Estrela". In: *Feiras e mafuás*, op. cit., p. 63.

112. Ibid., p. 64.

113. Ibid., p. 65.

114. Ibid.

115. Ibid., p. 66.

116. Id., *Numa e a ninfa*, op. cit., p. 61.

117. Id., *Triste fim de Policarpo Quaresma*. In: Eliane Vasconcellos (Org.), *Lima Barreto: Prosa seleta*, op. cit., p. 262.

4. EXPERIMENTANDO A VIDA DE ESTUDANTE: O CURSO DA POLITÉCNICA [PP. 108-31]

1. *O Paiz*, Rio de Janeiro, p. 1, 11 ago. 1895.

2. Outra matéria, também publicada em *O Paiz* do mesmo ano, além de salientar o "progresso da psiquiatria dentro e fora do país", realizava uma espécie de histórico do desenvolvimento da ciência no Brasil desde o ano de 1841, quando foi inaugurado o Hospício de Pedro II. A crônica criticava a falta de "prumo" da terapêutica para alienados vigente durante o Império. A República é que teria melhor interpretado "as necessidades do serviço a que elas se destinavam, e lhes deu nova organização". E finalizava afirmando que a visita feita no dia 10 de agosto "encontrou as Colônias sob as novas condições republicanas". *O Paiz*, Rio de Janeiro, p. 2, 4 nov. 1895.

3. Ibid., p. 2, 4 nov. 1895.

4. Informações retiradas de *O Paiz* de 4 de novembro de 1895, p. 2.

5. *Diario de Noticias*, Rio de Janeiro, p. 1, 1 fev. 1892.

6. *Gazeta de Noticias*, Rio de Janeiro, p. 2, 13 maio 1895.

7. *Cidade do Rio*, Rio de Janeiro, p. 2, 19 set. 1895.

8. *Gazeta de Noticias*, Rio de Janeiro, p. 2, 28 dez. 1896. João Henriques disputou, em 1896, eleição para membro do conselho da intendência municipal. Na coluna "Eleições", o jornal comunica a realização de eleições, em "plena ordem", sendo "o pleito mais renhido que de costume", com um nível de abstenção um pouco menor. Acusa-se também uma série de incidentes e indícios de fraude.

9. No dia 8 de novembro, em 1896 e em 1898, o jornal parabenizou Evangelina de Lima Barreto, "inteligente filha do sr. João Henriques de Lima Barreto, zeloso administrador da colônia de alienados da ilha do Governador". *O Paiz*, Rio de Janeiro, p. 2, 8 nov. 1896; *O Paiz*, Rio de Janeiro, p. 2, 8 nov. 1898; *Gazeta de Noticias*, Rio de Janeiro, p. 2, 8 nov. 1898.

10. *Almanak Administrativo, Mercantil e Industrial do Rio de Janeiro*, Rio de Janeiro: Companhia Typographica do Brazil, 53º ano, p. 343, 1896.

11. I-6,33,875. "Papéis pessoais de João Henriques de Lima Barreto. Relatórios, memorandos e cartas ao Serviço de Assistência Médico-Legal da Colônia de Alienados, pertencen-

tes a João Henriques de Lima Barreto". 26 docs. 20/01/1891--28/05/1898.

12. Francisco de Assis Barbosa, *A vida de Lima Barreto*, op. cit., p. 58.

13. Lima Barreto, *Triste fim de Policarpo Quaresma*. São Paulo: Companhia das Letras, 2011, p. 256.

14. José Rodrigues Leite e Oiticica (1882-1957) foi um importante militante anarquista das primeiras décadas do século XX. Lecionou na Escola Dramática do Rio de Janeiro e foi nomeado, em 1917, professor de português do Colégio Pedro II, no Rio de Janeiro. Foi um dos principais articuladores da insurreição operária em 1918.

15. Lima Barreto, *Diário íntimo*. In: Eliane Vasconcellos (Org.), *Lima Barreto: Prosa seleta*, op. cit., pp. 1214-7.

16. Nicolao Ciancio, "A verdade sobre Lima Barreto". *Vamos ler!*, Rio de Janeiro, n. 213, 29 ago. 1940. Citado também por Francisco de Assis Barbosa, *A vida de Lima Barreto*, op. cit., p. 66, nota 16.

17. Zuleika Alvim, *Brava gente!: Italianos em São Paulo, 1870-1920*. São Paulo: Brasiliense, 1986, p. 221. Ver também Lilia M. Schwarcz e Heloisa M. Starling, *Brasil: uma biografia*, op. cit. A maior parte dos imigrantes transatlânticos dirigiu-se para a América do Norte, mas 22% deles — em torno de 11 milhões — desembarcaram na América Latina: 38% eram italianos, 28% espanhóis, 11% portugueses e 3% franceses e alemães. Desse contingente, 46% se dirigiram à Argentina; 33% ao Brasil; 14% a Cuba e o restante dividiu--se entre Uruguai, México e Chile.

18. Lima Barreto, *Vida e morte de M. J. Gonzaga de Sá*. Rio de Janeiro: Garnier, 1990, pp. 76-7.

19. Sobre a chegada do cinema no Brasil, ver Vicente de Paula Araújo, *A bela época do cinema brasileiro* (São Paulo: Perspectiva, 1985); e Alice Gonzaga, *Palácios e poeiras: 100 anos de cinemas no Rio de Janeiro* (Rio de Janeiro: Record; Funarte, 1996).

20. Ver Renato da Gama-Rosa Costa, "Os cinematógrafos do Rio de Janeiro (1896-1925)". *História, Ciências, Saúde — Manguinhos*, Rio de Janeiro, v. 5, n. 1, mar./jun. 1998.

21. Ibid.; Gilberto Ferrez, "Pathé: 80 anos na vida do Rio". *Filme Cultura*, Rio de Janeiro: Embrafilme, n. 47, ago. 1986.

22. *Sol e Sombra*, ano I, n. 1, 1896.

23. Ver seção de periódicos da Biblioteca Nacional e Fabricio Alexandrino, "Touradas no Rio de Janeiro" (*Revista de História da Biblioteca Nacional*, Rio de Janeiro, n. 24, set. 2007).

24. Artur Azevedo, "O teatro". [*A Noticia*. Rio de Janeiro, 8-9 mar. 1906.] In: Larissa de Oliveira Neve e Orna Messer Levin (Orgs.), *O Theatro: Crônicas de Arthur Azevedo*. Campinas: Ed. da Unicamp, 2009.

25. Luciana Penna Franca, *Teatro amador: A cena carioca muito além dos arrabaldes*. (Niterói: UFF, 2011. Dissertação [Mestrado em História]).

26. Lima Barreto, *Diário íntimo*. In: Eliane Vasconcellos (Org.), *Lima Barreto: Prosa seleta*, op. cit., p. 1255.

27. Informações recolhidas no site Teatros do Centro Histórico do Rio de Janeiro, consultado em <www.ctac.gov.br/centrohistorico/TeatroXPeriodo.asp?cod=113&cdP=17>.

28. Ver, entre outros, João Roberto Faria, "Um sólido panorama do teatro" (*Revista USP*, São Paulo, n. 44, pp. 345-6, dez./fev. 1999-2000). Comentava-se na época como também o circo exercia verdadeiro fascínio na população da capital.

29. Raimundo Magalhães Júnior, *Arthur Azevedo e sua época*. Apud Danilo Gomes, *Antigos cafés do Rio de Janeiro* (Rio de Janeiro: Kosmos, 1989).

30. José Veríssimo (1857-1916) foi um famoso crítico literário. Ingressou, em 1874, no curso de engenharia da Escola Central (depois Escola Politécnica). Lecionou na Escola Normal e no Colégio Pedro II. Publicou a *Revista Brasileira*, a partir de 1895, em cuja sede se reuniam escritores e intelectuais que mais tarde criaram a ABL. Lima Barreto tinha especial estima por ele. Consultado em <http://enciclopedia.itaucultural.org.br/pessoa455729/jose-verissimo>. Lima Barreto tinha especial estima por ele.

31. José Brito Broca, *A vida literária do Brasil*. 5. ed. Rio de Janeiro: José Olympio, 2005, p. 81.

32. Conto publicado em Lima Barreto, *Marginália*, de 1956. Publicado pela primeira vez na *Careta*, Rio de Janeiro, ano VIII, n. 357, 24 abr. 1915.

33. Lima Barreto, "O homem das mangas". In: Felipe Botelho Corrêa (Org.), *Lima Barreto: Sátiras e outras subversões*. São Paulo: Companhia das Letras, 2016, pp. 351-3. Originalmente publicado em *Careta* (Rio de Janeiro, ano XV, n. 707, 7 jan. de 1922 p. 8).

34. Sobre a história da Escola Politécnica, ver Mário Barata, *Escola Politécnica do largo de São Francisco: Berço da engenharia brasileira* (Rio de Janeiro: Associação dos Antigos Alunos da Politécnica; Clube de Engenharia, 1973). Ver também Roberto Simonsen, *A engenharia e a indústria* (São Paulo: [s.n.], 1945).

35. Júnia Ferreira Furtado, "História da engenharia". In: Heloisa Maria Murgel Starling e Lígia Beatriz de Paula Germano (Orgs.), *Engenharia: História em construção*. Belo Horizonte: Ed. UFMG, 2012, v. 1, pp. 21-69; Manuel Teixeira e Margarida Valla, *O urbanismo português: Séculos XIII-XVIII — Portugal-Brasil*. Lisboa: Horizonte, 1999; Margarida Valla, "A engenharia militar na construção da cidade". *Anais do Seminário de História da Cidade e do Urbanismo*, v. 6, n. 3, 2000; Margarida Valla, "A formação teórica dos engenheiros-militares". In: Manuel Teixeira (Org.), *A construção da cidade brasileira*. Lisboa: Horizonte, 2004.

36. Janice Theodoro da Silva, *São Paulo, 1554-1880: Discurso ideológico e organização social*. São Paulo: Moderna, 1984, p. 138.

37. Sobre André Rebouças, ver Maria Alice Rezende de Carvalho, *O quinto século: André Rebouças e a construção do Brasil* (Rio de Janeiro: Revan; Iuperj, 1998) e Alexandro Dantas Trindade, *André Rebouças: Um engenheiro do Império* (São Paulo: Hucitec, 2011).

38. Ver Maria Alice Rezende de Carvalho, "André Rebouças e a questão da liberdade", em Lilia Moritz Schwarcz e André Botelho (Orgs.), *Um enigma chamado Brasil: 29 intérpretes e um país* (São Paulo: Companhia das Letras, 2009).

39. Angela Alonso, *Flores, votos e balas: O movimento abolicionista brasileiro*, op. cit., pp. 110-1.

40. De um ponto de vista histórico, a assim chamada belle époque é marcada pelo nascimento do imperialismo moderno, pelas disputas acirradas entre França e Alemanha que culminariam na Primeira Guerra Mundial e na exclusão de grande parte da população. Nessa época ampliaram-se os padrões de consumo e de sociabilidade urbana. Tal crescimento passou a sensação de uma utopia, logo desmentida pelas tensões políticas e sociais do período. Sobre o tema, ver Maurício Silva, *A Heláde e o subúrbio: Confrontos literários na belle époque carioca* (São Paulo: Edusp, 2006), pp. 15-7; Nicolau Sevcenko, "O cosmopolitismo pacifista da belle époque: Uma utopia liberal" (*Revista de História*, São Paulo, n. 114, pp. 85-94, jan./jun. 1983); Francisco Foot Hardman, "Técnica e sociedade: Maquinismo como espetáculo no Brasil pré-industrial" (*Remate de Males*, Campinas, v. 7, n. 7, pp. 157-66, 1987); Francisco Foot Hardman, *Trem-fantasma: A modernidade na selva* (São Paulo: Companhia das Letras, 1988).

41. Tratei da história da Biblioteca Nacional no livro Lilia Moritz Schwarcz, Paulo Azevedo e Angela Marques da Costa, *A longa viagem da biblioteca dos reis: Do terremoto de Lisboa à Independência do Brasil* (São Paulo: Companhia das Letras, 2002).

42. Informações retiradas da pasta com documentos de Lima Barreto da Biblioteca Nacional.

43. O anúncio do Colégio Paula Freitas publicado no *Almanak Administrativo, Mercantil e Industrial do Rio de Janeiro* para o ano de 1895, p. 678, traz a informação de que o estabelecimento, localizado na rua Haddock Lobo, 136, aceitava alunos em esquema de internato e de externato; oferecia curso primário, médio e secundário, sendo dirigido pelo engenheiro civil Alfredo de Paula Freitas (proprietário do estabelecimento e professor da Escola Politécnica).

44. *Gazeta da Tarde*, Rio de Janeiro, p. 2, 2 set. 1895.

45. Analisaremos mais detidamente esse periódico no capítulo 7.

46. Lima Barreto, *Recordações do escrivão Isaías Caminha*, op. cit., p. 47.

47. Para Euclides da Cunha, ver Roberto Ventura, *Retrato interrompido da vida de Euclides da Cunha* (São Paulo: Companhia das Letras, 2003).

48. Ver, entre outros, trecho de Lilia M. Schwarcz e Heloisa M. Starling, *Brasil: uma biografia*, op. cit.

49. A Guerra ou Campanha de Canudos durou de 1896 a 1897. A região era composta por uma série de latifúndios, em boa parte decadentes, e vinha sendo castigada por crises cíclicas de seca. Batizado de Belo Monte, o arraial em torno de Antônio Conselheiro um movimento sociorreligioso de forte impacto no lugar, e no imaginário da capital também. Canudos incomodou tanto o governo da República e os grandes proprietários de terras locais que quatro expedições foram enviadas na tentativa de debelar o arraial. Para *Os sertões*, ver Euclides da Cunha, *Os sertões: Campanha de Canudos* (Rio de Janeiro: Francisco Alves, 1923); Luiz Costa Lima, *Terra ignota: A construção de* Os sertões (Rio de Janeiro: Civilização Brasileira, 1997); e Walnice Nogueira Galvão e Oswaldo Galotti (Orgs.), *Correspondência de Euclides da Cunha* (São Paulo: Edusp, 1997).

50. Lima Barreto, *Diário íntimo*. In: Eliane Vasconcellos (Org.), *Lima Barreto: Prosa seleta*, op. cit., p. 1262.

51. Francisco de Assis Barbosa, *A vida de Lima Barreto*, op. cit., pp. 72-3.

52. Ibid., p. 73.

53. Ver <quemfoiqueinventouobrasil.com/?s=sabina&iva_search_keyword=Musicplay_Custom_Search&iva_search_input=sabina>.

54. No seu *Diário íntimo*, no ano de 1903, Lima repete que "no futuro escreverei a *História da escravidão negra no Brasil* e sua influência na nacionalidade". Eliane Vasconcellos (Org.), *Lima Barreto: Prosa seleta*, op. cit., p. 1213.

55. Natural do Ceará, transferiu-se para o Rio de Janeiro a fim de se dedicar à engenharia. Em 1895 já era livre-docente da Escola Politécnica, ministrando aulas de geometria analítica, cálculo diferencial e integral e mecânica racional. Em 1902, de professor substituto passou a interino, e depois efetivo, integrando em 1907 a seção de física, astronomia e topografia da escola. Oto de Alencar foi considerado um pioneiro da pesquisa matemática no Brasil.

56. Clovis Pereira da Silva, "Otto de Alencar Silva", 1997. Consultado em <www.im.ufrj.br/doc/otto.htm>.

57. Licínio Atanásio Cardos era engenheiro e posteriormente formou-se em medicina quando se tornou defensor da homeopatia. Foi pai de Vicente Licínio Cardoso, engenheiro e arquiteto, autor de um conhecido livro sobre filosofia da arte. Francisco de Assis Barbosa, *A vida de Lima Barreto*, op. cit., p. 75.

58. Lima Barreto, *Vida e morte de M. J. Gonzaga de Sá*, op. cit. p. 13.

59. Ibid.

60. "*Agaricus auditae*". Conto publicado originalmente na primeira edição de *Histórias e sonhos* (1920), pp. 73-84. Texto conferido a partir de Lima Barreto, *Histórias e sonhos: Contos*, op. cit.

61. Eugênio Gudin era descendente de franceses e sua família se radicou no Rio de Janeiro em 1839. Ingressou na Escola Politécnica em 1900, onde cursou engenharia civil. Márcio Scalercio, *Eugênio Gudin: Inventário de flores e espinhos – Um liberal em estado puro*. Rio de Janeiro: Insight, 2012.

62. Miguel Calmon du Pin e Almeida era filho de Antônio Cal-

mon du Pin e Almeida, que pertenceu ao Corpo de Engenheiros Navais da Marinha e encerrou a carreira como contra-almirante já no início da República. Verbete "Calmon, Miguel", *Dicionário histórico-biográfico brasileiro* – CPDOC/FGV, 2010.

63. Francisco de Assis Barbosa, "O carioca Lima Barreto: Sentido nacional de sua obra". In: Affonso Carlos Marques Santos (Org.), op. cit., p. 18.

64. Artigo intitulado "A legenda de Lima Barreto". Publicado no *Diário da Manhã*, de Niterói, do dia 1º de maio de 1943.

65. Nicolao Ciancio, "A verdade sobre Lima Barreto". *Vamos ler!*, op. cit. Citado também por Francisco de Assis Barbosa, *A vida de Lima Barreto*, op. cit., pp. 86.

66. Ver, nesse sentido, sensível texto de José Miguel Wisnik sobre Mário de Andrade: "O que se pode saber de um homem?" (*piauí*, Rio de Janeiro, n. 109, pp. 61-6, out. 2015).

67. Lima Barreto, *Recordações do escrivão Isaías Caminha*, op. cit., pp. 75, 79-80.

68. Ibid., p. 80.

69. Lima Barreto, *Diário íntimo*. In: Eliane Vasconcellos (Org.), *Lima Barreto: Prosa seleta*, op. cit., pp. 1209-10.

70. Ibid.

71. Ibid., pp. 1210-1.

72. *O Suburbano*, Rio de Janeiro, ano 1, n. 17, p. 2, 1 nov. 1900.

73. Francisco de Assis Barbosa, *A vida de Lima Barreto*, op. cit., p. 41, nota 7.

74. Ibid., pp. 75-6.

75. Nelson Werneck Sodré, *História da imprensa no Brasil*. 4. ed. São Paulo: Mauad, 1998.

76. Francisco de Assis Barbosa, *A vida de Lima Barreto*, op. cit., p. 77. Na *Cidade do Rio* de 21 de agosto de 1901, p. 1, aparece uma nota explicando que a Federação dirigiu ao Congresso Nacional uma representação. Nela, pediam a redução a um ano de serviço militar obrigatório. O Congresso, porém, não aprovou essa lei.

77. *Correio da Manhã*, Rio de Janeiro, p. 6, 27 jun. 1903.

78. Francisco de Assis Barbosa, *A vida de Lima Barreto*, op. cit., p. 77.

79. Ibid.

80. Ver, entre outros, reflexões contidas em *Vida e morte de M. J. Gonzaga de Sá*, op. cit. p. 91.

81. Francisco de Assis Barbosa, *A vida de Lima Barreto*, op. cit., p. 79.

82. Ibid., pp. 79-80.

83. Ibid. Dentre os professores da Escola Politécnica, Lima só escreveu falando bem de Oto de Alencar e de Ortiz Monteiro, homens nos quais reconhece a ausência de pedantismo e presunção que o incomodavam nos outros lentes. Ver Lima Barreto, *Bagatelas*, op. cit., pp. 63-4.

84. *A Lanterna*, Rio de Janeiro, 20 abr. 1903.

85. "Sua Excelência" saiu na primeira edição de *Histórias e sonhos* (1920), pp. 27-9, e na *Revista do Brasil* (Rio de Janeiro, ano IV, 3ª fase, n. 36, pp. 58-9, jun. 1941). O conto apareceu também em *Os bruzundangas* (Rio de Janeiro; São Paulo: Mérito, 1952), pp. 15-8, no interior do texto "Os samoiedas", pp. 14-27.

86. *A Lanterna*, Rio de Janeiro, 30 dez. 1902.

87. Francisco de Assis Barbosa, *A vida de Lima Barreto*, op. cit., pp. 76-7.

88. Lima Barreto, *Vida e morte de M. J. Gonzaga de Sá*, op. cit., p. 79.

89. José Brito Broca, op. cit., p. 73.

90. Hélcio Pereira da Silva, *Lima Barreto: Escritor maldito*. 2. ed. Rio de Janeiro: Civilização Brasileira; Brasília: INL-MEC, 1981, p. 146.

91. No livro *Os bruzundangas* Lima explora bastante tal adjetivação.

92. Ver Magali Gouveia Engel, Daniel Morais Angelim, Leandro Rossetti de Almeida e Leonardo Ayres Padilha, *Crônicas cariocas e ensino de história* (Rio de Janeiro: 7Letras; Faperj, 2008), p. 16.

93. Anos depois, em 1920, Lima reflete sobre as consequências de suas colunas, na época em que escrevia para a revista *O Diabo*: "Quando, há cerca de vinte anos, época em que já devia estar formado, me pus a escrever em pequenos jornais chamados humorísticos, nunca imaginei que tais ensaios, quase infantis, meros brincos de quem acabava de cair da meninice, viessem um dia me pôr em colisões mais atrozes do que as que passei, ao ser examinado em mecânica racional e cálculo das variações pelo Senhor Licínio Cardoso". *Gazeta de Notícias*, Rio de Janeiro, 6 dez. 1920.

94. O apreço de Lima por José Veríssimo pode ser aferido na expressão que ele usava para elogiar algo: "Talvez um artigo de José Veríssimo, naquele tempo não me deixasse tão satisfeito" (Lima Barreto, *Bagatelas*, op. cit., p. 197). É bastante provável que o escritor tenha frequentado o curso de Veríssimo.

95. Ibid., pp. 39-51.

96. Id., *Triste fim de Policarpo Quaresma*, op. cit., p. 157.

5. ARRIMO DE FAMÍLIA: COMO SER FUNCIONÁRIO PÚBLICO NA PRIMEIRA REPÚBLICA [PP. 132-61]

1. Sobre a belle époque brasileira, ver Nicolau Sevcenko "O cosmopolitismo pacifista da Belle Époque: Uma utopia liberal", op. cit., e *Literatura como missão: Tensões sociais e criação cultural na Primeira República*, op. cit. Ver também Jeffrey D. Needell, *Belle époque tropical: Sociedade e cultura de elite no Rio de Janeiro na virada do século* (São Paulo: Companhia das Letras, 1993).

2. Gilberto Hochman, *A era do saneamento: As bases da política de saúde pública no Brasil*. São Paulo: Hucitec; Anpocs, 1998; Nicolau Sevcenko, *A Revolta da Vacina: Mentes insanas em corpos rebeldes*. São Paulo: Scipione, 1997; Jaime Larry Benchimol, *Pereira Passos: Um Haussmann tropical — A renovação urbana na cidade do Rio de*

Janeiro no início do século XX. Rio de Janeiro: Secretaria Municipal de Cultura, Departamento Geral de Documentação e Informação Cultural, 1992; Marco Antônio Pamplona, *Revoltas, repúblicas e cidadania: Nova York e Rio de Janeiro na consolidação da ordem republicana*. Rio de Janeiro: Record, 2003.

3. Ver Maria Clementina Pereira Cunha, "Você me conhece?: Significados do Carnaval na belle époque carioca". *Projeto História*, São Paulo, n. 13, p. 97, jun. 1996.

4. Ver, entre outros, Maurício de Almeida Abreu, *A evolução urbana do Rio de Janeiro*. Rio de Janeiro: IplanRio; Jorge Zahar, 1987, pp. 60-1; e Nicolau Sevcenko e Fernando Novais (Orgs.), *História da vida privada no Brasil: República: Da belle époque à era do rádio* (São Paulo: Companhia das Letras, 1998).

5. Lilia Moritz Schwarcz (Org.), *A abertura para o mundo: 1889-1930*. Coleção História do Brasil Nação 1808-2010, v. 3. Rio de Janeiro: Objetiva, 2012, p. 45.

6. Nessa época, cortiços e armazéns foram destruídos, forçando grande parte da população a morar com outras famílias, a pagar aluguéis altos ou a mudar para as cercanias da cidade. Entre 1890 e 1906 houve um aumento populacional considerável nas freguesias suburbanas mais próximas ao Centro, especialmente Engenho Novo e Inhaúma. Maurício de Almeida Abreu, op. cit., pp. 64-5. Ver sobre o tema, também, Bruno Carvalho *Porous City: A Cultural History of Rio de Janeiro* (Liverpool: Liverpool University Press, 2013).

7. Para entender a singularidade dessa modernidade carioca, ver, entre outros, Mônica Velloso, *A cultura das ruas no Rio de Janeiro: Mediações, linguagens, espaços* (Rio de Janeiro: FCRB, 2004); e Mônica Velloso, *Modernismo no Rio de Janeiro: Turunas e quixotes* (Rio de Janeiro: Ed. FGV, 1996).

8. Sonia Gomes Pereira, *A reforma urbana de Pereira Passos e a construção da identidade carioca*. Rio de Janeiro: ECO; Ed. UFRJ, 1992.

9. Sobre o tema dos transportes públicos ver Maria Lais Pereira da Silva, *Os transportes coletivos na cidade do Rio de Janeiro: Tensões e conflitos* (Rio de Janeiro: Prefeitura da Cidade do Rio de Janeiro, 1992); Charles Julius Dunlop, *Os meios de transporte do Rio antigo* (Rio de Janeiro: Grupo de Planejamento Gráfico, 1973); Francisco Agenor de Noronha Santos, *Meios de transporte no Rio de Janeiro (história e legislação)* (Rio de Janeiro: Typ. do Jornal do Commercio, 1934, 2 v.); Elisabeth von der Weid, *A cidade, os bondes e a Light: Caminhos da expansão do Rio de Janeiro (1850--1914)* (Niterói: UFF-ICHF, 1997. Tese [Doutorado em História]); Déborah Raison, *Ventos da modernidade: Os bondes e a cidade do Rio de Janeiro 1850/1880* (Rio de Janeiro: UFRJ--IFCS, 2000. Dissertação [Mestrado em História]).

10. O jornal *Cidade do Rio* de 6 de agosto de 1901 destaca que "o preparo das peças" já andava bem adiantado e que, por ser segredo, poucos sabiam que o balão estava sendo preparado em São Cristóvão, num largo terreno de propriedade da sogra de Patrocínio. Dizia-se que o barracão tinha doze metros de altura.

11. José do Patrocínio foi pioneiro no uso do automóvel no Rio de Janeiro, e em acidentes também. Se não existem documentos a comprovar, sobram divergências. Coelho Neto conta que Patrocínio trouxe de Paris um carro a vapor e o descreve como um Panhard. João do Rio assinala que veículo de Patrocínio bateu contra uma árvore em Botafogo. Luís Edmundo acrescenta a presença de Olavo Bilac no episódio. Em crônica publicada em *A Noticia* de 11 e 12 de agosto de 1905, Bilac descreve o carro: "Era feio, pequenino, amarelo, andava aos trancos e solavancos pelas calçadas cheias de altos e baixos — e ia deixando por onde passava um cheiro insuportável de petróleo" (Raimundo Magalhães Júnior, *A vida turbulenta de José do Patrocínio*, op. cit., p. 378).

12. Delso Renault, *1850-1930: O desenvolvimento da indústria brasileira*. São Paulo: Sesi, 1987, p. 116.

13. Em 13 de janeiro de 1898, Émile Zola publica, no jornal *L'Aurore*, uma carta a Félix Faure, o presidente da República. No polêmico artigo "J'Accuse" denunciava os erros da justiça militar francesa contra o capitão Alfred Dreyfus, que em 22 de dezembro de 1894 foi declarado culpado de espionagem e condenado a deportação.

14. Amy Chazkel, *Leis da sorte: O jogo do bicho e a construção da vida pública urbana*. Campinas: Ed. da Unicamp, 2014; Felipe Santos Magalhães, *Ganhou, leva!: O jogo do bicho no Rio de Janeiro (1890-1960)*. Rio de Janeiro: Ed. FGV, 2011.

15. Sobre o circo, ver Erminia Silva, *Circo-teatro: Benjamim de Oliveira e a teatralidade circense no Brasil* (São Paulo: Altana, 2007); Roberto Ruiz, *Hoje tem espetáculo?: As origens do circo no Brasil* (Rio de Janeiro: Inacen, 1987); e Antônio Torres, *O circo no Brasil* (Rio de Janeiro: Funarte; São Paulo: Atração, 1998 [Coleção História Visual v. 5]).

16. Manuel Diégues Junior, "Vida social no Rio de Janeiro". In: Luiz Antônio Severo da Costa, *Brasil 1900-1910*. Rio de Janeiro: Biblioteca Nacional, 1980, p. 45.

17. *A Penna*, Rio de Janeiro, 15 jul. 1901.

18. Havia ainda o São Cristóvão (no bairro homônimo), Rio Branco (na rua Visconde de Rio Branco), Paris (na praça Tiradentes), Grande Cinematógrafo Popular (na praça da República) e Lavradio (na rua de mesmo nome). Delso Renault, op. cit., p. 125.

19. *Rio-Jornal*, Rio de Janeiro, 13 mar. 1919.

20. Sobre o tema do futebol ver Mauro Rosso, *Lima Barreto versus Coelho Neto: Um Fla-Flu literário* (Rio de Janeiro: Difel, 2010); e Jorge Artur dos Santos, *Intelectuais brasileiros e esporte* (São Paulo: Clube de Autores, 2010).

21. *O Brazil Sportivo*, Rio de Janeiro, 19 abr. 1902.

22. Ibid., 17 abr. 1902.

23. Manuel de Oliveira Lima nasceu no Recife em 1867 e colaborou com vários jornais; *O Estado de S. Paulo*, *Jornal do Recife* e *Jornal do Commercio*, entre outros. Fez carreira como diplomata e foi autor de *Aspectos da literatura colonial brasileira*, *Pernambuco, seu desenvolvimento histórico* e *Dom João VI no Brasil*. Fundou a cadeira 39 da ABL em 1897. Morreu em Washington no ano de 1928.

24. Alessandra El Far, *A encenação da imortalidade: Uma análise da Academia Brasileira de Letras nos primeiros anos da República (1897-1924)*. Rio de Janeiro: Ed. FGV, 2000.

25. A expressão aparece numa carta que Lima envia a seu amigo Esmaragdo de Freitas, datada de outubro de 1911, acerca de *Recordações do escrivão Isaías Caminha*: "Se lá pus certas figuras e o jornal, foi para escandalizar e provocar a atenção para a minha brochura. Não sei se o processo é decente, mas foi aquele que me surgiu para lutar contra a indiferença, a má vontade dos nossos mandarins literários". Lima Barreto, *Correspondência ativa e passiva — 1º tomo*, op. cit., p. 238.

26. João Batista Ribeiro de Andrade Fernandes matriculou-se na Faculdade de Medicina de Salvador, mas mudou-se para o Rio de Janeiro, onde ingressou na Escola Politécnica. Contribuiu no *Jornal do Commercio*, *O Dia*, *O Commercio de S. Paulo*, *Jornal do Brasil* e *A Semana*. Foi professor do Colégio Pedro II, na cadeira de História Universal. Entrou para a ABL em agosto de 1898. Dentre suas obras destacam-se a *Seleta clássica* (1905) e *História do Brasil* (1900). Consultado em <www.academia.org.br/academicos/joao-ribeiro/biografia>.

27. O prédio da Biblioteca Nacional, elegantemente instalado na avenida Rio Branco, só viraria realidade em 1915.

28. Ver Gilberto Hochman, "Saúde pública ou os males do Brasil são", em André Botelho e Lilia Moritz Schwarcz (Orgs.), *Agenda brasileira* (São Paulo: Companhia das Letras, 2011), pp. 480-91.

29. Esse trecho é pautado no excelente trabalho de Gilberto Hochman, *A era do saneamento: As bases da política de saúde pública no Brasil*, op. cit.

30. "Crônica". *Kosmos*, Rio de Janeiro, ano III, n. 10, pp. 3-4, out. 1906.

31. No *Jornal do Brasil* de 26 de janeiro de 1902, o almoxarife do Hospício, Oscar Costa Braga, é acusado de desviar 26 contos de réis das colônias.

32. No *Jornal do Brasil* dessa mesma data, um despacho comunicava que "João Henriques de Lima Barreto, almoxarife da Colônia de Alienados [...] pedindo aposentadoria, mandou o sr. ministro do Interior que requeresse em termos". *Jornal do Brasil*, Rio de Janeiro, p. 1, 12 fev. 1903.

33. Lima Barreto, *Vida e morte de M. J. Gonzaga de Sá*, op. cit., pp. 12-4. Ver também Francisco de Assis Barbosa, *A vida de Lima Barreto*, op. cit., p. 100.

34. Lima Barreto, *Numa e a ninfa*, op. cit., p. 99.

35. Id., "Henrique Rocha". In: Beatriz Resende e Rachel Valença (Orgs.), *Lima Barreto: Toda crônica — Volume 1, 1890- -1919*, op. cit., p. 516.

36. Ibid., pp. 516-23.

37. Ibid., p. 517.

38. Ibid.

39. Sobre Luís Gama, ver, entre outros, Ligia Fonseca Ferreira, *Com a palavra Luiz Gama: Poemas, artigos, cartas, máximas*, op. cit.

40. Vale a pena aludir às análises que Roberto Schwarz e Silviano Santiago fazem da figura do amanuense Belmiro, de Cyro dos Anjos (1937). O narrador, o próprio Belmiro, é descendente de uma família oligárquica, mas acaba sem posses vivendo num centro urbano. Dividido entre o cargo público e a literatura, aproveitando-se da ociosidade e das benesses do seu emprego, começa um romance, interrompe a escrita e se retira; encolhe-se no subúrbio, tal qual caramujo, à espera da morte. Ver Silviano Santiago, *A vida como literatura* (Belo Horizonte: Ed. UFMG, 2007); e Roberto Schwarz, *O pai de família e outros estudos* (São Paulo: Companhia das letras, 2008). Sobre o "complexo de Bartebly", ver Enrique Vila-Matas, *Bartlebly e companhia* (São Paulo: Cosac Naify, 2004).

41. Francisco de Assis Barbosa, *A vida de Lima Barreto*, op. cit., pp. 101-2.

42. Nascido em 1829, Francisco Manuel das Chagas recebeu seu título em cima da hora, em 6 de maio de 1889, ou seja, seis meses antes de ser proclamada a República. Por isso, a despeito de abolidos os títulos, ele, como boa parte da antiga nobreza do Império, continuava a assinar como "barão de Itaipu" até em documentos oficiais.

43. Lima Barreto, "Esta minha letra...". *Gazeta da Tarde*, 28 jun. 1911. In: Beatriz Resende e Rachel Valença (Orgs.), *Lima Barreto: Toda crônica — Volume 1, 1890-1919*, op. cit., pp. 90-3.

44. Ver *O Paiz* de 7 de março de 1900, *Gazeta de Noticias* de 2 de agosto de 1902 e *Gazeta de Noticias* de 6 de dezembro de 1902. Hoje o termo "neurastenia" não é mais usado.

45. Publicado originalmente em *Brás Cubas* (Rio de Janeiro, 10 abr. 1919). Texto conferido a partir de Lima Barreto, *Vida e morte de M. J. Gonzaga de Sá*, 4. ed. (Rio de Janeiro: Mérito, 1949). Privilegiamos o cotejo com a quarta edição da obra, pois nela há uma coletânea de contos que, segundo nota do editor, foram "extraídos de jornais e revistas de época que ainda não tinham sido publicados em livro".

46. Lima Barreto, "Três gênios de secretaria". In: Lilia Moritz Schwarcz (Org.), *Contos completos de Lima Barreto*, op. cit., pp. 472-6.

47. Ibid., p. 473.

48. Id., *Vida e morte de M. J. Gonzaga de Sá*, op. cit., p. 54.

49. Francisco de Assis Barbosa, *A vida de Lima Barreto*, op. cit., p. 105.

50. Lima Barreto, *Vida e morte de M. J. Gonzaga de Sá*, op. cit., p. 78.

51. Felipe Botelho Corrêa (Org.), op. cit.

52. Ver João Antônio, *Calvário e porres do pingente Afonso Henriques de Lima Barreto* (Rio de Janeiro: Civilização Brasileira, 1977), p. 47. O livro se baseia, em grande parte, em depoimentos de época.

53. Lima Barreto, *Vida e morte de M. J. Gonzaga de Sá*, op. cit., p. 113.

54. Aqui há um curioso erro de adição de Lima em seu *Diário*, onde ele anota 340 mil.

55. Lima Barreto, *Diário íntimo*. In: Eliane Vasconcellos (Org.), *Lima Barreto: Prosa seleta*, op. cit., p. 1218.

56. Veríssimo se afastaria da ABL em 1912, em desacordo com o fato de a instituição aceitar políticos entre seus membros.

57. Ver correspondência de Lima, ABN, carta a Carlos Viana de 28 de fevereiro de 1904.

58. Francisco de Assis Barbosa, *A vida de Lima Barreto*, op. cit., p. 114.

59. Lima Barreto, "O subterrâneo do morro do Castelo". *Correio da Manhã*, Rio de Janeiro, p. 1, 28 abr. 1905. A reportagem continuou a sair com diferentes títulos e páginas no ano de 1905: 29 de abril; 2-10, 12, 14-15, 19-21, 23-28 e 30 de maio; e 1º e 3 de junho. Assis Barbosa relaciona 22 textos, mas são na verdade 26.

60. Lima refere-se a André Gustavo Paulo de Frontin, que se formou na Escola Politécnica em 1879. Frontin trabalhou entre 1886 e 1887 no sertão da Bahia em projetos de canalização de água, e em 1889 nas obras de abastecimento de água na cidade do Rio. Em 1903, foi nomeado chefe da Comissão Construtora da Avenida Central na gestão do prefeito Pereira Passos. Verbete "Frontin, Paulo de", *Dicionário histórico-biográfico da Primeira República*. Rio de Janeiro: CPDOC/FGV, 2010.

61. Estudou na Escola Militar da Praia Vermelha, no Rio de Janeiro, formando-se engenheiro em 1888. Concluiu os cursos de artilharia e estado-maior de primeira classe e, em 1889. Ainda em 1889 ocupou o posto de deputado da Assembleia Nacional Constituinte e, em 1902, assumiu o Ministério da Indústria, Viação e Obras Públicas, quando se destacou como um dos principais responsáveis pela remodelação do porto do Rio, obra prioritária do programa de governo do presidente Rodrigues Alves. Eleito, membro da ABL em 1912, motivou o definitivo rompimento de José Veríssimo com a instituição. Verbete "Müller, Lauro", *Dicionário histórico-biográfico da Primeira República*, op. cit.

62. *Correio da Manhã*, Rio de Janeiro, p. 1, 28 abr. 1905.

63. Ibid.

64. "Jesuítas". *A Noticia*, Rio de Janeiro, p. 3, 23 maio 1905.

65. *O Brazil-Medico — Revista Semanal de Medicina e Cirurgia*, Rio de Janeiro, ano I, n. 8, p. 58, 7 mar. 1887.

66. João Antônio, op. cit.

67. Nesse mesmo momento, o amanuense propunha realizar um curso ou escrever um livro sobre d. João VI no Brasil. Lima abandonou o projeto, mas não a simpatia pelo monarca. Ambos faziam aniversário no dia 13 de maio. De toda maneira, vale lembrar que Oliveira Lima, em 1908, publicaria, e com grande sucesso, o livro *D. João VI no Brasil*.

68. Jorge Schwartz, em *Fervor das vanguardas: Arte e literatura na América Latina* (São Paulo: Companhia das Letras, 2013), explica que na época o *negrismo*, enquanto manifestação especificamente literária, pouco tinha a ver com a "negritude", termo que englobaria movimentos surgidos nos anos 1930. No artigo "Movimento da negritude: Uma breve reconstrução histórica" (*Mediações — Revista de Ciências Sociais*, Londrina, v. 10, n. 1, pp. 25-40, jan./jun. 2005), Petrônio Domingues afirma que, apesar de o líder abolicionista e poeta negro Luís Gama ser considerado o precursor da ideologia da negritude no Brasil, foi somente na década de 1940, através do Teatro Experimental do Negro, que as ideias do movimento entraram de fato ao país. Sobre negritude, ver Zilá Bernd, *A questão da negritude* (São Paulo: Brasiliense, 1984); Diva Damato, "Negritude, negritudes" (*Revista Através*, São Paulo, n. 1, 1983); e Kabengele Munanga, *Negritude: Usos e sentidos*. 2. ed. (São Paulo: Ática, 1988).

69. Ver Arcadio Díaz-Quiñones, op. cit.; Antonio Sérgio Alfredo Guimarães, "Colour and Race in Brazil: From Whitening to the Search for Afro-Descent". Consultado em <www.fflch.usp.br/sociologia/asag/Colour%20and%20race%20in%20Brazil%20From%20whithening%20to%20the%20search%20for%20AfroDescent.pdf>. E Antonio Sérgio Alfredo Guimarães, "Africanism and Racial Democracy" (*Estudios Interdisciplinarios de América Latina y el Caribe*, Tel Aviv, v. 27, n. 1, pp. 53-79, 2015).

70. Ver Jorge Schwartz, *Fervor das vanguardas: Arte e literatura na América Latina*, op. cit.; e Luiz Henrique Silva de Oliveira, *O negrismo e suas configurações em romances brasileiros do século XX* (*1928-1984*) (Belo Horizonte: UFMG, 2013. Tese [Doutorado em Letras]).

71. Pasta de documentos de Lima Barreto, BN.

72. Hélio de Seixas Guimarães, "Pai Tomás no romantismo brasileiro". *Teresa — Revista de Literatura Brasileira*, São Paulo, n. 12-13, pp. 421-9, 2013; Aline Vitor Ribeiro, *Lendo Harriet Beecher Stowe no Brasil: Circulação e traduções culturais do romance A cabana do Pai Tomás na segunda metade do século XIX*. (São Paulo: Unifesp, 2016. Dissertação [Mestrado em História]); Isanilda Conceição Ferreira Silva Soares, *Racial Stereotypes in Fictions of Slavery: Uncle Tom's Cabin by Harriet Beecher Stowe and O escravo by José Evaristo d'Almeida* (Coimbra: Universidade de Coimbra, 2013. Dissertação [Mestrado em Estudos Ingleses e Estudos Americanos]).; Elizabeth Ammons (Org.), *Harriet Beecher Stowe's Uncle Tom's Cabin: A Casebook*. Oxford; Nova York: Oxford University Press, 2007.

73. Lima Barreto, *Diário íntimo*. In: Eliane Vasconcellos (Org.), *Lima Barreto: Prosa seleta*, op. cit., p. 1336.

74. Ver André Green, *O trabalho do negativo* (São Paulo: Artmed, 2010).

75. Per Buvik, "Le Principe bovaryque". In: Jules de Gaultier, *Le Bovarysme: Memoire de la critique*. Paris: Pups, 2006.

76. Lima Barreto, *Diário íntimo*. In: Eliane Vasconcellos (Org.), *Lima Barreto: Prosa seleta*, op. cit., p. 1252.

77. Simplício de Lemos Braule Pinto, formado pela Faculdade de Medicina do Rio de Janeiro em 1892, foi médico interno do Hospício Nacional de Alienados (nomeado em 1890), diretor da seção de alienados no sanatório de Barbacena e médico da seção de alienados no Hospital de São João Batista, em Niterói (em 1894). Participou da criação da Colônia de Alienados do Engenho de Dentro da qual foi diretor de 1911 a 1918. *O Brazil-Medico — Revista Semanal de Medicina e Cirurgia*, Rio de Janeiro, ano IV, n. 10, p. 76, 15 mar. 1890; ano VIII, n. 17, p. 136, 1 maio 1894;

78. Lima Barreto, *Correspondência ativa e passiva — 1º tomo*, op. cit., pp. 165-6.

79. Essa obra influenciaria Nina Rodrigues, médico da Escola Tropicalista de Medicina na Bahia, que em 1894 publicou *As raças humanas e a responsabilidade penal no Brasil*, defendendo que nosso direito penal deveria ser delimitado tendo em vista as diferentes características e impedimentos raciais.

80. No último capítulo de *Os sertões*, intitulado "Duas linhas": "É que ainda não existe um Maudsley para as loucuras e os crimes das nacionalidades". Euclides da Cunha, op. cit., p. 535.

81. Lima Barreto, *Diário íntimo*. In: Eliane Vasconcellos (Org.), *Lima Barreto: Prosa seleta*, op. cit., p. 1217.

82. Hélcio Pereira da Silva, op. cit., p. 74.

83. Lima Barreto, *Diário íntimo*. In: Eliane Vasconcellos (Org.), *Lima Barreto: Prosa seleta*, op. cit., p. 1231.

84. Ibid., p. 1221.

85. Ibid., p. 1225.

86. Ibid., p. 1226.

87. Ibid., p. 1278.

88. Ibid., p. 1225. A anotação tem data de 22 de novembro de 1905.

89. Ibid., p. 1248.

90. Ibid.

91. Para a Revolta da Vacina, ver José Murilo de Carvalho, *Os bestializados: O Rio de Janeiro e a República que não foi*, op. cit.; e Nicolau Sevcenko, *A Revolta da Vacina: Mentes insanas em corpos rebeldes*, op. cit.

92. Ver Gilberto Hochman, "Saúde pública ou os males do Brasil são", em André Botelho e Lilia Moritz Schwarcz (Orgs.), *Agenda brasileira*, op. cit.

93. Informações retiradas de Maria Luiza Marcílio, "Mortalidade e morbidade da cidade do Rio de Janeiro imperial" (*Revista História*, São Paulo, n. 127-128, pp. 53-68, ago./dez. 1992-jan./jul. 1993); e Jaime Larry Benchimol (Org.),

Febre amarela: A doença e a vacina, uma história inacabada (Rio de Janeiro: Fiocruz, 2001).

94. Lima Barreto, *Diário íntimo*. In: Eliane Vasconcellos (Org.), *Lima Barreto: Prosa seleta*, op. cit., pp. 1223-4.

95. Ibid., p. 1233.

6. CENTRAL DO BRASIL: UMA LINHA SIMBÓLICA QUE SEPARA E UNE SUBÚRBIOS E CENTRO [PP. 162-87]

1. Agradeço a Pedro Cazes, que teve papel fundamental na elaboração deste capítulo.

2. Lima Barreto, *Diário íntimo*. In: Eliane Vasconcellos (Org.), *Lima Barreto: Prosa seleta*, op. cit., p. 1229.

3. Ver capítulo 3 do livro de Beatriz Resende *Lima Barreto e o Rio de Janeiro em fragmentos*, op. cit., em que ela define a importância de não aprisionar a literatura de Lima nos subúrbios, mas ver nele um personagem da "cidade".

4. Ver nesse sentido, e para o termo "retórica do subúrbio", o fundamental livro de Nei Lopes *O negro no Rio de Janeiro e sua tradição musical: Partido-alto, calango, chulas, e outras cantorias* (Rio de Janeiro: Pallas, 1992).

5. Lima Barreto, *Clara dos Anjos*. op. cit., cap. x.

6. Machado de Assis, *Dom Casmurro*. In: Aluizio Leite, Ana Lima Cecílio e Heloisa Jahn (Orgs.), *Machado de Assis: Obra completa em quatro volumes. Volume I*. Rio de Janeiro: Nova Aguilar, 2008, pp. 931-3.

7. Maurício de Almeida Abreu, op. cit., pp. 64-5.

8. Beatriz Sarlo, *Jorge Luis Borges, um escritor na periferia*. São Paulo: Iluminuras, 2008.

9. A citação provém de *Sobre o haxixe*, do trecho "Myslowitz-Braunschweig-Marselha". Ver Walter Benjamin, *Obras escolhidas* (São Paulo: Brasiliense, 1987), v. 2; Rua de mão única, p. 202: "Os arredores são o estado de sítio da cidade, o terreno no qual brame ininterruptamente a grande batalha decisiva entre a cidade e o campo".

10. Esse trecho é pautado no artigo de Nicolau Sevcenko para a *Folha de S.Paulo* "Troca de elite", Mais!, 30 set. 2007.

11. Encilhamento foi uma espécie de bolha de crédito que ocorreu durante o governo provisório de Deodoro da Fonseca (1889-91). O intuito do ministro Rui Barbosa era animar uma política de créditos livres aos investimentos. Acabou produzindo, porém, uma grande especulação financeira e forte alta inflacionária. Já a criação da Caixa de Conversão tencionava ajudar no combate à crise no mercado de café. A Política dos Governadores, por sua vez, foi um acordo segundo o qual o governo federal apoiava os governos estaduais, e sem restrições. Com isso se estimulou uma política de favores e o fenômeno conhecido como "coronelismo". Ver José Murilo de Carvalho, *Os bestializados: O Rio de Janeiro e a República que não foi*, op. cit.; Gustavo Franco, *Crônicas da convergência: Ensaios sobre temas já não polêmicos* (Rio de Janeiro: Topbooks, 2005); Maria Alice R. de Carvalho. *Re-*

pública do Catete (Rio de Janeiro: Museu da República, 2001); e Victor Nunes Leal, *Coronelismo, enxada e voto: O município e o regime representativo no Brasil* (São Paulo: Companhia das Letras, 2012).

12. Ver Nicolau Sevcenko, "Troca de elite", op. cit.

13. Maria Lais Pereira da Silva, "A favela e o subúrbio: Associações e dissociações na expansão suburbana da favela". In: Márcio Piñon de Oliveira e Nelson da Nóbrega Fernandes (Orgs.), *150 anos de subúrbio carioca*. Rio de Janeiro: Lamparina; Niterói: Eduff, 2010, p. 165.

14. Até então, a região do Méier (que incluía, nesse contexto, os bairros do Méier, Todos os Santos, Boca do Mato, Água Santa, Lins de Vasconcelos, Cachambi e Engenho de Dentro) fazia parte da freguesia do Engenho Novo.

15. Essa população cresceu, no mesmo período, de 811443 para 1157873 habitantes.

16. Em 1907 teve início o serviço de bondes elétricos que iam do largo de São Francisco até o Engenho de Dentro, atravessando toda a região do Méier. Outras linhas ligavam o distrito à região da Tijuca. Já do Méier saíam alguns bondes em direção aos subúrbios mais distantes, como Cascadura, Piedade etc.

17. Os números são: 341 profissionais em "produção da matéria-prima"; 6935 em "transformação e emprego da matéria-prima"; 2148 em "administrações públicas e profissões liberais"; e 25052 classificados em "outras". Dos 2148 profissionais da categoria "administrações públicas e profissões liberais", um total de 1218 ocupa a subcategoria "funcionalismo".

18. No Méier, a população registrava 19110 habitantes que "sabem ler ou escrever", para 14180 que "não sabem ler ou escrever", e 1186 cujo grau de instrução não foi informado. Para dados sobre leitura no Brasil, ver também levantamentos feitos por Marisa Lajolo. Dentre outros destacamos *Do mundo da leitura para a leitura do mundo* (São Paulo: Ática, 1993).

19. A Estrada de Ferro Central teve, ao longo do tempo, as denominações E. F. Dom Pedro II (1858-89) e E. F. Central do Brasil (1889-1975). Com o gradual desligamento da malha ferroviária, a administração das linhas que circulam na região metropolitana do Rio de Janeiro passou a RFFSA (1975-84), depois à CBTU (1984-94) e FlumiTrens (1994-98), até ser privatizada, em 1998, quando se iniciou a concessão da SuperVia (atual administradora).

20. *Relação das estações de trem tendo como critério a sua distância em relação à Central* (ver tabela na página ao lado). Fonte: Max de Vasconcelos, *Vias brasileiras de comunicação: Estrada de ferro Central do Brasil* (6. ed. Rio de Janeiro: Conselho Nacional de Geografia, 1947).

21. Lima Barreto, "O trem de subúrbios". *Gazeta de Noticias*, 21 dez. 1921, p. 2. In: Beatriz Resende e Rachel Valença (Orgs.), *Lima Barreto: Toda crônica — Volume 2, 1919-1922*, op. cit., p. 468.

22. Em 1925, um decreto de Artur Bernardes homenageando o centenário de nascimento do ex-imperador renomeou a

TABELA DA NOTA 20

ESTAÇÃO	POSIÇÃO (M)	INAUGURAÇÃO	DESATIVAÇÃO
Central	0	29/03/1858	
Lauro Müller	2360	12/11/1907	Tornou-se estação "Praça da Bandeira"
São Cristóvão	3460	16/07/1859	
Derby Club	4238	02/08/1885	Tornou-se estação "Maracanã"
Mangueira	4879	10/08/1889	
São Francisco Xavier	5880	16/05/1861	
Rocha	6470	01/12/1885	Sem data
Riachuelo	7070	01/02/1869	
Sampaio	7742	12/07/1885	
Engenho Novo	8630	29/03/1858	
Méier	9507	13/05/1889	
Todos os Santos	10189	24/12/1868	Final década 1960
Engenho de Dentro	11398	10/12/1873	
Encantado	12142	15/04/1889	Sem data
Piedade	13120	11/04/1873	
Quintino Bocaiúva	14357	01/05/1886	
Cascadura	15403	29/03/1858	
Madureira	16680	15/06/1890	
Osvaldo Cruz	18099	17/04/1898	
Pref. Bento Ribeiro	19278	07/11/1914	
Marechal Hermes	20502	01/05/1913	
Deodoro (ex-Sapopemba)	22058	08/11/1859	
Ricardo de Albuquerque	24454	04/06/1913	
Anchieta	26484	25/02/1896	
Nilópolis	28724	08/11/1914	
Mesquita	31952	02/03/1894	
Nova Iguaçu (ex-Maxambomba)	35349	29/03/1858	
Morro Agudo	39741	13/04/1897	
Austin	44503	15/09/1896	
Queimados	48278	29/03/1858	
Caramujos	54920	12/11/1896	
Japeri (ex-Belém)	61749	08/11/1858	

estação; passou a se chamar Dom Pedro II, no bojo das comemorações que ocorriam naquele ano.

23. Lima Barreto, "A estação". *Gazeta de Noticias*, 6 out. 1921, p. 2. In: Beatriz Resende e Rachel Valença (Orgs.), *Lima Barreto: Toda crônica – Volume 2, 1919-1922*, op. cit., p. 439.

24. Ibid., p. 441.

25. Id., "O trem de subúrbios". *Gazeta de Noticias*, 21 dez. 1921, p. 2. In: Beatriz Resende e Rachel Valença (Orgs.), *Lima Barreto: Toda crônica – Volume 2, 1919-1922*, op. cit., pp. 467-71. A crônica foi publicada originalmente na *Gazeta de Noticias* de 21 de dezembro de 1921, p. 2.

26. Id., "A estação". *Gazeta de Noticias*, 6 out. 1921, p. 2. In: Beatriz Resende e Rachel Valença (Orgs.), *Lima Barreto: Toda crônica – Volume 2, 1919-1922*, op. cit., p. 445.

27. Ibid.

28. Id., "Os outros". *Careta*, Rio de Janeiro, 11 dez. 1915. In: Beatriz Resende e Rachel Valença (Orgs.), *Lima Barreto: Toda crônica – Volume 1, 1890-1919*, op. cit., p. 253.

29. Não encontramos mais informações sobre a desativação da estação. Fontes indicam que seu desligamento ocorreu no final dos anos 1960, talvez devido ao movimento reduzido de passageiros.

30. A estação ficava comprimida entre duas maiores: Méier e Engenho de Dentro. Não só o movimento nas paradas vizinhas era crescente como as diversas obras para o aumento da plataforma do Méier acabaram reduzindo a distância entre elas. As passagens subterrâneas, que permitiam a ligação entre as ruas Amaro Cavalcanti e Archias Cordeiro, permaneceram abertas até o final dos anos 1980.

31. Francisco Agenor de Noronha Santos, *As freguesias do Rio antigo vistas por Noronha Santos*. Rio de Janeiro: O Cruzeiro, 1965 [1900], p. 36.

32. Ver, em ordem, *Jornal do Brasil*, 25 out. 1907, p. 6; *A Noite*, 11 nov. 1917, p. 2 ("Gêneros maus e maus bofes"); *Gazeta de Noticias*, 7 ago. 1916, p. 1 ("As formigas nos subúrbios").

33. *Gazeta de Noticias*, Rio de Janeiro, 24 out. 1882; *Correio da Manhã*, Rio de Janeiro, p. 3, 18 out. 1906.

34. *Gazeta de Noticias*, Rio de Janeiro, 21 jul. 1881; *Gazeta de Noticias*, Rio de Janeiro, 12 out. 1888; *Diario de Noticias*, Rio de Janeiro, 10 dez. 1888; *Diario do Commercio*, Rio de Janeiro, 31 mar. 1892; *A Capital*, Rio de Janeiro, 31 mar. 1892; *A Imprensa*, Rio de Janeiro, 26 jun. 1909; *A Noticia*, Rio de Janeiro, 18 ago. 1909; *A Imprensa*, Rio de Janeiro, 20 dez. 1911; *A Noticia*, Rio de Janeiro, 30 out. 1914.

35. "Suicídio". *Gazeta de Noticias*, Rio de Janeiro, 7 ago. 1916.

36. Lima Barreto, *Clara dos Anjos*, op. cit., p. 44.

37. Id., "O trem de subúrbios". *Gazeta de Noticias*, 21 dez. 1921, p. 2. In: Beatriz Resende e Rachel Valença (Orgs.), *Lima Barreto: Toda crônica – Volume 2, 1919-1922*, op. cit., p. 468.

38. Ibid. Interessante que Lima usará exatamente essa descrição para caracterizar a maneira como Cassi, o vilão da história de *Clara dos Anjos*, se sentia quando chegava ao centro do Rio.

39. Id., "Esta minha letra...". *Gazeta da Tarde*, 28 jun. 1911. In: Beatriz Resende e Rachel Valença (Orgs.), *Lima Barreto: Toda crônica – Volume 1, 1890-1919*, op. cit., p. 92.

40. Id., "O trem de subúrbios". *Gazeta de Noticias*, 21 dez. 1921, p. 2. In: Beatriz Resende e Rachel Valença (Orgs.), *Lima Barreto: Toda crônica – Volume 2, 1919-1922*, op. cit., pp. 470-1.

41. Id., "Bailes e divertimentos suburbanos". *Gazeta de Noticias*, 7 fev. 1922, p. 2. In: Beatriz Resende e Rachel Valença (Orgs.), *Lima Barreto: Toda crônica – Volume 2, 1919-1922*, op. cit., pp. 499-504.

42. Ibid., pp. 499-500.

43. Carlos Süssekind de Mendonça (1899-1968) dirigiu a revista *A Epoca* e foi nessa época que conheceu Lima. As relações estreitaram-se nos anos seguintes, quando Süssekind fundou a Empresa Brasil Editora. Entre seus livros publicados estão *História do teatro brasileiro* (1926), *Quem foi Pedro II* (1929), *Lúcio de Mendonça* (1934), *Sílvio Romero, sua formação intelectual* (1938). Foi um dos membros fundadores da ABL. Ver Adriana Sussekind de Mendonça, *A vida cultural no Rio de Janeiro durante a Segunda Guerra Mundial através do diário do jurista Carlos Sussekind de Mendonça*. (Rio de Janeiro: UFRJ, 2013. Dissertação [Mestrado em Memória Social]); Lima Barreto, *Correspondência ativa e passiva – 2º tomo*. São Paulo: Brasiliense, 1956, p. 177. Lima Barreto, *Correspondência ativa e passiva – 2º tomo*, op. cit., p. 177.

44. Lima Barreto, "Bailes e divertimentos suburbanos". *Gazeta de Noticias*, 7 fev. 1922, p. 2. In: Beatriz Resende e Rachel Valença (Orgs.), *Lima Barreto: Toda crônica – Volume 2, 1919-1922*, op. cit., p. 500.

45. Figueiredo Pimentel iniciou-se no jornalismo no fim da década de 1880, no *Provincia do Rio*, jornal de Niterói, tendo depois atuado em diversos periódicos da capital federal. Desde 1907, manteve a seção intitulada "Binóculo" na *Gazeta de Noticias*. Escreveu o livro *O aborto, estudo naturalista*, publicado em 1893. Ver Renata Ferreira Vieira, *Uma penca de canalhas: Figueiredo Pimentel e o naturalismo no Brasil* (Rio de Janeiro: Uerj, 2015. Dissertação [Mestrado em Teoria da Literatura e Literatura Comparada]).

46. Lima Barreto, "Bailes e divertimentos suburbanos". *Gazeta de Noticias*, 7 fev. 1922, p. 2. In: Beatriz Resende e Rachel Valença (Orgs.), *Lima Barreto: Toda crônica – Volume 2, 1919-1922*, op. cit., pp. 499-500.

47. Lima Barreto, *Feiras e mafuás*, op. cit., pp. 11-2.

48. Id., "A estação". *Gazeta de Noticias*, 6 out. 1921, p. 2. In: Beatriz Resende e Rachel Valença (Orgs.), *Lima Barreto: Toda crônica – Volume 2, 1919-1922*, op. cit., pp. 439-40.

49. Id., "Bailes e divertimentos suburbanos". *Gazeta de Noticias*, 7 fev. 1922, p. 2. In: Beatriz Resende e Rachel Valença (Orgs.), *Lima Barreto: Toda crônica – Volume 2, 1919-1922*, op. cit., p. 504.

50. Ibid., p. 503.

51. Ibid., pp. 503-4.

52. Ibid., p. 504.

53. Ibid.

54. Francisco de Assis Barbosa, *A vida de Lima Barreto*, op. cit., p. 220.

55. Lima Barreto, *Recordações do escrivão Isaías Caminha*, op. cit., p. 150.

56. Id., *Vida e morte de M. J. Gonzaga de Sá*, op. cit., pp. 84-5.

57. Id., *Triste fim de Policarpo Quaresma*, op. cit., p. 192.

58. Ibid., p. 193.

59. Ibid.

60. Id., *Clara dos Anjos*, op. cit., p. 188.

61. Ibid., p. 288.

62. Ibid., p. 287.

63. Para o conceito de porosidade, ver Bruno Carvalho, op. cit., que trata da região chamada de Cidade Nova, desde sua criação até a destruição da praça Onze para a passagem da avenida Presidente Vargas.

64. Texto conferido a partir de *Revista Souza Cruz* (Rio de Janeiro, ano VI, n. 51, mar. 1921).

65. José de Oliveira Reis, *O Rio de Janeiro e seus prefeitos: Evolução urbanística da cidade*. Rio de Janeiro: Prefeitura do Rio de Janeiro, 1977, p. 53.

66. Lima Barreto, "O moleque". In: Lilia Moritz Schwarcz (Org.), *Contos completos de Lima Barreto*, op. cit., pp. 141-51.

67. Ibid., p. 141.

68. Ibid., p. 28.

69. Ibid.

70. O casamento civil foi instituído no Brasil com a República, a partir da promulgação de um ato impetrado pelo Governo Provisório do marechal Deodoro da Fonseca. O decreto nº 181 entrou em vigor em 24 de janeiro de 1890.

71. Lima Barreto, "De Cascadura ao Garnier". *Careta*, Rio de Janeiro, ano XV, n. 736, 29 jul. 1922. In: Beatriz Resende e Rachel Valença (Orgs.), *Lima Barreto: Toda crônica — Volume 2, 1919-1922*, op. cit., pp. 540-1.

72. Id., "A polícia suburbana". In: Beatriz Resende e Rachel Valença (Orgs.), *Lima Barreto: Toda crônica — Volume 1, 1890-1919*, op. cit., p. 130.

73. Ibid.

74. Homi Bhabha, em *O local da cultura* (Belo Horizonte: Ed. UFMG, 1998), chama essa perspectiva, que consiste em fazer parte e se distanciar, de atitude "mimética". Ver também Michael T. Taussig, *Mimesis and Alterity: A Particular History of the Senses* (Nova York: Routledge, 1993), p. 129.

75. Lima Barreto, "Queixa de defunto". *Careta*, Rio de Janeiro, ano XIII, n. 613, 20 mar. 1920. In: Beatriz Resende e Rachel Valença (Orgs.), *Lima Barreto: Toda crônica — Volume 2, 1919-1922*, op. cit., pp. 157-8.

76. Id., "Os enterros de Inhaúma". *Careta*, ano XV, n. 740, 26 ago. 1922. In: Beatriz Resende e Rachel Valença (Orgs.), *Lima Barreto: Toda crônica — Volume 2, 1919-1922*, op. cit., pp. 553-6.

77. Ibid.

78. Id., "História macabra". In: Beatriz Resende e Rachel Valença (Orgs.), *Lima Barreto: Toda crônica — Volume 1, 1890-1919*, op. cit., pp. 220-1.

79. Ibid.

80. Id., "O cedro de Teresópolis". In: Beatriz Resende e Rachel Valença (Orgs.), *Lima Barreto: Toda crônica — Volume 2, 1919-1922*, op. cit., pp. 129-31.

81. Ibid.

82. Ver Beatriz Resende, *Lima Barreto e o Rio de Janeiro em fragmentos*, op. cit.

83. Lima Barreto, "O destino da literatura". *Revista Souza Cruz*, n. 58-59, out./nov. 1921.

84. Ibid.

85. Homi Bhabha, op. cit.

7. *FLOREAL*: UMA REVISTA "DO CONTRA" [PP. 188-209]

1. Alusão ao trabalho de Norbert Elias *Os estabelecidos e os outsiders: Sociologia das relações de poder a partir de uma pequena comunidade* (Rio de Janeiro: Jorge Zahar, 2000).

2. Voltaremos ao tema no capítulo 8, em que trataremos de *Recordações do escrivão Isaías Caminha*. Sobre o assunto, ver Marlyse Meyer, *Folhetim: Uma história* (São Paulo: Companhia das Letras, 2005); José Ramos Tinhorão, *Os romances em folhetins no Brasil: 1830 à atualidade* (São Paulo: Duas Cidades, 1994); e Felipe Pena, *Jornalismo literário: A melodia da informação* (São Paulo: Contexto, 2006).

3. Lima Barreto, *Diário íntimo*. In: Eliane Vasconcellos (Org.), *Lima Barreto: Prosa seleta*, op. cit., p. 1247.

4. Ibid.

5. Era costume torcer por um dos clubes que organizavam essa festa nas ruas do Rio. Os membros do Democráticos apresentavam-se com as cores preta e branca e eram conhecidos como carapicus (um peixe pequeno e muito comum nas praias cariocas). Divertidos, os desfiles muitas vezes aludiam a fatos políticos, ajudando a criar uma cultura política mais "democrática" ao misturar "sócios" de diferentes classes sociais. Não se conhecem muitos detalhes sobre o Clube dos Democráticos, mas a data de fundação é confirmada: 19 de janeiro de 1867. Ver Jota Efegê, "Democráticos chegam aos 100 anos com muitas vitórias e com fantasma no 'castelo'", em *Figuras e coisas do Carnaval carioca* (Rio de Janeiro: Funarte, 2007), pp. 84-6.

6. *O Imparcial*, Rio de Janeiro, 11 maio 1911; 3 maio 1909.

7. A *Fon-Fon*, revista ilustrada semanal carioca, foi fundada em 13 de abril de 1907 e extinta em agosto de 1958. Jorge Schmidt também era editor-proprietário dos periódicos *Kosmos* e *Careta*, e criou a *Fon-Fon* com o objetivo de dispor de uma publicação mais ligeira e rentável. O cartunista e poeta Emílio de Meneses foi quem deu nome à revista. Quando fundada, trazia um chofer chamado Fon-Fon como personagem principal, o que reforçava a ideia de uma publicação e identificada com os valores da modernidade. Verbete "Fon

Fon", *Dicionário histórico-biográfico da Primeira República*, op. cit.

8. Mário Veloso Paranhos Pederneiras nasceu no Rio de Janeiro em 1868 e na mesma cidade faleceu em 1915. Estreou na imprensa em 1878, como colaborador do jornal estudantil carioca *O Imparcial*. Colaborou ainda na *Gazeta de Noticias*, *O Tagarela* e *Novidades*. Entre 1895 e 1908, juntamente com amigos como Gonzaga Duque e Lima Campos (figuras destacadas na prosa simbolista nacional), fundou, redigiu e dirigiu vários periódicos: *Rio--Revista*, *Galaxia*, *O Mercurio* e *Fon-Fon*. Sua obra poética inclui os livros *Agonia* (1900), *Rondas noturnas* (1901), *Histórias do meu casal, 1904/1906* (1906) e *Ao léu do sonho e à mercê da vida* (1912). Ver Antonio Carlos Secchin, "Mário Pederneiras: Às margens plácidas da modernidade" (*Revista Brasileira*, Rio de Janeiro, fase VII, ano X, n. 38, jan./fev./mar. 2004); e *Enciclopédia Itaú Cultural de Arte e Cultura Brasileiras* (São Paulo: Itaú Cultural, 2017). Consultado em <enciclopedia.itaucultural.org.br/pessoa3131/mario-pederneiras>.

9. Carta a Mário Pederneiras datada de 20 de junho de 1907. Ver Lima Barreto, *Correspondência ativa e passiva — 1º tomo*, op. cit., pp. 161-4; e Francisco de Assis Barbosa, *A vida de Lima Barreto*, op. cit., p. 133.

10. Ver Felipe Botelho Corrêa (Org.), *Sátiras e outras subversões*, op. cit., pp. 193-5, 375-6; na revista *Fon-Fon*, as crônicas "Falsificações" e "Um novo sport", assinadas por Phileas Fogg; e "O fio de linha", de S. Holmes.

11. Phileas Fogg, "Falsificações". *Fon-Fon*, Rio de Janeiro, ano I, n. 2, 20 abr. 1907; Phileas Fogg, "Um novo sport". *Fon-Fon*, Rio de Janeiro, ano I, n. 14, 13 jul. 1907; S. Holmes, "O fio de linha". *Fon-Fon*, Rio de Janeiro, ano I, n. 5, 11 maio 1907.

12. Lima Barreto, *Correspondência ativa e passiva — 1º tomo*, op. cit., p. 162. Carta datada de 20 de junho de 1907.

13. Id., *Diário íntimo*. In: Eliane Vasconcellos (Org.), *Lima Barreto: Prosa seleta*, op. cit., p. 1275.

14. Sobre a *Floreal*, ver os artigos: Denílson Botelho, "*Floreal* e o jornalismo no tempo de Lima Barreto" (*Anais do VI Encontro dos Núcleos de Pesquisa da Intercom*, XXIX Congresso Brasileiro de Ciências da Comunicação, Brasília, UnB, 6-9 set. 2006); Denílson Botelho, "Sob o signo da *Floreal*: Uma perspectiva histórica da iniciação literária de Lima Barreto" (*Itinerários*, Araraquara: Unesp, n. 23, pp. 149-74, 2005); e Valéria Guimarães, "A revista *Floreal* e a recepção aos faits divers na virada do dezenovevinte" (*Revista Galáxia*, São Paulo, n. 19, pp. 274-90, jul. 2010).

15. Sugestão de Francisco de Assis Barbosa (*A vida de Lima Barreto*, op. cit., p. 133), com a qual concordo.

16. Em 1903 ele lançara o livro *Ideólogo*.

17. *Floreal — Publicação Bimensal de Critica e Literatura*, Rio de Janeiro, ano 1, n. 1, pp. 5 e 6 respectivamente, 25 out. 1907.

18. Ibid., p. 4.

19. "Estatísticas do séc. XX", IBGE. Consultado em <seculoxx.ibge.gov.br/populacionais-sociais-politicas-e-culturais/busca-por-temas/cultura>.

20. Aline Haluch, "Manifestações do design no início do século XX". *Communicare*, São Paulo, v. 3, n. 2, p. 92, 2003.

21. *Jornal do Brasil*, Rio de Janeiro, p. 3, 26 out. 1907.

22. Mário Tibúrcio Gomes Carneiro nasceu no Rio de Janeiro em 5 de março de 1882 e na mesma cidade faleceu em 1962. Em 1903 formou-se na Faculdade de Ciências Jurídicas e Sociais do Rio de Janeiro. Nessa época conheceu Lima, pois ambos frequentavam a Federação de Estudantes. Foi nomeado em 1909 auditor de guerra e terminou sua carreira como ministro do Superior Tribunal Militar. Publicou diversas obras, entre elas *Defesa dos acusados de 5 de julho* (1933) e *Capitulação: Lapa e Tijucas* (1950). Lima Barreto, *Correspondência ativa e passiva — 1º tomo*, op. cit., pp. 121-2. Ver verbete "Carneiro, Mário Tibúrcio Gomes", *Dicionário Histórico-Biográfico Brasileiro*, FGV/CPDOC.

23. Ver correspondência entre Lima Barreto e Mário Tibúrcio Gomes Carneiro em Lima Barreto, *Correspondência ativa e passiva — 1º tomo*, op. cit., pp. 121-7.

24. *Floreal — Publicação Bimensal de Critica e Literatura*, Rio de Janeiro, ano 1, n. 1, pp. 3-7, 25 out. 1907.

25. Ibid., pp. 4-5.

26. Ibid., p. 4.

27. Ibid., p. 5.

28. Ibid.

29. Como veremos, o conto se converteria em romance e seria publicado em 1907, sob o título *O cravo vermelho*.

30. Segundo Valéria Guimarães, o conto foi considerado "muito modernista, com vários elementos que seriam facilmente achados no livro *Os condenados*, de Oswald de Andrade, por exemplo, publicado alguns anos depois". Valéria Guimarães, op. cit.

31. Andréa Borelli, "Adultério e a mulher: Considerações sobre a condição feminina no direito de família". *Justiça & História*, Porto Alegre, v. 2, pp. 133-47. Os assim chamados "crimes da paixão" até bem pouco tempo atrás escapavam impunes das leis brasileiras. Ver, nesse sentido, o clássico livro de Mariza Corrêa *Os crimes da paixão* (São Paulo: Brasiliense, 1981).

32. *Floreal — Publicação Bimensal de Critica e Literatura*, Rio de Janeiro, ano 1, n. 1, pp. 7-11, 25 out. 1907.

33. Domingos Ribeiro Filho, "Dia de amor". *Floreal — Publicação Bimensal de Critica e Literatura*, Rio de Janeiro, ano 1, n. 1, p. 16, 1907. Ver Denílson Botelho, "*Floreal* e o jornalismo no tempo de Lima Barreto", op. cit.; Denílson Botelho, "Sob o signo da *Floreal*: Uma perspectiva histórica da iniciação literária de Lima Barreto", op. cit.; e capítulo 13 deste livro.

34. Astrojildo Pereira Duarte iniciou ainda jovem sua militância em organizações operárias de orientação anarquista, tendo sido um dos promotores, em 1913, do II Congresso

Operário Brasileiro. No final de 1918 participou dos preparativos de uma frustrada insurreição anarquista e, por conta disso, foi preso. Participou da fundação do Partido Comunista do Brasil (PCB) e atuou como jornalista e crítico literário. (Fonte: "A era Vargas: Dos anos 20 a 1945", Cpdoc/FGV.

35. Ver Astrojildo Pereira, "Domingos Ribeiro Filho". *Tribuna Popular*, Rio de Janeiro, p. 10, 15 jul. 1945.

36. *Visão Brasileira*, Rio de Janeiro, 3 set. 1938.

37. Lima Barreto, *Recordações do escrivão Isaías Caminha*, op. cit., p. 244.

38. *Floreal — Publicação Bimensal de Crítica e Literatura*, Rio de Janeiro, ano 1, n. 1, p. 29, 25 out. 1907.

39. Bartolomeu da Silva construiu na rua da Guarda Velha o Teatro Dom Pedro II, inaugurado em 19 de fevereiro de 1871. Por despacho imperial de 3 de setembro de 1875, o local passou a chamar-se Teatro Imperial Dom Pedro II. Em 25 de abril de 1890, com o advento da República, foi rebatizado de Teatro Lírico. Em 1934, o Lírico foi demolido. Ver José da Silva Dias, *Teatros do Rio: Do século XVIII ao século XX* (Rio de Janeiro: Funarte, 2012).

40. *Floreal — Publicação Bimensal de Crítica e Literatura*, Rio de Janeiro, ano 1, n. 1, p. 30, 25 out. 1907.

41. Cléopatra Diane de Mérode (1875-1966), celebrada na França por sua beleza.

42. *Floreal — Publicação Bimensal de Crítica e Literatura*, Rio de Janeiro, ano 1, n. 1, p. 37, 25 out. 1907.

43. Ibid., n. 2, pp. 38-9, 12 nov. 1907.

44. Francisco de Assis Barbosa, *A vida de Lima Barreto*, op. cit., p. 134.

45. *Floreal — Publicação Bimensal de Crítica e Literatura*, Rio de Janeiro, ano 1, n. 2, p. 13, 12 nov. 1907.

46. Ibid., pp. 14-7.

47. O artigo é assinado por Edmundo Enéas Galvão, embora no sumário conste o nome de Noronha.

48. *Floreal — Publicação Bimensal de Crítica e Literatura*, Rio de Janeiro, ano 1, n. 2, pp. 29-32, 12 nov. 1907.

49. Ibid., pp. 33-4.

50. Lima Barreto, "Um e outro". *A Águia*, v. 4, 2ª série, jul.-dez. 1913, pp. 111-8. In: *Triste fim de Policarpo Quaresma*. Rio de Janeiro: Typ. Revista dos Tribunaes, 1915, pp. 301-2.

51. Ibid., p. 41, também citado por Valéria Guimarães, op. cit. Mais adiante, trataremos da verdadeira batalha que que Lima encetaria contra Coelho Neto.

52. Lima Barreto, *Diário íntimo*. In: Eliane Vasconcellos (Org.), *Lima Barreto: Prosa seleta*, op. cit., p. 1275.

53. Bastos Tigre, *Vamos Ler*, Rio de Janeiro, 12 dez. 1946, pp. 35-6. Agradeço a Elias Saliba pela referência.

54. Segundo Nelson Werneck Sodré, Veríssimo era não só solicitado com frequência pelos jovens autores como não raro se decepcionava. Ver Nelson Werneck Sodré, *História da imprensa no Brasil*. São Paulo: Martins Fontes, 1987, p. 290.

55. Agradeço a Márcia Copola por essa última sugestão.

56. *Floreal — Publicação Bimensal de Crítica e Literatura*,

Rio de Janeiro, ano 1, n. 4, p. 49, 31 dez. 1907. Nesse caso, a ironia se dirige ao método e à escola Berlitz, a qual, fundada em 1878 por Maximilian D. Berlitz, em Providence (EUA), logo se estabeleceu seus serviços em idiomas e treinamentos culturais na língua inglesa.

57. Ibid., p. 40.

58. Ibid., p. 52.

59. Sobre a ideia de "literatura como missão", ver livro fundamental de Nicolau Sevcenko, *Literatura como missão: Tensões sociais e criação cultural na Primeira República*, op. cit. Sobre o perfil emancipatório dessa literatura, ver artigo de Valéria Guimarães para Biblioteca Brasiliana Guita e José Mindlin, "*Floreal*: Uma iniciativa radical". Consultado em <www.bbm.usp.br/node/138>.

60. A hipótese é aventada por Valéria Guimarães no artigo acima citado.

61. Ver <www.mercuredefrance.fr/unepage-historique-historique-1-1-0-1.html> e artigo de Valéria Guimarães citado na nota 58.

62. Pierre Bourdieu, *Les Règles de l'art: Genèse et structure du champ littéraire*. Paris: Seuil, 1992, p. 206.

63. Para *Mercure*, ver artigo de Camila Soares López, "A revista *Mercure de France*: Literatura e novas perspectivas na década de 1890" (*Anais do X Seminário Internacional de História da Literatura*, [PUC-RS], 2014, Porto Alegre, pp. 1-9).

64. Lima Barreto, *Diário íntimo*. 20 abr. 1914. In: Eliane Vasconcellos (Org.), *Lima Barreto: Prosa seleta*, op. cit., pp. 1305.

65. Joseph Frank, *Dostoiévski: As sementes da revolta — 1821-1849*. 2. ed. São Paulo: Edusp, 2008.

66. Lima Barreto, "Amplius!". *A Epoca*, Rio de Janeiro, 10 set. 1916, p. 1. In: Lima Barreto, *Histórias e sonhos: Contos*, op. cit.

67. *A Epoca*, Rio de Janeiro, pp. 1-2, 10 set. 1916.

68. *Floreal — Publicação Bimensal de Crítica e Literatura*, Rio de Janeiro, ano 1, n. 1, pp. 4-5, 25 out. 1907. Antonio Arnoni Prado, em *Lima Barreto: O crítico e a crise* (São Paulo: Martins Fontes, 1989), p. 39, destaca outro texto de Lima com o mesmo caráter militante: "Os samoiedas", em *Os bruzundangas* (São Paulo: Brasiliense, 1961), pp. 31-45. Nele o escritor abre guerra à apatia intelectual dos literatos da Garnier.

69. Segundo Luiz Costa Lima, em *Pensando nos trópicos* (*Dispersa Demanda* II) (Rio de Janeiro: Rocco, 1991), a "persona" constitui uma espécie de "armadura simbólica", que nos permite ver o mundo, mas também sermos vistos por ele.

8. O JORNALISMO COMO FICÇÃO: *RECORDAÇÕES DO ESCRIVÃO ISAÍAS CAMINHA* [PP. 210-37]

1. Uma versão bastante preliminar deste capítulo foi apresentada na Casa de Rui Barbosa. "Jornalismo ao avesso: Lima Barreto e o jornalismo carioca". Seminário Internacional Imprensa, história e literatura: o jornalista e escritor. Rio de Janeiro, Casa de Rui Barbosa, 7 de agosto de 2014. Agradeço mais uma vez a André Botelho, que, no caso deste capítulo, me desafiou a não pensar na literatura como um reflexo imediato da realidade. Ela faz muito mais, ao produzir reflexivamente tudo que afirma reproduzir.

2. Francisco de Assis Barbosa, *A vida de Lima Barreto*, op. cit., p. 137.

3. Lima Barreto, *Recordações do escrivão Isaías Caminha*, op. cit., p. 164. Carlos Eduardo Lins da Silva explica que no final do século XIX e até 1930 ocorreu a "fase da consolidação" da imprensa brasileira, ou a fase marcada pela "grande imprensa". Tal "aventura industrial" redundaria na importação de máquinas modernas para a produção de jornais e na introdução de uma rudimentar divisão de trabalho no interior das empresas jornalísticas. Ver Carlos Eduardo Lins da Silva, *O adiantado da hora: A influência americana sobre o jornalismo brasileiro*. 2 ed. (São Paulo: Summus, 1991), p. 63; Juarez Bahia, *Três fases da imprensa brasileira* (Santos: Presença, 1960); e Nelson Werneck Sodré, *História da imprensa no Brasil* (Rio de Janeiro: Graal, 1977).

4. Vale esclarecer que o jornal criado por Lima nada tem a ver com o jornal contemporâneo *O Globo*, fundado em 1925.

5. Jessica Gunderson, *Realism*. Ed. ilustrada. Mankato: The Creative Company, 2008; David Batchelor, Briony Fer e Paul Wood, *Realismo, racionalismo, surrealismo: Práticas e debates*. São Paulo: Cosac Naify, 1998; Ian Watt, "O realismo e a forma romance". In: Ian Watt, *A ascensão do romance: Estudos sobre Defoe, Richardson e Fielding*. São Paulo: Companhia das Letras, 2010.

6. No capítulo 12, em que trataremos da Limana, e no capítulo 17, quando analisaremos o livro inconcluso *Cemitério dos vivos*, teremos oportunidade de examinar novamente essa predileção do escritor brasileiro por Dostoiévski.

7. Lima Barreto, *Recordações do escrivão Isaías Caminha*, op. cit., p. 137.

8. Ibid.

9. Ver introdução para a obra, de Alfredo Bosi, "Figuras do *eu* nas recordações de Isaías Caminha". In: Lima Barreto, *Recordações do escrivão Isaías Caminha*, op. cit., p. 25.

10. O romance *A educação sentimental* é de 1869. Em São Petersburgo, Dostoiévski lançou *Humilhados e ofendidos* em 1861 e *Recordações da casa dos mortos* em 1862. Janko Lavrin, *An Introduction to the Russian Novel*. Nova York: Routledge, 2015. Destaca-se a proximidade com o título selecionado por Lima para seu primeiro livro, *Recordações do escrivão Isaías Caminha*.

11. Edgard Carone, *A Primeira República* (*1889-1930*). São Paulo: Difel, 1973; Winston Fritsch, "Apogeu e crise na Primeira República: 1900-1930". In: Marcelo de Paiva Abreu (Org.), *A ordem do progresso: Cem anos de política econômica republicana* (*1889-1989*). Rio de Janeiro: Campus, 1990.

12. Afrânio Peixoto, *Panorama da literatura brasileira*. São Paulo: Companhia Editora Nacional, 1940, p. 5.

13. O suposto é que ter o conhecimento da "chave" modifica

a recepção da obra, além de construir um álibi para seu idealizador. Ver Vinicius Gomes Pascoal, *Eu serei o seu espelho: Um estudo da pop art e do roman à clef mediante a* (*1968*), *de Andy Warhol* (Recife: UFPE, 2015, p. 124. Dissertação [Mestrado em Letras e Linguística]).

14. Melissa J. Boyde, "The Modernist Roman à Clef and Cultural Secret, or I Know That You Know That I Know That You Know". *Australian Literary Studie*s, Camberra, v. 24, n. 3-4, pp. 155-66, 2009; Sean Latham, *The Art of Scandal: Modernism, Libel Law, and the Roman à Clef*. Nova York: Oxford University Press, 2009.

15. Francisco de Assis Barbosa, *A vida de Lima Barreto*, op. cit., p. 154.

16. O romance seria publicado apenas em 1919. Ver capítulo 5.

17. Lima Barreto, *Vida e morte de M. J. Gonzaga de Sá*, op. cit., pp. 101-2.

18. A expressão é de Muryatan Santana Barbosa em "Pan-africanismo e relações internacionais: Uma herança (quase) esquecida" (*Carta Internacional*, Belo Horizonte, v. 11, n. 1, pp. 144-62, 2016).

19. Para maiores informações, ver ibid.

20. Lima Barreto, *Correspondência ativa e passiva – 1º tomo*, op. cit., p. 238.

21. Id., *Correspondência ativa e passiva – 2º tomo*, op. cit., p. 24.

22. Ver Petrônio Domingues, "Cidadania por um fio: O associativismo negro no Rio de Janeiro (1888-1930)" (*Revista Brasileira de História*, São Paulo, v. 34, n. 67, pp. 251-81, 2014); e Ângela de Castro Gomes e Martha Abreu, "Apresentação" ao dossiê "A nova 'Velha' República: Um pouco de história e historiografia" (*Tempo*, Niterói, v. 13, n. 26, pp. 1-14, 2009).

23. Lima conheceria apenas uma edição brasileira do romance, em 1917.

24. Lima Barreto, *Correspondência ativa e passiva – 1º tomo*, op. cit., p. 68.

25. Ibid., pp. 171-2. Ver também Francisco de Assis Barbosa, *A vida de Lima Barreto*, op. cit., pp. 144-5.

26. Lima Barreto, *Correspondência ativa e passiva – 1º tomo*, op. cit., pp. 69, 72.

27. Ibid., p. 76.

28. Id., "Amplius!". *A Epoca*, Rio de Janeiro, 10 set. 1916, p. 1.

29. A "Breve notícia" não integra a primeira edição em volume do romance, publicada em 1909. Foi adicionada ao livro na primeira edição brasileira, de 1917.

30. Lima Barreto, *Recordações do escrivão Isaías Caminha*, op. cit., p. 63.

31. Ibid.

32. Ibid., pp. 61-6.

33. Ibid., p. 65. Essa assinatura final faz parte apenas da versão da *Floreal* e das edições mais contemporâneas.

34. Ibid., p. 135. "Eu não sou literato" consta da edição de 1909; "literário", na de 1917.

35. Ibid., p. 148.

36. Ibid., p. 17.

37. Ibid., p. 80.

38. Ibid., p. 17.

39. Ibid., p. 81.

40. Ibid., p. 67.

41. Ibid., p. 27.

42. Ibid., p. 111.

43. Ibid., p. 112.

44. Ibid., p. 94.

45. Já em *Recordações*, o autor anuncia o tema de seu futuro livro *Numa e a ninfa* que sairia em folhetim a partir de 1915. Numa conversa em *O Globo*: "Não há admirar — fez um outro —. A mulher só lhe fala das coisas do jornal ao jantar, e ele guia-se muito pela opinião dela..." (Ibid., p. 178).

46. Lima Barreto, *Recordações do escrivão Isaías Caminha*, op. cit., p. 16.

47. Ibid., p. 84.

48. Ibid., p. 21.

49. Ver capítulo 4.

50. Lima Barreto, *Recordações do escrivão Isaías Caminha*. op. cit., p. 122.

51. Ibid., p. 123.

52. Ibid., p. 125.

53. Referência ao hotel em que Isaías estava hospedado.

54. Lima Barreto, *Recordações do escrivão Isaías Caminha*, op. cit., p. 127.

55. Ibid., p. 128.

56. Ibid.

57. Ibid., p. 129.

58. Ibid., p. 133.

59. Id., *Diário íntimo*. In: Eliane Vasconcellos (Org.), *Lima Barreto: Prosa seleta*, op. cit., p. 1233.

60. Id., *Recordações do escrivão Isaías Caminha*, op. cit., p. 133.

61. Ibid., pp. 134-5.

62. Ibid., p. 238. A referência (com sua ironia) dirige-se às teorias da antropologia criminal de Cesare Lombroso, que estabelecera correlações estritas entre a raça negra e a criminalidade.

63. Ibid., p. 87.

64. João do Rio, *As religiões no Rio*. Rio de Janeiro: José Olympio, 2015, p. 50. O cronista João do Rio dizia que Tia Ciata, a famosa personagem recuperada pelo modernismo carioca, não passaria "de uma negra baixa, fula e presunçosa". Agradeço a Lira Neto pela dica e pela indicação presente em seu livro *Uma história do samba* (São Paulo: Companhia das Letras, 2017), p. 41.

65. Lima Barreto, *Recordações do escrivão Isaías Caminha*, op. cit., p. 88.

66. Ibid.

67. Sobre João do Rio, um dos primeiros a fundir a crônica

com o jornalismo, ver José Brito Broca, op. cit.; Niobe Abreu Peixoto, *João do Rio e o palco: Página teatral* (São Paulo: Edusp, 2009); Julia O'Donnell, *De olho na rua: A cidade de João do Rio* (Rio de Janeiro: Jorge Zahar, 2008); João Carlos Rodrigues, *João do Rio: Vida, paixão e obra* (Rio de Janeiro: Civilização Brasileira, 2012); e Raúl Antelo, "Introdução", em Raúl Antelo, *João do Rio: A alma encantadora das ruas* (São Paulo: Companhia das Letras, 2008).

68. Lima Barreto, *Recordações do escrivão Isaías Caminha*, op. cit., p. 156.

69. Ibid., p. 173.

70. Ibid., p. 183. Os partos, povo da Pérsia, eram cavaleiros temíveis no arco e flecha.

71. Lima Barreto, *Recordações do escrivão Isaías Caminha*, op. cit., p. 190.

72. Ibid., p. 218.

73. Para maior desenvolvimento das personagens ocultas pelos pseudônimos, sugiro as excelentes notas de Isabel Lustosa para a edição da Penguin de *Recordações do escrivão Isaías Caminha*, op. cit.

74. Lima Barreto, *Recordações do escrivão Isaías Caminha*, op. cit., p. 164.

75. Ibid., p. 193.

76. Ver Maria Cristina Cortez Wissenbach, "Da escravidão à liberdade: Dimensões de uma privacidade possível", em Nicolau Sevcenko e Fernando Novais (Orgs.), op. cit.; Lilia M. Schwarcz e Heloisa M. Starling, *Brasil: uma biografia*, op. cit.

77. Lima Barreto, *Recordações do escrivão Isaías Caminha*, op. cit., p. 223.

78. Ibid., p. 172.

79. Id., *Correspondência ativa e passiva — 1º tomo*, op. cit., p. 238. Carta de Lima Barreto a Esmaragdo de Freitas, em 15 de outubro de 1911.

80. Ver Denílson Botelho, "Como ser jornalista no Rio de Janeiro do início do século XX: O caso de Lima Barreto" (*Anais do V Encontro dos Núcleos de Pesquisa da Intercom*, XXVIII Congresso Brasileiro de Ciências da Comunicação, Rio de Janeiro, Uerj, 5-9 set. 2005).

81. *Five o'Clock*, de Elísio de Carvalho, é em geral citada como obra de referência para a compreensão do período da belle époque carioca. Lançado em 1909 pela Garnier, o texto guarda a forma de um diário, escrito entre Rio e Petrópolis. *Five o'Clock* alude, ainda, a outros escritos, na forma de poemas, versos em diferentes línguas, citações e recortes de narrativas. Luiz Edmundo Bouças Coutinho, "*Five o'Clock*: Teatro decadentista e parcerias da belle époque". *Ipotesi*, Juiz de Fora: UFJF, v. 1, n. 1, pp. 79-92, 1997; José Brito Broca, op. cit.

82. *O Paiz*, Rio de Janeiro, p. 2, 25 jan. 1910.

83. *Careta*, Rio de Janeiro, ano III, n. 88, p. 17, 5 fev. 1910.

84. *A Epoca*, Rio de Janeiro, p. 1, 12 abr. 1913.

85. Nascido em 2 de julho de 1887 no Piauí, formou-se em direito em Recife, onde iniciou sua carreira de jornalista e magistrado.

86. Lima Barreto, *Correspondência ativa e passiva — 1º tomo*, op. cit., pp. 237-8. Carta de Lima Barreto a Esmaragdo de Freitas, em 15 de outubro de 1911.

87. Marisa Lajolo e Regina Zilberman, *A formação da leitura no Brasil*. São Paulo: Ática, 1996, p. 232.

88. Francisco de Assis Barbosa, *A vida de Lima Barreto*, op. cit., p. 147.

89. O artigo de Medeiros e Albuquerque foi publicado sob o pseudônimo de J. dos Santos na *Noticia* de 15 de dezembro de 1909. Já a crítica de Alcides Maia apareceu no *Diario de Noticias* do dia 16 de dezembro de 1909. Nelson Werneck Sodré, *História da imprensa no Brasil*. Rio de Janeiro: Civilização Brasileira, 1966, p. 349.

90. Lima Barreto, *Correspondência ativa e passiva — 1º tomo*, op. cit., pp. 198-9.

91. Ibid., p. 198.

92. Ibid., p. 204.

93. Francisco de Assis Barbosa, *A vida de Lima Barreto*, op. cit., p. 154.

94. A crítica de Medeiros e Albuquerque foi publicada em *A Noticia* de 24 de setembro de 1911, p. 1.

95. Agradeço a André Botelho e Nina Ferraz pelas dicas em torno do nome Isaías. Graças a eles estabeleci paralelos entre o personagem da Bíblia e o protagonista de Lima.

96. Lima Barreto, *Diário íntimo*. In: Eliane Vasconcellos (Org.), *Lima Barreto: Prosa seleta*, op. cit., p. 1283.

97. *O Paiz*, Rio de Janeiro, p. 3, 2 maio 1911.

98. Ibid., p. 2, 9 jul. 1915.

99. Vera Lúcia Bogéa Borges, *A batalha eleitoral de 1910: Imprensa e cultura política na Primeira República*. Rio de Janeiro: Apicuri, 2011.

100. Francisco de Assis Barbosa, *A vida de Lima Barreto*, op. cit., p. 157; Lima Barreto, *Correspondência ativa e passiva — 1º tomo*, op. cit., p. 194.

101. Não foi possível encontrar exemplar dessa revista, apenas, na Biblioteca Brasiliana Guita e José Mindlin, um folheto de propaganda.

102. Francisco de Assis Barbosa, *A vida de Lima Barreto*, op. cit., p. 162.

103. Ver, entre outros, Frank D. McCann, *Soldados da pátria: História do Exército Brasileiro 1889-1937* (São Paulo: Companhia das Letras, 2007).

104. Francisco de Assis Barbosa, *A vida de Lima Barreto*, op. cit., p. 167.

105. Lima Barreto, "Alguns reparos". *A Estação Theatral*, Rio de Janeiro, p. 1, 15 jul. 1911.

106. Beatriz Sarlo, em seu livro *Tempo passado: Cultura de memória e guinada subjetiva* (São Paulo: Companhia das Letras, 2007), elabora importante reflexão sobre um movimento paralelo (a despeito de distinto) de formação de uma literatura marginal. Ver também, da mesma autora, *Moderni-*

dade periférica: Buenos Aires 1920 e 1930 (São Paulo: Cosac Naify, 2010).

107. Lima Barreto, "O nosso secretário". *Correio da Noite*, Rio de Janeiro, p. 2, 18 jan. 1915.

108. Id., *Recordações do escrivão Isaías Caminha*, op. cit., p. 65.

9. POLÍTICA DE E ENTRE DOUTORES [PP. 238-53]

1. José Murilo de Carvalho. "Ouro, terra e ferro: Vozes de Minas". In: Ângela de Castro Gomes (Org.), *Minas e os fundamentos do Brasil moderno*. Belo Horizonte: Ed. UFMG, 2005.

2. Carta a Antônio Noronha Santos datada de 18 de maio de 1909, em Lima Barreto, *Correspondência ativa e passiva — 1º tomo*, op. cit., p. 76.

3. Sobre a chamada Campanha Civilista de Rui Barbosa, ver Edgard Carone, *A República Velha* (São Paulo: Difel, 1983), v. 2: Evolução política (1889-1930); Raimundo Magalhães Júnior, *Rui: O homem e o mito* (Rio de Janeiro: Civilização Brasileira, 1995); Estevam Oliveira, *Notas e pistolas: Páginas esparsas sobre a Campanha Civilista* (Uberlândia: Tipografia Brasil, 1991); Vera Lúcia Bogéa Borges, op. cit.

4. *O Imparcial*, Rio de Janeiro, p. 4, 7 maio 1917.

5. Numa Pompílio, o segundo rei de Roma, nasceu no mesmo dia em que Rômulo fundou a cidade: 21 de abril de 753 a.C. Foi ele que instituiu a maior parte dos cultos e práticas religiosas dos romanos. De acordo com a lenda, Numa seria inspirado pela ninfa Egéria, que aparecia à noite na gruta das Camenas para lhe dar conselhos. Ver verbete "Numa Pompílio" em Mário da Gama Kury, *Dicionário de mitologia grega e romana* (Rio de Janeiro: Jorge Zahar, 2008), p. 286.

6. Lima Barreto, "Numa e a ninfa". Publicado em *A Noite*, Rio de Janeiro, 15 mar.-26 jul. 1915. In: Lilia Moritz Schwarcz (Org.), *Contos completos de Lima Barreto*, op. cit., p. 295.

7. Há em Pernambuco uma vila com esse nome, que significa "um morro que perdeu a ponta".

8. Lima Barreto, *Numa e a ninfa*, op. cit., pp. 19-20.

9. Ibid., p. 21.

10. Ibid., p. 22.

11. O jornal *A Noite* foi fundado em 1911 e desde o princípio revelou-se crítico ao governo Hermes da Fonseca. Seu diretor era Irineu Marinho, o qual, por conta do exercício da oposição, teve que sair do país em 1914. Ver Maria Alice Rezende Carvalho, *Irineu Marinho: Imprensa e cidade* (São Paulo: Globo, 2012).

12. Ver artigo no jornal *A Noite*, de 12 de março de 1915, p. 1, e também Francisco de Assis Barbosa, que reproduz carta de Antônio Noronha Santos com os diferentes personagens da trama. Francisco de Assis Barbosa, *A vida de Lima Barreto*, op. cit., p. 161.

13. *A Noite*, Rio de Janeiro, p. 1, 12 mar. 1915.

14. Lima Barreto, *Numa e a ninfa*, op. cit., p. 73.

15. Ibid., p. 17.

16. Ibid., p. 95.

17. *O Imparcial*, Rio de Janeiro, p. 2, 23 mar. 1917.

18. *A.B.C.*, Rio de Janeiro, ano III, n. 106, 17 mar. 1917.

19. Astrojildo Pereira. *Interpretações*. Rio de Janeiro: Casa do Estudante do Brasil, 1944, pp. 141-2. Apud Francisco de Assis Barbosa, *A vida de Lima Barreto*, op. cit., p. 175.

20. Lima Barreto, *Numa e a ninfa*, op. cit., p. 188.

21. Essa é a opinião de Astrojildo Pereira. Ver fascículos *Aventuras do dr. Bogóloff: Episódios da vida de um pseudorrevolucionário russo* (Rio de Janeiro: A. Reis & Cia., 1912).

22. Lima Barreto, *Aventuras do dr. Bogóloff: Episódios da vida de um pseudorrevolucionário russo*, op. cit., p. 203.

23. Id., "Aventuras do doutor Bogóloff". In: Lima Barreto, *Os bruzundangas*, op. cit., p. 199.

24. Ibid., pp. 211-2.

25. Ibid., p. 229.

26. Foi Alberto da Costa e Silva quem arriscou essa hipótese, diante do desaparecimento do material, e a ele agradeço. Sou grata também a José Mario Pereira por me ter ajudado nessa busca (em vão) e a Augusto Massi por me enviar os anúncios aqui reproduzidos.

27. Francisco de Assis Barbosa, *A vida de Lima Barreto*, op. cit., p. 177. Sabemos que esses textos eram de autoria de Lima por conta da correspondência trocada com Antônio Noronha Santos.

28. Ver Alessandra El Far, *Páginas de sensação* (São Paulo: Companhia das Letras, 2005).

29. Lima Barreto, "Aventuras do doutor Bogóloff". In: Lima Barreto, *Os bruzundangas*, op. cit., p. 282.

30. *A Noite*, Rio de Janeiro, p. 2, 27 set. 1912.

31. Antonio Candido, *Um funcionário da Monarquia*, op. cit., p. 41.

32. Lima Barreto, *Numa e a ninfa*, op. cit., p. 138.

33. Ibid., pp. 138-9.

34. Ibid., p. 139.

35. Escrevi artigo mais detalhado sobre o tema: "Previsões são sempre traiçoeiras: João Baptista de Lacerda e seu Brasil branco", em *História, Ciências, Saúde — Manguinhos* (Rio de Janeiro, v. 18, n. 1, pp. 225-42, mar. 2011). Recomendo também a leitura dos textos de Giralda Seyferth, "A antropologia e a teoria do branqueamento da raça no Brasil: A tese de João Batista de Lacerda". (*Revista do Museu Paulista*, São Paulo: USP, nova série, v. 30, pp. 81-92, 1985) e "As ciências sociais no Brasil e a questão racial", em Jaime Silva, Patrícia Birman e Regina Wanderley (Orgs.), *Cativeiro e liberdade* (Rio de Janeiro: Iuperj, 1989), pp. 11-31. Voltaremos ao tema mais à frente quando tratarmos da Limana.

36. Lima Barreto, *Numa e a ninfa*, op. cit., p. 139.

37. Ibid., p. 178.

38. Ibid., p. 185.

39. Sobre a atuação de Leolinda Daltro, ver Maria Emília Vieira de Abreu. *Professora Leolinda Daltro: Uma proposta de catequese laica para os indígenas do Brasil (1895--1911)* (São Paulo: PUC-SP, 2003); Mariza Corrêa. "Os índios do Brasil elegante & a professora Leolinda Daltro", em *Antropólogas & antropologia* (Belo Horizonte: Ed. UFMG, 2003); Patrícia Costa Grigório, *A professora Leolinda Daltro e os missionários: Disputas pela catequese indígena em Goiás* (Rio de Janeiro: Multifoco, 2013); Elaine Pereira Rocha, *Entre a pena e a espada: A trajetória de Leolinda Daltro, 1859--1935 — Patriotismo, indigenismo e feminismo* (São Paulo: FFLCH-USP, 2002). Tese [Doutorado em História]); e Magali Gouveia Engel, "Gênero e política em Lima Barreto" (*Cadernos Pagu*, Campinas, n. 32, pp. 365-88, 2009).

40. Lima Barreto, *Numa e a ninfa*, op. cit., p. 185.

41. Ibid., p. 186.

42. Ibid.

43. Ibid., p. 187.

44. Lima Barreto, "O nosso caboclismo". In: Beatriz Resende e Rachel Valença (Orgs.), *Lima Barreto: Toda crônica — Volume 2, 1919-1922*, op. cit., pp. 32-3.

45. Manuela Carneiro da Cunha. "O futuro da questão indígena". *Estudos Avançados*, São Paulo: USP, v. 8, n. 20, p. 123, jan./abr. 1994.

46. Interessante pensar que nessa época foi criado o Serviço de Proteção aos Índios e Localização de Trabalhadores Nacionais (SPILTN) e quem sabe Lima se referia, jocosamente, ao órgão. O SPILTN, a primeira instituição do poder estatal voltada para as populações indígenas, foi criado pelo decreto nº 8072, de 20 de julho de 1910, e inaugurado em 7 de setembro do mesmo ano. Sobre as origens do SPILTN, ver Antonio Carlos Souza Lima, *Um grande cerco de paz: Poder tutelar, indianidade e formação do Estado no Brasil* (Petrópolis: Vozes, 1995); David Hall Stauffer, "Origem e fundação do Serviço de Proteção aos Índios (1889 a 1910)" (*Revista de História*, São Paulo, v. 18, n. 37, 1959); e Fernanda Santa Roza Ayala Martins, *O Serviço de Proteção aos Índios e Localização de Trabalhadores Nacionais e a política agrária na Primeira República: Grupos agrários, projetos e disputas no Maranhão (1910-1918)* (Niterói: UFF, 2012. Dissertação [Mestrado em História]).

47. Lima Barreto, *Numa e a ninfa*, op. cit., p. 191.

48. Conforme salienta Margareth Rago, para Goldman a emancipação feminina estava estreitamente vinculada à liberação sexual, ao direito de experimentar o desejo e praticar o amor livre, como defendiam os anarquistas desde o século XIX. Margareth Rago, "Prefácio à Emma Goldman: Tráfico de mulheres". *Cadernos Pagu*, Campinas, n. 37, pp. 263--71, jul./dez. 2011.

49. Afonso Celso, *Oito anos de Parlamento: Poder pessoal de d. Pedro II*. São Paulo: Melhoramentos, 1928. O livro trata da experiência de seu autor como deputado geral na Câmara dos Deputados, representando a província de Minas Gerais.

50. Lima Barreto, *Numa e a ninfa*, op. cit., p. 224.

51. Ibid.

52. Lima Barreto, "O homem que sabia javanês". In: Lilia Moritz Schwarcz (Org.), *Contos completos de Lima Barreto*, op. cit., pp. 71-9. Publicado originalmente na *Gazeta da Tarde*, 20 de abril de 1911, e, em seguida, na primeira edição de *Triste fim de Policarpo Quaresma* (Rio de Janeiro: Typ. Revista dos Tribunaes, 1915), pp. 287-97, edição usada para cotejo do texto.

53. Id., "A nova Califórnia". In: Lilia Moritz Schwarcz (Org.), *Contos completos de Lima Barreto*, op. cit., pp. 63--70. Escrito no Rio de Janeiro em 10 de novembro de 1910, foi publicado originalmente na primeira edição de *Triste fim de Policarpo Quaresma* (Rio de Janeiro: Typ. Revista dos Tribunaes, 1915), pp. 273-84, edição usada para cotejo do texto.

54. Ibid., p. 69.

55. Ibid., p. 70.

10. BEBIDA, BOEMIA E DESÂNIMO: A PRIMEIRA INTERNAÇÃO [PP. 254-87]

1. Francisco de Assis Barbosa, *A vida de Lima Barreto*, op. cit., p. 191.

2. Ibid., p. 192.

3. Hélcio Pereira da Silva, "Sobre Lima Barreto" , *Carioca*, Rio de Janeiro, n. 938, pp. 48 e 56, 26 set. 1953. Ver também Hélcio Pereira da Silva, *Lima Barreto: Escritor maldito*, op. cit. Agradeço a Augusto Massi pela sugestão do artigo.

4. Lima Barreto, *Diário íntimo*. In: Eliane Vasconcellos (Org.), *Lima Barreto: Prosa seleta*, op. cit., pp. 1275-6.

5. Ibid., p. 1276.

6. Lima Barreto, *Correspondência ativa e passiva — 1º tomo*, op. cit., p. 64.

7. Ibid., p. 65.

8. Ibid., pp. 65-6.

9. Ibid., p. 70.

10. Agradeço a Ruy Castro pelas sugestões acerca do vício da bebida. Ver também Olivia Laing, *Viagem ao redor da garrafa: Um ensaio sobre escritores e a bebida* (Rio de Janeiro: Anfiteatro, 2016), que trata de como a bebida entra nos hábitos de vários escritores, não só os brasileiros.

11. Francisco de Assis Barbosa, *A vida de Lima Barreto*, op. cit., pp. 178-9.

12. Ibid., pp. 179-80; e *Floreal — Publicação Bimensal de Crítica e Literatura* (Rio de Janeiro, n. 1, p. 32, 25 out. 1907).

13. Ver Flora Süssekind, *O negro como arlequim: Teatro & discriminação* (Rio de Janeiro: Achiamé, 1982), pp. 29-38; e Antonio Herculano Lopes, "Vem cá, mulata!" (*Tempo*, Niterói: UFF, v. 13, n. 26, pp. 80-100, 2009).

14. Esse é o livro que Lima mais tenha escrevveu e reescreveu. Um rascunho da obra aparece no seu *Diário íntimo*, num registro que mostra estar o argumento sendo ideado

desde 1904. Viraria conto em 1920 — ao ser publicado em *Histórias e sonhos*; já o romance restou inacabado.

15. Lima Barreto, *Clara dos Anjos*, op. cit., p. 55.

16. Se é evidente a carga de preconceitos presentes na letra de "Canção", não se quer aqui fazer juízo sobre o gênero musical. Utilizavam-se fartamente da sátira, do trocadilho, do subentendido, do nonsense. Sempre maliciosas, as letras das modinhas resvalavam nas questões do seu tempo, e invariavelmente emitiam opinião. Ver José Ramos Tinhorão, *Pequena história da música popular: Da modinha à canção de protesto* (Petrópolis: Vozes, 1974); Bruno Kiefer, A *modinha e o lundu: Duas raízes da música popular brasileira* (Porto Alegre: Movimento; UFRGS, 1977); Luiz Tatit, *O século da canção* (Cotia: Ateliê, 2004); e Franklin Martins, *Quem foi que inventou o Brasil? A música popular conta a história da República* (Rio de Janeiro: Nova Fronteira, 2015), v. 1: De 1902 a 1964.

17. Ver Lima Barreto, *Clara dos Anjos*. op. cit.; e José Ramos Tinhorão, *A música popular no romance brasileiro* (São Paulo: Ed. 34, 2000), v. 2: Século XX [primeira parte], pp. 39-42.

18. Ver Antonio Candido, "Dialética da malandragem", em *O discurso e a cidade* (São Paulo: Duas Cidades, 1993).

19. Para uma excelente análise dos marcadores de gênero e de raça nos romances brasileiros, ver Laura Moutinho. *Razão, "cor" e desejo: Uma análise comparativa sobre relacionamentos afetivo-sexuais "inter-raciais" no Brasil e na África do Sul* (São Paulo: Ed. Unesp, 2004).

20. Autor desconhecido, "Cordão". Data provável: entre 1889 e 1894.

21. Sobre a estrutura do humor e da piada, ver, entre outros, Mikhail Bakhtin, *Estética da criação verbal* (São Paulo: Martins Fontes, 2010); Clifford Geertz, A *interpretação das culturas* (Rio de Janeiro: LTC, 2008); e Robert Darnton, *O grande massacre de gatos e outros episódios da história cultural francesa* (Rio de Janeiro: Graal, 1986).

22. Mariza Corrêa, "Sobre a invenção da mulata". *Cadernos Pagu*, Campinas, n. 6-7, pp. 35-50, 1996.

23. Lima Barreto, *Diário íntimo*. In: Eliane Vasconcellos (Org.), *Lima Barreto: Prosa seleta*, op. cit., p. 1267.

24. Id., *Recordações do escrivão Isaías Caminha*, op. cit., p. 118.

25. Ver Hélcio Pereira da Silva, "Sobre Lima Barreto", op. cit., p. 48.

26. Lima Barreto, *Diário íntimo*. In: Eliane Vasconcellos (Org.), *Lima Barreto: Prosa seleta*, op. cit., p. 1276.

27. Ibid., p. 1277.

28. Ibid., pp. 1276-7.

29. Ibid., p. 1276.

30. Ibid., pp. 1277-8.

31. Ibid., p. 1278.

32. Ibid., pp. 1319-20.

33. Ver Hélcio Pereira da Silva, *Lima Barreto: Escritor maldito*, op. cit., pp. 57-8.

34. Lima Barreto, *Diário íntimo*. In: Eliane Vasconcellos (Org.), *Lima Barreto: Prosa seleta*, op. cit., p. 1313.

35. Ibid., pp. 1282-3.

36. Agradeço a André Botelho a sugestão de incluir esse conto, neste trecho do livro.

37. Lima Barreto, "Cló". In: Lilia Moritz Schwarcz (Org.), *Contos completos de Lima Barreto*, op. cit., p. 166. Conto editado originalmente na primeira edição de *Histórias e sonhos* (1920), pp. 47-59. Texto conferido a partir de Lima Barreto. *Histórias e sonhos: Contos* (Rio de Janeiro; São Paulo; Porto Alegre: Gráfica Editora Brasileira, 1951).

38. Ibid., pp. 166-7.

39. Ibid., p. 167.

40. Ibid., pp. 168-9.

41. *Mina* refere-se ao litoral africano conhecido como Costa da Mina, atuais Togo, Benin e Nigéria. No período escravista, lá se situava a feitoria de São Jorge da Mina. Escravizadas durante o século XIX, essas africanas, em função de sua atuação nas cidades, viraram símbolo de autonomia e liberdade. Eram parteiras, benzedeiras, curandeiras, e faziam todo tipo de comércio ambulante. Por isso se converteram também em fundamentais nos planos de quilombolas e insurretos negros.

42. Lima Barreto, "Cló". In: Lilia Moritz Schwarcz (Org.). *Contos completos de Lima Barreto*, op. cit., pp. 171-2.

43. Ibid., p. 172.

44. Ibid., p. 173.

45. Ibid., pp. 173-5.

46. Ibid., pp. 175-6.

47. Lima Barreto, "Miss Edith e seu tio". In: Lilia Moritz Schwarcz (Org.), *Contos completos de Lima Barreto*, op. cit., pp. 109-20.

48. Ibid., p. 110.

49. Ibid.

50. Ibid., pp. 111-3.

51. Ibid., pp. 113, 114 e 118.

52. Ibid., pp. 119-20.

53. Lima Barreto, *Diário íntimo*. In: Eliane Vasconcellos (Org.), *Lima Barreto: Prosa seleta*, op. cit., p. 1244.

54. Ibid., p. 1275.

55. Ibid., p. 1278.

56. Ibid., p. 1301.

57. Ibid., p. 1316.

58. Ibid., p. 1221.

59. Ibid.

60. Ver capítulo 8.

61. Lima Barreto, *Diário íntimo*. In: Eliane Vasconcellos (Org.), *Lima Barreto: Prosa seleta*, op. cit., p. 1306.

62. Ibid.

63. Para os afastamentos do escritor por motivos de saúde, ver Francisco de Assis Barbosa, *A vida de Lima Barreto*, op. cit., p. 178.

64. Ibid., p. 1318.

65. Ibid.

66. Segundo o *Dicionário histórico-biográfico das ciências da saúde no Brasil (1832-1930)* (<www.dichistoria-saude.coc.fiocruz.br/iah/pt/verbetes/hospedro.htm>), em 1914 o antigo Hospício já era chamado de Hospital Nacional de Alienados. Boa parte desse trecho referente à internação de 1914 foi originalmente publicado como artigo na revista *Sociologia & Antropologia*: Lilia M. Schwarcz, "O homem da ficha antropométrica e do uniforme pandemônio: Lima Barreto e a internação de 1914" (*Sociologia & Antropologia*, Rio de Janeiro: UFRJ, v. 1, n. 1, 2011), pp. 119-50. Ver também, e contando com o mesmo tipo de documentação, excelente artigo de Beatriz Resende: "O Lima Barreto que nos olha" (*serrote*, São Paulo, n. 21, 2016), pp. 20-41.

67. Ver Fernando Sérgio Dumas dos Santos e Ana Carolina Verani, "Alcoolismo e medicina psiquiátrica no Brasil do início do século XX" (*História, Ciências, Saúde – Manguinhos*, Rio de Janeiro, v. 17, supl. 2, dez. 2010), pp. 400-20.

68. Magali Gouveia Engel, *Os delírios da razão: Médicos, loucos e hospícios (Rio de Janeiro, 1830-1930)*, op. cit., pp. 194-5.

69. Augusto Massi e Murilo Marcondes de Moura (Orgs.), *Lima Barreto: Diário do hospício e O cemitério dos vivos*. São Paulo: Cosac Naify, 2010, p. 92.

70. Ibid., pp. 214-5.

71. Os depoimentos sobre os delírios de Lima foram retirados do livro de Francisco de Assis Barbosa, *A vida de Lima Barreto*, op. cit., pp. 185-7.

72. Datado de 18 de outubro de 1914, foi publicado originalmente na primeira edição de *Triste fim de Policarpo Quaresma*, em 1915. Na Divisão de Manuscritos da Fundação Biblioteca Nacional (BN/Mss I-6,35,912) há o original manuscrito intitulado "Como o 'Homem' chegou de Manaus".

73. Lima Barreto, "Como o 'homem' chegou". In: Lilia Moritz Schwarcz (Org.), *Contos completos de Lima Barreto*, op. cit., pp. 121-37.

74. Id., *Diário íntimo*. In: Eliane Vasconcellos (Org.), *Lima Barreto: Prosa seleta*, op. cit., p. 1306.

75. Robert Castel, *A ordem psiquiátrica: A idade de ouro do alienismo*. Rio de Janeiro: Graal, 1978, p. 111.

76. Com o objetivo de lidar com esse material, nos valemos do método indiciário de Carlo Ginzburg, desenvolvido no livro *Mitos, emblemas e sinais: Morfologia e história* (São Paulo: Companhia das Letras, 1989) e no artigo "O inquisidor como antropólogo: Uma analogia e suas implicações", em *A micro-história e outros ensaios* (Rio de Janeiro: Bertrand Brasil, 1989). Ginzburg utiliza o modelo dialógico, à moda de Bakhtin, o qual mostra que, a despeito das posições hierarquicamente desiguais que se estabeleciam entre inquisidor e vítima, travavam-se debates dialógicos no sentido da tensão que se apresentava entre os dois, mas igualmente na compreensão de um universo cultural partilhado, por vezes silenciosamente, por vezes de maneira aberta e conflitiva. Tendo como modelo os romances de Dostoiévski, Bakhtin definiu tal conceito: não como a unidade de uma só consciência que teria absorvido, como objetos, outras consciências múltiplas, nenhuma das quais se torna completamente objeto de outra. Mikhail Bakhtin, *La Poétique de Dostoïevski*. Paris: Seuil, 1970, p. 51.

77. Lima Barreto, *Diário íntimo*. In: Eliane Vasconcellos (Org.), *Lima Barreto: Prosa seleta*, op. cit., p. 1233.

78. Francisco de Assis Barbosa, no "Apêndice" de sua famosa biografia sobre Lima Barreto, reproduz tal documento na íntegra. *A vida de Lima Barreto*, op. cit., pp. 279-83.

79. Ver Magali Gouveia Engel, *Os delírios da razão: Médicos, loucos e hospícios (Rio de Janeiro, 1830-1930)*, op. cit., p. 145.

80. Ibid., p. 45.

81. Magali Gouveia Engel, "As fronteiras da 'anormalidade': Psiquiatria e controle social". *História, Ciências, Saúde – Manguinhos*, Rio de Janeiro, v. 5, n. 3, 1999, pp. 547-63.

82. Lima Barreto, *Diário íntimo*. In: Eliane Vasconcellos (Org.), *Lima Barreto: Prosa seleta*, op. cit., p. 1283.

83. Ibid., p. 1305.

84. Cláudio de Sousa, *O alcoolismo e a sífilis* [Conferências realizadas por ocasião da inauguração oficial do Dispensário Dr. Cláudio de Sousa, fundado pela Liga de Profilaxia Moral e Sanitária de São Paulo]. São Paulo: Typographia do Diario Oficial, 1906.

85. Hermeto Lima, *O alcoolismo no Rio de Janeiro*. Rio de Janeiro: Imprensa Nacional, 1914. (Biblioteca do Boletim Policial).

86. Ibid.

87. Cunha Cruz, *O problema do alcoolismo no Brasil: Apelo aos exmos. snrs. representantes do poder público e a imprensa no Brasil*. Rio de Janeiro: Typ. do Jornal do Commercio de Rodrigues & C., 1906, pp. 13-5.

88. Hoje neurastenia é conceito em desuso, referindo-se a qualquer tipo de alienação e distúrbio mental.

89. Sobre Juliano Moreira, ver Alexandre Passos, *Juliano Moreira (vida e obra)* (Rio de Janeiro: São José, 1975); e Vera Maria Portocarrero, op. cit. Ver também as excelentes notas sobre Juliano Moreira em Augusto Massi e Murilo Marcondes de Moura (Orgs.), op. cit., p. 51.

90. Juliano Moreira, "A luta contra as degenerações nervosas e mentais no Brasil", *Brasil Médico*, Rio de Janeiro, 1922; II, pp. 225-6. Apud Ana Maria Galdini Raimundo Oda e Paulo Dalgalarrondo. "Juliano Moreira: Um psiquiatra negro frente ao racismo científico", *Revista Brasileira de Psiquiatria*, São Paulo, v. 22, n. 4, 2000.

91. Augusto Massi e Murilo Marcondes de Moura (Orgs.), op. cit., p. 51.

92. Ibid., p. 247.

93. As fotos de pacientes, contidas no Livro de Registros do Hospício Nacional, não puderam ser divulgadas em virtude de parecer negativo do Comitê de Ética Médica, IPUB, que desautorizou a publicação das mesmas nesta biografia. Os casos selecionados, e que constam do texto deste livro, aparecem referidos apenas com as iniciais dos nomes dos pacientes no intuito de proteger sua identidade. Para uma visão mais completa desses processos, sugiro a leitura de artigo de minha autoria, sobre o mesmo tema, publicado na revista *Sociologia & Antropologia*, Rio de Janeiro, UFRJ, v. 1, n. 1, 2011, pp. 119-50, que se encontra on-line e está indexado no Scielo.

94. Augusto Massi e Murilo Marcondes de Moura (Orgs.), op. cit., pp. 203, 210, 211 e 228.

95. Ibid., pp. 279-94.

11. CARTADA FORTE E VISIONÁRIA: FAZENDO CRÔNICAS, CONTOS, E VIRANDO *TRISTE FIM DE POLICARPO QUARESMA* [PP. 288-313]

1. Ver Régis de Morais, *Lima Barreto: O elogio da subversão*. São Paulo: Brasiliense, 1983, pp. 82 e 52.

2. Ver Hélcio Pereira da Silva, *Lima Barreto: Escritor maldito*, op. cit., p. 31.

3. *O Paiz*, Rio de Janeiro, p. 3, 25 jun. 1913.

4. *Correio da Manhã*, Rio de Janeiro, p. 3, 15 jan. 1914.

5. *O Paiz*, Rio de Janeiro, p. 6, 2 jan. 1916.

6. Rocha Pombo (1857-1933) fundou e dirigiu o jornal *O Povo*, em cujas páginas fez as campanhas abolicionista e republicana. Ingressou por concurso na congregação do Colégio Pedro II e lecionou, também, na Escola Normal. Publicou um livro sobre *História do Brasil*, que fez muito sucesso em sua época, e sócio efetivo do Instituto Histórico e Geográfico Brasileiro desde 1900. Em março de 1933 foi eleito para a ABL, mas, adoentado, não chegou a tomar posse. (Consultado em <www.academia.org.br/academicos/rocha-pombo/biografia>.) Ver também Fernanda Lucchesi, *A história como ideal: Reflexões sobre a obra de José Francisco da Rocha Pombo* (São Paulo: FFLHC-USP, 2004. Dissertação [Mestrado em Antropologia]).

7. Ver *A Imprensa* de 12 de agosto de 1911, p. 11.

8. Ver *Fon-Fon* de 1º de março de 1913, p. 50. Ver ainda *O Imparcial* de 2 de maio de 1916, p. 7.

9. *O Paiz*, Rio de Janeiro, p. 3, 22 jul. 1911.

10. Ver Francisco de Assis Barbosa, *A vida de Lima Barreto*, op. cit., pp. 182-3. Ver também as matérias "Sociedade dos Homens de Letras" (*Fon-Fon*, Rio de Janeiro, ano VIII, n. 21, p. 48, 23 maio 1914); "Sociedade de Homens de Letras" (*Correio da Noite*, Rio de Janeiro, p. 2, 14 jun. 1914); "A Sociedade de Homens de Letras do Brasil" (*A Noticia*, Rio de Janeiro, p. 1, 18 jun. 1914); "Sociedade de Homens de Letras do Brasil — A sessão de fundação" (*O Paiz*, Rio de Janeiro, p. 2, 18 jun. 1914); "Homens de letras" (*O Paiz*, Rio de Janeiro, p. 1, 19 jun. 1914); "SBHL — A sessão de anteontem — A aprovação dos estatutos e a eleição da diretoria" (*A Epoca*, Rio de Janeiro, p. 3, 9 jul. 1914); "SBHL — A lista dos sócios fundadores" (*O Paiz*, Rio de Janeiro, p. 4, 17 jul. 1914); "Os direitos autorais perigam — Questão importante" (*A Noticia*, Rio de Janeiro, p. 1, 3 set. 1915); *O Imparcial* (Rio de Janeiro, 3 set. 1915); e "A semana" (*O Paiz*, Rio de Janeiro, p. 1, 20 ago. 1916).

11. Lilia Moritz. Schwarcz (Org.), *Contos completos de Lima Barreto*, op. cit., pp. 188-97.

12. Lima Barreto, "*Agaricus auditae*". In: Lilia Moritz Schwarcz (Org.), *Contos completos de Lima Barreto*, op. cit., p. 190.

13. "Duas relíquias", *A.B.C.*, Rio de Janeiro, ano VI, n. 260, 28 fev. 1920. A referência jocosa também poderia ser à Academia Brasílica dos Esquecidos, fundada por um grupo de letrados, na Bahia, em 1724. Seu objetivo era escrever a história da América portuguesa.

14. É relativamente longa essa tradição dos letrados, também no Brasil. O modelo se consolidou na passagem do século XVII para o XVIII em academias e sociedades literárias. Ver, por exemplo, os casos da Academia Brasílica dos Esquecidos (1724-25) e da Academia Brasílica dos Renascidos em Salvador (1759); ou mesmo a tentativa de instalar a Arcádia Ultramarina em Vila Rica; e a Sociedade Literária do Rio de Janeiro (1786-94). Ver Milena da Silveira Pereira. *A crítica que fez história: As associações literárias no Oitocentos* (São Paulo: Ed. Unesp, 2015).

15. Fundada em 1838 por escritores como Honoré de Balzac, Victor Hugo, Alexandre Dumas e George Sand, a Société des Gens de Lettres de France inicialmente pretendia arrecadar e repartir os direitos advindos das publicações dos romances em forma de folhetim. Aos poucos a associação ampliou seu raio de atuação, defendendo os interesses dos autores, de uma forma mais ampla. Ver <www.sgdl.org/sgdl/presentation/histoire>.

16. Ver *Correio da Noite*, de 18 de junho de 1914, p. 2. Ver também Pedro Galdino da Silva Neto, *A querela do direito autoral na segunda metade do Oitocentos* (Rio de Janeiro, Uerj, 2013. Dissertação [Mestrado em História]), p. 57.

17. *Jornal do Commercio*, Rio de Janeiro, pp. 4-5, 5 jul. 1914.

18. *O Paiz*, Rio de Janeiro, p. 5, 15 jun. 1915.

19. Ibid., p. 5, 1 jul. 1915.

20. *A.B.C.*, Rio de Janeiro, ano I, n. 20, p. 5, 10 jul. 1915.

21. "SBHL — Só existe um lugar de honra e quinhentos homens o disputam", *Revista da Semana*, Rio de Janeiro, ano XVI, p. 5, 10 jul. 1915.

22. Manuel Bastos Tigre, *Reminiscências: A alegre roda da Colombo e algumas figuras do tempo de antigamente*. Brasília: Thesaurus, 1992, pp. 52-3.

23. Marlene Medaglia Almeida, *Na trilha de um andarengo: Alcides Maya (1877-1944)*. Porto Alegre: EDIPUCRS; IEL, 1994, pp. 122-3.

24. Lilia Moritz Schwarcz (Org.), *Contos completos de Lima Barreto*, op. cit., pp. 302-3.

25. *O Paiz*, Rio de Janeiro, p. 7, 31 jul. 1910.

26. *A Estação Theatral* de 8 de abril, p. 1; 6 de maio, p. 1; e 20 de maio, p. 1. E também Lima Barreto, "Uma coisa puxa a outra...

I e II", em Beatriz Resende e Rachel Valença (Orgs.), *Lima Barreto: Toda crônica — Volume 1, 1890-1919*, op. cit., pp. 68-72.

27. *O Theatro*, Rio de Janeiro, ano I, n. 2, pp. 10-1, 4 maio 1911; *O Theatro*, Rio de Janeiro, ano I, n. 5, pp. 7-8, 25 maio 1911.

28. O *Fluminense*, p. 2, 27 maio 1911; Lilia Moritz Schwarcz (Org.), *Contos completos de Lima Barreto*, op. cit., pp. 290-3.

29. Lilia Moritz Schwarcz (Org.), *Contos completos de Lima Barreto*, op. cit., pp. 337-46.

30. *O Rio-Nu*, Rio de Janeiro, p. 2, 27 maio 1912.

31. Lima Barreto, "Palavras de um *snob* anarquista". In: *A Voz do Trabalhador*, Rio de Janeiro, 15 maio 1913. Ver também Beatriz Resende e Rachel Valença. *Lima Barreto: Toda crônica — Volume 1, 1890-1919*, op. cit., pp. 110-4.

32. Id, "Nós! Hein?", *Careta*, ano XII, n. 86, 13 set. 1919. In: Beatriz Resende e Rachel Valença (Orgs.), *Lima Barreto: Toda crônica — Volume 2, 1919-1922*, op. cit., pp. 17-8.

33. Felipe Botelho Corrêa (Org.), op. cit., p. 16.

34. "Um bairro pitoresco", *Careta*, Rio de Janeiro, ano III, n. 89, 12 fev. 1910.

35. Lima Barreto, "Os dois deputados", *Careta*, Rio de Janeiro, ano V, n. 212, 22 jun. 1912.

36. *Careta*, Rio de Janeiro, ano V, n. 212, 22 jun. 1912.

37. Lima Barreto, "O pistolão". In: Felipe Botelho Corrêa (Org.), op. cit., pp. 379-80.

38. Id., "Um e outro", *A Águia*, Rio de Janeiro, v. 4, 2ª série, pp. 111-8, jul./dez. 1913. In: Lilia Moritz Schwarcz (Org.), *Contos completos de Lima Barreto*, op. cit., pp. 80-8.

39. *A Águia*, Rio de Janeiro, v. 4, 2ª série, p. 112, jul./dez. 1913.

40. Luís Edmundo, em *O Rio de Janeiro do meu tempo*, registra que um dos primeiros *chauffeurs* da cidade se chamava sr. J. Huber e que a primeira garagem se localizava na rua da Relação. A partir de 1906, iniciou-se o registro de termos de exames de condutores de automóveis, época também em que surgem mais garagens. Ver Victor Andrade de Melo, "O automóvel, o automobilismo e a modernidade no Brasil (1891-1908)" (*Revista Brasileira de Ciências do Esporte*, Campinas, v. 30, n. 1, pp. 187-203, set. 2008); e Luís Edmundo, *O Rio de Janeiro do meu tempo* (Brasília: Senado Federal; Secretaria Especial de Editoração e Publicação, 2003). Para mais informações a respeito dos automóveis no Brasil: Vergniaud C. Gonçalves, *Automóvel no Brasil: 1893-1966* (São Paulo: Ed. do Automóvel, 1966); Francisco Agenor de Noronha Santos, *Meios de transporte no Rio de Janeiro (história e legislação)*, op. cit.

41. *A Águia*, op. cit. p. 117.

42. Ibid., p. 118.

43. Lilia Moritz Schwarcz (Org.), *Contos completos de Lima Barreto*, op. cit., pp. 109-20.

44. Lima Barreto, "A derrubada", *Correio da Noite*, Rio de Janeiro, 31 dez. 1914. In: Beatriz Resende e Rachel Valença (Orgs.), *Lima Barreto: Toda crônica — Volume 1, 1890-1919*, op. cit., pp. 133-4.

45. *Correio da Noite*, Rio de Janeiro, p. 1, 31 dez. 1914.

46. Lima Barreto, "O novo manifesto", *Correio da noite*. Rio de Janeiro, 16 jan. 1915. In: Beatriz Resende e Rachel Valença (Orgs.), *Lima Barreto: Toda crônica — Volume 1, 1890-1919*, op. cit., pp. 155-6.

47. *Correio da Noite*, Rio de Janeiro, p. 1, 16 jan. 1915.

48. Lima Barreto, "À margem", *Correio da Noite*, Rio de Janeiro, 23 dez. 1914.

49. Referência a José Maria da Silva Paranhos (1845-1912), o barão do Rio Branco. Lima aí alude à sua atuação como ministro das Relações Exteriores e sua visão favorável ao pan-americanismo. Ver Luís Viana Filho, *A vida do barão do Rio Branco* (São Paulo: Edufba; Ed. Unesp, 2008); e Luís Cláudio Villafañe G. Santos, *O evangelho do Barão: Rio Branco e a identidade brasileira* (São Paulo: Ed. Unesp, 2012).

50. Ibid., p. 1.

51. Publiquei uma introdução, ensaio crítico e notas para *Triste fim de Policarpo Quaresma* de Lima Barreto, "Um romance em notas" (São Paulo: Companhia das Letras, 2011), pp. 11-55. Alguns dados que aqui aparecem já constam desse outro ensaio.

52. Para visão mais abrangente do gênero folhetim, ver Marlyse Meyer, op. cit.

53. Cf. *Catálogo da exposição comemorativa do centenário de nascimento de Lima Barreto organizado pela Seção de Promoções Culturais*, Rio de Janeiro, 1981.

54. Em anúncio publicado em 11 de março de 1917 pelo *Jornal do Commercio*, o aluguel de uma "casa moderna da rua d. Mariana n. 123 [...], com duas salas, seis quartos, banheira com aquecedor [...] jardim na frente etc." valia 253$900. Lima morava em local bem mais barato no subúrbio, e tal quantia deve ter representado um grande esforço financeiro.

55. Trata-se do amigo de Lima Barreto, Antônio Noronha Santos, responsável, como sabemos, pela publicação de *Recordações do escrivão Isaías Caminha* por uma editora portuguesa.

56. Lima Barreto, *Diário íntimo*. In: Eliane Vasconcellos (Org.), *Lima Barreto: Prosa seleta*, op. cit., pp. 1311-2.

57. *A Epoca*, Rio de Janeiro, p. 1, 18 fev. 1916.

58. Ibid.

59. Quando João Luís Ferreira foi eleito governador do estado do Piauí, em 1920, convidou o antigo colega para ocupar o cargo de diretor da Imprensa Oficial. Lima recusou o convite. O autor também dedicou a Ferreira o conto "*Agaricus auditae*". Lilia Moritz Schwarcz (Org.), *Contos completos de Lima Barreto*, op. cit., pp. 188-97.

60. "O grande inconveniente da vida real e o que a torna insustentável para o homem superior é que, se introduzimos nela os princípios de ideal, as qualidades se transformam em defeitos, de modo que frequentemente o homem de valor consegue menos sucesso do que aquele movido pelo egoísmo ou pela rotina vulgar."

61. Joseph-Ernest Renan (1823-92) foi um pensador influente em sua geração. Seminarista de formação, rompeu com a Igreja em 1885. Passou então a combinar ceticismo com sentimentalismo, e com esse mote analisou a vida do imperador Marco Aurélio. Ele seria um herói trágico que se sacrificou em nome da ciência, fracassou e isolou-se no poder. Percebe-se, assim, parte da intenção da epígrafe: ceticismo diante da ciência é fundamental ao romance, assim como Policarpo se espelha em Marco Aurélio e nos homens considerados "superiores" porque críticos a seu tempo.

62. Lima Barreto, *Triste fim de Policarpo Quaresma*, op. cit., p. 71.

63. Na introdução e nas notas que fizemos para a edição de *Triste fim de Policarpo Quaresma* (São Paulo: Companhia das Letras, 2011), comentamos com vagar os livros citados no romance.

64. Lima Barreto, *Triste fim de Policarpo Quaresma*, op. cit., p. 229.

65. Ibid., p. 349.

66. A expressão é utilizada por Francisco de Assis Barbosa, *A vida de Lima Barreto*, op. cit.

67. Ibid., p. 319.

68. Ibid., p. 142.

69. Ibid., p. 273.

70. Ver também o artigo "Policarpo Quaresma", de Oliveira Lima, que destaca essa expressão (*O Estado de S. Paulo*, São Paulo, p. 4, 13 nov. 1916).

71. Lima Barreto, "As formigas e o prefeito". *A Lanterna*, Rio de Janeiro, 4 maio 1918. In: Beatriz Resende e Rachel Valença (Orgs.), *Lima Barreto: Toda crônica — Volume 1, 1890-1919*, op. cit., pp. 334-5.

72. Paulo Prado, *Retrato do Brasil*. São Paulo: Companhia das Letras, 1997.

73. Mário de Andrade, *Macunaíma*. São Paulo: Eugenio Cupolo, 1928.

74. Lima Barreto, *Triste fim de Policarpo Quaresma*, op. cit., p. 349.

75. Silviano Santiago, "Uma ferroada no peito do pé (Dupla leitura de *Triste fim de Policarpo Quaresma*)". In: *Vale quanto pesa*. Rio de Janeiro: Paz e Terra, 1982.

76. Lima Barreto, *Triste fim de Policarpo Quaresma*, op. cit., p. 350.

77. Id., *Diário íntimo*. In: Eliane Vasconcellos (Org.), *Lima Barreto: Prosa seleta*, op. cit., p. 1311.

78. Jackson de Figueiredo Martins (1891-1928) colaborou na *Gazeta de Noticias* e em *O Jornal*. Entre 1921 e 1922, fundou o Centro Dom Vital e a revista *A Ordem* e seu nome virou referência na história do catolicismo no Brasil. Produziu, entre outras obras, *Afirmações* (1921) e *A coluna de fogo* (1925) Ver <http://cpdoc.fgv.br/producao/dossies/AEraVargas1/biografias/jackson_de_figueiredo>.

79. "Binóculo", *Gazeta de Noticias*, Rio de Janeiro, 29 abr. 1916.

80. Ibid., p. 5.

81. Lima Barreto, "Com o 'Binóculo'". *Correio da Noite*, Rio de Janeiro, p. 2, 11 jan. 1915. In: *Vida urbana*. 2. ed. São Paulo: Brasiliense, 1961, pp. 71-2.

82. Medeiros e Albuquerque, "Crônica literária: Lima Barreto: *Triste fim de Policarpo Quaresma*". *A Noite*, Rio de Janeiro, p. 2, 1 out. 1916.

83. Ibid.

84. *A Noite*, Rio de Janeiro, p. 2, 30 abr. 1916.

85. *O Paiz*, Rio de Janeiro, p. 2, 23 set. 1916.

86. As informações que se seguem — sobre o título do livro e o paralelo com a obra de Flaubert — foram retiradas e estabelecem um diálogo com a bela e sensível crítica de Silviano Santiago, "Uma ferroada no peito do pé" (*Vale quanto pesa*, op. cit.), incluída na edição de *Triste fim* organizada por Antônio Houaiss e Carmem Lúcia Negreiros (Madri; Paris; México; Buenos Aires; São Paulo; Lima; Guatemala; San José; Santiago: Allca xx, 1997, [Coleção Archivos]).

87. Ver Karl Friedrich Philipp von Martius, *Flora brasiliensis*. Stuttgart; Tübingen: Sumptibus J. G. Cottae, 1829.

88. Afonso Celso, *Porque me ufano do meu país*. Rio de Janeiro: F. Briguiet & Cia., 1943. Ver também Silviano Santiago, *Vale quanto pesa*, op. cit.

89. Lima Barreto, *Correspondência ativa e passiva — 1º tomo*, op. cit., p. 265.

90. Gustave Flaubert, *Bouvard et Pécuchet*. Paris: Alphonse Lemerre, 1881.

91. Lima Barreto, *Correspondência ativa e passiva — 1º tomo*, op. cit., p. 104.

92. Id., *Triste fim de Policarpo Quaresma*, op. cit., p. 142.

93. *A Razão* de 24 de agosto de 1917 comenta a candidatura afirmando que "Lima Barreto, no meio dos quarenta velhotes do Silogeu, seria uma inteligência desabusada, sempre prevenida contra a avassaladora invasão dos expoentes, que não passam, infelizmente, de desoladoras mediocridades". O periódico ainda publica a carta que Lima enviou à redação para confirmar que era candidato. Mas ele não teve sucesso.

94. Lima Barreto, "O patriotismo", Rio de Janeiro, dez. 1914. In: Beatriz Resende e Rachel Valença (Orgs.), *Lima Barreto: Toda crônica — Volume 1, 1890-1919*, op. cit., pp. 125-6.

95. *Correio da Noite*, Rio de Janeiro, p. 1, 21 dez. 1914.

96. Lima Barreto, *Triste fim de Policarpo Quaresma*, op. cit., p. 84.

97. Ibid., p. 142.

98. Eliane Vasconcellos (Org.), *Lima Barreto: Prosa seleta*, op. cit., p. 1289.

99. Ver Silviano Santiago, *Vale quanto pesa*, op. cit.

12. LIMANA: A BIBLIOTECA DO LIMA [PP. 314-43]

1. Agradeço a André Botelho e Paulinho Maciel pelas dicas para este capítulo.

2. Trecho citado por Antonio Arnoni Prado, *Lima Barreto: Uma autobiografia literária*, op. cit., p. 139.

3. Lima Barreto, *Triste fim de Policarpo Quaresma*, op. cit., p. 76.

4. Ibid., p. 77.

5. Ibid., p. 88.

6. Ibid., p. 101.

7. Ibid., p. 204.

8. Lima Barreto, *Clara dos Anjos*, op. cit., pp. 200-1.

9. As informações sobre o artista foram retiradas do livro de Osvaldo Macedo Sousa, *Fernando Correia Dias: Um poeta do traço* (Rio de Janeiro: Batel, 2013).

10. Interessante pensar que é essa a epígrafe que abre a obra intitulada *A esfinge*, de Afrânio Peixoto (Rio de Janeiro: Francisco Alves, 1911).

11. Conta a mitologia que Tebas estava à mercê da Esfinge (um monstro com cabeça humana e corpo de leoa e com asas de ave de rapina), que devorava a população incapaz de decifrar os enigmas por ela propostos. Creonte — que se tornou rei de Tebas depois de Laio ser morto inadvertidamente por Édipo — ofereceu o trono da cidade como recompensa a quem decifrasse o enigma. A pergunta era: "Quem é dotado de voz, marcha primeiro com quatro pés, depois com dois e finalmente com três?". Édipo adivinhou que eram as criaturas humanas, que engatinham na infância, andam na idade adulta e na velhice necessitam de bengala. A Esfinge, transtornada, matou-se, precipitando-se do alto de um rochedo. Cumprindo a promessa, Creonte entregou o trono a Édipo e ainda lhe deu em casamento Jocasta, a viúva de Laio, sem saber que se tratava da mãe do novo rei. O incidente teria levado os tebanos a serem assolados pela peste. Ver verbetes "Creonte" e "Esfinge", em Mário da Gama Kury, *Dicionário de mitologia grega e romana*, op. cit. Ver também Thomas Bulfinch, *O livro de ouro da mitologia: Histórias de deuses e heróis* (Rio de Janeiro: Ediouro, 2001).

12. O motivo também poderia ser outro, pois há diferenças de representações da esfinge egípcia e da grega. A egípcia, por exemplo, costuma apresentar o corpo de um leão e a cabeça de um homem; na grega, o corpo é de leão, mas a cabeça é de mulher. Além disso, a imagem egípcia teria o significado de poder e sabedoria, seria uma guardiã. Já a grega representaria um monstro, que assustava e matava o povo de Tebas por não decifrar seu enigma.

13. Ver capítulo 7 sobre esse texto.

14. Antonio Candido, "Literatura e cultura de 1900 a 1945". In: *Literatura e sociedade: Estudos sobre teoria e história literária*. São Paulo: Companhia Editora Nacional, 1985, pp. 109-38.

15. Antonio Arnoni Prado, *Lima Barreto: O crítico e a crise*, op. cit., p. 39; Lima Barreto, "Os samoiedas". In: Lima Barreto, *Os bruzundangas*, op. cit., pp. 31-7.

16. Crítico literário e jornalista, adotou o pseudônimo de Tristão de Ataíde. Por conta de seu livro chamado *Estudos*, que reúne seus trabalhos publicados no período de 1927 a

1933 ficaria conhecido como o "crítico do modernismo". Converteu-se ao catolicismo e anos depois assumiu a direção do Centro Dom Vital. Foi eleito para a ABL em 1935. Retirado do site da ABL: <www.academia.org.br/academicos/alceu-amoroso-lima-pseud-tristao-de-ataide/biografia>.

17. Alfredo Bosi, *O pré-modernismo: A literatura brasileira*. São Paulo: Cultrix, 1968, v. 5.

18. Flora Süssekind, "O figurino e a forja". In: *Sobre o pré-modernismo*. Rio de Janeiro, 1988, pp. 32-3.

19. Correia Dias faria vários ex-líbris de literatos cariocas, incluindo-se o de Joaquim Nabuco.

20. Francisco de Assis Barbosa explicou que a coleção de livros fora doada pela família a José Mariano Filho, por causa das despesas que ele tivera com o enterro de Lima e de João Henriques em 1922. Mas as obras teriam se perdido por falta de cuidado. Trataremos dessa história com mais vagar na conclusão desta biografia.

21. Denílson Botelho, no artigo "A República na biblioteca de Lima Barreto: Livros, leituras e ideias" (*Revista Eletrônica Cadernos de História*, Ouro Preto, Ufop, ano IV, v. 8, n. 2, dez. 2009), assinala que, apesar de Lima anotar oitocentas obras, fazendo supor que havia na Limana oitocentos títulos, aparecem alguns saltos inexplicáveis. Segundo o pesquisador, existiriam apenas 707 peças anotadas no caderno.

22. Ver inventário da Limana reproduzido em Francisco de Assis Barbosa. *A vida de Lima Barreto*, op. cit., pp. 283-96. Tal como consta na nota de revisão de Beatriz Resende para o livro de Assis Barbosa (10. ed., 2012), Lima possuía vários cadernos em que colocava recortes, principalmente de jornais, de assuntos diversos. Existem sete pastas de retalhos.

23. *Na Barricada* foi um dos importantes periódicos da imprensa operária na Primeira República (ao lado de *A Plebe*, *Guerra Social*, *A Terra Livre*, *A Voz do Trabalhador*, *Spartacus*, *A Voz do Povo* e *A Lanterna*). Lançado em 1915, nele é possível acompanhar os debates ocorridos no Centro de Estudos Sociais do Rio de Janeiro. *A Vida* foi fundada por Oiticica em 1914 e considerada a primeira revista brasileira voltada para a formação ideológica da classe operária, e para a difusão da doutrina anarquista. Porém, e conforme explica Boris Fausto: "Nenhum jornal explicitamente anarquista do Rio de Janeiro conseguiu manter-se por muito tempo com exceção significativa de *A Voz do Trabalhador*. Ver Tereza Ventura, *Nem barbárie, nem civilização!* (São Paulo: Annablume, 2006), p. 109; verbete "Oiticica, José", *Dicionário histórico-biográfico da Primeira República*, op. cit., e Boris Fausto, *Trabalho urbano e conflito social: 1890-1920* (São Paulo: Companhia das Letras, 2016).

24. Gustave Le Bon (1841-1931) publicou uma série de obras dedicadas às teorias de características nacionais, e era convicto acerca da superioridade racial dos europeus. Ernst Heinrich Philipp August Haeckel (1834-1919) foi um dos expoentes do cientificismo positivista, e contribuiu

para disseminar o trabalho de Charles Darwin. Henry Thomas Buckle (1821-62) é autor da *História da civilização na Inglaterra*, e converteu-se, em fins do século XIX, em forte referência entre os intelectuais brasileiros. Paul Topinard (1830-1911), médico e antropólogo francês, foi diretor adjunto do laboratório de antropologia na École Pratique des Hauts Études e professor da École d'Anthropologie. Arthur de Gobineau (1816-82) foi diplomata, escritor e filósofo e um dos mais conhecidos teóricos do racismo no século XIX. Bénédict-Augustin Morel (1809-18), psiquiatra franco-austríaco, foi o primeiro a utilizar o termo "démence précoce", que se referia ao que hoje se conhece como esquizofrenia.

25. Edgar Roquette-Pinto desenvolveu, entre outros, projeto de pesquisa sobre as características morfológicas dos diferentes "tipos raciais". Fez parte do projeto Rondon a partir de 1912 e em 1916 tornou-se professor de história natural na Escola Normal do Distrito Federal. Foi o grande impulsionador da radiodifusão no Brasil e autor, entre outros, de *Rondônia* (1917) e um intelectual muito atuante no país. Foi membro da Academia Brasileira de Letras e participou da fundação do Partido Socialista Brasileiro. Ver *Dicionário histórico-biográfico da Primeira República* op. cit. Ver também Nísia Trindade Lima e Dominichi Miranda de Sá (Orgs.), *Antropologia brasiliana: Ciência e educação na obra de Edgard Roquette-Pinto* (Belo Horizonte: Ed. UFMG, 2008); Vanderlei Sebastião de Souza, *Em busca do Brasil: Edgard Roquette-Pinto e o retrato antropológico brasileiro* (*1905-1935*) (Rio de Janeiro: COC-Fiocruz, 2011. Tese [Doutorado em História das Ciências e da Saúde]).

26. A respeito do Congresso Internacional de Raças e do discurso de João Batista de Lacerda, ver o artigo de minha autoria "Previsões são sempre traiçoeiras: João Baptista de Lacerda e seu Brasil branco", op. cit. Ver também Giralda Seyferth, "A antropologia e a teoria do branqueamento da raça no Brasil: A tese de João Batista de Lacerda", op. cit.; e Giralda Seyferth, "As ciências sociais no Brasil e a questão racial". In: Jaime Silva; Patrícia Birman e Regina Wanderley (Orgs.), *Cativeiro e liberdade*, op. cit. pp. 11-31.

27. Tratei do tema e da tela em questão no meu livro *O espetáculo das raças*, op. cit., e em artigo Tatiana H. P. Lotierzo e Lilia Moritz Schwarcz, "Raça, gênero e projeto branqueador: A redenção de Cam, de Modesto Brocos". *Artelogie*, Paris, n. 5, out. 2013. Consultado em <http://cral.in2p3.fr/artelogie/spip.php?article254>. Ver também dissertação de Tatiana Lotierzo, *Contornos do (in)visível: A redenção de Cam, racismo e estética na pintura brasileira do último Oitocentos* (São Paulo: FFLCH-USP, 2013. Mestrado [Antropologia Social]).

28. Lima Barreto, *Diário íntimo*. In: Eliane Vasconcellos (Org.), *Lima Barreto: Prosa seleta*, op. cit., p. 1233.

29. Escrevi artigo sobre o tema: "Lima Barreto leitor de Machado de Assis: leitor de si" (*Machado de Assis em Linha*, São Paulo: USP, v. 7, n. 14, pp. 22-60, 2014).

30. Machado faleceu em 1908, em sua casa no bairro do Cosme Velho, aos 69 anos. Mantinha-se ativo e havia publicado, nos anos mais recentes, *Esaú e Jacó* (1904), *Relíquias da casa velha* (1906) e seu último romance, *Memorial de Aires* (1908). A bibliografia sobre o escritor é vasta e me remeto apenas a algumas obras que analisaram a vida do autor em conexão com sua obra. Ver, entre outros, Raimundo Magalhães Júnior, *Vida e obra de Machado de Assis* (Rio de Janeiro: Civilização Brasileira, 1981), 4 v.; Silviano Santiago, *Uma literatura nos trópicos: Ensaios sobre dependência cultural* (São Paulo: Perspectiva, 1978); Alfredo Bosi, *Machado de Assis: O enigma do olhar* (São Paulo: Ática, 2000); Sidney Chalhoub, *Machado de Assis: Historiador* (São Paulo: Companhia das Letras, 2003); Roberto Schwarz, *Ao vencedor as batatas: Forma literária e processo social nos inícios do romance brasileiro*, op. cit.; Roberto Schwarz, *Um mestre na periferia do capitalismo: Machado de Assis* (São Paulo: Duas Cidades, 1990); Hélio Guimarães e Vladimir Sacchetta, *Machado de Assis: Fotógrafo do invisível* (São Paulo: Moderna, 2008); John Gledson, *Machado de Assis: Ficção e história* (Rio de Janeiro: Paz e Terra, 1986); Hélio Guimarães, *Machado de Assis, o escritor que nos lê* (São Paulo: Ed. Unesp, 2017). Sugiro ainda, para um bom balanço da produção, a tese de Érico Melo, *Olho do mapa, vozes do chão: Cartografia e geoestratégia do romance brasileiro (1870-1970)* (São Paulo: FFLCH-USP, 2016. Pós-doutorado [Teoria Literária e Literatura Comparada]). E o romance intitulado *Machado*, de Silviano Santiago (São Paulo: Companhia das Letras, 2016), o qual, mesmo carregando um estilo que mistura com primor dados históricos e ficcionalização, versa justamente sobre os últimos anos de vida do escritor.

31. Agradeço a André Botelho pelas reflexões e nuanças desse parágrafo. Remeto também aos capítulos 1, 2 e 3 deste livro, quando discuto as mudanças experimentadas pelas populações afrodescendentes na passagem do Império à República.

32. Ver John Gledson, *Machado de Assis: Ficção e história*, op. cit.

33. Ver excelente livro e levantamento feito por Eduardo de Assis Duarte (Org., ensaios e notas), *Machado de Assis afro-descendente: Escritos de caramujo*, 2. ed. (Rio de Janeiro: Pallas; Belo Horizonte: Crisálidas, 2009). Nesse caso me refiro à citação da página 288. Crônica original de Machado: "A semana" (*Gazeta de Notícias*, Rio de Janeiro, p. 1, 14 maio 1893).

34. Machado de Assis, "História de quinze dias...", *Illustração Brasileira*, Rio de Janeiro, 15 jun. 1877. Apud: Eduardo de Assis Duarte (Org.), *Machado de Assis afro-descendente*, op. cit., pp. 33-4.

35. Ver Astrojildo Pereira, *Machado de Assis: Ensaios e apontamentos avulsos* (Belo Horizonte: Oficina do Livro, 1991). E apud Eduardo de Assis Duarte, op. cit., pp. 271-2.

36. Sidney Chalhoub, *Machado de Assis historiador*, op. cit., 2003.

37. Em Machado de Assis, *Relíquias da casa velha* (Rio de Janeiro: Garnier, 1906). Citado também por Eduardo de Assis Duarte, op. cit., pp. 271-2.

38. Eduardo de Assis Duarte, *Machado de Assis afro-descendente*, op. cit., p. 257.

39. Assis Duarte demonstra como todos esses temas fazem parte da obra de Machado de uma forma mais geral. Para um ótimo balanço, ver texto final do autor intitulado "Estratégias de caramujo". Ibid., pp. 249-88.

40. Ver Roberto Schwarz, *As ideias fora do lugar: Ensaios selecionados* (São Paulo: Companhia das Letras, 2014), pp. 54-5.

41. Ver também o romance de Silviano Santiago, *Machado*, op. cit., em que o autor recupera, numa ficção, digamos assim, possível, o que o escritor leu, viu e ouviu nesse último momento de sua vida e mostra como a literatura, antes de "reproduzir" a vida e seu tempo, também os produz.

42. Sobre a questão dos universalismos e brasileirismos, ver Angela Alonso, "Outro Machado" (*Folha de S.Paulo*, São Paulo, p. 2, 15 jan. 2017, Ilustríssima).

43. Eduardo de Assis Duarte, op. cit., p. 284.

44. Para uma importante análise dos sistemas de distinção na arte, ver Pierre Bourdieu, *A distinção: Crítica social do julgamento* (São Paulo: Edusp; Porto Alegre: Zouk, 2007).

45. *A.B.C.*, Rio de Janeiro, ano v, n. 230, 2 ago. 1919.

46. Hélcio Pereira da Silva, *Lima Barreto: Escritor maldito*, op. cit., p. 177.

47. *A.B.C.*, Rio de Janeiro, ano iv, n. 197, 14 dez. 1918.

48. Lima Barreto, "Carta aberta". In: Beatriz Resende e Rachel Valença (Orgs.). *Lima Barreto: Toda crônica — Volume 1, 1890-1919*, op. cit., p. 416.

49. Ver Mario da Silva Brito, *História do modernismo brasileiro: Antecedentes da Semana de Arte Moderna* (Rio de Janeiro: Civilização Brasileira, 1971), p. 31.

50. Manuel Curvelo de Mendonça (1870-1914) era advogado, professor, romancista e jornalista. Ao lado de Lima Barreto, Fábio Luz, Antônio Noronha Santos e Domingos Ribeiro Filho, formava o grupo "libertário" que criou a revista *Floreal*.

51. Um bom paralelo pode ser feito com o grupo Bloomsbury. Para tanto, ler Raymond Williams, "The Bloomsbury Fraction", em *Problems in Materialism and Culture* (Londres: Verso, 1982); John Keith Johnstone, *The Bloomsbury Group: A Study of E. M. Forster, Lytton Strachey Virginia Woolf, and Their Circle* (Londres: Secker & Warburg, 1954); Stanford Patrick Rosenbaum, *The Bloomsbury Group: A Collection of Memoirs and Commentary* (Toronto: University of Toronto Press, 1995). No caso brasileiro, Heloisa Pontes faz bela análise de comparação entre esse grupo inglês e o grupo brasileiro Clima. Ver *Destinos mistos: Os críticos do grupo Clima em São Paulo (1940-1968)* (São Paulo: Companhia das Letras, 1998).

52. Laurence Hallewell, *O livro no Brasil: Sua história*. São Paulo: Edusp, 2005, p. 287.

53. A Garnier era sem dúvida a mais importante editora atuando na área da literatura na época. Mas existiam outras casas, como a Laemmert (que funcionou até 1909 e depois foi vendida à Francisco Alves), que se concentrava sobretudo nos temas de não ficção: ciências e história. A Francisco Alves, por sua vez, focava as obras didáticas.

54. Laurence Hallewell, op. cit., p. 261.

55. Há toda uma discussão acerca da importância desse grupo e sua definição — se seriam escritores pré-modernos, belle époque, acadêmicos — que me permito não desenvolver aqui. Para uma avaliação acurada desses debates intelectuais, sugiro os trabalhos de Flora Süssekind, dentre eles *Cinematógrafo de letras: Literatura, técnica e modernização no Brasil* (São Paulo: Companhia das Letras, 1987), p. 18; José Paulo Paes, *Gregos & baianos* (São Paulo: Brasiliense, 1985); Alfredo Bosi, *História concisa da literatura brasileira*, op. cit.; e "As letras na Primeira República", em Boris Fausto (Org.), *História geral da civilização brasileira* (São Paulo: Difel, 1977), tomo III, v. 2; Antonio Candido, *Literatura e sociedade*, op. cit.; Sergio Miceli, *Poder, sexo e letras na República Velha* (São Paulo: Perspectiva, 1977); e Jeffrey D. Needell, *Belle époque tropical: Sociedade e cultura de elite no Rio de Janeiro na virada do século* (São Paulo: Companhia das Letras, 1990).

56. Para um ótimo balanço dessas oposições, ver Maurício Silva, *A Hélade e o subúrbio: Confrontos literários na belle époque carioca* (São Paulo: Edusp, 2006).

57. Publicado em Lima Barreto, *Impressões de leitura*, op. cit.

58. Nísia Trindade Lima, "Euclides da Cunha: O Brasil como sertão". In: Lilia Moritz Schwarcz e André Botelho (Orgs.), op. cit., p. 108.

59. Angela Alonso, "Joaquim Nabuco: O crítico penitente". In: Lilia Moritz Schwarcz e André Botelho (Orgs.), op. cit., p. 68. E, também de Angela Alonso, *Joaquim Nabuco* (São Paulo: Companhia das Letras, 2007).

60. Lúcia Miguel Pereira, *História da literatura brasileira: Prosa de ficção (de 1870 a 1920)*, op. cit.

61. Lima Barreto, "Uma fatia acadêmica". In: Beatriz Resende e Rachel Valença (Orgs.), *Lima Barreto: Toda crônica — Volume 1, 1890-1919*, op. cit., p. 576.

62. Ibid.

63. Ibid., p. 578.

64. Ibid. p. 579.

65. Ibid., p. 580.

66. Ibid.

67. Lima Barreto, "A casa dos espantos". In: Beatriz Resende e Rachel Valença (Orgs.), *Lima Barreto: Toda crônica — Volume 1, 1890-1919*, op. cit., p. 574.

68. Ibid., p. 575.

69. Lima Barreto, "Esta minha letra...". In: Beatriz Resende e Rachel Valença (Orgs.), *Lima Barreto: Toda crônica — Volume 1, 1890-1919*, op. cit., pp. 90-3.

70. Ibid., p. 90.

71. Ibid., p. 91.

72. Lima Barreto, "Uma fatia acadêmica". In: Beatriz Resende e Rachel Valença (Orgs.), *Lima Barreto: Toda crônica — Volume 1, 1890-1919*, op. cit., pp. 91-2.

73. Lima Barreto, "Manifestações políticas", *Careta*, Rio de Janeiro, ano XIV, n. 697, 29 out. 1921. In: Beatriz Resende e Rachel Valença (Orgs.), *Lima Barreto: toda crônica volume 2, 1919-1922*, op. cit., p. 459.

74. Lima Barreto. "Três gênios de secretaria", *Brás Cubas*, 10 abr. 1919.

75. Ibid., p. 475.

76. Ver Manuela Carneiro da Cunha, *Negros estrangeiros: Os escravos libertos e sua volta à África*. São Paulo: Companhia das Letras, 2014.

77. Ibid.

78. José Brito Broca, op. cit.

79. Ibid., p. 81.

80. Ver Hélcio Pereira da Silva, *Lima Barreto: Escritor maldito*, op. cit., pp. 146-7.

81. Para K. Lixto, ver *Enciclopédia Itaú Cultural*, em <http://enciclopedia.itaucultural.org.br/pessoa8643/k-lixto>. Para as demais biografias, ver Manuel Bastos Tigre, op. cit., p. 101.

82. Brito Broca, *A vida literária no Brasil*, op. cit., p. 81.

83. Nascido em 25 de setembro de 1898 em Pernambuco, Belarmino Maria Austregésilo de Ataíde colaborou nos jornais *A Tribuna*, *Correio da Manhã* e *A Folha*. (Fonte: Lima Barreto. *Correspondência ativa e passiva — 2º tomo*, op. cit., p. 251; e biografia de Austregésilo de Ataíde na ABL: <www.academia.org.br/abl/cgi/cgilua.exe/sys/start.htm%3Fsid%3D137/biografia>.)

84. Lima Barreto, *Correspondência ativa e passiva — 2º tomo*, op. cit., p. 256.

85. A transcrição presente no volume das *Correspondências* (*Obra completa*. São Paulo: Brasiliense, 1956) vem da versão da carta publicada na *Revista do Brasil*, de maio de 1941, p. 54.

86. Lima Barreto, *Correspondência ativa e passiva — 2º tomo*, op. cit., p. 255.

87. "Impressões literárias", *A Lusitana*, v. 1, n. 2, pp. 48-50, 10 jun. 1916, pp. 48-50.

88. José Oiticica, "Lima Barreto, etc.", *A Rua*, 25 maio 1916.

89. Vítor Viana (1881-1937) colaborou nos jornais *O Seculo*, *Cidade do Rio*, *A Imprensa*, *O Paiz* e *Jornal do Commercio*, do qual foi redator principal e diretor. Foi membro da Academia Brasileira de Letras a partir de 1935.

90. Sérgio Buarque de Holanda, "Em torno de Lima Barreto", *Diario de Noticias*, Rio de Janeiro, 23 jan. 1949. Letras e Artes, pp. 1-2.

91. Ibid.

92. José Veríssimo, "Lima Barreto". In: Eliane Vasconcellos (Org.), *Lima Barreto: Prosa seleta*, op. cit., pp. 30-1.

93. Ver Antonio Arnoni Prado, *Lima Barreto: O crítico e a crise*, op. cit., pp. 15-25.

94. Ver Hélcio Pereira da Silva, *Lima Barreto: Escritor maldito*, op. cit., p. 146.

95. Lima Barreto, *Diário íntimo*. In: Eliane Vasconcellos (Org.), *Lima Barreto: Prosa seleta*, op. cit., p. 1259.

96. Mário Galvão conheceu Lima Barreto no Colégio Paula Freitas. Continuariam colegas na Secretaria da Guerra. Foi amanuense (nomeado em 1900) e aposentou-se como chefe de seção em 1934. Galvão foi repórter do *Diario do Commercio* e também um dos fundadores da Associação Brasileira de Imprensa, em 1908. Lima Barreto, *Correspondência ativa e passiva — 1º tomo*, op. cit., pp. 133-4.

97. Ibid., p. 134.

98. Luciana Hidalgo, *Literatura da urgência: Lima Barreto no domínio da loucura*. São Paulo: Annablume, 2008.

99. Manuel de Oliveira Lima usaria esse mesmo termo para definir a postura de Lima.

100. Lima Barreto, *Impressões de leitura*, op. cit., p. 273.

101. Ver Robert Darnton, "O poder das bibliotecas". *Folha de S.Paulo*, São Paulo, 15 abr. 2001. Mais!, pp. 4-7.

102. Ver Lilia Moritz Schwarcz, Angela Marques da Costa, Paulo Cesar de Azevedo, *A longa viagem da biblioteca dos reis: Do terremoto de Lisboa à Independência do Brasil* (São Paulo: Companhia das Letras, 2006).

103. Jorge Luis Borges, "A biblioteca de Babel". In: Jorge Luis Borges, *Ficções*. São Paulo: Companhia das Letras, 2007, pp. 69-79.

104. Elias Canetti, *Auto de fé*. Rio de Janeiro: Nova Fronteira, 1982, pp. 551 e 18.

13. UM LIBERTÁRIO ANARQUISTA: SOLIDARIEDADE É A PALAVRA [PP. 344-69]

1. Agradeço a Pedro Cazes e Paulo Maciel que muito ajudaram na pesquisa para a realização deste capítulo.

2. Nicolau Sevcenko, *Literatura como missão: Tensões sociais e criação cultural na Primeira República*, op. cit.

3. Carta a Lucilo Varejão, 26 de setembro de 1922. Apud Antonio Arnoni Prado, *Lima Barreto: Uma autobiografia literária*, op. cit., p. 117.

4. Sabemos que a existência de núcleos anarquistas e socialistas utópicos remonta ao século XIX — a colônia Cecília, o Falanstério do Sahi, a comunidade livre do Erebango, por exemplo. Estamos nos referindo, porém, aos movimentos urbanos. Ver nesse sentido, entre outros, Rafael Borges Deminicis e Daniel Aarão Reis Filho (Orgs.), *História do anarquismo no Brasil* (Niterói: Eduff; Rio de Janeiro: Mauad, 2006), v. 1; e Carlos Augusto Addor e Rafael Borges Deminicis (Orgs.), *História do anarquismo no Brasil* (Rio de Janeiro: Achiamé, 2009), v. 2.

5. Francisco de Assis Barbosa, *A vida de Lima Barreto*, op. cit., p. 106.

6. Domingos Ribeiro Filho, "Lima Barreto e as três categorias de literatos". *Visão Brasileira*, Rio de Janeiro, v. 1, n. 3, p. 19, set. 1938.

7. Domingos publicou as seguintes obras: *O cravo vermelho*, 1907; *Sê feliz!*, 1903; *Vãs torturas*, 1911; *Miserere*, 1919; *Uma paixão de mulher*, sem data, este sob o pseudônimo de Cecília Mariz. Aposentou-se da Secretaria da Guerra por volta de 1932-34, depois de 35 anos de serviço.

8. Lúcia Miguel Pereira, *História da literatura brasileira: Prosa de ficção (de 1870 a 1920)*, op. cit.

9. Astrojildo Pereira, "Domingos Ribeiro Filho". *Diretrizes*, Rio de Janeiro, ano v, n. 107, pp. 13 e 22, 16 jul. 1942.

10. Ibid. Apud Nelson Werneck Sodré, *História da imprensa no Brasil*, op. cit., p. 357.

11. Lima Barreto, *Correspondência ativa e passiva — 1º tomo*, op. cit., pp. 214-5.

12. Agradeço ao professor Elias Saliba por essa informação, fruto de suas "conversas em estado etílico", conforme comentou, com Francisco de Assis Barbosa. Em Bastos Tigre, nas suas crônicas memorialísticas para a revista *Vamos Ler*, 3 out. 1946, pp. 36-7.

13. Na época do surgimento do *Correio da Manhã*, Pausílipo resolveu acumular cargos, trabalhando nos dois jornais. Acabou, porém, optando pelo *Correio da Manhã*, onde colaborou até a morte.

14. No *Correio da Manhã* de 1905, o grupo é assim definido: "Partido Operário Independente — Reunido à rua Aguiar n. 4, em Cascadura, avultado número de operários progressistas, na sua maioria associados da União Operária do Engenho de Dentro, fundaram nesta capital, o partido [...] supra. O Partido Operário Independente, não é uma criação nova [...]. Chama-se 'Partido Independente' porque não tem aliança com nenhum partido político [...]". *Correio da Manhã*, Rio de Janeiro, p. 4, 23 abr. 1905.

15. Obras publicadas: *Mártir pela fé*, ensaio literário, 1899; *Festas à infância*, literatura infantil, 1913. No *Correio da Manhã* publicou em folhetins *A vitória da fome*, romance socialista (edições de 17 de outubro a 8 de dezembro de 1911).

16. Essa descrição está no livro *Anarquistas e comunistas no Brasil: 1900-1935*, de John W. F. Dulles (Rio de Janeiro: Nova Fronteira, 1977).

17. José Oiticica organizou o plano de invasão do palácio do governo no levante anarquista de novembro de 1918. A ideia era depor o governo federal. Para isso, uma parte dos operários desceria de Botafogo e tomaria o palácio presidencial, no Catete. Outro segmento se reuniria no campo de São Cristóvão para atacar a Intendência da Guerra. Já os militantes localizados no bairro da Saúde atacariam o quartel de polícia do bairro. Mas o plano falhou: membros do "conselho" insurrecional foram presos e a tomada do palácio jamais ocorreu. Verbete "Oiticica, José", *Dicionário histórico-biográfico da Primeira República* op. cit., 2010.

18. John W. F. Dulles, op. cit., pp. 35-6.

19. A Universidade Popular de Ensino Livre envolveu intelectuais libertários como Elísio de Carvalho (o mentor da ideia), Fábio Luz, ministrando a disciplina higiene; Felisberto Freire, história do Brasil; Rocha Pombo, história geral; Pedro Couto, filosofia; Sinésio de Faria, matemática; José Veríssimo, Araújo Viana e outros. O projeto promovia campanhas para incentivar a organização de bibliotecas populares e a criação e manutenção de centros de estudos dedicados ao tema. Cristina Aparecida Reis Figueira, *A trajetória de José Oiticica: O professor, o autor, o jornalista e o militante anarquista na educação brasileira*. São Paulo: PUC-SP, 2008, pp. 60-1. Tese (Doutorado em Educação).

20. Em carta datada de 14 de novembro de 1921, Rocha Pombo elogiou o último livro de Lima, *Histórias e sonhos*. Depois de ter recebido um exemplar, enviado pelo próprio autor, Pombo retribuiu a gentileza exaltando o sua "capacidade de psicólogo, o poder de análise, a profunda intuição das coisas [...]". Em Lima Barreto. *Correspondência ativa e passiva – 2º tomo*, op. cit., pp. 259-60.

21. Ver Ronaldo Conde Aguiar, *O rebelde esquecido: Tempo, vida e obra de Manoel Bomfim* (Rio de Janeiro: Topbooks, 2000).

22. Kropótkin era membro da antiga família real de Rurik. Após o serviço militar na Sibéria e na Manchúria, quando se dedicou à pesquisa geográfica, envolveu-se na política radical e ingressou no Círculo Tchaikóvski em São Petersburgo. Brian Morris, "The Revolutionary Socialism of Peter Kropotkin". In: *Anthropology, Ecology, and Anarchism: A Brian Morris Reader*. Oakland, CA: PM Press, 2015, p. 206. Foi um dos principais pensadores anarquistas do século XIX, juntamente com Pierre-Joseph Proudhon e Mikhail Bakunin. Kropótkin entendia o anarco-comunismo como uma síntese do liberalismo radical e do comunismo, e repudiava tanto o Estado como o capitalismo. Rejeitava todas as formas de governo e a economia de mercado. A produção deveria ser realizada por associações voluntárias e autogerida pelas necessidades humanas, sem visar o lucro. Ajuda mútua, solidariedade social, liberdade individual a partir da livre cooperação, eram, conforme Kropótkin, a base da vida social. Ver Ruth Kinna, *Kropotkin: Reviewing the Classical Anarchist Tradition* (Edimburgo: Edinburgh University Press, 2016); Brian Morris, "The Revolutionary Socialism of Peter Kropotkin", em *Anthropology, Ecology, and Anarchism: A Brian Morris Reader*, op. cit., p. 207; Brian Morris, *Kropotkin: The Politics of Community (Nova York:* Humanity Press, 2004); e *The Anarchist-Geographer: An Introduction to the Life of Peter Kropotkin* (Minehead: Genge Press, 2007).

23. Henrique Sergio Silva Corrêa, *O "A.B.C." de Lima Barreto (1916-1922)*. Assis: Unesp, 2012, pp. 12-3. Dissertação (Mestrado em Letras).

24. Ver Nádia Farage, "Antes fora eu: o animal literário em Lima Barreto". In: Elda Firmo Braga, Evely Vânia Libanori e Rita de Cássia Miranda Diogo (Orgs), *Representação animal:*

diálogo e reflexões literárias. Rio de Janeiro: Oficina da Leitura, 2015, p. 153.

25. Lima Barreto, "Os galeões do México", *Gazeta da Tarde*, Rio de Janeiro, 20 maio 1911.

26. Ver João Antônio, *Calvários e porres do pingente Afonso Henriques de Lima Barreto*. Rio de Janeiro: Civilização Brasileira, 1977, p. 31.

27. Segundo Nelson Werneck Sodré em *História da imprensa no Brasil*, op. cit., p. 357.

28. A Confederação Operária Brasileira foi fundada em abril de 1906, durante o I Congresso Operário Brasileiro, realizado no Rio de Janeiro, e instalada a partir de março de 1908. A COB foi a primeira organização operária nacional capaz de atuar com algum sucesso, embora de maneira irregular e com dificuldades. Verbete "Confederação Operária Brasileira", *Dicionário histórico-biográfico da Primeira República*, op. cit. Ver Nelson Werneck Sodré, "Imprensa proletária". In: *História da imprensa no Brasil*, op. cit.; e Vito Giannotti, "Primeiras organizações, sindicatos e congressos operários", em *História das lutas dos trabalhadores no Brasil* (Rio de Janeiro: Mauad X, 2007).

29. O jornal *A Voz do Trabalhador* surgiu como órgão da Confederação Operária Brasileira (COB), a partir das discussões do Congresso de 1906. Sua primeira publicação deu-se, porém somente em 1908. Seu objetivo era atuar, no campo da imprensa proletária, como verdadeiro porta-voz da classe operária nacional, e não apenas do movimento operário carioca. *A Voz do Trabalhador* não seguia a mesma lógica de comercialização da "imprensa burguesa". Sua distribuição se dava por assinaturas mensais, contribuições voluntárias de simpatizantes ou por associações operárias que recebiam remessas do jornal. Era publicado quinzenalmente com uma tiragem que chegou a 4 mil exemplares. O periódico passou por todo tipo de dificuldade financeira, o que muitas vezes levou à interrupção de sua publicação. Ver João Carlos Marques, *A Voz do Trabalhador: Cultura operária e resistência anarquista no Rio de Janeiro (1908-1915)*. (Londrina: UEL, 2013, pp. 38-9. Dissertação [Mestrado em História Social]); e verbete "Confederação Operária Brasileira", *Dicionário histórico-biográfico da Primeira República*, op. cit., 2010. Ver também Célia Maria Benedicto Giglio, *A Voz do Trabalhador: Sementes para uma nova sociedade* (São Paulo: FE-USP, 1995. Dissertação [Mestrado em Educação]).

30. Para classe operária e industrialização, ver Francisco Foot Hardman e Victor Leonardi, *História da indústria e do trabalho no Brasil: Das origens aos anos 1920* (São Paulo: Ática, 1991); Lúcio Kowarick, *Trabalho e vadiagem: A origem do trabalho livre no Brasil* (São Paulo: Brasiliense, 1987); Paulo Sérgio Pinheiro e Michael Hall, *A classe operária no Brasil: 1889-1930* (São Paulo: Alfa-Ômega, 1979), v. 1: Documentos.

31. Para os dados, ver José Antonio Segatto, *A formação da classe operária no Brasil* (Porto Alegre: Mercado Aberto, 1987).

32. Para o anarquismo no Brasil, ver Francisco Foot Hardman, *Nem pátria, nem patrão! Memória operária, cultura e literatura no Brasil* (São Paulo: Ed. Unesp, 2002); Daniel Aarão Reis Filho e Rafael Borges Deminicis (Orgs.), *História do anarquismo no Brasil*, op. cit.; Boris Fausto, *Trabalho urbano e conflito social*, op. cit.; Edilene Toledo, *Anarquismo e sindicalismo revolucionário: Trabalhadores e militantes em São Paulo na Primeira República* (São Paulo: Fundação Perseu Abramo, 2004).

33. O anarcocomunismo acredita que o produto do trabalho deve ser coletivamente apropriado e distribuído de acordo com o seguinte princípio: "De cada qual, segundo sua capacidade; a cada qual, segundo suas necessidades". Já o anarcossindicalismo defende que os sindicatos seriam as instâncias de organização social mais relevantes na luta de classes. Judith Suissa, *Anarchism and Education: A Philosophical Perspective*. Oakland, CA: PM Press, 2010, p. 14.

34. Boris Fausto, "Expansão do café e política cafeeira". In: Boris Fausto (Org.), *História geral da civilização brasileira: O Brasil republicano*, op. cit. Ver também Boris Fausto, *Trabalho urbano e conflito social*, op. cit. (especialmente o capítulo VI).

35. Vito Giannotti, "Primeiras organizações, sindicatos e congressos operários". In: Id., op. cit., pp. 61-8; Marcela Goldmacher, *A "Greve Geral" de 1903: O Rio de Janeiro nas décadas de 1890 a 1910*. Niterói: UFF, 2009, pp. 93-123. Tese (Doutorado em História); Everardo Dias, *História das lutas sociais no Brasil*. São Paulo: Alfa-Ômega, 1977; Yara Aun Khoury, *As greves em São Paulo*. São Paulo: Cortez; Autores Associados, 1981; Cláudio Henrique de Moraes Batalha, *O movimento operário na Primeira República*. Rio de Janeiro: Jorge Zahar, 2000; Edgard Carone, *Movimento operário no Brasil (1877-1944)*. São Paulo: Difel, 1979.

36. Ver Francisco de Assis Barbosa, op. cit., p. 204.

37. Lima Barreto, "Sobre a guerra", *Correio da Noite*, Rio de Janeiro, p. 1, 19 dez. 1914. In: Beatriz Resende e Rachel Valença (Orgs.), *Lima Barreto: Toda crônica — Volume 1, 1890-1919*, op. cit., pp. 123-4.

38. Id., "São capazes de tudo...". *A.B.C.*, Rio de Janeiro, ano V, n. 201, 11 jan. 1919. In: Beatriz Resende e Rachel Valença (Orgs.), *Lima Barreto: Toda crônica — Volume 1, 1890-1919*, op. cit., pp. 445-9.

39. Ibid., p. 445.

40. Ibid., p. 446.

41. Ibid., p. 449.

42. Ver Nádia Farage, "Antes fora eu: o aninal literário em Lima Barreto", op. cit., pp. 146-66. A autora num belo texto oferece mais exemplos acerca do naturalismo do escritor e sua associação com o anarquismo.

43. Carta de Lima Barreto a Georgino Avelino, 30 de outubro de 1916, em Lima Barreto, *Correspondência ativa e passiva — 2º tomo*, op. cit., pp. 280-1.

44. Lima Barreto, "Congresso Pamplanetário", 1919. In: Francisco de Assis Barbosa, *A vida de Lima Barreto*, op. cit.,

pp. 65-70. In: Nádia Farage, "Antes fora eu", op. cit., p. 161. Sobre biopolítica no Brasil, ver "De ratos e outros homens: resistência biopolítica no Brasil modern", em Lépine et al. (Orgs.), *Manuela Carneiro da Cunha: o lugar da cultura e o papel da antropologia* (Rio de Janeiro: Editora Beco do Azougue, 2011), pp. 279-309.

45. Lima Barreto, "Educação física", *A.B.C.*, Rio de Janeiro, ano VII, n. 318, 9 abr. 1921. In: Beatriz Resende e Rachel Valença (Org.), *Lima Barreto: Toda crônica — Volume 2, 1919-1922*, op. cit., pp. 342-5.

46. *O Debate*, "Sobre a carestia", *O Debate*, Rio de Janeiro, 15 set. 1917. Apud Francisco de Assis Barbosa, *A vida de Lima Barreto*, op. cit., p. 217.

47. Ver Francisco de Assis Barbosa, *A vida de Lima Barreto*, op. cit., p. 207.

48. Ver, entre outros, Francisco Foot Hardman, *Nem pátria, nem patrão! Memória operária, cultura e literatura no Brasil*, op. cit.; e, do mesmo autor, "Engenheiros, anarquistas, literatos: Sinais de modernidade no Brasil", em José Murilo de Carvalho et al. (Orgs.), op. cit., pp. 13-23.

49. Ver Paulo Alves, *A verdade da repressão: Práticas penais e outras estratégias na ordem republicana (1890-1921)*. (São Paulo: Arte e Ciência, 1997).

50. Lima Barreto, "São Paulo e os estrangeiros [II]", *O Debate*, Rio de Janeiro, 13 out. 1917. In: Beatriz Resende e Rachel Valença (Orgs.), *Lima Barreto: Toda crônica — Volume 1, 1890-1919*, op. cit., p. 294.

51. Id., "Coisas americanas I". *O Debate*, Rio de Janeiro, 6 out. de 1917; Id., "Coisas Americanas II". *O Debate*, Rio de Janeiro, 27 out. 1917. In: Beatriz Resende e Rachel Valença (Orgs.), *Lima Barreto: Toda crônica — Volume 1, 1890-1919*, op. cit., pp. 295-8.

52. Id., *Diário íntimo*. In: Eliane Vasconcellos (Org.), *Lima Barreto: Prosa seleta*, op. cit., pp. 1316-7.

53. Ibid., pp. 1314-5.

54. Ver, nesse sentido, Richard Negreiros de Paula. "Semente de favela: Jornalistas e o espaço urbano da capital federal nos primeiros anos da República — o caso do Cabeça de Porco" (*Cantareira*, Niterói: UFF, ano II, v. I, n. 3, pp. 1-23, 2003); e Lilian Fessler Vaz, "Notas sobre o Cabeça de Porco" (*Revista do Rio de Janeiro*, Niterói, v. 1, n. 2, jan./abr. 1986).

55. Lima Barreto, "A biblioteca", *Correio da Noite*, Rio de Janeiro, p. 1, 13 jan. 1915. In: Beatriz Resende e Rachel Valença (Orgs.), *Lima Barreto: Toda crônica — Volume 1, 1890-1919*, op. cit., pp. 149-50.

56. Ibid., p. 150.

57. Tratamos de Leolinda Daltro no capítulo 9. Sobre Gilka Machado, ver Nadia Gottlieb, "Com dona Gilka Machado, Eros pede a palavra: Poesia erótica feminina brasileira nos inícios do século XX" (*Polímica — Revista de Criação e Crítica*, São Paulo, n. 4, pp. 23-47, 1982); Ana Paula Costa Oliveira, "Poesia erótica e construção identitária: A obra de Gilka Machado" (*Anuário de Literatura*, Florianópolis, n. 7, pp. 241-

-72, jan. 1999); Júlio Cesar Tavares Dias, "'Aos caprichos do amor': Poesia e erotismo de Gilka Machado" (*Nau Literária*, Porto Alegre: UFRGS, v. 9, n. 1, jan./jun. 2013); Jussara Neves Rezende, "A escrita do corpo: Poemas eróticos de Florbela Espanca e Gilka Machado" (*Revista Crioula*, São Paulo, n. 1, maio 2007); e Angélica Soares, "O erotismo poético de Gilka Machado: Um marco na liberação da mulher" (*Revista Mulheres e Literatura*, Rio de Janeiro, v. 4, 2012).

58. Ver Eliane Vasconcellos, *Entre a agulha e a caneta: A mulher na obra de Lima Barreto* (Rio de Janeiro: Lacerda, 1999), pp. 323-4.

59. Ver, entre outros, Branca Moreira Alves, *Ideologia e feminismo: A luta da mulher pelo voto no Brasil* (Petrópolis: Vozes, 1980); e Heleieth Iara Bongiovani Saffioti, *A mulher na sociedade de classes: Mito e realidade* (Petrópolis: Vozes, 1979).

60. Lima Barreto, "O nosso caboclismo", *Careta*, Rio de Janeiro, ano XII, n. 590, 11 out. 1919. In: Beatriz Resende e Rachel Valença (Orgs.), *Lima Barreto: Toda crônica — Volume 2, 1919-1922*, op. cit., pp. 32-3.

61. Id., *Coisas do Reino do Jambon*, op. cit., p. 74.

62. Id., *Marginália*, op. cit., p. 128.

63. Id., "A amanuense", *A.B.C.*, Rio de Janeiro, ano IV, n. 187, 5 out. 1918. In: Beatriz Resende e Rachel Valença (Orgs.), *Lima Barreto: Toda crônica — Volume 1, 1890-1919*, op. cit., pp. 388-91.

64. "Denúncia contra o chanceler?", *A Epoca*, Rio de Janeiro, p. 2, 8 out. 1918.

65. Ibid.

66. *A Republica*, Rio de Janeiro, 9 out. 1918.

67. *Gazeta de Noticias*, Rio de Janeiro, p. 2, 28 out. 1920. In: Lima Barreto, *Impressões de leitura*, op. cit.

68. Ibid.

69. Ibid.

70. Ibid.

71. Ver, entre outros, Eliane Vasconcellos, *Entre a agulha e a caneta: A mulher na obra de Lima Barreto*, op. cit.; e do artigo "Gênero e política em Lima Barreto", de Magali Gouveia Engel, op. cit.

72. *Gazeta de Noticias*, Rio de Janeiro, 28 out. 1920. In: Lima Barreto, *Impressões de leitura*, op. cit.

73. Não são poucas as militantes e pensadoras que se destacavam nesse momento. Bertha Lutz (1894-1976), por exemplo, formada em biologia pela Sorbonne, foi uma das mais expressivas lideranças na campanha pelo voto feminino e pela igualdade de direitos entre homens e mulheres no Brasil. Publicou diversos textos na *Revista da Semana* em 1918, em que denunciava a opressão das mulheres e propunha a criação de uma associação para "canalizar todos os esforços isolados". Também foi uma das fundadoras da Federação Brasileira pelo Progresso Feminino. Vale lembrar ainda de Maria Lacerda de Moura (1887-1945). Formada pela Escola Normal de Barbacena, iniciou sua luta pela "libertação total da mulher" com a publicação de *Em torno da educação*,

em 1918. Era anarquista, adepta do amor livre, a favor da educação sexual e contra a moral vigente. Seu livro *A mulher é uma degenerada?* teve grande repercussão e causou polêmica. Ercília Nogueira Cobra (1891-1938), outro nome que se destacou no contexto, lançou em 1922 seu primeiro livro, *Virgindade inútil: Novela de uma revoltada*, em que discutia a exploração da mulher no trabalho e no sexo. Ver Constância Lima Duarte, "Feminismo e literatura no Brasil" (*Estudos Avançados*, São Paulo: USP, v. 17, n. 49, pp. 151-72, 2003). Ver também o abrangente levantamento feito em Maria Aparecida (Schuma) Schumaher e Erico Teixeira Vital Brazil, *Dicionário mulheres do Brasil* (Rio de Janeiro: Jorge Zahar, 2000).

74. Lima Barreto, "Mais uma vez", *A.B.C.*, Rio de Janeiro, ano VI, n. 256, 31 jan. 1920.

75. *A.B.C.*, Rio de Janeiro, ano VI, n. 256, 31 jan. 1920; Lima Barreto, *Bagatelas*, op. cit., pp. 291-2.

76. Lima Barreto, *Bagatelas*, op. cit., p. 153.

77. Ver também Eliane Vasconcellos, *Entre a agulha e a caneta: A mulher na obra de Lima Barreto*, op. cit., p. 338.

78. Lima Barreto, "O triunfo", *A.B.C.*, Rio de Janeiro, ano IV, n. 186, 28 set. 1918. Ver Henrique Sergio Silva Corrêa, op. cit., p. 49.

79. *A Epoca*, Rio de Janeiro, p. 4, 13 maio 1913.

80. Ver Hélcio Pereira da Silva, *Lima Barreto: Escritor maldito*, op. cit., pp. 54-5.

81. Lima Barreto, *Correspondência ativa e passiva — 1º tomo*, op. cit., pp. 155-6.

82. Não se sabe muito sobre a biografia de Crispim. De origem espanhola, veio para o Brasil no início do século XX. Participou do II Congresso da Confederação Operária Brasileira, foi militante da Federação Operária de Santos e colaborou em *O Jermìnal*, em *A Revolta* e n'*A Voz do Trabalhador*. Em Thiago Lemos, "Introdução". In: *As concepções anarquistas do sindicalismo em questão: Acerca do debate Neno Vasco-João Crispim* (São Paulo; Guarujá: Biblioteca Terra Livre: Núcleo de Estudos Carlo Aldegheri, 2013).

83. *A Voz do Trabalhador*, Rio de Janeiro, 15 maio 1913.

84. Lima Barreto, "Palavras de um *snob* anarquista", *A Voz do Trabalhador*, Rio de Janeiro, 15 maio 1913. In: Beatriz Resende e Rachel Valença (Orgs.), *Lima Barreto: Toda crônica — Volume 1, 1890-1919*, op. cit., pp. 110-4.

85. Ibid., p. 113.

86. Ibid.

87. Antonio Arnoni Prado, *Lima Barreto: O crítico e a crise*, op. cit.

88. Ver "Nota sobre cultura e anarquismo" em Antonio Arnoni Prado, *Trincheira, palco e letras: Crítica, literatura e utopia no Brasil* (São Paulo: Cosac Naify, 2004).

89. Eles estavam cercados por uma turma de intelectuais vinculados ao Partido Operário: Fábio Luz, Maurício de Lacerda, Agripino Nazaré, Teodoro Magalhães, José Saturnino de Brito, Domingos de Castro Lopes, Georgino Avelino, Gustavo Santiago, José Félix, Luís Morais, Manuel Duarte, Max de

Vasconcelos, Pedro Couto, Robespierre Trovão, Sarandi Raposo, Santos Maia e Teodoro de Albuquerque.

90. Lima Barreto, "O que o 'Gigante' viu e me disse", *O Debate*, Rio de Janeiro, 19 jul. 1917. In: Beatriz Resende e Rachel Valença (Orgs.), *Lima Barreto: Toda crônica — Volume 1, 1890-1919*, op. cit., pp. 273-6.

91. Na época circulavam três compreensões do termo no Brasil. A primeira é que os maximalistas seriam partidários da violência para a mudança do sistema político. A segunda era relativa àqueles que seguiam as máximas de Karl Marx. A terceira referia-se aos que se definiam como bolcheviques. Lima deve ter se encaixado na terceira via. Agradeço à Alberto da Costa e Silva por essas atualizações do termo para a época e ao professor Daniel Aarão Reis por me ajudar a destrinchar conceito tão escorregadio. Remeto também à leitura de *O ano vermelho: A Revolução Russa e seus reflexos no Brasil*, de autoria de Moniz Bandeira, Clóvis Melo e A. T. Andrade (São Paulo: Brasiliense, 1980).

92. Antonio Arnoni Prado, *Lima Barreto: O crítico e a crise*, op. cit., p. 65.

93. Formado em direito, colaborou nos jornais *Gazeta de Notícias* e *A.B.C.*, do qual se tornou redator-chefe. Em <http://cpdoc.fgv.br/sites/default/files/verbetes/primeira-republica/MATOS,%20M%C3%A1rio%20Gon%C3%A7alves%20de.pdf>.

94. Ferdinando Borla, "As superfetações dum imortal", *A.B.C.*, Rio de Janeiro, ano I, n. 1, 27 fev. 1915. Ver Henrique Sergio Silva Corrêa, op. cit., p. 93.

95. Henrique Sergio Silva Corrêa, op. cit.

96. Lima Barreto, "No ajuste de contas...", *A.B.C.*, Rio de Janeiro, ano IV, n. 166, 11 maio 1918. In: Beatriz Resende e Rachel Valença (Orgs.), *Lima Barreto: Toda crônica — Volume 1, 1890-1919*, op. cit., pp. 336-43.

97. Ibid., p. 337.

98. Ibid., p. 341.

99. Ibid.

100. Ibid., pp. 342-3.

101. Lima Barreto, *Correspondência ativa e passiva — 2º tomo*, op. cit., p. 25; Francisco de Assis Barbosa, op. cit., p. 211.

102. Francisco de Assis Barbosa, *A vida de Lima Barreto*, op. cit., p. 211.

103. Hélcio Pereira da Silva, *Lima Barreto: Escritor maldito*, op. cit., p. 31. Ver também Francisco de Assis Barbosa, *A vida de Lima Barreto*, op. cit., p. 211.

104. Ver Francisco de Assis Barbosa, op. cit., p. 211.

105. Lima Barreto, *Diário íntimo*. In: Eliane Vasconcellos (Org.), *Lima Barreto: Prosa seleta*, op. cit., p. 1318.

106. Ibid.

107. Ver nota de Francisco de Assis Barbosa à terceira edição da obra, datada de 1956.

108. Lima Barreto, "O falso dom Henrique V (episódio da História de Bruzundanga)", *Histórias e sonhos*. In: Lilia Moritz Schwarcz (Org.), *Contos completos de Lima Barreto*, op. cit., p. 466.

109. Ibid., pp. 466-7.

110. Ibid., p. 467.

111. Ibid.

112. Ibid.

113. Ibid., p. 468.

114. Ibid., p. 469.

115. Ibid., p. 471.

116. Lima Barreto, *Os bruzundangas*, op. cit., pp. 27-30.

117. Ibid., p. 27.

118. Ibid.

119. Lima Barreto, "O homem que sabia javanês", *Gazeta da Tarde*, Rio de Janeiro, 20 abr. 1911. In: Lilia Moritz Schwarcz (Org.), *Contos completos de Lima Barreto*, op. cit., pp. 71-9.

120. Id., *Diário íntimo*. In: Eliane Vasconcellos (Org.), *Lima Barreto: Prosa seleta*, op. cit., pp. 1323-4.

121. Ibid., p. 1324.

14. LITERATURA SEM *"TOILETTE* GRAMATICAL" OU "BRINDES DE SOBREMESA": A SEGUNDA INTERNAÇÃO [PP. 370-401]

1. Lima Barreto, "Literatura militante", *A.B.C.*, Rio de Janeiro, 7 set. 1918, ano IV, n. 183. In: Lima Barreto, *Impressões de leitura*, op. cit.

2. Carlos Malheiro Dias (1875-1941) era autor do romance *A mulata* (1896), que causou polêmica no meio intelectual luso-brasileiro por desqualificar o regime republicano brasileiro, além de fazer críticas diretas aos intelectuais da elite carioca. Além dessa obra, Malheiro escreveu, entre outras, *Filho das ervas* (1900), *A vencida* (1907) e *História da colonização portuguesa no Brasil* (1924), até hoje uma referência importante na historiografia. Em Fabrizia de Souza Carrijo, "Carlos Malheiros Dias" (*Convergência Lusíada*, Rio de Janeiro, n. 26, pp. 194-9, jul./dez. 2011).

3. Lima Barreto, "Literatura militante", *A.B.C.*, Rio de Janeiro, 7 set. 1918. In: Lima Barreto, *Impressões de leitura*, op. cit.

4. Escândalo político que, em 1894, centrou-se na condenação de Alfred Dreyfus, oficial de origem judaica da artilharia do Exército francês, acusado de alta traição. A condenação pautou-se em papéis falsos e, de fato, Dreyfus era inocente. Tratou-se de um erro judicial que no fundo acobertou atos de antissemitismo e xenofobia. O processo e sua condução dividiram a opinião pública e Zola foi um dos que apoiou Dreyfuss.

5. Lima Barreto, "Literatura militante", *A.B.C.*, Rio de Janeiro, 7 set. 1918. In: Lima Barreto, *Impressões de leitura*, op. cit.

6. Ibid.

7. Ibid.

8. Ver obra de Nicolau Sevcenko que já se tornou referência: *Literatura como missão: Tensões sociais e criação cultural na Primeira República*, op. cit.

9. Lima Barreto, "Literatura militante", *A.B.C.*, Rio de Janeiro, 7 set. 1918. In: Lima Barreto, *Impressões de leitura*, op. cit.

10. Id., *Vida e morte de M. J. Gonzaga de Sá*. In: Eliane Vasconcellos (Org.), *Lima Barreto: Prosa seleta*, op. cit., p. 581.

11. Ibid.

12. Ibid.

13. Ibid.

14. Lima Barreto, "Literatura militante", *A.B.C.*, Rio de Janeiro, 7 set. 1918. In: Lima Barreto, *Impressões de leitura*, op. cit.

15. Id., "Literatura e política", *A Lanterna*, Rio de Janeiro, p. 1, 11 jan. 1918, p. 1. In: Beatriz Resende e Rachel Valença (Orgs.), *Lima Barreto: Toda crônica — Volume 1, 1890-1919*, op. cit., pp. 303-4.

16. Paulo Barreto foi o segundo ocupante da cadeira 26, eleito em 7 de maio de 1910, na sucessão de Guimarães Passos. Foi recebido pelo acadêmico Coelho Neto em 12 de agosto de 1910.

17. O crítico Alfredo Bosi parece concordar com Lima. Segundo a sua definição o parnasiano Coelho Neto era autor de uma "linguagem ornada", titulada no "bom gosto da imitação". Nela estavam presentes os mesmos temas, as mesmas palavras, os mesmos ritmos, abolindo da literatura a sua "originalidade". Ver *A literatura brasileira: O pré-modernismo* (São Paulo: Cultrix, 1968), p. 19.

18. Ver, entre outros, Anna Lee, *O sorriso da sociedade: Intriga e crime no mundo literário da belle époque* (Rio de Janeiro: Objetiva, 2006), p. 55.

19. Lima Barreto, "Literatura e política", *A Lanterna*, Rio de Janeiro, 11 jan. 1918. In: Beatriz Resende e Rachel Valença (Orgs.), *Lima Barreto: toda crônica — Volume 1, 1890-1919*, op. cit., p. 303.

20. Ibid., pp. 303-4.

21. Ibid., p. 304.

22. Ibid.

23. Lima Barreto, "Histrião ou literato?", *Revista Contemporanea*, Rio de Janeiro, ano II, n. 3, 15 fev. 1919. In: Beatriz Resende e Rachel Valença (Orgs.), *Lima Barreto: Toda crônica — Volume 1, 1890-1919*, op. cit., pp. 318-9.

24. Ibid., p. 318.

25. Ibid.

26. Ibid., pp. 318-9.

27. Ibid., p. 319.

28. *O Pirralho*, São Paulo, ano V, n. 207, p. 14, 27 nov. 1915.

29. Ibid.

30. Ibid.

31. Interessante pensar que João do Rio organizou uma outra série de entrevistas com escritores de seu tempo e não incluiu Lima Barreto em sua lista. Com o título "O momento literário", a *Gazeta de Notícias* publicou, entre março e maio de 1905, 28 entrevistas com críticos e escritores de relevo. Mais tarde, em 1908, João do Rio compilou essas entrevistas no livro homônimo, acrescentando outras sete. Entre os participantes, boa parte dos quais membros da Academia, estiveram Graça Aranha, Coelho Neto, Olavo Bilac e José Veríssimo. Todos os entrevistados responderam às mesmas perguntas, que versavam sobre as influências literárias, os autores prediletos, a situação literária do país e as relações entre jornalismo e literatura.

32. *A Republica — Orgão do Partido Republicano Paranaense*, Curitiba, p. 1, 5 abr. 1917.

33. Francisco de Assis Barbosa, *A vida de Lima Barreto*, op. cit., p. 299.

34. Depoimento de Antônio Noronha Santos em Francisco de Assis Barbosa, *A vida de Lima Barreto*, op. cit., p. 215.

35. Lima Barreto, *Correspondência ativa e passiva — 1º tomo*, op. cit., p. 109; apud Luciana Hidalgo, op. cit., p. 93.

36. Sobre o autor, sugiro a leitura, entre outros, de Marisa Lajolo e João Luís Ceccantini, *Monteiro Lobato livro a livro* (São Paulo: Ed. Unesp, 2009); Carmen Lúcia de Azevedo, Márcia Camargos e Vladimir Sacchetta, *Monteiro Lobato: Furacão na Botocúndia* (São Paulo: Senac, 1997); Edgard Cavalheiro, *Monteiro Lobato: Vida e obra* (São Paulo: Companhia Editora Nacional, 1955), 2 v.; Enio Passiani, *Na trilha do Jeca: Monteiro Lobato e a formação do campo literário no Brasil* (Bauru: Edusc, 2003); Paula Arantes Botelho Briglia Habib, *"Eis o mundo encantado que Monteiro Lobato criou": Raça, eugenia e nação* (Campinas: Unicamp, 2003. Dissertação [Mestrado em História]).

37. Em novembro de 1916, um conto de réis (1:000$000) equivalia a cerca de 230 dólares. Pela atualização inflacionária da moeda norte-americana, em janeiro de 2017 esse valor seria de 5100 dólares ou pouco mais de R$ 16 mil.

38. Coleção Lima Barreto, Seção de Manuscritos da Biblioteca Nacional; Lima Barreto, *Correspondência ativa e passiva — 2º tomo*, op. cit., p. 50.

39. Lima Barreto, *Correspondência ativa e passiva — 2º tomo*, op. cit., p. 49.

40. Citado por Francisco de Assis Barbosa, *A vida de Lima Barreto*, op. cit., p. 216.

41. O conto também faz parte da coletânea organizada por Lima, *Histórias e sonhos*, cuja primeira edição data de 1920.

42. Lima Barreto, "O moleque", *A.B.C.*, Rio de Janeiro, 15 jun. 1918, ano IV, n. 171. In: Lilia Moritz Schwarcz (Org.), *Contos completos de Lima Barreto*, op. cit., pp. 141-51.

43. Ibid., p. 149.

44. Sobre o tema, ver Hebe Mattos e Ana Lugão Rios, *Memórias do cativeiro: Família, trabalho e cidadania no pós-abolição* (Rio de Janeiro: Civilização Brasileira, 2005); Olívia Maria Gomes da Cunha e Flávio dos Santos Gomes (Orgs.), *Quase-cidadão: Histórias e antropologias da pós-emancipação no Brasil* (Rio de Janeiro: Ed. FGV, 2007); e Hebe Mattos, Martha Abreu e Carolina Vianna Dantas (Orgs.), *Histórias do pós-abolição no mundo atlântico: Identidades e projetos políticos* (Niterói: Eduff, 2014), 2 v.

45. Lima Barreto, "O moleque", *A.B.C.*, Rio de Janeiro, 15 jun. 1918. In: Lilia Moritz Schwarcz (Org.), *Contos completos de Lima Barreto*, op. cit., p. 150.

46. Ibid.

47. Ibid., pp. 150-1.

48. Ibid., p. 151.

49. Lima Barreto, "Problema vital", *Revista Contemporanea*, Rio de Janeiro, 22 fev. 1919, ano II, n. 14. In: Beatriz Resende e Rachel Valença (Orgs.), *Lima Barreto: Toda crônica — Volume 1, 1890-1919*, op. cit., pp. 456-8.

50. Ibid., p. 456.

51. Ibid.

52. Referência à Academia Julian, em Paris, fundada em 1867 pelo pintor Rodolphe Julian. Lima escreveu incorretamente o nome da escola.

53. Lima Barreto, "Problema vital", *Revista Contemporanea*, Rio de Janeiro, 22 fev. 1919. In: Beatriz Resende e Rachel Valença (Orgs.), *Lima Barreto: Toda crônica — Volume 1, 1890-1919*, op. cit., pp. 456-7.

54. Id., *Correspondência ativa e passiva — 2º tomo*, op. cit., pp. 53-4. Em carta datada de 18 de maio de 1920, Lima fez pequena reprimenda a seu editor: "Meu caro Lobato, andei todo o começo do mês em pândegas vulgares até ao meu aniversário, que foi a 13. Descansei e li os livros que me mandaste e outros que havia recebido. Custa-me a dizer o que sinto sobre o teu, porque tenho vexame de parecer lisonjear-te. O que acho é que recendes muito a patriotismo e pretendes criar de assentada muitas coisas nestes Brasis. [...] Não te zangues e sou o teu de sempre".

55. Id., *Correspondência ativa e passiva — 1º tomo*, op. cit., pp. 55-6.

56. Id., "Da minha cela", *A.B.C.*, Rio de Janeiro, ano IV, n. 195, 30 nov. 1918.

57. "Importação inútil", *Republica*, Florianópolis, 29 nov. 1919, p. 1.

58. Lima Barreto, "Quem será, afinal?", *A.B.C.*, Rio de Janeiro, 25 jan. 1919, ano V, n. 203. In: Beatriz Resende e Rachel Valença (Orgs.), *Lima Barreto: Toda crônica — Volume 1, 1890-1919*, op. cit., pp. 450-5.

59. Ibid., p. 450.

60. Francisco de Assis Barbosa, *A vida de Lima Barreto*, op. cit., p. 222.

61. fCuritibano, Emílio de Meneses (1866-1918) mudou-se para o Rio de Janeiro aos dezoito anos e ali se aproximou dos grupos boêmios. Jornalista e poeta cômico e satírico foi eleito para a ABL em agosto de 1914, mas não tomou posse; demorou a aceitar as emendas propostas pela Academia ao seu discurso de posse. Nele, Meneses dizia nada compreender sobre a atuação de seu antecessor, Salvador de Mendonça: nem da sua atuação diplomática, nem da sua realização intelectual como ficcionista e crítico. Em <www.academia.org.br/academicos/emilio-de-meneses/biografia>.

62. Lima Barreto, *Correspondência ativa e passiva — 2º tomo*, op. cit., p. 69.

63. Id., "Mais uma", *A.B.C.*, Rio de Janeiro, 31 mar. 1917, ano III, n. 108. In: Beatriz Resende e Rachel Valença (Orgs.), *Lima Barreto: Toda crônica — Volume 1, 1890-1919*, op. cit., pp. 269-70.

64. Ronald de Carvalho participaria no ano seguinte, da Semana de Arte Moderna. Seu livro *Toda a América* (1926), de versos dedicados à Walt Whitman e à Verhaeren, teve enorme repercussão ao ser publicado. Foi com Luís de Montalvor codiretor da revista *Orpheu*, o periódico matriz do Modernismo português, a revista de Fernando Pessoa, Mário de Sá Carneiro e Almada Negreiros. Agradeço a Alberto da Costa e Silva por essas informações.

65. Ver excelente análise de André Botelho. "A Pequena história da literatura brasileira: Provocação ao modernismo" (*Tempo Social*, São Paulo: USP, v. 23, n. 2, pp. 135-61, nov. 2011).

66. *O Jornal*, Rio de Janeiro, 25 jun. 1921, p. 3.

67. *Gazeta de Noticias*, Rio de Janeiro, p. 1, 25 jun. 1921.

68. Uma versão desse texto foi debatida no seminário "El recuerdo letrado: La escritura memoralística de artistas e intelectuales latinoamericanos del siglo XX" (São Paulo: Anpocs, 2011; Buenos Aires: Museo Histórico Nacional e Universidad Nacional de Quilmes, 24 nov. 2011). Agradeço a Sergio Miceli e Jorge Myers pelos ótimos comentários. Parte dessa pesquisa também foi publicada na revista *Sociologia & Antropologia* sob o título: "O homem da ficha antropométrica e do uniforme pandemônio: Lima Barreto e a internação de 1914", op. cit. Agradeço a André Botelho pelas sugestões de sempre.

69. Para a "memória de si", ver Antonio Candido, *A educação pela noite* (Rio de Janeiro: Ouro Sobre Azul, 2011). Sobretudo o capítulo intitulado: "Poesia e ficção na autobiografia".

70. Ver bela análise sobre o tema feita por Luciana Hidalgo, *Literatura da urgência: Lima Barreto no domínio da loucura*, op. cit., p. 58.

71. Ver notável edição organizada por Augusto Massi e Murilo Marcondes de Moura de *Diário do hospício* e de *O cemitério dos vivos*, op. cit., usada nas citações feitas daqui em diante.

72. Apud Augusto Massi e Murilo Marcondes de Moura (Orgs.), *Diário do hospício e O cemitério dos vivos*, op. cit., p. 42.

73. Sobre o cotidiano dos manicômios, de uma forma geral, ver o trabalho clássico de Erving Goffman. *Manicômios, prisões e conventos* (Rio de Janeiro: Record, 1961).

74. Lima Barreto, *Diário do hospício*. In: Augusto Massi e Murilo Marcondes de Moura (Orgs.), *Lima Barreto: Diário do hospício e O cemitério dos vivos*, op. cit., p. 51.

75. Francisco de Assis Barbosa, *A vida de Lima Barreto*, op. cit., p. 240.

76. Tal observação também consta da edição organizada por Massi e Moura (2010).

77. Lima Barreto, *O cemitério dos vivos*. In: Augusto Massi e Murilo Marcondes de Moura (Orgs.), *Diário do hospício e O cemitério dos vivos*, op. cit., p. 212.

78. Id., *Diário do hospício*. In: Augusto Massi e Murilo Marcondes de Moura (Orgs.), *Diário do hospício e O cemitério dos vivos*, op. cit., p. 90.

79. Em janeiro de 1920, o editor Francisco Schettino, amigo de Lima, enviou-lhe uma carta mencionando o futuro livro, então chamado de *Sepulcro dos vivos*. Já em fevereiro, refere-se a uma obra cujo título seria *O cemitério dos vivos*.

80. Expressão utilizada por Luciana Hidalgo, op. cit.

81. Marshall Sahlins, *Historical Metaphors and Mythical Realities: Structure in the Early History of the Sandwich Islands Kingdom*. Ann Arbor: The University of Michigan Press, 1986.

82. Lima Barreto, *O cemitério dos vivos*. In: Augusto Massi e Murilo Marcondes de Moura (Orgs.), *Diário do hospício e O cemitério dos vivos*, op. cit., p. 203.

83. Ibid., p. 200.

84. Ver também Luciana Hidalgo, *Literatura da urgência: Lima Barreto no domínio da loucura*, op. cit., pp. 60-1.

85. Francisco de Assis Barbosa, *A vida de Lima Barreto*, op. cit., pp. 60-1.

86. Lima Barreto, *Diário do hospício*. In: Augusto Massi e Murilo Marcondes de Moura (Orgs.), *Diário do hospício e O cemitério dos vivos*, op. cit., p. 44.

87. Ver crônica "Atribulações de um vendeiro" (*Careta*, Rio de Janeiro, ano VII, n. 588, 27 set. 1919) e outras. Apud Augusto Massi e Murilo Marcondes de Moura (Orgs.), *Diário do hospício e O cemitério dos vivos*, op. cit., nota 6, p. 45.

88. Ibid., p. 43.

89. Ibid., nota 7, p. 45. Já tratamos de Henrique Belford Roxo (1877-1969), também professor da Faculdade de Medicina do Rio de Janeiro, com quem Lima não simpatizou. Achou-o "muito livresco". Dizia fazer parte de uma "mocidade acadêmica" que, segundo Lima, era "presunçosa e oca". Lima Barreto, *Diário do hospício*. In: Augusto Massi e Murilo Marcondes de Moura (Orgs.), *Diário do hospício e O cemitério dos vivos*, op. cit., p. 47.

90. Luciana Hidalgo, *Literatura da urgência: Lima Barreto no domínio da loucura*, op. cit., p. 84.

91. José Carneiro Airosa, autor de *A psicanálise e suas aplicações clínicas*, 1932. Lima Barreto, *Diário do hospício*. In: Augusto Massi e Murilo Marcondes de Moura (Orgs.), *Diário do hospício e O cemitério dos vivos*, op. cit., p. 49.

92. Michel Foucault, *História da loucura na Idade Clássica*. São Paulo: Perspectiva, 1995, p. 25.

93. Lima Barreto, *Diário do hospício*. In: Augusto Massi e Murilo Marcondes de Moura (Orgs.), op. cit., p. 55.

94. As informações sobre a anamnese de 1919 foram reti-

radas de Francisco de Assis Barbosa, *A vida de Lima Barreto*, op. cit., pp. 281-3.

95. Sobre essa discussão de cores no Brasil, ver Lilia Moritz Schwarcz, *Nem preto nem branco, muito pelo contrário* (São Paulo: Companhia das Letras, 2010); Yvonne Maggie e Cláudia Barcellos Rezende (Orgs.), *Raça como retórica: A construção da diferença* (Rio de Janeiro: Civilização Brasileira, 2002); Antonio Sérgio Alfredo Guimarães, *Classes, raças e democracia*. 2. ed. (São Paulo: Ed. 34, 2012); Antonio Sérgio Alfredo Guimarães, *Racismo e antirracismo no Brasil*. 2. ed. (São Paulo: Ed. 34, 2005); Antonio Sérgio Alfredo Guimarães, *Preconceito racial: Modos, temas e tempos*. 2. ed. (São Paulo: Cortez, 2012); e Hebe Mattos, *Das cores do silêncio*. 3. ed. (Campinas: Ed. da Unicamp, 2013).

96. Francisco Bethencourt, *Racisms: From the Crusades to the Twentieth Century*. Princeton; Oxford: Princeton University Press. 2013.

97. Pesquisas recentes têm mostrado como o termo "pardo" vem sendo mais adotado pela população censitária. Ver Antonio Sérgio Guimarães, *Preconceito racial: Modos, temas e tempos*, op. cit.

98. Livro de Observações n. 64, da Seção Pinel do Hospital Pedro II, p. 144. Ver também Francisco de Assis Barbosa, *A vida de Lima Barreto*, op. cit., p. 281.

99. Ibid.

100. Ibid.

101. Livro de Observações n. 9, pp. 76 e ss. Arquivo da Secção Calmeil do Hospital Gustavo Riedel. Ver também Francisco de Assis Barbosa, *A vida de Lima Barreto*, op. cit., p. 283.

102. Ibid.

103. Lima Barreto, *Diário do hospício*. In: Augusto Massi e Murilo Marcondes de Moura (Orgs.), *Diário do hospício e O cemitério dos vivos*, op. cit., p. 43.

104. Ver *A Razão*, Rio de Janeiro, p. 4, 14 set. 1919 (Morte de paciente, Pietro Rossi, espancado no Hospício Nacional de Alienados); *Gazeta de Noticias*, Rio de Janeiro, p. 2, 14 set. 1919 (Morte de interno, motivada por suposto espancamento no HNA); *A Razão*, Rio de Janeiro, p. 4, 16 set. 1919 (Caso de tortura de Pietro Rossi, no HNA); *A Razão*, Rio de Janeiro, p. 5, 24 set. 1919 (Laudo do caso Pietro Rossi); *A Razão*, Rio de Janeiro, p. 1, 25 set. 1919 (Carta sobre a morte de Pietro Rossi. Chama o HNA de "cemitério de vivos"); *A Razão*, Rio de Janeiro, p. 8, 3 out. 1919 (Escândalos envolvendo o HNA); *Gazeta de Noticias*, Rio de Janeiro, p. 3, 18 out. 1919 (Teixeira Brandão fala sobre os problemas do atendimento a alienados); *A Razão*, Rio de Janeiro, p. 4, 23 out. 1919 (Caso de internação compulsória por quatro anos no HNA); *A Razão*, Rio de Janeiro, p. 4, 1 dez. 1919 (Caso de internação compulsória por quatro anos no HNA); *O Imparcial*, Rio de Janeiro, p. 1, 1 dez. 1919 (Inspeção no HNA e suas irregularidades); e *A Noite*, Rio de Janeiro, p. 1, 20 dez. 1930 (Relato sobre a situação dos internos do HNA).

105. Lima Barreto, *Diário do hospício*. In: Augusto Massi e

Murilo Marcondes de Moura (Orgs.), *Diário do hospício e O cemitério dos vivos*, op. cit., pp. 45-6.

106. Sobre a vida de Dostoiévski, recomendo a excelente biografia de Joseph Frank, publicada pela Edusp, op. cit.

107. Lima Barreto, *Diário do hospício*. In: Augusto Massi e Murilo Marcondes de Moura (Orgs.), *Diário do hospício e O cemitério dos vivos*, op. cit., pp. 71-2.

108. Ibid., pp. 90-1.

109. Ibid., p. 98.

110. Ibid., p. 83.

111. Ibid., p. 84.

112. Massi e Moura apresentam várias notas em que esse recurso se revela no *Diário* de Lima Barreto.

113. Lima Barreto, *Diário do hospício*. In: Augusto Massi e Murilo Marcondes de Moura (Orgs.), *Diário do hospício e O cemitério dos vivos*, op. cit., p. 94.

114. É o próprio Lima Barreto que, em seu *Diário do hospício*, descreve a vista que tinha lá dentro do hospital e afirma: "Olho a baía de Botafogo, cheio de tristeza. [...] Tudo é triste". Em Lima Barreto, *Diário do hospício*. In: Augusto Massi e Murilo Marcondes de Moura (Orgs.), *Diário do hospício e O cemitério dos vivos*, op. cit., p. 92.

115. Lima Barreto, *O cemitério dos vivos*. In: Augusto Massi e Murilo Marcondes de Moura (Orgs.), *Diário do hospício e O cemitério dos vivos*, op. cit., p. 223.

116. Ibid., p. 215.

117. Ibid., pp. 177-8.

118. Id., *Diário do hospício*. In: Augusto Massi e Murilo Marcondes de Moura (Orgs.), *Diário do hospício*, p. 45; Lima Barreto, *O cemitério dos vivos*. In: Augusto Massi e Murilo Marcondes de Moura (Orgs.), p. 179.

119. Id., *Diário do hospício*. In: Augusto Massi; Murilo Marcondes de Moura (Orgs.), *Diário do hospício e O cemitério dos vivos*, op. cit., p. 115.

120. Ibid.

121. Ibid., p. 129.

122. Ibid.

123. *A Razão*, Rio de Janeiro, p. 4, 28 jan. 1920 (Levante de loucos no Hospital Nacional de Alienados); *Correio da Manhã*, Rio de Janeiro, p. 3, 28 jan. 1920 (Revolta dos pacientes do HNA e seus planos de incêndio); *Gazeta de Noticias*, Rio de Janeiro, p. 1, 28 jan. 1920 (A revolta dos loucos do HNA); *O Imparcial*, Rio de Janeiro, p. 3, 28 jan. 1920 (Rebelião de loucos esmiuçada); *O Paiz*, Rio de Janeiro, p. 5, 28 jan. 1920 (Revolta de internos do HNA); *A Razão*, Rio de Janeiro, p. 4, 29 jan. 1920 (Revolta no HNA); *A Razão*, Rio de Janeiro, p. 1, 30 jan. 1920 (Ainda sobre a revolta no hospício); *O Paiz*, Rio de Janeiro, p. 5, 30 jan. 1920 (Pacientes do HNA, envolvidos na revolta, recolhidos à Casa de Detenção); *A Razão*, Rio de Janeiro, p. 4, 21 fev. 1920 (Consequências da revolta de pacientes do HNA).

124. Lima Barreto, *Diário do hospício*. In: Augusto Massi e

Murilo Marcondes de Moura (Orgs.), *Diário do hospício e O cemitério dos vivos*, op. cit., p. 133.

125. "Lima Barreto no hospício", *A Folha*, Rio de Janeiro, 31 jan. 1920. O artigo está reproduzido em Augusto Massi e Murilo Marcondes de Moura (Orgs.), *Diário do hospício e O cemitério dos vivos*, op. cit., pp. 294-7.

126. Ibid., p. 294.

127. Ibid.

128. Ibid., p. 295.

129. Ibid., p. 294.

130. Lima Barreto, *O cemitério dos vivos*. In: Augusto Massi e Murilo Marcondes de Moura (Orgs.), *Diário do hospício e O cemitério dos vivos*, op. cit., p. 142.

131. Ibid., p. 151.

132. Ibid., pp. 243-5.

133. *Brás Cubas*, Rio de Janeiro, 14 set. 1918.

134. Lima Barreto, *O cemitério dos vivos*. In: Augusto Massi e Murilo Marcondes de Moura (Orgs.), *Diário do hospício e O cemitério dos vivos*, op. cit., pp. 154-6.

135. Ibid., p. 241.

136. Lima Barreto, "Como o 'homem' chegou". In: Lilia Moritz Schwarcz (Org.). *Contos completos de Lima Barreto*, op. cit., pp. 121-37.

137. Ibid., p. 121.

138. Lima Barreto, *Diário do hospício*. In: Augusto Massi e Murilo Marcondes de Moura (Orgs.), *Diário do hospício e O cemitério dos vivos*, op. cit., p. 67.

139. Ibid., p. 82.

140. Lima Barreto, *O cemitério dos vivos*. In: Augusto Massi e Murilo Marcondes de Moura (Orgs.), *Diário do hospício e O cemitério dos vivos*, op. cit., p. 184.

141. Ibid., p. 211.

142. Ibid., p. 229.

143. Ibid., p. 119.

144. Ibid., p. 245.

145. Renato Ferraz Kehl (1889-1974) formou-se em 1909 na Escola de Farmácia de São Paulo e, em 1915, em medicina na Faculdade de Medicina do Rio de Janeiro. Em 1918, fundou a Sociedade Eugênica de São Paulo. Publicou cerca de trinta livros e inúmeros artigos em jornais a respeito de eugenia. Entre suas principais obras, destacam-se: *Eugenia e medicina social, A cura da fealdade, Lições de eugenia*. Em <http://arch.coc.fiocruz.br/index.php/renato-ferraz-kehl>. Ver também Pietra Diwan, *O espetáculo do feio: Práticas discursivas e redes de poder no eugenismo de Renato Kehl*. (São Paulo: PUC-SP, 2003. Dissertação [Mestrado em História]); e Gabriel Pugliese Cardoso, *História da dietética: Esboço de uma crítica antropológica da razão bioascética* (São Paulo: FFLCH-USP, 2015. Tese [Doutorado em Antropologia]).

146. Lima Barreto, *Diário do hospício*. In: Augusto Massi e Murilo Marcondes de Moura (Orgs.), *Diário do hospício e O cemitério dos vivos*, op. cit., p. 84.

147. Ibid., p. 94.

148. Ibid., p. 58.

149. Lima Barreto, *O cemitério dos vivos*. In: Augusto Massi e Murilo Marcondes de Moura (Orgs.), *Diário do hospício e O cemitério dos vivos*, op. cit., p. 208.

150. Id., "Da minha cela", *A.B.C.*, Rio de Janeiro, 30 nov. 1918, ano IV, n. 195. In: Beatriz Resende e Rachel Valença (Orgs.), *Lima Barreto: Toda crônica — Volume 1, 1890-1919*, op. cit., pp. 398-405.

151. Ibid., pp. 398-400.

152. Lima Barreto, "Da minha cela", *A.B.C.*, Rio de Janeiro, 30 nov. 1918. In: Beatriz Resende e Rachel Valença (Orgs.), *Lima Barreto: Toda crônica — Volume 1, 1890-1919*, op. cit., p. 400.

153. Ibid., pp. 400-1.

154. Sobre a lógica de inversão do humor, ver, entre outros, Mikhail Bakhtin, *A cultura popular na Idade Média e no Renascimento* (São Paulo: Hucitec, 1993); Robert Darnton, *O grande massacre de gatos e outras histórias culturais na França*, op. cit.; Clifford Geertz, *A interpretação das culturas*, op. cit.; e Sigmund Freud, *El chiste y su relación con lo inconsciente* (Buenos Aires: Amorrortu, 1970).

155. Lima Barreto, "Da minha cela", *A.B.C.*, Rio de Janeiro, 30 nov. 1918. In: Beatriz Resende e Rachel Valença (Orgs.), *Lima Barreto: Toda crônica — Volume 1, 1890-1919*, op. cit., p. 404.

15. *CLARA DOS ANJOS* E AS CORES DE LIMA
[PP. 402-29]

1. Meu agradecimento a Sonia Balady pela ajuda na pesquisa sobre as cores na obra de Lima Barreto. Agradeço também a meus amigos do "etno-história" que discutiram comigo o capítulo. Uma versão reduzida deste foi publicada na Revista *Sociologia & Antropologia*, Rio de Janeiro, UFRJ, 2017.

2. Ver fotos do capítulo 8.

3. Assis Barbosa, op. cit., pp. 301-2, também mostra como Lima, nesse momento, revelava pressa em finalizar projetos e editar livros guardados na Limana. Já Luciana Hidalgo, op. cit., pp. 181-242, revela como a própria literatura do escritor teve sempre "urgência".

4. Francisco de Assis Barbosa, *A vida de Lima Barreto*, op. cit., p. 251.

5. Lima Barreto, *Correspondência ativa e passiva — 2º tomo*, op. cit., p. 203.

6. Id., *Histórias e sonhos*. Rio de Janeiro: Livraria Editora de Gianlorenzo Schettino, 1920, p. 185.

7. *Revista Souza Cruz*, Rio de Janeiro, fev. 1921.

8. Ver análise no capítulo 14 e na introdução.

9. Ver análise no capítulo 10.

10. Lima Barreto, "A biblioteca". In: Lilia Moritz Schwarcz (Org.), *Contos completos de Lima Barreto*, op. cit., pp. 218-

-25. Conto publicado originalmente na primeira edição de *Histórias e sonhos*, 1920, pp. 100-16.

11. Lima Barreto, "Clara dos Anjos" [1920]. In: Lilia Moritz Schwarcz (Org.). *Contos completos de Lima Barreto*, op. cit., pp. 246-55.

12. Ibid., pp. 246-7.

13. Ibid., p. 247.

14. Alusão pejorativa aos protestantes, que mantêm a prática de pregação baseada na leitura da Bíblia. Para o tema, ver, entre outros, Boanerges Ribeiro. *Igreja evangélica e República brasileira (1889-1930)* (São Paulo: O Semeador, 1991).

15. Lima Barreto, "Clara dos Anjos" [1920]. In: Lilia Moritz Schwarcz (Org.). *Contos completos de Lima Barreto*, op. cit., pp. 247-8.

16. Ibid., p. 248.

17. Ver também Lilia Moritz Schwarcz, *O sol do Brasil* (São Paulo: Companhia das Letras, 2008), onde trato desse tema nas telas do pintor francês Nicolas-Antoine Taunay.

18. Na *Revista ZUM #10* (São Paulo: IMS, 2015) ver arguto texto da socióloga Lorna Roth sobre os padrões produzidos pela Kodak a partir dos anos 1940, e as dificuldades técnicas que a empresa teve para captar tonalidades de marrom. "Questão de pele: Os cartões Shirley e os padrões raciais que regem a indústria visual".

19. Lima Barreto, "Clara dos Anjos" [1920]. In: Lilia Moritz Schwarcz (Org.). *Contos completos de Lima Barreto*, op. cit., p. 249.

20. Ibid., pp. 248-9.

21. Ibid., p. 250.

22. Ibid., p. 251.

23. Ibid.

24. Ibid., p. 252.

25. Ibid., pp. 252-3.

26. Ver capítulo 10, sobre o momento em que Lima deixou a companhia dos amigos no Carnaval de 1906 ou 1907, quando ouviu cantarem a modinha "Vem cá, mulata".

27. Lima Barreto, "Clara dos Anjos" [1920]. In: Lilia Moritz Schwarcz (Org.). *Contos completos de Lima Barreto*, op. cit., p. 253.

28. Ibid., p. 254.

29. Ibid.

30. Ibid.

31. Ibid.

32. Ibid., pp. 254-5.

33. Ibid., p. 255.

34. Entre 1942 e 1955, Oracy Nogueira chamou a atenção para o fato de que preconceito de cor no Brasil seria de "marca" e não apenas de "origem". A situação experimentada por Clara repisa esse mesmo tipo de barreira social. Ver Oracy Nogueira, "Preconceito racial de marca e preconceito racial de origem" (*Tempo Social*, São Paulo: USP, v. 19, n. 1, pp. 287-308, 2006). Ver também Maria Laura Viveiros de Castro Cavalcanti, "Oracy Nogueira e a antropologia no Brasil: O estudo do estigma e do preconceito racial" (*Revista Brasileira de Ciências Sociais*, São Paulo, ano xi, n. 31, pp. 5-28, 1996).

35. Lima Barreto, "Clara dos Anjos" [1920]. In: Lilia Moritz Schwarcz (Org.). *Contos completos de Lima Barreto*, op. cit., p. 255.

36. O original encontra-se na Fundação Biblioteca Nacional, na pasta de manuscritos que teriam pertencido a Lima Barreto.

37. Para uma definição do conceito, ver Nelson do Valle Silva e Carlos Alfredo Hasenbalg. *Relações raciais no Brasil contemporâneo* (Rio de Janeiro: Rio Fundo; Iuperj, 1992).

38. Lima Barreto, *Clara dos Anjos*. São Paulo: Companhia das Letras, 2012, pp. 109-10.

39. Ibid., pp. 83-4.

40. Ibid., pp. 84-7.

41. Ibid., pp. 288-9.

42. Ibid., p. 289.

43. Ibid., pp. 289-90.

44. Ibid., p. 291.

45. Ibid., p. 256.

46. Definimos o conceito de marcadores sociais da diferença em vários momentos deste livro. Sugerimos ainda os textos de Sérgio Carrara e Júlio Assis Simões. "Sexualidade, cultura e política: A trajetória da identidade homossexual masculina na antropologia brasileira" (*Cadernos Pagu*, Campinas, n. 28, pp. 65-99, 2007); Laura Moutinho, "Negociando com a adversidade: Reflexões sobre 'raça', (homos)sexualidade e desigualdade social no Rio de Janeiro" (*Estudos Feministas*, Florianópolis, v. 14, n. 1, pp. 15-41, 2006); Adriana Piscitelli, Maria Filomena Gregori e Sergio Carrara (Orgs.), *Sexualidade e saberes: Convenções e fronteiras* (Rio de Janeiro: Garamond, 2004); Gayle Rubin, "Thinking Sex: Notes for a Radical Theory of the Politics of Sexuality", em Henry Abelove, Michele Barale e David Halperin (Orgs.), *The Lesbian and Gay Studies Reader* (Londres: Routledge, 1993), pp. 3-44.

47. Lima Barreto, *Clara dos Anjos*. São Paulo: Companhia das Letras, 2012, p. 172.

48. Ibid., p. 163.

49. Ibid., pp. 163-4.

50. Ibid., pp. 261-2.

51. Ibid., pp. 165-6.

52. Ibid., pp. 262-3.

53. Ibid., pp. 262-4.

54. Para a análise do censo, ver, entre outros, <https://ensaiosdegenero.wordpress.com/2015/02/13/a-cor-e-a-raca-nos-censos-demograficos-nacionais>.

55. Lima Barreto, *Clara dos Anjos*. São Paulo: Companhia das Letras, 2012, p. 69.

56. Ver Maria Cristina Wissenbach, "Da escravidão à liberdade: Dimensões de uma privacidade possível", em Nicolau Sevcenko e Fernando Novais (Orgs.), op. cit., pp. 49-130.

57. Lima Barreto, *Vida e morte de M. J. Gonzaga de Sá*, op. cit., p. 57.

58. Ver livros de Maria Helena Machado e Thomas Castilho (Orgs.), *Tornando-se livre: Agentes históricos e lutas sociais no processo de abolição* (São Paulo: Edusp, 2015); Flávio dos Santos Gomes, "Slavery, Black Peasants and Post-Emancipation Society in Brazil (Nineteenth-Century Rio de Janeiro)" (*Social Identities*, v. 10, n. 6, pp. 735-6, 2004); Bert J. Barickman, "As cores do escravismo: Escravistas 'pretos', 'pardos' e 'cabras' no Recôncavo Baiano, 1835" (*População e Família*, São Paulo, v. 2, n. 2, pp. 7-62, 1999); Sidney Chalhoub, *Visões da liberdade: Uma história das últimas décadas da escravidão na corte*, op. cit.; e Hebe Maria Mattos, *Das cores do silêncio: Os significados da liberdade no Sudeste escravista — Brasil, século XIX*. 2 ed. (Rio de Janeiro: Nova Fronteira, 1998).

59. Lima Barreto, *Vida e morte de M. J. Gonzaga de Sá*, op. cit., p. 61.

60. Ibid., p. 37.

61. Ibid., p. 86.

62. Para uma ótima análise da figura da mulata, ver Mariza Corrêa, "Sobre a invenção da mulata", op. cit.

63. Lima Barreto, *Vida e morte de M. J. Gonzaga de Sá*, op. cit., p. 35.

64. Id., "A volta". *Correio da Noite*, Rio de Janeiro, p. 1, 26 jan. de 1915. In: Beatriz Resende e Rachel Valença (Orgs.), *Lima Barreto: Toda crônica — Volume 1, 1890-1919*, op. cit., p. 166.

65. Id., *Numa e a ninfa*, op. cit., pp. 138-9.

66. Id., "Elogio do amigo", *A.B.C.*, Rio de Janeiro, ano vii, n. 387, 5 ago. 1922.

67. Ibid., p. 130.

68. Lima Barreto, *Diário do hospício*. In: Augusto Massi e Murilo Marcondes de Moura (Orgs.), *Diário do hospício e O cemitério dos vivos*, op. cit., p. 46.

69. Id., *Diário íntimo*. In: Eliane Vasconcellos (Org.), *Lima Barreto: Prosa seleta*, op. cit., p. 1236. Trecho do projeto de romance *Marco Aurélio e seus irmãos*.

70. Ver também o personagem Nicolau de *O cemitério dos vivos*, o que só confirma a relevância desses tipos sociais para o escritor. Lima Barreto, *O cemitério dos vivos*. In: Augusto Massi e Murilo Marcondes de Moura (Orgs.), *Diário do hospício e O cemitério dos vivos*, op. cit., p. 171.

71. Ibid., p. 181.

72. Lima Barreto, *Diário íntimo*. In: Eliane Vasconcellos (Org.) *Lima Barreto: Prosa seleta*, op. cit., p. 1338.

73. Lima refere-se à decadência dos senhores do Vale do Paraíba, com parte de sua fortuna concentrada em escravos. Ver, entre outros, Stanley Stein, *Vassouras: Um município brasileiro do café 1850-1900* (Rio de Janeiro: Nova Fronteira, 1990).

74. Lima Barreto, "A obra do criador de Jeca Tatu", *Gazeta de Noticias*, Rio de Janeiro, p. 2, 11 maio 1921.

75. Id., *Triste fim de Policarpo Quaresma*, op. cit., pp. 170 e 183.

76. Robert Darnton, "O grande massacre de gatos". In: Id., *O grande massacre de gatos e outros episódios da história cultural francesa*, op. cit.

77. Lima Barreto, *Triste fim de Policarpo Quaresma*, op. cit., p. 167.

78. Lima Barreto, "Variações", *A.B.C.*, Rio de Janeiro, ano VIII, n. 367, 14 jan. 1922. In: Beatriz Resende e Rachel Valença (Orgs.), *Lima Barreto: Toda crônica – Volume 2, 1919-1922*, op. cit., p. 484.

79. Ver Florestan Fernandes, *O negro no mundo dos brancos*. 2. ed. São Paulo: Global, 2007.

80. Ver Sidney Chalhoub, *Visões da liberdade: Uma história das últimas décadas da escravidão na corte*, op. cit.

81. Lima Barreto, *Diário íntimo*. In: Eliane Vasconcellos (Org.), *Lima Barreto: Prosa seleta*, op. cit., p. 1313.

82. Id., "Manuel de Oliveira", *Revista Souza Cruz*, Rio de Janeiro, maio 1921. In: Lilia Moritz Schwarcz (Org.), *Contos completos de Lima Barreto*, op. cit., pp. 663-6.

83. Ver análise de Roberto Schwarz sobre a construção de laços de dependência em *Ao vencedor as batatas: Forma literária e processo social nos inícios do romance brasileiro*, op. cit.

84. Lima Barreto, "Manuel de Oliveira", *Revista Souza Cruz*, Rio de Janeiro, maio 1921. In: Lilia Moritz Schwarcz (Org.), *Contos completos de Lima Barreto*, op. cit., p. 663.

85. Ibid., p. 664.

86. Lima refere-se ao emprego do pai, na ilha do Governador, como funcionário das Colônias de Alienados. Ver capítulo 3 deste livro.

87. Lima Barreto, "Manuel de Oliveira", *Revista Souza Cruz*, Rio de Janeiro, maio 1921. In: Lilia Moritz Schwarcz (Org.), *Contos completos de Lima Barreto*, op. cit., p. 664.

88. Ibid., p. 665.

89. Lima Barreto, "A política republicana", *A.B.C.*, Rio de Janeiro, 26 out. 1918, ano IV, n. 190. In: Beatriz Resende e Rachel Valença (Orgs.), *Lima Barreto: Toda crônica – Volume 1, 1890-1919*, op. cit., pp. 392-3.

90. Ibid., p. 392.

91. Ibid.

92. Lima Barreto, "Manuel de Oliveira", *Revista Souza Cruz*, Rio de Janeiro, maio 1921. In: Lilia Moritz Schwarcz (Org.), *Contos completos de Lima Barreto*, op. cit., p. 665.

93. Ibid., p. 666.

94. Lima Barreto, *Recordações do escrivão Isaías Caminha*, op. cit., p. 250.

95. Id., *Clara dos Anjos*, op. cit., p. 101.

96. Ibid., p. 120.

97. Ibid., p. 128.

98. Ver a bela análise de Clifford Geertz sobre o poderoso discurso do senso comum, *A interpretação das culturas*, op. cit.

99. Lima Barreto, *Clara dos Anjos*, op. cit., p. 211.

100. Id., *Diário do hospício*. In: Augusto Massi e Murilo Marcondes de Moura (Orgs.), *Diário do hospício e O cemitério dos vivos*, op. cit., p. 49.

101. Id., *O cemitério dos vivos*. In: Augusto Massi e Murilo Marcondes de Moura (Orgs.), *Diário do hospício e O cemitério dos vivos*, op. cit., p. 209.

102. Id., *Diário íntimo*. In: Eliane Vasconcellos (Org.), *Lima Barreto: Prosa seleta*, op. cit., p. 1301.

103. Id., "História de um mulato", *O Paiz*, Rio de Janeiro, p. 3, 17 abr. 1922.

104. Id., *Recordações do escrivão Isaías Caminha*, op. cit., p. 238.

105. Id., "Aventuras do doutor Bogóloff". In: Id., *Os bruzundangas*, op. cit., p. 270.

106. Para o conceito de manipulação e negociação até mesmo no contexto da escravidão, ver o livro de João José Reis e Eduardo Silva, *Negociação e conflito: A resistência negra no Brasil escravista* (São Paulo: Companhia das Letras, 1989).

107. Ver brilhante análise de Antonio Candido sobre a obra *Memórias de um sargento de milícias* de Manuel Antônio de Almeida, em Antonio Candido, "Dialética da malandragem", op. cit.

108. Lima Barreto, *Numa e a ninfa*, op. cit., p. 72.

109. Id., *Diário íntimo*. In: Eliane Vasconcellos (Org.), *Lima Barreto: Prosa seleta*, op. cit., pp. 1282-3.

110. No livro *Nem preto nem branco, muito pelo contrário*, op. cit., discuto essa forma de jogar com as cores, existente no país.

111. Victor Turner, *Floresta de símbolos: Aspectos do ritual Ndembu*. Niterói: Eduff, 2005.

112. Ver livro de Edward Telles (Org.), *Pigmentocracies: Ethnicity, Race, and Color in Latin America*. Chapell Hill: University of North Carolina Press, 2014.

113. Nina Rodrigues, *As raças humanas e a responsabilidade penal no Brasil*, op. cit.

114. Ver análise de Alfredo Bosi em *História concisa da literatura brasileira*, op. cit.

115. Lima Barreto, "Um especialista", *Triste fim de Policarpo Quaresma* [1915], set. 1904. In: Lilia Moritz Schwarcz (Org.), *Contos completos de Lima Barreto*, op. cit., pp. 91-2.

116. Ver ensaio seminal de Mariza Corrêa, "Sobre a invenção da mulata", op. cit.

117. Ver artigo que escrevi com Tatiana H. P. Lotierzo, "Raça, gênero e projeto branqueador: A redenção de Cam, de Modesto Brocos", op. cit.

118. Ver textos de Maria Helena Machado sobre estupro de mulheres negras. "Corpo, gênero e identidade no limiar da abolição: Benedita Maria da Ilha, mulher livre/ Ovídia, escrava narra sua vida (sudeste, 1880)" (*Afro-Ásia*, n. 42, pp. 157- -93, 2010).

119. Bruna C. J. Pereira, "Tramas de dramas de gênero e de cor: A violência doméstica e familiar contra mulheres negras"

(Brasília: PPGS-UnB, 2013. Dissertação [Mestrado em Sociologia]); Clara Araújo e Celi Scalon (Org.), *Gênero, família e trabalho no Brasil* (São Paulo: Faperj; Editora FGV, 2005); e Susan Okin, "Gênero, o público e o privado" (*Revista de Estudos Feministas*, Florianópolis, v. 16, n. 2, pp. 305-32, maio/ago. 2008).

120. Para um excelente apanhado da intersecção desses marcadores sociais da diferença, sobretudo no que se refere à situação das mulheres afrodescendentes, ver Patricia Hill Collins, "Black Feminist Thought in the Matrix of Domination", em Charles Lemert (Org.), *Social Theory: The Multicultural and Classic Readings* (Boulder: Westview Press, 1990), pp. 552--64; Bell Hooks, "Intelectuais negras" (*Revista de Estudos Feministas*, Florianópolis, v. 3, n. 2, pp. 464-78, 1995); Verena Stolcke, "Sexo está para gênero, assim como raça para etnicidade?" (*Estudos Afro-Asiáticos*, Rio de Janeiro, n. 20, pp. 101--19, 1991); Anne McClintock, *Couro imperial: Raça, gênero e sexualidade no embate colonial* (Campinas: Ed. da Unicamp, 2010); Kimberle Crenshaw, "Demarginalizing the Intersection of Race and Sex: A Black Feminist Critique of Antidiscrimination Doctrine, Feminist Theory and Antiracist Politics" (*The University of Chicago Legal Forum*, n. 140, pp. 139-67, 1989); e Laura Moutinho, "Diferenças e desigualdades negociadas: Raça, sexualidade e gênero em produções acadêmicas recentes" em *Dossiê antropologia, gênero e sexualidade no Brasil* (*Cadernos Pagu*, Campinas, n. 42., pp. 201-48, 2014).

121. Lima Barreto, *Diário íntimo*. In: Eliane Vasconcellos (Org.), *Lima Barreto: Prosa seleta*, op. cit., p. 1220.

122. Ibid., p. 1265.

123. Ibid.

124. Lima Barreto, *Marginália*, op. cit., p. 83.

125. Id., *Triste fim de Policarpo Quaresma*, op. cit., pp. 280 e 304.

126. Ibid., pp. 251 e 343.

127. Lima Barreto, "Um romance sociológico". *Revista Contemporanea*, Rio de Janeiro, ano II, n. 23, 26 abr. 1919.

128. André João Antonil, *Cultura e opulência do Brasil por suas drogas e minas*. Brasília: Senado Federal, 2011.

129. Lima Barreto, "Aventuras do doutor Bogóloff". In: Id., *Os bruzundangas*, op. cit., p. 254.

130. Para exemplos de famílias negras antes e depois da abolição, ver Gustavo Rossi, *O intelectual feiticeiro: Edison Carneiro e o campo de estudos das relações raciais no Brasil* (Campinas: Ed. da Unicamp, 2015); Maurício Acuña, *A ginga da nação* (São Paulo: Alameda, 2015); Matheus Gato de Jesus, *Racismo e decadência: Sociedade, cultura e intelectuais em São Luís do Maranhão* (São Paulo: FFLCH-USP, 2015. Tese [Doutorado em Sociologia]).

131. Lima Barreto, *O cemitério dos vivos*. In: Augusto Massi e Murilo Marcondes de Moura (Orgs.), *Diário do hospício e O cemitério dos vivos*, op. cit., p. 211.

132. Lima Barreto, *Diário íntimo*. In: Eliane Vasconcellos (Org.), *Lima Barreto: Prosa seleta*, op. cit., p. 1232.

133. Sobre o tema da ambivalência na literatura pós--colonial, ver Silviano Santiago, "O entre-lugar do discurso social latino-americano", em *Uma literatura nos trópicos: Ensaios sobre dependência cultural* (São Paulo: Perspectiva, 1978); e Homi Bhabha, *O local da cultura*, op. cit.

134. São muitos os autores que mostraram a importância dos "detalhes" na formação das culturas. Ver, por exemplo, Clifford Geertz em *A interpretação das culturas* (op. cit.), com a defesa de um método microscópico e Carlo Ginzburg e seu "método indiciário", *Mitos, emblemas e sinais: Morfologia e história*, op. cit.

135. Florestan Fernandes, em *O negro no mundo dos brancos* (1972), problematizou o tema da difícil competitividade experimentada pelas populações afrodescendentes que entravam nessas sociedades ditas modernas sem o mesmo treino e socialização. É dele também o conceito do "preconceito de não ter preconceito".

136. Tiago Coutinho Parente intitulado *Lima Barreto escritor de si*. Rio de Janeiro, 2015, mimeografado.

137. Toni Morrison, *Amada*. São Paulo: Companhia das Letras, 2007.

16. LIMA ENTRE OS MODERNOS [PP. 430-61]

1. Agradeço a Jorge Schwartz pela leitura deste capítulo e pelas ótimas indicações. André Botelho deu sugestões e ministrou comigo um curso sobre Mário de Andrade e Lima Barreto na UFRJ em 2014, que muito me ajudou nessa reflexão. Como se verá, ainda, parte do capítulo foi escrito em diálogo com Pedro Meira Monteiro, que, sem ter responsabilidade alguma pelo resultado, foi um imenso incentivador e colaborador no trecho em que estabeleço diálogo entre Lima e os modernistas.

2. Lima Barreto, *Diário do hospício*. In: Augusto Massi e Murilo Marcondes de Moura (Orgs.), op. cit., p. 61.

3. Ibid.

4. Ver Hélcio Pereira da Silva, *Lima Barreto: Escritor maldito*, op. cit., p. 132.

5. Francisco de Assis Barbosa, *A vida de Lima Barreto*, op. cit., p. 263.

6. Depoimento de Reginaldo Fernandes, médico no hospício na época em que Lima esteve internado. Apud Hélcio Pereira da Silva, *Lima Barreto: Escritor maldito*, op. cit., p. 94.

7. A correspondência foi organizada e publicada postumamente por Francisco de Assis Barbosa e pela irmã de Lima.

8. Agripino Grieco (1888-1973) nasceu em Paraíba do Sul (RJ). Foi um dos fundadores da Editora Ariel e publicou, entre outros livros, *Ânforas* (1910), *Estátuas mutiladas* (1913), *Fetiches e fantoches* (1921).

9. Mário Sette (1886-1950) nasceu em Recife, onde exerceu intensa atividade literária. Foi catedrático de história do Brasil na Faculdade de Filosofia do Recife. Entre suas publicações estão *Ao clarão dos obuses* (1917), *Rosas e espinhos* (1918), *Senhora de engenho* (1921), *O palanquim dourado* (1921),

Outros olhos (1921), *A filha de Dona Sinhá* (1923), *Arruar: História pitoresca do Recife antigo* (1932) e *Maxambombas e Maracatus* (1935). Em Semira Adler Vainsencher, *Mário Sette*. O romance *Senhora de engenho* aparece numa carta de Lima a Mário Sette, quando o primeiro diz que o levou na mala para Mirassol. Uma senhora teria ficado com o livro e o enviou a Lima um mês depois de ele ter retornado ao Rio.

10. Leo Vaz (1890-1973) nasceu em Capivari (SP). Mudou-se para São Paulo, a convite de Monteiro Lobato, e trabalhou na *Revista do Brasil*. Atuou depois em *O Estado de S. Paulo* como redator e cronista, chegando a redator-chefe. Entre suas obras, estão *O professor Jeremias* (1920), *Ritinha e outros casos* (1923) e *O burrico Lúcio* (1951). Em Lima Barreto, *Correspondência ativa e passiva — 2º tomo*, op. cit., p. 205.

11. Gastão Cruls (1888-1959) nasceu no Rio de Janeiro. Foi diretor da revista *Boletim de Ariel* e colaborador da *Revista do Brasil*. Entre seus romances, contos e obras descritivas, estão *Coivara* (1920), *Elza e Helena* (1927), *A criação e o criador* (1928), *Vertigem* (1934), *Aparência do Rio de Janeiro* (1949) e *De pai a filho* (1954).

12. Murilo Araújo (1894-1980) nasceu em Serro Frio (MG). Mudou-se para o Rio de Janeiro em 1907, quando ingressou no Colégio Pedro II, onde posteriormente foi professor de desenho. Formou-se em direito (1921), mas pouco exerceu a profissão, dedicando-se ao jornalismo. Seu primeiro livro foi *A galera* (1917).

13. Adelino Magalhães (1887-1969) nasceu em Niterói (RJ). Publicou diversas coletâneas de contos e crônicas, entre as quais *Casos e impressões* (1916), *Visões, cenas e perfis* (1918) e *Tumulto da vida* (1920). Integrou o grupo da revista *Festa* com Andrade Murici, Gilka Machado e Cecília Meireles.

14. Alberto Deodato (1896-1978) nasceu em Maruim (SE). Mudou-se para o Rio de Janeiro, onde estudou direito e trabalhou como jornalista. Foi catedrático de direito internacional público e de ciências das finanças na Universidade de Minas Gerais. Também atuou na política, como vereador em Belo Horizonte e deputado federal por Minas Gerais. Além de obras jurídicas, publicou *A cruz da estrada* (1915) e *A doce filha do juiz* (1929), o livro de contos *Canaviais* (1922), bem como peças de teatro: *Flor tapuia* e *Um bacharel em apuros*. Em Lima Barreto, *Correspondência ativa e passiva — 2º tomo*, op. cit., p. 147.

15. Olívio Montenegro (1896-1962) nasceu em Alagoinhas (PB). Bacharel em direito pela Faculdade do Recife, atuou como promotor público, mas abandonou a carreira para dedicar-se ao magistério e ao jornalismo, colaborando no *Diario de Pernambuco*. Dentre suas obras assinalamos *Os irmãos Marçal* (1922) e *O romance brasileiro* (1938). Em Lima Barreto, *Correspondência ativa e passiva — 2º tomo*, op. cit., p. 265.

16. Pascoal Carlos Magno (1906-80) nasceu no Rio de Janei-

ro. Formou-se pela Faculdade Nacional de Direito da Universidade do Brasil em 1929. Destacou-se no meio teatral, tendo criado, em 1929, a Casa do Estudante Brasileiro e, em 1938, o Teatro do Estudante do Brasil (TEB). Escreveu, entre outras obras, *Tempo que passa* (1922), *Drama de alma e sangue* (1926), *Desencantamento* (1929) e a peça teatral *Tomorrow Will Be Different* (1945). Consultado em <cpdoc.fgv.br/ producao/dossies/Jango/biografias/paschoal_carlos_magno>.

17. Ranulfo Prata (1896-1942) nasceu em Lagarto (SE) mas viveu a maior parte da vida no estado de São Paulo, atuando como médico e escritor. Clinicou em Mirassol e em Santos. Escreveu os romances *O triunfo* (1918), *Dentro da vida* (1922), *O lírio na torrente* (1925) e *Navios iluminados* (1937). Em Lima Barreto, *Correspondência ativa e passiva — 2º tomo*, op. cit., p. 243. Foi ele quem cuidou de Lima em Mirassol. (Carlos Süssekind de Mendonça já aparece biografado no capítulo 14).

18. José Enéias Marcondes Ferraz Filho (1896-1977) era paulista, tendo se mudado ainda jovem para o Rio, onde atuou como jornalista e como funcionário no Ministério das Relações Exteriores. Estreou nas letras com *História de João Crispim* (1922). Em 1934 publicou *Adolescência tropical*, *Uma família carioca* e a coletânea de contos *Crianças mortas* (1947). André Luiz dos Santos, em sua tese de doutorado, encontrou três críticas ao livro *História de João Crispim* nos periódicos. Numa delas, destaca-se a semelhança entre o personagem principal e Lima Barreto. (André Luiz dos Santos, *Caminhos de alguns ficcionistas brasileiros após as Impressões de leitura de Lima Barreto*. Rio de Janeiro, UFRJ, 2007. Tese (Doutorado em Literatura Brasileira).

19. Lima Barreto, *Correspondência ativa e passiva — 2º tomo*, op. cit., pp. 239-40. Também citada por Francisco de Assis Barbosa, *A vida de Lima Barreto*, op. cit., pp. 256-7.

20. Segundo Alberto da Costa e Silva, que conviveu intensamente com Jayme Adour da Câmara, durante pelo menos dez anos, tratava-se de "um conversador de antologia. Contava com colorido e graça o que tinha preguiça de pôr no papel. Era o autor de um livro mítico, *Oropa, França e Bahia*, do qual só se conheciam pedaços de capítulos estampados em revistas e jornais. Prometeu o livro durante mais de quatro décadas e penso que morreu sem publicá-lo".

21. Lima Barreto, *Correspondência ativa e passiva — 2º tomo*, op. cit., p. 171.

22. Ver também artigo de Michael M. Hall e Paulo Sérgio Pinheiro, "O grupo *Clarté* no Brasil: Da Revolução dos espíritos ao Ministério do Trabalho", em Antonio Arnoni Prado (Org.), *Libertários no Brasil: Memória, lutas, cultura* (São Paulo: Brasiliense, 1986), pp. 251-87.

23. Ibid., pp. 169 e 171.

24. Augustin Frédéric Hamon (1862-1945) fundou a revista anarquista *L'Humanité Nouvelle* em 1897 e a editou até 1903. Entre seus trabalhos, estão *Les Hommes et les théories de l'anarchie* (1893), *Psychologie de l'anarchiste-*

-socialiste (1895), *La Psychologie du militaire professionnel* (1894) e *Un Anarchisme, fraction du socialisme* (1896). O francês Jean-Jacques Élisée Reclus (1830-1905) era geógrafo e anarquista. Sua principal obra foi *L'Homme et la Terre* (1905). Nela pretendeu realizar uma geografia de cunho social e com ela analisar o processo histórico da humanidade. Publicou ainda, de 1875 a 1892, *Nouvelle Géographie universelle*. (Rui Ribeiro de Campos, "O anarquismo na geografia de Élisée Reclus", *Revista de Geografia da UEG*, Goiânia, v. 1, n. 1, pp. 1-26, jan./jun. 2012.)

25. Paulo de Carvalho Neto, "Um lugar para Ranulfo Prata (Contribuição bibliográfica)". *Revista do Instituto de Estudos Brasileiros*, São Paulo: USP, n. 12, 1972, Consultado em <www.revistas.usp.br/rieb/article/view/69770/72428>.

26. Sobre esse episódio, ver capítulo 10.

27. Hélcio Pereira da Silva, *Lima Barreto: Escritor maldito*, op. cit., p. 56.

28. Lima Barreto, "Até Mirassol: Notas de viagem". *Careta*, Rio de Janeiro, ano XIV, n. 670-2, 23 abr./7 maio 1921. In: Beatriz Resende e Rachel Valença (Orgs.), *Lima Barreto: Toda crônica — Volume 2, 1919-1922*, op. cit., pp. 351-7.

29. Ibid., p. 351.

30. Ibid., p. 352.

31. Francisco de Assis Barbosa, *A vida de Lima Barreto*, op. cit., p. 264.

32. Foi Edgard Cavalheiro o primeiro a divulgar a correspondência entre Lima e Lobato nos três números iniciais do suplemento dominical da *Folha da Manhã*, de São Paulo, de 14 a 28 de setembro de 1947. Depois Assis Barbosa recuperaria o diálogo no livro *Correspondência ativa e passiva*, que publicou em 1956 pela Brasiliense. Cavalheiro trazia as cartas de Lobato, Assis Barbosa as respostas de Lima.

33. Ver Lima Barreto, *Correspondência ativa e passiva — 2º tomo*, op. cit., p. 47.

34. Ibid., p. 77. Agradeço a Marisa Lajolo a ajuda na apuração do encontro entre Lima e Lobato, e seu conselho de manter dúvida sobre a ocorrência dele. Ver também nesse sentido carta que Lima endereçou a Francisco Schettino no dia 21 de abril de 1921. Nela está escrito: "Conheci Lobato e ele já me enviou pra aqui diversos livros editados por ele. Encontro simples e cordial [...]". Em *Impressões de leitura e outros textos críticos*, Beatriz Resende (Org.), São Paulo: Companhia das Letras, 2017.

35. Agradeço a Marisa Lajolo por me repassar esse documento.

36. Lima Barreto, *Correspondência ativa e passiva — 2º tomo*, op. cit., p. 48.

37. Ibid., p. 56.

38. Francisco de Assis Barbosa, *A vida de Lima Barreto*, op. cit., p. 265.

39. Esses comportamentos seriam chamados hoje de bipolares. Ver Siddhartha Mukherjee, *O gene: Uma história íntima* (São Paulo: Companhia das Letras, 2016).

40. Paulo de Carvalho Neto, "Um lugar para Ranulfo Prata (Contribuição bibliográfica)", op. cit.

41. Lima Barreto, "O destino da literatura". *Revista Souza Cruz*, Rio de Janeiro, n. 59, pp. 22-4, out./nov. 1921. In: Lima Barreto, *Impressões de leitura*, op. cit., pp. 51-69.

42. Ibid., p. 51.

43. Ibid.

44. Ibid., p. 53.

45. Ibid., pp. 55-6.

46. Ibid., p. 56.

47. Ibid., p. 57.

48. Ibid., pp. 59-60.

49. Ibid., p. 66.

50. Ibid.

51. Ibid., p. 67.

52. Ibid.

53. Ibid.

54. Ibid., p. 68.

55. Ibid., p. 69.

56. Ver Milton Lahuerta, "Os intelectuais e os anos 20: Moderno, modernista, modernização", em Helena Carvalho de Lorenzo e Wilma Peres Costa (Orgs.), *A década de 1920 e as origens do Brasil moderno* (São Paulo: Ed. Unesp, 1997); André Botelho, "A *Pequena história da literatura brasileira*: Provocação ao modernismo", op. cit.; e André Botelho, *O Brasil e os dias: Estado-nação, modernismo e rotina intelectual* (Bauru: Edusc, 2005).

57. Ibid., p. 18.

58. Lima Barreto, "As estátuas e o centenário". *Careta*, Rio de Janeiro, ano XV, n. 715, 4 mar. 1922. In: Felipe Botelho Corrêa (Org.), op. cit.

59. Ibid.

60. Esse foi mesmo um ano carregado de simbolismos. Ver José Murilo de Carvalho et al. "Aspectos históricos do pré-modernismo brasileiro". In: *Sobre o pré-modernismo*. Rio de Janeiro: Casa de Rui Barbosa, 1988. pp. 13-22.

61. A Revolta do Forte de Copacabana, também conhecida como a Revolta dos 18 do Forte, foi considerada o marco inicial das revoltas tenentistas. O movimento foi desencadeado pela vitória de Artur Bernardes nas eleições para presidente em março de 1922, e pelo descontentamento dos tenentes com o poder das oligarquias regionais e as fraudes eleitorais. Os rebeldes foram rendidos, com exceção de 28 oficiais que prosseguiram em marcha pela avenida Atlântica. Dez abandonaram o grupo, restando dezessete militares e um civil. Apenas dois tenentes — Siqueira Campos e Eduardo Gomes — sobreviveram ao tiroteio ocorrido no percurso. Fonte: José Murilo de Carvalho, "As Forças Armadas na Primeira República: O poder desestabilizador". In: Boris Fausto (Org.), *História geral da civilização brasileira*, op. cit.; José Augusto Drummond, *O movimento tenentista: Intervenção militar e conflito hierárquico (1922-1935)*. Rio de Janeiro: Graal, 1986; Maria Cecília Spina

Forjaz, *Tenentismo e política: Tenentismo e camadas médias urbanas na crise da Primeira República*. Rio de Janeiro: Paz e Terra, 1977.

62. No livro *As barbas do imperador*, op. cit., trato com mais vagar do tema da disputa dos corpos imperiais.

63. Raoul Girardet, *Mitos e mitologias políticas*. São Paulo: Companhia das Letras, 1987.

64. Sobre modernismos e a Revolução de 1930, ver Antonio Candido, "A revolução de 1930 e a cultura", em Antonio Candido, *A educação pela noite e outros ensaios* (São Paulo: Ática, 1989), pp. 181-98.

65. Id., "Literatura e cultura de 1900 a 1945". In: Antonio Candido, *Literatura e sociedade*, op. cit.; João Luiz Lafetá, *1930: A crítica e o modernismo*. São Paulo: Duas Cidades, 1974; Mário da Silva Brito, *História do modernismo brasileiro: Antecedentes da Semana de Arte Moderna*. Rio de Janeiro: Civilização Brasileira, 1974; Alfredo Bosi, *História concisa da literatura brasileira*, op. cit.; Alfredo Bosi, "Moderno e modernista na literatura brasileira". In: Id., *Céu, inferno: Ensaios de crítica literária e ideológica*. São Paulo: Ed. 34, 2003. Eduardo Jardim, *A brasilidade modernista: Sua dimensão filosófica*. Rio de Janeiro: Graal, 1978; Roberto Schwarz, "A carroça, o bonde e o poeta modernista". In: Roberto Schwarz, *Que horas são?: Ensaios*. São Paulo: Companhia das Letras, 1987, pp. 11-28; Ângela Maria de Castro Gomes, *Essa gente do Rio...: Modernismo e nacionalismo*. Rio de Janeiro: Ed. FGV, 1999; Annateresa Fabris (Org.), *Modernidade e modernismo no Brasil*. Campinas: Mercado de Letras, 1994.

66. Para um bom balanço da Semana de 1922, ver, entre outros, Nicolau Sevcenko, *Orfeu extático na metrópole: São Paulo, sociedade e cultura nos frementes anos 20* (São Paulo: Companhia das Letras, 1992); e Marcos Augusto Gonçalves, *1922: A semana que não terminou* (São Paulo: Companhia das Letras, 2012). Agradeço a este último autor pelas indicações que me passou.

67. Apud Antonio Arnoni Prado (Org), *Lima Barreto: Uma autobiografia literária*, op. cit.

68. "No Rio de Janeiro, os trens de passageiros saíam da estação Central, mas o Ramal de São Paulo, propriamente dito, tinha início em Barra do Piraí, cidade a partir da qual, em 20 de julho de 1875, os trilhos foram estendidos até a estação de Cachoeira. O trecho de Cachoeira a São Paulo constituía a antiga Estrada de Ferro de São Paulo e Rio de Janeiro, ou a Estrada de Ferro do Norte, cujos trabalhos se iniciaram no bairro do Brás, em 31 de março de 1873, chegando a linha a Cachoeira, atual Cachoeira Paulista, em 1877. A partir de São José dos Campos, no quilômetro 388, era necessário percorrer 26 estações e paradas, entre elas Jacareí e Guararema, até a Estação do Norte, depois estação Roosevelt, em São Paulo." Em João Emilio Gerodetti e Carlos Cornejo, *As ferrovias do Brasil nos cartões-postais e álbuns de lembranças* (São Paulo: Solaris, 2005), p. 41.

69. O "*Manifesto antropófago*" foi publicado em São Paulo por Oswald de Andrade, em maio de 1928, no primeiro número da *Revista de Antropofagia*.

70. Manuela Carneiro da Cunha (Org.), *História dos índios no Brasil*. 2. ed. São Paulo: Companhia das Letras, 1998; Manuela Carneiro da Cunha, *Índios no Brasil: História, direitos e cidadania*. São Paulo: Claro Enigma, 2012. Tratei do tema também em *As barbas do imperador*, op. cit.

71. Tratei dessa feição de crítico literário de Lima Barreto no texto "Como ser do contra e a favor: Impressões de leitura e muito mais", que escrevi para o livro organizado por Beatriz Resende, *Impressões de leitura e outros textos críticos* (2017).

72. O futurismo foi um movimento estético e político surgido em 20 de fevereiro de 1909 com a publicação do "Manifesto do futurismo", de Filippo Tommaso Marinetti, no jornal *Le Figaro*. Tal movimento pretendia romper com o passado, visando a construção de uma nova sensibilidade estética capaz de refletir as profundas transformações sociais decorrentes do desenvolvimento industrial e tecnológico. Ver Richard Humphreys, *Futurismo*, trad. de Luiz Antônio Araújo (São Paulo: Cosac & Naify, 2001); Annateresa Fabris, *O futurismo paulista: Hipóteses para o estudo da chegada da vanguarda ao Brasil* (São Paulo: Perspectiva, 1994); Annateresa Fabris, *Futurismo: Uma poética da modernidade* (São Paulo: Perspectiva; Edusp, 1987); e Aurora Fornoni Bernardini (Org.), *O futurismo italiano* (São Paulo: Perspectiva, 1980).

73. Esse trecho sobre o encontro e o desencontro entre Lima Barreto e Sérgio Buarque de Holanda deve muito aos debates e ao artigo que escrevi em coautoria com Pedro Meira Monteiro, "Sérgio com Lima: Um encontro inusitado em meio aos modernismos", para o dossiê sobre o segundo autor, organizado por Ângela de Castro Gomes (*Revista Brasileira de História*, São Paulo, v. 36, n. 73, pp. 41-62, set./dez. 2016). Pedro, portanto, é (quase) coautor desse trecho, sem ter nenhuma culpa por eventuais equívocos ou imprecisões.

74. Zélia Nolasco-Freire, *Lima Barreto: Imagem e linguagem*. São Paulo: Annablume, 2005, p. 109.

75. Ver Annateresa Fabris, *O futurismo paulista: Hipóteses para o estudo da chegada da vanguarda ao Brasil*, op. cit.; Aracy Amaral, "A propósito de *Klaxon*" (*O Estado de S. Paulo*, São Paulo, 3 fev. 1968. Suplemento Literário, p. 5); Mário da Silva Brito, "O alegre combate de *Klaxon*". *Klaxon: Mensário de arte moderna*. Ed. fac-sim. (São Paulo: Martins; Secretaria da Cultura, Ciência e Tecnologia do Estado de São Paulo, 1976); Jorge Schwartz, "*Klaxon* (1922-1923)", retirado de <www.bbm.usp.br/node/75>; e Jorge Schwartz (Org.), *Caixa modernista* (Belo Horizonte: Ed. UFMG, 2003).

76. Ver Nicolau Sevcenko, *Orfeu extático na metrópole: São Paulo, sociedade e cultura nos frementes anos 20*, op. cit.

77. Lima Barreto, "O futurismo". *Careta*, Rio de Janeiro, ano XV, n. 735, 22 jul. 1922. In: Beatriz Resende e Rachel Valença (Orgs.), *Lima Barreto: Toda crônica — Volume 2, 1919-1922*, op. cit., pp. 538-9.

78. Ibid., p. 538.

79. Ibid.

80. Ibid.

81. Ibid.

82. Ibid., p. 539.

83. Monteiro Lobato, "A propósito da exposição Malfatti"/ "Paranoia ou mistificação". *O Estado de S. Paulo*, São Paulo, p. 4, 20 dez. 1917.

84. Ibid.

85. Foi Jorge Schwartz quem me falou da expressão "desgraça mosca", que Oswald teria usado numa carta enviada a Mário de Andrade em 1925. Lembro ainda que na *Klaxon*, usando o pseudônimo de Freuderico, Oswald comentava: "o acadêmico carioca é um homem confuso e sem espírito cuja inteligência inutilmente se esforça em atrapalhar todas as noções conhecidas, todas as noções copiadas. Graça Aranha não tem classificação".

86. Ver Carlos Augusto Calil, "Introdução", em Paulo Prado, *Retrato do Brasil* (São Paulo: Companhia das Letras, 1997); Carlos Augusto Calil, "Paulo Prado, entre tradição e modernismo", em Lilia Moritz Schwarcz e André Botelho (Orgs.), op. cit; e Alexandre Eulálio, "Paulo Prado: *Retrato do Brasil*", em Maria Eugênia Boaventura e Carlos Augusto Calil (Orgs.), *Livro involuntário: Literatura, história, matéria e memória* (Rio de Janeiro: Ed. UFRJ, 1993), pp. 73-87.

87. Sobre a obra e vida de Mário de Andrade, ver Eduardo Jardim, *Eu sou trezentos: Mário de Andrade, vida e obra* (Rio de Janeiro: Edições de Janeiro, 2014); André Botelho, *De olho em Mário de Andrade: Uma descoberta intelectual e sentimental do Brasil* (São Paulo: Claro Enigma, 2012); Sergio Miceli, *Vanguardas em retrocesso* (São Paulo: Companhia das Letras, 2002); Telê Ancona Lopez (Org.), *Mário de Andrade: Melhores contos*, 8. ed. (Rio de Janeiro: Global, 2005).

88. O escritor e cafeicultor Paulo Prado (1869-1943) era filho de Antônio da Silva Prado (1840-1929), que foi deputado provincial de São Paulo, deputado geral pelo Partido Conservador, além de conselheiro e senador do Império. Também atuou como ministro da Agricultura e ministro dos Estrangeiros. Foi o primeiro a receber o título de prefeito na República e em São Paulo. Ver <cpdoc.fgv.br/sites/default/files/verbetes/primeira-republica/PRADO,%20Ant%C3%B4nio.pdf>.

89. Lima Barreto, "Sobre a carestia". *O Debate*, Rio de Janeiro, 15 set. 1917. In: Beatriz Resende e Rachel Valença (Orgs.), *Lima Barreto: Toda crônica — Volume 1, 1890-1919*, op. cit., pp. 285-7.

90. Beatriz Resende comenta que a Semana de 22 não teve qualquer repercussão na imprensa carioca. Só Álvaro Moreira deu uma pequena nota. No Rio de Janeiro, as literaturas de Théo-Filho e Benjamin Costallat é que eram entendidas como modernas. Ver Beatriz Resende (Org.), *Impressões de leitura e outros textos críticos* (2017). Para um excelente apanhado da reação aos modernos e à Semana, ver Mário da Silva Brito, *História do modernismo brasileiro: Antecedentes da Semana de Arte Moderna*, op. cit. Sobre as polêmicas em torno da escola, ver Jorge Schwartz (Org.), *Vanguardas latino-americanas: Polêmicas* (São Paulo: Iluminuras; Edusp; Fapesp, 1995).

91. *Fon-Fon*, Rio de Janeiro, ano VI, n. 44, 2 nov. 1912. O próprio Oswald de Andrade, numa espécie de testemunho e testamento ponderado, reconheceu: "Lancei pelas colunas do *Jornal do Commercio*, edição de São Paulo, um artigo sobre o inédito Mário de Andrade. Esse artigo intitulava-se 'O meu poeta futurista'. Era a palavra da época. O 'futurismo' se desitalianizara. [...] A princípio aceitou-se sem hesitação o epíteto 'futurista'. Depois, começaram os escrúpulos, partidos sobretudo de Mário de Andrade. Ele, nacional e nacionalista como era, não se sentia à vontade dentro do rótulo estrangeirante. Assim, pouco a pouco, foi encontrada a palavra 'Modernista' que todo mundo adotou [...]". Em "O Modernismo", revista *Anhembi*, ano V, v. XVII, n. 49, São Paulo, dez. 1954.

92. Vale a pena destacar que Graça Aranha se desligaria da ABL num futuro próximo. Em 18 de outubro de 1924, deixou a seguinte justificativa: "A Academia morreu para mim, como também não existe para o pensamento e para a vida atual do Brasil. Se fui incoerente aí entrando e permanecendo, separo-me da Academia pela coerência". (Ver site oficial da ABL: www.academia.org.br/academicos/graca-aranha/biografia>.) No entanto, nessa altura Lima estava morto — e não poderia rever o que dissera em 1922.

93. *Klaxon*, São Paulo, n. 4, p. 17, 22 ago. 1922.

94. Ibid.

95. Mário Pinto Serva (1881-1962) fez carreira em *O Estado de S. Paul*o. Também colaborou e atuou como secretário na *Revista do Brasil*. No período de 1927 a 1932, participou do *Diario Nacional*. Entre seus livros, estão *A Alemanha saqueada* (1921) e *Pátria nova* (1922). Em Letícia Santos Silva, *Ideias e ações: A trajetória política de Altamirando Requião (1922-1937)* (Salvador: Uneb, 2015. Dissertação [Mestrado em História]), p. 31.

96. *Klaxon*, São Paulo, n. 4, p. 17, 22 ago. 1922.

97. Mário da Silva Brito, *História do modernismo brasileiro: Antecedentes da Semana de Arte Moderna*, op. cit. Agradeço a Jorge Schwartz por esses comentários e pelas sugestões bibliográficas para este capítulo.

98. Lima era o primeiro a brincar com seu pouco "deslocamento" para além das fronteiras da capital. Em *O Estado*, Niterói, 13 fev. 1920, segredou: "Não sei dizer... Mas... tenho medo de ir a São Paulo".

99. Ver, entre outros, Mário da Silva Brito em *História do modernismo brasileiro: Antecedentes da Semana de Arte Moderna*, op. cit., pp. 228-31. O artigo de Oswald intitulado "O meu poeta futurista" foi originalmente publicado no *Jornal do Commercio*, de São Paulo, em 27 de maio de 1921. Agradeço também o alerta de André Botelho nesse sentido.

100. Mário de Andrade, "Futurista?". *Jornal do Commercio*, São Paulo, 6 jun. 1921.

101. Annateresa Fabris, "A questão futurista no Brasil". In: Ana Maria de Moraes Belluzo (Org.), *Modernidade: Vanguardas artísticas na América Latina*. São Paulo: Ed. Unesp, 1990, p. 75.

102. Ibid., p. 75; e "O homenzinho que não pensou", *Klaxon*, São Paulo, n. 3, p. 10.

103. Francisco de Assis Barbosa, *A vida de Lima Barreto*, op. cit., p. 261.

104. Di Cavalcanti, "Triste fim de Lima Barreto". *Dom Casmurro*, Rio de Janeiro, ano VII, n. 311, p. 1, 24 set. 1943.

105. O trecho a seguir é muito pautado no artigo que escrevi com Pedro Meira Monteiro; ele sim grande especialista na obra de Sérgio Buarque de Holanda. "Sérgio com Lima: Um encontro inusitado em meio aos modernismos", op. cit. Recomendo a leitura de outros livros de Pedro Meira sobre Sérgio Buarque de Holanda, entre os quais destaco *Mário de Andrade e Sérgio Buarque de Holanda: Correspondência* (São Paulo: Companhia das Letras, 2015).

106. Antonio Arnoni Prado, "Você entra no episódio que vou contar". In: Fábio Lucas (Org.), *Cartas a Mário de Andrade*. Rio de Janeiro: Nova Fronteira, 1993, pp. 13-4.

107. Lima Barreto, "Futurismo...". In: Maria Eugênia Boaventura (Org.), *22 por 22: A Semana de Arte Moderna vista pelos seus contemporâneos*. São Paulo: Edusp, 2000, pp. 387-9; *Careta*, Rio de Janeiro, ano XV, n. 720, 22 jul. 1922.

108. Manuel Bandeira, "Sérgio, anticafajeste". *Revista do Brasil*, Rio de Janeiro, n. 6, p. 90, jul. 1987; *Diário Carioca*, p. 2, 13 jul. 1952.

109. Gilberto Freyre, "Sérgio, mestre dos mestres". *Revista do Brasil*, Rio de Janeiro, 1987, n. 6, p. 117.

110. *Sérgio Buarque de Holanda*, "Cavaquinho e saxofone". In: *O espírito e a letra*. São Paulo: Companhia das Letras, p. 345, v. 1.

111. O artigo foi publicado sob o título "Em torno de Lima Barreto" (*Diario de Noticias*, Rio de Janeiro, 23 jan. 1949, Letras e Artes, pp. 1-2) e transcrito como prefácio à primeira edição do romance *Clara dos Anjos* (Brasiliense).

112. Lima Barreto, Clara dos Anjos, op. cit., p. 35.

113. Sérgio Buarque de Holanda, "Em torno de Lima Barreto". In: Lima Barreto, *Clara dos Anjos*, op. cit., p. 38.

114. Ibid., p. 39.

115. Ibid., pp. 39-40.

116. Lima Barreto, *Diário íntimo*. In: Eliane Vasconcellos (Org.), *Lima Barreto: Prosa seleta*, op. cit., p. 1221.

117. Sérgio Buarque de Holanda, "Em torno de Lima Barreto". In: Lima Barreto, *Clara dos Anjos*, op. cit., p. 41.

118. Lima Barreto, "O meu almoço". *A Noticia*, Rio de Janeiro,

3 jun. 1920. In: Beatriz Resende e Raquel Valença (Orgs.), *Lima Barreto: Toda crônica — Volume 2, 1919-1922*, op. cit., pp. 186-90. Gustavo do Amaral Ornelas (1885-1923) era poeta, dramaturgo, jornalista e médium espírita brasileiro. Recebeu o prêmio da Academia Brasileira de Letras por sua peça *O gaturamo*. Retirado de <pt.wikipedia.org/wiki/Gustavo_Adolfo_do_Amaral_Ornelas>. Raimundo Magalhães Júnior (1907-81) nasceu em Ubajara (CE). Foi secretário de *A Noite Ilustrada*, fez parte do grupo fundador do *Diario de Noticias*, foi diretor das revistas *Carioca*, *Vamos Ler* e *Revista da Semana*, e redator de *A Noite* desde 1930. A partir de 1956, ocupou a cadeira 34 da ABL. João Francisco Coelho Cavalcanti, o "João Barafunda" (1874-1938), nasceu em São Luís do Quitunde (AL). Bacharelou-se em ciências jurídicas pela Faculdade do Recife. Poeta satírico, foi juiz de direito, além de ter atuado como jornalista. Entre suas obras publicadas, estão *Ouro de lei* (1918) e *Pontas de fogo* (1922).

17. TRISTE FIM DE LIMA BARRETO [PP. 462-89]

1. Lima Barreto, "O carteiro". *O Mundo Literario*, Rio de Janeiro, ano 1, n. 1, maio 1922. In: Lima Barreto, *Clara dos Anjos*, op. cit., pp. 57-82.

2. O periódico *O Mundo Literario* era dirigido pelo romancista Théo-Filho e pelo poeta A. J. Pereira da Silva. Entre seus colaboradores estavam, além de Lima Barreto, Coelho Neto, Sérgio Buarque de Holanda, João Ribeiro, Carlos Malheiro Dias, Afrânio Peixoto, Gilka Machado, Benjamin Costallat, Murilo Araújo. Este, em entrevista, relata que se tratava de uma revista eclética, aberta a diferentes tendências da intelectualidade brasileira. Tratava-se de uma revista crítica ao movimento modernista paulistano. O próprio Lima escreveu artigo elogiando o livro do diretor Théo-Filho chamado *Virgens amorosas*, lançado em 1921. Eneida Maria Chaves, "Entrevistas relativas ao mundo literário". *Revista do Instituto de Estudos Brasileiros*, São Paulo: USP, n. 24, 1982.

3. Lima Barreto, "Será sempre assim?". *A.B.C.*, Rio de Janeiro, ano VII, n. 357, 7 jan. 1922. In: Beatriz Resende e Rachel Valença (Orgs.), *Lima Barreto: Toda crônica — Volume 2, 1919-1922*, op. cit., pp. 477-9.

4. Id., *Clara dos Anjos*, op. cit., p. 211.

5. Sérgio Buarque de Holanda usou essa bela frase para definir Pedro II. Ver "O pássaro e a sombra" em Sérgio Buarque de Holanda, *História geral da civilização brasileira*, op. cit., p. 20.

6. Ver Lima Barreto, "O destino da literatura". In: Lima Barreto, *Impressões de leitura*, op. cit., pp. 51-69.

7. O livro de Enéias Ferraz foi comentado no capítulo anterior. Já o de Agripino Grieco, *Fetiches e fantoches*, publicado em 1922 por Schettino, reuniu alguns artigos do autor que saíram nas revistas *A.B.C.* e *Hoje*. Lima resenhou *Fetiches e fantoches* para a *Careta* dois meses antes de seu falecimento. Embora iniciasse o texto dizendo que "o Sr. Agripino Grieco é merecedor de toda a atenção", destacava que o volume possuía "grandes qualidades e grandes defeitos". Seguia declarando que Agripino, apesar de ser "um homem culto, falta-lhe, entretanto, certa ideia geral do Mundo e do Homem. Daí, as suas injustiças nos seus julgamentos". A crítica de Lima referia-se à análise de Agripino sobre Félix Pacheco. Lima dizia que ele não era apenas "senador e redator-chefe do *Jornal do Commercio*". Pacheco seria "o protetor dos escritores desprezíveis ou desprezados". *Careta*, Rio de Janeiro, ano xv, n. 741, 2 set. 1922.

8. Lima Barreto. *Correspondência ativa e passiva — 2º tomo*, op. cit., pp. 104-5.

9. Ibid., p. 125.

10. Ibid., pp. 87 e 130.

11. Sobre essa viagem, há uma nota de Francisco de Assis Barbosa comentando que João Luís Ferreira era amigo de Lima desde os tempos da Politécnica e que, ao ser eleito governador do Piauí, o teria convidado para dirigir a Imprensa Oficial do Estado. Em outra versão da história, tal iniciativa não chegou a ocorrer, tendo João Luís ficado apenas na intenção. Lima Barreto. *Correspondência ativa e passiva — 2º tomo*, op. cit., p. 100.

12. Ibid., p. 131.

13. No dia 4 de julho de 1919, Schettino enviou carta a Lima perguntando se ele estava ciente do prêmio da ABL — no valor de dez contos. E sugeriu: "Faça-o que nenhum melhor que tu se poderá avantajar. [...] Entretanto é o Chico que deseja mais glória, para aquele que já a tem muita, mas que servirá para mostrar aos 'tais de acadêmicos' que os de fora, sem o serem, têm mais talento e 'dedo'". Lima Barreto. *Correspondência ativa e passiva — 2º tomo II*, op. cit., p. 92.

14. Lima Barreto, "O meu conselho". *A.B.C.*, Rio de Janeiro, ano VIII, n. 343, 1 out. 1921. In: Lima Barreto, *Feiras e mafuás*, op. cit., pp. 172-3.

15. Ver também excelente artigo de Astrojildo Pereira, "Confissões de Lima Barreto" (*Revista do Brasil*, Rio de Janeiro, 3ª fase, ano IV, n. 36, jun. 1941).

16. Lima Barreto, *Bagatelas*, op. cit., p. 37.

17. Astrojildo Pereira, "Confissões de Lima Barreto". *Revista do Brasil*, op. cit.

18. Lima Barreto, "O destino da literatura". In: Lima Barreto, *Impressões de leitura*, op. cit., pp. 51-69.

19. Ver Manuela Carneiro da Cunha, *Cultura com aspas e outros ensaios* (São Paulo: Cosac Naify, 2009).

20. O termo "flâneur" está muito presente no pensamento de Walter Benjamin. Inspirado pela obra de Baudelaire, o filósofo pensou a modernidade a partir do olhar do *flâneur* sobre a cidade; figura que se comprazia em observar os moradores da cidade em suas atividades diárias. Sobre Walter Benjamin, ver, entre outros, Edvaldo Souza Couto; Carla Milani Damião (Orgs.), *Walter Benjamin: Formas de percepção estética na modernidade* (Salvador: Quarteto, 2008); Michael Löwy, *Walter Benjamin: Aviso de incêndio*

(Rio de Janeiro: Boitempo, 2005); Peter Osborne (Org.), *Walter Benjamin: Critical Evaluations in Cultural Theory* (Nova York: Routledge, 2004); e Jeanne Marie Gagnebin, *História e narração em Walter Benjamin* (São Paulo: Perspectiva, 2007). Beatriz Resende explora muito bem tal conceito na obra de Lima.

21. Francisco de Assis Barbosa, *A vida de Lima Barreto*, op. cit., p. 268.

22. João Antônio, *Calvário e porres do pingente Afonso Henriques de Lima Barreto*, op. cit., pp. 56 e 76. Ver também Agripino Grieco, *Gente nova do Brasil — Veteranos — Alguns mortos* (Rio de Janeiro: José Olympio, 1935), p. 443.

23. Lima Barreto, *O cemitério dos vivos*. In: Augusto Massi e Murilo Marcondes de Moura (Orgs.), op. cit., p. 207.

24. Ibid., p. 189.

25. Ver original depositado na Biblioteca Nacional no acervo Lima Barreto.

26. Francisco de Assis Barbosa, *A vida de Lima Barreto*, op. cit., p. 226; e Felipe Botelho Corrêa (Org.), *Lima Barreto: Sátiras e outras subversões*, op. cit., pp. 31, 33-6.

27. Lima Barreto, "O homem das mangas". *Careta*, Rio de Janeiro, ano xv, n. 707, 7 jan. 1922. In: Felipe Botelho Corrêa (Org.), *Lima Barreto: Sátiras e outras subversões*, op. cit., pp. 351-3.

28. Ibid., p. 353.

29. Lima Barreto, "O pavilhão da Inglaterra". *Careta*, Rio de Janeiro, ano xv, n. 709, 21 jan. 1922. In: Felipe Botelho Corrêa (Org.), op. cit., pp. 198-201.

30. Id, "Assassinato profilático". *Careta*, Rio de Janeiro, ano xv, n. 709, 21 jan. 1922. In: Felipe Botelho Corrêa (Org.), op. cit., pp. 248-9.

31. Ibid., p. 248.

32. Ibid., pp. 248-9.

33. Pode ser encontrada uma santa com esse nome. Lima, provavelmente, fazia ironia com as feministas.

34. *Careta*, Rio de Janeiro, ano xv, n. 715, 4 mar. 1922.

35. Lima Barreto, "O nosso feminismo". *A.B.C.*, Rio de Janeiro, ano VIII, n. 388, 12 ago. 1922. In: Beatriz Resende e Rachel Valença (Org.), *Lima Barreto: Toda crônica — Volume 2, 1919-1922*, op. cit., pp. 544-5.

36. Ibid., p. 545.

37. Lima Barreto, "A venda de armas". *Careta*, Rio de Janeiro, ano xv, n. 718, 25 mar. 1922. In: Felipe Botelho Corrêa (Org.), op. cit., pp. 230-1.

38. Id., "As divorciadas e o anel". *Careta*, Rio de Janeiro, ano xv, n. 724, 6 maio 1922. In: Felipe Botelho Corrêa (Org.), op. cit., p. 250.

39. Ibid.

40. Lima Barreto, "Eu também...". *Careta*, Rio de Janeiro, ano xv, n. 732, 1 jul. 1922. In: Felipe Botelho Corrêa (Org.), op. cit., p. 186.

41. Referência a Irineu de Melo Machado, que foi professor, advogado e político.

42. Lima Barreto, "Eu também...". *Careta*, Rio de Janeiro, ano xv, n. 732, 1 jul. 1922. In: Felipe Botelho Corrêa (Org.), op. cit., p. 186.

43. Id. "O pavilhão do Distrito". *Careta*, Rio de Janeiro, ano xv, n. 745, 30 set. 1922. In: Felipe Botelho Corrêa (Org.), op. cit., pp. 313-4.

44. Ibid.

45. "A futura capital", *Careta*, Rio de Janeiro, ano xv, n. 747, 14 out. 1922. Planos para o deslocamento da capital não datavam dessa época. Conta a história que teria sido o marquês de Pombal quem, em meados do século xviii, dera início a essa pauta. José Bonifácio de Andrada e Silva, em 1823, encaminhou à Assembleia Constituinte do Império um documento no qual propunha para sede a comarca de Paracatu, em Minas Gerais, com os nomes Petrópole ou Brasília. Em 1852, o senador Antônio Holanda Cavalcanti apresentou ao Senado um projeto de lei que dispunha sobre a construção da capital, mantendo o topônimo Brasília. Já em 1892, Floriano Peixoto criou uma comissão para estudar e definir a área onde ela seria construída. Mas foi Epitácio Pessoa quem assinou, em 1920, o decreto que previa o início da construção da Nova Capital e, em 7 de setembro de 1922, foi lançada a pedra fundamental em Planaltina. Mas, como sabemos, essa história iria demorar: Brasília só foi inaugurada por Juscelino Kubitschek em 21 de abril de 1960. Ver Jaime Sautchuk, *Cruls: Histórias e andanças do cientista que inspirou JK a fazer Brasília* (São Paulo: Geração Editorial, 2014).

46. Lima Barreto, "Fogos de artifício". *Careta*, Rio de Janeiro, ano xv, n. 752, 18 nov. 1922. In: Felipe Botelho Corrêa (Org.), *Lima Barreto: Sátiras e outras subversões*, op. cit., pp. 239-40.

47. Pio Dutra (1875-1963) nasceu numa família de proprietários de terras na ilha do Governador. Foi intendente, conselheiro municipal, delegado na ilha, e lançou a *Revista Suburbana*, na qual Lima, seu amigo pessoal, por vezes colaborou.

48. Esse foi um dos primeiros jornais regionais republicanos, com edição inaugural em 1900, mas tinha pouca circulação. O periódico contou com apenas dezenove números.

49. Lima Barreto, "Meditem a respeito". *Revista Suburbana*, Rio de Janeiro, ano i, n. 2, 3 set. 1922. In: Felipe Botelho Corrêa (Org.), *Lima Barreto: Sátiras e outras subversões*, op. cit., p. 337.

50. Ibid.

51. Ibid.

52. Ibid., p. 338.

53. Em 1906, a população do Distrito Federal era de 811 443 habitantes, sendo 600 928 brasileiros e 210 515 estrangeiros. Em 1920, essa população era de 1 157 873, sendo 917 481 brasileiros, 239 129 estrangeiros e 1263 de nacionalidade ignorada. Em Recenseamento de 1920 e *Anuário estatístico do Brasil*, ibge, v. 1 e 5, <seculoxx.ibge. gov.br/images/seculoxx/arquivos_download/populacao/1937/populacao1937aeb_02.pdf> e <seculoxx.ibge. gov.br/images/seculoxx/arquivos_download/populacao/1936/populacao1936aeb_09.pdf>. Lúcia Lippi Oliveira explica que a imigração em massa na virada do século fez coexistirem três grupos: os libertos, os nordestinos (migrados devido a uma grande seca) e os estrangeiros (especialmente os portugueses, que se concentraram no pequeno comércio urbano ou engrossaram o operariado). Lúcia Lippi Oliveira. *O Brasil dos imigrantes*. Rio de Janeiro: Jorge Zahar, 2002, p. 30. Ver também Maria Lais Pereira da Silva, "A favela e o subúrbio: Associações e dissociações na expansão suburbana da favela". In: Márcio Piñon de Oliveira e Nelson da Nóbrega Fernandes (Orgs.), op. cit., pp. 165-9.

54. Lima Barreto, "Meditem a respeito". *Revista Suburbana*, Rio de Janeiro, ano i, n. 2, 3 set. 1922. In: Felipe Botelho Corrêa (Org.), op. cit., p. 338.

55. Ibid., p. 339.

56. Lima Barreto, "Estado de sítio". *A.B.C.*, Rio de Janeiro, ano viii, n. 385, 22 jul. 1922. In: Felipe Botelho Corrêa (Org.), op. cit., pp. 420-2.

57. Ibid., p. 420.

58. Ibid., p. 422.

59. Lima Barreto, "A matemática não falha". *Revista Souza Cruz*, Rio de Janeiro, 7 dez. 1918. In: Lilia Moritz Schwarcz (Org.). *Contos completos de Lima Barreto*, op. cit., pp. 275-81.

60. Ibid., p. 279.

61. Lima Barreto, "Apologética do Feio — bilhete à Baronesa de Melrosado". [S.l., [19--], 6 tiras. Orig. Ms. fbn/Mss I-06,36,1021, Coleção Lima Barreto. Interessante notar, justamente, a boa caligrafia desse conto. Delicada, ela se diferencia daquela mais apressada que encontramos comumente nos manuscritos de Lima. In: Lilia Moritz Schwarcz (Org.), *Contos completos de Lima Barreto*, op. cit., pp. 556-9.

62. Agripino Grieco, *Vivos e mortos*. 2. ed. Rio de Janeiro: José Olympio, 1947, p. 83.

63. O trecho a seguir é inspirado no belo relato deixado por Agripino Grieco, *Vivos e mortos*, op. cit., p. 87.

64. Conto originalmente publicado na revista *Careta*, Rio Janeiro, ano xiv, n. 670, 23 de abril de 1921, que não traz a informação da data, somente as iniciais "L. B.", conforme a nota 181 da terceira edição de *Histórias e sonhos*. Publicado também em Lima Barreto, *Histórias e sonhos: Contos* (Rio de Janeiro: Brasileira, 1951), e em Lilia Moritz Schwarcz (Org), *Contos completos de Lima Barreto*, op. cit., pp. 312-4.

65. Ibid., p. 312.

66. Ibid.

67. Ibid.

68. Lima Barreto, "O caçador doméstico". *Careta*, Rio de Janeiro, 23 abr. 1921. In: Lilia Moritz Schwarcz (Org.), *Contos completos de Lima Barreto*, op. cit., p. 313.

69. Ibid., p. 313.

70. Ibid.

71. Ibid., p. 314.

72. Agradeço a ajuda de Sonia Balady nesse levantamento acerca dos escritos sobre morte presentes em toda a obra de Lima Barreto.

73. Lima Barreto, "Os enterros de Inhaúma". *Careta*, Rio de Janeiro, ano xv, n. 740, 26 ago. 1922, ano xv, n. 740. In: Felipe Botelho Corrêa (Org.), op. cit., pp. 346-47.

74. Ibid., p. 346.

75. Ver comentários de Régis de Morais, op. cit., p. 88.

76. Ver texto publicado no *Jornal do Brasil* de 15 de novembro de 1922, p. 6.

77. Lima Barreto, "Os enterros de Inhaúma". *Careta*, Rio de Janeiro, ano xv, n. 740, 26 ago. 1922. In: Felipe Botelho Corrêa (Org.), op. cit., p. 347.

78. Id., "Elogio da morte". *A.B.C.*, Rio de Janeiro, ano iv, n. 189, 19 out. 1918. In: Beatriz Resende e Rachel Valença (Orgs.), *Lima Barreto: Toda crônica — Volume I, 1890-1919*, op. cit., pp. 390-1. Publicado também em *Marginália*.

79. Ibid., p. 390.

80. Ibid.

81. Ibid., p. 391.

82. Ver, entre outros, Alfredo Bosi, *História concisa da literatura brasileira*, op. cit., p. 181; e Roberto Schwarz, *Ao vencedor as batatas: Forma literária e processo social nos inícios do romance brasileiro*, op. cit.

83. Lima Barreto, *Diário íntimo*. 3 de janeiro de 1905. In: Eliane Vasconcellos (Org.), *Lima Barreto: Prosa seleta*, op. cit., p. 1242.

84. Id., *Diário íntimo*, 16 de julho de 1908. In: Eliane Vasconcellos (Org.), *Lima Barreto: Prosa seleta*, op. cit., p. 1282.

85. Lima Barreto. "O moleque". In: Lilia Moritz Schwarcz (Org.), *Contos completos de Lima Barreto*, op. cit., pp. 11-151. Publicado na primeira edição de *Histórias e sonhos* (1920).

86. Id., *Diário íntimo*, 16 jul. 1908. In: Eliane Vasconcellos (Org.), *Lima Barreto: Prosa seleta*, op. cit., p. 1283.

87. Id., *Diário íntimo*, 1910. In: Eliane Vasconcellos (Org.), *Lima Barreto: Prosa seleta*, op. cit., p. 1290.

88. Id., *Diário íntimo*, 20 abr. 1914. In: Eliane Vasconcellos (Org.), *Lima Barreto: Prosa seleta*, op. cit., p. 1305.

89. Id., *Diário íntimo*, 1916. In: Eliane Vasconcellos (Org.), *Lima Barreto: Prosa seleta*, op. cit., p. 1313.

90. Id., *Recordações do escrivão Isaías Caminha*, op. cit., pp. 167-8.

91. Id., *Triste fim de Policarpo Quaresma*, op. cit., p. 159.

92. Ibid., p. 180.

93. Lima Barreto, *Numa e a ninfa*, op. cit., p. 25.

94. Ibid., p. 160.

95. Lima Barreto. "As aventuras do dr. Bogóloff". In: Lima Barreto, *Os bruzundangas*, op. cit., pp. 199-284. Publicado em dois fascículos em 1912.

96. Id., *Vida e morte de M. J. Gonzaga de Sá*, op. cit., p. 19.

97. Ibid.

98. Ibid., p. 22.

99. Ibid., p. 23.

100. Ibid., pp. 87 e 89.

101. Ibid., p. 96.

102. Lima Barreto, *O cemitério dos vivos*. In: Augusto Massi e Murilo Marcondes de Moura (Orgs.), op. cit., p. 145.

103. Ibid., p. 151.

104. Ibid., p. 168.

105. Ibid., p. 184.

106. Ibid., pp. 219 e 233.

107. Lima Barreto, *Correspondências ativa e passiva — 2º tomo*, op. cit., p. 264.

108. Id., *O cemitério dos vivos*. In: Augusto Massi e Murilo Marcondes de Moura (Orgs.), op. cit., p. 212.

109. Agripino Grieco, *Gente nova do Brasil: Veteranos — Alguns mortos*, op. cit., pp. 445.

110. *O Brasil*, Rio de Janeiro, p. 5, 16 maio 1922.

111. Lima Barreto, "Congressos". *Careta*, Rio de Janeiro, ano xv, n. 746, 7 out. 1922. In: Beatriz Resende e Rachel Valença (Orgs.), *Lima Barreto: Toda crônica — Volume 2, 1919-1922*, op. cit., p. 567. Também publicada em *Coisas do Reino do Jambon*, op. cit., p. 116. Assis Barbosa a cita nas páginas 268 e 272 do livro *A vida de Lima Barreto*, op. cit.

112. Francisco de Assis Barbosa, *A vida de Lima Barreto*, op. cit., p. 272.

113. Para maiores detalhes sobre esse autor, ver André Luiz dos Santos, *Caminhos de alguns ficcionistas brasileiros após as* Impressões de leitura *de Lima Barreto*, op. cit.

114. Enéias Ferraz, "A morte do mestre". *O Paiz*, Rio de Janeiro, p. 3, 20 nov. 1922.

115. Ibid.

116. Ibid.

117. Hélcio Pereira da Silva. *Lima Barreto: Escritor maldito*, op. cit., p. 133.

118. Lima Barreto, *Correspondência ativa e passiva — 2º tomo*, op. cit., p. 132. Ver também Francisco de Assis Barbosa, *A vida de Lima Barreto*, op. cit., pp. 273-4 e nota 21.

119. A revista francesa *Revue des Deux Mondes*, criada em 1829, era uma das mais antigas em circulação na Europa. Lá escreviam autores como George Sand, François Guizot e Auguste de Saint-Hilairet. Dedicavam-se a temas literários, artísticos, questões filosóficas, históricas, científicas, políticas e econômicas. Ver Maria Ligia Coelho Prado, "A pena e a espada: a *Revue des Deux Mondes* e a intervenção francesa no México" (*Varia Historia*, Belo Horizonte: ufmg, v. 30, n. 54, pp. 613-30, set./dez. 2014); Kátia Aily Franco de Camargo, *A Revue des Deux Mondes: Uma intermediária entre dois mundos* (Natal: edufrn, 2007); Ligia Osorio Silva e Luiz Dantas, "Letras brasileiras na *Revue des Deux Mondes*", em Sandra Nitrini (Org.), *Aquém e além mar: Relações culturais — Brasil e França* (São Paulo: Hucitec, 2000); Laurent Vidal e Tânia Regina de Luca (Orgs.), *Franceses no Brasil: Séculos*

XIX-XX (São Paulo: Ed. Unesp, 2009); e Gabriel de Broglie, *Histoire politique de la Revue des Deux Mondes de 1829 a 1979* (Paris: Perrin, 1979).

120. Francisco de Assis Barbosa, *A vida de Lima Barreto*, op. cit., pp. 274-5.

121. Depoimento dado por Aôr Ribeiro, autor de *O negro carioca no samba*. Apud Hélcio Pereira da Silva, *Lima Barreto: Escritor maldito*, op. cit., p. 171.

122. De acordo com Assis Barbosa, Di Cavalcanti lhe contou que lembrava de ter visto dois guardas-civis solenes, um deles irmão do morto, montando guarda ao corpo. (Barbosa cita o artigo de Di Cavalcanti "Triste fim de Lima Barreto", op. cit.)

123. Lima Barreto, "Queixa de defunto". *Careta*, Rio de Janeiro, 20 mar. 1920. In: Beatriz Resende e Rachel Valença (Orgs.), *Lima Barreto: Toda crônica — Volume 2, 1919-1922*, op. cit., pp. 157-8.

124. Ibid. O trecho diz: "Tendo sido enterrado no cemitério de Inhaúma e vindo o meu enterro do Méier, o coche e o acompanhamento tiveram que atravessar em toda a extensão a rua José Bonifácio, em Todos os Santos".

125. Enéias Ferraz, "A morte do mestre". *O Paiz*, Rio de Janeiro, p. 3, 20 nov. 1922.

126. Lima Barreto, *Vida e morte de M. J. Gonzaga de Sá*, op. cit., pp. 75-93.

127. Ibid., pp. 94-105.

128. Ibid., p. 94.

129. Ibid., p. 96.

130. Ibid., p. 97.

131. Hélcio Pereira da Silva, *Lima Barreto: Escritor maldito*, op. cit., pp. 169-70.

132. Francisco de Assis Barbosa, *A vida de Lima Barreto*, op. cit., p. 278.

133. Lima Barreto, *Vida e morte de M. J. Gonzaga de Sá*, op. cit., p. 87.

QUASE CONCLUSÃO: LIMA, O COLECIONADOR
[PP. 490-511]

1. Agradeço a Paloma Malaguti, Sonia Balady e Pedro Galdino por terem me ajudado com o material desta conclusão.

2. Ver Lilia Moritz Schwarcz e Heloisa Starling, "O acaso não existe". [Entrevista]. *Leituras críticas sobre Evaldo Cabral de Mello* (Belo Horizonte: Ed. UFMG; São Paulo: Fundação Perseu Abramo, 2008).

3. Para uma defesa da introdução do conceito de ambivalência, recomendo o livro de Homi Bhabha *O local da cultura*, op. cit., e o ensaio de Silviano Santiago, "O entre-lugar do discurso latino-americano", em *Uma literatura nos trópicos: Ensaios sobre dependência cultural* (Rio de Janeiro: Rocco, 2000), pp. 9-26. Neste último ensaio o crítico defende a ideia de que muitas vezes o que se faz, sobretudo em países de passado colonial, é a "escritura da escritura".

4. Referência a um aforismo constante do "Manifesto antropófago" de Oswald de Andrade.

5. Na introdução deste livro, já incluímos algumas referências básicas sobre o gênero biografia. Além delas, destacamos: Norbert Elias, *Mozart: Sociologia de um gênio* (Rio de Janeiro: Jorge Zahar, 1995); Philippe Levillain, "Os protagonistas: Da biografia", em René Rémond (Org.), *Por uma história política*, trad. de Dora Rocha (Rio de Janeiro: Ed. UFRJ, 1996); Peter Burke, "A invenção da biografia e o individualismo renascentista" (*Estudos Históricos*, Rio de Janeiro, n. 19, pp. 83-97, 1997); Jacques Le Goff, *São Luís* (Rio de Janeiro: Record, 1999); Giovanni Levi, "Usos da biografia", em Marieta de Moraes Ferreira e Janaína Amado (Orgs.), *Usos e abusos da história oral*, op. cit.; Benito Schmidt, "Biografia: Um gênero de fronteira entre a história e a literatura", em Margareth Rago e Renato Aloizio de Oliveira Gimenes (Orgs.), *Narrar o passado, repensar a história* (Campinas: Ed. da Unicamp, 2000); e Jaime Benchimol, "Narrativa documental e literária nas biografias" (*História, Ciências, Saúde — Manguinhos*, Rio de Janeiro, v. 2, n. 2, pp. 93-113, jul./out. 1995).

6. Lilia Moritz Schwarcz, *O espetáculo das raças*, op. cit.

7. *O Pharol*, Juiz de Fora, p. 1, 4 nov. 1922.

8. *O Paiz*, Rio de Janeiro, p. 6, 8 nov. 1922.

9. *Careta*, Rio de Janeiro, ano xv, n. 755.

10. Garcia Margiocco, "O boêmio imortal". *Careta*, Rio de Janeiro, 9 dez. 1922.

11. José Garcia Margiocco (1889-1923). Além de contribuir na *Careta*, escreveu para *A Reforma*, de Porto Alegre. Marlene Medaglia Almeida, *Na trilha de um andarengo: Alcides Maya — 1877-1944*, op. cit.

12. Henry Louis Gates Jr., *Thirteen Ways of Looking at a Black Man*. Nova York: Random House, 1977.

13. Foi Augusto Massi quem destacou esse tipo de datação, em conversa pessoal que tivemos em dezembro de 2016.

14. Coelho Neto, "A sereia". *Jornal do Brasil*, Rio de Janeiro, p. 5, 5 nov. 1922.

15. Todos os trechos do artigo de Coelho Neto estão no *Jornal do Brasil* de 5 de novembro de 1922, p. 5.

16. Oswald de Andrade, *Serafim Ponte Grande*. São Paulo: Global, 1984, p. 9.

17. Já tratamos da polêmica envolvendo o termo que passa a definir um contexto marcado como uma espécie de passagem (entre o final do xix e o período da Primeira Guerra Mundial). O grande clássico fundamental sobre o tema é o livro *Belle époque tropical: Sociedade e cultura de elite no Rio de Janeiro na virada do século*, de Jeffrey D. Needell, op. cit. Sobre a crítica ao conceito de pré-modernismo, ver artigo de Flora Süssekind, "O figurino e a forja", op. cit.

18. Sobre o modernismo paulistano, ver Antonio Candido, "A revolução de 1930 e a cultura", em Id., *A educação pela noite e outros ensaios*, op. cit.; e "Literatura e cultura de 1900 a 1945", em Id., *Literatura e sociedade*, op. cit. Para "outros modernismos", ver Nicolau Sevcenko, *Orfeu extático* na metrópole: São Paulo, sociedade e cultura nos frementes anos 20, op. cit.; Monica Pimenta Velloso, *História & modernismo* (Belo Horizonte: Autêntica, 2010); André Botelho, *O Brasil e os dias: Estadonação, modernismo e rotina intelectual*, op. cit.; e André Botelho, *De olho em Mário de Andrade: Uma descoberta intelectual e sentimental do Brasil*, op. cit.

19. Para um balanço sobre o estilo de Lima Barreto, e a maneira como o autor fazia uma literatura de exceção ver Antonio Arnoni Prado, "Nacionalismo literário e cosmopolitismo", em Ana Pizarro (Org.), *América Latina: Palavra, literatura e cultura* (São Paulo: Memorial; Campinas: Unicamp, 1994), v. 2, pp. 597-613.

20. Roberto Schwarz, "Nacional por subtração". In: Roberto Schwarz, *Que horas são?: Ensaios* op. cit.

21. Mário de Andrade, "Nova canção de Dixie". In: Id., *Poesias completas*. Rio de Janeiro: Nova Fronteira, 2013, p. 277. v. 2.

22. Ver Bianca Maria Dettino, "São os do Norte: Geografias imaginárias em tempos de guerra". Trabalho apresentado, São Paulo, 2016, mimeografado; e Angela Teodoro Grillo, *O losango negro na poesia de Mário de Andrade* (São Paulo: FFLCH-USP, 2016. Tese [Doutorado em Literatura Brasileira]).

23. Ver André Botelho, *De olho em Mário de Andrade: Uma descoberta intelectual e sentimental do Brasil*, op. cit.

24. Mário de Andrade, "O Aleijadinho." In: Id., *Aspectos das artes plásticas no Brasil*. Belo Horizonte: Itatiaia, 1984, p. 37. A bibliografia especializada em Mário de Andrade é imensa e competente. Citamos apenas alguns autores que nos serviram de referência: Telê Ancona Lopez, *Mário de Andrade: Ramais e caminhos* (São Paulo: Duas Cidades, 1972); Telê Ancona Lopez, *Mário de Andradiando* (São Paulo: Hucitec, 1996); Oneyda Alvarenga, *Mário de Andrade, um pouco* (Rio de Janeiro: José Olympio, 1974); André Botelho, *De olho em Mário de Andrade: Uma descoberta intelectual e sentimental do Brasil*, op. cit.; Eduardo Jardim, *Mário de Andrade: A morte do poeta* (Rio de Janeiro: Civilização Brasileira, 2005); João Luiz Lafetá, *Figuração da intimidade: Imagens na poesia de Mário de Andrade* (São Paulo: Martins Fontes, 1986); Sergio Miceli, "Mário de Andrade: A invenção do moderno intelectual brasileiro", em Lilia Moritz Schwarcz e André Botelho (Orgs.), op. cit.; e Pedro Meira Monteiro, "'Coisas sutis, ergo profundas': O diálogo entre Mário de Andrade e Sérgio Buarque de Holanda", em Pedro Meira Monteiro (Org.), *Mário de Andrade e Sérgio Buarque de Holanda: Correspondência*, op. cit.

25. Lima Barreto, *Impressões de leitura*. São Paulo: Brasiliense, 1956, p. 20.

26. Foram sobretudo Francisco de Assis Barbosa, Nicolau Sevcenko, Beatriz Resende, Antonio Arnoni Prado e Francisco Foot Hardman os autores que trataram mais amplamente do tema, defendendo "o modernismo" de Lima Barreto. Sugiro também, vivamente, os livros de Flora Süssekind; dentre vários destaco: *Literatura e vida literária: Polêmicas, diários & retratos* (Rio de Janeiro: Jorge Zahar, 1985) e *Cinematógrafo de letras: Literatura, técnica e modernização no Brasil*, op. cit.

27. Samuel Wainer (1912-80) iniciou sua carreira como jornalista no *Diario de Noticias*. A partir de 1941 posicionou-se criticamente em relação ao regime ditatorial de Getúlio Vargas. Em 1944, a revista foi suspensa e Wainer exilado. De volta ao Brasil, trabalhou nos Diários Associados e, em junho de 1951, fundou o jornal *Última Hora*. Com os militares no poder, Wainer teve seus direitos políticos suspensos e foi novamente exilado. Retornou ao Brasil em 1967 e reassumiu a direção do jornal até 1972. Verbete "Wainer, Samuel", *Dicionário histórico-biográfico brasileiro pós-1930* – CPDOC/FGV.

28. As informações sobre como se deu a encomenda a Francisco de Assis Barbosa foram retiradas do excelente artigo de Nicolau Sevcenko "Atrás da muralha do silêncio" (*Folha de S.Paulo*, São Paulo, p. E12, 4 jan. 2003). Foram também feitos esforços para encontrar herdeiros da família de Lima Barreto, mas não tivemos sucesso.

29. Em 1937 Zélio Valverde (1921-85) abriu uma pequena livraria voltada principalmente para a história do Brasil e para os clássicos da literatura brasileira. Valverde trabalhou também como diretor-gerente dos jornais *Diário Carioca* e *Última Hora*. Em Laurence Hallewell, *O livro no Brasil: Sua história* (São Paulo: Edusp, 2005), p. 428.

30. Francisco de Assis Barbosa (1914-91) era formado pela Faculdade Nacional de Direito do Rio de Janeiro. Foi redator de *A Noite* (1934) e de *O Imparcial* (1935); colaborou em *A Noite Ilustrada*, *Vamos Ler*, *Carioca*, *Diretrizes*, *Revista do Globo*, *Correio da Manhã*, *Diário Carioca*, *Folha da Manhã* (de São Paulo) e *Última Hora*. Foi também diretor da *Revista do Instituto Histórico e Geográfico Brasileiro* a partir de 1966. Fundou a Associação Brasileira de Escritores (ABDE); ocupou o cargo de subchefe do Gabinete Civil e assessor de documentação da Presidência da República durante o governo de Juscelino Kubitschek (1956-61). Em 1970, foi eleito para a Academia Brasileira de Letras. Já em 1977 passou a integrar o corpo de diretores da Fundação Casa de Rui Barbosa. Ver <www.academia.org.br/abl/cgi/cgilua.exe/sys/start.htm%3Fsid%3D176/biografia>.

31. *Última Hora*, Rio de Janeiro, p. 8, 20 ago. 1952.

32. Caio Prado Jr. (1907-90) formou-se em direito na Faculdade do Largo São Francisco. Em 1931 tornou-se membro do Partido Comunista Brasileiro (PCB). Fundou a editora Brasiliense em 1943, ao lado de Artur Heládio Neves e Leandro Dupré, e em seguida a *Revista Brasiliense* (editada de 1955 a 1964). Foi vice-presidente da seção paulista da Aliança Nacional Libertadora (ANL) e elegeu-se deputado estadual em 1945. De sua produção destacamos: *Evolução política do Brasil* (1933), *Formação do Brasil contemporâneo* (1942) e *História econômica do Brasil* (1945). Em Bernardo Ricupero, "Caio Prado Júnior e o lugar do Brasil no mundo", em Lilia Moritz Schwarcz e André Botelho (Orgs.), op. cit., pp. 228-39.

33. Pedro Belchior, *Tristes subúrbios: Literatura, cidade e* *memória em Lima Barreto (1881-1922)*. Niterói: UFF, 2011, p. 77. Dissertação (Mestrado em História).

34. Manuel Cavalcanti Proença (Cuiabá, 1905-Rio de Janeiro, 1966) colaborou, como crítico literário, nos suplementos de diversos jornais, entre eles o *Correio da Manhã*, tendo sido diretor da revista *Civilização Brasileira*. Entre seus trabalhos destacam-se os ensaios *Roteiro de Macunaíma e Augusto dos Anjos e outros ensaios*, e o romance *Manuscrito holandês*. Em *Correio da Manhã*, p. 7, 17 dez. 1966.

35. Antônio Houaiss, professor, diplomata e filólogo, nasceu no Rio de Janeiro em 15 de outubro de 1915 e faleceu na mesma cidade no dia 7 de março de 1999. Entre 1957 e 1960, atuou como assessor de documentação de Juscelino Kubitschek. Foi redator do *Correio da Manhã* nos anos 1964 e 1965. Ingressou na Academia Brasileira de Letras em 1971. Ver <www.academia.org.br/academicos/antonio-houaiss/biografia> e <http://enciclopedia.itaucultural.org.br/pessoa14496/antonio-houaiss>.

36. Artur Heládio Neves (1916-71) era, na época, o editor da Brasiliense. Militante comunista, conheceu Caio Prado Jr. no PCB. Em Laurence Hallewell, *O livro no Brasil: Sua história*, op. cit., pp. 367-9. Agradeço também a Vladimir Sacchetta por essas informações.

37. Para uma visão mais completa desses prefácios, sugiro a leitura de Nádia Maria Weber Santos, "Lima Barreto muito além dos cânones" (*Artelogie*, n. 1. *Dossier thématique: Brésil, questions sur le modernisme*. Paris, 12 mar. 2011, <cral.in2p3.fr/artelogie/spip.php?article76>).

38. Ver análise detida desse texto de Sérgio Buarque de Holanda no capítulo 16 deste livro.

39. João Ribeiro, prefácio para *Numa e a ninfa* (São Paulo: Brasiliense, 1956), p. 12. João Batista Ribeiro de Andrade Fernandes nasceu em Laranjeiras (SE) em 24 de junho de 1860 e faleceu no Rio de Janeiro em 13 de abril de 1934. Ao mudar para o Rio de Janeiro, concluiu a Escola Politécnica mas logo se dedicou ao jornalismo, contribuindo no *Jornal do Commercio*, n'*O Dia*, em *O Commercio de S. Paulo* e no *Jornal do Brasil*. Contribuiu ainda n'*A Semana*, de Valentim de Magalhães, ao lado de Machado de Assis, Lúcio de Mendonça e Rodrigo Otávio, entre outros. Foi professor do Colégio Pedro II e membro da ABL. Dentre suas obras destacam-se *Estudos filológicos* (1902), *Seleta clássica* (1905) e *História do Brasil* (1900). Retirado do site da ABL: <www.academia.org.br/academicos/joao-ribeiro/biografia>.

40. Antônio Noronha Santos, prefácio para *Correspondência ativa e passiva — 1º tomo*, op. cit., pp. 13-4.

41. Prefácio de Lúcia Miguel Pereira para *Histórias e sonhos* (São Paulo: Brasiliense, 1956), p. 13. Lúcia Miguel Pereira nasceu em Barbacena (MG) em 1901 e faleceu no Rio de Janeiro em 1959. Fundou a *Revista Elo* e nela publicou seus primeiros escritos, entre 1927 e 1929. Passou a ser conhecida como Madame de Staël do Século XX, devido à importância de sua produção intelectual no Brasil, apresentada na forma de ensaios e artigos de jornal. Colaborou em diversos periódicos, tais como *O Estado de S. Paulo*, *Correio da Manhã*, *Gazeta de Noticias*, *Revista do Brasil*, *Boletim de Ariel*, *A Ordem* e *Lanterna Verde*. Escreveu as biografias críticas *Machado de Assis* (1935) e *A vida de Gonçalves Dias* (*1943*). Fonte: *Enciclopédia Itaú Cultural*: <enciclopedia.itaucultural.org.br/pessoa6362/lucia-miguel-pereira>.

42. Ver, por exemplo, a obra de Gilberto Freyre "O mundo que o português criou" (1940), quando o escritor passa a difundir a ideia de que o mundo luso seria mais aberto e democrático que os demais. Para uma análise da produção de Freyre no período, ver o livro de Omar Ribeiro Thomaz, *Ecos do Atlântico Sul: Representações sobre o terceiro império português* (Rio de Janeiro: Ed. UFRJ, 2002), e sua introdução a *Interpretação do Brasil* (São Paulo: Companhia das Letras, 2000). Gilberto de Mello Freyre nasceu em Recife no ano de 1900 e morreu na mesma cidade em 1987. Foi sociólogo, antropólogo, ensaísta, desenhista, poeta e romancista. Formou-se bacharel em artes pela Universidade Baylor e fez pós-graduação na Faculdade de Ciências Políticas da Universidade Columbia, em Nova York. É autor de clássicos, como a trilogia composta por *Casa-grande & senzala* (1933), *Sobrados e mucambos* (1936) e *Ordem e progresso* (1959). Colaborou em diversos periódicos, entre eles *O Estado de S. Paulo*, *Correio da Manhã* e o argentino *La Nación*. Fonte: <enciclopedia.itaucultural.org.br/pessoa1785/gilberto-freyre>.

43. Ver "O diário íntimo de Lima Barreto", em Lima Barreto, *Diário íntimo: Memórias*, org. de Franciso de Assis Barbosa (São Paulo: Brasiliense, 1956). Também incluído na coletânea de textos de Gilberto Freyre intitulada *Vida, forma e cor* (São Paulo: É Realizações, 2010).

44. Lima Barreto, *Diário íntimo*. In: Eliane Vasconcellos (Org.), *Lima Barreto: Prosa seleta*, op. cit., p. 1257.

45. Prefácio de Alceu Amoroso Lima para *Vida e morte de M. J. Gonzaga de Sá*, São Paulo: Brasiliense, 1956, p. 9. Alceu Amoroso Lima nasceu no dia 11 de dezembro de 1893 em Petrópolis, mesma cidade onde veio a falecer em 1983. Foi eleito para a ABL em 1935. Publicou o livro *Estudos* (em *1934*), no qual reuniu trabalhos de crítica datados do período 1927-33. Foi então considerado um grande crítico do modernismo. Converteu-se ao catolicismo e assumiu a direção do Centro Dom Vital. Foi catedrático de literatura brasileira na Faculdade Nacional de Filosofia, além de ter sido um dos fundadores da Pontifícia Universidade Católica do Rio de Janeiro e diretor de Assuntos Culturais da Organização dos Estados Americanos (1951). Enquanto articulista do *Jornal do Brasil*, destacou-se no combate ao regime militar. Retirado do site da ABL: <www.academia.org.br/academicos/alceu-amoroso-lima-pseud-tristao-de-ataide/biografia>.

46. Cito aqui apenas uma primeira geração que dialogou diretamente com Francisco de Assis Barbosa. São eles: Nicolau Sevcenko, *Literatura como missão*, op. cit.; Beatriz

Resende, *Lima Barreto e o Rio de Janeiro em fragmentos*, op. cit.; Antonio Arnoni Prado, *Lima Barreto: O crítico e a crise*, op. cit.; e Francisco Foot Hardman, *Nem pátria, nem patrão!: Memória operária, cultura e literatura no Brasil*, op. cit.

47. Refiro-me ao livro *As barbas do imperador*, op. cit.

48. A Biblioteca Brasiliana Guita e José Mindlin foi criada em 2005, e desde 2013 funciona em sua nova sede na Universidade de São Paulo (USP).

49. Na época, Luis Felipe Hirano, hoje professor de antropologia na Universidade Federal de Goiás, me ajudou a levantar e a fotografar o material. Lúcia Mindlin fotografou os documentos selecionados.

50. Antônio Gabriel Nássara nasceu no Rio de Janeiro em 11 de novembro de 1910 e lá faleceu em 11 de dezembro de 1996. Foi compositor, desenhista e, como já sabemos, caricaturista de jornais como *Carioca*, *O Globo*, *A Noite*, *Diretrizes*, *Cruzeiro*, *Pasquim* e *Última Hora*, onde se publicou esse desenho.

51. Pierre Nora, "Entre memória e história: A problemática dos lugares". *Revista Projeto História*, São Paulo, n. 10, pp. 7-28, 1993; Jacques Le Goff, "Memória". In: Jacques Le Goff (Org.), *História e memória*. 4. ed. Campinas: Ed. da Unicamp, 1996. Ver também Natalia Brizuela, *Fotografia e Império: Paisagens para um Brasil moderno* (São Paulo: Companhia das Letras; Instituto Moreira Salles, 2012); e Elizabeth Edwards (Org.). *Photographs, Objects, Histories: On the Materiality of Images* (*Material Cultures*) (Londres; Nova York: Routledge, 2004). (Agradeço também a Marina Bedan, que me ensinou a ler esses textos sobre fotografia, coleções e memória.)

52. Ver Allan Sekula, "The Body and the Archive" (*October*, v. 39, pp. 3-64, inverno 1986).

53. Francisco de Assis Barbosa, "Lima Barreto: Homem e literato nos anos 20". In: Lima Barreto, *Triste fim de Policarpo Quaresma*, ed. de Antônio Houaiss e Carmem Lúcia Negreiros, op. cit.; e "Recepção crítica", na mesma edição do romance.

54. José Mariano Filho (1881-1946) era arquiteto de formação e adepto de um tipo de construção "brasileira" mais adaptada ao nosso clima e realidade. Nesse aspecto, deve ter se aproximado de Lima Barreto. Ver Fernando Atique, "De 'casa manifesto' a 'espaço de desafetos': Os impactos culturais, políticos e urbanos verificados na trajetória do Solar Monjope (Rio, anos 20 – anos 70)". Em *Estudos Históricos*, Rio de Janeiro, v. 29, n. 57, pp. 215-34, jan.-abr. 2016, Agradeço também a Alberto da Costa e Silva pela sugestão acerca da aproximação entre Mariano e Lima.

55. *O Jornal*, Rio de Janeiro, 17 jul. 1924, p. 2.

56. Rubens Borba de Moraes (1899-1986) era bibliófilo, bibliógrafo, bibliotecário e ensaísta. Foi um dos organizadores da Semana de Arte Moderna de 1922. Colaborou na criação da revista *Klaxon* (1922) e da *Revista de Antropofagia* (1928). Entre 1945 e 1947 foi diretor da Biblioteca Nacional, no Rio de Janeiro. Fonte: <enciclopedia.itaucultural.org.br/pessoa2489/rubens-borba-de-moraes>.

57. Francisco de Assis Barbosa, "Lima Barreto: Homem e literato nos anos 20", op. cit. A parte da "recepção crítica" dessa obra foi organizada por Carmem Lúcia Negreiros de Figueiredo. Como não lidamos com toda a recepção ao autor, sugerimos a leitura desse livro e do excelente balanço aí presente.

REFERÊNCIAS BIBLIOGRÁFICAS

I. OBRAS DE LIMA BARRETO

A. ROMANCES
BARRETO, Lima. *Recordações do escrivão Isaías Caminha*. [1909]. São Paulo: Companhia das Letras, 2010.

_____. *Triste fim de Policarpo Quaresma* [1915]. São Paulo: Companhia das Letras, 2011.

_____. *Triste fim de Policarpo Quaresma*. Ed. de Antônio Houaiss e Carmem Lúcia Negreiros. Paris: Allca xx, 1997. (Coleção Archivos).

_____. *Numa e a ninfa* [1915]. Rio de Janeiro: Garnier, 1989.

_____. *Vida e Morte de M. J. Gonzaga de Sá*. [1919]. Rio de Janeiro: Garnier, 1990.

_____. *Clara dos Anjos* [1948]. São Paulo: Companhia das Letras, 2012.

_____. *O cemitério dos vivos* [1953]. In: **MASSI**, Augusto; **MOURA**, Murilo Marcondes de (Orgs.). *Lima Barreto: Diário do hospício e O cemitério dos vivos*. São Paulo: Cosac Naify, 2010.

B. CONTOS
BARRETO, Lima. *Aventuras do dr. Bogóloff: Episódios da vida de um pseudorrevolucionário russo*. 1. ed. Rio de Janeiro: A. Reis & Cia, 1912. 2 v.

_____. *Histórias e sonhos: Contos* [1920]. 2. ed. Rio de Janeiro: Brasileira, 1951.

_____. *Contos completos*. Org. e introd. de Lilia Moritz Schwarcz. São Paulo: Companhia das Letras, 2013.

_____. *Triste fim de Policarpo Quaresma*. Rio de Janeiro: Typ. Revista dos Tribunaes, 1915. (Contos nas pp. 241-352.)

C. ARTIGOS E CRÔNICAS
BARRETO, Lima. *Bagatelas* [1923]. São Paulo: Brasiliense, 1956.

_____. *Bagatelas*. 2. ed. São Paulo: Brasiliense, 1961.

_____. *Feiras e mafuás*. São Paulo: Brasiliense, 1956.

_____. *Vida urbana* [1956]. 2. ed. São Paulo: Brasiliense, 1961.

_____. *Toda crônica*. Org. de Beatriz Resende e Rachel Valença. Rio de Janeiro: Agir, 2004. 2 v. (v. 1: 1890-1919, v. 2: 1919-1922).

D. SÁTIRAS
BARRETO, Lima. *Coisas do Reino do Jambon*. São Paulo: Brasiliense, 1956.

_____. *Os Bruzundangas* [1923]. São Paulo: Brasiliense, 1961.

_____. *Sátiras e outras subversões: Textos inéditos*. Org.

de Felipe Botelho Corrêa. São Paulo: Companhia das Letras, 2016.

E. MEMÓRIAS
BARRETO, Lima. *Diário do hospício* [1953]. In: **MASSI**, Augusto; **MOURA**, Murilo Marcondes de (Orgs.). *Lima Barreto: Diário do hospício e O cemitério dos vivos*. São Paulo: Cosac Naify, 2010.

_____. *Diário íntimo: Memórias* [1953]. Org. de Francisco de Assis Barbosa. São Paulo: Brasiliense, 1956.

F. CORRESPONDÊNCIAS
BARRETO, Lima. *Correspondência ativa e passiva*. São Paulo: Brasiliense, 1956. 2 v.

G. CRÍTICA
BARRETO, Lima. *Impressões de leitura*. São Paulo: Brasiliense, 1956.

_____. *Impressões de leitura e outros textos críticos*. Org. de Beatriz Resende. São Paulo: Companhia das Letras, 2017.

H. SELETA
BARRETO, Lima. *Prosa seleta*. Org. de Eliane Vasconcellos. Rio de Janeiro: Nova Aguilar, 2011.

I. TEXTOS EM PERIÓDICOS
BARRETO, Lima. "O subterrâneo do morro do Castelo". *Correio da Manhã*, Rio de Janeiro, 28-29 abr. 1905, 2-10 maio 1905, 12 maio 1905, 14-15 maio 1905, 19-21 maio 1905, 23-28 maio 1905, 30 maio 1905, 1 jun. 1905, 3 jun. 1905.

_____ et al. *Floreal. Publicação Bimensal de Crítica e Literatura*, Rio de Janeiro, 25 out. 1907, 12 nov. 1907, 31 dez. 1907.

_____. "A cartomante". *Ordem e Progresso*, Rio de Janeiro, jul. 1910.

_____. "A nova Califórnia". *Revista Americana*, Rio de Janeiro, ano ii, n. 3, mar. 1911.

_____. "Uma coisa puxa a outra...". *A Estação Theatral*, Rio de Janeiro, 8 abr.-20 maio 1911.

_____. "O homem que sabia javanês". *Gazeta da Tarde*, Rio de Janeiro, 20 abr. 1911.

_____. "Maio". *Gazeta da Tarde*, Rio de Janeiro, 4 maio 1911.

_____. "Os galeões do México". *Gazeta da Tarde*, Rio de Janeiro, 20 maio 1911.

_____. "Ele e as suas ideias". *O Fluminense*, Rio de Janeiro, 27 maio 1911.

_____. *Casa de poetas*. A Estação Theatral, Rio de Janeiro, 27 maio 1911.

_____. "Esta minha letra...". *Gazeta da Tarde*, Rio de Janeiro, 28 jun. 1911.

_____. "Alguns reparos". *A Estação Theatral*, Rio de Janeiro, 15 jul. 1911.

BARRETO, Lima. *Triste fim de Policarpo Quaresma*. Publicado na ed. vespertina do *Jornal do Commercio*, Rio de Janeiro, 11 ago.-19 out. 1911.

_____. "Os dois deputados". *Careta*, Rio de Janeiro, ano v, n. 212, 22 jun. 1912.

_____. "Notas... verdadeiras e falsas, recolhidas e em circulação". *O Rio-Nú*, Rio de Janeiro, 27 jul. 1912.

_____. "Palavras de um *snob* anarquista". *A Vida do Trabalhador*, Rio de Janeiro, 15 maio 1913.

_____. "Um e outro". *A Águia,* Porto, v. 4, 2ª série, jul.-dez. 1913.

_____. "Sobre a guerra". *Correio da Noite*, Rio de Janeiro, 19 dez. 1914.

_____. "O patriotismo". *Correio da Noite*, Rio de Janeiro, 21 dez. 1914.

_____. "À margem". *Correio da Noite*, Rio de Janeiro, 23 dez. 1914.

_____. "A polícia suburbana". *Correio da Noite*, Rio de Janeiro, 28 dez. 1914.

_____. "A derrubada". *Correio da Noite,* Rio de Janeiro, 31 dez. 1914.

_____. "Com o 'Binóculo'". *Correio da Noite*, Rio de Janeiro, 11 jan. 1915.

_____. "A propósito...". *Correio da Noite*, Rio de Janeiro, 12 jan. 1915.

_____. "A biblioteca". *Correio da Noite*, Rio de Janeiro, 13 jan. 1915.

_____. "O novo manifesto". *Correio da Noite*, Rio de Janeiro, 16 jan. 1915.

_____. "O nosso secretário". *Correio da Noite*, Rio de Janeiro, 18 jan. 1915.

_____. "A volta". *Correio da Noite*, 26 jan. 1915.

_____. *Numa e a ninfa*. Publicado em *A Noite*, Rio de Janeiro, 15 mar.-26 jul. 1915.

_____. "O pistolão". *Careta*, Rio de Janeiro, ano VIII, n. 355, 10 abr. 1915.

_____. "Que rua é essa?". *Careta*, Rio de Janeiro, ano VIII, n. 357, 24 abr. 1915.

_____. "História macabra". *Careta*, Rio de Janeiro, ano VIII, n. 369, 17 jul. 1915.

_____. "As teorias do dr. Caruru". *Careta*, Rio de Janeiro, ano VIII, n. 384, 30 out. 1915.

_____. "Estado atual das letras do Rio de Janeiro". *O Pirralho*, Rio de Janeiro, ano I, n. 36, 27 nov. 1915.

_____. "Os outros". *Careta,* Rio de Janeiro, ano VIII, n. 390, 11 dez. 1915.

_____. "O Estrela". *Almanak d'A Noite*, Rio de Janeiro, 23 maio 1916.

_____. "Amplius!". *A Epoca*, Rio de Janeiro, 10 set. 1916.

_____. "O que o 'Gigante' viu e me disse". *O Debate*, Rio de Janeiro, 19 jul. 1917.

_____. "Coisas americanas I". *O Debate,* Rio de Janeiro, 6 out. 1917.

_____. "São Paulo e os estrangeiros [II]". *O Debate*, Rio de Janeiro, 13 out. 1917.

_____. "Coisas americanas II". *O Debate*, Rio de Janeiro, 27 out. 1917.

_____. "Literatura e política". *Lanterna,* Rio de Janeiro, 11 jan. 1918.

_____. "No ajuste de contas...". *A.B.C.*, Rio de Janeiro, ano IV, n. 166, 11 maio 1918.

_____. "Tenho esperança que...". *A.B.C.*, Rio de Janeiro, ano IV, n. 170. 8 jun. 1918.

_____. "O moleque". *A.B.C.*, Rio de Janeiro, ano IV, n. 171, 15 jun. 1918.

_____. "Literatura militante". *A.B.C.*, Rio de Janeiro, ano IV, n. 183, 7 set. 1918.

_____. "A mudança do Senado". *Brás Cubas*, Rio de Janeiro, ano II, 26 set. 1918.

_____. "O triunfo". *A.B.C.*, Rio de Janeiro, ano IV, n. 186, 28 set. 1918.

_____. "A amanuensa". *A.B.C.*, Rio de Janeiro, ano IV, n. 187, 5 out. 1918.

_____. "A política republicana". *A.B.C.*, Rio de Janeiro, ano IV, n. 190, 26 out. 1918.

_____. "As formigas e o prefeito". *Lanterna*, Rio de Janeiro, 4 maio 1918.

_____. "Sobre o *football*". *Brás Cubas*, Rio de Janeiro, ano II, 15 ago. 1918.

_____. "Elogio da morte". *A.B.C.*, Rio de Janeiro, ano IV, n. 189, 19 out. 1918.

_____. "Da minha cela". *A.B.C.*, Rio de Janeiro, ano IV, n. 195, 30 nov. 1918.

_____. "A matemática não falha". *Revista Souza Cruz*, Rio de Janeiro, ano III, n. 13, dez. 1918.

_____. "Carta aberta". *A.B.C.*, Rio de Janeiro, ano IV, n. 197, 14 dez. 1918.

_____. "Não valia a pena". *A.B.C.*, Rio de Janeiro, ano IV, n. 198, 21 dez. 1918.

_____. "Um ofício da A.P.S.A". *A.B.C.*, Rio de Janeiro, ano IV, n. 199, 28 dez. 1918.

_____. "São capazes de tudo...". *A.B.C.,* Rio de Janeiro, ano V, n. 201, 11 jan. 1919.

_____. "Quem será afinal?". *A.B.C.,* Rio de Janeiro, ano V, n. 203, 25 jan. 1919.

_____. "Histrião ou literato". *Revista Contemporanea*, Rio de Janeiro, ano II, n. 3, 15 fev. 1919.

_____. "Problema vital". *Revista Contemporanea*, Rio de Janeiro, ano II, n. 14, 22 fev. 1919.

_____. "Três gênios da secretaria". *Brás Cubas*, Rio de Janeiro, ano II, n. 47, 10 abr. 1919.

_____. "Um romance sociológico". *Revista Contemporanea*, Rio de Janeiro, ano II, n. 23, 26 abr. 1919.

_____. "Henrique Rocha". *O Estado*, Rio de Janeiro, 22 jun. 1919.

BARRETO, Lima. "A casa dos espantos". *A Actualidade*, Rio de Janeiro, 20 jul. 1919.

_____. "Uma fatia acadêmica". *A.B.C.*, Rio de Janeiro, ano v, n. 230, 2 ago. 1919.

_____. "Nós! Hein?". *Careta*, Rio de Janeiro, ano xii, n. 86, 13 set. 1919.

_____. "Uma partida de *football*". *Careta*, Rio de Janeiro, ano xii, n. 589, 4 out. 1919.

_____. "O nosso caboclismo". *Careta*, Rio de Janeiro, ano xii, n. 590, 11 out. 1919.

_____. "Importação inútil". *Republica*, Florianópolis, 29 nov. 1919 [Entrevista com Lima Barreto].

_____. "Lima Barreto no hospício". *A Folha*, Rio de Janeiro, 31 jan. 1920. [Entrevista com Lima Barreto]

_____. "Os percalços do budismo". *Careta*, Rio de Janeiro, ano xiii, n. 606, 31 jan. 1920.

_____. "Mais uma vez". *A.B.C.*, Rio de Janeiro, ano vi, n. 256, 31 jan. 1920.

_____. "Queixa de defunto". *Careta*, Rio de Janeiro, ano xiii, n. 613, 20 mar. 1920.

_____. "O meu almoço". *A Noticia*, Rio de Janeiro, 3 jun. 1920.

_____. "Vantagens do *football*". *Careta*, ano xiii, n. 626, Rio de Janeiro, 19 jun. 1920.

_____. "Uma conferência esportiva". *Careta*, Rio de Janeiro, ano xiv, n. 654, 1 jan. 1921.

_____. "Educação física". *A.B.C.*, Rio de Janeiro, ano vii, n. 318, 9 abr. 1921.

_____. "Até Mirassol: notas de viagem". *Careta*, Rio de Janeiro, ano xiv, n. 670-2, 23 abr.-7 maio 1921.

_____. "Manuel de Oliveira". *Revista Souza Cruz*, ano vi, n. 53, Rio de Janeiro, maio 1921.

_____. "A obra do criador de Jeca Tatu". *Gazeta de Noticias*, Rio de Janeiro, 11 maio 1921.

_____. "Coisas do Jambon". *Careta*, Rio de Janeiro, ano xiv, n. 684, 30 jul. 1921.

_____. "O meu conselho". *A.B.C.*, Rio de Janeiro, ano viii, n. 343, 1 out. 1921.

_____. "A estação". *Gazeta de Noticias*, Rio de Janeiro, 6 out. 1921.

_____. "A lógica do maluco". *Careta*, Rio de Janeiro, ano xiv, n. 694, 8 out. 1921.

_____. "Manifestações políticas". *Careta*, Rio de Janeiro, ano xiv, n. 697, 29 de outubro de 1921.

_____. "O destino da literatura". *Revista Souza Cruz*, Rio de Janeiro, ano vi, n. 58-9, out.-nov. 1921.

_____. "O trem de subúrbios". *Gazeta de Noticias*, Rio de Janeiro, 21 dez. 1921.

_____. "O homem das mangas". *Careta*, Rio de Janeiro, ano xv, n. 707, 7 jan. 1922.

_____. "Será sempre assim?". *A.B.C.*, Rio de Janeiro, ano vii, n. 357, 7 jan. 1922.

_____. "A sombra do Romariz". *Careta*, Rio de Janeiro, ano xv, n. 708, 14 jan. 1922.

_____. "Variações". *A.B.C.*, Rio de Janeiro, ano viii, n. 367, 14 jan. 1922.

_____. "Assassinato profilático". *Careta*, Rio de Janeiro, ano xv, n. 709, 21 jan. 1922.

_____. "O pavilhão da Inglaterra". *Careta*, Rio de Janeiro, ano xv, n. 709, 21 jan. 1922.

_____. "O único assassinato de Cazuza". *Revista Souza Cruz*, Rio de Janeiro, ano vii, n. 62, fev. 1922.

_____. "Bailes e divertimentos suburbanos". *Gazeta de Noticias*, Rio de Janeiro, 7 fev. 1922.

_____. "As estátuas e o centenário". *Careta*, Rio de Janeiro, ano xv, n. 715, 4 mar. 1922.

_____. "A venda de armas". *Careta*, Rio de Janeiro, ano xv, n. 718, 25 mar. 1922.

_____. "História de um mulato". *O Paiz*, Rio de Janeiro, 17 abr. 1922.

_____. "O carteiro". *O Mundo Literario*. Rio de Janeiro, ano i, n. 1, maio 1922.

_____. "As divorciadas e o anel". *Careta*, Rio de Janeiro, ano xv, n. 724, 6 maio 1922.

_____. "Eu também...". *Careta*, Rio de Janeiro, ano xv, n. 732, 1 jul. 1922.

_____. "Estado de sítio". *A.B.C.*, Rio de Janeiro, ano viii, n. 385, 22 jul. 1922.

_____. "O futurismo". *Careta*, Rio de Janeiro, ano xv, n. 735, 22 jul. 1922.

_____. "De Cascadura ao Garnier". *Careta*, Rio de Janeiro, ano xv, n. 736, 29 jul. 1922.

_____. "Elogio do amigo". *A.B.C.*, Rio de Janeiro, ano vii, n. 387, 5 ago. 1922.

_____. "O nosso feminismo". *A.B.C.*, Rio de Janeiro, ano vii, n. 388, 12 ago. 1922.

_____. "O nosso esporte". *A.B.C.*, Rio de Janeiro, ano viii, n. 390, 26 ago. 1922.

_____. "Os enterros de Inhaúma". *Careta*, Rio de Janeiro, ano xv, n. 740, 26 ago. 1922.

_____. "Meditem a respeito". *Revista Suburbana*, Rio de Janeiro, ano i, n. 2, 3 set. 1922.

_____. "O pavilhão do Distrito". *Careta*, Rio de Janeiro, ano xv, n. 745, 30 set. 1922.

_____. "Congressos". *Careta*, Rio de Janeiro, ano xv, n. 746, 7 out. 1922.

_____. "A futura capital". *Careta*, Rio de Janeiro, ano xv, n. 747, 14 out. 1922.

_____. "Fogos de artifício". *CARETA*, Rio de Janeiro, ano xv, n. 752, 18 nov. 1922.

J. MANUSCRITOS E DOCUMENTOS ORIGINAIS RELATIVOS À VIDA DE LIMA BARRETO

I-6,33,875. "Papéis pessoais de João Henriques de Lima Barreto. Relatórios, memorandos e cartas ao Serviço de

Assistência Médico-Legal da Colônia de Alienados, pertencentes a João Henriques de Lima Barreto". 26 docs. 20/01/1891-28/05/1898.

BARRETO, Lima. "Como o 'homem' chegou". Datado de 18 de outubro 1914, foi publicado originalmente na primeira edição de *Triste fim de Policarpo Quaresma* (1915). Na Divisão de Manuscritos da Fundação Biblioteca Nacional (BN/ Mss I-6,35,912) há o original manuscrito intitulado "Como o 'Homem' chegou de Manaus".

_____. "O traidor". [S.I.], [19--]. Orig. Ms. 10 f. FBN/Mss II-06,35,0964. Fundo/Coleção Lima Barreto.

_____. "Apologética do feio" – bilhete à Baronesa de Melrosado. [S.I.]. [19--] 6 tiras. Orig. Ms. FBN/Mss I-06,36,1021.

LIVRO DE OBSERVAÇÕES N. 9, pp. 76 ss. Arquivo da Seção Calmeil do Hospital Gustavo Riedel, Rio de Janeiro.

LIVRO DE OBSERVAÇÕES N. 64, pp. 144 ss. Arquivo da Seção Pinel do Hospital Pedro II.

COLEÇÃO FRANCISCO DE ASSIS BARBOSA da Biblioteca Brasiliana Guita e José Mindlin na Universidade de São Paulo.

II. LIVROS

ABELOVE, Henry; **BARALE**, Michele; **HALPERIN**, David (Orgs.). *The Lesbian and Gay Studies Reader*. Londres: Routledge, 1993.

ABREU, Alzira Alves de et al. (Org.). *Dicionário histórico-biográfico brasileiro pós-1930*. 2. ed. Rio de Janeiro: Ed. FGV, 2001.

ABREU, Marcelo de Paiva (Org.). *A ordem do progresso: Cem anos de política econômica republicana (1889-1989)*. Rio de Janeiro: Campus, 1990.

ABREU, Maurício de Almeida. *A evolução urbana do Rio de Janeiro*. Rio de Janeiro: IplanRio; Jorge Zahar, 1987.

ACUÑA, Maurício. *A ginga da nação*. São Paulo: Alameda, 2015.

ADDOR, Carlos Augusto; **DEMINICIS**, Rafael Borges (Orgs.). *História do anarquismo no Brasil*. Rio de Janeiro: Achiamé, 2009. v. 2.

AGUIAR, Ronaldo Conde. *O rebelde esquecido: Tempo, vida e obra de Manoel Bomfim*. Rio de Janeiro: Topbooks, 2000.

ALENCASTRO, Luiz Felipe de. *O trato dos viventes: Formação do Brasil no Atlântico Sul*. São Paulo: Companhia das Letras, 2000.

_____(Org.). *História da vida privada no Brasil*. 7. reimp. São Paulo: Companhia das Letras, 2004. v. 2: Império.

ALMEIDA, Marlene Medaglia. *Na trilha de um andarengo: Alcides Maya (1877-1944)*. Porto Alegre: EDIPUCRS; IEL, 1994.

ALONSO, Angela. *Flores, votos e balas: O movimento abolicionista brasileiro (1868-88)*. São Paulo: Companhia das Letras, 2015.

_____. *Joaquim Nabuco*. São Paulo: Companhia das Letras, 2017.

ALVARENGA, Oneyda. *Mário de Andrade, um pouco*. Rio de Janeiro: José Olympio, 1974.

ALVES, Branca Moreira. *Ideologia e feminismo: A luta da mulher pelo voto no Brasil*. Petrópolis: Vozes, 1980.

ALVES, Paulo. *A verdade da repressão: Práticas penais e outras estratégias na ordem republicana (1890-1921)*. São Paulo: Arte e Ciência, 1997.

ALVES, Ueliton Farias. *José do Patrocínio: A imorredoura cor do bronze*. Rio de Janeiro: Garamond, 2009.

AMADO, Janaína; **FERREIRA**, Marieta de Moraes (Orgs.). *Usos e abusos da história oral*. Rio de Janeiro: Ed. FGV, 1988.

AMMONS, Elizabeth (Org.). *Harriet Beecher Stowe's Uncle Tom's Cabin: A Casebook*. Oxford: Oxford University Press, 2007.

ANDRADE, Mário de. *Macunaíma*. São Paulo: Eugenio Cupolo, 1928.

_____. *Aspectos das artes plásticas no Brasil*. Belo Horizonte: Itatiaia, 1984.

_____. *Poesias completas*. Rio de Janeiro: Nova Fronteira, 2013. v. 2.

ANDRADE, Oswald de. *Serafim Ponte Grande*. São Paulo: Global, 1984.

ANTELO, Raúl. *João do Rio: A alma encantada das ruas*. São Paulo: Companhia das Letras, 2008.

ANTONIL, André João. *Cultura e opulência do Brasil por suas drogas e minas* [1837]. Brasília: Senado Federal, 2011.

ANTÔNIO, João. *Calvário e porres do pingente Afonso Henriques de Lima Barreto*. Rio de Janeiro: Civilização Brasileira, 1977.

APPIAH, Kwame Anthony (Org.). *Color Conscious: The Political Morality of Race*. Princeton, NJ: Princeton University Press, 1996.

ARAÚJO, Clara; **SCALON**, Celi (Orgs.). *Gênero, família e trabalho no Brasil*. São Paulo: Faperj; Ed. FGV, 2005.

ARAÚJO, Vicente de Paula. *A bela época do cinema brasileiro*. São Paulo: Perspectiva, 1985.

ARENDT, Hannah. *Origens do totalitarismo*. São Paulo: Companhia das Letras, 2001.

ASSIS, Machado de. *Iaiá Garcia* [1878]. Rio de Janeiro: Garnier, 1988.

_____. *Histórias sem data* [1884]. Rio de Janeiro: Garnier, 1989.

_____. *Relíquias da casa velha* [1906]. Rio de Janeiro: Garnier, 1990.

AZEVEDO, Carmen Lúcia de; **CAMARGOS**, Márcia; **SACCHETTA**, Vladimir. *Monteiro Lobato: Furacão na Botocúndia*. São Paulo: Senac, 1997.

AZEVEDO, Célia Maria Marinho de. *Onda negra, medo branco: O negro no imaginário das elites século XIX*. Rio de Janeiro: Paz e Terra, 1987.

BAHIA, Juarez. *Três fases da imprensa brasileira*. Santos: Presença, 1960.

BAKHTIN, Mikhail. *La Poétique de Dostoïevski*. Paris: Seuil, 1970.

BAKHTIN, Mikhail. *A cultura popular na Idade Média e no Renascimento.* São Paulo: Hucitec, 1993.

_____. *Estética da criação verbal.* São Paulo: Martins Fontes, 2010.

BANDEIRA, Moniz; **MELLO**, Clóvis; **ANDRADE**, A. T. *O ano vermelho: A Revolução Russa e seus reflexos no Brasil.* São Paulo: Brasiliense, 1980.

BAPTISTA, Abel Barros. *A formação do nome.* Campinas: Ed. da Unicamp, 2003.

_____. *Autobibliografias: Solicitação do livro na ficção de Machado de Assis.* Campinas: Ed. da Unicamp, 2003.

BARATA, Mário. *Escola Politécnica do largo de São Francisco: Berço da engenharia brasileira.* Rio de Janeiro: Clube de Engenharia; AEP, 1973.

BARBOSA, Francisco de Assis. *A vida de Lima Barreto* [1952]. 7. ed. Belo Horizonte: Itatiaia; São Paulo: Edusp, 1988.

BARROS, Mauro Lins de. *O sabre da força: PAMB-RJ.* Rio de Janeiro: Adler, 2015.

BARROSO, Liberato. *A instrução pública no Brasil.* Rio de Janeiro: Garnier, 1867.

BATALHA, Cláudio Henrique de Moraes. *O movimento operário na Primeira República.* Rio de Janeiro: Jorge Zahar, 2000.

BATCHELOR, David; **FER**, Briony; **WOOD**, Paul. *Realismo, racionalismo, surrealismo: Práticas e debates.* São Paulo: Cosac Naify, 1998.

BECKER, Howard. "Biographie et mosaïque scientifique". *Actes de la Recherche en Sciences Sociales*, Paris, v. 62-63, 1986.

BELLUZO, Ana Maria de Moraes (Org.). *Modernidade: Vanguardas artísticas na América Latina.* São Paulo: Ed. Unesp, 1990.

BELOCH, Israel; **ABREU**, Alzira Alves de (Orgs.). *Dicionário da elite política republicana (1889-1930).* Rio de Janeiro: CPDOC-FGV, 1984.

BENCHIMOL, Jaime Larry. *Pereira Passos: Um Haussmann tropical — A renovação urbana na cidade do Rio de Janeiro no início do século XX.* Rio de Janeiro: Secretaria Municipal de Cultura, Departamento Geral de Documentação e Informação Cultural, 1992.

_____ (Org.). *Febre amarela: A doença e a vacina, uma história inacabada.* Rio de Janeiro: Fiocruz, 2001.

BENJAMIN, Walter. *Obras escolhidas.* São Paulo: Brasiliense, 1987. v. 2: Rua de mão única.

_____. *Magia e técnica, arte e política: Ensaios sobre a literatura e história da cultura.* São Paulo: Brasiliense, 1994.

_____. *Paris, capitale du XIX siècle: Le livre des passages.* Paris: Cerf, 1997.

BERGER, Paulo. *A tipografia no Rio de Janeiro: Impressores bibliográficos, 1808-1900.* Rio de Janeiro: Cia. Industrial de Papel Pirahy, 1984.

BERNARDINI, Aurora Fornoni (Org.). *O futurismo italiano.* São Paulo: Perspectiva, 1980.

BERND, Zilá. *A questão da negritude.* São Paulo: Brasiliense, 1984.

BETHELL, Leslie. *The Abolition of the Brazilian Slave Trade: Britain, Brazil and the Slave Trade Question, 1807-69.* Cambridge: Cambridge University Press, 1970.

BETHENCOURT, Francisco. *Racisms: From the Crusades to the Twentieth Century.* Princeton, NJ: Princeton University Press, 2013.

BHABHA, Homi. *O local da cultura.* Belo Horizonte: Ed. UFMG, 1998.

BOAVENTURA, Maria Eugênia (Org.). *22 por 22: A Semana de Arte Moderna vista pelos seus contemporâneos.* São Paulo: Edusp, 2000.

_____; **CALIL**, Carlos Augusto (Orgs.). *Livro involuntário: Literatura, história, matéria e memória.* Rio de Janeiro: Ed. UFRJ, 1993.

BORGES, Jorge Luis. *Ficções.* São Paulo: Companhia das Letras, 2007.

BORGES, Vavy Pacheco. *O que é história.* São Paulo: Brasiliense, 1998.

BORGES, Vera Lúcia Bogéa. *A batalha eleitoral de 1910: Imprensa e cultura política na Primeira República.* Rio de Janeiro: Apicuri, 2011.

BOSI, Alfredo. *Pré-modernismo: A literatura brasileira.* São Paulo: Cultrix, 1968.

_____. *Dialética da colonização.* São Paulo: Companhia das Letras, 1992.

_____. *Machado de Assis: O enigma do olhar.* São Paulo: Ática, 2000.

_____. *Céu, inferno: Ensaios de crítica literária e ideológica.* São Paulo: Ed. 34, 2003.

_____. *História concisa da literatura brasileira.* 41. ed. São Paulo: Cultrix, 2003.

BOTELHO, André. *O Brasil e os dias: Estado-nação, modernismo e rotina intelectual.* Bauru: Edusc, 2005.

_____. *De olho em Mário de Andrade: Uma descoberta intelectual e sentimental do Brasil.* São Paulo: Claro Enigma, 2012.

_____; **SCHWARCZ**, Lilia Moritz (Orgs.). *Um enigma chamado Brasil: 29 intérpretes e um país.* São Paulo: Companhia das Letras, 2009.

_____; _____. (Orgs.). *Agenda brasileira: Temas de uma sociedade em mudança.* São Paulo: Companhia das Letras, 2011.

BOTELHO, Denílson. *A pátria que quisera ter era um mito: O Rio de Janeiro e a militância literária de Lima Barreto.* Rio de Janeiro: Secretaria Municipal das Culturas; Departamento Geral de Documentação e Informação Cultural, 2002.

BOURDIEU, Pierre. *Les Règles de l'art: Genèse et structure du champ littéraire.* Paris: Seuil, 1992.

_____. *A distinção: Crítica social do julgamento.* São Paulo: Edusp; Porto Alegre: Zouk, 2007.

BOXER, Charles. *Salvador de Sá and the Struggle for Brazil* *and Angola* (*1602-1608*). Londres: University of London; The Athlone Press, 1952.

BRASIL. *Colleção das decisões do governo do Império do Brasil: 1863*. Rio de Janeiro: Typographia Nacional, 1863. v. 1.

BRENNA, Giovanna Rosso del (Org.). *Uma cidade em questão*. Rio de Janeiro: Index, 1985. v. 2: O Rio de Janeiro de Pereira Passos.

BRITO, Mário da Silva. *História do modernismo brasileiro: Antecedentes da Semana de Arte Moderna*. Rio de Janeiro: Civilização Brasileira, 1974.

_____. "O alegre combate de *Klaxon*". *Klaxon: Mensário de Arte Moderna*. Ed. fac.-sim. São Paulo: Martins; Secretaria da Cultura, Ciência e Tecnologia do Estado de São Paulo, 1976.

BRIZUELA, Natalia. *Fotografia e Império: Paisagens para um Brasil moderno*. São Paulo: Companhia das Letras; Instituto Moreira Salles, 2012.

BROCA, José Brito. *A vida literária no Brasil: 1900*. 5. ed. Rio de Janeiro: José Olympio, 2005.

BROGLIE, Gabriel de. *Histoire politique de la* Revue des Deux Mondes *de 1829 à 1979*. Paris: Perrin, 1979.

BULFINCH, Thomas. *O livro de ouro da mitologia: Histórias de deuses e heróis*. Trad. de David Jardim. Rio de Janeiro: Ediouro, 2001.

BULMER, Martin. *The Chicago School of Sociology: Institutionalization, Diversity and the Rise of Sociological Research*. Chicago: University of Chicago Press, 1984.

BUTLER, Judith. *Problemas de gênero: Feminismo e subversão da identidade*. Rio de Janeiro: Civilização Brasileira, 2003.

CAMARGO, Kátia Aily Franco de. *A* Revue des Deux Mondes*: Uma intermediária entre dois mundos*. Natal: EDUFRN, 2007.

CAMPOS, André Luiz Vieira de. *A república do picapau amarelo: Uma leitura de Monteiro Lobato*. São Paulo: Martins Fontes, 1986.

CANDIDO, Antonio. *Literatura e sociedade: Estudos sobre teoria e história literária*. São Paulo: Companhia Editora Nacional, 1985.

_____. *A educação pela noite e outros ensaios*. São Paulo: Ática, 1989; Rio de Janeiro: Ouro sobre Azul, 2011.

_____. *O discurso e a cidade*. São Paulo: Duas Cidades, 1993.

_____. *Um funcionário da Monarquia: Ensaio sobre o segundo escalão*. Rio de Janeiro: Ouro Sobre Azul, 2002.

canetti, Elias. *Auto de fé*. Rio de Janeiro: Nova Fronteira, 1982.

CARONE, Edgard. *A Primeira República* (*1889-1930*). São Paulo: Difel, 1973.

_____. *Movimento operário no Brasil* (*1877-1944*). São Paulo: Difel, 1979.

_____. *A República Velha*. São Paulo: Difel, 1983. v. 2: Evolução política (1889-1930).

CARVALHO, Bruno. *Porous City: A Cultural History of Rio de Janeiro*. Liverpool: Liverpool University Press, 2013.

CARVALHO, Carolina Sá. "O aspecto do outro e o mesmo", Princeton, mimeografado.

CARVALHO, Elysio de. *Five o'Clock*. Rio de Janeiro: Garnier, 1909.

CARVALHO, José Murilo de. *Os bestializados: O Rio de Janeiro e a República que não foi*. São Paulo: Companhia das Letras, 1987.

_____ (Org.). *História do Brasil nação: 1808-2010*. Madri: Fundación Mapfre; Rio de Janeiro: Objetiva, 2012. v. 2: A construção nacional, 1830-1889.

CARVALHO, José Murilo de; **NEVES**, Lúcia Maria Bastos Pereira (Orgs.). *Repensando o Brasil do Oitocentos: Cidadania, política e liberdade*. Rio de Janeiro: Civilização Brasileira, 2009.

CARVALHO, José Murilo de et al. "Aspectos históricos do pré-modernismo brasileiro". In: *Sobre o pré-modernismo*. Rio de Janeiro: Fundação Casa de Rui Barbosa, 1988.

CARVALHO, Maria Alice Rezende de. *O quinto século: André Rebouças e a construção do Brasil*. Rio de Janeiro: Revan; Iuperj, 1998.

_____. *República do Catete*. Rio de Janeiro: Museu da República, 2001.

_____. *Irineu Marinho: Imprensa e cidade*. São Paulo: Globo Livros, 2012.

CASTEL, Robert. *A ordem psiquiátrica: A idade de ouro do alienismo*. Rio de Janeiro: Graal, 1978.

CASTRO, Celso. *A Proclamação da República*. Rio de Janeiro: Jorge Zahar, 2000.

CASTRO, José da Gama e. *Memória sobre a nobreza no Brasil por hum brasileiro*. Rio de Janeiro: Typ. Nacional, 1841.

CASTRO, Ruy. *Estrela solitária*. São Paulo: Companhia das Letras, 1995.

CAVALHEIRO, Edgard. *Monteiro Lobato: Vida e obra*. São Paulo: Companhia Editora Nacional, 1955. 2 v.

CELSO, Afonso. *Oito anos de Parlamento: Poder pessoal de d. Pedro II*. São Paulo: Melhoramentos, 1928.

_____. *Por que me ufano do meu país*. Rio de Janeiro: F. Briguiet, 1943.

CHALHOUB, Sidney. *Machado de Assis: Historiador*. São Paulo: Companhia das Letras, 2003.

_____. *Visões da liberdade: Uma história das últimas décadas da escravidão na corte*. São Paulo: Companhia das Letras, 2011.

CHALHOUB, Sidney; **NEVES**, Margarida de Souza; **PEREIRA**, Leonardo Affonso de M. (Orgs.). *História em cousas miúdas: Capítulos de história social da crônica no Brasil*. São Paulo: Ed. da Unicamp, 2005.

CHAZKEL, Amy. *Leis da sorte: O jogo do bicho e a construção da vida pública urbana*. Campinas: Ed. da Unicamp, 2014.

COELHO, Assis. *Lima Barreto: Um caminhante libertário*. São Paulo: Baraúna, 2010.

COELHO NETO, Henrique. *A conquista* [1899]. São Paulo: Civilização Brasileira, 1985.

CONRAD, Robert Edgar. *The Destruction of Brazilian Slavery.* Berkeley: University of California Press, 1972.

_____. *Os últimos anos da escravatura no Brasil, 1850-1888.* Rio de Janeiro: Civilização Brasileira; Brasília: INL, 1975.

_____. *World of Sorrow: The African Slave Trade to Brazil.* Baton Rouge: Louisiana State University Press, 1986.

COOPER, Frederick; **HOLT**, Thomas; **SCOTT**, Rebecca. *Beyond Slavery: Explorations of Race, Labor and Citizenship in Postemancipation Societies.* Chapel Hill: University of North Carolina Press, 2000.

CORRÊA, Mariza. *Os crimes da paixão.* São Paulo: Brasiliense, 1981.

_____. "Os índios do Brasil elegante & a professora Leolinda Daltro". In: _____. *Antropólogas & antropologia.* Belo Horizonte: Ed. UFMG, 2003.

_____. *As ilusões da liberdade: A escola Nina Rodrigues e a antropologia no Brasil.* 3. ed. Rio de Janeiro: Fiocruz, 2013.

CORWIN, Arthur F. *Spain and the Abolition of Slavery in Cuba, 1817-1886.* Austin: Institute of Latin American Studies; University of Texas Press, 1968.

COSTA, Iraci del Nero da (Org.). *Brasil: História econômica e demográfica.* São Paulo: Instituto de Pesquisas Econômicas, 1986.

COSTA, Luiz Antônio Severo da. *Brasil 1900-1910.* Rio de Janeiro: Biblioteca Nacional, 1980.

COUTO, Edvaldo Souza; **DAMIÃO**, Carla Milani (Orgs.). *Walter Benjamin: Formas de percepção estética na modernidade.* Salvador: Quarteto, 2008.

CRUZ, Cunha. *O problema do alcoolismo no Brasil: Apelo aos exmos. snrs. representantes do poder públicos e a imprensa no Brasil.* Rio de Janeiro: Typ. do Jornal do Commercio de Rodrigues & C., 1906.

CUNHA, Euclides da. *Os sertões* [1902]. 3. ed. São Paulo: Ediouro, 2009.

CUNHA, Manuela Carneiro da. *História dos índios no Brasil.* 2. ed. São Paulo: Companhia das Letras, 1998.

_____. *Cultura com aspas e outros ensaios.* São Paulo: Cosac Naify, 2009.

_____. *ÍNDIOS NO BRASIL: HISTÓRIA,* direitos e cidadania. São Paulo: Claro Enigma, 2012.

_____. *Negros estrangeiros: Os escravos libertos e sua volta à África.* São Paulo: Companhia das Letras, 2014.

CUNHA, Olívia Maria Gomes da; **GOMES**, Flávio dos Santos (Orgs.). *Quase cidadão: Histórias e antropologias da pós-emancipação no Brasil.* Rio de Janeiro: Ed. FGV, 2007.

CUNHA, Rui Vieira da. *Estudo da nobreza brasileira.* Rio de Janeiro: Arquivo Nacional, 1966. 2 v.

CURY, Maria Zilda Ferreira. *Um mulato no reino de Jambom: As classes sociais na obra de Lima Barreto.* São Paulo: Cortez, 1981.

CUTI. *A consciência do impacto nas obras de Cruz e Sousa e de Lima Barreto.* Belo Horizonte: Autêntica, 2009.

D'AVILA, Cristiane. *João do Rio a caminho da Atlântida: Por uma aproximação luso-brasileira.* Rio de Janeiro: Contra Capa, 2015.

DARNTON, Robert. *O grande massacre de gatos e outros episódios da história cultural francesa.* 2. ed. Rio de Janeiro: Graal, 1986.

DEMINICIS, Rafael Borges; **REIS FILHO**, Daniel Aarão (Orgs.). *História do anarquismo no Brasil.* Niterói: Eduff; Rio de Janeiro: Mauad, 2006. v. 1.

DIAS, André. *Lima Barreto e Dostoiévski: Vozes dissonantes.* Niterói: Eduff, 2012.

DIAS, Everardo. *História das lutas sociais no Brasil.* São Paulo: Alfa-Ômega, 1977.

DIAS, José da Silva. *Teatros do Rio: Do século XVIII ao século XX.* Rio de Janeiro: Funarte, 2012.

DÍAZ-QUIÑONES, Arcadio. *A memória rota: Ensaios de cultura e política.* Trad. e org. de Pedro Meira Monteiro. São Paulo: Companhia das Letras, 2016.

DIDI-HUBERMAN, Georges. *L'Image survivante: Histoire de l'art et temps des fantômes selon Aby Warburg.* Paris: Minuit, 2002.

_____. *Ante el tiempo: Historia del arte y anacronismo de las imágenes.* Buenos Aires: Adriana Hidalgo, 2011.

_____. *Diante do tempo.* Belo Horizonte: Ed. UFMG, 2015.

DIMAS, Antonio. *Bilac, o jornalista.* São Paulo: Edusp, 2006. 3 v.

DOLHNIKOFF, Miriam. *José Bonifácio.* São Paulo: Companhia das Letras, 2012.

DORATIOTO, Francisco. *Maldita guerra: Nova história da Guerra do Paraguai.* São Paulo: Companhia das Letras, 2002.

DOSTOIÉVSKI, Fiódor. *Memórias do subsolo.* São Paulo: Ed. 34, 2000.

_____. *Recordações da casa dos mortos.* São Paulo: Ed. 34, 2001.

DRESCHER, Seymour. *Abolition: A History of Slavery and Antislavery.* Cambridge: Cambridge University Press, 2009.

DRUMMOND, José Augusto. *O movimento tenentista: Intervenção militar e conflito hierárquico (1922-1935).* Rio de Janeiro: Graal, 1986.

DUARTE, Eduardo de Assis (Org.). *Machado de Assis afro-descendente: Escritos de caramujo.* 2. ed. Rio de Janeiro: Pallas; Belo Horizonte: Crisálida, 2009.

DULLES, John W. Foster. *Anarquistas e comunistas no Brasil: 1900-1935.* Rio de Janeiro: Nova Fronteira, 1977.

DUMONT, Louis. *Homo hierarchicus: O sistema de castas e suas implicações.* São Paulo: Edusp, 1992.

DUNLOP, Charles Julius. *Os meios de transporte do Rio antigo.* Rio de Janeiro: GPG, 1973.

DUQUE, Luiz Gonzaga. *A arte brasileira.* Campinas: Mercado de Letras, 1995.

EDMUNDO, Luiz. *O Rio de Janeiro do meu tempo.* Brasília: Senado Federal; Secretaria Especial de Editoração e Publicação, 2003.

EDWARDS, Elizabeth (Org.). *Photographs, Objects, Histories:*

On the Materiality of Images (Material Cultures). Nova York: Routledge, 2004.

EFEGÊ, Jota. *Figuras e coisas do Carnaval carioca*. Rio de Janeiro: Funarte, 2007.

EL FAR, Alessandra. *A encenação da imortalidade: Uma análise da Academia Brasileira de Letras nos primeiros anos da República (1897-1924)*. 1. ed. Rio de Janeiro: Ed. FGV, 2000.

_____. *Páginas de sensação*. São Paulo: Companhia das Letras, 2005.

ELIAS, Norbert. *Mozart: Sociologia de um gênio*. Rio de Janeiro: Jorge Zahar, 1995.

_____. *Os estabelecidos e os outsiders: Sociologia das relações de poder a partir de uma pequena comunidade*. Rio de Janeiro: Jorge Zahar, 2000.

ENGEL, Magali Gouveia. *Os delírios da razão: Médicos, loucos e hospícios (Rio de Janeiro, 1830-1930)*. Rio de Janeiro: Fiocruz, 2001.

_____; **ANGELIM**, Daniel Morais; **ALMEIDA**, Leandro Rossetti de; **PADILHA**, Leonardo Ayres. *Crônicas cariocas e ensino de história*. Rio de Janeiro: 7Letras; Faperj, 2008.

EVARISTO, Maria da Conceição. *Becos da memória*. Belo Horizonte: Mazza Edições, 2006.

FABRIS, Annateresa. *Futurismo: Uma poética da modernidade*. São Paulo: Perspectiva; Edusp, 1987.

_____ (Org.). *Modernidade e modernismo no Brasil*. Campinas: Mercado de Letras, 1994.

_____. *O futurismo paulista: Hipóteses para o estudo da chegada da vanguarda ao Brasil*. São Paulo: Perspectiva, 1994.

FANTINATI, Carlos Erivany. *O profeta e o escrivão: Estudo sobre Lima Barreto*. São Paulo: Ilpha; Hucitec, 1978.

FARIA, João Roberto (Org.). *Machado de Assis: Do teatro*. São Paulo: Perspectiva, 2008.

FAUSTO, Boris (Org.) *História geral da civilização brasileira*. São Paulo: Difel, 1982. tomo III: O Brasil Republicano, v. 2: Sociedade e instituições (1889-1930).

_____. *Trabalho urbano e conflito social: 1890-1920*. São Paulo: Companhia das Letras, 2016.

FEBVRE, Lucien. *Le Problème de l'incroyance au XVIᵉ siècle: La religion de Rabelais*. Paris: Albin Michel, 1942.

FERNANDES, Florestan. *O negro no mundo dos brancos*. 2. ed. São Paulo: Global, 2007.

FERREIRA, Ligia Fonseca. *Com a palavra Luiz Gama: Poemas, artigos, cartas, máximas*. São Paulo: Imprensa Oficial, 2011.

FIGUEIREDO, Carmem Lúcia Negreiros de. *Lima Barreto e o fim do sonho republicano*. Rio de Janeiro: Tempo Brasileiro, 1995.

FLAUBERT, Gustave. *Bouvard et Pécuchet*. Paris: Alphonse Lemerre, 1881.

FORJAZ, Maria Cecília Spina. *Tenentismo e política: Tenentismo e camadas médias urbanas na crise da Primeira República*. Rio de Janeiro: Paz e Terra, 1977.

FOUCAULT, Michel. *História da loucura na Idade Clássica*. São Paulo: Perspectiva, 1995.

FRAGINALS, Manuel M.; **ENGERMAN**, Stanley; **PONS**, Frank. *Between Slavery and Free Labour: The Spanish-Speaking Caribbean in the Nineteenth Century*. Baltimore: Johns Hopkins University Press, 1985.

FRANCO, Gustavo. *Crônicas da convergência: Ensaios sobre temas já não polêmicos*. Rio de Janeiro: Topbooks, 2005.

FRANK, Joseph. *Dostoiévski: As sementes da revolta 1821--1849*. 2. ed. São Paulo: Edusp, 2008.

_____. *Dostoiéviski: Os anos de provação 1850-1859*. São Paulo: Edusp, 1999.

_____. *Dostoiéviski: Os efeitos da libertação 1860-1865*. São Paulo: Edusp, 2002.

_____. *Dostoiéviski: Os anos milagrosos 1865-1871*. São Paulo: Edusp, 2003.

_____. *Dostoiéviski: O manto do profeta 1871-1881*. São Paulo: Edusp, 2007.

FREIRE, Zélia Nolasco Santos. *Lima Barreto: Imagem e linguagem*. São Paulo: Annablume, 2005.

_____. *Lima Barreto e a literatura comparada*. Jundiaí: Paco, 2011.

FREUD, Sigmund. *El chiste y su relación con lo inconsciente*. Buenos Aires: Amorrortu, 1970.

FREYRE, Gilberto. *Casa-grande & senzala*. São Paulo: Global, 2002.

_____. *Sobrados e mucambos: Decadência do patriarcado rural e desenvolvimento do urbano*. São Paulo: Global, 2003.

_____. *Vida, forma e cor*. São Paulo: É Realizações, 2010.

GAGNEBIN, Jeanne Marie. *História e narração em Walter Benjamin*. São Paulo: Perspectiva, 2007.

GALVÃO, Walnice Nogueira; **GALOTTI**, Oswaldo (Orgs.). *Correspondência de Euclides da Cunha*. São Paulo: Edusp, 1997.

GAMA, Luís. *Primeiras trovas burlescas e outros poemas*. Org. de Lígia Ferreira. São Paulo: Martins Fontes, 2000.

GATES JR., Henry Louis. *Thirteen Ways of Looking at a Black Man*. Nova York: Random House, 1977.

GAULTIER, Jules de. *Le Bovarysme: Memoire de la critique*. Paris: Pups, 2006.

GEERTZ, Clifford. *A interpretação das culturas*. Rio de Janeiro: LTC, 2008.

GERSON, Brasil. *História das ruas do Rio e da sua liderança na história política do Brasil*. 5. ed. Rio de Janeiro: Lacerda, 2000.

GIANNOTTI, Vito. *História das lutas dos trabalhadores no Brasil*. Rio de Janeiro: Mauad X, 2007.

GINZBURG, Carlo. *A micro-história e outros ensaios*. Rio de Janeiro: Bertrand Brasil, 1989.

_____. *Indagações sobre Piero*. Rio de Janeiro: Paz e Terra, 1989.

GINZBURG, Carlo. *Mitos, emblemas e sinais: Morfologia e história*. São Paulo: Companhia das Letras, 1989.

GIRARDET, Raoul. *Mitos e mitologias políticas*. São Paulo: Companhia das Letras, 1987.

GLEDSON, John. *Machado de Assis: Ficção e história*. Rio de Janeiro: Paz e Terra, 1986.

GOFFMAN, Erving. *Manicômios, prisões e conventos*. Rio de Janeiro: Record, 1961.

GOMES, Ângela Maria de Castro. *Essa gente do Rio...: Modernismo e nacionalismo*. Rio de Janeiro: Ed. FGV, 1999.

_____ (Org.). *Minas e os fundamentos do Brasil moderno*. Belo Horizonte: Ed. UFMG, 2005.

GOMES, Danilo. *Antigos cafés do Rio de Janeiro*. Rio de Janeiro: Kosmos, 1989.

GOMES, Flávio dos Santos. *Negros e política (1888-1937)*. Rio de Janeiro: Jorge Zahar, 2005.

_____; **DOMINGUES**, Petrônio (Orgs.). *Experiências da emancipação: Biografias, instituições e movimentos sociais no pós-abolição (1890-1980)*. São Paulo: Selo Negro, 2011.

_____. *Políticas da raça: Experiências e legados da abolição e da pós-emancipação no Brasil*. São Paulo: Selo Negro, 2014.

GOMES, Heloísa Toller. *As marcas da escravidão: O negro e o discurso oitocentista no Brasil e nos Estados Unidos*. Rio de Janeiro: Ed. UFRJ; Ed. da Uerj, 1994.

GONÇALVES, Ana Maria. *Um defeito de cor*. 11. ed. Rio de Janeiro: Record, 2015.

GONÇALVES, Marcos Augusto. *1922: A semana que não terminou*. São Paulo: Companhia das Letras, 2012.

GONÇALVES, Vergniaud C. *Automóveis no Brasil: 1893-1966*. São Paulo: Ed. do Automóvel, 1966.

GONZAGA, Alice. *Palácios e poeiras: 100 anos de cinemas no Rio de Janeiro*. Rio de Janeiro: Record; Funarte, 1996.

GOULD, Stephen Jay. *The Mismeasure of Man*. Nova York: Norton, 1981.

GREEN, André. *O trabalho do negativo*. São Paulo: Artmed, 2010.

GRIECO, Agripino. *Fetiches e fantoches*. Rio de Janeiro: Schettino, 1922.

_____. *Gente nova do Brasil: Veteranos — Alguns mortos*. Rio de Janeiro: José Olympio, 1935.

GRIGÓRIO, Patrícia Costa. *A professora Leolinda Daltro e os missionários: Disputas pela catequese indígena em Goiás*. Rio de Janeiro: Multifoco, 2013.

GRINBERG, Keila. *O fiador dos brasileiros: Cidadania, escravidão e direito civil no tempo de Antonio Pereira Rebouças*. Rio de Janeiro: Civilização Brasileira, 2002.

GRINBERG, Keila; **SALLES**, Ricardo (Orgs.). *O Brasil Imperial*. Rio de Janeiro: Civilização Brasileira, 2009. v. 3: 1870-1889.

GUIMARÃES, Antonio Sérgio Alfredo. *Racismo e antirracismo no Brasil*. 2. ed. São Paulo: Ed. 34, 2005.

_____. *Classes, raças e democracia*. 2. ed. São Paulo: Ed. 34, 2012.

_____. *Preconceito racial: Modos, temas e tempos*. 2. ed. São Paulo: Cortez, 2012.

GUIMARÃES, Bruna Vieira; **FRANCO**, Lincoln. "A censura na propaganda ideológica nos impressos no início da República". In: **QUEIROZ**, Adolpho; **GONZALES**, Lucilene (Orgs.). *Sotaques Regionais da Propaganda*. São Paulo: Arte & Ciência, 2006.

GUIMARÃES, Hélio; **SACCHETTA**, Vladimir. *Machado de Assis: Fotógrafo do invisível*. São Paulo: Moderna. 2008.

GUIMARÃES, Hélio. *Machado de Assis, o escritor que nos lê*. São Paulo: Ed. Unesp, 2017.

GUNDERSON, Jessica. *Realism*. Ed. ilustrada. Mankato: The Creative Company, 2008.

HALLEWELL, Laurence. *O livro no Brasil: Sua história*. São Paulo: Edusp, 2005.

HARDMAN, Francisco Foot. *Trem fantasma: A modernidade na selva*. São Paulo: Companhia das Letras, 1988.

_____. *Nem pátria, nem patrão! Memória operária, cultura e literatura no Brasil*. São Paulo: Ed. Unesp, 2002.

HARDMAN, Francisco Foot; **LEONARDI**, Victor. *História da indústria e do trabalho no Brasil: Das origens aos anos 1920*. São Paulo: Ática, 1991.

HIDALGO, Luciana. *Literatura da urgência: Lima Barreto no domínio da loucura*. São Paulo: Annablume, 2008.

HOCHMAN, Gilberto. *A era do saneamento: As bases da política de saúde pública no Brasil*. 3. ed. São Paulo: Hucitec; Anpocs, 2012.

HOLANDA, Sérgio Buarque de. *História geral da civilização brasileira*. São Paulo: Difel, 1977. tomo II: O Brasil Monárquico, v. 5: Do Império à República.

_____. *O espírito e a letra*. São Paulo: Companhia das Letras, 1996. v. 1.

HOLT, Thomas. *The Problem of Freedom: Race, Labour and Politics in Jamaica and Britain, 1832-1938*. Baltimore: Johns Hopkins University Press, 1999.

HUMPHREYS, Richard. *Futurismo*. São Paulo: Cosac Naify, 2001.

IBGE. *Recenseamento do Rio de Janeiro (Distrito Federal)*. Realizado em 20 set. 1906. Rio de Janeiro: Oficina de Estatística, 1907.

IPANEMA, Cybelle Moreira de. *História da ilha do Governador*. Rio de Janeiro: Mauad X, 2013.

JARDIM, Eduardo. *A brasilidade modernista: Sua dimensão filosófica*. Rio de Janeiro: Graal, 1978.

_____. *Mário de Andrade: A morte do poeta*. Rio de Janeiro: Civilização Brasileira, 2005.

_____. *Eu sou trezentos: Mário de Andrade, vida e obra*. Rio de Janeiro: Edições de Janeiro, 2014.

JOHNSTONE, John Keith. *The Bloomsbury Group: A Study of E. M. Forster, Lytton Strachey, Virginia Woolf, and Their Circle*. Londres: Secker & Warburg, 1954.

KHOURY, Yara Aun. *As greves em São Paulo*. São Paulo: Cortez; Autores Associados, 1981.

KIEFER, Bruno. *A modinha e o lundu: Duas raízes da música popular brasileira*. Porto Alegre: Movimento; ufRGS, 1977.

KINNA, Ruth. *Kropotkin: Reviewing the Classical Anarchist Tradition*. Edimburgo: Edinburgh University Press, 2016.

KLEIN, Herbert S.; **LUNA**, Francisco Vidal. *Slavery in Brazil*. Cambridge: Cambridge University Press, 2009.

KONDER, Leandro. *Walter Benjamin: O marxismo da melancolia*. Rio de Janeiro: Campus, 1988.

KOWARICK, Lúcio. *Trabalho e vadiagem: A origem do trabalho livre no Brasil*. São Paulo: Brasiliense, 1987.

KURY, Mário da Gama. *Dicionário de mitologia grega e romana*. Rio de Janeiro: Jorge Zahar, 2008.

LAFETÁ, João Luiz. *1930: A crítica e o modernismo*. São Paulo: Duas Cidades, 1974.

_____. *Figuração da intimidade: Imagens na poesia de Mário de Andrade*. São Paulo: Martins Fontes, 1986.

LAHUERTA, Milton; **LORENZO**, Helena Carvalho de; **COSTA**, Wilma Peres (Orgs.). *A década de 1920 e as origens do Brasil moderno*. São Paulo: Ed. Unesp, 1997.

LAING, Olivia. *Viagem ao redor da garrafa: Um ensaio sobre escritores e a bebida*. Rio de Janeiro: Anfiteatro, 2016.

LAJOLO, Marisa; zilberman, Regina. *A formação da leitura no Brasil*. São Paulo: Ática, 1996.

LAJOLO, Marisa; ceccantini, João Luís. *Monteiro Lobato livro a livro*. São Paulo: Ed. Unesp, 2009.

LAQUEUR, Thomas. *Inventando o sexo: Corpo e gênero dos gregos a Freud*. Rio de Janeiro: Relume-Dumará, 2001.

LARA, Silvia Hunold (Org.). *Ordenações Filipinas*. São Paulo: Companhia das Letras, 1999.

LATHAM, Sean. *The Art of Scandal: Modernism, Libel Law, and the Roman à Clef*. Nova York: Oxford University Press, 2009.

LAVRIN, Janko. *An Introduction to the Russian Novel*. Nova York: Routledge, 2015.

LE GOFF, Jacques (Org.). *História e memória*. 4. ed. Campinas: Ed. da Unicamp, 1996.

_____. *São Luís*. Rio de Janeiro: Record, 1999.

LEAL, Victor Nunes. *Coronelismo, enxada e voto: O município e o regime representativo no Brasil*. São Paulo: Companhia das Letras, 2012.

LEE, Anna. *O sorriso da sociedade: Intriga e crime no mundo literário da belle époque*. Rio de Janeiro: Objetiva, 2006.

LEITE, Aluizio; **CECÍLIO**, Ana Lima; **JAHN**, Heloisa (Orgs.). *Machado de Assis: Obra completa em quatro volumes*. Rio de Janeiro: Nova Aguilar, 2008. v. 1.

LEMERT, Charles (Org.). *Social Theory: The Multicultural and Classic Readings*. Boulder: Westview, 1990.

LEMOS, Thiago. *As concepções anarquistas do sindicalismo em questão: Acerca do debate Neno Vasco-João Crispim*. São Paulo: Biblioteca Terra Livre; Guarujá: Núcleo de Estudos Carlo Aldegheri, 2013.

LÉVI-STRAUSS, Claude. *Antropologia estrutural*. São Paulo: Cosac Naify, 2013. v. 2.

_____. *Tristes trópicos*. São Paulo: Companhia das Letras, 2014.

LIMA, Antonio Carlos Souza. *Um grande cerco de paz: Poder tutelar, indianidade e formação do Estado no Brasil*. Petrópolis: Vozes, 1995.

LIMA, Hermeto. *O alcoolismo no Rio de Janeiro*. Rio de Janeiro: Imprensa Nacional, 1914.

LIMA, Luiz Costa. *Dispersa demanda*. Rio de Janeiro: Rocco, 1991. v. 2: Pensando nos trópicos.

_____. *Terra ignota: A construção de Os sertões*. Rio de Janeiro: Civilização Brasileira, 1997.

LIMA, Nísia Trindade; **SÁ**, Dominichi Miranda de (Orgs.). *Antropologia brasiliana: Ciência e educação na obra de Edgard Roquette-Pinto*. Belo Horizonte: Ed. ufmg, 2008.

LINS, Osman. *Lima Barreto e o espaço romanesco*. São Paulo: Ática, 1976.

LIPPI, Lúcia et al. (Orgs.). *Conversando com...* Rio de Janeiro: Ed. fgv, 2003.

LOMBROSO, Cesare. *L'uomo delinquente*. Roma: [s.n.], 1876.

LOPES, Nei. *O negro no Rio de Janeiro e sua tradição musical: Partido-alto, calango, chula e outras cantorias*. Rio de Janeiro: Pallas, 1992.

_____. *Incursões sobre a pele*. Rio de Janeiro: Artium, 1996.

_____. *Dicionário literário afro-brasileiro*. Rio de Janeiro: Pallas, 2007.

_____. *Bantos, malês e identidade negra*. Belo Horizonte: Autêntica, 2008.

_____. *História e cultura africana e afro-brasileira*. São Paulo: Barsa Planeta, 2009.

_____. *Enciclopédia brasileira da diáspora africana*. São Paulo: Selo Negro, 2011.

_____. *Dicionário da hinterlândia carioca*. Rio de Janeiro: Pallas, 2012.

LOPES, Nei; **COSTA**, Haroldo; **SANTOS**, Joel Rufino dos. *Nação Quilombo*. Rio de Janeiro: ND Comunicação, 2010.

LOPEZ, Telê Ancona. *Mário de Andrade: Ramais e caminhos*. São Paulo: Duas Cidades, 1972.

_____. *Mário de Andradiando*. São Paulo: Hucitec, 1996.

_____ (Org.). *Mário de Andrade: Melhores contos*. 8. ed. Rio de Janeiro: Global, 2005.

LUCAS, Fábio (Org.). *Cartas a Mário de Andrade*. Rio de Janeiro: Nova Fronteira, 1993.

LYRA, Heitor. *História de d. Pedro II*. São Paulo: Edusp; Belo Horizonte: Itatiaia, 1977. 3 v.

MACEDO, Joaquim Manuel de. *Memórias da rua do Ouvidor*. Brasília: Ed. UnB, 1988. (Temas Brasileiros, 63).

MACHADO, Maria Cristina Teixeira. *Lima Barreto: Um pensador social na Primeira República*. Goiânia: Ed. ufg; São Paulo: Edusp, 2002.

MACHADO, Maria Helena. *O plano e o pânico: Os movimentos sociais na década da abolição*. Rio de Janeiro: Ed. ufrj; São Paulo: Edusp, 1994.

MACHADO, Maria Helena; CASTILHO, Thomas. *Tornando-se livre: Agentes históricos e lutas sociais no processo de abolição*. São Paulo: Edusp, 2015.

MACHADO, Maria Helena; HUBER, Sasha (Orgs.). *(T)Races of Louis Agassiz: Photography, Body and Science, Yesterday and Today/Rastros e raças de Louis Agassiz: Fotografia, raça e ciência, ontem e hoje*. São Paulo: Capacete, 2010.

MACHADO, Roberto; LOUREIRO, Ângela; LUZ, Rogério; MURICY, Kátia. *Danação da norma: A medicina social e constituição da psiquiatria no Brasil*. Rio de Janeiro: Graal, 1978.

MAGALHÃES JÚNIOR, Raimundo. *Machado de Assis desconhecido*. Rio de Janeiro: Civilização Brasileira, 1957.

_____. *A vida turbulenta de José do Patrocínio*. Rio de Janeiro: Sabiá, 1969.

_____. *Vida e obra de Machado de Assis*. Rio de Janeiro: Civilização Brasileira, 1981. 4 v.

_____. *Rui: O homem e o mito*. Rio de Janeiro: Civilização Brasileira, 1995.

MAGALHÃES, Felipe Santos. *Ganhou, leva! O jogo do bicho no Rio de Janeiro (1890-1960)*. Rio de Janeiro: Ed. FGV, 2011.

MAGGIE, Yvonne; REZENDE, Cláudia Barcellos (Orgs.). *Raça como retórica: A construção da diferença*. Rio de Janeiro: Civilização Brasileira, 2002.

MALHEIROS, Agostinho Perdigão. *A escravidão no Brasil: Ensaio histórico, jurídico e social*. Rio de Janeiro: Typographia Nacional, 1866. v. 1: Direito sobre os escravos e libertos.

MAMIGONIAN, Beatriz G. *Africanos livres: A abolição do tráfico de escravos no Brasil*. São Paulo: Companhia das Letras, 2017.

MARINS, Álvaro. *Machado e Lima: Da ironia à sátira*. Rio de Janeiro: Utópos, 2004.

MARTINS, Franklin. *Quem foi que inventou o Brasil?: A música popular conta a história da República*. Rio de Janeiro: Nova Fronteira, 2015. v. 1: De 1902 a 1964.

MARTINS, Wilson. *História da inteligência brasileira. V. VII.* Ponta Grossa: Ed. da Universidade de Ponta Grossa, 2010.

MARTIUS, Karl Friedrich Philipp von. *Flora brasiliensis*. Stuttgart: J. G. Cottae, 1829.

MATTOS, Augusto de Oliveira. *Guarda Negra: A redentora e o ocaso do Império*. Brasília: Hinterlândia, 2009.

MATTOS, Hebe Maria. *Das cores do silêncio: Os significados da liberdade no Sudeste escravista – Brasil, séc. XIX. 2. ed.* Rio de Janeiro: Nova Fronteira, 1998.

_____. *Escravidão e cidadania no Brasil monárquico*. Rio de Janeiro: Jorge Zahar, 2000.

MATTOS, Hebe; ABREU, Martha; DANTAS, Carolina Vianna (Orgs.). *Histórias do pós-abolição no mundo atlântico*. Niterói: Eduff, 2014. v. 1: Identidades e projetos políticos.

_____. *Histórias do pós-abolição no mundo atlântico*. Niterói: Eduff, 2014. v. 2: O mundo do trabalho: Experiências e luta pela liberdade.

MATTOS, Hebe; RIOS, Ana Lugão. *Memórias do cativeiro: Família, trabalho e cidadania no pós-abolição*. Rio de Janeiro: Civilização Brasileira, 2005.

MCCANN, Frank D. *Soldados da pátria: História do exército brasileiro, 1889-1937*. São Paulo: Companhia das Letras, 2007.

MCCLINTOCK, Anne. *Couro imperial: Raça, gênero e sexualidade no embate colonial*. Trad. de Plínio Dentzien. Campinas: Ed. da Unicamp, 2010.

MELLO, Evaldo Cabral de. *O nome e o sangue: uma parábola familiar no Pernambuco colonial*. Rio de Janeiro: Topbooks, 2000.

MELLO, Maria Tereza Chaves de. *A República consentida: Cultura democrática e científica do final do Império*. Rio de Janeiro: Ed. FGV; Ed. UFRJ, 2007.

MENDONÇA, Joseli Maria Nunes. *Entre a mão e os anéis: A Lei dos Sexagenários e os caminhos da abolição no Brasil*. Campinas: Ed. da Unicamp; Cecult, 1999.

MERLEAU-PONTY, Maurice. *Textos escolhidos*. São Paulo: Abril Cultural, 1975. (Os Pensadores, 53).

MEYER, Marlyse. *Folhetim: Uma história*. São Paulo: Companhia das Letras, 2005.

MICELI, Sergio. *Poder, sexo e letras na República Velha*. São Paulo: Perspectiva, 1977.

_____. *Intelectuais à brasileira*. São Paulo: Companhia das Letras, 2001.

_____. *Nacional estrangeiro: História social e cultural do modernismo artístico em São Paulo*. São Paulo: Companhia das Letras, 2004.

MOMIGLIANO, Arnaldo. *The Classical Foundations of Modern Historiography*. Berkeley: University of California Press, 1990.

MONTEIRO, Pedro Meira (Org.). *Mário de Andrade e Sérgio Buarque de Holanda: Correspondência*. São Paulo: Companhia das Letras, 2015.

MONTEIRO, Pedro Meira. *Signo desterro*. São Paulo: Hucitec, 2016.

MONTENEGRO, Túlio Hostílio. *Tuberculose e literatura: Notas de pesquisa*. Rio de Janeiro: Casa do Livro, 1971.

MORAIS, Régis de. *Lima Barreto: O elogio da subversão*. São Paulo: Brasiliense, 1983.

MORRIS, Brian. *Kropotkin: The Politics of Community*. Nova York: Humanity, 2004.

_____. *The Anarchist-Geographer: An Introduction to the Life of Peter Kropotkin*. Minehead: Genge, 2007.

_____. *Anthropology, Ecology, and Anarchism: A Brian Morris Reader*. Oakland, CA: PM Press, 2015.

MORRISON, Toni. *Amada*. São Paulo: Companhia das Letras, 2007.

MOUTINHO, Laura. *Razão, "cor" e desejo: Uma análise comparativa sobre relacionamentos afetivo-sexuais "interraciais" no Brasil e na África do Sul*. São Paulo: Ed. Unesp, 2004.

MUKHERJEE, Siddhartha. *O gene: Uma história íntima*. São Paulo: Companhia das Letras, 2016.

MUNANGA, Kabengele. *Negritude: Usos e sentidos. 2. ed.* São Paulo: Ática, 1988.

REFERÊNCIAS BIBLIOGRÁFICAS | 589

NEEDELL, Jeffrey D. *Belle époque tropical: Sociedade e cultura de elite no Rio de Janeiro na virada do século*. São Paulo: Companhia das Letras, 1993.

NETO, Coelho. *A conquista*. São Paulo: Rastro Digital, 2015.

NETO, Lira. *Uma história do samba*. São Paulo: Companhia das Letras, 2017. v. 1: As origens.

NEVE, Larissa de Oliveira; LEVIN, Orna Messer (Orgs.). *O Theatro: Crônicas de Arthur Azevedo*. Campinas: Ed. da Unicamp, 2009.

NITRINI, Sandra (Org.). *Aquém e além mar: Relações culturais – Brasil e França*. São Paulo: Hucitec, 2000.

NOGUEIRA, Oracy. *Vozes de Campos do Jordão: Experiências sociais psíquicas do tuberculoso pulmonar no estado de São Paulo*. 2. ed. Rio de Janeiro: Fiocruz, 2009.

NONATO, José Antônio; SANTOS, Nubia M. (Orgs.). *Era uma vez o morro do Castelo*. Rio de Janeiro: Iphan; Casa da Palavra, 2000.

NOVAIS, Fernando. *Portugal e Brasil na crise do antigo sistema colonial (1777-1808)*. São Paulo: Hucitec, 1985.

_____; SCHWARCZ, Lilia Moritz (Orgs.). *História da vida privada no Brasil*. São Paulo: Companhia das Letras, 2004. v. 4: Contrastes da intimidade contemporânea.

OAKLEY, Robert J. *Lima Barreto e o destino da literatura*. São Paulo: Ed. Unesp, 2011.

O'DONNELL, Julia. *De olho na rua: A cidade de João do Rio*. Rio de Janeiro: Jorge Zahar, 2008.

_____. *A invenção de Copacabana: Culturas urbanas e estilos de vida no Rio de Janeiro (1890-1940)*. Rio de Janeiro: Zahar, 2013.

OLIVEIRA, Bernardo Barros C. *Olhar e narrativa: Leituras benjaminianas*. Vitória: Edufes, 2006.

OLIVEIRA, Estevam. *Notas e pistolas: Páginas esparsas sobre a campanha civilista*. Uberlândia: Tipografia Brasil, 1991.

OLIVEIRA, Lúcia Lippi. *O Brasil dos imigrantes*. Rio de Janeiro: Jorge Zahar, 2002.

OLIVEIRA, Márcio Piñon de; FERNANDES, Nelson da Nóbrega (Orgs.). *150 anos de subúrbio carioca*. Rio de Janeiro: Lamparina; Niterói: Eduff, 2010.

ORICO, Osvaldo. *O tigre da Abolição*. Rio de Janeiro: Olímpia, 1953.

OSBORNE, Peter (Org.). *Walter Benjamin: Critical Evaluations in Cultural Theory*. Nova York: Routledge, 2004.

PAES, José Paulo. *Gregos & baianos*. São Paulo: Brasiliense, 1985.

PAMPLONA, Marco Antônio. *Revoltas, repúblicas e cidadania: Nova York e Rio de Janeiro na consolidação da ordem republicana*. Rio de Janeiro: Record, 2003.

PARENTE, Tiago Coutinho. *Lima Barreto escritor de si*. 2015. No prelo.

PASSIANI, Enio. *Na trilha do Jeca: Monteiro Lobato e a formação do campo literário no Brasil*. Bauru: Edusc, 2003.

PASSOS, Alexandre. *Juliano Moreira: Vida e obra*. Rio de Janeiro: São José, 1975.

PATROCÍNIO, José do. *Campanha abolicionista: Coletânea de artigos*. Rio de Janeiro: Fundação Biblioteca Nacional, 1996.

PEDROSA, Adriano; SCHWARCZ, Lilia Moritz. *Histórias mestiças*. Rio de Janeiro: Cobogó, 2015.

PEIXOTO, Afrânio. *A esfinge*. Rio de Janeiro: Francisco Alves, 1911.

_____. *Noções de história da literatura geral*. Rio de Janeiro: Francisco Alves, 1932.

_____. *Panorama da literatura brasileira*. São Paulo: Companhia Editora Nacional, 1940.

PEIXOTO, Niobe Abreu. *João do Rio e o palco: Página teatral*. São Paulo: Edusp, 2009.

PENA, Felipe. *Teoria da biografia sem fim*. Rio de Janeiro: Mauad, 2004.

_____. *Jornalismo literário: A melodia da informação*. São Paulo: Contexto, 2006.

PENNA, Lincoln de Abreu. *O progresso da ordem: O florianismo e a construção da República*. Rio de Janeiro: 7Letras, 1997.

PEREIRA, Astrojildo. *Interpretações*. Rio de Janeiro: Casa do Estudante do Brasil, 1944.

_____. *Crítica impura: Autores e problemas*. Rio de Janeiro: Civilização Brasileira, 1963.

_____. *Machado de Assis: Ensaios e apontamentos avulsos*. Belo Horizonte: Oficina do Livro, 1991.

PEREIRA, Lúcia Miguel. *História da literatura brasileira: Prosa de ficção (de 1870 a 1920)*. Rio de Janeiro: José Olympio, 1950.

_____. *Machado de Assis: Estudo crítico e biográfico*. Belo Horizonte: Itatiaia, 1988.

PEREIRA, Milena da Silveira. *A crítica que fez história: As associações literárias no Oitocentos*. São Paulo: Ed. Unesp, 2015.

PEREIRA, Sonia Gomes. *A reforma urbana de Pereira Passos e a construção da identidade carioca*. Rio de Janeiro: ECO; Ed. UFRJ, 1992.

PINHEIRO, Paulo Sérgio; HALL, Michael. *A classe operária no Brasil: 1889-1930*. São Paulo: Alfa-Ômega, 1979. v. 1: Documentos.

PISCITELLI, Adriana; GREGORI, Maria Filomena; CARRARA, Sergio (Orgs.). *Sexualidade e saberes: Convenções e fronteiras*. Rio de Janeiro: Garamond, 2004.

PIZARRO, Ana (Org.). *América Latina: Palavra, literatura e cultura*. São Paulo: Memorial; Campinas: Ed. da Unicamp, 1994. v. 2.

PONTES, Carlos. *Tavares Bastos*. São Paulo: Companhia Editora Nacional, 1939.

PONTES, Heloisa. *Destinos mistos: Os críticos do grupo Clima em São Paulo (1940-1968)*. São Paulo: Companhia das Letras, 1998.

PORTOCARRERO, Vera Maria. *Arquivos da loucura: Juliano Moreira e a descontinuidade histórica da psiquiatria*. Rio de Janeiro: Fiocruz, 2002. (Loucura & Civilização, 4).

PRADO, Antonio Arnoni (Org.). *Libertários no Brasil: Memória, lutas, cultura*. São Paulo: Brasiliense, 1986.

_____. *Lima Barreto: Literatura comentada* [1980]. São Paulo: Nova Cultural, 1988.

_____. *Lima Barreto: O crítico e a crise* [1976]. São Paulo: Martins Fontes, 1989.

_____. *Trincheira, palco e letras: Crítica, literatura e utopia no Brasil*. São Paulo: Cosac Naify, 2004.

_____ (Org.). *Lima Barreto: Uma autobiografia literária*. São Paulo: Ed. 34, 2012.

PRADO, Paulo. *Retrato do Brasil*. São Paulo: Companhia das Letras, 1997.

QUEIROZ, Suely Robles Reis de. *Os radicais da República: Jacobinismo, ideologia e ação, 1893-1897*. São Paulo: Brasiliense, 1986.

RAGO, Margareth; **GIMENES**, Renato Aloizio de Oliveira. *Narrar o passado, repensar a história*. Campinas: Ed. da Unicamp, 2000.

RAMOS, Lázaro. *Na minha pele*. Rio de Janeiro: Objetiva, 2017.

REBOUÇAS; André Pinto; **VERÍSSIMO**, Anna Flora; **VERÍSSIMO**, Inácio José (Orgs.). *Diário e notas autobiográficas: Texto escolhido e anotações*. Rio de Janeiro: José Olympio, 1938. (Documentos Brasileiros, 12).

REIS, João José; **GOMES**, Flávio dos Santos (Orgs.). *Liberdade por um fio: História dos quilombos no Brasil*. São Paulo: Companhia das Letras, 1996.

REIS, João José; **SILVA**, Eduardo. *Negociação e conflito: A resistência negra no Brasil escravista*. São Paulo: Companhia das Letras, 1989.

REIS, José de Oliveira. *O Rio de Janeiro e seus prefeitos: Evolução urbanística da cidade*. Rio de Janeiro: Prefeitura do Rio de Janeiro, 1977.

RÉMOND, René (Org.). *Por uma história política*. Trad. de Dora Rocha. Rio de Janeiro: Ed. UFRJ, 1996.

RENAN, Joseph-Ernest. *Marc-Aurèle et la fin du monde antique*. Paris: Calmann-Lévy, 1882.

_____. *Marc-Aurèle: Histoire et parole*. Paris: Robert Laffont, 1892.

RENAULT, Delso. *1850-1930: O desenvolvimento da indústria brasileira*. São Paulo: Sesi, 1987.

RESENDE, Beatriz. *Lima Barreto: Melhores crônicas* [2005]. São Paulo: Global, 2009.

_____. *Lima Barreto e o Rio de Janeiro em fragmentos* [1993]. Belo Horizonte: Autêntica, 2016.

RESENDE, Beatriz. "A representação do Rio de Janeiro nas crônicas de Lima Barreto". In: *Sobre o pré-modernismo*. Rio de Janeiro: Fundação Casa de Rui Barbosa, 1988.

_____. "Do deputado Numa Pompílio ao país da Bruzundanga: A república de Lima Barreto". In: BARRETO, Lima. *Numa e a ninfa*. São Paulo: Carambaia, 2017.

RIBEIRO, Boanerges. *Igreja evangélica e República brasileira (1889-1930)*. São Paulo: O Semeador, 1991.

RIBEIRO, Darcy. *A política indigenista brasileira*. Rio de Janeiro: Ministério da Agricultura; Serviço de Informação Agrícola, 1962.

RIBEIRO, Gladys Sabina; **FERREIRA**, Tânia Maria T. Bessone da Cruz (Orgs.). *Linguagens e práticas da cidadania no século XIX*. São Paulo: Alameda, 2010.

RIBEIRO, João. *História do Brasil*. Rio de Janeiro: Cruz Coutinho, 1901.

RIO, João do. *As religiões no Rio*. Rio de Janeiro: José Olympio, 2015.

RODRIGUES, João Carlos. *João do Rio: Vida, paixão e obra*. Rio de Janeiro: Civilização Brasileira, 2012.

RODRIGUES, Nina. *As raças humanas e a responsabilidade penal no Brasil*. 3. ed. Rio de Janeiro: Companhia Editora Nacional, 1938.

ROSENBAUM, Stanford Patrick. *The Bloomsbury Group: A Collection of Memoirs and Commentary*. Toronto: University of Toronto Press, 1995.

ROSSI, Gustavo. *O intelectual feiticeiro: Edison Carneiro e o campo de estudos das relações raciais no Brasil*. Campinas: Ed. da Unicamp, 2015.

ROSSO, Mauro. *Lima Barreto versus Coelho Neto: Um Fla-Flu literário*. Rio de Janeiro: Difel, 2010.

RUIZ, Roberto. *Hoje tem espetáculo?: As origens do circo no Brasil*. Rio de Janeiro: Inacen, 1987.

S., Frederico de (Eduardo Prado). *Fastos da ditadura militar no Brasil*. São Paulo: Martins Fontes, 2003. (Temas Brasileiros, 187).

SAFFIOTI, Heleieth Iara Bongiovani. *A mulher na sociedade de classes: Mito e realidade*. Petrópolis: Vozes, 1979.

SAHLINS, Marshall. *Historical Metaphors and Mythical Realities: Structure in the Early History of the Sandwich Islands Kingdom*. Ann Arbor: The University of Michigan Press, 1986.

SAID, Edward. *Beginnings: Intention and Method*. Nova York: Basic, 1975.

SALIBA, Elias. *Raízes do riso*. São Paulo: Companhia das Letras, 2002.

SALLES, Ricardo. *Guerra do Paraguai: Escravidão e cidadania na formação do Exército*. Rio de Janeiro: Paz e Terra, 1990.

SANDRONI, Carlos. *Mário contra Macunaíma*. São Paulo: Vértice, 1988.

SANTIAGO, Silviano. *Uma literatura nos trópicos: Ensaios sobre dependência cultural*. São Paulo: Perspectiva, 1978.

_____. *Vale quanto pesa*. Rio de Janeiro: Paz e Terra, 1982.

_____. *A vida como literatura*. Belo Horizonte: Ed. UFMG, 2007.

_____. *Machado*. São Paulo: Companhia das Letras, 2016.

SANTOS, Affonso Carlos Marques (Org.). *O Rio de Janeiro de Lima Barreto*. Rio de Janeiro: Rioarte, 1983. 2 v.

SANTOS, Elisângela da Silva. *Monteiro Lobato e seis personagens em busca da nação*. São Paulo: Ed. Unesp, 2011.

SANTOS, Francisco Agenor de Noronha. *Meios de transporte* *no Rio de Janeiro (história e legislação)*. Rio de Janeiro: Jornal do Commercio, 1934. 2 v.

SANTOS, Francisco Agenor de Noronha. *As freguesias do Rio antigo vistas por Noronha Santos*. [1900]. Rio de Janeiro: O Cruzeiro, 1965.

SANTOS, Jorge Artur dos. *Intelectuais brasileiros e esporte*. São Paulo: Clube de Autores, 2010.

SANTOS, Luís Cláudio Villafañe G. *O evangelho do Barão: Rio Branco e a identidade brasileira*. São Paulo: Ed. Unesp, 2012.

SANTOS, Sidney. *A cultura opulenta de Everardo Backheuser*. Petrópolis: Vozes 1989.

SANTUCCI, Jane. *Cidade rebelde: As revoltas populares no Rio de Janeiro no início do século XX*. Rio de Janeiro: Casa da Palavra, 2008.

SARLO, Beatriz. *Tempo passado: Cultura de memória e guinada subjetiva*. São Paulo: Companhia das Letras, 2007.

_____. *Jorge Luis Borges, um escritor na periferia*. São Paulo: Iluminuras, 2008.

_____. *Modernidade periférica: Buenos Aires 1920 a 1930*. São Paulo: Cosac Naify, 2010.

SAUTCHUK, Jaime. *Cruls: Histórias e andanças do cientista que inspirou JK a fazer Brasília*. São Paulo: Geração, 2014.

SCALERCIO, Márcio. *Eugênio Gudin: Inventário de flores e espinhos — Um liberal em estado puro*. Rio de Janeiro: Insight, 2012.

SCHEFFEL, Marcos Vinícius. *Estações de passagem da ficção de Lima Barreto*. São Paulo: Annablume, 2012.

SCHORSKE, Carl. E. *Viena fin-de-siècle: Política e cultura*. São Paulo: Companhia das Letras, 1988.

SCHUMAHER, Maria Aparecida (Schuma); **BRAZIL**, Erico Teixeira Vital. *Dicionário mulheres do Brasil*. Rio de Janeiro: Jorge Zahar, 2000.

SCHWARCZ, Lilia Moritz. *Retrato em branco e negro*. São Paulo: Companhia das Letras, 1980.

_____. *As barbas do imperador*. São Paulo: Companhia das Letras, 1988.

_____. *O espetáculo das raças*. São Paulo: Companhia das Letras, 1993.

_____. *A longa viagem da biblioteca dos reis*. São Paulo: Companhia das Letras, 2006.

_____ (Org.). *Leituras críticas sobre Evaldo Cabral de Mello*. Belo Horizonte: Ed. UFMG; São Paulo: Fundação Perseu Abramo, 2008.

_____ (Org.). *Contos completos de Lima Barreto*. São Paulo: Companhia das Letras, 2010.

_____. *Nem preto nem branco, muito pelo contrário*. São Paulo: Companhia das Letras, 2010.

_____. "Numa 'encruzilhada de talvezes'. Um grande romance aos pedaços". In: **BARRETO**, Lima. *Triste fim de Policarpo Quaresma*. São Paulo: Companhia das Letras, 2011, pp. 13-55.

_____ (Org.). *A abertura para o mundo: 1889-1930*. Rio de Janeiro: Objetiva, 2012. (História do Brasil Nação, 3).

_____. **AZEVEDO**, Paulo; **COSTA**, Angela Marques da. *A longa viagem da biblioteca dos reis: Do terremoto de Lisboa à Independência do Brasil*. São Paulo: Companhia das Letras, 2002.

SCHWARCZ, Lilia M.; **STARLING**, Heloisa M. *Brasil: Uma biografia*. São Paulo: Companhia das Letras, 2015.

_____. *Caderno de leituras para Brasil: uma biografia*. São Paulo: Companhia das Letras, 2016.

SCHWARTZ, Jorge. *Vanguardas latino-americanas*. São Paulo: Edusp, 2008.

_____ (Org). *Caixa modernista*. Belo Horizonte: ED. UFMG, 2003.

_____. *Fervor das vanguardas: Arte e literatura na América Latina*. São Paulo: Companhia das Letras, 2013.

SCHWARZ, Roberto (Org.). *Os pobres na literatura brasileira*. São Paulo: Brasiliense, 1983.

_____. *Que horas são?: Ensaios*. São Paulo: Companhia das Letras, 1987.

_____. *Um mestre na periferia do capitalismo: Machado de Assis*. São Paulo: Duas Cidades, 1990.

_____. *Ao vencedor as batatas: Forma literária e processo social nos inícios do romance brasileiro*. São Paulo: Duas Cidades; Ed. 34, 2000.

_____. *O pai de família e outros estudos*. São Paulo: Companhia das Letras, 2008.

_____. *As ideias fora do lugar: Ensaios selecionados*. São Paulo: Companhia das Letras, 2014.

SCOTT, Rebecca. *Slave Emancipation in Cuba: The Transition to Free Labour, 1680-1899*. Princeton, NJ: Princeton University Press, 1985.

SEGATTO, José Antonio. *A formação da classe operária no Brasil*. Porto Alegre: Mercado Aberto, 1987.

SEMERARO, Cláudia Marino; **AYROSA**, Christiane. *História da tipografia no Brasil*. São Paulo: Museu de Arte de São Paulo, 1979.

SEVCENKO, Nicolau. *Orfeu extático na metrópole: São Paulo, sociedade e cultura nos frementes anos 20*. São Paulo: Companhia das Letras, 1992.

_____. *A revolta da vacina: Mentes insanas em corpos rebeldes*. São Paulo: Scipione, 1997.

_____. *Literatura como missão: Tensões sociais e criação cultural na Primeira República*. São Paulo: Companhia das Letras, 2016.

SEVCENKO, Nicolau; **NOVAIS**, Fernando (Orgs.). *História da vida privada no Brasil*. São Paulo: Companhia das Letras, 1998. v. 3: República: Da belle époque à era do rádio.

SILVA, Alberto da Costa e. *Um rio chamado Atlântico*. Rio de Janeiro: Nova Fronteira, 2005.

_____. *Livro de linhagem*. Lisboa: Manuel A. Pacheco, 1966.

SILVA, Carlos Eduardo Lins da. *O adiantado da hora: A influência americana sobre o jornalismo brasileiro*. 2 ed. São Paulo: Summus, 1991.

SILVA, Eduardo. *Barões e escravidão: Três gerações de fazendeiros e a crise da estrutura escravista.* Rio de Janeiro: Nova Fronteira, 1984.

_____. *As camélias do Leblon e a abolição da escravatura: Uma investigação de história cultural.* São Paulo: Companhia das Letras, 2003.

SILVA, Erminia. *Circo-teatro: Benjamim de Oliveira e a teatralidade circense no Brasil.* São Paulo: Altana, 2007.

SILVA, Hélcio Pereira da. *Lima Barreto: Escritor maldito.* 2. ed. Rio de Janeiro: Civilização Brasileira; Brasília: INL-MEC, 1981.

SILVA, Jaime; **BIRMAN**, Patrícia; **WANDERLEY**, Regina (Orgs.). *Cativeiro e liberdade.* Rio de Janeiro: Iuperj, 1989.

SILVA, Janice Theodoro da. *São Paulo, 1554-1880: Discurso ideológico e organização social.* São Paulo: Moderna, 1984.

SILVA, Maria Lais Pereira da. *Os transportes coletivos na cidade do Rio de Janeiro: Tensões e conflitos.* Rio de Janeiro: Prefeitura do Rio de Janeiro, 1992.

SILVA, Maurício. *A Hélade e o subúrbio: Confrontos literários na belle époque carioca.* São Paulo: Edusp, 2006.

SILVA, Nelson do Valle; **HASENBALG**, Carlos. *Relações raciais no Brasil contemporâneo.* Rio de Janeiro: Rio Fundo; Iuperj, 1992.

SIMONSEN, Roberto. *A engenharia e a indústria.* São Paulo: [s.n.], 1945.

SODRÉ, Nelson Werneck. *História da imprensa no Brasil.* Rio de Janeiro: Civilização Brasileira, 1966.

_____. *História da imprensa no Brasil.* 2. ed. Rio de Janeiro: Graal, 1977.

_____. *História da imprensa no Brasil.* São Paulo: Martins Fontes, 1987.

_____. *História da imprensa no Brasil.* 4. ed. Rio de Janeiro: Mauad, 1998.

_____. *História da imprensa no Brasil.* Rio de Janeiro: Mauad, 2004.

SONTAG, Susan. *Sobre fotografia.* São Paulo: Companhia das Letras, 2004.

SOUSA, Cláudio de. *O alcoolismo e a sífilis.* São Paulo: Typographia do Diario Oficial, 1906.

SOUSA, Cruz e. "O livro derradeiro". In: _____. *Poesia completa.* Org. de Zahidé Muzart. Florianópolis: Fundação Catarinense de Cultura; Fundação Banco do Brasil, 1993.

SOUSA, Osvaldo Macedo. *Fernando Correia Dias: Um poeta do traço.* Rio de Janeiro: Batel, 2013.

SPITZER, Leo. *Vidas de entremeio.* Rio de Janeiro: Ed. da Uerj, 2001.

STARLING, Heloisa Maria Murgel; **GERMANO**, Lígia Beatriz de Paula (Orgs.). *Engenharia: História em construção.* Belo Horizonte: Ed. UFMG, 2012. v. 1.

STEIN, Stanley J. *Vassouras: Um município brasileiro do café, 1850-1900.* Rio de Janeiro: Nova Fronteira, 1990.

STOCKING JR., George W. *Race, Culture, and Evolution: Essays in the History of Anthropology.* Chicago: University of Chicago Press, 1968.

_____. *Victorian Anthropology.* Nova York: The Fare, 1987.

_____. *Bones, Bodies, Behavior: Essays on Biological Anthropology.* Madison, WI: University of Wisconsin Press, 1988.

STRATHERN, Marilyn. *Partial Connections.* Ed. atual. Walnut Creek: AltaMira, 2005.

SUISSA, Judith. *Anarchism and Education: A Philosophical Perspective.* Oakland, CA: PM Press, 2010.

SÜSSEKIND, Flora. *O negro como arlequim: Teatro & discriminação.* Rio de Janeiro: Achiamé, 1982.

_____. *Literatura e vida literária: Polêmicas, diários & retratos.* Rio de Janeiro: Jorge Zahar, 1985.

_____. *Cinematógrafo de letras: Literatura, técnica e modernização no Brasil.* São Paulo: Companhia das Letras, 1987.

_____. "O figurino e a forja". In: *Sobre o pré-modernismo.* Rio de Janeiro: Fundação Casa de Rui Barbosa, 1988.

_____. *O Brasil não é longe daqui.* São Paulo: Companhia das Letras, 1991.

SZARKOWSKI, John. *The Photographer's Eye.* Nova York: MoMA. 2007.

TATIT, Luiz. *O século da canção.* Cotia: Ateliê, 2004.

TAUSSIG, Michael T. *Mimesis and Alterity: A Particular History of the Senses.* Nova York: Routledge, 1993.

TEIXEIRA, Manuel (Org.). *A construção da cidade brasileira.* Lisboa: Horizonte, 2004.

TEIXEIRA, Manuel; **VALLA**, Margarida. *O urbanismo português: Séculos XIII-XVIII, Portugal-Brasil.* Lisboa: Horizonte, 1999.

TELLES, Edward (Org.). *Pigmentocracies: Ethnicity, Race, and Color in Latin America.* Chapel Hill: University of North Carolina Press, 2014.

TIGRE, Manuel Bastos. *Reminiscências: A alegre roda da Colombo e algumas figuras do tempo de antigamente.* Brasília: Thesaurus, 1992.

TINHORÃO, José Ramos. *Pequena história da música popular: Da modinha à canção de protesto.* Petrópolis: Vozes, 1974.

_____. *Os romances em folhetins no Brasil: 1830 à atualidade.* São Paulo: Duas Cidades, 1994.

_____. *A música popular no romance brasileiro.* São Paulo: Ed. 34, 2000. v. 2: Século XX [primeira parte].

TOLEDO, Edilene. *Anarquismo e sindicalismo revolucionário: Trabalhadores e militantes em São Paulo na Primeira República.* São Paulo: Fundação Perseu Abramo, 2004.

TOPIK, Steve. *A presença do Estado na economia política do Brasil de 1889 a 1930.* Rio de Janeiro: Record, 1987.

TORRES, Antônio. *O circo no Brasil.* Rio de Janeiro: Funarte; São Paulo: Atração, 1998. (História Visual, 5).

TRINDADE, Alexandro Dantas. *André Rebouças: Um engenheiro do Império.* São Paulo: Hucitec, 2011.

TURNER, Victor. *Floresta de símbolos: Aspectos do ritual Ndembu.* Niterói: Eduff, 2005.

VASCONCELLOS, Eliane. *A crônica: O gênero, sua fixação e* suas transformações no Brasil. Campinas: Ed. da Unicamp; Rio de Janeiro: Fundação Casa de Rui Barbosa, 1992.

VASCONCELLOS, Eliane. *Entre a agulha e a caneta: A mulher na obra de Lima Barreto*. Rio de Janeiro: Lacerda, 1999.

_____ (Org.). *Lima Barreto: Prosa seleta*. Rio de Janeiro: Nova Aguilar, 2001.

VASCONCELOS, Max. *Vias brasileiras de comunicação: Estrada de Ferro Central do Brasil*. 6. ed. Rio de Janeiro: Conselho Nacional de Geografia, 1947.

VELLOSO, Mônica. *Modernismo no Rio de Janeiro: Turunas e quixotes*. Rio de Janeiro: Ed. FGV, 1996.

_____. *A cultura das ruas no Rio de Janeiro: Mediações, linguagens, espaços*. Rio de Janeiro: FCRB, 2004.

_____. *História & modernismo*. Belo Horizonte: Autêntica, 2010.

VENTURA, Roberto. *Retrato interrompido da vida de Euclides da Cunha*. São Paulo: Companhia das Letras, 2003.

VENTURA, Tereza. *Nem barbárie, nem civilização!* São Paulo: Annablume, 2006.

VIANA FILHO, Luís. *A vida do barão do Rio Branco*. São Paulo: Edufba; Ed. Unesp, 2008.

VIANNA, Hermano. *O mistério do samba*. Rio de Janeiro: Jorge Zahar; Ed. UFRJ, 1995.

VIDAL, Laurent; **DE LUCA**, Tânia Regina (Orgs.). *Franceses no Brasil: Séculos XIX-XX*. São Paulo: Ed. Unesp, 2009.

VILA-MATAS, Enrique. *Bartlebly e companhia*. São Paulo: Cosac Naify, 2004.

WATT, Ian. *A ascensão do romance: Estudos sobre Defoe, Richardson e Fielding*. São Paulo: Companhia das Letras, 2010.

WIESEBRON, Marianne L. *O livro ilustrado brasileiro*. Haia: Rijksmuseum Meermanno-Westreenianum; Museum van het Boek, 1991.

WILLIAMS, Raymond. *Problems in Materialism and Culture*. Londres: Verso, 1982.

_____. *Política do modernismo*. São Paulo: Ed. Unesp, 2011.

_____. *A política e as letras*. São Paulo: Ed. Unesp, 2013.

_____. *A produção social da escrita*. São Paulo: Ed. Unesp, 2014.

WISNIK, José Miguel. *Veneno remédio*. São Paulo: Companhia das Letras, 2008.

ZUQUETE, Afonso Eduardo Martins (Org.). *Nobreza de Portugal e do Brasil*. Lisboa: Editorial Enciclopédia, 1960. 2 v.

III. TESES E DISSERTAÇÕES

ABREU, Maria Emília Vieira de. *Professora Leolinda Daltro: Uma proposta de catequese laica para os indígenas do Brasil (1895-1911)*. São Paulo: PUC-SP, 2003. Dissertação (Mestrado em Educação: História, Política e Sociedade).

ALVES, Rosana Llopis. *Carlos de Laet: Entre o magistério,* a política e a fé. Niterói: UFF, 2013. Tese (Doutorado em Educação).

AMARANTE, Paulo Duarte de Carvalho. *Psiquiatria social e colônias de alienados no Brasil (1830-1920)*. Rio de Janeiro: IMS-UERJ, 1982. Dissertação (Mestrado em Medicina Social).

BELCHIOR, Pedro. *Tristes subúrbios: Literatura, cidade e memória em Lima Barreto (1881-1922)*. Niterói: UFF, 2011. Dissertação (Mestrado em História).

BEZERRA, Jane Mary Cunha. *Lima Barreto: Anarquismo, antipatriotismo e forma literária*. Fortaleza: UFC, 2010. Dissertação (Mestrado em Letras).

BRITO, Luciana da Cruz. *As impressões norte-americanas sobre escravidão, abolição e relações raciais no Brasil (1840-1860)*. São Paulo: FFLCH-USP, 2012. Tese (Doutorado em História Social).

CAMARGO, Luciana de Cássia. *Silêncio em movimento: Memória e criação literária em O cemitério dos vivos e no Diário do hospício, de Lima Barreto*. Curitiba: UFPR, 2006. Dissertação (Mestrado em Estudos Literários).

CARDOSO, Gabriel Pugliese. *História da dietética: Esboço de uma crítica antropológica da razão bioascética*. São Paulo: FFLCH-USP, 2015. Tese (Doutorado em Antropologia).

CERQUEIRA, Roberta. *Lima Barreto e os caminhos da loucura: Alienação, alcoolismo e raça na virada do século XX*. Rio de Janeiro: PUC-Rio, 2002. Dissertação (Mestrado em História).

CORRÊA, Henrique Sergio Silva. *O "A.B.C." de Lima Barreto (1916-1922)*. Assis: Unesp, 2012. Dissertação (Mestrado em Letras).

CRUZ, Adélcio de Sousa. *Lima Barreto: A identidade étnica como dilema*. Belo Horizonte: FALE-UFMG, 2002. Dissertação (Mestrado em Estudos Literários).

DER WEID, Elisabeth von. *A cidade, os bondes e a Light: Caminhos da expansão do Rio de Janeiro (1850-1914)*. Niterói: ICHF-UFF, 1997. Tese (Doutorado em História).

DETTINO, Bianca Maria. *São os do Norte: Geografias imaginárias em tempos de guerra*. Trabalho apresentado, São Paulo, 2016. Mimeografado.

DIWAN, Pietra. *O espetáculo do feio: Práticas discursivas e redes de poder no eugenismo de Renato Kehl*. São Paulo: PUC SP, 2003. Dissertação (Mestrado em História).

FERREIRA, Luciana da Costa. *Um personagem chamado Lima Barreto*. Rio de Janeiro: UFPR, 2007. Dissertação (Mestrado em Ciência da Literatura).

FIGUEIRA, Cristina Aparecida Reis. *A trajetória de José Oiticica: O professor, o autor, o jornalista e o militante anarquista na educação brasileira*. São Paulo: PUC-SP, 2008. Tese (Doutorado em Educação).

FRANCA, Luciana Penna. *Teatro amador: A cena carioca muito além dos arrabaldes*. Niterói: UFF, 2011. Dissertação (Mestrado em História).

FREIRE, Zélia Ramona Nolasco dos Santos. *A concepção de* arte em Lima Barreto e Leon Tolstói: Divergências e convergências. Assis: Unesp, 2009. Tese (Doutorado em Letras).

GIGLIO, Célia Maria Benedicto. *A voz do trabalhador: Sementes para uma nova sociedade.* São Paulo: FE-USP, 1995. Dissertação (Mestrado em Educação).

GOLDMACHER, Marcela. *A "Greve Geral" de 1903: O Rio de Janeiro nas décadas de 1890 a 1910.* Niterói: UFF, 2009. Tese (Doutorado em História).

GRALHA, Andréa da Silva. *Espaços de memória, lugares de esquecimento: Lima Barreto e a "reinvenção" do sítio do Carico.* Rio de Janeiro: Unirio, 2015. Dissertação (Mestrado em Memória Social).

GRILLO, Angela Teodoro. *O losango negro na poesia de Mário de Andrade.* São Paulo: FFLCH-USP, 2016. Tese (Doutorado em Literatura Brasileira).

HABIB, Paula Arantes Botelho Briglia. *Eis o mundo encantado que Monteiro Lobato criou: Raça, eugenia e nação.* Campinas: Unicamp, 2003. Dissertação (Mestrado em História).

HARDMAN, Francisco Foot. *Confinados: Escrita e experiência do cárcere em Lima Barreto e Graciliano Ramos.* Campinas: Unicamp, 2012. Tese (Pós-doutorado em Linguística, Letras e Arte).

HIRANO, Luis Felipe Kojima. *Uma interpretação do cinema brasileiro através de Grande Otelo: Raça, corpo e gênero em sua performance cinematográfica (1917-1993).* São Paulo: FFLCH-USP, 2013. Tese (Doutorado em Antropologia Social).

JESUS, Matheus Gato de. *Negro, porém republicano: Investigações sobre a trajetória intelectual de Raul Astolfo Marques (1876-1918).* São Paulo: FFLCH-USP, 2010. Dissertação (Mestrado em Sociologia).

_____. *Racismo e decadência: Sociedade, cultura e intelectuais em São Luís do Maranhão.* São Paulo: FFLCH-USP, 2015. Tese (Doutorado em Sociologia).

KARAKATSOULIS, Anne. *La Revue des Deux Mondes de 1920 à 1940: Une Revue française devant l'étranger.* Paris: École des Hautes Études en Sciences Sociales, 1995. Tese (Doutorado em Ciências Sociais).

LOPES, Luiz Carlos Barreto. *Projeto educacional Asilo dos Meninos Desvalidos: Uma contribuição à história social da educação.* Rio de Janeiro: UFF, 1994. Dissertação (Mestrado em Educação).

LOTIERZO, Tatiana. *Contornos do (in)visível: A Redenção de Cam, racismo e estética na pintura brasileira do último Oitocentos.* São Paulo: FFLCH-USP, 2013. Dissertação (Mestrado em Antropologia Social).

LOYOLLA, Dirlenvalder do Nascimento. *Bagatelas e marginália: Cultura intelectual e revide ao poder nas crônicas de Lima Barreto.* Brasília: Universidade de Brasília, 2014. Tese (Doutorado em Literatura).

LUCCHESI, Fernanda. *A história como ideal: Reflexões sobre a obra de José Francisco da Rocha Pombo.* São Paulo: FFLCH-USP, 2004. Dissertação (Mestrado em Antropologia).

MARQUES, João Carlos. *A Voz do Trabalhador: Cultura operá-*

ria e resistência anarquista no Rio de Janeiro (1908-1915). Londrina: UEL, 2013. Dissertação (Mestrado em História Social).

MARTINS, Fernanda Santa Roza Ayala. *O serviço de proteção aos índios e localização de trabalhadores nacionais e a política agrária na Primeira República: Grupos agrários, projetos e disputas no Maranhão (1910-1918).* Niterói: UFF, 2012. Dissertação (Mestrado em História).

MELO, Érico Coelho de. *Olho do mapa, vozes do chão: Cartografia e geoestratégia no romance brasileiro 1870-1970.* São Paulo: FFLCH-USP, 2016. Pós-Doutorado (em Teoria Literária e Literatura Comparada).

MENDONÇA, Adriana Sussekind de. *A vida cultural no Rio de Janeiro durante a Segunda Guerra Mundial através do diário do jurista Carlos Sussekind de Mendonça.* Rio de Janeiro: UFRJ, 2013. Dissertação (Mestrado em Memória Social).

MIRANDA, Clícea Maria Augusta. *Guarda Negra da Redentora: Verso e reverso de uma combativa associação de libertos.* Rio de Janeiro: Uerj, 2006. Dissertação (Mestrado em História).

MONTEIRO, Filipe Pinto. *O racialista vacilante: Nina Rodrigues sob a luz de seus estudos sobre multidões, religiosidade e antropologia (1880-1906).* Rio de Janeiro: PPGHCS-Fiocruz, 2016. Tese (Doutorado em História das Ciências e da Saúde).

MORAES, Renata Figueiredo. *As festas da abolição: O 13 de Maio e seus significados no Rio de Janeiro (1888-1908).* Rio de Janeiro: PUC-RJ, 2012. Tese (Doutorado em História Social da Cultura).

NETO, Pedro Galdino da Silva. *A querela do direito autoral na segunda metade do Oitocentos.* Rio de Janeiro: Uerj, 2013. Dissertação (Mestrado em História).

NICKEL, Elisa Hickmann. *Cyro dos Anjos e Lima Barreto: Burocracia e patrimonialismo na literatura.* Campinas: Unicamp, 2010. Dissertação (Mestrado em Teoria e História Literária).

OLIVEIRA, Ana Paula Costa. *O sujeito poético do desejo erótico: A poesia de Gilka Machado sob a ótica de uma leitura estética e política feminista.* Florianópolis: UFSC, 2002. Dissertação (Mestrado em Literatura).

OLIVEIRA, Luiz Henrique Silva de. *O negrismo e suas configurações em romances brasileiros do século XX (1928-1984).* Belo Horizonte: UFMG, 2013. Tese (Doutorado em Letras).

OTSUKA, Alexandre. *Antônio Bento: Discurso e prática abolicionistas na São Paulo da década de 1880.* São Paulo: FFLCH-USP, 2016. Dissertação (Mestrado em História Social).

PASCOAL, Vinicius Gomes. *Eu serei o seu espelho: Um estudo da pop art e do roman à clef mediante a (1968), de Andy Warhol.* Recife: UFPE, 2015. Dissertação (Mestrado em Letras e Linguística).

PEREIRA, Bruna C. J. *Tramas de dramas de gênero e de cor: A violência doméstica e familiar contra mulheres negras.*

Brasília: PPGS-UnB, 2013. Dissertação (Mestrado em Sociologia).

RAISON, Déborah. *Ventos da modernidade: Os bondes e a cidade do Rio de Janeiro 1850/1880*. Rio de Janeiro: IFCS-UFRJ, 2000. Dissertação (Mestrado em História).

RIBEIRO, Aline Vitor. *Lendo Harriet Beecher Stowe no Brasil: Circulação e traduções culturais do romance A cabana do Pai Tomás na segunda metade do século XIX*. São Paulo: Unifesp, 2016. Dissertação (Mestrado em História).

ROCHA, Elaine Pereira. *Entre a pena e a espada: A trajetória de Leolinda Daltro, 1859-1935 — Patriotismo, indigenismo e feminismo*. São Paulo: FFLCH-USP, 2002. Tese (Doutorado em História).

SANTOS, André Luiz dos. *A casa do louco*. Rio de Janeiro: Uerj, 2001. Dissertação (Mestrado em Letras).

_____. *Caminhos de alguns ficcionistas brasileiros após as Impressões de leitura de Lima Barreto*. Rio de Janeiro: UFRJ, 2007. Tese (Doutorado em Literatura Brasileira).

SANTOS, Heloísa Helena de Oliveira. *Amor, família e sociedade brasileira: Literatura e vida íntima no século XIX*. Rio de Janeiro: PPGSA-IFCS- UFRJ, 2008. Dissertação (Mestrado em Antropologia).

SCHEFFER, Rafael da Cunha. *Comércio de escravos do Sul para o Sudeste, 1850-1888: Economias microrregionais, redes de negociantes e experiência cativa*. Campinas: Unicamp, 2012. Tese (Doutorado em História Social).

SILVA, Ana Carolina Feracin da. *De "papa-pecúlios" a Tigre da Abolição: A trajetória de José do Patrocínio nas últimas décadas do século XIX*. Campinas: IFHC-Unicamp, 2006. Tese (Doutorado em História).

SILVA, Erminia. *O circo: Sua arte e seus saberes — O circo no Brasil do final do século XIX a meados do XX*. Campinas: IFHC-Unicamp, 1996. Dissertação (Mestrado em História).

SILVA, João Gonçalves. *Pequenas, grandes, mínimas ideias: A construção da imagem do escritor nos diários de Lima Barreto*. Belo Horizonte: UFMG, 2013. Dissertação (Mestrado em Letras).

SILVA, Letícia Santos. *Ideias e ações: A trajetória política de Altamirando Requião (1922-1937)*. Salvador: Universidade do Estado da Bahia, 2015. Dissertação (Mestrado em História).

SILVA, Raphael F. Moreira da. *A moléstia da cor: A construção da identidade social de Lima Barreto (1881-1920)*. Campinas: IFHC-Unicamp, 2002. Dissertação (Mestrado em História).

SLENES, Robert W. *The Demography and Economics of Brazilian Slavery, 1850-1888*. Stanford: Stanford University, 1975. Tese (Doutorado em História).

SOARES, Isanilda Conceição Ferreira Silva. *Racial Stereotypes in Fictions of Slavery: Uncle Tom's Cabin by Harriet Beecher Stowe and O escravo by José Evaristo D'Almeida*. Coimbra: Universidade de Coimbra, 2013. Dissertação (Mestrado em Estudos Ingleses e Estudos Americanos).

SOUZA, Carlos Eduardo Dias. *A educação como prática política: Formação e renovação de repertórios pedagógicos no Segundo Reinado (o Colégio Pedro II, o Ginásio Baiano e o Culto à Ciência)*. São Paulo: FFLCH-USP, 2015. Tese (Doutorado em Sociologia).

SOUZA, Vanderlei Sebastião de. *Em busca do Brasil: Edgard Roquette-Pinto e o retrato antropológico brasileiro (1905--1935)*. Rio de Janeiro: COC-Fiocruz, 2011. Tese (Doutorado em História das Ciências e da Saúde).

TOSTES, Vera Lúcia Bottrel. *Estrutura familiar e simbologia na nobreza brasonada: Províncias do Rio de Janeiro e São Paulo, século XIX*. São Paulo: FFLCH-USP, 1989. Dissertação (Mestrado em História Social).

VASCONCELOS, Rita de Cássia A. *República sim, escravidão não: O republicanismo de José do Patrocínio e sua vivência na República (1888-1905)*. Niterói: UFF, 2011. Dissertação (Mestrado em História).

VIEIRA, Jackson Diniz. *Identidade negra e modernidade na obra de Lima Barreto*. Campina Grande: UEPB, 2010. Dissertação (Mestrado em Literatura e Interculturalidade).

VIEIRA, Renata Ferreira. *Uma penca de canalhas: Figueiredo Pimentel e o naturalismo no Brasil*. Rio de Janeiro: Uerj, 2015. Dissertação (Mestrado em Teoria da Literatura e Literatura Comparada).

IV. ARTIGOS EM REVISTAS ACADÊMICAS E JORNAIS

ALEXANDRINO, Fabricio. "Touradas no Rio de Janeiro". *Revista de História da Biblioteca Nacional*, Rio de Janeiro, n. 24, set. 2007.

ALONSO, Angela. "Outro Machado". *Folha de S.Paulo*, São Paulo, 15 jan. 2017. Ilustríssima.

AMARAL, Aracy. "A propósito de Klaxon". *O Estado de S. Paulo*, São Paulo, 3 fev. 1968. Suplemento Literário.

ANDRADE, Mário de. "Futurista?". *Jornal do Commercio*, São Paulo, 6 jun. 1921.

ANDRADE, Oswald de. "O meu poeta futurista". *Jornal do Commercio*, São Paulo, 27 maio 1921.

_____. "Manifesto Antropófago". *Revista de Antropofagia*, São Paulo, n. 1, maio 1928.

ARAÚJO, Vicente de Paulo. "1896: O cinematógrafo dos Lumière chegava ao Brasil". *Filme Cultura*, Rio de Janeiro, n. 47, ago. 1986.

ASSIS, Machado de. "História de quinze dias...". *Illustração Brasileira*, Rio de Janeiro, 15 jun. 1877.

ATIQUE, Fernando. "De 'Casa Manifesto' a 'Espaço de Desafetos': Os impactos culturais, políticos e urbanos verificados na trajetória do Solar Monjope (Rio, anos 20-anos 70)". *Estudos Históricos*, Rio de Janeiro, v. 29, n. 57, jan./abr. 2016.

AZEVEDO, Manoel Duarte Moreira de. "Origens e desenvolvimento da imprensa no Rio de Janeiro". *Revista do Instituto Histórico e Geográfico Brasileiro*, Rio de Janeiro, tomo 28, 1865.

BANDEIRA, Manuel. "Sérgio, anticafajeste". *Revista do Brasil*, Rio de Janeiro, n. 6, jul. 1987.

BARBOSA, Muryatan Santana. "Pan-africanismo e relações internacionais: Uma herança (quase) esquecida". *Carta Internacional*, Belo Horizonte, v. 11, n. 1, 2016.

BARICKMAN, Bert J. "As cores do escravismo: Escravistas 'pretos', 'pardos' e 'cabras' no Recôncavo Baiano, 1835". *População e Família*, São Paulo, v. 2, n. 2, 1999.

BENCHIMOL, Jaime (Org.). "Narrativa documental e literária nas biografias". *História, Ciências, Saúde — Manguinhos*, Rio de Janeiro, v. 2, n. 2, jul./out. 1995.

"BINÓCULO". *Gazeta De Noticias*, Rio de Janeiro, 29 abr. 1916.

BORELLI, Andréa. "Adultério e a mulher: Considerações sobre a condição feminina no direito de família". *Justiça & História*, Porto Alegre, v. 2, 2002. Disponível em: <bdjur.stj.jus.br/dspace/handle/2011/66090>. Acesso em: 5 abr. 2017.

BOTELHO, André. "A *Pequena história da literatura brasileira*: Provocação ao modernismo". *Tempo Social*, São Paulo: USP, v. 23, n. 2, nov. 2011.

_____. "A viagem de Mário de Andrade à Amazônia: Entre raízes e rotas". *Revista do Instituto de Estudos Brasileiros*, São Paulo: USP, v. 57, 2013.

BOTELHO, Denílson. "Como ser jornalista no Rio de Janeiro do início do século XX: O caso de Lima Barreto". In: V Encontro dos Núcleos de Pesquisa da Intercom, XXVIII Congresso Brasileiro de Ciências da Comunicação, 5-9 set. 2005, Rio de Janeiro. *Anais...* Rio de Janeiro: Uerj, 2005.

_____. "Sob o signo da *Floreal*: Uma perspectiva histórica da iniciação literária de Lima Barreto". *Itinerários*, Araraquara: Unesp, n. 23, 2005.

_____. "*Floreal* e o jornalismo no tempo de Lima Barreto". In: VI Encontro dos Núcleos de Pesquisa da Intercom, XXIX Congresso Brasileiro de Ciências da Comunicação, 6-9 set. 2006, Brasília. *Anais...* Brasília: UnB, 2006.

_____. "Rasgar a rede à faca: A militância política de Lima Barreto na imprensa". *Revista Universidade Rural*, Rio de Janeiro, v. 29, n. 2, 2007.

_____. "A República na biblioteca de Lima Barreto: Livros, leituras e ideias". *Revista Eletrônica Cadernos de História*, Ouro Preto: Ufop, ano IV, v. 8, n. 2, dez. 2009.

BOYDE, Melissa J. "The Modernist Roman à Clef and Cultural Secret, or I Know That You Know That I Know That You Know". *Australian Literary Studies*, Canberra, v. 24, n. 3-4, 2009.

BRAH, Avtar. "Diferença, diversidade, diferenciação". *Cadernos Pagu*, Campinas, n. 26, 2006.

BURKE, Peter. "A invenção da biografia e o individualismo renascentista". *Estudos Históricos*, Rio de Janeiro, n. 19, 1997.

CADAVA, Eduardo. "Fotografias de la mano: La muerte en las manos de Fazal Sheikh". *Acta Poética*, Cidade do México, n. 28, n. 1-2, primavera-outono, 2007.

CAMPOS, Rui Ribeiro de. "O anarquismo na geografia de Élisée Reclus". *Revista de Geografia da UEG*, Goiânia, v.1, n.1, jan./jun. 2012.

CANDIDO, Antonio. "Dialética da malandragem". *Revista do Instituto de Estudos Brasileiros*, São Paulo: USP, n. 8, 1970.

_____. "A revolução de 1930 e a cultura". *Novos Estudos Cebrap*, São Paulo, v. 2, n. 4, abr. 1984.

_____. "De cortiço a cortiço". *Novos Estudos Cebrap*, São Paulo, n. 30, 1991.

CARRARA, Sérgio; **SIMÕES**, Júlio Assis. "Sexualidade, cultura e política: A trajetória da identidade homossexual masculina na antropologia brasileira". *Cadernos Pagu*, Campinas, n. 28, 2007.

CARRIJO, Fabrizia de Souza. "Carlos Malheiro Dias". *Convergência Lusíada*, Rio de Janeiro, n. 26, jul./dez. 2011. Disponível em: <www.realgabinete.com.br/revistaconvergencia/pdf/599.pdf>. Acesso em: 5 abr. 2017.

CARVALHO, José Murilo de. "D. João e as histórias dos Brasis". *Revista Brasileira de História*, São Paulo, v. 28, n. 56, 2008.

CARVALHO NETO, Paulo de. "Um lugar para Ranulfo Prata (Contribuição bibliográfica)". *Revista do Instituto de Estudos Brasileiros*, São Paulo: USP, n. 12, 1972. Disponível em: <www.revistas.usp.br/rieb/article/view/69770/72428>. Acesso em: 5 abr. 2017.

CASTRO, Maria Laura Viveiros de. "Oracy Nogueira e a antropologia no Brasil: O estudo do estigma e do preconceito racial". *Revista Brasileira de Ciências Sociais*, São Paulo, ano XI, n. 31, 1996.

CIANCIO, Nicolao. "A verdade sobre Lima Barreto". *Vamos ler!*, Rio de Janeiro, n. 213, 29 ago. 1940.

COELHO NETO, Henrique. "A sereia". *Jornal do Brasil*, Rio de Janeiro, 5 nov. 1922.

CORRÊA, Mariza. "Sobre a invenção da mulata". *Cadernos Pagu*, Campinas, n. 6-7, 1996.

COSTA, Renato da Gama-Rosa "Os cinematógrafos do Rio de Janeiro (1896-1925)". *História, Ciências, Saúde — Manguinhos*, Rio de Janeiro, v. 5, n. 1, mar./jun. 1998.

COUTINHO, Luiz Edmundo Bouças. "*Five o'Clock*: Teatro decadentista e parcerias da belle époque". *Ipotesi*, Juiz de Fora: UFJF, v. 1, n. 1, 1997.

CRENSHAW, Kimberle. "Demarginalizing the Intersection of Race and Sex: A Black Feminist Critique of Antidiscrimination Doctrine, Feminist Theory and Antiracist Politics". *The University of Chicago Legal Forum*, Chicago, n. 140, 1989.

CUNHA, Manuela Carneiro da. "O futuro da questão indígena". *Estudos Avançados*, São Paulo: USP, v. 8, n. 20, jan./abr., 1994.

CUNHA, Maria Clementina Pereira. "Você me conhece?: Significados do Carnaval na belle époque carioca". *Projeto História*, São Paulo, n. 13, jun. 1996.

DAMATO, Diva. "Negritude, negritudes". *Revista Através*, São Paulo, n. 1, 1983.

DARNTON, Robert. "O poder das bibliotecas". *Folha de S.Paulo*, São Paulo, 15 abr. 2001. Mais!

DI CAVALCANTI, "Triste fim de Lima Barreto". *Dom Casmurro*, Rio de Janeiro, 24 set. 1943.

DIAS, Júlio Cesar Tavares. "'Aos caprichos do amor': Poesia e erotismo de Gilka Machado". *Nau Literária*, Porto Alegre: UFRGS, v. 9, n. 1, jan./jun. 2013.

DOMINGUES, Petrônio. "Movimento da negritude: Uma breve reconstrução histórica". *Mediações — Revista de Ciências Sociais*, Londrina, v. 10, n. 1, jan./jun. 2005.

_____. "Cidadania por um fio: O associativismo negro no Rio de Janeiro (1888-1930)". *Revista Brasileira de História*, São Paulo, v. 34, n. 67, 2014.

DONEGÁ, Ana Laura. "Folhinhas e *Almanaque Laemmert*: Pequenos formatos e altas tiragens nas publicações da Tipografia Universal". *Anais do Seta*, Campinas: Unicamp, v. 6.

DUARTE, Constância Lima . "Feminismo e literatura no Brasil". *Estudos Avançados*, São Paulo: USP, v. 17, n. 49, 2003.

EL FAR, Alessandra. "Uma etnografia do galanteio nos terrenos da ficção: Afinidades eletivas entre antropologia e literatura". *Revista de Antropologia*, São Paulo, v. 57, 2014.

ENGEL, Magali Gouveia. "As fronteiras da 'anormalidade': Psiquiatria e controle social". *História, Ciências, Saúde — Manguinhos*, Rio de Janeiro, v. 5, n. 3. 1999.

_____. "Gênero e política em Lima Barreto". *Cadernos Pagu*, Campinas, n. 32, 2009.

FACCHINETTI, Cristiana; **RIBEIRO**, Andrea; **CHAGAS**, Daiana Crús; **REIS**, Cristiane Sá. "No labirinto das fontes do Hospício Nacional de Alienados". *História, Ciências, Saúde — Manguinhos*, Rio de Janeiro, v. 17, supl. 3, 2010.

FARIA, João Roberto. "Um sólido panorama do teatro". *Revista USP*, São Paulo, n. 44, dez. 1999-fev. 2000.

FAVRET-SAADA, Jeanne. "Être affecté". *Gradhiva*, Paris, n. 8, pp. 3-9, 1990.

FEIJÃO, Rosane. "As praias cariocas no início do século XX: Sociabilidade e espetáculos do corpo". *Escritos*, Rio de Janeiro: Fundação Casa de Rui Barbosa, v. 7, n. 7, 2014.

FERNANDES, Fernando Lourenço. "A feitoria portuguesa do Rio de Janeiro". *História*, São Paulo, v. 27, n. 1, 2008.

FERRARO, Alceu Ravanello; **KREIDLOW**, Daniel. "Analfabetismo no Brasil: Configuração e gênese das desigualdades regionais". *Educação e Realidade*, Porto Alegre, v. 29, n. 2, jul./dez. 2004.

FERRAZ, Enéias. "A morte do mestre". *O Paiz*, Rio de Janeiro, 20 nov. 1922.

FERREIRA, Luciana da Costa. "A biografia e o biografado: Reflexões sobre Afonso Henriques de Lima Barreto". *Travessias*, Cascavel: Unioeste, n. 5, 2009.

FERREZ, Gilberto. "A obra de Eduardo Laemmert". *Revista do Instituto Histórico Geográfico Brasileiro*, Rio de Janeiro, n. 331, 1981.

_____. "Pathé: 80 anos na vida do Rio". *Filme Cultura*, Rio de Janeiro, n. 47, ago. 1986.

FIGUEIREDO, Carmem Lúcia Negreiros de. "Sensibilidade moderna e romance em Lima Barreto". *Machado Assis em Linha*, São Paulo: USP, v. 7, n. 14, dez. 2014.

FIGUEIREDO, Jackson de. "Impressões literárias". *A Lusitana*, Rio de Janeiro, v. 1, n. 2, 10 jun. 1916.

FREYRE, Gilberto. "Sérgio, mestre dos mestres". *Revista do Brasil*, Rio de Janeiro, n. 6, 1987.

FREYTAS, Cipriano. "Da hereditariedade das moléstias infectuosas". *O Brazil-Medico — Revista Semanal de Medicina e Cirurgia*, Rio de Janeiro, ano I, n. 4, 7 fev. 1887.

GALLOWAY, Jock H. "The Last Years of Slavery on the Sugar Plantations of Northeastern Brazil". *Hispanic American Historical Review*, Durham, NC, v. 51, n. 4, 1971.

GOLDMAN, Marcio. "Uma teoria etnográfica da democracia: A política do ponto de vista do movimento negro de Ilhéus, Bahia, Brasil". *Etnográfica*, Lisboa, v. 4, n. 2, 2000.

GOMES, Ângela de Castro; **ABREU**, Martha. "Apresentação" ao dossiê "A nova 'Velha' República: Um pouco de história e historiografia". *Tempo*, Niterói, v. 13, n. 26, 2009.

GOMES, Flávio dos Santos. "Slavery, Black Peasants and Post-emancipation Society in Brazil (Nineteenth-century Rio de Janeiro)". *Social Identities*, Londres, v. 10, n. 6, 2004.

GOTTLIEB, Nadia "Com dona Gilka Machado, Eros pede a palavra: Poesia erótica feminina brasileira nos inícios do século XX". *Polímica — Revista de Criação e Crítica*, São Paulo, n. 4, 1982.

GUIMARÃES, Antonio Sérgio. "Preconceito de cor e racismo no Brasil". *Revista de Antropologia*, São Paulo: USP, v. 47, n. 1, 2004.

_____. "Colour and Race in Brazil: From Whitening to the Search for Afro-Descent". *Proceedings of the British Academy*, Londres, v. 179, 2012.

_____. "La République de 1889: Utopie de l'homme blanc, peur de l'homme noir". *Brésil(s) Sciences Humaines et Sociales*, Paris, n. 1, maio 2012.

_____. "Africanism and racial democracy". *Estudios Interdisciplinarios de América Latina y el Caribe*, Tel Aviv, v. 27, n. 1, 2015.

GUIMARÃES, Hélio de Seixas. "Pai Tomás no romantismo brasileiro". *Teresa — Revista de Literatura Brasileira*, São Paulo, n. 12-13, 2013.

GUIMARÃES, Valéria. "A revista *Floreal* e a recepção aos *faits divers* na virada do dezenovevinte". *Revista Galáxia*, São Paulo, n. 19, jul. 2010.

HALUCH, Aline. "Manifestações do design no início do século XX". *Communicare*, São Paulo, v. 3, n. 2, 2003.

HARAWAY, Donna. "'Gênero' para um dicionário marxista: A política sexual de uma palavra". *Cadernos Pagu*, Campinas, n. 22, 2004.

HARDMAN, Francisco Foot. "Técnica e sociedade: Maquinismo como espetáculo no Brasil pré-industrial". *Remate de Males*, Campinas, v. 7, n. 7, 1987.

HOLANDA, Sérgio Buarque de. "Em torno de Lima Barreto". *Diario de Noticias*, Rio de Janeiro, 23 jan. 1949.

HOOKS, Bell. "Intelectuais negras". *Revista de Estudos Feministas*, Florianópolis: UFSC, v. 3, n. 2, 1995.

KLEIN, Herbert S. "The Internal Slave Trade in Nineteenth-Century Brazil: A Study of Slave Importations into Rio de Janeiro in 1852". *The Hispanic American Historical Review*, Durham, NC, v. 51, n. 4, 1971.

KOSMOS, Rio de Janeiro, ano III, n. 10, out. 1906.

LIMA, Oliveira. "Policarpo Quaresma". *O Estado de S. Paulo*, São Paulo, 13 nov. 1916.

LIMEIRA, Aline de Morais. "Almanaque de primeira: Em meio à ferrenha concorrência editorial do século XIX, o *Almanak Laemmert* se destacou pela variedade de informações". *Revista de História da Biblioteca Nacional*, Rio de Janeiro, n. 60, set. 2010.

LOBATO, Monteiro. "A propósito da exposição Malfatti"/"Paranoia ou mistificação". *O Estado de S. Paulo*, São Paulo, 20 dez. 1917.

LOPES, Antonio Herculano. "Vem cá, mulata!". *Tempo*, Niterói: UFF, v. 13, n. 26, 2009.

LOPES, Nei. "O negro na literatura brasileira: Autor e personagem". *Revista Brasileira*, Rio de Janeiro, n. 66, jan./mar. 2011 e set. 2011.

LÓPEZ, Camila Soares. "A revista *Mercure de France*: Literatura e novas perspectivas na década de 1890". In: X Seminário Internacional de História da Literatura, 2014, Porto Alegre. *Anais...* Porto Alegre: PUC-RS, 2014.

MACHADO, Humberto Fernandes. "Abolição e cidadania: A Guarda Negra da Redentora". *Passagens — Revista Internacional de História Política e Cultura Jurídica*, Niterói, v. 5, n. 3, 2013.

MACHADO, Maria Helena. "Corpo, gênero e identidade no limiar da abolição: Benedita Maria da Ilha, mulher livre/ Ovídia, escrava narra sua vida (sudeste, 1880)". *Afro-Ásia*, Salvador: Ufba, n. 42, 2010.

MACIEL, Mariana de Souza; **MENDES**, Plínio Duarte; **GOMES**, Andréia Patrícia; **SIQUEIRA-BATISTA**, Rodrigo. "A história da tuberculose no Brasil: Os muitos tons (de cinza) da miséria". *Revista da Sociedade Brasileira de Clínica Médica*, São Paulo, v. 10, n. 3, maio/jun. 2012.

MAIA, Alcides. "Crônica literária". *Diario de Noticias*, Rio de Janeiro, 16 dez. 1909.

MARCÍLIO, Maria Luiza. "Mortalidade e morbidade da cidade do Rio de Janeiro imperial". *Revista História*, São Paulo, n. 127-128, ago./dez. 1992-jan./jul. 1993.

MARGIOCCO, Garcia. "O boêmio imortal". *Careta*, Rio de Janeiro, 9 dez. 1922.

MARINETTI, Filippo Tommaso. "Manifesto do Futurismo". *Le Figaro*, Paris, 20 fev. 1909.

MARQUES, Letícia Rosa. "Entre cor e hierarquia: Apontamentos sobre ascensão social de mulatos e a carreira militar no Brasil da primeira metade do século XIX". *Estudios Historicos*, Montevidéu, ano V, n. 11, dez. 2013.

MARTHA, Alice Áurea Penteado. "Lima Barreto e a crítica (1900-1922): A conspiração de silêncio". *Acta Scientiarum*, Maringá: UEM, v. 22, n. 1, 2000.

MELO, Victor Andrade de. "O mar e o remo no Rio de Janeiro do século XIX". *Estudos Históricos*, Rio de Janeiro, v. 13, n. 23, 1999.

_____. "O automóvel, o automobilismo e a modernidade no Brasil (1891-1908)". *Revista Brasileira de Ciências do Esporte*, Campinas, v. 30, n. 1, set. 2008.

_____. "Enfrentando os desafios do mar: A natação no Rio de Janeiro do século XIX (anos 1850-1890)". *Revista de História*, São Paulo, n. 172, 2015.

MORAES, Geofilho Ferreira. "Asilos, alienados e alienistas". Psicólogo Geofilho Ferreira Moraes, 2011. Disponível em: <psicologogeofilho.no.comunidades.net/index.php?pagina=1769586659_22>.

MOUTINHO, Laura. "Negociando com a adversidade: Reflexões sobre 'raça', (homos)sexualidade e desigualdade social no Rio de Janeiro". *Estudos Feministas*, Florianópolis: UFSC, v. 14, n. 1, 2006.

_____. "Diferenças e desigualdades negociadas: Raça, sexualidade e gênero em produções acadêmicas recentes". Dossiê "Antropologia, gênero e sexualidade no Brasil: Balanço e perspectivas". *Cadernos Pagu*, Campinas, n. 42, 2014.

MURRAY, David A. B. "Queering the Culture Cult". *Social Analysis*, Biggleswade, v. 46, n. 1 , 2002.

NOGUEIRA, Oracy. "Preconceito racial de marca e preconceito racial de origem". *Tempo Social*, São Paulo: USP, v. 19, n. 1, 2006.

NORA, Pierre. "Entre história e memória: A problemática dos lugares". *Revista Projeto História*, São Paulo, n. 10, 1993.

OAKLEY, Robert. "Machado, Lima Barreto e a história do Brasil". *Machado de Assis em Linha*, São Paulo: USP, v. 7, n. 14, 2014.

OITICICA, José. "Lima Barreto, etc.". *A Rua*, Rio de Janeiro, 25 maio 1916.

OKIN, Susan. "Gênero, o público e o privado". *Revista de Estudos Feministas*, Florianópolis, v. 16, n. 2, maio/ago. 2008.

OLIVEIRA, Ana Paula Costa. "Poesia erótica e construção identitária: A obra de Gilka Machado". *Anuário de Literatura*, Florianópolis, n. 7, jan. 1999.

PAIVA, Vanilda. "Um século de educação republicana". *Pro-Posições*, Campinas, v. 1, n. 2, jul. 1990.

PAULA, Richard Negreiros de. "Semente de favela: Jornalistas e o espaço urbano da Capital Federal nos primeiros anos da República — O caso do Cabeça de Porco". *Cantareira*, Niterói: UFF, ano II, v. I, n. 3, 2003.

PEREIRA, Astrojildo. "Confissões de Lima Barreto". *Revista do Brasil*, Rio de Janeiro, 3ª fase, ano IV, n. 36, jun. 1941.

_____. "Domingos Ribeiro Filho". *Diretrizes*, Rio de Janeiro, ano V, n. 107, 16 jul. 1942.

_____. "Domingos Ribeiro Filho". *Tribuna Popular*, Rio de Janeiro, 15 jul. 1945.

POMPEIA, Raul. "O Ateneu, uma crônica de saudades". *Gazeta de Notícias*, Rio de Janeiro, abr./jun. 1888.

PRADO, Maria Ligia Coelho. "A pena e a espada: A *Revue des Deux Mondes* e a intervenção francesa no México". *Varia Historia*, Belo Horizonte: UFMG, v. 30, n. 54, set./dez. 2014.

QUEIROZ, Patrícia Regina Cenci. "Dificuldades, estratégias e contratempos de um escritor na Primeira República: Uma análise da trajetória editorial de Lima Barreto". *Baleia na Rede — Estudos em Arte e Sociedade*, Marília: Unesp, v. 1, n. 4, 2007.

RAGO, Margareth. "Prefácio à Emma Goldman: Tráfico de Mulheres". *Cadernos Pagu*, Campinas, n. 37, jul./dez. 2011.

RESENDE, Beatriz. "O Lima Barreto que nos olha". *Serrote*, São Paulo: IMS, n. 21, nov. 2015.

RESENDE, Clemente de Ferreira. "Emprego da terpina nas afecções bronco-pulmonares". *O Brazil-Medico — Revista Semanal de Medicina e Cirurgia*, Rio de Janeiro, ano I, n. 3, 29 jan. 1887.

REZENDE, Jussara Neves. "A escrita do corpo: Poemas eróticos de Florbela Espanca e Gilka Machado". *Revista Crioula*, São Paulo, n. 1, maio 2007.

RIBEIRO Filho, Domingos. "Lima Barreto e as três categorias de literatos". *Visão Brasileira*, Rio de Janeiro, v. 1, n. 3, set. 1938.

RODRIGUES, Nina. "Métissage, dégénérescence et crime". *Archives d'Anthropologie Criminelle*, Lyon, 1889.

_____. "Os mestiços brasileiros". *O Brazil-Medico — Revista Semanal de Medicina e Cirurgia*, Rio de Janeiro, ano IV, n. 7-10, 22 fev./15 mar. 1890.

ROTH, Lorna. "Questão de pele: Os cartões Shirley e os padrões raciais que regem a indústria visual". *Revista ZUM #10*, São Paulo: IMS, 2015.

SANTOS, Antônio Noronha. "A legenda de Lima Barreto". *Diário da Manhã*, Niterói, 1 maio 1943.

SANTOS, Fernando Sérgio Dumas dos; **VERANI**, Ana Carolina. "Alcoolismo e medicina psiquiátrica no Brasil do início do século XX". *História, Ciências, Saúde — Manguinhos*, Rio de Janeiro, v. 17, supl. 2, dez. 2010.

SANTOS, Nádia Maria Weber. "Lima Barreto muito além dos cânones". *Artelogie. Dossier thématique: Brésil, questions sur le modernisme*, Paris, 12 mar. 2011.

SCHUELER, Alessandra Frota Martinez de. "Crianças e escolas na passagem do Império para a República". *Revista Brasileira de História*, São Paulo, v. 19, n. 37, 1999.

SCHUELER, Alessandra Frota Martinez de; **MAGALDI**, Ana Maria Bandeira de Mello. "Educação escolar na Primeira República: Memória, história e perspectivas de pesquisa". *Tempo*, Niterói: UFF, v. 13, n. 26, 2009.

SCHWARCZ, Lilia Moritz. "Previsões são sempre traiçoeiras: João Baptista de Lacerda e seu Brasil branco". *História, Ciências, Saúde — Manguinhos*, Rio de Janeiro, v. 18, n. 1, mar. 2011.

_____. "O homem da ficha antropométrica e do uniforme pandemônio: Lima Barreto e a internação de 1914". *Sociologia & Antropologia*, Rio de Janeiro: UFRJ, v. 1, n. 1, 2011.

_____. "Biografia como gênero e problema". *História Social*, Campinas: Unicamp, n. 24, 1. sem. 2013.

_____. "Lima Barreto leitor de Machado de Assis: Leitor de si". *Machado de Assis em Linha*, São Paulo: USP, v. 7, n. 14, 2014.

_____. **LOTIERZO**, Tatiana H. P. "Raça, gênero e projeto branqueador: A redenção de Cam, de Modesto Brocos". *Artelogie*, Paris, n. 5, out. 2013.

MONTEIRO, Pedro Meira, **SCHWARCZ**, Lilia Moritz;. "Sérgio com Lima: Um encontro inusitado em meio aos modernismos". *Revista Brasileira de História*, São Paulo, v. 36, n. 73, set./dez. 2016.

SECCHIN, Antonio Carlos. "Mário Pederneiras: Às margens plácidas da modernidade". *Revista Brasileira*, Rio de Janeiro, fase VII, ano X, n. 38, jan./fev./mar. 2004.

SEKULA, Allan. "The Body and the Archive". *October*, Cambridge, v. 39, inverno, 1986.

SEVCENKO, Nicolau. "O cosmopolitismo pacifista da belle époque: Uma utopia liberal". *Revista de História*, São Paulo, n. 114, jan./jun. 1983.

_____. "Atrás da muralha do silêncio". *Folha de S.Paulo*, São Paulo, 4 jan. 2003. Ilustrada.

_____. "Troca de elite". *Folha de S.Paulo*, São Paulo, 30 set. 2007. Mais! Disponível em: <www1.folha.uol.com.br/fsp/mais/fs3009200701.htm>. Acesso em: 5 abr. 2017.

SEYFERTH, Giralda, "A antropologia e a teoria do branqueamento da raça no Brasil: A tese de João Batista de Lacerda". *Revista do Museu Paulista*, São Paulo: USP, nova série, v. 30, 1985.

SILVA, Ana Rosa Cloclet da. "Tráfico interprovincial de escravos e seus impactos na concentração populacional da província de São Paulo: Século XIX". In: VIII Encontro Nacional de Estudos Populacionais, 1992, Brasília. *Anais...* São Paulo: Associação Brasileira de Estudos Populacionais, 1992. v. 1.

SILVA, Clovis Pereira da. "Otto de Alencar Silva", 1997. Disponível em: <www.im.ufrj.br/doc/otto.htm>. Acesso em: 23 mar. 2017.

SILVA, Hélcio Pereira da. "Sobre Lima Barreto". *Carioca*, Rio de Janeiro, n. 938, 26 set. 1953.

SILVA, Ligia Osorio. "Propaganda e realidade: A imagem do Império do Brasil nas publicações francesas do século XIX". *Theomai*, Buenos Aires, v. 3, 2001.

SLENES, Robert W. "Comments on 'Slavery in a Nonexport Economy'". *Hispanic American Historical Review*, Durham, NC, v. 63, n. 3, 1983.

SOARES, Angélica. "O erotismo poético de Gilka Machado: Um marco na liberação da mulher". *Revista Mulheres e Literatura*, Rio de Janeiro, v. 4, 2012.

SOUZA, Vanderlei Sebastião de. "Retratos da nação: Os 'tipos antropológicos' do Brasil nos estudos de Edgard Roquete-Pinto, 1910-1920". *Boletim do Museu Paraense Emílio Goeldi — Ciências Humanas*, Belém, PA, v. 7, 2012.

STAUFFER, David Hall. "Origem e fundação do Serviço de

Proteção aos Índios (1889 a 1910)". *Revista de História*, São Paulo, v. 18, n. 37, 1959.

STOLCKE, Verena. "Sexo está para gênero, assim como raça para etnicidade?". *Estudos Afro-Asiáticos*, Rio de Janeiro, n. 20, 1991.

_____. "O enigma das interseções: Classe, 'raça', sexo e sexualidade — A formação dos impérios transatlânticos do século XVI ao XIX". *Estudos Feministas*, Florianópolis, v. 14, n. 1, 2006.

STRATHERN, Marilyn. "Entre uma melanesianista e uma feminista". *Cadernos Pagu*, Campinas, n. 8-9, 1997.

TROCHIM, Michael. "The Brazilian Black Guard: Racial Conflict in Post-Abolition Brazil". *The Americas*, Cambridge, n. 3, 1988.

UEOCKA, Loraryne Gracia. "A força das imagens na campanha civilista: Representações em fotografias e caricaturas". *Revista Científica do Oeste Paulista — Unoeste*, Presidente Prudente, v. 1, n. 1, jul./dez. 2003.

VALLA, Margarida. "A engenharia militar na construção da cidade: Cinco séculos de cidade no Brasil". *Anais do VI Seminário de História da Cidade e do Urbanismo*, Natal: UFRN, v. 6, n. 3, 2000.

VALVERDE, Orlando. "A fazenda de café escravocrata no Brasil". *Revista Brasileira de Geografia*, Rio de Janeiro: IBGE, v. 29, n. 1, jan./mar. 1967.

VANCE, Carole. "A antropologia redescobre a sexualidade: Um comentário teórico". *Physis*, Rio de Janeiro, v. 5, n. 1, 1995.

VAZ, Lilian Fessler. "Notas sobre o Cabeça de Porco". *Revista do Rio de Janeiro*, Niterói, v. 1, n. 2, jan./abr. 1986.

VENANCIO, Ana Teresa A. "Da colônia agrícola ao hospital--colônia: Configurações para a assistência psiquiátrica no Brasil na primeira metade do século XX". *História, Ciências, Saúde — Manguinhos*, Rio de Janeiro, v. 18, supl. 1, 2011.

WISNIK, José Miguel. "O que se pode saber de um homem?". *piauí*, Rio de Janeiro, n. 109, out. 2015.

ZOLA, Émile. Carta a Félix Faure. *L'Aurore*, Paris, 13 jan. 1898.

V. PERIÓDICOS

A CAPITAL, Rio de Janeiro, 31 mar. 1892.

A EPOCA, Rio de Janeiro, 12 abr. 1913 / 9 jul. 1914.

A ESTAÇÃO, Rio de Janeiro, 17 jul. 1879.

A ESTAÇÃO THEATRAL, Rio de Janeiro, 15 jul. 1911.

A FOLHA NOVA, Rio de Janeiro, 5 jan. 1883.

A IMPRENSA, Rio de Janeiro, 20 out. 1898 / 23 out. 1898 / 26 jun. 1909 / 12 ago. 1911 / 20 dez. 1911.

A LANTERNA, 4 maio 1918.

A NOITE, Rio de Janeiro, 27 set. 1912 / 12 mar. 1915 / 11 nov. 1917 / 25 abr. 1919 / 20 dez. 1930.

A NOTICIA, Rio de Janeiro, 11 ago. 1905 / 12 ago. 1905 / 5 out. 1905 / 18 ago. 1909 / 15 dez. 1909 / 24 set. 1911 / 18 jun. 1914 / 30 out. 1914 / 3 set. 1915.

A PENNA, Rio de Janeiro, 15 jul. 1901.

A RAZÃO, Rio de Janeiro, 14 set. 1919 / 16 set. 1919 / 24 set. 1919 / 25 set. 1919 / 3 out. 1919 / 23 out. 1919 / 1 dez. 1919.

A REFORMA, Rio de Janeiro, 28 jan. 1874 / 21 nov. 1878.

A REPUBLICA — ORGÃO DO PARTIDO REPUBLICANO PARANAENSE, Curitiba, 5 abr. 1917.

A REVISTA, Rio de Janeiro, ano XVI, n. 20, 10 jul. 1915 / n. 26, 7 ago. 1915.

A TRIBUNA, Rio de Janeiro, 18 jan. 1921.

A.B.C., Rio de Janeiro, ano I, n. 1, 27 fev. 1915 / ano I, n. 20, 10 jul. 1915 / ano IV, n. 166, 11 maio 1918 / ano IV, n. 183, 7 set. 1918 / ano IV, n. 186, 28 set. 1918 / ano IV, n. 197, 14 dez. 1918 / ano V, n. 203, 25 jan. 1919 / ano V, n. 230, 2 ago. 1919 / ano VI, n. 260, 28 fev. 1920 / ano VII, n. 318, 9 abr. 1921.

A ÁGUIA, Porto, v. 4, 2ª série, jul./dez. 1913.

ALMANAK ADMINISTRATIVO, MERCANTIL E INDUSTRIAL DO RIO DE JANEIRO. Rio de Janeiro: Companhia Typographica do Brazil, ano 48, 1891 / ano 53, 1896.

ALMANAK D'A NOITE, Rio de Janeiro, 23 maio 1916.

ALMANAK LAEMMERT. Rio de Janeiro: Laemmert, 1844 / 1846 / 1878 / 1991.

BRÁS CUBAS, Rio de Janeiro, 18 jan. 1917 / 14 set. 1918.

CARETA, Rio de Janeiro, ano III, n. 88, 5 fev. 1910 / ano III, n. 103, 21 maio 1910 / ano V, n. 212, 22 jun. 1912 / ano VIII, n. 355, 10 abr. 1915 / ano VIII, n. 384, 30 out. 1915 / ano XII, n. 86, 13 set. 1919 / ano XII, n. 590, 11 out. 1919 / ano XV, n.707, 7 jan. 1922 / ano XV, n.715, 4 mar. 1922.

CIDADE DO RIO, Rio de Janeiro, 29 maio 1888 / 7 fev. 1889 / 6 abr. 1897 / 5 maio 1897 / 6 ago. 1901 / 21 ago. 1901.

CORREIO DA MANHÃ, Rio de Janeiro, 25 jan. 1903 / 23 abr. 1905 / 18 out. 1906 / 21 jul. 1907 / 15 jan. 1914 / 17 dez. 1966.

CORREIO DA NOITE, Rio de Janeiro, 14 jun. 1914 / 18 jun. 1914 / 24 abr. 1919.

CORREIO DA TARDE, Rio de Janeiro, 26 jul. 1824.

CORREIO DO BRAZIL, Rio de Janeiro, 7 fev. 1872.

DIÁRIO DA MANHÃ, Niterói, 1 maio 1943.

DIARIO DE NOTICIAS, Rio de Janeiro, 10 dez. 1888 / 30 nov. 1890 / 2 dez. 1890.

DIARIO DO COMMERCIO, Rio de Janeiro, 9 ago. 1889 / 9 fev. 1892 / 31 mar. 1892.

DOM CASMURRO, Rio de Janeiro, ano VII, 24 jul. 1943, n. 311.

FON-FON, Rio de Janeiro, ano VIII, n. 1, 4 jan. 1913 / ano VIII, n. 16, 19 abr. 1913 / ano VIII, n. 21, 23 maio 1914.

GAZETA DA TARDE, Rio de Janeiro, 15 maio 1888 / 17 maio 1888 / 4 maio 1911.

GAZETA DE NOTICIAS, Rio de Janeiro, 18 jan. 1879 / 17 dez. 1879 / 21 jul. 1881 / 24 out. 1882 / 1 mar. 1886 / 24 dez. 1887 / 14 maio 1888 / 12 out. 1888 / 27 jan. 1889 / 30 ago. 1889 / 14 maio 1893 / 8 nov. 1898 / 29 abr. 1916

REFERÊNCIAS BIBLIOGRÁFICAS | 601

/ 7 ago. 1916 / 25 abr. 1919 / 14 set. 1919 / 18 out. 1919
/ 28 out. 1920 / 2 fev. 1921 / 2 nov. 1922.

ILLUSTRAÇÃO BRASILEIRA, Rio de Janeiro, ano VI, n. 118,
16 abr. 1914.

JORNAL DO BRASIL, Rio de Janeiro, 12 fev. 1903 / 25 out.
1907 / 26 out. 1907 / 5 dez. 1950.

JORNAL DO COMMERCIO, Rio de Janeiro, 3 jun. 1865 / 25
set. 1874 / 30 mar. 1879 / 30 mar. 1880 / 13 maio 1880
/ 22 abr. 1881.

O APOSTOLO, Rio de Janeiro, 20 nov. 1878.

**O BRAZIL-MEDICO – REVISTA SEMANAL DE MEDICINA E
CIRURGIA**, Rio de Janeiro, ano II, n. 5, maio 1888.

O BRAZIL SPORTIVO, Rio de Janeiro, 19 abr. 1902.

"O HOMENZINHO QUE NÃO PENSOU". *Klaxon*, São Paulo,
n. 3, jul. 1922.

O IMPARCIAL, Rio de Janeiro, 3 maio 1909 / 11 maio 1911
/ 3 set. 1915 / 2 maio 1916 / 1 dez. 1919.

O MALHO, Rio de Janeiro, 10 jan. 1903.

O PAIZ, Rio de Janeiro, 4 out. 1885 / 4 nov. 1895 / 8 nov.
1896 / 25 jan. 1910 / 31 jul. 1910 / 2 maio 1911 / 22
jul. 1911 / 25 jun. 1913 / 18 jun. 1914 / 19 jun. 1914 /
17 jul. 1914 / 9 jul. 1915 / 2 jan. 1916 / 20 ago. 1916.

O PHAROL, Juiz de Fora, 4 nov. 1922.

O PIRRALHO, São Paulo, ano V, n. 207, 27 nov. 1915.

O SUBURBANO, Rio de Janeiro, n. 18, 15 nov. 1900.

O THEATRO, Rio de Janeiro, ano I, n. 2, 4 maio 1911 / ano
I, n. 5, 25 maio 1911.

OPINIÃO LIBERAL, Rio de Janeiro, 12 out. 1867 / 31 out.
1867.

REPUBLICA, Florianópolis, 29 nov. 1919.

REVISTA DA SEMANA, Rio de Janeiro, 25 dez. 1915.

REVISTA DO BRASIL, Rio de Janeiro, maio 1941.

REVISTA SOUZA CRUZ, Rio de Janeiro, ano VI, n. 50, fev. 1921
/ ano VI, n. 51, mar. 1921 / ano VI, n. 59, out./nov. 1921.

RIO-JORNAL, Rio de Janeiro, 13 mar. 1919.

SOL E SOMBRA, Rio de Janeiro, ano I, n. 1, 1896.

"SUICÍDIO". *Gazeta de Noticias*, Rio de Janeiro, 7 ago.
1916.

"UM BAIRRO PITORESCO". *Careta*, Rio de Janeiro, ano III,
n. 89, 12 fev. 1910.

VISÃO BRASILEIRA, Rio de Janeiro, 3 set. 1938.

VI. OBRAS DE REFERÊNCIA

CATÁLOGO *da exposição comemorativa do centenário de
nascimento de Lima Barreto organizado pela Seção de Promoções Culturais*. Pref. de Francisco de Assis Barbosa. Rio
de Janeiro, 1981.

DICIONÁRIO *histórico-biográfico da Primeira República
(1889-1930)*. Coord. de Alzira Alves de Abreu. Rio de Janeiro. CPDOC/FGV, 2010.

VII. RELATÓRIOS E DOCUMENTOS

BRASIL, Ministério da Justiça e Negócios Interiores. *Relatório dos anos de 1892 e 1893 apresentado ao presidente
da República dos Estados Unidos do Brazil*. Rio de Janeiro:
Imprensa Nacional, 1893. Disponível em: <brazil.crl.edu/
bsd/bsd/u1899>. Acesso em: 12 out. 2009.

_____. *Relatório dos anos de 1895 e 1896 apresentado
ao presidente da República dos Estados Unidos do Brazil*.
Rio de Janeiro: Imprensa Nacional, 1896. Disponível em:
<brazil.crl.edu/bsd/bsd/u2316>. Acesso em: 12 out. 2009.

BRASIL, Ministério do Interior. *Relatório apresentado ao presidente da República dos Estados Unidos do Brazil*. Rio de
Janeiro: Imprensa Nacional, 1891. Disponível em: <brazil.crl.
edu/bsd/bsd/u2304>. Acesso em: 12 out. 2009.

BRASIL, Senado Federal. Decreto nº 508, de 21 de junho
de 1890. Aprova o regulamento para a Assistência Médico-
-Legal de Alienados. Rio de Janeiro: Imprensa Nacional,
1890. Disponível em: <legis.senado.gov.br/legislacao/Lis-
taTextoIntegral.action?id=75211&norma=101996>. Acesso
em: 23 mar. 2017.

IBGE. *Estatísticas do século XX* (Anexos de dados em CD-
-ROM). Rio de Janeiro, 2003. Sobre o recenseamento de
1906: Diretoria Geral de Polícia Administrativa, Arquivo e
Estatística. *Recenseamento do Rio de Janeiro (Distrito Fede-
ral): Realizado em 20 de setembro de 1906*. Rio de Janeiro:
Oficina de Estatística, 1907 p. XL.

VIII. SITES

<arch.coc.fiocruz.br/index.php/renato-ferraz-kehl>.

<BASES.BIREME.BR/CGI-BIN/WXISLIND.EXE/IAH/
ONLINE/?ISISSCRIPT=IAH/IAH.XIS&SRC=GOOGLE&BASE=L
ILACS&LANG=P&NEXTACTION=LNK&EXPRSEARch=525803
&indexSearch=ID>.

<biblioteca.ibge.gov.br/visualizacao/dtbs/brasilia/brasilia.
pdf>.

<bndigital.bn.gov.br/acervodigital/>.

<cpdoc.fgv.br/producao/dossies/AEraVargas1/biografias/
astrojildo_pereira>.

<cpdoc.fgv.br/producao/dossies/AEraVargas1/biografias/
jackson_de_figueiredo>.

<cpdoc.fgv.br/sites/default/files/verbetes/primeira-repu-
blica>.

<cpdoc.fgv.br/sites/default/files/verbetes/primeira-republi-
ca/FON%20FON.pdf>.

<en.wikipedia.org/wiki/Monkeyshines>.

<enciclopedia.itaucultural.org.br/>.

<enciclopedia.itaucultural.org.br/pessoa23124/fleiuss>.

<enciclopedia.itaucultural.org.br/pessoa3131/mario-pe-
derneiras>.

<enciclopedia.itaucultural.org.br/pessoa8643/k-lixto>

<ensaiosdegenero.wordpress.com/2015/02/13/a-cor-e-a-
-raca-nos-censos-demograficos-nacionais>.

<historiahoje.com/a-revolta-da-cachaca/>.

<legis.senado.gov.br/legislacao/ListaPublicacoes.action?id=66550>.

<linux.an.gov.br/mapa/?p=362>.

<objdigital.bn.br/objdigital2/acervo_digital/div_manuscritos/mss1428158/mss1428158.pdf>.

<quemfoiqueinventouobrasil.com/?s=sabina&iva_search_keyword=Musicplay_Custom_Search&iva_search_input=sabina>.

Recenseamento de 1920 e Anuário Estatístico do Brasil, IBGE, v. 1 e 5. Disponível em: <seculoxx.ibge.gov.br/images/seculoxx/arquivos_download/populacao/1937/populacao1937aeb_02.pdf> e <seculoxx.ibge.gov.br/images/seculo xx/arquivos_download/populacao/1936/populacao1936aeb_09.pdf>.

<seculoxx.ibge.gov.br/populacionais-sociais-politicas-e--culturais/busca-por-temas/cultura>.

<www.academia.org.br/abl/cgi/cgilua.exe/sys/start.htm%3Fsid%3D137/biografia>.

<www.academia.org.br/academicos/coelho-neto/biografia>.

<www.academia.org.br/academicos/emilio-de-meneses/biografia>.

<www.academia.org.br/academicos/graca-aranha/biografia>.

<www.academia.org.br/academicos/joao-ribeiro/biografia>.

<www.academia.org.br/academicos/medeiros-e-albuquerque>.

<www.bbm.usp.br/node/138>.

<www.bn.gov.br/sobre-bn/historico>.

<www.brasiliana.usp.br/handle/1918/01688900#page/1/mode/1up>.

<www.cambridge.org/core/journals/itinerario/article/div-classtitlea-worthwhile-possession-a-reading-of--womenandaposs-valuation-of-slaveholding-in-the-1875--gold-coast-ladiesandapos-anti-abolition-petitiondiv/E7751683C7072BDA8FCF493321E2FF9A.>

<www.casaeuclidiana.org.br/artigos-exibe.php?artId=134>.

<www.ccms.saude.gov.br/hospicio/text/prbsmu.php>.

<www.ccms.saude.gov.br/revolta/revolta2.html>.

<www.cisa.org.br/artigo/654/dependencia-alcool-risco--suicidio.php>.

<www.ctac.gov.br/centrohistorico/teatroXperiodo.asp?cdp=17&cod=122>.

<www.ctac.gov.br/centrohistorico/TeatroXPeriodo.asp?cod=113&cdP=17>.

<www.ctac.gov.br/centrohistorico/TeatroXPeriodo.asp?cod=138&cdP=21>.

<www.ctac.gov.br/centrohistorico/TeatroXPeriodo.asp?cod=46&cdP=15>.

<www.ctac.gov.br/centrohistorico/TeatroXPeriodo.asp?cod=80&cdP=19>.

<www.dichistoriasaude.coc.fiocruz.br/iah/pt/verbetes/hospedro.htm>.

<www.ensayistas.org/antologia/XIXE/castelar/esclavitud/peru.htm>.

<www.fgv.br/cpdoc/acervo/dicionarios/verbete-biografico/esmaragdo-de-freitas-e-sousa>.

<www.fluminense.com.br/site/futebol/historia/capitulo-i-o--surgimento/a-fundacao-do-clube/>.

<www.fluminense.com.br/site/futebol/historia/linha-do--tempo/1880-1910/>.

<www.mercuredefrance.fr/unepage-historique-historique-1-1-0-1.html>.

<www.planalto.gov.br/ccivil_03/leis/LIM/LIM2040.htm>.

<www.revistadehistoria.com.br/secao/artigos/prova-de--fogo-republicana>.

<www.revistadehistoria.com.br/secao/por-dentro-do-documento/touradas-no-rio-de-janeiro>.

<www.scielo.br/scielo.php?script=sci_arttext&pid=S0104-59702010000600008>.

<www.sgdl.org/sgdl/presentation/histoire>.

<www.soveral.info/images/FranciscodePaulaArgollo.gif>.

<www.teses.usp.br/teses/disponiveis/8/8137/tde-08072015-115252/pt-br.php>.

<www.understandingslavery.com/index.php-option=com_content&view=article&id=312_emancipation&catid=125_themes&Itemid=224.html>.

<www2.camara.leg.br/legin/fed/decret/1824-1899/decreto-1331-a-17-fevereiro-1854-590146-publicacaooriginal-115292-pe.html>.

<www2.camara.leg.br/legin/fed/decret/1824-1899/decreto-295-29-marco-1890-541739-publicacaooriginal-47734-pe.html>.

<www2.camara.leg.br/legin/fed/decret/1824-1899/decreto-3058-11-marco-1863-554997-publicacaooriginal-74014-pe.html>.

<www2.camara.leg.br/legin/fed/decret/1824-1899/decreto-769-9-agosto-1854-558392-publicacaooriginal-79624-pl.html>.

<www2.camara.leg.br/legin/fed/decret/1900-1909/decreto-1575-6-dezembro-1906-583090-publicacaooriginal-105913-pl.html>.

<www6.senado.gov.br/legislacao/ListaTextoIntegral.action?id=75211&norma=101996>.

CRONOLOGIA

1878 | O tipógrafo João Henriques de Lima Barreto e a professora Amália Augusta Pereira de Carvalho se casam na Capela Imperial, na rua Primeiro de Março, centro do Rio de Janeiro. João Henriques é filho de uma escrava e de um madeireiro português. A mãe de Amália Augusta é uma escravizada alforriada. Seu pai não declarado é Manuel Feliciano Pereira de Carvalho, médico ilustre na corte, em cuja família foi adotada. O jovem casal Lima Barreto vai residir nas Laranjeiras, numa casa alugada na rua Ipiranga, 18. Na própria residência, Amália Augusta abre uma escola primária para meninas, o Colégio Santa Rosa. Egresso do *Jornal do Commercio*, João Henriques trabalha em *A Reforma*, cujo proprietário é o deputado geral Afonso Celso de Assis Figueiredo, seu amigo e padrinho de casamento.

1879 | Num parto complicado, nasce Nicomedes, primeiro filho do casal. A criança sobrevive oito dias. Amália Augusta sofre uma paralisia nas pernas e é obrigada a usar muletas pelo resto da vida.

1881 | 13 DE MAIO: Nascimento de Afonso Henriques de Lima Barreto. 13 DE OUTUBRO: É batizado na matriz de Nossa Senhora da Glória, tendo como padrinho o senador Afonso Celso.

1882 | Nascimento de Evangelina, irmã do escritor. Amália Augusta começa a manifestar sintomas de tuberculose. Com a saúde delicada, a professora fecha o Colégio Santa Rosa. Nos anos seguintes, em busca de melhores condições de salubridade, a família se muda para o Flamengo, Santa Luzia, Boca do Mato, Catumbi e Paula Matos.

1884 | Nascimento de Carlindo, irmão do escritor.

1885 | João Henriques começa a trabalhar nas oficinas da Imprensa Nacional, sediada na rua da Guarda Velha (atual avenida Treze de Maio).

1886 | Nascimento de Eliézer, irmão do escritor.

1887 | Aprende as primeiras letras com a mãe. 23 DE DEZEMBRO: Falece Amália Augusta, vitimada pela tuberculose. Depois da morte da mulher, João Henriques se muda com os filhos para a rua do Riachuelo, esquina com a do Rezende, no centro da cidade.

1888 | MARÇO: COMEÇA A FREQUENTAR A ESCOLA PÚBLICA MUNICIPAL DA RUA DO REZENDE. O FUTURO ESCRITOR ESTABELECE LAÇOS DE AFEIÇÃO COM SUA PROFESSORA, d. Teresa Pimentel do Amaral, de quem guardará recordações por toda a vida. 13 DE MAIO: No dia em que completa sete anos, assiste em companhia do pai aos festejos da abolição da escravatura. Vê a princesa Isabel no balcão do Paço Imperial e na porta do Paço da Cidade. Dias depois, comparece com João Henriques à missa em ação de graças celebrada no campo de São Cristóvão. 13 DE JUNHO: Afonso Celso recebe do imperador o título de visconde de Ouro

Preto. AGOSTO: João Henriques publica pela Imprensa Nacional uma tradução do *Manual do aprendiz compositor*, do francês Jules Claye, destinada à instrução dos funcionários do órgão. DEZEMBRO: João Henriques começa a trabalhar à noite como paginador da *Tribuna Liberal*, ligada a Afonso Celso e ao Partido Liberal.

1889 | AGOSTO: Já no posto de chefe de turma, João Henriques é promovido a mestre das oficinas de composição da Imprensa Nacional. 15 DE NOVEMBRO: Proclamação da República. Presidente do último gabinete do Império, Ouro Preto é preso e em seguida exilado. Crítico do caráter elitista e autoritário do novo regime, Lima Barreto escreverá sobre suas recordações da data: "Da tal história da proclamação da República só me lembro que as patrulhas andavam nas ruas armadas de carabinas e meu pai foi, alguns dias depois, demitido do lugar que tinha. E é só" ("São Paulo e os estrangeiros", 1917).

1890 | 11 DE FEVEREIRO: Por suas ligações com Ouro Preto e outras figuras da monarquia, João Henriques cai em desgraça e se demite da Imprensa Nacional. MARÇO: Mesmo no exílio, Ouro Preto socorre João Henriques, conseguindo-lhe um emprego de escriturário nas Colônias de Alienados da Ilha do Governador. A família Lima Barreto — já acrescida de Prisciliana, companheira de João Henriques, e seus filhos — se muda para um sítio na ponta do Galeão, na ilha do Governador. Convertido em instalação da Aeronáutica, o prédio sobreviverá até o século XXI. Todos os Lima Barreto contraem malária nos primeiros meses na ilha. NOVEMBRO: No final do ano letivo, d. Teresa Amaral presenteia o futuro escritor com um exemplar de *As grandes invenções antigas e modernas nas ciências, indústria e arte*, de Louis Figuier, como prêmio por seu bom desempenho escolar. Primeiro volume de sua biblioteca pessoal, a Limana, o livro será conservado pelo escritor até o fim da vida, e hoje pertence ao acervo da Biblioteca Nacional. 29 DE NOVEMBRO: O jornal *Tribuna* (sucessor da *Tribuna Liberal*) é invadido e empastelado por militares antimonarquistas.

1891 | MARÇO: É matriculado como aluno interno no Liceu Popular Niteroiense, escola dirigida pelo ex-cônsul britânico William Cunditt. Seu padrinho, o visconde de Ouro Preto, lhe custeia o material didático. Afeiçoa-se à professora Miss Annie Cunditt, filha do diretor: "Foi minha professora de inglês e, muito boa, guardando eu dela recordações perfeitamente filiais" (*Feiras e mafuás*). 20 DE MARÇO: João Henriques é promovido a almoxarife das Colônias de Alienados, cargo que acumula com os de escriturário e agente dos correios da ponta do Galeão.

1892 | FEVEREIRO: João Henriques é exonerado do cargo de agente dos correios.

1893 | 28 DE NOVEMBRO: Em carta ao pai, Lima Barreto descreve os combates da Revolta da Armada em Niterói. Fica mais de um mês sem poder visitar a família na ilha do Governador, que é ocupada pelos revoltosos. Desse período datam as lembranças aproveitadas em "O Estrela" (1921). 30 DE DEZEMBRO: João Henriques chega ao posto de administrador das Colônias de Alienados.

1895 | AGOSTO: Visita do presidente da República, Prudente de Morais, às Colônias de Alienados da Ilha do Governador. João Henriques ciceroneia a comitiva palaciana. Completa o curso secundário e parte do suplementar no Liceu Popular Niteroiense. Aprovado com "simplesmente" nos exames preparatórios de português (janeiro) e francês do Ginásio Nacional (antigo Colégio Pedro II).

1896 | JANEIRO: Aprovado com "simplesmente" nos preparatórios de aritmética e história geral e do Brasil. MARÇO: Matriculado no internato do Colégio Paula Freitas (rua Haddock Lobo), preparatório da Escola Politécnica. Nesse colégio, conhece José Oiticica, futuro líder anarquista.

1897 | JANEIRO A ABRIL: Aprovado com "simplesmente" nos demais exames do Ginásio Nacional: desenho geométrico elementar, inglês, álgebra, geometria, trigonometria retilínea, álgebra superior, física, química e história natural. 10 DE ABRIL: Matricula-se no primeiro ano geral da Politécnica, com a intenção de cursar engenharia civil. As aulas são ministradas na sede da faculdade, no largo São Francisco de Paula, e no Observatório do Rio de Janeiro, no morro do Castelo. Passa a residir em pensões no centro da cidade. NOVEMBRO: Reprovado em todas as cadeiras do primeiro ano, exceto física. Começa a frequentar a Biblioteca Nacional, então sediada na rua do Passeio. Nos anos seguintes, torna-se leitor assíduo da instituição. Frequenta os cafés do centro na companhia de amigos da faculdade, como Antônio Noronha Santos, Manuel Bastos Tigre, Otávio Carneiro, Manuel Ribeiro de Almeida e João Luís Ferreira, além de José Oiticica e seu colega de quarto, Nicolao Ciancio. É o autointitulado "pessoal do contra".

1898 | ABRIL: Matricula-se nas cadeiras pendentes do primeiro ano de engenharia. NOVEMBRO: É reprovado mais uma vez em cálculo e geometria descritiva. Frequenta o Apostolado Positivista. Pouco depois renega esse credo filosófico, muito influente entre estudantes e professores da Politécnica.

1899 | FEVEREIRO: Nos exames de segunda época, é aprovado em geometria descritiva e novamente reprovado em cálculo. MAIO: Matricula-se pela terceira vez no primeiro ano da Politécnica. NOVEMBRO: Quarta reprovação em cálculo.

1900 | FEVEREIRO: Reprovação em cálculo no exame de segunda época. Viaja para Barbacena (MG) com colegas da Politécnica para prática da cadeira de topografia. É a primeira viagem conhecida de Lima Barreto fora do Rio, excetuadas as travessias da baía de Guanabara. O escritor sairá raras vezes da cidade natal. 2 DE JULHO: Primeira anotação no *Diário íntimo*: um esboço do primeiro capítulo de uma ficção à clef baseada no cotidiano da Politécnica. Última frase do texto, premonitória: "A vida é uma escalada

de Titã". 1º DE NOVEMBRO: Primeira publicação conhecida de Lima Barreto: o soneto "Assim...", no jornal *O Suburbano*, editado na ilha do Governador. NOVEMBRO: Finalmente é aprovado em cálculo. Passa também nas matérias do segundo ano, exceto mecânica racional. 1º DE DEZEMBRO: Publica a crônica "Francisco Braga — Concertos sinfônicos" em *A Lanterna*, "órgão oficioso da mocidade de nossas escolas superiores". É a estreia de Lima Barreto no jornalismo. Adota o pseudônimo Alfa Z. Em colaborações posteriores, assina-se Momento de Inércia, em alusão irônica ao jargão da mecânica. DEZEMBRO: Ingressa na Federação de Estudantes Brasileiros, entidade recém-criada por acadêmicos das faculdades do Rio de Janeiro. Provavelmente frequenta um curso livre de literatura brasileira ministrado por José Veríssimo na Politécnica.

1901 | FEVEREIRO: Reprovação em mecânica racional no exame de segunda época. ABRIL: Matricula-se outra vez no segundo ano. Aprovado em topografia. Frequenta aulas do terceiro ano como ouvinte.

1902 | MARÇO: Mais uma reprovação em mecânica. AGOSTO: João Henriques enlouquece, obcecado pela contabilidade das Colônias de Alienados e por um desfalque que lhe foi injustamente atribuído. O pai de Lima Barreto recebe o diagnóstico de "neurastenia", então um termo genérico para diversos transtornos mentais. A família se muda para o Engenho Novo, rua Vinte e Quatro de Maio, 123. 20 DE SETEMBRO: Admite num texto publicado em *A Lanterna* ser um estudante "crônico". OUTUBRO: João Henriques recebe licença de três meses do cargo de administrador das Colônias de Alienados para tratamento de saúde. NOVEMBRO: Reprovado no exame de mecânica. Com o amigo e colega de faculdade Bastos Tigre, edita *A Quinzena Alegre*, folheto satírico de curta duração. Eleito para a diretoria da Federação de Estudantes. Abandona o cargo meses depois, por discordar do apoio da entidade ao serviço militar obrigatório.

1903 | MARÇO: Publicado o decreto de aposentadoria de João Henriques, com vencimentos de 140 mil-réis. Quinta reprovação em mecânica racional. Matricula-se novamente no segundo ano e frequenta cadeiras do terceiro como ouvinte. 20 DE ABRIL: Última colaboração para *A Lanterna*. 12 DE JUNHO: Registra no *Diário íntimo* estar comendo pouco por causa de dificuldades financeiras. 18 DE JUNHO: Inscreve-se no concurso para uma vaga de amanuense da Diretoria de Expediente da Secretaria da Guerra. Ao longo de oito dias, faz provas de português, francês, inglês, aritmética, álgebra, geometria, geografia, história, direito, redação oficial e caligrafia. JULHO: Colabora com duas crônicas no jornal satírico *O Tagarela*, nas quais adota o pseudônimo Rui de Pina. 9 DE JULHO: Publicado o resultado do concurso: classifica-se em segundo lugar, com nota geral 6,35 — dois décimos atrás do primeiro colocado. A nota 3 em caligrafia provoca o malogro. "Com certeza, o bom-bocado não é para quem o faz e sim para quem o come" (*Diário íntimo*). 12 DE

AGOSTO: Começa a circular *O Diabo*, revista humorística dirigida por Bastos Tigre, na qual colabora. Publica uma crônica assinada por Rui de Pina e outra por Diabo Coxo. O semanário dura apenas quatro números. 27 DE OUTUBRO: Com a abertura de nova vaga, é nomeado amanuense (terceiro oficial) da Secretaria da Guerra, sediada no quartel-general da praça da República, ao lado da Estação Central. Toma posse do cargo no dia seguinte. NOVEMBRO: Abandona a Politécnica. Para complementar a renda, começa a dar aulas particulares. Seu expediente funcional vai das dez às quinze horas. Ao longo dos anos, escreverá diversas ficções e crônicas no papel timbrado da secretaria. O salário de 200 mil-réis, somado à aposentadoria do pai, lhe permite alugar por 120 mil-réis uma casa no subúrbio de Todos os Santos, na rua Boa Vista, 76. A residência dos Lima Barreto passa a ser conhecida na vizinhança como "a casa do louco". O escritor viaja diariamente nos vagões de segunda classe da Central do Brasil, ambiente que lhe proporciona observações para a sua obra. Planeja escrever um curso de filosofia com base na *Grande Encyclopédie française du siècle XIXème*, outros dicionários e livros fáceis de se obter" (*Diário íntimo*). Esboça uma peça teatral intitulada *Os negros*. Provável início dos problemas com a bebida. Em nota datada desse período, registra a necessidade de "não beber em excesso coisa alguma". No fim do ano, atua como secretário de redação da *Revista da Epoca*, dirigida por Carlos Viana, seu ex-colega de Politécnica.

1904 | JANEIRO: Negada a renovação da licença médica de João Henriques. MARÇO: Deixa a secretaria da *Revista da Epoca* por se recusar a escrever elogios encomendados a políticos. SETEMBRO: Escreve o conto "Um especialista", publicado em 1915 no volume da primeira edição de *Triste fim de Policarpo Quaresma*. NOVEMBRO: Testemunha os tumultos da Revolta da Vacina e a repressão militar. Integra o Esplendor dos Amanuenses, confraria informal de boêmios e colegas de profissão, que se reúne diariamente nos bares e cafés do centro da cidade para discutir "coisas graves e insolúveis". Primeiros esboços de *Clara dos Anjos*, no *Diário íntimo*. Também no *Diário*, rascunha o argumento de *Marco Aurélio e seus irmãos*, romance em vinte capítulos inspirado em sua história familiar. Anota o projeto de escrever um livro sobre d. João vi no Brasil. Anotação sem data: "A capacidade mental dos negros é discutida *a priori* e a dos brancos, *a posteriori*".

1905 | 12 DE JANEIRO: Registra mais um projeto literário no *Diário íntimo*: "Pretendo fazer um romance em que se descrevam a vida e o trabalho dos negros numa fazenda. Será uma espécie de *Germinal* negro, com mais psicologia especial e maior sopro de epopeia...". 14 DE JANEIRO: "Perdi a esperança de curar meu pai! Coitado, não lhe afrouxa a mania que, cada vez mais, é uma só, não varia: vai ser preso; a polícia vai matá-lo; se ele sair à rua, trucidam-no. [...] Pobre de meu pai!" (*Diário íntimo*). 17 DE JANEIRO: "Hoje,

à noite, recebi um cartão-postal. Há nele um macaco com uma alusão a mim e, embaixo, com falta de sintaxe, há o seguinte: 'Néscios e burlescos serão aqueles que procuram acercar-se de prerrogativas que não têm. M'. [...] Desgosto! Desgosto que me fará grande" (*Diário íntimo*). 28 DE JANEIRO: Lê a obra *Le Bovarysme*, de Jules de Gaultier, de vasta influência em suas ideias filosóficas e literárias. "Acho lisonjeiro para mim achar nele vistas que eu já tinha sentido também" (*Diário íntimo*). 28 DE ABRIL: Começa a publicar no *Correio da Manhã* a série de 26 reportagens "O subterrâneo do morro do Castelo", sobre a presumida existência de tesouros jesuíticos enterrados no local. A série, não assinada, se estende até 3 de junho. Os jornalistas do *Correio* serão implacavelmente retratados em *Recordações do escrivão Isaías Caminha* (1909) como funcionários do fictício *O Globo*. 12 DE JULHO: Data do prefácio de *Recordações do escrivão Isaías Caminha*. Começa a escrever o romance. Dificuldades amorosas e amores platônicos: "Amores... Aborrecimento comigo... Falta de dinheiro... [...]. Não há moças bonitas. [...] Na rua, nos bondes, nos trens, eu me interesso por certas moças e às vezes por cinco minutos chego a amá-las" (*Diário íntimo*).

1906 | SETEMBRO: Associa-se por carta ao Clube Brasileiro de Esperanto. 8 DE OUTUBRO: Data do prefácio ("Explicação necessária") de *Vida e morte de M. J. Gonzaga de Sá*. Publicado em 1919, o romance será quase todo escrito entre 1906 e 1907. 10 DE OUTUBRO: Licencia-se até 15 de janeiro de 1907 da Secretaria da Guerra, no primeiro de vários afastamentos para tratamento de saúde. Diagnóstico: "Fraqueza geral". DEZEMBRO: Escreve o conto "O filho da Gabriela", publicado em 1915 na primeira edição de *Triste fim de Policarpo Quaresma*.

1907 | ABRIL: Colabora nos primeiros números da revista *Fon-Fon*, "semanário alegre, político, crítico e esfuziante". Adota os pseudônimos Phileas Fogg e S. Holmes. JUNHO: Demite-se da *Fon-Fon* reclamando da má vontade da diretoria em publicar seus textos. 25 DE OUTUBRO: Aparece o primeiro número de *Floreal — Publicação Bimensal de Crítica e Literatura*, com direção de Lima Barreto. A redação da revista ocupa um cômodo na rua Sete de Setembro, 89, primeiro andar. Impressa pela Typographia Rebello Braga, estreia com 39 páginas, em formato 20 × 15 cm. Em *Floreal* também escrevem seus amigos Antônio Noronha Santos e Domingos Ribeiro Filho, entre outros. Publica na revista os primeiros capítulos de *Isaías Caminha*. 12 DE NOVEMBRO: Segundo número de *Floreal*, com quarenta páginas. A impressão do periódico é transferida para a Typographia Revista dos Tribunaes. 1º DE DEZEMBRO: Terceiro número de *Floreal*, com 48 páginas. DEZEMBRO: Às vésperas do Natal, visita José Veríssimo para agradecer a boa recepção do crítico a *Floreal* e *Isaías Caminha*. Continua celibatário, excetuados os encontros com "mulheres da vida", como as chamava. "Mulher bonita é que não falta nesta vida; o que falta é a mulher de que a gente goste" (*Diário íntimo*). 31 DE DEZEMBRO: Quarto e último número de *Floreal*, com 56 páginas. Com o fim da revista, interrompe-se a publicação seriada de *Isaías Caminha*.

1908 | 24 DE JANEIRO: Assiste à partida da esquadra norte-americana de passagem pelo Rio. "Fui a bordo ver a esquadra partir. Multidão. Contato pleno com meninas aristocráticas. Na prancha, ao embarcar, a ninguém pediam convite; mas a mim pediram. Aborreci-me. [...] É triste não ser branco" (*Diário íntimo*). 16 DE JULHO: Registra pensamentos suicidas no *Diário*. "Hoje, quando essa triste vontade me vem, já não é o sentimento da minha inteligência que me impede de consumar o ato: é o hábito de viver, é a covardia, é a minha natureza débil e esperançada. [...] Só o Álcool me dá prazer e me tenta... Oh! meu Deus! Onde irei parar?". Comenta que *Recordações do escrivão Isaías Caminha*, com trezentas páginas manuscritas, está quase terminado. "Falta escrever dois ou três capítulos."

1909 | FEVEREIRO: Noronha Santos viaja para a Europa com os originais de *Isaías Caminha* e uma carta de recomendação de outro amigo escritor, João Pereira Barreto, destinados ao editor lisboeta A. M. Teixeira. Escreve um memorial ao presidente da República (não enviado), no qual reclama de sua preterição na escala de promoções da Secretaria da Guerra. MARÇO: Noronha escreve a Lima Barreto comunicando o aceite do editor português. O romance será publicado sem remuneração ao autor, que em paga receberá exemplares do livro. JUNHO: Corrige as provas de *Isaías Caminha*. 22 DE SETEMBRO: Um protesto de estudantes da Politécnica e outras faculdades no centro do Rio é brutalmente reprimido. Dois estudantes são mortos na Primavera de Sangue, como o episódio se torna conhecido na imprensa. No ano seguinte, Lima Barreto participará como membro do júri do julgamento dos militares acusados pelos homicídios. FINAL DE NOVEMBRO: *Recordações do escrivão Isaías Caminha* (Lisboa: Livraria Clássica Editora, de A. M. Teixeira & Cia.) começa a ser vendido no Rio de Janeiro. O romance tem 316 páginas e impressão em formato 19×12 cm, realizada pela Typographia Magalhães e Figueiredo, do Porto. DEZEMBRO: Edita com Noronha Santos um panfleto anônimo contra a candidatura à Presidência da República do marechal Hermes da Fonseca, ex-ministro da Guerra (e, portanto, seu ex-superior hierárquico na secretaria). O opúsculo se intitula *O Papão*, "semanário dos bastidores da política, das artes e... das candidaturas". O lançamento de *Isaías Caminha* quase não é comentado pela imprensa carioca. O *Correio da Manhã*, que já ignorara a publicação dos primeiros capítulos em *Floreal*, põe o nome de Lima Barreto na "lista negra". As escassas críticas sobre o livro o recriminam por ser um romance à clef. O autor escreverá na crônica "Amplius!" em 1916: "A única crítica que me aborrece é o silêncio".

1910 | 16 DE JANEIRO: Admitido como sócio da Associa-

ção dos Funcionários Públicos Civis. 12 DE FEVEREIRO: Publica sua primeira crônica na revista *Careta*, assinada com o pseudônimo shakespeariano Puck. É o início da grande fase de sua produção como cronista e ficcionista nos jornais e revistas do Rio. AGOSTO: Participa da fundação da efêmera Academia Livre de Letras ou Academia dos Novos, patrocinada pelo jornal *A Imprensa*. SETEMBRO: Integra o júri no julgamento do tenente do Exército João Wanderley e outros militares envolvidos na Primavera de Sangue. Vota pela condenação dos réus, o que prejudica ainda mais sua situação na Secretaria da Guerra. "Eu fiz parte do júri de um Wanderley, alferes, e condenei-o. Fui posto no índex" (*Diário íntimo*). 10 DE NOVEMBRO: Escreve o conto "A nova Califórnia", incluído na primeira edição de *Triste fim de Policarpo Quaresma* (1915). 1º DE DEZEMBRO: Licencia-se para tratamento de saúde, com o diagnóstico de malária. Viaja para Juiz de Fora, onde se hospeda na casa de um tio. DEZEMBRO: Primeiros esboços de *Triste fim de Policarpo Quaresma*, em notas sem data no *Diário íntimo*.

1911 | JANEIRO: Começa a escrita efetiva de *Triste fim de Policarpo Quaresma*, concluída em março. 28 DE FEVEREIRO: Fim da licença para tratamento de saúde. MARÇO: "A nova Califórnia" aparece na *Revista Americana*. 20 DE ABRIL: Passa a publicar na *Gazeta da Tarde*, estreando com o conto "O homem que sabia javanês". 27 DE MAIO: Publica na *Gazeta* o conto "Ele e suas ideias" e a comédia em ato único *Casa de poetas*. 3 DE JUNHO: A *Gazeta* publica a primeira versão de "Numa e a ninfa", na forma de conto. 11 DE AGOSTO: Início da publicação do folhetim *Triste fim de Policarpo Quaresma* na edição vespertina do *Jornal do Commercio*. 19 DE OUTUBRO: Termina a publicação seriada de *Triste fim*. O folhetim é praticamente ignorado pela crítica.

1912 | 1º DE FEVEREIRO: Entra em nova licença médica, até 30 de abril, para tratamento de "reumatismo poliarticular" e "hipercinese cardíaca", sintomas típicos de alcoolismo. 21 DE FEVEREIRO: Morte do visconde de Ouro Preto, de quem Lima Barreto se afastara na adolescência. 27 DE JUNHO: É posto à venda o folheto picaresco *O Chamisco ou O querido das mulheres*, pela revista *O Riso*, com impressão da tipografia A. Reis & C. O texto não é assinado. SETEMBRO: Publicação, em dois fascículos, de *Aventuras do dr. Bogóloff: Episódios da vida de um pseudorrevolucionário russo*, cujo protagonista reaparecerá em *Numa e a ninfa*. Edição de A. Reis & C., com quinze páginas cada fascículo, no formato 23×16 cm. 10 DE SETEMBRO: *O Riso* lança o folheto *Entra, senhor!...*, também não assinado e impresso por A. Reis & C.

1913 | MARÇO: Escreve o conto "Um e outro", publicado na primeira edição de *Triste fim de Policarpo Quaresma* (1915). O conto também aparecerá na edição de julho-dezembro da revista portuguesa *A Águia*. ABRIL: Participa da votação promovida pela *Fon-Fon* para a eleição do Príncipe dos Poetas Brasileiros. Vota em Olavo Bilac, o vencedor, e no início de maio integra a comissão de recepção ao poeta. Novo afastamento de trinta dias por motivos de saúde. 15 DE MAIO: Assume o credo anarquista numa crônica publicada (com pseudônimo) no jornal operário *A Voz do Trabalhador*. 13 DE SETEMBRO: Muda-se com a família para outra casa alugada em Todos os Santos. "Mudei-me ontem, 13-9-13, da casa em que vivi quase dez anos, à rua Boa Vista, 76, Todos os Santos. Lá entrei com uma nomeação no bolso e com muito pouco dinheiro. Nesta entrei sem um vintém na algibeira, tendo recebido antes seiscentos mil-réis. Já é progresso. Major Mascarenhas, 42."

1914 | 14 DE JANEIRO: Eleito para a secretaria da Caixa Beneficente dos Funcionários da Secretaria da Guerra. MARÇO: Escreve o conto "Miss Edith e seu tio", originalmente publicado na *Illustração Brasileira* em 16 de abril. O texto também aparecerá na primeira edição de *Triste fim de Policarpo Quaresma*, no ano seguinte. ABRIL: Atravessa um período depressivo, como registra no *Diário*: "Tenho sinistros pensamentos. Ponho-me a beber; paro. Voltam eles e também um tédio da minha vida doméstica, do meu viver cotidiano, e bebo. Uma bebedeira puxa outra e lá vem a melancolia. Que círculo vicioso! Despeço-me de um por um dos meus sonhos". JUNHO: Participa da fundação da Sociedade Brasileira dos Homens de Letras. Recupera os estatutos de uma sociedade homônima fundada em 1883 como modelo para a nova associação, que tem vida curta. 19 DE JUNHO: Começa a escrever crônicas diárias para o *Correio da Noite*. 13 DE JULHO: "Noto que estou mudando de gênio. Hoje tive um pavor burro. Estarei indo para a loucura?" (*Diário íntimo*). 18 DE AGOSTO: Durante uma crise alcoólica, precisa ser contido para não destruir a casa da família, acometido por delírios persecutórios. Acredita que a polícia vai prendê-lo por suas opiniões políticas. Seguindo recomendação médica, os irmãos decidem enviá-lo ao sítio de um tio em Mangaratiba, para repouso e abstinência. Mas o surto se repete e seu irmão Carlindo, guarda-civil, providencia para que seja levado num carro-forte da polícia e internado no Hospital de Alienados, na praia da Saudade (Botafogo). O escritor fica na Seção Pandemônio. Recebe tratamento com ópio. Numa longa entrevista médica, declara ser "alcoolista imoderado, não fazendo questão de qualidade". 13 DE OUTUBRO: Alta do hospital. 18 DE OUTUBRO: Escreve o conto "Como o 'homem' chegou", no qual reconstitui o trauma da longa viagem de carro-forte entre Mangaratiba e o hospital, dois meses antes. 1º DE NOVEMBRO: Licencia-se novamente da Secretaria da Guerra por motivos de saúde. Dessa vez, o diagnóstico é idêntico ao de João Henriques: neurastenia. O escritor ficará afastado do trabalho até 31 de janeiro do ano seguinte. DEZEMBRO: Volta a escrever no *Correio da Noite*. A colaboração se estende até março de 1915. O artista gráfico português Fernando Correia Dias desenha seu ex-líbris, em estilo art nouveau e com o lema "Amplius!" ("Mais!", em latim).

1915 | 20 DE MARÇO: O diário *A Noite* começa a publicar o folhetim *Numa e a ninfa: Romance da vida contemporânea*, que termina em junho. 27 DE MARÇO: Começa a publicar com mais frequência na *Careta*, quase sempre sob pseudônimo. DEZEMBRO: *Triste fim de Policarpo Quaresma* entra no prelo.

1916 | 18 DE FEVEREIRO: O jornal *A Epoca* publica na primeira página uma resenha favorável a *Triste fim*, prestes a ser lançado, e uma entrevista com o autor, ilustradas com uma caricatura. 26 DE FEVEREIRO: Estreia de *Triste fim de Policarpo Quaresma* nas livrarias cariocas. É o primeiro livro de Lima Barreto publicado no Brasil. A edição é custeada pelo autor, que para tanto precisa contrair vultosos empréstimos. A impressão, em formato 19 × 13,5 cm, fica a cargo da Typographia Revista dos Tribunaes. Com dedicatória a João Luís Ferreira, o romance é datado de 1915 e inclui os contos "Um especialista" (dedicado a Bastos Tigre), "O filho da Gabriela" (a Antônio Noronha Santos), "A nova Califórnia", "O homem que sabia javanês", "Um e outro" (a Deodoro Leucht), "Miss Edith e seu tio" e "Como o 'homem' chegou". O livro é recebido com frieza pela imprensa do Rio, mas suscita elogios de críticos como Fábio Luz e Oliveira Lima. JUNHO: Viaja para Ouro Fino (MG), onde se hospeda por algumas semanas no Núcleo Colonial Inconfidentes, do Ministério da Agricultura, a convite de Emílio Alvim. Por causa de uma crise de delírio alcoólico, acaba internado na Santa Casa local. 16 DE JUNHO: Recebe trinta dias de licença médica com o diagnóstico de "neurastenia, com anemia pronunciada". 10 DE SETEMBRO: Publica, no jornal *A Epoca*, a crônica-manifesto "Amplius!", em que critica o establishment literário e explicita sua militância por uma literatura com preocupações sociais. "Não desejamos mais uma literatura contemplativa; [...] não é mais uma literatura plástica que queremos, a encontrar beleza em deuses para sempre mortos." O texto será incorporado como introdução ao volume de contos *Histórias e sonhos* (1920). 25 DE NOVEMBRO: Inicia com a crônica "O ideal do *Bel-Ami*" a colaboração na revista *A.B.C.*, que publica alguns de seus melhores textos políticos, entre os quais os contos alegóricos de *Os bruzundangas*. 31 DE DEZEMBRO: Data do pós-escrito adicionado pelo autor à "Breve notícia" de *Recordações do escrivão Isaías Caminha*, cuja segunda edição (primeira brasileira) aparecerá em setembro do ano seguinte.

1917 | MARÇO: Lançamento, pelo jornal *A Noite*, da primeira edição do folhetim *Numa e a ninfa* em livro, que leva a data de 1915 no frontispício. A impressão tem formato 24,7 × 16,7 cm e texto em duas colunas. Saem duas tiragens, a segunda com os dizeres "Romance sugestivo de escândalos femininos" na capa. JULHO: Internado no Hospital Central do Exército devido a nova bebedeira. Entrega os originais de *Os bruzundangas* ao editor Jacinto Ribeiro dos Santos. O livro será publicado somente em dezembro de 1922. 25 DE JULHO: Na crônica "Vera Zassulitch" (revista *Brás Cubas*), expressa simpatia pela Revolução Russa: "Não posso esconder o desejo de ver um [movimento] semelhante aqui". 21 DE AGOSTO: Escreve uma carta a Rui Barbosa, presidente da Academia Brasileira de Letras, inscrevendo-se para a vaga aberta pela morte de Sousa Bandeira. Sua candidatura será desconsiderada. 30 DE AGOSTO: "Andei porco, imundo. [...] Voltei para casa, muito a contragosto, pois o estado de meu pai, os seus incômodos, junto aos meus desregramentos, tornam-me a estada em casa impossível. Voltei, porque não tinha outro remédio" (*Diário íntimo*). Sofre um desmaio em casa e é socorrido por vizinhos e parentes. 1º DE SETEMBRO: Conclui uma lista circunstanciada dos volumes de sua biblioteca pessoal, a Limana, com 707 obras. SETEMBRO: Começa a venda da segunda edição, "revista e aumentada", de *Recordações do escrivão Isaías Caminha*, paga pelo autor. Com dedicatória a Benedito de Sousa, o volume de 234 páginas é lançado por A. de Azevedo & Costa Editores e impresso pela Typographia Revista dos Tribunaes no formato 18 × 11 cm. Na segunda tiragem, do mesmo ano, a capa mostrará um retrato de Lima Barreto. 13 DE OUTUBRO: Em *O Debate*, jornal operário carioca, critica a atuação da polícia e da Justiça paulistas na repressão às greves operárias. 28 de OUTUBRO: Projeta no *Diário* a publicação de uma revista literária intitulada *Marginália*, da qual escreve o primeiro editorial.

1918 | JANEIRO: O conto "Sua Excelência" é publicado na revista *Plateia*, de São Paulo. 11 DE MAIO: Publica na *A.B.C.* a crônica "No ajuste de contas...", manifesto maximalista (socialista revolucionário) que termina com o grito de guerra "Ave, Rússia!". 29 DE JULHO: Solicita aposentadoria da Secretaria da Guerra por invalidez. 17 DE AGOSTO: Uma junta médica oficial o considera incapacitado para o trabalho. Diagnóstico: "Epilepsia tóxica". 1º DE SETEMBRO: Obtém licença médica válida até 27 de dezembro. 5 DE OUTUBRO: Pelas páginas da *A.B.C.*, entra numa polêmica sobre a contratação de uma mulher como amanuense da Secretaria das Relações Exteriores. O escritor implica com o feminismo por considerá-lo elitista, embora combata o feminicídio e outras formas de violência contra a mulher. 4 DE NOVEMBRO: Fratura a clavícula durante uma bebedeira. Encontrado pelo amigo Noronha Santos numa rua de Todos os Santos, é levado para o Hospital Central do Exército, no centro da cidade. Permanecerá dois meses internado. 9 DE NOVEMBRO: Do hospital, envia os originais de *Vida e morte de M. J. Gonzaga de Sá* a Monteiro Lobato, editor da *Revista do Brasil*, de São Paulo. Lobato responde afirmativamente e lhe oferece um conto de réis em adiantamento, e mais 50% dos lucros com as vendas do romance. 18 DE NOVEMBRO: Levante anarquista frustrado no Rio de Janeiro. Seu amigo José Oiticica é um dos cabeças do movimento e acaba preso. Internado, registra em crônicas e no *Diário íntimo* a brutal repressão policial à militância anarquista e grevista. 27 DE NOVEMBRO: Nova junta médica ratifica o primeiro diagnóstico para a concessão de aposentadoria. 26 DE DEZEMBRO:

Aposentado por decreto do presidente em exercício, Delfim Moreira. Tempo líquido de serviço público: catorze anos, três meses e doze dias. Muda-se com os irmãos para outra casa na rua Major Mascarenhas, no número 26. "Bolchevismo", nota sem data no *Diário*.

1919 | 5 DE JANEIRO: Recebe alta do hospital militar. Sua moléstia é classificada como "alcoolismo crônico". 1º DE FEVEREIRO: Suspende por carta a colaboração na *A.B.C.*, em protesto contra um artigo racista. Com a retratação da revista, retoma o envio de crônicas nas semanas seguintes. 22 DE FEVEREIRO: Aparecimento nas livrarias do Rio de Janeiro de *Vida e morte de M. J. Gonzaga de Sá*. O livro, dedicado a Noronha Santos, tem 203 páginas e formato 19 × 14 cm. 24 DE FEVEREIRO: Segunda candidatura à ABL, na vaga deixada pela morte de seu amigo Emílio de Meneses. Recebe dois votos nos dois primeiros escrutínios e apenas um nas demais votações. 2 DE AGOSTO: Publica na *A.B.C.* a crônica "Uma fatia acadêmica", na qual critica Machado de Assis e a Academia Brasileira de Letras. 13 DE SETEMBRO: Início de sua segunda fase na *Careta*. 25 DE DEZEMBRO: Segunda internação no Hospital de Alienados, depois de novo surto psicótico. Como em 1914, recebe tratamento à base de ópio. Internado na Seção Calmeil, testemunhará no final de janeiro uma rebelião dos pacientes contra as más condições de tratamento. A temporada na praia da Saudade origina as notas de *Diário do hospício*, que por sua vez serve de base ao romance inacabado *O cemitério dos vivos*. 31 DE DEZEMBRO: No hospital, recebe a reportagem do jornal *A Folha* para uma entrevista. Anuncia que está preparando um romance. "Tenho coligido observações interessantíssimas para escrever um livro sobre a vida interna dos hospitais de loucos. Leia *O cemitério dos vivos*. Nessas páginas contarei, com fartura de pormenores, as cenas mais jocosas e as mais dolorosas que se passam dentro destas paredes inexpugnáveis."

1920 | 2 DE FEVEREIRO: Recebe alta. Antes um andarilho inveterado, fica cada vez mais recluso em casa. INÍCIO DE MAIO: O editor e amigo Francisco Schettino organiza uma feijoada em sua homenagem no Hotel Novo Democrata. NOVEMBRO: Envia os originais de *História e sonhos* a Schettino. DEZEMBRO: Lançamento de *Histórias e sonhos*. Dedicado a Prudêncio Milanês, ex-chefe de Lima Barreto na Secretaria da Guerra, o livro reúne vinte contos, entre os quais "O moleque", "Cló", *"Agaricus auditae"*, "Sua Excelência" e "Clara dos Anjos". Este último condensa o romance homônimo, em preparo desde 1904. A publicação fica a cargo da Gianlorenzo Schettino Livraria Editora. Com 192 páginas, o volume traz um retrato do autor no frontispício e, nas últimas páginas, juízos favoráveis sobre Lima Barreto por autores como João Ribeiro, José Oiticica, Monteiro Lobato e Humberto de Campos. 4 DE DEZEMBRO: Inscreve *Gonzaga de Sá* no prêmio de "Melhor livro do ano" da Academia Brasileira de Letras. Entrega a Schettino os originais de *Marginália*, uma parte dos quais se perde. O livro sairá postumamente em 1953, em conjunto com *Mágoas e sonhos do povo* e *Impressões de leitura*. Recusa um convite de João Luís Ferreira, governador do Piauí, para dirigir a Imprensa Oficial do estado.

1921 | JANEIRO: Publica "As origens", primeiro capítulo de *O cemitério dos vivos*, na *Revista Souza Cruz*. ABRIL: *Gonzaga de Sá* recebe menção honrosa da Academia. A convite do médico Ranulfo Prata, seu amigo, viaja para Mirassol (SP), a fim de desfrutar uma temporada de repouso. Numa escala em São Paulo, encontra-se com militantes anarquistas. Afirma numa carta ter visitado Monteiro Lobato, mas não há confirmação desse encontro. Durante sua estada em Mirassol, é convidado a proferir, na vizinha São José do Rio Preto, uma conferência a que intitula "O destino da literatura". Na última hora, desiste de comparecer. É encontrado inconsciente numa rua em Mirassol, sob efeito de álcool. JUNHO: Segunda tiragem de *Gonzaga de Sá*, com nova capa e menção à distinção recebida da ABL. 1º DE JULHO: Inscreve-se para a vaga de João do Rio (Paulo Barreto) na Academia. AGOSTO: Entrega a Schettino os originais de *Bagatelas*, volume de crônicas lançado apenas em 1923. 28 DE SETEMBRO: Retira a candidatura à Academia numa carta em que alega "motivos inteiramente particulares e íntimos". OUTUBRO: Publica a conferência "O destino da literatura" na *Revista Souza Cruz*. A publicação continua no número de novembro. DEZEMBRO: Começa a escrita efetiva de *Clara dos Anjos*, dada por concluída em janeiro do ano seguinte. Entrega a Schettino os originais das crônicas de *Feiras e mafuás*, que permanecerá inédito até 1956. A saúde de João Henriques se degrada de maneira acentuada.

1922 | MAIO: Publica "O carteiro", primeiro capítulo de *Clara dos Anjos*, na revista *O Mundo Literario*. 22 DE JULHO: Em crônica na *Careta*, qualifica os modernistas de São Paulo de "futuristas" e faz troça da revista *Klaxon*. Os paulistas revidam com a mesma ironia. 7 DE SETEMBRO: Na última visita ao centro do Rio, comparece à Exposição do Centenário da Independência. 26 DE SETEMBRO: Em carta a um amigo, resume a ojeriza de toda a vida ao futebol: "As bibliotecas vivem às moscas; os museus, os concertos, as exposições de pintura, os arrabaldes pitorescos não têm nenhuma frequência; mas nos domingos e dias feriados, não há campo de *football* por mais vagabundo que seja, onde não se encontre uma multidão". 1º DE NOVEMBRO: Morre em casa, à tarde, de "gripe torácica" (provavelmente pneumonia) e "colapso cardíaco". O enterro acontece na manhã seguinte, no Cemitério São João Batista, em Botafogo, conforme sua vontade expressa. 3 DE NOVEMBRO: Morte de João Henriques. O pai do escritor é enterrado na mesma sepultura do São João Batista. José Mariano Filho, amigo do escritor, custeia os dois funerais. DEZEMBRO: Publicação de *Os bruzundangas*, pela editora de Jacinto Ribeiro dos Santos, com 191 páginas.

1923 | JANEIRO: A *Revista Souza Cruz* inicia a publicação em dezesseis partes de *Clara dos Anjos*, até a edição de maio de 1924. *Bagatelas* é publicado pela Empresa de Romances Populares, do Rio de Janeiro, com 217 páginas.

1924 | 1º DE JULHO: Seus irmãos doam todos os livros da Limana a José Mariano Filho. Nas décadas seguintes, a coleção será destruída pelas intempéries na chácara de Mariano em Jacarepaguá. O único livro remanescente é *As grandes invenções antigas e modernas*, de Louis Figuier, volume que hoje faz parte do acervo da Biblioteca Nacional.

1935 | JANEIRO: Inauguração na ilha do Governador do busto de Lima Barreto.

1948 | Primeira edição do romance *Clara dos Anjos*, pela Editora Mérito, do Rio de Janeiro.

1952 | Francisco de Assis Barbosa publica *A vida de Lima Barreto*.

1953 | NOVEMBRO: É inaugurada a Biblioteca Lima Barreto, em Madureira, no Rio de Janeiro.

1956 | Início da publicação da obra completa de Lima Barreto em dezessete volumes pela Editora Brasiliense, com organização de Assis Barbosa e prefácios de intelectuais de renome, como Oliveira Lima, Alceu Amoroso Lima, João Ribeiro, Sérgio Buarque de Holanda, Lúcia Miguel Pereira e Gilberto Freyre.

1982 | Em alusão a seu centenário, celebrado no ano anterior, é homenageado no Carnaval carioca pela Escola de Samba Unidos da Tijuca, com o enredo *Lima Barreto — Mulato, pobre, mas livre*.

FONTES

> **FRANCISCO DE ASSIS BARBOSA**, "Sinopse cronológica" e "Bibliografia — Obras de Lima Barreto impressas". In: *A vida de Lima Barreto*. São Paulo: Edusp; Belo Horizonte: Itatiaia, 1988, pp. 296-302.

> **ELIANE VASCONCELLOS** (Org.), "Cronologia da vida e da obra". In: *Lima Barreto: Prosa seleta*. Rio de Janeiro: Nova Aguilar, 2001, pp. 17-28.

> **LILIA MORITZ SCHWARCZ**, *Lima Barreto: triste visionário*. São Paulo: Companhia das Letras, 2017.

AGRADECIMENTOS

Eis que, de tanto (tentar) colocar um ponto-final, ele virou reticências...

*— Neste país sem orvalho, os nossos pés
rasgamos ainda mais no solo quente.
— Passamos fome.
                — Roubamos*

*gado e terras.
              — Crucificamos
escravos   e por isso nos lembram.*

— Alberto da Costa e Silva, *Livro de linhagem*

Passar quase dez anos fazendo pesquisas e escrevendo um livro como este implicou acumular um número impressionante de amigos e referências. Talvez por isso, agradecimentos sinceros e extensos neste caso precisam seguir alguma lógica de orientação; a que julguei mais adequada foi a "ordem de entrada", subjetiva ou não, nessa história.

Foi o Luiz quem, de alguma maneira, introduziu-me no mundo de Lima Barreto.

Nos idos de 1979, quando começava a atuar na Editora Brasiliense, ele organizou e publicou uma seleção de contos do escritor. Se esse foi seu ritual de iniciação como editor, no meu caso era o começo de uma longa trajetória. Embora não tenha sido a primeira vez que me deparei com o criador de Policarpo Quaresma, foi por intermédio do entusiasmo do Luiz que comecei a me interessar mais profundamente pelo autor. Foi também o Luiz quem, anos depois, passou a insistir para que eu escrevesse acerca da vida e da obra de Lima Barreto. Nessa altura, eu já o estudava fazia algum tempo: seus livros e contos já constavam das aulas e dos cursos de Antropologia do Brasil que eu ministrava na Universidade de São Paulo (USP) e na Universidade de Princeton, e seus romances moravam na minha cabeceira. Mas o empurrão quem deu foi o Luiz. Para completar, ele foi um dos meus editores, adotando seu conhecido rigor e estilo, do tipo "doa a quem doer". Se o texto estiver enxuto, sem adjetivos ou hermetismos em excesso, o mérito é dele. Se o livro não padecer de grandes contradições, o leitor pode ter certeza de que foi ele quem as previamente apontou. Se a biografia tiver alma, foi o Luiz que tratou de me emprestar a dele para que eu a combinasse com a minha. Por isso, o que digo na abertura deste livro segue valendo até seu final. Ele está em cada página desta biografia, e naquelas que ninguém pode ver ou ler.

Alberto da Costa e Silva, nesses anos todos, jamais deixou de me provocar dizendo que era chegada a hora de eu escrever esta biografia. Reclamava ele que eu andava viajando demais, aceitando compromissos sem fim, escrevendo artigos isolados e, assim, deixava escapar essa pesquisa de vida toda. É dessa maneira, sempre direta e leal, que Alberto consegue desafiar os amigos; tudo combinado com altas doses de generosidade, inteligência, sinceridade e muito bom humor. Ainda dedicou seu tempo escasso à leitura deste volume, e dividiu comigo seu vasto conhecimento e memória de uma época que ele viveu, leu e sentiu. "Puxou minha orelha", foi "rabugento" (como ele gosta de brincar) e fez o que pôde para que eu não "escorregasse" em pequenos e grandes detalhes. Se tiver me equivocado, não será, com certeza, por culpa dele. Além do mais, me deu todo tipo de bom exemplo, sobretudo o seu, que é pessoal e intransferível. Com seu grande humanismo, ele fez da luta contra o racismo uma de suas grandes batalhas; do conhecimento das várias Áfricas que habitam entre nós sua militância pessoal e pública. Tomara que o livro represente metade do que ele me inspira com seu exemplo, seus conselhos, sua ética, sua amizade e respeito paterno.

André Botelho entrou na minha vida em 2007, quando dividimos a coordenação de um grupo de trabalho sobre "Pensamento social" na Associação Nacional de Pós-Graduação e Pesquisa em Ciências Sociais (Anpocs). Naquela ocasião, iniciamos uma conversa sobre os grandes intérpretes brasileiros que prossegue até hoje. Nesse meio-tempo, estivemos juntos em Princeton, partilhamos livros, artigos, palestras, organizamos seminários, não paramos de inventar projetos e discutimos (sempre) autores, conceitos, teorias, vida, arte e amizade. Demos até um curso juntos na Universidade Federal do Rio de Janeiro (UFRJ), onde ele é professor. Só que, amigos que somos, invertemos as marcas de região: eu falei sobre o carioca Lima Barreto e ele acerca do paulistano Mário de Andrade. Isso quando um não inventa de ser "supervisor" do outro e vice-versa. No caso deste texto, além de se converter num imenso incentivador — publicando versões iniciais da pesquisa na revista *Sociologia & Antropologia* da UFRJ —, André virou um orientador informal. Concordou comigo, discordou muito, corrigiu distorções, cobrou rigor, demandou coerência — e torceu muito. A vida inventa, e eu e André nos criamos como uma irmandade fraterna e sólida.

Heloisa Starling também faz parte deste projeto, e entrou feito bólido em tudo que faço. Depois de termos partilhado um artigo sobre cancioneiro popular, analisando como verseja na música o racismo, fui "maluca" de a convidar (e ela, "louca" de aceitar) e escrevemos juntas o livro *Brasil: uma biografia* (2015) em apenas dois anos e meio. E, além de discutirmos história nacional, acabamos aprendendo que boas parcerias só se realizam, plenamente, na base da confiança mútua, da amizade e do afeto. Para acompanhar as diferentes fases desta pesquisa, Helô releu os livros do Lima, incentivou-me, anotou os deslizes históricos que cometi, comoveu-se com o escritor, achou graça, implicou, mas também concluiu que ele "é bom demais", como gosta de dizer. Ela é mesmo uma grande parceira, dessas com quem tanto faz falar de família, política, filmes, romances, poesia: o assunto é sempre urgente entre nós duas. Aliás, Heloisa me ensinou a ver um Lima mais republicano, parecido com tudo aquilo com que ela comunga e que difunde com tanta integridade.

É com minha amiga e colega Maria Helena Machado que compartilho e estudo as marcas profundas que a escravidão produz. Solidária como só ela sabe ser, Helena puxou por um Lima mais impactado pela questão racial no Brasil; aquele que jamais perdeu a oportunidade de denunciar a discriminação que existia naquele tempo e persiste na atualidade. Foi ela também que me apresentou uma historiografia atenta às agências, aos desejos e às revoltas dessas populações. Juntas fizemos uma exposição de fotos e seminários nacionais e internacionais, sempre com o objetivo de pensar nesse período complicado da abolição e do pós-abolição. Por sinal, nesse departamento João José Reis deu todo tipo de sugestão, e até correção de texto ele fez. Flávio dos Santos Gomes entrou no coro e atuou em carreira solo; além de me passar a certeza de que não existe projeto de biografia definitivo.

Seis pesquisadores trabalharam junto comigo — cada qual num momento distinto — e fizeram com que jamais estivesse só durante a elaboração deste livro. Mais ainda, incluíram seus próprios interesses, e assim tornaram esta biografia mais plural. Lucia Garcia acompanhou-me nos momentos iniciais do trabalho, ainda nos idos de 2008. Vibrou como só ela sabe vibrar. Pedro Galdino começou a trabalhar na investigação em janeiro de 2011 e nunca mais a deixou. Até o fechamento deste livro ele segue, voluntariamente, comentando cada capítulo e achando novos documentos. Aposto que, quando estiver lendo esta página, já terá novas fontes para indicar. Pedro Cazes atuou a meu lado de 2013 a 2015, e me fez entender o que eram os subúrbios cariocas e como a linha de trem era limite importante na vida de Lima. Mais ainda, entrou comigo no mundo do anarquismo da Primeira República, um tema que ainda clama por mais pesquisa e que, tenho certeza, ele dará jeito de explorar. Paulinho Maciel é também investigador de mão-cheia. Desde o final de 2015 e até 2016 descobriu documentos impossíveis de encontrar, jamais negou trabalho ou interpretação, e me explicou o quanto a crítica teatral foi importante na vida de Lima (e de todos nós). Paloma Malaguti juntou-se à equipe entre os anos de 2016 e 2017, e me acompanhou até o fechamento da biografia. Complementou a bibliografia, preencheu lacunas, reviu biografias de personagens que iam aparecendo no livro, enviou documentos, achou lacunas na argumentação e não deixou que eu desanimasse. No final do trabalho até encontramos seu tio, "o pintor Malagutti", entre os amigos de Lima. Todos esses grandes investigadores são cariocas, entendem da escrita, com sotaque, do escritor de Todos os Santos, e viraram grandes amigos, desses que levamos conosco.

O mesmo acontece com Sonia Balady, que está por perto desde 2011 e fez o possível e o impossível para organizar as notas, as imagens, a bibliografia e as citações deste livro. Ela sabe, como ninguém, sistematizar dados, apoiar e trabalhar junto. Por sinal, aproveito aqui para agradecer aos funcionários e amigos da Biblioteca Brasiliana Guita e José Mindlin, ao sempre gentil e prestativo Luiz Antônio de Souza da biblioteca da Academia Brasileira de Letras, e de uma maneira geral aos funcionários do Arquivo Nacional, do Instituto Histórico e Geográfico Brasileiro, da Biblioteca Professor João Ferreira da Silva Filho do Instituto de Psiquiatria da UFRJ, do Museu Nacional de Belas Artes, da Escola Politécnica do Rio de Janeiro, da Casa de Rui Barbosa, do Acervo do Instituto Municipal de Assistência à Saúde Juliano Moreira, da Biblioteca do Museu Nacional/UFRJ, e sobretudo da Biblioteca Nacional. Graças à abertura da Hemeroteca, que se encontra on-line, a pesquisa foi muitíssimo facilitada e ficou mais democrática.

Mais uma vez uma equipe de profissionais e amigos da Companhia das Letras me deu guarida neste livro feito por muitas mãos. Otávio Marques da Costa, que já conhece de cor todos os meus vícios de linguagem, foi meu editor. Ele é um leitor inigualável, um crítico certeiro, um conselheiro sensível, um amigo de todas as horas. "Rumo ao capítulo...", escrevia ele sempre que acabava de ler um arquivo, não deixando que eu perdesse o ânimo. Daniela Duarte, em plenas férias, resolveu ler meus originais. Limpou, fez sugestões essenciais, achou furos e ficou por perto até a conclusão. Foi com essa minha editora carioca, que já trabalhara comigo em outro projeto da Objetiva/Mapfre, que aprendi, entre outras coisas, a exclamar (sempre que possível) um sonoro "caramba!". Márcia Copola não se limitou a preparar, revisar e fechar o original. Como sempre, propôs mudanças formais e de conteúdo, cortou tudo que estava repetido, indicou seus momentos prediletos e deixou o texto muito mais direto, "sem perder a ternura jamais". Seu coração bate forte junto com os livros em que ela mergulha como se fossem seus (e que são dela também). Ela é mesmo a minha rainha da bateria. Lucila Lombardi passa segurança para qualquer um que queira ver seu livro em pé e bem escrito. Adriane Piscitelli é a memória e o "organograma" deste projeto; com ela não tem tempo ruim e nada escapa ao seu "checklist". Ela virou, também, a "alma ambulante" deste livro. No final teve até pesadelo, sempre preocupada em acertar tudo: texto, legendas e imagens. Érico Melo afundou vários submarinos e me salvou de algumas escorregadas perigosas. Por ele, nada passa e tudo fica muito mais divertido. Ciça Caropreso e Cacilda Guerra trataram de tornar os capítulos que prepararam ainda mais coerentes e em "boa forma". Elisa Braga e Fabiana Roncoroni observaram os pequenos e grandes detalhes; Erica Fujito cuidou das imagens; Alceu Nunes deu um jeito de tornar o livro ainda muito mais bonito. Júlia Moritz Schwarcz sempre entra na história nos momentos mais fundamentais, e com sua imensa sensibilidade e carinho desempata qualquer partida. Pedro Moritz Schwarcz, que sabe se identificar com o sofrimento mas também com as conquistas alheias, comoveu-se com a história de Lima. Eliane Trombini e Renata Abdo deram toda a retaguarda que alguém pode sequer imaginar. Matinas Suzuki, Clara Dias, Felipe Maciel, Max Santos, Lilia Zambon e Fabio Uehara "vestiram a camisa". Essa é uma equipe que tem o dom, único, de entender e promover livros, o que, no meu caso, mais se pareceu com processo de adoção. É do Victor Burton o belíssimo projeto gráfico da capa e do miolo também. Pesquisador das artes visuais, fez da capa um objeto de arte e até tipos de época ele deu jeito de introduzir. Mais do que apenas uma colaboração, e depois de tantos projetos, já somos parceiros e amigos daqueles raros de conquistar, melhores de manter. Agradecendo a todos esses amigos da Companhia espero realizar aqui minha homenagem a todo o pessoal da editora que faz sempre torcida a favor. São deles, sempre, as provas de imenso estímulo.

Any Trajber Waisbich, Guita Grin Debert e Maria Tereza Sadek são aquelas amigas de toda hora que se tira a sorte grande quando se encontra. Sem elas não teria graça nenhuma escrever um trabalho como este, reclamar da falta de tempo ou pedir desculpas (aliás, mania minha) por tantos sumiços. A biografia virou um túnel do tempo, que, sobretudo nos últimos meses, me fez estar grávida dela mas também um pouco isolada. Amigas como essas são as primeiras a nos forçar a sair dessa que foi uma sorte de reclusão voluntária.

Se é possível ter uma família no Brasil e outra fora do país, posso dizer que tenho o privilégio de fazer parte desse seleto grupo. Em Princeton encontrei amigos que se revelaram interlocutores fundamentais "para o que der e vier". Andrea Melloni, mais do que anfitriã, virou um ombro amigo e crítico. Pedro Meira Monteiro divide comigo classes, projetos, inquietações intelectuais, pessoais e afetivas. No meio do caminho publicamos um livro juntos, sobre Sérgio Buarque de Holanda, além de um artigo sobre as relações entre esse historiador e Lima Barreto, o qual inspirou o debate que aqui faço sobre modernismos. João Biehl, de alma grande, é o dono de uma imensa escuta. Escrevemos nossos livros ao mesmo tempo. Se o meu tema agora todos conhecem, o de João versa sobre os *muckers*, mas também, e de alguma maneira, sobre ele próprio. Aliás, todos os livros são assim: falam muito daqueles que os escrevem. Arcadio Díaz-Quiñones e Alma Danza são "parentes meus", mal sabem eles, desde os tempos mais remotos, e me ensinam como tudo nessa vida tem sua face política e que é imprescindível indignar-se, sempre. Jeremy Adelman é mestre nesse nosso mundo globalizado e a pessoa mais curiosa que já conheci. Serge Gruzinski é, entre outros, meu companheiro cultural em Manhattan. Compartilhamos a alegria de ensinar em Princeton, mas também restaurantes, espetáculos de dança e sobretudo óperas no distrito nova-iorquino. Ele é meu mestre "severo" nesse departamento. Bruno Carvalho é a pessoa mais gentil que já conheci e o melhor companheiro de trem. Com ele, "todo papo" é fundamental.

Escrevi este livro muito bem acompanhada e em contato direto ou indireto com uma série de autores que estudaram Lima Barreto, antes de mim ou no mesmo período que eu. Uma biografia como esta só pôde ser feita a partir de conhecimento acumulado, do diálogo com a produção anterior que já gastou muito tempo, tinta e papel com o personagem. Agradeço, assim, aos vários estudiosos do Lima que, se não têm nenhuma responsabilidade por esta empreitada, acabaram, mesmo sem saber, tomando parte nela. Nicolau Sevcenko, que nos deixou tão cedo e abriu uma imensa cratera, discutiu comigo sobre os primeiros passos deste trabalho. Beatriz Resende foi sempre de uma generosidade ímpar;

me auxiliou respondendo questões e oferecendo sugestões bibliográficas e até documentos. E, ademais, tratou de me animar, sempre. Da mesma maneira, Antonio Arnoni Prado me enviou ensaios e jamais deixou (aliás, como o Lima) uma pergunta sem resposta. Augusto Massi me passou todo tipo de informação, incluindo-se nessa lista fontes primárias e desafios de investigação. Jorge Schwartz, meu primo por "nome" e eleição, foi meu consultor para "modernismos". Marisa Lajolo, minha *adviser* em se tratando de Monteiro Lobato, apresentou-me documentos e tentamos resolver juntas — tal qual detetives envoltas em cena de mistério — o comentado encontro (que há de ter sido um desencontro) entre Lima e o Lobato. Francisco Foot Hardman indicou trabalhos seus e de seus estudantes. Felipe Botelho com sua pesquisa e livro me ensinou com quantos pseudônimos se faz um escritor. Antonio Dimas (o mestre Dimas) me esboçou um primeiro "mapa" de "quem é quem" na produção de Lima.

De 2009 a 2012 fiz parte do projeto temático "Formação do campo intelectual e da indústria cultural no Brasil contemporâneo", na Faculdade de Filosofia, Letras e Ciências Humanas da USP. Entrei com um projeto sobre viajantes e saí com uma pesquisa acerca da trajetória intelectual de Lima Barreto. Devo ao "espírito de grupo" de Sergio Miceli e de meus colegas de temático o fato de ter sido a única a estudar um personagem do início do século XX, e uma "indústria cultural" ainda muito incipiente. De toda forma, o diálogo com as demais pesquisas do grupo teve especial relevância para a construção das balizas teóricas desta biografia. Agradeço, assim, pela seriedade, amizade e comprometimento, a Heloisa Pontes, Maria Arminda do Nascimento Arruda, Marcelo Ridenti, Esther Hamburger, Heloisa Buarque de Almeida, Fernando Pinheiro, Luiz Jackson, Alexandre Bergamo e aos muitos alunos da pós-graduação que apimentaram as nossas discussões mensais.

Meus alunos e amigos do "grupo etno-história" sempre fazem toda a diferença. Laís Miwa Higa, Hélio Menezes, Lúcia Stumpf, André Bailão, Juliana Sampaio, Diogo de Godoy Santos e Terra discutiram uma versão menos acabada do capítulo sobre "as cores do Lima", me ajudando a afinar o argumento. Mas, de alguma maneira, sempre estive próxima de todos eles. Paula Miraglia, minha amiga/editora no jornal *Nexo*, nunca perdeu a oportunidade de me pedir mais uma crônica sobre o escritor. Florencia Ferrari é hoje uma referência fraterna no meu dia a dia e no mundo editorial. Ricardo Teperman (o Teté) é um incentivador (alheio) por nascença, e dono da maior "compreensão" que já foi inventada. Bernardo Fonseca Machado nunca abriu mão de sentar comigo e brincar com minhas netas, ao mesmo tempo que papeamos sobre tudo nessa vida. Maurício Acuña é companheiro de mão-cheia, tanto na USP como em Princeton. Rafaela Deiab é minha interlocutora para assuntos de educação, literatura infantil (ou qualquer literatura). Eduardo Dimitrov é meu assessor querido para temas de arte e sociedade. Luis Felipe Hirano divide comigo impasses sobre arte e questão racial. Não podendo mencionar cada um em particular, agradeço a todos vocês do "etno-história" — Claude Papavero, Tatiana Lotierzo, Leonardo Bertolossi, Ilana Goldstein, Alessandra El Far, Maria José Campos, Valéria Macedo, Paula Pinto e Silva, Stelio Marras, Íris Araújo, Gabriel Pugliese, bem como João Felipe Gonçalves (que é agora meu colega de departamento, dividindo a área de etno-história) e Caio Dias (um craque em história da cultura) — por me fazerem tão bem. Na categoria alunos/amigos, não posso deixar de mencionar Marina Bedran, que em Princeton discutiu comigo os tantos arquivos que existem nos arquivos.

O pessoal do Núcleo de Estudos sobre Marcadores Sociais da Diferença (Numas) é uma referência constante. Agradeço a Laura Moutinho, Júlio Assis Simões e Heloisa Buarque de Almeida (já citada acima) por me orientarem em tudo que sei sobre esse conceito que articula o grupo, e se mostrou tão fundamental neste meu texto que procura interseccionar raça, classe, gênero e região. Menciono ainda Marcio Zamboni, que trabalhou comigo num curso sobre imagens (e me apresentou muitas das "suas imagens"). Citando-o, quero evocar todos os alunos e colegas do Numas que têm uma militância de vida tão coerente como difícil de encontrar.

Vários outros amigos e colegas deram dicas valiosas e me alertaram sobre ângulos específicos da vida do autor ou sobre o gênero biografia. Tive com Ruy Castro uma reunião das mais fundamentais sobre efeitos da bebida e características da embriaguez. Depois disso, generoso, ele me deu muitas sugestões sobre os bares do centro do Rio, que Lima há de ter frequentado e que continuam resistindo à pátina do tempo. Drauzio Varella analisou comigo os atestados de licença médica que Lima logrou obter, e ainda avaliou o documento que declarava os motivos da sua morte. Maria Filomena Gregori (a Bibia), amiga querida, me fez imensa companhia e dividiu comigo dilemas acerca da pesquisa e da introdução do livro, numa época em que estávamos juntas trabalhando nos Estados Unidos. Silviano Santiago me incitou a querer mais e a fazer da biografia um problema, não uma solução. José Murilo de Carvalho assistiu a uma apresentação minha sobre "Lima e os trilhos do trem" e me passou informações preciosas. Agnaldo Farias é amigo que sabe dar poesia a qualquer texto. Daniel Aarão Reis me ensinou tudo sobre a Revolução de 1917 e os diferentes grupos intelectuais russos. Andréa da Silva Gralha, a capitão Gralha, me facultou a entrada ao Corpo da Guarda do Parque de Material Bélico da Aeronáutica. Vladimir Sachetta passou-me detalhes sobre a primeira formação da Brasiliense. Cristina Antunes, quando ainda atuava na Biblioteca Guita e José Mindlin, disponibilizou todos os documentos que possuía sobre Lima Barreto no acervo. Lúcia Mindlin fotografou o material selecionado. Maria Monteiro, artista de mão-cheia e dona da genial Galeria Sé, me apoiou no projeto da capa. Lira Neto me deu uma dica de grande valia sobre João do Rio, no finalzinho do segundo tempo. Também um pouco antes do fim da partida Elias Thomé Saliba se ofereceu para me passar algumas "coisas miúdas", fruto das conversas "etílicas", dizia ele, que entabulou com Francisco de Assis Barbosa. Gilberto Hochman me ofereceu "consulta" na área de edições científicas. Élide Rugai Bastos é grande "animadora" das pesquisas dos demais. José Mario Pereira jamais esqueceu de me enviar um texto, um trecho, uma citação. Tentamos até desvendar um mistério juntos: dois folhetos escritos por Lima que desapareceram das estantes das bibliotecas. Se algum dia for possível encontrar tais documentos, tenho certeza de que Zé Mario o fará em primeiro lugar.

Há até quem, pretensamente não fazendo nada de maneira direta, tenha sido responsável por muito. Zizi e Alice viraram íntimas de Lima, e hoje discutem com grande sa-

AGRADECIMENTOS | 617

bedoria o problema do preconceito. Luiz Henrique dá muita força em qualquer circunstância. Meus queridos familiares, por nascimento mas também seleção, são companhia que é preciso brindar a cada dia. Lelé e Omi ouviram e comentaram a minha leitura da Introdução e aguentaram todo tipo de desabafo. Tia Spilvia, Spleto e Ju, Noni e Se, Ginho, Ciloca, Rafa e Julia, Renata e Talbi, Nana e Pedro, Bruce, Lulu e Chedid, Fernanda e Mauro fazem parte de uma grande confraria, a qual me orgulho muito de integrar.

Mas gostaria de terminar pelo início: *a capa deste livro*. Desde 2014, quando fiz a curadoria para a exposição Histórias Mestiças, com Adriano Pedrosa, ganhei um amigo e interlocutor especial: o artista Dalton Paula. Com ele, fui descobrindo implicações e significados de realizar uma "arte negra", ou melhor, afro-brasileira, por opção e escolha. No projeto artístico de Dalton circulam culturas, histórias, aromas, matérias-primas, raízes (metafóricas ou não), rituais, utensílios, cores e muitos imaginários dessas nações africanas que chegaram ao Brasil de maneira forçada, mas aqui produziram um novo destino. Uma África sentimental e real.

Foi na conta de tal identificação que "ousei" perguntar a ele se consideraria fazer um retrato de Lima para a capa. Dalton tem uma obra consolidada e, entre as diferentes séries que criou, há uma em particular de que gosto muito, chamada *Retrato silenciado*. Nela aparecem vários retratos colorizados, com enquadramentos em segundo plano, sempre em tonalidades fortes. A série pode ser explicada como uma alusão às fotografias populares e coloridas manualmente, que em geral ganham um local de honra na parede das casas, eternizando a imagem de parentes e membros da família. O artista introduz, porém, determinadas características distintivas em suas obras. Em primeiro lugar, todos os retratados são afro-brasileiros — com pele escura, lábios grossos e nariz proeminente e amarelados. Em segundo lugar, eles trazem os olhos fechados. Em terceiro, em vez de enquadrá-los de maneira convencional, o artista usa capas de enciclopédias, como se assim vinculasse muitos mundos, cosmologias e conhecimentos.

Convite feito e, para minha alegria, aceito o desafio, Dalton e eu passamos a dialogar sobre o retrato de Lima que queríamos ver na capa. São muito poucas as imagens que restaram do escritor e lhe enviei todas as que tinha. Coerente e comprometido, o artista comprou muitos livros de Lima, leu meus textos e "fez sua cabeça". Discutimos tons de pele, questionamos processos de branqueamento — tão comuns nas fotos brasileiras, sobretudo, do passado —, o traje, o formato do nariz, a boca e os cabelos. Esses detalhes nada têm de aleatórios e fazem parte de políticas visuais que há tantos anos condicionam as representações imagéticas de afrodescendentes. Chegamos, porém, a um impasse com relação aos olhos de Lima. Eu os queria bem abertos; já o artista me explicou que teria que mantê-los fechados, pois esse é (ou era) o momento que ele vivia em sua própria iniciação nesse universo de filosofias e religiões de matriz africana.

Eis que certo dia, quando ainda fazia os rascunhos do trabalho, Dalton me avisou que iria "abrir os olhos do Lima". "Já era tempo", me explicou. Além do mais, como havia comprado exemplares encadernados da coleção da Brasiliense, criada nos anos 1950, decidiu que iria inserir os retratos que fizera de Lima nas próprias capas dos livros de autoria de Lima.

O diálogo foi tão especial que me faltam palavras para agradecer. E quando faltam palavras sobram lacunas. Mas talvez outros povos conheçam termos que deem conta desse recado. Os maori, quando querem conceituar "o espírito da coisa dada", a força de uma dádiva ou a imponência de um dom, o chamam de *hau*. Existe, contudo, outra menção que nos é mais próxima. Os muitos povos afrodescendentes que entraram no Brasil jamais deixaram de distribuir seu axé. Trata-se de uma espécie de energia, de força presente em cada um de nós, que não deixa de ser um "dom" desses que sentimos a responsabilidade de "receber", a necessidade de "retribuir".

Agradeço assim ao Dalton Paula pelo *hau* e pelo axé que dele recebi, e também aos demais amigos; os aqui citados e os demais que por lapso deixei de mencionar. Por sinal, ao ler, por tantos anos, os textos de Lima Barreto, também recebi muito axé. Afinal, é difícil escrever uma biografia, ou "conviver" por tanto tempo com um autor, sem que ele nos faça bem à alma, mexa com nossa sensibilidade e nos imponha profundo respeito. Espero, pois, retribuir com este livro um pouco da "dádiva recebida". Esse é talvez o mesmo *hau* que envolveu, e circulou entre, uma série de estudiosos que se dedicaram a pesquisar esse escritor, a mim mesma e quem sabe você, que me lê neste momento. Escritos são sempre um registro no tempo. Nada há neles de definitivo ou final. Talvez por isso Guimarães Rosa tenha concluído que "o mar não tem desenho", pois "o vento não deixa".

São Paulo, 4 de abril de 2017

ACERVOS PESQUISADOS

Acervo Companhia Brasileira de Trens Urbanos – Rio de Janeiro

Acervo do Instituto Municipal de Assistência à Saúde Juliano Moreira – Rio de Janeiro

Acervo do Núcleo de Memória Institucional do Instituto de Psiquiatria (Ipub)/UFRJ – Rio de Janeiro

Acervo do Parque de Material Bélico da Aeronáutica – Rio de Janeiro

Acervo Instituto Municipal Nise da Silveira – Rio de Janeiro

Acervo Rio, Ontem e Hoje – Rio de Janeiro

Arquivo Academia Brasileira de Letras – Rio de Janeiro

Arquivo Nacional – Rio de Janeiro

Biblioteca Brasiliana Guita e José Mindlin – São Paulo

Biblioteca do Instituto Histórico e Geográfico Brasileiro – Rio de Janeiro

Biblioteca do Museu Nacional da UFRJ – Rio de Janeiro

Biblioteca Mário de Andrade – São Paulo

Casa de Rui Barbosa – Rio de Janeiro

Centro de Documentação Cultural Alexandre Eulálio (Cedae)/Unicamp – Campinas

Centro de Pesquisa e Documentação do Jornal do Brasil – Rio de Janeiro

Escola Politécnica do Rio de Janeiro

Fundação Biblioteca Nacional – Rio de Janeiro

Fundação Museu da Imagem e do Som do Estado do Rio de Janeiro (FMIS) – Rio de Janeiro

Fundação Oswaldo Cruz – Rio de Janeiro

Instituto Astrojildo Pereira – São Paulo

Instituto Moreira Salles – Rio de Janeiro

Institutos de Estudos Brasileiros da USP – São Paulo

Museu da Imagem e do Som – Rio de Janeiro

Museu Jezualdo Oliveira – Mirassol

Museu Nacional de Belas Artes – Rio de Janeiro

CRÉDITOS DAS IMAGENS

pp. 2, 14 (acima)**, 33, 40, 43, 123, 131, 233-4, 313, 314, 341, 370, 402, 462, 486, 490, 506, 508 e 510-1:** Biblioteca Brasiliana Guita e José Mindlin. Reprodução de Lúcia Mindlin.

p. 6: Dalton Paula, *Lima Barreto*, óleo sobre livro, 22 × 15 cm, coleção particular. Reprodução de Tomaz Vello.

p. 14 (abaixo): Pedro Galdino.

p. 20: Acervo Rio, Ontem e Hoje.

p. 49: *Manual do aprendiz compositor*, de Jules Alexandre Saturnin Clay, Rio de Janeiro: Imprensa Nacional, 1888. Acervo da Fundação Biblioteca Nacional – Brasil.

p. 50: Imagem BR RJCOC 02-10-20-50-001-027. Acervo da Casa de Oswaldo Cruz, Departamento de Arquivo e Documentação.

p. 55: Revista *A Estação*, ano VIII, n. 13, Rio de Janeiro, 15 jul. 1879. Acervo da Fundação Biblioteca Nacional – Brasil.

p. 63: Arquivo Nacional.

p. 64: *Multidão concentrada diante do Paço Imperial para a assinatura da Lei Áurea*, fotografia de Luis Ferreira, Rio de Janeiro, 1888, 23 × 18 cm. Coleção particular.

pp. 67 e 70: *Missa campal celebrada em ação de graças pela Abolição da escravatura no Brasil*, fotografia de Antonio Luiz Ferreira, 17 maio 1888, 28,5 × 51,5 cm. Acervo Instituto Moreira Salles, Rio de Janeiro.

pp. 78, 95-6: Acervo Instituto Municipal Nise da Silveira.

pp. 98, 100, 121, 147, 159, 190-1, 321, 342, 343, 360, 384, 407, 434 e 465: Acervo da Fundação Biblioteca Nacional – Brasil.

pp. 108 e 162: Marc Ferrez/ Coleção Gilberto Ferrez/ Acervo Instituto Moreira Salles.

p. 114: Fotografia de Augusto Malta, 1909.

pp. 132 e 295: Revista *Careta*, ano XII, n. 586. Rio de Janeiro, 13 set. 1919. Acervo da Fundação Biblioteca Nacional – Brasil.

p. 141: Revista *O Malho*, ano II, n. 17. Rio de Janeiro, 10 jan. 1903. Acervo da Fundação Biblioteca Nacional – Brasil.

pp. 145 e 341: Biblioteca Brasiliana Guita e José Mindlin.

p. 168: Revista *O Malho*, ano XXII, n. 1091. Rio de Janeiro, 11 ago. 1923. Acervo da Fundação Biblioteca Nacional – Brasil.

p. 169: Detalhe do mapa "Carta das linhas da Estrada de Ferro Central do Brasil". São Paulo: Ypiranga, 1919. Biblioteca do Museu Nacional/ UFRJ.

p. 171 (acima): *Estrada de ferro Central do Brasil: Introducção ao relatório do anno de 1925 apresentando ao Emo. Sr. Dr. Francisco Sá, Ministro da Viação e Obras Públicas*, João de Carvalho Araújo. Rio de

Janeiro: P. de Melo, 1926. Biblioteca do Museu Nacional/ UFRJ.

p. 171 (abaixo): Acervo CBTU.

p. 174: Revista *O Malho*, ano XXII, n. 1091. Rio de Janeiro, 11 ago. 1923. Acervo da Fundação Biblioteca Nacional — Brasil.

p. 176: Revista *O Malho*, ano XXVI, n. 1274. Rio de Janeiro, 12 fev. 1927. Acervo da Fundação Biblioteca Nacional — Brasil.

p. 185: Fotografia de Augusto Malta, 1923. Fundação Museu da Imagem e do Som do Estado do Rio de Janeiro — FMIS/RJ.

p. 188: Revista *Floreal*: publicação bimensal de crítica e literatura, ano I, n. 2. Rio de Janeiro, 12 nov. 1907. Acervo da Fundação Biblioteca Nacional — Brasil.

p. 193: Revista *Fon-Fon*, ano I, n. 18. Rio de Janeiro, 10 ago. 1907. Acervo da Fundação Biblioteca Nacional — Brasil.

p. 195: Revista *Floreal*: publicação bimensal de crítica e literatura, ano I, n. 1. Rio de Janeiro, 25 out. 1907. Acervo da Fundação Biblioteca Nacional — Brasil.

p. 203: Revista *Floreal*: publicação bimensal de crítica e literatura, ano I, n. 3. Rio de Janeiro, 12 nov. 1907. Arquivo ABL.

p. 206 (à esq.): Revista *Floreal*: publicação bimensal de crítica e literatura, ano I, n. 4. Rio de Janeiro, 31 dez. 1907. Arquivo ABL.

p. 206 (à dir.): Revista *Floreal*: publicação bimensal de crítica e literatura, ano I, n. 4. Rio de Janeiro, 31 dez. 1907. Biblioteca Brasiliana Guita e José Mindlin. Reprodução de Renato Parada.

p. 210: Revista *A.B.C.*, ano IV, n. 166. Rio de Janeiro, 11 maio 1918. Acervo da Fundação Biblioteca Nacional — Brasil.

p. 231: Revista *A.B.C.*, ano IV, n. 162. Rio de Janeiro, 13 abr. 1918. Acervo da Fundação Biblioteca Nacional — Brasil.

p. 236: Revista *Careta*, ano I, n. 120. Rio de Janeiro, 17 set. 1910. Acervo da Fundação Biblioteca Nacional — Brasil.

p. 238: Jornal *A Noite*, ano V, n. 1154. Rio de Janeiro, 12 mar. 1915. Acervo da Fundação Biblioteca Nacional — Brasil.

pp. 245 e 609: Acervo da autora.

p. 248 (à esq.): Revista *O Riso*: Semanário artístico e humorístico, ano II, n. 68. Rio de Janeiro, 5 set. 1912. Biblioteca Brasiliana Guita e José Mindlin. Reprodução de Renato Parada.

p. 248 (à dir.): Revista *O Riso*: Semanário artístico e humorístico, ano II, n. 56. Rio de Janeiro, 13 jun. 1912. Biblioteca Brasiliana Guita e José Mindlin. Reprodução de Renato Parada.

pp. 254 e 273: Acervo do Núcleo de Memória Institucional do Instituto de Psiquiatria — IPUB/ UFRJ. Reprodução de Jaime Acioli.

pp. 266 e 267: Revista *A Illustração Brazileira*, ano VI, n. 118. Rio de Janeiro, 16 abr. 1914. Acervo da Fundação Biblioteca Nacional — Brasil.

p. 269: *O Alcoolismo no Rio de Janeiro*, de Hermeto Lima. Rio de Janeiro: Imp. Nacional, 1914. Acervo da Fundação Biblioteca Nacional — Brasil.

p. 288: Jornal *A Época*, ano V, n. 1317. Rio de Janeiro, 18 fev. 1916. Acervo da Fundação Biblioteca Nacional — Brasil.

p. 324: *A redenção de Cam*, de Modesto Brocos, 1895, óleo sobre tela, 199 × 166 cm. Museu Nacional de Belas Artes, Rio de Janeiro. Reprodução de César Barreto.

p. 344: Revista *A Vida*, ano I, n. 2. Rio de Janeiro, 21 dez. 1914.

p. 366: Revista *A.B.C.*, ano IV, n. 189. Rio de Janeiro, 19 out. 1918. Acervo da Fundação Biblioteca Nacional — Brasil.

p. 373: Revista *Careta*, ano III, n. 103. Rio de Janeiro, 21 maio 1910. Acervo da Fundação Biblioteca Nacional — Brasil.

p. 374: Arquivo ABL.

p. 404: Jornal *A Cigarra*, ano VI, n. 110. São Paulo, 15 abr. 1919. Acervo da Fundação Biblioteca Nacional — Brasil

p. 430: Revista *Klaxon*: mensário de arte moderna, n. 1. São Paulo, maio 1922. Biblioteca Brasiliana Guita e José Mindlin. Reprodução de Renato Parada.

p. 435: Acervo do Museu Municipal Jezualdo D'Oliveira.

p. 437: Fundo Monteiro Lobato — CEDAE/ Unicamp.

p. 440: Revista *Souza Cruz*, ano VI, out./ nov. 1921. Biblioteca Brasiliana Guita e José Mindlin. Reprodução de Lúcia Mindlin.

p. 444: Revista *Careta*, ano XV, n. 750. Rio de Janeiro, 4 nov. 1922. Acervo da Fundação Biblioteca Nacional — Brasil.

p. 445: Revista *Careta*, ano XIII, n. 641. Rio de Janeiro, 2 out. 1920. Acervo da Fundação Biblioteca Nacional — Brasil.

p. 454: Revista *Fon-Fon*, ano VIII, n. 21. Rio de Janeiro, 23 maio 1914. Acervo da Fundação Biblioteca Nacional — Brasil.

p. 489: Revista *Para Todos*, ano IV, n. 205. Rio de Janeiro, 18 nov. 1922. Acervo da Fundação Biblioteca Nacional — Brasil.

p. 492: Revista *A.B.C.*, ano VIII, n. 400. Rio de Janeiro, 4 nov. 1922. Acervo da Fundação Biblioteca Nacional — Brasil.

p. 493: Revista *Careta*, ano XV, n. 755. Rio de Janeiro, 9 dez. 1922. Acervo da Fundação Biblioteca Nacional — Brasil.

p. 499: Jornal *Diario de Noticias*, ano XXI, n. 8769. Rio de Janeiro, 29 maio 1951. Acervo da Fundação Biblioteca Nacional — Brasil.

p. 500: Jornal *Última Hora*, ano II, n. 365. Rio de Janeiro, 20 ago. 1952. Acervo da Fundação Biblioteca Nacional – Brasil.

p. 501: Jornal *Última Hora*, ano II, n. 430. Rio de Janeiro, 4 nov. 1952. Acervo da Fundação Biblioteca Nacional – Brasil.

p. 503: *Jornal do Brasil*. Rio de Janeiro, 15 mar. 1953. CPDOC/ JB.

p. 505: Jornal *Última Hora*, ano I, n. 388. Rio de Janeiro, 16 set. 1952. Acervo Fundação Biblioteca Nacional – Brasil.

p. 507: Jornal *Última Hora*, ano II, n. 380. Rio de Janeiro, 6 set. 1952. Acervo da Fundação Biblioteca Nacional – Brasil.

ÍNDICE REMISSIVO
NÚMEROS DE PÁGINAS EM *ITÁLICO* REFEREM-SE A ILUSTRAÇÕES

A

à *clef*, literatura, 24, 213, 226, 228, 230-1, 242, 243, 255, 304, 308, 310, 429, 540, 604, 606
"À margem" (Lima Barreto), 299
"A propósito da exposição Malfatti"/"Paranoia ou mistificação" (Lobato), 451, 569
"A propósito..." (Lima Barreto), 514
A. de Azevedo & Costa Editores, 608
A. M. Teixeira & Cia (editora portuguesa), 214, 606
A.B.C. (revista), 244, 292, 329-30, 333, 340, 353, 359, 363-5, *366*, 369, 371, 379, 383, 385, 400, 463, 465, 470, 473, 488, 492
ABI *ver* Academia Brasileira de Imprensa
ABL *ver* Academia Brasileira de Letras
Abolição da escravatura no Brasil (1888), 11, 21, 66, 67, 68, *70*, 327, 421, 522, 603; *ver também* Lei Áurea (1888)
abolição da escravidão em nações diversas, 26-7, 29
abolição da escravidão, questão/processo da, 14, 26, 30-1, 34, 40, 46-7, 51, 53-4, 61, 65, 68-9, 71-2, 113, 213, 218, 226, 257, 259, 276, 327-8, 415-8, 428, 516, 565
abolicionismo, abolicionistas, 21, 26-7, 30, 58, 62, 65, 66-7, 70-1, 117, 120, 139, 154, 327, 332, 362, 379, 475
Abolicionismo, O (Nabuco), 325
Abreu, Capistrano de, 315
Abreu, Casimiro de, 56
Abreu, Maria Emília Vieira de, 543
Abreu, Modesto de, 261
Academia Brasileira de Ciências, 128
Academia Brasileira de Imprensa (ABI), 361
Academia Brasileira de Letras (ABL), 11, 115, 127, 129, 138-9, 149, 189, 194, 200, 204, 224-5, 229-30, 289-90, 298, 308, 311, 325, 327, 331, 333-4, 336-7, 373-4, 384-5, 445-6, 452-4, 464, 465, 474-5, 493-6, 508, 608-9; candidatura de Lima Barreto à ABL, 225, 384-5, 549, 608-9; Lima Barreto ataca literatos e acadêmicos, 11, 211, 213, 223, 225-6, 228, 290, 299, 318, 333, 339, 373, 375, 384, 465, 494
Academia Brasílica dos Esquecidos, 547
Academia Brasílica dos Renascidos (Salvador), 547
Academia dos Esquecidos, 121, 290, 294, 547
Academia Francesa, 371
Academia Julian (Paris), 380, 559
Academia Livre de Letras/Academia dos Novos, 289-90, 307, 606

Academia Real Militar (Rio de Janeiro), 115-6

Acre, 160

Actualidade, A (revista), 334

Adolescência tropical (Ferraz), 566

adultério, 42, 198-9, 204, 359, 368, 470

Aedes aegypti (mosquito), 161

Aeronáutica brasileira, 13-4, 84, 512, 603

Afonso Celso (Júnior), 63, 66, 310, 337

Afonso Celso (pai) *ver* Ouro Preto, visconde de

Afonso, Carlos, 46

África, 10-1, 14, 32, 40, 96-7, 214, 260, 324, 420, 422, 480

Africanos no Brasil (Nina Rodrigues), 519

afrodescendentes, 10, 16-7, 26, 32, 37, 39, 41-2, 66, 72, 120, 153, 157, 166-7, 184, 190-1, 213-4, 231, 247, 258-9, 262, 283, 299, 323, 326, 338, 340, 354, 359, 399, 403, 408, 410-1, 413, 415, 417, 423, 426-9, 438, 445, 447, 463, 474, 480, 494; história das populações afrodescendentes na literatura de Lima Barreto, 417, 429

"Agaricus auditae" (Lima Barreto), 121, 290, 529, 548, 608

Agassiz, Louis, 52, 290, 315, 519

Agostini, Ângelo, 522

agregados, 37, 180

agricultura, 13, 25, 29, 80, 82-5, 87-8, 90-1, 94, 115, 293, 303-6, 310-2, 348, 369, 381, 469

Águia, A (revista do Porto), *147*, 293, 296, 606

Aguiar, Sousa, general, 233

Ajuda mútua (Kropótkin), 348, 554

Alberto, rei da Bélgica, 444, *445*

Albuquerque, Medeiros e, 129, 229-30, 308, 331, 337, 542, 549

Albuquerque, Teodoro de, 557

Alburquerque, Júlio de Pompeu de Castro e, 125

Alcântara Machado, Antônio de, 453, 459

alcoolismo, 110, 152, 231, 271, 272, 276-7, 280-1, 283, 285-7, 308, 383, 388-9, 393, 483, 525, 544, 546, 606, 608; de Lima Barreto, 12, 131, 148, 152, 231, 235, 243, 256-7, 268, 269, 271-2, 280, 282, 284, 289, 294, 304, 308, 316, 339, 354, 367-8, 377, 382-3, 389, 391, 394, 396, 400-1, 403, 431, 433, *434*, 435, 439, 442, 461, 467-8, 474, 477-8, 483-5, 493-5, 503, 605, 607-8

Aleijadinho, 497

alemães, imigrantes, *168*, 527

Alemanha, 283, 306, 351-2, 354, 451, 455, 528

Alencar, José de, 300, 302, 315, 356, 398

Alencar, Oto de, 120, 126, 529

Alexandria, biblioteca de, 340

Alfa Linha (pseudônimo de Bastos Tigre), 126

Alfa Z. (pseudônimo de Lima Barreto), 126, 145, 604

alfabetização, 25, 38, 74, 168, 534

alforria, 32, 34, 41, 420, 475

Alfredo, João, 72, 522

"Alguns erros de matemática na síntese subjetiva de A. Comte" (Oto de Alencar) 120

"Alguns reparos" (Lima Barreto), 243

"alienismo", tratamento do (séc. xix), 79

Alípio (amigo de Lima Barreto), 389

Alma encantadora das ruas, A (João do Rio), 229, 331, 541

Almanak Administrativo, Mercantil e Industrial do Rio de Janeiro, 89, 91

Almanak d'A Noite, 85, 304

Almanak Laemmert, 49, 88, 110

Almas da gente negra, As (Du Bois), 214

Almeida, Álvaro Osório de, 128

Almeida, Antônio Calmon du Pin e, 529

Almeida, Fernando Mendes de, 522

Almeida, Guilherme de, 403, 449, 457

Almeida, José Coelho de, 522

Almeida, Manuel Antônio de, 258, 564

Almeida, Manuel de, 398

Almeida, Manuel Ribeiro de, 125, 128, 201-2, 604

Almeida, Miguel Calmon du Pin e, 121, 149

Almirante Negro (João Cândido Felisberto), 299

Alonso, Angela, 516

alucinações/delírios de Lima Barreto, 275, 282-3, 436, 607

Alvarenga, Oneyda, 575

Alves, Castro, 155, 398

Alves, Rodrigues, 133, 141, 159, 473, 532

Alvim, Cesário, 46, 79, 81

Alvim, Emílio, 607

Amada (Morrison), 429

Amanuense Belmiro, O (Cyro dos Anjos), 532

amanuense na Secretaria da Guerra, Lima Barreto como, 11-2, 215, 232-5, 268, 605

amanuenses e escrivães, 143, 146

Amaral, Tarsila do, 449

Amaral, Teresa Pimentel do (professora), 60-2, 68, 104, 319, 509, 521, 603

Amazonas, 521

América do Norte, 299, 322, 527

América do Sul, 55, 159, 245, 291, 321

América espanhola, 30

América Latina, 519, 527

América portuguesa, 547

American way of life, 497

Amigo do Povo, O (jornal), 349

Amorim Júnior, 129, 337

"Amplius!" (Lima Barreto), 209, 317-8, 371, 606-7

analfabetismo, 24-5, 168, 534

Anarchism and Other Essays (Goldman), 250

Anarchisme, fraction du socialisme, Un (Hamon), 567

anarco-comunismo, 199, 554-5

anarcossindicalismo, 350, 555

anarquismo, anarquistas, 111, 190, 194, 199, 208, 235, 243-4, 250, 253, 275, 280, 282-3, 294-5, 299, 320,

324, 338, 340, 344-54, 361-4, 369, 382, 419, 433, 436, 469, 604, 607-9

Anarquismo, O (Eltzbacher), 324

Andrada e Silva, José Bonifácio de, 28, 115, 129, 572

Andrade, Goulart de, 290

Andrade, Mário de, 306, 446, 449, 452-3, 457-8, 497, 514, 529, 565, 569, 570, 575

Andrade, Oswald de, 403, 446-7, 449, 452-3, 456-7, 496, 511, 538, 568-9, 574

André, Charles, 99, 319

Anjos, Augusto dos, 331

Anjos, Carlota Maria dos (avó paterna de Lima Barreto), 42, 516

Anjos, Cyro dos, 532

Anna de Gerolstem (pseudônimo de Lima Barreto), 470

Annaes da America (revista), 293

Antéchrist (Renan), 212

Antiguidade clássica, 54, 317-9, 324, 340

Anti-Slavery Society, 30

Antonil, André João, 427, 565

Antônio (pseudônimo de Manuel Rocha), 347

"antropologia criminal", 53, 279, 541

antropologia, antropólogos, 250, 321-2, 352, 388, 424, 502, 504

antropométricos, dados, 271, 279, 390, 401

Antunes, Cristina, 505

Anvers, Felix, 124

Apollinaire, Guillaume, 455-6

"Apologética do feio" (Lima Barreto), 474, 572

"Aporeli" (Barão de Itararé), 361

aposentadoria de Lima Barreto, 383, 406, 608

Apostolado Positivista, 216, 604

Aquele (pseudônimo de Lima Barreto), 10, 296

Aranha, Graça, 138, 200, 331-2, 446, 449, 452-4, 558, 569; Lima Barreto e, 453

Arantes, Altino, 353

Araújo, Carlos Ferreira de, 149

Araújo, Domingos Lopes da Silva, 86, 93, 103, 105, 110, 525-6

Araújo, José Tomás Nabuco de, 46

Araújo, Murilo, 432, 566, 570

Argentina, 29, 30, 112, 391, 443, 527

Arinos, Afonso, 75

Armada Nacional *ver* Marinha brasileira; Revolta da Armada (1893-94)

Armitage, John, 315

arrabaldes cariocas, 166, 179, 186, 301, 345, 514, 527, 609; *ver também* subúrbios cariocas

Arsenal de Marinha, 34, 88

art nouveau, 133, 135, 206, 317-8, 607

Arte de furtar (séc. XVII), 368

Artigos e crônicas: Vida urbana (Lima Barreto), 502

ascensão social, 25, 39, 41, 49, 329, 424

Asilo de Mendicidade, 80, 86-7, 524; *ver também* Colônias de Alienados (ilha do Governador)

Asilo dos Meninos Desvalidos, 38

"Assassinato profilático" (Lima Barreto), 469

Assembleia Constituinte, 28, 572

Assembleia Nacional, 41, 532

"Assim..." (Lima Barreto), 124-5, 604

Assis, Carolina Augusta Xavier de Novaes Machado de, 22

Assis, Machado de, 22, 114-5, 129, 138-9, 150, 164-6, 300, 310, 325-36, 338, 398, 460, 473, 478, 494, 504, 508, 522, 551, 576, 608

Assistência Médico-Legal de Alienados, 79, 85-6, 89, 109, 274, 283

Associação Brasileira de Escritores (ABDE), 575

Associação Brasileira de Imprensa (ABI), 128, 553

Associação de Auxílios Mútuos dos Empregados da Tipografia Nacional, 58-9

Associação Nacional dos Artistas Brasileiros Trabalho, União e Moralidade, 58

"associativismo negro", movimentos de, 214

Ataíde, Austregésilo de, 338, 552

"Até Mirassol: notas de viagem" (Lima Barreto), 436

Ateneu, O (Pompeia), 24, 213, 325, 515

ativistas e intelectuais negros, 213

Aula de Comércio da corte, 43; *ver também* Instituto Comercial

Austregésilo, Antônio, 284

Auto de fé (Canetti), 341, 511, 553

automóveis particulares, primeiros licenciamentos para (Rio de Janeiro), 135, 297, 531, 547

Avelar, Maria José Velho de *ver* Muritiba, baronesa de

Avelino, Georgino, 555-6

Avenida, A (revista), 129

Aventuras do dr. Bogóloff (Lima Barreto), *245*, 246, 278, 423, 543, 606

"azeitonada", tez de cor de pele, 11, 118, 122, 124, 212, 215, 218, 403, 418, 426, 475

Azevedo Sobrinho, Álvaro de, 374

Azevedo, Aluísio, 258, 331, 333, 338, 398, 423, 425, 514

Azevedo, Artur, 113, 374, 527

Azevedo, José Alexandre de, 47, 518

Azevedo, livraria (Rio de Janeiro), 114, 337

Azevedo, Paulo Cesar de, 528, 553

B

B. Quadros (pseudônimo de Noronha Santos), 502

"Babá" (Lima Barreto), 32, 516

Backheuser, Everardo, 128, 130

Bagatelas (Lima Barreto), 108, 130, 142, 351, 364, 404, 466, 502, 609

Bahia, 30, 33, 118, 159, 240, 532
"Bailes e divertimentos suburbanos" (Lima Barreto), 178
Bakhtin, Mikhail, 544-6, 562
Bakunin, Mikhail, 208, 250, 554
balneários cariocas, 55
Balzac, Honoré de, 165, 211-2, 224, 226, 282, 300, 307, 319, 320, 324, 330, 338, 441, 547
Bandeira, Antônio, 149
Bandeira, Manuel, 57, 449, 452, 458, 499, 520, 570
banhos de mar, terapia com, 54-5, 92, 94
Barbas do imperador, As (Schwarcz), 514, 568, 577
Barbosa, Chaves, 207
Barbosa, Francisco de Assis, 12, 15, 19, 34, 51, 57, 61, 126, 151, 180, 211, 246, 255, 257, 351, 365, 386-7, 457, 469, 484, 492, 498, 499, 502, 503, 504-6, 507, 508-9, 511, 609
Barbosa, Juliano Chaves, 204
Barbosa, Rui, 65, 75-6, 138, 151, 158-9, 232-3, 239-40, 336-7, 347, 384, 443, 534, 542, 608
Barbosa, Yolanda de Assis, 505
Barreto, Amália Augusta (mãe de Lima Barreto), 11, 23-4, 31-2, 34, 36-7, 39, 40, 41-3, 45-6, 48-9, 51, 53-4, 56-8, 60, 70, 124, 282, 386, 391, 426, 501, 509, 517, 519-20, 603
Barreto, Carlindo Lima (irmão de Lima Barreto), 10, 54, 56, 81, 130, 157, 270, 275, 282, 315, 388, 431, 439, 485, 499-500, 501, 503, 509, 603, 607-9
Barreto, Eliézer Lima (irmão de Lima Barreto), 10, 54, 56, 81, 176, 270, 282, 315, 500, 501, 509, 603, 608-9
Barreto, Evangelina Lima (irmã de Lima Barreto), 10, 12, 54, 59, 81, 151, 270, 282, 315, 354, 359, 367, 386, 484, 487, 499-500, 501, 503, 509, 511, 527, 603, 608-9
Barreto, João Henriques de Lima (pai de Lima Barreto), 10-1, 13, 19, 24, 41-2, 43, 45-9, 51, 53-4, 56-60, 63, 66, 68-9, 70-1, 73-7, 79-81, 84-8, 91-4, 98-9, 101, 103-7, 109-10, 118-9, 126-8, 130-1, 141-5, 149, 152, 156-8, 217, 232, 257, 270, 275-6, 278, 282, 303-5, 317, 320, 367, 383, 391, 431, 435, 468, 481, 484, 487, 509, 517-9, 524-7, 531, 550, 603-5, 607-9
Barreto, João Paulo Emílio Cristóvão dos Santos Coelho ver João do Rio
Barreto, João Pereira, 201, 207, 214, 216, 606
Barreto, Lima — OBRAS: "À margem", 299; "A propósito...", 514; "Agaricus auditae", 121, 290, 529, 548, 608; "Alguns reparos", 243; "Amplius!", 209, 317-8, 371, 606-7; "Apologética do feio", 474, 572; Artigos e crônicas: Vida urbana, 502; "Assassinato profilático", 469; "Assim...", 124-5, 604; "Até Mirassol: notas de viagem", 436; Aventuras do dr. Bogóloff, 245, 246, 278, 423, 428, 543, 606; "Babá", 32, 516; Bagatelas, 108, 130, 142, 351, 364, 404, 466, 502, 609; "Bailes e divertimentos suburbanos", 178; "Biblioteca, A", 405, 562; Bruzundangas, Os, 318, 344, 378, 404-5, 417,

470, 502, 530, 539, 607, 609; "Caçador doméstico, O", 475; "Carta aberta", 330; "Carteiro, O", 463, 609; "Cartomante, A", 293; Casa de poetas, 294, 606; "Casa dos espantos, A", 334; "Cedro de Teresópolis, O", 186; Cemitério dos vivos, O, 12, 51, 278, 285, 370, 387-8, 394-9, 418, 422, 468, 480-2, 502, 540, 559-60, 563, 608-9; Clara dos Anjos, 12, 31-2, 42, 154-5, 163-4, 182, 257-8, 316, 319, 352, 359, 383, 406, 411-2, 414-5, 422, 425, 459, 463, 468, 475, 496, 502-3, 516-7, 536, 605, 609; "Clara dos Anjos" (conto), 406, 407, 410, 412, 608; "Cló", 262, 405, 545, 608; "Coisa puxa a outra, Uma", 293, 547; Coisas do Reino do Jambon, 101, 502, 573; "Com o 'Binóculo'", 308; "Como o 'homem' chegou", 275, 399, 545, 607; "Congresso Pamplanetário", 353, 555; Correspondência ativa e passiva, 567, 571; "Curso de filosofia" (rascunho de Lima Barreto), 111, 153, 605; "Da minha cela", 60, 400; "Denúncia contra o chanceler?", 357; "Derrubada, A", 298; "Destino da literatura, O", 187, 430, 439, 440, 448, 466, 609; Diário do hospício, 12, 272, 277, 284-5, 288, 370, 386-7, 394, 399, 418, 422-3, 468, 502, 559, 561, 608; Diário íntimo, 12, 20, 26, 32, 36, 51, 60, 66, 100, 111, 113, 118-9, 124, 132, 149, 151, 153-9, 161, 163, 189-91, 194, 210, 218, 221-2, 231, 254-5, 259, 261-2, 268, 270-2, 275-6, 280, 300, 312, 313, 315, 323, 325, 354, 359, 377, 386-8, 391-2, 394-6, 399, 414, 418-9, 423-4, 426-8, 431, 460, 468, 478, 490, 502-4, 544, 576, 604-8; "Divorciadas e o anel, As", 471; "Dois deputados, Os", 296; "Educação física", 353; "Ele e as suas ideias", 294; "Elogio da morte", 477; "Elogio de amigo", 417; "Enterros de Inhaúma, Os", 186, 462, 477; "Especialista, Um", 425, 605, 607; "Esta minha letra...", 11, 144, 334; "Estação, A", 8, 536; "Estado atual das letras do Rio de Janeiro", 375; "Estado de sítio", 473; "Estrela, O", 78, 105, 352, 513, 526, 604; "Eu também...", 471; "Fatia acadêmica, Uma", 329, 333, 608; Feiras e mafuás, 329, 404, 502, 603, 609; "Feminismo em ação, O", 356-7; "Filho da Gabriela, O", 60, 605, 607; "Formigas e o prefeito, As", 306; "Futura capital, A", 472, 572; "Futurismo, O", 450; "Galeões do México, Os", 148, 348, 554; "Henrique Rocha", 142; "História de um mulato", 423, 564; "História macabra", 186; Histórias e sonhos, 121, 127, 262, 290, 317, 405-6, 464, 493, 502, 512, 529, 544-5, 554, 558, 562, 572, 576, 607-8; "Homem das mangas, O", 469, 528; "Homem que sabia javanês, O", 252, 369, 544, 606-7; "Importação inútil", 382; Impressões de leitura, 188, 502, 512, 609; "Lima Barreto no hospício" (entrevista de A Folha), 396, 561; "Literatura e política", 373; "Literatura militante", 371, 512; "Maio", 61, 514; "Mais uma vez", 359; "Manel Capineiro", 352; "Manifestações políticas", 335; "Manifesto maximalista", 198, 364, 608; "Manuel de Oliveira", 78, 419, 525;

Marco Aurélio e seus irmãos (texto inacabado), 31-2, 36, 153-4, 563, 605; *Marginália*, 351, 404, 423, 427, 477, 502, 609; "Matemática não falha, A", 474; "Meu almoço, O", 59, 570; "Miss Edith e seu tio", 265, *266-7*, 268, 298, 305, 607; "Moleque, O", 10, 60, 183, 379, 405, 478, 512, 608; "Mudança do Senado, A", 514; *Negros, Os* (esboço de peça), 153, 605; "No ajuste de contas...", 364, 608; "Nós! Hein?", *295*; "Nossa *matinée*", 126; "Nosso caboclismo, O", 249; "Nosso feminismo, O", 470; "Nosso secretário, O", 235; *Notas sobre a República das Bruzundangas*, 365; "Notas... verdadeiras e falsas, recolhidas e em circulação", 294; "Nova Califórnia, A", 232, 252-3, 293, 511, 544, 606-7; "Novo manifesto, O", 298; *Numa e a ninfa*, 12, 142, 232, 238, 240, 243-6, 248, 250, 255, 319, 365, 404, 417, 424, 479, 502, 541, 576, 606-7; "Numa e a ninfa" (conto), 278, 406, 606; "Número da sepultura, O", 183; "O que o 'Gigante' viu e me disse", 363; "Palavras de um *snob* anarquista", 294, 362; *Papão, O* (Lima Barreto & Noronha Santos), 232, *233*, 509, 606; "Passeio pela ilha do Governador, Um", 88; "Patriotismo, O", 312; "Pavilhão da Inglaterra, O", 469; "Pavilhão do Distrito, O", 471; "Pistolão, O", 296; "Polícia suburbana, A", 184; "Política republicana, A", 8, 421, 564; "Problema vital", 381, 559; "Que rua é essa?", 115; "Queixa de defunto", 485; "Quem será, afinal?", 383; *Recordações do escrivão Isaías Caminha*, 12, 118, 122-3, 146, 150, 181, 194, 198-9, 201, 204, 208-15, 222-3, 227-8, 232, 235, 242, 258, 302, 308, 310, 319, 332, 365, 423, 460, 465, 479, 502, 531, 537, 540-1, 548, 605-8; "Samoiedas, Os", 318, 530, 539; "São capazes de tudo...", 351; "São Paulo e os estrangeiros", 18, 603; "Será sempre assim?", 463; "Sobre a carestia", 453; "Sobre a guerra", 351; "Sobre o football", 516; "Sombra do Romariz, A", 76-7; "Sua Excelência", 127, 529, 608; "Subterrâneo do morro do Castelo, O", 192, 227, 532, 605; "Teorias do doutor Caruru, As", 287; "Traidor, O", 50; "Transatlantismo", 8; "Trem de subúrbios, O", 172-3, 177-8, 534, 536; "Três gênios de secretaria", 132, 146, 335; *Triste fim de Policarpo Quaresma*, 12-3, 83, 85, 92-3, 107, 111, 118, 131, 146, 162, 179, 181, 203, 249, 252, 265, 275-6, 278, 283, 288-302, 304, 306-10, 316, 319, 338, 352, 369, 376, 402, 418, 427, 469, 478-9, 502, 521, 544-5, 548, 605-7; "Um e outro", 147, 203, 296, 606-7; "Variações", 419; "Vera Zassulitch", 607; *Vida e morte de M. J. Gonzaga de Sá*, 12, 112, 120, 142, 146-8, 162, 181, 209, 211, 213, 314, 377, 383, 385, 403, 404, 416, 431, 462, 464, 466-7, 480, 483, 485, 487-8, 502, 504, 520, 523, 532, 576, 605, 608-9.

Barros, Francisco de Paula, 327

Barroso, Liberato, 38, 517

Bastos, Sousa, 113

Baudelaire, Charles, 301, 571

Beard, George Miller, 145

Beginnings (Said), 70

belle époque, 117, 133, 140, 219, 308, 336, 339, 496

Benchimol, Jaime Larry, 161, 530, 574

Benjamin, Walter, 165, 571

Bento, Antônio, 30, 65, 516, 521

Berlitz, método, 205, 539

Bernacchi, Augusto, 125

Bernardes, Artur, 534, 567

Bertha, Albertina, 307, 332, 357-8, 470

biblioteca de Lima Barreto *ver* "Limana"

Biblioteca Nacional, 62, 88, 117, 139, 252, 325, 340, 355, 505, 509

"Biblioteca, A" (Lima Barreto), 405, 562

bibliotecas, História e, 340

Bica, praia da (ilha do Governador), 83, 524

Bilac, Olavo, 65, 113, 129, 140, 289, 292, 331, 337, 353, *374*, 531, 558, 606

Bilontra, O (Azevedo), 113

"Binóculo" (coluna social de Figueiredo Pimentel), 206, 225, 307-8, 536

bipolar, transtorno, 468, 567

Bittencourt, Edmundo, 150, 225, 227

blenorragia/gonorreia de Lima Barreto, 281-2

Bloomsbury, grupo de (Inglaterra), 551

Blyden, Edward, 214

Boca do Mato, região da (Rio de Janeiro), 56, 167, 185, 412, 534, 603

Bocage, Manuel Maria Barbosa du, 58

boemia de Lima Barreto, 12, 194, 231, 243, 253-4, 275-6, 294, 296, 301, 329, 336, 339, 367, 384, 396-7, 403, 458-9, 461, 465, 482, 492-8, 504, 511, 605

"Boêmio imortal, O" (Margiocco), 493, 574

bolcheviques, 324, 382; *ver também* Revolução Russa

Boletim de Ariel, 566, 576

Boletim de Lima Barreto no Liceu Popular Niteroiense, *98*

bondes, introdução e ampliação das linhas de (Rio de Janeiro), 134, 164

Bonfim, Manuel, 348

Bonsucesso, Úrsula Maria de, 21

Borges, Abílio *ver* Macaúbas, barão de

Borges, Jorge Luis, 165, 341, 553

Borla, Ferdinando, 364, 557

Bosi, Alfredo, 16, 18, 318, 513, 520, 540, 550-2, 558, 564, 568, 573

Bossuet, Jacques-Bénigne, 282

"bota-abaixo" (reforma urbana carioca), 133

Botafogo Football Club, 136

Botafogo, bairro de (Rio de Janeiro), 11, 22, 88, 166, 177, 179, 181, 200, 213, 216, 235, 242-3, 272, 372, 375, 389-90, 460, 471, 483, 485, 488

Botelho, Denílson, 512, 538, 541, 550

Botelho, Felipe, *193*, 469

Bougainville, Louis Antoine de, 315

Bouglé, 212

Bousquet, Gastão, 225

Bouvard e Pécuchet (Flaubert), 311

bovarismo, 11, 149, 155-8, 178, 193, 208, 246, 252, 413, 447-8, 453

Bovary, Emma (personagem) *ver Madame Bovary* (Flaubert)

Bovarysme, Le (Gaultier), 155-6, 319, 605

Braga, Francisco Ferreira, 120

Brandão, Teixeira, 109, 279, 560

branqueamento, 122, 138, 247, 279, 320, 323, 415, 543, 550

Brás Cubas (revista), 398, 607

Brás, Venceslau, 239-40

Brás, Wenceslau, 354

Brasil dos imigrantes, O (Oliveira), 572

Brasil, O (jornal), 482, 573

Brasiliense, editora, 502, 512, 575, 609

Brazil Sportivo, O (jornal), 137, 531

Brazil-Medico, O (revista), 56, 89, 152

Brecheret, Victor, 446, 449

"Breve notícia" (seção de *Floreal*), 216, 235, 540, 607

Briguiet, livraria (Rio de Janeiro), 114, 331, 549

Brito, José Saturnino de, 556

Brito, Mário da Silva, 456, 568-9

Broca, Brito, 114, 528, 530, 541, 552

Brocos, Modesto, 323, *324*, 550, 564

Brunetière, Ferdinand, 333, 441

Bruxa, A (semanário literário), 113

Bruzundangas, Os (Lima Barreto), 318, 344, 378, 404-5, 417, 470, 502, 530, 539, 607, 609

Buckle, Henry Thomas, 156, 320, 550

burocracia, 29, 141-2, 246, 327, 473

C

Cabana do Pai Tomás, A (Stowe), 153-4, 328, 533

Cabeça de Porco (cortiço carioca), 355, 555

Cabinda, Manuel *ver* Oliveira, Manuel de

cabindas, africanos, 15, 97, 419-20, 516

Cabral, Guilherme, 523

"Caçador doméstico, O" (Lima Barreto), 475

Cadaval, duquesa de, 21

café/economia cafeeira, 22, 24-5, 29, 34, 444, 446, 453, 515

"café com leite", política do (São Paulo-Minas Gerais), 134, 239

cafés cariocas, 9, 112, 114, 128, 163, 196, 289, 308, 336-7, 345, 348, 431, 604-5; Café Americana, 128, 337; Café de Java, *114*, 128-9, 337; Café do Rio, 114; Café Glacier, 135; Café Jeremias, 128, 194, 337; Café Papagaio, 10, 114, 128-9, 148-9, 194, 337, 345; Café Paris, 114; Café Suísso, 482

"caifases" (grupo abolicionista), 65

Calil, Carlos Augusto, 569

Calixto, Raul, 129

Câmara, Jaime Adour da, 432, 436, 566

Camboja, Biblioteca Nacional do, 340

Camélia (barcaça), 66

camélias brancas (símbolo do abolicionismo), 65

Camões, Luís de, 320

Campanha Civilista (1909), 232, *233*, 239-40, 347, 542

Campeonato Sul-Americano de Futebol (1921), 445

Campista, Davi, 239, 242

Campos, Humberto de, 384, 608

Campos, Lima, 143, 538

Campos, Siqueira (tenente), 567

Canaã (Graça Aranha), 138, 200, 331-2, 452, 454

"Canção" (modinha de 1870), 258, 544

Candido, Antonio, 246, 318, 513-4, 543-4, 549, 552, 559, 564, 568, 574

Cândido, Luís, 113

candomblé, 224; *ver também* religiões afro-brasileiras

Canetti, Elias, 341, 511, 553

Canudos, Guerra de (1896-97), 118-9, 138, 140, 528-9

capitalismo, 27, 211, 253, 350, 352, 362, 551, 554

Cardim, Fernão, 316

Cardoso, Licínio Atanásio, 120-1, 126, 529

Careta (revista), 19, 115, *132*, 228, *236*, 287, 292, *295*, 296, 346, 364, *373*, 391-2, 436, 443, 447, 450, 455, 458, 464, 468-72, 476, 483, 485, 488, 492-4

caricaturas de Francisco de Assis Barbosa, *505*, *507-8*

caricatura de João do Rio, *373*

caricaturas de Lima Barreto, *231*, *288*, *402*, 403, *490*, *506*

Carioca (revista), 255, 544, 570, 577

Carioca, rio, 21, 24

Carlos Magno, Pascoal, 432, 566

Carnaval, 11, 60, 67, 133, 179, 191, 233, 257, 262-4, 396, 426, 475, 530, 537, 562, 609

Carneiro, Antônio, 296

Carneiro, Levi, 125

Carneiro, Mário de Sá, 559

Carneiro, Mário Tibúrcio Gomes, 155, 196, 538

Carneiro, Otávio, 128, 604

Carneiro, Pedro Dias, 105

"Carta aberta" (Lima Barreto), 330

"Carteiro, O" (Lima Barreto), 463, 609

"Cartomante, A" (Lima Barreto), 293

cartomantes, 175, 293, 298, 368

Caruso, Enrico, 136

Carvalho Filho, Manuel Feliciano Pereira de, 36

Carvalho, Antônio Lourenço Pereira de, 34

Carvalho, Bernardino Pereira de, 36, 275, 435

Carvalho, Carlos Pereira de, 36

Carvalho, Elísio de, 129, 228, 290, 345, 347, 350, 541, 554

Carvalho, Joaquim José Pereira de, 34

ÍNDICE REMISSIVO | 627

Carvalho, Jorge Pereira de, 36

Carvalho, José Murilo de, 46, 443, 516-22, 533-4, 542, 555, 567

Carvalho, Manuel Feliciano Pereira de (possível avô materno de Lima Barreto), 31, *33*, 34-7, 41, 81, 603

Carvalho, Ronald de, 385, 559

Carvalho, Rosa Pereira de, 36

Casa de poetas (Lima Barreto), 294, 606

Casa de Saúde e Convalescença de São Sebastião (Rio de Janeiro), 51, 91

"Casa dos espantos, A" (Lima Barreto), 334

Casa Edison (Rio de Janeiro), 136

Casal, Aires do, 315

casamento civil, 74, 184, 537; Lima Barreto contrário ao casamento, 305, 335-6, 359

"Casamento e amor" (Goldman), 250

casas de banho *ver* balneários cariocas

Cascadura, bairro de (Rio de Janeiro), 167, 169-70, 174-5, 180, 184, 281, 412, 446

cassanges, africanos, 15

Castelo, morro do (Rio de Janeiro), 150-1, 444, 469, 604-5

Castelões, confeitaria (Rio de Janeiro), 114

Castro, Elisa Carolina Perret de, 60, 521

Catete, Palácio do (Rio de Janeiro), 51, 251, 347, *499*, 553

catolicismo, 10, 67, 184, 323, 408, 548, 550, 576; *ver também* Igreja católica

Catumbi, bairro do (Rio de Janeiro), 56-7, 154, 166, 176, 603

Cavalcanti, Antônio Holanda, 572

Cavalcanti, Coelho, 431, 461, 570

Cavalheiro, Edgard, 558, 567

Cecília Mariz (pseudônimo de Ribeiro Filho), 553

"Cedro de Teresópolis, O" (Lima Barreto), 186

Cemitério de Inhaúma (Rio de Janeiro), 78, 97, 185-6, 421, 574

Cemitério dos vivos, O (Lima Barreto), 12, 51, 278, 285, 370, 387-8, 394-5, 397-9, 418, 422, 468, 480-2, 502, 540, 559-60, 563, 608-9

Cemitério São João Batista (Rio de Janeiro), 42, 186, 385, 389, 485, 509, 609

Cendrars, Blaise, 453, 455-6

censos *ver* recenseamento

Centenário da Independência (1922), 415, 443, *444*, 445, 471-2, 483, 496, 609

Central do Brasil, 9-10, 74, 162-4, *169*, *171-2*, 175, *176*, 187, 315, 337, 436, 446, 501, 534-5, 568, 605

centro do Rio de Janeiro, 10, 18, 21-2, 24, 56, 58, 120, 133, 146, 163-6, 186, 315, 343, 458, 459, 482, 536, 603, 606, 609

Centro Liberal, 46

Centro Positivista do Brasil, 75

Centro Tipográfico 13 de Maio (Rio de Janeiro), 71

Cervantes, Miguel de, 320, 393

César, Júlio, 165

Chagas, Carlos, 139, 380, *445*

Chagas, Francisco Manuel das *ver* Itaipu, barão de

Chambellands, Santos, 143

Chamisco ou O querido das mulheres, O (folheto picaresco), 246, *248*, 606

Chateaubriand, François-René de, 282, 320

China e os chins, A (Lisboa), 387, 394

cholera morbus, 36, 517

choros, 178-9; *ver também* música; samba

Ciancio, Nicolao, 111, 122, 128, 527, 529, 604

Cidade do Rio (jornal), 48, 57, 59, 66, 80, 110, 112, 192, 518, 520-1, 523, 527, 529-30, 552

"Cidade Maravilhosa" (expressão de Coelho Neto), 373

cientificismo, 90, 550

Cigarra, A (revista), *402*, 403, *404*

cinema, 112, 136, 179, 409, 527

Cinematógrafo Edison, 112

Cinematógrafo Pathé, 136

circos cariocas, 135

Círculo de Petrachévski (Rússia), 393

Cirne, Almáquio, 404

Clapp, João, 63, 65-6

Clara dos Anjos (Lima Barreto), 12, 31-2, 42, 154-5, 163-4, 182, 257-8, 316, 319, 352, 359, 383, 406, 411-2, 414-5, 422, 425, 459, 463, 468, 475, 496, 502-3, 516-7, 536, 605, 609

"Clara dos Anjos" (conto de Lima Barreto), 406, *407*, 412

classe média, 22, 143, 166, 169, 195, 294, 333, 356, 410-2

classes, trens divididos em, 170, *171*, 172

Claye, Jules, 48, 59, 320, 603

Clemência (criada da família Lima Barreto) *ver* Vieira, Clemência da Costa

"Cló" (Lima Barreto), 262, 405, 545, 608

Clube da Reforma, 47, 518

Clube dos Democráticos (sociedade carnalesca), 191, 537

clubes abolicionistas, 30

COB *ver* Confederação Operária Brasileira

Cobra, Ercília Nogueira, 556

Coelho Neto, 23, 65, 113, 115, 129, 137, 139, 204, 225, 290, 298, 318, 331, 333, 335-6, 337, 373-5, 448, 494-5, 521, 531, 539, 558, 570, 574

Coelho, Horacio Gusmão, 526

"Coisa puxa a outra, Uma" (Lima Barreto), 293, 547

Coisas do Reino do Jambon (Lima Barreto), 101, 502, 573

coleção Lima Barreto (Fundação Biblioteca Nacional), 88

Colégio Abílio (Rio de Janeiro), 24

Colégio Diocesano (Olinda), 125

Colégio Paula Freitas (Rio de Janeiro), 101, 111, 118, 128, 347, 528, 553, 604

Colégio Pedro II (Rio de Janeiro), 24, 43, 45, 100, 347, 466,

527-8, 531, 546, 566, 576, 604; *ver também* Ginásio Nacional
Colégio Perret (Rio de Janeiro), 60
Colégio Santa Cândida (Rio de Janeiro), 37
Colégio Santa Rosa (Rio de Janeiro), 41, 49, 603
Colônias de Alienados (ilha do Governador), 10, 77-80, 84-7, 91-4, *95-6*, 103-6, 109-10, 122, 131, 141, 274, 278, 303-4, 391, 419, 524-5, 564, 603-4
colunas sociais, 192, 206, 308
"Com o 'Binóculo'" (Lima Barreto), 308
Combate, O (jornal), 177, 465
Comédia humana, A (Balzac), 165
Comissão Central da Imprensa Fluminense, 522
Comissão de Salubridade da Sociedade de Medicina do Rio de Janeiro, 79, 272
Commercio de S. Paulo, O (jornal), 75, 520, 531, 576
"Como o 'homem' chegou" (Lima Barreto), 275, 399, 545, 607
Companhia das Docas de D. Pedro II (Rio de Janeiro), 116
Companhia de Jesus, 150-1
Companhia Editora Nacional, 377
Companhia Ferro-Carril, 134, 168
Companhia Lírica Italiana, 122
Compêndio de história da literatura brasileira (Romero & Ribeiro), 138
"complexo de cor" de Lima Barreto, 122, 346, 379, 460
Comte, Augusto, 111, 120-1, 324, 433; *ver também* positivismo
comunismo, 351, 365, 554
Conceição, fazenda da (ilha do Governador), 83
Conceição, Francisca Rosa da, 518
Conceição, Geraldina Leocádia da (avó materna de Lima Barreto), 31-2, 36-7, 39-40, 258-9, 426
Conceição, Maria da (bisavó materna de Lima Barreto), 31-2, 39-40
Conde de Mesquita (ilha do Governador), 80, 85-6, 91, 93-4, 524
Confederação Abolicionista, 63, 65, 71
Confederação Operária Brasileira (COB), 294, 349, 362, 554, 556
Confeitaria Colombo (Rio de Janeiro), 114, 330
confeitarias cariocas, 114, 128, 134, 179, 244, 262, 289, 336-7
Congo, Jorge, 109
Congresso Internacional de Alienistas (Paris-1889), 87
Congresso Médico Latino-Americano (1904), 276
Congresso Nacional, 102, 125, 134, 244, 354
Congresso Operário Brasileiro (1906), 349, 554
Congresso Operário de Beneficência, 58
"Congresso Pamplanetário" (Lima Barreto), 353, 555
Congresso Universal de Raças (Londres-1911), 247, 320, 550
Congresso, Biblioteca do (Inglaterra), 340
Conselheiro, Antônio, 529
Constituição brasileira (1824), 38, 41

Constituição brasileira (1891), 25, 102, 232, 369, 377
Contestado, Guerra do (1912-16), 140
Copacabana, bairro de (Rio de Janeiro), 9, 182, 187, 296, 341
Copacabana, O (jornal), 292
"cor social", 117, 279, 390-1, 399, 403, 408, 413, 415, 425, 429, 474
Corcovado (Rio de Janeiro), 136, 444
"Cordão" (modinha de 1889 ou 1894), 259, 544
Cordeiro, Calixto, 337
Corografia do Brasil (livro escolar), 99
Corpo de Bombeiros (Rio de Janeiro), 68
Corrêa, Viriato, 228
Correia, David Antônio, 47
Correia, Leôncio, 374
Correio da Manhã, 61, 125, 138, 150, 192, 198, 211, 223, 225, 227, 229, 234, 240, 347, 492, 498, 605-6
Correio da Noite, 235, 278, 292, 298-9, 308, 312, 344, 351, 355
Correio da Tarde, 33, 517
Correio do Brasil, 516
Correio Mercantil e Instructivo, 44, 518
Correio Paulistano, 497
Correspondência ativa e passiva (Lima Barreto), 567, 571; cartas de Lima Barreto, 8, 76, 99, 103-5, 110, 149, 156, *190*, 198, 214-5, 228-9, 235, 239-40, 256, 310-1, 320, 325, 332, 338-9, 346, 352, 361, 365, 376-8, 381, 383, 387, 403-4, 432, 433, 436, *437*, 438, 446, 458, 463-4, 474, 482, 484, 502-3, 505, 509, 512, 531, 538, 542-3, 549, 552, 554-5, 560, 565-7, 571, 603, 605-6, 608-9
corrupção, 8, 211, 222, 243, 246, 421
cortiço de Laranjeiras, 22
Cortiço, O (Azevedo), 258, 423, 425, 514
cortiços, 23, 133, 139, 355, 530
Cosme Velho, bairro do (Rio de Janeiro), 22, 551
Costa d'África, 96-7, 420
Costa da Mina, 545
Costa do Ouro, 29
Costa, Carlos, 111
Costa, Cláudio Manuel da, 325
Cours de littérature française (Charles André), 319
Cousine Bette (Balzac), 212
Couto, Pedro do, 289, 554, 557
Cravo vermelho, O (Ribeiro Filho), 199, 202, 205, 345-6, 538, 553
Crime e a loucura, O (Maudsley), 156, 400
Crime e castigo (Dostoiévski), 212, 432, 441
Crispim, João (Confederação Operária Brasileira), 362, 556
Crítica e fantasia (Bilac), 331
Croiset, Alfred e Maurice, 319
Cruls, Gastão, 432, 436, 566
Cruz e Sousa, 16, 463, 513
Cruz, Cunha, 281, 546

Cruz, Oswaldo, 134, 140, 160-1, 376

Cuba, 29, 112, 153, 352, 527

cubismo, 446, 452

Cuffee, Paul, 213

Cunditt, Annie (professora), 99, 603

Cunditt, Gracie (professora), 99

Cunditt, William Henry (diretor), 99, 603

Cunha, Antônio Estêvão da Costa e, 84

Cunha, Euclides da, 116, 118, 138, 140, 156, 160, 330, 332, 400, 528-9, 533, 552

Cunha, João Itiberê da, 225

Cunha, Manuela Carneiro da, 250, 543, 552, 555, 568, 571

Curso Comercial do Liceu de Artes e Ofícios, 45, 59

"Curso de filosofia" (rascunho de Lima Barreto), 111, 153, 605

D

D. João VI no Brasil (Oliveira Lima), 325, 332, 531, 533

d'Eu, conde, 64, 72, 522

"Da minha cela" (Lima Barreto), 60, 400

Daltro, Leolinda, 248, 356, 470, 543, 555

danças, 178, 180, 263

dândis, 115, 211, 224, 330, 373

Dantas, José, 63, 66

Dantas, Manuel de Sousa, 64

Darwin, Charles, 242, 290, 315, 320, 427, 550

darwinismo racial, 9, 277; Lima Barreto e teorias raciais, 324; *ver também* racismo; teorias racias

darwinismo social, 201, 322, 348

Daudet, Alphonse, 282, 338

Debate, O (jornal), 350, 353-4, 363, 453, 555, 557, 569, 608

degeneração, conceitos de, 52-3, 57, 89, 152, 156, 253, 274, 276, 279-81, 283, 285-7, 322, 388, 393, 401, 494

del Picchia, Menotti, 449-50, 452-3

Delamarche, Alexandre, 99

Delamarche, Charles-François, 99

Delamarche, Félix, 99

Delany, Martin, 214

democracia, 12, 73, 346, 560

Dentro da noite (João do Rio), 228, 331

"Denúncia contra o chanceler?" (Lima Barreto), 357

Deodato, Alberto, 432, 566

Deodoro, bairro de (Rio de Janeiro), 170, 535

"Derrubada, A" (Lima Barreto), 298

Descartes, René, 111, 214, 398

desigualdades sociais, 29, 140, 363

"Destino da literatura, O" (Lima Barreto), 187, 430, 439, 440, 448, 466, 609

Determinismo y responsabilidad (Hamon), 320

Deuses de casaca, Os (peça de Machado de Assis), 291

Di Cavalcanti, Emiliano, 446, 449, 457, 485, 570, 574

"Dia de amor" (Ribeiro Filho), 198, 538

Diabo Coxo (pseudônimo de Lima Barreto), 605

Diabo e o trabalho, O (filme), 136

Diabo, O (revista humorística), 129, *131*, 142, 149-50, 605

Dialética da colonização (Bosi), 18

"Diálogo" (Noronha Santos), 197-8

Diário Carioca, 458, 498, 570, 575

Diario da Saude (jornal), 79

Diario de Noticias, 41, 47, 76, 105, 110, 192, 229, 317, 338, 459, *499*, 520, 522-3, 525-7, 536, 542, 552, 570, 575

Diario do Commercio, 47, 518, 525, 536, 553

Diário do Congresso, 295

Diário do hospício (Lima Barreto), 12, 272, 277, 284-5, 288, 370, 386-7, 394, 399, 418, 422-3, 468, 502, 559, 561, 608

Diario do Rio de Janeiro, 35, 174

Diário íntimo (Lima Barreto), 12, 20, 26, 32, 36, 51, 60, 66, 100, 111, 113, 118-9, 124, 132, 149, 151, 153-9, 161, 163, 189-91, 194, 210, 218, 221-2, 231, 254-5, 259, 261-2, 268, 270-2, 275-6, 280, 300, 312, *313*, 315, 323, 325, 354, 359, 377, 386-8, 391-2, 394-6, 399, 414, 418-9, 423-4, 426-8, 431, 460, 468, 478, 490, 502-4, 544, 576, 604-8

Diário Oficial, 59, 74, 326

Dias, Correia, 314, 316-8, 549-50, 607

Dias, Gonçalves, 302, 315, 398, 576

Dicionário de rimas (Bilac), 331

Dickens, Charles, 143, 211, 224, 338

Diderot, Denis, 320

Dierre Effe (pseudônimo de Ribeiro Filho), 346

Dieux ont soif, Les (Anatole France), 307

Dinfna, santa (Padroeira dos Insanos), 90

Dionesi, Giulietta, 72

direitos autorais, 214, 228, 290

direitos civis, 16, 408, 470

direitos das mulheres, 138, 556

diversões populares no Rio de Janeiro, 135-6, 179-80, 185

Divina comédia, A (Dante Alighieri), 390

"Divorciadas e o anel, As" (Lima Barreto), 471

divórcio, defesa do direito ao, 138, 198-9, 359, 365

doenças tropicais, 139-40, 160-1

doenças venéreas, 282, 286, 389

"Dois deputados, Os" (Lima Barreto), 296

Dom Casmurro (Machado de Assis), 139, 164-6, 310, 534, 570

Dom Quixote (Cervantes), 197, 304, 306, 311, 340, 346, 398, 442

Dostoiévski, Fiódor, 208, 212-3, 222, 260, 307, 320, 330, 333, 393-5, 398, 400-1, 432, 441, 467

Doutrina Monroe (EUA), 322

Dreyfus, Alfred, capitão, 531, 557

Dreyfus, Caso, 135, 531, 557

Du Bois, W. E., 214
Duarte, Eduardo de Assis, 327, 551
Dumas, Alexandre, 300, 547
Dumont, Santos, 133, 200
Duque Estrada, Alberto, *434*
Duque Estrada, Osório, 289, 290
Duque, Gonzaga, 143, 332, 447, 538
Duração dos atos psíquicos elementares nos alienados (Roxo), 279
Dutra, Pio, 472, 572

E

"École Normale des nègres, L'" (artigo jornalístico), 319
"Ecos" (seção de *Floreal*), 200, 202, 207
Edmundo Enéas Galvão (pseudônimo de Noronha Santos), 201, 539
Edmundo, Luís, 143, 290, 531, 547
educação escolar, 24, 31, 37, 48, 70, 158, 161; *ver também* instrução primária; instrução secundária
"Educação física" (Lima Barreto), 353
"Educação negativa" (Ribeiro Filho), 204
Educação sentimental, A (Flaubert), 212, 540
Egéria, ninfa (personagem mitológica), 242, 542
"Ele e as suas ideias" (Lima Barreto), 294
eleições presidenciais e campanha eleitoral (1909-10), 232-3, 239-40
Eliot, George, 213, 467
elites, 9, 12, 22, 24, 26-8, 30-1, 34-5, 39-40, 43, 53, 102, 135, 159, 165-7, 177, 181, 197, 209, 240, 244, 246-7, 297, 299, 310, 326, 393, 413, 416, 449, 496, 516
"Elogio da morte" (Lima Barreto), 477
"Elogio de amigo" (Lima Barreto), 417
Elói (afilhado de Lima Barreto), 367, 423
Em torno da educação (Moura), 556
"Em torno de Lima Barreto" (Buarque de Holanda), 338, 552, 570
Encantado, bairro do (Rio de Janeiro), 174, 535
Encilhamento, 151, 165, 534
Engenho de Dentro, bairro do (Rio de Janeiro), 56, 170, 174-5, 180, 409, 416
Engenho Novo, bairro do (Rio de Janeiro), 56, 131, 164, 167, 169, 174-6, 180, 183, 186, 281, 604
engenhos de açúcar, 82-3
enigma da Esfinge, 317, 549
Ensaio sobre a tristeza brasileira (Prado), 453
Ensaios de sociologia e literatura (Romero), 138
"Enterros de Inhaúma, Os" (Lima Barreto), 186, 462, 477
Entra, senhór!... (folheto picaresco), 246, *248*, 606
epilepsia, 52, 94, 110, 156, 208, 253, 277, 283, 377, 393, 399

Epoca, A (jornal), 209, 225, 228, 246, 284, *288*, 293, 301, 317, 357, 361, 607
Era uma vez... (João do Rio), 228
Eran (pseudônimo de Lima Barreto), 10
Esaú e Jacó (Machado de Assis), 139, 325, 331, 551
Escola Central (depois Escola Politécnica), 116, 528
"escola de d. Teresa" (colégio público carioca), 60-1
Escola Militar (Rio de Janeiro), 66, 116, 346, 532
Escola Naval (Rio de Janeiro), 66, 103, 299
Escola Normal (Rio de Janeiro), 45, 410, 528, 546, 550
Escola Politécnica (Rio de Janeiro), 11, 66, 101, *108*, 111, 115-6, 118-20, *121*, *123*, 124, 126-8, 130, 138, 142, 144-5, 149, 152, 155, 158, 189, 194, 198, 201, 290, 301, 324, 347-8, 351, 381, 509, 523, 528-9, 531-2, 571, 576, 604-6; círculo de amizades de Lima Barreto na, 128-30, 158; Lima Barreto abandona a, 127, 142, 189, 605
Escola Pública da Glória (Rio de Janeiro), 39
Escola Tropicalista Baiana, 52, 279; *ver também* Rodrigues, Nina
escolas públicas, 38-9, 59, 61, 84, 521, 603
escravizadas, 30-2, 36, 40, 42, 66, 81, 220, 258-9, 327-8, 420, 512, 517, 603
escravizados, 15, 21, 24-5, 27-32, 34, 36-8, 40, 49, 54, 61-2, 65-6, 69, 74, 80, 82, 84, 121, 139, 143, 153-5, 159-61, 191, 226, 259, 274, 327-8, 338, 343, 362, 409, 420, 422, 428, 475-6, 512, 515-8, 521, 563
Escritos e discursos literários (Nabuco), 139
Esfinge de Tebas (personagem mitológica), 317, 549
Esfinge, A (Peixoto), 213, 230, 331, 549
"Especialista, Um" (Lima Barreto), 425, 605, 607
especulação financeira e imobiliária, 165, 534
espiritismo, 10, 183, 195, 408, 570
Esplendor dos Amanuenses (confraria), 128, 147-8, 189, *190*, 294, 337, 345, 496, 605
Esporte está deseducando a mocidade brasileira, O (Süssekind de Mendonça), 178
Esquirol (lancha), 94, 117
Esquirol, Jean-Étienne Dominique, 94, 272
esquizofrenia, 468, 550
"Esta minha letra..." (Lima Barreto), 11, 144, 334
Estação Dom Pedro II (Central do Brasil), 65, 74, *162*, 534
Estação Theatral, A (revista), 243, 293-4, 542, 547
Estação, A (jornal ilustrado), 55, 519
"Estação, A" (Lima Barreto), 8, 536
"Estado atual das letras do Rio de Janeiro" (Lima Barreto), 375
Estado de S. Paulo, O, 118, 240, 306, 380, 451
"Estado de sítio" (Lima Barreto), 473
Estados Unidos (EUA), 10, 17, 26-7, 29, 52, 112, 117, 133, 154, 178-9, 193, 214, 247-8, 299, 319, 322-3, 351, 353-5, 443-4, 450-1, 471, 498, 524
Estética da vida, A (Graça Aranha), 452
Estrada de Ferro Central do Brasil *ver* Central do Brasil

estrangeirismos, 9, 345, 369, 414, 467

"Estrela, O" (Lima Barreto), 78, 105, 352, 513, 526, 604

Estudante russa, A (tela de Malfatti), 451

Estudos (Bertha), 358

Estudos de literatura brasileira (Veríssimo), 332

Eu (Augusto dos Anjos), 331

"Eu também..." (Lima Barreto), 471

eugenia, 381, 399, 558, 561

"Evolução da matéria, A" (Ribeiro de Almeida), 202

Évolution de la matière, L' (Le Bon), 202

Exaltação (Bertha), 357-8

exclusão social, 9, 11, 26, 158, 164, 218, 225, 231, 243, 408

Exército brasileiro, 33, 35-6, 45, 71-3, 102-3, 106, 118, 201-2, 233, 240, 293, 300, 304, 353

ex-líbris de Lima Barreto, *314*, 316-8, 607

Exposição do Centenário da Independência (1922), 443, *444*

Exposição Universal de Paris (1889), 71

expressionismo, 446, 451

F

"Face a face" (Pereira Barreto), 201

Faculdade de Direito do Rio de Janeiro, 122, 143, 196

Faculdade de Medicina da Bahia, 33

Faculdade de Medicina do Rio de Janeiro, 33, 35, 46, 57, 66-7, 79, 89, 120, 152, 280, 381, 399, 433

Fados, canções e danças de Portugal (João do Rio), 331

Falladora, A (jornal), 292

Família carioca, Uma (Ferraz), 566

Farpas, As (Queirós & Ortigão), 372

Fastos do Museu Nacional (Lacerda), 320

"Fatia acadêmica, Uma" (Lima Barreto), 329, 333, 608

Fatos e comentários (Spencer), 358

Faulhaber, mestre, 45

Faure, Claude, 351

Faure, Félix, 531

Fazenda, Vieira, 151

febre amarela, 139-40, 161, 226, 247, 469

Febvre, Lucien, 16, 513

Federação Brasileira pelo Progresso Feminino, 556

Federação de Estudantes Brasileiros, 124-5, 201, 353, 538, 604

Feiras e mafuás (Lima Barreto), 329, 404, 502, 603, 609

feitiçaria, 10, 183, 368, 408

Felisberto, João Cândido (Almirante Negro), 299

"Feminismo em ação, O" (Lima Barreto), 356-7

feminismo, feministas, 11, 17, 250, 332, 356-60, 413, 425, 470, 498, 543, 556, 571, 608

Fernandes, Fernando Lourenço, 523

Fernandes, Florestan, 564-5

Ferraz, Enéias, 431-2, 464, 483, 485, 566, 570, 573-4

Ferreira, Antônio Gonçalves, 109

Ferreira, Augusto Shaw, 290

Ferreira, João Luís, 128, 301, 548, 571, 604, 607, 609

Ferrez, Gilberto, 113, 518, 527

Ferrez, Marc, 113

Festa (revista), 566

festa da Penha (Rio de Janeiro), 140

Festa literária: Por ocasião de fundar-se na capital do Império a Associação dos Homens de Letras do Brasil, A (livro de 1883), 291

Festas à infância (Fonseca), 553

Fetiches e fantoches (Grieco), 464, 565, 570

Figaro, Le (jornal francês), 319, 456, 568

Figueiredo, Afonso Celso de Assis *ver* Ouro Preto, visconde de

Figueiredo, Jackson de, 307, 338, 364, 502, 548

Figuier, Louis, 61, 319, 509, 603, 609

"Filho da Gabriela, O" (Lima Barreto), 60, 605, 607

Filho das ervas (Malheiro), 557

fim do tráfico de escravos, 25, 27-30, 161

Finot, J., 320

Five o'clock (Carvalho), 228, 541

Flamengo, bairro do (Rio de Janeiro), 54-6, 166, 237, 265, 603

Flamme, La (revista), 320

flâneurs, 163, 467, 571

Flaubert, Gustave, 155, 163, 205, 208, 211-2, 307, 311, 320, 324, 330, 467, 497, 549

Fleiuss, Henrique, 45

Fleiuss, Max, 23, 45

Flexeiras (ilha do Governador), 82

Flick (pseudônimo de Lima Barreto), 296

Floreal (revista literária), 12, 118, 129, 188, 194-200, *201*, *202*, *203*, 205-9, 211, 213-6, 223, 230, 256-7, 294, 307, 311, 317, 319, 324, 330, 332, 337, 345-6, 359, 367, 380, 384, 413, 448-9, 538-40, 544, 551, 605-6

Floresta da Tijuca (Rio de Janeiro), 136

Floresta de símbolos (Turner), 424, 564

florianismo, 102, 346, 526; *ver também* Peixoto, Floriano, marechal

Fluminense Football Club, 136

Fluminense, O (jornal), 292, 294, 526, 547

Folha Nova, A (jornal), 45, 518

Folha, A (jornal): Lima Barreto entrevistado no hospício pela, 396-8, 552, 561, 608

folhetins, 189, 245-6, 300, 537, 553

Fon-Fon (revista), *191*, 192-4, 289, 320, 337, 346, 454, 537-8, 546, 569, 605-6

Fonseca, Deodoro da, marechal, 18, 73, 75-6, 81, 85, 102, 534, 537

Fonseca, Hermes da, marechal, 215, 232-3, 239-40, 242, 270, 275, 321-3, 403, 509, 522, 606

Fonseca, Pausílipo da, 150, 346, 348, 361-2

Fontes, Hermes, 149

football, primeiro jogo de (Rio de Janeiro-1901), 136

Forças Armadas, 73, 239

"Formigas e o prefeito, As" (Lima Barreto), 306

fotografia, pele escura e, 408, 562

fox-trot, 178

Fradique, Ribas, 149

France, Anatole, 307, 320, 371, 467

francesa, moda (no Rio de Janeiro do séc. xix), 112, 115, 133, 135

Francisco Alves, editora, 228, 331-2, 552

Franco, Bernardo de Sousa, 46

Franco, Manuel Fernandes, 82

Frank, Joseph, 512-3, 539, 561

Freitas, Alfredo de Paula, 101, 528

Freitas, Cipriano de, 56

Freitas, Esmaragdo de, 228, 531, 541-2

Freuderico (pseudônimo de Oswald de Andrade), 569

Freycinet, Louis de, 315

Freyre, Gilberto, 459, 502-4, 515, 570, 576, 609

Frontin, Paulo de, 116, 151, 532

funcionalismo público, 9-11, 22, 24, 105-6, 126, 130, 132, 142-3, 146, 155, 163-4, 166-9, 177, 180, 230, 234, 255, 270, 278, 295-6, 300, 326-8, 335, 348, 361, 382, 390, 411, 460, 466-7

Furtado, Manuel de Santa Catarina, abade, 85

futebol, 11, 136-7, 139, 178-9, 345, 358, 445, 492, 531, 609

"Futura capital, A" (Lima Barreto), 472, 572

futurismo, 19, 446-7, 450-9, 568

"Futurismo, O" (Lima Barreto), 450

G

Galdino, Pedro, 13, 518, 547, 574

Galeão, ponta do (ilha do Governador), 82, 84-5, 88, 93-4, 104-5, 603

"Galeões do México, Os" (Lima Barreto), 148, 348, 554

Galvão, Antônio Nunes, 48

Galvão, Mário, 339, 553

Gama, Basílio da, 302, 315

Gama, Domício da, 334

Gama, Luís, 16, 65, 143, 463, 513, 521, 532-3

Gândavo, Pero de Magalhães de, 302, 315

Garcia, Lucia, 13

Garnier, livraria (Rio de Janeiro), 114-5, 129, 135, 214, 217, 228, 237, 261, 318, 330-2, 335, 337, 355, 494

Garvey, Marcus, 214

Gates Jr., Henry Louis, 494, 574

Gato, ilha do (rj), 82, 523; *ver também* ilha do Governador

Gaultier, Jules de, 155-7, 319, 533, 605

Gazeta da Tarde, 61, 63-4, 66-8, 142, 144, 148, 192, 240, 252, 278, 292, 334

Gazeta de Noticias, 23-4, 41, 57-9, 66-7, 71, 80, 91, 110, 144, 192, 225, 307-8, 364, 385, 454, 492

Gazeta Suburbana, 465

Geel, colônia de alienados em (Bélgica), 90

Germinal (Zola), 153, 189, 190, 605

Geschichte von Brasilien (Handelmann), 315

Gil, Calixto, 129

Ginásio Nacional (Rio de Janeiro), *100*, 119, 604

Globo (café carioca), 114

Globo, O (jornal), 199, 211, 223, 225, 227, 540-1, 577, 605

Glória, bairro da (Rio de Janeiro), 39, 166, 443

Gobineau, Arthur de, 52, 156, 320, 550

Góis e Vasconcelos, Zacarias de, 46

Goldman, Emma, 250, 543

Gomes, Eduardo (tenente), 567

Gomes, Flávio, 71

Gómez, Juan Gualberto, 153

Gonzaga de Sá ver *Vida e morte de M. J. Gonzaga de Sá* (Lima Barreto)

Gonzaga, Tomás Antônio, 398

Górki, Maksim, 432

Gorro, O (revista portuguesa), 317

Governo Provisório (Primeira República), 74-6, 534, 537

Grã-Bretanha, 27-9, 34; *ver também* Império Britânico; Inglaterra

Gralha, Andréa da Silva, tenente, 13, 512

Grande Encyclopédie Française du Siécle XIXéme, 111, 605

Grandes invenções antigas e modernas nas ciências, indústria e artes: Obra para uso da mocidade, As (Figuier), 61, 319, 509, 603, 609

Graves e frívolos (Gonzaga Duque), 332

Greve, A (semanário libertário), 347, 350

greves operárias, 18, 102, 350-1, 361, 369, 444, 608

Grieco, Agripino, 432, 461, 464, 474, 482, 502, 565, 570-3

Guanabara, Alcindo, 335

Guanabara, baía de, 82, 88, 92, 102-3, 363, 523, 604

Guarani, O (Alencar), 300

Guaratiba, bairro de (Rio de Janeiro), 275, 435

Guarda Nacional, 47, 173

Guarda Negra, 71-2

Gudin, Eugênio, 121, 529

Guedes, Pelino, 141, 143

Guerra do Paraguai, 35-7, 46, 116, 522

Guerra dos Farrapos (1835-45), 35-6

Guerra e paz (Tolstói), 212

Guerra Social, A (jornal), 350, 550

Guilhobel, Joaquim Cândido, 272

Guinle, Guilherme, 121

Guizot, François, 119, 573

Gutiérrez, Edmundo, 291

Guyau, Jean-Marie, 333, 371, 441-2

H

Há uma gota de sangue em cada poema (Mário de Andrade), 452

Haeckel, Ernst Heinrich Philipp August, 52, 290, 320, 550

Haiti, 27

"haitismo", 27

Hallewell, Laurence, 331, 575-6

Hamon, Augustin Frédéric, 320, 351, 433, 566

Handelmann, Gottfried Heinrich, 315

Hardman, Francisco Foot, 528, 554-5, 575, 577

Hasslocher, Paulo, 330

Haussmann, barão, 134

"Henrique Rocha" (Lima Barreto), 142

hereditariedade, 52-3, 56, 152, 156, 279, 281-3, 286-7, 391, 494

High Life Club (Rio de Janeiro), 256

High-Life (balneário carioca), 55

higienismo, 57, 137, 160, 243, 554

Hino da Proclamação da República (1890), 69, 229

hipercinese cardíaca de Lima Barreto, 234, 271, 360, 606

histeria, 286

História de João Crispim (Ferraz), 432, 464, 483, 566

"História de quinze dias" (Machado de Assis), 327

"História de um mulato" (Lima Barreto), 423, 564

"História macabra" (Lima Barreto), 186

"História triste" (Lara), 201

Histórias e sonhos (Lima Barreto), 121, 127, 262, 290, 317, 405-6, 464, 493, 502, 512, 529, 544-5, 554, 558, 562, 572, 576, 607-8

Holanda, Henrique, 374

Holanda, Sérgio Buarque de, 24, 338, 447, 449-50, 457-60, 502, 515-6, 552, 568, 570, 575-6, 609

Homem amarelo, O (tela de Malfatti), 451

"Homem da ficha antropométrica e do uniforme pandemônio: Lima Barreto e a internação de 1914, O" (Schwarcz), 545, 559

"Homem das mangas, O" (Lima Barreto), 469, 528

Homem delinquente, O (Lombroso), 53

"Homem que sabia javanês, O" (Lima Barreto), 252, 369, 544, 606-7

Homens e coisas estrangeiras (Veríssimo), 332

Homme et la Terre, L' (Reclus), 567

Hommes et les théories de l'anarchie, Les (Hamon), 566

homossexualidade, 223-4, 373

Horto de mágoas (Gonzaga Duque), 332

Horton, J. A., 214

Hospício de Pedro II (Rio de Janeiro), 79-80, 85-6, 271, 274, 527

Hospício do Juqueri (São Paulo), 87, 280

Hospício Nacional de Alienados (Rio de Janeiro), 12, 79-80, 85-6, 88-9, 105, 141, 152, 271, 273, 274, 279, 281, 283, 370, 386-7, 392, 400, 431, 524-6, 533, 545-6, 560-1, 607-8

Hospital Central do Exército (Rio de Janeiro), 369, 377, 383, 388, 433, 607-8

Hospital São Sebastião (Rio de Janeiro), 50, 73

Hotel Novo Democrata (Rio de Janeiro), 461, 608

Houaiss, Antônio, 502, 517, 549, 576-7

Huberto, o Pavoroso (colega de Lima Barreto), 152

Hugo, Victor, 135, 320, 547

Humaitá, bairro de (Rio de Janeiro), 242

Humilhados e ofendidos (Dostoiévski), 212, 540

I

Igreja católica, 10, 86, 118, 183, 250, 365, 477, 548

ilha do Governador (Rio de Janeiro), 10-1, 13, 15, 18, 77-80, 82-9, 91, 94, 96-8, 103, 105, 109-10, 124, 128, 131, 141, 152-3, 156-7, 269, 271, 274, 276, 278, 285, 296, 303-5, 352, 380, 391-2, 419-20, 435, 460, 472, 501, 512, 524-7, 564, 572, 603-4

Ilha dos pinguins, A (Anatole France), 371

Illustração Brasileira (revista), 23, 45, 266-7, 293, 404, 551, 607

imigração, imigrantes, 22, 24, 111-3, 139, 160, 167, 187, 208, 322, 349-50, 415, 428, 527, 572

impaludismo, 271, 360; *ver também* malária

Imparcial, O (jornal), 244, 299, 537, 538, 542-3, 546-7, 560-1, 575

Imperial Associação Tipográfica Fluminense, 48, 71

imperialismo moderno, 528

Império Britânico, 27

Império do Brasil, 21, 26, 29, 31, 33, 34, 38-9, 41, 43-4, 46-7, 54, 62, 65, 71-4, 79-80, 85-6, 101-2, 110, 112, 115-6, 122, 136, 147, 172, 202, 272, 291, 295, 326-8, 368, 420-1, 516, 523; *ver também* Segundo Reinado

"Importação inútil" (Lima Barreto), 382

Imprensa Nacional, 47-8, 56, 59, 74, 76, 304, 326, 603

Imprensa, A (jornal), 289, 307, 606

Impressões de leitura (Lima Barreto), 188, 502, 512, 609

Inácio Costa (pseudônimo de Lima Barreto), 10, 296

Inácio de Loiola, Santo, 150

indenizações a senhores de escravos, 30, 38, 54, 62, 65-6, 69, 80

"indenizista", movimento, 69

Independência do Brasil (1822), 21, 71, 415, 443, 444, 471-2, 609

independência, processos de (América), 27

indianismo, 190, 446

indigenista, movimento, 190, 248, 356, 447

indigentes, 80, 85, 274, 387, 395, 399, 482, 524

índios, 248-50, 263, 323, 356, 543, 568

industrialização do Brasil, 133, 349-50

Ingenieros, José, 433

Ingênuo (pseudônimo de Lima Barreto), 296

"ingênuos", 31, 37-8, 327

Inglaterra, 412, 469, 550, 571; *ver também* Grã-Bretanha; Império Britânico

Inhaúma, bairro de (Rio de Janeiro), 78, 97, 164, 175, 183, 185-6, 379, 421, 462, 476-7, 485, 509, 511, 530, 574

inserção social, 25-6, 37, 54, 127, 329, 423

Instituto Artístico (Rio de Janeiro), 41, 45

Instituto Comercial (Rio de Janeiro), 41, 43-5

Instituto de Música (Rio de Janeiro), 410

Instituto Histórico e Geográfico Brasileiro, 115, 316, 546

instrução primária, 25, 38, 39, 41, 528

instrução secundária, 38, 41, 528

insurreições, 26, 140, 387

internações psiquiátricas de Lima Barreto, 12; primeira (1914), *254*, 271, *273*, 275-6, 278, 281, 284, 435, 607; segunda (1919), *370*, 386-90, 392, 395-6, 399, 608; *ver também* Hospício Nacional de Alienados

Ironia e piedade (Bilac), 331

Isabel, princesa, 22-3, 62-4, 67-9, *70*, 72, 421, 519, 522, 603

Isaías Caminha ver *Recordações do escrivão Isaías Caminha* (Lima Barreto)

Itacolomi (ilha do Governador), 82

Itaipu, barão de, 144, 146, 215, 532

italianos, imigrantes, 22, *168*, 349, 428, 527

Itamaraty, 334, 336, 351

J

J. (pseudônimo de Lima Barreto), 296

J. Caminha (pseudônimo de Lima Barreto), 296

J. dos Santos (pseudônimo de Medeiros e Albuquerque), 542

J. Hurê (pseudônimo de Lima Barreto), 296

Jacarepaguá, bairro de (Rio de Janeiro), 87, 115, 167, 412, 509-20, 609

jacobinismo, 102

Jamegão (pseudônimo de Lima Barreto), 296

Japeri (RJ), 170, 535

Jeca Tatu (personagem de Lobato), 381

Jerminal, O (jornal), 350, 556

João Barafunda (pseudônimo de Coelho Cavalcanti), 431, 461, 570

João Crispim (pseudônimo de Lima Barreto), 296, 458

João das Regras (pseudônimo de Machado de Assis), 327

João do Rio (pseudônimo de Paulo Barreto), 223-5, 228, 309, 331-2, 364, 373, 381, 385, 531, 541, 558, 609

João vi, d., 21-2, 27, 33, 43, 83, 91, 93, 109, 116, 150, 532, 605

Jobim, José Martins da Cruz, 79

Jockey Club (Rio de Janeiro), 138, 292

jogo do bicho, 135, 531

Jonathan (pseudônimo de Lima Barreto), 10, 115, 296, 443, 469-72

"Jornais e Revistas" (seção de *Floreal*), 200

Jornal do Brasil, 141, 196, 310, 385, 492, 494, *503*

Jornal do Commercio, 22-3, 35, 46, 58, 75, 106, 252, 278, 291, 300-1, 319, 336, 338, 457, 603, 606

Jornal, O, 385, 492

jornalismo, 12, 66, 99, 126, 128, 148, 150, 158, 180, 191, 198, 208, 210-3, 219, 224-5, 227, 229-30, 234-5, 295, 301, 330, 348, 362-4, 369, 394, 400, 405, 521, 536, 538, 539-41, 558, 566, 576, 604; Lima Barreto ataca a imprensa e o "jornalismo burguês", 209, 211, 225-6, 228-9, 235, 294

jornalistas, 8-9, 11, 75, 77, 115, 143, 160, 189, 197-201, 204, 211-2, 215, 219, 223, 225-9, 232, 240, 247, 299, 304, 309, 325, 333, 335, 348, 363, 421, 432, 605

judeus, 322, 516, 531, 557

Judiciário, Poder, 47, 357

Julian, Rodolphe, 559

K

K. Lixto (pseudônimo de Calixto Cordeiro), 337, 552

Kehl, Renato, 381, 399, 561

Khmer Vermelho (Camboja), 340

Klaxon (revista), 19, *430*, 447-52, 454-9, 497, 502, 609

Klein, Herbert, 25, 515

Kodak (filmes fotográficos), 408, 562

Kosmos (revista), 537

Kropótkin, Piotr, 199, 345, 348, 352, 433, 554

Kubitschek, Juscelino, 572, 575-6

L

L. B. (pseudônimo de Lima Barreto), 296, 572

La Fontaine, Jean de, 320

Labanca, Tomás, 200, 206

Lacerda, João Batista de, 247, 320-3, 543, 550

Lacerda, Maurício de, 363, 556

Laemmert, livraria (Rio de Janeiro), 114, 332, 337, 552

Laet, Carlos de, 59, 74-5, 520

Lafetá, João Luiz, 568, 575

Lago, Cândido, 225

Lahuerta, Milton, 567

Lajolo, Marisa, 534, 558, 567

Lanterna, A (jornal estudantil), 124-6, 128, 145, 149, 349, 373, 604; colaboração de Lima Barreto na, 125-8

Lapouge, Georges Vacher de, 52

Lara, Carlos de, 201

Laranjeiras, bairro de (Rio de Janeiro), *20*, 21-4, 281, 372, 460, 514, 576, 603

latifúndios, 25, 117, 381, 528

"Lavoura na ilha do Governador, A" (artigo de João Henriques Lima Barreto), 91

Le Bon, Gustave, 202, 320, 550

Leal, Aurelino, 382

Leal, Francisco de Assis, 518

Leblon, quilombo do, 65, 521

Lei Áurea (1888), 53-4, 59-60, 62, *63-4*, 66, 68-9, 71-2, 80, 120, 362, 409, 428, 475, 522

Lei do Sorteio (para o serviço militar obrigatório — 1906), 201

Lei do Ventre Livre (1871), 30-1, 38, 53, 62

Lei dos Sexagenários (1885), 30, 53-4, 80

Lei Eusébio de Queirós (1850), 28

Leite Ribeiro, livraria (Rio de Janeiro), 331, 455

Leite, Eufrásia Teixeira, 21

Lélio (pseudônimo de Machado de Assis), 327

Lemos, Miguel, 75

Lenoir, Carlos, 129, 337

Leocádio (interno da Colônia de Alienados), 103

Léry, Jean de, 315

Lessa, Pedro, 333

Leucht, Deodoro, 203, 607

Leuenroth, Edgar, 436

Leuenroth, Edgard, 349

Levante anarquista (Rio de Janeiro-1918), 553, 608

liberalismo, 51-2, 554

Liberato, O (Azevedo), 113

Libertad de Vientres, lei da (América espanhola), 30

"Libertas alma mater. A S. A. Imperial Regente, a Confederação Abolicionista. 13 de maio de 1888" (dístico), 65

Libertinagem (Bandeira), 57

libertos, 24-5, 31, 34, 36-8, 40-1, 54, 62, 66, 72, 80, 153, 226, 259, 329, 420

Lição de anatomia do dr. Tulp, A (Rembrandt), encenação jocosa do quadro, *374*

licenças médicas de Lima Barreto, *159*, 234, 271, 289, 357, 360, 369, 377, 383, 526, 605-8

Liceu de Artes e Ofícios (Rio de Janeiro), 45, 59, 67

Liceu Popular Niteroiense, 98-9, 111, 526, 603-4

Liga Contra o Football, 137

Liga dos Aliados, 351-2, 363

Liga Suburbana de Football, 492

Lima Barreto — Mulato, pobre, mas livre (enredo da Escola de Samba Unidos da Tijuca — 1982), 609

Lima Barreto & Simões (comércio de secos e molhados), 175

"Lima Barreto no hospício" (entrevista de *A Folha*), 396, 561

Lima Barreto: Uma autobiografia literária (Arnoni Prado), 513, 549, 553, 568

Lima, Alceu Amoroso, 502, 576, 609; *ver também* Tristão de Ataíde

Lima, Hermeto, *269*, 280-1, 546

Lima, Oliveira, 138, 306, 325, 332, 364, 502, 531, 533, 548, 553, 607, 609

"Limana" (biblioteca de Lima Barreto), 10, 12, 100, 155, 291, 314-20, *321*, 324, 340-1, *342-3*, 348, 371-2, 383, 398, 404-5, 414, 433, 436, 464, 468, 474, 484, 509, *510*, 511-2, 525, 540, 550, 562, 603, 608-9

Lira, Heitor, 125

Lisboa, 214, 223, 270, 606

Lisboa, Henrique C. R., 387

"Literatura e política" (Lima Barreto), 373

literatura francesa, 99-100, 112, 135, 207, 371-2, 573

"literatura militante", 13, 209, 326, 371-2, 375, 380, 382, 439, 512

"Literatura militante" (Lima Barreto), 371-2

literatura russa, 12, 208, 212, 222, 320, 372, 393, 432, 441, 497, 512

Livramento, morro do (Rio de Janeiro), 326

Livraria Clássica Editora (Lisboa), 214, 606

livrarias cariocas, 114, 135, 337, 455, 607-8

Livro de Observações (Instituto de Psiquiatria da UFRJ — 1914), 277

Lobato, Monteiro, 325, 332, 377-8, 380, 403, 436, *437*, 438, 451, 455, 464, 558, 566-7, 569, 608-9

Lobo, Helio, 384

Lobo, Silveira, 25

Loiola, Toledo de, 149

Lombaert, livraria (Rio de Janeiro), 114, 337

Lombroso, Cesare, 53, 57, 279, 460, 520, 541

Lopes, Domingos de Castro, 556

Lopes, Orlando Correia, 351, 363

loucura, pesquisa e tratamento da (Rio de Janeiro — séc. XIX), 79, 86-7, 89-91

Louverture, Toussaint, 27

Lucas Berredo (pseudônimo de Lima Barreto), 296

"lugares de memória", 508

Lumière, irmãos, 112

Lusitania (revista), 338

Lutz, Bertha, 556

Luz, Fábio, 128, 306, 330, 347, 363, 551, 554, 556, 607

Luzia-Homem (Olímpio), 139, 332

M

Macaúbas, barão de, 23-4, 515

Macedo, Joaquim Manuel de, 150, 315, 398, 518

Machado, Gilka, 307, 356, 555-6, 566, 570

Machado, Irineu, 471

Machado, Pinheiro, 205, 239-40, 242

macumbas, 10, 183; *ver também* religiões afro-brasileiras

Macunaíma (Mário de Andrade), 306, 453, 457, 497

Madame Bovary (Flaubert), 155, 163

Madureira, bairro de (Rio de Janeiro), 170, 180, 183, 535

mãe preta, figura da, 259

"Mãe Quirina" *ver* "Babá" (Lima Barreto)

Mãe tapuia (Medeiros e Albuquerque), 331

Magalhães Júnior, Raimundo, 461, 520, 528, 531, 542, 551, 570

Magalhães, Adelino, 432, 566

Magalhães, Couto de, 315

Magalhães, Fernão de, 315

Magalhães, Geraldo, 136

Magalhães, José de Seixas, 65

Magalhães, Teodoro, 556

Magalhães, Valentim, 59, 521

Magnan, Valentin, 274

Maia, Alcides, 229, 475, 542

Maia, Santos, 143, 557

"Maio" (Lima Barreto), 61, 514

"Mais uma vez" (Lima Barreto), 359

malandragem, 257, 395, 403, 410, 423

malária, 11, 81, 139, 271, 603, 606

Malazarte (Graça Aranha), 452

Malfatti, Anita, 446, 449, 451-2, 457, 569

Malheiro, Carlos, 371, 557, 570

Malho, O (jornal), *141, 176*

Mallet, Pardal, 447

Malvólio (pseudônimo de Machado de Assis), 327-8

"Manel Capineiro" (Lima Barreto), 352

"Manifestações políticas" (Lima Barreto), 335

"Manifesto antropófago" (Oswald de Andrade), 447, 496, 568, 574

Manifesto da poesia pau-brasil (Oswald de Andrade), 456

"Manifesto do futurismo" (Marinetti), 568

"Manifesto maximalista" (Lima Barreto), 198, 364, 608

Manual do aprendiz compositor (Claye), 48, *49*, 59, 320, 603

"Manuel de Oliveira" (Lima Barreto), 78, 419, 525

Manuscrito holandês (Proença), 576

"Marcas da infância na vida de Lima Barreto" (Miceli & Pontes), 514

Marc-Aurèle et la fin du monde antique (Renan), 302

Marco Aurélio e seus irmãos (texto inacabado de Lima Barreto), 31-2, 36, 153-4, 563, 605

Marginália (Lima Barreto), 351, 404, 423, 427, 477, 502, 609

Margiocco, Garcia, 493-4, 574

Mariano Filho, José, 509, 512, 550, 577, 609

Mariano, Olegário, 22, 307, 439, 486

Marinetti, Filippo Tommaso, 448, 450-1, 453, 455-7, 459, 568

Marinha brasileira, 34, 41, 68, 73, 84, 88, 102-3, 261, 529

Mário Sobral (pseudônimo de Mário de Andrade), 452

Mártir pela fé (Fonseca), 347, 553

Martius, Karl Friedrich Philipp von, 310, 315, 549

Marx, Karl, 351

Massi, Augusto, 386, 543-6, 559-65, 571, 573-4

"matadores de mulheres", 470; *ver também* uxoricídio

Mata-Porcos (Rio de Janeiro), 85

"Matemática não falha, A" (Lima Barreto), 474

Matos, Gregório de, 302, 315

Matos, Mário, 364

Mattos, Hebe, 25, 560

Maudsley, Henry, 156-7, 400-1, 533

Maupassant, Guy de, 211, 338, 467

Maurício, ilhas, 27

Maurício, Manuel Marques, 175-6

Mawe, John, 315

Maxambomba (depois Nova Iguaçu, RJ), 169, 179, 535

"maximalismo", 198, 363-5, 382, 608

"Medroso, O" (Oswald de Andrade), 511

Méier, bairro do (Rio de Janeiro), 56, 137, 152, 166-9, 174-80, 183, 185, 409, 412

Meireles, Cecília, 317, 566

Meireles, Vítor, 68

Melo, Custódio de, almirante, 102, 104

Melo, Edmundo da Cunha, 128

Melo, Heitor, 149

Melo, Henriques Guedes de, 105

Melville, Herman, 143

Memorial de Aires (Machado de Assis), 139, 331, 551

memorialismo, 393, 400

Memórias de um sargento de milícias (Almeida), 258, 564

Memórias póstumas de Brás Cubas (Machado de Assis), 310, 325, 494

mendigos, asilo de (ilha do Governador), 79-80, 85, 96, 524

Mendonça, Carlos Süssekind de, 178, 383, 432, 536, 566

Mendonça, Lúcio de, 114, 337, 536, 576

Mendonça, Manuel Curvelo de, 128, 194, 205, 330, 345, 551

Mendonça, Salvador de, 559

Meneses, Emílio de, 126, 143, 194, 289-90, 384-5, 537, 559, 608

Menezes, Bezerra de, 46

Mercure de France, 155, 200, 207-8, 488, 539

Mercure galant, Le (revista francesa do séc. XVII), 207

Mercúrio (Azevedo), 113

Mérode, Cléo de, 200, 539

mestiçagem, mestiços, 11, 18, 24, 52-3, 57, 139, 183, 187, 247, 253, 259, 276, 283-4, 320, 322-3, 369, 416, 423, 426, 428, 445, 447, 460, 503; ver também miscigenação racial; mulatos; pardos

"Meu almoço, O" (Lima Barreto), 59, 570

"Meu poeta futurista, O" (Oswald de Andrade), 457, 570

Mil e uma noites, histórias das, 475

militarismo, 232, 240, 351, 354

Milliet, Sérgio, 449

Milton, John, 278

Minas Gerais, 30, 41, 81, 134, 239-40, 347, 349, 392, 435, 447, 572

minas, africanos, 15, 405, 545

Mindlin, José, 14, 231, 505, 512

Minha formação (Nabuco), 332

Ministério da Agricultura, 607

Ministério da Guerra, 116, 215, 271, 283, 306, 311, 357, 383, 460

Ministério da Indústria, Viação e Obras Públicas, 532

Ministério das Relações Exteriores, 566

Ministério do Império, 116

Ministério do Interior, 302, 524

Miranda Reis, barão, 522

Miranda, Veiga, 214

Mirassol (SP), 435, 436, 438-9, 442-3, 566-7, 609

miscigenação racial, 11, 276-7; ver também mestiçagem, mestiços; mulatos; pardos

Miserere (Ribeiro Filho), 553

"Miss Edith e seu tio" (Lima Barreto), 265, 266-7, 268, 298, 305, 607

missa campal em ação de graças pela abolição (17 de maio de 1888), 67, 68-9, 70, 603

misticismo, 140, 476

moçambiques, africanos, 32

modernismo, 443, 445-7, 450, 452-3, 459, 494, 496-7, 504, 541, 550, 559, 574-6; ver também Semana de Arte Moderna

modinhas, 179, 258-9, 302, 406, 409-12, 426, 544, 562

mofumbes, africanos, 15

"Moleque, O" (Lima Barreto), 10, 60, 183, 379, 405, 478, 512, 608

Molière, Jean-Baptiste Poquelin, dito, 398

Momento de Inércia (pseudônimo de Lima Barreto), 126, 149, 604

Momento literário, O (João do Rio), 229, 331

monarquia, 71-5, 133, 135, 139, 240, 300, 304, 421, 522, 603

monista, filosofia, 452

"monroísmo" (EUA), 322

Monte Cassino, batalha de (Itália), 340

Monteiro Júnior, Domingos Jaci, 91, 525-6

Monteiro Lobato & Cia. (editora), 377

Monteiro, Cândido Borges, 36

Monteiro, Domingos, 272

Monteiro, João, cônego, 66

Monteiro, Ortiz, 126, 529

Montenegro, Olívio, 432, 566

Moraes, Rubens Borba de, 509, 577

Morais, Evaristo de, 348

Morais, Gilberto de, 207

Morais, Luís, 556

Morais, Luís Mendes de (coronel), 109

Morais, Melo, 315

Morais, Prudente de, 109, 118, 159, 239, 346, 473, 604

Moreira, Delfim, 608

Moreira, Juliano, 87, 157, 281, 283-4, 387, 389-90, 394, 397, 504, 523-4, 546

Moreira, Nicolau, 63

Morel, Bénédict-Augustin, 274, 283, 320, 550

"morenas", 11, 426

"morenos", 11, 24, 410, 415, 417, 426

Morrison, Toni, 429

Moses, Herbert, 125

Motta, Benjamin, 349

Moura, Maria Lacerda de, 556

"Mudança do Senado, A" (Lima Barreto), 514

Mulata, A (Malheiro), 557

"mulatas", 21, 42, 154, 158, 257-9, 264, 409-10, 413, 417, 425-6, 544, 562-4

"mulato", etimologia espanhola da palavra, 259, 416

"mulatos", 18, 33, 122, 158, 222-3, 259, 277, 288, 402, 416-7, 422-8, 463, 485, 497, 504, 515, 564

Mulher de cabelos verdes, A (tela de Malfatti), 451

Mulher é uma degenerada?, A (Moura), 556

Müller, Lauro, 134, 151, 376, 535

Mundo Literario, O (revista), 463, 570, 609

Museu Nacional (Rio de Janeiro), 247, 320-2

música, 41, 66, 95, 120, 136, 178, 241, 257-8, 263-4, 409-10, 415, 475, 498, 526, 544

Mystères de Paris, Les (Sue), 300

N

Na Barricada (revista), 320, 350-1, 363, 550

Na Estacada (panfleto quinzenal), 205

Nabuco, Joaquim, 21, 58, 63, 65-6, 115, 138-9, 325, 332, 334, 514, 550, 552

Nação, A (jornal), 518

nacionalismo, 35, 93, 102, 209, 249, 312, 331, 447, 497, 568

Nássara, Antônio Gabriel, 506, 577

naturalismo, 317-8, 331, 333, 419, 555; ver também realismo

Nazaré, Agripino, 364, 556

"nefelibatas", literatos, 129, 339

Negrinha (Lobato), 325

"negrismo", Lima Barreto influenciado pelo, 153, 155, 190, 213, 218, 231, 533

"negritude" (movimento dos anos 1930), 533

Negro no mundo dos brancos, O (Florestan Fernandes), 565

Negros, Os (esboço de peça de Lima Barreto), 153, 605

Nei, Paula, 65, 447

Neiva, Artur, 380

Nemo (pseudônimo de João Henriques), 93-4, 525

Nemo (pseudônimo de Lima Barreto), 128

neoparnasianismo, 373, 384; *ver também* parnasianismo

Nero, imperador romano, 165

neurastenia, 144, 282, 317, 388, 468, 604, 607

Névrose (Morel), 320

Newton, Isaac, 126

Nicomedes (irmão de Lima Barreto, falecido prematuramente), 54, 603

Nietzsche, Friedrich, 155, 208, 320, 358, 401

Niterói (RJ), 32, 98, 103, 105, 179, 272, 347, 395, 533

"No ajuste de contas..." (Lima Barreto), 364, 608

Nóbrega, Manuel da, 316

Nogueira, Oracy, 520, 562-3

Noite, A (jornal), *238*, 240, 242-3, 245-6, 281, 284, 296, 308-9, 319, 365, 465, 607

"Noivado na montanha, O" (conto de Evangelina Barreto), 81

Noronha, Antônio Alves de, 523

"Nós! Hein?" (Lima Barreto), *295*

"Nossa *matinée*" (Lima Barreto), 126

Nossa Senhora da Glória, imagem/matriz de, 477, 603

"Nosso caboclismo, O" (Lima Barreto), 249

"Nosso feminismo, O" (Lima Barreto), 470

"Nosso secretário, O" (Lima Barreto), 235

Notas sobre a República das Bruzundangas (Lima Barreto), 365

"Notas... verdadeiras e falsas, recolhidas e em circulação" (Lima Barreto), 294

Noticia, A (jornal), 177, 229, 346

Nouvelle Géographie universelle (Reclus), 567

Nouvelle Revue, 455

"Nova Califórnia, A" (Lima Barreto), 232, 252-3, 293, 511, 544, 606-7

"Nova canção de Dixie" (Mário de Andrade), 497, 575

Nova Era (revista), 352

"Novo manifesto, O" (Lima Barreto), 298

Novo Rumo (semanário libertário), 347

Numa e a ninfa (Lima Barreto), 12, 142, 232, 238, 240, 243-6, 248, 250, 255, 319, 365, 404, 417, 424, 479, 502, 541, 576, 606-7

Numa Pompílio, rei da Roma antiga, 240, 542

"Número da sepultura, O" (Lima Barreto), 183

O

"O que o 'Gigante' viu e me disse" (Lima Barreto), 363

Oiticica, José, 111, 128, 338, 347, 363, 527, 550, 552-4, 604, 608

Oito anos de Parlamento (Afonso Celso), 251, 543

Olho do mapa, vozes do chão. Cartografia e Geoestratégia do romance brasileiro (1870-1970) (Melo), 514, 551

oligarquias, 9, 212, 294, 363, 532, 567

Olímpio, Domingos, 139, 332

Olinto, Plínio, 54

Oliveira, Arquimedes de, 257

Oliveira, Manuel de (Manuel Cabinda), 14-5, 19, 96-7, 131, 153, 328, 419-21, 479, 481

operariado, 22-3, 102, 113, 125, 163, 168-70, 181, 190, 294, 347-51, 355, 362-3, 369, 385, 402, 427-8

Opinião Liberal (jornal), 36, 517

ópio, tratamentos psiquiátricos com, *273*, 274, 277, 283, 285-6, 392

Ordem e Progresso (revista cívico-literária), 292-3

Ordem, A (revista), 548, 576

"organicismo", conceito de, 274

orientalismo, 331

Ornelas, Amaral, 461, 570

Ortigão, Ramalho, 372

Osório, José Basson de Miranda, 72

Otávio, Rodrigo, 475, 576

Otoni, Teófilo Benedito, 46

Ouro Preto, visconde de, 41-2, 46-7, 51, 54, 59-60, 72-4, 76-7, 81, 91, 98, 127-8, 251, 310, 337, 603, 606

Ouvidor, rua do (Rio de Janeiro), 9-10, 58, 63, 66, 76, 112, 114-5, 136, 177, 179, 200, 262, 297, 299, 337, 372, 398, 400, 412, 414, 439, 483, 518

P

Pacheco, José Félix, 301

Paço Imperial (Rio de Janeiro), 41, 63, *64*, 65-6, 68, 70, 72, 522, 603

"Pai contra mãe" (Machado de Assis), 328

Paixão de mulher, Uma (Cecília Mariz/Ribeiro Filho), 553

Paiz, O (jornal), 67, 79, 109-10, 227, 232, 289, 291, 309, 337, 347, 365, 371, 381, 492

"Palavras de um *snob* anarquista" (Lima Barreto), 294, 362

Palhares, Juliano, 207

pan-americanismo, 322, 548

Panorama da literatura brasileira (Peixoto), 213, 540

Papão, O (Lima Barreto & Noronha Santos), 232, *233*, 509, 606

Paradise Lost (Milton), 278

Paraíso do Rio (cinema carioca), 136

Paranaguá, João Lustosa da Cunha, 46

Paranapuã, 82; *ver também* ilha do Governador (Rio de Janeiro)

Paranhos, José Maria da Silva *ver* Rio Branco, barão do

"Paranoia ou mistificação" (Lobato), 451, 569

"pardas", 11, 285, 390, 425-6, 487

"pardo", etimologia portuguesa da designação, 390

"pardos", 11, 24, 105, 187, 260, 276-7, 390-1, 408, 415, 417, 425-7, 560, 563

Parisot, Mme. Jeanne, 111-2

parnasianismo, 139, 318, 331, 339, 446, 448, 457, 466, 497, 558

Parque de Material Bélico da Aeronáutica (Rio de Janeiro), 13, *14*

Parque Fluminense (largo do Machado), 136

Partido Comunista do Brasil, 496, 539, 575

Partido Conservador, 23, 28, 569

Partido Federalista, 102

Partido Liberal, 46, 59, 72, 74, 81, 603

Partido Operário Independente, 347, 361, 553, 556

Partido Republicano, 46, 73, 102, 239-40, 248, 356, 558

Partido Republicano Feminino, 356

Partido ultramontano, O (Nabuco), 58

Pascoais, Teixeira de, 296

Pascoal, confeitaria (Rio de Janeiro), 114

"Passeio pela ilha do Governador, Um" (Lima Barreto), 88

Passeio Público (Rio de Janeiro), 56, 129, 298, 483

Passos, Guimarães, 136, 143, 558

Passos, Pereira, 116, 134, 166, 219, 226, 530, 532

Patria, A (jornal), 385

patriarcalismo, 36, 138, 147, 250, 259

patriotismo, 12, 106, 125, 159, 298, 302-4, 306-9, 312, 352, 369, 497, 549

"Patriotismo, O" (Lima Barreto), 312

Patrocínio Filho, José do, 290

Patrocínio, José do, 58, 63, 65-6, 73, 75, 113, 135, 447, 520-2, 531

Pau-Brasil (Oswald de Andrade), 453, 511

Paula Matos, bairro de (Rio de Janeiro), 56, 603

Pauliceia desvairada (Mário de Andrade), 457

Paulo e Virgínia (Saint-Pierre), 398

"Pavilhão da Inglaterra, O" (Lima Barreto), 469

"Pavilhão do Distrito, O" (Lima Barreto), 471

Peçanha, Nilo, 232, 240, 364

Pederneiras, Aquiles, 374

Pederneiras, Mário, 192-3, 289-90, 538

Pederneiras, Raul, 194, 290, 447

Pedro I, d., 21, 109

Pedro II, d., 22, 24, 26, 29-30, 41, 43, 62, 72-3, 75, 79, 109, 420, 505, 516, 522, 570

Peixoto, Afrânio, 205, 213, 230, 318, 330-1, 540, 549, 570

Peixoto, Antônio Luís da Silva, 79

Peixoto, Floriano, marechal, 102-4, 109, 159, 239, 278, 304-5, 309, 346-7, 473, 526, 572

Pena, Afonso, 232, 239-40

Pequena história da literatura brasileira (Carvalho), 385

"Pequeno almanaque de celebridades" (seção de *Floreal*), 205

Pereira Júnior, José Fernandes da Costa, 522

Pereira, Astrojildo, 199, 244, 327, 346, 362-4, 460, 466, 502, 538-9, 543, 551, 553, 571

Pereira, Lafayette Rodrigues, 358

Pereira, Lúcia Miguel, 331-2, 346, 502-3, 552-3, 576, 609

periferias urbanas, 135, 167; *ver também* subúrbios cariocas

Perret, Agostinha Ana, 60, 521

Perret, Cecília Júlia, 60, 521

Pessoa, Epitácio, 443-4, *445*, 572

peste bubônica, 139

Petrópolis (RJ), 11, 73, 177, 200, 213, 216, 235, 243, 416, 460

Pharol, O (jornal), 465, 492, 574

Pharoux, cais (Rio de Janeiro), 89, 110, 252

Phileas Fogg (pseudônimo de Lima Barreto), 192, 538, 605

Piedade, bairro da (Rio de Janeiro), 180, 183, 534-5

Pigafetta, Antonio, 315

"pigmentocracias", 424

Pimenta, Gelásio, 403

Pimentel, Alberto Figueiredo, 178, 308

Pimentel, Figueiredo, 178, 206, 225, 308, 536

Pimentel, Oscar, 502

Pinel, Philippe, 89, 272

Pinheiro, João, 239

Pinheiro, M., 281

Pinheiro, Rafael, 129, 337

Pinto, Braule, 144, 156, 275, 533

Piragibe, Vicente, 225

Pires, Hugo, *402*, 403

Pirralho, O (revista), 375, 558

"Pistolão, O" (Lima Barreto), 296

Pita, Rocha, 302, 315-6

Pitangueira, praia da (ilha do Governador), 84

Pixinguinha, 459

Plácido Júnior, 374

Plebe, A (jornal), 350, 550

Pléiade, Le (revista francesa), 207

"Pneumotórax" (Bandeira), 57

Poesias infantis (Bilac), 331

Policarpo (pseudônimo de Machado de Assis), 327

Policarpo Quaresma ver Triste fim de Policarpo Quaresma (Lima Barreto)

polícia, 10, 35, 72, 75, 96, 105, 120, 122, 145, 154, 157, 159, 183-4, 223, 233, 241, 244, 275-6, 281, 283, 298, 369, 382, 388-92, 395, 399, 410, 420, 495, 605, 607-8

"Polícia suburbana, A" (Lima Barreto), 184

Politécnica *ver* Escola Politécnica (Rio de Janeiro)

Política dos Governadores, 165, 239, 534

"Política republicana, A" (Lima Barreto), 8, 421, 564

Pombal, marquês de, 150, 572
Pombo, Rocha, 284, 289, 348, 546, 554
Pompeia, Raul, 24, 213, 325, 515
Poncho Verde (Paraguai), 36
Porque me ufano do meu país (Afonso Celso Júnior), 310, 549
Porto Alegre, 137, 485
Porto, Adolfo, 363
Portugal, 27, 30, 83, 109, 112, 114, 122, 214, 216, 306, 317, 340, 371, 390, 443
Portugal d'agora (João do Rio), 331
portugueses, 82, 84, 147, *168*, 277, 349, 428, 447, 527, 572
positivismo, 102, 111, 120-1, 124, 324, 371, 398, 550
Povo, O (jornal), 546
Prado Jr., Caio, 502, 575-6
Prado, Antonio Arnoni, 318, 362-3, 458, 513, 539, 549, 553, 556-7, 566, 568, 570, 575, 577
Prado, Antônio da Silva, 453, 569
Prado, Paulo, 306, 446, 453, 548, 569
Prata, Ranulfo, 359, 432-3, 435-6, 438-9, 442, 566-7, 609
preconceito racial, Lima Barreto abordando a questão do, 214, 219
Préjugé des races, Le (Finot), 320
pré-modernismo, literatura do, 318, 574
"Pretextos" (seção de *Floreal*), 199, 201
Primavera de Sangue (Rio de Janeiro-1909), 233, 270, 360, 606
Primeira Guerra Mundial, 133, 340, 350-2, 354, 453
Primeira missa (tela de Vítor Meireles), 68
Primeira República, 9, 18, 74-5, 79, 86, 90, 101-3, 109-10, 112, 117, 132-3, 140, 143, 158, 161, 165, 214, 218, 232, 239-40, 299, 326, 367, 396, 421, 429, 444, 447
Primeiras trovas burlescas (Gama), 16, 513
Príncipe dos Poetas Brasileiros (concurso da revista *Fon-Fon*), 289, 606
Prisciliana (criada da família Lima Barreto), 81, 103, 131, 157, 367, 603
Problema vital (Lobato), 380
"Problema vital" (Lima Barreto), 381, 559
Proclamação da República (1889), 18, 73-4, 76, 79-81, 102, 367, 445, 532, 603
Proença, Manuel Cavalcanti, 502, 576
profissionais liberais, 24, 29, 51, 168
Prosas bárbaras (Eça de Queirós), 372
Prosopopeia (Teixeira), 315
prostituição, 17, 36, 42, 153, 250, 256, 259-60, 262, 281, 368, 414, 426
"Protocolo" (seção de *Floreal*), 202
Proudhon, Pierre-Joseph, 554
Providência, morro da (Rio de Janeiro), 355
pseudônimos literários de Lima Barreto: Alfa Z., 126, 145, 604; Anna de Gerolstem, 470; Aquele, 10, 296; Diabo Coxo, 605; Eran, 10; Flick, 296; Inácio Costa, 10, 296; Ingênuo, 296; J., 296; J. Caminha, 296; J. Hurê, 296; Jamegão, 296; João Crispim, 296, 458; Jonathan, 10, 115, 296, 443, 469-72; L. B., 296, 572; Lucas Berredo, 296; Momento de Inércia, 126, 149, 604; Nemo, 128; Phileas Fogg, 192, 538, 605; Puck, 296, 606; Rui de Pina, 129, 149, 604-5; S. Holmes, 192, 538, 605; Xim, 296
psicastenia, 391
psicologia das massas, 202
Psicologia mórbida na obra de Machado de Assis (Ribeiro do Vale), 325
Psicologia urbana (João do Rio), 331
"psicose alcoólica", 389
"psicose tóxica", 271-2, 281
Psychologie de l'anarchiste-socialiste (Hamon), 566
Psychologie du militaire professionnel, La (Hamon), 567
Puck (pseudônimo de Lima Barreto), 296, 606
Pujol, Alfredo, 333

Qu'est-ce qu'une nation? (Renan), 209
Que é literatura? e outros escritos (Veríssimo), 332
"Que rua é essa?" (Lima Barreto), 115
Queirós, Eça de, 211-2, 227, 307, 320, 330, 372, 465, 467, 497
Queirós, Eusébio de, 28
Queiroz, Rachel de, 499
"Queixa de defunto" (Lima Barreto), 485
"Quem será, afinal?" (Lima Barreto), 383
"Questão das raças nos Estados Unidos" (artigo jornalístico), 319
questão racial, 16, 319, *321*, 411, 415, 543, 550
"Questões atuais" (seção de *Floreal*), 202
quiconga, língua, 32
quilombolas, 437-8, 545
quilombos, 30, 65, 516, 521
quimbunda, língua, 32
Quincas Borba (Machado de Assis), 310, 325-6, 335, 337, 478
Quinta da Boa Vista (Rio de Janeiro), 136
Quintino Bocaiúva, bairro de (Rio de Janeiro), 180, 535
Quinzena Alegre, A (revista), 149, 348, 604

Rabelais, François, 320, 513
Rabelo, Eduardo, 125
Rabelo, Pedro, 374
Raças humanas e a responsabilidade penal, As (Nina Rodrigues), 53, 156, 399, 424

racionalidade científica (séc. xix), 80, 93, 116, 140-1

racismo, 9-10, 14, 17, 26, 42, 99, 117, 139, 202, 214, 216, 218, 225, 243, 290, 299, 391, 410, 414, 608; Lima Barreto e teorias raciais, 324; *ver também* darwinismo racial; teorias raciais

Rangel, João, 129

Raposo, Sarandi, 363, 557

Razão, A (jornal), 392, 549, 560-1

Real Coutada da ilha do Governador, 83

Realengo, bairro do (Rio de Janeiro), 167

realismo de Lima Barreto, 154, 211, 215, 231, 301, 324, 339, 466, 512-3

rebeliões escravas, 25-6, 30

Rebelo, José Maria Jacinto, 272

Rebelo, Mlle. Castro, 357

rebolos, africanos, 15

Rebouças, André, 26, 65, 116-7, 120, 515, 517, 528

recenseamento de 1872, 24, 30

recenseamento de 1890, 176

recenseamento de 1900, 415

recenseamento de 1906, 160, 167-8, 415

recenseamento de 1920, 415

Reclus, Jean-Jacques Élisée, 433, 567

Recordações da casa dos mortos (Dostoiévski), 212, 260, 393, 400, 432, 540

Recordações do escrivão Isaías Caminha (Lima Barreto), 12, 118, 122-3, 146, 150, 181, 194, 198-9, 201, 204, 208-15, 222-3, 227-8, 232, 235, 242, 258, 302, 308, 310, 319, 332, 365, 423, 460, 465, 479, 502, 531, 537, 540-1, 548, 605-8

Redenção de Cam, A (tela de Brocos), 323, *324*, 550, 564

reforma agrária, 381

reforma urbana de Paris (séc. xix), 165

reforma urbana do Rio de Janeiro (séc. xix), 133-4, 164-7, 530; Reforma de Pereira Passos (1902-06), 18

Reforma, A (jornal), 41, 46-7, 58, 66, 81, 517-9, 574, 603

Regências, período das, 28, 30, 35

Regeneração, período da (Rio de Janeiro), 133

Regulamento para a Reforma do Ensino Primário e Secundário no Município da Corte (1854), 38

Rei negro (Coelho Neto), 332

réis (unidade monetária), 38, 42, 99, 113, 148, 170, 196, 293, 378, 420, 531, 558, 607-8

Reis, Aurélio Paz dos, 114

Reis, Epifânio José dos, 515

Reis, Francisco Sabino de Freitas, 46

Reis, José de Miranda da Silva, 522

religião: catolicismo, 10, 67, 184, 323, 408, 548, 550, 576; Lima Barreto e os "bíblias" (protestantes), 180, 406, 415; Lima Barreto e o universo religioso brasileiro, 10, 183-4, 406, 408; religiões afro-brasileiras, 10, 16, 26, 184, 224, 408, 498; religiosidade popular carioca, 140

Religiões no Rio, As (João do Rio), 224, 331, 373, 541

Relíquias da casa velha (Machado de Assis), 328, 331, 551

Renan, Ernest, 205, 208-9, 212, 302, 307, 311, 330, 467, 548

Renascimento, 165

"Representação à Assembleia Geral Constituinte e Legislativa do Império do Brasil sobre a escravatura" (José Bonifácio), 516

República das Letras, 11, 138, 189, 208, 226, 230, 275, 311, 326, 330

República Velha *ver* Primeira República

Republica, A (jornal), 75, 357

republicanismo, 71-4, 522

Resende, Beatriz, 545, 547, 550, 569, 571, 575-7

Responsabilidade na doença mental (Maudsley), 156

Retiro, morro do (Rio de Janeiro), 167

retoricismo, 159, 213, 292, 326, 373, 380, 465

Retrato do Brasil (Prado), 306, 453

reumatismo poliarticular de Lima Barreto, 234, 271, 360, 467, 483, 606

Revista Americana, 232, 293, 606

Revista Brasileira, 114, 337

Revista Brasiliense, 575

Revista Contemporanea, 375, 380, 465

Revista da Epoca, 149-50, 605

"Revista da Quinzena" (seção de *Floreal*), 207

Revista da Semana, 55, 292, 519, 547, 556, 570

"Revista da Semana" (seção de *Floreal*), 196, 199, 207

Revista de Antropofagia, 568, 577

Revista do Brasil, 377-8, 438, 452, 455, 461

Revista do Instituto Histórico e Geográfico Brasileiro, 316, 518, 575

Revista Elo, 576

Revista Illustrada, 522

Revista Souza Cruz, 397, 405, 419, 439, *440*, 450, 609

Revista Suburbana, 472, 572

Revista Typographica, 48, 71, 518

Revolta da Armada (1893-94), 18, 102-9, 278, 303-4, 427, 603

Revolta da Cachaça (1660-1), 523

Revolta da Chibata (1910), 299

Revolta da Vacina (1904), 18, 140, 159, 226, 530, 533, 605

Revolta do Forte de Copacabana (1922), 444, 496, 567

Revolta do Vintém (1879-80), 42

Revolução Federalista (1893-95), 102, 109, 118

Revolução Francesa (1789-99), 71, 102

Revolução Industrial (séc. xviii), 165

Revolução Russa (1905), 208

Revolução Russa (1917), 208, 340, 351, 362-4, 369, 382, 607

Revue de Paris, 207, 320

Revue des Deux Mondes, 207, 209, 320, 484, 488, 573

Revue des Deux Mondes des Jeunes, 207

Revue Philosophique, 320, 488

Riachuelo, bairro do (Rio de Janeiro), 58, 174, 535, 603

Ribeira, praia da (ilha do Governador), 84

Ribeiro Filho, Domingos, 128-9, 143, 148, 191, 194, 198-9, 202-5, 290, 294, 330, 345, 348, 362-3, 379, 551, 605; afinidades e discordâncias entre Lima Barreto e, 199, 345-6

Ribeiro, Barata, 355

Ribeiro, João, 138, 240, 258, 338, 502, 517, 531, 570, 576, 608-9

Ribot, Théodule, 212, 320

Riedel, Gustavo, 284, 560

Rio Branco, barão do, 202, 299, 334, 351, 548

"Rio civiliza-se, O" (dito encomiástico de Figueiredo Pimentel), 178, 308

Rio Comprido, bairro do (Rio de Janeiro), 24, 56, 166

Rio de Janeiro do meu tempo, O (Luís Edmundo), 547

Rio Football Club, 136

Rio-Jornal, 137, 531

Rio-Nú, O (revista), 293-4

Riso, O (revista), 246, *248*, 606

Robinson Crusoé (Defoe), 8, 398

Rocha, Franco da, 280

Rocha, Manuel Jorge de Oliveira, 346

Rocha, Otávio da, 203

Rochet, Augusto, 115

Rodrigues, Nina, 52, 156-7, 259, 283, 399, 424, 519, 533, 564

Roma antiga, 542

romantismo, 56, 211, 447, 466, 533

Romariz, Jerônimo, 523

Romariz, João Ferreira, 76-7, 523

Romero, Edgar A., 149

Romero, Sílvio, 138, 205, 536

Rondon, Cândido, marechal, 356, 550

Roquette-Pinto, Edgar, 321-2, 550

Roteiro de Macunaíma (Proença), 576

Rouge et le noir, Le (Stendhal), 212

Rousseau, Jean-Jacques, 314, 320, 467

Roxo, Henrique, 276, 279-80, 284, 389, 560

Rui de Pina (pseudônimo de Lima Barreto), 129, 149, 604-5

Rússia, 27, 29-30, 340, 365, 382, 455, 608

S

S. Holmes (pseudônimo de Lima Barreto), 192, 538, 605

Sá, Mem de, 82

Sá, Salvador Correia de, 82, 523

Sabina (quitandeira), 120

Sahlins, Marshall, 388, 560

Said, Edward, 70

Saint-Hilaire, Auguste de, 305, 315

Salão Paris (cinema carioca), 136, 531

Salvador, Vicente do, Frei, 315

"Samoiedas, Os" (Lima Barreto), 318, 530, 539

Sand, George, 547, 573

saneamento básico, 55, 87, 134, 139, 145, 161

Santa Casa da Misericórdia (Rio de Janeiro), 56, 79, 86, 154, 271-2, 274

Santa Cruz (aerostato), 135

Santa Luzia, praia de (Rio de Janeiro), 55-6, 603

Santa Rita Durão, José de (frei), 315

Santa Teresa, bairro de (Rio de Janeiro), 56, 137, 151, 471

Santiago, Gustavo, 556

Santiago, Silviano, 306, 310-1

Santo Antônio, morro de (Rio de Janeiro), 167

Santos, André Luiz dos, 512, 566, 573

Santos, Antônio Noronha, 76, 122, 128, 156, 194, 197-8, 200-1, 214, 223, 230, 232, *233*, 239, 256-7, 300, 311, 330, 337, 348, 377, 405, 439, 446-7, 502-3, 523, 542-3, 548, 551, 558, 576, 604-8

Santos, Francisco Agenor de Noronha, 175, 523, 530, 536, 547

Santos, Jacinto Ribeiro dos, 365, 404, 607, 609

Santos, Maria do Nascimento Reis, 61

São Bento (ilha do Governador), 80, 83, 85-6, 88, 91-2, 94, 524

"São capazes de tudo..." (Lima Barreto), 351

São Cristóvão, bairro de (Rio de Janeiro), 68, 168, 170, 183, 281

São Cristóvão, campo de (Rio de Janeiro), 67-8, 603

São Domingos (atual Haiti), 27

São Francisco, largo de (Rio de Janeiro), *108*, *114*, 115, 120, 124, 348, 528, 534

São Gonçalo (RJ), 31-3

São Jorge da Mina, feitoria de (África), 545

São José do Rio Preto (SP), 436, 438, 450, 609

São Paulo, 25, 30, 65, 87, 103, 137, 208, 214, 239-40, 347, 349-51, 353, 365, 376, 380-1, 403, 433, 435-6, 438-9, 442-3, 446-50, 452-3, 457, 496, 505, 516, 568, 609

"São Paulo e os estrangeiros" (Lima Barreto), 18, 603

Sapopemba, bairro de (depois Deodoro, Rio de Janeiro), 170, 535

saúvas, formigas (no Brasil e na literatura), 83-4, 101, 305-6

Scherer, Agnes, 135

Schettino, Francisco, 404-5, 432, 436-7, 457-8, 461, 464, *465*, 483-4, 560, 570-1, 608,-9

Schopenhauer, Arthur, 320

Schwarz, Roberto, 328, 497, 517, 532, 551, 564, 568, 573, 575

"Se é Bayer, é bom" (slogan criado por Bastos Tigre), 126

Sê feliz! (Ribeiro Filho), 553

Seabra, J. J., 141

sebastianismo, 77,.368

Secretaria da Agricultura, 327

Secretaria da Guerra, 9, 11, 143, 146, 163, 215, 232-3, 270, 281, 289, 296, 300, 345, 352, 360-1, 365, 485, 604-8

Seelnguer, Helio, 339

Segunda Guerra Mundial, 340, 536

Segundo Reinado, 25, 29, 46, 291, 326, 447; *ver também* Império do Brasil; Pedro ii, d.

Seidl, E., 149

Semana de Arte Moderna (1922), 19, 318, 443, 446, 449-50, 453-4, 457, 494, 496-7, 551, 559, 568-70, 577

Semana Illustrada (jornal), 45

Semana Santa, solenidades da, 140

Sena, Ernesto, 106

Senado, 62, 64, 69, 74, 295, 347

sensualidade, 39, 198, 259, 425, 504

"Será sempre assim?" (Lima Barreto), 463

"Sereia, A" (Coelho Neto), 494

Serra, Joaquim, 46

sertões do Brasil, 102, 118, 140

Sertões, Os (Cunha), 118, 138, 156, 332, 400-1

serviço militar obrigatório, 125, 201, 351, 353, 529, 604

Sette, Mário, 432, 565-6

Sevcenko, Nicolau, 165, 345, 513, 539, 575-6

Shakespeare, William, 69, 270, 275, 320, 333, 398, 606

Sibéria, 393, 554

sífilis, 139, 277, 280, 283

Sigaud, José Francisco Xavier, 79

Silva Júnior, Dias da, 48

Silva, Alberto da Costa e, 11, 516, 543, 559, 566

Silva, Antônio da Costa Pinto e, 44

Silva, Carlos Eduardo Lins da, 540

Silva, Eduardo, 514, 521, 564

Silva, Hélcio Pereira da, 255, 544

Silva, João Gonçalves da, 363

Silva, João Manuel Pereira da, 315

Silva, Joaquim Freire da, 88

Silva, Maria Lais Pereira da, 530, 534, 572

Silva, Maurício, 528, 552

Silva, Orlando, 126

Silva, Rodrigo, 522

Silva, Rodrigo Augusto da, conselheiro, 64

Simões, Lucinda, 113

Síntese subjetiva (Comte), 120

sítio do Carico (casa de infância de Lima Barreto), 13-5, 512

Soares, Gabriel, 302, 315

"Sobre a carestia" (Lima Barreto), 453

"Sobre a guerra" (Lima Barreto), 351

"Sobre o football" (Lima Barreto), 516

sociabilidade, 49, 112, 114, 118, 134, 138, 187, 219, 255, 262, 268, 300, 308, 330, 336, 337, 340, 425, 427, 429, 438, 496, 528

socialismo, 338

Socialismo progressivo (Ingenieros), 433

Sociedade Brasileira de Belas Artes, 577

Sociedade Brasileira de Psiquiatria, Neurologia e Medicina Legal, 79

Sociedade Brasileira dos Homens de Letras, 289-91, 607

Sociedade de Medicina do Rio de Janeiro, 79, 272

Sociedade de Tiro Fluminense, 137

Sociedade Eugênica de São Paulo, 561

Sociedade Literária do Rio de Janeiro, 547

Sociedade Literária Goncourt, 290

Sociedade Nacional da Agricultura, 125

Société des Gens de Lettres (Paris), 290, 547

Sol e Sombra (periódico), 113, 527

Soler (comendador), 21

solidariedade (anarquismo), 349, 361, 369, 372, 419; solidariedade aos animais, 352-3

Solon (major), 73

"Sombra do Romariz, A" (Lima Barreto), 76-7

Sorelli, Giulio, 349

"sorriso da sociedade", literatura como, 213, 330

Souberain, aparelho de, 34

Sousa, Cláudio de, 280, 546

Sousa, Ennes de, 110

Sousa, Inglês de, 333

Sousa, José Eduardo Teixeira de, 89-90

Sousa, Paulino Soares de, 23

Southey, Robert, 315

Spartacus (jornal), 350, 550

Spencer, Herbert, 201, 214, 358, 371, 433

Spinoza, Baruch, 395

Spitzer, Leo, 48, 52

Spix, Johann Baptist von, 310

Sr. Bergeret em Paris, O (Anatole France), 371

Staden, Hans, 315

Staël, Madame de, 576

Stein, Von den, 316

Stendhal, 212, 307, 330, 467

Stowe, Harriet Beecher, 153, 533

"Sua Excelência" (Lima Barreto), 127, 529, 608

"Subterrâneo do morro do Castelo, O" (Lima Barreto), 192, 227, 532, 605

Suburbano, O (jornal), 91, 124, 128, 604

subúrbios cariocas, 17, 140-1, 163, 165-7, 169, 177, 180-2, 187, 304, 406, 473, 485

suburbium, conceito de, 165

Sue, Eugène, 300

Sul dos Estados Unidos, preconceito/segregação racial no, 154, 248, 299

"Superfetações dum imortal, As" (Borla), 364, 557
"Sur les métis au Brésil" (Lacerda), 247, 320
Swift, Jonathan, 244, 333, 338, 367, 465, 467

T

Tagarela, O (jornal humorístico), 129, 149, 604
Taine, Hippolyte Adolphe, 52, 212, 214, 227, 282, 307, 330, 333, 371, 441, 467
tanino, tuberculose tratada com, 57
Taunay, Alfredo d'Escragnolle, 115
Taunay, Nicolas-Antoine, 562
Tavares, Eliézer, capitão, 103-4
Tavares, Pedro, 75
Távora, Franklin, 291
Tchékhov, Anton, 320
teatro, 28, 63, 112-3, 115, 121-2, 134, 136, 148, 176, 179, 204, 257, 293, 327, 367
Teatro Apolo (Rio de Janeiro), 136
"teatro de revista", 113
Teatro Imperial Dom Pedro ii (Rio de Janeiro), 539
Teatro João Caetano (Rio de Janeiro), 136
Teatro Lírico (Rio de Janeiro), 122, 135-6, 199-200, 291, 539
Teatro Lucinda (Rio de Janeiro), 113
Teatro Municipal (Rio de Janeiro), 293, 307
Teatro Municipal (São Paulo), 446, 452
Teatro Recreio (Rio de Janeiro), 136
Teatro Sant'Ana (Rio de Janeiro), 72
Teixeira, Bento, 315
Teixeira, Manuel de Oliveira, 176
Tempo passado: Cultura de memória e guinada subjetiva (Sarlo), 542
Tempo, O (jornal), 105, 526
teologia e metafísica, 111
"Teorias do doutor Caruru, As" (Lima Barreto), 287
teorias raciais, 51-3, 247-8, 320, 381, 388, 415, 460; Lima Barreto e, 324
terpina ou terpinol, tuberculose tratada com, 57
Terra Livre, A (jornal), 350, 550
Theatro, O (revista), 292-3, 527, 547
Théo-Filho, 569-70
Thibault, Jacques Anatole François, 371
Tico-Tico (almanaque), 346
Tigre, Bastos, 122, 125-6, 128-9, 142, 149-50, 191, 194, 257, 259, 290, 292, 330, 348, 447, 604-5, 607
Tijuca, bairro da (Rio de Janeiro), 166-7, 183, 200, 347, 609
Tim Tim por Tim Tim (Sousa Bastos), 113
Tipografia do Imperial Instituto Artístico, 45
Tipografia Imperial (depois Nacional), 46, 58; *ver também* Imprensa Nacional

Todos os Santos, bairro de (Rio de Janeiro), 9-10, 137, 144, *145*, 149, 163, 169-70, 173, *174*, 175-6, 180, *185*, 186-7, 190, 235, 257, 261, 265, 303, 315, 318, 345, 368, 376-7, 381, 383, 406, 409, 411, 431, 437-8, 472, 483, 485, 487, 496, 504, 509, 534-5, 574, 605, 607-8
Tolstói, Liev, 208, 211-3, 307, 320, 330, 338, 352, 432, 441, 467, 487
Topinard, Paul, 320, 550
Tormenta (Coelho Neto), 139
Trabalho urbano e conflito social: 1890-1920 (Fausto), 550
tráfico atlântico de escravos, 27-9, 161
tráfico interprovincial de escravos, 25, 29
"Traidor, O" (Lima Barreto), 50
"Transatlantismo" (Lima Barreto), 8
transportes públicos, ampliação dos (Rio de Janeiro), 134, 530
Tratado de versificação (Bilac), 331
"Trem de subúrbios, O" (Lima Barreto), 172-3, 177-8, 534, 536
"Três gênios de secretaria" (Lima Barreto), 132, 146, 335
Tribuna Liberal, 59, 65, 74-7, 81, 603
Tribuna, A (jornal), 59, 74-5, 77, 338
Tristão de Ataíde (pseudônimo de Amoroso Lima), 318, 338, 499, 502, 504, 549
Triste fim de Policarpo Quaresma (Lima Barreto), 12-3, 83, 85, 92-3, 107, 111, 118, 131, 146, 162, 179, 181, 203, 249, 252, 265, 275-6, 278, 283, 288-302, 304, 306-10, 316, 319, 338, 352, 369, 376, 402, 418, 427, 469, 478-9, 502, 521, 544-5, 548, 605-7
Triunfo, O (Prata), 433, 566
Trovão, Lopes, 205
tuberculose, 11, 52-3, 55-7, 110, 139, 160, 208, 280, 282-3, 287, 518, 520, 603
Tubiacanga (ilha do Governador), 82, 253
Turguêniev, Ivan, 320, 338, 432
Turner, Victor, 424, 564
Typographia Revista dos Tribunaes, 605, 607-8

U

Última Hora (jornal), 498-9, *500*, 501, *506-7*, 575, 577
"Um e outro" (Lima Barreto), 147, 203, 296, 606-7
União Operária, 71, 553
Universal: Revista das Revistas: Resenha da Vida nacional e Estrangeira, A, 81
Universidade Popular de Ensino Livre, 347, 553
Urca, bairro da (Rio de Janeiro), 272, 395
Urupês (Lobato), 325, 380-1, 452
uxoricídio, 198; *ver também* "matadores de mulheres"

ÍNDICE REMISSIVO | 645

vacinação obrigatória, 159; *ver também* Revolta da Vacina (1904)
Vale, Adriano do, 72
Vale, Luís Ribeiro do, 325
Valverde, Zélio, 499, 575
vanguardas europeias, 19, 153, 207, 445-6, 449, 453-4, 456
Varela, Fagundes, 398
Vargas, Getúlio, *445, 499*, 575
"Variações" (Lima Barreto), 419
varíola, 139, 159, 160
Varnhagen, Francisco Adolfo de, 315
Vãs torturas (Ribeiro Filho), 553
Vasco, Neno, 349, 556
Vasconcelos, Smith de, barão, 23
Veloso Filho, Pedro Leão, 225
"Vem cá, mulata" (modinha), 257, 426, 544, 562
Vencida, A (Malheiro), 557
"Vera Zassulitch" (Lima Barreto), 607
Verhaeren, Émile, 559
Veríssimo, José, 114, 130, 138, 149, 194, 205, 216, 230, 332, 337, 339, 347-8, 604-5
Verlaine, Paul, 459
Verne, Júlio, 100, 192
Viagens de Gulliver (Swift), 367
Viana, Assis, 8
Viana, Carlos, 149, 348, 532, 605
Viana, Ferreira, 80, 85
Viana, Oliveira, 381
Viana, Vitor, 338
"Vida acadêmica — Crônica das escolas" (seção de *A Lanterna*), 126-8
Vida e morte de M. J. Gonzaga de Sá (Lima Barreto), 12, 112, 120, 142, 146-8, 162, 181, 209, 211, 213, 314, 377, 383, 385, 403-4, 416, 431, 462, 464, 466-7, 480, 483, 485, 487-8, 502, 504, 520, 523, 532, 576, 605, 608-9
Vida vertiginosa (João do Rio), 331
Vida, A (revista anarquista), 320, *344*, 350-1, 550
Vidas de entremeio (Spitzer), 48, 518
Vieira, Clemência da Costa, 57, 60, 520
Vigia, O (jornal humorístico), 126
Vila Quilombo (apelido do lar de Lima Barreto no Rio de Janeiro), 9, *341*, 383, 406, 438, 482
Villa-Lobos, Heitor, 446, 452
Villegaignon, Nicolas Durand de, 82
Virgindade inútil: Novela de uma revoltada (Nogueira Cobra), 556
Vitória da fome, A (Fonseca), 553
Voltaire, François Marie Arouet, *dito*, 212, 320, 367, 467
Von Eschwege, Wilhelm Ludwig, 315
voto feminino, 138, 556

Voz do Povo, A (jornal), 350, 550
Voz do Trabalhador, A (jornal), 292, 294, 349, 362, 547, 550, 554, 556, 607
"Vozes d'África" (Castro Alves), 154-5

Wainer, Samuel, 498, 575
Wanderley, João Aurélio Lins, tenente, 233-4, 270, 606
Whitman, Walt, 559
Wilde, Oscar, 224

X

xenofobia, 446, 497, 557
Xim (pseudônimo de Lima Barreto), 296

Z

Zola, Émile, 190, 208, 324, 371, 398, 531, 557
Zona Norte do Rio de Janeiro, 164, 166
zona portuária do Rio de Janeiro, 168
Zona Sul do Rio de Janeiro, 164, 166, 485
"zunga" (cortiços), 133

SOBRE A AUTORA

Lilia Moritz Schwarcz é antropóloga, historiadora e editora. Professora do Departamento de Antropologia da Universidade de São Paulo (USP), é também *global scholar* e professora visitante desde 2011 na Universidade de Princeton, curadora adjunta do Masp e colunista do jornal eletrônico *Nexo*. Foi *visiting professor* nas Universidades de Oxford, Leiden, Brown e Columbia. Teve bolsa científica da Guggenheim Foundation e fez parte do Comitê Brasileiro da Universidade Harvard.

É autora, entre outros, de *Retrato em branco e negro* (Companhia das Letras, 1987), *O espetáculo das raças* (Companhia das Letras, 1993), *As barbas do Imperador: D. Pedro II, um monarca nos trópicos* (Companhia das Letras, 1998, prêmio Jabuti categoria Livro do Ano Não Ficção), *Racismo no Brasil* (Publifolha, 2001), *A longa viagem da biblioteca dos reis* (com Paulo Cesar de Azevedo e Angela Marques da Costa; Companhia das Letras, 2002), *O sol do Brasil: Nicolas-Antoine Taunay e seus trópicos difíceis* (Companhia das Letras, 2008, prêmio Jabuti categoria Biografia) e *Brasil: Uma biografia* (com Heloisa Murgel Starling; Companhia das Letras, 2015).

Coordenou, entre outros, o volume 4 da *História da vida privada no Brasil* (Companhia das Letras, 1998, prêmio Jabuti categoria Ciências Humanas), e a coleção "História do Brasil Nação 1808-2010" (Mapfre/ Objetiva em seis volumes; prêmio APCA, 2011). Publicou com Lucia Stumpf e Carlos Lima *A batalha do Avaí: A beleza da barbárie* (Sextante, 2013, prêmio ABL), com Adriana Varejão *Pérola imperfeita: A história e as histórias na obra de Adriana Varejão* (Companhia das Letras, 2014) e com Adriano Pedrosa o catálogo da exposição *Histórias Mestiças* (Cobogó e Instituto Tomie Ohtake, 2015, prêmio Jabuti categoria Arquitetura, Urbanismo, Artes e Fotografia). Com André Botelho organizou, para a Companhia das Letras, duas coletâneas: *Um enigma chamado Brasil*, em 2009 (prêmio Jabuti) e *Agenda brasileira*, em 2011; com Pedro Meira Monteiro, a edição crítica de *Raízes do Brasil*, de Sérgio Buarque de Holanda (Companhia das Letras, 2016).

A marca FSC® é a garantia de que a madeira utilizada na fabricação do papel deste livro provém de florestas que foram gerenciadas de maneira ambientalmente correta, socialmente justa e economicamente viável, além de outras fontes de origem controlada.

1ª EDIÇÃO [2017] 3 reimpressões

ESTA OBRA FOI COMPOSTA EM CLEARFACE
E IMPRESSA EM OFSETE PELA GEOGRÁFICA
SOBRE PAPEL PÓLEN DA SUZANO S.A. PARA
A EDITORA SCHWARCZ EM ABRIL DE 2024